/ 马克思主义研究丛书 /

张一兵 主编

国家社会科学基金中华学术外译项目
教育部人文社会科学重点研究基地重大项目
Chinese Fund for the Humanities and Social Sciences

MAKESIZHUYI YANJIUCONGSHU
HUIDAO MAKESI

回到马克思

（第四版）

张一兵 著

经济学语境中的哲学话语

江苏人民出版社

图书在版编目(CIP)数据

回到马克思:经济学语境中的哲学话语/张一兵著
. —4版. —南京:江苏人民出版社,2020.2(2024.11重印)
(马克思主义研究丛书)
ISBN 978-7-214-20594-0

Ⅰ.①回… Ⅱ.①张… Ⅲ.①马克思主义哲学-研究
②马克思主义政治经济学-研究 Ⅳ.①B0-0②F0-0

中国版本图书馆 CIP 数据核字(2019)第 037537 号

书　　　名	回到马克思——经济学语境中的哲学话语(第四版)
著　　　者	张一兵
责 任 编 辑	薛耀华
特 约 编 辑	贺银垠
装 帧 设 计	许文菲
责 任 监 制	王　娟
出 版 发 行	江苏人民出版社
地　　　址	南京市湖南路1号A楼,邮编:210009
照　　　排	江苏凤凰制版有限公司
印　　　刷	江苏凤凰新华印务集团有限公司
开　　　本	718毫米×1000毫米 1/16
印　　　张	54.75　插页5
字　　　数	734千字
版　　　次	2020年2月第4版
印　　　次	2024年11月第4次印刷
标 准 书 号	ISBN 978-7-214-20594-0
定　　　价	152.00元(精装)

(江苏人民出版社图书凡印装错误可向承印厂调换)

马克思像

本书作者在特利尔马克思故居

献给我敬爱的父亲——张士诚

第四版序言

《回到马克思》的日文版和英文版分别于2013年和2014年在日本和德国出版。之后,此书的德文版获得2014年度"经典中国国际出版工程"的立项支持;俄文版于2016年获得"中华学术外译项目"的立项资助,2018年获得同一项目的阿拉伯文版的立项。也是在2018年,《回到马克思》的韩文版由韩国天空出版社翻译出版,11月在韩国建国大学召开了此书的首发纪念会。正是在这个"走出去"的不同语言体系的转换过程中,我看到了各国学者和出版人的艰辛努力,也看到了中国原创学术的力量。对此,我深感荣幸。

在2018年秋天,不少学者朋友和研究生告诉我,书店和网上已经都买不到《回到马克思》(第三版)了,希望我联系出版社加印此书。不久后,我就与负责此书的江苏人民出版社的编辑联系,在查过发行情况后,他们决定重印《回到马克思》一书,并问我是否有新的修订。这就是此书第四版的缘起。现在出版的《回到马克思》的第四版,我没有对全书进行全面修订,只是新增加了关于舒尔茨《生产运动》的讨论,因为涉及他于1840—1843年已经提出的生产力—生产关系—生产方式的社会唯物主义观念,界划其与历史唯物主义的差异成为我必须面对的新问题。另外,也对附录中关于 MEGA 的出版情况做了少量修订。

2017年,我在南京大学正式成立了MEGA2第四部分(笔记文献)的专题研究小组,其主要成员都是近年来从欧洲和北美回来的青年老师。至今,小组已经先后组织专题研讨十余次。首先,我制定的研究任务在于从德文原文和其他原始文献出发,参照我们已经获得的大部分马克思恩格斯原始手稿复制件,按时间节点,一个一个时期、一个一个思想专题地扫描马克思思想发生史的全程。其次,我也将自己的《概念与境和思想考古——"回到马克思"的一种再归基》一书的专题概念的研究和思考直接嵌入这个总体过程之中,目前已经完成了事物化—物化(Versachlichung - Verdinglichung)专题和社会定在(Gesellschaftliches Dasein)专题的讨论。再次,是对思想史上新发现的重要人物和文本的解读,比如索恩-雷特尔和他的《体力劳动与脑力劳动》、舒尔茨和他的《生产运动》等专题研究。应该说,这三个方面的交织研究也是我继上世纪90年代的文本学研究之后,第二次重要的"回到马克思"的"归基"工程的主体部分。这一研究的最终目的是与国际学术界面对面地推进基于MEGA新文献的马克思思想的学术研究,并培养中国马克思主义研究的新生力量。

2018年,我已经不再担任行政职务,这让我有更多的时间投入自己真正热爱的学术研究和教学活动之中。我也戏称,自己好不容易终于成了一名专业的全职学术研究者。一大批过去想做而没有时间做的事情正等着我去努力。况且,时间已经十分有限了,希望在我全身心投入之后会有真实的进展。

张一兵
2019年2月4日于武昌茶岗

第三版序言

《回到马克思——经济学语境中的哲学话语》（以下简称《回到马克思》）一书自2009年出版它的第二版之后，先后获得国家新闻出版署"2010年度中国图书对外推广计划"（日文版）和国家社科基金首批"2010年中华学术外译项目"（英文版）的鼎力资助。

本书的日译工作由日本的中野英夫先生承担，他的学术专业是经济学。他也是南京大学马克思主义社会理论研究中心长期聘任的兼职研究员，在长达两年的时间里，他利用在南京大学担任日语教师的闲暇时间，一字一句地将这本在中国学术界已经很难理解的书全部译成了日文。没有他自己的学术积累，没有他对中国语言和文化的深入了解，这是根本不可能完美实现的一件难事。在他的身上，我也看到了日本学者的严谨和专注精神。为了能够较准确地理解文本的理论思想意指，他参加了在我们学科举行的许多学术研讨会，并且，这两年中，他几乎每周都会送来翻译中的疑问，然后在我们的共同探讨下，尽可能准确地实现一种学术思想从中文语境到日文话语的转换，其中，也纠正了不少我在文献引述和思想理解中的原有偏差。谢谢中野先生。还要特别感谢我的老朋友们，日本东京"社会思想史研究会"的星野智、吉田宪夫、忽那敬三、日山纪彦、石塚良次、小林昌人等六位先生，在本书的日文译稿交付出版社之后,为了保证此书的翻译质量和文献引用的准确性,他们专程从南京找去了六本中文原书,分工重新校译了全部书稿,从而使这一译稿的质量有了最重要的保证。本书的日文版将由广松涉①先生生前参与创办的情况出版社出版。2011年12月,我又专程赴东京与教授们见面,讨论翻译中存在的问题,并与出版社的编辑商定最终出版事宜。

  本书的英译工作由远在美国的青年学者麦文彦(Thomas Mitchell)承担。文彦是我们学校与美国杨百翰大学学术交流项目的美方研究人员,他的学术背景为政治学,因为母亲是中国台湾赴美的学者,所以他有很好的中国语言和文化的基础,在南京期间,我们就这本书的内容、学科语境和每一章节的具体内容都进行了没有任何障碍的反复研讨,甚至对英文中学术概念的恰当表达都发生了争论和深入交流。在他回到美国之后,通过邮件,我会即时收到他的问题,为了更加直观地让我知道他的翻译进度,他几乎每隔一个月就发来他当下完成的全部译稿,并且他将每段中文原文和英文译文同时相隔相对,再用高亮突出他在翻译中有疑问的学术思想理解问题和没有把握的英文译句、概念。然后,我再逐一答复。这种细致的研讨和争论一直保持到译稿全部结束。谢谢文彦。2010年,哥廷根大学在收到我的译稿之后,由东亚系的施奈德教授在国际学术界聘请了几位同行专家进行审读,三个月之后,哥廷根大学的副校长十分兴奋地告诉我,几位外审专家都不约而同地给予了非常高的评

---

① 广松涉(Hiromatsu Wataru,1933—1994),当代日本著名的新马克思主义哲学家和思想大师。广松涉1933年8月1日生于日本的福冈柳川。1954年,广松涉考入东京大学,1959年,在东京大学哲学系毕业。1964年,广松涉在东京大学哲学系继续博士课程学习。1965年以后,广松涉先后任名古屋工业大学讲师(德文)、副教授(哲学和思想史),1966年,他又出任名古屋大学文化学院讲师和副教授(哲学与伦理学)。1976年以后,广松涉出任东京大学副教授、教授直至1994年退休。同年5月,获东京大学名誉教授。同月,广松涉因患癌症去世。代表著作有:《唯物史观的原像》(1971年,中译本已经由南京大学出版社出版)、《世界的交互主体性的结构》(1972年)、《文献学语境中的〈德意志意识形态〉》(1974年,中译本已由南京大学出版社出版)、《资本论的哲学》(1974年,中译本已经由南京大学出版社出版)、《事的世界观的前哨》(1975年,中译本已由南京大学出版社出版)、《物象化论的构图》(1983年,中译本已由南京大学出版社出版)、《存在与意义》(全二卷,1982—1993年,中译本已由南京大学出版社出版)等。——本书作者第三版注。

价,目前译稿正进入英文审校过程。2012年11月,我又利用去德国讲学的机会,专程赴哥廷根大学出版社与相关编辑和英文校译专家科尔夫博士(Dr. Corff)进行了研讨。哥廷根大学出版社将会很快出版此书。

也是在《回到马克思》的英文版和日文版的翻译工作基本结束之后,我停下了手中正在修改的《回到海德格尔》的第三稿,开始了长达一年多的本书中文第三版的校订工作。中文第三版仍然保留了原文本的基本学术构境质性和总体场境支点。有变化的地方是:

首先,在这一次的修改中,我补写了关于马克思1843年《论犹太人问题》的讨论,特别是集中改写了赫斯一节的内容。其中,包含了我对青年马克思与赫斯关系的一些新的想法。此外,在全书修订的过程中,也有一些少量观点上的改写和文献补充。

其次,这次修订与前两版最大的不同之处是,我直接依照 MEGA2、MEW 版等德文原文重新校定了马克思文本在中译文转译中的一些再现细节,并且修正了一些过去在中译文语境中的明显误判。在本书第一版的写作中,我对 MEGA2 的文献引述基本上建立在先期的德文转译中文的基础之上,而这一次则是直接依据德文。同时也因为最近几年我正在为海德格尔的文本研究大伤脑筋,所以年过半百的我不得不为德文的学习付出了大量的艰辛努力。不过,现在看来这一切都是值得的。因为,也是在这一次的校订工作中我才发现,原来自己十多年前"回到马克思"时所依据的主要文献《马克思恩格斯全集》中文第一版中相当多数的文本,竟然多半是从俄文转译而来的。一些极为关键性的概念和范畴,都是基于苏联专家在俄文语境中的理解之上的意译,比如,对理解马克思的哲学和经济学都十分重要的 Vergegenständlichung(对象化)一词竟然在《1844年经济学哲学手稿》(以下简称《1844年手稿》)和《1857—1858年经济学手稿》(以下简称《57—58手稿》)的不少地方都被误译成"物化";而 Gemeinwesen(共同本质)一词则被译成"社会联系";而有确定含义的 Dasein(一定存在)与 Existenz(生存)一同被混译为"存在";马克思用以表征社会生活复杂关联性的概念群:Band(联结)、Beziehung(联系)、Verhältnis(关系)、Zusammenhang(共同关联)、Relation(相对关系)等不同概念则被简单混译为关系(联系),等等。其中,有相当一部分内容在中文第二版中已经得到修订,但也有一些没有改过来。从马克思哲学文本的中译文的具体讨论语境看,这些误译都已经导致了我们传统汉译文本研究中对马克思思想理解中的一定**误识**(*Quid proquo*),在这个意义上,我在本书第三版中的校订工作则具有了一种新的理论和现实意义。

其三,在这一版的改订中,我还对书中所依据的马克思的主要德文文本进行了文献学的不完全**词频统计**工作,我将这项新开启的工作称为**学术文本词频统计学**研究。

之所以会进行这项**词频统计**工作,缘起于与日本学者望月清司①的交道和教训。2009年,当我第一次在他东京的家中访问他的时候,已经86岁的望月讲了这样一个故事:在上个世纪70年代,为了弄清楚马克思是否真的如布罗代尔②所言,"从来没有使用过资本主义一词",他花了数月,一页页细查了马克思主要学术论著的全部德文文本,最后,终于在《资本论》第2卷中查到了马克思"唯一一次"使用德文名词状态中的Kapitalismus的出处,从而证伪了布罗代尔的断言。为此,他大大地兴奋了一下。并且,他后来在每一次的课堂教学中都让学生们去查找这一出处,"谁能查到这一出处,我就请他喝啤酒"。可是,从来没有学生喝到望月先生的啤酒。其实,当时我坐在他老人家的对面,脸上真是红一阵白一阵的,因为,多年以前,我在没有认真做文献学数据查询的情况下,就曾经很笃定地说过类似布罗代尔的话。日本学者的这种治学态度实在

---

① 望月清司(Mochizuki Seiji,1929—　),日本当代新马克思主义思想家。望月1929年生于日本东京,1951年日本专修大学商学部经济学科入学,1956年就任同大学商学部助手,1969年晋升为该大学经济学部教授。1975年获得专修大学经济学博士学位。并从1989年开始连任专修大学校长九年,直至中途退休为止。代表著作为《马克思历史理论的研究》(1973)等。
② 费尔南·布罗代尔(Fernand Braudel,1902—1985),法国年鉴学派第二代著名的史学家。代表著作有:《菲利浦二世时代的地中海和地中海世界》(1949)、《15至18世纪的物质文明、经济和资本主义》(三卷,1979)等。

令我汗颜,这也让我下决心认真重做一下这项原文关键词的检索工作。

开始,我只是对望月先生在《马克思历史理论的研究》①中所提出的马克思明确在德文中区分了市民社会和资产阶级社会的说法存有疑虑,因为过去我们只知道马克思在1840年代至1850年代在德文中使用的bürgerliche Gesellschaft这一词组,在中文翻译中,通常译者会依马克思文本的不同语境将bürgerliche Gesellschaft分别译为"市民社会"和"资产阶级社会",可是从来没有听说马克思真的直接使用过两个不同的德文词来界划这两个概念。望月先生的这一观点对于我们科学理解马克思对资本主义批判的科学认识的形成具有极为关键的意义。有趣的是,望月先生在《马克思历史理论的研究》一书中竟然真的给出了存在于马克思文本中的两个不同词组,资产阶级社会(Bourgeoisgesellschaft)和市民社会(bürgerliche Gesellschaft),并将其与马克思后来使用的"资本主义的社会"(Kapitaliste Gesellschaft,望月先生执意要将此词日译为"资本家社会")相对置。对于并不熟悉德文原文的中国读者来说,这似乎是我们只能接受的具有充分证据的文本事实。可是后来我经过长时间的仔细的文本查阅,终于发现马克思在其文献中对bürgerliche Gesellschaft和Bourgeoisgesellschaft这两个词组的使用并没有作出真正具有不同质性的区分,它们的差异仅仅是bürgerliche Gesellschaft出自德文,而Bourgeoisgesellschaft一词同为"资产阶级社会",只不过此词由法语而来,而马克思只是在《德意志意识形态》一书第二卷中两次使用此词,而大部分使用bürgerliche Gesellschaft。在《1857—1858年经济学手稿》的开始,马克思开始使用Kapitaliste Gesellschaft,而bürgerliche Gesellschaft一词的使用率逐步下降。这一研究成果大大地鼓舞了我,所以我开始将这种研究方式扩展到《回到马克思》一书第三版修订的全过程中。在开始,我完全是用手工查找,并分别使用过Word查询功能和Adobe系统中的PDF查询功能,后来在相关文献学和计算机专家的帮

---

① [日]望月清司:《马克思历史理论的研究》,韩立新译,北京师范大学出版社2009年版。

助下建立了独立的数据库专用的词频软件,从而真正完成了文本词频统计的科学化。我深深地体会到,文献学词频统计工作的意义在于,通过基于德文文本中马克思学术关键词的消长波动情况的历史流变状态的分析,我们能够发现马克思学术话语实际运作的第一手思想构境细节,这使我们对马克思不同时期思想状况的质性认定获得了坚实的客观文献基础。可以说,我从中获益良多。

我们知道,词频统计方法是文献计量学(Bibliometrics)的传统分析方法之一。所谓词频(term frequency,TF),就是指在一份给定的文献中,某一个给定的词语在该文献中出现的次数。词频统计则是研究者根据一定的研究目的,运用统计学的方法,从不同的文献文本(如网络引擎、报纸杂志、历史文件、档案记录等)中搜集所研究问题的核心词汇,在进行特殊的编码之后,据以进行定量词频分析的方法。在文献计量学研究中,研究者通过词频统计分析,可以对科学研究某一领域的发展趋势、语言习惯的演进和各种社会现象的变化等问题进行定量研究。我在与文献学相关专家的交流中得知,这一前沿性方法的使用对于推动整个文献情报学方法论的提升有着重要的意义。正是在这个重要的科学前沿的基础上,我提出了所谓**文本词频统计**,这是指统计一个思想家在其经典文本的母语原文中权力话语结构中的支配性概念或范畴出现的频率,并将其与不同时期中发生重要思想变异的文本的词频统计结果进行历时性比较研究,并且在二维词频图上以可直观的曲线图标识出来,以达到对已有文本学分析的数据支持。词频统计之所以必须建立在文本母语中,是因为在语言翻译转换中,新的翻译文字已经在一个陌生话语体系中被重新构境。在我看来,词频统计本身并不直接产生文本分析的结果,而只能是对深度文本学研究进行辅助说明的一个实证科学的工具性手段。在目前已经完成的《回到马克思》一书的第三版修订中,我依据 *MEGA2* 和其他德文原始文献的全文数据库,对马克思在不同文本中重要学术关键词的出现和消失、增多与减少情况尝试进行了一定的文献数据统计工作,说实话,这种文献计量工作使得我自己原先的文本学研究有了一个全新的思考维度。

这里,我再举一个具体的例子,即《回到马克思》一书中我所坚持并发展的由孙伯鍨教授首先指认的马克思的"两次转变论"。1970年代末,当苏东那种目的论和平滑进化论式的思想史模式还占主导地位的时候,青年马克思哲学思想的发展被确认为一次转变,即哲学立场上从唯心主义向辩证唯物主义的转变,政治立场上从民主主义向共产主义的转变。通常,人们将青年马克思这一思想转变的时间节点置于1843年,由此,马克思写于1844年之后的大量文本则被直接指认为马克思主义的东西,固然其中也被指认出一些"不够成熟"的地方。而孙老师则第一次明确说明了马克思思想进程中1843年的那次转变并不是马克思主义诞生的时刻,在这里青年马克思1845年3月以前的思想发展进程本身被具体地一分为二:"其一是从1837年加入到青年黑格尔派哲学阵营一直到1843年夏天以前,青年马克思的哲学思想主要受到经过青年黑格尔派改装过的黑格尔哲学的影响,这在他的博士论文《德谟克利特自然哲学与伊壁鸠鲁自然哲学的差别》以及《莱茵报》时期的一系列文章中得到反映;其二是当青年马克思思想遭遇现实问题而十分困窘的情况下,他通过以法国大革命为重心的历史学研究,并在魏特林、赫斯和青年恩格斯等人的影响下,发生了第一次(**并不是自觉开始创立马克思主义**)重大思想转变,即从唯心主义转向**费尔巴哈式的人本学**唯物主义,从民主主义转向**一般**共产主义(不是科学社会主义)。与这一时期相关的文本包括青年马克思在1843年夏天以后写下的《克罗茨纳赫笔记》、《德法年鉴》时期的文章、最初研究经济学的《巴黎笔记》,以及在这一过程中逐步完成的著名的《1844年手稿》、《神圣家族》、1845年3月写下的《评弗里德里希·李斯特的著作〈政治经济学的国民体系〉》(以下简称《评李斯特》)的手稿。而第二次转变则是在《评李斯特》一文中初见端倪,并发生于《关于费尔巴哈的提纲》(以下简称《提纲》),完成于《德意志意识形态》、《马克思致巴维尔·瓦西里也维奇·安年柯夫》(以下简称《马克思致安年柯夫》)和《哲学的贫困》的真正自觉创立马克思主义的思想革命。

这种转变是一次格式塔式的整体转换,而不只是一个量的渐进过程。只有在这时,马克思恩格斯才第一次确立了实践的新唯物主义哲学视界。这不是什么哲学逻辑体系,而是一种活的科学立场、观点和方法;也只有在此时,马克思恩格斯才真正创立了科学的社会主义。"①

我们已经知道,与孙老师的观点看起来相近的观点还有 20 世纪 60 年代法国西方马克思主义者阿尔都塞的"断裂说"。②阿尔都塞着眼于马克思思想发展的不同特点的深层理论结构("问题式",即提问的基本方法和逻辑结构),从而指认了存在着以 1845 年 4 月马克思的《提纲》为分界线的两个马克思,即处于人本主义意识形态逻辑框架中的青年马克思与作为创立了全新科学世界观的马克思主义者的马克思。与此观点相接近的还有日本马克思主义哲学家广松涉的论点,即 1845 年 4 月马克思从异化逻辑向"物象论(Versachlichung)"逻辑的转换。当然,广松涉的观点由于受到海德格尔和当代其他思潮的影响,因而是一个更为复杂的理论变体。③ 与他们二人的观点不同,孙老师并没有将发生在 1845 年的青年马克思的思想转变视为一种简单的断裂,所以他更精细地指认了《1844 年手稿》中实际存在的两种截然不同的理论逻辑:其一是从劳动者的先验类本质——劳动出发,将社会历史(主要是现代工业文明)视为人的本质之异化和复归的过程的人本主义隐性唯心主义历史观构架,这是支配着此时青年马克思哲学的主导理论框架;其二是在马克思真实地接触了无产阶级实践和经济学史实之后,**不自觉发生的**一种新的从历史客观现实出发的理论逻辑。在 1844 年至 1845 年 3 月间,这两条理论逻辑始终处于一种动态的相互消长之中。我在《回到马克思》一书中,更仔细地从文本学解读的视角进一步说明了孙老师的观点。在这里,我就用自己新近进行的学术话语关键词的词频统计数据来提供一个新的文献学证据。

---

① 参见本书正文,第 8 页。
② 参见[法]阿尔都塞《保卫马克思》,顾良译,商务印书馆 1984 年版。参见拙著《问题式、症候阅读与意识形态》,中央编译出版社 2003 年版。
③ 参见本书正文,第 6—7 页。

从我新近完成的基于德语原文本的学术关键词的频次统计中,我们可以清楚地看到在1845年马克思思想发生第二次转变中,人本主义哲学话语与历史唯物主义的科学理论交接在主导性概念频次图上所发生的多重"断裂性"峰值,比如在《詹姆斯·穆勒〈政治经济学原理〉一书摘要》(以下简称《穆勒笔记》)和《1844年手稿》中作为**权力话语关键词**的Entfremdung(异化)、Entäusserung(外化)和Gattungswesen(类本质)三词,分别从高值25/150、27/99和0/16,突然在《评李斯特》和《德意志意识形态》中降低为0①/负17(即否定性的引述,其中直接他引4次)、0②/负3(其中直接他引1次)和0/0(参见图1)。

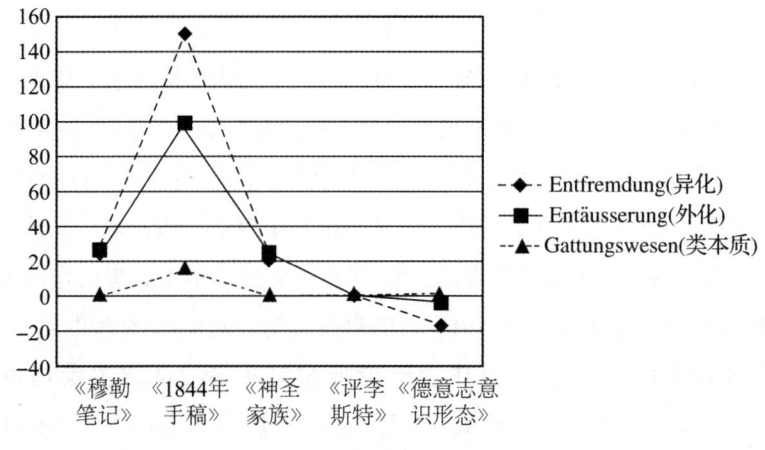

图1

而在《1844年手稿》中作为正面肯定的Humanismus(人本主义)则从**相对高峰值**8到《德意志意识形态》中的**底谷峰值**负13(即作为批判对象的指称,参见图2)。

---

① 《评李斯特》中唯一一处使用"entfremden",是讨论现代工业"主要加工外国的原料,并且以外贸为基础,工业就同国内基地相脱离(entfremden)",而并非在"异化"的哲学意义上使用这一词语,故不计入统计。
② 《评李斯特》中唯一一处使用"entäusseren",是讨论谷物出口"使谷物价格服从于外部的偶然情况,使国家完全外化(entäusseren)",而并非在"外化"的哲学意义上使用这一词语,故不计入统计。

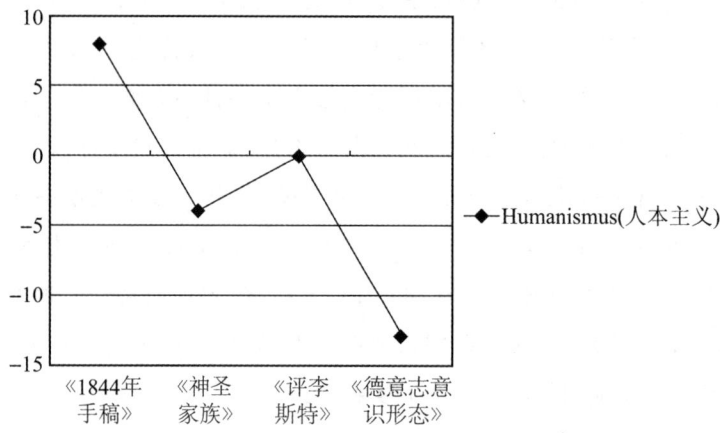

图 2

在我所给出的二维频次图组中,我们可以直观地看到这个支撑孙伯鍨先生所提出的"马克思第二次思想转变说"的奇异性的话语转换曲线。此外,这两个频次统计图都可以从一个客观数据的层面直接支持我在《回到马克思》一书中所指认的青年马克思异化劳动为核心的人本主义话语的消解过程。因为一种重要的理论逻辑,当支撑它发生学术思想运作的关键词缺失时,将必然导致这一话语逻辑的自我解构。并且,更有趣的事情是,与此频次值完全对应的,是作为历史唯物主义主导话语关键词群的 Produktivkraft/Produktionskraft(生产力)①、Produktionsverhältnis(生产关系)和 Produktionsweise(生产方式),从《穆勒笔记》、《1844 年手稿》、《神圣家族》和《评李斯特》的几乎**零频次**[0/0(他引 6 次)/0/0(他引 31 次)②;0/0/0/0;0/1/1/0]直接突现为《德意志意识形态》中的 89、7、17

---

① 在我们的词频统计中,德文"生产力"既包括其单数"Produktivkraft"、"Produktionskraft",又包括其复数形式"Produktivkräfte"、"Produktionskräfte",还包括在 MEGA2 版《1844 年经济学哲学手稿》中尚未定形的"生产力"概念的原初拼写情况,包括"Productivkraft"、"Productionskraft"以及作为词组出现的"produktive Kraft"等,不过此时的马克思只是直接引用或复述他人关于生产力的观点。

② 在《1844 年经济学哲学手稿》中,青年马克思的引文中出现过斯密等人的"生产力(produktive Kraft)"一词。但他自己没有使用德文中的生产力概念;而在《评李斯特》一文中,马克思只是对李斯特的生产力观点进行了否定性的复述(31 次他引)。

(参见图3)。

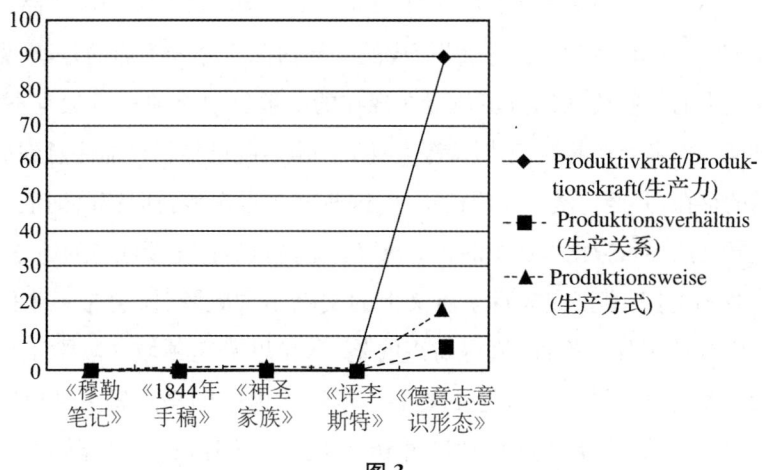

图3

这个词频图直接说明,只是在《德意志意识形态》中,马克思恩格斯所创立的由生产力—生产关系—生产方式等核心关键词构成的历史唯物主义才真正成为全新的权力话语,由此,马克思主义的科学新世界观才真正得以确立。

当然,在本次修订中,我只是初步记录了文献统计的部分结果,而没有进行更深入的质性分析。还必须说明的是,我已经完成的文献统计学工作都还只是非常初步和粗略的统计,原因有四:一是 *MEGA2* 的出版情况的限制,所以这造成了数据库中基础文本版本的非同一性;二是文献词频统计中并没有仔细排除马克思引述他人文献时的词语;三是马克思等经典作家在自己的文本写作中,由于外来语和写作习惯方面的原因,常常用不同词语表达相同的指称对象,如"Kapital"—"Capital(拉丁语拼写)","Bourgeoisie(资产阶级,法文而来)"—"bürgerlich","social(社会的,法文而来)"—"sozia"等;四是现代德文对历史文本的重构问题。在这一次的词频统计中,我发现一些后来重新编辑的德文文本都发生了现代词语重构,这主要是德国近代以来两次重要的"正字法"(1880年的正字法和1996年的新正字法)的结果,而 *MEGA* 版则保留了马克思恩格斯的写作词语使用中的原初状况。比如我在这次修订中发现的"Theilung der Arbeit(分工)"→"Teilung der Arbeit"、"Waare(商品)"→"Ware"、"That(活动)"→"Tat"等词的变异情况。令人头痛的是,马克思的原文中的一些德文词拼写甚至在现在的一般德语字典中竟然查不到。这种情况也发生在赫斯、李斯特等人身上。虽然我已经尽可能注意到这些问题的存在,并努力做了一些校正,但这些德文写作和新旧德语词汇的历史差异必然导致数据生成中的相对意义。这是读者一定要注意的地方。

我知道,要真正完成科学意义上的文献学词频统计,会是一个巨大的科学统计工程。不过,值得高兴的是,马克思研究领域文献学工作中较为完整的系统词频统计这重要的一步终于由中国马克思主义研究者来开启。当然,当望月先生2011年访问南京大学时,我已经能够很自豪地告诉他,过去他得花数月才能完成的工作,如今我们已经可以利用我们初步建成的大型原文文献数据库在几分钟之内就能完成了。据我所知,在国际马克思研究的学术界,这也是第一次尝试。

最后,在第三版修订中还需要专门说明的重要问题,是我对马克思所使用的 Verdinglichung 和 Versachlichung 二词的改译,传统中国学术界的翻译通常将二者都混译成**物化**,而我则保留对 Verdinglichung 一词"物化"的翻译,而将 Versachlichung 改译作**事物化**。这里的思想构境缘起有二:一是在第二国际以后的马克思主义阐释史中,隐在于马克思经济学语境中的物化概念基本上被遮蔽起来,直到20世纪20年代才由青年卢卡奇[①]在《历史与阶级意识》一书中重新解读出来,在《物化与无产阶级意识》(*Die Verdinglichung und das Bewußtsein des Proletariats*)一

---

① 卢卡奇(Gerog Lukacs,1885—1971),匈牙利著名马克思主义哲学家、美学家,西方马克思主义哲学思潮的"奠基人"。卢卡奇1885年4月13日出身于布达佩斯一个富裕的犹太银行家的家庭。中学毕业后,卢卡奇去布达佩斯大学学习法律和国家经济学,并攻读文学、艺术史和哲学。1906年获法学博士学位。1918年12月加入匈牙利共产党。1933年当选苏联科学院院士。1944年任布达佩斯大学美学和文化哲学教授。1946—1956年间任国会议员,1956年曾任纳吉政府教育部长。1971年6月21日死于癌症。其主要著作有:《历史与阶级意识》(1923)、《理性的毁灭》(1954)、《美学》(1963)、《社会存在本体论》(1970)等。

文中,他详尽地说明了马克思的**物化**(*Verdinglichung*)概念及其现代意义。① 二是多年以前我所主持译介的日本新马克思主义哲学家广松涉的观点。他在自己的研究论著中,将马克思的 Versachlichung 这一概念译作**物象化**,以区别于马克思的 Verdinglichung(物化)概念,并以物象化作为马克思 1845 年思想变革的重要落脚点,以异质于之前的人本主义异化史观。② 所以他有青年马克思"从人本主义异化论向物象化论的转换"之说。也是在这一讨论和思考中,他指认出物象化**不等于**物化。

> 后期马克思所说的"物象化",不再是主体的东西直接成为物的存在这种构想,而和将人与人的社会关系宛如物与物的关系,乃至宛如物的性质这种颠倒的看法有关。例如,商品的价值关系,"需求"与"供给"的关系决定物价,货币具有购买力,资本具有自我增殖能力,诸如此类的我们身边的现象。③

在广松涉看来,这里这种特定的物象化"并不是在近代哲学意义上的主体—客体关系、前者向后者的转化这种构想上的'物化'",而是"人的主体间性的对象性活动的某种总体联系,宛如物与物的关系、乃至物的性质这样的假现"。④ 必须承认,广松涉这里的指认是深刻的,他区分了马克思德文文本中的 Verdinglichung 和 Versachlichung 二词,并界划了二者的不同构境点,如果说 Verdinglichung 还有一些"主体转化为客体"的意味,而 Versachlichung 则彻底打破了主—客二元构架,它的本质是人的关系的**物象化**。广松涉基于德文原初语境的思想构境层显然是很深的情境

---

① Georg Lukacs, *Geschichte und Klassenbewuβtsein*, *Georg Lukacs Werke Gesamtausgabe*, Band 2, Darmstadt: Hermann Luchterhand Verlag, 1968, S. 257 - 397. 青年卢卡奇的这一解读影响甚远,我发现,后来的海德格尔、阿多诺竟然都是在 Verdinglichung 这一概念上推进马克思的观点的。而海德格尔则更精细一些,早在 1919 年的讲座中,他就已经区分了物化(verdinglicht)和事物化(versachlicht)。参见[德]海德格尔《哲学观念与世界观问题》,载《形式显示的现象学:海德格尔早期弗莱堡文选》,孙周兴译,同济大学出版社 2004 年版,第 4 页。参见 *Gesamtausgabe*, Band 56/57, Frankfurt am Main: Vittorio Klostermann, 1987, S. 66。
② 参见[日]广松涉《唯物史观的原像》,邓习议译,南京大学出版社 2008 年版,第 35—37 页。
③ [日]广松涉:《唯物史观的原像》,邓习议译,南京大学出版社 2008 年版,第 38 页。
④ 参见[日]广松涉《唯物史观的原像》,邓习议译,南京大学出版社 2008 年版,第 38—39 页。

突现,这对于我们更加准确地把握马克思思想的深一层思想构境层都是极为重要的。广松涉的物象化概念,在日本马克思研究界有广泛的影响。随着广松涉文本的中译,他的物象化概念也逐步影响到国内学术研究。

但是,当我在此次对本书第三版的修订中,沿着广松涉的思想构境线索向更深处走的时候,我却发现了一些新的问题。广松涉没有深入探究的事情是,Verdinglichung 和 Versachlichung 二词都由德文中两个表示"物"的原词构成,Verdinglichung 中的原词是 Ding,这个词的意思接近英文中通常的 thing,一般用来表示人之外的物、物质性东西;而 Versachlichung 中的原词是 Sache,这个词并没有英文的直接对应词,在日常使用中此词也是指物和物品,但在构境意会中会细微地区别于人之外的 Ding,更多地意指**与人相关**的东西和事情。不同于广松涉,我个人倾向于将 Sache 区别性地译为"事物"。所以,由 Ding 和 Sache 二词构成的 Dinglich 和 Sachlich 就相应地分别译作"物性"和"事物性",而 Verdinglichung 和 Versachlichung 两词则再译成"物化"和"事物化"。这也就是说,我认为广松涉将 Versachlichung 日译为"物象化"在他自己的广松体系即四肢逻辑中是有道理的,但在马克思的文本原境中却是不妥的。我们知道,胡塞尔(海德格尔)的确是在我上述的构境意义上提出了现象学的基本口号:"回到事情本身(auf die Sachen selbst zurückgehen)"。Sache 就成了真正的现象,而广松涉的过人之处,恰恰在于他深受胡塞尔现象学的影响,干脆将 Sache 意译为"物象",即 Sache füres(为我之事物),并直接与马克思的历史现象学中的经济拜物教发生关联,于是才有了所谓马克思的"物象化"理论一说。

再进入深一些的构境层,这里问题的实质在于我与广松涉对马克思经济拜物教批判前提的不同理解:在广松涉那里,经济拜物教的前提是"人与人的社会关系**宛如**物与物的关系,乃至**宛如**物的性质这种颠倒的看法"(这里引文中的黑体为我所加,是想突显广松涉理解中的这个"看似"、"好像"的意境),所以,拜物教的前提是一种**类似物性的虚假呈象**,这样,他才会指认 Versachlichung 是一种物**象**式的看法;而在我看来,马克思经济拜物教的前提,恰恰是人与人的联系客观地被事物(Sache)与事物(Sache)之间的中介性关系所客观替代,虽然这的确不是主—客二元结构中的那种"主体的东西直接成为物的存在",但也绝不仅仅只是一种主观看法和伪像。就像在交换过程中发生的**客观抽象**一样,人们在无数次现实的商品交换中,才客观抽象生成了价值等价物,货币是交换关系的一种历史性的客观抽象,而非主观呈象。在人所创造的经济世界中,主体的东西不是简单地变成物(Ding)的东西,现代性的工业生产所生成的社会生活的直接物质基础是与人相关的各种人作用过的事物或者就是**人工事物**(Sache)。资本主义生产方式中的秘密支配力量,不是一种物象式的主观看法,而原本就是人与人之间的直接劳动联系建构的社会存在,畸变为另一种被市场交换中介了的商品与商品、货币与货币、资本与资本之间的经济关系(ökonomisches Verhältnis)体,这种畸变的本质是**事物性关系**的颠倒,其中,原有的劳动联系被遮蔽起来,人们不再知道劳动创造世界的真谛,倒反而崇拜各种经济过程中由交换关系规定和建构的事物(金钱与各种炫耀性商品),这才是马克思经济拜物教的实质。当马克思在1848年《雇佣劳动与资本》发现**资本不是物而是一种关系**时,其思想构境层是复杂的:第一层构境语义为,资本不是物(Ding),而是一种关系(Verhältnis),这里直接的构境意义为资本不是**直观**的物品,而是一种抽象把握才能获得的社会关系;第二层构境为资本作为一种社会关系,其实质已经是一种颠倒,即非直观的劳动**联系**被同样非直观的事物与事物之间的**中介性市场关系**所替代,这不是主体转换为物体的物化(Verdinglichung),也不是什么主观的物象化看法,而是人与人的联系颠倒为事物与事物之间的关系的关系性的**事物化**(Versachlichung)。

其实,为了"物象化"一词的日译,我先后多次请教了日本学者,其中有广松涉在世的朋友吉田教授,也有一些同时精通德语和马克思文本的日本专家,如内田弘教授和平子教授。他们都无法说清广松涉为什么将Versachlichung译为"物象化",并且更有意思的是,对"象"在日文汉字中的构境语义,似乎也没有深究过。我的追问也引起了日本学者们的兴趣。在我对广松涉哲学的思考中,我能体知到他的用意。在他走向自己的"四肢论"的过程中,起关键性作用的构境构件之一是胡塞尔—海德格尔的现象学,从马赫的关系本体论而来的关注,使广松涉将马克思的哲学意解为批判性的实践现象学,其中,马克思对资本主义经济关系的物性颠倒在人们面前的呈象则成了广松涉的注意焦点和重要逻辑过渡环节,由此,Versachlichung 才日译为"物象化"。① 我认为,并不在广松涉哲学语境中的日本学者不加反思地引述物象化概念是非法的。我的这一指认令不少日本学者感到震惊。

我所提及的这些工作,也是我自己在这几年中努力开辟中国马克思主义理论研究**重新归基**工程的一个先期部分。这一工作更重要的直接主体是我已经开始写作的《概念与境和思想考古——"回到马克思"的一种再归基》一书。

应该提及,在我这一次的研究转型中,新的研究小组中除了唐正东、周嘉昕、孙乐强博士以外,新加入的杨乔喻、李乾坤、张义修和刘冰菁都直接参与了我的文献准备工作和全程研讨。他们中间,乔喻的工作量是最大的。他们几位,除去刘冰菁为南京大学与法国领事馆联合举办的法语精英班学员之外,另外三位都是我们与德国哥廷根大学合作的德语精英班学员。谢谢他们的辛劳和毅力。还要专门感谢南京大学外国语学院的常晅博士,没有他这几年的精心教学,我和唐正东也不可能进入德语的学习之门,虽然我肯定不是一个好学生,但这一努力对中国马克思主义研究学术界却是意味深长的。

感谢江苏人民出版社的领导和编辑们。

张一兵
2013 年元月于南京

---

① 据中野先生介绍,在青年卢卡奇的《历史与阶级意识》一书 1962 年的日译中,译者平井俊彦就是将 Verdinglichung 译作"物象化"。那么,广松涉则应该是进一步区分了 Verdinglichung 和 Versachlichung,而将 Versachlichung 指认为"物象化"。

第二版序言

《回到马克思》一书问世,迄今已经十年了。不经意之间,时间流逝得真快。其实,回想当时写下"回到马克思"这个书名时,并没有那么复杂的心态,无非是想要说明,采用一些新的非教条的解读方式,经典文献就可能呈现完全异质的理论语境。这里的"回到",并不是刻意模仿上一世纪初新康德主义①和新黑格尔主义②的那个很俗的口号,而是简单地依循了大师胡塞尔所说的"回到事情本身"之意。自然,这也不是现象学的那种意识论中的先验还原,我自己的原意是想通过不同于传统原著研究中的方法(文本学解读)和问题视域(经济学),重新提出在马克思哲学

---

① 新康德主义(Neukantianismus):19 世纪末到 20 世纪初发生在欧洲的一场"回到康德"的运动。其发源地为德国,但影响到整个欧洲。1865 年,奥托·李普曼在《康德及其模仿者》一书的每一章都以"回到康德去"为结论,这部书使得当时德国哲学家对康德哲学的热情再度高涨,标志着新康德主义的开始。新康德主义是学院哲学,在世纪之交,德国几乎所有的大学教授都被新康德主义占有。
② 新黑格尔主义(neo-Hegelianism):现代西方哲学流派。19 世纪下半叶以来从传统的方面复活黑格尔哲学的各种思潮的总称。最早在英、美产生并流行,著名代表有 T. H. 格林(Thomas Hill Green,1836—1882)、F. H. 布拉德雷(F. H. Bradley, 1820—1909)、B. 鲍桑葵(Bernard Bosanquet,1848—1923)等人。20 世纪上半叶特别是两次世界大战之间在德、意等国曾发生巨大影响,在西方其他各国也有代表。

文本研究中人们自以为已经解决而实际上不可能最终完成的**解释学任务**。① 在当时的研究中，我所思考的各类问题的具体所指并非针对国内学界，而是针对苏联东欧马克思主义哲学研究中的传统研究构架。特别需要辨明的是，我丝毫也没有打算将自己的认识结果标举为绝对正确的真理，可以肯定，这些已经成为历史文本的东西一定会被新的研究所超越，事实上，国内一大批优秀的中青年学者都已基此建构出了新的重要理论成果。

《回到马克思》一书出版于1999年，在当时及以后的相当长的一段时间里，国内马克思主义哲学研究界对本书投以了十分热烈而持久的关注。② 必须承认，对这部书稿可能引起的反响，我在事先固然也有所预料，但该书正式出版后所引发的反响声音之大、反响者之多、反响角度之广，还是大大超出了我的预想。理论的对错姑且不论，1999年距今已经近十年，当思考经过岁月的沉淀，文本在诠释之网中被反复质疑和考量之后，而我回首再次反思自己这本书的理论意义与现实意义之时，依然能如当日挥笔疾书《回到马克思》的后记时那样充满自信，作为作者，这一点应当算是最值得我欣慰的事情了。

在我自己看来，作为上个世纪末的中国马克思主义哲学研究中的一种历史性文本，《回到马克思》在以下三个方面发挥了它的作用：一、引发国内马克思主义哲学界，特别是一批中青年学者更深入地去认真阅读马克思的哲学原著。从解释学的角度看，这种对原著的"重读"（杨耕语），已经开始逐步摆脱过去那种为了服从某个既定理论需要而运用一些外在于文本的"原理"反注原著的教条主义枷锁。二、促进国内马克思主义

---

① 这里还有一个有趣的问题，即我在此书中使用的"马克思哲学"一语。因为我所面对的马克思的哲学文本中，包括了尚没有创立历史唯物主义的青年马克思的哲学思想，所以我专门使用了"马克思哲学"一语。可是，这一特定语境中的提法却演变成一种新的称谓，甚至有人试图以此取代"马克思主义哲学"。这是可笑而非法的理论企图。

② 江苏人民出版社在三次重印此书后，这一次将此书列入"凤凰文库"重点学术图书再版。目前此书在日本、俄罗斯和欧洲的一部分从事马克思主义研究和文献学研究的学者那里有一定的影响。

哲学研究学界的方法论更新与发展。《回到马克思》出版之后,国内马克思主义哲学界的不少学者,普遍开始关注和使用文本分析法、历史重读法、实践阐释法等一系列全新的研究方法。窃以为,这实在是一件很好的事情。我一直认定,**方法论上的自觉**是学术真正进入科学层面的标志,并且,这一点对今天的马克思主义哲学研究工作而言尤为重要。三、推动国内学界展开对马克思主义哲学当代性问题的重新思考。一旦真正回返马克思哲学的历史语境,我们劈面遭遇马克思其实已经开始接触到的西方现代性及其困境的问题。马克思是从历史唯物主义的客体和主体双重向度出发,对他那个时代的西方现代性(资本主义工业生产方式)进行深入剥离与批判的。看清了这一点,进一步思考的问题也就呼之欲出了:马克思对资本主义现代性存在方式的批判离我们当下的语境究竟还有多远?我们是否可能完全站在马克思的批判性视域之外来面对今天的资本全球化胜利?而在此之前,当人们解读马克思哲学的当代性问题时,常常把主要精力放在依据当下情境而对马克思历史语境的简单超越之上。

然而,《回到马克思》出版之后,学界的批评性意见也很多,有些论者的批评还是相当严厉的。这几年来,我个人对此始终保持沉默,原因之一是自从《回到马克思》出版之后,我把主要研究精力转移到当代国外马克思主义哲学的领域中去了。这些年来,我们在当代国外马克思主义哲学研究领域深入挖掘,拓展诸多前沿性的研究领域,进行多种文本的深度解读,这也占据了我大部分的精力。不过,尽管如此,我和整个南京大学马克思主义哲学研究课题组仍然十分关注马克思主义哲学经典文本的研究,近期我们已经组织翻译出版了日本学者广松涉的《文献学语境中的〈德意志意识形态〉》等经典文本的文献考证性著作[1],苏联学者梁赞诺夫[2]1926年

---

[1] 广松涉的这本重要论著已经由南京大学出版社于2005年初正式出版发行。2005年和2007年春天,我们分别在南京大学和东京召开了第二、三届广松涉哲学国际研讨会,其主题就是广松版的这本《德意志意识形态》。此两次会议的主要论文大都在国内杂志上公开发表,其中中日双方的重要论文由日本情况出版社的《情况》杂志全部译成日文,于2005年、2007年分多期刊出。此书的出版已经得到中、日、英等国相关专家的关注。

[2] 梁赞诺夫(David Rjasanov,1870—1938),苏联著名马克思主义文献学家。

出版的第一个原文版《德意志意识形态》①、苏联著名文献学专家巴加图利亚②1965年编辑的《德意志意识形态》③、德国学者陶伯特④主持编辑的MEGA版的文献版《德意志意识形态》⑤、韩国著名马克思学家郑文吉⑥关于《德意志意识形态》的文献学研究成果⑦都正在翻译出版过程之中。我们学科课题组对马克思哲学总体历史逻辑的研究⑧，以及对恩格斯和列宁哲学经典文本的重新解读工作⑨也正在进行之中。当然，这些年来，在开辟新研究领域的同时，我也在不断地反思《回到马克思》一书在理论上的得与失。以我现在的理解，此书在取得一定成绩的同时，的确也存在不少问题。例如，在文献运用的完整性（特别是相对于MEGA2已经出版的丰富文献）和精确性等方面存在不足，从一定程度上说，这必然会使我在《回到马克思》一书中对某些观点的阐发还不够具体和全面；又如，该书在力图对马克思哲学思想进行深度把握的同时，存在一些理解上的偏差，出现这种偏差倒不是由于本书的经济学视角或专题研究的解读方法而导致，而直接就是因为自己的经济学功底仍然不够扎实。关

---

① 此书已经由南京大学出版社2008年出版。
② 巴加图利亚（G. A. Bagaturija，1929—　　），俄罗斯著名马克思主义文献学家和哲学家。
③ 2008年8月，应我的邀请前来南京大学访问的巴加图利亚教授主动将此书的著作权赠送于南京大学出版社，此书已经在翻译过程中。
④ 陶伯特（Inge Taubert，1928—2009），民主德国马克思文献学家，她负责东德IML的MEGA2 I/2和I/5的编纂工作。
⑤ 此书已经由南京大学出版社正式购得版权，正在翻译和编辑过程之中。
⑥ 郑文吉（CHUNG，Moon-Gil，1941—2017），当代韩国著名马克思学家。1941年11月20日出生于韩国庆尚南道陕川郡；1960—1964年就读于大邱大学（现岭南大学）政治系，1964—1970年为首尔大学政治学研究生，获博士学位；1971年起，任教于高丽大学，1975年任副教授，1978年任教授；2007年，从高丽大学的教职上退休。1998—2000年间，郑文吉任高丽大学政治科学与经济学院院长。郑文吉的代表性论著包括：《异化理论研究》(1979)、《青年黑格尔派与马克思》(1987)、《马克思的早期论著及思想生成》(1994)、《韩国的马克思学视域》(2004)等。——本书作者第二版注。
⑦ 此书在郑文吉教授的授权和直接指导下，已经完成从韩文到中文的翻译，由南京大学出版社2010年出版。
⑧ 2009年，我们在人民出版社出版《马克思哲学的历史原像》一书。
⑨ 拙著《回到列宁——关于"哲学笔记"的一种后文本学解读》一书，2008年已经由江苏人民出版社出版。

于马克思哲学的学习和研究,直到现在我还信奉两句话:一是列宁之语,他说不懂黑格尔①的《逻辑学》,便不能真正理解马克思的《资本论》;二是我的老师孙伯鍨先生所言,他说不认真读懂马克思的经济学,便根本无法真正深入理解马克思的全部哲学。我以为,以上两段话皆为金玉良言。如此种种,都是我需要认真反省和进一步向前耕犁的地方。

因此,很长一段时间以来,我思考得最多的问题就是如何运用更自觉的研究方法、如何依据更详尽和全面的文本资源,进一步推进对《回到马克思》中已经提出的某些基本问题的阐发。不过,我至今依然认为,《回到马克思》明确提出作为一种马克思哲学研究新方法的文本学的解读模式,提出遵循这种马克思经济学研究的内在思路反观其哲学发展的逻辑新视角、MEGA2 的新文本群的意义②,以及我所标注为"历史现象学"的马克思科学的社会批判理论之新解,这些都是重要的理论创新。而下一步我们应该继续做的事情,则是将这些理论"真问题"在学术上进一步扎实地向前推进,在对真实的理论的深入研究中,批评和辨识出《回到马克思》一书的不足。当然,我已经注意到一些学者对《回到马克思》的深入解读和批评,这些批评是富有建设性的,并且对问题的进一步深化起到了很好的推动作用。③ 然而遗憾的是,迄今为止,批评性意见中的一部分论者依然是在传统解释框架的格局内或某个**非文本逻辑**的外部视角来质疑书中提出的观点,在我看来,有一些批评和原书之间从根本

---

① 黑格尔(Georg Wilhelm Friedrich Hegel,1770—1831),德国哲学家。黑格尔出生于德国西南部符腾堡州首府斯图加特。18 岁时进入图宾根大学(符腾堡州的一所新教神学院)学习。1801 年,30 岁的黑格尔任教于耶拿大学,直到 1830 年就任柏林大学校长。1831 年在柏林去世。代表著作有:《精神现象学》(1806)、《逻辑学》(1812—1816)、《哲学科学全书纲要》(1817—1830)(全书分三个部分:逻辑学、自然哲学、精神哲学)、《法哲学原理》(1819)。
② 还应该注意的一个问题,MEGA 资料文献的出版的确为中国马克思主义研究的深入提供了重要的文本依据,这也是我在《回到马克思》一书中最早倡导的方向。可是,我认为绝不能将 MEGA 版的文献特别是某些编辑者的观点不科学地加以神化,以构筑一种无思的、可笑的 **MEGA 拜物教**。似乎 MEGA 就是绝对真理,MEGA 的编者的所有结论就是认识的终结,由此,必然会生成一种阻碍和破坏马克思主义研究思想原创性发展的特定的意识形态伪境。
③ 参见王金福《南京社会科学》2000 年第 6 期;颜岩《内蒙古社会科学》2005 年第 2 期;胡大平《人文杂志》2005 年第 5、6 期。

上缺乏一个通畅地对话和讨论所应该拥有的共同平台,用最通俗的话来形容就是,"二者说的根本就不是一回事"①!令人无法理解的是,个别论者在根本没有弄清楚《回到马克思》一书中试图说明的问题前,就把一些极为抽象和武断的帽子扣在你的头上,如"阿尔都塞情结"、"非整体的马克思",还有一些人干脆就在"回到马克思"这个抽象概念里把玩那些极其无聊的经院哲学式的空洞文字游戏。我发现,其实对这类仍然深陷教条囹圄的学者而言,传统斯大林教科书解释框架已经在他们那里无意识**地身体化**了,他们从来没有认真地阅读马克思,也永远不可能读懂马克思,更根本无法理解它们作为帽子武器的阿尔都塞的问题式,甚至不能了解诸如从马克思经济学研究的语境可以透视其哲学逻辑发生的常识性问题。② 可是,如此理论水平的人竟然能够不断地在一些知名刊物上发表文章,甚至出版论著发表大量不负责任的言论,在今天的学术界大肆进行非善意的抽象否定和"革命大批判",实在是匪夷所思的事情。在我看来,这些人思想中所内居的**深层语法结构**恰恰还是**暴力性**的,因为他们总想通过简单地贬斥他人、专横地自我标榜来非法照亮自己那种无

---

① 这是我与俞吾金先生交流同类问题时他所说的一句话,他也时常为一些根本没有看懂他的文章的"商榷者"和"批评者"而感到头痛。
② 竟然有些论者对不同学术领域之间的共生和依存性还提出了疑问,在国内《中州学刊》上就有一篇文章的标题叫"经济学之树如何结出了哲学之果",这真是一个现代学术笑话。懂一点哲学常识的人都应该知道,形上之学总是从形下之学中超拔而来的,往往一门具体科学或艺术(甚至生活本身)达到它的最高理论升华时,总会形成哲理和方法论意蕴。这样的例子真是太多,从古代希腊到中国,哲学即是科学之母,而新的科学的形成又往往建构出最新的哲学层级,牛顿的科学表征了一个力学的时代精神,而爱因斯坦和哥本哈根学派的现代物理学则引导着哲学在当代的进步。在马克思所生活的早期工业化时代,布尔乔亚新的哲学意识形态就是从实证科学、古典经济学、进化论和新的历史研究中生成和抽象出来的。越是走向当代,哲学与其他学科的同体性和逻辑同构就越明显。上一世纪60年代以来,欧洲的思想大师都纵横多个学术领域,如同时作为文学家和哲学家的萨特,身兼哲学家、美学家和文学评论家的卢卡奇、本雅明、马尔库塞、戈德曼、杰姆逊,同为科学家和哲学家的玻姆、罗素、波兰尼,同为社会学家和哲学家的哈贝马斯、福柯、布尔迪厄、吉登斯,同为心理学家和哲学家的弗洛伊德、马斯洛、弗罗姆、拉康、齐泽克,等等。这恐怕是一个举不胜举的名单。可是,这种思想史上的常识却为我们的一些所谓的哲学博士所不知。并且,这样的漫画式的学术反讽竟然以论文的形式出现在我们的学术期刊上,这真像是公然把自己钉在永远无法摆脱的耻辱的文本十字架上。

功无名的阴暗痛楚。还有极个别的人,在没有拥有任何真正意义的文本解读成果的情况下,却大谈文本学研究的方法;在自己并不能直接通过原文通晓文本内容的情况下,却批评他人对 MEGA 版文献的完整利用,甚至荒唐地在他自己根本从未涉猎的国外马克思主义经典文本的解读中武断地批评他人;手中没有任何原文手稿,竟然要在二手文献上做所谓版本考证,甚至荒唐地将**版本考证之类的文献学研究**误认为是**解释学语境中的文本学**。① 更值得我们关注的一个理论动向是,西方马克思学的方法和立场简单地成为一些人的膜拜对象,而西方马克思学文献研究中的带有意识形态色彩的许多错误观点被当作是"新成果",无批判无分析地推销到国内学术界来。② 令人痛心的是,这些问题都发生在一些青年学者身上。我倒真的不是因为他们直接批评了我的书和研究而发此

---

① 也是为了说明这种差别,我才专门组织翻译了上面已经提到的日本著名马克思主义哲学家广松涉在上一个世纪 70 年代出版的文献学专著《文献学语境中的〈德意志意识形态〉》一书,并且开始着手译介一批国外马克思文献学的资料。我是想让国内学者了解到,什么是真正意义上的文献学和版本研究的科学样式。一个根本没有直接面对文本原文手稿,并通过文字识别和考证的所谓版本研究,只能是通过他人二手资料的汇编而制造的伪科学而已。就我个人而言,我早就自觉意识到自己根本不具备文献学和版本考证的基本资格,所以才转向解释学意义上的文本学研究。而且我认为,就目前国内马克思主义文献学研究的条件而言,这一科学领域的真正开辟可能还需要一个较长的发展过程,这是我们不得不正视的问题。我特别高兴地看到,中国社会科学院哲学所的魏小萍博士、清华大学哲学系的韩立新博士和南京大学的一些青年学者都正在以踏实的态度和扎实的努力步入这一全新的领域。2008 年 8 月,我与我的同事正式访问了荷兰皇家科学院的国际社会历史研究所(IISG, Internationales Institut für Sozialgeschichte in Amsterdam),第一次亲眼看到了马克思恩格斯写下的那些著名手稿的真迹。这是一个令人激动的时刻。

② 参见拙文《文献学与马克思主义基本理论研究的科学立场》,载《学术月刊》2007 年第 1 期。最近,个别论者在对我的《回到马克思》一书进行的长达数万言的批判性解读中,唯一的**肯定性参照**只是西方马克思文献学的所谓"最新成果",所以,他对我的批判,只是依循一些外在的文献数据指认出《回到马克思》一书的许多"过时"之处。其实,这是典型的**无思考主体**的他性镜像。正因为自己没有独立的思考,他就不得不在自己的论说中依存于他者的理论逻辑和外部权威。而《回到马克思》一书中原创性的学术思想,恰恰会被认定为思辨玄学而遭到否定和贬斥。这里还有一个有意思的笑话,在 2006 年秋天我们主办的第一届"当代资本主义国际研讨会"(中国常熟)上,遇到上述这位论者在国外访学时的老师,英国著名马克思学文献专家卡弗教授。一天晚上,在我们与英国学者的酒会上,当时有人提到上述这种对《回到马克思》的"批判",卡弗教授在表示了他不想介入这场"战争"之后,当着六位英国学者的面对我说:"你是一位原创性的学者,而他不是"。显然,他也知道自己学生所居有的**他性**话语。

议论,我从来都是真心地欢迎各种学术批评,但也绝不能纵容那种强暴式的不负责任的恣意谩骂。我以为,在21世纪的中国学术界,这种可悲的不良学风真可休矣! 其实,今天中国的绝大多数中青年理论工作者都已经明白一个道理,那就是我们都只能在某一学科领域中持有相对合理的理论解释,因此大家都需要相互平等地交流和商榷,其目的是共同创造一种更加宽松、和谐的理论学术环境,以期共同创造民族精神和文化再腾飞的明天。说句不客气的话,这些自以为是的人,要读懂《回到马克思》中已经表明的基本理论逻辑,恐怕还有很长的路要走。

我历来主张,科学的学术批评是理论进步最重要的前提,这也是一个学者自我警醒最直接的思想条件。也是基于以上的考虑,我把自己的想法带进了本专业博士生的教学过程之中。在南京大学哲学系2004年下半年的博士生专业课"文献阅读与批评"课上,我要求同学们以批判的眼光直面文本,通过阅读文本,寻找出《回到马克思》一书的问题所在。一方面,我在课堂上现场解说了自己写作《回到马克思》每一章节的具体意图,为已经"死去"的文本进行辩护;另一方面,我要求同学们在认真阅读的基础上,踊跃发表对此书的批评性意见,尔后我再接着对同学们的发言进行有针对性的答辩,以建立一种当下的批判解释学的交流语境。盘点与同学们共同解读和反省《回到马克思》的那段日子,这种批评性的研讨对我自己和博士生们来说都真正是一个教学相长的双赢过程。课后,同学们交上来的一批"批判"《回到马克思》的作业,不少文章都是在读懂了书中的某个论点之后,对所发现的逻辑矛盾或不够深入的地方进行的有针对性的批评和分析,其中的一些学术质疑还是相当有分量的。因此,我在2005年第2期的《南京社会科学》上组织了一组对《回到马克思》进行批评的专题笔谈。我真的希望,这一组笔谈的发表,不仅能够在学术界倡导一种良好的学术批评之风,而且能够推动学术批评真正地聚焦到理论的真问题上来,也唯有如此,学术批评方能真正成为推动理论研究的动力。

实际上,这里还有另一个重要的问题,即关于我们自己用何种模式和方法培养学生的问题。我以为,要想培养一流的人才,重要的一环就是要摆脱过去那种总想同质性地"克隆"自己的学术观点的教学模式,要让学生超越老师,很关键的一步就是培养他们的独立批判意识,这包括从一开始就要鼓励他们学会质疑自己的老师。在不少文章中我多次说过,《回到马克思》一书只是一个"在途中"的努力,或者说只是学术殿堂入门处的一块砖石,我真心地希望更多人能够实实在在地踏住它,一举登上更高一层的马克思主义哲学学术研究殿堂!为此,我当然愿意做今天中国第一个自觉组织"批判"自己论著的人。①

2007年对我来说,应该是一个十分重要的年份。因为在刚刚完成的《回到列宁——关于"哲学笔记"的一种后文本学解读》一书中,我自己正式推出了思想构境理论的方法。但是,在《回到马克思》一书的第二版修订中,我并不打算将这种新的思考方法重新植入自己十年前对马克思的研究成果中。所以,在对《回到马克思》这一次的新版修改中,我只是校订了全书的文字,绝不改动已经成为历史的思想观点和基本研究方法,对书中存在的一些文献引述方面的不足,也仅仅是通过第二版注释的方式进行说明,以保证文本的基本历史语境质性。

需要特别感谢罗慧林博士,她对本书第二版的文字修订工作付出了辛勤的汗水。也感谢凤凰出版传媒集团"凤凰学术文库"的编委们,是他们的慧眼使本书能够入选文库的首批重点图书再版。感谢江苏人民出版社的杨建平博士和他的同事们,他们为本书的重版做出了艰辛的努力。

张一兵
2008年夏于阿姆斯特丹

---

① 2005年第二学期,我同样在专业博士研究生的"哲学文献阅读与批评"研讨课上,集中"批判"我的另一本书,即出版于1995年的《马克思历史辩证法的主体向度》。目前研讨的情况比上一次还好,我时常因同学们的深刻而到位的质疑而汗颜。这次课后形成的一部分作业,我们以笔谈的形式发表在《河北学刊》2006年第1期上。

第一版序言

在这本书即将付梓之际,我读到后现代大师福柯①的《知识考古学》。福柯认为,他之所以别出心裁地提出"知识考古学",是为了关注被传统史学家、思想史学家有意删除的"零落时间的印迹",即非连续性,并试图揭示其背后的密码。② 在福柯看来,过去的思想史面对一种观念、一个思想家,总试图去作一种"同心圆的描述",即在一个线性逻辑中来讲述一个有始有终的连续同质的变化总体。这不过是假象。思想发展中最本真的东西恰恰是存在于话语的断裂处,栖居于话语布展的边界以及活跃于理论逻辑中的独特的异质性。因此,福柯认为,必须对隐匿的无名的异端和断裂给予格外的关注。当然,在总体上我的诠释明显异质于福柯和阿尔都塞的那种准结构主义的截断式解读。但是,福柯对非连续性的关注引发了我的共鸣,读者面前的这本关于马克思的书与过去一切类似论著的不同之处,正在于我格外关注马克思思想发展进程中的非连续

---

① 米歇尔·福柯(Michel Foucault,1926—1984),法国当代著名哲学家。1950年,福柯毕业于巴黎高等师范学校。他在康吉莱姆的指导下,完成博士论文。1969年曾经任巴黎第八大学哲学系主任。1970年,他被任命为法国最有权威的学术体系——法兰西学院的思想体系史的教授。主要代表作有:《疯癫与文明》(1961)、《临床医学的诞生》(1963)、《词与物》(1966)、《规训与惩罚》(1975)、《性史》(1976—1984)、《生命政治的诞生》(1978—1979)等。
② 参见[法]福柯《知识考古学》,谢强、马月译,三联书店1998年版,第9页。

性。不过,这是**一种在肯定了马克思思想发展内在连续性之上的非连续性解读**。实际上,马克思主义在后来的现实发展,正是在这种打破了"同心圆"的非连续性上生成起来的,否则,就不会有列宁的"十月革命",毛泽东的"农村包围城市",也绝不可能出现作为当代中国马克思主义的邓小平中国特色社会主义的市场经济。显然,这是一种"源"与"流"的辩证法。

作为中国新一代的马克思主义学者,我时常在思考一个问题,即苏联、东欧和我们的马克思主义理论界曾经千百次对马克思、列宁等人的经典文献精心解读,似乎已经"千锤百炼",可是为什么我们似乎依然步履蹒跚,似乎依然离他们那样遥远?新的答案在我近期的理论研究中才逐步浮出意识的地表。当然,这种疲软而止步不前的研究现状,除了欠缺本书非常关注并视作基础文献的《马克思恩格斯全集》历史考证第二版(*Marx-Engels-Gesamtausgabe*,以下正文中简称 *MEGA2*)新发表的文本[①]之外,首要原因在于解读方法出了问题。也就是说,以不同的话语、不同的阅读方式面对相同的文本,其解读结果可能会是根本异质的。如果将此规则具体还原到我们这里的研究语境,即以不同的解读方式面对马克思的文本,就会产生出截然不同的理论图景。这是我在导言中首先提出不同解读模式的深层寓意。为避免读者的误读,我不得不先声明,本书所采用的解读方法显然不是简单挪用哪**一种**现代科学与哲学中的模式。就像马斯洛[②]所调侃的那样,我现在所写的东西是刚才喝下的那杯咖啡呢,还是早上读完的那篇金斯

[①] 有关 *MEGA2* 的情况,可参见本书最后的附录四。
[②] 马斯洛(Abraham Harold Maslow,1908—1970),美国人本主义心理学的主要发起者。1933年在威斯康星大学获博士学位,第二次世界大战后转到布兰代斯大学任心理学系教授兼主任,开始对健康人格和自我实现者的心理特征进行研究。曾任美国人格与社会心理学会主席和美国心理学会主席(1968)。主要代表作有:《人类动机的理论》(1943)、《自我实现者的研究》(1950)、《动机与人格》(1954)、《科学心理学》(1966)、《存在心理学探索》(1968)、《人性能达到的境界》(1971)等。

伯格①的诗文？马斯洛说："写作一篇自己感兴趣的论文，并不是由某一特别事物引起的，而是对整个人格的一种表现或创造；这人格反过来又是几乎所有它所经历的事情的结果。"②事实上，我自己也无法估计，到底有多少现代科学认知模式和理论方法，以及我们民族的文化禀性溶解在自己的理论逻辑中了。

本书独特的研究视角，是**从马克思经济学研究的深层语境中去重新探索他哲学话语的转换**。就我所读到的国内外文献而言，以这样的思路完整地将经济学与哲学研究结合起来考察马克思思想发展的全程，这在马克思和恩格斯去世之后可能还的确是第一次。③ 这是我引以自豪的。更为重要的是，*MEGA2* 的发表和正在编排之中的马克思大量的经济学笔记，也第一次成为中国马克思主义哲学研究关注的对象。这些心得式和摘录性的笔记，导引了关于文本学意义上的笔记与手稿，以及手稿与公开文本之间的解释学式的有张力的研究。它们是本书在全新的理解深度上的重要文献依托。当然，这样一种特殊的理论研究视角，必然决定了本书思考视域的**专业遮幅性**。如海德格尔所说，解蔽同时必是遮蔽，理性光亮澄明之末必是暗处，况且，我还须有意回避在《马克思历史辩证法的主体向度》(河南人民出版社 1995 年第 1 版④)一书中已经展开论述的那些主题。

---

① 艾伦·金斯伯格(Allen Ginsberg,1926—1997),美国诗人。金斯伯格出生于新泽西州的纽瓦克,1948 年毕业于哥伦比亚大学。他在《嚎叫及其它诗》(1956)中的标题诗确立了其在避世运动(一个强调远离主流文化的文学流派)中的领袖诗人地位。金斯伯格后来参与了 20 世纪 60 年代的"嬉皮士"运动,他一度宣扬使用毒品的自由。在越南战争期间,他是一名主要的反战激进分子。
② [美]马斯洛:《动机与人格》,许金声译,华夏出版社 1987 年版,第 366 页。
③ 法兰克福学派第二代主将施密特的《马克思的自然概念》(法兰克福,1962 年),是以马克思中晚期经济学成果为根据的哲学专题研讨。1968 年,施密特还写作了《经济学批判中的认识论概念》一书。法国马克思主义者阿尔都塞和巴里巴尔曾有过一本分量很重的《读〈资本论〉》(巴黎,1965 年)。其他值得提及的论著有捷克学者科西克的《具体的辩证法》(布拉格,1963 年)和日本学者广松涉的《以物化论为视轴读〈资本论〉》(名古屋,1986 年)。
④ 此书的第 2 版由南京大学出版社于 2002 年出版,并且,2009 年将由武汉大学出版社出版第 3 版。——本书作者第二版注。

细心的读者可能会发现,本书在写作方式上与《马克思历史辩证法的主体向度》一书有同构之处,那就是我始终追问马克思文本表层语句背后潜藏着的更深一层的**构境**意义,即**话语的隐性逻辑**。巴什拉①曾说:唯有关于隐匿事物的知识才是科学。我一直着迷和信服于这一断言。不过,也由于这种不同寻常的写作和思考的方式,自然将使我失去相当一批习惯于直指认知模式的读者。这是我事先意识到的憾事。可是,我也正力图通过这种写作实验,期望能使我们的文本研究真实地向前推进一个深度标的,特别期望能解构长期受到教条主义支配以至达到"身体化"②程度的马克思的文本学(原著研究)研究模式。

　　第一章,我主要着力于澄清理解马克思哲学变革之思想背景中被遮蔽的经济学理论中的哲学话语问题。与以往的解读背景不同,我独立提出了这样一个观点,即资产阶级早期政治经济学特别是古典经济学的隐性哲学前提,正是在社会生活中承认物质生产的基础地位并抽象出客观社会关系和经济规律的**社会唯物主义**。同时,我在对黑格尔哲学与古典经济学的深层关系的研究上,以及在对西斯蒙第、蒲鲁东、赫斯、青年恩格斯等从经济学视角批判资产阶级社会等的专题研究上,获得了较大的理论进展。我以为,这是在**经济学支援背景**③上研究马克思哲学所带来的一种理论创新。

---

① 巴什拉(Gaston Bachelard,1884—1962),法国哲学家、科学家、诗人。早年曾攻读自然科学,1927年获文学博士学位,1930年起先后任第戎大学、巴黎大学教授,1955年以名誉教授身份领导科学历史学院,并当选为伦理、政治科学院院士,1961年获法兰西文学国家大奖。主要代表作有:《科学精神的形成》(1934)、《火的精神分析》(1938)、《水与梦:论物质的想象》(1942)、《空间的诗学》(1958)等。
② 身体化,是布尔迪厄(Pierr Bourdieu,1930—2002)常用的一个词。它标示着一种控制深嵌个体心身的意会层面。参见[法]布尔迪厄《实践与反思》,李猛、李康译,中央编译出版社1998年版,第26页。
③ 支援背景(Subsidiary awareness,也可译为"附带意识"),系笔者借用的英国意会哲学家波兰尼(Michael Polanyi,1891—1976)的一个概念,意指认知主体自觉注意指向背后的隐性支持参照系。波兰尼将其视作建构意会认知的重要构件。参见拙文《波兰尼意会认知理论的哲学逻辑构析》,载《江海学刊》1991年第4期。

本书对马克思的研究是以青年马克思第一次系统研究经济学的《巴黎笔记》的讨论为开端的。从第二章起,我重点探讨了"青年马克思在1842年第一次思想转变之后,固然已经成为一个唯物主义者和共产主义者,但并不是马克思主义者"这个哲学论说中并不容易被澄清的问题。在这里我要反驳的对象,除了西方"马克思学",还有人本主义的西方马克思主义和某些总含糊其辞的苏联、东欧学者。由于转换了一种叙述逻辑母体,经济学语境中的深层且隐性的哲学话语开始显现了。因为通过观察马克思在《巴黎笔记》中对待古典经济学的态度,我们能清楚地看到,青年马克思在人本主义统摄下的无产阶级政治批判如何与经济学的社会唯物主义擦肩而过,并在这一笔记最后的《穆勒笔记》中初冶原型,进而在《1844年手稿》中锻造并生成为一种人本主义异化史观。在论述《1844年手稿》时,与我在《马克思历史辩证法的主体向度》中的相近研究相比,第三章在相同理论地带获得的进展是我所提出的青年马克思的**人学社会现象学**。我将其定位为马克思哲学思想发展的**第一个理论制高点**。在孙伯鍨先生①提出的双重逻辑的指认的基础上,我指出了在人本主义逻辑统摄下的那条从客观现实出发的隐性逻辑的经济学社会唯物主义的来源。可见,在反对将马克思主义人本主义化的理论论争中,我的这一思路比起阿尔都塞②那种假手巴什拉认识论的"断裂说"以及准结构主义的纯哲学絮语和形而上学独断,自然清晰有力,也更加科学和微

---

① 孙伯鍨(1930—2003),已故中国著名马克思主义哲学家,南京大学哲学系教授。——本书作者第三版注。
② 路易斯·阿尔都塞(Louis Althusser,1918—1990),法国著名哲学家,"结构主义马克思主义"的奠基人。1918年10月16日出生于阿尔及利亚的比尔芒德雷,先后在阿尔及尔和法国的马赛、里昂上小学、中学。1936年入巴黎高等师范学校预科学习,1939年入该校文学院。不久战争爆发,应征入伍参加反法西斯战斗。1940年被俘,长期被关押在战俘营,直到战争结束才获释。1948年在巴黎高等师范学校获哲学博士学位。并留校任教。同年加入法国共产党。1962年升任教授。1975年又获庇卡底大学文学博士学位。1980年因精神失常而掐死自己的妻子,被送进精神病院监护。主要著作有:《保卫马克思》(1965)、《读〈资本论〉》(与巴里巴尔合著,1965)、《列宁和哲学》(1969)等。

观。这也是对孙伯鍨先生的"两次转变说"的一种最重要的理论支持。①

我所指认的马克思哲学思想发展的**第二个理论制高点**,在第四章到第七章中得到理论确认,那就是马克思广义历史唯物主义和历史辩证法的创立过程。我的理论创造是在探讨了马克思这一思想革命进程的经济学研究底蕴之后的理论重估。第一,在《布鲁塞尔笔记》A 的研讨基础上,我提出了马克思《提纲》中的实践规定,并不是简单的哲学拼合(唯物主义+辩证法)的结果,而在更大程度上是他对经济学中工业生产力的概括,有关这一点,只有在《评李斯特》一文的经济学语境解读中才能得以发现。第二,基于对《布鲁塞尔笔记》B 和《曼彻斯特笔记》的分析,我第一次提出了广义历史唯物主义中历史"**本体**"规定的观点,这是《德意志意识形态》第一卷第一章手稿中最重要但始终被遮蔽的东西。第三,我指认了存在于《德意志意识形态》中的两种思路,即哲学逻辑与经济学现实批判的分立。第四,在对《马克思致安年柯夫》这封信的研读中,我首次证明了马克思主义哲学视域里那种作为历史辩证法本质的"一定的"的特殊时空情境。

当然,本书最重要的理论发现是,在第八、九章我对马克思《1857—1858 年经济学手稿》(以下简称《57—58 手稿》)几乎殚精竭虑的哲学解读,即马克思在科学理论基础上建构出来的批判的**历史现象学**。我注意到,在 1845—1847 年的哲学革命中,马克思在抛弃人本主义异化批判逻辑时,实际上已经一度在实证科学的意味上否定了**现象学认知**的合法性。可是,在《1850—1853 年伦敦笔记》(以下简称《伦敦笔记》)对经济学资料的详尽占有过程中,他第一次在科学的视域中意识到,过去他一直指认为"资产阶级社会"(bürgerliche Gesellschaft,市民社会)②的这种社

---

① 关于马克思哲学思想的"两次转变说"和青年马克思《1844 年手稿》的"双重逻辑"观点,可参见孙伯鍨《探索者道路的探索》,安徽人民出版社 1985 年版;拙著《马克思历史辩证法的主体向度》,河南人民出版社 1995 年第 1 版(两本书的第 2 版均由南京大学出版社于 2002 年出版)。——本书作者第二版注。
② 此词还有一个同义词 Bourgeoisgesellschaft,不同在于后者由法文而来。——本书作者第三版注。

会历史形态,实际上是以资本的生产关系为权力统治结构的——资本主义的社会。① 他也第一次发现这种现实资本主义经济关系的颠倒和事物化(Versachlichung)②的复杂性,所以,在超越古典经济学意识形态边界的同时,马克思重新创立了在**狭义历史唯物主义**和**历史认识论**基础上的历史现象学。马克思这时关心的问题,不再是一般广义历史唯物主义的原则,而是如何以狭义历史唯物主义的观点去透视这种颠倒的假象,即如何去剥落一层层现象和假象,以期抵达那个真实存在的本质和规律的彼岸。这是由于,资本主义经济现实的自然性(自在性)中所客观发生的多重颠倒和客观异化,需要非直观和非现成的批判性现象学来考察。在这里,历史现象学不是黑格尔精神现象学所面对的主观现象,也不是费尔巴哈和青年马克思自己原来所持有的那种否定现实经济现象的人本主义社会现象学。因为,此时马克思的历史现象学的前提是社会关系的客观颠倒,这种颠倒的消除不可能在观念中实现,而必须由物质变革来完成。科学的社会历史的现象学阐明了资本主义经济现象中的这种颠倒是如何历史地形成的,它要揭露资本主义生产方式中客观颠倒的社会关系,以便最终揭露资本主义经济剥削的秘密。具体地说,马克思必须面对复杂的物、事物、物相、外在关系、颠倒了的关系、事物化关系、非主导性的关系(如已成过去的封建关系),在科学的历史抽象中找到原有的关系(简单关系),再一步步再现当下真实的复杂关系和颠倒了的社会结构。这不是直观的或抽象的反映,而是一种经过实践的历史辩证法**中介了**的重构式的反映。这里,既要一步步破除社会关系中由于颠倒所产生的迷障,以获得史前的简单的社会关系,又要从这种抽象的关系一步步复归于颠倒了的各种复杂的经济现象总体。我以为,历史现象学是马克

---

① 在我与周嘉昕博士合作的《资本主义理解史》第一卷《马克思恩格斯资本主义科学批判构架的历史生成》一书中,我们第一次认真探讨了马克思恩格斯关于资本主义科学认识的历史性生成和发展过程。此书已经由江苏人民出版社 2008 年出版。——本书作者第二版注。
② Versachlichung 在马克思的文本中,是区别于 Verdinglichung(物化)的一个概念。广松涉将其日译为"物象化",我在此次校订中改译为"事物化"。详细内容参见第三版校订中的具体讨论。——本书作者第三版注。

思《57—58手稿》的最重要的哲学成果,我也将其看作是马克思哲学思想发展的**第三个同时也是最伟大的理论制高点**。

  一言以蔽之,本书试图在文本学的基础上,通过对马克思经济学研究语境中隐性哲学话语转换的描述,实现一个90年代中国马克思主义研究中应该提出的口号——"回到马克思"。我意识到,这也初步抵达了大师黑格尔曾说过的一句意味深长的箴言:结果若无通向它的道路是没有生命力的。我希望这种尝试是摆脱苏联、东欧解读马克思的模式的那种无根性的真正开端。我不想直接指认马克思那个关于"龙种"与"跳蚤"的借喻,因为这太令人难堪。当然,我也还得说明,今天我们提出"回到马克思",绝不是企图寻求和凝固化一种原教旨主义式的本真教义,而恰恰是要开拓一个开放文本的崭新期待视野。从我自己的理论实践来说,这的确是一件值得欣慰的事,因为,在呈现了自20世纪80年代以来就一直让我不踏实的马克思哲学的初始理论地平之后,我终于可以再次重返实际上自己更关注的"马克思如何走向当代"这样一个让人激动的课题。

张一兵
1998年8月7日于武昌何家垅

目 录

第四版序言　*1*

第三版序言　*3*

第二版序言　*19*

第一版序言　*28*

导言　*1*

一、五大解读模式:从青年马克思到马克思主义　*2*

二、马克思理论写作中的三类文本及其哲学评估　*12*

三、马克思哲学思想发展中的三个理论制高点　*19*

第一章　青年马克思初次面对经济学的支援背景　*25*

第一节　被遮蔽的线索一:早期政治经济学的隐性哲学构架　*25*

1. 政治经济学是从怎样的感性经验出发的　*26*
2. 早期政治经济学方法论中的隐性社会唯物主义前提　*29*
3. 古典政治经济学理论逻辑进展中的社会唯物主义原则　*44*
4. 科学抽象视域中的现代社会存在本质与运动规律　*50*
5. 李嘉图与社会唯物主义的深层语境　*55*

第二节　被遮蔽的线索二:黑格尔对古典经济学的认同与超越　*64*
   1. 黑格尔哲学与古典经济学　*64*
   2. 劳动:人创造自己并建构社会历史的外化活动　*70*
   3. 经济的盲目性与自发性:市民社会背后的理性的狡计　*78*
   4. 颠倒的哲学逻辑与颠倒的经济世界:黑格尔对政治经济学的批判　*85*

第三节　被遮蔽的线索三:对资产阶级社会直接冲击的经济哲学逻辑　*91*
   1. 一种经济学浪漫主义的主体性审判　*91*
   2. 蒲鲁东的社会主义政治经济抨击　*100*
   3. 赫斯:哲学层面上被凸现出来的资产阶级社会经济异化　*106*
   4. 青年恩格斯的早期经济学哲学批判　*140*

第二章　经济学语境中哲学话语的沉默与凸现　*150*

第一节　从《克罗茨纳赫笔记》到《黑格尔法哲学批判》　*150*
   1. 青年马克思与《克罗茨纳赫笔记》　*151*
   2.《克罗茨纳赫笔记》的文本解读:再审马克思第一次思想转变的缘由　*154*
   3.《黑格尔法哲学批判》与《论犹太人问题》　*162*

第二节　《巴黎笔记》的文本结构与写作语境　*168*
   1.《巴黎笔记》的文本结构　*169*
   2. 马克思第一次经济学研究的一般认知背景　*173*
   3.《巴黎笔记》的具体阅读语境与内在研读线索　*175*

第三节　《巴黎笔记》的摘录性文本研究　*181*
   1. 一个沉默的开端:从萨伊到斯密　*181*
   2. 政治经济学理论逻辑的初识　*185*
   3. 李嘉图:话语转换前的一种思想激活　*191*

第四节　《詹姆斯·穆勒〈政治经济学原理〉一书摘要》:经济学批判中的人本学话语之凸现　*197*
   1.《詹姆斯·穆勒〈政治经济学原理〉一书摘要》的解读语境　*198*
   2. 理论建构A:政治经济学的哲学评判　*200*
   3. 理论建构B:经济关系颠倒之经济学哲学反思　*207*
   4. 理论建构C:劳动异化逻辑的初步设定　*212*
   5. 走向总体批判:一种社会主义的结论　*218*

第三章　人本学劳动异化史观与走向客观经济现实的复调语境　221

第一节　《1844年经济学哲学手稿》的基本情况　221

1. 《1844年经济学哲学手稿》的文本结构　222
2. 《1844年经济学哲学手稿》的一般评述　228

第二节　走向社会本真的人学现象学批判　233

1. 第一笔记本的文本结构与总体逻辑构架　233
2. 第一笔记本第一部分中的两种话语　235
3. 人本主义社会现象学：青年马克思的劳动异化史观　240

第三节　权力话语与复杂的隐性逻辑悖结　252

1. 经济哲学：第二笔记本开始的新视域　253
2. 第三笔记本：一个总体评价　259
3. 经济学中的现实历史　261
4. 哲学共产主义　265
5. 青年马克思的"社会"概念　269
6. 马克思的经济哲学探讨　277

第四节　青年马克思对黑格尔的第二次批判　281

1. 青年黑格尔派的逻辑误区与费尔巴哈的批判方法　282
2. 两种现象学：黑格尔辩证法的解蔽与遮蔽　286
3. 客观地扬弃异化：对黑格尔意识对象克服论的批判　291

第四章　马克思主义哲学革命前夜的实验性文本　297

第一节　社会主义与唯物主义的理论联盟　297

1. 政治经济学前提与方法的再批判　298
2. 青年马克思对黑格尔的第三次批判　303
3. 社会主义与哲学唯物主义结合的重新审视　308
4. 马克思思想中逐步强化起来的新唯物主义倾向　313

第二节　无策略：人本主义逻辑的亚意图颠覆　320

1. 《布鲁塞尔笔记》A的前期摘录与研究　321
2. 李斯特与经济发展中的"德国特色"　323
3. 《评弗里德里希·李斯特的著作〈政治经济学的国民体系〉》的文本情况与马克思的经济学批判　329
4. 政治经济学批判中的一种哲学逻辑解构　335

第三节 马克思走向哲学革命的非常性思想实验 343
   1. 马克思的《黑格尔现象学的建构》解读 344
   2. 令人费解的《笔记本中的札记》 351

第四节 《关于费尔巴哈的提纲》中的格式塔变革 355
   1. 马克思哲学新视域中的实践意味着什么 356
   2. 马克思认知构架的质变 363
   3. 历史的现实的具体的科学方法论之最初建构 366

第五章 马克思哲学新视域建构的重要理论参照系 372

第一节 马克思第二次经济学研究的新进展 372
   1. 《布鲁塞尔笔记》B 与《曼彻斯特笔记》的文本研究 373
   2. 马克思第二次经济学研究的特定语境 378

第二节 古典经济学与社会主义的联结 384
   1. 物质生产特别是劳动创造了一切社会财富和知识 385
   2. 批判资产阶级社会也可以承认政治经济学是一门科学 393
   3. 对劳动价值论的肯定与逻辑翻转 397
   4. 能否发展生产力:反对资产阶级社会的客观依据 403

第三节 施蒂纳的《唯一者及其所有物》 407
   1. 施蒂纳和《唯一者及其所有物》的一般理论逻辑 408
   2. 费尔巴哈的古典人本主义逻辑之证伪 411
   3. 施蒂纳为什么同时批判资产阶级社会与社会主义 415
   4. "打倒一大片"的施蒂纳到底想要什么 418

第四节 舒尔茨和他的《生产运动》 422
   1. 从现实出发的社会唯物主义高级形态 424
   2. 关涉物质定在:自然的依赖性生存 432
   3. 农业与工场手工业:劳动塑形自然与技能知识 438
   4. 机器生产背后的精神操纵与国势生产力 443
   5. 农业、工业与商业的共时性结构改变 449
   6. 活动价值论与世界交往说背后的资产阶级意识形态本质 452

第六章 马克思科学世界观的理论建构 458

第一节 《德意志意识形态》的文本与话语结构 458
   1. 《德意志意识形态》的特定对象性语境 459

        2. 《德意志意识形态》写作及其文本的一般情况 461
        3. 关于《德意志意识形态》第一卷第一章手稿的文本结构 466
        4. 《德意志意识形态》复杂的话语重组 472
    第二节 马克思哲学新视域中的历史性存在及本质 477
        1. 马克思的"历史科学"话语和历史规定 478
        2. 人类历史性存在的四重原初关系 488
        3. 现实的个人与历史性生存 500
    第三节 分工与现实的世界历史:一种经济学的现实批判话语 506
        1. 马克思科学批判话语中分工的地位 506
        2. 分工与历史发生的四种社会所有制形式 514
        3. 一个简短的理论评述 523

第七章 马克思主义哲学革命的最后视域 528
    第一节 科学批判理论的新基点 528
        1. 《马克思致巴维尔·瓦西里也维奇·安年柯夫》的写作语境 530
        2. 一定的历史的暂时的历史情境 535
        3. 能有:一种逻辑与现实的科学联结 544
    第二节 历史唯物主义与政治经济学的最初接合 549
        1. 蒲鲁东与《贫困的哲学》 549
        2. 马克思对蒲鲁东经济学观点的批判 557
        3. 马克思对整个政治经济学的方法论批判 563
        4. 分立与缝合:哲学话语内居于经济学语境 570

第八章 《1857—1858年经济学手稿》与历史唯物主义 576
    第一节 《伦敦笔记》与《1857—1858年经济学手稿》 577
        1. 《伦敦笔记》与马克思的第三次经济学研究 577
        2. 《伦敦笔记》时期马克思的初步理论所得 581
        3. 《1857—1858年经济学手稿》的文本结构 586
    第二节 《1857—1858年经济学手稿》的哲学逻辑定位 590
        1. 政治经济学与历史唯物主义的深化 591
        2. 历史认识论与科学的抽象 596
        3. 科学的批判的历史现象学 605
    第三节 "从抽象到具体"的方法与历史唯物主义 611
        1. 经济学研究中的历史唯物主义投射 612

2. 马克思第一次讨论经济学科学研究方法的语境　619
　　3. 科学劳动规定的现实历史抽象　622

第九章　经济学语境中的历史现象学　632
第一节　资本主义经济本质与现象颠倒的逻辑和历史分析　633
　　1. 劳动货币与"筛子接公牛奶"　633
　　2. 价值抽象在交换过程中向货币实体的转化　638
　　3. "三大社会形式"与社会关系颠倒的历史前提　643
　　4. 社会关系事物化和颠倒的历史性发生　649
　　5. 抽象成为统治：历史现象学与精神现象学的不同答案　659
第二节　资本：交换背后的真实关系　666
　　1. 从交换中生发出来的形式上的平等与自由　667
　　2. 深层解蔽：流通背后究竟发生了什么　672
　　3. 从主体向度出发的批判逻辑：资本和劳动与对象化劳动和活劳动　678
　　4. 异化：一个重新确定的客观颠倒关系　686
第三节　《资本论》：一种历史现象学的成熟表述　693
　　1. 倒立跳舞的桌子与商品拜物教　693
　　2. 一般社会财富与货币拜物教　700
　　3. 能生钱的钱与资本拜物教　703

附录一　"回到马克思"的原初理论语境　709

附录二　文本解读与哲学创造——张异宾教授访谈录／刘景钊　728

附录三　马克思重要学术研究及文本年表　748

附录四　《马克思恩格斯全集》（历史考证版）介绍　763

主要参考文献　798

主题索引　806

后　记　820

第四版修订后记　824

导　言

众所周知,当代马克思主义哲学研究中的重大课题之一是对马克思主义哲学本质的探讨。20世纪30年代以前,对于这一问题的回答固然也存在着很大的差异,但在不同的论者那里只有一种马克思主义的文本依据,那就是马克思恩格斯公开发表的成熟论著。这也导致了在传统的马克思主义哲学研究框架中,那个时代留给我们的是一个也可能匿名存在的隐性的"凡是"话语:马克思恩格斯说的东西**一定是真理**。所以,作为一个马克思主义哲学的研究者,在他的论文和著述中面对一个讨论主题时,他可以不需要任何历史性特设说明就从《马克思恩格斯全集》的第1卷**同质性地**引述到第50卷。这种非法的研讨状态,在今天我们一些论者的著述中依然随处可见。

大约在列宁去世以前,人们很少关注和思考马克思恩格斯的早期文本。可是,20世纪20—30年代以后,主要是由于青年马克思一大批早期文献的发表,使这个原本最无异议的问题开始变得错综复杂起来。无论是国外还是国内,对"什么是马克思哲学的真谛"的解读,呈现出众多不同甚至截然相反的解读。但令人困窘的是,这些持不同观点的论者所依据的却都是马克思的第一手文本。这里有西方马克思学、西方马克思主义,甚至包括重新指认人本学社会主义的戈尔巴乔夫,特别是在我们国内这些年的马克思主义哲学研究中,以实践哲学、实践人道主义和价值主体哲学等命名而形成的各种非文本诠释,已经成为马克思主义哲学"改革"的一种显性思潮。以我之见,这是一场并未达及科学尺度的理论混战。从更深一层的理论语境来看,这种研究状况的出现正是由于那条隐性的"凡是"逻辑的统摄而造成的,它使我们没有也不可能去反思马克思恩格斯早期论著中的理论语境**未必都是科学的**!在这种语境中,当我们立足于青年马克思的早期文稿时,是不会对马克思主义哲学的科学文本产生任何怀疑的。更重要的是,当我们在标举某种理论逻辑时,并没有界说自己仿佛心知肚明的理论来源或在理论无意识层面上的支援背景,即20世纪30年代以后国内外讨论中已经出现过的各种解读语境。这就致使我们在没有界定自己的理论边界时,就非法和轻易地说"我认为"。这种研究状态犹如无根的浮萍,没有踏实的理论皈依,必然造成研究规范的瘫痪,必然导致科学讨论尺度的消失。

一、五大解读模式:从青年马克思到马克思主义

在我看来,当下我们讨论这一问题时,至少首先必须使已经发生的对马克思哲学思想发展进行界说的逻辑地平得以呈现,即我称为五大解读模式的理论背景。在理论的地平线得以规约和布展之后,才有可能出现清晰的评论视界。我在《人本学的青年马克思:一个过去了的神话》一文中,第一次指认当代理解马克思哲学思想发展的五大模式问题:西方马克思学的模式、西方马克思主义人本学的模式、阿尔都塞的模式、苏联学者的模式和我国学者孙伯鍨教授的模式。① 在此,我想再做进一步的阐释和补充。

第一个解读模式提出西方马克思学的**两个马克思**的神话。所谓"马克思学",是指并不信仰马克思主义,而只是将马克思的文献作为"客观

---

① 参见拙文《人本学的青年马克思:一个过去了的神话》,载《求索》1996年第1期。

的"历史文本对象的研究活动。其实,这种神目观式的价值中立只是一种意识形态的幻象。固然,"马克思学"正式挂名于20世纪50年代末①,但这种研究倾向在西方很早就出现了。众所周知,早在20世纪20年代以前,西方马克思学学者就提出青年马克思(《共产党宣言》)与老年马克思(《资本论》)之间是有区别的。而在1924—1932年,当包括《德意志意识形态》在内的一大批1845年以前的马克思早期论著(《青年在选择职业时的考虑》、《德谟克利特自然哲学与伊壁鸠鲁自然哲学的差别》及其准备材料、《波恩笔记》、《柏林笔记》和《克罗茨纳赫笔记》、《黑格尔法哲学批判》手稿与《1844年手稿》等)公开问世后,西方马克思学的学者立刻提出了一种新的理论标注:在《1844年手稿》中"新发现的马克思",即"人道主义的马克思"是马克思学说中的最高峰("最有价值的人学的青年马克思");而《资本论》时期及以后的马克思则是"停滞"与"衰退"的马克思(老年马克思)。后者也被指认为从恩格斯直至斯大林以后的所谓正统马克思主义的理论论据。以他们之见,这"两个"马克思恰好是相互对立的。这就是当时很有名的所谓"两个马克思"的观点。如果更加具体细致地分析,西方马克思学的这一观点本身也是盘根错节、十分复杂的。

著名的马克思学家吕贝尔的观点可以简要概括成一句话,即"马克思批评马克思主义"。他根本就不承认马克思**主义**的合法性。依他之见,马克思本人从来就没有认同过什么"马克思主义"("我就不是马克思主义者")。因为,这个术语最早是第一国际内的巴枯宁②分子杜撰出来用以攻击马克思的。马克思去世之后,恩格斯最初也并不接受这一提法,后来才默认了这一不正确的命名。吕贝尔否认恩格斯后来概述的马克思的两大发现——历史唯物主义和剩余价值理论,因为这是后来传统马克思主义立论的根本。所以他主张将马克思的发现归结为18个逻辑

---

① "马克思学"(Marxologie)为法国当代学者吕贝尔(Maximiliem Rubel,1905—1996)首创。1959年,吕贝尔用"马克思学"这一术语命名由他创办并担任主编的刊物——《马克思学研究》。
② 巴枯宁(Михаил Александрович Бакунин,1814—1876),俄国革命家、著名的无政府主义者。

要点①，其中的要义是以早期马克思的人本主义思想为基点进而引发出来的所谓伟大的"乌托邦主义"，即一种人道主义梦想的合理性。因此他认为，马克思给人类留下的主要是一个响亮的"道德呼唤"。另一位西方马克思学学者伊林·费切尔也依循这一思路，公开提出要用早期的马克思人道主义批判精神反对马克思主义，特别是反对斯大林式的马克思主义。显然，**这种解读模式的主要观点是根本否定恩格斯以来的马克思主义，而推崇人道主义的青年马克思的思想**。

当然，在后继的一些西方马克思学学者那里，他们的观点发生了一些变化，比如开始承认两种马克思主义的并存：其一是人道主义的马克思主义或者叫批判的马克思主义，其二是正统的僵化的马克思主义。毋庸置疑，他们自然肯定前者而否定后者。在受到西方马克思主义的影响之后，他们又开始提出将马克思的论著当作一部"全集"来读（阿温纳里），但这还是以马克思的早期著作来诠释其后期论著的。这种新的观点就与下面第二种解读模式相关联了。

第二种解读模式呈现了西方马克思主义中**人本学马克思主义**的观点。这是一种与西方马克思学既相联系又有一定区别的对马克思哲学思想的重要解读模式。我以为，对中国理论界来说，如何界定这一模式尤为关键，因为当下我们的一些理论家正在有意或无意地重复运演着这一解读方法。大家都知道，早期的西方马克思主义者卢卡奇、葛兰西②和

---

① 参见［法］吕贝尔《吕贝尔论卡尔·马克思五篇论文》，伦敦，1981年，第183页。
② 安东尼奥·葛兰西（Antonio Gramsci，1891—1937），意大利哲学家，西方马克思主义第一代人物。1913年他加入意大利社会党。1921年1月21日葛兰西带领陶里亚蒂、路易吉·隆哥等人，与阿梅迪奥·波迪加为首的社会党左派联合组建了意大利共产党。1922年5月，葛兰西作为意共代表在莫斯科当选为共产国际执委会书记处书记。1923年被共产国际任命为意共总书记。1926年10月墨索里尼宣布取缔意共，不顾当时法律保障国会议员豁免拘捕的权利，将有国会议员身份的葛兰西于1928年逮捕并判20年零8个月的徒刑。自1929年起，葛兰西获准在狱中写作，他借由朋友的援助获得了不少书籍，并且开始思考革命为何持续地挫败。他写下著名的《狱中札记》。1934年葛兰西受到有条件的释放，1937年4月27日因脑溢血与世长辞。

柯尔施①等人,诚然在进行其哲学理论重建的同时也**隐性地**确证历史主体性,如用总体性、物化、实践哲学和主客体辩证法等规定来张扬马克思主义哲学中的主体方面,但由于马克思的大量早期论著在当时并没有出版,所以他们的研究思路基本上还是从马克思后来的成熟文本(如《共产党宣言》、《资本论》等)出发的。我们甚至可以说,他们还没有意识到要区分"青年马克思"与"成熟的马克思主义"。但在20世纪30年代以后,随着马克思的早期论著陆续发表,这种理论意向也就直接形成为一种**显性的**人本学马克思主义。这主要是在第二代的西方马克思主义人学家(如早期的弗罗姆②、早期的马尔库塞③、早期的列斐弗尔④与后期的萨特⑤)那里得以实现的。以他们之见,并不存在西方马克思学所说的两个完全对立的马克思。与西方马克思学不同,他们自认为自己才是真正的马克思主义者。可是,他们采取了用《1844年手稿》来统摄全部马克思主义的逻辑:**只有一个马克思,这就是人本主义的马克思;也只有一个马克思主义,即以消除异化获得人的解放为最高目的的马克思主义**。⑥ 在他们的哲学思路中,马克思主义的确立是在《1844年手稿》中得以实现的(他们并不重视1843年以前的青年马克思)。马克思那种先验的劳动异化史观的人本学逻辑,被直接指认为是真正代表了马克思主义真谛的根据。而后来的在1845年《关于费尔巴哈的提纲》中的"从主体出发"的实践(=劳动)、《资本论》及其手稿中的人类的解放问题(特别是1939年马克思《57—58手稿》即"大纲"的发表,当时被称为继《1844年手稿》发表

---

① 卡尔·柯尔施(Karl Korsch,1886—1961),德国哲学家,西方马克思主义早期代表人物之一。
② 埃里希·弗罗姆(Erich Fromm,1900—1980),又译作弗洛姆,美籍德国犹太人。法兰克福学派重要成员,著名西方马克思主义人本主义哲学家和精神分析心理学家。
③ 赫伯特·马尔库塞(Herbert Marcuse,1898—1979),德裔美籍哲学家和社会理论家,法兰克福学派重要成员。
④ 亨利·列斐弗尔(Henri Lefebvre,1901—1991),法国著名的马克思主义哲学家。
⑤ 让-保罗·萨特(Jean-Paul Sartre,1905—1980),法国著名的存在主义哲学家,西方马克思主义者。
⑥ 参见拙著:《折断的理性翅膀》,南京出版社1990年版,第四章;《西方马克思主义哲学的历史逻辑》,南京大学出版社2002年版。——本书作者第二版注。

后的"第二冲击波"),甚至马克思晚年的人类学研究,都不过是原先人本学逻辑的展开和"提升"。由此,他们必然反证,恩格斯特别是第二国际以后的传统马克思主义将马克思主义诠释成"无人"的经济决定论是非法的。

这一解读模式后来为前东欧的"新马克思主义"所承袭(如南斯拉夫的"实践派"和波兰学者沙夫①的晚期人学理论)。在我们国内80年代初的人道主义异化讨论中,包括今天我们一些论者的"实践哲学"和"实践人道主义"的文本中,都可以看到这一逻辑线索的直接显露。

第三种解读模式提出了西方马克思主义科学方法学派的所谓"断裂说"。质言之,它也可以被称为对马克思哲学思想的**意识形态与科学的异质论**解读模式。这种解读模式恰恰是在对上述第二种解读模式的理论反驳中形成的。20世纪60年代,法国西方马克思主义者阿尔都塞以科学主义(主要是巴什拉的认识论和准结构主义)方法重新界划马克思思想发展进程,提出了所谓的马克思哲学思想的"断裂说"。② 阿尔都塞没有从一般文本的表层语义出发进行反思,而是着眼于马克思思想发展的不同特点的深层理论结构("问题式",即提问的基本方法和逻辑结构),从而指认了存在着以1845年4月马克思《关于费尔巴哈的提纲》为分界线的两个马克思,即处于人本主义意识形态逻辑框架中的青年马克思与作为创立了全新科学世界观的马克思主义者的马克思。他也只承认一个马克思主义,但这是**科学的**(恰恰是关于"无主体"的客观历史运动的)历史唯物主义。在其深层逻辑上,马克思主义恰恰是"拒绝理论上的人本主义"的! 与此观点相接近的还有日本马克思主义哲学家广松涉的论点,即1845年4月马克思从异化逻辑向"物象论(Versachlichung)"逻辑的转换。当然,广松涉的观点由于受到海德格尔和当代其他思潮的

---

① 亚当·沙夫(Adam Schaff,1913—),波兰著名马克思主义哲学家。曾担任过波兰统一工人党中央委员、波兰科学院哲学和社会学研究所所长。
② 参见[法]阿尔都塞《保卫马克思》,顾良译,商务印书馆1984年版。参见拙著《问题式、症候阅读与意识形态》,中央编译出版社2003年版。——本书作者第二版注。

影响,因而是一个更为复杂的理论变体。① 国内学者中受到阿尔都塞影响的是胡万福和他的《论青年马克思》一书。②

第四种解读模式为传统马克思主义哲学史研究中较为普遍的量变"进化说"。这是苏联(尤其是20世纪60—80年代初)学者解读马克思哲学的理论观点。③ 由于他们拘泥于列宁对马克思思想发展分期观点的框架(列宁没有看到后来发表的青年马克思的早期论著),主张一种在理论逻辑上并不彻底的含糊其辞的观点。他们指认,1843年《巴黎笔记》以前的马克思"仍然是受黑格尔唯心主义影响的"青年马克思,而宣称1843年夏天至年底马克思已经**开始**向马克思主义的新唯物主义和共产主义转变(但他们不敢确证这一转变并不是转向马克思的历史唯物主义),这一进程一直延续到1845年春天的《关于费尔巴哈的提纲》,并持续到1846年秋的《德意志意识形态》才结束。可见,马克思主义的创立过程是**一个量的渐进过程**,其中只是存在一种不断清除黑格尔和费尔巴哈④哲学影响进而走向成熟的理论表述的因素。在1843年夏天以后的众多青年马克思的文本中,马克思主义在多处被指认了出来。⑤ 被马克思后来称之为"人体解剖是猴体解剖的钥匙"的方法,在此却表现为"猴体就是

---

① 参见拙文《广松涉的马克思关系本体论》,载《马克思主义与现实》1994年第4期。
② 参见胡万福《论青年马克思》,华中师范大学出版社1988年版。
③ 需要特别指出的是,在20世纪70年代以前,苏联理论界对人的问题基本上持否定态度,并直接干预过东欧"新马克思主义"的人道主义倾向。而80年代戈尔巴乔夫上台以后,苏联学界实际上是回到了上述第二条思路,即人道主义的马克思主义。戈尔巴乔夫的"人类的利益高于阶级的利益"的"新思维"的逻辑,就是理想化的人本主义。这一自欺欺人的观点所造成的现实悲剧已是有目共睹的了。
④ 费尔巴哈(Ludwig Andreas Feuerbach,1804—1872),德国著名唯物主义哲学家。出身于次胡特一个法学教授之家,1828年在柏林大学毕业,曾任教于埃尔兰根大学,因宣传无神论遭受迫害,隐居乡间,从事哲学研究。主要著作有:《黑格尔哲学批判》(1939)、《基督教的本质》(1841)、《未来哲学原理》(1842)、《宗教的本质》(1845)、《宗教本质讲演录》(1848)、《幸福论》(1867—1869)等。
⑤ 苏联学者在这一方面比较重要的学术成果主要有:[苏]拉宾,《马克思的青年时代》,南京大学外文系俄罗斯语言文学教研室翻译组译,三联书店(北京)1982年版;[苏]巴加图利亚《马克思的第一个伟大发现》,陆忍译,中国人民大学出版社1981年版;[苏]纳尔斯基等,《十九世纪马克思主义哲学》(上下卷),金顺福、贾泽林译,中国社会科学出版社1984年版。亦可参见沈真编《马克思恩格斯早期哲学思想研究》,中国社会科学出版社1982年版。

人体"。① 于是，马克思主义哲学在1845年的方法论革命意义就被大大弱化了。在面对1932年以后西方马克思主义将马克思主义哲学人本化的严重理论倒退时，这一模式由于自身的混乱和矛盾而显得苍白无力。令人遗憾的是，我们国内传统的马克思主义哲学史中的某些研究，基本上依循了这种"进化说"的苏式研究思路。

第五种解读模式是由我的老师、南京大学哲学系孙伯鍨教授在70年代末撰写的《探索者道路的探索》一书中提出来的。具体地说，这种模式阐述了马克思恩格斯思想的**两次转变论**和《1844年手稿》中的**两种理论逻辑**相互消长的观点。在孙先生的研究中，青年马克思本身被具体地一分为二：其一是从1837年加入到青年黑格尔派哲学阵营一直到1843年夏天以前，青年马克思的哲学思想主要受到经过青年黑格尔派改装过的黑格尔哲学的影响，这在他的博士论文《德谟克利特自然哲学与伊壁鸠鲁自然哲学的差别》以及《莱茵报》时期的一系列文章中得到反映；其二是当青年马克思思想遭遇现实问题而十分困窘的情况下，他通过以法国大革命为重心的历史学研究，并在魏特林、赫斯和青年恩格斯等人的影响下，发生了第一次（**并不是自觉开始创立马克思主义**）重大思想转变，即从唯心主义转向**费尔巴哈式的人本学**唯物主义，从民主主义转向**一般**共产主义（不是科学社会主义）。与这一时期相关的文本包括青年马克思在1843年夏天以后写下的《克罗茨纳赫笔记》、《德法年鉴》时期的文章、最初研究经济学的《巴黎笔记》，以及在这一过程中逐步完成的著名的《1844年手稿》、《神圣家族》、1845年3月写下的《评李斯特》的手稿。而第二次转变则是在《评李斯特》一文中初见端倪，并发生于《关于费尔巴哈的提纲》，完成于《德意志意识形态》、《马克思致安年柯夫》和《哲学的贫困》的真正自觉创立马克思主义的思想革命。**这种转变是一次格式塔式的整体转换，而不只是一个量的渐进过程。**只有在这时，马克思恩格斯才第一次确立了实践的新唯物主义哲学视界。这不是什么哲学逻辑体系，而是一

---

① 这个观点是由我的一位博士研究生陈胜云于1995年在他的一篇作业中最先提出的。

种活的科学立场、观点和方法;也只有在此时,马克思恩格斯才真正创立了科学的社会主义。

此外,更重要的理论进展是,孙先生第一次提出,在《1844年手稿》之类的文本中,青年马克思固然已经在政治上转到无产阶级的立场上来,在哲学基本观点上也转到了费尔巴哈式的一般唯物主义观念上来,但在其理论运演的深处,却出现了两种截然不同的理论逻辑:其一是从劳动者的先验类本质——劳动出发,将社会历史(主要是现代工业文明)视为人的本质之异化和复归的过程的人本主义隐性唯心主义历史观构架,这是此时支配着青年马克思哲学的主导理论框架;其二是在马克思真实地接触无产阶级实践和经济学史实之后,**不自觉发生的**一种新的从历史客观现实出发的理论逻辑(这也是在传统苏联马克思主义哲学史研究中被直接指认为**就是**马克思主义哲学已经创立的诸多文本证据),但这并不意味着马克思主义新世界观本身得以确立,而不过是马克思正随着对现实的深入了解,就不自觉地偏离人本主义异化逻辑的思想走向的体现。这一新的理论逻辑固然也是真实存在的,但相对于马克思的显性意识来说却又是无意识的。在1844年至1845年3月间,这两条理论逻辑始终处于一种动态的相互消长之中。当然,在青年马克思这时整体的理论运演过程中,居支配地位的还是费尔巴哈式的人本学劳动异化史观。从理论深层来看,这种人本主义伦理价值批判诚然在为无产阶级革命辩护,但还没有从根本上超出(德国)资产阶级意识形态。只有到1845年4月马克思写下《关于费尔巴哈的提纲》时,他的思想进程才真正发生了自觉的哲学革命。原来活跃在《1844年手稿》中的人本学话语在此被彻底解构了,而新的以实践为入口的哲学新视界就被凸现出来。这个思想革命,是通过《德意志意识形态》对包括费尔巴哈和马克思恩格斯自己1845年3月以前观点的批判、清算后才得以完成的。与阿尔都塞不同,孙先生没有把马克思哲学思想的发展形而上学地"断裂"为两个截然相悖的时期,而是将其描述为一个复杂的、相互联系的、动态的矛盾运动和转化过程。孙先生认为,马克思恩格斯不是从此不再关心"人"、关心"主体",

而是在一个全新的历史唯物主义的基础上确立了**科学的**人学。这种人学不是抽象的人本主义,而是通过关注无产阶级革命这一具体的社会**主体向度**,通过思考在19世纪以来大工业已经确立的人类解放的**现实**可能性,从而展望了作为社会发展必然趋势和前景的共产主义。

对于最后一种解读模式及其与阿尔都塞观点的原则性差别,我在《马克思历史辩证法的主体向度》一书中已经做了进一步的显性系统确证。因为我认为,由于受传统的理论氛围的特殊作用的影响,孙先生原来的一些表述还比较趋向于策略化,这极易让读者在解读时把它与苏联的进化论模式相混淆(这也是我后来对马克思、恩格斯、列宁的哲学文本作重新解读的重要原因之一),所以,重新确认模式的理论边界和特质是必然的,也是必要的。本书将在新的文本学基础上对这一模式进行最重要的理论推进。

有一点还需要说明一下,在此我所指认的五大解读模式并不存在一种时间先后顺序的关联,它们基本上是共时性的。同时,这些模式只代表了各自理论思路中的典型范式,而不是绝对的覆盖模型。因为并不存在单一而纯粹的文本解读模式,每一模式存在的具体形态是复杂而多变的。

最后还有一点题外话,即近来在对马克思解读中出现的所谓的"后马克思主义"的观点。这一新的理论逻辑实际上发端于法兰克福学派中后期。准确地说,它是由法兰克福学派主将霍克海默①和阿多诺②在《启蒙辩证法》一书中首开先河的。当然,这一逻辑思路的初始起点是20世纪初卢卡奇③在将马克斯·韦伯④的工具合理性与马克思的事物化理论

---

① 麦克斯·霍克海默(Max Horkheimer,1895—1973),德国著名马克思主义哲学家,法兰克福学派创始人之一。
② 西奥多·阿多诺(Theodor Wiesengrund Adorno,1903—1969),德国马克思主义哲学家、社会学家、音乐理论家,法兰克福学派第一代的主要代表。
③ 捷尔吉·卢卡奇(György Lukács,1885—1971),匈牙利马克思主义哲学家和文艺批评家,西方马克思主义创始人。
④ 马克斯·韦伯(Max Weber,1864—1920),德国政治经济学家和社会学家,现代社会学和公共行政学最重要的创始人之一。

相嫁接中无意识地萌生的。当然,这已经是另一个理论语境中的研究课题了。①

面对我们国内的理论界,令我十分遗憾的是,我们的一些论者在并没有充分了解国内外关于马克思主义哲学史研究已有的基本成果的情况下,仓促入阵,在无意识地重复坠入上述某一种理解模式的时候,却还自以为是学术创新,甚为可悲。显然,他们最大的失误,就是在没有弄清该**接着什么往下说**的时候盲目地自说自话,其实际所产生的后果自然是可想而知的。我认为,在今天再简单地以1843—1844年青年马克思的人本学逻辑反注马克思主义哲学的做法是极不恰当的。因为在当代马克思主义哲学发展进程中,这显然是对思想史的**逆动**。更进一步说,如果我们认真研读一下后期海德格尔②论技术的论文、阿多诺的《否定的辩证法》、巴特③的《符号的帝国》、杰姆逊④的《语言的牢笼》、广松涉的《存在与意义》等文本,就会发现自己思想之足上不过是套着一双古典人本主义(连新人本主义的门都没有进!)的旧拖鞋。也许,这些论者会激动地说,我们提出人道主义是由于今天我们并不像现代西方人那样,已经从人道主义走向后人学,今天我们的市场经济就是要确立人的主体性(哪怕是事物化的主体?!),所以今天的中国更需要人的主体性。对,这一点从现实的层面上说并没有错,可是**需要并不就是科学**。给人民以激情与给人民以科学的结果是根本不同的。中国人已经受激情支配和摆弄太久了!今天在我们走向现代化的事物化(世俗化)进程中,更需要在科学理性的基础上重新关注人,而不是回到非科学的人本主义中去。因

---

① 参见拙文:《无调哲学、后人学和否定辩证法》,载《上海社会科学院学术季刊》1996年第2期;《西方马克思主义、后马克思思潮和晚期马克思主义》,《福建论坛》2000年第4期;《文本的深度耕犁——西方马克思思潮文本解读》(第二卷),中国人民大学出版社2008年版。——本书作者第二版注。
② 马丁·海德格尔(Martin Heidegger,1889—1976),德国哲学大师。
③ 罗兰·巴特(Roland Barthes,1915—1980),法国文学批评家和哲学家。
④ 弗雷德里克·杰姆逊(Fredric Jameson,1934—),美国马克思主义文学理论家和文化批评家。

此,无论从历史的还是现实的层面看,以青年马克思为依据的人本学马克思主义都只能是一个过时了的现代神话。这个神话最近的一次现实破灭就是苏联、东欧的人道主义的社会主义的失败。当一些人用"人类的利益高于阶级的利益"的人学幻想来搞垮自己的社会主义(实质是自己的民族人格)时,**全球化**资本主义之西方列强(德里克语)并没有后退任何有实质性的一步。难道,我们还需要以身再试一次,还需要重蹈覆辙吗?

二、马克思理论写作中的三类文本及其哲学评估

在国内马克思主义研究不断深入的进程中,除去属于我们主体认知构架的解读模式问题,另一个问题也逐渐变得重要起来,这就是作为研究对象的马克思理论文献的**文本分类学**。在过去传统的教科书体系和学术探讨中,这方面我们关注较多的只是马克思公开发表的理论文本,并将其视为马克思理论研究的主要文献依据。究其客观历史原因,是由于马克思的大量笔记和手稿直到20世纪20—80年代才逐步公开问世。就中文版马克思恩格斯论著的现有文献来看,还有相当数量的原始文本没有翻译过来。然而,更主要的因素是我们自己的解读构架中存在的错误引导机制,即总是认为在正式论著与笔记、手稿之间,存在着简单的成熟与不成熟的界线。其实,这种看法本身反倒是不成熟的。以我之见,马克思理论写作中大体存在着三类不同的各具意义和价值的文本:一是读书摘录笔记与记事笔记;二是未完成的手稿和书信;三是已经完成的论著和公开发表的文献。在我们以往的研究中,受到学者普遍重视和着力研究的往往是第三类论著,第二类文献也得到一定的关注,而第一类文本实际上还没有获得应有的解读和研究地位。而我以为,在一定的意义上,恰恰只有通过对第一、二类文本的深入解读,我们才有可能发现马克思思想发展与变革的真实心路和缘起性语境。这一点,必须引起我们

的充分重视。①

第一类文本是马克思(恩格斯)在学习和研究过程中,面对自己所进入的新的学术领域或尚不熟悉的文本,有目的的读书摘录与**亚意图**的心得笔记,其中还包括马克思用来记录一些研究提纲、重要书目和思考随想的记事笔记。从目前已经发表和整理的文献情况看,这些笔记约有二百五十本,其中经过马克思恩格斯标示和批注的内容达6万多页。它们中的一部分已经发表于 MEGA2 的第四部分,总计将有40卷之多。

马克思在大学学习期间(1836—1837年之交)就已形成写读书笔记的习惯,此后这种学习研读方式贯穿他的全部学术生涯。从马克思的大量笔记的内容来看,在早期,除去诗歌之类的文学笔记,主要是哲学艺术笔记,如7本《关于伊壁鸠鲁哲学的笔记》(1839年)、8本《柏林笔记》(1840—1841年)、5本《波恩笔记》(1842年)和5本政治历史学摘录的《克罗茨纳赫笔记》(1843年)。而在1843年以后,除了一些札记性记事笔记本(约有17本,其中重要的如《1843—1847年记事笔记》,《关于费尔巴哈的提纲》等重要文本就写于这一笔记本)和中晚期的一些历史、人类学、自然科学和技术史笔记外,90%以上都是经济学笔记。比较重要的有7本《巴黎笔记》(1844年)、7本《布鲁塞尔笔记》(1845年)、9本《曼彻斯特笔记》(1845年)和24本《伦敦笔记》(1850年9月至1853年8月,约一百印张)等。

---

① 我在2008年后出版的《回到列宁》一书中,又提出了第四种类型的文本,即**拟**文本,这主要是指大量存在于马克思和列宁文献中的各类读书批注,由于它们并不是成型的文本,而是由后人依读书的语境重新建构和实现出来的特殊文本。在 MEGA2 的原初出版计划中,曾经打算出版一批马克思恩格斯的读书批注,此计划在后来被取消了。1999年,MEGA2 第四部分第一文本2卷只是作为马克思恩格斯藏书目录和批注的总括介绍出版。列宁的主要读书批注大多已经出版。关于我对"拟文本"的具体讨论,可参见拙著《回到列宁——关于"哲学笔记"的一种后文本学解读》,江苏人民出版社2008年版,第二章。而我最近关于海德格尔的研究成果表明,在面对神学、学术和政治三种大他者,海德格尔的文本可依自己保藏的本真思想与专为不同层面他性观看所制作的"学术逻辑建构",区分为被迫臣服式的**表演性**(*vorführen*)文本、争执式的**表现性**(*Ausdrücklich*)文本、垂直在场的**现身性**(*Gegenwart*)文本和隐匿性的**神秘**(*Geheimnis*)文本。这是基于文本生成**主体视位**的结果。——本书作者第三版注。

在我看来,这些笔记都是我们了解马克思各种思想**原发因素**的重要文本。因为在这些笔记中,我们可以直接阅读到马克思恩格斯对一些学术观点摘录的理论意向性、最初的评论以及由评论所产生的写作计划和构想,并且,从中我们还能找到马克思各种思想**最初形成的理论激活点和渊源性线索**。这些重要的原发性理论边界,是我们在一般理论手稿和论著中所无法获得的。更重要的是,这些笔记往往是人们理解第二类文本(手稿)的钥匙。比如,如果不研究《克罗茨纳赫笔记》中马克思以法国大革命为思考中轴的政治、历史摘录,那么就无法理解1843年马克思在《黑格尔法哲学批判》手稿中的第一个哲学转变,即向一般唯物主义的转变,这样就可能出现传统研究中将青年马克思的哲学思想转变简单地视为对费尔巴哈的"拥护",从而忽略马克思自己独立研究的复杂内在因素的各种误读;如果不研究1844年的《巴黎笔记》中马克思从萨伊、斯密、李嘉图到穆勒经济学探索中的递升式理解逻辑,那么就无法解读他同期写作的《1844年手稿》的本真语境,从而丧失对手稿理解评估的真实客观基础;如果不研究1845年的《布鲁塞尔笔记》与《曼彻斯特笔记》,就不可能真正读懂《关于费尔巴哈的提纲》、《德意志意识形态》和《马克思致安年柯夫》,那么也就根本谈不上理解马克思恩格斯的第二次伟大思想转变,即马克思主义哲学革命的本质;如果不研究《伦敦笔记》,就不会深入发掘出《57—58手稿》的内在哲学逻辑,也就自然会与马克思经济学语境中的重要哲学理论建树失之交臂,等等。

非常遗憾的是,到目前为止,我们对这一文本群的研究依然没有充分展开,有诸多不足之处。然而在20世纪60年代中期以后,特别是 *MEGA2* 第四部分在80年代后陆续出版以来,苏联、东欧学者的研究已经产生了一批全新的极有价值的成果。例如苏联学者拉宾、巴加图利亚、马雷什,德国学者杨、耶克等人的研究成果。我国中央编译局的研究人员也在80年代以后开始介绍和编译 *MEGA2* 笔记卷中的部分介绍和内容。但由于这些文本中的绝大多数笔记至今没有正式在国内编译出版,所以研究工作在客观上是难以展开与深入的。

第二类文本是马克思的每个理论创作前期所形成的手稿与有关理论研究的各类学术性书信。这基本上是马克思理论创造的原始地平,因为这是马克思自己**弄懂问题、建构新理论的思想实验室**。尤其重要的是马克思一些未完成的与主动放弃的理论手稿和文本初稿,如1843年的《黑格尔法哲学批判》手稿、1844年《穆勒笔记》中的论说手稿和《1844年手稿》、1845年初的《评李斯特》手稿和1879—1880年的《评阿·瓦格纳的"政治经济学教科书"》等;还有马克思在一些重大理论创造进程中多次修改的手稿,如《德意志意识形态》第一卷第一章的多重手稿、1850—1870年《资本论》三卷的多重手稿和《给维·伊·查苏利奇的信》的多重手稿。还有,在马克思的书信中,特别是他与恩格斯等人有关思想探讨的私人信件都是极其重要的理论文本。比如19世纪40年代马克思与费尔巴哈、卢格等人的通信,1844—1845年马克思与恩格斯的通信,1846年马克思致安年柯夫的信,1850—1880年马克思与恩格斯关于《资本论》的通信,等等。①

在这些手稿和书信中,我们能真切地看到在马克思思想形成中许多**没有经过修饰**的本真语境,从而能更清楚地把握他的思想发展过程。从研究和表述的差异性的角度来看,有的手稿和书信的重要性在某种意义上甚至超过后来公开发表的正式论著。比如马克思在1846年底修改《德意志意识形态》第一卷第一章的过程中写给俄国理论家安年柯夫的信,就直接反映了他在理论思考中的一些新观点,即将历史唯物主义与历史辩证法统一起来的"一定的"具体历史情境论。又如面对马克思的《57—58手稿》,在传统的研究中学者们一般仅仅将它作为经济学文本进行解读,并且以《资本论》的经济理论建构(剩余价值理论)的成熟度为评

---

① 在最近我对福柯的研究中,看到他在晚期关于个人主体自我的反思中曾经注意过个人笔记和通信的特殊性。在他看来,个人笔记本(hupomnêmata)是近在手边的话语装置,它的作用是为了构型自我。而通信则会是向他人展示自我的过程。(参见《福柯文选Ⅲ:自我技术》,汪民安编,北京大学出版社2016年版,第221—246页。)——本书作者第四版注。

判尺度,这就极大地忽略了这个文本蕴藏着的丰富的哲学成果。而在我看来,马克思正是在这一手稿中完成了马克思主义哲学的一个重要理论创新,树立了马克思主义哲学的一个新的理论丰碑,即狭义的历史唯物主义和历史认识论之上的历史现象学理论的创立。

此外,在研究方法上还存在一个隐性制约的方面,那就是在原来对这一类手稿的研究中,存在着一种用马克思后来正式发表的论著来简单地评判手稿的非科学的惯性思路①,这使我们失去了很多重要的东西。为什么?我们在论及第三类手稿时再作进一步的分析。在这里,我注意到苏联学者伊林柯夫的一种观点。他认为,马克思思想的真实本质和科学方法,绝不能从"考察马克思的各种手稿、摘录、草案以及他在最初直接接触经济事实的过程中浮现在脑中的各种想法的基础上加以复原"②。为什么?第一,他坚决反对西方马克思主义和西方马克思学的一些论者,以青年马克思的手稿(主要是《1844年手稿》)的思想解读马克思后来的科学论著。第二,马克思科学方法最成熟的内容只存在于《资本论》中。第三,如果依据手稿和设想来研究马克思的思想,"只能使工作复杂化"。③ 看起来,伊林柯夫的观点似乎正好是反对我这里的研究思路的。而且,他给这种研究方法戴了很"高"很"大"的"帽子",即"修正主义"和"资产阶级"的手法。这让我不得不予以正视。伊林柯夫的这本书在当时研究马克思《资本论》的方法方面,是一部相当优秀的学术研究成果(俄文首版出版于1960年)。可是,我必须指出伊林柯夫上述观点的确错了。错在哪里?反对以青年马克思反注马克思主义并没有错,这也是本书的基本理论意向之一。可是,用马克思"最成熟的"《资本论》来指认马克思主义的本质和科学方法的唯一通道,这是非科学的,因为,马克思

---

① 用蒂尔的话说,即"要看它是'已经'接近还是'尚未'接近'经典'著作而定"。参见[德]蒂尔《关于解释马克思的几个阶段》,载《马克思主义研究》,图宾根,1954年,第5页。
② [苏]伊林柯夫:《马克思〈资本论〉中抽象和具体的辩证法》,孙开焕等译,山东人民出版社1993年版,第109页。
③ 参见[苏]伊林柯夫《马克思〈资本论〉中抽象和具体的辩证法》,孙开焕等译,山东人民出版社1993年版,第114页。

主义的方法并不只是经济学的从抽象到具体的叙述方法,况且,只关心结论而不认真探究思想的形成过程,正是过去教条主义研究视域的根本弊病。而伊林柯夫担心对笔记和手稿的研究会导致问题"复杂化",恰恰证明他及以他为代表的那种传统研究模式是一种简单化的线性思路。

这一类文献,绝大多数都已经发表在 MEGA2 的第 1—3 部分上,其中重要的文本也都已经在我国第一版《马克思恩格斯全集》的后 10 卷(第 40—50 卷)中译成中文。自 20 世纪 30 年代以来,对这些文本的研究,一直是国外马克思主义学术界关注的焦点,也陆续出现了一大批重要的研究成果。如西方马克思主义与西方马克思学学者在 30—40 年代对《1844 年手稿》的研究,60—80 年代苏联、东欧学者(苏联学者维戈茨基、东德学者图赫舍雷尔等)对《57—58 手稿》的研究。在国内理论界,唯独马克思经济研究领域在这一新文献群的研究中取得了较大的进展。① 而在马克思哲学研究中,除了对《1844 年手稿》的关注之外,对这类文本的深入而科学的研究基本还处于空白状态。这种状况必然会严重影响到我们的马克思主义哲学研究的深度和广度。

第三类文本是马克思为了公开出版而撰写的已发表或未发表的各种论著。这是马克思各种**已经完成的思想的形式化表述的文本**。对于这一类文本的研究,以往研究的不足之处是总是关注各种学术性较强的大部头专业论著,然而忽略了马克思投身于现实社会政治斗争的各种政论性文章。如果说前者是理论研究,那么后者却恰恰是各种理论在现实中的运用。这一部分文本在马克思所正式发表的文本中实际上占有更大的数量,也有着更为积极的作用。

与前两种文本相比,马克思的这类论著当然主要代表了他在某一时期中较为成熟的思想与观点,这自然应该成为我们理解马克思思想发展的主导性文献。除了 1845 年以前的文本,在 1847 年以后发表的诸如

---

① 主要是以中国《资本论》研究会为中心的相关的一批专家及其成果,如汤在新的《马克思经济学手稿研究》,此外还有张仲朴、李建民、姚晓鹏等学者的一系列论文。

《哲学的贫困》、《共产党宣言》和《资本论》(第1卷)等这些文本的科学理论地位是不容置疑的。但是，在一定的意义上，马克思在这类文本中所思考的主要着眼点已经不是理论逻辑本身的建构，而是其得以实现的具体条件、具体形式和体系化表述。比如《德意志意识形态》第2卷的写作，必然受到该书所批评的对象——赫斯正参与撰写此书的影响。再如，由于各种现实因素的左右导致原写作计划改变，在马克思的《57—58手稿》与《资本论》四卷之间，后者未必就是在科学理论总体上更成熟更全面的终极成果，因为前者包含的丰富内容（比如精深的历史哲学论见）的被选择与否并不是以科学性为尺度的，而是受学科主导线索的制约。这些方面都是我们的研究必须全面注意的重要参照系数。本书的一个重要理论意向是，离开了对第一、二类文本的认真理解和深入研究，对马克思的这些正式文献的研讨是不可能获得完整而科学的认知结果的。这一点，尤其值得我们马克思主义哲学研究界注意。

此外，我还有一个建议，即在我们的理论研究中，不能过分"硬化"马克思主义理论子系统之间的边界。这也就是说，在马克思理论研究的真实进程中，他的哲学、经济学和社会历史现实批判（科学社会主义）是一个完整的、始终没有分离的整体，各种理论研究之间是相互渗透和包容的。所以，我们对马克思的经济学进行研究，不理解马克思的哲学观点无疑是不行的，哲学分析完全离开对马克思的经济学的研究也同样是不行的。这两种研究皆脱离了马克思批判资本主义的现实目的，必将左支右绌，更是行不通的。从我自己的认识来说，研究马克思的哲学是一定要认真读懂马克思的经济学著作的，否则，将不可避免地显露出流于形而上学的轻浮。对本书的研究思路而言，**从马克思经济学研究的语境中探寻他的哲学思想变化的基础**，是我着力开拓的一种全新视角。而这恰恰是一个被传统马克思主义哲学研究界所忽略的关键问题，即马克思自己哲学思想发展的真正支援性背景正是他的经济学研究和历史研究，甚至可以说，1844年以后，马克思每次在哲学上所取得的重大进步都与他对经济现实的研究息息相关。所以,我们可以对列宁的一句话做一个补充性说明:列宁认为,如果说不读懂黑格尔的《逻辑学》,就不可能真正弄懂马克思的《资本论》;那么我们则需要将这种界说翻转过来,即没有真正理解马克思的经济学研究思路,就不可能完整地获得对马克思哲学内在逻辑进程的科学认识。

三、马克思哲学思想发展中的三个理论制高点

如果我们在研究中能够真实面对上述第一、二类文本,特别是深入到马克思很早就开始的经济学研究的一定的具体的理论情境中去,并认真地考察马克思哲学思想发展的整体进程,就不难发现马克思的哲学建构历时性地存在着**三个理论创造高峰期**:一是1844年,其最重要的文本是青年马克思所建构的人本主义社会现象学的《巴黎笔记》中的"穆勒笔记"和《1844年手稿》;二是1845年1月到1846年12月,其最重要的文本是马克思的第一批马克思主义哲学文献,即创立广义历史唯物主义的《提纲》、《德意志意识形态》和《马克思致安年柯夫》;三是1847年到1858年,其最重要的文本是马克思建立在马克思主义狭义历史唯物主义学说和历史认识论之上的历史现象学的《57—58手稿》。我也将这三个理论高峰称之为马克思哲学思想进程中的**三大话语转变和认识飞跃**。这也是本书在马克思哲学发展史研究上的主导性理论立论。

马克思哲学思想发展中的第一次重要转变是,从青年黑格尔的唯心主义转向一般唯物主义,从民主主义转向社会主义(共产主义)。我已经反复界说过,这第一次转变不是转向马克思主义。该转变始发于《克罗茨纳赫笔记》,经过《黑格尔法哲学批判》和《论犹太人问题》,在《巴黎笔记》后期和《1844年手稿》中达至最高点。一般而言,马克思此时思想转变的现实基础是马克思的历史研究和与社会主义工人运动实践的接触,可这一阶段的后期,马克思已经开始他的第一次经济学研究。在这里,

我要提出一个新看法——如果将思想背景、思考语境置于当时欧洲思想史的整体断面中,马克思的这次思想转变并不是一种简单的理论创新,而是在诸多背景因素制约下发生的逻辑认同。这里需要指出的支援背景,除去已知的费尔巴哈的一般唯物主义、黑格尔的辩证法之外,还有青年恩格斯、赫斯和蒲鲁东基于经济学的哲学批判和社会主义观点。更重要的是客观存在于古典经济学中的社会唯物主义思路与方法,而后者恰恰是当时还处于人本主义异化史观构架中的青年马克思表面所拒绝和否定的方面。这也是我们传统研究不够重视的方面。

马克思哲学思想的第二次转变才是马克思主义的哲学革命,即马克思的第一个伟大发现——广义历史唯物主义的创立。这一哲学思想变革发生在马克思第二次经济学研究(《布鲁塞尔笔记》和《曼彻斯特笔记》)的进程中,从写作《提纲》开始,经过《德意志意识形态》,一直到《马克思致安年柯夫》。这一转变最重要的理论基础是马克思对政治经济学科学批判基点的形成。我的新观点是,除去社会主义实践和其他哲学观念的作用,马克思正是在对古典政治经济学中斯密、李嘉图社会历史观的社会唯物主义的认同,以及在对资产阶级意识形态的批判性超越之上,才创立了历史唯物主义与历史辩证法。以实践唯物主义为基本立场,对一定的社会历史阶段的具体的历史的现实的社会关系的研究,特别是对科学的历史性生存的"本体"性规定的思考,成为马克思主义哲学关注的理论焦点。以我之见,马克思广义历史唯物主义和历史辩证法的成熟观点是在他最后修改《德意志意识形态》第一卷第一章第四、第五手稿时在致安年柯夫的信中表达出来的:这就是社会历史的"一定的"历史情境说,或称**历史构境论**。① 在这个时候,马克思最终放弃了用哲学构架来描述周围世界和社会历史的理论方式,而转入了对社会现实的科学研

---

① 2007年起,我已经开始对自己的这个新的思想观念作出进一步的理论说明。参见拙作:《思想构境论:一种新文本学方法的哲学思考》,载《学术月刊》2007年第5期;《历史唯物主义与历史构境》,载《历史研究》2008年第1期,以及《回到列宁——关于"哲学笔记"的一种后文本学解读》,江苏人民出版社2008年版,导言。——本书作者第二版注。

究。以恩格斯的说法,在那个时候"现实就是经济学"。马克思主义哲学研究的一个崭新阶段就是对社会现实的经济学和历史学进行科学研究的时期。因此,在这个非常性的革命时期中,马克思主义的哲学变革的开端与政治经济学科学研究的发端是同时发生的,而不是像传统研究中所说的那样,马克思首先创立了历史唯物主义,然后转向政治经济学研究。这一判断几乎成为我们的哲学与经济学研究的共同误认了。

我所提出的观点是,马克思哲学思想的第三次转变不是**异质性**思想革命,而是马克思主义哲学研究本身的进一步深入,即建立在狭义历史唯物主义和历史认识论之上的历史现象学之创立这一伟大的认识飞跃。这一转变基于马克思的第三次经济学研究,它从《哲学的贫困》开始发生,经过《伦敦笔记》的中途跋涉,在《57—58手稿》中基本完成,其基础直接就是马克思的经济学革命探索,即马克思的第二个伟大发现——剩余价值理论的形成。关于马克思哲学思想的这个认识飞跃的看法,是我新近研究的重要成果。1847年以后,马克思开始对以"资产阶级社会"为生产力发展最高点("人体")的人类社会历史进行科学的批判考察。我发现,在这一研究进程中,哲学探讨并不是被放弃了,而是获得了真正的实现。正是在马克思对前资本主义社会尤其是资本主义社会的经济历史研究中,人类社会发展的历史本质才第一次得到科学的说明,而每个社会历史发展的特殊运行规律也才第一次被揭示出来。人与自然(周围环境)的关系、人与人的社会关系,第一次在真实的社会历史情境中被具体地指认出来。这就是马克思所创立的狭义历史唯物主义哲学理论的主要内容。在资本主义社会化物质大生产的发展过程中,分工和交换所形成的生活条件必然导致人的社会劳动关系(类)的客观外在化(价值),以及资本主义市场条件下进一步的物役性颠倒关系(资本),因此也就历史地构筑了有史以来在社会生活方面最复杂的社会层面和内在结构,这必然形成独特的非直接性的历史认识论的全新哲学基础。而穿透各种颠倒和事物化的经济关系假象,批判性地去除资产阶级意识形态拜物教,最终科学地说明**资本主义**的生产方式的本质,这就是马克思历史现象学的主体内容。

其实从我近期的研究成果看,马克思的方法论转变并不是一次简单的突如其来的改变,而是一个**多次多层面逐步完成的**复杂过程:如果从1838年算起,第一次是在1843年从青年黑格尔派转向费尔巴哈式的一般唯物主义,第二次是在1845年从一般唯物主义转向方法论尺度上的历史唯物主义,第三次是在1847年从哲学转向现实批判,第四次是在1857—1858年历史现象学的批判逻辑的实现,第五次是经济学表述逻辑方法的确立。如果换一种角度,上述改变也可以表述为马克思哲学逻辑的五次颠倒:一是1843年马克思哲学前提的颠倒,开始形成从感性具体出发(实际上还是非历史的抽象)的逻辑;二是1845年的认知方法之颠倒,形成从现实出发的逻辑:实践与生产的历史"本体";三是1847年研究内容的颠倒:形成从历史现实出发的逻辑;四是1857—1858年对资本主义社会事物化表象的现象学之颠倒;五是经济学理论建构的形式颠倒,即再次从抽象回归到具体。当然,这个复杂的思想变化过程在本质上还是隶属于上述三大话语转变的范畴。

这三个哲学理论逻辑建构的**主要语境**是这样交替出现的:第一个时期(不包括青年马克思在转向唯物主义之前的史前时期,即1837—1842年),马克思仍然处于德国古典哲学的传统构架中,此时马克思的支配性理论构架是费尔巴哈式的人本主义话语体系。但马克思初步对经济学进行研究所取得的成果,使他已经大大超出费尔巴哈的自然主义和黑格尔的思辨唯心主义,也超出了青年恩格斯、赫斯和蒲鲁东的一般经济学哲学批判,形成了独特的人本学劳动异化理论即人本主义社会现象学。这一话语构架并不是马克思主义哲学即历史唯物主义。在第二个时期,马克思从社会实践入手,确立了以一定历史条件下的物质生产方式为理论中轴的新哲学世界观,他与恩格斯创立了广义历史唯物主义和历史辩证法的立场、观点和方法,传统哲学的形而上学体系第一次在这里被消解了。第三个时期,马克思面对资本主义大工业所实现的生产方式,在完成政治经济学科学理论建构的同时,实现了以人类社会历史发展的生产力最高水平为尺度的对人类社会及其个体的现实存在的哲学确证与批判,即狭义历史唯物主义之上的历史现象学批判,这是一种历史的、现实的和具体的社会历史哲学描述。

这三个时期的**共同理论目的**都是对现实资本主义进行批判。第一个时期,马克思是以人的社会类本质——理想化的自主性劳动活动为价值悬设,即人类存在应有的本真状态,并以此认证资产阶级私有财产制的非人性,即人的劳动类本质、人与自己的劳动产品和人与人的社会关系非常性的异化与颠倒,并提出要扬弃劳动异化、消灭私有制,复归于人的本质之共产主义理想生存状态。这里的逻辑公式是:S 应该是 P。这是传统人学中 Sollen(应该)与 Sein(是)之间的矛盾之延续,其逻辑批判的内在动因是先验的"应有"(Sosein)与"现有"的伦理性对立。第二个时期,马克思与恩格斯已经立足于人类社会发展的客观规律,充分肯定了"资产阶级社会"在人类社会历史发展进程中的现实合理性,并科学地指认人类社会解放的客观可能性只能出现于大工业发展的最高点上。这里的逻辑公式是:S 现实地可能是 P。这是一种新的历史辩证法中的"能有"(Moeglichsein)与"现有"之间相互博弈的客观矛盾分析。第三个时期,马克思完全以经济学研究中的历史事实为尺度,通过对前资本主义社会历史特别是对资本主义生产方式的现实进行研究与批判性考察,科学地说明了整个人类社会、个体的现实生存状态与历史发展过程,展望了人类世界历史全面解放的现实趋向。这里的逻辑公式是:过去的 S_1 发展为今天的 S_2,并正在走向 $S_3 \ldots S_n$,这就是真实历史发展中客观存在的"先有"、"现有"与"后有"的历史矛盾分析。

由此,我的认识和探索就开始区别于传统研究马克思哲学思想发展的五大解读模式,因为我在孙伯鍨先生的二次转变说的基础上又向前跨出了重要的一步。在这里,我以马克思经济学和哲学研究的现实关联为理论基石,明确反对了两种"断裂说"。一是阿尔都塞的准结构主义式的"断裂说"。在他看来,青年马克思哲学的发展经过了一个从人本主义意识形态问题系向历史唯物主义科学问题系的直接断裂。二是长期以来传统研究中的哲学向经济学转变的"断裂说"。这后一种观点认为,在1847年以后,哲学研究已经不再是马克思理论研究的主要关注点,而出现了所谓的经济学研究时期。我的研究成果否定了这种判断。因为,在1847年以后,才真正出现了马克思哲学研究的另一个最重要的成果,这就是以资本主义现实社会关系为参照系,针对人类历史真实发展、人类主体本质的科学确证和现实社会批判的哲学理论创造。它并不是经济学建构中流光片羽般四处飘洒的哲学片断,而是一个完整而严密的哲学建构过程。毋庸置疑,哲学始终是马克思理论生涯的内在主线之一,否则,我们必将使马克思语境中的重大哲学话语转换受到严重的遮蔽。

第一章　青年马克思初次面对经济学的支援背景

从文本解释学的语境上看,任何文献都不具有直接现成的可读性。只有在充分彰显作者创作文本的原初背景视域后,历史的解读语境才可能真实呈现出来,也才具备读者解读视域与之整合的前提。同样的,面对马克思的论著,首先需要做的事情必定是追究在一定历史时期支配他思想的支援背景和深层理论构架。由此,再在文本耕犁中绽出一番新的境界来。这一点对我们解读早期的青年马克思而言,尤为重要。我发现,只有在离开传统哲学解释框架之后,多重被遮蔽的支援背景线索才逐渐得以浮现。这种重新解蔽的方法在本章便表现为背景分界边缘的打破。

第一节　被遮蔽的线索一:早期政治经济学的隐性哲学构架

长期以来,在我们的传统理论研究中,一条存在于早期政治经济学(The political economy)①中的重要哲学线索在无意之间被遮蔽了,这就

---

① "政治经济学"在德语中可直译为"die politische Ökonomie",可是恩格斯和马克思最先使用的却都是"die Nationalökonomie"(国民经济学)。这可能是受到赫斯的影响,而赫斯则很可能是受到李斯特的影响。——本书作者第二版注。

是一种在社会历史研究中的十分特殊的唯物主义逻辑：社会唯物主义。我们说早期政治经济学中存在着一种社会唯物主义，这是将其与社会学语义中的社会实在论界划开来。前者的逻辑是哲学抽象，后者的语境则为经验直指。同时，这种社会唯物主义及其表现形式——经济决定论，又正是资产阶级意识形态的现实支点——三大拜物教的理论逻辑前提。这个哲学构架，青年马克思在1844年首次遭遇时并没有将它完全透视，然而在1845年的哲学变革中，它却成为历史唯物主义科学真正超越的逻辑阶石。

1. 政治经济学是从怎样的感性经验出发的

区别于过去古典经济学研究中那种纯经济学话语，在1984年，我国经济学家吴易风先生在自己的《英国古典经济理论》一书的第二章"方法论"中明确提出了古典经济学的哲学前提问题。依据马克思后来的评论，吴先生先是肯定了"如果说，培根和霍布斯哲学是早期英国政治经济学的一切观点的基础，那么，洛克哲学则是以后英国政治经济学的一切观念的基础"[①]。然后，他又说明了古典经济学中的抽象与具体以及逻辑与历史的关系等问题。他的观点带来一种高层次的清新的理论冲击，也呈现了值得我们认真讨论的一些理论质点。

吴先生认为英国经验论唯物主义是古典经济学的前提，这无疑是正确的。但问题在于，如果思考仅仅停留在这一指认平面上，那么它是否真正达及深层理论逻辑应有的深刻度呢？点破问题，也就是说早期政治经济学中现实运作的唯物主义方法是不是英国经验论唯物主义哲学在经济学中的简单移植？我认为，答案是否定的。在此，我们就以几位经济学家自己对理论方法论前提的界说作为讨论的起始边界。

---

① 吴易风：《英国古典经济理论》，商务印书馆1988年版，第27页。

首先是处于古典经济学起点位置的威廉·配第①。以往我们都认为,配第的方法论前提是英国经验论的唯物主义哲学,他第一次运用这种方法观察社会现象,特别是运用到经济过程中来。这一点没有错。从配第的理论运作来看,对他的研究起重要支配作用的确实是 17 世纪英国唯物主义哲学家弗·培根②和托·霍布斯③的观念。我们可以看到他的确在经济学论著中,以一种"归纳、分析、比较、观察和实验"④方法作为逻辑运演的出发点。用配第自己的话来说,就是要建立一种"政治算术",亦即摈弃那种容易变动的思想、意见和情绪,而直接"用数字、重量和尺度的词汇来表达我自己想说的问题,只进行能诉诸人们的感官的论证和考察在性质上有可见的根据的原因"⑤。配第也由此被后人誉为"统计学之父"。他的意思是,要创立一种**面对社会(政治)生活的科学**,这就是后来的政治经济学。我还注意到,那位被马克思从经济学角度批判的英国经济学家麦克库洛赫⑥也有同样的自觉指认。在《政治经济学原理》一书中,他将政治经济学称为**科学**,因为它是"建立在**事实与实验之上**

---

① 配第(Sir William Petty,1623—1687),英国古典经济学的创始人。其主要论著有:《赋税论》(1662)、《爱尔兰的政治解剖》(1672)、《政治算术》(1676)、《赋税论·献给英明人士·货币略论》(1691)。配第被马克思称为"英国政治经济学之父"。参见《马克思恩格斯全集》第 13 卷,中共中央马克思恩格斯列宁斯大林著作编译局马恩室编译,人民出版社 1962 年版,第 43 页。(《马克思恩格斯全集》皆由中共中央马克思恩格斯列宁斯大林著作编译局马恩室编译,下文将省略——本书作者第二版注。)
② 弗兰西斯·培根(Francis Bacon,1561—1626),英国哲学家、作家和科学家。著有《学术的进步》(1605)和《新工具》(1620)等。
③ 托马斯·霍布斯(Thomas Hobbes,1588—1679),英国的政治哲学家。著有《利维坦》(1661)等。配第与霍布斯是要好的朋友,他们之间的学术通信对配第唯物主义方法论的形成,起到了直接的重要作用。配第本人也直接参加了 1646 年建立的"伦敦哲学协会",这是一个自然科学家与唯物主义哲学的联盟,目的是共同反对中世纪的经院哲学。
④《马克思恩格斯全集》第 2 卷,人民出版社 1957 年版,第 163 页。
⑤[英]配第:《政治算术》,载王亚南主编《资产阶级古典政治经济学选辑》,商务印书馆 1979 年版,第 65 页。
⑥ 麦克库洛赫(John Ramsay Macculloch,1789—1864),英国经济学家。主要论著有:《关于李嘉图的政治经济学原理》(1818)、《论资本积累及其对交换价值的影响》(1822)、《政治经济学原理》(1825)、《论政治经济学的起源、发展、特殊对象和重要性》(1825)等。马克思从政治经济学发展史的角度分析,将他定位为李嘉图理论甚至穆勒理论的庸俗化代表。

的",这是因为,生产和财富积聚以及文化的进步等所依据的原理,都不是由法律所制定的。这些"原理"以及它们的作用,"一部分由人的本质,一部分由物质世界构成的,它们的作用和机械原理一样可借助观察与分析来探讨"①。他还认为,经济学的结论只能是从观察许多大小国家用来支配人们生活条件的各种原则而得出的。② 另一位英国经济学家理查德·琼斯③同样在自己的书中明确提出了经济学的研究方法是"归纳法科学","政治经济学必须使所谓普遍适用的准则建立在经验的基础上",这个基础"只有通过反复观察各国历史上发生过的事情才可能分析、研究和彻底了解"。④ "决定那些处于不同环境下的庞大的人类团体的地位和进步、以及支配他们的行为的原则,只能从经验中得出。"⑤而且,这种观察必须是全面的,不能将观察的资料"局限于自己身边的一小部分世界"。

照此说来,将经验论的唯物主义指认为古典经济学之开端的早期资产阶级经济学的方法论前提似乎是确定无疑的。但事实真的仅仅如此吗?我要提出一种辨识:早期政治经济学中的哲学方法论与英国的经验论之间存在着重要的**理论异质性**。

我想提醒大家注意,早期政治经济学家经验观察视域中的焦点已经不是英国经验论的直观自然对象,甚至也不仅仅是**社会实在论**那种社会生活中的直观感性实体,而是社会生活中人的"行为"和"事情"(琼斯语),即**非实体性的**社会经验现象,甚至还有"文化"、"法律"与"人的本质"(麦克库洛赫语)等无形的主观因素。很显然,被经济学家运用到社会生活中的英国经验论唯物主义,并非如过去的论者所指认的仅仅是对

---

① [英]麦克库洛赫:《政治经济学原理》,郭家麟译,商务印书馆1975年版,第10页。
② 参见[英]麦克库洛赫《政治经济学原理》,郭家麟译,商务印书馆1975年版,第11页。
③ 琼斯(Richard Jones,1790—1855),英国经济学家。主要论著有:《论财富的分配和赋税的来源》(1831)、《政治经济学绪论》(1833)、《国民政治经济学教程》(1852年)等。
④ 参见[英]琼斯《论财富的分配和赋税的来源》,于树生译,商务印书馆1994年版,序言,第11—12页。
⑤ [英]琼斯:《论财富的分配和赋税的来源》,于树生译,商务印书馆1994年版,序言,第9页。

自然感性实体的直观,而是**将对社会现象的认识建立在感性的观察之上**。这里的感性现象中既有社会生活中的物质对象,又有人的客观活动和事件(生产、经济活动和政治斗争),同时还有理论和文化现象。这实际上已经产生一种理论意向上的重要变化。

思至于此,我不得不提出一个极重要的原则问题,即用什么尺度来评价古典政治经济学。在过去的理论研究中,苏联、东欧和我们的绝大多数论者(多数为经济学家)在讨论政治经济学学说史时,都无一例外地援引马克思对古典经济学家的评述并以此为评判尺度(主要是1857年以后的评述),这种做法在讨论政治经济学学理时是无可非议的。可是我们没有注意到,马克思**并没有系统地从哲学上评述古典经济学**。1845年之前,他没有也不可能正确地直接指认古典经济学的哲学方法论,而当1845年马克思和恩格斯创立了历史唯物主义之后,他已经主要着眼于从政治经济学的视角上去进行确证了。于是,在马克思面对古典经济学的前期哲学视角与中后期经济学视角之间,就存在着一块理论逻辑阐释上的反向缺失的空白地带。所以,当我们**用马克思的经济学尺度去评述古典经济学的哲学方法论本质**时,并非所有规定都能天衣无缝般地科学地接合在一起。吴易风先生的问题就出在这里。他提出了古典经济学的哲学方法论这一极重要的问题,可是他却在谈论哲学问题时简单移植了马克思中晚期的经济学话语。

细心的读者会发现,我们这里并没有简单采用马克思着眼于经济学逻辑进展的界划,即古典经济学(配第)与庸俗经济学(麦克库洛赫)的严格分野。因为在哲学元方法论上,二者在一定意义上又是有同质性的。它们的差别只是分析达及一定的深度时才重新凸现出来。

2. 早期政治经济学方法论中的隐性社会唯物主义前提

在此,我们需要进一步推进问题的解析。在我的研究视域中,还伫立着一位值得认真注意的经济学家。他就是马克思从经济学科学标尺上批评过的法国经济学家萨伊①。在早期资产阶级经济学家中,萨伊是为数不多的自觉和系统地说明经济学研究方法论的学者之一。我们先来考察一下,萨伊在他的名著《政治经济学概论》一书绪论中对政治经济学研究方法的讨论与分析。

萨伊认为,政治经济学的方法实际上是18世纪下半叶从自然科学中引进的。他并不了解配第和斯密与英国唯物主义哲学的直接关联。②以他之见,斯密"把新的科学研究方法应用于政治经济学,就是说,他不抽象地寻找原则,而却从经常观察的事实追溯到支配这些事实的一般规律"③。萨伊说,政治经济学要"探究社会上实际存在的事物的本质与发展过程"④。在评论政治经济学的学科性质时,萨伊与配第等人的观点相似,他也直接认定"这门科学不是建立在假设上面,而是建立在观察结果和经验上面"⑤。在他看来,政治经济学与物理学一样是科学,即都"只承认经过仔细观察的事实,以及根据这些事实所作的精确推论",这似乎是共同的方法论前提。可是,事实又区分为存在着的事实与发生着的事实。这很像后来胡塞尔⑥—海德格尔⑦的那个"现成性"和"生成性"的关系。前者是"**存在着的物体**",即我们"必须从各个观点不仅观察它们的实际情况,同时也要观察它们的性质"的事实;后者则是"**发生着的事件**",这就是说"事物在我们观察它们怎样发生时所呈现出来的现象"的

---

① 萨伊(Jean-Baptiste Say,1767—1832),法国经济学家。主要论著有:《政治经济学概论》(1803)、《政治经济学精义》(1817)、《政治经济学教科书》(六卷,1828—1830)。
② 参见[法]萨伊《政治经济学概论》,陈福生、陈振骅译,商务印书馆1963年版,第17页。
③ [法]萨伊:《政治经济学概论》,陈福生、陈振骅译,商务印书馆1963年版,第38页。
④ [法]萨伊:《政治经济学概论》,陈福生、陈振骅译,商务印书馆1963年版,第43页。
⑤ [法]萨伊:《政治经济学概论》,陈福生、陈振骅译,商务印书馆1963年版,第49页。
⑥ 胡塞尔(Edmund Husserl,1859—1938),德国哲学家,20世纪现象学学派创始人。1859年4月8日出身在奥匈帝国摩拉维亚(Moravia)的普罗斯尼兹(Prossnitz)的一个犹太家庭。他早先攻读数学、物理,1881年获博士学位,1883年起在维也纳追随德国哲学家、心理学家布伦塔诺钻研哲学,先后在德国哈雷、哥廷根和弗赖堡大学任教,1938年病逝于弗赖堡。
⑦ 马丁·海德格尔(Martin Heidegger,1889—1976),当代德国著名哲学大师。代表作有:《存在与时间》(1927)、《哲学论稿》(1936—1938)等。

事实。① 用今天认知科学的话语来指认,也是所谓的共时性与历时性的不同视角。萨伊认为,科学真理不仅仅是对现象的一般直观,而主要是对事物本质的把握,"事物怎样存在或怎样发生,构成所谓**事物本质**,而对于事物本质的仔细观察,则构成一切真理的唯一根据",也正由此,科学再划分为两种,一是告诉我们关于物体及其性质的正确知识的"**叙述**科学",二是说明事件怎样发生的"**实验**科学"。在自然科学中,植物学是叙述科学,化学、物理学则为实验科学。而在社会科学中,统计学是叙述科学,政治经济学则是实验科学。这是一个有趣的界划。

萨伊进一步分析道,在实验科学中所面对的发生着的事实,又可以从两种角度,即"从**一般的**或**不变的**观点和从**特殊的**或**可变的**观点"进行分析。特殊事实诚然也是由事物的本质产生,但"它是几个动作在特殊情况下互相制约的结果";一般事实则是"事物在一切相似情况下由它们的本质所产生的结果"。以萨伊的观点,政治经济学就是实验科学中面对发生着的事件之一般事实的研究。他认为,这门科学有这样的特点:

> 它说明那些事实不断相结合,以致一个事实总是另一个事实的结果,以及**为什么**是这样。但它不用假设来作进一步的说明,而要从事物的本质去明白理解事物的联系。政治经济学必须引导人们从一个环节到另一个环节,使得有理解力的人都能理会这个链条是怎样联系起来。②

由此,他还批评了斯密的论著"只不过是一大堆杂乱地放在一起的、附有启发性例证的最正确政治经济学原理和附有有益的意见的统计学天才研究"③。从哲学方法论上说,萨伊的指责有一定道理,可从更深一层的经济学层面的哲学反思来看,他却根本误读或无法理解斯密。这是

---

① 参见[法]萨伊《政治经济学概论》,陈福生、陈振骅译,商务印书馆1963年版,第17页。
② [法]萨伊:《政治经济学概论》,陈福生、陈振骅译,商务印书馆1963年版,第18—19页。
③ [法]萨伊:《政治经济学概论》,陈福生、陈振骅译,商务印书馆1963年版,第19页。

我们接下来要进一步揭示的问题。

针对一些自然科学家认为绝对真理只存在于自然科学中的观点,萨伊着重反驳了以下这两种偏见:一是社会知识在面对社会现象时所产生的不同看法,导致不可能产生统一认识的观点。这实际上是价值观的问题,自然科学的价值观一直到20世纪40年代才由英国科学哲学家波兰尼①完整地提出。② 萨伊指出,在物理化学等诸多学科中存在的争论,"争论的双方都观察到同样的事实,但对于这些事实,他们作出不同的分类和说明"③,但这并不妨碍科学的确立。这一问题的真正提出和深入思考,是在20世纪60年代由美国科学哲学家库恩④建构的科学范式不可通约论中得以展开的。⑤ 二是社会科学的客观现实基础问题。同样存在这样的误解,自然科学家认为自然科学的对象是可见的事物与客观规律,而社会科学讨论的东西往往是想象的产物。为此萨伊强调说,社会科学的基础同样是客观存在的一般事实。

> 通过明确的观察,能够确定这些一般事实的存在,证明它们的关系,并从它们演绎出结论来。这些结论确是从事物的本质出发,正如客观世界的规律是从事物的本质出发一样。这些结论不是想

---

① 迈克尔·波兰尼(Michael Polanyi,1891—1976),旅居英国的匈牙利科学哲学家。经济学家卡尔·波兰尼(Karl Polanyi)的弟弟,因提出意会认知论而成为著名哲学家。1917年获得布达佩斯大学化学博士学位。1930年代初,因受法西斯的迫害移居英国,曾任曼彻斯特大学物理化学教授。1930年代末期到1950年代初,波兰尼撰写和发表了大量经济、社会与科学哲学方面的作品。1948年,他结束了从事多年的曼彻斯特大学物理化学教授的职位,转而成为曼彻斯特大学社会学教授。1951年,波兰尼从曼彻斯特大学社会学教授的职位上退休,立即被牛津大学的墨顿学院(Merton College,Oxford)聘为高级研究员。主要代表论著有:《科学、信仰与社会》(1946)、《自由的逻辑》(1951)、《个人知识》(1958)、《超越虚无主义》(1960)、《意会层次》(1966)、《认知与存在》(1969)、《意义》(1975)等。——本书作者第三版注。
② 参见[英]波兰尼《科学、信仰与社会》,伦敦,1946年。中译本,王靖华译,南京大学出版社2003年版。——本书作者第二版注。
③ [法]萨伊:《政治经济学概论》,陈福生、陈振骅译,商务印书馆1963年版,第24页。
④ 库恩(Thomas Samuel Kuhn,1922—1996),美国科学史家、科学哲学家,代表作为《哥白尼革命》和《科学革命的结构》。
⑤ 参见[美]库恩《科学革命的结构》,李宝恒、纪树立译,上海科技出版社1980年版。

像的产物,而是通过细心观察与分析所得的结果。①

我认为,这差一点触及**社会存在**这个重要的规定性。萨伊还提出,在政治经济学对社会现象的分析中不能简单运用数学统计方法,因为在社会生活中还存在一些无法被计算的"人类才能、需要和欲望的影响",否则,就会使社会现象在我们的"算计"中"失去原来的复杂性",使政治经济学成为一种"抽象理论"。② 我以为,对这一论点,资产阶级政治经济学在其唯物主义前提上具有一种学科上的自觉性,但这并不是哲学方法论上真正的自觉意识。

萨伊上述的分析是具有代表性的。它实际上进一步说明了早期政治经济学中现实发生着的方法论,并不简单地等同于英国经验唯物主义哲学,甚至也不是社会学意义上的实证方法论。这是一种**从它的开端就带有抽象意味的内居于社会生活的特殊唯物主义构架**。以我之见,正是这种理论方法,在具体经济学科中**无意识地**确立了社会历史观基本问题的唯物主义立场,马克思后来在 1845 年的《德意志意识形态》中所认识到的界定是:"在政治经济学里已经提出了一种思想:主要的剥削关系是不以个人意志为转移,是由整个生产决定的,单独的个人都面临着这些关系。"③马克思的这个重要的理论界划表明,资产阶级早期政治经济学中已经存在着一种**在社会生活中肯定物质生产和客观经济关系的唯物主义**!

首先,它在经济学理论中客观地确立了在社会生活中客观存在决定意识的原则。我以为,区别于过去所有哲学唯物主义自然物质决定论,这里在场的是一种全新的**社会经济决定论**。在资产阶级政治经济学的发生和发展中,经历了从重商主义(经济活动中的流通)、重农主义(农业生产)一直到李嘉图(大机器生产)的演变过程,而其中发生的社会经济

---

① [法]萨伊:《政治经济学概论》,陈福生、陈振骅译,商务印书馆 1963 年版,第 25 页。
② 参见[法]萨伊《政治经济学概论》,陈福生、陈振骅译,商务印书馆 1963 年版,第 26—27 页以及注释 2。
③ 《马克思恩格斯全集》第 3 卷,人民出版社 1960 年版,第 483 页。

事实(事件)是观念和理论的基础,也是社会生活本身的基础,这似乎是一个不言自明的前提。换言之,客观经济现实的优先性几乎成了政治经济学学科的出发点。他们不能透视的历史本质是,这种经济优先性的出现恰恰是**历史的产物**,这也是接下来马克思在历史唯物主义语境中超越古典经济学的逻辑起点。用麦克库洛赫的话来说,一个理论与**同样的**和**经常**出现的事实不一致,必定是理论的错误。李斯特则认为,"关于政治经济学我们可以读到的最好的书本就是现实生活"①。而萨伊则有一段关于客观历史现实的发展与政治经济学理论发展之关系的十分精彩的分析。他说:"各门科学都是先有事例,然后才有理论。"②他为此曾举例说,15世纪葡萄牙与西班牙不断出现的企业唤起了经济学家对财富学说的注意,也成为最早研究财富的原因,但那时关于财富的研究只能停留在贵金属上,18世纪初叶,即在魁奈前近50年的班迪尼之所以能够批评重商主义,也有赖于当时出现的新的经济现实。③ 我注意到,对18世纪中叶法国魁奈周围的经济学派(重农主义),萨伊有过一段十分重要的批评:

> 他们不先去观察事物的本质,或观察事物怎样发生,把这些观察结果分类,并根据观察结果推断一般定理,而却先订出几个抽象的一般性论旨,把它们叫做自明之理,因为他们认为,这些自明之理包含使它们自己具有真确性的直观证据。他们然后企图使个别事实适应于它们,并据它们推断这些事实的规律,这样他们自然就得拥护那些和常识与一般经验明显有抵触的原理……④

萨伊的批评显然是深具要义的。他反对将理论与实践对立起来,因为在他看来,理论与实践应该是一种统一的关系。所以,"如果理论不是联系结果和原因,或者,联系事实和事实之间的规律的知识,理论究竟是

---

① [德]李斯特:《政治经济学的国民体系》,陈万煦译,商务印书馆1961年版,第7页。
② [法]萨伊:《政治经济学概论》,陈福生、陈振骅译,商务印书馆1963年版,第29页。
③ 参见[法]萨伊《政治经济学概论》,陈福生、陈振骅译,商务印书馆1963年版,第29—30页。
④ [法]萨伊:《政治经济学概论》,陈福生、陈振骅译,商务印书馆1963年版,第33页。

什么呢？谁能比从各方面观察事实，而且理解事实的相互关系的理论家，更懂得事实呢？"同理，没有理论的实践，如果不是指使用方法而不知道方法怎样发生作用或为什么发生作用，那会是什么呢？无疑，这只能是一种危险的"经验主义"。① 因此，萨伊反对将伦理学与政治要求建立在空论之上的做法，他举了卢梭的例子，因为卢梭在讨论社会现象（如社会契约和不平等问题）时，仅仅以权利问题为根据，这就使他的论述落入"没有多大实际效用"的空论之中。其实，萨伊主张经济事实应成为伦理与政治要求的基础。②

在这里，我有一个重要的对比性分析：在政治经济学产生之前出现的西方社会历史分析（如古希腊思想家的社会政治研究和中世纪神学社会问题讨论）和与之同时或稍后的法国启蒙思想家的社会历史批判中，绝大多数论者都是**从理论逻辑出发来反观社会现实**的，这也是人们能够自觉指认自然现象与社会历史现象异质性的区别点。其中包括一些能够在自然现象认识中坚持一般唯物主义的思想家（如狄德罗③、爱尔维修④等），一旦他们开始社会历史分析时，恰恰会不自觉地失却感性的唯物主义出发点。实际上，这种在自然认识方面的唯物主义在更深层面上依然是历史唯心主义。参见本书第六章第二节第1目中马克思对费尔巴哈自然唯物主义的批判。为什么？因为社会历史中的客观现实主要不是物质实体性的存在，而是**以人类活动为主体的社会生活**，特别是**客观存在的人与人之间的社会关系**。我注意到，在马克思主义产生以前，除了早期政治经济学家，绝大多数思想家都无法面对人类社会的这种非**实体**的物质存在。以物质实体为前提的所有唯物主义哲学家，只要一步入社会历史现象的研究，就立即成为简单的唯心主义。这是一个相当重

---

① 参见［法］萨伊《政治经济学概论》，陈福生、陈振骅译，商务印书馆1963年版，第21页。
② 参见［法］萨伊《政治经济学概论》，陈福生、陈振骅译，商务印书馆1963年版，第34页注释2。
③ 狄德罗(Denis Diderot，1713—1784)，法国18世纪杰出的启蒙思想家、唯物主义哲学家和教育理论家。他的最大成就是主编《百科全书》(*Encyclopédie*)(1751—1772)。其他著作包括《对自然的解释》(1754)和《生理学基础》(1774—1780)等。
④ 爱尔维修(Claude Adrien Helvetius，1715—1771)，法国18世纪启蒙思想家、唯物主义哲学家。

要的不争的事实。而政治经济学却是从感性的经济事实的前提出发,并通过感性观察抵达一种对社会生活的本质(关系)的认识。这就是一个十分重要的在哲学方法论上的原则性差别了。

其次,早期政治经济学的理论运作自觉或不自觉地以社会物质生产作为整个社会生活的**基础**,并且,他们或多或少地开始把研究的重心放在**从社会活动中抽象出来的社会关系和运动规律**上。这正是后来马克思恩格斯创立历史唯物主义的真正理论基础。这里包含了两个重要理论质点:一是物质生产,二是从社会生活中抽象出来的社会关系。前者是从重商主义到重农主义的过渡(流通领域到生产领域的转变)中实现的理论转变,也是斯密和李嘉图奠定其学科理论基础的前提。因为对于全部古典经济学而言,物质生产的基础性是与劳动价值论联系在一起的。关于这一理论质点,我们在下面还会做进一步的分析,在此我们只对第二个要点进行一些研讨。

为了确证这种立论,我们可以暂时将关注点回归到本节最先接触到的配第。在过去的经济学学说史上,不少学者根据配第自己的表述,将其定位为着眼于"可见的"事实的经验唯物主义者。我发现,正是这个"可见的"一词,需要我们认真分析。也就是说,我们必须追问配第所说的在社会历史现象中的**可见的东西究竟是什么**?是实体性的自然环境,还是各种实在的物性人工物品?为此,我们可以先来看一个实例。在说明17世纪爱尔兰现实生活的不平等时,配第十分具体地以当时每所房屋上的烟囱数作为例证:在爱尔兰20万住户中,有16万户没有固定烟囱,2.4万户只有1个烟囱,1.6万户有1个以上烟囱,而爱尔兰总督府(都伯林堡)上却有125个烟囱!在这里,他并非是仅仅想要说明一种可见物品(烟囱)的统计学上的数字,而是想通过可见的物质实体来揭示一种**非实体**的社会关系之不公正的本质。这是一种**从可见的直观出发抽象出来的看不见的社会关系**!很显然,配第这里是要用可见的生活事实说明一种并不能直观的社会事实。我发现,这才是古典经济学哲学前提的真正缘起。因此,当我们说配第是完全站在唯物主义立场上时,还应再追问这个唯物主义的方法论实质是什么?

为了加深对这一问题的理解,我们可以再来看一下配第的如下一种观点,他提出,爱尔兰各种政党之间进行斗争的现实基础并不是他们提出的种种民族的或宗教的口号,而是地产的分配。地产不等于自然土壤,它表征着一个经济所有关系,分配就更是一种经济活动与社会关系了。而经济关系本身是无法直观的,而只能**通过抽象**来把握。马克思后来在《57—58手稿》中直接指认了这一点。在《爱尔兰的政治解剖》一书中,配第提出要发现在政治运作中发生作用的某种结构及其各部分之间的相互关系,他把这种东西称之为在社会现象运动中存在的"自然法的道路"。这里的"自然法(Natural law)",实际上就是社会历史运动中的客观规律。其实,麦克库洛赫也提出过,在政治经济学的观察和研究中不能只知道事实而不知道"事实之间的相互关系"。① 而在杜尔哥②这位18世纪后半叶法国重农主义重要代表人物那里,则已经明确提出了社会活动中的"经济关系"。③ 甚至萨伊还极为深刻地注意到,古希腊的柏拉图和亚里士多德就已经提出这样一种观点:在生产的各种方式和由它们所产生的结果之间,存在着一定的必然联系。当然,这还只是一种政治性的见解,因为那时还并不存在政治经济学所赖以存在的现代经济生活。萨伊认为,现代经济生活中的这种规律性的东西是不能从直观中获得的,而必须基于一种一般的事实。因为一般事实是以对经过选择的个别事实的观察为根据的,从一般事实中我们才能发现一般的规律。当然,在我们面对复杂的社会生活时,一般规律会"受到个别情况的干扰,但当干扰因素停止作用以后,这个规律的全部力量就会恢复过来"④。此外,我们下面所要涉及的重农主义的"自然秩序(Ordre naturel)"与斯密

---

① 参见[英]麦克库洛赫《政治经济学原理》,郭家麟译,商务印书馆1975年版,第12页。
② 杜尔哥(A. R. J. Turgot,1727—1781),法国经济学家。主要论著有《关于财富的形成和分配的考察》(1766)等。
③ 参见[法]杜尔哥《关于财富的形成和分配的考察》,南开大学经济系经济学说史教研组译,商务印书馆1961年版。
④ [法]萨伊:《政治经济学概论》,陈福生、陈振骅译,商务印书馆1963年版,第20页。

非常著名的"看不见的手(The invisible hand)"一样,也是在呈现一种在人的经济活动中客观发生的社会运动规律。

其三,是早期政治经济学中已经显示出来的有限的**历史性与具体性**特点。这也是经济学研究中的社会历史辩证法的重要因素。马克思后来曾说过,在资产阶级经济学中,往往面对过去是有历史的,而到了资产阶级社会就成了永恒的天然法则了。① 我想提醒读者注意的是,本节我们从这里开始所引述的马克思对资产阶级政治经济学的看法,将严格限定在1847年之后时限中的科学论述。这即是说,古典经济学在描述过去的经济社会发展时,还能具有一定的历史的观点。我们还是来看一下经济学家们自己的论说。

首先是斯图亚特②的历史感。在《政治经济学原理研究》一书中,他主张人类社会发展是一个历史的进程。斯图亚特将它划分为三个阶段:一是游牧经济,二是农业经济,三是近代的交换经济。在第一种经济形态中,人们只是依赖自然的施舍,这是一个天然自由的社会。而不断增加的人口压力,迫使人们进而在土地上生产出有一定剩余的粮食,这就促成了第二种经济形态的诞生,也由此导致那些获得不同生产结果的人之间产生了主奴式的强制关系。第三种经济形态是从农业经济发展出来的,它标志着追求剩余产品的交换体系的出现,这实际上意味着资产阶级社会经济关系的确立。在斯图亚特看来,这是一种自由的制度,因为它以现实的诱导代替了强制,它通过商业的生产交换创造了一个全面的契约社会。而且,重要的是,斯图亚特认为社会经济的发展是一个合理的进化过程。

不难看到,在杜尔哥的经济学研究中也内含着明晰的历史观点。在杜尔哥著名的论著《关于财富的形成和分配的考察》(1766)中,第10节的标题是"社会的进步;一切土地有了主人"。乍看这是对私有制的肯

---

① 参见《马克思恩格斯全集》第4卷,人民出版社1958年版,第154页。
② 詹姆斯·斯图亚特(James Stuart,1712—1780),英国资产阶级经济学家、重商主义的最后代表人物。主要著作有《政治经济学原理研究》(1767)等。

定,可是依循他的具体分析,我们却发现他是在试图说明,随着生产的发展,社会历史如何一步步从古代社会经过奴隶制度再走向现代(资产阶级社会)。难能可贵的是,杜尔哥始终以人的物质生产为线索说明历史的发展,虽然当时他还是错误地将农业生产视为唯一的生产。他认为,物质生产(农业生产)决定着社会的存在与发展,据此,社会进而被划分为两个阶级:"**生产阶级**,即土地耕种者阶级,以及**不生产阶级**,即包括社会中所有其他薪给人员的阶级"[①]。在他看来,这两种阶级都在辛勤地劳动,前者通过劳动从土地中生产出财富,"为社会提供生活资料";后者只是对生产出来的东西进行加工,使它们更具有适合人们使用的形式。可是他认为,只有前者的生产才是社会的真正基础。另一个方面,杜尔哥将奴隶制度称之为非正义的强暴的结果,这是他通过对土地耕种方法的考察而得出的结论。这里的精彩之处在于,他深刻地领会到奴隶制度的消灭是由于"利用奴隶来耕种的方法不能在大型社会中继续实行"(这是该书第 22 节的标题),奴隶制度全部消亡后,社会将步入"文明国家"。"随着真正所谓奴隶制度而来的是人被束缚在土地上的制度"(这是该书第 23 节标题),接下去,又出现"领地制度"和"对分佃耕制"依次接替了"人被束缚在土地上的制度"。[②] 我想提醒读者们注意,这是以**生产为基本线索**的社会历史发展进程的展现。此外,我还注意到,杜尔哥对货币与资本的分析中也内含着重要的历史性因素。以商业的由来为探讨的起点,杜尔哥一步步分析了交换中的评价原则,价值尺度的"平均估价"所产生的理想性的货币,以及金属货币的发生。最后,他直接说明一个道理,"使用货币的实践大大促进了不同社会成员之间各种不同劳动的分工"(这是该书第 48 节标题),当货币越来越能代表一切物品的时候,

---

① [法]杜尔哥:《关于财富的形成和分配的考察》,南开大学经济系经济学说史教研组译,商务印书馆 1961 年版,第 28 页。
② 参见[法]杜尔哥《关于财富的形成和分配的考察》,南开大学经济系经济学说史教研组译,商务印书馆 1961 年版,第 28—31 页。

每个人就能专门地从事某种工作,"货币的使用大大地加速了社会的发展"。① 最令人惊异地是,在依次论说到工业的发展和阶级的"再划分"时,他明确提出了如下的观点:

> 从事于各种各样工业品来供应社会各种不同需要的整个阶级,本身可以说又划分为两个阶层:企业家、制造业主、雇主阶层,都是大量资本的所有者,他们依靠资本,使别人从事劳动,通过垫支而赚取利润;另一阶层由单纯的工匠构成,他们除了双手以外一无所有,他们的垫支只是他们每日的劳动,他们得不到利润,只能挣取工资。②

这就是后来马克思所说的两大阶级:资产阶级(Bourgeoisie,布尔乔亚)③与无产阶级。

与这种观点非常接近的,还有琼斯关于生产关系历史变化的论述。他认为,人类社会在"文明和财富方面有了一定的进展以后",就开始了农业向工业的转变,此时,"国家产业的管理权"落入了一种与过去的地主和劳动者都不一样的人手中,这就是资本家。现在劳动者是由资本家"养活和雇佣"的,而"当劳动者和资本家订约"后,以往那种"对地主的依赖关系就解除了"。④ 这是一种社会关系向另一种新的社会关系的历史性转变。

此外,还有两位德国经济学家罗雪尔和洛贝尔图斯的观点值得我们关注。⑤ 作为德国旧历史学派创始人的罗雪尔,是将萨维尔在法学研究中的历

---

① 参见[法]杜尔哥《关于财富的形成和分配的考察》,南开大学经济系经济学说史教研组译,商务印书馆 1961 年版,第 46 页。
② [法]杜尔哥:《关于财富的形成和分配的考察》,南开大学经济系经济学说史教研组译,商务印书馆 1961 年版,第 54—55 页。
③ 此词由法语而来,Bourgeoisie 为复数形式,通常译为"资产阶级",而 Bourgeois 则译为"资产者"。德语中还有 bürgerlicher 一词,由 bürger(市民)演变而来,同为资产者。——本书作者第三版注。
④ 参见[英]琼斯《论财富的分配和赋税的来源》,于树生译,商务印书馆 1994 年版,第 132—134 页。
⑤ 罗雪尔(Wilhelm Roscher,1817—1894),德国经济学家。主要论著有:《伟大诡辩家们的历史学说》(1838)、《历史方法的国民经济学讲义大纲》(1843)、《国民经济学体系》(五卷本)(1854)。洛贝尔图斯(J. K. Rodbertus-Jagetzow,1805—1875),德国经济学家。主要论著有:《关于德国国家经济状况的认识》(1842)、《生产过剩与恐慌》(1871)、《地主现在的经济困难与救济》(1871)等。

史方法运用到经济学中来的第一人。他明确提出,政治经济学不能像重农主义和社会主义那样,总是提出事物的理想状态**应该怎样**,而是要真实地记述(反映)事物本身的历史发展过程。这是一种从现实出发的逻辑。由此,他直接反对哲学家那种"抽象地、脱离一切时间和地点的偶然性(Zufälligkeit)去寻求概念或判断的体系",而主张"尽量忠实地描绘现实生活,寻求人类发展及其关系的记述"①。在罗雪尔看来,政治经济学的主要任务就是要说明经济制度"为何以及如何'从合理的变为不合理的'、'从幸福的变为有害的'"②。这是十分了不起的见解。而洛贝尔图斯则已经注意到:"国家生活的上层领域是同经济生活密切相关的,生产率愈高,国家的精神生活和艺术生活就愈能丰富多彩。"③这是马克思后来那个经济基础(ökonomische Grundlage)决定上层建筑(Superstruktur)关系比喻的逻辑前身。④ 而"在劳动者有了新的技能时,就会展现出新的财货源泉,即这种提高的生产率所伴随着的一定生产方式"⑤。同时,"只有随着现代化城市的建立,随着城乡对立的合法化,随着大部分实业变成城市的特权(由此必然造成原料产品**必须**易主的后果),才逐渐建立了一个独特的资本家等级,形成了资本概念"⑥。在他看来,在社会发展的初期,自然界

---

① 参见[德]罗雪尔《历史方法的国民经济学讲义大纲》,朱绍文译,商务印书馆1981年版,第11页。
② [德]罗雪尔:《历史方法的国民经济学讲义大纲》,朱绍文译,商务印书馆1981年版,第8页。
③ [德]洛贝尔图斯:《关于德国国家经济状况的认识》,斯竹等译,商务印书馆1980年版,第112—113页。
④ 其实,马克思在自己的主要文本中较少使用这两个概念,经济基础(ökonomische Grundlage)一语,他只使用过四次,分别是《德意志意识形态》一次、《1861—1863年经济学手稿》一次、《资本论》第一卷两次。参见 Marx/Engels, *Die deutsche Ideologie*, MEW, Bd. 3, Text, Berlin: Dietz Verlag, 1969, S. 399; *Zur Kritik der politischen Ökonomie*（*Manuskript 1861 - 1863*）, *Marx-Engels-Gesamtausgabe*（MEGA2）, Ⅱ/3, Bd. 3, Text, Berlin: Dietz Verlag, 1978, S. 34; *Karl Marx-Friedrich Engels-Werke*, Band 23, "*Das Kapital*", Bd. I, Berlin: Dietz Verlag, 1963, S. 513,514。在其他地方,马克思经常在同一语境中使用 Basis 一词。而上层建筑(Superstruktur)一词,也只是在《德意志意识形态》中出现过一次。参见 Marx/Engels, *Die deutsche Ideologie*, MEW, Bd. 3, Text, Berlin: Dietz Verlag,1969, S. 37。——本书作者第三版注。
⑤ [德]洛贝尔图斯:《关于德国国家经济状况的认识》,斯竹等译,商务印书馆1980年版,第114页。
⑥ [德]洛贝尔图斯:《关于德国国家经济状况的认识》,斯竹等译,商务印书馆1980年版,第118页。

的影响占有主要地位,后来随着生产本身的发展,社会的生产率"日益成为人的活动和才能的单独成果",在这一点上,"人的活动是通过工艺分工、生产过程合理化、工具和机器的改进来施加影响的"。①

> 社会手段(即使不是社会制度)在它的历史发展过程中,在人的掌握之下,会变成性质和作用都不同于当初的另外一种东西,就像社会关系原来基于自然的必然性,受自然界的支配,以自然界的事实为基础,随后,在其发展过程中,逐步转向人类自由的领域,由历史的新创造者——人本身继续予以发展。②

我们不得不承认,洛贝尔图斯这里关于"生产方式"、资本概念的历史生成以及社会关系转向人类自由的领域的看法,同样是非常深刻的。③

而且,更精彩的是麦克库洛赫有这样一个观点,即一个真正的经济学家的科学研究"应当研究不同环境的人",研究能说明加速或延缓文明进步原因的事物,"他应当把全世界不同地区和不同时代的人类幸福与生活境况所发生的变动,标志出来;他应当追溯工业的兴起、发展与衰落;更重要的是,他应当细心地分析和比较不同制度和管理办法的结果,并区别决定进步社会与落后社会互不相同的各种情况",这就是"支配人类社会运动的规律"。④ 很显然,这一观点与马克思后来建构的**一定历史条件下对具体问题进行具体分析**的历史辩证法语境是接近的。麦克库洛赫还指出,政治经济学并不致力于农业、工业这些特殊的事务和专业的研究,而只是限于研究"如何使一般劳动获得最高生产的方法,并如何

---

① 参见[德]洛贝尔图斯《关于德国国家经济状况的认识》,斯竹等译,商务印书馆1980年版,第169页。
② [德]洛贝尔图斯:《关于德国国家经济状况的认识》,斯竹等译,商务印书馆1980年版,第184页注1。
③ 19世纪末,洛贝尔图斯曾指责马克思在经济学上抄袭他的思想,这一说法甚至演变出将洛氏视为"科学社会主义"创始人的笑话。参见洛贝尔图斯致伊·泽勒尔的信,载《国家学时报》,1879年,第219页。
④ 参见[英]麦克库洛赫《政治经济学原理》,郭家麟译,商务印书馆1975年版,第14页。

在**一切**行业部门中增加其生产能力"①。同时,他甚至提出:"一代人的艺术、科学和资本成为下一代的世袭产业,并且在他们手上予以改善和增加,使其更有力量和更有效用。"②麦克库洛赫还注意到机器的发明与历史改进的关系,"船舶替代了独木舟,毛瑟枪替代了投石器,蒸汽机替代了棍棒,纺纱机替代了捏线杆"③。他几乎近似于提出科学技术是生产力这样一个观点:科学上的发明与创造是工业生产的重要因素,科学与教育是社会进步的重要基础。④ 我发现,麦克库洛赫的这种表述在当时的资产阶级政治经济学家中并不多见。这里我还可以再举一个例子。麦克库洛赫反驳那些批评机器生产中工人变成机器的零件的观点时,他将机器生产中的工人与过去的农民进行了比较。在他得出工人的能力比农民的能力更全面,工人的处境比农民的处境更舒适的结论时,其实他不是在随意地发表一种简单的断言,而是经过认真分析和比较农民与工人在生产和生活中的具体状况之后才提出这个看法的。从资产阶级的立场来看,麦克库洛赫的观点是客观而科学的。⑤ 此外,麦克库洛赫《政治经济学原理》的第一章除去对经济学的科学评判之外,同时也是一部政治经济学说的历史。我以为,在经济学的庸俗逻辑之外,麦克库洛赫是一位值得我们关注的深刻的历史哲学思想家。

基于以上的分析,我们已经能够确定,早期资产阶级政治经济学家在现代社会经济生活中注重观察和经验,他们的这个特点并不仅仅是英国经验论唯物主义直观自然对象的简单延伸。他们开始在社会生活中通过感性观察,确定客观的非实体的社会物质存在,这就是经济(物质)活动和社会关系,以及在面对过去的社会生活时已经呈现出来一种有限的历史性观念。正是在这个意义上,我认为,透过政治经济学家们的经

---

① [英]麦克库洛赫:《政治经济学原理》,郭家麟译,商务印书馆1975年版,第44页。
② [英]麦克库洛赫:《政治经济学原理》,郭家麟译,商务印书馆1975年版,第66页。
③ [英]麦克库洛赫:《政治经济学原理》,郭家麟译,商务印书馆1975年版,第66—67页。
④ 参见[英]麦克库洛赫《政治经济学原理》,郭家麟译,商务印书馆1975年版,第69—70页。
⑤ 参见[英]麦克库洛赫《政治经济学原理》,郭家麟译,商务印书馆1975年版,第93页。

济学分析,可以指认出一种新型的唯物主义哲学方法论。固然,在经济学家那里,这还完全是以一种隐性的自发形式出现的。我将这种在政治经济学中出现的,既不同于自然唯物主义又区别于马克思历史唯物主义的隐性历史哲学观点称之为**社会唯物主义**。这是一种在我们对早期资产阶级政治经济学研究中始终被严重遮蔽的哲学理论逻辑。

3. 古典政治经济学理论逻辑进展中的社会唯物主义原则

直至于此,我们的分析还仅限于某种原则性的直接理论指认。然而,一种理论逻辑的确立,实际上必须以这门学科最重要的理论建构本体为支撑点,在这里,就是我们起初有意搁置起来的区别于庸俗经济学的重商主义—重农主义—斯密和李嘉图的**古典**经济学理论逻辑构境进程。因为仅仅从政治经济学的一般出发点和方法特征的角度来考察,还无法直接捕捉到我所讲的社会唯物主义深层理论逻辑,依我的看法,这种哲学构架更多地存在于古典经济学自身的理论建构之中。下面,我们就转换理论视角,挖掘这种经济学理论建构的历史进展中并不自觉的哲学逻辑线索,这将使我们看到存在于古典经济学中的这种隐性社会唯物主义的**第二层级**。当然,这种深层思考也是对我们上述已经初步提出的立论予以进一步的理论支持。

众所周知,欧洲资产阶级古典经济学的发生与起步是重商主义。①

---

① 重商主义(Mercantilism)是资产阶级最早的经济理论。代表人物有英国的海尔斯、斯塔福德、托马斯·孟和法国的柯尔培尔。"重商主义"一词最初是由亚当·斯密在《国民财富的性质和原因的研究》(简称《国富论》)一书中提出来的。一般来说,重商主义产生和发展于欧洲资本原始积累时期,反映了这个时期商业资本的利益和要求。而从历史的视角来看,重商主义抛弃了西欧封建社会经院哲学的教义和伦理规范,开始用世俗的眼光,依据商业资本家的经验去观察和说明社会经济现象。早期重商主义产生于15—16世纪,在对外贸易上强调少买,严禁货币输出国外,力求用行政手段控制货币运动,以贮藏尽量多的货币,因而又被称为货币差额论。晚期重商主义盛行于17世纪上半期,强调多卖,主张允许货币输出国外,认为只要购买外国商品的货币总额少于出售本国商品所得的货币总额,就可以获更多的货币。晚期重商主义为保证对外贸易中的出超,采取保护关税的政策。由于晚期重商主义力图控制或调节商品的运动并发展工场手工业,又被称为贸易差额论。——本书作者第二版注。

这种定位是政治经济学学说史中的共识。可是，我们至今都没有解读出这种定位的历史哲学内涵。在经济现实中，这是17世纪荷兰以特许股份公司为核心的重商主义运动。重商主义作为一种经济思想和政策，在当时得到了广泛的认可，而且客观上保护了新兴资本主义工商业的发展。在我看来，重商主义的出现实际上表征了一种**人与外部世界依存关系**的重大改变。直言之，那就是人类生存的直接物质条件从自然经济（以农业为主导的生产模式）中的自然物质条件，向商品经济（以工业生产为主导的生产模式）中的社会物质条件转变。① 这一点，集中表现在新型商人和经济学家对人类物质财富的全新理解上。由于当时特殊社会历史条件的限制，作为商业资本理论代表的重商主义，其研究中心还是经济流通领域的少买多卖（G－W－G'）。以他们的见解，在一个国家的对外贸易中，贵金属形态的货币是唯一的财富，用经济学的行话说，这是货殖论。当然，从古典经济学后来所达到的理论高度来看，这还是一种**假象**财富，因为在那时他们还是将财富看成为一种实体性的物的东西（贵金属），并没有意识到货币的本质已经是一种社会经济关系的**客观抽象**（形而之上的"一"）。在社会现实的层面上看，这主要是由于商业资本家虽然剥削劳动但并不直接组织生产劳动，所以他们并没有也不可能发现这种社会财富的真正源泉：工业生产与新的社会劳动。由此，他们也不可能真正穿透经济活动外表的交换关系，捕捉到更深一层的社会本质——生产关系。即便如此，重商主义仍然从这种不同于自然经济的新社会经济现实特别是人的世俗经济利益出发，关注社会生活中新的"人造事物"之间的因果关系，并在理论上确立了社会生活中"利大于义"的**经济决定论**原则。实际上，这也是经济生活决定政治的规律第一次在社会历史观中被予以正视，从而使资产阶级意识形态从中世纪的**政治统摄观**中挣脱出来。从哲学上看，它开掘了资产阶级古典经济学前期发展中

---

① 参见拙作《马克思历史辩证法的主体向度》（南京大学出版社2002年第2版）的引言部分。——本书作者第二版注。

社会历史观前提中的隐性社会唯物主义之先河。

我们将理论深度盘再向前推进一格。首先,在过去的经济学研究中,有一个基本的共识,即配第较早提出这样的观点:财富的源泉不是在流通领域而是在物质生产领域。用马克思后来的科学的经济学话语来表述即:"真正的现代经济科学,只是当理论研究从流通过程转向生产过程的时候才开始。"①这就从重商主义的经济决定论向前又迈出了决定性的一步。我发现,经济决定论中的从流通到生产的过渡不仅具有经济学的意义,而且暗含着重大的哲学意义。这是从**社会现象(交换关系)到本质**的一种重大进展,它第一次确立了物质生产在社会生活中的决定性基始作用。

其次,配第进一步明确地区分社会财富与自然财富。"社会财富"被界定为对国家、社会具有实际效用和价值的物品。② 我以为,社会财富这个概念本身就极具哲学的抽象意味。因为在配第那里,与自然财富不同,社会财富的基础恰恰是手工业生产和生产中的技艺!为此,他曾经十分详尽地说明荷兰经济发展与工业的关系。③ 显然,相对于农产品与自然生产条件的关系,社会财富与新物质生产(工业)的关联也是哲学历史观中的进步。

再次,最重要的是,配第直接指认了这种新的社会财富与劳动的关系:"我们所谓的国家财富、资产及储备,都是以前或过去劳动的成果,不应该把它看成和现有的各种能力有别,而应把它们和现有的能力作同样的评价。"④在政治经济学学说史上,这是劳动价值论的一个前期线索。从历史哲学的逻辑线索上看,配第的劳动价值论实际上是对生产中人类

---

① 《马克思恩格斯全集》第 25 卷(上),人民出版社 1974 年版,第 376 页。
② 参见[英]配第《政治算术》,载王亚南主编《资产阶级古典政治经济学选辑》,商务印书馆 1979 年版,第 89 页。
③ 参见[英]配第《政治算术》,载王亚南主编《资产阶级古典政治经济学选辑》,商务印书馆 1979 年版,第 79 页。
④ [英]配第:《赋税论·献给英明人士·货币略论》,陈冬野等译,商务印书馆 1978 年版,第 104 页。

主体性的第一次确认,也是对社会财富本质的第一次**科学抽象**!这种抽象必然导致这样一种结果:"产业的巨大和终极的成果"不是有形的、具体的物品,也不是粮食、肉类等"一时一地的财富",而是货币这种一般的财富,即"它们在任何时候,任何地方都是财富"。[①] 如果结合他的劳动价值论,这种一般财富论是极其发人深省的。这里有四个相互递进的规定,即社会财富、生产、劳动和货币一般。它们之间构成息息相通、相互依存的关系:从流通到生产,从自然财富到社会财富,从农业到工业,从劳动到货币一般,从自然价格到政治价格。从哲学历史观的大逻辑看,配第在古典经济学上的开端与进步,同时也是哲学历史观大飞跃的起点。固然这种进步还带有初步思考的抽象和粗糙感,但毕竟闪烁着天才般兆示的真理之光。

我们知道,法国重农主义被马克思称为"现代政治经济学的真正鼻祖"[②]。马克思还说过,政治经济学"只是通过重农学派才变成一门特殊的科学,并且从那时起它才被作为一门科学加以探讨"[③]。重农主义恰恰是在批判重商主义中出现的。他们的理论贡献集中于两点:一是反对重商主义的流通决定论,直接指认了财富来源于农业生产中的劳动;二是反对重商主义(以及全部中世纪)人为地干预经济生活,提出了经济运动中客观的"自然秩序"。在第一个方面,处于当时欧洲滞后经济情状中的

[①] 参见[英]配第《赋税论·献给英明人士·货币略论》,陈冬野等译,商务印书馆1978年版,第78、88页。
[②] 重农主义(physiocracy)学派是18世纪50—70年代的法国资产阶级古典政治经济学学派。他们以自然秩序为最高信条,视农业为财富的唯一来源和社会一切收入的基础,认为保障财产权利和个人经济自由是社会繁荣的必要因素。其成员之一杜邦·德·奈穆尔于1767年编辑出版了一本题名为《菲西奥克拉特,或最有利于人类的管理的自然体系》的魁奈著作选集,首次提出了源于希腊文"自然"和"统治"两字的结合概念作为他们的理论体系的名称。魁奈是重农学派的主要创始人。他的代表作《经济表》就是这一理论体系的全面总结。18世纪50—70年代,在魁奈(Francois Quesnay,1694—1774)的周围逐渐出现了一批门徒和追随者,形成了一个有较完整理论体系和共同信念的派别,而且是一个有明确的纲领和组织的政治与学术团体。他们有定期讨论学术问题的集会,有作为学派喉舌的刊物——《农业、商业、财政杂志》和《公民日志》。杜尔哥是继魁奈之后重农学派最重要的代表人物。——本书作者第二版注。
[③] 《马克思恩格斯全集》第3卷,人民出版社1960年版,第483页。

法国重农主义首次系统论证了物质生产的基始性和"各种物质组成部分"(马克思语)。问题在于,他们只是将生产的本质确定为土地上自然作物的物质生长,这是一种看得见的"多"。然而,重商主义所看重的商业不是生产,而工业生产只是加工,并没有自然物质上的"多"。因此,只有农业生产劳动才是获得"净产品"这种自然赐予的财富之源。显而易见,他们还没法区分出自然财富与社会的**人工重组**的新的社会财富。在这一点上,他们的见识是远在配第之下的。这种局限,显然是由18世纪中叶现实中法国当时落后的经济发展状况决定的。

我注意到,麦克库洛赫在批评重农主义认为农业是财富的唯一源泉时,明确说明他们"完全误解了生产的性质,实质上,他们是假定了财富即物质"。这是深刻的分析。为此,他还专门指认,"只有把**劳动**加于适当的物质上,使它们适合于我们使用,物质才能得到交换价值,从而变成财富。人类的劳动并不是通过增加我们地球上的物质而产生财富的",所以,工业与商业都是生产财富的。① 对于这一点,麦克库洛赫的判断并没有错。以马克思后来的科学表述,重农主义"把关于剩余价值起源的研究从流通转到了直接生产领域,这就为分析资本主义生产奠定了基础"②。但是,他们的错误在于把财富(价值)看成是"由土地即自然所提供的物质以及这个物质的各种变态构成的",而实际上,价值不过是"人的活动(劳动)的一定的社会存在方式"。③

在第二个方面,重农主义将经济学直指为"关于自然秩序的科学",这也同样具有重要的哲学理论意义。在反对重商主义的经济干预论中,他们将法国启蒙思想中的**自然法**贯彻到经济观察中,提出了尊重在经济生活中与封建的"人为秩序"相对立的**自然秩序**。实际上,这个所谓的自

---

① 参见[德]麦克库洛赫《政治经济学原理》,郭家麟译,商务印书馆1975年版,第29页。
② [德]马克思:《剩余价值理论》第1册,中共中央马克思恩格斯列宁斯大林著作编译局译(《剩余价值理论》3册的译者都为此,在下文的注释中译者将省略——本书作者第二版注),人民出版社1975年版,第95页。
③ 参见[德]马克思《剩余价值理论》第1册,人民出版社1975年版,第19页。

然秩序就是理想化的资产阶级社会的客观规律。

在反对当时法国的国家干预政策中,布阿吉尔贝尔最早明确提出了"不要妨碍大自然行事"的主张经济自由的"自然规律"论。根据麦克库洛赫的考证,后来是奈穆尔在《论一门新科学的起源与演变》中第一次提出了"自然秩序",并将其定位为"**交换的自由**、贸易的自由和使用其财富的自由",并且,国家的法权必然是执行和应用自然秩序的结果。① 而到了魁奈那里,所谓自然秩序就被指认为不以人的意志为转移的客观法则,而经济运动如果是受自然秩序支配的,那么它必然也是一个可以测度的客观进程。尤其请大家注意鉴别的是,这个自然秩序已经不完全是康德②那种外在的"自然意图"(固然它有时还披着神学或者封建的外衣)③,而是**存在于人与人之间的经济活动中但不以个人意志为转移的客观规律**。这种规律恰恰是通过人与人的自由竞争自发实现的。例如,自由竞争可以将劳动以正确的比例分配给各产业部门,以形成一种合理比例的自组织。这种自然性是通过个人活动自发性的联结而形成的,换句话说,有经济活动中个体的无意识关联才有自然秩序。马克思后来指认过这种观点的"巨大功绩",因为这说明了生产形式是"从生产本身和自然必然性产生的,不以意志、政策等等为转移的形式。这是物质规律。错误只在于,他们把社会的一个特定历史阶段的物质规律看成同样支配着一切社会形式的抽象规律"④。再次请读者们留意一下,这同时也是资产阶级"自然—永恒"意识形态在经济学中的基础性起步。

难能可贵的是,魁奈认为与自然秩序同在的还有一种由国家制定的

---

① 转引自[德]麦克库洛赫《政治经济学原理》,郭家麟译,商务印书馆1975年版,第30—31页注1。
② 伊曼努尔·康德(Immanuel Kant,1724—1804),德国哲学家、天文学家,星云说的创立者之一,德国古典哲学的创始人。代表作有:《纯粹理性批判》(1781)、《实践理性批判》(1788)、《判断力批判》(1790)等。
③ 关于康德的"自然意图"思想,可参见拙著《马克思历史辩证法的主体向度》(南京大学出版社2002年第2版)的引言部分。——本书作者第二版注。
④ [德]马克思:《剩余价值理论》第1册,人民出版社1975年版,第15页。

"人为秩序"。这种人为秩序只有在符合自然秩序时才是合理的,否则就是不合理的和违反人的自然本性的。在自然秩序决定人为秩序的原则中,我们其实看到了这样一种观点:市民社会决定国家与法!不久,我们将在黑格尔那里看到一种完全颠倒的理论表述。

4. 科学抽象视域中的现代社会存在本质与运动规律

当斯密在《国民财富的性质和原因的研究》(*The Nature and Causes of National Wealth of Research*,以下正文中简称《国富论》)一书的第 1 页上写下"一国国民每年的劳动,本来就是供给他们每年消费的一切生活必需品和便利品的源泉"①这个卓越的论断时,实际上,他已界划了一个很重要的理论时代。斯密之所以被认为是第一个建立起古典政治经济学**体系**的经济学家,主要因为他正是奠定政治经济学的全部科学理论基础的第一人。② 过去我们分析斯密的方法时,主要关注的是马克思指出的"从抽象到具体"的方法,但我们却没有深入探究这种抽象本身的**哲学意义**。

可以肯定,斯密所说的"国民财富"已经是以商品为基础的资产阶级社会中的财富。我们可以看出,斯密已经开始从更加科学的抽象规定出发:"一国国民每年的劳动,本来就是供给他们每年消费的一切生活必需品和便利品的源泉",这里的劳动是指**一切**劳动!③ 重商主义与重农主义

---

① [英]斯密:《国民财富的性质和原因的研究》上卷,郭大力、王亚南译,商务印书馆 1972 年版,第 1 页。
② 斯密(Adam Smith,1723—1790),英国著名经济学家,古典政治经济学的真正创始人。1723 年 6 月 5 日,斯密出生在苏格兰法夫郡的寇克卡迪。斯密的父亲也叫 Adam Smith,是律师,也是苏格兰的军法官和寇克卡迪的海关监督,在亚当斯密出生前几个月去世。斯密一生与母亲相依为命,终身未娶。1737—1740 年间,斯密在苏格兰格拉斯哥大学学习;1740—1746 年间,赴牛津大学求学。1751 年后,亚当·斯密在格拉斯哥大学任逻辑学和道德哲学教授。1787—1789 年担任格拉斯哥大学校长职位。斯密于 1790 年 7 月 17 日与世长辞,享年 67 岁。在去世前,他将自己的手稿全数销毁。斯密的主要代表著作有:《道德情操论》(1759)和《国富论》(1768)等。——本书作者第二版注。
③ 参见[英]斯密《国民财富的性质和原因的研究》上卷,郭大力、王亚南译,商务印书馆 1972 年版,第 252 页。

都不能抽象出创造财富的活动的具体形式,而斯密则抛开这种活动的所有具体规定,从而获得了劳动的**抽象一般性**。我们先不追问这种抽象性的现实基础,而来分析斯密理论的历史关联性。作为资产阶级产业(工业)资本利益代表的斯密,深刻地看到了法国重农主义的理论局限性与农业生产的关系:由于农业生产不具备现代意义上的劳动分工,人所需要的一切物品都由自己生产供给,所以也不存在现代意义上的交换。这当然还是一种十分落后和封闭的自然经济。而在英国已经发生的工业(手工业)生产中,一旦"彻底实行分工之后,一人自己劳动的产物,便仅能满足自身随时发生的需要的极小部分。其他大部分需要,必得仰赖他人劳动的产物来供给"①。于是,不管是农业劳动还是工业劳动中的个人,都必须通过交换来互通有无。在农业生产中,似乎自然与人的劳动一起步入生产的环节,而"在制造业上,自然没做什么,人做了一切"②。后来庸俗经济学家西尼尔③表述为,产业中"**进行生产是促使现存的一些物质的状态发生变化,由于这一变化的发生,或者是由此造成的结果,可以换取某些事物**"④,而"生产的主要手段是劳动和不借助于人力的、由自然予以协助的那些要素"⑤。也正是由于在生产中对自然条件的超越,产业的生产出现了无限制发展的可能。所以,现在人们所交换的不是自然物,而是"做了一切"的**劳动**。实际上,斯密已经从商品价格中抽象出**交换价值**,并直接确定了交换价值的基础是一般的劳动。由此,他才第一次明确宣布:任何部门的劳动都是财富的源泉。这就指认了作为劳动价值论基础的一般的**社会劳动**。并且,正是这个抽象的社会劳动的不断积

---

① [英]斯密:《国民财富的性质和原因的研究》上卷,郭大力、王亚南译,商务印书馆1972年版,第252页。
② [英]斯密:《国民财富的性质和原因的研究》上卷,郭大力、王亚南译,商务印书馆1972年版,第334页。
③ 西尼尔(N. W. Senior,1790—1864),英国经济学家。其主要论著有:《政治经济学大纲》(1836)、《论工厂法对棉纺织业的影响的书信》(1837)等。
④ [英]西尼尔:《政治经济学大纲》,蔡受百译,商务印书馆1977年版,第81页。
⑤ [英]西尼尔:《政治经济学大纲》,蔡受百译,商务印书馆1977年版,第91页。

累和转型才形成了资本。于是,斯密就第一次科学地确证了配第的一般原则。麦克库洛赫后来曾概括说,"一个商品或产品不因其有用而有价值,而是因其只能以劳动才能获得,才有了价值"①。所以政治经济学并不研究一般自然物,而是研究通过劳动而获得价值的财富的生产与分配的对象,这是一个"独有的园地"。② 在这一点上,这两位庸俗经济学家并没有讲错。

其实,这种社会劳动本身也只有在工业生产中才可能出现的客观社会生活"共相",是斯密一般劳动的现实基础(虽然斯密的基础还只是手工业生产)。这是因为,只有在劳动分工和交换中,特别是在劳动变成雇佣劳动(劳动与生产资料的分离)中,才客观地出现了现代意义上的非个人的社会劳动。这已经是一种人与人的共同活动构成的经济活动的社会关系系统,即新的"资产阶级社会"的生产方式:由生产、交换、分配和消费所组成。斯密之所以能够第一次将当时的经济知识归结为一个完整的整体,首先是因为客观现实中已经出现了全新的完整的社会经济运动整体。缘于此,也才使詹·穆勒③有可能把政治经济学的对象归结为四大规律的定义:决定商品生产的规律、社会劳动所生产的商品进行分配的规律、商品彼此进行交换的规律和决定消费的规律。④ 从哲学历史观的角度看,斯密的生产、分工、交换和劳动理论,是对**现代性**社会存在的最初探索。因为工业**第一次**直接突显了社会存在的非实体性,说明了社会存在是由人的活动构成的。这种客观存在本身并不能直观,而只能通过抽象显现出来,社会存在的本质(关系)与运动规律更是如此。斯密从交换关系中指认出来的劳动价值论,实际上是**社会存在本质论即社会关系**。后来马克思终于自觉地意识到,社会化了的抽象劳动,首先是在

---

① [英]麦克库洛赫:《政治经济学原理》,郭家麟译,商务印书馆1975年版,第4页。
② 参见[英]麦克库洛赫《政治经济学原理》,郭家麟译,商务印书馆1975年版,第6页。
③ 穆勒(James Mill,1773—1836),英国经济学家。主要论著有:《为商业辩护》(1804)、《政治经济学原理》(1821)等。
④ 参见[英]穆勒《政治经济学要义》(此为商务印书馆译名,即《政治经济学原理》),吴良健译,商务印书馆1993年版,第4页。

工业进程和商品—市场经济关系中客观实现的。

但在此我特别提醒读者,由于斯密理论的现实社会基础还是资产阶级社会早期手工业生产这一特定阶段,此时资产阶级社会经济体系还处于早期市场交换的建构进程之中,所以人与人的社会关系还没有完全表现为彻底的社会化和**事物化**(Versachlichung)的形态。① 斯密从分工出发,着眼于人与人的直接劳动交换关系,着眼于"财富主体本质"的指认,这是一种必然的历史描述。② 斯密的这一理论局限性,直接影响了一批早期经济学家,其中也包括1845年撰写《德意志意识形态》时初步肯定政治经济学科学前提的马克思。

此外,还有斯密指认的那个"看不见的手"(The invisible hand)的观念。如前所述,在资产阶级经济学家眼里,封建经济(包括重商主义)人为地干预经济发展过程,是违反自然秩序、不符合人的本性的。重农主义反对人为经济,已经提出自然秩序。这确立了一种观念:资产阶级社会经济是最符合人性的,因为它是建立在个人经济活动的自由放任的基础之上的,这种社会经济生活中的法则是在自由竞争中自发地客观实现的。在这一观念的基础上,斯密则更加明确地反对一切妨碍劳动力和资本自由流动的东西。③ 他认为,"农业是有固定性的",它是由固定的土地、固定的住所和必然固定化的生活支撑着的。④ 而只有工业在资产阶级社会的产业中才第一次创造了一种可能性,即从经济上**打破一切固定**

---

① Versachlichung一词在国内传统的马克思研究中,通常被译作"物化"。上一世纪70年代起,日本新马克思主义学者开始将其日译为"物象化"。近期,国内学术界开始受其影响。在我最近的思考中,我逐步开始觉得此词合适的中译应该是**"事物化"**。Versachlichung一词的词干Sache在德文中是与Ding(物)有一定区别的、与人相关的事物。马克思在自己的研究中,始终十分谨慎地使用这一概念。——本书作者第三版注。
② 参见孙伯鍨、姚顺良《马克思主义哲学史》(黄楠森主编,八卷本)第2卷,北京出版社1991年版,第118页。
③ 参见[英]斯密《国民财富的性质和原因的研究》上卷,郭大力、王亚南译,商务印书馆1972年版,第129页。
④ 参见[英]斯密《国民财富的性质和原因的研究》下卷,郭大力、王亚南译,商务印书馆1974年版,第257页。

性的自由。这是因为在这个"人做了一切"的制造业中,人也才获得了生产中的一种自由空间,而且它居于个人自由活动之上,这就自然形成了市民社会所特有的客观经济规律。

我们知道,在斯密的理论构架中,利己主义的自由经济人是市民社会的起点。这种观点浸润着休谟①的人性观,受到它的重要影响。② 斯密肯定休谟的观点,认为人的本性就是利己性,换言之,人天生就有一种生存的欲望,为此,他才在财源稀少的情况下进行劳动生产。**经济人**的本质是利己的物欲。与中世纪禁欲的道德人不同,斯密主张肯定人的物欲性,并放任其自由地发展。这实际上也是资产阶级启蒙精神的要旨之一(例如卢梭的《忏悔录》)。"一切特惠或限制的制度,一经完全废除,最明白最单纯的自然自由制度就会树立起来。每一个人,在他不违反正义的法律时,都应完全听其自由,让他采用自己的方法,追求自己的利益"③。以斯密的看法,在自由的经济活动中,个人"考虑的不是社会的利益,而是他自身的利益,但他对自身利益的研究自然会或者毋宁说必然会引导他选定最有利于社会的用途"④。所以,在资产阶级市民社会中,我们有东西吃有衣服穿,要感谢的不是面包师和裁缝的利他心,而是他们的利己主义物欲冲动。这是因为,每个人自己的劳动都只能创造为数不多的物品,但他的需要却是多方面的,这就有了社会的分工和市场中的交换,从而在市场需求的调节下,自发地形成市民社会的总体需要(**非人为的**客观社会联系)。在斯密的眼里,市民社会中的经济人看起来自由自主地活动,追逐自己的利益,而实质上,

---

① 大卫·休谟(David Hume,1711—1776),苏格兰哲学家、经济学家和历史学家,他被视为是苏格兰启蒙运动以及西方哲学历史中最重要的人物之一。主要代表作有:《人性论》(1739—1740)、《人类理解论》(1748)、《道德原理研究》(1751)、《自然宗教对话录》(1779)等。
② 参见[英]休谟《人性论》下册,关文运译,商务印书馆1980年版,第533—538页。
③ [英]斯密:《国民财富的性质和原因的研究》下卷,郭大力、王亚南译,商务印书馆1974年版,第252页。
④ [英]斯密:《国民财富的性质和原因的研究》下卷,郭大力、王亚南译,商务印书馆1974年版,第25页。

> 在这场合,像在其他许多场合一样,他受着一只看不见的手的指导,去尽力达到一个并非他本意想要达到的目的。也并不因为事非出于本意,就对社会有害。他追求自己的利益,往往使他能比在真正出于本意的情况下更有效地促进社会的利益。①

在此,我们可以从共时性和历时性两个方面对斯密的上述论断进一步予以说明。首先,从共时性的角度看,利己主义的冲动在自由竞争中形成资产阶级社会的**经济关系总体**;其次,从历时性的角度看,在再生产的动态取向上自发地形成资产阶级社会**经济运动的客观法则**。

我们可以明确指认,斯密的**看不见的手**,在哲学历史观的逻辑层面上,就是**第一次在现代社会经济过程中确立的不以人的意志为转移的社会经济结构和客观规律**。当然,这个立论同时也直接导引出资产阶级自然意识形态的两个最重要的方面:一是这种自由经济的自然性和公正性,二是由此引发出的资产阶级社会生产关系的天然性和永恒性。

5. 李嘉图与社会唯物主义的深层语境

其实,只有李嘉图,才站在了由斯密全面创立的资产阶级古典经济学的理论逻辑最高点上。② 相对于以手工业为基础的"反映大工业的史前时期"的斯密,李嘉图则代表了大工业时代的产业资本的利益。我认为,**由李嘉图在经济学中达及的社会历史观的逻辑层面,才是马克思后**

---

① [英]斯密:《国民财富的性质和原因的研究》下卷,郭大力、王亚南译,商务印书馆 1974 年版,第 27 页。
② 李嘉图(David Ricardo,1772—1823),英国著名政治经济学家,他对斯密以后的经济学理论作出了系统的贡献,被马克思称为最伟大的古典经济学家。1772 年 4 月 18 日,李嘉图出身于英国伦敦一个资产阶级犹太移民家庭。童年所受教育不多,14 岁便随父亲从事证券交易活动,16 岁时便成了英国金融界的知名人物。1799 年,李嘉图偶然阅读了斯密的《国民财富的性质和原因的研究》一书,这是他第一次接触经济学,从此,他对政治经济学发生兴趣并开始研究经济问题。李嘉图在证券交易所的工作使他非常富有,所以他在 1814 年刚满 42 岁时便退休。1819 年,李嘉图在英国议会上院购买了一个代表爱尔兰的席位。他占据这个席位直到去世。李嘉图于 1823 年 9 月 11 日去世,年仅 51 岁。其主要代表作为《政治经济学及赋税原理》(*Principles of Political Economy and Taxation*,1817)等。——本书作者第二版注。

来 1845—1858 年科学思想革命的真实起点**。应该指出,过去我们同样仅仅将这一重要的理论视域遮蔽为一种纯经济学的语境,而实际上这是一个哲学社会历史观上的全新理论凸现。说到底,李嘉图的理论逻辑是资产阶级社会生产方式下工业进程的工具理性总体文化逻辑之彰显的最核心的一部分,它同时也是西方自文艺复兴以来资产阶级意识形态在 19 世纪所能够攀登上的理论最高点。这个巅峰上屹立着两位大师:经济学中的李嘉图与哲学中的黑格尔。依据阿多诺的观点,还有音乐殿堂里的贝多芬。在李嘉图这里,古典经济学的社会唯物主义再一次得以深化,这就形成了第三层级中的崭新语境。

首先,我们要标注出李嘉图与一切早期资产阶级政治经济学家在方法论上的重要异质性。在上面的讨论中,我们已经描述过存在于后者的一般方法论特征及其哲学意义,这种方法论经由配第演进到斯密,并在斯密那里达到它的最高点。我们可以看到,这种方法"只是把生活过程中外部表现出来的东西,按照它表现出来的样子加以描写、分类、叙述并归入简单概括的概念规定之中"①。面对社会现象,它是一种"多"中之"一"的本质;面对社会活动,它是一种"变"中之"不变"的规律。虽然我们已经指认了这种抽象方法与自然唯物主义经验论并不相同,但它从根本上说依然是一种经验归纳式的抽象。因此,也是在这个意义上,我们"放过了"在这一方法之下的庸俗经济学家。具体论及斯密,他是这样做的:

> 按照联系在竞争现象中表面所表现的那个样子,也就是按照它在非科学的观察者眼中,同样在那些被实际卷入研究资产阶级生产过程并同这一过程有实际利害关系的人们眼中所表现的那个样子,把联系提出来。②

用后来马克思对斯密的评价来说,那就是斯密始终"用资本主义生

---

①② [德]马克思:《剩余价值理论》第 2 册,人民出版社 1975 年版,第 182 页。

产当事人的眼光来看待事物,完全按照这种当事人所看到和所设想的样子,按照事物决定这种当事人的实践活动的情况,按照事物实际上呈现出来的样子,来描绘事物"①。也由此,萨伊才能够肤浅而系统地把它概括于一本教科书里。可是,在另一个方面,斯密的分析也还是不自觉地呈现了一种新的方法,即"深入研究资产阶级经济制度的内在联系"的本质抽象的逻辑。这在他的著作中与前一种主导性研究方法形成理论上的悖结。马克思已经指出了斯密方法论中的无意识的复调性。在这一点上,斯密的许多后继者也含混不清、语焉不详,并且更多地自觉或不自觉地立足于前一种方法。马克思后来感叹道:"古典政治经济学几乎接触到事物的真实状况,但是没有自觉地把它表述出来。"②

处于资产阶级社会大工业新时代之中的李嘉图的科学方法论是从斯密的后一种方法论线索萌生出来的,并由此形成了一个古典经济学方法论的新层级:真正的**科学抽象的方法**。根据马克思后来的科学认识,"李嘉图的方法是这样的:李嘉图从商品的价值量决定于劳动时间这个规定出发,然后**研究**其他经济关系(其他经济范畴)是否同这个价值规定相**矛盾**,或者说,它们在多大程度上改变着这个价值规定"③。我们发现,马克思这样高度评价李嘉图:

> 向科学大喝一声"站住!"资产阶级制度的生理学——对这个制度的内在有机联系和生活过程的理解——的基础、出发点,是**价值**决定于**劳动时间**这一规定。李嘉图从这一点出发,迫使科学抛弃原来的陈规旧套,要科学讲清楚:它所阐明和提出的其余范畴——生产关系和交往关系——同这个基础、这个出发点适合或矛盾到什么程度;一般说来,只是反映、再现过程的表现形式的科学以及这些表现本身,同资产阶级社会的内在联系即现实生理学所依据的,或者

---

① [德]马克思:《剩余价值理论》第2册,人民出版社1975年版,第243页。
② 《马克思恩格斯全集》第23卷,人民出版社1972年版,第593页。
③ [德]马克思:《剩余价值理论》第2册,人民出版社1975年版,第181页。

说成为它的出发点的那个基础适合到什么程度;一般说来,这个制度的表面运动和它的实际运动之间的矛盾是怎么回事。①

所以,李嘉图在阐析他的《政治经济学及赋税原理》一书的前两章时,开篇就从本质层面扣紧在大工业时代发展了的资产阶级社会的非人的、事物化了的生产关系进行论述,然后再将这一本质与它的各种表现形式统一起来,或者说是"从分散的各种各样的现象中吸取并集中了最本质的东西,使整个资产阶级经济体系都从属于一个基本规律"。这样,他必然对以往一切政治经济学进行批判,并且"同亚当·斯密的贯穿全部著作的内在观察法和外在观察法之间的矛盾断然决裂,而且通过这种批判得出了一些崭新的惊人结果"。② 也由此,马克思才反讽地说,在这个新方法面前,仅仅将思考停留在表面运动和表现形式上的"庸人"萨伊必定会"怒气冲冲"。于是,李嘉图从过往的思想泥泞走到了一个崭新的科学情境中:"把各种固定的和彼此异化的财富形式还原为它们的内在统一性,并从它们身上剥去那种使它们漠不相关地相互并存的形式;它想了解与表现形式的多样性不同的内在联系"③。显然,这是一个科学地超越现象之"多"抵达本质之"一"的思想演变过程。

后来,马克思已经意识到,李嘉图的方法是一种更加深刻地直面社会历史生活的社会唯物主义的科学抽象方法。根据泽勒尼④的概括,李嘉图的方法有三个层面:一是把经验的表面现象与本质区别了开来;二是将本质视为不变的东西;三是这种方法依托了更加概括的(可量化的)形式。⑤ 在这里,李嘉图抓住了以现代大工业生产为基础的社会生活最

---

① [德]马克思:《剩余价值理论》第 2 册,人民出版社 1975 年版,第 183 页。
② 参见[德]马克思《剩余价值理论》第 2 册,人民出版社 1975 年版,第 186 页。
③ 《马克思恩格斯全集》第 26 卷(Ⅲ),人民出版社 1974 年版,第 555 页。
④ 泽勒尼(Jindrich Zeleny,1922—1997),捷克经济学家。著有《马克思的逻辑》(1968)。此书原为德文(*Die Wissenschaftslogik bei Marx und "Das Kapital"*, Kritische Studien zur Philosophie, Frankfurt am Main, 1968),后来译为英文(*The logic of Marx*, Oxford: Blackwell,1980),产生了较大的学术影响。——本书作者第三版注。
⑤ 参见[捷]泽勒尼《马克思的逻辑》,牛津,1980 年,第 10 页。

重要的本质——事物化和客观化了的生产关系,并**以这种新型的生产关系及其发展作为观察社会历史的全部出发点**。这就使他的哲学历史观大大地向前推进了一步,也提升到一个新的台阶。这才是马克思1845—1858年哲学世界观变革的真正方法论基础。

其次,我们要追问,为什么李嘉图能够站在如此出类拔萃的理论高点上?显而易见,答案是:这是由社会历史本身的客观进程决定的。我们知道,斯密的时代还只是资产阶级社会早期的手工业发展阶段,他的理论矛盾和逻辑混乱也是必然的。只有当资产阶级社会大工业成为现代经济活动的主体性的基础时,李嘉图等人才有可能真正从理论上指认出资产阶级生产方式的现代本质,彻底澄明已经真实照耀到生活每一个角落的资产阶级社会事物化生产关系之"普照的光"(马克思语)。在李嘉图的大生产视域中,也才有了对一切领域劳动都可以通约的**必要劳动时间**尺度。这是生产劳动进一步的客观一体化的最高抽象。在资本已经生发出来的世界市场(世界历史)的更高尺度上,李嘉图最终实现了**从人到物**(资本关系)的过渡,即完全以客观**生产力的发展**为第一尺度,"为生产而生产,为发财而发财"(马克思语)。由此,李嘉图追求的不再是人的需要,而是资产阶级社会生产方式本身运动的客观需要,这就是无限制的"无主体的"资本增殖和最大化利润。所以,"对李嘉图来说,生产力的进一步发展究竟是毁灭土地所有制还是毁灭工人,这是无关紧要的。如果这种进步使工业资产阶级的资本贬值,李嘉图也是欢迎的"①。在这里,人的主体性最终被消灭了,工人与驮畜、商品一样,是机器的附属**物**,资本"不属于**我们**或**他们**",这个作为资本家**主体**的"他们"也被解构了,"资本家只看成人格化的资本,看成 G - W - G',看成生产当事人"。② 于是,原来在斯密那里通过利己主义的个人主体活动建构起来的人类的市民社会,最后成为一个真正的经济事物化结构占统治地位的新的必然王

---

① [德]马克思:《剩余价值理论》第2册,人民出版社1975年版,第125页。
② 参见[德]马克思《剩余价值理论》第1册,人民出版社1975年版,第278页。

国。用马克思后来的话来说就是,斯密的经济人,终于在李嘉图那里变成了非人的"帽子"。实际上,直到这里才真正出现了马克思后来在马克思主义政治经济学中所科学确证的主要对象:**资本的主义**。①

现在我们可以这样认为,上述在说明社会唯物主义时所依据的李嘉图之前的古典经济学学理进展中的劳动价值论,更多的是定位在商品价值实现这一环节上。这实际上还只是问题解析和进展的入口。关于这一点,我们还是得从劳动价值论的进一步的具体说明谈起。当我们笼统地说劳动价值论的时候,其实还没有科学地区分这一理论存在着三个不同的理论层面:1. 劳动是商品价值的创造因素;2. 劳动是商品价值的决定因素,3. 劳动是商品价值的实现因素。在自重农学派以降的政治经济学家那里,对第1点是没有什么疑问的,问题在于对第2点和第3点理解的不同侧重上。具体说,斯密的劳动价值论是由第2点和第3点相互并存一起构成的。他一方面从价值的决定层面界定了劳动价值论,另一方面又从价值的实现层面界定了劳动价值论(从价值实现的环节来看,一个商品的价值当然是由它所换得的劳动量所决定的),这便是他矛盾的二重价值理论的由来。其实,这在斯密时代是必然的,因为手工业"资产阶级社会"的时代与后来李嘉图的"资产阶级社会"的时代的一个重要的极具理论意义的不同之处在于,前者关注的是财富的积累和生产,后者关注的是资本的积累。因此,尽管斯密已经开启了劳动的价值决定的理论线索,但他还是无法摆脱从所换得的财富的角度来理解一个商品的价值问题。这便致使他的价值理论仍然拖着一根"庸人的尾巴"。准确地说,这是由于当时的手工业时代还没给他提供蜕去这根尾巴的客观条件。

李嘉图的最大贡献,就在于准确地概括了他那个时代(资产阶级社会大工业生产)的状况,这使他有可能彻底摆脱从所交换的财富含有的

---

① 马克思直到19世纪50年代以后,才第一次明确指认"资本主义的生产方式",而在此之前他一直使用"资产阶级社会"、"现代私有制社会"等术语。有关这一点,我们下面还将进行具体分析。

劳动量的角度来理解商品价值的线索,而完全站到商品本身所具有的内在价值的角度来界定劳动价值论。因为,在李嘉图的时代,资产阶级社会生产力已经通过产业大革命获得极大发展。作为此时资产阶级产业资本利益的理论代表的李嘉图,他所关心的不是财富的生产问题,而是财富的分配所带来的资本如何积累和社会的客观进步问题。所以,李嘉图已没有兴趣从所换得的财富的劳动量的角度来展开线索,他的兴趣在于商品内在价值本身,即价值的决定的层面。从商品交换的层面所定位的劳动价值论其实只是劳动价值论的第三个层面,这个层面在斯密那里是作为一根长长的尾巴拖着泥带着水,李嘉图的英明之处恰恰在于斩断了这根尾巴,而作为李嘉图理论的庸俗化者的詹·穆勒、麦克库洛赫、普雷沃、特拉西[①]等人的误区恰恰在于重新拾起和错植了这根尾巴。此处经济学理论的论述,得益于与唐正东博士的讨论。这样一来,如果仅从价值交换的层面来理解经济学家所抽象出的社会关系,那么,不但无法区分庸俗经济学家跟斯密的不同,而且连李嘉图的意义自然也会被重新遮蔽。所以,我们在解蔽社会唯物主义线索时就必须区分出这三个层面,特别是要重视第一、二层级与第三层级的重要差别。从自然对象直观物的唯物主义转向社会关系的社会唯物主义,这的确是斯图亚特以后的经济学家的一大特点。这条线索可以一直不加区分地牵至庸俗经济学家(萨伊、麦克库洛赫和特拉西等)和斯密的"一半"。因为,他们是从价值实现的角度来展开理论分析的。一个人的商品必须通过社会交换才能成为真正的商品,因此,正像我们前面所说的,社会关系的层面凸现出来了。但这种社会唯物主义是一种"经验的抽象",这是社会唯物主义的初级层面(第一、第二层级)。而斯密的"另一半"和李嘉图则成为社会唯物主义第三层级的新的基础,它们已经构成一类对社会本质的科学抽象。

从严格意义上说,古典经济学的发展正是在这一层面上走向从斯密

[①] 特拉西(Destutt de Tracy,1754—1836),法国经济学家、思想家。

到李嘉图的逻辑线索的。在这一层面,社会关系已不是对应于人的商品通过交换而实现的环节,也不是对应于简单的人与人之间关系的层面,而是对应于资本本身所具有的**全面事物化了的**生产关系特性。这才是**现代资产阶级社会文明中凸现出来的真正彻底的现代性的社会存在**。在《政治经济学及赋税原理》一书中,李嘉图纠正了斯密在劳动价值论中不彻底的一面,正确区分了财富与价值,批判了萨伊混淆交换价值与使用价值的根本错误。① 李嘉图关注了资本在生产过程中的投入和转移以及客观形成的利润平均化②,确证了社会关系是在资本生产自身发展过程中所出现的事物化的客观关系。他以考察分配关系为名,实际上却是要揭示最适合资产阶级社会发展需要的生产关系,并将这种生产关系看作是统一世界历史的客观强力:"它使劳动得到最有效和最经济的分配;同时,由于增加生产总额,它使人们都得到好处,并以利害关系和相互交往的共同纽带把文明世界各民族结合成一个统一的社会"③。这是资产阶级社会**世界历史霸权(换用今天的话语即全球化!)** 在现代最重要的宣言。于是,分配关系在李嘉图那里事实上成为生产关系的特定隐喻。④我以为,社会关系的这一深刻层面,显然不是萨伊等庸俗经济学家甚至斯密所能达及的。而这恰恰是与马克思1857—1858年深化了的历史唯物主义生产关系概念的通约之处,而在1845—1846年的《德意志意识形态》中,马克思并没有抵达这一深度,这一复杂的论点我们将在第八章中讨论。马克思后来科学的生产关系首先不是指向在经济活动中人与人之间的商品交换关系,而是指实实在在的生产过程中所建构出来的基始性生产关系。我们不难发现,李嘉图这里隐喻性的生产关系实际上就是指生产价值的资本的关系,"资本只有作为一种**关系**",才生产价值。请

---

① 参见[英]李嘉图《政治经济学及赋税原理》,郭大力、王亚南译,商务印书馆1962年版,第232—245页。
② 参见[英]李嘉图《政治经济学及赋税原理》,郭大力、王亚南译,商务印书馆1962年版,第73页。
③ [英]李嘉图:《政治经济学及赋税原理》,郭大力、王亚南译,商务印书馆1962年版,第113页。
④ 参见马克思的相关论述:《马克思恩格斯全集》第46卷上册,人民出版社1979年版,第34页。

注意,这一点和第一、二层级社会唯物主义中的通过交换关系所建构出的社会关系是不一样的,这是在理论深度上重要的异质之点。

我们还必须意识到,其实李嘉图的这种社会唯物主义——经济决定论也正是资产阶级意识形态中三大拜物教最重要的基础。这是极为重要的一个逻辑指认。马克思后来说:"粗俗的经验主义变成了虚伪的形而上学,变成了烦琐哲学,它绞尽脑汁,想用简单的形式抽象,直接从一般规律中得出不可否认的经验现象,或者巧妙地使经验现象去迁就一般规律"①。这就使得"甚至古典经济学的最优秀的代表,——从资产阶级的观点出发,必然是这样,——也还或多或少地被束缚在他们曾批判地予以揭穿的假象世界里,因而,都或多或少地陷入不彻底性、半途而废和没有解决的矛盾中"②。而这个社会唯物主义历史观的**终结之处**,却成为 1845—1846 年马克思创立历史唯物主义的批判性支点,又成为 1857—1858 年他再一次深化历史唯物主义、创立历史现象学的超越之点。

也由此,我才提出这样一种新的看法,即**存在于古典经济学中的这种社会唯物主义才是后来马克思主义历史唯物论变革的真正批判性始源!** 国内学者赵仲英、熊子云等先生都已经试图将马克思对政治经济学的研究与历史唯物主义的产生联系起来,但他们都没有深入地从文本学上深入地确证这一正确观点,特别是他们没有从哲学本身的理论逻辑上呈现资产阶级早期政治经济学的隐性哲学构架。③ 特别需要界划的是,马克思的历史唯物主义并不等同于经济学中的社会唯物主义,也不等同于第二国际理论家们所指认的经济决定论。J. 斯特恩提出一种经济唯物主义,即不是以一般物质为基础,而是以社会的和经济的力量为基始的哲学理论,这实际上只是资产阶级早期政治经济学的哲学构架,而当

---

① [德]马克思:《剩余价值理论》第 1 册,人民出版社 1975 年版,第 69 页。
② 《马克思恩格斯全集》第 25 卷(下),人民出版社 1974 年版,第 939 页。
③ 参见赵仲英《马克思早期思想探源》,云南人民出版社 1994 年版;熊子云、张向东《历史唯物主义形成史》,重庆出版社 1988 年版。

他直接指出马克思的历史唯物主义就是一种经济唯物主义的时候,就开启了一个极其严重的非科学的理解方向。① 这是第二国际庸俗经济决定论解释框架悲剧性的开端。20世纪卢卡奇和葛兰西所奠基的早期西方马克思主义,正确地批判了将马克思历史唯物主义诠释为经济决定论的错误,但始终无法真正辨析和说明这一问题的思想史根源。② 这一复杂的理论问题,正是我始终在着力辨识的重要逻辑误识。③

第二节 被遮蔽的线索二:黑格尔对古典经济学的认同与超越

黑格尔是伟大的德国哲学家,黑格尔哲学是青年马克思思想的重要源生基础,这不是一个新的话题。可是,将黑格尔哲学与古典经济学进行一种深层的历史逻辑联结,这是只有到20世纪40年代后才逐渐呈现的研究新视域。而以经济学为支援背景的黑格尔哲学,正是我们过去在理解马克思思想发展中的另一条被遮蔽的逻辑线索。并且,这条线索对我们下面解读青年马克思的理论文本有着极其重要的意义。因此,我们在本节将集中说明青年黑格尔早期理论研究过程中的经济学线索,以及这一线索后来蔓延于他的哲学体系所留下的逻辑踪迹。

1. 黑格尔哲学与古典经济学

我主张,对黑格尔哲学的总体逻辑必须重新进行认真而深入的透析。这种透析不是在传统哲学研究构架中那种细部化的"新论",而必须

---

① 参见[德]斯特恩《经济的和自然哲学的唯物主义》,载《新时代》,1897年。
② 葛兰西在《狱中札记》中多次将历史唯物主义的产生与李嘉图的经济学联系起来,但他也没有完成系统的科学说明。参见《葛兰西文选》,中共中央马克思恩格斯列宁斯大林著作编译局译,人民出版社1992年版,第485—487页。
③ 在1995年出版的《马克思历史辩证法的主体向度》一书中,我已经通过提出似自然性和物役性等概念与具体的逻辑说明,开始将经济决定论及其逻辑变种与马克思1845年以后创立的历史唯物主义和历史辩证法在哲学逻辑中仔细地界划开来。在本书中,则更深入地从经济学语境与哲学话语的交织中再一次辨识和界定二者的根本异质性。——本书作者第二版注。

有新的投射视角。以我之见,在一定的意义上,黑格尔的哲学实际上是爱利亚学派①的绝对本质("一")与柏拉图的相(理念)论的延续,也是中世纪基督神学在德国思辨中的一次理论重写。在这里,神秘的神学话语被思辨但又可知的理性话语所替代。这是一种极重要的逻辑指认。作为最高存在的上帝,实际上内化为最抽象的客观精神。黑格尔在自己批判性的哲学逻辑发生学中,指认出个体意识所面对的变动不居的感性存在("多")背后潜藏着一个本真的彼岸世界,不过这一次创世主(绝对的"一")被叫做大写的绝对观念——从《精神现象学》(*Phänomenologie des Geistes*,1806)到《逻辑学》(*Wissenschaft der Logik*,1812—1816)。在感性幻影已经破碎的序幕被揭开后,奥德赛神喻式的出走和返回与浮士德屈从物欲的悲剧,被赋予曲折的必然性和深刻的非直线性特性,并再一次在历史的宽阔场境里得以重演。不过,这一轮的造物运动,是以空灵的精神上帝幻化于自然背后为开端的,这是所谓精神异化(从费希特②开始)的第一步(也是绝对观念实现自身的在总体上的第二时段,即《自然哲学》)。由此,观念性的类本质是通过外化为物质持存而得以实现的,诚然精神"沉沦"于自然物质,但观念主体从自身异化出去也就是过渡性地肯定自己,**异化**(*Entfremdung*)③等于外化(Entäußerung)④,自然物化的扬弃实现为科学理性的历史性逐步布展。在表征绝对观念运动的第三阶段上,个人的现实"激情"成了造物主的工具(《精神哲学》中的"理性的狡计"),因而异化的后继过程是人的意识外在化为他劳动的产品,

---

① 爱利亚学派(Eleatic School)是早期希腊哲学中最重要的哲学流派之一。它产生于公元前6世纪意大利南部爱利亚城邦,这一派别的中心思想是:世界的基始性本原是不变的"一"(存在)。由此,异质于主张本原是单一却是变化的伊奥尼亚学派和主张本原是不变却是众多的毕达哥拉斯学派。
② 费希特(Johann Gottlieb Fichte,1762—1814),德国古典哲学家。代表作有:《全部知识学的基础》(1796)、《自然法权基础》(1796)、《伦理学体系》(1798)、《论人的使命》(1780)等。
③ Entfremdung 一词中的词干 fremd 为"外国的"、"异乡的"、"陌生的"之意,Entfremdung 一词则表示"疏远"和"异己"。——本书作者第三版注。
④ Entäußerung 一词在德文中有"放弃"和"转让"之意,这里在哲学语境中则转喻为"外在化"。——本书作者第三版注。

客观精神外化为市民社会活动中"看不见的"规律。在这个更高的历史层面上,人的主体物化为社会财产(第二自然)的生产与占有,表征了必然王国中新一轮更深刻的异化的出现。最后,绝对理性的太阳升起在超越了市民社会的国家与法之中,这将是一个全新的精神性的自由王国。

面对这一博大精深的哲学构架,以往我们较多地从黑格尔表述他自己体系的成熟论著中提炼出宏大的思辨逻辑体系,可是恰恰忽略了这一话语体系的**历史形成过程**,即青年黑格尔早期十分深厚的文化历史研究(图宾根到耶拿时期),特别是当时黑格尔所面对的欧洲历史与生活的现实确证——主要是**法国大革命**与**英国工业革命**。通俗地说,就是马背上的拿破仑与绝对精神、斯密的"看不见的手"与"理性的狡计"的内在关联。其中与本书所论说的主题最关切也最重要的一个联结点,就是**作为工业进程理论映照的古典经济学与黑格尔哲学的关系**。这也是我们此处需要深入讨论的焦点问题。

20世纪20—30年代,黑格尔的大量早期文献得以问世①,这引起了西方一些学者特别是新黑格尔主义者的关注。根据我们所读到的文本来看,卢卡奇的是最早明确指认黑格尔哲学与古典经济学关系的人之一。在写于1945年、1948年出版的《青年黑格尔与资本主义社会问题》(以下简称《青年黑格尔》)一书中,他第一次从哲学理论的高度分析了黑格尔哲学的本质是对法国大革命和资产阶级古典经济学的理论反映。按照他的观点:

> 黑格尔不仅在德国人中对法国革命和拿破仑时代持有最高和最正确的见解,而且他同时是唯一的德国思想家,曾认真研究了英国**工业革命**问题;他是唯一的德国思想家,曾把英国古典经济学的问题与哲学问题、辩证法问题联系起来。②

---

① [德]黑格尔:《黑格尔青年时期神学著作》,图宾根,1907年;《黑格尔政治和法哲学论文集》,莱比锡,1923年;《耶拿时期的实在哲学》,莱比锡,1932年;等。
② [匈]卢卡奇:《青年黑格尔(选译)》,王玖兴译,商务印书馆1963年版,第23页。

在卢卡奇看来,如果说伯尔尼时期,黑格尔的历史哲学的理论结构是建立在对法国大革命这一世界史实的分析的基础之上,那么在法兰克福时期,他的思想发展开始直接基于对英国古典经济学的研究,甚至将他的这种研究直接延伸到英国的现实经济发展本身。而到了耶拿时期,在进一步的经济学研究中,黑格尔则已经"提出了资产阶级社会的客观本质问题"。我以为,卢卡奇的这一论见是十分重要的和富有启发性的。我注意到贺麟先生否定卢卡奇这种看法的意见。他认为不能肯定黑格尔先于马克思"用哲学辩证法去总结、批判英国政治经济学"。显然,贺麟先生担心如此过高评价黑格尔会贬低了马克思。这种忧虑实属多余。① 20世纪60年代以后,随着人们对黑格尔早期著作和手稿的深入研究,青年黑格尔研究以及对黑格尔哲学的微观理论渊源的追问成为现代西方黑格尔哲学研究新的热点。其中,黑格尔与古典经济学的关系是一个重要的讨论视点。② 个别国内学者也开始意识到这个问题的重要意义,并进行了一定的有意义的探索。③ 这为我们在此处更进一步的理论研究提供了较好的基础。

从欧洲社会历史进程的大背景来看,黑格尔哲学的整体确立正好是在英国工业革命时代同期建构完成的;而在西方思想史的视角中,他的哲学体系的建立则恰好形成于资产阶级古典经济学最繁荣的年代。有资料显示,自从1776年斯密的《国富论》出版之后,当时几乎整个欧洲学术界(包括政界)都"沉浸"在对政治经济学的"热浪"之中,对之甚为痴迷。作为一名有着敏锐眼光的思想家,黑格尔自然也很关注政治经济学关于资产阶级社会经济体系——市民社会这一全新历史发展的看法。这种与经济学(实际上也是历史现实)的零距离接触,使黑格尔真正从神学(观念化)的理想天国开始回落到现实历史的物质和经济基础上,从而使他

---

① 参见贺麟为《精神现象学》所写的"译者导言",《精神现象学》上册,贺麟、王玖兴译,商务印书馆1979年版,第38—40页。
② 参见[法]夏姆莱《斯图亚特和黑格尔的政治经济学和哲学》,巴黎,1963年。
③ 参见刘永佶、王郁芬《剩余价值发现史》,北京大学出版社1992年版,导论部分。

的理性逻辑的进一步发生得以建立在欧洲历史现实发展的**最高之点**上。因此,一些学者这样评论:"黑格尔是当时能够认识政治经济学真正意义的为数不多的可以同李嘉图并驾齐驱的学者之一。"①这无疑是正确的指认。

  黑格尔最早对经济学产生兴趣是在法兰克福当家庭教师时期。他在《历史研究片断》中已经注意到,"在近代的国家里,保障私有财产是全部立法绕之旋转的枢轴"②。这很像青年马克思后来在自己第一次历史研究《克罗纳赫茨笔记》中的理论发现。关于这一点,可参见本书下一章的讨论。而黑格尔1798年写下的《沃特兰德致贝克的有关以往国家法律关系的宫廷通信录》一文,则直接反映出他对政治经济学的兴趣。1799年初,也就是在黑格尔对经济学研究的初始阶段,他首先认真分析的是斯图亚特的《政治经济学原理的研究》。③ 依据英国学者普兰特的观点,黑格尔从斯图亚特的这本书中起码捕获到以下三种看法:一是以历史主义为基础的历史哲学构架;二是在历史的视域中肯定现代"交换经济"(市民社会)现实地促进了人的自由和自我的发展;三是在近代商业社会这样一个新角度上确立了国家对现实生活的自觉作用。④ 可以肯定的是,黑格尔对经济学的研究从来就不是一种简单的理论获得,而更倾向于是**对逻辑建构的现实历史的确证**。实际上,历史主义和社会发展的目的论都是德国理性主义(赫尔德⑤到谢林⑥)的应有之义,这些对于黑格尔来说绝不是外在的新东西。

  黑格尔对古典经济学较全面的研究,主要是在19世纪最初那几年

---

① 参见李光林摘译《黑格尔的政治经济学研究和马克思》,载《马克思恩格斯研究》1994年第19期,第63页。
② [德]黑格尔:《历史研究片断》,转引自宋祖良《青年黑格尔的哲学思想》,湖南教育出版社1989年版,第170页。
③ 1799年2月19日到5月16日,黑格尔阅读了斯图亚特的《政治经济学原理研究》的德译本,并写有评论。这一文献后来遗失。
④ 参见[英]普兰特《黑格尔政治哲学中的经济和社会的整体性》,载《国外黑格尔哲学新论》,中国社会科学出版社1982年版,第274—275页。
⑤ 赫尔德(Johann Gottfried von Herder,1744—1803),德国历史学家、哲学家。
⑥ 谢林(Friedrich Wilhelm Joseph von Schelling,1775—1854),德国哲学家。

的耶拿大学时期。大约在1800年左右，他认真研读过斯密等人的论著。1803—1804年，他在自己开设的"思辨哲学体系"的讲座中经常提到斯密的经济学思想，在他留下的《耶拿体系草稿》中，**劳动**问题成为他思考的主要对象。相关问题还有人的活动本质、工具、机器生产和劳动分工等。① 1817—1818年青年黑格尔在海德堡大学编写《自然法与国家学讲义》时，直接引述了斯密在劳动的分工（Teilung der Arbeit）基础上使复杂劳动抽象化的表述，并且提及斯密那个著名的销钉（Stecknadel）劳动分工和生产的例子。这也就是卢卡奇所说的黑格尔有可能"透视资本主义社会的本质和规律"的时期。

黑格尔完整地评述政治经济学的理论表述，出现在后来他的《法哲学原理》（Grundlinien der Philosophie des Rechts，1820）一书里。在此书中，黑格尔将政治经济学称之为"国家经济学（Staatsökonomie）"，是"在现代世纪基础上所产生的若干门科学的一门"。② 这个"国家经济学"中的**国家**是挺有意味的。他认为，从国家经济学中"可以见到**思想**（见斯密、萨伊、李嘉图）是怎样从最初摆在它面前的无数个别事实中，找出事物的简单的原理，即找出在事物中发生作用的理智"③。这个"理智"转换成非思辨的话语，就是本质和规律。在黑格尔看来，国家经济学的对象是看似盲目运动的市民社会中非直观的必然性。他确信，商业社会中"这种表面上分散的和浑混的局面是靠自然而然出现的一种必然性（Notwendigkeit）来维系的"，而国家经济学正是为"一大堆偶然性（Zufälligkeiten）找到了规律（Gesetze）"。他十分清楚，面对现代经济运动，各种经济关系（"一切联系"）相互促进又相互阻碍，形成一种奇特的"交织的现象"，特别是这些经济现象"看来一切都是听

---

① 参见［德］黑格尔《耶拿体系草稿Ⅰ》，载《黑格尔全集》第六卷，郭大为、梁志学译，商务印书馆2020年版，第241—264页。——本书作者第四版修订。
② 参见［德］黑格尔《法哲学原理》，范扬、张企泰译，商务印书馆1961年版，第204页。中译文将此处的Staatsökonomie误译作"政治经济学"。参见 Georg Wilhelm Friedrich Hegel, *Werke 7*, Frankfurt am Main: Suhrkamp Verlag, 1970, S. 346.
③ ［德］黑格尔：《法哲学原理》，范扬、张企泰译，商务印书馆1961年版，第204页。在此，他直接标注了斯密的《国富论》、萨伊的《政治经济学概论》和李嘉图的《政治经济学及赋税原理》。

从个人任性摆布的",可就像太阳系的不规则运动一样,"它的规律毕竟是可以认识到的"。①可见,黑格尔对古典经济学的总体认识是准确的,他意识到经济学是一门在人们看起来任性的偶然性市场活动中,捕捉到必然性关联和运动规律的科学。显然,黑格尔是要更自觉地抓住"看不见的手"。不难看出,黑格尔这里的研究思路恰好与我们上述分析古典经济学社会唯物主义的内里方法论逻辑相接近。

需要提出来予以强调的是,在黑格尔哲学发展的中后期,经济学观点很少以直接的理论形态表现出来,而时常隐匿在哲学话语的背后。偶尔,他也明确指认政治经济学在思想逻辑中的地位,如《哲学全书》(*Enzyklopaedie der philosophischen Wissenschaften*,1817－1830)和《法哲学原理》的一些章节。而古典经济学的一些重要理论规定却间接地表现为黑格尔哲学面向现实的关键性逻辑环节,例如**劳动**与**市民社会**问题。而这些规定,又直接与后来的马克思的历史唯物主义科学方法论和经济学研究有更深、更重要的理论关联。

2. 劳动:人创造自己并建构社会历史的外化活动

劳动在黑格尔的哲学话语中,有两次关键性的理论指认。第一次是在《精神现象学》的那个个体意识进程中,劳动作为主人、奴隶和物的辩证中介,表现为个人主体在对象中确立自己的通道。第二次,绝对观念从天国(《逻辑学》)出发,其总体异化在经历自然沉沦之后,劳动成为异化主体经历的第三阶段,即绝对精神假手社会历史运转实现自身中的一种必然手段。请大家注意我在这里所作的重要界定,即劳动规定在**个体与类两个不同层面**的异质性。

以黑格尔之见,劳动在观念的总体异化(外化)中,首先是人类的精神本质(绝对精神在现实中的次主人)得以实现的必要环节。依据上面我们已经指认的大逻辑,劳动也就是主体类意识的外化与异化

---

① 参见[德]黑格尔《法哲学原理》,范扬、张企泰译,商务印书馆1961年版,第205页。

(Entfremdung),因为精神性的人之类本质实现为物质性和对象性的(gegenständlich)活动,并直接外化于劳动产品中,所以劳动也意味着人类的自我产生,以及人的主体性之自我确立和提高。黑格尔基本上没有使用过对象化(Vergegenständlichung)这一概念,而多用对象性(gegenständlich)。人类主体通过劳动自己创造自己,这是对简单的外在神创论的直接否定。同时,在人的劳动发生之前就已经异化的自然物质,随着劳动的运作,在劳动成果的形式上,被提高到精神自觉创化物的层面。

当然,在黑格尔这里,面对"太阳下面没有新东西"的一般的自然观照的知性科学,开始向主体性有意识的实践认识转化。这个主体有意识的劳动结果(市民社会的社会存在),被指认为观念更高级物化形式的"第二自然(Die zweite Natur)",以区别于原生的完全物性化的第一自然。请注意,这里出现了一个重要的悖结:人通过劳动将无机界和有机界的物质"调集"到自己身边,劳动其实在使精神成为自然物质的主人,这是一个从死物质向观念性存在的回归,即对自然物化(异化)的摆脱;但是,劳动又使精神在一个更高的层面受到人造物(经济财富)的奴役,**劳动外化同时也是一种观念在人类主体活动(社会历史过程)中发生的新的更深刻的异化:主体在事物化市场中的再次沉沦**。当然,这同样是一种**不得不发生**的必须**肯定**的异化。

应该指出,以前我们大多是从哲学的视角来谈论黑格尔的劳动规定,然而忽视了这个哲学视域中劳动规定的一种现实的源头,即黑格尔在经济学研究中的具体确证。其实,对劳动问题的研究和反思(Reflexion),正是黑格尔早期对经济学研究的重要进展,这也是他后来哲学逻辑深刻度的关键底线。可以明确地说,黑格尔历史辩证法的形成与他对现代劳动问题的理解直接相关。也正由此,卢卡奇下述的看法是有一定道理的:"黑格尔观点发展中的转折点正是与研究亚当·斯密的著作有关,因为作为人类活动的基本手段的劳动问题……显然是黑格尔在研究亚当·斯密著作过程中最早产生的。"①更重要的一点

---

① [匈]卢卡奇:《青年黑格尔》,苏黎世,1948年,第210页。

是,前面我们说过,黑格尔的哲学建构是建立在古典经济学的思考基础之上的,可是,他的形而上学思考却远远深刻于后者,特别是他对市民社会(bürgerliche Gesellschaft)——现代性社会经济关系的批判性反思。

关于这一点,我们还可以参照一下黑格尔自己的具体说法。以他的观点,"国家经济学"就是从需要(Bedürfnis)和劳动(Arbeit)的观点出发,"然后按照大众关系和大众运动的质和量的规定性以及它们的复杂性来阐明这些关系和运动(Verhältnis und die Bewegung)的一门科学"。① 马克思后来较多地在社会关联中使用 Verhältnis 这一概念。因为,在此,**劳动**被指认为政治经济学的本质和核心。这似乎与后来写作《57—58 手稿》(不是《1844 年手稿》)时的马克思更接近。而且,呈现于此的似乎并不是先前我们看到的那种抽象的哲学思辨,倒更像是具象的经济学话语。如果更仔细分析黑格尔关于劳动的研究,那么这里的劳动又可以区分为以下三个逐步深化的方面:

第一是**劳动在人类自我形成方面的作用**。黑格尔在对政治经济学的研究中已经发现,一方面,劳动是人改变外部对象的有技巧的能动活动,劳动的本质是利用对象改造对象,"它让自然自身磨擦,袖手旁观,轻而易举地支配着整体——机巧"。② 另一方面,劳动实际上是使人类主体得以建构的客观活动。人类在劳动过程中,一方面改造外部对象,另一方面则将自己确立为作为主体的人。无论是人类个体还是总体,这种主体的自我确立的特点都包含了这两个方面。

> **劳动**(*Arbeit*)通过各色各样的过程,加工于自然界所直接提供的物资(Material),使之合乎这些殊多的目的(vielfachen Zwecke)。这种造形加工(Formierung)使手段具有价值(Wert)和适用性

---

① 参见[德]黑格尔《法哲学原理》,范扬、张企泰译,商务印书馆 1961 年版,第 204 页。在此,他直接标注了斯密的《国富论》、萨伊的《政治经济学概论》和李嘉图的《政治经济学及赋税原理》。
② 转引自宋祖良《青年黑格尔的哲学思想》,湖南教育出版社 1989 年版,第 171—172 页。

(Zweckmäßigkeit)。这样,人在自己消费中所涉及的主要是**人的**产品(*menschlichen* Produktionen),而他所消费的正是人的努力的成果。①

请注意,黑格尔这里的劳动规定的侧重点明显不是重农主义以前的自然经济中的劳动,而是**工业生产的**劳动。这种理解语境直接与我们上面引述过的斯密和西尼尔的定义相关联。主体的外化在传统的农业劳动中是有限的,在那里,主体活动只是自然生产的辅助因素,只有在工业劳动中,人类活动的创造性才可能在完整的意义上以"塑形(Formierung)"的本质特征实现出来。在这里,黑格尔使用了一对有趣的概念:**塑形**(Formierung)和**构形**(Gestalt)。人占有物,即是通过劳动给物以塑形,他明确提出了人对物的占有方式之一就通过劳动塑形改变物的外形和结构,"这种塑形(Formierung)在经验上可以有种种不同的构形(Gestalten)"。② 马克思后来在《1857—1858年经济学手稿》中表述了近似黑格尔的这一观点。这是黑格尔真正意义上的劳动外化,当然也是全部人类主体异化在现代社会历史层面的客观基础。马克思直到1845—1846 年的《德意志意识形态》中,才意识到黑格尔这一论见的重要性。还应该认真思考的地方则是黑格尔明确指认了,人在自己生活中所消费的东西并是自然物,而是"人努力的成果",即人的劳动产品。这实际上是劳动价值论的另一种肯定。

于是,我们也就自然会进入讨论语境的第二个层面,黑格尔关于劳动的论说,已经不是一种非历史的空洞的规定,而恰恰是**从现代商品生产条件**出发的具体确证。这里已经产生了**劳动一般**的现实规定,实际上这是现代分工与交换基础上产生的社会劳动。我们在前面对斯密和李嘉图经济学的讨论中,已经说明过这一"劳动一般"生

---

① [德]黑格尔:《法哲学原理》,范扬、张企泰译,商务印书馆1961年版,第209页。
② 参见[德]黑格尔《法哲学原理》,范扬、张企泰译,商务印书馆1961年版,第64页。参见 Georg Wilhelm Friedrich Hegel, *Werke 7*, Frankfurt am Main: Suhrkamp Verlag, 1970, S. 120。

成的社会历史情境。在《哲学全书》第524节中,劳动与分工总是相互关联着出现的。这也就是说,人不仅是在自我完成过程中的劳动着的人,也是一个在分工下独立的个人与个人之间**互相承认关联中共同劳动着的人**。黑格尔在斯密—李嘉图的经济学中看到,在分工之下的"交换"社会中,每个人都在为满足某一种需要而劳动,但作为加入社会整体的个人,在客观上又满足着许多人的需要。实际上,黑格尔已经注意到劳动的社会分工与劳动者个人的劳动特殊性的关系。黑格尔意识到:

> 任何一个人的劳动从其内容来看,无论对于大家的需要,还是对于满足他的一切需要的符合程度,都是一种普遍的劳动,这就是说,具有一种价值;他的劳动和他的财产并不是它们对他来说所是的东西,而是它们对大家来说所是的东西。需要的满足是大家的一种彼此普遍依赖的关系……①

由此,"**个别的人**在他的**个别的**劳动里本就不自觉地或**无意识地**在完成着一种**普遍的**劳动"②。这样,黑格尔实际上已近乎指认出**劳动一般**的概念。这很像是对斯密经济学观念的哲学说明。据此,他就区分了人类早期操作实物的劳动和现代商品生产的劳动,指出在作为现代社会经济交换现象的劳动中,花费在整个对象上的劳动只在劳动本身分配,成为单一的劳动形态;单一的劳动形态正是通过这种分配变得更加机械,因而劳动本身变得更加一般,更加异己于整体。而且黑格尔发现,这种劳动一般主要是**通过工具**表现出来的。黑格尔指认道,与停留在个别领域的劳动产品不同,工具是具有一般性的,"劳动的主体性在工具中上升到一般"。这倒是黑格尔自己的原创了。

---

① [德]黑格尔:《耶拿体系草稿Ⅰ》,载《黑格尔全集》第六卷,郭大为、梁志学译,商务印书馆2020年版,第261页。——本书作者第四版修订注。
② [德]黑格尔:《精神现象学》上卷,贺麟、王玖兴译,商务印书馆1979年版,第234页。

对此,黑格尔分析道,"工具是现实存在着的、合乎理性的中项,是实践过程(praktischen Prozesses)的现实存在着的普遍性"①。这也就是说,工具是劳动一般的对象化,它恰恰是实践过程中的理性普遍性。

> 面对着一般的技艺水平,个人去使自己脱离这种一般性,使自己成为比其他人技艺更高的人,去发明更有效率的工具。但是在他的特殊技艺中真正具有普遍性的因素,乃是他发明了某种普遍的东西;其他人从他那里获得这种东西,从而就取消了他的特殊性,工具则成为一切人的共同的直接所有物。②

劳动工具是技艺一般的外化,这个一般当然也是理念的实现。不过,物化工具只有借助劳动才能参与自然界的开发,否则,它只能是一种空洞无用之物。

至此,黑格尔自然而然逐步抵达一种新的认知,即对**具体劳动与抽象劳动**进行区分。这是黑格尔劳动规定的第三个语义层面,也是最重要的方面,因为走向一般(抽象)和无限总是黑格尔哲学的内在逻辑指向。在黑格尔看来,沾滞于物的具体劳动是那些创造初级产品的人,即与自然界保持着生动联系的个人的劳动,比如"晨兴理荒秽,带月荷锄归"之类的农民的生产劳动,这也是我们上面谈到的人类早期的传统自然经济中的物性操作式的劳动形式。但是黑格尔明确指出,这种具体劳动是原始的劳动,因为它对自然实体进行了保留,劳动此时还是一种整体上粗糙的活动。固然如此,在这些劳动中,个人却能在劳动结果中保持自己**完整的个性**。马克思后来在《资本论》及其手稿中提及了这一观点。但步入现代交换社会以后,劳动社会分工体系中的各种个人的劳动则必然转化为人类的抽象劳动。**这是一种使个人成为社会关系之奴隶的单调的劳动,将个人贬低为机器零件的劳动。**"因

---

① [德]黑格尔:《耶拿体系草稿Ⅰ》,载《黑格尔全集》第六卷,郭大为、梁志学译,商务印书馆2020年版,第241页。——本书作者第四版修订注。
② [德]黑格尔:《耶拿时期的实在哲学》第2卷,莱比锡,1932年,第197页。

为劳动只是为了满足抽象的自我存在的需要,那劳动也就只能是抽象的"。在这种劳动中,个人通过自由的抽象劳动来洞察自身、自己形式的个性,来洞察自己相对于别人的存在,而且,这种抽象劳动也就是所谓劳动的共性,或曰所有各种劳动的中立性可以作为劳动的一个平均术语,通过它,劳动可以进行比较,任何个别的现实的东西、货币可以直接转化为它。在此,黑格尔的理解显然已经直接达到李嘉图的水平,因为他所描述的抽象劳动和经济交换实际上只能出现在大工业的机器生产过程中。

劳动中普遍的和客观的东西存在于**抽象化**(*Abstraktion*)的过程中,抽象化引起手段和需要的精致化,从而也引起了生产的细致化,并产生了**分工**(*Teilung der Arbeiten*)。个人的劳动通过分工而变得**更加**简单,结果他在其抽象的劳动(abstrakten Arbeit)中的技能提高了,他的生产量也增加了。同时,技能和手段的这种抽象化使人们之间在满足其他需要上的**依赖性**和**相互联系**(*Abhängigkeit und die Wechselbeziehung*)得以完成,并使之成为一种完全的必然性(Notwendigkeit)。此外,生产的抽象化(Abstraktion des Produzierens)使劳动越来越**机械化**(*mechanisch*),到了最后人就可以走开,让**机器**来代替他。①

黑格尔有区别地在人与人之间使用 Beziehung(联系)一词,这也影响到后来的马克思。黑格尔这里讨论的分工,显然指向着斯密意义上工厂内部的劳动分工。他看到,在这种分工里,劳动的抽象性就会直接以知识为转换中轴:掌握知识意味着能够把某些形式的劳动转交给机器来承担;掌握对象的行为变得越加形式化了。由机器主导的呆板和机械的劳动,使劳动者受到自身所处的劳动分工下片面劳作这一特点的限制;劳动越是单向度,它就越完善。马克思在后来的《资本论》及其手稿中,

---

① [德]黑格尔:《法哲学原理》,范扬、张企泰译,商务印书馆1961年版,第210页。

基于更高的科学理论平台对此进行过更加深入的探讨。我以为,黑格尔极为敏锐地透视了现代机器生产的本质。当然,他认为这是绝对精神在抽象劳动中的直接现身。

还应该指出,黑格尔还将"以对自然产物(Naturprodukts)的**塑形**(Formierung)为职能"的**产业**(Gewerbe)区分为三个等级:一是**手工业等级**(Handwerksstand),即"以较具体方式和根据个人的要求来满足个别需要的劳动";二是**制造业等级**(Fabrikantenstand),即为"满足属于一种较普遍的个别需要所作出的较抽象而集体的劳动";三是**商业等级**(Handelsstand),即"拿零星物资主要通过货币(Geld)这一普遍交换手段(allgemeine Tauschmittel,在货币中所有一切商品的价值都成为现实的)而进行的相互交换的行当"。① 其实,商业与上面两个工业生产过程是完全不一样的领域,后者只是前者产品(商品)在市场交换中的实现过程。在商业中,并没有发生对自然物的"塑形"。

在此,需要补充说明两点:首先,黑格尔看到劳动形式本身的进步,但由于他仅仅将具体劳动视为传统劳动形式,因此就不可能正确了解到**现代劳动中**具体劳动与抽象劳动的关系。其次,黑格尔所指认的已经接近于市民社会中劳动的"一般",是一类物化的被动的东西,是一种合力所作用的客观结果,是一个个体与类主体异化的崭新层面,也正是由此才引发了整个市民社会的盲目性和自发性。同时,黑格尔充分肯定由劳动对象所造成的经济异化的客观进步性!在这一点上,黑格尔与古典经济学是一致的,他们之间的区别在于黑格尔肯定经济异化的**历史的暂时的**合理性,而古典经济学则着眼于论证其自然性和永恒性。至于1844年的青年马克思,一开始却是否认异化的客观进步意义的。这是一种有趣且深刻的对比。

---

① 参见[德]黑格尔《法哲学原理》,范扬、张企泰译,商务印书馆1961年版,第214页。中译文将此处的Fabrikantenstand误译作"工业等级",我改译为"制造业等级"。参见 Georg Wilhelm Friedrich Hegel,*Werke 7*,Frankfurt am Main:Suhrkamp Verlag,1970,S. 357。

3. 经济的盲目性与自发性：市民社会背后的理性的狡计

当黑格尔捕捉到处于分工交换中的劳动一般时，他就已经确定了市民社会（bürgerliche Gesellschaft）①的本质。并且，黑格尔极为深刻地指认市民社会中的"**市民，即是资产阶级**〔Bürger（als bourgeois）〕"。② 我以为，黑格尔的这个专门的法文标注是十分重要的。他是自觉到 Bürger 的 bourgeois 本质的。卢卡奇在《青年黑格尔》一书中指出：

> 黑格尔是德国第一位承认经济生活存在着自身的规律性的思想家，尽管他拥有幻想，认为国家可以缓和、调节产生于经济中的社会矛盾，然而他毕竟从未把国家的这种作用说成是抽象地制定细节，强行干预经济生活，通过行政命令来取消资本主义社会的经济规律。③

---

① bürgerliche Gesellschaft 一词，也译"资产阶级社会"，此词与英文中的 Civil Society（公民社会）存在一定的区别。在中文版的马克思恩格斯文献中，bürgerliche Gesellschaft 一词根据具体的使用语境分别意译为"市民社会"和"资产阶级社会"。通常的情况是，在 1844 年以前的文献中 bürgerliche Gesellschaft 一般译为"市民社会"，而 1845 年以后，多译"资产阶级社会"，少数特定语境中保留了"市民社会"的译法。还应该说明的是，黑格尔关于市民社会的思想直接受到了弗格森的《公民社会史论》（An Essay on the History of Civil Society）一书的影响。但弗格森所理解的政治法权意义上的"公民社会"（civil society），同黑格尔从古典经济学那里延袭而来的经济机体和基础性社会结构意义上的 bürgerliche Gesellschaft 之间存在着关键性的差别。但思想史上一个具有反讽意味的事实是：恰恰是黑格尔阅读并借鉴了弗格森的著作，正是该书的德译本使得"bürgerliche Gesellschaft"在日耳曼学术界流行起来。当然也得承认，黑格尔的"市民社会"（bürgerliche Gesellschaft）思想另一方面也是在中世纪末期以来市民（资产者）兴起的背景下，在康德、费希特开创的德国"市民社会"分析语境中，吸收了洛克、孟德斯鸠的国家和市民社会讨论基础上形成的一种学理综合。在康德那里，自为的市民社会已经被抽象地表述为一种社会历史发展的自然意图。在马克思的文献中，也出现了极少量的 Bourgeoisgesellschaft 一词，同是资产阶级社会，只是此词由法语而来。比如马克思在《德意志意识形态》一书第二卷中两次使用此词，而大部分使用 bürgerliche Gesellschaft。参见 Marx/Engels，*Die deutsche Ideologie*，MEW，Bd. 3，Text，Berlin：Dietz Verlag，1969，S. 194，S. 233。——本书作者第三版注。

② 参见［德］黑格尔《法哲学原理》，范扬、张企泰译，商务印书馆 1961 年版，第 205 页。黑格尔在这里专门援引了法文中的 bourgeois。参见 Georg Wilhelm Friedrich Hegel，*Werke 7*，Frankfurt am Main：Suhrkamp Verlag，1970，S. 348。

③［匈］卢卡奇：《青年黑格尔》，苏黎世，1948 年，第 458 页。

这是深刻的判断。显然,黑格尔决不是简单地肯定古典经济学家作为前提的资产阶级市民社会的现实。我们能看到,黑格尔站在现实历史的制高点上,将市民社会从逻辑上定位为"是在现代世界(modernen Welt)中形成的,现代社会第一次使理念的一切规定各得其所"。市民社会是绝对理念在现代历史的布展和客观实现,这是一种**历史的**肯定。

同时,身处普鲁士土地上的黑格尔又从整个绝对理念行进的长程尺度,将市民社会判定为伦理实体发展中的"**分裂**或**现象**(Phänomen)"。① 这又是一种超越性的和批判性的否定。黑格尔的见解颇具辩证性。那么,为什么他会产生这种深刻的洞见呢?

首先,黑格尔发现,市民社会把个人从家庭的**整体**(Ganze)**联结**(Band)中"揪出","使家庭成员相互之间变得陌生,并承认他们都是独立自主的人",可是,"市民社会使他们失去了自然的谋生手段(natürlichen Erwerbsmittel),并解散了家庭——广义上的家庭就是宗族(Stammes)——的纽带(Band)"②,这一切,又都使人们从属于市场的偶然性(Zufälligkeit)的支配。由此,"个人就成为**市民社会的子女**(Sohn der bürgerlichen Gesellschaft)"③。在黑格尔这里,Band是比Beziehung要更内密的血缘关联。市民社会消解了人与人之间的"宗族"纽带,让他们丧失了从自然经济中的谋生手段,而让他们变成市民社会的无助孩子。黑格尔的这个指认无疑是深刻的。马克思后来说到,资产阶级社会用冰冷的金钱关系取代了脉脉含情的宗法联系。

其次,市民社会中发展起来的工业让人走出土地,使生活"不再固定在泥块上和有限范围的市民生活上",生活的基础变成了工业造成的"**流动性**"和冒险,甚至毁灭。并且,市民社会中那种"追求利润又使工业通过作为联系(Beziehung)的最巨大媒介物与遥远的国家进行交往

---

① 参见[德]黑格尔《法哲学原理》,范扬、张企泰译,商务印书馆1961年版,第41页。
② [德]黑格尔:《法哲学原理》,范扬、张企泰译,商务印书馆1961年版,第243页。
③ [德]黑格尔:《法哲学原理》,范扬、张企泰译,商务印书馆1961年版,第241页。

(*Verkehr*)",由此,"商业也通过它而获得了世界历史的(*welthistorische*)意义"。① 工业打破了土地(不动产)上的凝固性和有限性生存,由此,人们的生活基础奠基于一种流动性(动产)之上,并且,这种新的追逐利润的市场性关联又建立了更广泛的世界性交往。在后来的《德意志意识形态》和《1857—1858年经济学手稿》中,马克思都肯定了黑格尔的这一重要见解。

其三,当市民社会处于"顺利状态时",它在自身内部就在"**人口和工业方面迈步前进**(*fortschreitender Bevölkerung und Industrie*)"。

> 人通过他们的需要而形成的关联(Zusammenhangs)既然得到了普遍化,以及用以满足需要的手段的准备和提供方法也得到了普遍化,于是一方面财富的积累增长了,因为这双重普遍性可以产生最大利润;另一方面,特殊劳动的**细分**和**局限性**,从而束缚了这种劳动的阶级**依赖性**和**匮乏**,也愈益增长。②

这是说,工业的进步与"广大群众的生活"下降是同步发生的。并且,"生活资料通过劳动(通过给与劳动机会),生产量就会因之而增长",但同时,又导致了生产过剩。③ 黑格尔用Zusammenhang来表示共同关联。

在黑格尔看来,市民社会是主体性消解和分散的私有制社会,这也是由市场关系自发构成的经济体系的重要特征。在这里,自发的必然性开辟了通向**无政府状态和竞争**的道路。

> 在市民社会中,每个人都以自身为目的,其他一切在他看来都是虚无。但是,如果他不同别人发生联系(Beziehung),他就不能达到他的全部目的,因此,其他人便成为特殊的人达到目的的手段。

---

① 参见[德]黑格尔《法哲学原理》,范扬、张企泰译,商务印书馆1961年版,第241页。中译文将此处的Verkehr误译作"交易",我将其改译为"交往"。参见Georg Wilhelm Friedrich Hegel, *Werke 7*, Frankfurt am Main: Suhrkamp Verlag, 1970, S. 391。
② [德]黑格尔:《法哲学原理》,范扬、张企泰译,商务印书馆1961年版,第244页。
③ [德]黑格尔:《法哲学原理》,范扬、张企泰译,商务印书馆1961年版,第241页。

但特殊目的通过同他人的关系就取得了普遍性的形式(Form der Allgemeinheit),并且在满足他人福利的同时,满足自己。①

这种观点,乍看起来像是对休谟—斯密利己主义的经济人的直接哲学诠释:"利己的目的,就在它的受普遍性制约的实现中建立起在一切方面相互依赖的制度(System allseitiger Abhängigkeit)。个人的生活和福利以及他们的获得的定在(Dasein),都同众人的生活、福利和权利交织在一起,它们只有建立在这种制度的基础上,同时也只有在这种关联(diesem Zusammenhange)中才是现实的和可靠的"②。这是由于:

> 个别的人,作为这种国家的市民(Bürger)来说就是**私人**(*Privatpersonen*),他们都把本身利益作为自己的目的。由于这个目的是以普遍物(Allgemeine)为中介的,从而在他们**看来**普遍物是一种手段,所以,如果他们要达到这个目的,就只能按普遍方式(allgemeine Weise)来规定他们的知识、意志和活动,并使自己成为**关联**(*Zusammenhangs*)的锁链中的一个环节。③

这个普遍物是什么?它就是市民社会的市场交换中**自发形成的客观的事物化了的"关联"**。在德文中,这个 Zusammenhang 是"共同关联"的意思。黑格尔将其用到市民社会中生成的社会活动关联系统中是颇有深意的。这一点也影响到后来的马克思。

很显然,黑格尔已经认识到市民社会("资产阶级社会")自我生成的两个原则:一是个人只从自己的局部利益出发,"人人为自己";二是个人之间自发地形成社会关系,原来的"上帝为大家"变成了"市场统大家"。在他看来,市民社会的本质实际上就是资产阶级社会关系的功能性经济结构。黑

---

① [德]黑格尔:《法哲学原理》,范扬、张企泰译,商务印书馆1961年版,第197页。中译文将此处的 Beziehung 一词译作"关系",我改译为"联系"。——本书作者第三版注。
② [德]黑格尔:《法哲学原理》,范扬、张企泰译,商务印书馆1961年版,第198页。
③ [德]黑格尔:《法哲学原理》,范扬、张企泰译,商务印书馆1961年版,第201页。中译文将此处的 Zusammenhang 一词译作"社会联系",我改译为"关联"。——本书作者第三版注。

格尔指出,在这种社会中,每个人貌似都在追求自己的个人目的,但到头来人们活动的客观产物却形成每个个人都并没有欲求的社会关联:每个个人在自己的一项工作中有意无意已经在完成某种**总体**工作,故他在完成总体工作的同时也是在完成自己既定的工作。"整体成为他的产物,为了这个产物他可以牺牲自我,也正因为如此,反过来他从中获得了自我。"黑格尔十分清楚地看到,资产阶级社会中这种表面上看来利己的私心,财产所有权,个人为了满足自己的需要而进行的劳动和工具的使用,好像客观上是将一个人从其他人那里分化和独立出来,但实际上,这一切也客观地形成某种新的社会关联。这是一种**由人的活动形成的,却不以个人意志为转移的客观社会关联**。在这里,社会生产与人都无条件地服从于每时每刻都在生成的这种客观的社会关联。参见上一节我们对斯密经济学理论的评述,显然在这里,黑格尔的看法要更深刻、更自觉。

当然,黑格尔将市民社会中这种自发形成的总体性社会关联看成是社会普遍性(绝对观念在这一历史层级中的物相形态)得以实现的表现,也就是那个绝对的"一"在社会历史进程中新的进展。因此,黑格尔自然是积极地肯定它。具体地说,这一立场又可以从两个方面加以观察:首先,在结构性的历史断面上,这种自发形成的社会关系就直接体现为现代社会的本质。"人们的特殊性最直接地包含在他们自身的需求中。满足这种需求的能力存在于社会关系中,社会关系就是人们都能得到满足的共同财富。"但是,一旦进入到社会关系之中,个人就不再仅仅受自己的意志支配,而更加深刻地受到一种普遍力量的支配。其次,如果转换思路,从社会历史的历时性视角来对此进行考察,那么在人们社会生活的运动中,这种自发形成的社会关系又是"理性的狡计"在市民社会中的直接表现,它也就是斯密所说的"看不见的手"。二者的区别在于,斯密的"看不见的手"是具体的,是资产阶级社会自由竞争中的自发性调节力量,而黑格尔在此的思考,则是在进行**一种超出经济学的更宏大的历史哲学理性透视**。

并且,我们只有深入地理解了黑格尔关于市民社会的观点,才有可能进一步分析他的关于在特殊劳动与一般劳动、具体劳动与抽象劳动关系之上的现代劳动价值论与货币的理论。黑格尔已经意识到,市民社会的本质即是"通过个人的劳动(Arbeit)以及其他一切人的劳动与需要的满足,使需要得到中介(Vermittelung),个人得到满足——即**需要的体系**(System der *Bedürfnisse*)"①。在这里,从个人的特殊劳动向抽象的社会一般劳动的转化是最关键的一步。黑格尔认为:

> 需要和手段,作为实在的定在(reelles Dasein),就成为一种**为他人的存在**(*Sein für andere*),而他人的需要和劳动就是大家彼此满足的条件。当需要和手段的性质成为一种抽象(Abstraktion)时,抽象也就成为个人之间相互联系(Beziehung der Individuen aufeinander)的规定。这种普遍性,作为**被承认的东西**,就是一个环节,使孤立的和抽象的需要以及满足的手段都成为**具体的、即作为社会的**(konkreten, als gesellschaftlichen)。②

因为,在以交换为前提的市民社会中,正是为了满足自己的需要,劳动才表现成一种"为他"的劳动,这种以交换为目的的劳动的最终结果是建立起一个全面的对象性关系中的经济依赖系统。斯密眼中那个利己的面包师和裁缝的故事。每个个人,只有通过市场中物与物的交换才能进行社会联系,也只有在市场的商品流通之中,物化在产品中的各种劳动的价值才能得以比较和实现。这样,社会**联系**(*Beziehung*)的实质就是**披着物的外衣**的价值**关系**(*Verhältnis*)。这种抽象关系成为统治性的力量,就是市民社会中占支配地位的东西。

同时,对黑格尔来说,价值关系是具体劳动转化为抽象劳动的结果,也是市场体系排挤传统的实物经济的结果。在这里,占有是通过大量处在交换中的人实现的,价值就是财物的实现。因为在市场的交换关系中,劳动者摆脱了具体劳动的物性内容,"他的力量在于分析、抽象,在于

---

① [德]黑格尔:《法哲学原理》,范扬、张企泰译,商务印书馆1961年版,第203页。
② [德]黑格尔:《法哲学原理》,范扬、张企泰译,商务印书馆1961年版,第209页。

根据许多抽象因素对具体劳动进行阐述"。在黑格尔看来，价值就是一物等于另一物的**抽象**，也只有在现代市民社会的交换领域，才可能出现这个等式。"只是由于他人要销售东西，我才制造这个等式；物上的这个内在的等式就是它的价值"。在《伦理体系》一书中，黑格尔直接点明：价值本身是一个抽象的等式，一个合乎理想的尺度；事实上出现的绝对观念的尺度是价格！更进一步说，把需求当作物的这种具有各种形式的研究应当实现自己的概念，即抽象；它的共同的概念应当是物本身，但那种物应是共同的，**货币**就是这样的物质的概念，是所有与需求有关的物的统一或可能的形式。这样，就从价值过渡到了货币。

在黑格尔那里，货币（Geld）是在以下这种逻辑层面上粉墨登场的。在市场运作中，商品只有在交换中实现为货币，商品持有者的**主体性**才会得到社会的承认。虽然，货币是共同的商品，但它作为一种抽象的价值本身却不能来满足某种特殊的需要。它只是一种用来购买所需要的那些特殊物品的共同手段。"货币的用途只是中介性的。"黑格尔已经意识到，在市民社会中，货币支配人的权力产生于货币能够保证作为商品在交换中实现的物的联系，它由此也决定了商品占有者的社会地位。在市民社会中，货币从商品交换中脱颖而出，这个原来仅仅作为中介出现的抽象的价值关系，现在却一跃而成为占统治地位的东西。**它成为了真正的主体**！固然，这里市场交换的实质是"抽象"成为**统治性的力量**（这是黑格尔要肯定的东西），但由于它还是以物的形式表现出来，所以它又必然**以颠倒的形式表现为对物的崇拜**。在黑格尔的全程逻辑进程中，这是绝对精神在社会历史进程中最后的形式异化。劳动已经是**抽象的**一般劳动，价值已经是一种对劳动的"观念"**抽象**，货币则已经是这种**抽象**观念的物的形式。人沉沦于金钱，这是一种误认，也是一种虚假的异化。所以，金钱关系作为人类在新的社会生活中所创造的全面的依赖性总体，必然表现为一种新的物（经济）的依赖性。这一点，恰好是古典经济学运作的重要前提，而心中始终存有**批判性观念现象学**的黑格尔对此却断然否定。

对此，我基本赞成这样的评价，即黑格尔对货币实质的判断是马克思之前对政治经济学反思的顶峰。① 而马克思对黑格尔这些思想的正确理解却是发生在 1845 年以后,特别是在 1857—1858 年第三次经济学研究之后。② 过去,我们也论及黑格尔哲学对马克思《资本论》的影响,但通常这都是指方法论上的"从抽象到具体"的辩证逻辑,可是,在更深的历史哲学意义上,马克思的历史现象学也与黑格尔的观念现象学相通。

4. 颠倒的哲学逻辑与颠倒的经济世界:黑格尔对政治经济学的批判

众所周知,黑格尔哲学是一种观念成为客观世界本质的颠倒的世界观。过去,我们常常从哲学唯物主义的批判尺度上去否定这一世界图景基本的伪谬性,这种做法是合理的。可是,我们并没有进一步从社会历史现实的层面上去挖掘导致这种错误的更深一层的原因。我发现,产生这一谬误的最重要的一个原因就是黑格尔对资产阶级社会经济过程的谬认。有意思的是,黑格尔实际在一定的意义上真切地意识到**市民社会(资产阶级社会)是一个颠倒的社会!** 这是因为:第一,在市民社会中,正是**抽象(一般劳动—价值—货币)现实地成为统治**,这似乎进一步确证了黑格尔抽象观念决定论的现实高点。这种客观唯心主义是对李嘉图的大工业与发达的货币经济的错误指认。第二,由于在市民社会中,这种普遍性成为统治的力量是以**盲目的经济过程自发实现的**,所以,黑格尔必然会否定这种经济必然性,因为他期望绝对理念的普遍伦理得以实现的**自由王国**。第三,在市民社会中,观念决定论又是以商品与货币的物的颠倒的形式表现出来的,黑格尔自然要继续反对精神**颠倒地沉沦于**社会财物,以拒绝任何形式的**拜物教**。

我想指出,黑格尔的《精神现象学》实际上是一部个体意识(大众的常识经验)的现象学。康德所奠基的认知现象学的本义,是从现成性的经验常识到哲学意识——理性的批判性深化。它是要通过批判以还原

---

① 参见《马克思恩格斯研究》1994 年第 14 期。
② 参见本书第八章。

这个在常识中颠倒的世界（Verkehrte Welt）。黑格尔的《精神现象学》是个体意识中的颠倒图景的再颠倒。① 它试图告诉我们，个人眼中的那个感性物质世界实际上是虚假的，因为它是由自我意识依据理性观念构境而成的。《精神现象学》描述了从个别到特殊再到一般（即客观感性—自我意识—理念）、从个别的"多"到一般的"一"（否定性的具体到抽象）的现象证伪过程。但是，黑格尔哲学体系的总体逻辑仍然是一种大写的类主体（绝对观念）自我指认的现象学：逻辑学中的"上帝之城"（类观念本体），异化与颠倒地表现为物性自然，以及社会历史——第二自然，通过劳动外化导致现实的人的异化，特别是市民社会是一个现实的颠倒世界。这是从一般到个别（抽象到具体）：个人（个别）与个人之间自发形成的市民社会（关系），不过是理念关系（抽象的一般观念）物化在经济学中即具体表现为劳动—价值—货币（信用）。这是现实中的"一"。当然，黑格尔所讲的颠倒正好与我们的理解相反，在他看来，观念是世界的本质，但它却颠倒地表现为物。自觉的理性目的是历史本身的规律，但它却颠倒地表现为无数个人主体（激情的利己者）的盲目运动中不自觉的普遍性的实现。正是在这个意义上，黑格尔对市民社会及其理论上的表征——政治经济学是持批判态度的。同时，在方法论上，由于现成性是现象学否定的前提，而对市民社会的现成性肯定则是资产阶级古典经济学的基础性原则（这既是古典经济学非历史性和非批判性的认识论根源，又是古典经济学深层历史唯心主义的基础），所以，黑格尔超越性地**批判**古典经济学是一个逻辑必然。

综上所述，在黑格尔看来，市民社会是一种交换中的自发的联结，人们的劳动生产为社会提供帮助的缘由不是利他，而是利己！需要并不是直接从具有需要的人那里产生出来的，它倒是那些企图从中获得利润的人所制造出来的。这一看法几乎是斯密类似观点的重写。因为在古典经济学中，私有制条件下的个人在自由竞争中自发地形成相互的关联，个人是被动

---

① 参见［德］伽达默尔《伽达默尔论黑格尔》，张志伟译，光明日报出版社1992年版，第二章。

的,这样才有自然性的经济规律。斯密的经济人为个人利益而劳作,却客观上增进整个社会的福利。这是在个人意图之后发生的,个人恰恰是被"看不见的手"控制的。这好像是"人人为自己,上帝为大家"的另一种重现。同时,这种"看不见的手"的社会自发组织不是封建经济中那种外在的强制性的"他组织",而实际上是资产阶级社会经济运行中自由竞争中的自发势力。个人既不知,也不关心,但却在实现一个总体。乍看起来,似乎在"理性的狡计(List der Vernunft)"这一语义上,黑格尔是赞同斯密的,但就其实质而言,黑格尔恰恰在更深的层次上反对这一点。

那么,这种看法有何根据?从远处着眼,黑格尔其实并不赞成资产阶级近代启蒙思想自然法的个人主义观点。这一点正是斯密承袭休谟而来的理论出发点。他的绝对理念的现实价值坐标指向一种总体性的普遍伦理,即自觉的绝对的善。但是,在市民社会中这种需要和劳动的体系实质上是作为普遍伦理的否定物出现的。① 他分析道:"有这样一种观念,仿佛人在所谓自然状态中,就需要说,其生活是**自由**的;在自然状态中,他只有所谓简单的自然需要(Naturbedürfnisse),为了满足需要,他仅仅使用自然的偶然性直接提供给他的手段"②。这是斯密市民社会的本质。但黑格尔则认为,市场经济中"上升为这种共性的需要和劳动在人口众多的民族形成了公共性和相互依赖的庞大体系,这个体系本身自内部成为死物的生命,成为盲目自发奔来驰往的生命,就像一头需要经常严格驯养和控制的猛兽"③。这是由于物质利益成为个人的目的,绝对观念只是在一种盲目的"热情"和物欲中自发地起着隐性支配作用。它表现为个人在相互否定(争斗)中屈从于物化了的关系,在追逐量化了的财物的"恶无限"中根本丧失了主体!"由于这个现实体系完全处于否定性和无穷尽之中,因此,就其和肯定的总体关系而言,结果是这一体系必须受到

---

① 参见[德]黑格尔《论自然法的科学行为方法》,载《黑格尔全集》第4卷,汉堡,1968年,第479页。
② [德]黑格尔:《法哲学原理》,范扬、张企泰译,商务印书馆1961年版,第208页。
③ [德]黑格尔:《耶拿时期的实在哲学》第2卷,莱比锡,1932年,第232—233页。

这一肯定总体的完全否定的对待,并永远屈从于这种关系的统治"①。这仍然还是一种颠倒！这种精神与社会财物的颠倒必然导致"市民社会是个人私利的战场,是一切人反对一切人(aller gegen alle)的战场,同样,市民社会也是私人利益跟特殊公共事务冲突的舞台"②。这样,市民社会看起来像是一种社会秩序,然而实际上却是一种普遍的仇恨,在这种仇恨之网中,每一个人都要支配一切他所能支配的东西。虽然这种秩序隶属事物的总进程,并呈现出不断进步的外表,但这种进步不过是一种虚伪的普遍性,犹如"一袭华美长袍",其实"上面爬满了虱子"。

其次,在这种市民社会中,"工厂、手工工场都是把自己的存在建立在一个阶级的贫困的基础之上",黑格尔称之为"工人生活的非人化"过程。在市民社会中,作为工具的进一步发展的机器生产的出现,实际上颠倒了劳动者与机器的关系。黑格尔分析道:

> 在**机器**中,人本身扬弃他的这种形式的活动(formale Tätigkeit),使机器完全为他劳动。但是,人对天然东西(Natur)从事的、在它的个别性当中据以保存自己的任何欺骗行为,都在对人本身进行报复；人对机器获得成功,他制伏机器越多,他本身就变得越低。③

劳动者创造了机器,却在机器生产中丧失了自己原有的作为"精神方式"的主体地位。在黑格尔看来,劳动者的"劳动丧失了这种否定的活力,而且给他留下的劳动就得**更加像机器一样**",更可怕的是,劳动者的"劳动越多地变得像机器,它所拥有的价值就越少"。④ 也是在这里,黑格尔直接援引了斯密在《国富论》中那个制造钉子的劳动分工之例:原先一个铁匠所做的工序,现在分配给八个工人,"每人承担劳动的一个特殊方面",

---

① [德]黑格尔:《论自然法的科学行为方法》,载《黑格尔全集》第4卷,汉堡,1968年,第450页。
② [德]黑格尔:《法哲学原理》,范扬、张企泰译,商务印书馆1961年版,第309页。
③ [德]黑格尔:《耶拿体系草稿Ⅰ》,载《黑格尔全集》第六卷,郭大为、梁志学译,商务印书馆2020年版,第260页。——本书作者第四版修订注。
④ 参见[德]黑格尔《耶拿体系草稿Ⅰ》,载《黑格尔全集》第六卷,郭大为、梁志学译,商务印书馆2020年版,第260—261页。——本书作者第四版修订注。

这样,在工场手工业中发生的劳动分工就是每天可以生产4800枚铁钉。我们可以看到,黑格尔与斯密谈及这一劳动分工的立场正好是相反的。黑格尔得出的结论是:"生产的产品数量按照什么样的比例得到提高,劳动的价值就按照什么样的比例遭到贬低",由此,"劳动变得越绝对地僵死,变为机器劳动,个人的技能就变得越无限地有限,而且产业工人的意识被贬低到最近的愚钝程度"。①

因为,物质财富是一个吸引的中心,它把自己的作用力范围内的一切都搜罗在自己周围,就像大鱼吞食小鱼一样。谁拥有财富,那他的财富就会越来越多,同时,对物的追求,也导致了"这种贫富不均,这种需要和必然性正使愿望变得支离破碎,变成内部的愤怒和仇恨"②。黑格尔认识到,如果没有必要的干预,市民社会就有自我灭亡的趋势。"怎样解决贫困,是推动现代社会并使它感到苦恼的一个重要问题。"③

在黑格尔看来,市民社会中的"看不见的手"只不过是经济物化中的绝对精神,而他试图最终呈现绝对精神的"看得见的手"。所以,黑格尔绝不是简单地在哲学上提升斯密,而是更深入地超越和批判了斯密。一方面,黑格尔充分肯定了古典经济学在物(商品经济——市民社会)中揭示出来的盲目必然性和外部力量,但另一方面,他更要求一种主体的自觉自由。因为在黑格尔看来,所有生物都已经是主体,主体只是精神存在的一种可能性。与一般生物迥然不同,

> 人是意识到这种主体性的主体,因为在人里面我完全意识到我自己,人就是意识到他的纯自为存在(Fürsichsein)的那种自由的单一性……他包含着无限的东西和完全有限的东西的统一、一定界限和完全无界限的统一。④

---

① 参见[德]黑格尔:《耶拿体系草稿Ⅰ》,载《黑格尔全集》第六卷,郭大为、梁志学译,商务印书馆2020年版,第262页。——本书作者第四版修订注。
②③[德]黑格尔:《法哲学原理》,范扬、张企泰译,商务印书馆1961年版,第245页。
④[德]黑格尔:《法哲学原理》,范扬、张企泰译,商务印书馆1961年版,第46页。

所以，在人的生存中，市民社会的自然必然性（Naturnotwendigkeit）只是精神主体的史前发展状态，他应该走向全面自觉的自由王国。当然，在社会层面上，这种自由自觉不是通过人类个体得以实现的，只能通过作为自觉的普遍伦理代表的国家与法得以实现。因为，

> 自为自在的国家就是伦理性的整体，是自由的现实化；而自由之成为现实乃是理性的绝对目的。国家是地上的精神，这种精神在世界上有意识地在使自身成为实在，至于在自然界中，精神只是作为它的别物……而获得实现。①

显而易见，国家与法体现了绝对精神在总体上的真正自觉。因为只有国家与法，才有可能消除市民社会否定性的伦理分裂，才有可能阻止"它企图和量发生关系，阻止它成为越来越大的差异和不平等"，才有可能真正消除生产与社会生活的盲目性，自觉实现"个别物与普遍物的统一"。有的学者已经提出，黑格尔在这里的观点实际上"非常接近一种**计划经济**的思想了"②。这也是黑格尔为什么反对古典经济学那种**市民社会决定国家与法**的看似唯物主义历史观原则的重要原因。不过，身处普鲁士的黑格尔在此却是以漫画式的手法指认封建土地上的国家来充抵绝对伦理的。当然，黑格尔最后是在艺术、宗教和哲学中达到非外化的自由和绝对的无限——绝对观念的。这正是历经层峦叠嶂、峰回路转的黑格尔几番来回颠倒之后的最终归宿：客观唯心主义和最大的历史唯心论。

黑格尔与古典经济学的关系是值得我们认真研究的。固然，葛兰西说马克思的历史唯物主义"等于黑格尔加大卫·李嘉图"过于简单，过于夸张③，但认真地梳理出这一被遮蔽的理论线索，将会加深我们对黑格尔哲学话语的理解。更重要的是，我们第一次有可能清楚地界划出，青年

---

① ［德］黑格尔：《法哲学原理》，范扬、张企泰译，商务印书馆1961年版，第258页。
② ［德］柏耶尔：《黑格尔的实践概念》，载《国外黑格尔哲学新论》，中国社会科学出版社1982年版，第9页。
③ 参见《葛兰西文选》，中共中央马克思恩格斯列宁斯大林著作编译局编译，人民出版社1992年版，第476页。

马克思在1845年以前遭遇并从哲学前提上直接否定黑格尔,与1845年以后(特别是后来在《1857—1858年经济学手稿》和《资本论》等经济论著中)直面和重新接纳黑格尔批判性的历史辩证法的这样两种批判语境的**重要异质性**。

第三节 被遮蔽的线索三:对资产阶级社会直接冲击的经济哲学逻辑

在上一节中,我们看到了哲学家黑格尔对古典经济学的理论提升和总体否定。这是一条客观理性主义的历史批判思路。下面,我们将解蔽来自另一个复杂视域对资产阶级社会经济关系的批判线索。我们会发现,无论是这些批判的投射视角,还是话语的政治立场,都构成了一个很重要的异质性语境,即正确地否定资产阶级社会的永恒性,但在哲学历史观的深层逻辑上,这些视角却比前面我们所考察的经济学语境后退了一大步。需要指出,沿着这一条线索所重新彰显的理论脉络,我们与初次进入经济学研究的青年马克思间的距离大大缩短了。

1. 一种经济学浪漫主义的主体性审判

我们这里首先要提到的人物是法国著名经济学家西斯蒙第。① 19世纪初,当西斯蒙第出版《论商业财富》一书时,他是一位斯密的信徒;而当1819年他撰写《政治经济学新原理》(*Nouveaux principes d'économie politique, ou de la richesse dans ses rapports avec la population*,1819)时,却已经以古典经济学的反对者和批判理论家的面目在场了。依据马克思后来的经济学定位,西斯蒙第是法国古典经济学的终结者,也是为全部资产阶级古典经济学画上句号的人。"如果说在李嘉图那里,政治

---

① 西斯蒙第(J. S. Sismondi,1773—1842),法国经济学家。主要论著有:《托斯卡那的农业》(1801)、《论商业财富》(1803)、《政治经济学新原理》(1819)、《政治经济学研究》(1—2卷,1838)。

经济学无情地作出了自己的最后结论并以此结束,那末,西斯蒙第则表现了政治经济学对自身的怀疑,从而对这个结束作了补充。"①西斯蒙第站在小资产阶级的立场上,揭露了资产阶级社会生产方式中存在的社会矛盾。也由此,"西斯蒙第就因为感觉到了这种矛盾,所以在政治经济学上,划了一个时代"②。

然而,需要说明的相同问题是,如同古典经济学方法论的哲学构架一样,几乎也没有人认真解读过内含在西斯蒙第经济学中的哲学话语。这也就意味着,西斯蒙第经济学中隐匿的哲学意向也是被遮蔽的。从总体上看,与斯密、李嘉图将政治经济学视为个人"发财致富"的只关心物的科学不同,西斯蒙第提出政治经济学应该是以人为中心的"我们为人类谋福利的理论"。准确地说,西斯蒙第作为建构政治经济学理论轴心的人,是理想化的小生产者。西斯蒙第的理论意向,让人联想到反对资产阶级启蒙思想的法国神学家帕斯卡③,**深刻然而反动**。因为,西斯蒙第观察社会历史的出发点和否定资产阶级社会的尺度都**再一次回到了主体**。与以客观进程的**历史必然性**("**是**")尺度来批判资产阶级社会的黑格尔不同,西斯蒙第的视域是十分狭窄的小资产阶级个人主体的**主观伦理**("**应该**")视域。古典经济学将资产阶级社会视为自然的制度,而西斯蒙第则认为小生产是天然的制度。如果李嘉图是从现代客观社会劳动走向物化的社会结构和运动规律的话,那么西斯蒙第就是从个人主体性劳动走向哲学中抽象的人。从哲学历史观的深处来看,如果黑格尔反对古典经济学是**客观主义的自我批判**的话,那么西斯蒙第反对李嘉图则是**一种主观主义反对客观主义的斗争**。如果说李嘉图是想分析资产阶级社会经济活动和这一社会结构的内在联系**是**什么的话,那么西斯蒙第则告诉我们社会历史现实**应该**与**不应该**是什么。这正是罗雪尔批评的对象。西斯蒙第的内在逻辑是一种建立在**主体伦理原则之上的价值悬设**。

---

① 《马克思恩格斯全集》第13卷,人民出版社1962年版,第51页。
② [德]马克思:《剩余价值理论》第3册,人民出版社1975年版,第301页。
③ 帕斯卡(Blaise Pascal,1623—1662),法国数学家、物理学家、宗教哲学家。著有《思想录》一书。

从这个意义上说,西斯蒙第政治经济学背后的哲学历史观是一种落后的东西,与全部资产阶级政治经济学的社会唯物主义比较而言,它是政治经济学理论逻辑方法中的**隐性唯心史观**。这大概是过去我们的经济学家所不能意识到的问题。可是这一点,对我们下面准确地理解1844年时青年马克思的思考语境却同样是十分重要的。

首先是理论出发点和方法论原则问题。在西斯蒙第眼里,斯密与李嘉图等人还是有区别的。在方法论上,斯密"不是首先找一个理论,然后再把一切事实套进这个理论,而是把政治学当作一门实验科学;它完全以各民族的历史为基础,并且只有对事实作过细致的观察,才归纳出原理"①。特别是"他永远不忽略与事实具有联系的各种客观情况,他永远不忽视足以影响国民幸福的各种结果"②。这种看法是正确的。可是,西斯蒙第认为政治经济学不应该仅仅是"拘泥于计算数字"的科学,作为"社会科学",它"所要解决的问题比各种自然科学问题复杂得多;同时,这种问题需要良心正如需要理智一样"。③ 很明显,诚然所论述的都是社会科学的复杂性,但是李嘉图甚至萨伊强调的是社会生活本身的客观性,而西斯蒙第却搬出"良心"。**从伦理价值上的人类主体进行理论投射**是西斯蒙第的这种论断的重要特点,从而导致了他与资产阶级政治经济学**在出发点上**的根本异质性。

同样,也正是出于这种主观性定位,西斯蒙第怪怪地将资产阶级古典政治经济学称之为"哲学家们的思想体系",在他看来,斯密的那种还有点人味的哲学(道德情操和经济人)被他的信徒们变成了"抽象"的物性理论。④ 西斯蒙第列出的审判名单与我们前面看到的基本是一致的,其中有李嘉图、萨伊、麦克库洛赫和西尼尔等。同样毋庸置疑的是,他确实无法区分古典经济学与庸俗经济学。西斯蒙第特别批评斯密的"坏学

---

① [瑞士]西斯蒙第:《政治经济学新原理》,何钦译,商务印书馆1964年版,第43页。
② [瑞士]西斯蒙第:《政治经济学新原理》,何钦译,商务印书馆1964年版,第47页。
③ 参见[瑞士]西斯蒙第《政治经济学新原理》,何钦译,商务印书馆1964年版,第13页。
④ 参见[瑞士]西斯蒙第《政治经济学研究》第1卷,胡尧步译,商务印书馆1989年版,第46页。

生"李嘉图,"他根本不考虑人的问题,他只说这门科学的目的就是无限制地增加财富"①。西斯蒙第有些伤感地说,李嘉图恰恰"把人遗忘了,而财富正是属于人而且为人所享受的"②。在西斯蒙第看来,人的消费应该是经济生活的目的,生产不过是满足消费的物质手段,分配则是生产与消费之间的中介。他主张**消费决定生产**。这个观点,在一个多世纪以后,倒是由鲍德里亚③以另一种形式极端地表达出来。显然,相对于李嘉图的为了生产而生产的客观主义出发点,西斯蒙第的出发点则是人类主体的消费。西斯蒙第认为,正是由于离开了人这个主体,斯密的理论在李嘉图的手里就陷入了**抽象**。客观地说,这个判断倒是恰如其分的。

可是,"抽象"在西斯蒙第那里却是一个贬义词,即对人类主体漠不关心的、物性的甚至是反人的和非人的。记住这一点很重要,因为我们在后面研读青年马克思的《巴黎笔记》时立刻会遭遇这一重要的语境。李嘉图等人的政治经济学理论被西斯蒙第指认为非人的"财富学派"。这种理论只是"抽象地追求财富的增长",当他们面对社会时,只是把社会看成是财富的堆砌体,把"目光盯着事物的抽象性质",而无视组成这个社会的人类主体。以"财富学派"的尺度,"财富就是一切,而人是微不足道的"。④ 一语概之,"只见物不见人"⑤! 这让我想起来,毛泽东在60年代批注苏联的《政治经济学教科书》时使用过同样的词句。这可能不是偶然的雷同。为了物,个人渺小得犹如蝼蚁,可以被任意地牺牲和随意地践踏,而"牺牲个人是为了伟大的抽象"。因为在西斯蒙第那里,关心人的政治经济学学说应该是具体的(可读做主体性的),而强调人类社会生活的客观物质条件理论则是"抽象"的。他怎么也意识不到,自己的

---

① [瑞士]西斯蒙第:《政治经济学新原理》,何钦译,商务印书馆1964年版,第479页。
② [瑞士]西斯蒙第:《政治经济学新原理》,何钦译,商务印书馆1964年版,第47页。
③ 鲍德里亚(Jean Baudrillard,1929—2006),法国当代著名思想家。代表性论著有:《物体系》(1968)、《消费社会》(1970)、《符号政治经济学批判》(1972)、《生产之镜》(1973)、《象征交换与死亡》(1976)、《仿真与仿像》(1978)、《论诱惑》(1979)等。
④ 参见[瑞士]西斯蒙第《政治经济学新原理》,何钦译,商务印书馆1964年版,第457页。
⑤ [瑞士]西斯蒙第:《政治经济学研究》第1卷,胡尧步译,商务印书馆1989年版,第5页。

看法正是**用主体性的哲学抽象反对客观的科学抽象**。针对李嘉图所肯定的人与物、生产与消费的被颠倒的逻辑,他愤愤地问道:"为了物而忘记人的英国不是为了手段而牺牲目的吗?"① 西斯蒙第认为,在这种基础上建立起来的大厦也就像空中楼阁,如果说它是科学,那它只是一种"骗人的科学"。② 这是一种"舍本求末"的抽象科学。因为在他看来,人才是科学之"本",物只能是为人服务的"末"(工具和手段)。

其次,一旦深入到经济学学理的具体内容,我们也可以看到西斯蒙第与古典经济学的根本对立。与"财富学派"不同,西斯蒙第也试图从事实出发,但他所关注的"事实",是"与人相关联而不是与财富相关联"③。回到当时的社会历史现实,西斯蒙第承认,"人类在工业上获得了巨大的进步,将这些进步用于科学,并以主人翁姿态支配自然能力",实际上人类已经全面征服了自然,改变了地球的面貌,其中生产和积累财富的能力的发展是"过去几个世纪所望尘莫及的"。④ 这句话,马克思恩格斯在后来的《共产党宣言》中使用过。这样看来,似乎财富学派获胜了。其实,西斯蒙第十分清楚:"工业世界的种种结果,并非是经济学家的创造,他们只限于观察和解释这些结果"⑤。应该说,西斯蒙第一针见血地抓住了资产阶级古典经济学在方法论上的非批判性和一味肯定的单向度性。也就是说,同样在这种巨大的进步面前,如果我们"将目光转到人而不是物时",就可能产生新的疑窦:财富增加了,生产发展了,可是所有的人真的都幸福了吗?西斯蒙第的答案显然是否定的。

第一,从劳动价值论出发,西斯蒙第导引出经济学中的**主体性**否定结构。根据依西斯蒙第的看法,斯密的劳动价值论是值得肯定的:"劳动是财富的唯一源泉,节约是积累财富的唯一手段。"⑥请注意,西斯蒙第是

---

① [瑞士]西斯蒙第:《政治经济学新原理》,何钦译,商务印书馆1964年版,第9页。
② 参见[瑞士]西斯蒙第《政治经济学研究》第2卷,胡尧步译,商务印书馆1989年版,第3页。
③ [瑞士]西斯蒙第:《政治经济学研究》第1卷,胡尧步译,商务印书馆1989年版,第37页。
④ 参见[瑞士]西斯蒙第《政治经济学研究》第1卷,胡尧步译,商务印书馆1989年版,第16页。
⑤ [瑞士]西斯蒙第:《政治经济学研究》第2卷,胡尧步译,商务印书馆1989年版,第125页。
⑥ [瑞士]西斯蒙第:《政治经济学新原理》,何钦译,商务印书馆1964年版,第45页。

从人类主体的角度来指认和理解斯密的劳动价值论的。他强调财富的**主体性**,认为劳动是人的一切物质享受之父:唯有**劳动创造财富**。"劳动是我们所说的财富的唯一来源;因为劳动产生、加工或至少是收集自然物品。"①他明确界定道:"交换根本改变不了财富的性质"②。西斯蒙第对这一点有非常清醒的认知。但他要我们注意,劳动是**人**的劳动,财富是**人**的劳动的结果,财富是为**人**的需要而生产出来的,所以财富必须造福于人,人人都应该"享受劳动的成果",这是一个十分完整的环环相扣的逻辑推论。他认为,社会经济生活的"一切都起源于人,一切都与人有关,和聚集在一起而有共同联系的人有关",于是顺理成章地,生产是为了人类更好的生活之条件,财富只是"获得社会幸福的手段",所以,绝不应该颠倒为人为了财富而活着。"政治经济学的研究对象是人人分享物质财富"③。我们必须关心"人类的进步而不是物的进步",政治经济学要"谋求人类的幸福而不是用来获取财富"。④ 很显然,他实际上已经在直接操作一种哲学话语。我们真的可以说,西斯蒙第的政治经济学是一种哲学经济学。**一种人本主义的经济哲学!** 这是他理解劳动价值论的前提。正是在这一点上,西斯蒙第也明确反对资产阶级政治经济学的拜物教,但是持这种否定尺度的西斯蒙第与黑格尔截然不同,也不同于后来从客观逻辑出发,将李嘉图颠倒过来以反对资产阶级社会的社会主义经济学家。参见本书第五章的论述。

由于拥有了这样一种哲学人本主义内在逻辑标尺,西斯蒙第也就自然能够在社会历史现实中发现某种原本**不应该**发生的事情。在资产阶级社会中,劳动创造财富的现实结果却是**反人的**。西斯蒙第指出,自从人类社会有了为了市场交换的商业,有了职业性分工,每个人就不是为自己劳动,而是为社会劳动,这样,人们也等待着从社会(市场交换)得到

---

① [瑞士]西斯蒙第:《政治经济学研究》第1卷,胡尧步译,商务印书馆1989年版,第105页。
② [瑞士]西斯蒙第:《政治经济学新原理》,何钦译,商务印书馆1964年版,第54页。
③ [瑞士]西斯蒙第:《政治经济学研究》第1卷,胡尧步译,商务印书馆1989年版,第6页。
④ 参见[瑞士]西斯蒙第《政治经济学研究》第2卷,胡尧步译,商务印书馆1989年版,第3页。

劳动的补偿,于是,这种期冀的结果往往是对交换价值的估价代替了对物品的估价。虽然劳动创造财富,交换没能创造财富,但是在分工和交换中的劳动一开始就已经是社会劳动。"人一旦成为社会的成员,即抽象的存在",人与劳动也就被一分为二,即单个人与社会人、个人劳动与社会劳动。① "单个人劳动,是为了自己的休息,而社会人劳动,则是为了使别人休息"②。更糟糕的是,在交换中还自发形成了社会估价的价值。"价值是以某种社会观念取代了个人的观念;此外,它还以抽象的观念代替了具体的观念!"③于是,价值需要取代了人的真实需要,抽象物取代了人的真实劳动。这种人与劳动本身的分裂是劳动结果被掠夺的前提。正是在这种分裂中,资本家才将土地、资本和劳动并列为三种生产物,并以利润和地租的名义掠夺了劳动者,这必然造成劳动创造价值,可劳动者却在交换中不能占有财富的现象。可见,资产阶级社会是非人道的。

第二,从人出发,西斯蒙第也就必然反对资产阶级社会在无止境追逐利润中所形成的工业主义。正是面对资产阶级社会的现实,西斯蒙第才提出与"财富学派"那种实证的思路完全相反的逻辑,即一种人本主义的主体批判尺度。当然,如上所述,这种尺度的基础不过是他心目中的理想形象——小生产者的主体视域。沿着这条思路继续走下去,他必将提出"绝不让技艺的进步来反对人",也自然会反对大工业消灭手工业。④这是因为他认为,大工业才是产生新的贫困的原因。从这个角度出发,西斯蒙第怒斥李嘉图充分肯定资产阶级社会大工业发展的自由主义经济学是"工业主义"。这种工业主义完全无视这些恶果,机器抢走了工人的饭碗,全面的竞争减少了各种劳动的合法利益,一泻千里的生产不仅没有给穷人带来富足生活,反而扼杀了穷人。"工业主义迈步向前,生产也继续增长,而生产者的困境也日益加剧"。西斯蒙第发问道,工业主义

---

① 参见[瑞士]西斯蒙第《政治经济学新原理》,何钦译,商务印书馆1964年版,第54页。
② [瑞士]西斯蒙第:《政治经济学新原理》,何钦译,商务印书馆1964年版,第61页。
③ [瑞士]西斯蒙第:《政治经济学研究》第2卷,胡尧步译,商务印书馆1989年版,第219页。
④ 参见[瑞士]西斯蒙第《政治经济学研究》第1卷,胡尧步译,商务印书馆1989年版,第29页。

在"不遗余力地增加物质财富时,只是见物不见人,结果不是制造了一批穷人吗?"①在工业主义试图证明人征服大自然的胜利的时候,也许"它更证明了人征服人的胜利"②。这一批判逻辑,后来在法兰克福学派的工具理性批判中得到深化。参见霍克海默、阿多诺的《启蒙辩证法》③这本书的相关论述。在这个为了生产而生产的社会中,"凡是物取得进步的地方,人就得受苦"④。正是工业的进步,"大大加强了人类不平等现象的趋势。一个国家在技术和工业方面愈先进,劳动者和享受者的命运之间的不协调现象也就愈严重"⑤。当然,西斯蒙第也指出,这并不是机器本身的使用,而正是"当前的奴役工人的社会组织造成的"⑥。

第三,西斯蒙第由此也必然反对斯密等人的自由放任,进而直接否定市民社会本身。当然,西斯蒙第并非主张一种简单的倒退的历史观,他实际上也能客观地看到历史本身一定的进步。他曾经将奴隶制度、封建制度和资产阶级社会的"自由制度"放置于人类社会历史的发展进程中,因为它们"每一种都先后被看作是成功的发明创造,是文明的进步"。⑦ 奴隶制本身,尽管现在看是那么丑恶,然而毕竟比史前社会的野蛮状态要进步;封建社会相对于奴隶制度,也有过其"光辉和兴旺的时代",因为封建统治者毕竟用"保护和买卖关系来代替皮鞭",但是,后来封建主"重新把枷锁压在穷人身上,于是,封建制度就变得无法忍受了";这样,才有了今天"打碎长期以来戴在身上的枷锁"的自由制度。⑧ 然而从另一个角度看,在形成资产阶级社会之前,

> 人可以看不清他在劳动中应追求什么目的;但每一个人知道自

---

① [瑞士]西斯蒙第:《政治经济学研究》第1卷,胡尧步译,商务印书馆1989年版,第36页。
② [瑞士]西斯蒙第:《政治经济学研究》第2卷,胡尧步译,商务印书馆1989年版,第43页。
③ [德]霍克海默、阿多诺:《启蒙辩证法》,渠敬东、曹卫东译,上海人民出版社2006年版。
④ [瑞士]西斯蒙第:《政治经济学研究》第2卷,胡尧步译,商务印书馆1989年版,第131页。
⑤ [瑞士]西斯蒙第:《政治经济学新原理》,何钦译,商务印书馆1964年版,第61页。
⑥ [瑞士]西斯蒙第:《政治经济学新原理》,何钦译,商务印书馆1964年版,第450页注1。
⑦ 参见[瑞士]西斯蒙第《政治经济学研究》第1卷,胡尧步译,商务印书馆1989年版,第64页。
⑧ 参见[瑞士]西斯蒙第《政治经济学研究》第1卷,胡尧步译,商务印书馆1989年版,第65页。

己需要什么……但是,后来人们结成社会,开展贸易,于是大家的思想,不再向往追求共同的利益,从此之后,只考虑局部的利益了。①

西斯蒙第认为,每个人在生产中仅仅追逐自己的利益,这就必然在经济生活总体上造成资产阶级社会这种自由社会的**无政府状态**和**盲目发展**。这也是财富学派鼓吹的那种自由放任和自由竞争的现实前提。他们总是这样假设,社会能够在个人自己的利己活动中形成客观的调节,即"自发地修补它所受到的损害"。在西斯蒙第看来,这是不现实的。因为人们在市场中面临的实际情况是:其一,"生产无节制的增长,这种增长并不是由市场的需求决定的";其二,"当工业超过消费的需要时,便出现困难和痛苦,市场便发生壅塞;以及生产财富生产得过多时,所有参加劳动的人便备尝困苦"。② 更重要的是,由此必然引发**生产过剩的经济危机**。西斯蒙第还注意到,在当前资产阶级社会经济发展的进程中,这种破坏生产力的危机爆发的周期正在大大缩短,从过去几年一次,发展到几个月或几个星期一次。③ 也正由于此,西斯蒙第才提出要重视**国家的调节和指导**,并且主张一种有限生产论。在他看来,"如果由于技巧和工具的不断完善,生产能力还是不断提高,那么很快就会到达这样一个阶段,数量应该停止增长,而把力量用在改善质量上",然而质量的改善也会有一定的限度,"因此,生产是有限度的,不能逾越"。④ 请注意,西斯蒙第这里的观点与黑格尔类似的思想是根本异质的,前者是从小生产的利益要求限制生产发展来延缓矛盾,后者则是从进一步的客观历史发展中自觉地解决矛盾。这也是一个重要的逻辑思路上的对比。在这种复杂的语境之中,我们就容易看清马克思后来关于社会主义的计划经济论的逻辑线索。

需要指出的是,青年马克思在 1844 年前后读过西斯蒙第的著作,

---

① [瑞士]西斯蒙第:《政治经济学研究》第 1 卷,胡尧步译,商务印书馆 1989 年版,第 53 页。
② 参见[瑞士]西斯蒙第《政治经济学研究》第 1 卷,胡尧步译,商务印书馆 1989 年版,第 79 页。
③ 参见[瑞士]西斯蒙第《政治经济学研究》第 2 卷,胡尧步译,商务印书馆 1989 年版,第 130 页。
④ 参见[瑞士]西斯蒙第《政治经济学研究》第 1 卷,胡尧步译,商务印书馆 1989 年版,第 95—96 页。

这可能是受到蒲鲁东影响的结果,而西斯蒙第则是蒲鲁东思想的重要基础之一。

2. 蒲鲁东的社会主义政治经济抨击

比埃尔·约瑟夫·蒲鲁东①是19世纪法国小资产阶级社会主义者和经济学家,也是本书涉及到的第一位与青年马克思直接交往的思想家。马克思与蒲鲁东的交往,主要发生于1844—1845年在巴黎期间,这也正是青年马克思第一次研究经济学的时期。据史料记载,蒲鲁东于1844年2—4月,9月到1845年2月在巴黎活动。其间,他主要与卢格、巴枯宁、格律恩和青年马克思交往。当他们相聚在一起的时候,时常倾听贝多芬的交响乐,讨论黑格尔哲学(并不是讨论经济学)。在蒲鲁东与青年马克思之间,经常发生彻夜不眠的激烈争论。

众所周知,蒲鲁东的成名,是因为他于1840年写下的《什么是所有权》(*Qu'est-ce que la propriété? ou recherches sur le principe du droit et du gouvernement*. Premier mémoire. Paris, 1840)。该书全名为《什么是所有权?或对权利和政治的原理的研究》,也有译为《什么是财产》。依据梅林②的看法,在当时,"法国无产阶级认为自己的最卓越的代表就是蒲鲁东,他的《什么是财产》一书,在一定的意义上是西欧社会主义的最前哨"③。青年马克思刚开始对这一论著是给予充分肯定的。这种态度一

---

① 蒲鲁东(P. J. Proudhon,1809—1865),出身于法国勃桑松一个农民兼手工业者家庭。由于家境贫寒,自幼辍学,12岁就出外劳作谋生,他先后当过旅店的伙计和排字工人,后来曾与人合资开过一个小型印刷所。1837年,蒲鲁东以《普通语法试论》一书获勃桑松大学一笔为期三年、每年500法郎的助学金。由此,他得以迁居巴黎从事理论著述活动。主要论著有:《什么是所有权》(1840)、《论人类社会秩序的建立》(1843)、《贫困的哲学》(1846)、《社会问题的解决》(1848)、《19世纪革命的总观念》(1851)、《论革命中和教会中的公平》(1860)等。
② 弗兰茨·梅林(Franz Mehring,1846—1919),德国和国际工人运动的著名活动家,德国社会民主党左派领袖和理论家,历史学家和文艺评论家,德国共产党创始人之一。主要论著有:《莱辛传奇》(1893)、《德国社会民主党史》(1897—1898)、《卡尔·马克思传》(1918)等。
③ [德]梅林:《马克思和恩格斯是科学共产主义的创始人》,何清新译,三联书店1962年版,第91页。

直有保留地持续到《神圣家族》。对于蒲鲁东与马克思之间的关系,过去我们国内学者主要关注的是马克思对蒲鲁东的批判,而忽视了后者对前者的先期影响;他们即便意识到这一点,也更偏重于蒲鲁东著作中的社会主义观点对青年马克思的影响。在这个层面上,国外学者的研究的确领先一步。科尔纽认为,在1845年以前,马克思充分肯定蒲鲁东对资产阶级财产的批判,也因此多次称他为最优秀的法国社会主义者。同时,蒲鲁东的《什么是所有权》一书中关于"经济是历史的基础"的观点,1843年出版的《论人类社会秩序的建立》一书中关于"社会发展决定于经济规律,因而任意干涉这一发展过程的企图都是注定要失败"的观点,都对马克思产生了深远的影响。除此之外,还有蒲鲁东的无神论思想,也给马克思带来许多思想冲击。① 这些重要的观念显然已经积淀为一种哲学历史理论中的**先在性因素**。我以为,这是非常重要的。实际上,在1845年以前,蒲鲁东的思想直接影响了青年马克思,这似乎是一种共识,比如马克思的曾外孙这样指认:"蒲鲁东吸引马克思的地方,是他不是空想主义者。蒲鲁东力图证明,建立在私有制(资产阶级社会的基础)之上的社会制度是工人贫困的原因。此外他还认为,宗教是科学进步道路上的重要障碍。马克思和蒲鲁东在这两点上是一致的。"②当然,对蒲鲁东1845年前影响青年马克思的看法,我投赞成票。可是,1845年以前究竟是蒲鲁东的什么思想影响了马克思,又在多大程度上影响了马克思,这些都还需要进一步讨论。

在《什么是所有权》一书中,蒲鲁东明确提出人的**社会性**。从思想背景上看,这是法国社会主义一直十分强调的原则。蒲鲁东说:"人是一种过着社会生活的动物。社会意味着各种关系的总和,总之就是体系。可是一切体系只能在某些条件之下才能存在"③。这一思想直接影响到马

---

① 参见[法]科尔纽:《马克思恩格斯传》第2卷,王以铸、刘丕坤、杨静远译,三联书店1965年版,第79—80页。
② [法]龙格:《我的外曾祖父卡尔·马克思》,李渚青译,新华出版社1982年版,第72页。
③ [法]蒲鲁东:《什么是所有权》,孙署冰译,商务印书馆1963年版,第240页。

克思。一直到《马克思致安年柯夫》中,马克思还有过相近的观点。而且,人与动物本能之间的差别,在于"人类是以**复杂的方式**结合起来的"①。这种方式也就是涵盖初级、第二级和第三级的多层面社会性:社会关系、正义和公道。同时,蒲鲁东也强调,对社会历史发展的考察,应该"更多地注意社会的经济关系"。因为,社会的经济关系如同人体构造的组织、器官,是历史的机能,而研究社会历史则如同研究人体构造。在这个意义上,蒲鲁东直接提出:"一个国家有怎样的所有权,它就有怎样的家庭、婚姻、宗教、民政和军事组织以及立法和司法制度"②。这似乎已经在明确肯定一种社会唯物主义原则。蒲鲁东1844年10月24日致贝尔克曼的信中这样写道:

> 联合、道德、经济关系——这一切必须从它们的具体表现加以研究,如果人们想避免作出任意的结论的话。必须放弃出发点的随意性(这种主观性是迄今哲学家和立法者所固有的),必须到正义与善这些模糊概念的范围之外去寻求那些可以帮助我们确定这些概念的规律,这些规律对我们来说在客观上应当是对经济因素所产生的社会关系进行研究的结果。③

科尔纽认为,蒲鲁东的这种思想是受到马克思影响的结果。我国的赵仲英先生不同意这个判断,理由是青年马克思当时还没有提炼出如此清晰的论点。我赞成赵先生的观点。

在这里,我想做几点界定:一是蒲鲁东的这些**近似社会唯物主义的观点(不是历史唯物主义)**并不是他自己的理论独创,而是他接受政治经济学影响的一种必然结果。但他的这些论点,无论是研究方法还是基本逻辑,都远在古典经济学所达到的水平之下;二是这些论点在蒲鲁东的早期论著中并不是一种总体性的理论逻辑原则,此时他的理论话语主要

---

① [法]蒲鲁东:《什么是所有权》,孙署冰译,商务印书馆1963年版,第263页。
② [法]蒲鲁东:《什么是所有权》,孙署冰译,商务印书馆1963年版,第381页。
③ 《蒲鲁东通信集》第2卷,巴黎,第166页。

是政治法权逻辑;三是这些社会唯物主义的观点也不是外在地影响青年马克思的主要方面,马克思此时关心的恰恰是蒲鲁东对资产阶级社会的政治法权批判。显然,马克思还没有自觉地去关心**以什么样的方法**进行这种批判。接下去我们就来看一下,蒲鲁东真正打动青年马克思的东西究竟是什么。

在《什么是所有权》这本书中,蒲鲁东写下了一句不同凡响的著名口号:"所有权就是盗窃"(la propriété, c'est le vol)。面对私有制的卫道士们的口号,蒲鲁东与之针锋相对并逐一进行强有力的反驳:针对"所有权的制定是人类最重要的一种制度",蒲鲁东反讽道,"是的,像君主政体是人类最光彩的制度一样";针对所有权是"正义的应用",蒲鲁东着重强调,离开了财富平等的正义只能是一种使用假砝码的天秤;针对所有权"完全是合乎道德的",蒲鲁东深刻揭示,"挨饿的肚子是不知道什么叫道德的";针对"所有权是永恒的原则",蒲鲁东明确提出,"一切以所有权为基础的制度和法律都将消亡"。总之,蒲鲁东认为,所有权的确是一切现存事物的基石,但又是一切**应该存在的**事物的绊脚石。① 这是一种来自法权逻辑的批判和否定。这种带有华美的文学色彩的对比句,正是与马克思此时的认知结构相匹配的。

那么,蒲鲁东究竟如何推断出这些结论的呢？在这本书的开篇对冲击了封建专制的资产阶级革命做了原则的肯定之后,蒲鲁东先从资产阶级的自然法权观入手进行批判。这是蒲鲁东的理论出发点和分析问题的入口。他分析道,资产阶级启蒙思想家提出的所有人与生俱来的在法律面前都平等的原则,实际上只是一种抽象的法权设定,因为它恰恰是以"财产和等级上的不平等为前提"。② 这是一个深刻的具有透视性的判断。针对资产阶级《人权宣言》中的四种权利,即自由权、平等权、所有权和安全权,蒲鲁东直接抓住并扣紧了所有权这个核心。蒲鲁东认为,如

---

① 参见[法]蒲鲁东《什么是所有权》,孙署冰译,商务印书馆1963年版,第106—107页。
② 参见[法]蒲鲁东《什么是所有权》,孙署冰译,商务印书馆1963年版,第59页。

果每个人的财富都是社会的财富,每个人又都是平等的,那么每个人都应该可以随意支配任何社会的财富。这样,所有权本身必然是自相矛盾的。财富为个人所有的权利必然是反社会的,是一种在社会之外的东西。①"法国的革命可以界说为**物权代替了身份权**;这就是说,在封建主义时代,财产的价值是由所有人的身份来决定的,在革命之后,对于人的尊重是按照他的财产比例而定的"②。

蒲鲁东说,在人类社会历史发展过去的一个时期里,"人们曾经生活在一种共产主义的社会中:这种共产主义究竟是积极的还是消极的,关系不大。那时没有所有权,甚至也没有私人占有"③。在那里,劳动者是他的劳动成果的所有者,不劳动者就不能生活。可是,也正是劳动的发展和积累才产生了后来的私人占有,即所有物权。"**所有权是劳动的产物!**"所有权,正是造成人与人在财富上不平等的开端。在进一步的分析中,我们可以看出,蒲鲁东实际上不准确地接受了古典经济学的劳动价值论。在这本书中,蒲鲁东已经正确地发现重农主义与斯密之后的古典经济学的某些差别,即"按照魁奈和早期经济学家的说法,一切生产物都从土地得来的;反之,亚当·斯密、李嘉图、德·特拉西说劳动是生产的唯一动因"④。但当萨伊等人说,土地、资本和劳动都分别具有生产力时,蒲鲁东则认为他们错了。因为,这三者只有结合起来的时候,才可能步入生产环节,独立存在的土地、资本和劳动,都是"没有生产力的"⑤。这也是对的。特别是针对萨伊的效用价值论,他一针见血地指出:

> 价值既然以效用为基础,而效用则完全从属于我们的需要、我们一时的好恶和时尚等等,所以价值像人的意见一样是可以变动的。可是政治经济学既然是价值以及它们的生产、分配、交换和消

---

① 参见[法]蒲鲁东《什么是所有权》,孙署冰译,商务印书馆1963年版,第77页。
② [法]蒲鲁东:《什么是所有权》,孙署冰译,商务印书馆1963年版,第377—378页。
③ [法]蒲鲁东:《什么是所有权》,孙署冰译,商务印书馆1963年版,第96页。
④⑤ [法]蒲鲁东:《什么是所有权》,孙署冰译,商务印书馆1963年版,第186页。

费的科学,如果交换价值不能绝对地加以确定的话,那么政治经济学怎么可能存在呢?它怎么会成为一种科学呢?①

蒲鲁东认为,虽然同样一种产品在不同时期和不同地点所需要的时间和费用或多或少有所不同,这似乎是一个变数,可是透过产品货币表现上的变动,每一种有用的产品都"应当不多不少地按照它所花费的时间和费用支付代价"②。这也就是说,"一件产品的交换价值的计算标准既不是买主的意见,也不是卖主的意见,而是生产这件物品所花费的时间和费用的总额"③。尽管蒲鲁东的表述不准确,不过可以看出其基本思路还是指向劳动价值论的。后面我们将看到,1844年的青年马克思在一开始并没有接受蒲鲁东基于**肯定劳动价值论**的这种见解。

针对资产阶级经济学所定位的商品交换,蒲鲁东也提出了自己的批判。根据政治经济学的说法,商品交换应该是在自由人之间的自愿的平等交换。可是,那个为了得到一小块面包而烤出一大堆面包、为了可以住在马房里而去建筑一座宫殿、为了能穿上破衣烂衫而去织造最名贵的布匹、为了自己省掉一切而生产一切的文明世界中的工人,是不自由的!④ 可见,交换中的人并没有真正自由的,再说,本来平等的交换"**应该用产品来抵偿劳动**,这是一条经济学上的定律;但由于所有权的存在,生产费用就超过它的价值"⑤。同时,如果一切交换的条件是产品的等值性,所以利润是不可能的,并且是不合乎正义的。可现实的一切又是如何发生的呢?蒲鲁东指出,工人们的劳动已经创造了一种价值,因而这种价值是他们的财产。但他们既没有出卖这种价值,又没有加以交换;并且您,资本家,您也没有花什么力气来挣得这种价值。但是,工人所创造的财产怎么会落入到资本家的口袋的呢?蒲鲁

---

① [法]蒲鲁东:《什么是所有权》,孙署冰译,商务印书馆1963年版,第157—158页。
② [法]蒲鲁东:《什么是所有权》,孙署冰译,商务印书馆1963年版,第160页。
③ [法]蒲鲁东:《什么是所有权》,孙署冰译,商务印书馆1963年版,第168页。
④ 参见[法]蒲鲁东《什么是所有权》,孙署冰译,商务印书馆1963年版,第155页。
⑤ [法]蒲鲁东:《什么是所有权》,孙署冰译,商务印书馆1963年版,第238页。

东写道:"工资是劳动者维持每天生活和补充精力所必需的费用;而您把它当作是一项出让所生产出来的价值的代价,那就错了。"①蒲鲁东实际上指出了,资本家付给工人的工资并不等于工人劳动所创造出来的价值,除了工人劳动日的价值没有得到全部偿付之外,起码"对于劳动者因团结协作和群策群力而产生的庞大力量,资本家并没有给予任何报酬"②。所以,这种在法权上看似乎平等的交换实际上是"盗窃和欺诈"!我以为,蒲鲁东的这一批判性分析在当时所有的针对资产阶级社会的批判中是有分量的。这些重要思想可能也是这本书中受到马克思赞扬的主要内容。

可是,蒲鲁东并不是一位共产主义者和真正自觉的社会主义者。他固然也声称,"旧的文明已经走到它的尽头;在新的阳光下,地球的面貌马上就会革新",人类会迎来一个伟大的自由与平等之神的时代,但蒲鲁东在批判私有制社会的同时,也否定了共产主义社会。在他看来,所有制社会强者剥削弱者,而共产主义社会则是弱者剥削强者。③ 由此,他多次表示反对傅立叶④、圣西门⑤主义。他试图构建一种私有制社会与共产主义社会的综合体:自由社会,即所谓平等的、无政府的、多样性人类社会。这一点,当然无法得到马克思的首肯,这恐怕也是他们两人1844年在巴黎整夜争论的重要问题之一。

3. 赫斯:哲学层面上被凸现出来的资产阶级社会经济异化

我们探索的步伐离青年马克思1844年早期的经济学研究视域越来越近了。关于这种背景中颇为复杂的哲学理论解析,在笔者先前的一些

---

① [法]蒲鲁东:《什么是所有权》,孙署冰译,商务印书馆1963年版,第136—137页。
② [法]蒲鲁东:《什么是所有权》,孙署冰译,商务印书馆1963年版,第139页。
③ 参见[法]蒲鲁东《什么是所有权》,孙署冰译,商务印书馆1963年版,第272页。
④ 查尔斯·傅立叶(Frangois Marie Charles Fourier,1772—1837),法国著名哲学家、经济学家、空想社会主义者。
⑤ 圣西门(Claude-Henri de Rouvroy,Comte de Saint-Simon,1760—1825),法国哲学家和社会改革家,空想社会主义者。

研究中已经花费大量的笔墨。① 然而,这都不是本书这里主要研讨的对象。在此,我首先想强调的一个新的方面是,在1843到1845年3月间青年马克思的哲学逻辑之所以无法自足自立的原因,恰恰是此间直接影响马克思较近的微观理论支持背景,这也是很重要的然而长久以来始终被我们忽略的问题。在此,我要着重指出的是青年黑格尔派的其他思想家对青年马克思的作用,特别是已经先期进入经济学研究的赫斯与青年恩格斯的共产主义思想对这一时期马克思所产生的关键性影响。

我们有必要认真交待,青年马克思作为黑格尔哲学解体中产生的青年黑格尔派的一员,他的哲学思想除了蕴藏了人们已经熟知的作为宏观背景的唯心主义的黑格尔以及后来超拔出来的唯物主义的费尔巴哈以外,其直接理论母体是由当时众多青年黑格尔派哲学家的复杂的交互思想活动构成的。我之所以指出这一点,是为了避免传统哲学解释框架仅仅看到"黑格尔加费尔巴哈"=辩证法+唯物主义的模式。我认为这是一个复杂的思想互动过程,因之于青年黑格尔派思想的开端是以断取黑格尔自我意识为逻辑中轴的显性唯心论,后来在费尔巴哈的影响下,其中相当一部分人都已经转到了一般唯物主义立场。有的人甚至在唯心主义与唯物主义之间游移不定,反复摆动。但无论如何,他们的思想活动都或多或少、直接间接地影响到青年马克思。我们可先简单枚举其中一些影响青年马克思的分量较轻的学者的某些观点作为例证。

其一是切什考夫斯基行动哲学中的"实践"观点。奥古斯丁·冯·切什考夫斯基②在自己的《历史哲学引论》③中较早的时候就由于不满意于黑格尔面向过去的观念辩证法,转而强调一种主体意志的行动——实践!这自然也是从黑格尔哲学中剥离出来的一个规定。他认为,行动的

---

① 参见拙著《马克思历史辩证法的主体向度》,南京大学出版社2002年第2版,第一章。——本书作者第二版注。
② 奥古斯丁·冯·切什考夫斯基(August v. Cieszkowski,1814—1894),德国哲学家。主要代表著作:《历史哲学引论》(1838)。
③ August von Cieszkowski, *Prolegomena zur Historiosophie*, Berlin, 1838.

哲学不再使人成为绝对精神不自觉的工具,而是让人能够自主地决定自身的命运,他直接提出要用"应该"来对抗现实的存在(必然性的"是")。以他之见,这是一种"实践活动的哲学,'实践'的哲学,对生活和社会关系施加直接影响的并且在具体活动范围内发展未来的哲学"①。当然,这里的实践规定的内涵是十分含混的,它甚至被唯心主义地理解为一种意志的批判。虽然很难说这种思想曾对马克思产生过什么直接影响,但它却是后来直接影响了马克思的赫斯行动哲学的先驱。这里的要害是,**非唯物主义的实践哲学不是马克思主义的专利**,甚至不是青年马克思的!这里的实践哲学,实际上才是后来葛兰西和那些自称可以删除唯物主义后缀的实践一元论和实践人道主义的"亲生祖父"。

其二是 B.鲍威尔②的人学自我异化思想。鲍威尔把黑格尔绝对观念的自我异化移植到了自我意识中,并进一步将此运用到宗教批判上。诚然,他的观点仍是唯心主义的,但实际上却得出了比费尔巴哈在理论逻辑上要深刻得多的思想。在 1842 年鲍威尔所著的《自由的功绩和我自己的事业》一书中,他指出宗教并非像费尔巴哈所说的仅仅是人的本质的一个投影,只要将人自己创造的对象(上帝)收回自身就完事了。人的自我意识之自我异化比这种简单的转换要复杂得多,异化的发生源于人的本质——自我意识自身的败坏,因而它外化为抽象实体的上帝自然也是败坏的,将一个歪曲了的上帝收回人自身,是不可能根本消除异化

---

① [德]切什考夫斯基:《历史哲学引论》,柏林,1838 年,第 129 页。
② 布鲁诺·鲍威尔(Bruno Bauer,1809—1882),德国哲学家、神学家。1834 年起在柏林大学任神学讲师。1839 年,因发表反对正统派的小册子被调到波恩大学任讲师。1840—1842 年间,他相继发表《约翰福音史批判》和《对观福音和约翰福音史批判》等书,以同施特劳斯争论的形式,更加尖锐地批判了宗教神学。在青年黑格尔派的运动中起过一定的积极作用,并成为这一派的首领。1841 年 8 月,鲍威尔因批判宗教触犯当局而被开除出波恩大学。1843 年以后,他越来越脱离实际生活,沉湎于纯粹的理论批判。1843 年 12 月至 1844 年 10 月,他在《文学总汇报》上发表文章,公开背弃了原来所持的资产阶级激进主义立场,大肆宣扬主观唯心主义和英雄史观,马克思和恩格斯在《神圣家族》中对其进行了尖锐的批判。主要代表著作有:《福音的批判及福音起源史》(1840)、《斐洛、施特劳斯、勒男与原始基督教》(1842)等。——本书作者第二版注。

的,除非人的本质自身发生真正的变革。这是施蒂纳①"类"哲学批判和后来尼采②"上帝死了"口号的先声。鲍威尔对费尔巴哈的批评是十分重要的。这是对那种将马克思从唯心主义的思想简单"颠倒"为一般唯物主义的思想的思路的一个界外理论透视。对费尔巴哈的反思和改造,并不是由青年马克思独立完成的,异质于费尔巴哈,批判了费尔巴哈,并不就会出现马克思主义哲学。这一点我们在后面有关施蒂纳的讨论中还会更清楚地体会到。

其三是卢格③从黑格尔那里摘引来的人本主义化了的劳动批判观点。卢格先于马克思接受了费尔巴哈的思想,但是他进一步明确提出,"劳动创造了人的世界,黑格尔说在这里第一次产生出了人,他是对的。人的真正本质就在于人是人自己的产物"④。"人的活动和实现取决于他的劳动;不是为了人本身的目的来剥削人,结果就产生了奴隶制"⑤。卢格的这种劳动异化与奴隶制相关的思想形成于马克思之前,在1842年以后的一段日子里,卢格的思想影响了马克思。我们还应指出,卢格与马克思的这种密切关系一直持续到1843年下半年。如果认为有了劳动异化理论和消除了私有制的共产主义,马克思主义哲学就诞生了,那么

---

① 施蒂纳(Max Stirner,1806—1856),德国19世纪哲学家。1806年10月出生在德国巴伐利亚。1826—1829年,在柏林和埃尔兰根等地学习哲学和神学。1835年毕业于柏林大学哲学系。毕业论文《论教育法》没有通过。1839年起在柏林一所女子中学教书。1842年曾为青年马克思编辑的《莱茵报》写稿。1856年6月在柏林逝世。其重要论著为:《唯一者及其所有物》(1844)、《反动的历史》(1852)等。

② 尼采(Friedrich Wilhelm Nietzsche,1844—1900),德国著名哲学家。主要代表作有:《悲剧的诞生:源于音乐的灵魂》(1872)、《希腊悲剧时代的哲学》(1873—1876)、《查拉图斯特拉如是说》(1883—1891)、《道德的谱系》(1887)等。

③ 卢格(Arnold Ruge,1802—1880),德国哲学家、政论家。年轻时参加"自由德意志"(Burschenschaft,创立于1815年)运动而被捕,在1830年的七月革命中被释放,1832—1841年任哈雷大学的哲学讲师。在此期间创办青年黑格尔派的机关报《哈雷年鉴》(*Hallische Jahrbücher für deutsche Wissenschaft und Kunst*,1838—1841),更名后又继续任《德国年鉴》(*Deutsche Jahrbücher für Wissenschaft und Kunst*,1841—1843)的编者,作为青年黑格尔派的中心人物而活跃。《德国年鉴》被查封后,1844年虽与马克思一起创办《德法年鉴》(*Deutschefranzösische Jahrbücher*),但停留于自由主义或民主主义。——本书作者第二版注。

④⑤ [德]卢格:《巴黎两年》,莱比锡,1846年,第373页。

卢格就成了这种"马克思主义哲学"的创始人。顺便提一下,卢格在1842年发表的论文《黑格尔法哲学和现代政治》中指出,黑格尔法哲学脱离了历史具体的发展,而单纯地从思辨的观点来考察国家与法,从而使国家与法这种历史结果的东西变成了永恒的绝对的东西。在当时,这种思考模式也是深刻的思想结晶。

接下来,需要具体指认的更重要的思考对象就是,与青年马克思并步前行的两位重要人物,即**赫斯**与**青年恩格斯**。他们是在和青年马克思一同进入一般唯物主义基本构架之后,对他产生更加重要的理论影响的关键性人物。特别需要指出的是,在1844年(马克思进入经济学研究之前),他们的思想比同时期的马克思**深刻得多**!在传统马克思主义哲学史研究中,对青年恩格斯是重视的。可是,由于受到惯性思维的牵引,学者们总是愿意相信马克思一直深刻影响着恩格斯的一面,然而忽略了后者的《国民经济学批判大纲》在特定时期中对前者产生十分关键的影响的另一面,忽略了这尤其是1843年促使马克思站在无产阶级立场去研究经济学的重要原因。此外,被漠视的还有在关于马克思主义哲学的史前时期的传统研究中,与其他青年黑格尔派学者一起总是被安置于"引言"、淡化为背景的赫斯。与青年恩格斯相比,他更是有意无意地被遮蔽了。造成这种研究局面有两个原因:一方面是恩格斯后来在《路德维希·费尔巴哈和德国古典哲学的终结》中谈及马克思主义哲学产生的历史背景时,主要论述的是黑格尔和费尔巴哈,另一方面是没有读到马克思恩格斯早期论著里的列宁提出的思想史公式①(参见《卡尔·马克思》

---

① 对青年马克思思想演变过程的理解,列宁的观点显然是"**一次转变论**"。他正确地看到,在青年马克思写于1841年的关于伊壁鸠鲁自然哲学的博士论文中,"马克思所持的还完全是黑格尔唯心主义的观点"。但是他认为,从青年马克思在1842年《莱茵报》工作时期所发表的文章中,已经可以看出他"开始从唯心主义转向唯物主义,从革命的民主主义转向共产主义",而到马克思与卢格所主编的《德法年鉴》时,"上述转变在这里彻底完成"。参见列宁《卡尔·马克思》,载《列宁全集》第26卷,人民出版社1988年版,第83页。详细讨论可见拙著《回到列宁——关于"哲学笔记"的一种后文本学解读》,江苏人民出版社2008年版,第六章。——本书作者第二版注。

和《马克思主义的三个来源和三个组成部分》),这是直接的导源。而在历史文献的出版方面,赫斯的大量史料的整理出版严重滞后,特别是在苏东和其他社会主义国家中,我们几乎看不到赫斯思想的完整历史文献。①

其实,历史的真实情况是,赫斯是与青年马克思和恩格斯一起向前行进的唯一同路人。他们之间的这种合作甚至一直延续到对《德意志意识形态》的写作!赫斯撰写了其中两章:第一卷批判卢格的一章和第二卷中批判库尔曼的一章。前一章刊于1847年8月5日和8日的《德意志—布鲁塞尔报》第62—63号上,当时题为《评格拉奇安博士论文集》。只是到了1848年2月,由于赫斯自身的内在思想逻辑中隐匿的人本学意识形态话语与马克思主义科学世界观的内在逻辑发生冲突,这才导致了他最终与马克思恩格斯分道扬镳。因此,只是将赫斯放在马克思主义哲学史的"另册"中显然是不恰当的。我想,确证赫斯特别是他那种**基于经济学的**对资产阶级社会批判的社会主义思想,在这个时期里对青年马克思和恩格斯所产生的影响,对于我们真正理解马克思恩格斯1845年的哲学革命实质,同样是十分重要的。下面,我们先来解读一下赫斯。

赫斯曾被青年恩格斯称为德国最早的共产主义者。② 在切什考夫斯

---

① 据广松涉的考证,赫斯的文献出版才是严重滞后的:1921年,在柏林出版了T. Zlocisti 编的 *Moses Hess. Sozialistische Aufsötze*(《赫斯社会主义论文集》),1841—1847,但缺漏了与马克思的关系上的几篇重要的资料。30多年后在纽约出版了E. Silberner 编的 *Moses Hess. An annotated Bibliography*(《赫斯评注性传记》,1958)。此后,E. Silberner u. W. Blumenberg 编的《书信集》(1959),科尔纽和W. Mönke 的 *Moses Hess. Sozialistische und philosophische Schriften*, Berlin, 1961(《赫斯社会主义和哲学文集》,柏林,1961),以及 Mönke 的 *Neue Quellen zur Hess-Forschung*, Berlin, 1964(《赫斯研究的新源头》,柏林,1964)。2010年,南京大学出版社编译出版了中文版的《赫斯精粹》。——本书作者第三版注。

② 赫斯(M. Hess,1812—1875),德国近代社会主义理论家。主要论著有:《人类的圣史》(1837)、《欧洲三同盟》(1841)、《行动的哲学》(1843)、《论货币的本质》(1844)等。从20世纪初开始,赫斯与马克思的关系就一直是西方学界关注的热点,其基本论点是肯定赫斯前期思想对青年马克思的重要影响,甚至提出马克思恩格斯早期都是赫斯式的"真正的社会主义者",而苏联、东欧学者则是这一观点的否定派。国内个别学者近期也开始注意这一问题。可参考以下文献,如[德]哈马赫《论真正的社会主义的意义》,载《社会主义和工人运动历史文库》,莱比锡,1911年;[德]济尔伯奈《赫斯传》,莱登,1966年;[德]拉德马赫《赫斯在他的时代》,波恩,1977年;[苏]米特《真正的社会主义》,莫斯科,1959年;[德]费尔德尔《马克思恩格斯在革命前夕》,柏林,1960年;侯才《青年黑格尔派与马克思早期思想的发展》,中国社会科学出版社1994年版。

基的《历史哲学引论》(Prolegomena zur Historiosophie)出版以后,他立刻表示赞同,而且提出要以"行动的哲学"恢复在黑格尔哲学中被泯灭的人类主体性,并将其与共产主义(Kommunismus)结合起来。在他于1837年写下的《人类的圣史》(Die heilige Geschichte der Menschheit)①这篇文章里,我们看到了他对"资产阶级社会"(赫斯将其称为"金钱贵族制")的最初批判。赫斯在这篇文章中,明确使用了不同于切什考夫斯基的《历史哲学引论》中的 historiosophie 的 Geschichte 一词。麦克莱伦认为,赫斯的这本书是德国第一部共产主义的文献。② 在赫斯的笔下,金钱贵族制发生的**偶像崇拜**(Götzendienst)③是一种人人为自己的利己主义"动物世界"。同时,他深刻地指出,"从自由贸易和工业占统治地位以来,金钱(Geld)是这个社会的唯一杠杆。并且贸易和工业越进步,金钱就越强大"④。在1841年匿名写下的《欧洲三同盟》⑤一书中,赫斯明确提出了"哲学与现实生活的关系"问题,并且说明了他的所谓行动哲学(实际上是精神的行动,Geistesthat)具有以法国人的革命实践("搭桥")使德国人的思辨"从天空回到地上来"⑥的特点,他甚至将这种理论直接指认为"历史哲学(Geschichtsphilosophie)"⑦。这个 Geschichtsphilosophie 是赫斯使用的概念,马克思恩格斯后来在《德意志意识形态》一书中使用的"历史科学"就是为了区别于仍然处于传统哲学语境中的赫斯。而且,赫斯已经将革命的矛头指向了当时的"富者越富,而穷者耗尽自己的血汗都活不下去的"奴役社会,他将其称为**群众的普遍的贫困**(Pauperismus)

---

① Hess, *Die heilige Geschichte der Menschheit*. einem Jünger Spinoza's, Stuttgart 1837. 《人类的圣史》是赫斯于1837年匿名发表的处女作。——本书作者第三版注。
② [英]麦克莱伦:《马克思传》,中国人民大学出版社2006年版,第59页。
③ Götzendienst 一词由 Götze(神像、神祇)演变而来。——本书作者第三版注。
④ [德]赫斯:《哲学和社会主义文集》(1837—1850年),柏林,1980年,第62页。
⑤ Hess, *Die europäische Triarchie*, Leipzig: Otto Wigand,1841.《欧洲三同盟》亦译《欧洲三头政治》,是赫斯继1837年秋完成处女作《人类的圣史》之后,于1839至1840年夏写的第二部著作。——本书作者第三版注。
⑥ [德]赫斯:《欧洲三头政治》,载《赫斯精粹》,南京大学出版社2010年版,第9页。
⑦ [德]赫斯:《欧洲三头政治》,载《赫斯精粹》,南京大学出版社2010年版,第54页。

与**金钱贵族制**(*Geldaristokratie*)的对立"的社会。① 由于没有受到黑格尔的影响,所以他此时也没有使用 bürgerliche Gesellschaft 这样的词汇。但这个 Geldaristokratie 倒十分贴近赫斯以货币批判为核心的思想构境。如果仔细去追问,货币恰恰是**夷平等级**的,金钱—贵族这就像是说"木制的铁",这恐怕只能是在借喻的意义上使用。并且,赫斯还看到了这种**金钱贵族制**社会中所弥漫着的某种"盲目冲动的无意识状态、即'自然性'(Naturwüchsigkeit)"。② 这个自然性,接近黑格尔的"第二自然"观点,后来马克思在多重语境中喻指资本主义经济过程的似自然性。③

在 1842 年谈到英国所发生的社会灾难时,他十分明确地指出:

> 这根本**不是**政治上的原因。——工业从人民手中转到资本家的机器之中;商业通常是小本经营并且是由许多小人物经营,现在逐步转到少数大企业资本家或者冒险家(所谓投机者)的手中;通过继承法聚集在少数贵族手中的日益增长的地产,以及总体来说在个别家族中繁衍滋生的大资本。④

在赫斯看来,所有这一切,都是社会性灾难的原因。也是在这篇文章中,赫斯提出了"社会关系(Verhältnis)"的概念。

原来,我们较为清楚的是青年马克思从费尔巴哈那里接受了一般唯物主义,可却没有注意到青年马克思乃至整个青年黑格尔派中的先锋分子都**从赫斯这里接受了社会主义和共产主义**。在理论与社会主义运动的联结中,赫斯一开始就批判性地分析了巴贝夫⑤、傅立叶、圣西门和蒲鲁东的社会主义,并于 1841 年下半年开始转向费尔巴哈的哲学立场,并在此基础上成为一名坚定的共产主义者。赫斯明确肯定

---

①② 参见[德]赫斯《欧洲三头政治》,载《赫斯精粹》,南京大学出版社 2010 年版,第 39 页。
③ 参见拙著《马克思历史辩证法的主体向度》,武汉大学出版社 2010 年第三版,第三章。
④ [德]赫斯:《谈谈英国面临的灾难》,载《莱茵报》1842 年 6 月 26 日第 177 号。参见《赫斯精粹》,南京大学出版社 2010 年版,第 61—62 页。
⑤ 巴贝夫(Gracchus Babeuf,1760—1797),原名弗朗索瓦·诺艾(François Noël),法国大革命时期的革命家、空想共产主义者。

魏特林的观点,要将费尔巴哈哲学与蒲鲁东的社会主义结合起来,创建一种所谓的"科学共产主义"。那是一种由"科学统治"(Herrschaft der Wissenschaft)着的新的"共同体状态"(Zustand der Gemeinschaft)。①起初,赫斯试图用费尔巴哈为社会主义提供哲学论证,后来这种论证才逐步深入到经济学领域。可是,赫斯的这种哲学共产主义思想并不是一开始就打动了马克思,相反他对此倒深为怀疑。这种状况,甚至一直持续到1843年在《莱茵报》初期马克思与赫斯的共同合作中。他们两人的语境呈现出明显的差异性:当马克思还在《黑格尔法哲学批判》中大谈从宗教的异化、思辨哲学主谓语倒置走向现实政治异化(法人与市民社会的二元分裂)批判时,赫斯已经明确指出,对于归根到底不是政治的而是社会的罪恶,一切政治改革都只是一种治标的办法。

从思想史的进程来看,真正触动青年马克思发生思想的理论文本是赫斯1843年发表在《瑞士二十一印张》(*Einundzwanzig Bogen aus der Schweiz*. Hrsg. Von Georg Herwegh, Zürich und Winterthur, 1843)② 中的几篇文章,其中最重要的就是赫斯的《行动的哲学》(*Philosophie der That*, 1843)。在这篇论文中,赫斯第一次系统地界定了一种超越资产阶级民主主义的革命性社会历史哲学。用科尔纽的话说,赫斯是"第一个在行动哲学中把黑格尔哲学与法国社会主义结合起来的人"③。从文本中我们可以看到,赫斯用功能性的行动(费希特的"自我"创化力)取

---

① 参见[德]赫斯《共产主义原则的统治形式》,载《赫斯精粹》,南京大学出版社2010年版,第79页。这个Gemeinschaft和Gemeinwesen(共同本质或共同本性)是此时赫斯喜欢用的概念。——本书作者第三版注。
② 《来自瑞士的二十一印张》杂志,由格奥尔格、海尔维格编辑。它的出版是由于当时的青年黑格尔派的机关报《德国年鉴》面临禁止发行,并且原本准备发行的月刊"*Der deutsche Bote aus der Schweiz*",再次因为普鲁士政府的书报检查制度而面临出版危险,因此该月刊原封不动地收录寄来的论文等稿件,并将杂志名称更名为《二十一印张》而出版。《二十一印张》这一杂志名称,是由于在当时的普鲁士对二十印张以上的大部头著作在形式上可免于检查,故带有应对这种书报检查制度的意味。在《二十一印张》杂志中除了赫斯之外,还收录了海尔维格、恩格斯、鲍威尔等的诗、论文。——本书作者第三版注。
③ [法]科尔纽:《马克思恩格斯传》第1卷,刘丕坤、王以铸、杨静远译,三联书店1963年版,第262页。

代了笛卡尔式的现成在手的存在——"一切在于**行动**(That)而不是**存在**(Sein)"①。我行动故我在。这实际上是将黑格尔哲学中的生成性规定在社会历史层面中本体化为一种逻辑基础,这一点自然也是透过费尔巴哈感性生活的中介而生成的。以他之见,人的生活就是行动,而行动就是没有被**他者化**(Sichanderswerden)的"真正的个体——自我意识的精神、自由的人,真正的普遍"。② 显然,赫斯这里所阐发的行动的内涵还是取自切什考夫斯基所谓实践哲学那种自我意识的精神活动,但更重要的是,这个我们看起来很熟知的自由的个人,已经不再是启蒙精神确证的一般资产阶级意识形态!为什么?赫斯追问道,反对封建专制的"金钱贵族"的革命干了什么?

> 革命到底干了什么呢?它的自由平等,它的抽象的人权(abstrakten Menschenrechte),仅仅是奴役的另一种形式(andere Form)。反题的另一面、抽象的个人取得了最高地位,洋洋得意,统治和奴役地位的对立并没有消灭和克服。正义的无人身的统治(unpersönliche Herrschaft)、不变的精神的自制力没有排挤掉一些人对另一些人享有的权力。③

这里的 unpersönliche Herrschaft(无人的统治)是极为深刻的,这是指那种可以看得见霸主的奴役到金钱世界中**看不见的奴役**的转变。赫斯引述蒲鲁东的话:"暴君已经换了,暴政依然存在。"为什么?在赫斯看来,在金钱贵族制社会中,"人们要求一切可能的自由,即商业、职业、思想、良心的自由。要达到什么目的呢?为了通过真理和正义的'自由竞争'谋求私利和私念。这种民主政治,在'主体的'或者'个人的'自由的名义下,难道有别于个人专横的统治吗?它同独夫的统治的区别何在

---

① [德]赫斯:《行动的哲学》,载《赫斯精粹》,南京大学出版社 2010 年版,第 83 页。
② 参见[德]赫斯《罗马与耶路撒冷》,莱比锡,1899 年,第 184 页。
③ [德]赫斯:《行动的哲学》,载《赫斯精粹》,南京大学出版社 2010 年版,第 94 页。

呢?"①他指出,在这种社会生活中,人们还"不是把劳动,即自我形成或发展的劳动(das Ausarbeiten oder Hinausarbeiten seiner selbst)理解为它的自由行动、它自己的生命,而是理解为某种物质性的他者(materiell Anderes)"②。这个物质性的他者即是奴役性的劳动。以后,他将其更准确地再指认为雇佣劳动。并且,在这时我们可以发现赫斯关于劳动的定位是**非对象性**的,也就是说他没有**从劳动走向物质生产**的路径,而这恰恰是后来马克思的道路。这就是为什么我们认为赫斯超越了资产阶级民主主义的原因。

赫斯主张一种反对金钱贵族制社会新奴役的共产主义"自由行动(freie That)"。这个自由行动与费希特的哲学思想相关。可是,这个自由的行动实质上也是**哲学本体论上的一种理想化的价值悬设**。赫斯认为,如果德国要实现社会主义,那么它的社会历史领域中就必须有一个康德,但这个康德的使命不是回到导致无政府主义的抽象的共产主义和唯物主义。他显然不同意蒲鲁东的政治立场。他的意图是真正树立一种类似斯宾诺莎式的新伦理学。所以,以他之见,"自由就是道德",人的自由行动不是通过"自然的必然性或者自然的偶然性,像以往任何创造物的生活中发生的那样,而是通过自我决定"③。后来在费尔巴哈的语境上,赫斯还专门将真正**体现人的类本质的自由行动**与奴役性劳动区别开来:"**非决定状态**(Unbestimmtsein)"中自由的活动是出于内心的驱使而进行的一切活动,相反,被迫的**奴役劳动**是由于外力的驱使或是由于穷困而进行的一切活动。所不同的是,"这就是自由行动区别于奴役劳动的地方,因为在奴役中,生产束缚生产者本身,而在自由中,精神在其中异化的任何限制都不会变成**自然的约束**(Naturbestimmtheit),而是得到克服而成为**自我决定**(Selbstbestimmung)"④。这是费尔巴哈人本主义逻辑的 Sollen(应该)与 Sein(是)的对立在社会现实批判中的延伸,也是

---

①② [德]赫斯:《行动的哲学》,载《赫斯精粹》,南京大学出版社 2010 年版,第 94 页。
③④ [德]赫斯:《行动的哲学》,载《赫斯精粹》,南京大学出版社 2010 年版,第 96 页。

青年马克思后来在《1844年手稿》中提出的那个作为人的类本质的自由劳动活动与异化劳动对立关系的逻辑前身。

赫斯在《瑞士二十一印张》上同时发表的另一篇文章《社会主义与共产主义》中,明确提出要肯定在傅立叶、圣西门之后的"科学共产主义"。①他主张要坚持"伟大的傅立叶的理念:把劳动组织奠定在**一切个性最全面自由的运动**这个基础上(Organismus der Arbeit auf die *vollkommenste Freiheit der Bewegung aller Neigungen* gründete)"②。这是马克思后来那个人的个性的全面自由发展观点的源起处。也是在这个基础上,赫斯才会特别强调绝对的自由,即"一般的一切人的个性和活动的自由",所以,他甚至认为,共产主义的特征之一就是消除劳动与享受的对立的共同体的状态(Zustande der Gemeinschaft)。赫斯认为,今天的社会私有制(Privateigenthum)的现实"一方面否定了自由活动,把它贬低到奴隶劳动的地步,另一方面又把动物的享乐作为这种动物劳动的当然目的,提到人类至上幸福的地位"。重要的一点是,赫斯开始用市民社会(bürgerliche Gesellschaft)这个概念来指认他所面对的资产阶级现实。所以他说,"过去的历史(bisherige Geschichte),不过是作为抽象的普遍者的国家与作为各个个人的利己主义的市民社会之间的盲目而自然发生的斗争的历史。个人所有制的原理纯粹支配的只是市民社会。不过,所有权,与抽象的个人自由的原理一起,转化成其反对物。也就是说,个人所有制首先导致奴隶制(Sklaverei)"③。显然,bürgerliche Gesellschaft一语在这里是一个意义明确的贬义词,它就是原子化个人构成的利己主义私有制,这个社会的本质是奴役。

赫斯认为,利己主义私有制中的人类生活,是一种人类生活的颠倒。

一般说来,不应该从外部来组织劳动和社会,而应该通过谁都

---

① 参见[德]赫斯:《社会主义与共产主义》,载《赫斯精粹》,南京大学出版社2010年版,第111页。
② [德]赫斯:《行动的哲学》,载《赫斯精粹》,南京大学出版社2010年版,第113页。
③ [德]赫斯:《行动的哲学》,载《赫斯精粹》,南京大学出版社2010年版,第122页。

不做敷衍了事的事情、不做不得不做的事情,通过其自身来组织。任何人都不会喜欢某种单一的活动而喜欢多种多样的活动。并且从自由的人类性格和活动的多样性,产生的不是自由的人类社会的工作的死的既成组织,而是生气勃勃的永远年轻的组织。这种自由的人的工作,在这里,"劳动"停止了,变成了毋宁说与"享受"完全相同的东西。①

在他这里,自由的核心是道德,道德的至善将最终打破"奴役的牢笼"。其实,赫斯的社会批判实质是伦理价值批判。以我的观点,在此处,我们实际上已经看到了青年马克思的《1844年手稿》中的哲学共产主义、先验的劳动类本质与异化论的原生地。关键之处在于,赫斯始终停留在这种人本主义价值批判之中了。这也是1845年马克思主义科学世界观创立以后,赫斯表面上赞成而最终与马克思恩格斯分道扬镳的根本原因之一。因此,后来在《德意志意识形态》中,共产主义"不是现实与之适应的理想"这句话就是批评赫斯的。

直到《德法年鉴》时期,才是赫斯与马克思开始真正形成密切关系的时期,这也是赫斯通过对经济学的研究后所发生的经济异化思想直接影响青年马克思的关键时期。② 究其实质,赫斯的所谓经济异化思想并不是严格意义上他直接的经济学研究的结果,它充其量不过是一种对法国社会主义思想的黑格尔—费尔巴哈式的哲学改造。我以为,就赫斯的理论构架而言,它显然主要是从蒲鲁东那里获得的。当然,我认为,赫斯的经济学研究所达到的水平远远低于马克思的《1844年手稿》。

尽管如此,我们还是必须提及赫斯那篇非常著名的《论货币的本质》(*Über das Geldwesen*,又译《论金钱的本质》)。这篇论文是赫斯于1843

---

① [德]赫斯:《行动的哲学》,载《赫斯精粹》,南京大学出版社2010年版,第121—122页。
② 从现在的文献看,没有资料显示赫斯对经济学有过系统而深入的科学研究,这里我们所说的经济学研究实际上至多只是一种对经济学的哲学关注和共产主义理论投射。

年底到 1844 年初为《德法年鉴》撰写的,并且已经呈交编辑部准备发表,后来因杂志停刊,未能及时发表,一年多以后才在其他杂志上刊出。① 明显的事实是,作为《德法年鉴》编辑的青年马克思 1844 年初就读到了这篇重要的文稿,所以我们有理由说,赫斯的这一文本极大地影响了马克思,并促使马克思思想产生重大变化。这也是马克思自己明确指认的。② 国内学者赵仲英先生在说到马克思与赫斯的关系时,指认"这是一种思想交流",并且认为英国学者麦克莱伦关于赫斯影响马克思的观点是错误的。③ 我觉得,实际情况是,由于马克思没有研究经济学,所以他不可能独立形成经济异化的观点。赫斯的经济异化思想影响了马克思是一个不争的事实。我认为,绝不会因为我们承认了马克思受到过赫斯的影响,马克思就会被贬低。科尔纽指出过,赫斯的思想,特别是他关于货币的本质与作用的观点对当时青年马克思"那种还是哲学政治的理解打下了坚实的社会经济基础"④。我基本同意科尔纽的看法。为此,我们先来看一下赫斯这一文本中的一些重要内容。

我们发现,在步入经济学视界之后,赫斯原有的共产主义思想的哲学逻辑开始变得深刻起来:"生命是生产性的生命活动(produktiver Lebensthötigkeit)的交换"⑤! 这是《货币的本质》一文的第一句话。从理论逻辑上分析,这标志着赫斯开始从人的自由活动过渡到**社会**机体(gesellschaftlicher Körper),从个体本质过渡到**类**本质。深一些看,这当然还是费尔巴哈的逻辑。赫斯试图在资产阶级社会经济现象中具体化实现费尔巴哈的人本主义批判。

---

① 《莱茵社会改革年鉴》第 1 卷(*Rheinische Jahrbücher zur gesellschaftlichen Reform*, Hrsg. Von H. Püttmann, Bd. 1, Darmstadt, 1845),第 1—84 页。
② 参见[德]马克思《1844 年手稿》的引言部分。
③ 参见赵仲英《马克思早期思想探源》,云南人民出版社 1994 年版,第 9 页;[英]麦克莱伦《青年黑格尔派与马克思》,商务印书馆 1982 年版,夏威仪译,第 163—164 页。
④ [法]科尔纽:《马克思恩格斯传》第 1 卷,刘丕坤、王以铸、杨静远译,三联书店 1963 年版,第 621 页。
⑤ [德]赫斯:《论货币的本质》,载《赫斯精粹》,南京大学出版社 2010 年版,第 137 页。

首先,在赫斯看来,人这种存在物原本出自于生产性活动的交换,而"不可让渡的生活资料"则是这一交换的中介。与以前赫斯将人的本质主要规定为"自由的、独立于那种外部强制的活动"——非奴役的劳动相比,赫斯在此进一步从社会关系的角度论证了人的类本质的社会实现,即**交往**(Verkehr)**关系**。Verkehr 一词在赫斯这一文本中为高频使用词,共计出现 40 次。赫斯认识到,人类社会最重要的要素就是这种人们的社会生活(Gesellschaftliches Leben),"他们的现实生活只是在于他们的生产性的生命活动的交换,只是在于**共同活动**(Zusammenwirken),只是在于同整个社会体(gesellschaftlichen Körper)的关联(Zusammenhang)"①。这里的 Gesellschaftliches Leben、Verkehr、Zusammenwirken② 和 Zusammenhang③ 之间是有内在关联的,它们的共同特性都是**无法直观的、非实体性的客观活动和关联**。这显然对马克思以后对社会生活本质的思考有重要影响。这个 Gesellschaftliches Leben 以后将是历史唯物主义最重要的基本概念。而且,"单个的人在这里作为有意识的和有意识地行动的个体",当然是无法脱离"其社会生活的交换的领域的关系"的,这就如同肉体的人无法脱离空气。显然,赫斯这里的观点是对费尔巴哈相近看法的改造,费尔巴哈将人的类本质视作"人与人的统一"④之中,可是,费尔巴哈的人的类本质只是人们之间的自然存在关系,赫斯则将其推进到社会关系中的交往。赫斯认为,人的交往并非一种可见的物质,而是一种**场存在**,"正如地球的空气是**地球的活动场**一样,人的交往

---

① [德]赫斯:《论货币的本质》,载《赫斯精粹》,南京大学出版社 2010 年版,第 137 页。
② Zusammenwirken 是赫斯此文使用词频较高的词,全文一共出现 11 次。——本书作者第三版注。
③ Zusammenhang 一词中的 Zusammen 原义为"共同"、"一起",Zusammenhang 则接近于 Kontext,通常在文本学中译作"上下文"或"语境"。后来狄尔泰曾经使用 historischen Zusammenhang,指客观发生于历史生活和社会存在中的特定的关联情境,所以,将 Zusammenhang 译作"关联与境"是更合适的。赫斯在文本中只使用过一次。——本书作者第三版注。
④ [德]费尔巴哈:《未来哲学原理》,载《费尔巴哈哲学著作选集》上册,荣震华等译,商务印书馆 1984 年版,第 185 页。

则是人的行动场(*Werkstatt*),在这里单个的人实现、表现其生命或能力(Vermögen)。"①更重要的是,这种交换与交往的共同活动也就是"个人的现实的本质(wirkliches Wesen),是他们的现实的能力(wirkliches Vermögen)"②。这应该是马克思后来在《关于费尔巴哈的提纲》中对人的本质所作的"现实性"规定的源起处。人的现实**类本质**是一种物质交往关系,这显然是赫斯在经济学研究中的一个开始超越费尔巴哈自然唯物主义哲学的重要进步。国内学者侯才没有意识到赫斯的更深一层的经济学背景,仍然将赫斯此处的论说仅仅界定在费尔巴哈的哲学语境中,这显然是一种误解。③

其次,赫斯直接将人与人之间的这种共同协作与交往看作是人的社会本质,交往就是个人实现、发挥自己力量和本质的形式,也是**生产力的实现形式**。赫斯指出:

> 人与人的交往(Verkehr)越发达,他们的生产力(Productionskraft)也就越强大,在这种交往还狭小的时候,他们的生产力也就低下。……人与人的交往决不是从人的本质中产生的,这种交往就是人的现实的本质,而且它既是人的理论本质,人的现实的生命意识,又是人的实践(praktisches)本质,人的现实的生命活动。④

在这里,赫斯区分了人的类本质的双重规定:一是精神交往的"理论的类本质",二是物质交往的"实践的类本质"。赫斯显然受到了切什考

---

① [德]赫斯:《论货币的本质》,载《赫斯精粹》,南京大学出版社 2010 年版,第 138—139 页。
② [德]赫斯:《论货币的本质》,载《赫斯精粹》,南京大学出版社 2010 年版,第 138 页。
③ 参见侯才《青年黑格尔派与马克思早期思想的发展》,中国社会科学出版社 1994 年版,第 130—132 页。
④ [德]赫斯:《论货币的本质》,载《赫斯精粹》,南京大学出版社 2010 年版,第 138 页。参见 Hess, *Über das Geldwesen*, *Rheinische Jahrbücher zur gesellschaftlichen Reform*, Hrsg. Von H. Püttmann, Bd. 1, Darmstadt, 1845, S. 3。赫斯在这一文本中,共 8 次使用 Productionskraft 一词,并且 2 次使用另一个相近的词 Productionsvermögen(生产能力)。——本书作者第三版注。

夫斯基"实践哲学"的影响,他在此文中17次使用praktisch,但他并没有使用Praxis一词。这个所谓人的**实践的**(*praktisch*)**类本质**就是人们"生产和为继续生产所需求的产品消费的交往"。这种交往就是现实生命的"**类活动**(Gattungsact)","**是各种不同的个性的共同活动。只有这种共同活动才能实现生产力**(Productionskraft),**因而是每一个个体的现实的本质**"①。请注意,赫斯甚至直接指出:人的思维与行动只能产生于这种交往,而这种**交往的共同活动就是生产力**。赫斯所提出的人们的共同活动就是生产力的观点,当然源起于斯密《国富论》中劳动分工协作提高生产率的观点,这是深刻的哲学抽象,赫斯的错误在于**交往与生产力的同质化**,他不能理解人与人的社会交往只能是一定历史条件下生产方式的一个被决定的层面。饶有意味的是,在1845—1846年确立马克思恩格斯哲学新视界的《德意志意识形态》第一卷第一章手稿的第一手稿中,我们发现了赫斯的这个论点在历史唯物主义基础之上被改造后的近似观点。② 在那里,马克思去掉了**交往**本身,而是准确地使用了物质生产中"共同活动的方式就是生产力"。甚至他还提出,"由于现代产业……使人类社会获得了加以组织化的材料·内容……其它只需去除形式上的障碍就行。……于是从已经不能与新内容[生产力]相适应的旧的濒临倒塌的旧形式[生产关系]产生出新内容,进而创造出与自己相适应的形式"③。这是马克思后来那个生产力决定生产关系观点的源起处。

其三,人类的交往本质有一个从自然史到有机共同体的"**发展或发生历史**(*Entwicklungs*- oder *Entstehungsgeschichte*)"的进程。赫斯认为,人的自然史开始于地球的自然史完成,即"生产出其最后的和最高级

---

① [德]赫斯:《论货币的本质》,载《赫斯精粹》,南京大学出版社2010年版,第139页。
② 参见[德]马克思恩格斯《费尔巴哈》,中共中央马克思恩格斯列宁斯大林著作编译局编译(下文此书的译者将省略——笔者注),人民出版社1988年版,第24页。
③ Moses Hess, *Philosophische und sozialistische Schriften*, herausg. von A. Corun u. W. Mönke, S. 347. 转引自[日]广松涉《唯物史观的历史原像》,邓习议译,南京大学出版社2009年版,第31—32页。引文中括号内的"生产力"和"生产关系"为广松涉所加。——本书作者第三版注。

的组织即人的身体,从而也生产出其**一切**有身体的组织的时候"①。后来马克思恩格斯在《德意志意识形态》第一卷第一章开始时曾经提到过"自然史"与"人类史",以及人的"肉体组织"等问题,但这些观点在修改中均被删除了。② 而人类史则发端于人的本质的确立,即赫斯所说的"人的本质〔**生产**(die Production)及为了进一步继续生产(ferneren Production)的产品**消费**的**交往**＝Communication〕"的形成。③ 请注意,赫斯这里直接提到了有关人的本质的**生产和继续(再)生产**,虽然这是为了引出交往概念。但遗憾的是,"人的本质(human Wesen)或者说人类的产生史,起初表现为这种本质的**自我毁灭**"。过去,人是为了天国中的偶像(上帝),现在是为了世俗中的偶像(金钱),完全牺牲了自己的类活动(交往)。这是费尔巴哈与经济学批判的成功链接:费尔巴哈那里,上帝是人的类本质(关系)的异化,我们为了神而掏空了自己;而赫斯则进一步类比说,在今天的金钱世界中,货币是我们之间交往本质的偶像化之神,我们在追逐金钱中迷失了自己。

  人一开始是作为单独的个体而行动,因为人不能作为同一个有机整体(organischen Ganzen)的成员,作为人类的成员协调一致地共同活动。如果从一开始就能够进行一切人的**有组织**的产品交换(*organisirter* Productenaustausch),**有机的**活动,一切人的**共同活动**,那么人当然不须要作为单个的个体各自通过暴力或精心策划的骗局去**夺取**或者**赢得**其精神需要和物质需要了,人就不必在**自身之外**去寻找其精神的和物质的财富(Gütter)了,人就能够通过自身的**力量**训练自己,就是说,能够**共同地发挥**他们的能力。④

---

① [德]赫斯:《论货币的本质》,载《赫斯精粹》,南京大学出版社2010年版,第139页。
② 参见[德]马克思恩格斯《费尔巴哈》,人民出版社1988年版,第10页。
③ 参见[德]赫斯《论货币的本质》,载《赫斯精粹》,南京大学出版社2010年版,第142页。
④ [德]赫斯:《论货币的本质》,载《赫斯精粹》,南京大学出版社2010年版,第141页。参见Hess, *Über das Geldwesen*, *Rheinische Jahrbücher zur gesellschaftlichen Reform*, Hrsg. Von H. Püttmann, Bd. 1, Darmstadt, 1845, S. 5。赫斯在这一文本中,5次使用Production一词。——本书作者第三版注。

显然,人们**和谐的**共同活动的交往是**应该存在的东西**,人应该"作为同一个有机整体的成员","协调一致地共同活动","有组织地"进行"产品交换"。作为人的理想化类本质的交往,显然是一种人本主义逻辑构架中的**价值悬设**,它应该存在,但它却在现实中沦丧了。赫斯说,特别需要指出的是,现在"自然力不再作为异己的、敌对的力量同人相对立,人认识了自然力并运用它来达到人的目的。人本身也一天天越来越彼此接近。空间、时间、宗教和民族的限制,**个体的限制**一下子都崩溃了"①。可是在现实中,人的本质却颠倒地表现为"残酷的、**动物般的**斗争中"的交换。这是因为,"人类**产品交换**的**最初形式**,交往的**最初形式**,只能是掠夺,人的**活动**的最初形式只能是**奴隶劳动**"。

> 迄今为止的历史无非是为掠夺行为和奴隶制**制定规则,提供根据**,使之**贯彻**实施并加以**普遍化**的历史。正如最终出现的那样,我们大家**毫无例外地每时每刻**都在为牟利而买卖我们的活动、我们的生产力、我们的能力、我们自身,作为人类历史由此开始的**相互蚕食**(*Kannibalismus*)、相互**掠夺**和**奴隶制**,被提升为原则。②

赫斯这段话的第一句表述在《共产党宣言》中,被改写为"迄今为止的一切历史都是阶级斗争的历史"。赫斯认为,人类现在已经成年,如果说,过去人类社会中发生的掠夺和奴役都是由于"生产能力**不足**",而今天一切却反过来了,金钱社会却造成了"生产能力**过剩**"。他甚至提道,"英国打入了地球上最遥远的角落,以便寻找**消费者**;但是**整个地球**对于它的生产说来已经是或者很快就将成为一个**小市场**了"③。这是赫斯这一文本中唯一提及真实历史事件的地方。在赫斯看来,正是这个通过经济交换打遍全世界的金钱世界,造成了更加普遍的剥削和奴隶制。他认为,我们现在要思考的问题就是"**有机的共同体**(*organische Gemeinschaft*)怎样才能从这种**普遍的**剥削和**普遍的奴隶制**中产生出来"④。

---

① ② ③ [德]赫斯:《论货币的本质》,载《赫斯精粹》,南京大学出版社 2010 年版,第 142 页。
④ [德]赫斯:《论货币的本质》,载《赫斯精粹》,南京大学出版社 2010 年版,第 143 页。

这是赫斯这个文本开篇第1—4节正面表述的观点。我们可以视其为一种理论逻辑的设定。关于这一点，我们可以先作一个简单的评述。显而易见，赫斯这里的哲学历史观点主要是对古典经济学描述的现代资产阶级社会关系的理论提升和概括，与费尔巴哈相比，的确有了很重要的进步，但有两个致命错误：一、他将交往（实际上是商品经济的现代交换）置于生产之上，但没有意识到这种"交往"是**生产的历史结果**。这一交换决定论是在古典经济学社会唯物主义第二层级上的倒退。我认为，青年马克思在后来的《穆勒笔记》中，就直接受到了赫斯这种**交往决定论**的影响。二、他更无法意识到，这种交往只是物质生产的一定历史条件下的产物，即资产阶级社会商品生产的**特定历史结果**。以费尔巴哈的类哲学去提升经济学，必然是从同样抽象了的交往（交换）出发。由此，他更接近重商主义而不是斯密和李嘉图。当然，赫斯在此处的观点的实质（包括他所标举的生产、生产力、交往的共同活动等规定）在隐性逻辑上是非科学的。但我还是要指出，与赫斯相比，此时马克思的思想远远没有抵达这种深度。

文本的另一部分（第5节开始）是对现实资产阶级社会生活的批判。这就是**人的类存在——社会交往关系在金钱世界中的异化**（*Entfremdung*）了。我们看到，在这里赫斯的确是自觉地将费尔巴哈与蒲鲁东结合起来。他认为"费尔巴哈是德国的蒲鲁东"！但费尔巴哈远没有达到蒲鲁东的社会主义实践结论的思想深度。所以，必须"把费尔巴哈的人本主义运用到社会生活中去"①。比起青年马克思，赫斯仍然是较早将费尔巴哈的宗教异化史观运用到社会现实中来的人，并且他也自觉地将蒲鲁东拒绝共产主义的立场向前大大推进了一步。以他之见，费尔巴哈在宗教领域所发现的这种人类异化也具有更广泛的社会意义。正是在现实社会私有制的基础上，竞争和对利润的追求使人彼此分离和对立起来，这是一种利己主义（Egoismus）生存中人的类本质的异化。我觉得，**交往异**

---

① ［德］赫斯：《哲学与社会主义文集》（1837—1850年），柏林，1980年，第292页。

化是赫斯在费尔巴哈人本主义异化史基础上一次重要的理论推进,这种观念直接影响到后来初读经济学的青年马克思,特别是他的《穆勒笔记》中最初的经济异化观的形成。

在赫斯看来,在自然过程中,类生活(das Gattungsleben)是动物生存的中心,个体只是生活的手段。然而,在人类社会的进程中,到今天的现实社会为止,私有制社会却出现了一种不正常的图景,因为在这里个体与类的关系被颠倒了。"个体被提升为**目的**(Zweck),类被贬低为**手段**(Mittel),这是人的生活和自然生活的根本**颠倒**(Umkehrung)"①。现实的金钱社会世界观是一种个人利己主义的"小贩世界(Krämerwelt)"或者"交易世界(Schacherwelt)"。Schacher 一词在德文中是贬义词,通常是指肮脏的交易。请注意,赫斯这里对资产阶级社会的指认均停留在**流通**领域,"金钱"、"买卖"——交换体制结构与"小贩"——社会主体,都是这一流通过程的表征。记住这一点非常重要。因为这是后来马克思提出**客观的资本关系**居统治地位的**资本主义**社会真正超出赫斯和蒲鲁东的**主体性**社会指称的地方。在这里,盛行着神学这一类**颠倒的世界观**,即个体是目的,类(上帝)被贬低为手段的基督教观点。赫斯认为,"基督教是利己主义的理论、利己主义的逻辑。而利己主义实践的典型基地就是现代的、基督教的小贩世界"。如果说,在"中世纪的市民社会(bürgerliche Gesellschaft des Mittelalters)"中,人把"属于他的**类生活**的一切东西都放弃、摒弃、舍弃了,而在天国,即在理论上把这些东西归还给了**上帝**",而在今天的金钱王国尘世中,"则把这些东西归还给了**货币**"。② 在这里,赫斯使用了一个不准确的词"bürgerliche Gesellschaft"来表征中世纪。这说明这个词的内涵在赫斯这里并不是十分确定的。在赫斯看来,颠倒的世界观的出现,是"因为这种状态本身是颠倒的世界的状态"③。赫斯的批判让我们想起黑格尔颠倒的世界论,与之不同的

---

① [德]赫斯:《论货币的本质》,载《赫斯精粹》,南京大学出版社2010年版,第143页。
② 参见 [德]赫斯《论货币的本质》,载《赫斯精粹》,南京大学出版社2010年版,第151页。
③ [德]赫斯:《论货币的本质》,载《赫斯精粹》,南京大学出版社2010年版,第144页。

是,赫斯没有经过观念颠倒的中介,更没有真正理解古典经济学的内在本质。如果他从斯密的利己主义经济人的角度出发来分析现实资产阶级社会的经济关系和自由竞争的客观作用,那么这种批判在一开始就会变得深刻起来,可能达到一剑封喉的效果,可是,赫斯是从费尔巴哈的基督教批判直接导引出经济批判的,这就必然决定了他的批判基础中的非历史性。他甚至看不到黑格尔已经看到的资产阶级社会经济方式的历史进步性!直到1845—1846年,马克思才真正跨出这重要的一步。

赫斯发现,在现实的金钱世界中,利己主义的小贩之间是相互隔绝的,人与人之间没有**直接的**交往关系,他们只能通过市场交换联结起来,于是,市民社会就是将现实的人变成死去的遗骸——私人。

> 人们通过把人确认为**孤立的个体**(einzelne Individuen),通过把抽象的、**赤裸裸的人格**宣布为真正的人,通过宣告**人权**、独立的人的权利,因而把人与人们相互**独立**、**分离**和**个别化**宣布为**生活和自由**的**本质**,证明**孤立的人格**就是**自由的**、**真正的**、**自然的**人,也就确认了实践的利己主义。①

赫斯认为,这实际上是"把一切人加以孤立并加以杀害"的过程。因为,人在这里失去了自己的类存在,人们再也无法相互真实地直接交往。在市场交易中,我们必须外化我们的类生活,即人与人之间的真实交往关系,我们只有"继续出卖我们的本质、我们的生命、我们自己的自由的生命活动,以便能够在贫困中糊口度日。随着我们的自由的丧失,我们可以继续买到我们的个体的生存"②。他深刻地指出,这种人的现实中的异化了的"类生活就是货币"③。在金钱世界中,孤立的人与人的交往,

---

① [德]赫斯:《论货币的本质》,载《赫斯精粹》,南京大学出版社2010年版,第154页。
② [德]赫斯:《论货币的本质》,载《赫斯精粹》,南京大学出版社2010年版,第145页。
③ [德]赫斯:《论货币的本质》,载《赫斯精粹》,南京大学出版社2010年版,第154页。

只能通过非人的货币才能实现。货币正是那个颠倒了的离我们而去的类生活。这是费尔巴哈式的,上帝是人的类本质的异化,而货币则是我们异化出去的**交往类本质**。如果说,"人的具象性的大气在天国就是上帝,**超人类的善**(Gut),而在地上就是在人外部的、非人的、**用手摸得着的**财富(Gut),事物(Sache),财产,脱离了生产者即它的创造者的**产品**,交往的抽象的本质(das abstracte Wesen),即**货币**"①。货币不是物(Ding),而是事情(Sache,或事物),这个事情的本质是交往的抽象。这一区分将对马克思有重要影响。在这一文本中,赫斯 2 次使用到 Sache,也有 2 次使用了 Ding。他甚至认为,正是"基督教发明了商品化(Verkäuflichkeit)的**原则**",所以,"上帝对理论生活所起的作用,同货币对颠倒的世界的实践生活所起的作用是一样的:人的**外化了的能力**(*das entäußerte Vermögen*),人的被出卖了的生命活动(verschacherte Lebenstätigkeit)。"② entäußerte 为黑格尔的重要哲学概念,用以表明观念将自己客观实现出来的过程。这是赫斯在本文中第一次使用 entäußerte 一词,他在此文中一共 7 次使用此词。在这里,金钱是量化了的人的类本质和真正的价值,它正是现实社会奴役制铭刻在人类主体之上的印记。货币的本质是穷苦人民血汗的结晶,被雇佣的"工资持有者(Lohnträger)"③,即劳动者将自己不可让渡的财产——"自己的特有的能力、自己的生命活动本身拿到市场上去出卖,以便换得同样是穷苦人的**死的生命**(*caput mortuum*)即所谓**资本**(*capital*)"④。显然,这里的"资本"概念只是作为国民经济学观点的复述,因而没有被真正重视。赫斯在此文中 6 次使用"资本"(Capital,其中 1 次使用 Kapital)。这种劳动者活的生命活动与死的生命活动——资本的对立,后来在马克思那里被

---

① [德]赫斯:《论货币的本质》,载《赫斯精粹》,南京大学出版社 2010 年版,第 153 页。
② [德]赫斯:《论货币的本质》,载《赫斯精粹》,南京大学出版社 2010 年版,第 145 页。
③ Lohnträger 中的 Lohn 为工资,而 Träger 是持有者,在 1844 年发表的《共产主义信条问答》一文中,赫斯明确使用了"雇佣劳动(Lohnarbeit)"一语。
④ [德]赫斯:《论货币的本质》,载《赫斯精粹》,南京大学出版社 2010 年版,第 146 页。

重新认定为劳动与积累起来的死劳动(资本)的对立。并且,这里赫斯所使用的 Lohnträger 一词中的 Lohn 为"工资"、"薪酬",Lohnträger 为 Lohnarbeit(雇佣劳动)的前身。赫斯指出,"现代商业世界的本质即货币是基督教的实现了的本质"!请读者注意一下青年马克思在下面的《巴黎笔记》中对穆勒一书的"货币"媒介论的评点。赫斯的深刻之处在于,他透过货币的交换手段和媒介表象(Vorstellungen)看到了金钱是一种社会关系的幻影:"金钱不外是非组织化的、因而脱离我们自己的理性意志并因此统治我们的人类社会现代生产方式的幻影"①。这个现代**生产方式**的说法,是至关重要的。

必须指出,赫斯在此对货币的批判恰恰不是以古典经济学内在的学理逻辑为基础的,因为他根本没有意识到**劳动价值论**的意义,也没有科学地界定货币与资本的关系。在这一点上,他又从蒲鲁东所达到的水平向后倒退了,更无法与李嘉图式的社会主义经济学家(汤普逊、霍吉斯金等)的观点相提并论。正是这种错误的理论意向,使后来受到赫斯影响的刚刚步入经济学研究的青年恩格斯和青年马克思都走了**否定劳动价值论的人本主义弯路**。

在论及这一层面时,还有值得我们注意的方面,那就是赫斯在**人本主义逻辑尺度**上是如何将批判的矛头直接指向了资产阶级经济学的。他一针见血地指出:"实际上,经济学同神学一样,关心的根本不是人。国民经济学(die Nationalökonomie)是尘世的发财致富的科学,正如神学是天国的发财致富的科学一样。"②这似乎与我们前面看到的西斯蒙第的话语完全相近!不过,它已经是经过费尔巴哈人本主义中介的批判话语。同时,这也是后来青年恩格斯(《国民经济学批判大纲》)和青年马克思(《巴黎笔记》前期)直接曾经引述过的一个重要界说。赫斯认为,根据政治经济学的原理,"**货币(Geld)应该是一般的交换手段**

---

① 参见《卢格在巴黎》,载《社会》第 8 卷,1931 年第 2 期。
② [德]赫斯:《论货币的本质》,载《赫斯精粹》,南京大学出版社 2010 年版,第 145 页。

(*Tauschmittel*),因而是**生活的中介物**(*Lebensmedium*),是**人的能力**,是**现实的生产力**"①。需要指出两点:一是这个 Lebensmedium 正是让马克思在"穆勒笔记"中重要的启思之处;二是赫斯关于生产力的理解,始终是与交换活动纠缠在一起的。而实际上,"**货币是相互异化的人的产物**(*das Product der gegenseitig entfremdeten Menschen*)、是**被外化了的人的**(*der entäußerte Mensch*)产物"。请注意,这是赫斯在本文中第一次使用 entfremdet(**异化的**)一词,在全文中,他一共使用了 3 次,后面 2 次在第十五节中,均为名词。因为,政治经济学是"根据人的钱袋的重量来评价人"。在后面的《共产主义信条问答》中,赫斯写道:

> 根据国民经济学的定义,资本(Capital)是积累的、储存的劳动(aufgehäufte, vorräthige Arbeit),——而且因为生产来源于产品的交换,所以货币是**交换价值**(*Tauschwerth*)。凡是不能拿去**交换**、不能**出卖**的东西,也就没有价值。如果人再也不能被拿去**出卖**,他也就**一文不值**了,但是如果人自己**出卖自己**,或者说,"受雇于人"(verdingen),那就会有价值。②

这里,赫斯关于价值=交换价值=货币的观点,在经济学上显然是错误的。

赫斯说,货币是"现代买卖世界的本质(Wesen der modernen Schacherwelt)",可是,这个货币却是"凝结成为死的字母的、扼杀生命的交往手段"。③ 在这里,赫斯力陈货币敌视人和非人的罪状。

第一,货币是社会的血,但它是被出卖的、被抽出来的血,是我们"生命的交换价值"。这种"出卖的血"导致了人及其生活的**非直接性**。生活是什么,生活是直接的爱;人的本质是什么,人的本质是人与人直接的相互交往(类)。可是,今天的人却"没有生活在类当中,没有生活在爱当

---

① [德]赫斯:《论货币的本质》,载《赫斯精粹》,南京大学出版社 2010 年版,第 146 页。
② [德]赫斯:《论货币的本质》,载《赫斯精粹》,南京大学出版社 2010 年版,第 146—147 页。
③ 参见[德]赫斯《论货币的本质》,载《赫斯精粹》,南京大学出版社 2010 年版,第 162 页。

中,而是生活在离间和敌视当中"①。金钱世界正在"把一切直接的交往、一切直接的生活消灭掉"。因为人的一切现在都必须通过金钱这个中介!从最自然的爱情、两性的交往,到整个知识界的思想交流,没有金钱就寸步难行。这已经成了一个"为了能活下去每一次心跳都必须先加以变卖","除了被变卖、被拍卖的人以外没有其他实际的人的地方"。② 第二,货币的非人性还在于它将活生生的人的生存**量化**了。人不再是人类的"社会的躯体,有机的类生活,社会的交往",而成为一个"僵死的量,一个数量或者数目"。③

> 金钱是用数量来表示的人的活动的价值,是我们的生命的买价(Kaufpreis)或交换价值(Tauschwerth)。……人的活动也和人自身一样,是不能对之支付代价的;因为人的活动就是人的生命,而人的生命是不能用任何数量的金钱来补偿的,它是无法估价的。④

赫斯愤怒地问道:"活的存在物,人及其最崇高的生活和活动的价值,社会生活的价值,怎么能够用数量、数目来表现呢?"⑤如上所述,由于看不到货币在经济学中的实质——货币与劳动价值论的关联,即货币不过是商品价值在市场交换中必然出现的物化形式和手段,赫斯的这种批判总是浮在非历史、非科学的伦理价值冲击上,犹如悬浮于虚无缥缈的云端,必然是不着边际的。

赫斯认为,在古代的奴隶制的强制下,人们只能不情愿地被出卖,产生这种痛苦是自然的和合乎人性的,然而,更可恶的是,在这个货币世界

---

① [德]赫斯:《共产主义信条问答》,载《赫斯精粹》,南京大学出版社2010年版,第180页。我请读者注意这个反对中介性的还原直接性的费尔巴哈式的逻辑构架。在后文对马克思的哲学解读中,这是一种认识论上扬弃了的重要环节。
② 参见[德]赫斯《论货币的本质》,载《赫斯精粹》,南京大学出版社2010年版,第152页。
③ 参见[德]赫斯《论货币的本质》,载《赫斯精粹》,南京大学出版社2010年版,第157页。
④ [德]赫斯:《共产主义信条问答》,载《赫斯精粹》,南京大学出版社2010年版,第171页。
⑤ 参见[德]赫斯《论货币的本质》,载《赫斯精粹》,南京大学出版社2010年版,第157页。

中,人们自愿地自我出卖,倒是自然的和合乎人性的。因为,在这里,"人首先必须学会**蔑视**人的生命,以便**自愿**地把它加以出卖。人们首先必须把以前认为**现实**的生命、**现实**的自由是无法估价的财产的认识忘掉,以便把这种生命和自由拿去**出卖**"①。由此,赫斯将资产阶级社会经济王国称之为社会动物世界。这个社会动物世界只是"有意识的、精神的或者说社会的定在(gesellschaftlichen Daseins)的生成史"②。这是赫斯第一次使用**社会存在**这个词,准确地说,应该是社会的**一定存在**,或**社会定在**。这个概念,过去是我们历史唯物主义中的基础性概念,可是马克思却很少使用它。他说:

> 我们现在正处在社会动物世界(sociale Thierwelt)③的**顶点**,最高点;因此,我们现在是**社会的猛兽**(*sociale Raubthiere*),完成了的、**有意识的利己主义者**,我们确认**自由竞争**就是一切人反对一切人的战争④,确认所谓人权(Menschenrecht)就是孤立的个体、私人、"绝对的个性"的权利,确认**职业的自由**就是相互剥削、**货币欲**(*Gelddurst*),这种货币欲无非是社会猛兽的嗜血欲。⑤

在赫斯看来,现实的金钱世界是"实际的假象和谎言的世界",因为它"在保证每个人享有不可侵犯的财产的假象下面,实际上是剥夺了他们的全部财产;在最普遍的自由(Freiheit)的假象下面是最普遍的奴役(Knechtschaft)"。⑥ 所以他认为,"金钱的存在本身就是人类的奴隶制度的标志"。赫斯认为,"一旦确立了商品化(Verkäuflichkeit)的原则,那就为**普遍的奴隶制**,为我们的小商人的**一般的、相互的**和**自愿的**人身买

---

① ② [德]赫斯:《论货币的本质》,载《赫斯精粹》,南京大学出版社2010年版,第160页。
③ 赫斯这里使用的 sociale 一词为法文而来。——本书作者第三节注。
④ 这句话应该源自黑格尔。在《法哲学原理》中,黑格尔写道:"市民社会是个人私利的战场,是一切人反对一切人的战场"(黑格尔:《法哲学原理》,商务印书馆1961年版,第309页)。马克思的《黑格尔法哲学批判》也引述了这句话(《马克思恩格斯全集》第1卷,人民出版社1956年版,第295页)。
⑤ [德]赫斯:《论货币的本质》,载《赫斯精粹》,南京大学出版社2010年版,第160页。
⑥ 参见[德]赫斯《论货币的本质》,载《赫斯精粹》,南京大学出版社2010年版,第160—161页。

卖开辟了道路"。① 赫斯说,人们从中世纪中获得的解放,最重要的东西就是自由,可是,今天这种自由成了变卖自己的条件。

你们正是必须**利用**你们的自然的自由,去为自己**获得**生活**资料**。你们通过**让渡**自己的自然的自由就能挣得这种资料,但这是**自愿地**让渡!谁也没有被迫让渡他的自然的自由,被迫把自己**出卖、出租**,受雇——如果他宁愿饿死的话。②

并且奇怪的事情是,"我们的男女工人,我们的短工、仆役和婢女找到**雇主**时是高兴的,按照现代的概念来看,他们是**自由的**工人,而雇主正当地雇佣许多人手,正当地养活许多人,他是'市民社会(bürgerlichen Gesellschaft)的**值得尊敬**的(通常也是非常有**自由思想**的)有用的成员'"②。

可是,如何才能消除这种非人的奴隶制呢?赫斯指出,"在我们的力量和能力已经发展起来以后,如果我们不向共产主义过渡,我们就会彼此使对方毁灭"④。这是他的政治结论。因为今天的奴役社会出现了以"生产力的过剩"和力量的浪费为特征的自我毁灭的荒唐现象。这个问题得以根本解决的途径只有人们真正地"联合起来",以创造一种"我们的力量的联合或者共同活动"的新生活,那就是共产主义。据此,赫斯断言,"货币机器(Geldmaschine)已经停止运转","社会的形成史(Entstehungsgeschichte)已经结束,社会动物世界的丧钟很快就要敲响"。⑤ 马克思后来在《资本论》及其手稿中科学地将资本主义社会表述为"经济动物世界",资本主义社会的灭亡也被称为人类"史前社会"的终结。赫斯认为,伴随着人的本质与能力的现实发展,伴随着物质生产与交往的发展或未来社会组织的物质内容的获得,"非人的、外在的、死的

---

① 参见[德]赫斯《论货币的本质》,载《赫斯精粹》,南京大学出版社2010年版,第148页。
②③ [德]赫斯:《论货币的本质》,载《赫斯精粹》,南京大学出版社2010年版,第155页。
④ [德]赫斯:《论货币的本质》,载《赫斯精粹》,南京大学出版社2010年版,第166页。
⑤ 参见[德]赫斯《论货币的本质》,载《赫斯精粹》,南京大学出版社2010年版,第167页。

交往手段就必然要被废除"。人类社会中的这种类的异化存在阶段,必然要过渡到"类生活的全面展开"阶段,即"有组织构成的"共产主义阶段。在这种新的"有机的共同体(die organische Gemeinschaft)"①之中,随着得到管理的社会组织的出现,雇佣劳动必须被消除;随着人的价值的提高,货币就会失去价值。这样将产生

> 一个没有自我毁灭的人类社会,并且实现一个多种多样的和协调一致地共同活动的生产(zusammenwirkenden Production),有同人们的各种不同的生活目标和多种多样的活动相适应的多种多样的有组织的活动范围的、合乎理性的、有机的人的社会,以便使每一个受过训练的人都能够按职业和爱好在社会中自由地表现其能力和才干。②

在那个社会中,"人的本性在所有的人身上都得到发展,而每个人又都能发挥自己的全部能力(Föhigkeiten)"③。赫斯的这一思想,在后来马克思关于第三大社会形态中人的全面解放学说中也有更加科学的表述。

正是赫斯的这种将费尔巴哈宗教异化批判思想(经过鲍威尔改造了的?)推广到社会经济领域的人本学异化论,直接影响了1843—1844年的青年马克思。但从马克思《德法年鉴》时期的几篇文章来看,由于他没有研究经济学,因此他还无法理解赫斯已经提出的一些社会历史哲学观点。但是他已经注意到,赫斯与受到赫斯直接影响的恩格斯观点的深刻性是受益于经济学研究的。这也是促使马克思下决心涉猎这一领域的重要导因之一。

1844年,赫斯还写下了另一篇重要的文章《共产主义信条问答》

---

① Gemeinschaft 一词在德文中是"共同体"和"联合"等意,赫斯在此文中8次使用该词来表达未来社会组织的性质,在此文中,赫斯还4次使用了相近词 Gemeinwesen(共同本质、公社)。——本书作者第三版注。
② [德]赫斯:《论货币的本质》,载《赫斯精粹》,南京大学出版社2010年版,第142页。
③ [德]赫斯:《共产主义信条问答》,载《赫斯精粹》,南京大学出版社2010年版,第170页。

(*Kommunistisches Bekenntniß In Fragen und Antworten*)①。在这篇文章中，赫斯的思考开始集中在了**劳动**上，并且他直接提出了重要的**雇佣劳动**(*Lohnarbeit*)概念。这是他先前使用的 Lohnträger 的一种深化。这显然是一种改变，赫斯开始意识到，原来他所聚集的**一般人们之间**交往的类关系及其异化，思考主体并不能直接落实到**劳动者**身上，如果哲学共产主义是为无产阶级革命服务，就必须将关注点**从交往关系转移到劳动上来**。这也是青年马克思从"穆勒笔记"中的交往异化观转向《1844年手稿》的劳动异化观的同向思想运动。

那么，什么是劳动呢？在此时的赫斯看来，"为了人类的生存，对物质进行的任何一种改变都叫劳动，或者叫工作、创造(schaffen)、出产、制造(erzeugen)、生产(produziren)、行动、活动，总而言之，劳动就是生活，因为事实上一切有生命的东西都在劳动"②。能看得出来，赫斯在这里是将劳动混同于生产和制造等活动，它不是特指**劳动者的主体活动**，而是更宽泛的广义劳动。它很接近马克思在 1845 年开始使用的实践。我发现，赫斯几乎从来没有使用过 vergegenständlich(对象化)一词。而这正是后来马克思与他在异化逻辑中的重大差异。在赫斯这里，劳动又区分为两种，一是有组织的(organisirte)劳动，二是无组织的(unorganisirte)劳动。前者也叫自由的活动(freie Tätigkeit)，同时，这种作为自由活动的劳动也是生活的**享受**(*Genuß*)；而后者则是被迫的劳动(gezwungene Arbeit)，这种对人来说就是苦难和压迫。这个**享受**(*Genuß*)也是后来马克思《穆勒笔记》中的重要概念。

> 自由的活动是出于内心的驱使(innerm Antriebe)而进行的一切活动，相反，被迫的劳动是由于外力的驱使(äußerm Antriebe)或是由于穷困而进行的一切活动。如果劳动是出自内心的驱使进行

---

① 赫斯的这篇论文 1844 年匿名以小册子的形式发表，1844 年 12 月又发表在巴黎德文报纸《前进报》第 2 号上。1846 年，赫斯把它稍加修改，发表在彼德曼主编的《莱茵社会改革年鉴》，1846 年康斯坦茨第 2 卷第 155—169 页上。
② [德]赫斯：《共产主义信条问答》，载《赫斯精粹》，南京大学出版社 2010 年版，第 168 页。

的,那么,它就是一种增加生活享受的乐趣,也是一种本身包含着报偿的善行。相反,如果劳动是在外力的驱使下进行的,那就是一种贬低和压抑人的本性的重负,是一种仅仅为了可鄙的罪恶报酬才去干的恶行,是一种雇佣劳动和奴隶劳动(Lohn-und Sklavenarbeit)。一个人假如除了其劳动本身以外还为他的劳动寻求报偿,那么,这个人就是一个为他人的目的而活动的奴隶,是一部被驱赶的无生命的机器(leblose Maschine)。①

请一定注意的问题是,赫斯在这里竟然没有提到不久前他津津乐道的**交往异化**!并且,他也没有用哲学人本主义的逻辑来描述资产阶级社会中的劳动状态,而是使用了比较准确和实证的概念:**雇佣劳动和奴隶劳动**。

究竟发生了什么?除去对劳动本身的关注以外,难道赫斯在1844年也发生了某种更重要的思想转变吗?我们来看赫斯这一文本中的具体分析。在赫斯看来,雇佣劳动的形成主要源起于"社会关系(gesellschaftliches Verhältnis)的强制压抑"。这个强制性的社会关系,正是过去那个交往异化。这使人的全部能力的发挥受到限制,"从而把人降低成了仅仅具有片面本能的动物"。其中,最根本的原因是为了**金钱**,"我们买卖我们的人的力量,这样我们就相互把对方变成了奴隶"。赫斯现在认为,"金钱是用数量来表示的人的活动的价值,是我们的生命的买价(Kaufpreis)或交换价值(Tauschwerth)"②。这是赫斯文本第二次使用"交换价值"这样的概念。第一次是在《货币的本质》一文中。并且,我们可以与上面赫斯在《货币的本质》一文中对金钱的人本主义哲学分析作一比较,然后我们会发现,**类本质异化**的逻辑似乎从表面上消失了。我们无法知道,赫斯的思想为什么突然出现了这种改变?施蒂纳的打击?青年马克思和恩格斯《神圣家族》的影响?我们不得而

---

① [德]赫斯:《共产主义信条问答》,载《赫斯精粹》,南京大学出版社2010年版,第169页。
② [德]赫斯:《共产主义信条问答》,载《赫斯精粹》,南京大学出版社2010年版,第171页。

知。还有一种可能,即因为这篇文章是为了向民众通俗地宣传共产主义思想,所以赫斯在此特意避免使用抽象难懂的哲学概念。我倾向于后一种猜测。

这里,赫斯的讨论变得非诗性了:"人的活动也和人自身一样,是不能对之支付代价的,因为人的活动就是人的生命,而人的生命是不能用任何数量的金钱(keine Summen Geldes)来补偿的,它是无法估价的。"①显然,赫斯在避免使用"类生活"、"相互异化"那些哲学术语。当人的活动和价值用金钱(数量)来表示的时候,它就意味着人类处于被奴役和被掠夺的状态之中,因为"金钱的存在本身就是人类的奴隶制度的标志"。这只是一个外部的标志。

赫斯分析道,作为"人的生活资料,人的活动资料的大自然的果实(Früchte der Natur)和劳动产品(Erzeugnisse der Arbeit)",就是我们所说的财产(Vermögen)。这二者,都是自然界和人类社会的创造物,它们本来应该是社会的所有物(Eigenthum der Gesellschaft),可是,在今天的金钱世界中,它们却成了个人的所有物。一些人"从社会手里夺取了属于社会的东西,夺取了社会应当为了全体成员的利益自行处理的东西。他是杀人犯;因为他夺取了他的同胞赖以生存和活动的手段,因而也就夺取了他们的生命或自由"。这就是"富翁、财主、所有主或占有者(reichen Herrn, vermögenden Mann, Eigenthümer oder Besitzer)"。② 在这里,赫斯给出了一大批坏蛋们的名称。这些人"通过对奴隶般地服苦役或从事雇佣劳动和通过继承、放高利贷、赌博、买卖股票、牟取暴利和合法欺骗",占有他人和社会的财富。所有(财产,Eigenthum)就是盗窃,占有(Besitz)就是掠夺,这是蒲鲁东观点的激进化。

赫斯明确提出,"要废除这种人的交易、相互的剥削以及所谓的私人

---

① [德]赫斯:《共产主义信条问答》,载《赫斯精粹》,南京大学出版社2010年版,第171页。
② 参见[德]赫斯《共产主义信条问答》,载《赫斯精粹》,南京大学出版社2010年版,第173页。

营利,不能通过任何法令,而只能通过建立起共产主义的社会(kommunistischen Gesellschaft),共产主义社会将为每一个人提供发展和运用人的才智的各种手段"①。

到那时,真正的、不可估量的人的价值(der wahre, unschätzbare menschliche Werth)将取代用数量估价的人的价值——人的能力的充分发挥和生活享受的高度满足将取代高利贷利息的暴涨——和谐的共同活动(harmonisches Zusammenwirken)和高尚的竞赛将取代卑鄙地用武器进行的敌对的竞争——自由的、有活动能力的人的头脑、心脏和双手将取代九九表。②

当然,赫斯眼中的共产主义实现,不是通过暴力,而是目前的所有制关系"逐渐地被改造成共产主义的关系"。其具体途径为,"唤醒现今的社会,使其意识到它的穷困,并且意识到它必须承担改善现实的使命,从而激发大多数人向往人的状况(menschliche Zustände)的愿望,即摆脱目前正在遭受的奴役的愿望"。这是一种多么良好的主观愿望啊。首先,"随着人的价值提高,货币就相应地失去价值。随着得到管理的社会组织推广开来并排挤掉雇佣劳动(Lohnarbeit)"。其次,"随着年轻的一代通过社会的培养和教育成长起来并且承担起一切社会劳动,人的价值必然提高到不可计量的地步,而货币的无价值必然下降到一文不值的地步"。③ 显然,赫斯的共产主义道路并没有真正脱离空想。

1845年初,赫斯写下了《最后的哲学家》一文④。这篇文章写作的原因是施蒂纳的《唯一者及其所有物》(*Der Einzige und sein Eigentum*,

---

①② [德]赫斯:《共产主义信条问答》,载《赫斯精粹》,南京大学出版社2010年版,第172页。
③ 参见[德]赫斯《共产主义信条问答》,载《赫斯精粹》,南京大学出版社2010年版,第176页。
④ Moses Hess, *Die letzten Philosophen*, in *Philosophische und sozialistische Schriften 1837 - 1850*, Herausgegeben und eingeleitet von Auguste Cornu und Wolfgang Mönke, Berl., 1961. 原文最初发表于1845年5月。不久,马克思和恩格斯开始动手写作《德意志意识形态》一书。

Leipzig：Otto Wigand，1845）一书的出版。施蒂纳的这本书第一次全面批判了费尔巴哈甚至启蒙思想以来的古典人本主义逻辑，在一定的意义上，施蒂纳也是近代西方思想史上在现代性的语境中第一个自觉消解形而上学的人。很显然，施蒂纳"打倒一切"的做法深深刺痛了赫斯。

为了反驳施蒂纳，赫斯此文中的讨论再一次操持起哲学。赫斯说，今天德国的哲学家们没有意识到，仅仅在**理论上**（*theoretisch*）进行批判是注定要失败的，他要求理论复归现实生活（wirkliches Leben），必须进行**实践上**（*praktisch*）的扬弃。

> 人们陷入的分离状态，在实践上（Praktisch）只有通过社会主义（Socialismus），即人们紧密团结，在共同体（Gemeinschaft）中生活，在其中劳动，并通过扬弃私人所得，才能够得到扬弃。只要人们在现实即社会生活中处于分离状态，并且个人与人类的区别停留在理论上即"意识"中，那么人们在现实生活中不仅仍旧相互分离，而且在意识中也仍旧相互分裂。①

你看，赫斯似乎已经获得一种超出一切德国哲学家们的高招，因为他已经意识到理论批判与社会主义实践的正确关系。市民社会（bürgerliche Gesellschaft）中发生的一切，不再只是通过哲学的批判，而是在社会生活中的实践来改变。他甚至说，"我不想写关于哲学的否定的哲学读物（philosophischen Bücher）"②！这与马克思恩格斯在《神圣家族》和《关于费尔巴哈的提纲》中的转变方向是基本一致的。

赫斯说，"我们过去的全部历史，不外是**社会的**动物界（sociale Thierwelt）的历史"，而现代的小贩世界则是这种社会动物界的终极点。

> 小贩世界，是社会体的外化的生命（entäußerten Leben des

---

① ［德］赫斯：《最后的哲学家》，载《赫斯精粹》，南京大学出版社 2010 年版，第 184 页。
② ［德］赫斯：《最后的哲学家》，载《赫斯精粹》，南京大学出版社 2010 年版，第 187 页。

socialen Körpers），即在**货币**中，享受自身外化的生命。所谓小贩世界存在的**货币渴望**（*Gelddurst*），就是食肉兽具有的**血渴望**。如食肉兽**喜欢掠夺**（食肉）那样，小商人世界是**贪欲**的。渴望货币的所有动物，自己的理论的本质，不仅吃尽自己的神，并且首先吃尽自己的外化的本质、货币。①

这是我们已经熟悉的东西，但关键在于，赫斯竟然明确提出这是一种不同于德国哲学家们津津乐道的理论异化的**实践的异化**（*praktische Entfremdung*）。② 这里的实践的异化是指现实的异化，而非异化了的实践。并且，赫斯已经认识到，"现实的、活生生的人（'wirklichen'，'lebendigen' Menschen）"，特别是"诸个人的特性（Eigenschaften），正如我们人的普遍的所有那样，个人的所有，是个人实现的各种特性（verwirklichten Eigenschaften）的总和（Gesammtheit）"。③ 马克思在自己的《关于费尔巴哈的提纲》中，将赫斯这里的特性改为了**社会关系**。

我们说，赫斯是马克思恩格斯的同路人，他的思想历程，也是我们清楚地看到马克思恩格斯思想发展初期的外在标尺。可是，马克思恩格斯在1845年实现的伟大思想革命，让这位一度的先行者远远落在了历史的后面。

4. 青年恩格斯的早期经济学哲学批判

实际上，在1843年前后，受赫斯思想影响最深的人并不是青年马克思，而是青年恩格斯。1842年9月，恩格斯结束兵役之后，在德国赴英国曼彻斯特（去其父亲开办的工厂）的途中在科伦停留，当他去《莱茵报》时第一次拜访了马克思，但由于被误认为是柏林自由撰稿人的代表，恩格斯受到了马克思的冷遇。可是，恩格斯与赫斯却进行了长时间的交谈。

---

① ［德］赫斯：《最后的哲学家》，载《赫斯精粹》，南京大学出版社2010年版，第193页。
② 参见［德］赫斯《最后的哲学家》，载《赫斯精粹》，南京大学出版社2010年版，第193页。
③ 参见［德］赫斯《最后的哲学家》，载《赫斯精粹》，南京大学出版社2010年版，第197页。

后来赫斯在英国时,恩格斯与他关系极为密切。所以,赫斯的思想首先更深更广地影响了青年恩格斯。因此,恩格斯比马克思更早转向哲学共产主义(1843年10月恩格斯的《大陆上社会改革运动的进展》),并先期开始接触经济学。有资料表明,恩格斯在旅居英国时就开始接触经济学,涉猎包括斯密、李嘉图、萨伊、麦克库洛赫和穆勒等人的论著。这时,在赫斯的影响下,特别由于青年恩格斯亲身处于工人阶级的劳作和生活之中,因此他的社会政治思想自然比同期的马克思要深刻得多。事实上,反倒是赫斯与青年恩格斯的思想影响了马克思,促使他转向经济学研究,从而在1844年以哲学逻辑反注经济学的过程中创立了著名的劳动异化理论,再以此生发推演开去,最终于1845—1846年实现伟大的思想革命。

图1 青年恩格斯

我们知道,青年恩格斯于1843年底到1844年初所写的《国民经济学批判大纲》(*Umrisse zu einer Kritik der Nationalökonomie*)①一文,得

---

① 在《马克思恩格斯全集》中文第一版第1卷中,恩格斯此书的书名被误译为"政治经济学批判大纲"。参见《马克思恩格斯全集》第1卷,人民出版社1956年版,第596页。——本书作者第二版注。

到了马克思的充分肯定,正是在这篇重要文献中,我们很容易就能发现赫斯的思想如影随形。开篇之初,恩格斯同样称资产阶级经济学为官许的欺诈办法和一门完整的"发财致富的科学(Bereicherungswissenschaft)"①。我们看到,与赫斯不同的是,恩格斯一开始就持有一种**历史的**观点,他明确指出资产阶级政治经济学是"商业扩张的结果",重商主义必将发展为斯密、李嘉图的自由贸易学说。如果说在重商主义那里人们还着眼于流通领域的贵金属,并指望贸易顺差中的财富增殖,那么在18世纪则出现了关注劳动生产的政治经济学的革命。显而易见,青年恩格斯的经济学研究刚一出场就有别于赫斯那样的形而上学的轻浮。同时我们还可以观察到,恩格斯在这里迅速、敏锐又深刻地体认出18世纪这种资产阶级思想革命的片面性:这不仅体现在政治上,而且直接体现在**哲学基础和方法**上!依据当时恩格斯的理解,这种片面性就是简单的形而上学的"对立性":"抽象的唯物主义和抽象的唯灵论相对立,共和国和君主国相对立,社会契约和神权相对立"②。他发现,作为资产阶级政治经济学前提的**抽象的**唯物主义,并"不干预基督教轻视人类和侮辱人类的现象,它只是把自然当做一种绝对的东西来代替基督教的上帝并把它和人类对立起来"③。苏联学者卢森贝认为这时的恩格斯是运用辩证法这个武器来批判资产阶级政治经济学,这种判断有一定的道理。④ 恩格斯其实已经发现了资产阶级经济学的这种非批判的方法论前提。他认为,虽然经济学是从资产阶级经济现实出发,却是将资产阶级社会经济作为现成的事实来肯定的(哪怕是**科学的**分析!)。所以,在这种学说的背后,资产阶级的人道主义和唯物主义固然反抗了神权,甚至反对了重商主义"旧教",却仍然将私有制当作一种天然的东西予以接受,因此它至多是一种"一半的进步"的"新教"。恩格斯入木三分地指出,"政治经济学没有想

---

① 《马克思恩格斯全集》第1卷,人民出版社1956年版,第596页。
②③《马克思恩格斯全集》第1卷,人民出版社1956年版,第597页。
④ 参见[苏]卢森贝《十九世纪四十年代马克思恩格斯经济学说发展概论》,方钢等译,三联书店1958年版,第36页。

到提出**私有制的合理性**的问题",因为它恰恰是要维护新的资产阶级社会的工厂制和现代的奴隶制。① 这样,这种"科学"可称之为"**私经济学**"②。在这里,恩格斯将西斯蒙第已有的批判大大向前推进了一步。

恩格斯在《国民经济学批判大纲》中,把资产阶级社会的全部经济现象、资产阶级经济学的全部范畴和规律都归结为私人所有制。这里又有蒲鲁东的影响。他试图通过揭示私有制的非人性,从而认证消灭私有制的必然性问题。而且,恩格斯的确是**从政治经济学本身的直接批判**出发的,较少赫斯的那种纯哲学的逻辑演绎。这也是青年恩格斯与同样开始进入政治经济学研究的马克思的不同之处。

恩格斯分析道,如果说重商主义的"旧教"还没有掩盖商业的不道德本质(贱买高卖),那么当前这种经济学"新教"却是虚伪的意识形态,因为斯密—李嘉图在资产阶级不人道的奴役关系之上又蒙了一层人道化的平等的交换原则和一整套对经济规律的科学分析的面纱。这是一种更深层的欺诈! 这种东西越是科学就越反动,所以,"**李嘉图**的罪过就比**亚当·斯密**大,而**麦克库洛赫**和**穆勒**的罪过又比**李嘉图**大"③。此时,恩格斯显然还没有把古典经济学与庸俗学派区分开来。恩格斯直接站在西斯蒙第式的立场上批判性地提出,必须抛弃这种抽象唯物主义的"纯经验主义和纯客观主义的研究方法",使经济学也能直接地对私有制经济生活的结果负责。这里,恩格斯当然也没有注意区分暗含在政治经济学中正确的社会唯物主义前提,以及作为这种逻辑必然结果的资产阶级意识形态的拜物教。

恩格斯认为,亚当·斯密是资产阶级"**政治经济学中的路德(ökonomische Luther)**"④。请注意下面青年马克思在《1844年手稿》引

---

① 参见《马克思恩格斯全集》第1卷,人民出版社1956年版,第597页。
② 《马克思恩格斯全集》第1卷,人民出版社1956年版,第600页。
③ 《马克思恩格斯全集》第1卷,人民出版社1956年版,第599页。
④ 《马克思恩格斯全集》第1卷,人民出版社1956年版,第601页。马丁·路德(Martin Luther, 1483—1546),本名 Martin Luder,新教宗教改革的发起人。新教改革终止了中世纪天主教教会在欧洲的独尊地位。

言中的相近指认。众所周知,在宗教改革中,路德的意义是将中世纪那种外在于人的神(上帝)直接化解在人的内心中,让教条的神学教义变成个体生存的内省自悟,从而使彼岸世界融于此岸现世。恩格斯此处的比喻,是想说明斯密把原来重商主义的那种公开的不道德买卖("商业就是一种合法的欺诈")变成一种人道一些的自由的平等的互利贸易。我以为,恩格斯的这一指认实质上还是哲学式的。因为,如果他真的认识到斯密是一种"路德革命",那么这种"革命"实际上是在经济学中将私有财产的本质从财富的**客体形式**移到了人的**主体活动**——劳动中来,而且,首先是重农主义使财富指认从流通转向了农业生产领域里的劳动,而后来斯密用一切生产中的劳动指认了财富。这就是**劳动价值论**。可是在这个时候,恩格斯并没有意识到古典经济学这个重要理论对社会主义革命的深刻意义。后面我们将看到,他的这一观点直接影响到初次进入经济学研究中的青年马克思。

我已经指出过,恩格斯的研究不同于仅仅停留在哲学社会批判中的赫斯,其思想耕犁的确深深掘入到经济学理论的具体批判中。但我们要指出,这时恩格斯的经济学批判仍然是不准确的。这主要因之于他一开始就没有正确理解经济学中的价值问题。由于此时恩格斯手中持有"以现实总体统一性为逻辑尺度的辩证具体"这把利剑,所以在他眼里,资产阶级经济学家都是戴着"运用对立性"有色眼镜的虚假抽象者:李嘉图和麦克库洛赫片面地认为抽象价值决定于生产费用,而萨伊则片面地押宝于效用。他们对价值的看法,都脱离了**竞争**这一资产阶级社经济现实中"主要的东西"的抽象结果。而在恩格斯看来,"价值是生产费用对效用的关系"①,同时,价值事实上不可能从现实的竞争中抽象出来,因为在竞争中真实出现的只是价格。所以,从现实的存在出发,"作为基本东西和价格泉源的价值倒要从属于它自己的产物——价格了"②。在这个意义

---

① 《马克思恩格斯全集》第 1 卷,人民出版社 1956 年版,第 605 页。
② 《马克思恩格斯全集》第 1 卷,人民出版社 1956 年版,第 606 页。

上,恩格斯说,由于这种理论深层的唯心主义抽象,资产阶级的政治经济学是"本末倒置"的。"这种颠倒黑白构成了抽象的本质。关于这点,请参看费尔巴哈的著作。"①

在此,我想指出自己的几点看法:一是恩格斯从根本上还是从费尔巴哈式感性唯物主义哲学立论的,他反对资产阶级经济学家不从客观现实出发的"抽象"唯物主义。这一点后来也影响了青年马克思,而马克思最终在自己的经济学分析中再一次回到科学的抽象。二是他已经天才地指出资产阶级经济学理论的颠倒,却没有意识到这种颠倒是资产阶级社会经济**关系现实颠倒**的真实反映。三是他肯定了价值的存在,但对价值的看法却有失偏颇,因为他还没有区分出李嘉图的劳动价值论与萨伊的庸俗效用论的根本不同点。所以,很自然,恩格斯在这里是不可能科学地批判资产阶级经济学的,即使他已经直接遭遇到那个著名的命题:资本是积累起来的劳动!劳动价值论还是与他擦肩而过了。

面对经济学家提出的生产费用三要素论(地租、利润和工资),恩格斯剥离出生产中的对象(物的客观方面)和劳动(人的主观方面),这也就是哲学上的自然与人。以他之见,自然与人本来**应该**都是统一的,可是在私有制的条件下,最先是自然(土地)与人的分离,然后是人自身的活动——劳动的自我分裂。这些分离与分裂都造成了辩证统一性的外在对立。显然,恩格斯特别关注第二种对立,即劳动活动自身的自我分裂。首先,"**劳动**是生产的主要因素,是'财富的泉源(Quelle des Reichthums)',是人的自由活动(die freie menschliche Thätigkeit)"②。这个自由的人的活动的说法,显然受到赫斯的影响。但是在资产阶级社会生产过程中,人的活动又被分成了劳动与资本,而如果"资本和劳动本

---

① 《马克思恩格斯全集》第1卷,人民出版社1956年版,第606页。
② 《马克思恩格斯全集》第1卷,人民出版社1956年版,第611页。参见 Engels,*Umrissezu einer Kritik der Nationalökonomie*, *Marx-Engels-Gesamtausgabe*(MEGA2),I/3,Text,Berlin:Dietz Verlag,1985,S.482。——本书作者第三版注。

来是一个东西",经济过程中十分混乱的现象就在一定意义上得到澄清。① 因为,资本不过是人们**过去的劳动**,可是最初作为劳动结果的资本,后来却**颠倒过来**表现为劳动的基础、劳动的材料。他精辟地剖析道:"由私有制(Privateigenthum)造成的资本和劳动的分裂(Spaltung zwischen Kapital und Arbeit),不外是与这种分裂相适应的并从这种分裂产生的劳动本身的分裂。"②恩格斯的这一分析,将资产阶级社会存在的根本性基础——劳动直接呈现了出来。其次,作为过去的劳动本身的资本又分裂为原始资本和利润,利润再分裂为利润与利息。正是在这种反常的分裂中,"劳动的产物以工资的形式和劳动对立起来了,它和劳动分离开来,并且通常也是由竞争来决定"③。这是从哲学向经济学的努力过渡。可是,这显然是不准确的认识。最后,恩格斯认为:"这一切微妙的分裂现象,都产生于资本和劳动的最初分离和完成这一分离的人类分为资本家(der Kapitalist)和工人的分裂。"④这是主体自身的分裂了。在本文中,恩格斯5次使用Kapitalist一词。

应该指出,一旦恩格斯抓住资本这个重要的经济学规定,就必将使他的批判处于一个极重要的前沿地带。从资本与劳动的对立出发,实际上也是**从生产出发**,这个论点的理论意义远在对分配领域中劳动与财富、劳动与货币关系批判的意义之上。面对这种本质分裂,恩格斯仍然坚持辩证的统一总体性。结论只有一个:重新达到这一总体的途径只能是消灭私有制! 恩格斯明确指出,消除了私有制,"所有这些反常的分裂现象就不会存在"⑤。对于资本来说,没有私有制,利息与利润的差别就会消失,利润也不会从资本中分离出来,而成为它的"固有部分",就像资本重新还原为它与劳动的最初统一体一样。对于劳动本身来说,"只要

---

① 参见《马克思恩格斯全集》第1卷,人民出版社1956年版,第610—611页。
②《马克思恩格斯全集》第1卷,人民出版社1956年版,第610页。
③《马克思恩格斯全集》第1卷,人民出版社1956年版,第611页。
④《马克思恩格斯全集》第1卷,人民出版社1956年版,第610页。
⑤《马克思恩格斯全集》第1卷,人民出版社1956年版,第611页。

我们消灭了私有制,这种反常的分裂状态就会消失;劳动就会成为它自己的报酬"①,而分离出去的工资也会显示出它真正的意义。显然,正是这个源自于经济学视界的对资产阶级社会生产方式的批判观点,不久就由马克思以人本主义劳动异化理论的哲学投射更完整地表述出来了。

我们发现,在最初面对古典经济学时,也由于这种人本学的逻辑导引和共产主义的批判指向,恩格斯没有正确地对待这一经济理论中的重要基础,即劳动价值论。此时,恩格斯站在资产阶级经济学的反面,以否定的立场来观察其维护私有制的一切理论逻辑。他根本没有意识到,在他所否定的经济学理论中恰恰包含着资产阶级社会消灭自身的基础。恩格斯不承认李嘉图的价值学说,似乎这种以生产费用决定价值的观点与萨伊的效用决定价值的见解都是一种脱离了现实经济运作(竞争)的抽象。此时,他还没有意识到古典经济学的科学抽象的必要性,也同样没有意识到自己的劳动规定恰恰是另一种意义上的人本学抽象。

更重要的方面在于,恩格斯先于马克思从经济学中指认出资产阶级社会经济规律的不合理性(这一点使他远远地超出了赫斯),即在私有制的前提下,以自由竞争为核心的市场经济的价值法则的不合理性。恩格斯指出,"只要私有制存在一天,一切终究都会归结为竞争"②。如上所述,私有制导致了生产的主体与客体的分裂与对立、主体活动自身的分裂与对立,以及人与人之间的分裂与对立,这种反常的"敌对状态",使"人类目前状况的不道德达到了登峰造极的地步,而竞争就是顶点"。③请注意,在恩格斯此时的理论地平中,**竞争**正是资产阶级社会经济运作中的最大也是最重要的客观现实。他正是通过这个具体的感性现实来反对资产阶级经济学家的"抽象"的。这时他没有发现,资产阶级社会的生产关系必须通过科学的抽象才能呈现出来。这个难题是马克思在后来的《1857—1858年经济学手稿》中通过"资本一般"与"资本现实"

---

① 《马克思恩格斯全集》第1卷,人民出版社1956年版,第611页。
② 《马克思恩格斯全集》第1卷,人民出版社1956年版,第611页。
③ 参见《马克思恩格斯全集》第1卷,人民出版社1956年版,第612页。

的区分解决的。恩格斯在此文中使用过 socialen Verhältnisse 一语。但是我们可以看出,恩格斯在这里对竞争的分析是他这一文本最深刻的内容之一。

以恩格斯之见,首先,竞争正是资产阶级社会经济运作中垄断的对立面。与私有制一样,它本身就是自相矛盾的。因为在竞争中,"个人的利益是要占有一切,社会的利益是要使每个人所占有的都相等。所以,公共利益和私人利益是直接对立的"①。其次,竞争的规律是"供和求始终力图互相适应,但是正因为如此,就从来不会互相适应。双方又重新脱节,并转而成为尖锐的对立"②。这是因为,资产阶级社会生产过程的本质是对经济规律的不自觉性和不健全性,竞争的规律永远是一种自发的无法控制的**非主体性**调节。可是,资产阶级经济学却将这种**类似自然界运动**的盲目起作用的规律看成是真正的自然规律。这恰恰表现了资产阶级经济学不是为了"真正人的目的"的反动性。所以,在资产阶级经济学家封为自然规律的地方,恩格斯深刻地指出了它的非人性质:"这个规律是纯自然的规律,而不是精神的规律"。请注意,恩格斯这里的"自然规律"已经带有一种反讽的意味,因为"这是一个以当事人的盲目活动为基础的自然规律",而不是"像人那样有意识地进行生产"。③ 这是后来我将其显性地表述为马克思主义历史辩证法主体向度中的"似自然性"观点的真正前身!④ 一方面,恩格斯认为正是这一规律"造成了人们今日所处的相互奴役的状况";另一方面,他则谈到由于自由竞争所带来的社会经济生活的"无秩序"性,特别是这种无秩序性所必然导致的周期性"波动"和"商业危机"。⑤ 同时他还指出,如果这样"无意识地毫不思考地全凭偶然性(unbewußte, gedankenlose, der Herrschaft

---

①②《马克思恩格斯全集》第 1 卷,人民出版社 1956 年版,第 613 页。
③ 参见《马克思恩格斯全集》第 1 卷,人民出版社 1956 年版,第 614 页。
④ 参见《马克思恩格斯全集》第 1 卷,人民出版社 1956 年版,第 614 页,并参见拙著《马克思历史辩证法的主体向度》,南京大学出版社 2002 年第 2 版,第三章第二节。——本书作者第二版注。
⑤ 参见《马克思恩格斯全集》第 1 卷,人民出版社 1956 年版,第 614 页。

des Zufalls uberlassene)来进行生产,那末商业危机就会继续下去;而且一定是一次比一次更普遍,因而也一次比一次更严重",最终,必将导致资产阶级社会自身的彻底毁灭,这也就"势必引起一次社会革命"。① 所以,恩格斯也认为资产阶级社会的经济规律是一个"孕育着革命的规律"。②

卢森贝认为,恩格斯此时的研究受到了英国空想社会主义③的影响,因此他在这本书中常常"从道德正义永恒规律的眼光批评资本主义;他往往用道德的谴责来结束对某些经济现象的深刻的理论的分析"④。我想指出一点,青年恩格斯这时的研究方法是值得我们认真关注的。在他的批判方法中,经济学的那种**从现实社会生活出发的客观逻辑**实际上已占据主导地位,而人本学的逻辑构架仅仅对他起到一定作用,所以青年恩格斯后来的思想转变并不像马克思那样艰难。

对于《国民经济学批判大纲》,恩格斯和马克思后来的认识是一致的。恩格斯自己在1871年4月13日给李卜克内西的信中反对再次刊登这一文本,因为"这篇文章**已经完全过时**,而且有许多不确切的地方,只会给读者造成混乱。加之它还完全是以黑格尔的风格写的,这种风格现在也根本不适用。这篇文章仅仅具有历史文件的意义"⑤。马克思在不久前给李卜克内西的一封信中也同样指认了恩格斯的这一说法。⑥

---

①② 参见《马克思恩格斯全集》第1卷,人民出版社1956年版,第614页。
③ 空想社会主义(utopian socialism),又称乌托邦社会主义,是产生于资本主义生产状况和阶级状况尚未成熟时期的一种社会主义学说。现代社会主义思想的来源之一。空想社会主义者相信在不久的将来可以建立理想的意识形态社会,并为之不懈努力奋斗。这种学说最早见于16世纪托马斯·莫尔的《乌托邦》一书,盛行于19世纪初期的西欧。
④ [苏]卢森贝:《十九世纪四十年代马克思恩格斯经济学说发展概论》,方钢等译,三联书店1958年版,第49页。
⑤ 《马克思恩格斯全集》第33卷,人民出版社1956年版,第209页。
⑥ 参见《马克思恩格斯全集》第33卷,人民出版社1956年版,第208页。

第二章 经济学语境中哲学话语的沉默与凸现

在上一章中,我们解蔽了马克思于1844年开始第一次经济学研究时所直接遭遇的经济学语境中已经存在的真实哲学逻辑进度:在客观向度上,由古典经济学开掘的社会唯物主义,到黑格尔对这种现实物化逻辑的唯心主义颠倒和批判;在主体向度上,由西斯蒙第首开先河的经济学伦理批判,经过蒲鲁东、赫斯和青年恩格斯,我们看到了一条在经济学语境中主体价值冲击的基本逻辑线索。我认为,我们不能像目的论者一样设定在任何一个时段出场的青年马克思都正在实现为马克思主义者,正在走向历史唯物主义。马克思就是马克思。在1844年步入经济学研究语境时,他刚刚在历史研究中确认了费尔巴哈的自然唯物主义,在人本主义主体哲学的趋动下,他恰恰远离政治经济学中的社会唯物主义和黑格尔的历史辩证法,而经济学语境中人本主义的主体批判思路,才与他自觉建构的哲学话语相匹配。于是,哲学共产主义的价值悬设必然与资产阶级社会的历史现实发生直接冲突。

第一节 从《克罗茨纳赫笔记》到《黑格尔法哲学批判》

众所周知,青年马克思的理论起点是法哲学,最初是康德、费希特的

"应有"(Sosein)与"现有"矛盾张力中的主体能动性,然后是青年黑格尔派的凸现个性的自我意识(《德谟克利特自然哲学与伊壁鸠鲁自然哲学的差别》)。1841年,年轻的哲学博士马克思走进社会时,是一位地道的唯心主义哲学家,这时占据他脑海的是反映资产阶级民主主义政治的理性观念论,这种唯心主义理念论,只是在他接触到现实社会问题(《莱茵报》时期对经济利益关系的评判)时才开始出现裂痕。① 当马克思意识到必须真实地面对社会历史时,这就有了以法国大革命为中心阅读线索的历史研究摘录——《克罗茨纳赫笔记》(1843年7—8月,五册)②。正是在研究历史现实的过程中,马克思完成了自己思想中的第一次伟大转变(《黑格尔法哲学批判》),也正是这种新的思想基础,成为他进一步研究经济学的主要理论前提。

1. 青年马克思与《克罗茨纳赫笔记》

从荷兰阿姆斯特丹社会历史研究所(Internationales Institut für Sozialgeschichte,以下简称IISG)保存的现有文献来看,马克思给我们留下了近225本笔记。从马克思自己给父亲的信中我们了解到,他大约在1836—1837年之交开始写读书笔记。他说:"我已经养成了习惯,对自己所有读过的书作摘录笔记"。在 MEGA2 已经出版的早期笔记中,有1840年以前马克思为准备博士论文而作的《关于伊壁鸠鲁哲学的笔记》(1839年,七册)③。1840年以后,还有《柏林笔记》(1840—1841年,八册)和《波恩笔记》(1842年,五册)。④《柏林笔记》的主要内容是关于阅

---

① 参见拙著《马克思历史辩证法的主体向度》,南京大学出版社2002年第2版,第一章。——本书作者第二版注。
② 《克罗茨纳赫笔记》,MEGA2 第四部分,第2卷,柏林:狄茨出版社,1981年,第5—278页。
③ 《关于伊壁鸠鲁哲学的笔记》,MEGA2 第四部分,第1卷,柏林:狄茨出版社,1976年,第5—146页。已收入中文版《马克思恩格斯全集》第40卷,人民出版社1982年版。
④ 《柏林笔记》,MEGA2 第四部分,第1卷,第155—319页,目前尚无中译本。《波恩笔记》,MEGA2 第四部分,第1卷,第320—367页,没有中译本。

读亚里士多德①、斯宾诺莎②、莱布尼茨③、休谟和康德等人的著作的哲学笔记,这是马克思为打算写作大学授课资格论文而准备的资料。《波恩笔记》的内容则是宗教史与艺术史的摘录,这是马克思开始参与《莱茵报》的政治评论工作有关的读书活动的记录。由于这些笔记都写于马克思第一次重要转变之前,所以在这里都没有被列为本书的文本研究对象。

图2　青年马克思

1843年以前,作为青年黑格尔派的马克思,虽然已关注经由鲍威尔"油炸"过的自我意识的能动性(《德谟克利特自然哲学与伊壁鸠鲁自然哲学的差别》),但他并没有更深入地理解黑格尔历史辩证法,更谈不上从历史发展的客观总体角度去面对现实的人类社会。我们已经指出,1843年《德法年鉴》(*Deutsch-Französische Jahrbücher*)时期,在青年马

---

① 亚里士多德(Aristotle,前384—前322),古希腊著名哲学家。
② 斯宾诺莎(Benedictus Spinoza,1632—1677),荷兰著名哲学家。代表论著有:《神、人及其幸福简论》(1659)、《理智改进论》(1661—1662)、《神学政治论》(1670)、《伦理学》(1675)等。
③ 莱布尼茨(Gottfried Wilhelm Leibniz,1646—1716),德国哲学家、数学家。主要代表作有:《形而上学论》(1686)、《人类理智新论》(1704)、《单子论》(1714)等。

克思的哲学思想中发生了**第一次重要理论转变**：从青年黑格尔学派自我意识的唯心主义转向费尔巴哈式的自然唯物主义，从民主主义转向抽象的共产主义。过去我们已经知道，马克思思想上的这次转变，很大程度上是由于他在《莱茵报》时期对现实问题发表意见遇到的挫折引发的。在他的思想深处，实际上埋藏着一种急于了解现实生活的冲动。这种心灵悸动在刚开始体现为他对历史特别是法国大革命的关注，后来在赫斯与青年恩格斯的影响下才进一步实现为他对政治经济学和现实生活的关注。此外，马克思的这种思想发生转变的学理上的原因，在过去主要被指认为受到费尔巴哈的外在影响，似乎马克思读了费尔巴哈的论著，摇身一变一下子就成了"费尔巴哈派"了。实际上，情况没有那么简单。

这一类彰显第一个转变过程的直接文本群，主要是马克思写于1843年7—8月的《克罗茨纳赫笔记》(*Historisch-politische Notizen*, *Kreuznacher*)和几乎同期完成的《黑格尔法哲学批判》手稿。① 我发现，《克罗茨纳赫笔记》的主要内容是马克思以法国革命为主线的历史学摘录资料，这是他自己**独立**走向社会历史本体的极重要的一个方面。同时，也正是在这一研究中，马克思在现实生活的真实层面上**确认了**费尔巴哈唯物主义哲学（不是历史唯物主义）的革命意义，这集中表现为费尔巴哈对黑格尔哲学的主谓语再颠倒的肯定。令人遗憾的是，这一重要的理论研究和思想演进过程始终没有得到很好的关注，这与《克罗茨纳赫笔记》文本研究的不理想状况是直接相关的。苏联学者莫洛索夫较早研究这一笔记，可他却完全错误地认为，通过《克罗茨纳赫笔记》马克思实现了历史唯物主义的变革，并且他明确提出马克思的革命转变是"发生在他开始认真研究政治经济学以前"。这正是本书所要证伪的观点。②

---

① 根据 MEGA2 第一部分第 2 卷的文献显示，马克思这两个文本的写作时间是交织和重叠的，《黑格尔法哲学批判》一书的写作时间为 1843 年 3—9 月，而《克罗茨纳赫笔记》则由马克思标注为"1843 年 7—8 月"。马克思于 1843 年 5 月到达莱茵省的小镇克罗茨纳赫，与已经在那里的燕妮会合，并于 6 月 19 日完婚。——本书作者第二版注。
② 参见[苏]莫洛索夫《1843—1844 年马克思对世界史的研究是历史唯物主义形成的来源之一》，载《马列著作编译资料》第 15 辑，人民出版社 1981 年版，第 77 页。

2.《克罗茨纳赫笔记》的文本解读：再审马克思第一次思想转变的缘由

《克罗茨纳赫笔记》直接可以确定的内容有五册笔记本。① 这些笔记共有 255 页。马克思的字写得较密，所以竟容纳下近 24 本论著和其他文章的摘要内容，不仅涉及古典政治学家和史学家的名著，也包含了一些在当时并不那么出名的政治学与史学著作，其时间跨度长达近 2500 年(公元前 600 年到 19 世纪 30 年代)。这五册笔记标有马克思自己所作的编号(1—5)，第一册与第二册上写有"历史—政治笔记"的字样，第二册笔记上注有"法国史笔记"，第四册与第五册笔记没有标题，但内容上与前三本完全一样。除了第五册外，第一册与第三册则注有"克罗茨纳赫，1843 年 7 月"，第二册与第四册上则注有"克罗茨纳赫，1843 年 7 月、8 月"。显然，这说明这些笔记不是一册写完后再开始另一册的顺序，而是几册笔记同时展开记录的。这也是马克思读书笔记的一个特点。此外，马克思还写下一个经过内容压缩的"主题索引"，这无疑表明马克思曾经专门对笔记进行过思考和整理。在这些笔记中，马克思自己独立的意见和评论很少，除去标题和索引，只有在第四册中有过一些简短的评述。

关于马克思撰写《克罗茨纳赫笔记》所运用的理论方法，苏联学者拉宾②这样认为："马克思已开始自觉地运用唯物主义，把它作为研究历史

---

① 按照我的理解，这一笔记还应包括另外两册未完成的笔记，但由于后来又被马克思在巴黎直接用来摘录经济学方面的资料，现在一般将它归在《巴黎笔记》中，在下一节中我将详细分析这一问题。
② 尼古拉·伊万诺维奇·拉宾(Лапин Николай Иванович,1931—   )：苏联(俄罗斯)哲学家和社会学家。1953 年毕业于莫斯科大学哲学系后，在该校哲学院外国哲学史系跟随奥伊则尔曼从事研究生学习，1957 年毕业，此后在《哲学问题》杂志社工作。1962 年在苏共中央下属科学院完成论文《卡尔·马克思向唯物主义共产主义转变的开端》答辩，获硕士学位。1968 年在苏联科学院哲学研究所完成论文《卡尔·马克思形成完整科学世界观的最初阶段》答辩，获哲学博士学位。1984—1988 年历任苏联科学院哲学研究所副所长、执行所长、所长。1988—1998 年任俄罗斯科学院哲学研究所"社会(社会—文化)转型的哲学问题"课题组负责人，1998 年起任俄罗斯科学院哲学研究所"社会—文化转变研究中心"负责人，2005—2012 年任俄罗斯科学院哲学研究所"价值论与哲学人类学"部门负责人，2013 年起任俄罗斯科学院顾问。代表作有：《青年马克思意识形态遗产的探索》(1962)、《青年马克思》(1968)等。

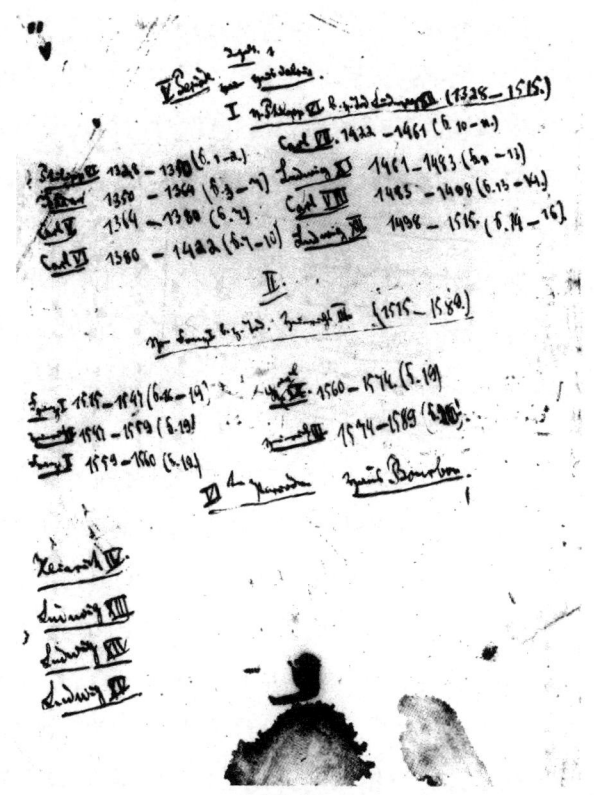

图 3 《克罗茨纳赫笔记》第二笔记本一页复制件

进程的方法"①。我以为这种看法是没有根据的。实际上,青年马克思在步入历史学领域时,他那种刚在《莱茵报》经受了现实打击的哲学话语——唯心主义观念论还没有全面崩溃,所以,他的主体性思考在新的历史事实面前并没有积极地在场,而是悄然隐匿在大段的文本摘录和零星评述之后。我将这种情况称之为,马克思在进入新的历史学研究领域时原有哲学理论话语的**失语**状态。在青年马克思以往的理论作风中,这是一种十分少见的情况。我们可以于在此之前的《关于伊壁鸠鲁哲学的笔记》等摘录性笔记中,看到马克思直面哲学文本的那种自由自主的话

---

① [苏]拉宾:《马克思的青年时代》,南京大学外文系俄罗斯语言文学教研室翻译组译,三联书店 1982 年版,第 171 页。

语统摄状况。他几乎对每一摘录文本都进行透彻的解读与批判。① 这种严重的失语状况直至笔记的最后才发生根本改变：这恰恰是**以唯心主义观念决定论的彻底解构为基础的格式塔转变**。此外，更重要的是，如果说在《莱茵报》时期，他的理论逻辑中的支援背景是资产阶级自由理性和法国大革命建立的新型资产阶级现实王国（所以马克思那时的斗争矛头直指封建专制），那么在这里，他的理论目标却不断地四处游离。因为他发现，在资产阶级革命之后，第三等级中上升为统治阶级的资产阶级仍然在维护私有财产。可是，马克思这种政治立场的最终转移也是在笔记的后期才逐步发生的。读者将会看到，马克思第一次思想变革的双重支点转换都是他自己在独立的历史学研究中**自主发生的**。

从《克罗茨纳赫笔记》的总体来看，马克思在全部笔记中的**焦点意识**②明显是欧洲国家社会的历史，其中包括法国、英国、德国、瑞典、波兰和威尼斯的历史，并且，法国近代历史特别是以法国大革命为核心的资产阶级政治历史占据了笔记相当多的篇幅。本来，马克思试图着力弄清楚政治国家在历史中的作用，而他却无意识地不断体认到，实际上**围绕财产的所有制才是社会历史结构的真正基础**。这将是他不久之后与蒲鲁东进行思想交流中的一个重要共识。

在《克罗茨纳赫笔记》第一册的开篇，马克思在思考格·亨利希的《法国史》中主要关注了法国 16 世纪末以前社会政治结构中议会的形成。虽然，马克思于其中摘要出军事制度与财产制度的关系，可他却体察到这个规律——封建主义在"欧洲的衰落，由航海业、贸易和工业促进"以及市民阶层的兴起造成。③ 这条线索实际上应该是近代资产阶级

---

① 《关于伊壁鸠鲁哲学的笔记》的中译文，可参见《马克思恩格斯全集》第 40 卷，人民出版社 1982 年版，第 25—175 页。
② 焦点意识（Focal awareness），也可译作集中感知，是波兰尼意会认知理论中的另一重要概念，它指认知主体明确指向的目标与意图。参见拙文《波兰尼意会认知理论的哲学逻辑构析》，载《江海学刊》1991 年第 4 期。
③ 参见 Karl Marx, *Historisch-politische Notizen*, *Kreuznacher*, *Marx-Engels-Gesamtausgabe* (*MEGA2*), Ⅳ/2, Text, Berlin: Dietz Verlag, 1981, S. 39。

发生的经济与社会进程,但在此并没有任何激活马克思深入思考的迹象。在第二册开始进行的关于路德维希《最近五十年的历史》的摘录中,马克思却意外地发现,法国大革命前后,第三等级所组成的国民议会**仍然在维护私有财产**,因为他们虽然没收教会财产,但又在保护个人私有财产。马克思批注道:"这里有一个很大的矛盾,一方面宣布私有财产不受侵犯,另一方面又牺牲私有财产。"①这自然会使马克思原来的民主主义理想开始动摇,因为马克思反对专制并不是为了重新确立一种新的私有制。他开始意识到第三等级的"自由主义的空谈"!这是不是对他自己《莱茵报》时期所张扬的民主主义自由理性旗帜的反省呢?在第二册对贝勒尔《斯泰尔夫人遗著考证》的摘要中,马克思注意到封建制度是基础牢固的等级制,"在这里财产统治人,在现代社会里人控制着财产"②。马克思已经注意到在新旧两种社会中人们始终围绕**财产关系**打转的这一事实。如果说前不久在《莱茵报》时期马克思无奈地发现"物质利益总是占上风的",那么此时他则在历史发展中开始面对财产是整个历史(私有制社会)的**基础**这个历史事实。这是对马克思头脑中已经开始动摇的唯心主义理性原则的进一步否定和解构。

在第二册末尾马克思的一个笔记"主题索引"中,我们看到他的两条主要思考线索:一是封建社会与资产阶级社会的政治结构,二是所有制和财产关系。虽然此时前一条线索仍然是马克思的主要关注点,但他毕竟在"所有制及其结果"和"财产"这两个索引中,标注了有产者与社会、所有者与财产、占有与财产、平等与财产、政治与经济之间的重要关系。尤其重要的是,马克思开始意识到,在新的资产阶级社会中,"财产作为选举权和被选举权的条件"的意义。由此出发,在第三册中,马克思通过

---

① Karl Marx, *Historisch-politische Notizen*, *Kreuznacher*, *Marx-Engels-Gesamtausgabe (MEGA2)*, Ⅳ/2, Text, Berlin: Dietz Verlag, 1981, S. 85.
② Karl Marx, *Historisch-politische Notizen*, *Kreuznacher*, *Marx-Engels-Gesamtausgabe (MEGA2)*, Ⅳ/2, Text, Berlin: Dietz Verlag, 1981, S. 103. 中译文参见《马克思1843年克罗茨纳赫摘录笔记》,曾宪森、熊子云译,《马克思恩格斯研究资料汇编》,书目文献出版社1985年版,第9页。——本书作者第二版注。

罗素的近代英国史进一步了解到,在 18 世纪末,当时英国 84 个市镇的所有者把 157 位代表送进了议会,可资产阶级的"议会的成员不是人民的代表,大部分是他们自己利益的代表"①。同时,当人民与政府的意见不一致时,"下院"总是"更多地"倾向"政府一边,而不是人民一边"!这证明,"代议制基于两重幻想:统一的公民权利的幻想和代表大会是全民代表的幻想。特别是等级选举法表现出人民主权的骗局"②。马克思发现,这种所谓民主的政体决不是人民主权的表现,而只是资产阶级经济和政治利益的表现。而且,这种新的"现代私有制的体系是长期发展的产物"③。这时,马克思原来所倾向的民主主义政治力量的真实面目终于逐渐地清晰起来了。这也意味着,马克思政治立场中那个资产阶级民主主义的丧钟就要敲响了。

不过,马克思最为重要的哲学理论变化发生在笔记第四册的后半部分。当马克思在对兰克主编的《历史政治杂志》第一卷中发表的(也是兰克自己撰写的)《论法国的复辟时期》一文进行摘录时(该书第 41 页第 28—32 行间),他写下了在全部《克罗茨纳赫笔记》中篇幅最长的**非常性**评论。在这里,我们看到了一种哲学话语的重要转变。因为,这里出现的已经明显不是青年黑格尔式的自我意识的理性原则,而是**在社会现实中对这种唯心主义原则的否定**。由此,革命被凸现出来。在思考兰克对波旁王朝的历史分析时,马克思原来关注的是新旧法国交替中的复杂政治转变机制。旧法国的基础是王权与贵族,新法国的现实起点已经是革命后所确立的新的所有权。一般的历史现实表明,国家与法的基础都是

---

① Karl Marx, *Historisch-politische Notizen*, Kreuznacher, *Marx-Engels-Gesamtausgabe* (*MEGA2*), Ⅳ/2, Text, Berlin: Dietz Verlag, 1981, S. 128 – 129.

② Karl Marx, *Historisch-politische Notizen*, Kreuznacher, *Marx-Engels-Gesamtausgabe* (*MEGA2*), Ⅳ/2, Text, Berlin: Dietz Verlag, 1981, S. 160. 中译文参见《马克思 1843 年克罗茨纳赫摘录笔记》,曾宪森、熊子云译,《马克思恩格斯研究资料汇编》,书目文献出版社 1985 年版,第 9 页。——本书作者第二版注。

③ Karl Marx, *Historisch-politische Notizen*, Kreuznacher, *Marx-Engels-Gesamtausgabe* (*MEGA2*), Ⅳ/2, Text, Berlin: Dietz Verlag, 1981, S. 135.

财产关系。所以在这一注释的开始,马克思写道:

> 在**路易十八**朝代,宪法是国王的恩赐(钦赐宪法),在**路易·菲力浦**时代,国王是宪法的恩赐(钦赐王权)。一般说来,我们可以发现,主语(Subjekt)变为谓语(Prädicat),谓语变为主语,被决定者(Bestimmenden)代替决定者(Bestimmten),这些变化总是促成一次新的革命,而且不单是由革命者发动的。①

这段话本来是在于试图说明历史变革中的一种具体关系,可马克思可能开始时无意识使用了黑格尔哲学术语——主谓语关系,所以他接下去仍然说,"国王创立法律(旧君主制),法律创立国王(新君主制)"②。可是,这突然激起他思想的激流,让他顿悟到一个重要的哲学根本问题:

> 因此,当黑格尔把国家观念(Staatsidee)的因素变成主语(Subjekt),而把国家存在(Staatsexistenzen)的旧形式变成谓语时——可是,在历史现实的真实(während in der historischen Wirklichkeit)中,情况恰恰相反:国家观念总是国家存在的形式的谓语——他实际上只是道出了时代的共同精神,道出了时代的**政治神学**。③

很显然,这个突现的新认识中包含着费尔巴哈的唯物主义革命因素。④ 这是一种重要的承认! 马克思的思想一下子从历史中的新旧时代的变化研究跳跃式地游移到**哲学基本问题**的指认上来。他实际上确认了在社会历史发展中自始至终存在的现象:**所有制决定政治与法,现实决定观念!** 这样,黑格尔的错误就十分明显了:"这里被当成决定性因素的在

---

①② Karl Marx, *Historisch-politische Notizen*, *Kreuznacher*, *Marx-Engels-Gesamtausgabe* (MEGA2), Ⅳ/2, Text, Berlin: Dietz Verlag, 1981, S. 181. 中译文参见《马克思恩格斯全集》第 40 卷,人民出版社 1982 年版,第 368—369 页。
③ Karl Marx, *Historisch-politische Notizen*, *Kreuznacher*, *Marx-Engels-Gesamtausgabe*(MEGA2), Ⅳ/2, Text, Berlin: Dietz Verlag, 1981, S. 181. 中译文参见《马克思恩格斯全集》第 40 卷,人民出版社 1982 年版,第 368—369 页。中译者漏译了 Wirklichkeit(现实)。——本书作者第三版注。
④ 参见[德]费尔巴哈《关于哲学改造的临时纲要》,洪谦译,三联书店 1958 年版,第 2 页。——本书作者第二版注。

宗教方面是理性，在国家方面则是国家观念。这种形而上学（Metaphysik）是反动势力的形而上学的反映，对于反动势力来说，旧世界就是新世界观的真理（der alten Welt als Wahrheit der neuen Weltanschauung）。"①

毋庸赘述，从我们对这一文本的研究来看，马克思并不像传统理解的那样简单地外在地受到费尔巴哈的影响，而是在真实的社会历史研究中**自觉地**确认一般唯物主义前提的。需要说明的是，马克思一转到唯物主义立场后，他的立场就不仅仅是费尔巴哈的那种自然唯物主义，即直接的物质（自然）与意识的主宾颠倒，而是特指**人的社会现实存在（所有制）决定观念**的社会唯物主义。当然，这种社会现实存在，实际上类似于法国唯物主义已经提出的那种在社会生活中能"感到的东西"，而不是政治经济学中的**从经济现实出发**的社会唯物主义。这也是《黑格尔法哲学批判》一书的**唯物主义批判逻辑**的真实发源地。麦克莱伦曾武断地说：马克思"直到《神圣家族》以前，他的任何著作都是不能称之为唯物主义的"。这显然是不负责任的评判。② 另一方面，也是在这一文本中，我们能够看到，马克思正是在真实的历史发展中逐步看清了资产阶级的政治面目，从而为他在当时的德法社会主义者的影响下进一步转到无产阶级的政治立场（《〈黑格尔法哲学批判〉导言》）打下重要的思想基础的。确认这一点，对于我们正确地理解青年马克思思想的第一次重大转变，尤其是哲学前提层面的转换本质是极其重要的。

在接下去的摘录中，马克思的这一重要观念变革又持续不断地得到历史事实的支持。在同一册关于兰克的《1775年的议会》的笔记中，马克思注意到，在法国"农业地区僧侣的影响取决于他们的地产"③。在浦菲斯特的《德国史》里马克思发现，在上古史中，"土地所有制总是德国制度

---

① Karl Marx, *Historisch-politische Notizen*, *Kreuznacher*, *Marx-Engels-Gesamtausgabe (MEGA2)*, Ⅳ/2, Text, Berlin: Dietz Verlag, 1981, S. 181. 中译文参见《马克思恩格斯全集》第40卷, 人民出版社1982年版, 第368—369页。
② 参见[英]麦克莱伦《青年黑格尔派与马克思》, 夏威仪译, 商务印书馆1982年版, 第101页。
③ Karl Marx, *Historisch-politische Notizen*, *Kreuznacher*, *Marx-Engels-Gesamtausgabe (MEGA2)*, Ⅳ/2, Text, Berlin: Dietz Verlag, 1981, S. 185.

的基础"。在 G. 朱诺弗的《继承权的原则和法国与英国的贵族》一书中,马克思注意到"英国的代议制建立在地产的基础之上。地产的巩固是立宪君主制的基础"①。这大大强化了马克思刚刚获得的社会唯物主义观念。而根据笔记第五册的记录,马克思在默瑟尔的《爱国主义的幻想》一书中看到,"在上古时期的制度里只保障人身自由,这就是说,自由只同人本身相联系,后来国家为了有利于物质的自由而限制人身的自由,物质自由是同土地相联系"。由此导引出如下观点:"自由是一个相对的概念"！这是为什么？因为在真实历史的不同制度下,自由观念的内容完全不同。这已经是一个相当深刻的观点。我们注意到,马克思自己原有的民主主义和自由主义的政治立场不再稳如泰山,开始了根本性的动摇。

我还发现,马克思这时所面对的历史学文本里已经出现了相当多的经济学内容。比如路德维希的《最近十五年的历史》中的纸币兑现问题,在第二册笔记的主题索引中第 1 条、第 7 条、第 16 条中多次出现了赋税、财产等重要经济学主题。在第四册笔记摘录施密特《法国史》里关于土地与财产的问题时,马克思甚至概括出私有制的不同形式:"私有财产的不同形式:自有的、恩赐的、有付息义务的产业。"②在兰克的《宗教改革时期的德国史》中,他看到了商品物价上涨所导致的社会问题。更有意思的是,马克思在罗素关于近代英国历史的论著中直接摘录了"劳动是唯一的财富"(斯密语)这句话;在汉密尔顿的《美利坚合众国的人与风俗习惯》一书中,马克思记下,"纽约市民社会为两部分:劳动者与不劳动者"。可是这一切依然是潜伏于大海底的冰川,并没有引起马克思的特别注意,因为此时他所关注的主要还是政治与法,历史在此只是配角,还是被当作政治史来解读的,经济学的内容同样只是作为政治斗争的脚注

---

① Karl Marx, *Historisch-politische Notizen*, *Kreuznacher*, *Marx-Engels-Gesamtausgabe (MEGA2)*, Ⅳ/2, Text, Berlin: Dietz Verlag, 1981, S. 264.
② Karl Marx, *Historisch-politische Notizen*, *Kreuznacher*, *Marx-Engels-Gesamtausgabe (MEGA2)*, Ⅳ/2, Text, Berlin: Dietz Verlag, 1981, S. 147.

被摘录的。

正是以《克罗茨纳赫笔记》的历史学确证为"本",马克思才可能对黑格尔哲学(不久前通过青年黑格尔派的自我意识观念作用和支配他自己的思想)的唯心主义进行真正的清算。这就是马克思几乎同期开始写作的《黑格尔法哲学批判》的主要内容。显然,马克思并不是简单地受了费尔巴哈的影响就立即发生了思想转变,他的转变根源于以下两点:一是现实问题的困窘;二是他在历史研究中的理论确证后,才超越性地肯定了费尔巴哈的唯物主义立场,但这又是从社会历史现实的角度被理解的。在我看来,对马克思的这一文本不应过于高估,更不能认为马克思在这里就已经开始踏上**马克思主义**发展的思想进程。因为,与同时期的青年黑格尔派中其他也转到唯物主义立场的先锋分子相比,此时马克思的观点并不是最深刻的。马克思第一次思想变革中的政治立场层面的转换也是如此,因为只有到后来的《黑格尔法哲学批判》导言中,马克思才从民主主义立场彻底地转变到无产阶级立场来。

3.《黑格尔法哲学批判》与《论犹太人问题》

我在《马克思历史辩证法的主体向度》一书中已经说明,马克思在《黑格尔法哲学批判》(*Zur Kritik der Hegelschen Rechtsphilosophie*)里关于社会历史的结构性分析中,已经确立了社会历史研究中的一般唯物主义前提,即市民社会决定国家与法;而他在对资产阶级社会现实所作的过程性批判中,却仍然是费尔巴哈式的人本主义异化史观。[①] 我们知道,费尔巴哈哲学中存在着两条思路:一是自然决定论的唯物主义直观描述逻辑;二是人的类本质异化的人本学价值批判逻辑。相对而言,后者对马克思的影响更大。这一点,麦克莱伦注意到了。[②] 费尔巴哈批判

---

① 参见拙著《马克思历史辩证法的主体向度》,南京大学出版社2002年第2版,第一章。——本书作者第二版注。
② 参见[英]麦克莱伦《青年黑格尔派与马克思》,夏威仪译,商务印书馆1982年版,第99页。

黑格尔,指认出他的绝对理念辩证法是神正论的另一种精致理论确认:《现象学》是他的出世说,《逻辑学》是造物主(体)的创世原点,真实的自然与社会历史倒成为异化主体在现世物役救赎的历程(必然王国),最终在思辨的"绝对精神"觉醒中扬弃异化,重新回到绝对观念的"上帝之城"(自由王国)。必须指出,费尔巴哈确实正确地重新颠倒了黑格尔,他指出直接的自然物质是基础,感性的人成为主体,但他没有看到黑格尔哲学构架背后的一个最重要的现实历史基础,这就是欧洲资产阶级革命和资产阶级社会的经济现实。这也正是前文我们已经分析过的内容。在黑格尔哲学中,一个极为重要但长期为我们忽略的理论参照系就是资产阶级古典经济学。我已经指证过,黑格尔的哲学本质主要是唯心主义地抽象了的人类的总体认知结构及其历史辩证演进,但是,除了丰富的思想史线索,它还包蕴着两种重大现实历史主题,其一是法国大革命,其二是英国工业革命。如果说拿破仑是"马背上的绝对精神",那斯密的"看不见的手"则内化为现实中绝对观念的隐性支配,即现代历史发展背后的"理性的狡计"。黑格尔的绝对观念最后从资产阶级社会现实经济走向了普遍的世界历史。费尔巴哈反对黑格尔的唯心主义的"从抽象到具体",从经过中介的思辨抽象回到具体感性的直接性,这是**正确的**,却是**肤浅的**。因为正是由于这种自然唯物主义的简单直观性,使他无法真正透视黑格尔的更深层的社会历史辩证法。

  青年马克思在走向一般唯物主义"感性具体"的进程中,曾同样反对了黑格尔抽象的思辨逻辑。马克思在很久之后才内省到这一点,并重新在一种新的科学基础上再一次"从抽象到具体",从直接性到经过中介的批判现象学!所以,马克思对黑格尔唯心主义的第一次批判,的确是他哲学思想的第一个重大转变。但是,由于马克思此时还没有开始系统研究经济学,所以他还无法理解黑格尔在《法哲学原理》[①]中对古典经济学

[①] 黑格尔《法哲学原理》一书的全名为:《法哲学原理或者自然法和国家学说纲要》(*Grundlinien der Philosophie des Rechts oder Naturrecht und Staatswissenschaft im Umrisse*, Werk, Vollständige Ausgabe, Bd. 8, hrsg. von Dr. Eduard Gans, Berlin,1833)。

的批判。于是,一个很深刻的问题自然无法成为马克思视域中的焦点,即剥离去唯心主义前提,黑格尔为什么用国家与法来**否定性地制约和超越**客观的市民社会? 实际上,从上面我们对黑格尔的总体逻辑的分析里可以得知,在黑格尔的眼里,斯密、李嘉图等人的那种以孤立个人为基底的商品经济的市场"自然秩序",实际上只是绝对观念(主体,Subjekt)处于社会历史经济物化中的某种异化状态,它是由一种盲目自发的"看不见的手"操纵着市场的。而黑格尔认为,在更高的一个阶段上,绝对观念通过国家与法的自觉调节,使"看不见的手"直接呈现出来。这也是从物化的必然王国的最后阶段向观念的自由王国的飞跃。1843年,马克思在《黑格尔法哲学批判》中将这一关系式唯物主义地颠倒过来的时候,显然他是正确的,可在一定的意义上又是不够深刻的。当然,这种"不深刻"只有在1845年之后马克思主义哲学革命的制高点上才可能呈现其对比参数。至于施密特①追随马尔库塞说,马克思此时曾"一度"脱离了黑格尔的辩证法,而在《关于费尔巴哈的提纲》和《德意志意识形态》以及全部后期著作中"又以费尔巴哈对黑格尔的批判为中介",重新又"回到黑格尔的观点"。② 这一表述不甚准确,因为在"自我意识"主导下的青年马克思,一开始就没有深入地理解黑格尔的历史辩证法。因此,此时马克思在否定黑格尔的唯心主义时,也就谈不到什么"离开"。马克思对黑格尔辩证法的理解本身是一个不断深化的历史过程。实际上,即使在接受费尔巴哈哲学思想的时期,马克思也还是以人本主义的能动的异化史观为中介,全力折射黑格尔历史的辩证发展观点的。

---

① 施密特(Alfred Schmidt,1931—2012),德国当代哲学家,西方马克思主义法兰克福学派第三代的左派代表人物。1931年出生于柏林,早年在法兰克福大学攻读哲学、社会学和历史,1960年以本书获得哲学博士学位。后执教于法兰克福大学和法兰克福劳动学院。1972年任法兰克福学派社会研究所所长。代表性论著主要有:《马克思的自然概念》(1960)、《尼采认识论中的辩证法问题》(1963)、《康德与黑格尔》(1964)、《列斐伏尔和现代对马克思的解释》(1966)、《工业社会的意识形态》(1967)、《经济学批判的认识论概念》(1968)、《论批判理论的思想》(1974)、《什么是唯物主义?》(1975)、《作为历史哲学的批判理论》(1976)、《观念与世界意识》(1988)等。
② 参见[德]施密特《马克思的自然概念》,欧力同、吴仲译,商务印书馆1988年版,第9页。

第二章 经济学语境中哲学话语的沉默与凸现

以上是我们从经济学研究的意义上对青年马克思哲学第一次重要思想转变中**哲学唯物主义生成**所进行的重新认识。

其实我们知道，1843年上半年，马克思就与卢格开始讨论创办《德法年鉴》，此时，从青年马克思与卢格的通信中，我们能够看到他还是一个激进的民主主义思想家，甚至他还在对魏特林①的共产主义持怀疑态度。② 可是，不久他的立场就发生了重要的改变。据我的推测，这主要是因为1843年中出版的《来自瑞士的二十一印张》上刊登的文章，其中对马克思影响最大的应该是我们前面已经详细讨论过的赫斯的共产主义思想。这也是青年马克思第一次思想转变中**共产主义政治立场**确立的方面。

实际上，青年马克思紧接着《黑格尔法哲学批判》之后，于1843年秋天完成了《论犹太人问题》一文。在此文中，我们发现青年马克思思想中出现了一些新的变化。表面看起来，马克思是在批评鲍威尔，可是他自己的思想观念却出现了向赫斯经济异化思想的某种程度上的接近。

在《犹太人问题》一文中，青年马克思明确说明了"**政治解放和人类解放的关系**(Verhältnis der politischen Emanzipation zur menschlichen Emanzipation)"③。因为资产阶级革命所完成的政治解放仍然是以私有财产(Privateigentum)为前提的，这造成了人的现实的双重生活，即：

> 天国的生活和尘世的生活。前一种是**政治共同体**(politischen Gemeinwesen)中的生活，在这个共同体中，人把自己看做**共同本质**(Gemeinwesen)；后一种是**市民社会**(bürgerlichen Gesellschaft)中的生活，在这个社会中，人作为**私人**(Privatmensch)进行活动，把别人看做工具，把自己也降为工具，成为异己力量(fremder Mächte)的

---

① 魏特林(Wilhelm Weitling, 1808—1871)，德国和国际工人运动早期活动家，空想社会主义者。主要著作为：《现实的人类和理想的人类》(1838)、《和谐与自由的保证》(1842)等。——本书作者第三版注。
② 参见《马克思恩格斯全集》第1卷，人民出版社1956年版，第416页。
③ 《马克思恩格斯全集》第1卷，人民出版社1956年版，第424页。

玩物。①

这是市民社会中发生的与法权生活相佐的**物役性现象**。马克思在此文中54次使用 bürgerliche Gesellschaft 一词。这是他在自己的文本中较集中使用此词的地方,另外他还5次使用了来自法文的 Bourgeois。在这里,人成了"被我们整个社会组织败坏了的人,失掉自身的人,外化了的人,被非人的关系和势力(unmenschlicher Verhältnisse und Elemente)控制了的人,一句话,还不是现实的类本质(wirkliches Gattungswesen)"②。这个败坏的"社会组织"和"非人的关系"控制人的观点是深刻的。显然,马克思此时的思考已经在超越《黑格尔法哲学批判》中的研究成果。

有意思的是,在这篇文章的最后部分,马克思突然提出了一种新的看法,即基于经济学的批判性观点。这是一种重要的理论跳跃。他指认出,犹太人的世俗基础恰恰是**做生意**(Schacher),"他们的世俗上帝"就是**货币**(Geld)。③ 货币是现实交易世界(Schacherwelt)中人们的上帝,这完全是赫斯的观点。

> **货币**是以色列人的妒忌之神;在他面前,一切神都要退位。货币贬低了人所崇奉的一切神,并把一切神都变成商品(Ware)。货币是一切物(aller Dinge)的普遍的、独立自在的**价值**(Wert)。因此它剥夺了整个世界——人的世界和自然界——固有的价值。货币是人的劳动和人的定在的同人相异化的本质(das entfremdete Wesen seiner Arbeit und seines Daseins);这种异己的本质(fremde Wesen)

---

① 《马克思恩格斯全集》第1卷,人民出版社1956年版,第428页。中译文原来将马克思此处使用的 Gemeinwesen 一词译为"社会存在物"是不准确的,本文改译为"共同本质"。其余译文亦有所改动。——本书作者第三版注。

② 《马克思恩格斯全集》第1卷,人民出版社1956年版,第434页。中译文原来将马克思此处使用的 Gattungswesen 一词译为"类存在物"是不准确的,本文改译为"类本质"。其余译文亦有所改动。——本书作者第三版注。

③ 参见《马克思恩格斯全集》第1卷,人民出版社1956年版,第446页。

统治了人,而人则向它顶礼膜拜。①

这已经不是简单的物役性现象,而是**货币异化论**了。这是马克思第一次在经济学的语境中使用 entfremdet 一词。由于马克思这时并没有直接看到赫斯正在完成的《货币的本质》一文,所以他也无法说明货币为什么是世俗犹太人的上帝,因为赫斯那个构成颠倒世俗偶像神的关键性的**交往类本质**还被遮蔽着。所以,马克思此时关于货币异化的讨论是抽象的。其一,货币是一切**物**(*Ding*,而不是 Sache)的价值,但马克思并不知道经济学意义上的价值是什么,所以他还不能更深地从**关系异化**的语境中把握货币。其二,马克思这里的货币异化源起于"人的劳动"和"定在",而不是**现代的交往**(交换)。他还没有将这个货币异化与前面他所批判的"非人的关系"联结起来。当然,这是一段极为重要的表述,因为我们看到了在马克思思想中第一次突现的**经济异化**思想。可是,此时马克思还没有开始自己的经济学研究。我的推测,应该是马克思此时直接受到了赫斯的影响。虽然赫斯自己关于经济异化的论文《论货币的本质》一文还没有发表,但他已经在不少场合宣传过自己的观点。马克思不可能不知道这些公开的言论。他已经在认同赫斯从经济学研究中得来的这些观点。马克思说,市民社会摧毁了"人的一切类的联结(Gattungsbande)",这显然还是黑格尔《法哲学》中的东西,可是,"外化了的(entäuβerte)人、外化了的自然界,才变成**可让渡的**(*veräuβerlichen*),变成可出售的、屈从于利己的需要、听任买卖的对象"。② 这已经是赫斯的经济异化论了。

> 让渡是外化的实践(Praxis der Entäuβerung)。正像一个受宗教束缚的人,只有使自己的本质成为异己的幻想的本质,才能把这种本质对象化(vergegenständlichen),同样,在利己的需要的统治下,人只有使自己的产品和自己的活动处于异己本质(fremden

---

① 《马克思恩格斯全集》第 1 卷,人民出版社 1956 年版,第 448 页。中译文有改动。Dasein 一词从原译的"存在"改为"定在"。——本书作者第三版注。
② 参见《马克思恩格斯全集》第 1 卷,人民出版社 1956 年版,第 450—451 页。中译文有改动。

Wesens)的支配之下,使其具有异己本质——金钱——的作用,才能实际进行活动,才能实际生产出物品。①

应该指出,马克思在这里使用了赫斯从来没有使用过的vergegenständlichen(对象化)一词,这是马克思依从费尔巴哈而来的关键性概念。下面我们会看到,他的经济异化理论正是从这一点上异质于赫斯的。马克思急急忙忙地赞同了赫斯以货币为思考点的经济异化观点,可是他自己还没有真正碰过经济学,并且,此时的经济异化论还停留在人的活动和产品(物,Ding)上,而作为社会生活最重要的**交往关系**尚没有进入他的思考视域之中。在1843年年底写下的《〈黑格尔法哲学批判〉导言》中,我们看到了马克思上述观点的进一步表达,并且,此时青年马克思的政治立场,已经从民主主义转向为无产阶级解放而努力的共产主义。很快,马克思就全身心地投入到自己的第一次经济学的研究中去了。作为这一阅读过程的真实记录,马克思给我们留下了极有价值的《巴黎笔记》和《1844年手稿》。

第二节 《巴黎笔记》的文本结构与写作语境

马克思经济学研究语境中的哲学话语转换是我们这里的主要研讨线索,而马克思最早的经济学研究文本就是1844年前后在巴黎写下的《巴黎笔记》(*Historisch-ökonomische Studien,Pariser*)和其中最重要的《1844年手稿》。② 这二者共属一个同体创作过程。根据我的研究结果,《巴黎笔记》的经济学研究正是后者哲学话语的重要理论原发地。可是,在目前马克思哲学文本的研究中,《巴黎笔记》的真实语境尚是一个巨大的理论空白。这种状况也必然导致了对《1844年手稿》的重大误读。所以,《巴黎笔记》——马克思最早的笔记性经济学文本——就理所当然地

---

① 《马克思恩格斯全集》第1卷,人民出版社1956年版,第451页。中译文有改动。
② 1843年8月,为了准备《德法年鉴》的出版,卢格与赫斯先后来到法国巴黎。同年10月底,马克思与燕妮到达巴黎。——本书作者第二版注。

成为我们要攻克的第一个理论难题。

1. 《巴黎笔记》的文本结构

《巴黎笔记》①是马克思第一次研究经济学的真实记录,此笔记的写作时间大约为1843年10月到1845年1月。从广义上说,《巴黎笔记》共有十个笔记本,其中主要作为经济学摘录的有七个笔记本,此外还有三个笔记本是马克思集中记录的一些初步心得的手稿,这个没有完成的手稿的摘录时间是与这七个笔记本交织在一起的,它们是在同一时期完成的。严格地说,这十个笔记本交相辉映,是无法分割开来的。不过,从青年马克思此时的写作语境来看,我们也可以将青年马克思初涉政治经济学的七本对象性摘录笔记狭义地称为《巴黎笔记》,而把此间逐步形成的对资产阶级政治经济学进行哲学批判的三本心得笔记本称之为《1844年手稿》。具体地说,这一手稿是在该年8月第六个笔记本写作之前完成的。根据荷兰阿姆斯特丹国际历史研究所的马克思手稿专家和苏联、东欧学者80年代初的最新研究成果,青年马克思的真实写作情况表明,**根本不存在所谓独立的《1844年手稿》**。② 所以,离开《巴黎笔记》孤立地对待《1844年手稿》是一种非法指认。在这里,我们先对青年马克思的《巴黎笔记》进行一些初步的文本结构研究。

青年马克思在一年多的时间内,阅读了大量经济学论著,并且写下了整整七册读书笔记。这些约有三十印张的笔记,最早由苏联马恩列斯研究院在1932年出版的《马克思恩格斯全集》历史考证第一版(简称MEGA1)第3卷上第一次发表,标题为"经济研究(摘要)"。最初他们确定笔记为九册,而在1981年出版的 MEGA2 第四部分第2卷中则重新确认为七册。这是因为在其中两册笔记上发现注有"1845布鲁塞尔"的

---

① [德]马克思:《巴黎笔记》,MEGA2 第四部分,第2卷,柏林:狄茨出版社,1981年,第283—589页。
② 参见《马列主义研究资料》1984年第2期。

字样,所以将其归并于马克思的《布鲁塞尔笔记》。

由于该笔记的文本主体既没有写作时间也没有标注写作地点,同时也没有先后次序的编号,所以笔记的写作顺序无法得到精确的认证。在这一点上,新老MEGA版的编者对笔记的处理是不一样的,具体情况如下:

MEGA1 版:

第一册:二折本,马克思写了12张共24页,没有封面,分左右两栏书写。其中第5—24页右栏为空白,第一部分为萨伊的《政治经济学概论》摘录(两卷,巴黎,1817年),共21页。第二部分为斯卡尔培克的《社会财富的理论》摘录(两卷,巴黎,1829年),共 $2\frac{1}{4}$ 页。最后又是对萨伊的《政治经济学教科书》的摘录(布鲁塞尔,1837年),只有1/4页。

第二册:八折本,马克思写了12张共24页。最后一页是数学演算。没有封面。第1页上有马克思加注的标题"亚当·斯密的《国富论》,热·加尔涅译,1802年"。相关内容全部是对斯密《国富论》的摘录(第1卷,巴黎,1802年)。

第三册:二折本,马克思写了9张共17页,其中第6页只写了六行,第18页只有一个标题。没有封面,分两栏书写。第一部分为勒奈·勒瓦瑟尔的《前国民议会议员"回忆录"》(四卷,巴黎,1828—1831年),共5页。接下来是斯密《国富论》的结尾部分,共11页。

第四册:二折本,马克思写了18张共35页。没有封面,一部分分为两栏,另一部分分为三栏进行书写。第一部分为色诺芬尼①的《雅典的色诺芬尼著作选》等四部论著,只有 $1\frac{1}{2}$ 页。第二部分是大卫·李嘉图的《政治经济学及赋税原理》(两卷,巴黎,1835年),共17页。最后是詹姆斯·穆勒的《政治经济学原理》(巴黎,1832年),共17页。

---

① 色诺芬尼(Ξενοφάνης ὁ Κολοφώνιος,约公元前570—前470),古希腊哲学家、诗人、历史学家、社会和宗教评论家。

第五册：四折本，马克思写了10张共18页。有封面，封面上所注的标题为"Gibbons，1844年。1. 麦克库洛赫。2. 普雷沃论穆勒。3. 德斯杜特·德·特拉西。4. 穆勒。西斯蒙第：说明等（这一部分被删掉了）。5. 边沁①的《惩罚和奖赏的理论》第2卷，厄杜蒙编，巴黎，1826年"。这一标题显然是马克思后来加上去的，实际摘录内容与目录有一定的出入。第一部分是麦克库洛赫的《论政治经济学的起源、发展、特殊对象和重要性》（日内瓦—巴黎，1825年，含译者普雷沃的作为附录的《评李嘉图体系》一文），共9页。第二部分为特拉西的《意识形态原理》（第4—5卷，巴黎，1826年）摘录，共3页，以及穆勒《政治经济学原理》的结尾部分，共6页。此外，还有恩格斯《国民经济学批判大纲》的摘录（一张插页）。

第六册：罗德戴尔的《论公共财富的性质与起源》。这一册后来被确认为布鲁塞尔笔记。

第七册：二折本，马克思写了12张共23页，分两栏书写。该册的内容为卡·沃·克·舒兹的《政治经济学原理》（杜宾根，1843年），只有1页。弗·李斯特的《政治经济学的国民体系。第1卷：国际贸易、贸易政策和德国关税同盟》（斯图亚特和杜宾根，1841年），共17页。亨·弗·欧西安德尔的《公众对商业、工业和农业利益的失望，或对李斯特博士工业力哲学的阐释》（杜宾根，1842年），占其中的3页。欧西安德尔的《论各国的贸易》（第1—2卷，斯图亚特，1840年），只有1页。最后又是李嘉图的《政治经济学及赋税原理》一书的结尾部分，占其中的1页。

第八册：布阿吉贝尔的《法国详情》等三本书和约翰·罗的《论货币和贸易》。此册后来也被确认为《布鲁塞尔笔记》。

第九册：八折本，写了12张共24页。第1页上有标题："欧仁·毕莱

---

① 边沁（Jeremy Bentham，1748—1832），英国法理学家、功利主义哲学家、经济学家。

《英国和法国工人阶级的贫困》"(第1—2卷,巴黎,1840年)。该摘录还有一部分被归入《布鲁塞尔笔记》中。

在新版的 MEGA2 中,原来的第六册和第八册被确认为《布鲁塞尔笔记》,还剩下原来的六册之秩序被重新打乱,原来的第三册现在成了第一册,然后再按原序列重新排成第二至第七册。同时,新版的 MEGA2 还确认了写在一大张纸上的黑格尔《精神现象学》的摘录。

以往的文本研究的基本依据有这两条:一是马克思文稿的笔迹、墨水和纸张情况,二是研究者所推测和假定的马克思当时的经济学研究思路。可是,人们都没有注意到,**这时青年马克思思想深处的实际理论中轴(权力话语)是哲学**。以我的新逻辑来推断,马克思这七册笔记的写作顺序可能是这样的:以 MEGA1 的原有序号为第一册、第二册、第三册、第五册、第七册、第四册、第九册,然后是关于黑格尔《精神现象学》的摘录。这种推断有何根据?我们可进行简要的分析。

我发现,这里被列为《巴黎笔记》中的勒瓦瑟尔笔记和色诺芬尼笔记并不属于这里的经济学研究内容,而是关于政治、法学与历史的研究。我认为,这种推断的可能性是比较大的,即这两本笔记是《克罗茨纳赫笔记》的内容,马克思只是利用了这些笔记本的空白部分。第一本原来只使用了 5 页,而后一本只使用了 $1\frac{1}{2}$ 页。在此,马克思实际上常将一个笔记的未完成部分记在另一个笔记本的空白处,这是新老 MEGA 版编者都没有注意的问题。在《布鲁塞尔笔记》中,也有类似的接写情况,其中一册是接着毕莱笔记后半部分开始的。

以我的推测,马克思首先写下的是萨伊笔记,然后是斯密笔记,斯密笔记的后半部分又记在了原属于《克罗茨纳赫笔记》的勒瓦瑟尔笔记的后半部分,尔后是麦克库洛赫笔记、特拉西笔记。接着,马克思又写下了舒兹笔记、李斯特笔记和欧西安德尔笔记。马克思经济学笔记的最后部分是李嘉图和穆勒笔记,它们是马克思在这一时期的经济学研究的最重要内容,马克思将其写在原属于《克罗茨纳赫笔记》的色诺芬尼笔记的后面。其中,穆勒笔记是全部经济学笔记的最高点。这两个笔记的结尾部分分别补记在特拉西笔记和欧西安德尔笔记之后。最后,马克思离开资产阶级政治经济学,他首先重新摘录了青年恩格斯的《国民经济学批判大纲》,然后对社会主义者欧仁·毕莱①的笔记和黑格尔的《精神现象学》进行摘录。

2. 马克思第一次经济学研究的一般认知背景

我已经指认,《巴黎笔记》是青年马克思1843—1845年第一次研究政治经济学时所刻下的最初的学习心路轨迹。首先要说明的有两点:一是此时马克思对经济学问题并没有充分的了解,基本上没有专业发言权,所以笔记的绝大部分仅仅是马克思的摘录,几乎没有评论,这是哲学家马克思在又一个新的理论语境中的"失语"状态。这一状态只有在最后的《穆勒笔记》中才得以改变。二是马克思即使对经济学进行了一些初步的研究与分析,可他并没有形成一种完整的历史性认识。他既没有对斯密以前的"从重商主义到重农主义"有所了解,也无法正确区分古典经济学与庸俗经济学的理论异质性。事实上,青年马克思1844年前后并没有储备经济学的知识,用恩格斯后来的话来说,那叫"一无所知"。1892年,针对一些人提出历史唯物主义首先是由德国法学的历史学派发现的,如在这一学派的代表人物拉维涅-佩吉朗1838年发表的论文中写道,经济形态是整个社会组织和国家组织的基础,"生产、产品分配、文化、文化传播、国家立法和国家形式,都只能从经济形态中得出它们的内容和发展来"②。梅林写信给恩格斯,询问他和马克思当时是否熟悉法学的历史学派的观点,恩格斯在回信中写道:"马克思当时是黑格尔派……对政治经济学,他还一无所知,因而'经济形态'一词对他根本没有任何意义。所以上述地方,**即使**他有所闻,也一定是一个耳朵进,一个耳朵

---

① 欧仁·毕莱(Eugene Buret,1810—1842),法国社会主义者。
② 转引自[德]梅林《论历史唯物主义》,李康译,三联书店1958年版,第6页。

出,不会在记忆里留下什么明显的痕迹。"①

可能也是出于这种原因,我发现无论是在苏联、东欧,还是在我国马克思主义政治经济学说史的研究中,学者们大多回避这一笔记的具体经济学内容,或者对《巴黎笔记》的理论价值保持某种共同意味的沉默。较早研究马克思《巴黎笔记》的学者是苏联经济学家卢森贝,他根据 MEGA1 发表的资料对这一笔记作过一般性的描述。② 另外,苏联哲学家拉宾对这一笔记进行过有一定深度的哲学思考。③ 主要原因是,人们似乎不能肯定青年马克思在这里对经济学最初形成了极不成熟的看法的判断。以我之见,马克思此时基本上没有理解古典经济学的科学价值——主要是古典经济学的历史本质特别是它的重要的劳动价值论。造成这种状况的原因,主要在于马克思此时并不具备科学的认识方法,因此他无法形成科学的经济学观点。第一方面的难题在 1845 年春天以后得到解决,第二方面的难点一直到 1857—1858 年才取得真正突破。这正好是马克思后来的**两个伟大发现**。

这时,在马克思的一般理论背景中还潜伏着一个十分重要的问题,即马克思当时已经读过某些文献但没有留下笔记的原因究竟是什么。这有以下几种可能:一是马克思自己拥有这些论著,因此他没有立刻写下笔记。参见马克思《1844—1847 年记事笔记本》的藏书目录。《1844—1847 年记事笔记本》是目前发现的马克思最早的记事本,主要记录了马克思 1844—1847 年间的一些书目,其中也有一部分笔记、写作计划和心得。但从整体上看,这不是马克思专门用做读书笔记之用的。④ 二是他对一些论著做过笔记,但笔记遗失了。三是马克思比较

---

① 参见《马克思恩格斯全集》第 38 卷,人民出版社 1972 年版,第 480 页。
② 参见[苏]卢森贝《十九世纪四十年代马克思恩格斯经济学说发展概论》,方钢等译,三联书店 1958 年版。
③ 参见[苏]拉宾《马克思的青年时代》,南京大学外文系俄罗斯语言文学教研室翻译组译,三联书店 1982 年版。
④ 参见 MEGA1 第一部分,第 5 卷,美茵河畔法兰克福,1932 年,第 547—550 页。

熟悉这些学者和论著,他觉得不需要做笔记。具体地说,第三方面至少又可以分为三种类型:第一是马克思比较熟知的青年黑格尔派的哲学文献,如费尔巴哈、卢格、赫斯等人的论著;第二是当时英法社会主义的文献,1842—1843年,马克思已经了解了傅立叶、圣西门、勒鲁①、孔西德朗②、蒲鲁东、安凡丹、魏特林、卡贝和德萨米等人的论著;第三是马克思此时认真关注但又没有在《巴黎笔记》中出现的经济学文献。③

第三方面的文献,对于我们这里的研究是极其重要的。首先是西斯蒙第的《政治经济学新原理》。从马克思自己写下的《1844—1847年记事笔记本》来看,上面是有西斯蒙第笔记的,但后来遗失了。此外,还有马克思在《1844年手稿》中直接引用的康·贝魁尔的《社会经济和政治经济的新理论,或关于社会组织的探讨》(1842年巴黎版)、查·劳顿的《人口和生计问题的解决办法》(1842年巴黎版)和舒尔茨④的《生产运动。为国家和社会奠定新的科学基础的历史和统计方面的研究》(1843年苏黎世和温特图尔版,以下简称《生产运动》)等书。特别值得一提的是舒尔茨的这本重要的论著。对舒尔茨思想的关注是由科尔纽首先在《马克思恩格斯传》中提出的。以他的说法,自己的观点又是受到明科的《历史唯物主义前史研究》手稿的启发。因为马克思在《1844年手稿》第一笔记本的第一部分中三次大量引述这一论著。⑤ 在本书第五章第四节中,我们将专题讨论这本书。

3.《巴黎笔记》的具体阅读语境与内在研读线索

我们知道,在1843年末至1844年初,青年马克思还处于他不久前

---

① 皮埃尔·勒鲁(Pierre Leroux,1797—1871),19世纪法国哲学家、小资产阶级空想社会主义者。
② 孔西德朗(Victor Prosper Considerant,1808—1893),法国空想社会主义者。著有《社会命运》。
③ 参见[苏]巴加图利亚《〈关于费尔巴哈的提纲〉和〈德意志意识形态〉》,载《马列主义研究资料》1984年第1期。
④ 舒尔茨(Wilhelm Schulz,1797—1860),德国作家、激进的民主主义者。
⑤ 参见《马克思恩格斯全集》第42卷,人民出版社1979年版,第57—59、70—71、73—74页。

的第一次思想变革之中,即从青年黑格尔的自我意识范式向一般唯物主义,从民主主义向一般共产主义的转变。因此,他仍然忙于出版《德法年鉴》和修改《黑格尔法哲学批判》手稿。本来,在《〈黑格尔法哲学批判〉导言》发表之后,应该在以后几期的《德法年鉴》上刊登该书的正文部分。但1844年2—5月间,马克思却再次埋头专注于前一年7—8月在克罗茨纳赫开始着手的关于法国革命史的研究,特别着重考察1792年以后共和国产生时期的法国革命史(即国民公会史)。直到该年5—6月,马克思才中断了国民公会史的写作,转入对资产阶级政治经济学的研究。

青年马克思从《莱茵报》时期的民主主义立场走向历史研究(《克罗茨纳赫笔记》),又在一般唯物主义新视域中对社会政治与法权进行研究,因此他的《黑格尔法哲学批判》和《国民公会史》的写作是水到渠成的必然。但他为什么突然中断这一研究而转向经济学,其原因值得我们探究。

青年马克思对经济学研究的理论冲动萌发于何处?在我看来,首先当然还是来自社会现实的冲击。这又可以分为当下社会现实与历史学研究中的大量史实两个方面。前者是马克思在《莱茵报》时期以后所直接遭遇的经济利益关系的矛盾,后者则是已经突显出经济关系和经济力量在社会生活中的重要地位。其次是黑格尔《法哲学原理》一书中的提示。如上所述,在《法哲学原理》的第三篇第二章"市民社会"中,黑格尔直接谈到了政治经济学的问题:"**政治经济学**就是从上述需要和劳动的观点出发、然后按照群众关系和群众运动的质和量的规定性以及它们的复杂性来阐明这些关系和运动的一门科学"①。同时,黑格尔还明确指出这种思想源自斯密、萨伊和李嘉图,并直接列举了他们的主要论著。再次是蒲鲁东的社会主义与赫斯和青年恩格斯在进入经

---

① [德]黑格尔:《法哲学原理》,范扬、张企泰译,商务印书馆1961年版,第204页。

济学研究之后的思想。

我认为,马克思与赫斯、青年恩格斯和蒲鲁东的深度交往是他研究经济学最直接的导因。这主要是指我们前面专门分析过的青年恩格斯、赫斯和蒲鲁东社会主义观念的重要影响。从当时的情况来看,赫斯与青年恩格斯的思想主要都表现为在**并不深入的**经济学研讨之上所进行的**哲学政治批判**。不过,二者又有一定的区别,赫斯是人本主义哲学逻辑占主导,而青年恩格斯的思路却是从经济学现实逻辑出发的。在政治立场上,他们都是"哲学共产主义",即法国的社会主义加上德国古典哲学(主要是黑格尔的总体性观点①),也正由于此,青年恩格斯当时断言共产主义是德国哲学的必然结果。② 如前所述,蒲鲁东已经站在肯定劳动价值论的基础上对资产阶级社会进行批判了(《什么是所有权》),但相形之下,蒲鲁东的法权社会主义由于肯定劳动价值论而有一定的深度。其实,蒲鲁东基于**劳动创造财富**的观点使青年马克思对市民社会(资本主义)的看法发生了重大的转变。马克思虽然不同意蒲鲁东的政治观点,但他已经意识到蒲鲁东的劳动工人在**经济分配中的不公**显然远远深刻于自己那个法人与市民分裂的政治异化逻辑(《黑格尔法哲学批判》)。我们已经看到,青年恩格斯的思想也是在傅立叶类似的劳动为基础的"社会哲学"观念影响下转到社会主义的立场上的。马克思在1843年7月以后,与蒲鲁东进行了频繁而直接的交往。1843年10月,马克思到达巴黎之后,他们两人更是常常通宵达旦地争论。这时,由于马克思的思想更接近于赫斯和青年恩格斯,所以这种争论常常表现为哲学共产主义与经济学(法权)社会主义之间的辩论。

在此,我将马克思这里的阅读语境中的认知结构区分为焦点意识和支援意识。焦点意识即为马克思**直接有意图的前台理论目的**,在这里主

---

① 在半个多世纪之后,这又成为青年卢卡奇的逻辑起点。参见[匈]卢卡奇《历史与阶级意识》,杜章智、任立、燕宏远译,商务印书馆1992年版。
② 参见《马克思恩格斯全集》第1卷,人民出版社1956年版,第575页。

要是否定资产阶级经济学家所肯定的东西。在马克思《巴黎笔记》的读书进程中,他的直接目的是颠覆资产阶级政治经济学家所指认为合理事实的东西,这无疑是一种简单的**颠倒阅读法**。支援意识是指在**亚意图层面上支持马克思完成认知过程的后台性语境**,它主要有两个层面:第一个层面是直接性的参考背景,这是指赫斯、青年恩格斯和蒲鲁东对国民经济学的批判及其社会主义。青年恩格斯与赫斯是共产主义,而蒲鲁东则是西斯蒙第式的小资产阶级的社会主义。从对笔记前期摘录的内容来看,马克思主要是受到恩格斯的影响。卢森贝正确地指出了恩格斯《国民经济学批判大纲》对马克思的影响。他写道:"马克思大部分对摘录的意见,是追随恩格斯的,有时甚至逐字都追随着恩格斯"①。第二个层面是处于更深层次的费尔巴哈和黑格尔的哲学逻辑,而且主要是费尔巴哈的哲学人本主义(不仅仅是自然唯物主义)。② 我已经指出过,此时马克思哲学思想中的权力话语是费尔巴哈的人本异化史观逻辑。③ 用麦克莱伦的话来说,即"在马克思所有的《巴黎笔记》中,费尔巴哈的人本主义也占据着完全核心的地位"④。但是,在《巴黎笔记》这一阅读进程的主要路径中,马克思的哲学话语却基本上处于沉默状态。

我还注意到,马克思在此摘录和评述经济学观点的时候,总体的摄入视角是**政治立场评判**,而不是经济学的理论内容本身。这就使马克思在这种选择性阅读意向中,有意无意地忽视了一些重要的东西。首先被忽视的是古典政治经济学的方法论中暗藏着的社会唯物主义前提。我发现,马克思此时没有注意到,古典经济学的方法论前提主要是培根——

---

① 参见[德]卢森贝《十九世纪四十年代马克思恩格斯经济学说发展概论》,方钢等译,三联书店1958年版,第54页。
② 根据 MEGA2,2/1 的资料显示,恰恰是在马克思的建议下,1844年3月14日至10月30日的《前进报》刊载了《费尔巴哈的〈路德所说的信仰的本质〉(1844年莱比锡)一书摘要》。这正表明了马克思此时对费尔巴哈的理论立场。——本书作者第二版注。
③ 参见拙著《马克思历史辩证法的主体向度》,南京大学出版社2002年第2版,第一章第三节。——本书作者第二版注。
④ [英]麦克莱伦:《马克思传》,王珍译,中国人民大学出版社2006年版,第111页。——本书作者第二版注。

洛克式的经验论唯物主义在社会生活中的运作,这种经验论的唯物主义方法已经发生了某种理论改变。不完全同质于从启蒙思想一直到费尔巴哈的自然唯物主义。在古典经济学发生发展的现实理论运作中,经济学家总是力图从悬置于自然物质之上的社会生活中的经验现实出发,并且,在一些优秀的经济学家那里,已经抽象出非实体的"劳动活动"和"价值"、"交换关系"等社会物质存在(魁奈、斯密和李嘉图)。这就是我们前面已经指认的在社会经济生活中从社会物质存在出发的观点的社会唯物主义的第一、第二层级。更进一步,是作为资产阶级古典经济学操作语境的最深层面,即在斯密对现实社会经济结构和规律的研究以及李嘉图对大工业物质生产的分析中,从客观经济现实出发的社会唯物主义第三层级。而且马克思同样没有关注的是,在西斯蒙第对工业文明的批判和李斯特、罗雪尔为拒绝英法老牌资产阶级社会经济入侵而对德国经济的个性分析里的那种更具体的现实历史分析。当然,由于资产阶级意识形态的本质,他们不可能真正发现科学的历史唯物主义和历史辩证法。相反,这时青年马克思的思路诚然已经潜含着坚定的无产阶级立场,但其深层语境却仍然是抽象的人本主义价值伦理悬设与批判。这样,我们前面说明的**经济学的社会唯物主义方法论与客观逻辑正好也是被马克思无意识拒斥的**。毋庸置疑,这是一个耐人寻味的复杂语境。

另一个在马克思的经济学学习中被忽视的重要的方面,就是那最有可能直接生发出**科学的**社会主义理论基础的劳动价值论。显然,马克思此时的深层哲学构架正是立足于费尔巴哈的自然唯物主义的"感性"具体直接性,以反对黑格尔式的唯心主义"抽象"(非直接性)。所以,他也同样反对经济学研究中非现实的"抽象"。他认为,资产阶级经济学的本质恰恰在于"否定了生活的一切意义",这是一种蔑视人的"无耻"抽象的顶峰。他批评斯密等人的价值论没有考虑到竞争与市场的现实因素,所以必然是抽象的。显然,马克思这时还无法理解这种对社会生活本质进行**客观抽象**的科学性和必然性。对这一点的深刻把握是他在《1857—

1858年经济学手稿》里对"劳动一般"和"资本一般"概念的界定中才得以实现的。在此,他赞同青年恩格斯(赫斯),拒绝承认劳动价值论。如果从哲学认识逻辑的角度上看,这是**用一种自然唯物主义现象论否定比较深刻的社会唯物主义本质论**;而如果从经济学的角度来看,马克思则失去了从劳动价值论翻转过来现实地否定资产阶级社会的科学方向,从而也使他丧失了科学区分古典经济学与庸俗经济学的可能性前提和理论依据。

由于这时马克思的主导性思路是人本主义的哲学反思,所以当他第一次面对经济学的"科学研究"(这是马克思在以后对李嘉图研究的称谓)时,马克思只是简单地把它颠倒过来理解,即以人性的尺度来坚决反对和否定私有制。用孙伯鍨先生的话来说,这也是马克思经济学中"前科学批判时期"的开端。[①] 不过,在这里马克思的这种批判也还是不系统的,那种超越于蒲鲁东和赫斯之上的劳动异化逻辑尚没有形成。这种新的哲学理论建构是他在这个读书进程的最后一站——《穆勒笔记》中实现的。于是,此时就顺理成章地发生了一个《巴黎笔记》中最重要的事件:**马克思突然摆脱了前面的失语状态,重新获得了对经济学文本的批判性支配权**。这一次,马克思不再尾随斯密、李嘉图,被动地被牵着鼻子走,而真正寻觅到一个逻辑入口。从表面上看,这似乎是从恩格斯的思路向赫斯思路的转换,即以人本学的异化判定代替了客观的经济对立和分裂,但实际上,马克思由此获得了第一个从整体上批判资产阶级经济学的构架,这就是经过赫斯改造过的**人本主义哲学的经济异化批判逻辑**。我们看到,马克思在这里的理论评述与《巴黎笔记》前面的评议有了很大的异质性。突然,马克思开始变得自由和自信起来。

[①] 参见孙伯鍨、姚顺良《马克思主义哲学史》(黄楠森等主编,八卷本)第2卷,北京出版社1991年版,第262页。

以上是我们对马克思《巴黎笔记》的一个总体性评价。下面我们将以文本解读本身来确证这个观点。

第三节 《巴黎笔记》的摘录性文本研究

《巴黎笔记》所阅读的基本线索,源自恩格斯的《国民经济学批判大纲》和蒲鲁东的《什么是所有权》中所涉及的主要经济学家及其著作。《巴黎笔记》的研读对象,主要是马克思在巴黎能收集到法文版的经济学论著,约18位学者的近20部(篇)论著(其中包括恩格斯的《国民经济学批判大纲》)。这是由于马克思当时法文基础较好,而英文并不熟练,所以,他没有直接阅读英国古典经济学的原版著作,而只是选取这些论著的法文译本,其中也有少数德文论著,如李斯特、舒兹和欧西安德尔等德国经济学家的著作。本节,我们将对马克思这一摘录性文本进行一些初步的研究和探讨。

1. 一个沉默的开端:从萨伊到斯密

《巴黎笔记》的书间漫步是从萨伊开始的。马克思为什么选择以萨伊为开端?恩格斯在《国民经济学批判大纲》中对萨伊的评价很少,但这不会是直接的原因。倒是蒲鲁东在《什么是所有权》一书中有很大的篇幅以萨伊为论争对象。此外,还有一个较大的可能,就是因为萨伊被视为斯密学说体系化的代表,而且他又是当时法国当时比较入时的经济学家。

马克思在萨伊的《政治经济学概论》一书中阅读行走,从第一卷直至第二卷结束,共摘录200余段,然而几乎没有留下什么批注和心得。这比较真实地反映了初涉经济学的马克思的思想状况。在第3页上,马克思摘录了萨伊关于物之有用性和价值对人的效用规定。在这里,马克思根本还无法理解萨伊的效用价值论是对斯密的庸俗化理解。在第78页上,马克思摘录了商品(用于转卖)与物品(用于消费)的差别。在这两处

181

摘录边,马克思加注了一条竖线。在第 90—91 页的摘录中,马克思关注到资本不是由物构成,而是由价值构成这样的观点,并且加了双线。这很可能是研读中未被激活的思考点。但在以后的大量摘录中,马克思仍然没有什么正式的评注,只在两处增加了几个简单的字词。此外,在第二卷中边上加线的摘录为资本价值和地租问题。

图 4　《巴黎笔记》萨伊摘录一页复制件

　　这种言说空白的状况,直至全书结束后的那篇概要才被改变,马克思突然在萨伊概说第一部分(财富性质与流通原理)关于所有权和财富的两段摘录右边,写下了《巴黎笔记》中第一段重要评注。我们发现,马克思所书写的这第一段批注的激活因素并不是在经济学学理之中发生的,而是受到前面已经在赫斯和恩格斯那里显现的批判性观点的激发:第一,"私有制是国民经济学不予论证的一个事实(factum),但这个事实却形成国民经济学的基础",同时,"没有私有制便没有财富;国民经济学按其实质来说是**致富的科学**"。① 这是从西斯蒙第开始启动的主体批判思路。第二,马克思注意到资产阶级经济学研究中的财富规定的特殊性,即它是由人们用来交换的物的价值比决定的。"'交换'一开始就是财富的根本因素（》Tausch《 zum wesentlichen Element des Reichthums)。"②这一观点对于马克思接受赫斯的交往(交换)关系异化论铺平了道路。对于萨伊这种以交换规定财富的错误(比之于斯密和李嘉图),马克思倒没有进行批评。接下来,马克思又摘录了萨伊关于交换价值与效用、生产费用,以及生产要素和消费的几段文字。显然,马克思这时还无法弄清萨伊在资产阶级政治经济学史中的地位,特别是由萨伊所开启的庸俗经济学的理论意向。

我还要进一步指出的是,存在于萨伊著作中的那些重要的社会唯物主义论点并没有引起马克思的注意。如前文我们已经标注出来的绪论中,萨伊提及柏拉图和亚里士多德如下一个观点:"在生产的各种方式和由它们所产生的结果之间,存在着一定的必然联系。"③再如在评论政治经济学的学科性质时萨伊说,"这门科学不是建立在假设上面,而是建立在观察结果和经验上面"④。在第一卷第三章至第四章中,有大量篇幅的关于生产力的论述;第五章是劳动、资本和自然力相互协同的生产方式;第八章是分工,在该章的最后,萨伊明确提出了分工在一定程度上会导

---

① 参见[德]马克思《萨伊〈政治经济学概论〉一书摘要》(以下简称《萨伊摘要》),Karl Marx, *Historisch-ökonomische Studien,Pariser,Marx-Engels-Gesamtausgabe(MEGA2)*,Ⅳ/2,Text,Berlin:Dietz Verlag,1981,S. 316. 中译文参见《巴黎笔记选译》,王福译,《马克思恩格斯研究资料汇编》,书目文献出版社 1982 年版,第 30 页。——本书作者第二版注。
② [德]马克思:《萨伊摘要》,Karl Marx, *Historisch-ökonomische Studien,Pariser,Marx-Engels-Gesamtausgabe(MEGA2)*,Ⅳ/2,Text,Berlin:Dietz Verlag,1981,S. 319。
③ [法]萨伊:《政治经济学概论》,陈福生、陈振骅译,商务印书馆 1963 年版,第 28 页。
④ [法]萨伊:《政治经济学概论》,陈福生、陈振骅译,商务印书馆 1963 年版,第 49 页。

致工人能力的退化,使之成为片面生产的附属品。① 第十九章则是关于殖民地问题的探讨。所有这些思考,都浸润着萨伊从斯密那里袭承而来的经验论的实证科学方法论,以及一定限度内的第一层级的社会唯物主义观点。而此时,这些思想资源都漂泊于马克思所关注的视域之外,游荡于马克思此时的认知构架所能匹配的注意视点之外。如恩格斯所言,那时经济决定社会发展的观点对于马克思来说只能是"一个耳朵进一个耳朵出"。

马克思在阅读萨伊的《政治经济学概论》一书中,已经确证了赫斯与恩格斯的判断。读完萨伊,他知道萨伊是在解说斯密。因此,斯密成为马克思的第二个阅读对象是顺理成章的事情。马克思面前的《国富论》是译成法文的五卷本(1802年巴黎版),他只是对四卷正文中的前三卷进行了摘录,这些摘录约有170余段。而且,这些摘录的后半部分并没有严格遵循原书的次序。第一卷开篇,马克思摘录了分工问题,有些是对法文原文的摘录,也有一些是用德文对法文的转译或概述。在这些摘录中,可以看到马克思已经注意到分工(Theilung der Arbeit)能提高劳动生产力[produktiven Vermögen (facultés) der Arbeit]②,可是他没有去仔细思考斯密的诸如分工、劳动生产力等概念的意义,却在挑剔其在第二章中所阐述的关于分工与交换的关系的"循环论证"。③ 而在《国富论》中最重要的第三章到第六章中,马克思虽然摘录了斯密关于使用价值和交换价值、自然价格和市场价格的论述,甚至还记下了斯密那一段有关财产是他人劳动或一切劳动产品的支配权的论述,却恰恰忽视了"劳动是衡量一切商品交换价值的尺度"这个关键性表述。很显然,此时的马克思与恩格斯一样,无法洞悉斯密的劳动价值论之要义,尤其是这个结论对他的要打倒资产阶级社会制度的社会主义将意味着什么。自然,他在

---

① 参见[法]萨伊《政治经济学概论》,陈福生、陈振骅译,商务印书馆1963年版,第101—102页。
② 参见 *Marx-Engels-Gesamtausgabe*(MEGA2), Bd. IV/2, Text, Berlin: Dietz, 1981, S. 332 - 335。
③ 参见[德]马克思《斯密〈国富论〉一书摘要》, Karl Marx, *Historisch-ökonomische Studien, Pariser, Marx-Engels-Gesamtausgabe*(MEGA2), IV/2, Text, Berlin: Dietz Verlag, 1981, S. 336。

这种理论背景之中也不可能破译斯密学说的内在矛盾的密码。我们同样发现,在以后的第二卷到第三卷的摘录中,马克思在面对这位经济学巨匠的经典文本时自始至终处于"失语"状态,没有更多的议论和评说。同样,**由斯密所开创的古典经济学的经验科学方法和社会唯物主义的第二层级的许多重要的哲学历史观的思想,也没有真正影响青年马克思。**

2. 政治经济学理论逻辑的初识

马克思接下来摘录的是麦克库洛赫的《论政治经济学的起源、发展、特殊对象和重要性》一书①,其中,包括吉·普雷沃译自英文的该书正文和作为附录的一篇普雷沃自己评述李嘉图的文章。马克思这时显然是想通过这本教科书式的论著了解一下政治经济学的基本概况。在这个笔记中,马克思大约做了 40 段摘录。但是马克思很少对该书正文进行摘录。在第 1 页上,马克思注意到麦克库洛赫对经济学目的的定义,即以财富为中心的生产、分配和消费。而在第 57—132 页,马克思分别记录了麦克库洛赫对魁奈、斯密、马尔萨斯②和李嘉图的评论,特别是对他们的批评性意见。在该书正文的最后一段摘录中,马克思对麦克库洛赫将政治经济学称之为科学大为恼怒,认为麦克库洛赫引用培根关于科学研究的一个比喻是"厚颜无耻"。这也是马克思此时支援意识语境中的一个重要构件:**资产阶级还能科学?!** 下面我们会看到,马克思在 1844 年 7 月底发表的《评"普鲁士人"的"普鲁士国王和社会改革"一文》中,直接批判了"无耻的"麦克库洛赫。并且,这个诘问直到他在《曼彻斯特笔记》中对李嘉图式的社会主义经济学家的研究时才获得正确的回答。③

实际上,马克思此时的态度是值得我们认真推敲的。这里有一种对

---

① [德]马克思:《麦克库洛赫〈论政治经济学的起源、发展、特殊对象和重要性〉一书摘要》(以下简称《麦克库洛赫摘要》),MEGA2 第四部分,第 2 卷,柏林:狄茨出版社,1981 年,第 473—479 页。
② 马尔萨斯(Thomas Robert Malthus,1766—1834),英国人口学家和政治经济学家。著有《人口原理》(1798)等。
③ 参见本书第五章第二节第二目的讨论。

比性的认知,尤其耐人寻味。我们在第一章关于社会唯物主义第一层级的说明中,麦克库洛赫将政治经济学称之为科学,因为它是"建立在**事实与实验**"之上的,这还由于,"生产和财富积聚以及文化的进步等所依据的原理,都不是由法律所制定的",这些"原理"以及它们的作用,"和机械原理一样可借助于观察与分析来探讨"。① 虽然麦克库洛赫在解说斯密、李嘉图时,已经是在经济学学理上对其进行庸俗的消解,但他所指认的"科学"在社会唯物主义的初级层面上却是可以站立起来的。虽然马克思这里解读的文本,并不是我们在第一章中引述较多的麦克库洛赫的那本有中译文的主要学术论著《政治经济学原理》,但这本小册子无论是在基本方法上还是在观点上都几乎等同于前者。而且,在一些历史性描述、基本方法说明以及政治经济学的诸多界定上,特别是对第一层级的社会唯物主义的原则表述方面,《政治经济学原理》的论述倒更加清晰一些。我自己以为,这也是在早期论述**政治经济学史**方面写得比较客观比较透彻的一部文本。可是马克思此时面对这一切,却没有擦出任何思想的火花,留下任何评论! 那又是为什么? 这同样值得我们深思。

以我之见,马克思这时在面对社会生活的基本哲学前提中,已经明确提出市民社会决定国家与法的观点。这是他在历史研究中对费尔巴哈一般唯物主义在社会生活中的正确认同。但是,这种唯物主义的社会观点还没有在经济学的更深层面得以确立,更谈不上在对古典经济学的社会唯物主义的三个理论层级的全面超越之后,创立全新的历史唯物主义科学视域。有关这一点,在苏联、东欧哲学和经济学专家(包括 *MEGA2* 的编者)的语境里根本无法浮出他们意识的地平线。同样的,西方马克思主义和西方马克思学的哲学家们也完全忽视了这一点。

接下去,我们在笔记中看到了一个奇怪的现象,马克思对普雷沃根据穆勒来解释李嘉图的附录文章产生了浓厚的兴趣。正是在这里,我们管窥到《巴黎笔记》中马克思首次较强幅度的思想碰撞活动。为什么会

---

① 参见[英]麦克库洛赫《政治经济学原理》,郭家麟译,商务印书馆 1975 年版,第 10 页。

出现这种情况？据我推测，面对具体的经济学描述，马克思一时还很难深入探讨，但对于对经济学思想的一般理论概述，马克思则持有较大的理论思考空间。马克思在刚写下标题后不久就注意到，普雷沃（穆勒）的观点是着眼于"把斯密与李嘉图区分开来的学说"。第一部分，马克思摘录了七个论点。其中，当摘录到第二个观点，即普雷沃称赞李嘉图学派是深邃的经济学家，"就在于把科学的东西归结为十分简单的东西，以平均数为基础，这样可以撇开可能妨碍它们一般化的一切偶然情况"①时，马克思气愤地质疑道：

> 这些平均数说明了什么呢？它证明：人愈来愈被抽象掉，现实生活也愈来愈被抛在一边，而考察物质的、非人的财产的抽象运动。这些**平均数**是对各个现实的个人的真正侮辱诽谤。②

显然，马克思再也沉不住气了，他再也无法容忍资产阶级经济学的这种无视劳动者死活的"价值中立性"（韦伯语），终于不得不**用人本主义哲学话语与社会主义政治立场来对抗经济学**。这样，他终于打破了那种理论沉默。马克思认为："李嘉图学派只是通过**平均**计算，即把现实抽象掉"来实现经济学论证的。当然，马克思这里所讲的"现实"是指资产阶级社会制度下，资本家对工人的不平等、不人道的现实关系。毋庸置疑，这并没有错，可是马克思这时依然没有意识到，李嘉图所描述的"非人财产的运动"和"平均化"却恰恰是资产阶级社会的客观经济现实的本质，这种抽象本身就是资产阶级社会的**客观产物**！正如孙伯镁先生所指出的那样，"恰恰是这种能够在政治经济学研究中导致真正的进步和科学

---

① [德]马克思：《麦克库洛赫摘要》，Karl Marx, *Historisch-ökonomische Studien*, *Pariser*, *Marx-Engels-Gesamtausgabe*(*MEGA2*), Ⅳ/2, Text, Berlin: Dietz Verlag, 1981, S. 480。
② [德]马克思：《麦克库洛赫摘要》，Karl Marx, *Historisch-ökonomische Studien*, *Pariser*, *Marx-Engels-Gesamtausgabe*(*MEGA2*), Ⅳ/2, Text, Berlin: Dietz Verlag, 1981, S. 480。中译文参见《巴黎笔记选译》，王福民译，《马克思恩格斯研究资料汇编》，书目文献出版社1982年版，第42页。——本书作者第二版注。

成就的抽象方法,当时却为马克思和恩格斯所不取"①。马克思直到1847年以后才真正理解这一点的意义。大家在这里就可以意识到,我前面所论述的马克思在此反对抽象与他受到费尔巴哈的影响特别是反对黑格尔的抽象思辨哲学密切相关;大家也可以体会到为什么我居然判定马克思刚开始在经济学中反对古典经济学的"抽象""并非深刻"的意味了。

马克思接着在第六点摘录中这样写道:

> 在我们看来,李嘉图学派极力主张以**积累劳动**(*travail accumulé*)代替资本——这种说法在斯密那里已经出现——只有这种意义:国民经济学愈是承认劳动是财富的唯一原理,劳动者(Arbeiter)就愈是被贬低、就愈是贫困,劳动本身就愈是成为商品。——这是国民经济学这门科学中的必然的理论公理(theoretisches Axiom),正像是现在合群生活(geselligen Leben)中的真理(Wahrheit)一样。②

显然,这种思考已经是一种来自哲学人本主义和社会主义立场的伦理批判。紧接着的一段评说同样值得我们关注:"'积累劳动'这种说法除去表示资本的起源外,也同样有这样的意义:劳动愈来愈成为事物(Sache)、成为商品,与其理解为人的活动(menschliche Thätigkeit),不如理解为**资本**的形态(Gestalt eines *Capitals*)"③。马克思在这里开始使

---

① 孙伯鍨、姚顺良:《马克思主义哲学史》(黄楠森等主编,八卷本)第2卷,北京出版社1991年版,第265页。
② [德]马克思:《麦克库洛赫摘要》,Karl Marx, *Historisch-ökonomische Studien*, *Pariser*, *Marx-Engels-Gesamtausgabe*(MEGA2),Ⅳ/2,Text, Berlin:Dietz Verlag, 1981, S. 481。中译文参见《巴黎笔记选译》,王福民译,《马克思恩格斯研究资料汇编》,书目文献出版社1982年版,第44页。Arbeiter一词在德文中是"劳动者",但大多数马克思文献的中译都将其意译为"工人"。原中译文将gesellig译作"社会的",我改为"合群"。——本书作者第三版注。
③ [德]马克思:《麦克库洛赫摘要》,Karl Marx, *Historisch-ökonomische Studien*, *Pariser*, *Marx-Engels-Gesamtausgabe*(MEGA2),Ⅳ/2,Text, Berlin:Dietz Verlag, 1981, S. 481。中译文参见《巴黎笔记选译》,王福民译,《马克思恩格斯研究资料汇编》,书目文献出版社1982年版,第44页。——本书作者第三版注。

用了与人相关的 Sache，而没有用 Ding。这段话的内涵倒是与马克思后来的经济学研究的论述更接近一些，因为他后来才理解到，正是由于分工与交换中一般社会劳动的事物化和抽象化，价值实体才独立为货币，而当货币（对象化劳动）在资产阶级社会生产过程中重新充当吸取活劳动的手段时，资本关系才真实地发生了。资本通过事物化形式所颠倒的人与人的社会关系恰恰是客观现实。这是"资产阶级社会"的本质关系——资本主义。但马克思此刻并没有沿着这一重要思路深入走下去。这种简单颠倒式的政治否定性解读构架，使马克思与劳动价值论匆匆擦肩而过。

在第七点摘录中，马克思写下了在《巴黎笔记》中第一段较长的议论。马克思批评李嘉图仅仅研究所谓**"一般规律"**，而这种资产阶级社会的一般规律"怎样实现，千百人是否因此破产"则在他们的视野之外。这显然是我们于前文已分析的西斯蒙第式的提问。马克思发现，国民经济学原理之要害是，只有一个人的利益同其他人的利益、社会的利益和个别人的利益相一致的时候，一般说来，只有在个别人的利益或生产社会化了的时候，才有实际意义，才是感性的、实存的真理。从这里出发——如果从经济学的内在逻辑上看——实际上可以走向古典经济学的资产阶级社会劳动，或者说走向社会必要劳动等问题。可马克思此时却认为，这种观点是私有制条件下敌对的利益"把人抽象掉的意义"，"平衡不过是撇开资本家和人的抽象的资本和劳动的平衡，正如社会仅仅是某种平均数那样"。由此可见，"在现代制度中，理性的规律只有通过把现存的关系（jetzigen Verhältnisse）的**特殊**性质（*spezifischen* Natur）**抽象掉**才能保持，或者说，规律仅仅以抽象的形式进行统治（in einer abstrakten Form herrschen）"①。这时，马克思拍案而起：这是一种无耻的诡辩！然而后来在他第三次进行经济学研究中再一次面对这个问题时，他的态度

---

① ［德］马克思：《麦克库洛赫摘要》，Karl Marx, *Historisch-ökonomische Studien, Pariser, Marx-Engels-Gesamtausgabe(MEGA2)*, Ⅳ/2, Text, Berlin: Dietz Verlag, 1981, S. 483。

有了较大的改变。因为,他发现了资本主义生产方式中"抽象成为统治"的秘密,以及这种抽象与黑格尔思辨哲学的内在关联。①

在第二部分的摘录中,马克思对两段摘录没有什么具体的评说。接下去是对特拉西《意识形态原理》第四至五卷(经济学内容)的近30段摘录,马克思也没有发表任何评论。

在下一个笔记本中,马克思开始摘录一些德国经济学家的论著,其中包括舒兹、李斯特和欧西安德尔的四本书。在对舒兹和欧西安德尔的摘录中,马克思同样没有发表任何议论。而在对李斯特的书摘中,马克思只有一处评论,马克思写道:李斯特先生的全部根据都是适合于私有制的,他在一国范围内部接受现行的资产阶级理论。他只是在对外贸易方面才同这种理论有所区别。而且,马克思还批评李斯特重视分工与生产力的种种细节,"却不把工人与雇主加以区别,而在雇主之间加以区别"②。可以看到,此时马克思遭遇经济学意义上的**分工**和**生产力**概念时,他并没有意识到这些重要的范畴将来会成为自己创立全新历史唯物主义方法论的支援背景。其实客观地说,李斯特的经济学还是有他的独特之处的,这就是李斯特站在德国资产阶级的立场上,以一种维护本国私有者利益的"国家经济学"来对抗古典经济学的所谓"世界主义经济学"。李斯特批评从魁奈开始并由斯密和萨伊所坚持的普遍自由贸易观点的虚假性,他抓住了经济发展的特殊性,即如果各个国家的生产力发展水平不同,也就不可能在国与国之间真正发生"放任的"的自由贸易与交换。因为,如果在落后的德国与发达的英国之间进行经济运作,真正获利的只会是英国(资产者),所以经济研究的本质只能是具体的国家,它应关注"某一**国家**,处于世界目前形势以及它自己的特有国际关系下,

---

① 参见本书第九章第一节第五目的讨论。
② [德]马克思:《李斯特〈政治经济学的国民体系〉一书摘要》,Karl Marx, *Historisch-ökonomische Studien, Pariser, Marx-Engels-Gesamtausgabe (MEGA2)*, Ⅳ/2, Text, Berlin: Dietz Verlag, 1981, S. 529。

怎样来维持并改进它的经济状况"①。而自由贸易式的世界主义,只有在多数国家在工业、文化等各方面都达到相近程度时才可能真正实现。李斯特在该书第二篇第十三章"国家商业活动的划分与国家生产能力的联合"中深刻指出,分工也可以被视为"劳动的联合(Vereinigung der Arbeit)",因为"许多个人之间有不同商业活动的划分,同时也有各种活动(Thätigkeiten)、智慧(Einsichten)和力量(Kräfte)为一种共同生产(gemeinschaftlichen Production)而实行的结合(Conföderation)或联合(Vereinigung)。这些活动的生产力(Productivität)的基础不仅仅在于前面那种划分(Theilung),根本上还在于后面这种联合(Vereinigung)"。②显然,李斯特这里关于分工和生产力的观点已经大大深过斯密了。

总之,李斯特经济学中实际上包含了一些重要的历史观要点,但马克思在第一次与此文本相遇时却什么也没有解读出来,使得这个重要的文本在他的视域里成了存在的不存在。一些重要的理论质点在此必然被掩埋、被遮蔽。而在1845年3月的《评李斯特》一文中,当马克思"蓦然回首",重新面对这位德国经济学家时,却引发了马克思哲学逻辑的第二次重大转变的非常性激变。关于李斯特和他的经济学观点的哲学评述,我们特意把它们放到后面那个重要分析语境中去解读。③

3. 李嘉图:话语转换前的一种思想激活

以我的理解思路,马克思是在最后才阅读李嘉图和穆勒的。当读到李嘉图时,马克思的思想发生了明显的变化,他的议论和批注开始增加,自主性的思想也积微成著,逐渐丰盈起来了。在对李嘉图《政治经济学及赋税原理》一书的阅读中,马克思大约摘录了80段文字。④

---

① [德]李斯特:《政治经济学的国民体系》,陈万煦译,商务印书馆1961年版,第109页。
② 转引自马克思《巴黎笔记(节译)》,王辅民译,《〈资本论〉研究资料和动态》第六集,江苏人民出版社1985年版,第57页。另参见 *Marx-Engels-Gesamtausgabe*(MEGA2), Bd. IV/2, Text, Berlin: Dietz, 1981, S. 522。译文有所改动。
③ 参见本书第四章第二节的讨论。
④ 参见 *MEGA2* 第四部分,第2卷,柏林:狄茨出版社,1981年,第392—427页。

第一卷的摘录是以"章"为概括要点的。在第一章的一开始,马克思就发现了李嘉图与萨伊(萨伊正是该书法文版的注释者)在价值问题上的区别,并且他开始能够对经济学的一些问题发表相当"专业"的看法了。我们可以感受到,马克思似乎已经觉察到,相对于斯密和萨伊,李嘉图的经济学观点更彻底、更"露骨"。马克思在对第15页和第16页摘录时,使用了"卓越"和"出色"这样的溢美之词。当马克思在第17页上看到"资本也是劳动"这句熟悉的话时,他直接在思想前台引述了蒲鲁东对私有制的批判。我们看到,在接下来的几乎所有的摘录中,马克思已经开始有能力对经济学的具体理论内容进行批注,甚至还出现了不少极其出色的思想发挥。马克思在如此短暂的时期内就进入一个全新的专业学科视域,这种疾风迅雷般的快速变化是极其罕见的。当然我也要说,此时的马克思手中还没有科学的方法,那么,马克思是通过什么来对话李嘉图的呢?

在第二章关于地租问题的摘录中,马克思针对萨伊附录中的一个注释(原书第84页)发表了一个关于经济学问题的看法。马克思提出,斯密认为自然价格是由工资、地租和利润组成,可他赞成蒲鲁东的意见:"一切物品的价格都太贵了"(蒲鲁东并不正确),所以,"工资、地租和利润的自然率完全取决于习惯或垄断,归根到底取决于竞争,而不是由土地、资本和劳动的性质中发展而来的。因此,生产费用本身是由竞争而不是由生产决定的"①。很遗憾,马克思错了,正由于他没有理解斯密的劳动价值论,因而他此时也无法真正弄懂这里的经济学问题。后来在1847年的《哲学的贫困》中,马克思才站在古典经济学的立场上批判了蒲鲁东经济学理论上的混乱和非科学。因为,资产阶级社会的竞争只是实现商品价值的手段。在下面的第四章的评论中,马克思遇到了一个与此

---

① [德]马克思:《李嘉图〈政治经济学及赋税原理〉一书摘要》(以下简称《李嘉图摘要》),Karl Marx, *Historisch-ökonomische Studien*, *Pariser*, *Marx-Engels-Gesamtausgabe*(*MEGA2*), Ⅳ/2,Text, Berlin: Dietz Verlag, 1981,S. 401。中译文参见《巴黎笔记选译》,王福民译,《马克思恩格斯研究资料汇编》,书目文献出版社1982年版,第34页。——本书作者第二版注。

相似的问题。这里,他同时批评斯密和李嘉图所使用的"自然价格"概念,因为"国民经济学所涉及的仅仅是市场价格。所以这些物品便不再联系它们的生产费用来考察,生产费用便不再联系人来考察,而是整个生产联系买卖来考察"①。这样,在资产阶级社会经济过程中,竞争成了归根到底的决定方面。显然,这种竞争决定论的观点还是不准确的。显而易见,马克思这里的这种观点与恩格斯《国民经济学批判大纲》中的相近表述是十分接近的。

我们曾经指出过,在马克思摘录和评述这些经济学观点的时候,决定其取舍抉择的标准主要是这些观点的**政治立场**,而不是**经济学的理论内容**本身。所以在第五章关于工资问题的研究中,我们不难发现马克思还是从外在的方面攻击国民经济学的资产阶级立场:

> 精神自由是目的,因此大多数人处于愚钝的奴役状态。肉体需要不是唯一的目的,因此它是大多数人的唯一的目的。或者相反,婚姻是目的,因此大多数人卖淫。财产是目的,因此大多数人没有财产。②

这种优美的对仗式的文笔,是哲学的超越性反思。同时,也正是这一点,通过后来的《穆勒笔记》,成为《1844年手稿》批判人本主义的主要文体。

进入第二卷的摘录后,很明显,马克思已经理解政治经济学的一些基本原理,甚至常常深入到评论的细节中去。在第十三章中,马克思再一次注意到价值问题,他开始承认萨伊引述"自然财富"与"社会财富"的差别的合理性,并指出"后者是以私有制为前提的财富"。这与马克思后

---

① [德]马克思:《李嘉图摘要》,Karl Marx, *Historisch-ökonomische Studien*, *Pariser*, *Marx-Engels-Gesamtausgabe*(MEGA2), Ⅳ/2, Text, Berlin: Dietz Verlag, 1981, S. 402。中译文参见《巴黎笔记选译》,王福民译,《马克思恩格斯研究资料汇编》,书目文献出版社1982年版,第34—35页。——本书作者第二版注。
② [德]马克思:《李嘉图摘要》,Karl Marx, *Historisch-ökonomische Studien*, *Pariser*, *Marx-Engels-Gesamtausgabe*(MEGA2), Ⅳ/2, Text, Berlin: Dietz Verlag, 1981, S. 407。中译文参见《巴黎笔记选译》,王福民译,《马克思恩格斯研究资料汇编》,书目文献出版社1982年版,第35页。——本书作者第二版注。

来将使用价值与交换价值区分开来的观点相接近。第十四章中的一段评述是十分重要的。他在分别评说李嘉图和斯密关于资本在竞争中的多重矛盾后指出:"国民经济学不仅碰到生产过剩和过度贫困的怪事,而且也碰到一方面是资本及其使用方式的扩大以及由于这种扩大而缺少生产机会的怪事"①。请读者注意,这是一种真实面对资产阶级社会生产方式客观矛盾的思路,因为马克思在此已经通过经济学视角看到了现实生产过程中的对抗性。如果沿着这条思路向下走,不断追问和思考,必然会接触到经济发展的客观规律。可是,这一思路只有在马克思真实而冷静地接近经济学事实时才能得以激活,而在此时马克思的自觉意识中,他的主导逻辑思考与这条逻辑思路并不是重合的。这条思路也是后来在《1844年手稿》中的第二条**从现实出发的隐性逻辑思路的基础**。卢森贝认为,在这里马克思与恩格斯都有意识地反对了李嘉图式的社会主义和蒲鲁东关于价值理论的观点,即在劳动价值论的基础之上,以"劳动货币"的发行建立资产阶级社会交换体制,从而使劳动价值得以实现的观点。② 这是一种误读。因为马克思(包括恩格斯)这时还根本不可能意识到这一点。具体地说,马克思是在1845年的《曼彻斯特笔记》中才发现从经济学研究本身否定资产阶级社会思路的意义,即他后来所说的可以通过"独特的方式"从李嘉图的经济学来认证社会主义的结论。由于这时马克思的主导性思路(即权力话语)是人本主义的价值哲学反思,因此面对经济学的"科学研究"(这是马克思在以后对李嘉图研究的称谓),马克思只是将此颠倒过来理解,以人性的主体尺度来坚决反对和否定私有制。

第十八章中,马克思在分析了李嘉图对总收入的观点之后写下很长一段评论,他认为资产阶级经济学的本质恰恰在于"否定了生活的一切

---

① [德]马克思:《李嘉图摘要》,Karl Marx, *Historisch-ökonomische Studien*, *Pariser*, *Marx-Engels-Gesamtausgabe*(MEGA2), Ⅳ/2, Text, Berlin: Dietz Verlag, 1981, S. 416。
② 参见[苏]卢森贝《十九世纪四十年代马克思恩格斯经济学说发展概论》,方钢等译,三联书店1958年版,第60页。

意义",这是一种"无耻"抽象的顶点。生活的意义是什么？在这里,生活的意义是人。但马克思没有意识到,这里的"人"在更深层次的历史观中,**同样也是抽象的**,这一点只有在1845年春天以后的哲学革命中才正确地被指认出来。所以,此时马克思自然会进行这样的人本学的哲学反思:第一,资产阶级经济学的目的是财富(物),而"不在于人";第二,"人的生活本身没有什么价值(Leben eines Menschen an sich nichts werth ist)";第三,劳动阶级(Arbeiterklasse)只是产生这些财富的"劳动机器"。① 但是,马克思在此第一次发现,如果在资产阶级经济学的立场上,"李嘉图的命题是真实的和一贯的",那么西斯蒙第和萨伊为了同非人的结论进行斗争,就不得不从**国民经济学**中跳出来。不过,在马克思看来,这恰恰证明,资产阶级经济学并不关心人,"人性在国民经济学**之外**,非人性在国民经济学**之中**(die Menschlichkeit *ausser* der Nationalökonomie und die Unmenschlichkeit *in ihr* liegt)"。② 马克思没有区分小资产阶级社会主义者西斯蒙第与庸俗经济学家萨伊反对斯密、李嘉图的异质性,甚至他旗帜鲜明地站在西斯蒙第一边。

其实,在写于1844年7月底的一篇文章《评"普鲁士人"的"普鲁士国王和社会改革"一文》中,青年马克思公开表露了自己在读书中的这种情绪。在这篇评论文章中,马克思说,英国的政治经济学是"英国国民经济条件(nationalökonomischen Zustände)在科学上的反映"。这是对的。然而,马克思明确指认这种科学却是**杀人**的科学。他将麦克库洛赫说成是"厚颜无耻的李嘉图的学生",因为他竟然将政治经济学称之为可以呼吸到"新鲜空气"和看到"美景"的"科学研究的道路"。马克思在上述摘录笔记中已经通过评注,痛斥过麦克库洛赫的这一比喻。马克思愤怒地发问道:

> 多么好的新鲜的空气,那是英国地下室住所充满瘟疫菌的空

---

①② 参见[德]马克思《李嘉图摘要》,Karl Marx, *Historisch-ökonomische Studien*, *Pariser*, *Marx-Engels-Gesamtausgabe(MEGA2)*, Ⅳ/2, Text, Berlin: Dietz Verlag, 1981, S. 421。

气！多么壮丽的大自然的美景，那是英国贫民穿的破烂不堪的衣衫；是妇女们饱受劳动和贫困折磨的憔悴面容和干瘪肌肤；是在垃圾堆里打滚的孩子们；是工厂里单调的机器的过度劳动造成的畸形人！多么令人欣喜的实践中最细小的环节，那是卖淫、谋杀和绞架！①

更可恶的，是政治经济学将这种悲惨的"社会疾苦"装扮成"任何人类力量都不能消灭的自然规律"。这是批判资产阶级意识形态所鼓吹的**自然法**和**自然秩序论**。

的确，面对着由这种市民生活（bürgerlichen Lebens）、这种私有制、这种商业、这种工业（Industrie）、各个市民集团间这种相互掠夺的非社会本性所引起的后果，行政管理机构的无能成了一个**自然规律**（Naturgesetz）。因为这种割裂状态、这种卑鄙行为、这种**市民社会的奴隶制**（bürgerliche Gesellschaft des Sklaventums）是现代国家赖以存在的天然基础（Naturfundament）。②

这里的"**自然规律**（Naturgesetz）"，马克思显然是在反讽的语境中使用的，即我所指认过的批判性的"似自然性"观点。③ 并且，他明确认为，现代的市民社会即资产阶级社会是**更坏的奴隶制**。我还注意到，马克思也是在此时开始肯定自己的同胞——共产主义者魏特林了，他称其著作为"天才著作"，固然现在魏特林在论述的技巧上还是不如蒲鲁东，但"德国的灰姑娘将来必然长成一个大力士"。在这时的马克思看来，今天的革命将是一种"整体的观点"，它是"对非人生活的抗议"。"是因为它从单个现实的个人的观点出发；是因为那个脱离了个人就引起个人反抗的共同体，是人的真正的共同体（wahre Gemeinwesen），是人的本

---

① 《马克思恩格斯全集》第1卷，人民出版社1956年版，第473页。中译文有改动。
② 《马克思恩格斯全集》第1卷，人民出版社1956年版，第479页。中译文有改动。
③ 参见拙著《马克思历史辩证法的主体向度》，武汉大学出版社2010年第3版，第三章第二节。

质(menschliche Wesen)。"①人的本质,即人的真正的共同体,"**劳动者自己的劳动**(*eigene Arbeit*)使劳动者离开的那个共同体是**生活**本身,是物质生活和精神生活(das physische und geistige Leben)、人的道德、人的活动(Tätigkeit)、人的享受、人的本质。**人的本质是人的真正的共同体**"②。

显然,马克思这里的批判逻辑中,并没有直接使用他自己比较熟悉的哲学人本主义**异化批判**方法。我觉得,是马克思对经济学现实社会的接近,使他无意识地偏离了哲学。可是,这并非为他理论上的强项。他的上述观点,并不真正地优越于魏特林和蒲鲁东。马克思的这种尴尬的处境决定了一个重要理论事件出现的必然性:马克思必须**在无产阶级的政治立场上,以人本主义的哲学来全面批判资产阶级政治经济学**。这是一种新的话语凸现。以我的观点,它也是青年马克思第一次开始独创性地拥有一种自主性的理论逻辑。这个有标志意义的事件,发生在他紧接其后写下的《穆勒笔记》中。而这个事件的直接原因,应该是马克思对赫斯的《货币的本质》一文的更深一层的思考。

第四节 《詹姆斯·穆勒〈政治经济学原理〉一书摘要》:经济学批判中的人本学话语之凸现

詹姆斯·穆勒是19世纪著名的英国经济学家③,在19世纪20年代围绕李嘉图学说的论战中,他是李嘉图学说的拥护者。马克思后来指认

---

① 《马克思恩格斯全集》第1卷,人民出版社1956年版,第488页。中译文有改动。
② 《马克思恩格斯全集》第1卷,人民出版社1956年版,第487页。中译文有改动。
③ 前面我们已经对穆勒进行过简要介绍了,现在再补充说明一下。他出生在英格兰,父亲是鞋匠。他早年在爱丁堡大学研究神学,获牧师资格。1815年起,开始为大不列颠百科全书第5版的附录撰写论文。1806年始,写作英领印度史,历时10年。该书出版后成名。其政治经济学代表作是1821年出版的《政治经济学原理》。穆勒的这本书后来也被西方经济学家称之为"第一本用英文写出的经济学教科书"。

穆勒为李嘉图学说的庸俗化代表。马克思在60年代的《剩余价值理论》第3册再评价穆勒时说："穆勒是第一个系统地阐述李嘉图理论的人,虽然他的阐述只是一个相当抽象的轮廓。他力求做到的,是形式上的逻辑一贯性。"①青年马克思在《巴黎笔记》的最后,阅读了他的成名之作,即1821年出版的《政治经济学原理》(马克思阅读的版本是1828年巴黎法文版),并写下了《詹姆斯·穆勒〈政治经济学原理〉一书摘要》(以下简称《穆勒笔记》)。我认为,在青年马克思最初的经济学研究中,《穆勒笔记》是一部极为重要的文本,因为它真实呈现了青年马克思以哲学家的身份面对古典经济学时的某种逻辑突变,即试图从哲学人本主义的构架去批判资产阶级经济学。这一笔记,也是我们进一步追问《1844年手稿》深层意义的一种新的通道。

1. 《詹姆斯·穆勒〈政治经济学原理〉一书摘要》的解读语境

我已经说过,马克思异化理论的原生思想母体说到底是黑格尔的观念主体异化理论。在他刚开始接受异化观念时,仅在青年黑格尔派凸现的自我意识片断性规定上持有主体的外化和复归的先在性逻辑(《德谟克利特自然哲学与伊壁鸠鲁自然哲学的差别》)。在1843年转变为费尔巴哈的人本主义立场时,他才拥有了较完整的人学异化史观。当然,他是在超越了费尔巴哈的自然人本主义之后,特别是在为无产阶级寻求革命根据的内在冲动的驱使下,提出了以批判为主旨的社会**政治异化**观念的(《黑格尔法哲学批判》和《德法年鉴》时期)。② 但是我发现,即便如此马克思也没能在哲学逻辑上独立形成自己的异化理论的逻辑框架。马克思自己独特的**经济(劳动)异化**理论,恰恰是在他转向对资产阶级社会

---

① 《马克思恩格斯全集》第26卷(Ⅲ),人民出版社1974年版,第87页。
② 参见拙著《马克思历史辩证法的主体向度》,南京大学出版社2002年第2版,第一章第二节。——本书作者第二版注。

生活的经济学研究时才逐步建构起来的。这是他新世界观形成过程中的一个极重要的过渡性环节。

关于经济异化的思想,显然马克思一开始就受到了赫斯的影响。如前所述,在马克思1843年写下的《论犹太人问题》等文中,这种新的异化理论的思想就已经初露端倪。马克思写道,在经济生活中,金钱是一种在人类主体之外的事物,但它又是人类主体本质外在化的表现。金钱明明是人所创造之物,可是现在它却以"一切事物的普遍价值"的身份剥夺了主体自身和整个世界的价值,更重要的是异化了的主体又不得不匍匐于这个人造物面前,对之顶礼膜拜。① 在这里,马克思不再像在《莱茵报》工作时那样仅仅贬斥人的这种追逐物质利益的现象("下流的唯物主义"),而是从理论上将其视为资产阶级社会经济生活("市民社会",bürgerliche Gesellschaft)的一个重要方面来关注了。马克思在此文中只使用过1次bürgerliche Gesellschaft,此外,他在摘录中还记下 civilisirte Gesellschaft 一语。② 其实,马克思不自觉地引发了一种思考,即**经济生活中的异化是人社会政治异化的基础**。这种思考,在《巴黎笔记》经济学研究中的一个更深层面上得到确认,即在他在书径穿行的最后一个驿站——《穆勒笔记》中得以实现。以我的看法,《穆勒笔记》是《巴黎笔记》中的一次重大认识飞跃,其实质就是**人本主义哲学话语在政治经济学研究中的确立**。马克思在这里实现了一种话语的转换,即**从经济学学习的跟读语境转换到哲学话语的统摄性运作**。实际上,这正是他走向《1844年手稿》的真实逻辑中介。所以,《穆勒笔记》是我们研究马克思时无法任意跳过的。令人遗憾的是,在《马克思恩格斯全集》(中文第1版)第42卷1979年发表该笔记之后,国内学界至今没有一篇对这个文本的系统研究论文。

---

① 参见《马克思恩格斯全集》第1卷,人民出版社1956年版,第448页。
② 参见[德]马克思《詹姆斯·穆勒〈政治经济学原理〉一书摘要》,Karl Marx, *Historisch-ökonomische Studien*, *Pariser*, *Marx-Engels-Gesamtausgabe*(MEGA2), Ⅳ/2, Text, Berlin: Dietz Verlag, 1981, S. 432。

以 MEGA2 编译者的考证,《穆勒笔记》写在《巴黎笔记》这七个笔记本的第四个笔记本的第 18—34 页,共 17 页。此外,还有一个结尾部分(6 页)补记在另一本笔记本(第五笔记本)上,中文版《马克思恩格斯全集》第 42 卷发表的主要是前一部分,这也是笔记的主体和最重要的内容。我们在此解读的主要也是这个主体部分。应该说明,我在《马克思历史辩证法的主体向度》一书中,已经对这个笔记作过初步的研究,但由于当时这种研究仍然停留在单纯以哲学观念来直接提取马克思的理论质点的解读方法中,所以,诚然我也正确地判断该笔记是马克思经济异化逻辑的真正发源地,并第一次标注出青年马克思最早的经济异化构架,但却失落了马克思此时与经济学研究同体的许多非常重要的内容。在这里,我将进行必要的重新解读和补充说明。以我现在的思路,青年马克思第一个人本主义经济异化逻辑构架的建构,是通过在《穆勒笔记》中所依次布展的三次重要的理论提升来实现的:**对经济学理论的哲学评判、对人的真正的社会关系颠倒之经济学哲学反思、对劳动异化理论的哲学建构**。

2. 理论建构 A:政治经济学的哲学评判

第一个理论建构是十分关键的。它标志着马克思开始在《巴黎笔记》中第一次完整地**从总体上驾驭经济学**,我认为,这种理论统摄是**由哲学逻辑投射的**。这实际上是整个《巴黎笔记》的一个重大理论飞跃。我将这次理论飞跃称之为马克思在失语状态中捕获到的一种新话语的灵光。下面我们将通过文本仔细考察这个过程。

我们发现,马克思在这次阅读过程中,实际上是沿袭穆勒原书的基本结构,即从生产、分配、交换和消费这四个部分对该书来进行摘录。从阅读伊始一直到该书的第 137 页[第三部分"交换(Des échanges)"①的第 8 节],他始终没有写下一个**自己的**评注。马克思理论思考的第一个逻辑

---

① 马克思阅读的文本为法文译本。——本书作者第三版注。

激活点是在这个部分的第 6 节出现的。第 6 节的着眼点是什么？**货币**(*Geld*)。马克思在这一节开始注意到穆勒使用"媒介"一词，并用德文翻译了它(*Vermittler＼intermédiate*)，以期引起注意。① 这是支援背景中的赫斯构架在起隐性支配作用。当读到穆勒认为货币与金属价值的关系由生产的费用决定时，马克思突然中断了摘录，写下了大段独立的议论，也由此出现了在马克思《巴黎笔记》全部文本中罕见的"个人的议论占了相当大部分"的情况。② 以我的推论，马克思应该是在这个时候再一次仔细阅读了赫斯的《货币的本质》一文。③ 因为，赫斯的**交往异化观**突然成为了马克思思考的中心点。

在议论的开始，马克思首先批评了穆勒与资产阶级古典经济学所犯的相同错误，即将某种经济规律凝固化的非历史态度。"穆勒——完全和李嘉图学派一样——犯了这样的错误：在表述**抽象规律**(*das abstrakte Gesetz*)的时候忽视了这种规律的变化或不断扬弃，而抽象规律正是通过变化和不断扬弃才得以实现的。"④ 马克思说明了在资产阶级社会生产过程中，生产费用与价值之间的决定关系、需求与供给之间经常处于波动之中的现实运动，这其实是一种十分错综复杂的矛盾性运动过程，在资产阶级经济学家用抽象的公式表述这种现实时，都只能坠入现实运动的偶然性和片面性的陷阱中。这倒使马克思得出了一个重要的结论："在国民经济学中，规律由它的对立面，由无规律性来决定。国民经济学的真正规律是**偶然性**(*Zufälligkeit*)"⑤。很明显，这种解读仍然是我们前面已经看到的青年恩格斯那种思路的延续。必须指出，马克思这里的评

---

① 参见［德］马克思《詹姆斯·穆勒〈政治经济学原理〉一书摘要》，Karl Marx, *Historisch-ökonomische Studien*, *Pariser*, *Marx-Engels-Gesamtausgabe*(*MEGA2*)，Ⅳ/2，Text，Berlin：Dietz Verlag，1981，S. 422。

② 参见《马克思恩格斯全集》第 42 卷，人民出版社 1979 年版，第 485 页注 3。

③《货币的本质》一文，是赫斯于 1843 年底到 1844 年初为《德法年鉴》撰写的，并且已经呈交编辑部准备发表，后来因杂志停刊，未能及时发表，一年多以后才在其他杂志上刊出。所以说，此文的手稿一直在作为《德法年鉴》编辑的青年马克思手中。

④⑤《马克思恩格斯全集》第 42 卷，人民出版社 1979 年版，第 18 页。

论既是正确的但又并不深刻,因为马克思试图以费尔巴哈的感性具体来反对古典经济学已经在社会现实(工业)实现的"抽象"。

我注意到,这段评述是针对第8节中穆勒的具体观点的,而且这个观点的确属于经济学范畴。马克思在这个议论之后画了一条横线。然后,他的思路突然发生了一个重大的变化。他一下子跃出第8节的内容返回到了在第6节中那个引起他注意的论点,即穆勒将货币称为"交换的媒介(Vermittler)"的观点。他斩钉截铁地说,这是"非常成功地用一个概念表达了事情的本质(Wesen der Sache)"。我们发现,马克思在此又突然赞同穆勒的观点了。我们很快会发现,他不是简单地赞成穆勒,而通过穆勒更深刻地理解了赫斯的货币异化论,货币的本质是**交往(交换)关系**的异化,而不是他过去误认的"物(Ding)"的异化。

马克思认为,货币作为一个媒介(关系)看似成为人与人交换的环节,但人们却在这个媒介中丧失了自己的主体性;货币看似体现了人的某种特质,却把人的本质异己化了;货币看似服务于人,却获得了对人(主体)的支配"权力";货币看似匍匐于人的脚下,却成为人的"**现实的上帝**(*wirklichen Gott*)"!① 我们记得,这是马克思在《论犹太人问题》一文中引述过的赫斯的观点,但那时,马克思并不知道赫斯的金钱之神是如何被颠倒的交往关系建构而成的。马克思在此以基督是人与上帝的媒介为喻,说明货币的本质是人之类本质的异化和颠倒。其实,这是一种阐发,融入了马克思自身的思想判断;这是一个联结,体现了从赫斯那条货币(金钱)是人的交往类本质异化思考逻辑(经过《论犹太人问题》)的延续;然而这并不是一个简单的联结,而是马克思理论建构在逻辑上的深化和升华!马克思说,金钱—货币的本质其实首先并不在于财产通过它转让,而在于人的产品赖以互相补充的**中介活动**(*vermittelnde Thätigkeit*)或是中介运动,"**人的、社会的行动异化了**(*entfremdet*)并成

---

① 参见《马克思恩格斯全集》第42卷,人民出版社1979年版,第19页。此处原中译文中将wirklichen译作"真正的",我改为"现实的"。——本书作者第三版注。

为在人之外的**物质东西**(*materiellen Dings*)的属性"①。这是马克思第一次使用 Entfremd 一词，全文共计使用 25 次。materiellen Dings 是指人之外的物，而**物**(*Ding*)与人的相关的**事物**(*Sache*)不同。马克思此时的思考显然还没有精确地区分这些概念。马克思这样论述道：

> 人使这种中介活动本身外化(Entässerung)，他在这里只能作为丧失了自身的人、失去了人性的人而活动；物的**相互联系**本身(*die Beziehung selbst der Sachen*)、人用物进行的活动变成某种在人之外的、在人之上的本质所进行的活动。由于这种**异己的媒介**(*fremden Mittler*)——并非人本身是人的媒介，——人把自己的愿望、活动以及同他人的关系(*Verhältniβ*)看作是一种不依赖于他和他人的力量。这样，他的奴隶地位就达到极端。②

与《论犹太人问题》中那种货币是人的**劳动和定在**的异化不同，现在马克思知道了赫斯的货币异化的基础是中介性的**交往关系在商品交换中的畸变**。并且，人与人的联系异化和外化为事物(Sachen)的关系，而不是与人无关的物(Ding)的联系。这是准确的。马克思在此文中 27 次使用 entäusser 一词。马克思发现，对这种"媒介"的崇拜"成为自我目的"，这种认知的深刻性是不言而喻的，他还注意到："这个**媒介**是私有财产的丧失了自身的、异化的**本质**(*entfremdete Wesen*)，是在自身之外的、**外化的**私有财产(*entäusserte Privateigenthum*)，在人的生产(*menschlichen Production*)与人的生产之间起**外化的中介作用**，是人的

---

① 《马克思恩格斯全集》第 42 卷，人民出版社 1979 年版，第 18 页。中译文有改动。参见[德]马克思《詹姆斯·穆勒〈政治经济学原理〉一书摘要》，Karl Marx, *Historisch-ökonomische Studien, Pariser, Marx-Engels-Gesamtausgabe* (*MEGA2*), Ⅳ/2, Text, Berlin: Dietz Verlag, 1981, S. 447. ——本书作者第三版注。

② 《马克思恩格斯全集》第 42 卷，人民出版社 1979 年版，第 19 页。参见[德]马克思《詹姆斯·穆勒〈政治经济学原理〉一书摘要》，Karl Marx, *Historisch-ökonomische Studien, Pariser, Marx-Engels-Gesamtausgabe* (*MEGA2*), Ⅳ/2, Text, Berlin: Dietz Verlag, 1981, S. 447 - 448. ——本书作者第三版注。

外化的类活动（*entäusserte die Gattungstätigkeit*）"①。我们可以看到，马克思此时由于深陷经济学文献场之中，所以，在这一文本中 Production 一词出现竟达 78 次之多，Tausch（贸易）一词出现 94 次，Waare（商品）一词出现 40 次②，Austausch（交换）一词使用 61 次，Werth（价值）一词使用 85 次，Geld（货币）一词使用 107 次，Capital（资本）一词使用 137 次，Capitalist（资本家）一词使用 15 次（包括对穆勒文本的摘录）。并且，这些经济学的词汇通常集中在与穆勒文献摘录接近的地方。马克思在这里真正延展了费尔巴哈和赫斯的思想：费尔巴哈把宗教神学视为人的类本质的外化与异化，赫斯已经看到了在资产阶级社会经济过程中人的自由活动和交往关系（社会的类本质）外化和异化为金钱，而马克思则进一步说明了这种经济关系异化的本质。

马克思接下去分析道，为什么私有财产必然发展到货币呢？"这是因为人作为喜爱交际（*geselliges*）的存在物（*Wesen*）必然发展到**交换**（*Austausch*）[XXV]，因为交换——在存在着私有财产的前提下——必然发展到**价值**（*Werth*）"③。显然，这里的"人作为喜爱交际的存在物"一语，直接就是**赫斯**的东西，并且，马克思初步弄清楚了价值的本质是交换关系，而非物的价值。马克思这里没有使用 Verkehr（交往）一词，而使用了 geselliges 一词。全文中两次使用 Verkehr 一词。苏联学者卢森贝认为，马克思这时已经区别了自然经济私有制和商品货币私有制，并由此"奠定了真正科学的经济学说史的基础，把辩证唯物主义的原理也推广到这一知识部门"④。我以为这种评价过高了，也是没有充分根据的。且不说这个时候还谈不上辩证唯物主义，甚至马克思这时也还没有真正历史地研究经济学史。这一研究实际上是从一年之后的《曼彻斯特笔记》

---

① 《马克思恩格斯全集》第 42 卷，人民出版社 1979 年版，第 19 页。
② 当时马克思使用的 Waare 一词现在通常写为 Ware。——本书作者第三版注。
③ 《马克思恩格斯全集》第 42 卷，人民出版社 1979 年版，第 19 页。中译文有改动。
④ [苏]卢森贝：《十九世纪四十年代马克思恩格斯经济学说发展概论》，方钢等译，三联书店 1958 年版，第 75 页。

开始的。在此，马克思只注意到，"进行交换活动的人的中介运动，不是社会的（gesellschaftliche）、人的运动，不是**人的关系**（*menschliches Verhältniß*），它是私有财产对私有财产的**抽象的关系**（*abstrakte Verhältniß des Privateigenthums zum Privateigenthum*），而这种**抽象的关系**是**价值**。**货币**才是作为价值的价值的现实存在（*wirkliche Existenz*）"①。马克思在此文中 9 次使用 Verhältnis（关系）一词，另外，他也 13 次使用 Beziehung（联系）。很显然，这是一种透过**赫斯—费尔巴哈式人本主义逻辑**折射的语言。在费尔巴哈对宗教神学的批判中，人的类本质是人类共同的感性活动和人与人的真实直接交往关系，但是在宗教中它却采取了异化的颠倒的抽象（中介，Vermittler）形式，人的类本质颠倒地表现为人之上的上帝，而"基督是**外化的**上帝和外化的**人**"的媒介。异化的主体是关系，而不是某种抽象实体。这是费尔巴哈异化史观中十分深刻的地方。马克思将费尔巴哈的"自然人"和"人与人"的自然关系进一步确定为"社会的人"和"人与人"的社会关系，将赫斯的交往关系的类本质颠倒为金钱关系的异化观点系统化为一种关于人的类本质（关系）在社会经济运动中异化的理论：人与人的类关系被异化和抽象为价值，这个价值即是私有制下经济关系中的上帝，而货币则代表了价值的价值即耶稣基督这种媒介式的、再一次被异化了的无个性的、抽象的私有财产。这是典型的费尔巴哈加赫斯的理论混合物。

马克思指出，货币主义（重商主义）与国民经济学（资产阶级古典政治经济学）在这个问题上的差异，不过是后者"用精细的盲目信仰代替了粗糙的盲目信仰"，但它并没有改变这种经济异化的实质。在他看来，国民经济学所认可的资产阶级社会中的信用业仍然是一个骗局。虽然看起来，在信用业中，"似乎异己的物质力量的权力被打破了，自我异化的关系被扬弃了，人又重新处在人与人的关系之中"，然而这实际上仅仅是一个假象并且是更加"**卑劣的和极端的自我异化，非人化**"！因为这里所

---

① 《马克思恩格斯全集》第 42 卷，人民出版社 1979 年版，第 20 页。

运作的东西甚至"不再是商品、金属、纸币,而是**道德的**定在、**合群的**定在(das *gesellige* Dasein)、人自己的**内在生命**,更可恶的是,在人对人的**信任**的假象下面隐藏着极端的**不信任**和完全的**异化**"。① 在《货币的本质》一文中,赫斯曾经使用过 gesellschaftliches Dasein 一词,这里的 das *gesellige* Dasein 是后来马克思使用的 gesellschaftliches Dasein 的前身。马克思一针见血地指出,资产阶级的信用只是对富人的信任,体现了对货币拥有者的道德认同。"在信贷中,**人**本身代替了金属或纸币,成为交换的**媒介**,但这里人不是作为人,而是作为**某种资本**和利息的**定在**(*Dasein eines Capitals* und der *Zinsen*)"。这样,看起来用于交换的媒介似乎从**事物的**形态回到人的**交往关系**形态,而实际上这种人不过是人格化的资本。马克思说:"在信贷关系中,不是货币被人取消,而是人本身变成**货币**,或者是货币和人**并为一体**。**人的个性**本身、人的**道德**本身既成了买卖的物品,又成了货币存在于其中的物质(*Material*)。"这个 Material 就是指货币的物质载体,如金属和纸张,而不是关系性的事物(Sache)。所以,"虚伪制度内的一切进步和不一贯全都是最大的倒退和始终一贯的卑鄙"。② 显而易见,这并不是关于信贷问题的经济学分析,而是资产阶级信贷现象的哲学和道德控诉。并且,马克思这里的思考的深度和经济学的"专业水平"都已经远远超出了赫斯。

依马克思此时之见,资产阶级社会中的信用业是人自我异化的极端表现,但这种人的颠倒却得到了资产阶级国民经济学的肯定,并且,在一种"对人给予高度承认的假象"下得到证实:第一,信贷这种人格的信任和肯定只提供给已经富裕的资本家,所以作为穷人的劳动者只能作为这

---

① 参见《马克思恩格斯全集》第 42 卷,人民出版社 1979 年版,第 21—22 页。此处原中译文中将 gesellige 译作"社会的",此词在德文中没有"社会"之意,而是"交际"、"合群"的意思,故我改译为"合群的";中译文将 Dasein 译作"存在",我均改为"定在"。参见[德]马克思《詹姆斯·穆勒〈政治经济学原理〉一书摘要》,Karl Marx, *Historisch-ökonomische Studien*, *Pariser*, *Marx-Engels-Gesamtausgabe*（*MEGA2*）, Ⅳ/2, Text, Berlin: Dietz Verlag, 1981, S. 450。——本书作者第三版。

② 参见《马克思恩格斯全集》第 42 卷,人民出版社 1979 年版,第 23 页。

种人格的对立面而被否定;第二,劳动者不仅不会作为人得到经济上的信用和积累的实际机会,而且"还在道德上判决他不配得到信任,不配得到承认,因而是社会的贱民,坏人";第三,由于货币在信用业中仅仅是观念的存在,所以异化就开始发生在非实在的人格中,"人不得不把自己变成赝币,以狡诈、谎言等手段来骗取信用";第四,信用业在银行业中的完成,也是货币的完成,它不过说明了资产阶级国家的本质是"商人的玩物"。我们从中应该能发现,此时青年马克思已经开始非常深入地介入经济学领域,可是马克思并没有打算真的**以经济学的理论规范**去面对这个他的枪口直指着的布尔乔亚世界。这支枪,正是哲学人本主义!总之,在第一个理论建构中,马克思是从哲学的角度来评论经济学的。

3. 理论建构 B:经济关系颠倒之经济学哲学反思

第二个理论建构是,马克思在第一层思考的基础上所进行的另一种探讨,我将其称之为哲学与经济学内容的理论**接合**。这一次,马克思的人本主义哲学成了**强有力的权力话语和逻辑推进的理论中轴**。这一人本主义话语将成为下面《1844 年手稿》的真正逻辑座架工具。在此,马克思从经济学(货币—交换)走向哲学批判(类本质—异化劳动),从经济学的现实批判变成为形而之上的哲学思考。而在十余年后写作《1857—1858 年经济学手稿》时,马克思却在同一个接触点上从哲学批判重新走向经济学。①

马克思指认到,在资产阶级社会经济交往过程中,出现了这些特点:

> 不论是生产本身中人的活动的**交换**,还是**人的产品**的**交换**,其意义都相当于**类活动**和类享受(Gattungsgenuβ)②——它们的现实的、有意识的、真正的定在(wirkliches, bewuβtes und wahres

---

① 参见本书第九章第一节。
② 原文中的"Genuβ(享受)"一词,在 MEGA1 中被误判为"Geist(精神)",后来 MEGA2 都校正为"Genuβ"。但中文版《马克思恩格斯全集》并没有改译。这个"Genuβ(享受)"也是赫斯的术语。——本书作者第三版注。

Dasein)是**社会的**(*gesellschaftliche*)活动和**社会的**享受。因为**人的本质**是人的**真正的共同本质**(*wahre Gemeinwesen*),所以人在积极实现自己**本质**的过程中**创造**、生产人的**共同本质**(*Gemeinwesen*)、社会本质(gesellschaftliche Wesen),而社会本质不是一种同单个人相对立的抽象的一般的力量,而是每一个单个人的本质,是他自己的活动,他自己的生活,他自己的享受,他自己的财富。①

请读者们注意,该引文中第一句里马克思分别在字词上打上着重号的地方是:两个"交换"相当于"类活动",以及接下去的两个"社会的"定语。马克思在自觉地进行一种经济学与哲学的**联结**:"交换"实际上是原来**应该存在**的人与人交往的类活动和类享受!交换是经济学,而交往的类活动与类享受是哲学。前者是国民经济学,后者是费尔巴哈—赫斯式的人本主义话语,而第三个语境则是马克思自己独特的理论规定,即人的**本真**存在中的社会的活动与享受。在此时的马克思看来,人的本质倒不是费尔巴哈所说的人的自然存在与关系,而是人的**真正的社会本质和共同本性**,而且,这不是一种与个人相对立的抽象的东西,而恰恰是每一个个人真实存在的本质。这种人的本质,不是由黑格尔唯心主义的那种思辨的反思规定(Reflexionsbestimmung)所产生的,而是由个人的需要和利己主义,即个人在积极实现自己的存在时产生的。但是,在资产阶级社会生活中,这种人的社会本质关系却表现为外在的事物的交换关系。这就是在资产阶级经济现实中所发生的人的类本质关系的异化。

---

① 《马克思恩格斯全集》第 42 卷,人民出版社 1979 年版,第 24 页。中译文有改动。Gemeinwesen 一词是马克思在此文使用较多的概念,一共出现 7 次。中译文将马克思此处的 Gemeinwesen 一词翻译成"社会联系",我觉得是不准确的,Gemeinwesen 一词的直接意思是"集体"、"国家",但从这里的上下文语境看,其境语义应该是"共同本质"。参见[德]马克思《詹姆斯·穆勒〈政治经济学原理〉一书摘要》,Karl Marx, *Historisch-ökonomische Studien, Pariser, Marx-Engels-Gesamtausgabe* (MEGA2),Ⅳ/2, Text, Berlin: Dietz Verlag, 1981, S. 452。我推测,这可能是因为苏联学者将 Gemeinwesen 一词翻译成"社会联系",我们再从俄文转译中出现的误译。我的这一推测在马克思的《1857—1858 年经济学手稿》的中译本中得到了进一步的证实。参见《马克思恩格斯全集》第 46 卷上册,人民出版社 1979 年版,第 172 页注 1。——本书作者第三版注。

必须指出,马克思这里的人的本质(关系)虽然加上了"社会的(gesellschaftlich)"定语,但它却真是一种**抽象**的规定性。马克思在此文中 31 次使用 *Gesellschaft* 及其形容词。与马克思不久之后写下的《1844 年手稿》中的劳动本质相比,它可以说同样是抽象人本主义的东西。因为这种所谓的"真正的共同本质"(实际上是赫斯那个未被异化的理想化类交往)并不是现实存在的东西,而是一种理论化的价值悬设。这与后来马克思在 1846 年所指认的那种基于物质生产条件的**现实的解放可能性**是根本不同的。① 因此,马克思此时无法看清资产阶级社会经济现实中这种复杂的**客观事物化和颠倒了的**社会关系的内核。于是,经济现实中客观颠倒的社会关系被理论地指认为异化:"有没有这种**共同本质**(*Gemeinwesen*),是不以人为转移的;但是,只要人不承认自己是人,因而不按照人的样子来组织世界,这种**共同本质**(*Gemeinwesen*)就以**异化**的形式(Form der *Entfremdung*)出现"②。在马克思看来,再往更深处探究,社会联系的主体是人,这个人不是抽象概念,而是作为"现实的、活生生的、特殊的个人",然而在资产阶级社会中,人是"自身异化的存在物"。而由于"这些个人**是怎样的**(*Wie*),这种共同本质(*Gemeinwesen*)本身就是怎样的"③,异化的人必然导致社会关系的异化。在这里,人的存在决定社会关系,而不是社会关系决定个人。与《德意志意识形态》中的理论尺度相比,这里所布展的正好是一种相反的逻辑。只有在写作《1857—1858 年经济学手稿》时,才可能完成真正分析解决这一资本主义社会生产关系的颠倒问题的任务。

很明显,马克思从最初的对经济研究中的一个具体问题的哲学论说出发,开始实现一种总体理论逻辑上的飞跃,从对货币的异化现象的关

---

① 参见《马克思恩格斯全集》第 16 卷,人民出版社 1964 年版,第 32 页。
② 《马克思恩格斯全集》第 42 卷,人民出版社 1979 年版,第 24—25 页。中译文有改动。参见[德]马克思《詹姆斯·穆勒〈政治经济学原理〉一书摘要》,Karl Marx, *Historisch-ökonomische Studien*, *Pariser*, *Marx-Engels-Gesamtausgabe*(*MEGA2*),Ⅳ/2,Text,Berlin:Dietz Verlag, 1981,S. 452.
③ 《马克思恩格斯全集》第 42 卷,人民出版社 1979 年版,第 25 页。中译文有改动。

注升华为对交换这一整个资产阶级经济关系异化的研究。这样,马克思此时的理论研究具有崭新的意义,因为他开始**有意识地建构**自己的经济异化理论的完整逻辑框架了。潜在的话语与自觉的理论原则在此重合了!我们注意到,马克思在这里紧紧扣住了一个极重要的他不久前已经觉察到的问题,即人在现代社会的发展中从自然的奴隶变成了**自己创造物的奴隶**。这与那种早期人受自然支配的现象有共同的特征,即人被外物所奴役,人类主体仍然不是他(应该是的)自己命运的主人。显而易见,在马克思当时的人本主义历史观框架中,这种思想带有极强的伦理主义和浪漫主义色彩。

同时,在这里,我们又能体会到费尔巴哈人本主义哲学逻辑的某种背景支援。在费尔巴哈对宗教的批判中,上帝是人的本质之颠倒,人创造了无所不能的神,却使人类主体自身变得空无,这个无能的空心人只得跪倒在自己创造出来的万能的创造物的脚下。而此时马克思的哲学逻辑,显然比费尔巴哈的站得更高一些,已经从自然的人性和本质的理论确证走向了对人的社会本质的理论确证,而且也要比他不久前的理论逻辑思路更清楚一些。这是马克思第一次对人的本质的设定,即人类主体没有被异化时所应该拥有的先验本真状态——真正的人的社会关系。这与我们前面提到的马克思的政治异化观点相比,显然有更加具体的逻辑所指。

当马克思用这种一个人应该具有的本真尺度去衡量当下的资产阶级社会经济生活时,他立即发现,人类主体(劳动者)的本质就像在费尔巴哈的那种宗教异化过程中一样,在他的经济生活中被彻底异化了(又是一个坏的"是")。

人自身异化了以及这个异化的人的**社会**是一幅描绘他的**现实的共同体**(*wirklichen Gemeinwesens*),描绘他的真正的类生活的讽刺画;人的活动由此而表现为苦难,他个人的创造物表现为异己的力量(*fremde Mächte*),他的财富表现为他的贫穷,把他同别人结合起来的**本质的联结**（*Wesensband*）表现为非本质的联结（unwesentliches Band），相反，他同别人的分离表现为他真正的定在（wahres Dasein）①；他的生命表现为他的生命的牺牲，他的本质的现实化（Verwirklichung）表现为他的生命的失去现实性，他的生产表现为他的非存在的生产（Production seines Nichts），他支配物的权力表现为物支配他的权力，而他本身，即他的创造物的主人，则表现为这个创造物的奴隶。②

以马克思之见，资产阶级国民经济学是以"**交换**和**贸易**的形式来探讨**人们的共同本质**（*Gemeinwesens*）或他们的积极实现着的**人**的本质，探讨他们在类生活中、在真正的人的生活中的相互补充"，即"把合群的交往（geselliger Verkehr）的**异化**形式作为**本质**的和最初的形式、作为同人的本性相适应的形式**确定下来了**"。③ 这根子上还是赫斯的交往。他发现：

> **交换**（*der Tausch*）或**贸易交换**（*Tauschhandel*）是社会的、类的行为，共同本质（Gemeinwesen），社会的交往和人在**私有权**范围内的联合，因而是外部的、**外化**的、类的行为。正因为这样，它才表现为**贸易交换**。因此，它同时也是同**社会的**关系（*gesellschaftlichen Verhältnisses*）的对立。④

---

① 此处原中译文将 Dasein 译为"存在"，我认为译为"定在"更准确一些。——本书作者第三版注。
② 《马克思恩格斯全集》第 42 卷，人民出版社 1979 年版，第 25 页。中译文有改动。中译者将马克思此处使用的 Band 一词译为"联系"，但此词在德文中通常意为"带子"、"系住"，所以译"联结"更准确一些。参见［德］马克思《詹姆斯·穆勒〈政治经济学原理〉一书摘要》，Karl Marx, *Historisch-ökonomische Studien*，*Pariser*，*Marx-Engels-Gesamtausgabe*（*MEGA2*），Ⅳ/2，Text，Berlin: Dietz Verlag，1981，S. 452 - 453。马克思在此文中 4 次使用 Band 一词。——本书作者第三版注。
③ 参见《马克思恩格斯全集》第 42 卷，人民出版社 1979 年版，第 25 页。中译文有改动。此处原中译文中将 geselliger 译作"社会的"，我改译为"合群的"。——本书作者第三版注。
④ 《马克思恩格斯全集》第 42 卷，人民出版社 1979 年版，第 27 页。中译文有改动。此处原中译文中将 Tauschhandel 译作"物物交换"，可原词没有这个意思，handel 应该是"贸易"之意，所以我改译为"贸易交换"，以避免中文中的误解。——本书作者第三版注。

从以上分析可以看到，马克思的这种理论布展的脉络十分清楚——它经历了从对社会政治分立（异化）的关注步入对社会经济领域的异化现象的关心，再从对金钱异化的具体批判步入对经济关系异化的总体逻辑的哲学批判的过程。然后，马克思将**从交换领域走向劳动生产**，劳动异化的思想开始生成。这个行进方向与古典经济学从交换到生产的逻辑也是一致的。这恐怕也是赫斯没有跨出的重要一步。

4. 理论建构 C：劳动异化逻辑的初步设定

第三个重要的理论提升是劳动异化理论的初步形成。在这里，青年马克思从社会关系异化直接提升出人的本质异化之根源是劳动活动的畸变，这种观点意味着青年马克思自己自主性的人本主义异化史观的最初建立。用马克思此时的话来说，即"交换关系的前提是**劳动**成为**直接谋生的劳动**（*unmittelbaren Erwerbsarbeit*）"①。这里的 Erwerb 一词是"挣得"、"赚钱收入"的意思，是赫斯最常用的概念。在《货币的本质》一文中，赫斯先后 13 次使用此词。此时，马克思还没有使用赫斯已经使用的**雇佣劳动**（*Lohnarbeit*）一词。马克思在这里探讨的是劳动异化的经济学本质。

在此时的马克思看来，劳动虽然是人的生活来源，但它的目的本来应该是劳动者的"**个人存在**的积极实现"，是他个人的"**自我享受**"，以及劳动者本人的"**天然禀赋和精神目的的实现**"。②这是劳动者本人的一种生命的总体需要，可是，现在这种生命的需要在交换关系中发生了某种畸变：一是这里的劳动本身和劳动产品都与劳动者的"需要、同他的**劳动使命**没有任何**直接的**关系"，反倒成了外在的某种客观"社会组合"；二是购买产品的人自己不从事劳动生产，只是换取别人生产的东西。③由于劳动产品"是作为**价值**，作为**交换价值**，作为**等价物**来生产的，不再是为了它同生产者直接的个体关系而生产的"，所以，对于劳动者来说，社会

———

①②③ 参见《马克思恩格斯全集》第 42 卷，人民出版社 1979 年版，第 28 页。

的需要固然是多方面的,可是劳动本身却变得越来越"单方面",劳动"陷入**谋生的劳动**(*Erwerbsarbeit*)的范畴,直到最后他的劳动的意义仅仅归于谋生的劳动并成为完全**偶然的和非本质的**"①。

显然,马克思此时是从**主体需要**(*Bedürfnis*)这个规定出发来定位劳动的本真意义的,这与后来《1844年手稿》第一笔记本中从**对象化生产**去定位劳动有着重要的异质性。马克思这里从谋生劳动导引出劳动的异化,它具体包含了四层异化关系:第一,"劳动对劳动主体(arbeitenden Subjekt)的异化和偶然联系";第二,"劳动对劳动对象(Arbeit vom Gegenstand)的异化和偶然联系";第三,外在的社会需要(gesellschaftlichen Bedürfnisse)成为劳动者异己性的强制;第四,劳动者的生命活动异化为手段性谋生活动。② 很显然,这四个层面都是在**对象化劳动及关系之外**的异化方面,与《1844年手稿》第一笔记本中劳动异化的四重逻辑层面相比,这种分析还是十分粗糙和不精确的,但它毕竟摇曳着更深逻辑建构即将布展的点点星光。

依照马克思此时的认识,劳动异化的发生是由于所有制条件下的分工造成的。他认为:

> 同**人的活动**的产品的相互交换表现为**贸易交换**(*Tauschhandel*),表现为**做买卖**(*Schacher*)③一样,活动本身的相互补充和相互交换表现为**分工**(*Theilung der Arbeit*),这种分工使人成为高度抽象的存在物(abstraktes Wesen),成为旋床等等,直至变成精神上和肉体上畸形的人。④

---

① 《马克思恩格斯全集》第42卷,人民出版社1979年版,第28页。
② 参见《马克思恩格斯全集》第42卷,人民出版社1979年版,第28—29页。
③ Schacher一词是赫斯在《货币的本质》一文中的常用词,通常译为"买卖"和"交易",赫斯还使用Schacherwelt(交易世界)和Verschachern(买卖、做生意)等词。根据苏联编译者的看法,这个词的使用类似于傅立叶社会主义传统中对自发的买卖的贬斥,而相对于有组织的交换和贸易(Handel)。——本书作者第三版注。
④ 《马克思恩格斯全集》第42卷,人民出版社1979年版,第29页。中译文有改动。

商品交换的基础是劳动分工,分工是异化的原因。在这一点上,马克思已经超出赫斯对异化原因的分析。马克思在此文中只是4次使用Theilung der Arbeit 一词。① 这一观点,在《德意志意识形态》一书中被改造为分工是奴役的原因。此时的马克思认为,在分工的前提下,产品和私有制下的财富获得了等价物的意义,人交换的已经不是他的劳动余额,而对他来说是"完全无关紧要的物",即作为谋生劳动的直接结果的交换媒介——货币。而正是在这个货币中,"在不论对材料的性质即私有财产的特殊自然物(spezifische Natur)还是对私有者的个性都完全无关紧要的货币中,表现出异化的事物(entfremdeten Sache)对人的全面统治"②。在这里,社会的本质只在它自己的对立物的形式中、在异化的形式中获得。

马克思对人本主义经济异化理论的总体逻辑建构,在他第一段"议论"中已经得到了非常重要的实现。接下来,马克思先对穆勒这本书的第三部分后半截一直到第四部分("论消费")的第三节做了大段摘录。在马克思的这种人本主义思想已经凸现出来的情况下,经济学的东西总是被遮蔽的。其实在穆勒这本书的第四部分中,他已经提到了生产性劳动和非生产性劳动,多次提到了斯密所使用的"生产力(produktiven Kräfte)"③概念,也分析了消费只随着生产的扩展而扩大的特性。这些观点都是对斯密理论的复述,可马克思此时还是无法理解这些经济学命题和重要概念。所以,马克思再一次回到以交换为视轴的经济异化理论的哲学主题上,直接论说了资产阶级社会私有制与经济异化的内在关联,并且进而确证了他的经济异化理论的完整的哲学

---

① 马克思当时使用的 Theilung der Arbeit 一词现在通常写为 Teilung der Arbeit。——本书作者第三版注。
②《马克思恩格斯全集》第42卷,人民出版社1979年版,第29页。此处原中译文将Natur译作"物质",我改译为"自然物";原中译文将Sache译为"物",马克思在此使用的意思是区别于一般物(Ding)的与人相关的事物、物品,我认为译为"事物"更准确一些。——本书作者第三版注。
③《马克思恩格斯全集》第42卷,人民出版社1979年版,第32页。

逻辑构架。

马克思指出,在现实的私有制的基础上,人的生产目的总是为了自私的对象化式的占有。显然,这里出现的生产概念并不是后来历史唯物主义意义上的物质生产,而是从国民经济学中而来的与交换相对的经济学术语。"生产的目的就是**拥有**(haben)。生产不仅有这样一种**功利的**目的,而且有一种**自私自利的**目的;人进行生产只是为了自己**拥有**;他生产的对象(Gegenstand)是他**直接的**、自私自利的**需要**的对象化(Vergegenständlichung)。"①这是马克思在此文中第一次使用**与生产相关的** Vergegenständlichung 一词。在本文中,他一共使用了 3 次。正是这个来自于费尔巴哈的 Vergegenständlichung 将马克思与赫斯对劳动的看法真正界划开来。② 在交换出现以前,人生产产品的数量并不多于他自己的直接需要,所以"他**需要的界限**也就是他**生产的界限**"。是需要限定了生产! 而"一旦有了交换,就有了超过占有的直接界限的剩余产品"。需要限定生产,交换决定产品,这两个观点都不是正确的命题。马克思这时看到的是,在生产与交换中,人与人的交换关系(本来是人与人交往的类本质)就不再是人的真实关系,人的劳动产品也不再是"我们彼此为对方进行生产的纽带"。

换句话说,我们的生产并不是人为了作为人的人而从事的生产,即不是**社会的**生产。……我同你的**社会**联系(*gesellschaftliche Beziehung*),我为你的需要所进行的劳动只不过是**假象**(*Schein*),我

---

① 《马克思恩格斯全集》第 42 卷,人民出版社 1979 年版,第 33 页。此处原中译文将 haben 译作"占有",可是德文中另有 Besitzens(占有)一词,故译作"拥有"为好。原中译文将 Gegenstand 译为"物品",将 Vergegenständlichung 译作"物化",我分别改译为"对象"和"对象化"。——本书作者第三版注。

② 在传统的研究中,人们通常将马克思的对象化概念视作黑格尔哲学的影响,但实际上黑格尔并没有使用过 Vergegenständlichung 一词。他一般使用 gegenständliche(对象性)概念。而费尔巴哈则在对宗教的人本主义批判中集中使用 Vergegenständlichung 一词。在他 1841 年出版的《基督教的本质》一书中,他共使用此词达 45 次。——本书作者第三版注。

们相互的补充,也只是一种以相互掠夺为基础的**假象**。①

在此,马克思开始运作一种现象学批判的构架。如前所述,在此马克思所标注的"社会"这个规定性,都是费尔巴哈式的真正的没有被异化了的那种人与人的类关系。我们在《1844年手稿》第三笔记本中还会遭遇这个又改变过了的"社会"范畴。

由于在交换条件下,人与人的"社会的"关系,即将我们联结起来的那个交往类本质,已经颠倒为一种不以人的意志为转移的利己的、事物化的东西,一种"赋予我支配你的权力的手段",所以,在现实的资产阶级社会经济生活中,"我们彼此同人的本质相异化已经到了这种程度,以致这种本质的直接语言在我们看来成了对**人类尊严的侮辱**,相反,事物的价值(sachlichen Werthe)的异化语言倒成了完全符合于理所当然的、自信和自我认可的人类尊严的东西"②。这突出表现在两个方面:第一,生活在资产阶级社会经济过程中的每个人实际上把自己变成了他人心目中的东西;人为了占有他的物品时,实际上把自己变成了手段、工具、某种物品的生产者。第二,一个人自己的物品对其他人来说,仅仅表现为"对象(Gegenstandes)的**感性的外壳,潜在的形式**,因为你的生产**意味着**并**表明想谋取我**的对象的意图。这样,你为了你自己而在事实上成了你的物品的**手段、工具**,你的愿望则是你的物品的奴隶"③。

面对这样一种人的类本质之异化状态和人类主体颠倒为事物的现象,马克思自然是予以否定的。按照他的理解,这种异化的主体正是处于资产阶级统治下的无产阶级。如上所述,此时已经站在无产阶级立场上的马克思,正在寻求被压迫阶级起来革命的根据,他要求以"武器的批判"去扬弃这种不合理的社会历史现象,使人类主体回归到它本应该处于的正常状态。可是,由于人的革命此时还是"从哲学家的头脑开始"

---

① 《马克思恩格斯全集》第42卷,人民出版社1979年版,第34—35页。中译文有改动。
② 《马克思恩格斯全集》第42卷,人民出版社1979年版,第36页。
③ 《马克思恩格斯全集》第42卷,人民出版社1979年版,第37页。此处中译文将Gegenstand一词译作"物品",我改译为"对象"。——本书作者第三版注。

的,所以异化的消除和人类主体的解放仍然是一种人本主义价值哲学的逻辑推论结果。这也是马克思完整经济异化理论的最后一个逻辑构件,即异化的扬弃以及人类主体从异化状态向自己本质的复归。

在这里的文本语境中,马克思并没有明确说明这种主体的复归就是共产主义。他只是从"人"所应该具有的类本质要求对它作了这样一个理想化的描述:

> 假定我们作为人进行生产。在这种情况下,我们每个人在自己的生产过程中就**双重地**肯定了自己和另一个人:(1)我在我的**生产**中对象化(vergegenständlicht)了我的**个性**和我的个性的**特点**,因此我既在活动时享受了个人的**生命表现**(*Lebensäusserung*),又在对产品的直观中由于认识到我的个性是**对象性的、可以直观地**(*gegenständliche, sinnlich*)**感知的**因而是**毫无疑问**的权力而感受到个人的乐趣。(2)在你享受或使用我的产品时,我**直接**享受到的是:既意识到我的劳动满足了**人的**需要,从而对象化(vergegenständlicht)了人的本质,又创造了与另一个**人的本质**的需要相符合的对象(Gegenstand)。(3)对你来说,我是你与类之间的中介人,你自己意识到和感觉到我是你自己本质的补充,是你自己不可分割的一部分,从而我认识到我自己被你的思想和你的爱所证实。(4)在我个人的生命表现中,我直接创造了你的生命表现,因而在我个人的活动中,我直接**证实**和**实现**了我的真正的本质(*wahres Wesen*),即我的**人的本质**,我的**共同本质**(*Gemeinwesen*)。①

在这里,马克思关于生产劳动是我的需要的**对象化**的看法,是来自于黑格尔的劳动外化观点。但是,他将黑格尔的外化论改造成**费尔巴哈**

---

① 《马克思恩格斯全集》第42卷,人民出版社1979年版,第37页。中译文有改动。参见[德]马克思《詹姆斯·穆勒〈政治经济学原理〉一书摘要》,Karl Marx, *Historisch-ökonomische Studien, Pariser, Marx-Engels-Gesamtausgabe*(*MEGA2*),Ⅳ/2, Text, Berlin: Dietz Verlag, 1981, S. 452 - 453。——本书作者第三版注。

217

式的对象化论。也恰恰是这一点,将他与赫斯的劳动概念区分开来。当然,马克思此处的讨论,仍然是一种理想化的**本真人**的生存境域。紧接着,马克思又进行了一种人类主体在异化与非异化这两种不同状态下的对比性逻辑分析:其一,在非异化的主体状态下,"我的劳动是**自由的生命表现**,因此是**生活的乐趣**。在私有制的前提下,它是**生命的外化**。因为我劳动是为了**生存**,为了得到生活**资料**。我的劳动不是我的生命"①。其二,在主体状态中,"我在劳动中肯定了自己的**个人生命**,从而也就肯定了我的个性的**特点**。劳动是我**真正的、活动的财产**"②。在私有制的前提下,劳动变成一种"被迫的活动",对人来说是一种痛苦,在主体自己的活动中,人的个性反而同人疏远了。这就近似于这样一种观点,劳动是人类主体的本质,通过扬弃劳动的异化复归于人的真实本质就是人类解放的根本。当然,在这里,马克思没有进一步具体说明这个新的理论观点。它的展开,在《1844年手稿》中成为重要的思考主题。

5. 走向总体批判:一种社会主义的结论

在《巴黎笔记》的最后,马克思已经表现出这种倾向,即决意离开资产阶级政治经济学的逻辑,而从哲学与共产主义的联结中全面展开自己的自主性批判。以我的看法,对于批判资产阶级政治经济学这个行动而言,马克思并不是茕茕孑立、形影相吊的孤独者,其实他的身后站立着这四位理论家:西斯蒙第、蒲鲁东、赫斯和青年恩格斯。在对经济学的自身批判中,他倾向于西斯蒙第的否定性前提;在对政治经济学的政治批判中,他基本肯定蒲鲁东和恩格斯基于经济学的经济学批判;可是,在哲学对经济学的批判上——也是他自认为最有发言权的地方,他同意赫斯的看法。而且,他在《穆勒笔记》中一出手就轻而易举地超越了赫斯。有意思的是,马克思在《巴黎笔记》的最后,对前三位理论家的东西都没有进行摘录,却恰恰专门对他已经看过的恩格斯的《国民经济学批判大纲》重

---

①②《马克思恩格斯全集》第42卷,人民出版社1979年版,第38页。

新做了笔记。这究竟是怎么回事？以我前面的分析,西斯蒙第、蒲鲁东和赫斯都是属于马克思这时比较容易理解的思想家,而恩格斯的《国民经济学批判大纲》则溢出了他所能充分理解的范畴之外。如前所述,西斯蒙第是人学伦理学批判,蒲鲁东是政治法权批判,赫斯是哲学批判,而青年恩格斯却是从政治经济学本身来批判政治经济学的。马克思觉得,有必要专门再思考一下恩格斯的做法。

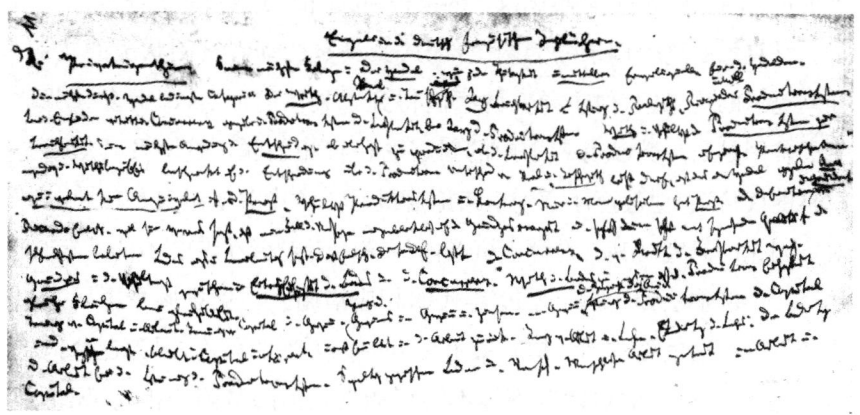

图 5　恩格斯《国民经济学批判大纲》摘录一页复制件

马克思对恩格斯《国民经济学批判大纲》的摘录,是一个独立的插页,它被夹在《穆勒笔记》的最后。① 马克思在 1843 年 11 月就阅读了恩格斯的这一文本,但在当时马克思对恩格斯批评的那些经济学家及其论著还并不了解,所以他没有立刻做摘录。如前所述,恩格斯的无产阶级立场却已经深深影响了马克思。而在这里,马克思又形成了对经济学的基本看法,他觉得必须重新阅读和摘录恩格斯的《国民经济学批判大纲》,同时我认为,马克思此时恰恰发现不能按照恩格斯的思路批判政治经济学。这是马克思在《1844 年手稿》第一笔记本第一逻辑的构架中指认"在国民经济学的立场上"的意思。

马克思还在《巴黎笔记》的最后,摘录了西斯蒙第式的社会主义者欧

---

① 参见《马克思恩格斯全集》第 42 卷,人民出版社 1979 年版,第 485—486 页。

仁·毕莱的《英国和法国劳动阶级的贫困》一书。马克思在这里感兴趣的是作者对资产阶级社会制度的批判，特别是大量的关于无产阶级贫困生活的具体资料。在毕莱的这本书中，不仅有英国工人阶级的状况，而且也包括了欧洲其他完成了工业革命的资产阶级国家中劳动者悲惨生活的生动材料。毕莱在书中引述了许多研究者的调查，如英国学者艾利生、伊登和法国学者维尔纽夫·巴尔热蒙、维诺、维莱梅等人的调研成果。此外还有不少官方的统计资料，如英国议会的报告和法国的社会救济报告等。

马克思的这个摘录分为两个部分：其一是劳动者贫困状况的实例。在马克思的摘录中，他主导性的意向得到了具体的证实，即大多数劳动者的贫困是与少数私有者手中的财富的积聚相关联，"贫困及其后果是财富的代价"。他甚至注意到毕莱论著最后一章中关于绝对贫困化与相对贫困化的研究。其二是评价资产阶级统治者对劳动者贫困的政策，即从第一个济贫法到19世纪40年代的相应措施。马克思摘录了毕莱对资产阶级社会消除贫困的措施束手无策的无力性的评论，因为这些措施至多是减轻"极度的贫困"，而根本不可能真正消除贫困。相反，无论是在城市还是在乡村，贫困都在加剧。日本学者部服文男曾指出，马克思后来在《1844年手稿》中引用毕莱的著作，但没有指明毕莱的名字。在上面我们提到的《评"普鲁士人"'普鲁士国王和社会改革'一文》中，马克思也引用了毕莱的著作。①"爱尔兰人只知道一种需要，就是吃的需要，而且只知道**吃马铃薯**，而且只**是破烂马铃薯**，最坏的马铃薯。"②

最后，是马克思对黑格尔《精神现象学》的摘录。这是马克思在哲学方法论上的一种再准备！于是，《1844年手稿》的整体写作思路就已经形成了。马克思已经清楚地意识到，必须有一个机会，来全面地来阐发自己新的理论逻辑了。这也许就播撒下他后来书写《1844年手稿》一书的内在理论冲动的思想种子。

---

① 参见《马克思恩格斯全集》第1卷，人民出版社1956年版，第475—478页。
② 参见《马克思恩格斯全集》第42卷，人民出版社1979年版，第134页。

第三章　人本学劳动异化史观与走向客观经济现实的复调语境

青年马克思的《1844年手稿》自1927年首次公诸于众以来,迄今为止已经整整70年了。光阴荏苒,在这大半个世纪中,这部手稿经历了许多具有传奇色彩的遭遇,也扮演了不少重大的历史角色。可是时至今日,它可能依然是马克思文献中最难解读,却被引用最多的文本之一。如果我们将时间指针定位于当代马克思主义研究的理解视域,那么最近的两次重大释义分别为苏联共产党的"人道主义的社会主义"与中国理论界的"类哲学"和"实践人道主义"。然而所不同的是,苏联的政治释义已经在现实中破产,而中国哲学界的人本学诠释则刚刚萌芽,这使得这一文本的重要讨论意义域再次凸现。

第一节　《1844年经济学哲学手稿》的基本情况

从本书导言的讨论中,我们可以发现,对于《1844年经济学哲学手稿》(*Ökonomisch-philosophische Manuskripte*, 1844)的理解,实际上是理解马克思的所有解读模式的关键异质性的分水岭。对这一文本的哲学研究,国内外的确已经取得了显著的成果,主要结论可以归纳为两种观点:一是认为《1844年手稿》已经是马克思主义哲学的论著,所以人本主义被视为当然的理论旗帜(包括西方马克思主义人本学派、西方马克思学、国内的实践人道主义和形形色色的马克思人学);二是断然否定《1844年手稿》的理论价值,判定人本主义异化劳动理论仍然是资产阶级"意识形态"(如西方马克思主义的阿尔都塞)。这两种理解实际上是一种线性思路的正反面。这中间,还横着苏联、东欧学者那种不彻底的界线含混的理论认知逻辑。我已经说明,孙伯鍨先生首先提出《1844年手稿》中存在着两条逻辑:除去占主导地位的人本主义的异化劳动逻辑,他还指认了一条正在发生的从现实描述出发的客观唯物主义线索。但后一条线索的逻辑源起,除去对黑格尔的劳动外化思想线索的可能性链接,他并没有明确地给予直接回答。从对以往研究背景的分析来看,人们似乎倾向于将《1844年手稿》中的唯物主义观点仅仅与费尔巴哈联结起来,而以我之见,这种观点是站不住的。问题并没有这么简单。关键的问题还在于,我们离开了马克思此时经济学研究的具体内容而只是进行单纯的哲学解读!由此,我们不得不怀疑《1844年手稿》传统研究模式的合法性。

1.《1844年经济学哲学手稿》的文本结构

20世纪初,苏联专家梁赞诺夫在阅读马克思《巴黎笔记》手稿的照相版文本中,发现十个笔记本中有三个笔记本是一个相对独立的理论文本。不同于其他摘录性笔记,它是马克思独立批判资产阶级政治经济学的著述,这就是《1844年手稿》。刚开始时,这个文本只是有选择地部分发表在1927年出版的俄文版《马克思恩格斯文库》第3卷上,主要包含了以后所谓第三笔记的大部分内容。后来它又在1929年被转载于俄文版《马克思恩格斯全集》第3卷上,当时的标题均为《〈神圣家族〉准备资料》。出版者当时并没有意识到这是一部马克思未能完成的却又十分重要的论著。在那时,此文本的发表几乎没有引起人们的关注。

1931年1月,苏黎世出版的一家德国社会民主党的月刊《红色评论》

上发表了迈尔的一个题为《关于马克思的一部未发表的著作》的简短报道，说新发现了马克思的一部早期著作，其实那就是苏联人已经部分出版的《1844年手稿》。1932年，这部手稿经过整理，以德文发表在克吕纳版《卡尔·马克思。历史唯物主义。早期著作》一书的第1卷上，当时的标题为《国民经济学与哲学。论国民经济学同国家、法、道德和市民活动的关系(1844年)》。这个版本虽然补上了俄文版未发表的几个部分，但仍然不是全部内容。在1932年的稍后一段时间，这一文本才在阿多拉茨基①主编的德文版《马克思恩格斯全集》(MEGA1)第一部分第3卷上以《1844年经济学哲学手稿。国民经济学批判。附关于黑格尔哲学的一章》为名全文发表。当时，该文本被编为四个部分，其中第一至第三部分以"国民经济学批判"为题，作为文本的主体。第四部分则是作为附录发表的黑格尔《精神现象学》的摘录。需要说明的是，20世纪30年代该书的发表在苏联、东欧学界并没有引起什么重大的反响，而却在西方学界造成了20世纪上半叶最重要的"马克思热"②。

1956年，《1844年手稿》第一次在《马克思恩格斯早期著作选》中用俄文全文发表。不久，该文本的中文第一版的单行本在1957年出版。当时，这个文本一纸风行，已经成为前东欧理论界的讨论焦点，特别是作为西方马克思主义思想波动外延的"新马克思主义"的一面理论旗帜而引人注目。一时间，马克思主义、社会主义与人道主义的关系成为一种新的逻辑指归。人道主义的社会主义被直接写进了东欧一些共产党的党纲(如前南共联盟)。可是，这种理论动向却受到了苏联意识形态当局的批评与压制。这种状态一直持续到戈尔巴乔夫上台。他的"改革新思

---

① 弗·维·阿多拉茨基(B. B. AIOPATCKHH, 1878—1945)，苏联著名的马克思主义文献学家。阿多拉茨基1878年生于俄国的喀山，卒于1945年。他1897年考入喀山大学，攻读法律，是列宁同专业学习的校友。1900年开始从事革命活动，1904年加入布尔什维克党，参加过1905年的总罢工，并因此流亡到国外。1905年他在瑞士见到了列宁。此后，他开始承担列宁委托的许多重要的马克思主义文献学研究任务。曾任俄罗斯苏维埃联邦社会主义共和国国家档案馆馆长和中央档案局副局长。
② 参见拙著《折断的理性翅膀》，南京出版社1990年版，第四章。

维"就是以人本主义的**类哲学**为根基的,即"人类的利益高于阶级的利益"。所以,人道主义的社会主义成为苏共"二十七大"的口号也就不足为奇了。《1844年手稿》的中文第二版①于1979年重译(刘丕坤译)并出版。不久中文第一版《马克思恩格斯全集》第42卷收入的文本基本与刘译版相同。此时,中国国内学界兴起讨论马克思的劳动异化和人道主义的第一次"热潮"。马克思的这一文本成为"人道主义的马克思主义"之重要根据,也就是势如破竹、自然而然的了。

1980年,MEGA2第一部分第2卷第一次以两种方式同时发表马克思的《1844年手稿》:一是以马克思写作的原本顺序所发排的全部文本;二是根据马克思的设想,按理论逻辑和书稿结构所发排的手稿。前者我们称之为原初文本版,后者则是逻辑编排版。② 我们这里的研讨对象就是以第一种形式编排的《1844年手稿》的原初文本结构。

现在我们所面对的《1844年手稿》,实际上由三个笔记本组成。第一笔记本现存36页,与《巴黎笔记》中的《穆勒笔记》一样,每页都有马克思自己用罗马数字标注的页码(I—XXXVI),其中马克思写有文字的共27页(I—XXVII),第27页(只有两行字)下半页之后为九页半空白(XXVII—XXXVI)。全部稿本均以竖折形式分为三栏。第一部分按"工资、资本的利润和地租"三项内容分栏并列竖写下来,其中也有分两栏或一栏书写。从第XXII页起,则又全部通栏书写,这就是有关"异化劳动"的第二部分内容。中文版《1844年手稿》将这第一笔记第一部分的三栏同时书写的内容编发成顺序排印,只是在每一页上注出了原文页码。没有十分仔细研读它们的读者稍一疏忽,都会基本误认为这是马克思按印刷文本页码先后顺序写作的三部分内容。

---

① [德]马克思:《1844年经济学哲学手稿》,刘丕坤译,人民出版社1979年版。
② 需要说明的是,我们所能看到的最常见的两个中文版本分别是《马克思恩格斯全集》中文第一版第42卷和第二版第2卷,前者依据的是《马克思恩格斯全集》俄文第二版的编辑,后者就是新的逻辑编排版。

图 6 《1844 年经济学哲学手稿》第一笔记本一页复制件

第一笔记本的原初文本结构示意图

I—VI	工资	利润	地租
VII	工资		
VIII—XII	工资	利润	地租
XIII—XV	工资	利润	
XVI		利润	地租
XVII—XXI			地租
XXII—XXVII	异化劳动		
XXVIII—XXXVI	（空白）		

第二笔记本只存有 4 页,即最后的第 XL 至 XLIII 页。第二笔记本实际上是马克思这一重要文本最主要的批判内容。可是,它总共 43 页,却整整遗失了 39 页。这不能不说是一大憾事。第三笔记本现存 68 页(I—LXVIII),同样也有马克思自己用罗马数字所标注的页码编号。马克思的第三笔记本写至第 43 页(I—XLIII 页),但写有文字的为 41 页,其中第 22 页(第 XXII 页)原稿空缺,第 44 页以下为空白页。在逻辑编排本中(中文版同此),编者将原稿中第 38 页的"序言"直接调到全书的开端,并将有关黑格尔哲学批判的三部分内容(XI—XIII 页、第 XVII—XVIII 页、第 XXIII—XXXIV 页,中间有两段对国民经济学的批判)合一并且放置在文本的最后。这固然是马克思写作的设想,但由于没有做出

225

必要的特定说明,这就会让那些不细心的读者将此误认为是马克思的写作顺序。

第三笔记本原初文本结构示意图

I—III	国民经济学中反映私有财产的主体本质	页首马克思写有"补入第 XXXVI 页"
III—VI	(1)	本页第三自然段首马克思编有罗马数字"I",并标有"补入第 XXXIX 页"。
		同一页第四自然段标有"补入同一页"。内容为共产主义。
IV—VI	(2—3)	内容为共产主义与历史之谜
VI—X	(4)	内容为私有制与人的全面性
X—XI	(5)	内容为共产主义与社会主义
XI—XIII	(6A)	内容为费尔巴哈的功绩与对黑格尔哲学的批判
XIII—XXI	(7A)	内容为国民经济学批判,其中 XVII 至 XVIII 页分两栏,与(6)并列竖写。
XVII—XVIII	(6B)	页首写有"上接第 XIII 页"。
		内容为对黑格尔《精神现象学》的批判。第 XVIII 页末写有"下接第 XXII 页"。
XXII	(原笔记本空缺)	
XXIII—XXXIV	(6C)	页首写有"上接第 XVIII 页"
XXXIV—XXXVIII	(7B)	内容为分工与交换研究
XXXVIII—XLI	序言	
XLI—XLIII	(7C)	内容主要为货币研究

最后是两个单独的插页。编者题为《乔治·威廉·弗里德里希·黑格尔〈精神现象学〉"绝对知识"章的摘要》。据考证,这一文本摘录写于1844 年 4—8 月,极可能是马克思写作第三笔记中关于黑格尔批判的准备资料。从内容上看,它是黑格尔这一章近 1/3 量的原文摘录,马克思基本上没有评论。由于这一文本在页号编码上使用了与《1844 年手稿》的罗马数字不同的阿拉伯数字,所以,编者将它作为单独的附录发表。过去也有的论者将此文本称之为"第四笔记"或"第四手稿"。不过,历来的中文版《1844 年手稿》都没有收入这个文本。

现在的中文第一版《马克思恩格斯全集》第 42 卷是依据苏联《马克思恩格斯全集》俄文第二版翻译的。它是我们前面所讲的逻辑编排版

(与 MEGA2 新版的逻辑编排相差不大),而不是马克思原来写作顺序的原初文本版。这是我们在研究中必须注意的。

还需要说明的是由苏联学者挑起的一种争论,即认为在《1844 年手稿》中,马克思是在研究资产阶级政治经济学的进程中,一边读书一边写下这一手稿文本的。这也就是说,《巴黎笔记》是与《1844 年手稿》穿插交错进行的。他们的具体假设是,马克思先写下萨伊和斯密的笔记,然后开始写作手稿的第一笔记本;随后,马克思又重新阅读,再做了关于麦克库洛赫、普雷沃和恩格斯《国民经济学批判大纲》的笔记,最后完成手稿的第二至第三笔记本。甚至李嘉图和穆勒笔记是在全部手稿完成之后才又回头重新读书而撰写的。这种假设在**文献考证、马克思的直接指认和这一文本的内在逻辑**三方面均没有可靠的依据,这种推断的唯一根据是第一笔记本中只是引述了萨伊和斯密,而全部手稿中也几乎没有摘录李嘉图和穆勒的东西。① 这种假设把马克思描述成一个在理论研究上不负责任的学者,只读了两本经济学论著便开始对经济学指手画脚,再瞟了几页书又发一通议论。可是,马克思的治学态度从来不是这样的。实际上,在此之前的青年马克思的写作史已经清楚地显现了他的研究方式,特别是刻画了他面对一个尚属陌生的重要学术领域的研究方式。我们可以看到《关于伊壁鸠鲁哲学的笔记》与《德谟克利特自然哲学与伊壁鸠鲁自然哲学的差别》的关系,《克罗茨纳赫笔记》与"国民公会史"、《黑格尔法哲学批判》的关系,更不要说在此之后,马克思的《布鲁塞尔笔记》、《曼彻斯特笔记》与《德意志意识形态》、《哲学的贫困》的关系,最具典型意义的就是《伦敦笔记》与《1857—1858 年经济学手稿》的关系。可以说,在马克思的理论研究史中,他没有一次不是在对一个专题、一个领域的资料进行全面系统的占有之后,并且在对其进行深入反复的思想实验之后,才会动笔写作。

---

① 参见[苏]拉宾《马克思的青年时代》,南京大学外文系俄罗斯语言文学教研室翻译组译,三联书店 1982 年版。

我认为,苏联学者的这种"理论创新"实为一种不必要的过分标新立异的行为。更主要的是,以马克思内在的理论逻辑进程来看,这种编排不仅没有深化我们的研究,反而带来了许多不必要的文本解读中的混乱。我固然承认《巴黎笔记》与《1844年手稿》是在同一个时段中完成的同体文本,但绝对不赞成苏联、东欧学者上述那种将文本碎片化的做法。所以,我在本书中没有采用这种观点,仍然将《1844年手稿》作为一个独立的文本来对待。遗憾的是,MEGA2版的编者也毫无批判地全盘同意了苏联学者的这种假设。①

2.《1844年经济学哲学手稿》的一般评述

在那种泛化的对马克思主义的"两个凡是"的隐性解读构架中,凡是马克思恩格斯列宁说的都是对的。由此,《1844年手稿》在它问世之后被直接指认为西方人本(学)马克思主义和戈尔巴乔夫式的"类哲学"、"实践人道主义"的"新约",也就顺理成章了。其实,从马克思主义的科学立场来看,青年马克思在《1844年手稿》里的相当一部分论述是**不科学的**。按照我的理解,《1844年手稿》并不是青年马克思**计划写作**的成果,只是他最初批判资产阶级经济学的一个思想实验的过程。马克思的这个文本是一个极其复杂的**多重逻辑线索构成的矛盾思想体**。

首先,我们有必要对青年马克思的思想发展的总体线索再作一次梳理:马克思的理论起步是主体能动性(以康德、费希特为基点的法哲学),然后在青年黑格尔派的影响下,以黑格尔的自我意识为民主主义的理论前提。马克思的这种唯心主义的哲学构架,在《莱茵报》时期接触现实问题时发生了动摇。这是我在《马克思历史辩证法的主体向度》一书中已经阐述过的一个前期思想线索。在上一章中,我们也看到,马克思并不是外在地受到费尔巴哈的影响,而是在《克罗茨纳赫笔记》的历史研究中自主地确认了费尔巴哈的唯物主义,看清了资产阶级的真实面目。这使

---

① 参见 MEGA2 第一部分,第2卷,柏林:狄茨出版社,1981年,"导言"。

他实现了第一次重大的思想转变,彻底否定了黑格尔的唯心主义和资产阶级民主主义立场。马克思由此才接受了费尔巴哈的两条思路:一是自然决定的描述逻辑,二是人的类本质异化与复归的批判逻辑。特别是后者,直接成为此时支配青年马克思思想的隐性权力话语。① 如前所述,马克思是在青年恩格斯、赫斯和蒲鲁东的影响下,开始研究经济学的。在《巴黎笔记》中,以马克思当时的解读语境,他还无法真实地理解资产阶级政治经济学所内蕴的科学成分,所以,马克思这种对国民经济学的批判性阅读是以人本主义哲学的凸现(《穆勒笔记》)为理论结果的。而《1844年手稿》,正是这种思考、研究和批判的**总结性成果**。

总的来说,青年马克思在这里的主导性显性逻辑是:颠倒了古典经济学既成的政治前提,以肯定无产阶级立场;颠倒了黑格尔的唯心主义辩证法(精神现象学),延伸了费尔巴哈的人本学异化论(人本现象学),特别是否定了蒲鲁东—青年恩格斯的实证批判思路,进一步升华并系统化了赫斯的经济异化逻辑。所以,如果说,在费尔巴哈的人本学异化论中,人本学是神学的秘密,人的本质是上帝的秘密,人的关系是三位一体的秘密;如果说,在赫斯的货币异化论中,人是国民经济学的本质,人的真实类本质——交往关系是货币的本质;那么,在马克思的劳动异化论中,则为**人本学是国民经济学的秘密,劳动是资本的秘密(异化劳动是私有财产的秘密),社会的人是货币的秘密!** 在这个写作的过程中(主要是第三笔记),由于对经济现实的更深介入,马克思的思考中也萌生出一条从经济现实出发的客观线索,虽然这条线索在《1844年手稿》中始终是不自觉的和隐性的。与苏联学者的认识不同,我以为这不是"马克思主义的观点",而不过是马克思接触经济学的一种**理论无意识**。拉宾承认《1844年手稿》的过渡性质,但他认为手稿中同时具有"马克思主义的观点"和"人本学唯物主义的因素"。② **两种完全异质的理论逻辑和话语并**

---

① 1844年8月11日,马克思将自己的《〈黑格尔法哲学批判〉导言》寄给费尔巴哈,以表示敬意。
② 参见[苏]纳尔斯基等《十九世纪的马克思主义哲学》上册,金顺福、贾泽林等译,中国社会科学出版社1984年版,第152页。

行交织于马克思的同一文本中,呈现了一种奇特的**复调语境**。当然,我们要铭记,人本主义逻辑在这一文本中始终占据主导地位,成为**统摄性**的权力话语。

其次,我要再一次明确指出,在青年马克思的《1844年手稿》中居主导地位的**人本主义异化劳动理论不是马克思主义的科学世界观**。从本质上看,劳动异化理论还是一种深层的隐性唯心主义历史观,因为异化理论并没有跳出传统的历史人学目的论和抽象的伦理价值批判的窠臼。西方马克思学的代表吕贝尔曾经说:"马克思在着手对以人剥削人为基础的经济进行科学分析之前,就参加了工人的事业。作为参加这一行动的基础,是对异化了的社会制度的人道主义的抗议,而不是'价值规律'"①。这个说明符合《1844年手稿》的实际情况,可是他以此来概括整个马克思主义的理论基础,那就是反动的。在这一点上,我同意日本马克思主义哲学家广松涉的分析。以广松涉的研究成果,在马克思1844年的劳动异化理论中,虽然他已经开始试图以"人"(人本主义与自然主义相统一的类本质)去替代黑格尔主义"主体—客体"同一逻辑框架中的绝对观念,但这仍然是非科学的。因为异化理论先验地预设了(A)=人未被异化的本真存在;(B)=异化的非本真人类存在;(C)=通过异化的扬弃恢复人的本真生存。历史成了 A→B→C 的异化复归过程,这仍然是隐性的黑格尔神学构架。而作为人类主体类本质的劳动在实质上还是一种先验的主观价值实体。②虽然马克思此时视作历史本真基础的东西,已经不同于费尔巴哈的生理—伦理活动和自然—情感关系,但当他仍然用"应该"存在的人的本真"自由自觉的劳动"和"真正的社会关系"(或"社会存在")为逻辑批判尺度,对现实存在的异化劳动的非人状况进行**哲学—伦理学的批判**。这种批判在实质上必定是非科学的,因为批判的方法甚至批判的对象都是**非历史的**。在这里,他"既不是从现实的私

---

① [法]吕贝尔:《马克思学研究》1966年第10期,第4页。
② 参见[日]广松涉《物象化论的构图》,岩波书店1983年版,第13—14页。中译文参见彭曦等译,南京大学出版社2002年版,第54—59页。——本书作者第二版注。

有制的事实出发,也不是从商品、货币关系或资本、劳动关系等客观经济关系出发,因为在他看来,所有这些都不过是私有制的进一步规定,是异化劳动的结果和表现"①。如果说资产阶级经济学家主张资产阶级社会现实发生的社会活动和经济关系是自然的、永恒的、人性的表现,那么马克思则认为现实客观存在的一切是异化的,而没能存在但应该存在的本真的人类主体活动和关系才是真实的人类本质。事实上,在《1844年手稿》中,马克思依然错误地延续了赫斯的经济异化思路,将私有制的本质和起源归结为"异化劳动",将人类解放看成是摆脱异化劳动的奴役。

再次,马克思在《1844年手稿》中**对资产阶级经济学的批判**也不可能是科学的。因为首先他否定了劳动价值论,进而也就简单否定了古典经济学的科学性。在这一点上,虽然马克思并不同意恩格斯的理论思路,但他在经济学学理上仍然受到青年恩格斯《国民经济学批判大纲》的深刻影响。例如,在此时的马克思看来,资产阶级社会现实是由私有制和竞争造成的,私有制是国民经济学不予以认证的事实,但由异化劳动所构成的现实关系实质上又是由竞争造成的偶然的假象。正因为如此,马克思在此根本不可能对资产阶级经济学的历史形成和发展作出科学的评价。所以,他与青年恩格斯一样,不加区分地将古典经济学与庸俗经济学、古典经济学中的科学成分与庸俗内容统统贬斥为"敌视人"的东西。资产阶级经济学越向前发展,就越在异化的道路上走得更远,所以,如果斯密是"国民经济学中的路德(ökonomische Luther)",那么李嘉图就是它的"犬儒主义"的代表。斯密是"国民经济学中的路德",是恩格斯在自己的《国民经济学批判大纲》中的说法。这些评价,与马克思19世纪50年代以后对古典经济学的科学认识有着极大的异质性。

最后,让我们来分析《1844年手稿》的内在逻辑结构。从文本的写作进程来看,他首先按青年恩格斯的《国民经济学批判大纲》的思路写下第

---

① 孙伯鍨、姚顺良:《马克思主义哲学史》(黄楠森等主编,八卷本)第2卷,北京出版社1991年版,第264页。

一笔记本的前半部分(以下简称 1-1)。这是一种对国民经济学指认的"事实"的直接批判,这种批判的思路实际上也很接近蒲鲁东的社会主义。苏联学者拉宾无法透视这类写作思路,将其简单地指认为马克思自己"对资产阶级经济学家主要作了在他们本身范围内的批判"。这种含糊不清的界定根本不可能透彻说明马克思接下去的话语转换。① 然后他进一步**否定**这一思路,转而写下第一笔记本的第二部分(以下简称 1-2),即异化劳动的四个层面,这是青年马克思自己重新确立的推翻国民经济学基本构架的哲学人本主义的批判大纲(**人学社会现象学**)。接下去,是对这种批判的理论认证,即在第二至第三笔记本中具体展开经济哲学分析。以上这些构成了《1844 年手稿》的主体部分。

所以,我以为,在马克思第一笔记本的写作中存在着两种思路:其一是国民经济学的颠倒,这是恩格斯《国民经济学批判大纲》的思路;其二是哲学人本主义逻辑。这样,在 1-1 到 1-2 之间就存在着一个**逻辑思路的转换**。我以为,这种逻辑思路的转换实际上是马克思对青年恩格斯思路的批判与超越。他直接认同的是以费尔巴哈的哲学立场、黑格尔的辩证法构架和社会主义的观点来面对国民经济学的现象学批判,这实际上肯定了赫斯的人本主义批判思路。在这两种思路中,马克思是自觉地倾向于人本主义批判逻辑的。

我发现,第二至第三笔记实际上是一种新的思路调整,这确实是一种不自觉的复调(它不同于后来巴赫金②所讲的自觉文本创造中的复调变奏),因为这种复杂语境是在马克思经济哲学批判中**亚意图地**发生的。我们可以看到,在马克思自己的理论表述中,不时会有政治经济学那种**社会唯物主义**的隐性浮现。马克思的不少思考是深刻的,如果换一种科

---

① 参见[苏]纳尔斯基等《十九世纪的马克思主义哲学》上册,金顺福、贾泽林等译,中国社会科学出版社 1984 年版,第 112 页。
② 巴赫金(Бахтинг, Михаил Михайлович, 1895—1975),苏联著名文艺学家、文艺理论家、批评家。主要代表作有:《陀思妥耶夫斯基诗学诸问题》(1929)、《拉伯雷和他的世界》(1940)等。

学基础就立刻能超拔出来。其中,第三笔记中关于黑格尔哲学批判这一节是马克思**对自己当时研究的方法论指认**,其本质是对黑格尔—费尔巴哈哲学的批判方法的改造,其目的是针对"批判的批判"和德法社会主义认知构架。我将它概括为**从精神现象学到人学现象学的过渡**。特别需要指出的是,这种方法论的指认是在马克思对国民经济学的插述中完成的,它绝不是传统研究中所谓的马克思对黑格尔辩证法的唯物主义的哲学改造。

第二节 走向社会本真的人学现象学批判

《1844年手稿》的第一笔记本的语境是十分复杂的。以我之见,它实际上展现为三种不同的话语:一是处于被告席上的资产阶级社会制度及国民经济学(直接被反驳的对象);二是蒲鲁东—青年恩格斯的审判与指认;三是马克思超越这种在国民经济学范围内指控资产阶级社会的哲学人本主义批判(里面又暗含着自然唯物主义前提)。这无疑是一种十分深入又极其复杂的理论对话。因而,我们一旦抽离了马克思当时经济学研究的具体语境,就根本无法理解马克思这里极具针对性的深层批判逻辑。

1. 第一笔记本的文本结构与总体逻辑构架

如前所述,在《巴黎笔记》中,马克思的读书逻辑刚开始布展时所呈现的是被动的外在经济学摘录,直至《穆勒笔记》中才凸现出人本主义批判逻辑。同时我已经指出,马克思此时发现**不能再按照青年恩格斯的思路来批判政治经济学**。因为他意识到,这种思路仍然没有走出《1844年手稿》1-1所指认的那种"国民经济学的立场(Standpunkt des Nationalökonomen)"。所以在1-1中,马克思先是策略性地以恩格斯的《国民经济学批判大纲》为原则,然后按照国民经济学的思路,批判性地梳理资产阶级社会分配关系的三大部分。显然,这种思路(第二种话语)仅仅是国民经济学(**第一种话语**)的直接颠倒,这是青年恩格斯的《国

233

民经济学批判大纲》(它的主导逻辑是经济学的客观强性逻辑,而人本主义逻辑恰恰是其弱性逻辑的思路)和蒲鲁东的《什么是所有权》这两本书的共同前提。这条思路的源发性基础是李嘉图式的社会主义,即站在既定的经济学观点上翻转资产阶级劳动价值论,根本否定资产阶级社会私有制。在这里,它实际上是透过蒲鲁东的《什么是所有权》的棱镜,而由恩格斯的《国民经济学批判大纲》的批判思路完整地显现出来。马克思诚然在1-1中先**策略性地**采用了这种做法,但迅速否定了这条思路,因为他觉得这是"站在国民经济学的观点上反对国民经济学"。这也是他在《穆勒笔记》中就已经发现的问题。所以,1-1的总体思路仅仅是一种用社会主义的观点在国民经济学的理论范围内来批判经济现象的逻辑布展过程,在我看来,**这不过是为下面更深层次的人本主义本质批判设立对象。**

1-2的具体内容就是我们传统研究中普遍关注的异化劳动理论。马克思1-2的思路是以哲学人本主义异化史观为原则,它超越一切已有的对资产阶级经济学的批判。我以为,这是马克思自我指认的一种新的批判思路(**第三种话语**),一种在思路转换中出现的新的人本主义逻辑。正是在这一新的逻辑建构中,马克思第一次表述了一个**穿透资产阶级经济现象批判的人本主义社会现象学**(*gesellschaftliche Phänomenologie*)。莱文在《辩证法内部对话》一书的导言中,颇有见地地指认马克思主义是一种"社会现象学"。可是他的论证是极其混乱的,因为他无法区分马克思在不同阶段的思考特性,即无法区分青年马克思在人本主义立场上,非历史地说明社会现实的现象学分析,与后来在历史唯物主义立场上建立的科学的历史现象学的异质关联性。[①] 我还注意到,在华康德评述布尔迪厄[②]的论述中,他将萨特后期的人本学辩证法的分析称之为"社会现象

---

① 参见[美]莱文《辩证法内部对话》,张翼星、黄振定、邹溱译,云南人民出版社1997年版。
② 皮埃尔·布尔迪厄(Pierre Bourdieu,1930—2002),法国著名社会学家、人类学家、哲学家。主要代表作有:《一种关于实践的理论》(1972)、《区隔:品味判断的社会批判》(1979)、《实践理性:论行动的理论》(1994)等。

学"而加以否定。他的理论定位倒与我这里对社会现象学的论说语境相接近。① 这也是马克思在《巴黎笔记》中从前期的客观描述与批判到《穆勒笔记》中的人本主义批判的飞跃的真实反映。同时,马克思的这种思路转换实际上是对1-1中青年恩格斯—蒲鲁东思路的批评与超越。这实际上是肯定了赫斯但又超越于赫斯的。在马克思看来,赫斯的论述根本不到位,因为他没有真正的哲学基础,特别缺乏对费尔巴哈和黑格尔的深刻了解。更主要的原因是,**赫斯的交往—交换(金钱)异化论已经被马克思从劳动生产(对象化,Vergegenständlichung)异化出发的更深一层的完整经济异化理论所取代了**。可是,我有一个不一定准确的观点,即**相对于古典经济学现实的客观思路,马克思的这种人本主义逻辑——理想化的悬设的劳动类本质恰恰是隐性唯心史观的!马克思不得不为了革命结论而伦理地批判现实**。当然,在古典经济学的社会唯物主义背后,仍然潜藏着更深一层的唯心史观,即资产阶级经济学家对资产阶级社会生产方式非历史性和永恒性的认证,这是无法根除的资产阶级意识形态本质。马克思在真正创立了历史唯物主义和历史辩证法之后才解决了这个难点。下面,我们将以第一笔记本的文本为依据来直接指认这个观点。

2. 第一笔记本第一部分中的两种话语

在第一部分的写作中,马克思最初打算分三栏(在同一页上)分别列出"资产阶级社会"(bürgerliche Gesellschaft)分配关系的三大组成部分:劳动工资(Arbeitslohn)、资本(Capitals)和地租(Grundrente)。② 马克思在本文中3次使用 bürgerliche Gesellschaft 一语,这3次都是在第三笔记本中。但他25次使用了来自法文的 Bourgeois 一词,这是《穆勒笔

---

① 参见[法]布尔迪厄、[美]华康德《实践与反思》,李猛、李康译,中央编译出版社1998年版,第8页。
② 参见 Karl Marx, *Ökonomisch-philosophische Manuskripte*, *Marx-Engels-Gesamtausgabe* (*MEGA2*), I/2, Text, Berlin: Dietz Verlag, 1982, S. 189。

记》中所没有出现的情况,并且,他在紧接其后的《神圣家族》中又28次使用了 Bourgeois。这个关键词**词频变化**的文献细节也是说明《1844年手稿》是在《穆勒笔记》之后完成,并直接联结《神圣家族》的一个重要文本证据。在此,我们看到了全部手稿(除去遗失的部分)中独存的三个大标题。我们可以发现,这三栏中分析得比较深入的是第一小节,但是第二小节的标题却是三栏中独有的完整小标题,它也是全部手稿中唯一的小标题。在第二、第三小节中,资料摘录占据了主体部分。整个第一部分都是未完成式的,它以第二部分**突然地打破分栏的方式**凸现了一种全新的思考逻辑和写作方式。这条崭新思路,构成了以后第二、第三笔记本中那种华彩式的、无标题的、无明显写作纲目的主体内容。

马克思在第一栏中首先提出的有一定意义的观点,是资本、地产和劳动的三者分离对劳动工资的否定性意义。因为,这种分离"只有对劳动者来说才是必然的、本质的、有害的分离"①。正是由于这种分离,才导致劳动者的收入成为起伏不定的市场中的永久的受害者。此时,马克思还无法破译这个密码——这种分离(准确地说是劳动者和生产资料的分离)正是资产阶级社会生产的历史前提。

其次,马克思在此直接使用了许多经济学研究中的范畴和基本观点,如市场价格与自然价格、竞争与价格波动、分工与劳动者的片面化等。马克思在这里显然没有开始使用自己的人本主义哲学话语。我们以劳动为例。马克思注意到,"劳动者的沦亡和贫困化是他的劳动的产物和他生产的财富的产物。就是说,贫困从现代劳动本身的**本质**中产生出来"②。正是分工的扩大,才导致了"极其片面的、机器般的劳动(maschinenartige Arbeit)"。马克思在声明将"超出国民经济学的水平"时,仍然否定性地使用了"抽象劳动(abstrakte

---

① 《马克思恩格斯全集》第42卷,人民出版社1979年版,第49页。中译文有改动。
② 《马克思恩格斯全集》第42卷,人民出版社1979年版,第55—56页。中译文有改动。

Arbeit)"和作为"谋生活动的(Erwerbstätigkeit)"劳动概念,以及被"抽象地看作事物(abstraktals eine Sache)"的劳动概念。① 这三个概念已经分别出现在前面的《巴黎笔记》中。无论如何,Arbeit(劳动)显然是此文的绝对关键词,全部文本中,马克思共900余次使用Arbeit及其相关词汇。再比如,以后在马克思的历史唯物主义中将担任重要概念角色的**生产力**(*produktive Kraft*)一词,在经济学引文中多次出现,但都没有引起马克思的重视。②

在第一栏中最有价值的理论要点是,马克思在经济学客观逻辑上("国民经济学的立场")所提出的理论与现实相互碰撞而产生的客观矛盾群:

1. 依据国民经济学的理论观点,劳动产品"本来属于劳动者",可现实中劳动者只得到为了"繁衍劳动者"所必需的部分。

2. 理论上,一切东西都可以用劳动购买,可现实中劳动者什么也不能买,还要出卖自己。

3. 理论上,"劳动是人用来增大自然产品的价值的唯一东西",可与劳动者相比,资本家和地主却在现实中处处占上风。

4. 理论上,劳动是不变的物价,可现实中劳动价格波动最大。

5. 理论上,劳动者的利益与社会不对立,可现实中作为增加财富的劳动却是"有害的"。

6. "按照理论,地租和资本利润是工资的**扣除**。但是在现实中,工资却是土地和资本让给劳动者的一种扣除"。③

这里有一个有意思的对比,即此处在经济学语境中的社会客观矛盾与前面《穆勒笔记》中哲学话语里的**异化关系**美文学描述的巨大

---

① 参见《马克思恩格斯全集》第42卷,人民出版社1979年版,第60页。
② 参见《马克思恩格斯全集》第42卷,人民出版社1979年版,第55页;萨伊引文,第66页;斯密引文,第69、73(三处)、78、79页。在后面的讨论中,马克思也曾提到生产力的概念,但也是在评论经济学的内容(第109页)中。——本书作者第三ة注。
③ 参见《马克思恩格斯全集》第42卷,人民出版社1979年版,第54—55页。中译文有改动。

反差,这种**从现实经验事实出发**的经济学语境恰恰是青年恩格斯的《国民经济学批判大纲》的思路。这只是他的一种**策略性**的逻辑方法"借用"。以马克思这里的描述,国民经济学的理论与现实正好是矛盾的,这说明了**以国民经济学的立场来分析资产阶级社会现实**是行不通的。可是青年马克思此时没有发现,对他所否定的这种资产阶级社会客观经济矛盾的分析,才是他后来所建构的科学社会主义的唯一基础。

我认为,在第一笔记第一部分的三栏中,对工资进行分析的这部分内容实际上写得最好。直至第 7 页以后,笔记上才出现了大段的摘录。

在第 7 页的最后,马克思提出了两个问题:

(1) 把人类的最大部分归结为抽象劳动,这在人类发展中具有什么意义?(2) 细节上的改良主义者不是希望**提高**工资并以此来改善劳动者阶级的状况就是(象蒲鲁东那样)把工资的**平等**看作社会革命的目标,他们究竟犯了什么错误?①

马克思所提出的问题是震聋发聩的。按照他此时的观点,劳动者的劳动成了一种无个性的抽象劳动,这本身就是反人性的,恰恰证明了资产阶级社会生产的反动性。可是,马克思此时还不可能认识到抽象劳动在历史上出现的客观必然性。他此时也不会想到,正是这种客观的抽象的社会劳动,构成了当代资产阶级社会生产关系的本质;只有从这一点出发,才有可能真正挖掘出资产阶级社会生产的秘密!当然这是后话。其次,仅仅提高工资,并不是无产阶级革命的目标,他当然意识到必须推翻资产阶级社会私有制,才能实现人类的最终解放。第二个问题倒真的成为马克思对资产阶级经济学以及蒲鲁东主义切中要害的批判武器:**有比分配更基本的问题!**

---

① 《马克思恩格斯全集》第 42 卷,人民出版社 1979 年版,第 56 页。中译文有改动。

第一小节是一气呵成式的写作,但在第 7 页之后,马克思由思考性研究转为摘录。

第二小节是马克思原来打算认真分析的,他标注了手稿中唯一的小标题就是明证。但实事求是地说,马克思这一部分写得却最不成功。这里充斥着大量经济学文献的摘录,只有少量理论分析。这些理论分析又多为对经济学家观点的概括。诸如"资本(Capitals)"①、"资本的利润(Profit)"、"资本对劳动的统治(Herrschaft)和资本家(der Capitalist)的动机"和"资本的积累(vermehrt)和资本家之间的竞争(Konkurrenz)"等,这四个题目虽然差强人意,可是他却没有深入进行研究和分析。因为,当马克思没有认识到资本是一种历史性的社会生产关系时,他无法根本超越资产阶级经济学的意识形态视界的藩篱。这种状况,反而确证了马克思的观点:在政治经济学的范围内来批判政治经济学是多么的困难。用他后面的概括那就是,这一部分分析主要说明了,在竞争中资本不断地在向少数人手中集中。

第三小节是地租。也许是受到第二小节写作方式的影响,第三小节一开始就是摘录。这种摘录在六页之后,中断了一页。从第 7 页开始,马克思又采用了类似第一小节中曾经出现的强有力的理论批判的写作方式。根据马克思在第二部分开始的概括性的说法,这个讨论可归结为一点,那就是当代资产阶级社会正在形成两大对立的阶级:无产阶级与资产阶级。

我不得不指出,在第一手稿的第一部分,马克思试图阐明一个道理,**用政治经济学的观点是不能真正抓住资产阶级社会私有制的本质的**。这里,我认为马克思同时批评了青年恩格斯的《国民经济学批判大纲》和蒲鲁东的《什么是所有权》,因为他们的这种批判始终停留于**社会现象**上的简单否定。而马克思想要进一步批判资产阶级社会的**本质**。如何批

---

① 在马克思此时的写作中,Capital 和 Capitalist 有时也写为 Kapital 和 Kapitalist。——本书作者第三版注。

判? 在马克思看来,只有一条路,即哲学,而且是人本主义哲学的本质批判。这也是赫斯已经在做,但做得并不理想的事情。

在即将进入第一手稿第二部分具体分析的时候,我还必须再作一种评定,即第一部分站在"国民经济学立场上"的观点,如果从研究方法上看恰恰是社会唯物主义的。我甚至还觉得,这部分的分析恰恰是十分接近后来的《资本论》的。无疑,这是一件十分有意思且令人回味的事情。

3. 人本主义社会现象学:青年马克思的劳动异化史观

第一笔记的第二部分树立了马克思自己独特的哲学批判构架的整体建构,也展现了马克思自认为他区别于蒲鲁东、恩格斯,甚至超越赫斯的独特思想。这也就是在传统《1844年手稿》解读中心的异化劳动理论。根据我现在的解读,它实际上是一种很深刻的批判性**人本主义社会现象学**。何以见得?让我们拭去历史文本的尘埃,以具体的文本分析来进行说明。

这一部分写作开始于第一笔记本的第 22 页。在这里,马克思突然打破了所有的同页分栏,这种通栏写作出现本身可以看作是一种重大理论逻辑突破的外在标志。麦克莱伦也注意到了这一点,但他并没有意识到马克思此时的思想逻辑转换。① 于是,马克思更换了一种大思路,即**转换一种话语**。我认为,它是马克思思想发展史中的**第一个真正刻上他自己名字的理论制高点**。

第二部分一开始,马克思先概括了前面经济学语境中所讨论的三个要点:即在私有制条件下,在分工、竞争和交换价值前提下出现的各种分离和对立,竞争导致资本在少数人手中的积累,两大阶级的形成。这是第一部分已经提及的事情。可是马克思认为,"国民经济学从私有财产

---

① 参见[英]麦克莱伦《马克思传》,王珍译,中国人民大学出版社 2006 年版,第 113 页。

的事实出发,但是,它没有给我们说明这个事实(Faktum)。"①为什么?马克思这样解释道:

>它把私有财产在现实中所经历的**物质**过程(*materiellen Prozeβ*),放进一般的、抽象的公式,然后又把这些公式当作**规律**(*Gesetze*)。它不**理解**这些规律,也就是说,它没有指明这些规律是怎样从私有财产的本质(Wesen des Privateigentums)中产生出来的。②

我们必须注意马克思在这段话中三处标记重点号的地方:一是"**物质**过程"。他标注出"物质"是指与本质相异质的现实客观存在,也是社会现象。二是"**规律**"。他认为国民经济学不顾竞争和复杂的经济活动,它所抽象出来的以一般的无人身的劳动(自然价值)和偶然性为基础的东西(价值规律)实际上是虚假的本质。三是"**不理解**"。因为国民经济学以私有制为前提,对现存的一切现实不会也无法更深地提出制度合理性问题,所以它仅仅是致力于弄清如何发财的"致富学"技术。换句话说,他们是在"把应当论证的东西当作前提"。从更深层次看,蒲鲁东(和青年恩格斯)虽然在批判国民经济学,可是却仍然停留在**既成的已经被歪曲的经济现象**上,因而根本不可能真正理解问题的实质,进而无法理解资产阶级社会私有制的本质规律。在这里,马克思试图透过复杂的经济现象,真正站在无产阶级立场上,从现象的"本质联系"出发,在更深层次上揭露资产阶级社会经济的本质。这是马克思的一种新的批判话语的起点:人学现象学。与费尔巴哈的人学现象学迥然不同,它是马克思自己的人本主义**社会现象学**。

众所周知,古典意义上的哲学现象学问题发端于康德,它承接了休谟的经验怀疑论。外部世界在康德那里一分为二:其一是感性经验的现象世界,其二是自在之物(Ding an sich)。如上所述,在黑格尔那里,批判

---

①②《马克思恩格斯全集》第42卷,人民出版社1979年版,第89页。

的、辩证的哲学现象学弥合了分裂的世界,这一次,真实的物质存在倒被指认为现象,绝对观念则成了本质。黑格尔让我们唯心主义地"透过现象看本质"！直至费尔巴哈的人本学现象学,黑格尔颠倒了的世界被再一次重新颠倒过来,在宗教神学和黑格尔的思辨唯心主义假象被剥离之后,感性的物质世界和人的生活才呈现出来,异化为圣灵的人与人的真正关系才从假象中被揭示出来。而通过赫斯的经济异化论,马克思还是旨在说明,我们所看到的资产阶级经济世界是虚假的、颠倒的和异化的,他则要透过现象重新挖掘和揭示出社会本质。这是一种新的**批判现象学**的基本思路。在一定的意义上,马克思离赫斯更近一点,可他的这个哲学批判理论更加系统和深刻。后面我们将看到,在对黑格尔的现象学批判里,马克思直接指认了自己的人学现象学(本章第四节)。

马克思置换了一种话语后说:"我们从**当前的**经济事实(ökonomischen Faktum)出发吧"。这是一种现象学意义上的本质透视！它也意味着人本主义话语和异化逻辑布展的开始！

马克思眼中的"经济事实"是站在劳动者立场上观察而看到的另一幅图景:在劳动产品(商品,此时他没有意识到产品只是在一定历史条件下才会成为商品)即劳动对象化实现中出现的异化与外化。在这里,劳动者创造的财富越多,他们就越贫穷。马克思发现,在"对人漠不关心"的国民经济学所关注的物质世界之外还有一个人的世界,并且这个"事物的世界(Sachenwelt)的**增值**同人的世界的**贬值**成正比"[①]。马克思没有说 Dingwelt,而是说了 Sachenwelt,这是一个**人造的事物的世界**。所以当前的经济事实决不是简单的物质进程！物的世界中的劳动产品就是固定在某个对象中即事物性(sachlich)对象中的人的劳动,国民经济学所面对的那个事物性的世界,不过是这种"劳动的**对象化**(Ver-gegenständlichung)"。这里的 sachlich 还不是马克思后来使用的 Versachlichung(事物化),马克思在本文中 5 次使用 sachlich,而没有使

[①] 参见《马克思恩格斯全集》第 42 卷,人民出版社 1979 年版,第 90 页。中译文有改动。

用 dinglich(物性)。人的劳动的实现就是对象化(事物化)。国民经济学虽然看到了不同于自然物质的社会财富,但他们只看到劳动的事物化(对象化)现象,而无法透析劳动与劳动者主体的本质关系,特别是与这种物质进程同时发生的人的社会存在中的**异化**。"劳动的产品,作为一种**异己的本质**(*fremdes Wesen*),作为**不依赖于生产者的力量**,同劳动相对立。"① 在资产阶级社会制度下,劳动的实现表现为人愈加失去现实的主体性,"**对象化表现为对象的丧失和被对象奴役**,占有表现为**异化**(*Entfremdung*)、**外化**(*Entäusserung*)",所以,"劳动者在劳动中耗费的力量越多,他亲手创造出来反对自身的、异己的对象世界(die fremde, gegenstandliche Welt)的力量就越强大,他本身、他的内部世界就越贫乏,归他所有(Eigentum)的东西就越少"。② 马克思在此文本中十分密集地使用这两个概念,其中 77 次使用 Entfremdung,63 次使用 Entäusserung。这个**高峰词频**说明了马克思此时人本主义异化史观的权力话语地位。

在此我们不得不打住,先来讨论一下马克思用来实现自身理论建构的第一个重要逻辑构件,即**劳动的对象化**(*Vergegenständlichung*)**与异化**(*Entfremdung*)**问题**。这当然要从黑格尔和费尔巴哈开始说起。

在本书第一章中,我们已经阐述黑格尔的主体外化与异化包含了两层意思:一是自然实现的自在的外化;二是人类主体观念本质的对象性实现,同时也就是外化和异化,外化是虚假的现实,异化关系倒是真实的。如上所述,劳动在黑格尔的话语中,只是观念主体在其实现过程中,假手个体意识和社会历史运转中的一种必然通道和手段。一开始,观念本质是通过对象性为物质存在而得以实现的,虽然精神"沉沦"于自然物

---

① 《马克思恩格斯全集》第 42 卷,人民出版社 1979 年版,第 91 页。此处原中译文将 Wesen 译为"存在物",我改译为"本质"。参见 Karl Marx, *Ökonomisch-philosophische Manuskripte*, *Marx-Engels-Gesamtausgabe*(*MEGA2*), Ⅰ/2, Text, Berlin: Dietz Verlag, 1982, S.236.——本书作者第三版注。

② 参见《马克思恩格斯全集》第 42 卷,人民出版社 1979 年版,第 91 页。中译文有改动。

质,但它从自身异化出去也就是过渡性地肯定自己,因此异化等于外化。而在表征绝对观念运动的第三阶段上,人的现实"激情"成了造物主的工具,因而异化的后继过程是客观精神外化为社会活动之结果,以及人的精神外化为自己劳动的产品。

在费尔巴哈对黑格尔的批判中,他直接否定了黑格尔的总体外化和异化,因为这是一种自然与观念、主语与谓语的唯心主义颠倒。于是,物质存在是第一性的,它不是观念目的论的工具。费尔巴哈进而抓住了黑格尔第二个层面上的人的感性对象性活动。在他看来,**外化不是异化**,而是真实的对象化现实生活,反而唯心主义和宗教神学倒成为一种类本质之异化。事情被翻转过来了。黑格尔哲学本身成了一种观念异化。在费尔巴哈看来,实际上是人的感性物质生活产生了观念,那个能够抽象出人们的类关系("一")的观念一步步成了绝对主体;最终,人们创造了自己类本质的异化物——上帝。上帝反倒成了人的主人。人奉献给上帝的越多,他留给自身的就越少。费尔巴哈**肯定对象化(外化)而反对异化**!这是马克思此时的逻辑参照系。

现在让我们来回答一个问题:马克思为什么要从**对象化**(*Vergegenständlichung*)入手?我们如果把马克思所使用的Vergegenständlichung译作"物化",则完全失去了这一重要的逻辑线索。马克思在本文中14次使用Vergegenständlichung。在不久前的《穆勒笔记》中,马克思是从货币异化出发的,这明显受到赫斯的影响。只是在那个文本的最后,马克思意识到,交换中所形成的人与人的类关系的异化是**以生产为基础**的。人们的交往不只是交换思想,而首先要交换产品,这就是劳动的对象化结果。**从分析货币(交换)异化扩展到分析劳动对象化(生产)异化**,这正是马克思超越赫斯的地方。这也是苏联学者将《穆勒笔记》(交往关系—货币异化论)硬说成是在《1844年手稿》之后写作的那种奇谈怪论根本上站不住脚的地方。

有了这样一个论说视域,我们可以进一步来观察马克思对对象化的分析。马克思肯定地说:"没有**自然界**(*Natur*),没有**感性的外部世界**

(sinnliche Außenwelt),劳动者就什么也不能创造。"①自然界是劳动者用来实现自己的劳动,并由其中生产出和借以生产出自己的产品的材料。这种前提性认证,显然是一般自然唯物主义的原则认证。这个自然界既成为劳动者劳动的对象,也成为劳动者生活资料的来源。可是,在资产阶级社会的生产过程中,劳动者的劳动对象化的结果却表现为劳动者在以上两方面皆丧失了对象。这里的劳动对象化在黑格尔那里体现为"第二自然"(Die zweite Natur)。本来"第二自然"是人类主体精神外化后对自然的提升,人类精神应该成为自然的主人,可是现在却出现了更深一层的异化。显然,这时马克思的内在思路是从黑格尔出发的,而不是以往人们所标注的表层的费尔巴哈。

劳动者的劳动对象化的结果是他与自己创造出来的劳动产品的异化。在马克思此时的哲学逻辑中,劳动产品是劳动者主体的对象化,主体应该在劳动产品中实现自己并理所当然地将其占有。可是,在资产阶级社会生产中,劳动者不仅不能拥有劳动产品,反而在产品中丧失自己,不断"成为自己对象的奴隶"。马克思这样分析道:

> 劳动者在他的产品中的**外化**(Entäußerung),**不仅意味着他的劳动成为对象,成为外部的**生存(äußern Existenz)②,而且意味着他的劳动作为一种异己的东西不依赖于他而**在他之外**(außer ihm)存在,并成为同他对立的独立力量;意味着他给予对象的生命作为敌对的和异己的东西同他相对抗。③

这样,"劳动者生产得越多,他能够消费的越少;他创造价值越多,他自己越没有价值、越低贱;劳动者的产品越完美,劳动者自己越畸形;劳动者创造的对象越文明,劳动者自己越野蛮;劳动越有力量,劳动者越无

---

① 《马克思恩格斯全集》第 42 卷,人民出版社 1979 年版,第 92 页。中译文有改动。
② 此处的 Existenz 原中译文译作"存在",我认为译为"生存"更好一些。——本书作者第三版注。
③ 《马克思恩格斯全集》第 42 卷,人民出版社 1979 年版,第 91—92 页。中译文有改动。

力;劳动越机巧,劳动者越愚钝,越成为自然界的奴隶"①。我们可以看出,马克思在这里否定了黑格尔把对象性(外化)与异化混同起来的做法,精准地抓住了劳动者被自己的创造物(对象化劳动产品)所奴役的不正常现象,并对此进行了深入的考察。

此时,马克思立即对劳动产品异化作了一个现象学分析:"**国民经济学以不考察劳动者**(即劳动)**同产品的直接关系**(unmittelbare Verhältnis)**来掩盖劳动本质的异化**(Entfremdung in dem Wesen der Arbeit)"。马克思在原稿的"劳动者"和"直接"两个词下打了双线以表示特别重要。在此文中,马克思在《穆勒笔记》中形成的关于人的社会生活关联性的思考更加复杂起来,不仅使用了原来已经出现的 Verhältnis(关系,出现 35 次)、Beziehung(联系,出现 11 次)、Band(联结,出现 15 次),而且还新使用了《穆勒笔记》中没有出现的表示人们之间共同关联性的 Zusammenhang(关联与境,出现 7 次)。什么是直接关系?它就是劳动者的劳动对象化,即物质生产本身才是产品的直接创造过程。"**劳动同它的产品的直接关系,是劳动者同他的生产的对象的关系**。有产者同生产对象和生产本身的关系,不过是前一种关系的**结果和证实**。"②这一句话,点明了马克思从对象化开始他对劳动异化的分析的原因。这一点与重农主义之后的古典经济学的"社会财富说"是一致的。尤其是后一句话,它透析出资本家与生产以及产品的关系(交换与分配)是劳动者与自己生产的结果的直接关系之产物,这种思想极其深刻。因为它同时超越了蒲鲁东的分配改良论和赫斯的交往—交换异化论的双重视域。从生产出发的对象化考察是一种**客观**指认,即作为物质实体的劳动产品与劳动者的客观异化和对立。这里的对象化是马克思劳动异化理论的入口。当然,对象化也是"**事物**的异化(Entfremdung der Sache)"!这也是社会现象学批判的**第一个物相的层面**。

---

① 《马克思恩格斯全集》第 42 卷,人民出版社 1979 年版,第 92—93 页。中译文有改动。
② 《马克思恩格斯全集》第 42 卷,人民出版社 1979 年版,第 93 页。中译文有改动。

接着,换一个角度,从客体视角着眼,即从主体内部的活动来看,马克思进一步揭示,"异化不仅表现在结果上,而且表现在**生产行为**(*Akt der Produktion*)中,表现在生产活动本身中"①。与《穆勒笔记》相比,从经济学语境中而来的经济学术语——"生产"的使用率有所提高,Produktion 一词出现了 18 次,马克思 5 次使用了非常专业的 Überproduktion 一词。产品的异化不过是生产者主体行为本身异化的结果,而劳动本身的异化是相对于上面"事物的异化"的主体活动的**自我异化**!**异化劳动**(entfremdete Arbeit)是更深一层的异化。马克思在此文中 6 次使用 entfremdete Arbeit。"在劳动对象的异化中不过总结了劳动活动本身的异化、外化。"②劳动者之所以被自己的产品支配,主要原因在于劳动者作为主体的创造活动本身已经被异己化了。本来应该作为人类主体本质的劳动,现在却成为不属于劳动者的本质的东西,"他在自己的劳动中不是肯定自己,而是否定自己,不是感到幸福,而是感到不幸,不是自由地发挥自己的体力和智力,而是使自己的肉体受折磨、精神遭摧残"③。在这种状况下,"外在的劳动,人在其中使自己外化的劳动,是一种自我牺牲、自我折磨的劳动"④。在马克思看来,劳动应该是主体生命的本质体现,应该是主体主动创造对象以实现自身的自由、自主和能动的活动。但是,

> 在这里,活动就是受动(Leiden);力量就是虚弱;生殖就是去势;劳动者**自己**的体力和智力,他个人的生命(因为,生命如果不是活动,那又是什么呢?),就是不依赖于他、不属于他、反过来反对他自身的活动。这就是**自我异化**(*die Selbstentfremdung*)……⑤

这是属于现象学批判的更深刻的**第二个层面**,即**主体活动层面的异化**。

马克思说,从上述两个规定所"推出"的第三个异化劳动的规定,就

---

① ② ③《马克思恩格斯全集》第 42 卷,人民出版社 1979 年版,第 93 页。
④《马克思恩格斯全集》第 42 卷,人民出版社 1979 年版,第 94 页。
⑤《马克思恩格斯全集》第 42 卷,人民出版社 1979 年版,第 95 页。中译文有改动。

是人与自己的类本质的异化。根据马克思此时的观点,人是不同于动物和其他生命体的类存在物。一方面马克思承认费尔巴哈所讲的人与动物一样都是自然生命的类,可是另一方面他又着重分析了人与动物族类的不同点,这就是"有意识的生命活动",即自由自觉的活动是人的生命活动特性之显现。这也就是人的独特的类本质。这个论点显然又受到赫斯的影响。人与动物不同,动物与它的生命活动是直接同一的,而人则使自己的生命活动本身变成自己的意志和意志的对象。"有意识的生命活动把人同动物的生命活动直接区别开来。正是由于这一点,人才是类存在物。"①

> 动物只生产它自己或它的幼仔所直接需要的东西;动物的生产是片面的,而人的生产是全面的(Mensch universell produziert);动物只是在直接的肉体需要的支配下生产,而人甚至不受肉体需要的支配也进行生产,并且只有不受这种需要的支配时才进行真正的生产;动物只生产自身,而人再生产(reproduziert)整个自然界;动物的产品直接同它的肉体相联系,而人则自由地对待自己的产品。动物只是按照它所属的那个种的尺度和需要来建造,而人却懂得按照任何一个种的尺度来进行生产,并且懂得怎样处处都把内在的尺度运用到对象上去;因此,人也按照美的规律来建造。②

同样,人的劳动产品,他所创造的对象世界,是人的对象化的类本质即人化的自然界。正是在改造对象世界中,人才真正地证明了自己是类存在物。这种生产是人的能动的类生活。在这一点上,马克思已经异质于赫斯的交往类本质。通过这种生产,自然界才表现为他的作品和他的现实。因此,劳动的对象化也是人的类生活的对象化:人不仅像在意识中那样理智地复制自己,而且能动地、现实地实现自己,从而在他所创造的世界中直观自身。而"异化劳动把这种关系颠倒过来",使人的这种生

---

① 《马克思恩格斯全集》第 42 卷,人民出版社 1979 年版,第 96 页。
② 《马克思恩格斯全集》第 42 卷,人民出版社 1979 年版,第 96—97 页。

命的表现畸变为"仅仅维持自己生存的手段";同时,异化劳动也从人那里夺去了他生产的对象,也就从人那里夺去了他的类生活,把人对动物所具有的优点变成了缺点,这二者与人相异化,成为人的异化了的类本质。① 这个"类"却与人类个体相对立。我注意到,马克思在这里没有再提到前面《穆勒笔记》中那个"类"与货币的直接关系。可能这里的是真正的哲学抽象了。上文所论述的是现象学批判的**第三个层面,即类本质层面**。

最后,由于人与自己的产品、自己的生命活动、自己的类本质相异化,其结果必然是"**人同人相异化**"。当劳动者与自己的产品、活动相对立的时候,这些东西必然属于一个他人,这就必然表现为人与他人的对立和异化。马克思说:

> 通过异化劳动(entfremdeten Arbeit),人不仅生产出他同作为异己的、敌对的力量的生产对象(Gegenständen der Produktion)和生产行为的关系(Verhältnis),而且生产出其他人同他的生产和他的产品的关系,以及他同这些人的关系。正象他把他自己的生产变成使自己失去现实性,使自己受惩罚一样,正象他丧失掉自己的产品并使它变成不属于他的产品一样,他也生产出不生产的人对生产和产品的支配。②

这个"不生产的人"就是资本家(Capitalisten)。在本文中,马克思106次使用 Capitalisten 和 Capitalist,他也少量使用 Kapitalist(4次)。虽然资本家在异化劳动过程中是作为支配生产和产品的方面出现的,但在马克思的眼里,资本家恰恰不是"人"(主体),而是事物——资本(死劳动)——的人格化。资本家也异化了,是一种直接外化了的虚假主体。因此马克思才说,在异化劳动中,"一个人同他人相异化,以及他们中的每一个都同人的本质相异化"。这是现象学批判的**最后一个层面**,我认

---

① 参见《马克思恩格斯全集》第42卷,人民出版社1979年版,第96—97页。
②《马克思恩格斯全集》第42卷,人民出版社1979年版,第99—100页。

为,它也是**人的总体异化层面**。

总之,人类主体通过劳动创造了一个新的现实物质世界(此岸"是"的现象界),他也在这个世界中丧失了自己本来**应该具有**(彼岸)的一切主体本质。人类主体应该具有的权利颠倒地表现为资本(事物)的一种支配权利;人失去了自己,却让自己的创造物——资本获得了生命。所以,正是异化劳动才创造了敌视自己的对象——**私有财产**(*Privateigentum*)!

需要注意的是,在分析异化劳动的四重关系之后,马克思得出了一个重要结论:私有财产是异化劳动的结果,而不是相反。只是到了后来,私有财产掩盖了自己的真实来源,它成了与异化劳动客观对立的一方,于是"这种关系就变成相互作用的关系"①。这个"相互作用"是指国民经济学所描述的现象上对等的三大要素以及它们之间的交换与分配(1-1的描述)。

其实我们能看得出来,马克思是在与蒲鲁东辩论。在《什么是所有权》一书中,蒲鲁东将私有制视为产生不平等的根源。马克思实际上认为,蒲鲁东(和青年恩格斯)仍然没有从国民经济学的逻辑中走出来。马克思认为,只有从一种新的思路出发,才可能真正解决问题。所以马克思说:"这些论述使至今没有解决的各种矛盾立刻得到阐明。"② 而马克思在第一手稿最后部分的两个问题都是针对蒲鲁东的批判。

第一个问题:1-1中处于被告席上的"国民经济学虽然从劳动是生产的真正灵魂这一点出发,但是它没有给劳动提供任何东西,而是给私有财产提供了一切"③。蒲鲁东是批判国民经济学的,因为"他从这个矛盾得出了有利于劳动而不利于私有财产的结论",可马克思指出,蒲鲁东同样将国民经济学的前提当作自己的前提,因为这里作为出发点的矛盾是非批判的,这正是一种表面的假象。而从马克思的新视角出发,"这个表面的矛盾是**异化劳动**(*entfremdete Arbeit*)同自身的矛盾,而国民经济

---

①②③《马克思恩格斯全集》第42卷,人民出版社1979年版,第100页。

学只不过表述了异化劳动的规律罢了"①。蒲鲁东在表面的矛盾上做文章，必然仍然囿于国民经济学的框架内造反。例如，面对工资是异化劳动的直接结果这个问题，蒲鲁东不是去消除异化劳动，而是"强制**提高工资**"，这"无非是**给奴隶**（*Knecht*）**以较多报酬**"，"工资平等"的结果至多不过导致了"社会被理解为抽象的资本家（abstrakter Kapitalist）"的产生。

第二个问题：异化劳动才是私有财产的直接原因。这是蒲鲁东没有意识到的本质关系，既是马克思自认为他此时所发现的新观点，也是他对恩格斯和赫斯观点的进一步推进。所以他立刻指认了一个重要结论：

> 社会从私有财产等等的解放、从奴役制的解放，是通过**劳动者解放**这种**政治**形式表现出来的，而且这里不仅涉及劳动者的解放，因为劳动者的解放包含全人类的解放；其所以如此，是因为整个人类奴役制就包含在劳动者同生产的关系（Verhältnis des Arbeiters zur Produktion）中，而一切奴役关系（Knechtschaftsverhältnisse）只不过是这种关系的变形和后果罢了。②

至此，马克思实际上把他对现实的批判归结为两个因素：异化劳动与私有财产。前者是他所拥有的独立理论逻辑，后者则是他**有条件地**接受蒲鲁东等人的理论观点。他认为，"可以借助这两个因素来阐明国民经济学的一切**范畴**，而且我们将发现其中每一个范畴，例如商业、竞争、资本、货币，不过是这两个基本因素的**特定的、展开了的表现**而已"③。这里的一个重要对比语境是，马克思后来在《资本论》中提出的商品—劳动二重性矛盾是全部资本主义生产关系的基始性矛盾线索之说。

马克思的思想脉络已清晰地展延于此，异化劳动是颠倒了的本质，私有财产是异化劳动的结果，经济范畴是这个结果的不同表现。而且，马克思试图接着说明这些范畴的形成，应该说这是该书的主要任务。它

---

①②③《马克思恩格斯全集》第 42 卷，人民出版社 1979 年版，第 101 页。中译文有改动。

构成了第二手稿的主体。

但是，马克思还准备先完成两个"任务"：一是"从私有财产(Privateigentums)同**真正人的**和**社会的**所有(*sozialen Eigentum*)的关系来说明作为异化劳动(entfremdeten Arbeit)的结果的**私有财产**的普遍**本质**"；二是"人怎么使他的**劳动外化、异化**？这种异化又怎么以人类发展的本质为根据？"①这两个命题十分深刻，是蒲鲁东等人无法直面的问题。想要解决私有财产的普遍本质与真正的人的(社会的)财产的关系，必须先说明社会的财产如何通过异化了的却能够成为普遍性的私有财产而获得实现，它与第二个问题是递进关系。人如何异化，并且为什么正是以人类发展的本质为根据，这似乎与费尔巴哈宗教批判的提问相接近，只不过所批判的领域从宗教置换到了经济。马克思对第一个问题仅仅论说到在通过劳动对自然的占有中劳动者与非劳动者(资本家)的三重关系后，他突然中断了该手稿的写作。

由于第二手稿的主体部分遗失了，从现存手稿的内容看，这两个任务都没有完成。

这就是青年马克思此时的**理论一般**。

第三节　权力话语与复杂的隐性逻辑悖结

以我之见，马克思突然中断第一笔记本的写作，实际上是因为他意识到了仅仅像1-2(第一笔记第二部分)那样的哲学认证，是无法真正深入对资产阶级国民经济学的理论批判的。所以，如果说1-2是马克思自己标注的哲学逻辑前提，那么接下来更重要的，必须是直面政治经济学理论逻辑的具体经济学批判。换言之，如果在1-1(第一笔记本第一部分)中所呈现的是马克思并不赞成的经济学社会主义话语，那么1-2(第一笔记本第二部分)所彰显的就是哲学人本主义话语，而

---

① 参见《马克思恩格斯全集》第42卷，人民出版社1979年版，第102页。中译文有改动。

作为《1844年手稿》中马克思的写作主体(即第二笔记本和第三笔记本)所运作的则是属于**经济哲学话语**。当然,这种话语并不是经济学中的哲学,而是从哲学人本主义逻辑出发所展开的对经济学的价值批判。不过,马克思在不少地方的经济学批判研读中无意识地弱化了哲学人本主义的构架(如第二笔记本所留存的四页内容中只有一处使用了异化概念)。与第一笔记本的三种逻辑话语相比,这已经是一种全新的混合型写作话语:人本主义的经济哲学话语!需要再次提出界说的一个方面是,苏联、东欧学者(包括 MEGA2 的编译者)将这种改变的性质仅仅看成是一种单纯经济学文本阅读量的增加("又多读了几本书"),而根本无法发现马克思此时话语的复调性和话语变化的深刻异质性。

1. 经济哲学:第二笔记本开始的新视域

在上面的文本分析中,我们已经得知第二笔记本只残存 4 页内容,即最后的第 XL 至 XLIII 页。第二笔记本实际上是马克思这一重要文本中最主要的批判内容。我注意到,第二笔记本这个文本写作的主体部分,是以异化劳动和私有财产这两个主要范畴为理论中轴,系统分析作为私有财产表现形式的"商业、竞争、资本、货币"①。根据马克思在这一笔记本的最后所写下的提纲,此手稿主要是具体说明私有财产的关系即劳动、资本以及二者的关系,这是一种从统一、对立到二者各自与自身相对立的运动。②再根据第三笔记本第 18 页(XVIII)上马克思所作的总结来看,这手稿的第一部分(劳动与资本的统一)曾经讨论了国民经济学提出的七个问题:(1) 资本是积累起来的劳动;(2) 资本在生产中的使命;(3) 劳动者是资本;(4) 工资属于资本的费用;(5) 对劳动者来说,劳动是他的生命资本的再生产;(6) 对资本家来说,劳动是他的资本的能动的要素;(7) 国民经济学家把劳动与资本的统一假定为资本家和劳动者的统

---

①② 参见《马克思恩格斯全集》第 42 卷,人民出版社 1979 年版,第 110—111 页。

一,"这是一种天堂般的原始状态"①。

通过对第三笔记本刚开始的前三段的"补入"分析,我们不难发现,马克思在第二笔记本的第 36 页已经在阐述与劳动对立的资本的本质了。而第 39 页则应该是在讨论劳动和资本对立的扬弃问题。但后一个补入在更大程度上已经是另一种意义上的理论"华彩"了。

下面,我们开始对第二笔记的残片进行文本解读。

在第二笔记本这条残存片断的开始处,马克思分析了作为资本存在的已经属于资本家所有的劳动者的活劳动。他认为,这是"一种**活的**、因而是**贫困的**资本"和作为这种特殊资本的"**利息**"——工资。② 在这时的马克思眼里,资产阶级社会运动使人不正常地畸变为"**劳动者**",即在商业竞争中与资本同在的异化了的商品人。"作为资本,劳动者的**价值**按照需求和供给而增长,而且,**从肉体上说来**,他的**定在**(*Dasein*)、他的**生命**也同其他任何商品(Ware)一样,过去和现在都被看成是**商品**的供给"③。马克思这时还不可能正确地认识到,劳动者从农民到工人的转变是一种历史的进步,并且,在资产阶级社会经济交换关系中的劳动者并不是商品,因为与资本交换的只是劳动力商品,工资不过是劳动力的价值。此时,马克思还是坚持西斯蒙第和赫斯的结论:国民经济学是非人的学问。因为它不关心"没有被雇佣(unbeschäftigten)的劳动人","生产不仅把人当作**商品**(*Ware*)、当作**商品人**(*Menschenware*)、当作具有**商品**的规定的人生产出来;它依照这个规定把人当作**精神上**和肉体上**非人化的存在物**(*entmenschtes* Wesen)生产出来"④。同时,也是在这个批判的意义上,马克思立刻以反讽的口吻说,"李嘉图、穆勒等人比斯密和萨伊

---

① 《马克思恩格斯全集》第 42 卷,人民出版社 1979 年版,第 138 页。
② 参见《马克思恩格斯全集》第 42 卷,人民出版社 1979 年版,第 104 页。
③ 《马克思恩格斯全集》第 42 卷,人民出版社 1979 年版,第 104 页。此处原中译文将 Dasein 译作"存在",我改译为"定在"。参见 Karl Marx, *Ökonomisch-philosophische Manuskripte*, *Marx-Engels-Gesamtausgabe*（*MEGA2*）, Ⅰ/2, Text, Berlin: Dietz Verlag, 1982, S. 248.——本书作者第三版注。
④ 《马克思恩格斯全集》第 42 卷,人民出版社 1979 年版,第 105 页。

进了一大步,他们把人的**定在**(*Dasein des Menschen*)——人生产这种商品的或高或低的生产率——说成是**无关紧要的**,甚至是**有害的**"①。这个所谓的进步不过是人之外的事物的进步,即生产的进步和财富积累的进步。在人本主义话语统摄之下的马克思并不是在肯定的意义上指认这点的。可是我们必须指出,承认这种客观进步恰恰是以后历史唯物主义科学逻辑的出发点。

同样,在这条思路上继续拓展,马克思接下去评判了英国国民经济学的"两大功绩":一是"把**劳动**提高为国民经济学的**唯一**原则"②。这个理论,关键在于说明工资与资本利息的反比例关系,马克思认为它实际上揭示了劳动与资本的根本对立。在此,"劳动"的概念开始大量出现了,"现代劳动"、"抽象劳动"和"积累起来的劳动",但在此时的马克思眼里,这都不过是**国民经济学的东西**。马克思没有直接意识到这个所谓"劳动"被提升为经济学的"唯一原则"(劳动价值论)的更深刻的意义:一是劳动成为普遍的"一"(即后来马克思在《1857—1858年经济学手稿》中所发现的社会化的抽象劳动),是现代大工业的客观产物;二是这种理论尺度恰恰能够翻转过来直接从经济现实上否定资产阶级社会。其实,在这时,李嘉图式的社会主义("无产阶级的反对派")已经这样做了。③

而且,十分有意义的东西出现在马克思的第二点讨论中他并不在意的说明部分。他认为,英国国民经济学的第二个功绩是"指明了地租是最坏耕地的利息和最好耕地的利息之间的差额","这"使土地所有者变成极其普通的、平庸的资本家,从而使对立单纯化和尖锐化,并加速这种对立的消灭"。④ 这个客观进程实际上是资产阶级社会对封建主义的胜利,工业、生产运动和动产对农业、土地和不动产的胜利。这是比1-1(第一笔记本第一部分)中第三点对地租的评论要深刻得多。更重要的是,马

---

① ②《马克思恩格斯全集》第42卷,人民出版社1979年版,第105页。中译文有改动。
③ 参见本书第五章第二节。
④ 参见《马克思恩格斯全集》第42卷,人民出版社1979年版,第106页。

克思注意到工业与农业、动产与不动产的"历史差别"。这主要体现在这样几个理论质点上：第一，在工业中劳动成为对自己内容**漠不关心**，"从其他一切存在中抽象出来的"完全独立的存在。与那种和特定的不动产（土地）相依存的特殊形式的具体劳动不同，新的劳动自身获得了自由，并在工业生产中成为一种"抽象"的形式。马克思此时仍然没有意识到，前面他所否定的斯密、李嘉图等人的国民经济学理论"抽象"，实际上不过是现实中这个客观历史"抽象"的逻辑反映。有关这一点，马克思也是在后来的《1857—1858年经济学手稿》中才理解的。第二，说明"获得行动自由的和本身有单独构成的**工业**和**获得行动自由的资本**是劳动的必然**发展**"。因为，由自由的劳动发展和客观"积累"而成的工业资本，是一种与过去那种"不动的地产（das immobile Grundeigentum）"根本异质的东西，这就是不断发生变化和流动的财富——动产（Mobiliareigentum）。以下，我们会专门讨论这个意义深远的"动产"。第三，就是"工业对它的对立面的支配立即表现在作为真正工业活动的**农业**的产生上"①。

于是，我们可以看出，这里马克思是在复述古典经济学对自身的肯定性确证，而不是在对历史和现实的经济状况进行研究之后所得出的科学结论。所以，这时他还不可能理解这个客观进程的具体机制和规律。

但是我们的确看到，马克思已经在以一种**历史性**的眼光审视工业资本家与土地所有者的关系了。马克思客观地看到了奴隶向雇佣劳动者转化，地主向资本家转化，旧的封建制度向资产阶级社会制度转化的种种裂变。这种观点，恰恰与前面他批判劳动者是非人的商品的理论尺度迥然不同。此时此刻，马克思站在一种历史性批判的立场上，注视着资本家与土地所有者的对立。在一定意义上，他承认了资产阶级社会对封建主义的客观进步。马克思说：

从**现实的**发展进程中（这里插一句）必然产生出**资本家**（der

---

① 《马克思恩格斯全集》第42卷，人民出版社1979年版，第107页。

> Kapitalist)对**土地所有者**(*Grundeigentümer*)的胜利,即发达的私有财产对不发达的、不完全的私有财产的胜利,正如一般说来运动必然战胜不动,公开的、自觉的卑鄙行为必然战胜隐蔽的、不自觉的卑鄙行为,**贪财欲**必然战胜**享乐欲**,公然无节制的、圆滑的、**开明的利己主义**必然战胜地方的、世故的、呆头呆脑的、懒散的、幻想的、**迷信的利己主义**,货币(*Geld*)必然战胜其他形式的私有财产一样。①

这段话包含了许多值得我们认真分析的重要内容,其中最关键的理论质点,还是上面我们已经指认出的作为资产阶级社会生产本质特征的工业生产运动、自由行动的劳动(者)和资本(动产)。

根据我的理解,这是马克思从现实出发、直面社会历史的客观逻辑之最初发生。这也是《1844年手稿》中**双重逻辑无意识对置的初始形成之语境**。我发现,马克思越深入到政治经济学的理论逻辑中,这条客观的逻辑线索就越加清晰。我与孙伯鍨老师的不同,在于他是从劳动对象化引出马克思的这一客观逻辑。虽然,马克思此时的主导性理论逻辑还是人本主义批判话语,但这一无意识发生的客观逻辑线索的确是一种**新的总体否定性**。从马克思在这个文本的深层思考来看,这种否定也必然是自我否定!当然,与第三笔记的状况不同,这里的客观逻辑的发生还是主要表现为复述古典经济学的社会唯物主义的历史性。

接着,马克思开始集中转述斯密等人关于"动产"的观点。**动产**的概念是马克思从经济学中领悟到的一个极为重要的历史性概念。因为,这是配第以来所指认的那种区别于自然的财富(如不动产的土地和自然资源)、由工业劳动所创造的社会财富。在这里,马克思看到了"动产"在资本主义社会中造成的巨大变化。马克思说,在国民经济学看来,作为资产阶级社会本质的资本——"动产也显示工业和运动的奇迹,它是现代之子,现代嫡子"。为什么?

---

① 《马克思恩格斯全集》第42卷,人民出版社1979年版,第110页。

与资本不同,**地产**(*Grundeigentum*)是还带有**地方的**和政治的偏见的私有财产、资本,是还没有完全摆脱周围世界的纠缠而回到自身的资本,即**还没有完成**的资本。资本必然要在它的**世界发展**过程中达到它的抽象的即**纯粹的**表现。①

摆脱"没有完成的资本"之类的形而上学意味,这事实上是说明了建立在土地之上的农业生产的狭隘地域性,以及这种生产本身对自然界的依附性("周围世界的纠缠")。与之不同的是资产阶级社会生产的**世界性**和**抽象性**,世界性是运动着的资本对超越地域性后的扩张,抽象性是生产的非自然性即人类劳动的主体能动性。我并不认为,马克思在这里已经深刻领悟了这个观点的科学内涵。关于这一点,马克思一直到1845年以后的《德意志意识形态》,特别是后来的《共产党宣言》中才真实地给予确证。

我发现,马克思开始很有保留地指认资产阶级社会经济发展导致社会进步这个事实。因此马克思特意用了两个"据说":首先,"据说,动产(Mobiliareigentum)已经使人民获得了政治的自由,解脱了市民社会(bürgerlichen Gesellschaft)的桎梏,把世界连成一体,创造了博爱的商业、纯粹的道德、温文尔雅的教养;它给人民以文明的需要来代替粗陋的需要,并提供了满足需要的手段"②。其次,"据说,资本的文明的胜利恰恰在于,资本发现并促使人的劳动代替死的物而成为财富的源泉"③。相对于《黑格尔法哲学批判》及其导言中的论述,马克思对资产阶级社会的历史进步("政治解放")有了一种新的认识基础,这就是客观的社会经济发展才决定了人的解放。这正我们前面已经说明的那种存在于古典经济学中的社会唯物主义思想。马克思后来深刻地发现,对资产阶级来说,过去是有历史的,而对资产阶级社会而言则是没有历史的。令人遗憾的是,马克思并没有在哲学意义上肯定这种逻辑方向。相反,这个理

---

①《马克思恩格斯全集》第42卷,人民出版社1979年版,第110页。
②《马克思恩格斯全集》第42卷,人民出版社1979年版,第109页。
③《马克思恩格斯全集》第42卷,人民出版社1979年版,第110页。

论质点却不自觉地存在于古典经济学中。我已经指认过,这是后来历史唯物主义的真正源发处。这也是下文我们即将看到的马克思在第三笔记本中,不自觉地成为他自己思想运作的异质于人本主义逻辑的第二种客观理论逻辑的重要基础。

可是,在这里,马克思还是与之擦肩而过了。

2. 第三笔记本:一个总体评价

应该指出,《1844年手稿》的三个笔记本只有一个主体部分,这就是第二笔记本。第一笔记本不过是第二笔记本具体批判的一种**方法论前提和批判尺度**的预先确认,第三笔记本是第二笔记本的补充、整理与修改。可是,第二笔记本的绝大部分内容遗失了。这就注定了我们对该文本的解读将永远是不完整的。

从文本的性质来看,第三笔记本不是一个系统的理论文本,而更像是一种思想实验的记录。因此,它似乎离马克思此时的真实思考更近。马克思第三笔记本的主体是由对第二笔记本的补充和多重思考札记构成的。它以三个"补入"的形式展开。这三个"补入"基本上是哲学论述,其中包含了关于需要、分工和货币等经济哲学讨论的插入部分。第一个"补入"是马克思对第二笔记本结束时的一种理论思考与拓展。第二个"补入"是一个简短的补充要点。第三个"补入"是第三笔记本的文本主体,其内容是马克思对共产主义的基本看法。马克思用阿拉伯数字(1—7)分小节详尽说明了这个问题。后来在第六小节里,马克思突然对黑格尔展开全面批判,在第六节中两次插入的第七小节再一次回到关于分工、需要等问题的论述上来。在第三笔记本的第38页,马克思觉得可以着手写一篇全部文稿的序言。最后,手稿在讨论货币问题时中断了。

在我们详细讨论第三笔记本的具体内容之前,首先必须标注出值得我们关注的问题。这主要就是上面我们已经提出的马克思经济哲学讨论中**双重逻辑思路**的问题。在《马克思历史辩证法的主体向度》一书中我已经指出,在《1844年手稿》的逻辑运演中,马克思在总体上始终是按照他的人学逻辑去批判资产阶级社会经济过程中的劳动异化现象和一切对人类主体(劳动者)的压迫,揭露资产阶级社会中存在的各种不合理的东西,但是在深深介入经济现象的过程中,他越是走近经济实际,就越不自觉地发生某种理论逻辑的偏转,即背离那种从先验逻辑设定出发的人本主义思路,而不断地从现实出发,从社会历史发展的真实基础出发。犹如铁遇磁石,马克思在许多理论触点上不自觉地向他后来突现的哲学革命和第一个伟大发现——历史唯物主义靠近。在一般意义上说,这种认证是正确的。但是,实际的文本依据表明这种复杂的思想矛盾进程**主要呈现在第二至第三笔记本的文本中**。如果说,刚才我们看到在第二笔记残片中已经出现了一种新的可能性,而在第三笔记本的第一个"补入"中,马克思实际上再一次批判性地从政治经济学的思路阐明了现实历史从农业文明到工业社会的进步的事实。他同时清楚地看见这种客观进步在政治经济学中的直接体现。[1] 这无疑激发出一种新的历史的观点,即**从现实的社会发展规律出发的客观逻辑**。但正像我前面已经指明的那样,这不是马克思自己体认的自主性思考逻辑,而恰恰是在第一笔记本中马克思所批判的内含在"国民经济学"中的那种社会唯物主义!

如前所述,在第一笔记本的第一部分中(包括《巴黎笔记》的主体部分),与经济学研究同体的从客观现实出发的方法与观点被马克思在进行政治否定的同时忽略了。而在第二笔记本和第三笔记本的经济哲学讨论中,原先被否定的东西却不知不觉地在深入经济事实中重新浮现于文本之中,并且几乎成为一种与人本主义异化史观并行的逻辑思路。需要界定的是,如果说在第一笔记本中,社会唯物主义只是暗含在被否定的国民经济学和恩格斯—蒲鲁东的社会主义批判中,那么在第二、第三笔记本中,马克思则在另一种新的意义上重新肯定了这个重要的从历史现实出发的观点。显而易见,在早期经济学研究中,马克思对于古典经

---

[1] 参见《马克思恩格斯全集》第42卷,人民出版社1979年版,第112—116页。

济学的社会唯物主义方法与客观思路的探索,经历了一个很大的"之"字形线路。相对于马克思此时理论运作中占主导地位的人本主义异化史观,**这条新的逻辑思路才真正成为后来走向历史唯物主义的科学开端。**马克思的这种重要理论生长点,不是传统研究所理解的基于费尔巴哈的自然唯物主义,而正是古典经济学中的社会唯物主义。这也就再一次证明了,马克思历史唯物主义的理论来源主要不是费尔巴哈哲学,而是古典经济学!这是一个极其重要的理论校正。

3. 经济学中的现实历史

第一个"补入",马克思的标注是"补入第 36 页",即补入到第二笔记的第 36 页。从理论上说,如果严格地按照文献的逻辑编排顺序,这部分内容应该在上文我们已经解读的第二笔记本残页的前面。不过,我们不能排除马克思这里的写作中可能出现新的思考。以我之见,马克思第三笔记本的第一个"补入"是他在第二笔记本结束时的一种理论思考与拓展。

在第一"补入"的开始,马克思指认了资产阶级社会私有财产新的主体本质,即人的劳动本质。"私有财产的**主体本质**(*das subjektive Wesen*),作为自为的活动、作为**主体**,作为**个人**的**私有财产**,就是**劳动**。"①马克思正确指出,斯密这种"把劳动视为自己的原则",而不再将私有财产看成是"人之外的一种**状态**"的国民经济学,是现代工业(moderne Industrie)的产物。② 他极深刻地界划出了一种差别,即主张财富的对象性本质的货币主义和重商主义的"拜物教(Fetischismus)性质",与承认财富的主体本质的斯密、李嘉图等人的"启蒙性质"之间的不同。马克思在本文中两次使用 Fetischismus 一词。日本学者向坂逸郎指出,马克思在《莱茵报》时期已根据 Ch. De Brosses 的 *Du culte des dieu fétiches*

---

① 《马克思恩格斯全集》第 42 卷,人民出版社 1979 年版,第 112 页。
② 参见《马克思恩格斯全集》第 42 卷,人民出版社 1979 年版,第 113 页。

(Paris，1760)的德文版了解到"拜物教"一词。① 马克思这里所使用的"启蒙国民经济学",就是后来他所指认的古典经济学,也是在这个意义上,他确认了恩格斯《国民经济学批判大纲》中的一个具体观点,即斯密是"国民经济学中的路德"。如前所述,路德宗教改革的内在逻辑是使信仰本身、宗教观念和教士从外到内地成为人之主体,而斯密等人在国民经济学中的进步意义也在于使财富的本质从外在对象(货币)成为主体性的人(劳动)。但是马克思坚持认为,由于斯密把作为财富主体本质的劳动看作是一种被异化了的外化的活动,所以它在实质上必然是敌视人的。他分析道:

> 以劳动为原则(deren Prinzip die Arbeit)的国民经济学,在承认人的假象下,无宁说不过是彻底实现对人的否定而已,因为人本身已不再同私有财产的外在本质处于外部的紧张关系中,而人本身却成了私有财产的紧张的本质。以前是**人之外的实在**(*reale Entäußerung des Menschen*)、人的实际外化的东西,现在仅仅变成了外化的行为,变成了外在化。②

马克思在此注意到,资产阶级是秉持着"承认人、人的独立性、自我活动"的理念开始发展的,可是,他认为这是一种伪善的假象,因为资产阶级社会只是关注促使财富(作为人的主体本质的私有财产)增长,以打破土地之上封建性的地方性和民族界限,"从而使一种**世界主义的**、普遍的、摧毁一切界限和束缚的能量发展起来"③。然而,这种发展的结果却是人本身的异化与贫困。所以,马克思认为资产阶级国民经济学实际上

---

① 参见[日]向坂逸郎《马克思经济学的基本问题》,岩波书店,1962年,第66页。——本书作者第三版注。
② 《马克思恩格斯全集》第42卷,人民出版社1979年版,第113页。此处原中译文将 reale 译作"存在",我改译为"实在"。参见 Karl Marx, *Ökonomisch-philosophische Manuskripte*, *Marx-Engels-Gesamtausgabe*（*MEGA2*）, Ⅰ/2, Text, Berlin: Dietz Verlag, 1982, S. 258.——本书作者第三版注。
③ 《马克思恩格斯全集》第42卷,人民出版社1979年版,第113页。

是"**敌视人的**"①！而且,越向后发展,这种只顾事物的积聚、不讲人的生存的"**犬儒主义**"将愈演愈烈。马克思指出:

> 从斯密经过萨伊到李嘉图、穆勒等等,国民经济学的**犬儒主义**不仅相对地增长了(因为**工业**所造成的后果在后面这些人面前以更发达和更充满矛盾的形式表现出来),而且他们总是积极地和自觉地在人的异化方面比他们的先驱者走得更远,但这**只是**因为他们的科学发展得更加彻底、更加真实罢了。②

显然,这又是对恩格斯《国民经济学批判大纲》中那种"罪过增大说"的无意识认同。

我以为,马克思这里的分析存在一些问题。因为,他是根据与大工业物质生产力发展(这恰恰是李嘉图经济学的本质)相反的逻辑来观察资产阶级社会现实的。他没能正确地理解,相对于封建所有制,资产阶级社会首先意味着一种真实的人的历史解放,这种解放正是建立在大工业物质生产力的巨大发展之上的。马克思此时将"工业"不正确地等同于资产阶级社会,所以才出现了"支离破碎的**工业**[Ⅱ]**现实**不仅没有推翻,相反地,却证实了他们的**自身支离破碎的**原则"③。直到1845年以后,马克思才对生产力与生产关系进行区分,并且理解了工业只是生产力发展的一个历史阶段,从而形成了对资产阶级社会生产关系的科学批判。而在50年代以后,马克思才真正转移到李嘉图所确证的资本主义大工业文明("人体")的立场上来。

接下去的是马克思对政治经济学学说的历史分析。这也是马克思第一次对资产阶级政治经济学学说史的具体分析。虽然此时马克思还没有正确区分古典经济学与庸俗经济学,但他的理解已经达及了相当的深度。在这里,马克思受到斯密和麦克库洛赫的经济学说史分析的影响,首先注意到重农主义的历史地位。魁奈的理论被视为"从重商主义

---

①②《马克思恩格斯全集》第42卷,人民出版社1979年版,第113页。
③《马克思恩格斯全集》第42卷,人民出版社1979年版,第114页。

到亚当·斯密的过渡"。在此之前的重商主义认为,贵金属才是财富的实在,它仍然是"直接对象性的财富"。然而在魁奈那里,"财富的本质已经移入劳动中"(这是前面多次讲到的财富的主体本质的初现),"土地只有通过劳动、耕作才对人存在"。但是,农业同时被宣布是"**唯一的生产的劳动**",这里的"劳动还不是从它的普遍性和抽象性上来理解的",而仅仅是一种"特定的、自然规定的存在形式"。斯密等的经济学进一步"认识财富的**普遍本质**,并因此把具有完全绝对性即抽象性的**劳动**提高为**原则**,是一个必要的进步"①。因为,"**农业**同其他一切生产部门毫无区别,因而,财富的**本质**不是某种**特定的**劳动(bestimmte Arbeit),不是与某种特殊要素结合在一起的、某种特殊的劳动表现,而是**一般劳动**"②。这里的一般劳动是异质于马克思后来在《1857—1858年经济学手稿》中所论述的劳动一般的。在此,马克思实际上回答了他自己在第一笔记本第一部分所提出的问题,即"把人类的最大部分归结为抽象劳动,这在人类发展中具有什么意义"?③ 现在他知道:

> 一切财富都成了**工业的**财富,成了劳动的**财富**,而**工业**是完成了的劳动,正象**工厂制度**(Wesen der Industrie)是**工业**即劳动的发达的本质,而**工业资本**(industriellen Kapitalien)是私有财产的完成了的客观形式一样……只有这时私有财产才能完成它对人的统治(Herrschaft über den Menschen),并以最普遍的形式成为世界历史(weltgeschichtlichen)的力量。④

这种观点与第二笔记本中的观点也不完全一致,它表明了马克思在经济学研究中的真实思想进步。马克思在全部文本中共计38次使用了Geschichte一词,但他并没有真正理解Geschichte的意义。

第二个"补入",马克思的标注是"补入第39页"。这是手稿的**目标**

---

①②《马克思恩格斯全集》第42卷,人民出版社1979年版,第115页。
③《马克思恩格斯全集》第42卷,人民出版社1979年版,第56页。
④《马克思恩格斯全集》第42卷,人民出版社1979年版,第115—116页。

设定部分。这一部分不再是经济哲学,而直接是哲学!但我们能够从中看到经济学对马克思哲学的影响。为了表达自己的立场,马克思必须先评说现有的对资产阶级社会批判的各种共产主义和其他理论,以此为参照系,映现出他此时对扬弃异化和人类解放的基本看法。

这一页开始的第一段,实际上又再一次回到第一手稿,即回到国民经济学的"事实"上来,这还只是**从分配的角度**观察到这个世界上的有产者与无产者的抽象对立,即私有财产本身的分配不公问题。马克思说,这种观点"只要还没有把它理解为**劳动**和**资本**的对立,它还是一种无关紧要的对立,一种没有从它的**能动关系**(*innern Verhältnis*)上、它的**内在**关系上来理解的对立,还没有作为**矛盾**来理解的对立"①。这一段话至关重要。它基本上道出了此时青年马克思自己独特的思想逻辑的实质,也显示了这种思想逻辑与其他一切共产主义和社会主义主张的异质性。后者对资产阶级社会的大部分批判,实际上只是停留在承认资产阶级社会经济现实的前提下来提出反对意见的。

4. 哲学共产主义

第三个"补入"基本上是哲学共产主义的论述,其中包含了对黑格尔哲学的方法论批判,以及对需要、分工和货币的经济哲学讨论。

在"补入同一页"的标识下,马克思具体指认了他对其他共产主义和社会主义的看法,并初步说明了自己的革命立场。对于前者,用马克思的话来概括,就是这些"自我异化的扬弃同自我异化走的是一条道路"②,即这些激进的思潮实际上只是私有财产的同体对立面。马克思认为,"共产主义(Kommunismus)是从私有财产的**普遍性**来看私有财产关系"的,通俗的意思就是大家都应该成为资本家。③马克思先是简单列举了那些具有

---

① 《马克思恩格斯全集》第 42 卷,人民出版社 1979 年版,第 117 页。
②③ 参见《马克思恩格斯全集》第 42 卷,人民出版社 1979 年版,第 117 页。

改良色彩的社会主义观念,包括蒲鲁东(消灭资本——私有财产的客体方面)、傅立叶(理想化的农业劳动)、圣西门(理想化的工业劳动)和共产主义四种情况,并重点说明了最后一种对资产阶级社会的批判。

接着,马克思开始用阿拉伯数字分小节详尽说明这一问题。

第一小节是说明共产主义的最初形式。马克思认为,这种共产主义"不过是私有财产关系的**普遍化**和**完成**"①。它有两种形式:第一种是粗陋的原始的共产主义。马克思曾在1843年致卢格的信中,将这种共产主义称之为"只不过是人道主义原则的特殊表现","还没有摆脱它的对立面即私有制的存在的影响"。② 更具体地说有四个特点,一是"物质的直接**占有**是生活和存在的唯一目的";二是异化劳动成为普遍的存在形式,因为"**劳动者**这个范畴并没有被取消,而是被推广到一切人身上";三是它并不想真正消灭私有财产,只是打算均分私有财产,所以"私有财产关系仍然是整个社会同实物世界的关系";最后是共妻制,这同样是将妇女从私有财产变为公有财产的形式转变。③

第二小节指认了共产主义的第二种形式,即以国家的力量来建立共产主义,或者是通过消灭国家来实现共产主义。对这一类共产主义,马克思没有详细评说。马克思认为,这两种共产主义虽然都已经把它们自己理解为人的自我异化的扬弃从而向人自身的复归,但都还没有摆脱对私有财产的消极理解,也不能真正理解私有财产的本质。

在第三小节里,马克思突然界说了自己的共产主义观点:

> **共产主义**是私有财产即**人的自我异化的积极的**扬弃(*positive Aufhebung*),因而是通过人并且为了人而对**人的**本质的真正**居有**(*wirkliche Aneignung*);因此,它是人向自身、向**社会的**(*gesellschaftlichen*,即人的)人的复归(*Rückkehr des Menschen*),这种

---

① 参见《马克思恩格斯全集》第42卷,人民出版社1979年版,第117页。
② 参见《马克思恩格斯全集》第1卷,人民出版社1956年版,第416页。
③ 参见《马克思恩格斯全集》第42卷,人民出版社1979年版,第118页。

复归是完全的、自觉的而且保存了以往发展的全部财富的。这种共产主义，作为完成了的自然主义，等于人道主义，而作为完成了的人道主义，等于自然主义(Naturalismus ＝ Humanismus)，它是人和自然界之间、人和人之间的矛盾的**真正**解决(*wahre* Auflösung)，是生存(Existenz)和本质、对象化和自我确证、自由和必然(Freiheit und Notwendigkeit)、个体和类之间的斗争的真正解决。它是历史之谜(Rätsel der Geschichte)的解答，而且知道自己就是这种解答。①

这是一段极其著名的论说。不同于上述各种共产主义思潮，马克思认为必须积极地否定和扬弃人的自我异化即私有财产，即不是采取进一步加深异化、人们平均地获得异化结果（大家都成为资本家）的消极形式，而要既保存以往的全部财富，又要真正地复归于自身——人从自我异化状态回到"社会的人"。根据我们前面已经在《穆勒笔记》中的讨论，马克思的"社会"概念的出现，总是与人的**类关系**问题联系在一起的。我注意到，"社会"这个范畴是马克思思想中再次出现的一种核心规定。它不同于第一笔记本第一部分中所指称的与个人利益相对立的客观化和外化了的社会利益②，而相当于或接近于在第一笔记本第二部分中所论述的人的没有被异化的真正的"类"。③ 有关这一点，马克思是在第一笔记本的最后两个问题中提出来的，即与私有财产根本异质的"**真正人的财产或社会的所有**(*soziales Eigentum*)"中的那个"sozial"。而在《穆勒笔记》中，这个"社会的"规定性还是以费尔巴哈的语境出现的。此时，马克思已经捕捉了一种崭新的认识。现在，这个**社会的**(*gesellschaftlich*)规

---

① 《马克思恩格斯全集》第42卷，人民出版社1979年版，第120页。中译文有改动。Aneignung 一词在德文中有"占有"的意思，但区别于 Besitzens（占有），也不同于 Eigentum（"所有"）和"拥有"（haben）。原中译文同译为"占有"，我觉得可译为"居有"。日本学者将 Aneignung 译为"领有"，我觉得有些怪异。参见 Karl Marx, *Ökonomisch-philosophische Manuskripte*, *Marx-Engels-Gesamtausgabe(MEGA2)*, I/2, Text, Berlin: Dietz Verlag, 1982, S. 263.——本书作者第三版注。
② 参见《马克思恩格斯全集》第42卷，人民出版社1979年版，第54页。
③ 参见《马克思恩格斯全集》第42卷，人民出版社1979年版，第95—98页。

定,竟然会被提高到解决**六大矛盾的历史之谜**的高度上来认识,可见这个规定的重要性。

在分析马克思的"社会"规定之前,还应该指出在他思想中的另一个重要变化,这种变化恰恰是我们理解马克思社会规定的前提和原发地。我发现,实际上经过第二笔记本对政治经济学的哲学批判,马克思的思想正在不知不觉地发生一种变化,即开始真正将革命的基础置于现实的历史发展之上,而不是简单地以抽象的**应该存在的本质**(价值悬设)来对峙于历史现实。马克思说,共产主义正是**历史的结果**。"因此,历史(Geschichte)的全部运动,既是这种共产主义的**现实的**产生活动即它的经验定在(empirischen Dasein)的诞生活动,同时,对它的能思维的意识说来,又是它的**被理解到**和**被认识到的生成**运动。"①请大家注意这个观点与黑格尔绝对观念在历史中实现的**目的论**之间的关系。接下来的一句话是极为关键的,它预示着马克思后来那种新世界观和科学社会主义的真正起点:"不难看到,整个革命运动必然在**私有财产**的运动中,即在经济中,为自己既找到经验的基础,也找到理论的基础。"②这个观点,显然是与第一笔记第二部分的人本主义逻辑相异质的。我觉得,一旦马克思意识到这个逻辑矛盾,他就必然会放弃和中断这一手稿的写作。

如上所述,在《1844年手稿》的逻辑运演中,马克思在总体上始终是以他的人学逻辑去抨击资产阶级社会经济过程中的劳动异化现象的,但当他越贴近经济实际也就越不自觉地从现实出发,从社会历史发展的真实基础出发了。刚才我们看到的那一段表述就是这种情况的一种表征。在接下来的一些十分具体的分析中,马克思无意识地提出了这样的观点:物质资料的生产是人的最基本的生产("人的实现或现实"),而"宗教、家庭、国家、法、道德、科学、艺术等等,都不过是生产的一些**特殊**的方式(besondere Weisen der Produktion),并且受生产的普遍规律

---

① 《马克思恩格斯全集》第42卷,人民出版社1979年版,第120页。此处原中译文将Dasein译作"存在",我改译为"定在"。——本书作者第三版注。
② 《马克思恩格斯全集》第42卷,人民出版社1979年版,第120—121页。

(allgemeines Gesetz)的支配"①。这里的"生产的普遍规律"显然不是指什么"人的类本质",而是指称经济学已经确认的社会发展的客观法则。它是一种十分重要的新理论生长点,一种新理论思考逻辑。固然这种思路此时在总体上依然受到人本主义异化史观的统摄,但它已经开始随着马克思对经济学的深入挖掘而越来越明晰而鲜活起来。

5. 青年马克思的"社会"概念

我们现在来讨论马克思这里的"社会"概念。我以为,第三笔记本最重要的概念是**社会**(*Gesellschaft*)、**社会的人**。马克思在本文中一共185次使用了 Gesellschaft 和 gesellschaftlich。这是以往研究中完全忽略了的地方。马克思经常将这个规定直接等同于"人的"(不是外化和异化了的"劳动者的")社会的存在。

从历史语境上看,马克思的这个"社会"规定首先与黑格尔哲学有关,因为它十分接近黑格尔反对市民社会的国家与法的那种非异化的本真类存在。其次,这个"社会"规定其实也与费尔巴哈所说的人的真正的社会关系和类本质有关。再次,更重要的是,它同与个人本位的资产阶级社会相对立的德法社会主义原则中的理想"社会"有关,即人的真正的社会存在和社会组织。从理论语境上看,我们发现此时马克思对人的类本质的理解开始出现了明显的双重性:一是**个人主体的本真的自由活动**,二是**人与人之间存在的本真的、非异化的社会关系**。前者是他在第一笔记本第二部分的劳动异化理论中所强调的,而在这里,马克思一谈及扬弃异化总绕不开"本真的社会存在"这个命题。这本身就意味着一种重要的理论意向的转换。我注意到,赫斯《货币的本质》的经济异化理论中,以人的**交往类本质**异化取代了《行动哲学》中的自由自主活动异化。在《穆勒笔记》中,马克思也是从这一视角介入关于"社会"概念的讨论的。马克思在 1-2 中强调的是后者,此处是否又是在强调前者呢?

---

① 《马克思恩格斯全集》第42卷,人民出版社1979年版,第121页。

经过仔细分析,结论是否定的。马克思这里的本真的社会存在或"社会的人"其实有了另一番意义。

我们应该清楚地了解,在马克思对"历史之谜"的解答中,那个社会的人的含义是什么。扬弃异化为什么是社会的人?为什么是人与自然的齐一(Einheit des Menschen mit der Natur)?这个自然的含义又是什么?以我的理解,这里的自然是**本真性**的意义,而不是简单指称自然物质世界。马克思认为:"**私有财产**的积极的扬弃,作为对**人**的生命的占有,是一切异化的积极的扬弃,从而是人从宗教、家庭、国家等等向自己的**人的**即**社会的**定在(gesellschaftliches Dasein)的复归(Rückkehr)。"① 私有财产是人的类本质的异化,现阶段的宗教、国家观念正是这种异化的反映。**消除类的异化即是向人与人之间共同建构成的类关系的复归,这是人类的真正的社会存在。**这个 gesellschaftliches Dasein 也是马克思这时对他基本肯定的共产主义革命的主要确证。如前所述,这个"社会存在(gesellschaftliches Dasein)"的概念,更准确地应该译作"社会定在",此词首先出现在赫斯的文本中。马克思在本文中只使用过三次 gesellschaftliches Dasein。②

---

① 《马克思恩格斯全集》第 42 卷,人民出版社 1979 年版,第 121 页。此处将 Dasein 改译为"定在"。参见 Karl Marx, Ökonomisch-philosophische Manuskripte, Marx-Engels-Gesamtausgabe(MEGA2),Ⅰ/2, Text, Berlin: Dietz Verlag, 1982, S. 264。

② 马克思在《1844 年手稿》中还有两处对"社会定在"概念的使用:一是他指认,"同一个资本在各种不同的自然的和社会的定在(natürlichen und gesellschaftlichen Dasein)中始终是同一的"(《马克思恩格斯全集》第 42 卷,人民出版社 1979 年版,第 106 页)。参见 Karl Marx, Ökonomisch-philosophische Manuskripte, Marx-Engels-Gesamtausgabe (MEGA2),Ⅰ/2, Berlin: Dietz Verlag, 1982, S. 250。二是马克思分析说,"人是一个**特殊的**个体,并且正是他的特殊性使他成为一个个体,成为一个现实的、**单个的**共同存在(individuellen Gemeinwesen),同样他也是**总体**、观念的总体(ideale Totalität)、被思考和被感知的社会的主体的自为定在,正如他在现实中既作为社会定在(gesellschaftlichen Daseins)的直观和现实享受而存在,又作为人的生命表现的总体而存在一样。"(《马克思恩格斯全集》第 42 卷,人民出版社 1979 年版,第 123 页。中译文有改动。)参见 Karl Marx, Ökonomisch-philosophische Manuskripte, Marx-Engels-Gesamtausgabe (MEGA2),Ⅰ/2, Text, Berlin: Dietz Verlag, 1982, S. 268。原中译文将 gesellschaftlichen Daseins 译作"社会存在",应该译为"社会定在"。这一误译,在《马克思恩格斯全集》中文第二版中仍未得到校订。——本书作者第四版注。

第三章 人本学劳动异化史观与走向客观经济现实的复调语境

在马克思看来，共产主义是对私有财产的积极扬弃，也就是说，它扬弃异化劳动，但并不否定对象化劳动。因为对象世界是人的本质的对象化，重新占有对象世界不过是人一度丧失的本质的复归。当然这种占有不再是个人的片面的占有，而是以社会（主义）的方式，以一种"全面的方式"对人自身的全面本质的真正占有（不是私有条件下的利己主义的占有和支配）。同时，共产主义也是自然界向人的生成。自然界通过人类的生产活动变成为完全属于人的自然界，而人只有作为社会的人才能真正地占有自然。马克思写道：

> 因此，**社会**性质是整个运动的一般性质；**正象**社会本身生产**作为人的人**一样，人也**生产**社会（Gesellschaft）。活动和享受，无论就其内容或就其**生存方式**（*Existenzweise*）来说，都是**社会的**（*gesellschaftliches*），是**社会的**活动和**社会的**享受。自然界的人的本质只有对**社会的**人说来才是存在的；因为只有在社会中，自然界对人说来才是人与人**联系的纽带**（*Band mit dem Menschen*），才是他为别人的存在和别人为他的存在，才是人的现实的生活要素；只有在社会中，自然界才是人自己的**人的**定在（*menschlichen Daseins*）的**基础**（*Grundlage*）。只有在社会中，人的**自然的**定在（*natürliches Dasein*）对他说来才是他的**人的**定在，而自然界对他说来才成为人。因此，**社会**是人同自然界的完成了的本质的统一（*Gesellschaft ist die vollendete Wesenseinheit des Menschen mit der Natur*），是自然界的真正复活，是人的实现了的自然主义和自然界的实现了的人道主义。①

我认为，这是马克思第一次进行从哲学逻辑上认证社会主义、共产主义历史必然性的尝试，也是迄今为止对此**最深刻的哲学逻辑论证**！

---

① 《马克思恩格斯全集》第 42 卷，人民出版社 1979 年版，第 121—122 页。中译文有改动。此处原中译文将 Dasein 译作"存在"，我改译为"定在"。——本书作者第三版注。

马克思在此列举了一个例子来进行转喻性的说明：

> 当我从事**科学**之类的活动，即从事一种我只是在很少情况下才能同别人直接交往的活动的时候，我也是**社会的**，因为我是作为人活动的。不仅我的活动所需的材料，甚至思想家用来进行活动的语言本身，都是作为社会的产品（gesellschaftliches Produkt）给予我的，而且我**本身的**存在**就是**社会的活动；因此，我从自身所做出的东西，是我从自身为社会做出的，并且意识到我自己是社会的存在物（gesellschaftliches Wesen）。①

这是因为，在这里，我的意识即是人的"普遍意识"，是以"现实共同体、社会存在物为生动形式的那个东西的理论形式"，而在异化劳动的状态下，这种"**普遍**意识是现实生活的抽象，并且作为这样的抽象是与现实生活相敌对的。因此，我的普遍意识的**活动**本身也是我作为社会存在物的**理论**定在（*theoretisches* Dasein）"。②在马克思看来，社会性的存在已经是现代人类最重要的存在形式，可是资产阶级私有制却将这种社会存在颠倒为个人生活的对立面，即一种完全抽象的强加于个人的东西。这是一种社会总体上的反人的异化。

所以，"首先应当避免重新把'社会'当作抽象的东西同个人对立起来。个人是**社会存在物**（*gesellschaftliches Wesen*）。因此，他的生命表现，即使不采取**共同的**、同其他人一起完成的生命表现这种直接形式，也是**社会生活的**表现和确证"③。社会，即没有被异化的人的类本质关系，这是马克思对人与人之间关系的一种理想化设定。他此时认为，**自由自主的劳动是人的本质，社会是人的类关系"共在"**。在这个意义上，他必然要反对资产阶级社会，而主张人的自觉的自为的社会存在。

作为**类意识**（*Gattungsbewusstsein*），人确证自己的真实的**社会**

---

①② 参见《马克思恩格斯全集》第42卷，人民出版社1979年版，第122页。中译文有改动。
③《马克思恩格斯全集》第42卷，人民出版社1979年版，第122—123页。

生活(reelles *Gesellschaftsleben*),并且只是在思维中复现自己的现实定在(wirkliches Dasein);反之,类存在(Gattungssein)则在类意识中确证自己,并且在自己的普遍性中作为思维着的存在物自为地存在着。……人是一个**特殊的**个体,并且正是他的特殊性使他成为一个个体,成为一个现实的、**单个的**共同存在(individuellen Gemeinwesen),同样地他也是**总体**、观念的总体(ideale Totalität)、被思考和被感知的社会的主体的自为定在(subjektive Dasein)。①

在第四小节里,马克思再一次回到对在私有财产制约下的人类生存状态的批判上来,并且由此反观他自己的社会主义论断。在私有制条件下,"人变成了对自己说来是**对象性的**,同时变成了异己的和非人的(entmenschtes)对象;他的生命表现就是他的生命的外化,他的现实化(Verwirklichung)就是他失去现实性,就是**异己的现实**"②。这一次,马克思所聚焦的问题是私有财产条件下人的片面性问题:"私有制使我们变得如此愚蠢而片面,以致一个对象,只有当它为我们拥有的时候,也就是说,当它对我们说来作为资本而存在,或者它被我们直接占有,被我们吃、喝、穿、住等等的时候,总之,在它被我们**使用**的时候,才是**我们的**",由此,"**一切**肉体的和精神的感觉都被这**一切**感觉的单纯异化即**拥有**的感觉所代替。人的本质必须被归结为这种绝对的贫困,这样它才能够从自身产生出它的内部的丰富性。"③而马克思认为,必须积极地扬弃私有制,他这样分析道:

为了人并且通过人对人的本质和人的生命、对象性的人和人的

---

① 《马克思恩格斯全集》第42卷,人民出版社1979年版,第123页。此处原中译文将 reelles 译作"现实的",我改译为"真实的";将 Gemeinwesen 译作"社会存在物",我改译为"共同存在";原中译将 Dasein 译作"存在",我均改译为区别于 Sein(存在)的"定在"。参见 Karl Marx, *Ökonomisch-philosophische Manuskripte*, *Marx-Engels-Gesamtausgabe* (MEGA2), Ⅰ/2, Text, Berlin: Dietz Verlag, 1982, S. 391-392。——本书作者第三版注。
② 《马克思恩格斯全集》第42卷,人民出版社1979年版,第123页。
③ 《马克思恩格斯全集》第42卷,人民出版社1979年版,第124页。

产品的**感性的**占有(Sinne des Besitzens),不应当仅仅被理解为**直接的**、片面的**享受**,不应当仅仅被理解为**占有**、**拥有**(Habens)。人以一种全面的方式(allseitiges Wesen),也就是说,作为一个总体的人(ein totaler Mensch),占有自己的全面的本质(allseitiges Wesen)。①

在马克思看来,这将是"人的一切感觉和特性的彻底**解放**",因为这些感觉和特性"无论在主体上还是在客体上都变成**人的**",并且,"只有当对象对人说来成为**人的**对象或者说成为对象性的人的时候,人才不致在自己的对象里面丧失自身。只有当对象对人说来成为**社会的**对象,人本身对自己说来成为社会的存在物,而社会在这个对象中对人说来成为本质的时候,这种情况才是可能的"②。这也就是说,人的主体与对象客体两方面都必须成为人的社会的存在,而不能只是片面的主体和"纯粹**有用性**"的自然对象。为此马克思还举了一个例子:"从主体方面来看:只有音乐才能激起人的音乐感;对于没有音乐感的耳朵说来,最美的音乐也**毫无意义**",可是,"**人的**感觉、感觉的人性,都只是由于**它的**对象的存在,由于**人化的**自然界,才产生出来的。五官感觉的**形成**是以往全部世界历史的产物"。③

我们注意到,马克思开始承认,也正是他所批判的这个私有财产的运动,正在作为"**已经产生**的社会,创造着具有人的本质的这种全部丰富性的人,创造着**具有丰富的、全面而深刻的感觉**的人作为这个社会的恒久的现实"④。请读者注意,这里的"社会"不是马克思上文作为理想的本真(应该)的存在,而是客观现实(是)中已经存在的资产阶级社会!正是基于这一点,马克思发现,"工业的历史(Geschichte der Industrie)和工业的已经产生的**对象性**的定在(das gegenständliche Dasein),是**一本打**

---

① 《马克思恩格斯全集》第 42 卷,人民出版社 1979 年版,第 123 页。中译文有改动。
② 《马克思恩格斯全集》第 42 卷,人民出版社 1979 年版,第 125 页。
③ 参见《马克思恩格斯全集》第 42 卷,人民出版社 1979 年版,第 125—126 页。
④ 《马克思恩格斯全集》第 42 卷,人民出版社 1979 年版,第 126—127 页。

开了的关于人的**本质力量**(*menschlichen Wesenskräfte*)的书"①。在此文中,共计 121 次出现 Industrie 及其相关词。倘若工业的历史是人的本质的"书",那么人的本质就是被**历史地**翻开的**一定存在**(*Dasein*)。所以,沿着这条逻辑走下去,必然发现,"自然科学却通过工业日益**在实践上**(*praktischer*)进入人的生活,改造人的生活,并为人的解放作准备",同时,"**工业**是自然界同人之间,因而也是自然科学同人之间的**现实**的历史关系(*das wirkliche* geschichtliche Verhältnis)"。② 此处的后一个"工业"一词已经具有一般的意义,所以他必然会得出这样一个观点:

> 如果把工业看成人的**本质力量**的**公开**的展示,那么,自然界的**人的**本质,或者人的**自然的**本质,也就可以理解了;因此,自然科学将失去它的抽象物质的或者不如说是唯心主义的方向,并且将成为**人的**科学的基础(Basis der *menschlichen* Wissenschaft),正象它现在已经——尽管以异化的形式——成了真正人的生活的基础一样;至于说生活有它的**一种**基础,**科学**有它的另一种基础——这根本就是谎言。③

这里的"科学"不是一般的自然科学,而正是萨伊所说的作为"自然科学"的资产阶级政治经济学! 毫无疑问,这是一种更深刻的理论批判。

很显然,马克思此时的言说,表面上似乎还在讲人本学,而实际上他所思考的立论恰恰是站在全部手稿中那条主导的人本主义异化逻辑之外得出的。他几乎走到了新的哲学视界窗前:"**理论**的对立本身的解决,**只有**通过**实践**方式(*praktische* Art),只有借助人的实践力量(praktische Energie),才是可能的;因此,这种对立的解决决不只是认识的任务,而是一个**现实**生活的任务(*wirkliche* Lebensaufgabe)"④,这种认知几乎已经

---

① 《马克思恩格斯全集》第 42 卷,人民出版社 1979 年版,第 127 页。中译文有改动。
②③ 参见《马克思恩格斯全集》第 42 卷,人民出版社 1979 年版,第 128 页。
④ 《马克思恩格斯全集》第 42 卷,人民出版社 1979 年版,第 127 页。

打开闭锁的思想空间,即将展望一个崭新的天地——思考如何客观地消灭劳动异化和私有制的现实道路问题了。"工业"是古典政治经济学中的资产阶级社会生产现实,这样一种客观逻辑是马克思的哲学思考在经济学研究中自发形成的。同时,从具体的工业走向一般性的"工业",又进一步跨入人类客观物质活动的实践,这必将是一个更艰巨的革命任务。马克思在此文中已经 28 次使用 praktisch 一词。此后不久,随着马克思 1845 年第二阶段的经济学研究的展开,特别是随着《布鲁塞尔笔记》和《评李斯特》一文写作的进行,马克思的新世界观的天才提纲——《关于费尔巴哈的提纲》全面地实现了一个新的格式塔转换:此时哲学的实践唯物主义逻辑视域终于浮出历史地表了。

我们之所以指出上述这些观点,无非试图证明前面已经标注的一个深层文本事实,即在马克思的《1844 年手稿》一书中,存在着**两条理论逻辑**线索:一条是从先验主体出发的人本主义异化史观的("应该")人学现象学(话语)逻辑,另一条是从现实物质生产(实践和工业)出发去观察社会历史的("是")客观逻辑。两种逻辑的相互交织在这里表现得极为明显。而且,现实的历史线索刚开始在不少分析中占了一定的上风,当然这并没有在整体上改变人本主义逻辑所居有的权力话语地位。我已经多次指出,前者是马克思此时的主导理论逻辑框架,而后者则不过是一种新的理论线索的否定性因素。特别由于这二者之间似乎存在着十分深刻的相悖性,马克思这时还无法将后者中的客观必然性的"是"与前一条线索中否定意义上出现的坏的"是"统一起来。所以,我们就不能同意法国哲学家阿尔都塞的观点,即把马克思的思想进程特别是后来发生的哲学变革简单地说成是一种"认识论断裂"。实际上,马克思科学世界观的形成同样经历了一个历史过程。在《1844 年手稿》中,我们清楚地看到了这条科学思路的前期线索。

在第五小节的最后,马克思认定了区别于一般共产主义的社会主义目标。他说,"在社会主义的人看来,**整个所谓世界历史**(*Weltgeschichte*)

不外是人通过人的劳动(menschliche Arbeit)而诞生的过程,是自然界对人说来的生成过程"①。而"共产主义是作为否定的否定的肯定,因此它是人的解放和复原的一个**现实的**、对下一段历史发展说来是必然的环节。**共产主义**是最近将来的必然的形式和有效的原则。但是,这样的共产主义并不是人类发展的目标,并不是人类社会的形态(Gestalt der menschlichen Gesellschaft)"②。

6. 马克思的经济哲学探讨

第六小节,是马克思对黑格尔辩证法的批判,这是我们下一节专题讨论的主题。此处,我们先来看第三笔记最后马克思思考的其他问题。在黑格尔辩证法批判过程中和这个讨论之后,马克思又多次重新回到自己批判性的经济哲学探讨上来。当然,这一次是从资产阶级经济现实中来说明全面的经济异化的。马克思主要论说了三个方面,在插入到黑格尔批判开始的第七点中分析了需要问题;在黑格尔批判之后又分析了分工在资产阶级社会条件下的异化;在"序言"之后,他又专门补充了货币是人的类关系的异化问题。这些都是异化劳动在经济过程中的具体表现。

首先,是经济学中的**需要**问题。马克思在此文中 45 次使用 Bedürfnis 一词。马克思指出,与社会主义前提下人的真实需要的丰富性相反,私有制条件下,"每个人都千方百计在别人身上唤起某种**新的**需要(*neues* Bedürfnis)",但这种需要不是为了满足人的需求,而是要使人"作出新的牺牲,使他处于一种新的依赖地位,诱使他追求新的**享受**方式,从而陷入经济上的破产"。③ 市场中的需要,是为了把别人口袋里的钱骗出来。在资产阶级的生产中,"每一个新产品都是产生相互欺骗和

---

① 《马克思恩格斯全集》第 42 卷,人民出版社 1979 年版,第 131 页。
② 《马克思恩格斯全集》第 42 卷,人民出版社 1979 年版,第 131 页。中译文原来将此处的 Gestalt 一词译作"形式",我改译为"形态"。——本书作者第三版注。
③ 参见《马克思恩格斯全集》第 42 卷,人民出版社 1979 年版,第 132 页。

相互掠夺的新的**潜在力量**","每一个产品都是人们想用来诱骗他人的本质,他的货币的诱饵;每一个现实的或可能的需要都是把苍蝇诱向粘竿的弱点"。马克思的这种虚假消费和需要异化的观点,后来在法兰克福学派的社会批判理论中得到了光大。所以,这种生产不是为了人的真实需要,而是"力图创造出一种支配他人的、**异己的**本质力量,以便从这里面找到他自己的利己需要的满足"。这个异己的力量就是交换为目的的生产中的货币王国,这是一个"压制人的异己本质(fremdes Wesen)的王国"。马克思实际上认为,在这种生产过程中,与人的真正需要相关的质已经消失了,只存在一种非人的产品数量,并且,"人作为人越来越贫穷,他为了占有敌对的本质越来越需要**货币**"。因为在这里,追求货币是资产阶级国民经济学所产生的需要,"货币的**数量**越来越成为它的唯一**强有力的**属性;正像货币把任何本质都归结为它的抽象一样,货币也在它自身的运动中把自身归结为**数量的**本质",于是,"**无限制**和**无节制**成了货币的真正尺度"。这是对资产阶级社会中需要异化的一种人本主义逻辑分析。

可几乎与此同步,马克思还有一种对资产阶级社会中需要的描述。这是关于劳动者和资本家的需要的具体的不同分析。马克思指出,在当时19世纪的工厂中,劳动者住宿条件极差,交不起房租,吃的是最糟糕的食物("最坏的马铃薯"),"人不仅失去了人的需要,甚至失去了**动物的**需要"。①"国民经济学家把劳动者变成没有感觉和没有需要的存在物,正象他把劳动者的活动变成抽去一切活动的纯粹抽象一样"。劳动者这种粗陋的需要,正是富人考究的需要的来源。为了说明这一问题,他直接提到当时伦敦劳动者居住的阴暗的地下室和豪华奢侈的大酒店。这是对客观现实的经验分析。也是在这里的讨论中,马克思第一次使用了"生产的新的方式(*neue Weise der Produktion*)"②一语。

---

① 参见《马克思恩格斯全集》第42卷,人民出版社1979年版,第134页。
②《马克思恩格斯全集》第42卷,人民出版社1979年版,第132页。中译文有改动。参见 Karl Marx, *Ökonomisch-philosophische Manuskripte*, *Marx-Engels-Gesamtausgabe*（MEGA2）, Ⅰ/2, Text, Berlin: Dietz Verlag, 1982, S. 278。——本书作者第三版注。

第二点是马克思关于**分工**的说明。马克思说,资产阶级社会是一种"任何人都是各种需要的整体,并且就人人互为手段而言,个人为别人存在,别人也为他而存在"。不过,这里的"社会"不是马克思前面讲的那种真正的人的类存在的社会,而恰恰是人异化的外化表现。分工是这种"社会"的本质。马克思这时认为:

> **分工**(*Theilung der Arbeit*)是关于异化范围内的(innerhalb der Entfremdung)**劳动社会性**(*Gesellschaftlichkeit der Arbeit*)的国民经济学用语。换言之,因为**劳动**不过是人的活动在外化范围内的表现,不过是作为生命外化的生命表现,所以**分工**也无非是人的活动作为**真正类活动**(*realen Gattungstätigkeit*)——或**作为类本质**(*Gattungswesen*)的**人的活动**——的**异化的、外化的**设定。①

分工是作为人的类活动的人的活动的异化和外化的形式,这是一种人本主义的非科学表述。马克思在此文中 48 次使用 Theilung der Arbeit 一词。而在后来的重新编辑的德文版中,Theilung der Arbeit 一词被改写为 Teilung der Arbeit。但 *MEGA* 版则保留了马克思的原初写法。在后来的《德意志意识形态》中,正是这个与异化逻辑同构的分工概念,成为了马克思现实批判逻辑的基始性构件。马克思在引证了多位经济学家(斯密、萨伊、穆勒和斯卡尔贝克)的观点后,再一次回到这一问题,这一次他接受了经济学家的一个观点,即分工与交换是联结在一起的。他说:"分工和交换(Austausch)是人的**活动和本质力量**——作为**类的**活动和本质力量——的**明显外化的**表现"②。他反对经济学家肯定分工和交换的"科学社会性",因为这是"依靠非社会的特殊利益来论证社会"。马克思是站在经济学之外来

---

① 《马克思恩格斯全集》第 42 卷,人民出版社 1979 年版,第 144 页。中译文原将 Gattungswesen 译作"类存在物",我改为"类本质"。——本书作者第三版注。
② 《马克思恩格斯全集》第 42 卷,人民出版社 1979 年版,第 148 页。

讨论的，因此这时他不可能了解到分工导致交换，以及分工的不同类型（社会分工与劳动分工），特别是分工在生产力发展中的客观意义。这些问题都是在《德意志意识形态》以后才逐步解决的。

第三个问题是写在最后的关于**货币**的讨论。这是马克思在写完"序言"之后又作的一个补充，这似乎是对前面《穆勒笔记》的一种响应。这一次是一种哲学人本主义的升华，所以这一讨论几乎完全离开了经济学。这一片断的一头一尾是理想化的人的本真存在状态，中间则是用货币这种中介了的异化关系来进行反证。一上来，马克思说的是人的所谓"激情的本体论（ontologische）"。他列举了五点：一是真正的人的肯定方式是生命的特殊性；二是感性的肯定是对独立对象的肯定；三是人如果具有人的感觉，那么对对象的肯定也会是自己的享受。这前三点是相互联系的，可第四点，马克思说了如下一段话："只有通过发达的工业，也就是以私有财产为中介，人的激情的本体论本质（das ontologische Wesen der menschlichen Leidenschaft）才能在总体上、合乎人性地实现；因此，关于人的科学本身是人在实践上的自我实现的产物"①。马克思在本段文本中两次使用"本体的（ontologische）"一词。另一次是在本段文本之首。这一段话是非常令人惊异的。因为这看起来是马克思在论证"工业"——私有制的必然性！紧接着，第五点又说，"如果撇开私有财产的异化，那么私有财产的意义就在于**本质的对象**——既作为享受的对象，又作为活动的对象——对人的**存在**"。

论说至此，马克思话题一转，又回到了现实的资产阶级经济生活。这一次是反讽式地解说货币的哲学本质。这好像是《穆勒笔记》中马克思一开始的人本主义话语突现凸现的那一段解说的展开。

---

① 《马克思恩格斯全集》第42卷，人民出版社1979年版，第150页。

"货币是需要和对象之间、人的生活和生活资料之间的**牵线人**"。它成了人与人的生活、人与他人为我的存在之间的媒介。马克思在引用了歌德的《浮士德》和莎士比亚的《雅典的泰门》中对货币和金子的两段描述之后,又进一步解说了其中所能解读出来的深刻含义:货币"**是人类的外化的能力**"①。马克思用诗性话语来描述金钱,显然受到赫斯《货币的本质》一文开头援引席勒诗歌的影响。"货币是一种外在的、并非从作为人的人和作为社会的人类社会产生的、能够把**观念变成现实**而把现实变成**纯观念**的**普遍手段**和**能力**,它把现实的、人的和自然的本质力量变成纯抽象的观念"。其实,在稍前一点的讨论中,马克思还有一段非常感性的描述:

> 国民经济学家把从你那里夺去的那一部分生命和人性,全用**货币**和**财富**补偿给你,你自己不能办到的一切,你的货币都能办到;它能吃,能喝,能赴舞会,能去剧场,能获得艺术、学识、历史珍品和政治权力,能旅行,它**能**为你占有这一切;它能购买这一切;它是真正的能力。②

在此时的马克思看来,货币是以一种"**颠倒黑白的**力量出现的",是它造成了颠倒的世界。③

第四节 青年马克思对黑格尔的第二次批判

第三笔记本的第六小节是对黑格尔哲学的批判。马克思为什么在《1844年手稿》的最后会突然开始批判黑格尔?毫无疑问,这是一个理解全部手稿逻辑结构的无法回避但又非常重要的理论难点。在过去的研

---

① 《马克思恩格斯全集》第42卷,人民出版社1979年版,第152页。
② 《马克思恩格斯全集》第42卷,人民出版社1979年版,第135页。
③ 参见《马克思恩格斯全集》第42卷,人民出版社1979年版,第155页。

究中,大多数研究者只是非批判地说明产生这种现象是缘于马克思"对黑格尔辩证法的唯物主义改造",并且完全肯定马克思对黑格尔的理论指认。以我之见,马克思在共产主义问题研究之后突然转向黑格尔,不是出于一种外在的哲学研究,而是为了明确指认自己这时(撰写全部《1844年手稿》)的理论逻辑方法,以此区别于当时的德国青年黑格尔派和一切德法社会主义思想家的研究语境——建立在否定黑格尔唯心主义精神现象学之上的费尔巴哈式的人学现象学。马克思以为,这种研究思路是走出理论误区的唯一现实批判模式。

1. 青年黑格尔派的逻辑误区与费尔巴哈的批判方法

在"序言"中,马克思将这第六小节称之为这本书的"最后一章"。在这个最后一章中,马克思试图解决一个相对于当时德国思想界"还没有完成"的工作。① 什么工作? 在第六小节的文本之始,马克思开篇就先挑明,写作这一部分是要"对黑格尔辩证法,特别是《现象学》和《逻辑学》中的有关叙述",以及"最近的批判运动同黑格尔的关系作一些说明"。② 从后来完成的文本写作来看,这里马克思实际上要说明三个问题:一是青年黑格尔派在对待黑格尔辩证法上的错误,二是费尔巴哈哲学的批判性成果,三是如何批判性地理解黑格尔的辩证法。我发现,第三个问题是马克思此时想着重解决的,他说,"**表面上看来是形式的**问题,而实际上是**本质的**问题"。我们先来看前两个问题。

马克思认为,施特劳斯③和鲍威尔这一类的青年黑格尔派哲学家,虽然也在批判"旧世界的内容",实际上却"完全拘泥于所批判的材料,以致

---

① 参见《马克思恩格斯全集》第42卷,人民出版社1979年版,第46页。
② 参见《马克思恩格斯全集》第42卷,人民出版社1979年版,第156页。
③ 施特劳斯(David Friedrich Strauss,1808—1874),德国哲学家,青年黑格尔派成员。毕业于德国杜宾根大学,早年受黑格尔和神学家施莱尔马赫影响较深。1840年,施特劳斯曾被任命为苏黎世大学教授,但他因故未到职。此后他放弃神学研究20年之久,从事文学评论和传记写作,晚年又重新恢复神学研究。1866年后,施特劳斯成为民族自由党人。代表著作有《耶稣传》(1835)等。

对批判的方法采取完全非批判的态度"。① 青年黑格尔派批判的"旧世界",主要是指向宗教神学以及这幅圣景背后的封建专制。可是,他们却陷在自己所批判的颠倒的世界中,尤其是他们虽然摘取了黑格尔哲学中的"自我意识"环节(以此暗喻德国资产阶级呼唤的抽象个人主体)作为理论的出发点,但在方法上从来没有超过黑格尔。马克思认为,鲍威尔等人在其"批判"论著中,至多是换了一种方式"逐字逐句重述黑格尔的观点"②。可悲的是,"这种唯心主义甚至丝毫没有暗示现在已经到了同自己的母亲即黑格尔辩证法批判地划清界限的时候"③。我并不认为马克思这里对青年黑格尔派的"批判"所作的评论仅仅是一种狭义的证伪,其实他是想说明一个革命性的方法论问题,即鲍威尔等人在批判一个对象的时候,同时无意识地跌入对象自身所设的逻辑陷阱里。这是由于他们采用的批判方法来源于对象本身,所以诚然也否定和批判黑格尔,但实质上却正是以黑格尔的思辨哲学所依存的"旧世界"为前提的。如果联系到上文关于第一笔记本第三种话语的研究,我们立即会察觉到此处马克思批判性方法论的革命意义正在于某种特殊的**方法出局**和**逻辑溢出**,即从根本上跳出批判对象的视域,这正是马克思自认为比同时代的理论家高出一筹之处。在这本书的批判逻辑上,恰恰只有跳出"国民经济学"(特别是在方法上)的深井,从而摆脱井底之蛙般的视野局限,才能发现资产阶级经济学家的经济学"事实"的虚假性,也才能真正剥离外在的现象以批判其本质。通过这种喻意很深的界说,马克思才在这里明确说明了自己所要肯定的哲学批判方法。

接下来,马克思进一步指出自己在批判方法逻辑上的过渡性环节,这就是费尔巴哈。马克思之所以根本不提蒲鲁东、赫斯和青年恩格斯,主要是因为他认为在哲学批判逻辑的尺度上,他们根本没有任何**原创性**。在当时的马克思看来,"**费尔巴哈**是唯一对黑格尔辩证法采取**严肃**

---

① 参见《马克思恩格斯全集》第42卷,人民出版社1979年版,第156页。
② 《马克思恩格斯全集》第42卷,人民出版社1979年版,第156页。
③ 《马克思恩格斯全集》第42卷,人民出版社1979年版,第157页。

的、批判的态度的人;只有他在这个领域内作出了真正的发现,总之他真正克服了旧哲学"①。根据马克思的指认,费尔巴哈是在他"收入《轶文集》的《纲要》中,也更详细地在《未来哲学》中从根本上推翻了旧的辩证法和哲学"②。依据我们上面的思路,费尔巴哈正是由于从根本上跳出了黑格尔的逻辑(方法)的框架,对黑格尔的思维模式进行突围,以唯物主义打倒了唯心主义,以感性的人的现实生活取代了抽象的神(绝对观念),这样他才获得了一种全新的现实世界和理论视域!

马克思认为,费尔巴哈的"伟大功绩"在于:

"(1) 证明了哲学不过是变成思想的并且经过思考加以阐述的宗教,不过是人的本质的异化的另一种形式和存在方式;从而,哲学同样应当受到谴责"③。这里的哲学是指黑格尔的哲学,如上所述,黑格尔哲学中的那个绝对观念实际上是基督教神学中的无所不能的上帝,所以,这种唯心主义不过是另一种更加精致的宗教,用费尔巴哈的异化话语来表述,它就是上帝这一人的本质之异化的另一种哲学理论存在方式。

"(2) 创立了**真正的唯物主义**(*wahren Materialismus*)和**现实的科学**,因为费尔巴哈使'人与人之间的'社会关系(das gesellschaftliche Verhältniβ)成了理论的基本原则"④。这是马克思在此文中唯一一次使用 das gesellschaftliche Verhältniβ 一词。费尔巴哈打倒黑格尔的唯心主义亚神学,必然走向唯物主义和人。面对这种唯物主义的两个逻辑支点——自然唯物主义与人本主义,相比较而言,马克思更看重后者的批判性张力。所以,他关注的是费尔巴哈扬弃异化之后对人与人真正的社会关系的确认。从上面的讨论中我们已经得知,马克思这里所说的"社

---

① 《马克思恩格斯全集》第 42 卷,人民出版社 1979 年版,第 157—158 页。
② 《马克思恩格斯全集》第 42 卷,人民出版社 1979 年版,第 157 页。
③ 《马克思恩格斯全集》第 42 卷,人民出版社 1979 年版,第 158 页。
④ 《马克思恩格斯全集》第 42 卷,人民出版社 1979 年版,第 158 页。参见 Karl Marx, *Ökonomisch-philosophische Manuskripte*, *Marx-Engels-Gesamtausgabe*(MEGA2), I/2, Text, Berlin: Dietz Verlag, 1982, S. 276。——本书作者第三版注。

会"等于一种非自然的"类",即区别于费尔巴哈将人以自然存在为基础相互联结起来的那个"无声的类"。马克思这里所强调的,实际上是一种在自然的类之上的人与人联结起来的社会的"类"。可是此时他并没有意识到,这种"类"本身仍然是抽象的。

"(3)他把基于自身并且积极地以自身为基础的肯定的东西同自称是绝对的肯定的东西的那个否定的否定(Negation der Negation)对立起来。"①费尔巴哈的"第三个功绩"是较难理解的。因为黑格尔是从绝对的和不变的抽象本质出发(这也就是过去基督神学的那个绝对本质的理论变形),并且是通过绝对观念(实体)的异化和扬弃(否定之否定)而达到肯定。而费尔巴哈则将黑格尔颠倒过来,直接从感性确定的东西(肯定)出发,"扬弃了无限的东西,设定了现实的、感性的、实在的、有限的、特殊的东西(哲学,宗教和神学的扬弃)"②。同样需要加以说明的是,马克思这时所肯定的费尔巴哈的那种直接的、现实的、感性的东西实际上是有缺陷的。因为,马克思此时面对的资产阶级社会经济现实(关系)是不能通过**感性的东西**直接把握的,并且它还是以颠倒的形式表现出来的。就像我们在第一章中所讨论的那样,从这一点出发,黑格尔的颠倒的绝对抽象,正好是对应于市民社会的颠倒的现实抽象的。对此,马克思也同样不可能意识到。

我以为,固然马克思此时已经表示对费尔巴哈要采取"批判态度",但他并没有意识到费尔巴哈哲学正确的唯物主义立场背后的人本主义逻辑内在的**非历史性**的根本错误,由此他也不可能察觉到黑格尔唯心主义错误背后的历史辩证法的深刻性。在后来的《德意志意识形态》一书中,马克思这样评论黑格尔:"如果人们要像黑格尔那样第一次为全部历史和现代世界创造一个全面的结构,那末没有广泛的实证知识,没有对经验历史的探究(哪怕是一些片断的探究),没有巨大的精力和远见,是

---

①②《马克思恩格斯全集》第42卷,人民出版社1979年版,第158页。

不可能的。"①更重要的是,马克思在这里还没有将费尔巴哈的一般唯物主义与政治经济学中的社会唯物主义逻辑加以界划并联结起来。如果将这时对青年黑格尔派的批判与1845年以后的《德意志意识形态》一书中马克思对同一主题的论说进行比较,我们会发现它们之间存在重大的异质性。前者的批判焦点是一般的哲学唯心主义,所依据的是费尔巴哈,所思考的重点是要求界划唯物主义**哲学家与黑格尔的理论界限**;后者的批判焦点则是历史唯心主义,却主要批判费尔巴哈,其重点旨在说明所有**哲学家与客观经济生活的现实关系**。

2. 两种现象学:黑格尔辩证法的解蔽与遮蔽

马克思在批判了青年黑格尔派对黑格尔的虚假否定之后,就开始自己直面黑格尔。这是他继《黑格尔法哲学批判》以后第二次对黑格尔的总体批判。从表面上看,马克思所关注的主要线索是黑格尔的辩证法,然而实际上却是在说明如何改造黑格尔的批判方法,即反经验常识的理念**现象学**"这一在黑格尔那里还是非批判的运动所具有的**批判形式**"②。其实,正如我们前面已经分析和界定的那样,现象学本身就是一种很深的异化批判逻辑。我发现,马克思在这里是在**用费尔巴哈的唯物主义人学现象学进一步深化黑格尔的精神现象学。**

显然,马克思已经清楚地了解费尔巴哈与黑格尔这两种批判哲学本质的不同。费尔巴哈试图从宗教神学的彼岸世界(否定之否定)回到现实的此岸世界(直接的肯定),这也是从抽象的东西回到具体的感性实体(直观中的自然和实体的人)的过程。费尔巴哈的逻辑布展是从感性直观的现实世界出发的,他的批判逻辑是从人的颠倒的虚假本质(上帝)回到人的真实本质(类关系)。这是将黑格尔颠倒的观念现象学逻辑重新颠倒过来的人学现象学。而黑格尔的批判则宣布现有世界的虚假性,感

---

① 《马克思恩格斯全集》第3卷,人民出版社1960年版,第190页。
② 《马克思恩格斯全集》第42卷,人民出版社1979年版,第159页。

性确定性的直接肯定被否定地指认为虚假现象,这样,他由观念本质出发,再重新回到现实的抽象的具体——否定之否定倒成了"真正的和唯一的肯定的东西"。马克思认为,黑格尔是将这种观念本质的超越性本身,

> 看成一切存在(alles Seins)的唯一真正的活动和自我实现的活动(Selbstbetätigungsakt),所以他只是为那种历史的运动找到**抽象的、逻辑的、思辨的**表达,这种历史还不是作为既定的主体的人的**现实的**历史(*wirkliche* Geschichte),而只是人的**产生的活动**、人的**发生的历史**(*Entstehungsgeschichte* des Menschen)。①

显然马克思要肯定费尔巴哈的实体的人的生活,而否定黑格尔的那种离开现实的人的被颠倒了的抽象历史活动。这是马克思对两种批判现象学的立场抉择。

如果我们仅仅在传统哲学解释框架的研究视域中来进行观察和评判,那么就会很自然地看到唯物主义者费尔巴哈与唯心主义者黑格尔之间的对峙,可是一旦进入马克思当时面对的资产阶级社会的经济现实,情况就会发生重大逆转:因为费尔巴哈的人学现象学批判的自然(直观)唯物主义视域,实际上是无法透视资产阶级社会生活中那种特有的经济关系的颠倒性事物化本质的。停留在人的感性现实和物质实体中的思考,最终恰恰不能摆脱资产阶级经济拜物教的意识形态的钳制。所以,在现实中,费尔巴哈的哲学革命恰恰是**非批判的**。而黑格尔的颠倒的精神现象学逻辑固然是唯心主义的,却是资产阶级社会颠倒的现实关系的本质写照。与费尔巴哈相比,黑格尔倒是真正**批判**(当然是错误地唯心主义地)资产阶级社会经济现实的。关于这一点,马克思是在十多年以后的《1857—1858年经济学手稿》的狭义历史唯物主义中才发现的。这是一个十分复杂的理论问题,其间的理论逻辑矛盾和转换峰回路转、犬

---

① 《马克思恩格斯全集》第42卷,人民出版社1979年版,第159页。

牙交错,并非如我们传统哲学研究构架所假想的那样简单。

接着,马克思开始对黑格尔的辩证法进行一种全面的清理。这种批判绝不是基于马克思主义"唯物辩证法"的改造,而是从费尔巴哈的一般唯物主义特别是人本主义逻辑投射出的理论证伪。与马克思第一次从《法哲学原理》入手批判黑格尔不同,这一次是围绕着"黑格尔哲学的真正诞生地和秘密开始"处——《精神现象学》而展开的。与第一次批判黑格尔的唯心主义哲学基础不同,这一次反思的焦点是黑格尔的批判方法。马克思先是简要提炼了《精神现象学》一书的纲目,从感性确定性的否定,经自我意识确定性的非独立认证到理性确定性的最后阶段——绝对知识,然后点明绝对知识——这个去除了一切现象之现实规定的**"纯粹的思辨的思想"**——构成了黑格尔《哲学全书》第一部分《逻辑学》的起点。马克思十分清醒地认识且十分精辟地分析道,在黑格尔的体系中,

> **逻辑学**是精神的**货币**(Geld des Geistes),是人和自然界的思辨的**思想的价值**——人和自然界的同一切现实的规定性(wirkliche Bestimmtheit)毫不相干的、因而是非现实的本质,——是**外化的**因而从自然界和现实的人抽象出来的**思维**,即**抽象**思维。①

这种抽象本质的外化和异化就是现实自然界和人类社会。最后,通过人的思维的本质抽象(还不是自身的人类学、现象学、心理学、伦理学、艺术和宗教),这个观念的"货币"穿透感性现实的一切物质存在,"回到自己的诞生地"——绝对精神。"它的现实存在就是**抽象**"②。如果我们结合第一章中黑格尔对斯密、李嘉图所说的资产阶级社会经济关系本质的抽象的认同来想,马克思这里所复述的黑格尔的观点当然是十分深刻的。

但这时马克思立刻说,黑格尔有双重错误。

一是黑格尔本人的思想正是异化的人的抽象形象,可是他却将自己

---

① 《马克思恩格斯全集》第42卷,人民出版社1979年版,第160页。
② 《马克思恩格斯全集》第42卷,人民出版社1979年版,第161页。

的观念作为这个异化了的世界的尺度。所以,当他正确地将财富、国家权力等看成是"同人的本质相异化的本质"时,仅仅是重新肯定其本真的思想形式即精神本质。这就意味着,黑格尔没有发现,现实中的异化实际上是人的本质的异化,而不仅仅是这种现实异化之反映的观念的异化。"因此,全部**外化历史**和外化的整个**复归**,不过是抽象的、绝对[XVII]的思维的**生产史**(*Produktionsgeschichte*),即逻辑的思辨的思维的**生产史**",黑格尔将现实的异化仅仅看作是观念异化的外观和公开形式①。这是不可宽恕的唯心主义。

二是黑格尔没有意识到,他的观念异化之复归的真实本质是"要求把对象世界归还给人"②。显而易见,这是费尔巴哈人本主义的伦理逻辑话语,而不是科学的历史唯物主义!以马克思此时的见解,黑格尔所否定的感性(确定性)意识并不是某种**人之外**的抽象观念的感性意识,而只能是**人**的感性意识。比如,"自然界的**人性**和历史所创造的自然界——人的产品——的人性",绝不是抽象精神的产物,宗教、财富这一类东西也不是观念的异化,而只能是"**人**的对象的异化的现实,是客体化的**人**的本质力量的异化的现实",所以,"宗教、财富等等不过是通向真正**人**的现实的**道路**",而不是通向绝对观念消失的扬弃环节。③ 当然,马克思同时一针见血地指出,黑格尔现象学实际上已经内含着革命性的批判因素。

《现象学》(*Phänomenologie*)是一种隐蔽的、自身还不清楚的、被神秘化的批判;但是,由于《现象学》紧紧抓住人的**异化**,——尽管人只是以精神的形式出现的——其中仍然隐蔽着批判的一切要素,而且这些要素往往已经以远远超过黑格尔观点的方式**准备好**和**加过工了**。关于"苦恼的意识"、"诚实的意识"、"高尚的意识和卑鄙的意识"的斗争等等、等等这些章节,包含着对宗教、国家、市民生活等整个整个领域的**批判**的要素,但还是通过异化的形式(entfremdeten Form)。④

---

① 参见《马克思恩格斯全集》第 42 卷,人民出版社 1979 年版,第 161 页。
②③④ 参见《马克思恩格斯全集》第 42 卷,人民出版社 1979 年版,第 162 页。

马克思正是以这种经过费尔巴哈人本主义逻辑改造过的黑格尔的辩证法为批判武器,来体认他此时所面对的资产阶级经济学。这也是此时他所能抵达的对黑格尔"辩证法"进行超越的高度。

所以,马克思会这样认同,"黑格尔的《**现象学**》及其最后——作为推动原则和创造原则的否定性的辩证法(Dialektik der Negativität)——的伟大之处首先在于,黑格尔把人的自我产生看作一个过程,把对象化(Vergegenständlichung)看作失去对象,看作外化和这种外化的扬弃;因而,他抓住了**劳动的**本质(Wesen der Arbeit),把对象性的人、现实的因而是真正的人理解为他**自己的劳动**的结果"①。在这里,马克思开始直接使用人本主义的话语来解蔽黑格尔的历史辩证法,但这并不是在关注辩证法的所谓"联系"和"发展"的一般特征,而恰恰是在强调辩证法的革命性和批判性,即**否定的辩证法**!马克思的解码结果如下:人与自身的类存在物所发生的现实的能动关系,只有通过人类本身的全部活动并且被作为历史的结果,才能使这种"**类的力量**"得以实现,但它又只能被当作对象,并"只有通过异化的形式才有可能"得以实现。具体地说,即马克思认为黑格尔已经看到人的本质是劳动这样一种现实的能动的活动关系。现实的人只有通过劳动走向自然的对象性(异化),才能真实地实现自己。我们还须指出,在马克思批判黑格尔哲学的进程中发生了一个重要的文本事件,即当马克思写到(第三笔记本第三个"补入"中的第六小节)第13页时,突然重新转向国民经济学,开始步入他题注为第七小节的经济哲学批判,其内容为对资产阶级社会经济条件下的需要之异化的研究。我以为,这是马克思对**黑格尔哲学的社会历史意义**的一种自觉确认的初步表现。

因此,马克思进而指出,由于"黑格尔站在现代国民经济学家的立场上。他把**劳动**看作人的**本质**,看作人的自我确证的本质;他只看到劳动

---

① 《马克思恩格斯全集》第42卷,人民出版社1979年版,第163页。

的积极的方面,而没有看到它的消极的方面"①。对于这一指认,过去的传统研究大多数是直接赞成的,即批评黑格尔同时肯定劳动的外化(积极方面)和异化(消极方面),而马克思是要肯定劳动的对象化却否定劳动异化。我认为,这还需要更深入的分析。马克思理解了黑格尔确证人的本质实际上是以资产阶级国民经济学为基础的,毋庸置疑,这一点是极为重要的。但由于马克思没有认识到劳动价值论的历史意义,所以他不可能理解黑格尔为什么会同时肯定外化和异化。因为,在以交换为基础的资产阶级社会经济存在中,生产本身的客观发生必然以"异化的"形式实现出来,这个所谓的"异化"用科学的话语来描述,就是由交换所导致的人与人关系被颠倒地表现为事物与事物的关系。从资产阶级社会的历史发生来考察这个"异化",它始终是与生产总体同时发生的,因此绝不可能只承认资产阶级社会的生产方式,却不要"异化"。在对这一点的理解上,费尔巴哈式的人本主义伦理批判的现象学固然正确,却并不深刻。马克思在1846年以后才重新认可黑格尔现象学的这种对异化必然性的肯定。可见,传统研究对这一点的理解是有弊端的。

3. 客观地扬弃异化:对黑格尔意识对象克服论的批判

马克思对黑格尔辩证法(现象学)的批判,后来主要集中在《精神现象学》最后一章"绝对知识"中的一个观点上:意识对象的克服。马克思在这部分中实际上是想凸现自己的人本主义逻辑,这无疑是对黑格尔所理解的主体与客体之间能动的辩证关系的一种**人本主义改写**。

马克思说,黑格尔《精神现象学》的这一章,主要是想说明意识是对象的本质,"**意识的对象**无非就是**自我意识**",外化是意识的异化,所以必须扬弃异化复归于自我本身。而在马克思此时的人本主义语境中,黑格尔的自我意识实际上是人、人的本质。这是被费尔巴哈所揭示的德国青年黑格尔派自我意识哲学逻辑的历史本质。这样,马克思自然会以一般

---

① 《马克思恩格斯全集》第42卷,人民出版社1979年版,第163页。

唯物主义的人本学的观点来颠倒式地阅读和理解黑格尔。比如他说：

> 人的本质的一切异化都**不过是自我意识的异化**。自我意识的异化没有被看作人的本质的**现实**异化(*wirklichen* Entfremdung)的**表现**，即在知识和思维中反映出来的这种异化的表现。相反地，**现实的**即真实地出现的异化，就其潜藏在**内部最深处的**——并且只有哲学才能揭示出来的——本质说来，不过是真正的、人的本质即**自我意识**的异化的**现象**。因此，掌握了这一点的科学就叫作**现象学**。①

根据马克思这里的观点，黑格尔的《精神现象学》应该改名为"人的本质异化的现象学"。我以为，马克思自己在手稿中也正是以这种批判的和革命的人学现象学，来面对资产阶级国民经济学和资产阶级社会现实异化的，也由此，他才能看到青年恩格斯和蒲鲁东所否定的那个现象（所谓的"经济事实"）背后的东西——劳动本质的异化。正是在这个意义上，我才提出人本主义社会现象学也就是马克思《1844年手稿》主导性思路的这种命名！**这是人本主义逻辑中的一种特殊的批判现象学和历史认识论。**

马克思将黑格尔在"绝对知识"第一自然段中所表述的"意识对象的克服"②概括为八个要点，并逐一进行了批判。

马克思把第一点和第二点放在一起进行讨论。第一点是"对象本身对意识说来是正在消逝的东西"，第二点是"自我意识的外化设定物性(*Dingheit*)"。以马克思此时的理解，第一点的意思是指"对象之返回到自我"③。第二点是马克思所讨论的重心所在。在这里，马克思对于自我意识的外化设定物性发表了一段很长的议论。

我想，在进入马克思的这种重要思考之前，我们还是应该先了解一下黑格尔在原文中的表述。在《精神现象学》一书中，对于这一论点，黑

---

① 《马克思恩格斯全集》第42卷，人民出版社1979年版，第165页。
② [德]黑格尔：《精神现象学》下卷，贺麟、王玖兴译，商务印书馆1979年版，第258—259页。
③ 《马克思恩格斯全集》第42卷，人民出版社1979年版，第166页。

格尔这样解释：

> **事物就是我**；在这个无限判断里事物事实上是被扬弃了；事物并不是自在的东西；事物只有在关系中，只有**通过**我以及它与我的**关系**，才有意义。——这个环节在纯粹的识见和启蒙思想中就已经出现在意识之前了，事物纯全是有用的，并且只可从它们的效用性去考察它们。①

我们知道，黑格尔的现象学实际上是颠倒过来的康德理性批判，这是经过费希特自我意识哲学的中介后扬弃为逻辑前提的理念批判结果。黑格尔在这里试图说明，对象是在与"我"（自我意识）的外化效用关系中被建构的，对象是非独立存在的，它只能存在于与自我意识的有用关系中。这是意识外化设定物性的直接意思。但是在黑格尔那里，自我意识的本质又是观念，"我"也不过是历史理性狡计的工具，自我意识必须穿透对象的物性，指认出对象的观念本质，最终复归于绝对理念。所以，在黑格尔看来，绝对精神是主体，"现实的人和现实的自然界不过成为这个隐秘的、非现实的人和这个非现实的自然界的宾词、象征。因此，主词和宾语之间的关系被绝对地相互颠倒了"②。

显然，马克思并不打算仔细分析黑格尔自我意识环节之后的观念本质论。他只是从青年黑格尔派的自我意识出发，先以费尔巴哈的唯物主义颠倒黑格尔所谓的自我意识与对象的思辨主宾关系，再用人本主义将自我意识还原为人，最后才回落到资产阶级社会现实中来。这是马克思此时经过多重中介后的论说语境。所以我们看到，马克思旨在**唯物主义地确证对象存在的客观性**，而人本身也是自然对象，这是人能够客观化地创造对象的基础。马克思的这一段讨论至关重要，他说：

> 当现实的、有形体的、站在稳固的地球上呼吸着一切自然力的

---

① ［德］黑格尔：《精神现象学》下卷，贺麟、王玖兴译，商务印书馆1979年版，第260页。
② 《马克思恩格斯全集》第42卷，人民出版社1979年版，第176页。

人通过自己的外化把自己现实的、对象性的**本质力量**（Wesenskräfte）**设定**为异己的对象时，这种**设定**并不是主体；它是**对象性的**本质力量的主体性，因而这些本质力量的活动也必须是**对象性的**（gegenständliche）活动。①

人设定对象不是因为主体（的主观性），而是因为主体本身首先是自然存在物，他才有可能将对象性的活动设定为对象。接下来是马克思的一段著名表述："彻底的自然主义或人道主义，既不同于唯心主义，也不同于唯物主义，同时又是把这二者结合起来的真理。我们同时也看到，只有自然主义能够理解世界历史的行动。"②唯心主义是指黑格尔观念的能动性活动，唯物主义是指英法唯物主义的经验原则，马克思在此肯定的是费尔巴哈的对象性的客观活动，而且是人的客观活动（劳动）。请一定注意的是，这个客观活动再往前走一步就是**实践**。但在这里还不是！二者虽隔咫尺，但仍远在天涯。因为这里的人的客观活动还是人本主义的非历史的逻辑规定。

马克思首先确定的是人的感性受动性，"人作为自然的、肉体的、感性的、对象性的存在物，和动植物一样，是**受动的**、受制约的和受限制的存在物"③。马克思将黑格尔的主客关系式唯物主义地颠倒回来了。黑格尔认为对象存在于与"我"的效用关系中，而马克思则认为，"我"的客观存在恰恰缘于自然对象的客观存在。"一个存在物如果在自身之外没有对象，就不是对象性的存在物。"④马克思认为黑格尔所说的那种本身不是对象又没有外在对象物的"唯一存在物"，只能是虚构之物。

其次，人又不仅仅是自然存在物，"而且是**人的**自然本质（Naturwesen），也就是说，是为自身而存在着的本质，因而是**类本质**（Gattungswesen）。他必须既在自己的存在（seinem Sein）中也在自己的

---

①②③《马克思恩格斯全集》第 42 卷，人民出版社 1979 年版，第 167 页。
④《马克思恩格斯全集》第 42 卷，人民出版社 1979 年版，第 168 页。

知识中确证并表现自身"①。这是人作为对象存在与一般自然存在的不同之处。人拥有由自己创生的活动,这就是人的历史。人的历史是"一种有意识地扬弃自身的产生活动",所以,"历史(Geschichte)是人的真正的自然史(wahre Naturgeschichte)"。②

这是马克思当时"费尔巴哈式"地颠倒黑格尔所能解蔽的东西。在这条逻辑中,黑格尔的辩证法构架倒变成了无法理解的虚构。然而实际上,如果黑格尔的自我意识不是简单地颠倒为自然的人,而是颠倒为一定历史条件下的物质实践活动,那么社会历史的实践主体,与人的实践相关的物性的重新"设定"与"消失"是完全可以理解的。当然,这是1845年春天以后马克思才思考的问题了。

最后一段是马克思关于黑格尔异化(外化)之扬弃问题的研究。它是第3—6点的主要内容(第7—8点在手稿中没有再专门论述)。这一段讨论也是非常重要的。它涉及马克思对扬弃异化的看法中的根本特点。如将其集中为一点,就是说异化不是一种观念的异化,观念的异化不过是现实异化的反映,所以异化的扬弃不能停留在观念的认识上,而必须是对现实的客观扬弃,这就是现实社会革命!

具体地说,在黑格尔那里,对象就是意识(主体)的外化和异化,从本质上看,对象必然被揭露为虚无的外观和现象——"障眼的云烟",扬弃异化也就是扬弃外化即复归意识主体。黑格尔"在抽象的范围内把劳动理解为人的**自我产生的**行动,把人对自身的关系理解为对异己本质的关系,把那作为异己存在物来表现自身的活动理解为生成着的**类意识和类生活**"③。黑格尔这里的唯心主义自然受到马克思的严厉批判。马克思一语破的:黑格尔的错误在于他用观念的东西冒充真实存在的对象世界,所以观念主体外化的异己存在实际上"也就是**在自己身边**",异化扬弃就表现为在对象中重新找到观念本质。所以马克思批评道:"在黑格

---

①② 参见《马克思恩格斯全集》第42卷,人民出版社1979年版,第169页。中译文有改动。
③《马克思恩格斯全集》第42卷,人民出版社1979年版,第175页。

尔那里,否定的否定不是通过否定假象本质来确证真正的本质,而是通过否定假象本质来确证假象本质,或者说,来确证自身异化的本质"①。以黑格尔的观点,一个认识到自己在法、政治等中过着外化生活的人,就是在这种外化生活中过着自己的真正的、人的生活。马克思认为,这将会使异化之扬弃成为一种虚假的扬弃。"黑格尔的**虚假的**实证主义即他那只是**徒有其表的**批判主义的根源就**在于此**"②。

当然,黑格尔的扬弃说还是蕴藏着一些积极的因素。黑格尔认为,"**扬弃**是**使**外化返回(*zurück*)**到自身**的、对象性的(gegenständliche)运动。"③如果将其转换成马克思这时的人本主义话语,就是"人通过消灭对象世界的**异化**的规定、通过在对象世界的异化存在中扬弃对象世界而现实地占有自己的对象性本质(das gegenständliche Wesen)"。因此,就如费尔巴哈的观点是"无神论作为神的扬弃就是理论的人道主义的生成,而共产主义作为私有财产的扬弃就是对真正人的生活这种人的不可剥夺的财产的要求,就是实践的人道主义(praktischen Humanismus)的生成一样"④。实践的人道主义就是在现实中真正扬弃的共产主义!

这就是马克思对自己此时批判资产阶级政治经济学所用的逻辑方法的直接确证。

---

① 《马克思恩格斯全集》第 42 卷,人民出版社 1979 年版,第 172 页。
② 《马克思恩格斯全集》第 42 卷,人民出版社 1979 年版,第 171 页。
③④ 《马克思恩格斯全集》第 42 卷,人民出版社 1979 年版,第 174 页。

第四章　马克思主义哲学革命前夜的实验性文本

在青年马克思以往对资产阶级社会的批判中,社会主义总是与政治经济学处于一种对峙状态中。这也是19世纪40年代德法社会主义运动的一个显著特点。随着青年马克思经济学研究的深入,在《1844年手稿》的后期,我们已经看到那种立足于经济现实的客观逻辑正蓬勃生长,与人本主义哲学话语相互交织,交相辉映,构成了青年马克思思想中一种十分独特的复调性语境。从此,马克思在实践上越迈向社会革命现实,在理论上越深入经济学,他的后一种客观视域就越得到拓展。由此,马克思真实地迎来第二次重大的思想转变:马克思主义科学方法论的创立。这一理论实践,也就构成了马克思实现马克思主义哲学革命前夜的实验性文本群。

第一节　社会主义与唯物主义的理论联盟

《神圣家族》(*Die heilige Familie, order Kritik der kritischen Kritik. Gegen Bruno Bauer & Consorten.* 1844)是我们这里将要面对的第一部马克思恩格斯合作并公开发表的理论论著。在《马克思历史辩证法的主体向度》一书中,我曾指认《神圣家族》是青年马克思思想逻辑冲突最明显的文本。其实,与《1844年手稿》相比,该书在理论逻辑上并没有重大的实质性突破,不过是将过去潜在的理论矛盾公开展现罢了。南斯拉夫哲学家弗兰尼茨基称,《神圣家族》一书标志着"马克思完全形成了历史唯物主义"。我不认为这种观点有多少文本根据。① 鉴于学术界过去对这本书的研究多是关注其中的哲学唯物主义和社会主义问题,我们在此就重点探讨经济学视域中马克思思想的理论进程,然后转换一种角度重新评介该文本中社会主义与哲学唯物主义联盟的真正内涵。

1. 政治经济学前提与方法的再批判

《神圣家族》的创作初衷是马克思恩格斯批判鲍威尔等人的"批判",因此哲学的认证构成此书的主要内容。而我们这里关注的经济学的内容只是作为马克思恩格斯讨论的前提而存在。仔细研读这部分文本,我们可以知晓马克思是在总结他第一阶段经济学研究的成果,其中不少论述虽然没有重大的理论进展,但许多有关经济学的思考和理论观点已经比《1844年手稿》更加准确和成熟了。

在《神圣家族》第四章第四节马克思撰写的内容中,我们首先看到了马克思对蒲鲁东的肯定性评价。在《1844年手稿》中,这只是讨论中时隐时现的支援背景之一。不过,值得我们注意的是,马克思明确指认,蒲鲁东的《什么是所有权》一书的理论构架,仍然是"从政治经济学的观点对**政治经济学**所做的批判"②。马克思的这个标注相当重要!因为这个标注所呈现的思路也是他自己在《巴黎笔记》中的《穆勒笔记》之前的那种无意识的"跟随"思路,以及在《1844年手稿》第一笔记本第一部分有意呈现出来的策略性逻辑思路,实际上,这也自然包括恩格斯的《国民经济学批判大纲》。如上所述,马克思此时已经确认只有站在"政治经济学的观

---

① 参见[南]弗兰尼茨基《马克思主义史》第1卷,李嘉恩等译,人民出版社1986年版,第119页。
② 《马克思恩格斯全集》第2卷,人民出版社1957年版,第38页。

点"之外,即从真正的人的哲学的观点出发才能彻底批判政治经济学。如同在《1844年手稿》(1-2)中所实现的逻辑跃迁那样,马克思甚至指出,恩格斯在《国民经济学批判大纲》中虽然也是以政治经济学的观点来批判政治经济学,但他已经将工资、商业、价值、价格、货币等视为私有制的"各种进一步的形式",然而蒲鲁东只是"用这些政治经济学的前提来反驳经济学家"。① 这是一种重要的区分。在接下来的五个"批判性的评注"(同时还有四个"赋有特征的翻译")中,我们可以看到马克思进一步的说明。

在"批判性的评注1"中,马克思像在《巴黎笔记》和《1844年手稿》中一样再一次指出:过去资产阶级"政治经济学的一切论断都以**私有制**为前提。这个基本前提被政治经济学当做确定不疑的事实,而不加以任何进一步的研究"②。

> 蒲鲁东则对政治经济学的基础即**私有制**做了批判的考察,而且是第一次带有决定性的、严峻而又科学的考察。这就是蒲鲁东在科学上所完成的巨大进步,这个进步使政治经济学革命化了,并且第一次使政治经济学有可能成为真正的科学。③

这无疑是一个很有分量的赞扬。列宁后来也注意到了这一肯定。当然,这里所谓"科学"的内涵只是同义于革命性。

很显然,此时马克思对政治经济学的具体看法还没发生重大的改变,因为他仍然抓住资产阶级政治经济学的理论表面那种所谓"合乎人性的和合理的关系(Verhältnis)"与自己私有制前提的内在矛盾。由此,民主德国学者图赫舍雷尔认为马克思此时还不可能正确地理解古典经济学的劳动价值论,以及这个理论对于社会主义重要的基础性意义。④

---

① 参见《马克思恩格斯全集》第2卷,人民出版社1957年版,第39页。
②《马克思恩格斯全集》第2卷,人民出版社1957年版,第38页。
③《马克思恩格斯全集》第2卷,人民出版社1957年版,第39页。
④ 参见[德]图赫舍雷尔《马克思经济理论的形成和发展》,马经青译,人民出版社1981年版,第179页。

这是正确的指认。当然,马克思有时也在捕捉政治经济学自身的理论"矛盾"。例如,价值看起来很合理,"它是由物品的生产费用和物品的社会效用来确定的。后来却发现,价值纯粹是偶然确定的,它无论和生产费用或者和社会效用都没有任何关系"①。前者分析的是斯密和萨伊的定义,后者分析的则是竞争中表现出来的价格。显然,此时马克思还无法正确地区分价值与使用价值、价值与价格。他这里试图证明资产阶级社会的"一切经济关系"都是自相矛盾的,所以资产阶级政治经济学家也只是不自觉地批评这些矛盾的个别形式,然而维护这种经济关系看起来"合乎人性的外观"。这让我们想起青年恩格斯在《国民经济学批判大纲》一书中的相近表述。马克思这时认为,政治经济学家仅仅是"从严格的经济意义上来把握这些关系的",而这又恰恰是"从这些关系同人性显然有**区别**的方面"。② 马克思这里所讲的人性,还是他自己从彻底的人类解放出发所设定的真正的人类本质! 它仍然是**与现实对立的理想化的价值悬设**。所以请读者注意,马克思这里批判资产阶级经济学的出发点是经济关系与理论逻辑(人性)的**价值矛盾**,同时他将这种矛盾视为共产主义的前提。而在1845年以后,马克思在历史唯物主义中所发现的是"资产阶级社会"生产关系与生产力发展本身的**客观矛盾**。这二者之间存在着重大的异质性区别。

接着,马克思再一次充分肯定了蒲鲁东的功绩。因为在政治经济学中,只有"**蒲鲁东**永远结束了这种不自觉的状态。他认真地对待经济关系的**合乎人性**的外观,并把它和经济关系的**违反人性的现实**尖锐地对立起来"③。我们一下子知晓了马克思上述理论与现实对立的源头。此时的马克思认为,与其他经济学家不同,蒲鲁东不是批评私有制的个别形式(如西斯蒙第批判资产阶级社会,却维护小私有者的利益),"而是把整个私有制十分透澈地描述为经济关系的伪造者。从政治经济学观点出

---

① 《马克思恩格斯全集》第2卷,人民出版社1957年版,第39页。
②③ 参见《马克思恩格斯全集》第2卷,人民出版社1957年版,第40页。

发对政治经济学进行批判时所能做的一切,他都已经做了"①。

可是,马克思自然会认为蒲鲁东对现实的批判是不够深刻的,因为他没有**从哲学层面上**更深刻地揭露"资产阶级社会(bürgerliche Gesellschaft)"经济关系的本质,即人类主体被全面异化的本质颠倒。在全书中,马克思和恩格斯一共 9 次使用 bürgerliche Gesellschaft 一语,其中 2 次使用 moderne bürgerliche Gesellschaft(现代资产阶级社会)。并且他还 28 次使用了来自法文的 Bourgeois。所以,马克思指出:

> 有产阶级(besitzende Klasse)和无产阶级同是人的自我异化(menschliche Selbstentfremdung)。但有产阶级在这种自我异化中感到自己是被满足的和被巩固的,它把这种异化看做**自身强大**的证明,并在这种异化中获得人的生存的**外观**。而无产阶级在这种异化中则感到自己是被毁灭的,并在其中看到自己的无力和非人的生存的现实(Wirklichkeit einer unmenschlichen Existenz)。②

besitzende Klasse 在德文中原是指"占有者"或者"所有者阶级",是马克思此处使用的一个与资产阶级相近的概念。这也是马克思在自己的主要文本中唯一一次使用该词。我们发现,人本学异化逻辑在这里仍然是主导性的制约构架,并且它被认为是超越一切资产阶级政治经济学甚至蒲鲁东的理论制高点。孙伯鍨先生认为,在《神圣家族》中,"马克思已经脱离了人本主义的异化史观,转而把物质生产即生产力看作人类社会进步的基础和原动力"③。这种判断是值得讨论的。我以为,只有认真对比后来《哲学的贫困》的语境,才能看清楚马克思这里对蒲鲁东思想中所存在的问题的评述。

在"批判性的评注 2"中,马克思是从劳动时间与生产费用的关系出

---

① 《马克思恩格斯全集》第 2 卷,人民出版社 1957 年版,第 40 页。
② 《马克思恩格斯全集》第 2 卷,人民出版社 1957 年版,第 44 页。
③ 孙伯鍨、姚顺良:《马克思主义哲学史》(黄楠森等主编,八卷本)第 2 卷,北京出版社 1991 年版,第 267 页。

发展开新一轮分析的。他先指出，在资产阶级经济学家那里，除去劳动时间，他们还将"土地所有者的地租以及资本家的利息和利润也算入生产费用"，而蒲鲁东由于否定了私有财产，所以地租、利息与利润都消失了，只存在劳动时间和预付费用，这样，"蒲鲁东既把劳动时间，即人类活动本身的直接定在，当做工资和规定产品价值的量度，因而就使人成了决定性的因素"。这恰恰反对了资产阶级政治经济学中将决定性的因素视为资本和地产的客体物的力量。马克思认为，蒲鲁东这样就以政治经济学的内部矛盾的形式"恢复了人的权利"。① 显而易见，马克思还是用人本主义哲学来解读经济学，特别是蒲鲁东的社会主义的。马克思指出，斯密在《国富论》的前几页也确定了，"在私有制确立**以前**，也就是在**不存在私有财产**的条件下，**劳动时间**曾经是**工资**以及与工资尚无区别的**劳动产品的价值**的量度"。马克思还说，"生产某个物品所必须**花费**的**劳动时间**属于这个物品的**生产费用**，某个物品的生产费用也就是它值多少，即它能卖多少钱"②。这似乎是在肯定斯密的劳动价值论。后来列宁在读到文本的这一段落时曾经指认，这表明"马克思**接近**劳动价值论了"③。这是对的。可是，这种接近是从人本主义主体性哲学逻辑出发对劳动价值论的接近。不过无论怎样，这种接近都是有意义的。这正是后来马克思在历史唯物主义的客观视角中肯定劳动价值论的先导性因素。不过，这时马克思的肯定总是有很大保留的。因为，在他看来，以政治经济学的观点对政治经济学所进行的批判，承认人类活动的一切本质规定，但只是在异化、外化的形式中来承认。例如，在这里他把时间对**人的劳动**的意义变为时间对**工资**、对雇佣劳动的意义。

可是，如果不是从政治经济学的立场去批判政治经济学，不是站在资产阶级观点的范围内去批判资产阶级社会，那么应该从何处出发呢？从马克思当时的语境来看，当然只能从哲学出发。一种**以社会主义为指**

---

①② 参见《马克思恩格斯全集》第2卷，人民出版社1957年版，第61页。
③《列宁全集》第55卷，中共中央马克思恩格斯列宁斯大林著作编译局译（全集的译者均为此，下文将省略——笔者注），人民出版社1990年版，第13页。

向的关心人的唯物主义的哲学。这样,批判黑格尔那种非人的思辨唯心主义就变成重要的理论逻辑中介。

2. 青年马克思对黑格尔的第三次批判

在《神圣家族》一书中,马克思先后多次专门批判性地分析黑格尔思辨哲学的秘密。首先,他在第五章第二节批判施里加的虚假思辨方法中揭示了黑格尔方法的特征,即思辨结构总的特征。

最先,马克思从认识论的角度出发,通过重新界说现实存在的苹果、梨、草莓和扁桃与"果实"这个一般概念的真实关系,进而唯物主义地否定黑格尔本体化认识论的唯心主义实质。如前所述,在《精神现象学》中,黑格尔批判性地指认人们日常生活中所面对的感性意谓出发点的虚假性,因为感性存在实际上是由自我意识以理念建构成的,这也就是说,在生活里我们常常看到的是现实的苹果、梨、草莓和扁桃之间的具体差别,而黑格尔则告诉我们更重要的是这些具体存在对象之间的"共同的东西",即它们都是果实。因为果实是在去除非本质的具体感性差别后得到的所有具体果实的本质,在黑格尔的总体逻辑中,本质不是直观的感性存在,而一种理性抽象的观念。"这个抽象观念就是存在于我身外的一种本质,而且是梨、苹果等等的**真正的**本质",这样,果实就是苹果、梨和扁桃等的"实体"。[①] 所以,观念也就是感性存在真正的本体基础。黑格尔认为,这个本质的抽象才是本真的出发点,即从分有的感性具体向抽象回归。更进一步说,由于"'一般果实'并不是僵死的、无差别的、静止的本质,而是活生生的、自相区别的、能动的本质"[②],所以,苹果、梨、草莓和扁桃不过是"果实"的自我差别。

这些差别使各种特殊的果实正好成为"一般果实"生活过程中的千差万别的环节。这样,"**果实**"就不再是无内容、无差别的统一

---

① 参见《马克思恩格斯全集》第 2 卷,人民出版社 1957 年版,第 71—72 页。
② 《马克思恩格斯全集》第 2 卷,人民出版社 1957 年版,第 73 页。

体,而是作为**总和**、作为各种果实的"**总体**"的统一体,这些果实构成一个"被有机地划分为各个环节的系列"。①

于是,真实存在的苹果、梨、草莓和扁桃就成了抽象"果实"生出和实现自身的具体"定在"。这种逻辑演变又是**从抽象到具体的**。显然,这是必须批判的黑格尔哲学的唯心主义的颠倒逻辑。

马克思说,分明是我们从现实的具体的苹果、梨、草莓和扁桃中得出"果实"这个抽象的一般概念,然而在黑格尔那里,果实"作为它们的本质的并不是它们那种可以感触得到的实际的定在(Dasein),而是我从它们中抽象出来又硬给它们塞进去的本质"②。苹果等真实存在的水果则成了"果实"的"简单存在形式,是它的样态"。"它们不是从物质的土地中,而是从我们脑子的以太中生长出来的,它们是'一般果实'的化身,是**绝对主体**的化身"③。马克思说,黑格尔是"把自己从苹果的观念**推移**到梨的观念这种他**本人**的活动,说成'一般果实'这个绝对主体的**自我活动**"。这也就是说,黑格尔唯心主义地将"利用感性直观和表象从一实物推移到另一实物时所经历的过程,说成想象的理智本质本身即绝对主体本身所完成的过程"④。套用黑格尔自己的话,那就是"把**实体**了解为**主体**,了解为**内部的过程**,了解为**绝对的人格**"。马克思以为,"这种了解方法就是**黑格尔**方法的基本特征。"⑤

对于这里马克思对黑格尔的批判,过去的研究大多是完全肯定性地接受的。在此,我也有一些不太相同的评述。第一,马克思这里的批判是正确的,却是以一般唯物主义为前提的,批判没有超出费尔巴哈的水平;第二,马克思由于跟随批判对象(施里加),仅仅说明了直观唯物主义所正确解决的自然对象与观念的一般关系,**这与他所面对的社会生活实**

---

① 《马克思恩格斯全集》第2卷,人民出版社1957年版,第73页。
② 《马克思恩格斯全集》第2卷,人民出版社1957年版,第72页。
③ 《马克思恩格斯全集》第2卷,人民出版社1957年版,第74页。
④ 《马克思恩格斯全集》第2卷,人民出版社1957年版,第75—76页。
⑤ 《马克思恩格斯全集》第2卷,人民出版社1957年版,第75页。

际上存在着巨大的不可比性。因为人们在面对客观存在的自然物质对象时,只有通过认识和区别各种具体的对象的差别,特别是通过找到事物之间的统一性,才能确定事物的种类。这种本质性的类属首先是客观存在于事物之中的共性。从传统本体论的角度看,如果没有事物的类属与具体差别性的客观存在,就不可能出现人对自然对象的意识;而从认识论的意义上看,如果没有我们对事物具体种差的经验直观认识,也就不可能先验地获得经验背后的理性观念(事物类属的反映)。黑格尔颠倒了这种正常的现实关系和认知关系,他错误地将人的认识进程本体化为世界的客观进程,错误地将人类的主观认知结构硬化为世界的本质和规律(逻辑)。关于这一点,费尔巴哈与马克思的批判都是正确的。可是,黑格尔的哲学"反动"中有两个理论质点被忽视了:一是主体能动的自我活动;二是具体的"定在"为本质的真实实现。前者是说明主体的能动活动在逻辑建构中的作用,后者是说一般抽象本质和规律的真实实现只能是一定的具体存在。这是在确证从感性具体到抽象(本质),从抽象再到具体(有差别的统一的具体本质)的逻辑演进过程。**物质如何和在什么程度上被意识?**这是被直观的旧唯物主义理论所遮蔽的东西,而这一点对于后来马克思的科学世界观而言却是极其重要的。这种理论遮蔽在一般唯物主义面对自然对象时似乎显得无关紧要,可是一旦步入社会历史,情况就会变得错综复杂起来。

更重要的是马克思对黑格尔历史观的批判。在《神圣家族》第六章第三节 D 目中,马克思解析了黑格尔哲学体系中的三个因素:一是斯宾诺莎的实体,这实际上是"形而上学地改了装的、**脱离人的自然**"(被施特劳斯抓住);二是费希特的自我意识,这又是"形而上学地改了装的、**脱离自然的精神**"(为鲍威尔持有);三是改装过的上述二者的统一——"**即现实的人和现实的人类**"。[①] 捷克学者泽勒尼说,马克思将黑格尔哲学视为斯宾诺莎和费希特的统一的观点过于简单化了,这是因为马克思不了解

[①] 参见《马克思恩格斯全集》第 2 卷,人民出版社 1957 年版,第 177 页。

青年黑格尔(耶拿时期)与谢林的区别的缘故。① 青年黑格尔派(当然包括1842年以前的马克思自己)无论是擒拿住前两者中的哪一个环节,都还无法对黑格尔哲学的围城进行突围,总在城墙内不停地绕圈打转。此时的马克思认为,只有唯物主义者费尔巴哈"才是从**黑格尔的观点**出发而结束和批判了**黑格尔**的哲学。费尔巴哈把形而上学的**绝对精神**归结为'**以自然为基础的现实的人**'",从而真正完成了对黑格尔唯心主义的证伪。② 我以为,马克思的这一分析含有很深的语义,可谓意味深长,它实际上是将黑格尔从现实历史中的人类主体和人的理性上升为绝对一般(形而上学)的东西重新**回落于**社会历史。相对于费尔巴哈过多地着眼于自然对象,马克思则更注重被唯物主义颠倒过来的关注社会与人的哲学历史观,虽然在总体逻辑构架上他依然处于人本主义异化史观的统摄之下。

这样,在马克思看来,黑格尔哲学历史观的前提自然也是唯心主义的,因为在黑格尔那里,历史的主体是"**抽象的或绝对的精神**"。然而,与上述自然对象相比,不过是抽象观念本质的具体定在不同,黑格尔在《精神现象学》中还试图证明,"**自我意识是唯一的、无所不包的实在**","人及其人类世界的任何感性、现实性、个性"都不过是"**普遍自我意识的有限性**"的存在形式。③ 于是,"人类的历史就变成了**抽象的东西**的历史(Geschichte des abstrakten),因而对现实的人说来,也就是变成了人类的**彼岸精神**的历史"④。人类,不过是绝对精神实现其自身目的的工具;社会历史,不过是绝对观念自我实现的过程。这样,"在黑格尔的历史哲学中,和他的自然哲学中一样,也是儿子生出母亲,精神产生自然界,基督教产生非基督教,结果产生起源"⑤。马克思的分析是十分深

---

① 参见[捷]泽勒尼《马克思的逻辑》,牛津,1980年,第182—183页。
② 参见《马克思恩格斯全集》第2卷,人民出版社1957年版,第177页。
③ 参见《马克思恩格斯全集》第2卷,人民出版社1957年版,第245页。
④ 《马克思恩格斯全集》第2卷,人民出版社1957年版,第108页。
⑤ 《马克思恩格斯全集》第2卷,人民出版社1957年版,第214页。

刻的。

可是,这种历史观的颠倒又是如何发生的呢?马克思分析道,"黑格尔在'现象学'中用**自我意识**来代替人,因此**最纷繁复杂**的人类现实在这里只是**自我意识的特定的形式**"①。进而,"黑格尔把人变成**自我意识的人**,而不是把自我意识变成**人的自我意识**,变成现实的人即生活在现实的对象性世界(wirklichen, gegenständlichen Welt)中并受这一世界制约的人的**自我意识**。黑格尔把世界**头足倒置起来**,因此,他也就能够在**头脑**中消灭一切界限"②。这个界限当然主要是指现实社会历史中客观存在的各种感性物质条件。马克思说,当黑格尔在头脑中消灭了这些界限的时候,"对于**现实的人**来说,这当然丝毫不妨碍这些界限仍然继续存在"③。并且,在黑格尔那里,人类意识异化"所具有的**物质的、感觉的、实物的基础被置之不理**",异化的扬弃只是意识内部的精神事务。马克思一针见血地指出:

> 当我只是扬弃了这个世界的想象存在,即它作为范畴或观点的定在(Dasein)的时候,也就是当我改变了我自己的主观意识而没有用真正对象性的方式(gegenständliche Weise)改变对象性的现实,即并没有改变我自己的**对象性**现实(*gegenständliche* Wirklichkeit)和别人的对象性现实的时候,这个世界居然还像往昔一样继续存在。④

马克思对黑格尔唯心史观的这一重要批判同样值得我们分析体味。首先,这个批判的大前提是费尔巴哈式的唯物主义颠倒,所以马克思力图说明,现实的人、社会生活中的感性与对象物是不以意识为转移而客观存在的,这是正确的。其次,费尔巴哈哲学的局限性在此也表现得十

---

① 《马克思恩格斯全集》第 2 卷,人民出版社 1957 年版,第 244 页。
②③ 《马克思恩格斯全集》第 2 卷,人民出版社 1957 年版,第 245 页。
④ 《马克思恩格斯全集》第 2 卷,人民出版社 1957 年版,第 245 页。此处中译文原来将 Dasein 译作"存在",我改译为"定在";gegenständliche Wirklichkeit 译作"实物的现实",我均改译为"对象性现实"。——本书作者第三版注。

分明显,即**将社会存在定位在一般感性和对象性存在上**。这正是后来《关于费尔巴哈的提纲》第一条的批判对象。再次,马克思开始超越费尔巴哈,这体现在他试图"用对象性的方式改变对象性的现实"。这种超越肯定不是费尔巴哈的唯物主义能够包容的。从更深一层来看,客观地改变现实只能是**物质生产以及一定经济变革之上的社会政治革命**。毋庸置疑,这是一个十分重要而难能可贵的发端。我以为,这种思想进步不是来源于费尔巴哈,而恰恰来源于马克思和恩格斯在哲学讨论中不谈论的**政治经济学**。但是此时,马克思自己倒未必自觉意识到这一点。

3. 社会主义与哲学唯物主义结合的重新审视

当然,在《神圣家族》中,马克思也有他自觉意识到的东西,那就是他反对和批判唯心主义的方式不像费尔巴哈那样,只是为了从异化的意识(宗教和思辨)回到同样异化的实物现实。从更深一层来看,此时马克思也已经不仅仅是为了改变普鲁士的封建土地所有制,建立英法式的资产阶级社会的民主主义革命目标。马克思和恩格斯已经**自觉而明确地将唯物主义的思想革命与社会主义现实革命结合在一起**。我们过去的研究当然也认识到这一点,可是马克思究竟将**什么**唯物主义与社会主义结合起来?这种结合应该如何科学地评价?这就需要我们进一步追问了。

直接地看,由于批判对象的导引,出现于马克思理论视域中的思考起点是法国大革命与法国唯物主义哲学(启蒙运动)的关系。在他看来,法国唯物主义的理论发展("批判的历史")与法国资产阶级革命("世俗的群众的历史")结合在一起了。马克思这样认为:

> 18世纪的法国启蒙运动,特别是**法国唯物主义**,不仅是反对现存政治制度的斗争,同时是反对现存宗教和神学的斗争,而且还是**反对17世纪的形而上学**和反对**一切形而上学**,特别是反对**笛卡尔、**

马勒伯朗士、斯宾诺莎和**莱布尼茨**的形而上学的**公开而鲜明**的斗争。①

马克思这里使用了"形而上学"一词,很显然,它既不是传统亚里士多德意义上的"物理学之后"的哲学,也不是黑格尔意义上的非辩证方法,而是特指马克思当时并不赞成的理性主义哲学传统。所以,这一"形而上学"可以从笛卡尔②一直延续至黑格尔("思辨形而上学")。反对形而上学,在法国是法国唯物主义,在德国则是费尔巴哈。如果说,"**费尔巴哈**在**理论**方面体现了和**人道主义**相吻合的**唯物主义**,而法国和英国的**社会主义**和**共产主义**则在**实践**方面体现了这种唯物主义"③。马克思试图明确地完成一个理论过渡,即从法国唯物主义哲学与资产阶级革命的关联过渡到唯物主义哲学与社会主义和共产主义的关联。这正是他的理论目的。

这样看来,弄清楚什么样性质的唯物主义与社会主义真正发生联系,就成了另一个需要探究的问题。马克思当时认为,法国的唯物主义有两个派别,一派起源于笛卡尔,另一派起源于洛克。"**笛卡尔**的唯物主义成为**真正的自然科学**的财产,而法国唯物主义的另一派则直接成为**社会主义**和**共产主义**的财产。"④这是一个很有意思的区分。马克思将起源于笛卡尔(也是"形而上学")的法国唯物主义称之为"机械唯物主义",并认为这个流派主要是法国自然科学的"财产",它的代表人物有拉美特利⑤和卡巴尼斯。很显然,马克思这里的"机械唯物主义"判断显然是不够准确的。法国唯物主义的另一派,马克思没有对它命名,但这个流派被直接看作是英国经验论唯物主义的法国传人。马克思认识到,英国唯

---

① 《马克思恩格斯全集》第 2 卷,人民出版社 1957 年版,第 159 页。
② 笛卡尔(Rene Descartes,1596—1650),法国著名哲学家、科学家和数学家。代表作有:《方法论》(1637)、《形而上学的沉思》(1641)、《哲学原理》(1644)等。
③ 《马克思恩格斯全集》第 2 卷,人民出版社 1957 年版,第 160 页。
④ 《马克思恩格斯全集》第 2 卷,人民出版社 1957 年版,第 166 页。
⑤ 拉美特利(Julien Offroy De La Mettrie,1709—1751),法国启蒙思想家、哲学家。

物主义是与现代实验科学同步发生的。在创始人培根那里,"科学是**实验的科学**,科学就在于用**理性方法**去整理感性材料。归纳、分析、比较、观察和实验是理性方法的主要条件"。那时候,这种唯物主义"还在朴素的形式下包含着全面发展的萌芽。物质带着诗意的感性光辉对人的全身心发出微笑"①。可是,后来在霍布斯那里,唯物主义开始"变得片面了"。虽然唯物主义被系统化了,但"感性失去了它鲜明的色彩而变成了**几何学家**的抽象的感性。**物理**运动成为**机械运动**或**数学运动**的牺牲品;**几何学**被宣布为主要的科学。唯物主义变得**敌视人了**"②。至此,我们终于可以知晓,马克思这时厘定哲学史的尺度仍然是人本主义,即后来他自己所讲的"对费尔巴哈的迷信"。③

洛克是第二种法国唯物主义(到现在我们还不知道是什么唯物主义!)的直接基础。孔狄亚克是洛克的学生。他的意义体现为**社会生活中**的唯物主义,用马克思的说法即是"人的全部发展都取决于**教育**和**外部环境**"④。同时,另一位法国唯物主义哲学家"爱尔维修也随即把他的唯物主义运用到社会生活方面"。请注意,将唯物主义**运用到**社会生活方面,并不是马克思的独创。彻底地说,马克思恩格斯将辩证唯物主义推广到社会历史领域,从而创建了唯物主义历史观这种说法是根本不成立的。马克思的**历史唯物主义**不等于作为部门哲学出现的狭义的唯物主义**历史观**。在他那里,"感性的印象和自私的欲望、享乐和正确理解的个人利益,是整个道德的基础。人类智力的天然平等、理性的进步和工业的进步的一致、人的天性的善良和教育的万能"是其主要主张。⑤ 我发现,马克思这里所讲的法国第二种唯物主义,实际上由两个因素构成:一是不同于自然科学的唯物主义,主要是**有关社会生活**的唯物主义;二是

---

① 《马克思恩格斯全集》第2卷,人民出版社1957年版,第163页。
② 《马克思恩格斯全集》第2卷,人民出版社1957年版,第164页。
③ 《马克思恩格斯全集》第31卷,人民出版社1972年版,第293页。
④ 《马克思恩格斯全集》第2卷,人民出版社1957年版,第165页。
⑤ 参见《马克思恩格斯全集》第2卷,人民出版社1957年版,第165—166页。

从人出发的"**有血有肉**"**的唯物主义**。马克思认为,正是法国这种特殊的**人学的**唯物主义,这种

> 关于人性本善和人们智力平等,关于经验、习惯、教育的万能,关于外部环境(äußern Umgebung)对人的影响,关于工业(Industrie)的重大意义,关于享乐的合理性等等的唯物主义学说,同共产主义和社会主义之间有着必然的关联(notwendigen Zusammenhang)。①

这就是马克思的真实理论目的:**人学的唯物主义与社会主义的联盟**。

接着,马克思用五个"既然"阐述了这种唯物主义与社会主义、共产主义之间的具体联系:一是既然人是从感性世界及其经验中获取一切知识,那么人就应该以**合乎人性的尺度**来"安排周围的世界",从而让人"能认识到自己是人"。所以,资产阶级社会如果是反人的,它就应该被打倒。二是既然正确理解的利益是整个道德的基础,那么个人利益**应该符合全人类的利益**。所以,私有制是非法的。三是既然从唯物主义的意义上看,人是不自由的,所以重要的是要造就"使每个人都有必要的社会活动场所来显露他的重要的生命力",而不是仅仅存在让资本主宰的活动场所。四是"既然人的性格是由环境造成的,那就必须使环境成为合乎人性的环境"。这就必须改变一切**不合乎人性**的环境!五是既然人天生是社会的动物,那人就只有在社会中才能发展自己的真正天性。这样,整个社会的力量才是衡量人的天性的准绳。② 一言以蔽之,从这种唯物主义出发,就应该以人性为出发点,而现实资产阶级社会正是违背人性的,所以社会主义和共产主义就是要以人性为准绳,改变这个反人的现实。认真地说,马克思这里的论证主要还是一种**逻辑推论**。当然,将唯物主义理解为改变现实的要求,这是马克思的独创,而不是法国唯物主

---

① 《马克思恩格斯全集》第 2 卷,人民出版社 1957 年版,第 166 页。此处中译文原来将 Zusammenhang 译作"联系",我改译为"关联"。——本书作者第三版注。
② 《马克思恩格斯全集》第 2 卷,人民出版社 1957 年版,第 167 页。

义原有的思想。如果能剔除其中的人本主义逻辑引导，它必然会生长出新型的实践唯物主义。当然这是后话。

同时，也正由此，马克思认为，法国社会主义者傅立叶是直接从这种法国唯物主义出发的，巴贝夫也是从这里启程的。而英国的边沁是根据爱尔维修的道德学建立了他的"**正确理解的利益**的体系"，欧文则从边沁出发去认证英国的共产主义。① 在当时的马克思看来，"比较有科学根据的法国共产主义者**德萨米、盖伊**等人，像欧文一样，也把**唯物主义**学说当作**现实的人道主义**学说和**共产主义的逻辑**基础加以发展"②。

讨论到这里，我们不得不打住，先来认真剖析一下马克思这里的理论论证。当拉宾说，马克思这里的关于哲学史的分析"还是不完整的、片断性的"时，他是正确的。③ 我以为，马克思在这里还无法**科学地区分不同种类的唯物主义**。他的这种以人本主义逻辑尺度界划的唯物主义派别实际上是存在问题的。以我之见，在马克思此时的理论运作中，实际上在不同层面不同意识地存在着两种唯物主义。第一种是我们前面多次专门指认的存在于政治经济学中的**社会**唯物主义，当然它没有在这一段哲学讨论中出现。甚至马克思在讨论霍布斯和洛克时，并没有意识到英国唯物主义与政治经济学的关系。虽然他在提到狄德罗时也涉及重农学派。我们在马克思前面的经济学讨论中实际上看到了这种唯物主义倾向的隐现。下面我们还将说明马克思在不讨论哲学问题时所表现出来的一种新的唯物主义倾向。第二种是**自然**唯物主义，其中又可分为肇始于培根的经验论的唯物主义和发端于笛卡尔的理性唯物主义。我注意到马克思这里的分析正好是颠倒的。因为其实人本主义的唯物主义并不是在经验论唯物主义的基础上形成的。法国的有人学倾向的唯物主义与费尔巴哈的人本主义都不是建立在经验的基础之上，恰恰相

---

① 参见《马克思恩格斯全集》第 2 卷，人民出版社 1957 年版，第 167 页。
② 《马克思恩格斯全集》第 2 卷，人民出版社 1957 年版，第 167—168 页。
③ 参见[苏]纳尔斯基等《十九世纪的马克思主义哲学》上册，金顺福、贾泽林等译，中国社会科学出版社 1984 年版，第 177 页。

反，他们的思想都是天赋人权之人类理性主义的逻辑演绎。因为，经验论在现实社会存在中只能是面对资产阶级社会的感性现实，而当时已经出现的一种理论联结线索是：英国经验论的唯物主义——资产阶级古典经济学中英国经济学的社会主义。但是，这条重要的理论线索直至后来的关于《布鲁塞尔笔记》和《曼彻斯特笔记》的写作时才呈现在马克思的视域之中。

当然还要补充一点，从深层理论本质来看，这两种唯物主义无一例外地都是唯心史观。然而这种深层理论本质，只有当马克思在1845年创立科学的历史唯物主义之后，才可能被真正揭示出来。

4. 马克思思想中逐步强化起来的新唯物主义倾向

我们已经了解到，马克思在哲学话语中，实际上是自觉主张将法国"人学"的唯物主义与社会生活现实结合起来，将费尔巴哈的人本学唯物主义与社会主义革命结合起来。我发现，在这种努力中，马克思已经在将唯物主义哲学向前推进了，而这种进步恰恰不是源自哲学，而是在经济学中获取了动力。在这一点上，图赫舍雷尔的观点有一定道理："马克思越是接近历史唯物主义，从而对政治经济学的研究越是深入"①。但这句话颠倒过来也可成立，即**马克思越是深入研究政治经济学，他也就越是接近历史唯物主义**。

在前面讨论政治经济学问题的"批判性的评注2"中，马克思已经注意到，"私有制在自己的国民经济运动（nationalökonomischen Bewegung）中自己把自己推向灭亡，但是它只有通过不以它为转移的、不自觉的、同它的意志相违背的、为事物的本性（Natur der Sache）所制约的发展"，才能做到这一点。② 这是经济现实的**客观逻辑**。更重要的

---

① ［德］图赫舍雷尔：《马克思经济理论的形成和发展》，马经青译，人民出版社1981年版，第192页。
② 参见《马克思恩格斯全集》第2卷，人民出版社1957年版，第44页。此处原中译文将Natur der Sache译作"客观事物的本性"，我改译为"事物的本性"。——本书作者第三版注。

是,马克思一针见血地指出,无产阶级的解放不能仅仅表现为对资产阶级社会现实的理论批判和伦理反抗,"如果它不消灭它本身的生活条件,它就不能解放自己,如果它不消灭集中表现在它本身处境中的现代社会的一切违反人性的生活条件,它就不能消灭它本身的生活条件"①。在稍后的第五个"批判性的评注"中,马克思还提出:"财产、资本、金钱、雇佣劳动(Lohnarbeit)以及诸如此类的东西远不是想象中的幻影,而是劳动者自我异化(Selbstentfremdung)的十分实际、十分具体的产物,因此也必须用实践的、对象性的方式(praktische, gegenständliche Weise)来消灭它们"②。马克思在本文中4次使用雇佣劳动(Lohnarbeit)的概念,在《1844年手稿》中,马克思曾经引述舒尔茨的《生产运动》文本中已有的这一概念。③ 马克思在此文中,20次使用 entfremd(异化)一词,但他没有使用 entfremdete Arbeit(异化劳动)一语,也没有再使用 entäusserte(外化)。与前面马克思那种分析政治经济学中理论与现实的对立和人的类本质的自我异化的逻辑演绎不同,在这里,我们看到马克思所强调的是**在客观经济运动的现实发展中**私有制消亡的**必然性**,而这种必然性的实现只能**通过客观地变革社会的生活条件**!这种重要的思想不是任何旧唯物主义哲学所能包容得下的,我以为,它恰恰是马克思思想中正在生长起来,逐渐变得鲜活而明晰的一种新的唯物主义思路!它的理论基础正是经济学。如果说,在《1844年手稿》中,与人本主义批判逻辑比肩并行的仅仅是一种从现实出发的客观分析思路,那么这里的思路则直接显现了**着眼于现实社会物质变革**的新型唯物主义逻辑,虽然它还没有完全从人本主义哲学总体逻辑中分离出来。

紧接着,马克思还写下一句极为重要的话,他说,无产阶级"不是

---

① 《马克思恩格斯全集》第2卷,人民出版社1957年版,第45页。
② 《马克思恩格斯全集》第2卷,人民出版社1957年版,第66页。此处原中译文将 praktische, gegenständliche 译作"实际的"和"具体的",我改译为"实践的"和"对象性的"。——本书作者第三版注。
③ 《马克思恩格斯全集》第42卷,人民出版社1979年版,第71页。

白白地经受了**劳动**那种严酷的但是能把人锻炼成钢铁的教育的"。在这里,马克思使用的是标注重点号的"劳动",而没有使用"异化劳动"这个概念。以后我们还将看到,在几个月之后的《评李斯特》文本中,马克思在使"**劳动**"一词时既加了重点号又加了双引号。这是人本主义哲学逻辑消解的先导,而其中的话语转换发生自是另有一番天地。

在"批判性的评注 3"中,虽然马克思称赞蒲鲁东的论著是"法国无产阶级的科学宣言",因为他想"消灭人对自己的**实物本质**的实际异化关系、想消灭人的自我异化的**政治经济**表现",但是,由于"他对政治经济学的批判还受着政治经济学的前提的支配,因此,蒲鲁东仍以政治经济学的**占有**形式来表现实物世界的重新争得"。① 套用马克思在《1844年手稿》第三笔记第三"补入"中对德法社会主义的批判话语,那就是"让所有人都成为资本家"。马克思这时还没有意识到蒲鲁东的小资产阶级立场以及他整个世界观方法论的错误本质。这一点是在他自己创立了历史唯物主义和历史辩证法之后,才完成了在政治立场和科学方法论上对蒲鲁东的科学批判(《哲学的贫困》),以及在创立了马克思主义的政治经济学之后,才真正克服了蒲鲁东的经济学错误(《1857—1858年经济学手稿》)。虽然如此,马克思还是写下如下一段令人兴奋不已的话:蒲鲁东的"**平等**占有"是政治经济学的观念(不是本质批判的哲学观念),所以它还是这样一种事实的异化表现:

> **对象**是**为人的存在**(Gegenstand als Sein für den Menschen),是**人的对象性存在**(gegenständliches Sein),同时也就是**人为他人的定在**(Dasein des Menschen für den andern Menschen),是他**对他人的人的联系**(menschliche Beziehung zum andern Menschen),是**人对人的社会行为**(gesellschaftliche Verhalten)。蒲鲁东**在**政治经

---

① 参见《马克思恩格斯全集》第 2 卷,人民出版社 1957 年版,第 52 页。

济的异化**范围内**来克服政治经济的异化。①

这一段话,曾经被列宁认为是马克思走向自己的体系,即接近"生产的社会关系这个思想"的表现。② 我们已经知道,青年马克思在《穆勒笔记》中已经提出人的真正的社会关系,但在《1844年手稿》第三笔记本中,马克思又专门界说了一种本真的社会存在。这些都是列宁在世时没有看到的手稿,那么这些新的文本的出现是否会影响列宁的这个判断呢?结论是否定的。为什么会这样?我们来对此进行分析。第一,马克思这里所说的对象,并不是自然物质,而是人类劳动生产的结果,这是**"为人的存在"**(对康德的"为我之物"和黑格尔"第二自然"的改造)的意思;第二,这种为人的存在又是通过对象性的形式实现的,具体地说就是人之外的商品(货币),而这本身就是人的异化存在;第三,商品(货币)生产首先不是为自己所需要,而是以交换为目的,因而又是**"人为他人的定在"**;第四,也是最重要的一点,马克思实际上意识到这种为他人的对象性存在之本质就是**关系**:"他对他人的人的**联系**,是人对人的社会行为"。我认为,马克思这里所说的社会关系已经不再是《穆勒笔记》和《1844年手稿》中那种人的**本真**的类本质,而是现实的人与人之间的客观经济关系。虽然此处马克思还是在否定的意义上指证这种"异化了的"、表现为实物的社会关系,但这才是科学的**生产关系**范畴萌发成长的土壤。所以,列宁对此的判断仍然是正确的。

在《神圣家族》全书对"批判"的具体批判和分析中,我们时常能看到上述这种新唯物主义的身影。在第六章中,马克思说:"'**思想**'一旦离开了'**利益**',就一定会使自己出丑"③。这里决定思想的"利益"显然已经不

---

① 《马克思恩格斯全集》第2卷,人民出版社1957年版,第52页。中译文有较大改动,原译文将Gegenstand、gegenständliches译成"实物",我改译为"对象"和"对象性";被译成"关系"的Beziehung应为"联系",而同样被译作"关系"的Verhalten应该为"行为"。——本书作者第三版注。
② 《列宁全集》第55卷,人民出版社1990年版,第13页。
③ 《马克思恩格斯全集》第2卷,人民出版社1957年版,第103页。

是一般的抽象物质或感性物质实体,而是人类的社会生活条件。马克思以 1789 年革命为例,说明资产阶级如何将自己的利益与"全**人类**的利益混淆起来",并且取得了压倒一切的胜利。"这种**利益**是如此强大有力,以至顺利地征服了马拉的笔、恐怖党的断头台、拿破仑的剑,以及教会的十字架和波旁王朝的纯血统"。无产阶级直至后来才发现,这种全人类的"思想"实质仅仅是资产阶级的利益,因为"他们获得解放的现实条件和资产阶级借以解放自身和社会的那些条件是根本不同的"。① 说穿了,这些条件首先是经济利益,然后是政治权利!所以,无产阶级必须有自己的"思想"武装。马克思指出,无产阶级"要想站起来,仅仅**在思想中**站起来,而**现实的、感性的**、用任何观念都不能解脱的那种枷锁依然套在**现实的、感性的**头上,那是不行的"②。重要的不是一般性地反对思想,改变思想,而是要改变产生这种思想的现实社会条件。很显然,这里的理论关系式已经不再是自然物质决定意识,而是**人的社会生存条件制约思想**。这种关系式的性质,实际上已经属于社会存在决定意识的社会唯物主义观念。

针对鲍威尔片面地认为黑格尔是以普遍的国家秩序来联合社会中的"单个的利己主义原子(Atom)"的论点,马克思反驳道,市民社会中的个人不是处在虚空中的原子,而是处于现实关系中的人类个体存在。在市民社会中,

> 他的每一种本质活动和特征,他的每一种生活本能都会成为一种**需要**,成为一种把他的**私欲**变为对他身外的其他事物和其他人的癖好的**需要**。因为一个人的需要,对于另一个拥有满足这种需要的资料的利己主义者来说,并没有什么明显的意义,就是说,同这种需要的满足并没有直接的联系,所以每一个人都必须建立这种关联(diesen Zusammenhang),这样就相互成为他人的需要和这种需要

---

①② 参见《马克思恩格斯全集》第 2 卷,人民出版社 1957 年版,第 105 页。

的对象之间的皮条客。①

这一段关于需要的讨论,很容易让人想起不久前马克思在《1844年手稿》中的观点。马克思进一步指认,"他们之间的**真实的**联结(*reales Band*)②**不是政治**生活,而是**市民**生活"。市民生活,在这里显然就是指经济生活。所以,"正是**自然的必然性**(*Naturnotwendigkeit*)、**人的特性**(不管它们表现为怎样的异化形式)、**利益**把市民社会的成员彼此连接起来(zusammenhalten)。"③实际上,马克思已经在说明人与人之间的经济(利益)关系。于是,马克思再一次指出,绝不是政治和国家决定市民社会,而恰恰是"市民社会巩固国家"④。而且,也是在这种理论基础上,我们看到了马克思另一种全新的"社会"概念。马克思正是在直面现实中确定了一个"现代资产阶级社会(moderne bürgerliche Gesellschaft)","即工业的、笼罩着普遍竞争(allgemeinen Konkurrenz)的、以自由追求私人利益为目的的、无政府的、塞满了自我异化(selbst entfremdeten)的自然的和精神的个性的社会"⑤。请读者注意,这不再是《1844年手稿》中那种抽象的本质的类存在,也不再是一个本真的非利己主义的社会规定,而是**客观存在的现实社会**!这个理论质点是马克思思想逻辑中的重要进步,也正基于此,列宁认为马克思尖锐而明确地指出并强调了自己全部世界观的基本原则。

更重要的是,马克思的思想已经开始溢出一切旧唯物主义的"窠臼"——他直接谈到了**客观的实践**(*Praxis*)。马克思和恩格斯在此书中共20次使用Praxis及其相关词。马克思提出:"思想根本**不能实现什么东西**,为了实现思想,就要有使用实践力量的人。"⑥在他看来,社会主义

---

① 《马克思恩格斯全集》第2卷,人民出版社1957年版,第154页。此处原中译文将Zusammenhang译作"联系",我改译为"关联"。——本书作者第三版注。
② 此处原中译文将reales Band译作"现实的联系",我改译为"真实的联结"。——本书作者第三版注。
③④ 《马克思恩格斯全集》第2卷,人民出版社1957年版,第154页。
⑤ 《马克思恩格斯全集》第2卷,人民出版社1957年版,第156页。
⑥ 《马克思恩格斯全集》第2卷,人民出版社1957年版,第152页。

批判

> 不是什么在人类之外的、抽象的、彼岸的人格,它是那些作为社会积极成员的**个人**所进行的**现实的人类活动**(*wirkliche menschliche Tätigkeit*),这些个人也是人,同样有痛苦,有感情,有思想,有行动。因此,他们的批判同时也贯穿着实践,他们的共产主义是这样一种社会主义,在这里面他们提出了明显的实际措施,这里面不仅体现着他们的思维,并且更主要的是体现着他们的实践活动(praktische)。①

显而易见,马克思在这里已规定了与主观思维相对峙的客观实践活动——现实的社会革命。马克思和恩格斯在全书中共 49 次使用 praktisch 及其相关词。

在讨论犹太精神的历史发展时,马克思再一次明确说明了这种发展只能在"**工商业的实践**"中才能看到,它的存在只能用现实的犹太人的"市民社会的实际基础来解释"。同时,彻底消除这种精神是一个实践的任务,即"消灭现代生活实践中的非人性的任务,这种非人性的最高表现就是**货币制度**"②。在批判鲍威尔等人的那种从理念原则出发的虚假的历史观念时,马克思质问道:

> 难道批判的批判以为,只要它**从历史运动中排除掉人对自然界的理论行为和实践行为**(das theoretische und praktische Verhalten),排除掉自然科学和工业(Naturwissenschaft und die Industrie),它就能达到即使是才**开始**的对历史的现实认识吗?难道批判的批判以为,它不去认识(比如说)某一历史时期的工业和生活本身的直接的生产方式(Produktionsweise),它就能真正地认识

---

① 《马克思恩格斯全集》第 2 卷,人民出版社 1957 年版,第 195 页。此处原中译文将 wirkliche 译作"真正的",我改译为"现实的"。——本书作者第三版注
② 《马克思恩格斯全集》第 2 卷,人民出版社 1957 年版,第 141 页。

这个历史时期吗?①

马克思甚至已经明确提出,**历史的发源地是**"**物质**生产(*grob-materielle* Produktion)"。② 这是马克思在此文中唯一一次使用 materielle Produktion 一词。从工业来规定实践,从物质生产来分析历史,从**一定的生产方式**来认识历史时期,这显然已经是一种全新的哲学话语。在不久前的《1844年手稿》中,马克思还是在不经意的状态下使用"生产方式"一词的③,而在这里,生产方式已经在成为一个重要的表述概念。这里的"工业"、"物质生产"和"生产方式"都不是传统的哲学范畴,而无一例外地属于经济学的范畴。这些重要的思想,与马克思在同一本书中所呈现的那种人学的唯物主义是根本异质的。这是一种在同一文本中所存有的公开的逻辑对立与冲突!这预示着,消解旧的理论范式的科学思想革命的号角即将吹响!

第二节　无策略:人本主义逻辑的亚意图颠覆

新近发现的马克思《评弗里德里希·李斯特的著作〈政治经济学的国民体系〉》(以下简称《评李斯特》)是一个非常重要的理论文本。我认为,马克思正是在对李斯特经济学正面的有意图的政治攻击中,萌发并形成了一种无意识的然而却是重要的哲学逻辑解构。这就是在1843年下半年《德法年鉴》中得以产生,在《穆勒笔记》和《1844年手稿》中得以建模,甚至一直到《神圣家族》中还居统摄地位的人本主义劳动异化史观逻辑构架的真实崩溃。当然,从这时马克思的文本语境看,这种解构不是处于显性意图中的理论逻辑策略,而是客观经济事实强制下的无意识结果。由此,关于《评李斯特》的解读实际上填补了从《神圣家族》到《关于

---

① 《马克思恩格斯全集》第2卷,人民出版社1957年版,第191页。中译文有改动,被译作"关系"的 Verhalten 应该为"行为"。——本书作者第三版注。
② 参见《马克思恩格斯全集》第2卷,人民出版社1957年版,第191页。
③ 参见《马克思恩格斯全集》第42卷,人民出版社1979年版,第132、134页。

费尔巴哈的提纲》,即马克思思想的第二次重大转变在递进逻辑上的一个重大理论缺环。

1.《布鲁塞尔笔记》A 的前期摘录与研究

1845 年 1 月 25 日,马克思被巴黎当局驱逐。2 月 1 日,马克思从巴黎迁往比利时的布鲁塞尔,也是在这一天,即马克思在离开巴黎的同时,他签订了一个出版合同。在这一合同中,马克思将向达姆斯塔德的出版商卡尔·威廉·列斯凯交付一部两卷本的《政治与政治经济学批判》书稿,并且每卷都在二十印张以上。所以,马克思在到达布鲁塞尔之后再一次全身心投入政治经济学的研究中,开始了他 1845—1849 年的第二次经济学的系统研究。这一次经济学理论的深入探索同时伴随着马克思整个思想的第二次重大转变,即科学世界观和科学社会主义的创立。

在布鲁塞尔,马克思于 2 月先写下了一批摘录笔记,共两册。为了文本解读的便利,我们设定这一文本群为**《布鲁塞尔笔记》**A,也可称为前期摘录笔记。5—7 月,马克思写下了第二批摘录笔记,共四册,即**《布鲁塞尔笔记》**B。也可称为后期摘录笔记。实际上,我们这里所说的《布鲁塞尔笔记》只是特指马克思在撰写《德意志意识形态》以前,准确地说,在 1845 年 7 月以前在布鲁塞尔所写下的经济学笔记。因为马克思于 1845 年 9 月至 1849 年在布鲁塞尔还曾写下其他一些经济学笔记。[1] 在这一点上,汤在新先生说《布鲁塞尔笔记》只有两册,显然是弄错了。[2] 由于马克思的这一笔记没有编号,所以给研究带来较大的困难。MEGA1 曾在第 6 卷简要介绍了这一部分笔记的内容[3],以《马克思的布鲁塞尔—曼彻斯特—布鲁塞尔笔记本摘要》为题,简要介绍了马克思的 12 个笔记本,

---

[1] 参见 MEGA2 第四部分,第 6 卷,柏林:狄茨出版社,1983 年。
[2] 参见汤在新《马克思经济学手稿研究》,武汉大学出版社 1993 年版,第 3—4 页。
[3] MEGA1 第一部分,第 6 卷,卷末第 597—618 页。

其中分为《布鲁塞尔笔记》前五册（加上前面误认为《巴黎笔记》的两册，共七册），《曼彻斯特笔记》三册（因为这三册有马克思本人的直接标注），另有四册被指认为1845年9月以后的布鲁塞尔笔记。在MEGA2中，这四册和新发现的两册共同被确认为九册本的《曼彻斯特笔记》。① 在这里，从本章研究的需要出发，我们先介绍《布鲁塞尔笔记》A的内容。对于《布鲁塞尔笔记》B，我们将在后面的《曼彻斯特笔记》讨论中作同体分析。

《布鲁塞尔笔记》A的文本情况②如下：

第一册，八开纸，共44页，马克思使用了20页，其余为空白。封面页是该笔记的内容提要。第一部分为萨伊的《民族与个人的富裕和贫困的主要根源》（巴黎，1818年）的摘录，共4页。第二部分为西斯蒙第的《政治经济学研究》第1卷（布鲁塞尔，1838年）的摘录，共13页。第三部分是德·尚博朗的《论贫困，古代与今天的状况》（巴黎，1842年）的摘录，仅1页。第四部分是维·巴格蒙特的《基督教的政治经济学，对法国和欧洲贫困性质和原因的考察及缓和与防御的对策》（巴黎，1842年）的摘录，也仅1页。

第二册，八开纸，共64页，仅有7页空白。封面有1页内容提要。这一笔记的前半部分属于《巴黎笔记》最后部分的《毕莱笔记》的后续内容，共13页（在这个意义上《巴黎笔记》准确说有七册半）。马克思在其后先做了西尼尔的《政治经济学基本原理（讲义）》（阿里瓦本编，巴黎，1838年）的摘录，共15页，然后是西斯蒙第的《政治经济学研究》第2卷的摘录，共28页。

---

① 参见 Karl Marx, *Manchester-Hefte*, *Marx-Engels-Gesamtausgabe*（MEGA2）, Ⅳ/4, Text, Berlin: Dietz Verlag, 1988; Karl Marx, *Manchester-Hefte*（6－9）, *Marx-Engels-Gesamtausgabe*（MEGA2）, Ⅳ/5, Text, Berlin: Walter de Gruyter GmbH, 2015. ——本书作者第四版修订注。

② 参见 MEGA2 第四部分，第3卷，由俄罗斯现代史文献收藏中心巴加图利亚主编，已经于1998年出版。Karl Marx, *Brüsseler Hefte*, *Marx-Engels-Gesamtausgabe*（MEGA2）, Ⅳ/3, Berlin: Akademie Verlag GmbH, 1998. ——本书作者第四版修订注。

我认为，马克思此时关于经济学的研究对他的哲学思想有较大的推进作用。这种推进作用首先直接呈现于他在3月写下的《评李斯特》一文中。

2. 李斯特与经济发展中的"德国特色"

关于青年马克思的哲学思想转变，阿尔都塞在60年代有一句很著名的话："黎明前黑暗的著作偏偏是离即将升起的太阳最远的著作"。在这里的语境中，"太阳"是指1845年的《关于费尔巴哈的提纲》，那个"黎明前的黑暗"，则是指当时在西方马克思主义和东欧新马克思主义人本学家们那里炙手可热的《1844年手稿》。阿尔都塞的研究，如果除去其结构主义方法的强制，其实可谓当时马克思文本研究中最精细、最具解释学意味的高点了。阿尔都塞的这种研究水平，在20世纪60年代末才为苏联学者巴加图利亚、民主德国学者图赫舍雷尔所达及，直到70年代才被联邦德国学者施密特和日本学者广松涉所超越。可是，出人意料的是，1971年，在马克思长女燕妮·龙格的孙子长期保存的马克思的遗稿中，人们发现了真正离"太阳升起"最近的文本，即马克思在1845年3月写下的《评弗里德里希·李斯特的著作〈政治经济学的国民体系〉》一文的手稿。这使"科学的"阿尔都塞的理论解读逻辑出现了很大的缺环。奇怪的是，这一文本问世以后，并没有得到国内外学界的认真关注，在一些苏联的和我们自己的权威马克思主义哲学史论著中，这个经济学文本只是被表面化地指认为是马克思"生产力"规定形成的准备。我已经指出这是一种误解。①

由于德国经济学家李斯特与我们在第一章所讨论的早期资产阶级政治经济学有很大的理论异质性，所以在开始正式解读马克思的《评李斯特》之前，我们有必要先交待一下处于马克思这一文本的批判语境中

---

① 参见拙著《马克思历史辩证法的主体向度》，南京大学出版社2002年第2版，第二章第一节第二目。——本书作者第二版注。

心的李斯特及其经济学思想的基本理论逻辑。

弗里德里希·李斯特①是德国近代著名经济学家,也是德国经济学所谓历史学派的代表人物之一。李斯特当时面对的德国,相对于已经比较发达的英法资产阶级社会来说,还是一个经济落后的封建农奴制国家。国家的政权仍然被掌握在容克地主手中,38个邦之间甚至邦内的省区之间都有各自的关税壁垒和地方税率,这严重地阻碍了商品流通和市场的形成,说到底,这对德国新兴的资产阶级社会的发展构成了较大的不利因素。在这时,李斯特以德国工业资本家的理论代表的身份登上了历史舞台,并且在两个不同的方面进行作战:一是要求取消德意志各邦之间的关税,以创造国内资产阶级社会商品经济发展的必要条件。为此,他于1819年在法兰克福倡导成立了德国工商业协会,1820年被选为国会代表后,进而提出司法、行政和税收等各方面的改革要求,也因此,他受到了德国容克贵族的迫害,不得不于1825—1832年流亡美国。二是李斯特同时反对英法经济学家所主张的虚假的世界性的自由贸易,这是因为面对发达的英法资产阶级社会,德国自然处于自由竞争中的劣势,所以他又主张对外实行国家关税保护主义,建立全德的关税同盟。由此,他也成了**贸易保护主义**学说的理论鼻祖。

在美国期间,李斯特积极参与1828年发生的美国自由贸易派与贸易保护主义者的论战,并为此写下了《美国政治经济学大纲》(由李斯特写给英格索尔的12封信构成)和《美国政治经济学大纲附录》两本小册子。1837年李斯特移居法国后,又写下《政治经济学的自然体系》一书。该书是他为法国政治与道德科学院所写的征文,没有获奖后则未

---

① 李斯特(Friedrich List,1789—1846),德国经济学家。李斯特于1789年出身于德国雷特林根一个较富裕的制革业主家庭,1817年曾任图宾根大学经济学和政治学教授。其主要论著有:《美国政治经济学大纲》(1827)、《政治经济学的自然体系》(1837)、《政治经济学的国民体系》(1841)等。

发表,一直到 1927 年才第一次公开问世。1841 年李斯特发表了他的主要论著《政治经济学的国民体系。第 1 卷。国际贸易,贸易政策和德国关税同盟》(它也是马克思这里批判的对象文本),立即在德国引起巨大反响,因为它似乎代表了德国年轻的资产阶级的根本利益,即既反对了国内的封建经济关系,又抵抗了外部老牌资产阶级社会势力的侵入。当时,这一文本甚至被视为指明了德国资产阶级社会的生存发展之路。所以,这一论著又理所当然地被视为德国资产阶级在经济领域的"宣言书"。

与过去我们经济学史学界的相关评价不同,我发现李斯特的经济学有着明显的值得肯定的独特之处:他站在不发达民族资产阶级的立场上,在以一种维护本国私有者利益的"国家经济学"来和古典经济学的所谓"世界主义经济学"相对抗中提出了一系列理论观点。李斯特可能是资产阶级经济学家中一位较早在肯定古典经济学的前提下,提出**经济发展的民族个性**问题的经济学家。与斯密、李嘉图等古典经济学家的所谓世界主义不同,他将政治经济学看成是一种研究**各个民族经济发展的特殊道路的科学**。政治经济学研究的最重要之处,被确认为必须着眼于不同国家和地区经济发展的不同阶段。这也是同期罗雪尔所代表的德国经济学历史学派的一个重要原则。罗雪尔等人在分析国民经济学发展的具体道路中提出了所谓"从合理性走向不合理性"的历史观点。我想,这可能是在分析社会历史发展理论中较早出现的"特色论"。李斯特的这一观点是不能被简单否定的。下面,我们将来分析一下李斯特的理论论证。

李斯特的观点主要体现在《政治经济学的自然体系》(*Das nationale System der Natur Ökonomie*)和《政治经济学的国民体系》(*Das nationale System der politischen Ökonomie*)两本书中。在他的理论分析中,李斯特将古典经济学的理论基础视为重视财富本身的"价值理论",因而,他提出要关注创造财富的力量的国家"生产力理论"。李斯特自己说,法国经济学家查·迪潘①第一个在《法国的生产力和商业力》一书中充分认识到生产力的重要性。② 李斯特曾形象地比喻,前者的老师是"消费者",后者的老师是"生产者",一个重视财富的结果,一个重视生产的能力。③ 相对而言,前者"对物质产品的重视远远超过使物质产品的生产成为可能的创造力的重视"④。并且,李斯特认为生产的"力量的确比财富更加重要",一个国家的生产力(Produktivkraft)是一种动力,"新的生产资源可以由此获得开发","生产力是树之本,可以由此产生财富的果实,因为结果子的树比果实本身价值更大"。⑤ 他甚至直接指出,"国家状况主要决定于**生产力**的总和(zugängliche Produktivkräfte)"⑥。我以为,李斯特的这些观点在社会历史理论中是极为重要的和有价值的。因为,**生产力的观点**实际上第一次真正摆脱了对社会基础的理解中那种**实体性**的看法,确定了社会基础的**功能性**的规定。**从结果形态上的财富到发生学意义上的生产之能力**,这是一个巨大的历史观进步。马克思的历史唯物主义的物质生产力的概念,明显受到李斯特这一观点的影响。同时,李斯特在此甚至看到了政治力量、生产力与财富之间的作用与反作用,注意到物质力量与精神力量之间是相互作用的关系。⑦ 当然,李斯特这里所说的生产力是物质与文化能力的总和,还是一个十分含糊的判断。为什么会这样?我们来看他自己的分析。

---

① 夏尔·迪潘(Pierre Charles François Dupin,1784—1873),法国数学家、工程师、经济学家、海军上校、议会成员、政治学家。毕业于巴黎工科大学,曾在巴黎工艺学院担任力学教授,并在海军工程部服役过。1814年被选为巴黎科学院院士。代表作为《法国的生产力和商业力》(*Forces productives et commerciales de la France*,1827)等。在这一论著中,迪潘已经明确提出生产力是指物质生产的不可见的非实体性的功能水平,其结构为不同行业的人力与机械力、体力与知识脑力复合而成,并且可以通过生产组织、技术、劳动力培养等方法促进其发展。迪潘关于生产力的观点直接影响到舒尔茨和李斯特。——本书作者第四版注。
② 参见[法]查·迪潘《法国的生产力和商业力》(两卷本),巴黎,1827年。
③ 参见[德]李斯特《政治经济学的自然体系》,杨春学译,商务印书馆1997年版,第32页。
④ [德]李斯特:《政治经济学的自然体系》,杨春学译,商务印书馆1997年版,第183页。
⑤ 参见[德]李斯特《政治经济学的国民体系》,陈万煦译,商务印书馆1961年版,第46—47页。
⑥ [德]李斯特:《政治经济学的国民体系》,陈万煦译,商务印书馆1961年版,第119页。
⑦ 参见[德]李斯特《政治经济学的国民体系》,陈万煦译,商务印书馆1961年版,第49—50页。

在李斯特眼里,工业生产力是最重要的。"工业是科学、文学、艺术、启蒙(Aufklärung)、自由、有益的制度、以及国力和独立之母。"①"一个国家的独立和强大取决于工业的独立和生产力的发展。"②这是一个正确的判断,但是与农业生产力不同,工业本身的发展从根本上又取决于科学技术的进步。据此他直接反对斯密的劳动价值论,因为他认为,"人的手脚"所发生的**体力劳动**不是一切财富的唯一源泉,更重要的是,"驱动这种劳动的力量之源"是科学与技能,并且主要是智能。③ 所以,他批评斯密"是从纯粹唯物主义的角度来解释生产力"④。而他主张,生产力主要在于个人的智力和社会条件,所以英国的社会生产力的发展"在很大程度上也是由于它在科学上、技术上的胜利"⑤。客观地说,他已经接近于提出科学技术是生产力的观点。⑥ 同时,他不同意一些经济学家将物质财富的生产仅仅归于**个人的**生产,因为"一切个人的生产力,在很大程度上是取决于国家的社会环境与政治环境的"⑦。这里,他注意到社会与个人力量及社会条件之间的交互作用,实际上也是对生产力的社会定位。李斯特还区别于斯密等人过多地看到分工带来的好处,他有针对性地提出生产发展"不单单是由于'划分',主要还是由于'**联合**'",即人们在生产中的"**共同劳动与协作(die Kooperation)**"⑧。这种联合本身就是生产力。我们可以认为,这也是赫斯—马克思的类似论点的理论源发处之一。

由此,从生产力的**发展水平**出发,李斯特才批评了从魁奈开始并由斯密和萨伊所坚持的普遍自由贸易观点的虚假性,因为每一个国家的生

---

① [德]李斯特:《政治经济学的自然体系》,杨春学译,商务印书馆1997年版,第66页。
② [德]李斯特:《政治经济学的自然体系》,杨春学译,商务印书馆1997年版,第222页。
③ 参见[德]李斯特《政治经济学的自然体系》,杨春学译,商务印书馆1997年版,第185—187页。
④ [德]李斯特:《政治经济学的自然体系》,杨春学译,商务印书馆1997年版,第193页。
⑤ [德]李斯特:《政治经济学的国民体系》,陈万煦译,商务印书馆1961年版,第49页。
⑥ 参见[德]李斯特《政治经济学的国民体系》,陈万煦译,商务印书馆1961年版,第174页。
⑦ [德]李斯特:《政治经济学的国民体系》,陈万煦译,商务印书馆1961年版,第75页。
⑧ 参见[德]李斯特《政治经济学的国民体系》,陈万煦译,商务印书馆1961年版,第132—133页。

产力发展水平不同，也就不能在国与国之间真正发生"放任的"自由贸易与交换。不同的生产力发展水平，必然导致"各种国家之间存在着巨大的差异"，有的是农业国家，有的是工业国家，有的资源丰富，有的却资源贫乏，那么，"可以用一种强求一致的政策来要求所有不同的国家吗？"①比如，如果在落后的德国与发达的英国之间进行经济运作，真正获利的只会是英国(资产者)。李斯特指出："英国所谓的自由贸易，是英国有权在全世界自由地销售它自己的制成品及其殖民地的产品"，其真实结果必然是英国人"能够控制弱小国家的贸易与工业，把它们置于受奴役的地位"。② 自由贸易如果脱离了一个具体国家的情况，就是虚假的。所以他认为经济研究必须着眼于具体国家和地区经济发展的**特殊性**，其本质只能是针对具体国家的研究，它应关注"某一**国家**，处于世界目前形势以及它自己的特有国际关系下，怎样来维持并改进它的经济状况"③。从这个基点出发，"每个国家都必须根据自己的国情，发展生产力"④，"每一个国家在发展生产力的过程中都必须根据自己的国情走自己不同的道路"⑤。可以说，这是我们所能看到的最早的**民族国家特色发展道路**的观点。而古典经济学所主张的那种自由贸易式的世界主义，只有到多数国家在工业文化等各方面都达到相近程度时，才有可能得以实现。

  最后是李斯特的国家干预经济的观点，这主要是基于前一个论点之上的具体操作。由于不同国家处于不同的经济发展水平。李斯特将一个国家的经济发展划分为五个阶段：原始未开化时期、畜牧时期、农业时期、农工业时期和农工商业时期。所以，这些国家根本无法在对等的力量上实行自由竞争，因此对于经济暂时落后的国家，就必须通过国家的

---

① [德]李斯特：《政治经济学的自然体系》，杨春学译，商务印书馆1997年版，第40页。
② 参见[德]李斯特《政治经济学的自然体系》，杨春学译，商务印书馆1997年版，第22页。
③ [德]李斯特：《政治经济学的国民体系》，陈万煦译，商务印书馆1961年版，第109页。
④ [德]李斯特：《政治经济学的自然体系》，杨春学译，商务印书馆1997年版，第229页。
⑤ [德]李斯特：《政治经济学的自然体系》，杨春学译，商务印书馆1997年版，第233页。

行政上的干预,具体地说就是**贸易保护政策**,如德国当时的"关税同盟"(李斯特自称是"民族精神"上的表征),以避免与其他强国发生不平等的经济交换。在本国经济得到发展以后,再进行自由贸易。李斯特认为,这种保护政策来源于国家要求取得独立、强盛地位的自然努力。① 这就是后来著名的贸易保护主义的最初的理论基础。

必须指出,李斯特的上述经济学观点对于科学历史理论的形成是极具启迪性的。可是在这时,这样一些观点对于站在无产阶级革命立场上的马克思和恩格斯而言,却展现了另一幅理论图景。

3. 《评弗里德里希·李斯特的著作〈政治经济学的国民体系〉》的文本情况与马克思的经济学批判

《政治经济学的国民体系》发表三年后,即 1844 年秋,从哲学走向经济学的马克思和恩格斯刚刚完成清算鲍威尔兄弟哲学唯心主义的《神圣家族》,就不约而同地想要批判离现实更近的德国经济学家李斯特。

马克思先是通过恩格斯找到了李斯特的这本书。在马克思《1844—1847 年记事笔记本》的第 20 页上,写着"+8,**李斯特**(恩格斯)",这是指恩格斯在巴黎用八法郎购到此书。1844 年 11 月 19 日,恩格斯在致马克思的信中提到,将要写"特别是反对**李斯特**的小册子"。从这封信的内容看,恩格斯意在揭露德国资产阶级"和英国资产阶级一样坏,只是在榨取方面不那么勇气十足、不那么彻底、不那么巧妙罢了"②。1845 年 1 月 20 日,恩格斯在另一封信中谈道,要"腾出手来写一些对目前更有用,更能打击德国资产阶级的东西"③。其实,恩格斯在 2 月 15 日爱北斐特集会上的演说中,已经从德国经济发展的实际状况及出路方面直接批判了李斯特保护关税的观点。④ 到了 3 月 17 日,恩格斯又告诉马克思,他从皮

---

① 参见[德]李斯特《政治经济学的国民体系》,陈万煦译,商务印书馆 1961 年版,第 154—157 页。
② 《马克思恩格斯全集》第 27 卷,人民出版社 1972 年版,第 11 页。
③ 《马克思恩格斯全集》第 27 卷,人民出版社 1972 年版,第 18 页。
④ 参见《马克思恩格斯全集》第 2 卷,人民出版社 1957 年版,第 619—623 页。

特曼处得知马克思也不谋而合地试图着手对李斯特的批判,但恩格斯预计"我是想**从实际方面**对付李斯特,阐明他的体系的**实际**结论",而马克思则"批判他的**理论前提**会比批判他的结论更着重一些"。① 恩格斯的文章到 1846 年 10 月尚未写完。②

  根据恩格斯的理论定位,马克思这篇批判李斯特"理论前提"的重要论文主要应该是经济学文本,这是他第二阶段经济学研究中的第一个非笔记的写作文本,也是目前我们读到的离《关于费尔巴哈的提纲》思想变革最近的倒数第二个文本。这一手稿并没有付印。从手稿的情况来看,似乎是未完成的论文。现存的手稿一共有 24 印张,遗缺其中第 1 印张,第 10—21 印张以及第 23 印张,但从中我们已经能清楚得知马克思此时的基本立论和主要理论观点。马克思的这篇论文分为四章。第一章相对而言比较完整,是对李斯特经济学的一般评述。第 1 印张遗失,苏联编译学者在手稿第 2 印张开始添加了"1,李斯特的一般评述"的标题。其中共有四节,第一节和第二节的开始部分遗失。第二章的题目是马克思的原题:"生产力理论与交换价值理论"。但从现有的手稿来看,该章似乎没有写完。第一节是关于李斯特生产力理论的详细批判,马克思没有写标题,可五个目却是完整的。接下去有一个节的目题为"力量,生产力,原因",但到第 9 印张第 4 页后就遗失了 12 印张(第 10—21 印张),其中包括第二章的后半部分和第三章的大部分,加之又丢了第 23 印张,所以第三章只剩下一个片断。第四章的标题是"李斯特先生和费里埃",其中三节的内容倒都齐全,可阅读起来还像是未完成的撰写要点。

  了解了这样一些重要的支援性理论背景,我们就可以开始解读马克思《评李斯特》这一文本了。以我这里的解读意向,其中第一、三、四章的内容基本上是属于纯经济学研究范围的,但第二章与其他章节相

---

① 参见《马克思恩格斯全集》第 27 卷,人民出版社 1972 年版,第 30 页。
② 参见《马克思恩格斯全集》第 27 卷,人民出版社 1972 年版,第 67 页。

比则显现出一定的特殊性。在第二章中,我的解读结果是令人兴奋的。按照我的理解,这个经济学的文本中最重要的却不是经济学的理论内容,而是马克思在批判经济学中**无意识地呈现出来的哲学话语改变**。

当然,我们还要先说明一点,作为一篇经济学文献,从整体上看,马克思这一文本中经济学研究的总体水平仍然没有超出《神圣家族》,因为马克思这个时候对古典经济学的态度并没有根本改变。从文本中我们可以看到,马克思对古典经济学仍然持否定态度,但初步有了一些细微的变化。他认为,"英国和法国的资产阶级通过最初的(至少在他们统治初期的)国民经济学的学术代言人,把财富奉为神明,并在学术上也无情地把一切献给财富"。马克思仍然称这种理论是"坦率的古典的犬儒主义"。① 因为,这种学说"无耻地泄露了财富的**秘密**",把"竞争和自由贸易的现代资产阶级社会作为前提条件"。② 马克思认为,现代经济学是从竞争的社会制度出发的。自由劳动,即间接的自我出卖的奴隶制是它的原则。它的最初原理是分工和机器,而分工和机器只有在工厂中才能达到自己的最高发展,所以,"现代国民经济学是从工厂即从它的创造性的原则出发的"。③ 下面我们将具体分析,马克思这时将资产阶级社会生产关系与工业(工厂)等同起来是不准确的,这也与他不能区分生产关系与生产力的观点如出一辙。可是我们也能体会到,此时马克思已经能够历史地看到,"李嘉图的地租学说无非是工业资产者为反对地主而进行的生死斗争在经济学上的表现"④,并且,"日益增长的生产同整个国家的特别是各个阶级的收入之间的不相称",这种状况导致了西斯蒙第的经济学批判。⑤ 从更深一层的经济学理论研究的角度来看,马克思已经明确意

---

① 参见《马克思恩格斯全集》第 42 卷,人民出版社 1979 年版,第 240 页。
② 参见《马克思恩格斯全集》第 42 卷,人民出版社 1979 年版,第 241 页。
③ 参见《马克思恩格斯全集》第 42 卷,人民出版社 1979 年版,第 260 页。
④《马克思恩格斯全集》第 42 卷,人民出版社 1979 年版,第 247 页。
⑤ 参见《马克思恩格斯全集》第 42 卷,人民出版社 1979 年版,第 246 页。

识到,"交换价值完全不以'物质财富'的特殊性质为转移。它既不以物质财富的质量为转移,也不以物质财富的数量为转移"。更重要的是,马克思已经明确指出,"把物质财富变为交换价值是现存社会制度的结果,是发达的私有制社会的结果。**废除交换价值**就是**废除私有制**和**私有财富**"①。上述这些观点,与《1844年手稿》和《神圣家族》相比,都向前更进了一步。有意思的是,马克思在这里居然已经提到李斯特的经济观点是"囿于旧经济学的经济偏见",可**新经济学**究竟是什么,他并没有界说。②

我还注意到,也是在这里,马克思反讽性地指认出德国的唯心主义"精神民族""突然想到要在布匹、纱线、自动走锭精纺机、大量的工厂奴隶、机器的唯物主义(Materialismus der Maschinerie)"中寻找支持,他已经发现李斯特"是在用理想的词句掩盖经济学的工业的唯物主义(industriellen Materialismus)"③。这是马克思对经济学中的**社会唯物主义**的第一次明确指认。当然,李斯特利用这种唯物主义恰恰是为了维护资产阶级的现状。对此,马克思同样是持否定态度的。

在论文的第一章中,马克思首先对李斯特的经济学观点进行了一般的定性式的评述,主要是历史地说明英法资产阶级社会与德国资产阶级社会的差别。马克思曾经对英法资产阶级社会与德国资产阶级社会的不同进行了一定的区别。他认为,资产阶级社会在英法已经是要被废除的"陈旧的腐朽的制度",而在德国,资产阶级社会却是被当作美好未来的初升朝霞来欢呼的。④ 所以,德国资产者(deutsche Bürger)总要换一种说法来验明正身,以示德国资产阶级社会不同于英法老牌资产阶级社会。马克思恩格斯对此始终是持批判态度的。而李斯特的经济学差不多就是德国资产阶级利益和意识形态的现实体现,并且是"体系化"了的东西。所以,马克思在这篇论文中重点批判了李斯特那种打着民族经济

---

① 《马克思恩格斯全集》第42卷,人民出版社1979年版,第254页。
② 参见《马克思恩格斯全集》第42卷,人民出版社1979年版,第253页。
③ 《马克思恩格斯全集》第42卷,人民出版社1979年版,第241页。
④ 参见《马克思恩格斯全集》第1卷,人民出版社1956年版,第457页。

发展的幌子,实际上想主张发展资产阶级社会并"到处使事物维持现状"的反动本质。① 他指出,李斯特说出了德国资产阶级**"更加发愁的事情"**,因为德国资本家是"在工业的统治(Industrieherrschaft)造成的对大多数人的奴役已经成为众所周知的事实"(由于英法的经济学和社会主义有意无意的揭露)的情况下,试图在德国建立资产阶级社会。② 所以他不得不"追求财富而又否定财富",创造一种新的"国民经济学",以便向自己和世界证明他也想发财是"有道理的"。③ 因此,他必然要"反对那无耻地泄露了财富的**秘密**"的英法经济学。他反对竞争和自由贸易,反对原有的建立在"交换价值"基础上的所谓"世界主义"的国民经济学,恰恰是害怕英法老牌资产阶级社会以实力抢了他们的饭碗;他主张国家干预市民社会以"'保护关税'来发财",制造所谓建立在中立性的"生产力"之上的"政治经济学",是为了不让英国人对自己"同胞进行剥削",而实现他们对自己同胞"更加厉害"的剥削。④ 马克思一针见血地指出:这是"狼同它的狼伙伴"的把戏。马克思一针见血地指出,李斯特没有意识到资产阶级"经济学家只是给这一社会制度提供相应的理论表现",所以才会不愿意在国内承认他在国外所承认的经济规律,这当然是可笑的唯心主义。

马克思对李斯特的批判是正确而有力的。可是马克思并没有注意到,如果离开经济学和政治立场,李斯特理论中强调**一定历史条件下的社会发展的特殊性**恰恰是他后来历史唯物主义的根本要义。这当然是一种哲学上的理论提升。李斯特是利用了这一点为德国资产阶级的利益服务,遭到马克思恩格斯的批判是必然的。而马克思如果翻转这一理论要点走向历史深处,情况又将截然不同。1845—1847 年间,马克思在创立和深化历史唯物主义的过程中,是否自觉意识到这一点,我们不得而知。

我发现,正是在第 2 印张的最后,出现了一点点与《神圣家族》总体

---

① 参见《马克思恩格斯全集》第 42 卷,人民出版社 1979 年版,第 240 页。
② 参见《马克思恩格斯全集》第 42 卷,人民出版社 1979 年版,第 239 页。
③ 参见《马克思恩格斯全集》第 42 卷,人民出版社 1979 年版,第 240 页。
④ 参见《马克思恩格斯全集》第 42 卷,人民出版社 1979 年版,第 250 页。

批判方法不同的理论运演片断。马克思说,李斯特的问题在于不研究"现实的历史",不了解"像经济学这样一门科学的发展,是同社会的现实运动(wirklichen Bewegung)联系在一起的"。① 并且,资产阶级经济学的"实际出发点"就是"资产阶级社会(bürgerliche Gesellschaft)",所以"对这个社会的各个发展阶段(verschiedne Entwicklungsphasen)可以在经济学中准确地加以探讨"。② 马克思在此文本中 6 次使用 bürgerliche Gesellschaft 一语。他较多地使用 Bürgertums 一词,共计使用 8 次,并且以 deutsche Bourgeois(31 次)和 deutsche Bürger(11 次)来指认德国资产者。这是马克思第一次明确将 bürgerliche Gesellschaft 从黑格尔意义上的**市民**社会转义为政治上的**资产阶级**社会。李斯特没有想到将矛头指向现实的德国资产阶级社会,这是他自身的资产阶级立场决定的,不足为奇。最重要的是马克思在此也使用了一个**历史的、现实的和具体的**"各个阶段"！这显然是从历史规律视角来看的特殊性。我以为,它明显是马克思《布鲁塞尔笔记》A 经济学研究的直接成果！如果没有对经济学的**比较性**研究,马克思是不可能提出这个**政治经济学与资产阶级现实社会的具体关系**以及对**经济发展的各个具体阶段**的研究要求的。这当然是一种重要的理论进步。从此处马克思直接的语境来看,他主要是指李斯特应该注意到资产阶级社会("市民社会")的不同阶段,可他在穷途末路的英法资产阶级社会走到足以露其败相的时期,还在论证这个社会制度发生之必要,这在马克思看来是相当荒谬的。我觉得,马克思无意道出了一个超越性的问题,即从观念回到现实固然重要,但对社会历史现实本身的具体分析更为关键。可是我以为,这不是马克思**自觉的批判思路**,因为以这一观点再向前推进,就会看到资产阶级社会与前资产阶级社会具体的差异性,而这种客观的比较将使马克思不再简单地否定资产阶级社会,而能够首先承认资产阶级社会的历史合理性。就像他在

---

① 参见《马克思恩格斯全集》第 42 卷,人民出版社 1979 年版,第 242 页。
② 参见《马克思恩格斯全集》第 42 卷,人民出版社 1979 年版,第 249 页。

《哲学的贫困》之后,特别是《共产党宣言》和《资本论》中对"资产阶级社会"的历史的现实的具体的科学分析一样。由此,他就可以拥有新的思想刻度,真正超越仍然笼罩在人本主义逻辑("市民社会"之意识形态)光环下的赫斯、恩格斯和此时的自己,步入科学。然而,令人遗憾的是,这时马克思还没能做到这一点。

4. 政治经济学批判中的一种哲学逻辑解构

进入第二章,马克思的原意是试图比较上述两种资产阶级经济理论,其重点是要揭露李斯特的生产力理论的虚伪实质。可是,我们正是在此再一次看到了某种在逻辑方法上奇特的异质性:马克思同样是在论说资产阶级社会条件下人类主体(劳动者)被外部对象(资本)所奴役(人的活动不是他的人的生命的自由表现),他也在要求打倒私有财产,可是,**他恰恰没有运用**不久前在《1844 年手稿》(还有《神圣家族》)中的**异化劳动**这一逻辑工具!从客观的角度看,马克思指出,"把物质财富(materiellen Güter)变为交换价值是现存社会制度的结果,是发达的私有制社会的结果。**废除交换价值**就是**废除私有制和私有财产**"①!从主体的角度看,他只是称"私有财产是**对象化**的劳动",而在表征劳动者受资本奴役的这种状态("'劳动'是私有财产活生生的基础",这在以前**正是**异化劳动)时,马克思小心翼翼地使用了**打着引号和斜体的"劳动"**("*Arbeit*")。②在全文中,马克思只是使用了一次 entfremden。为什么他不用人们都熟知的异化劳动?原因何在?

以我之见,外在的直接因素有两个:一是施蒂纳批判费尔巴哈抽象人类本质和异化史观的论著《唯一者及其所有物》的发表。在上一年的 12 月马克思已经认真地研读过此书,我们在下一章的开始部分将详细讨论这一背景。二是赫斯 1 月 20 日写信给马克思,告知他关于费尔巴哈

---

①② 参见《马克思恩格斯全集》第 42 卷,人民出版社 1979 年版,第 254 页。

的新看法,实质上也是对费尔巴哈人本学异化理论的批判。内在的因素则是:马克思自己的思想受到经济学事实和实证方法的影响,加之**走向无产阶级实践的现实途径与人本学逻辑的不可通约性**,这些促使马克思已经开始试图把自己与费尔巴哈在实质上根本区别开来。而不仅仅是费尔巴哈过多关注自然,我就关注政治的领域之差异。这种变化首先表现为他不再使用"类"、"异化劳动"和"主体"等概念。可他并不知道,**不用这样一些词并不能表明他能够根本摆脱人本学逻辑构架**。一如后来他自觉地解构了人本学构架,但仍然可以科学地使用这些词。这一问题的根本解决,是在4月几乎连续发生的马克思的两次思想实验中实现的。具体情况可参见下一节的分析。当然,马克思此时理论的现实指向(无产阶级革命的要求)还是十分清楚的。他仍然认为,现代资产阶级社会的"自由劳动"实际上是一种"间接的自我出卖的奴隶制"。借助工资可以知道:

> 劳动者是资本的奴隶(Arbeiter der Sklave des Kapitals),是一种"**商品**",一种交换价值……他的活动不是他的人的生命的自由表现,而无宁说是把他的力量售卖给资本,把他片面发展的能力让渡(售卖)给资本,一句话,他的活动就是"**劳动**"("*Arbeit*")。①

假如在《1844年手稿》甚至《神圣家族》中,马克思可能会说:"这是异化劳动"。可他偏偏没这样说。我们看到,马克思在文本原稿上十分特殊地将"劳动"一词作了表示着重意思的斜体。"'**劳动**'是私有财产的活生生的基础(Die "*Arbeit*" ist die lebendige Grundlage des Privateigentums)",私有财产无非是"**对象化**的劳动(*vergegenständlichte* Arbeit)",这种"'劳动',按其本质来说,是非自由的、非人的、非社会的(unfreie, unmenschliche, ungesellschaftliche)、被私有财产所决定的并且创造私

---

① 《马克思恩格斯全集》第42卷,人民出版社1979年版,第254页。马克思后来才发现,工人不是商品,劳动也不是商品,资本家付给工人的工资只是劳动力的价格。

有财产的活动"。① 请注意,马克思这里的最后一段话显然还是在隐喻原来的人本主义逻辑构架,因为现实中的劳动**是**非自由的、非人的、非社会的,那么就必然有**应该**存在而实际上没有存在的自由的、人的和社会的劳动这一人学价值悬设。可马克思硬将"异化"、"类本质"这样的语言外壳剥掉了。这是一个极其错综复杂的文本语境。

我发现,马克思在此说了一句令人费解的话:"谈论自由的、人的、社会的劳动(freier, menschlicher, gesellschaftlicher Arbeit),谈论没有私有财产的劳动,是一种最大的误解"②。乍一看,这好像表明了马克思在反对人本主义逻辑,可是从上下文语境来解读,他实际上是批判李斯特离开具体的资产阶级社会私有制谈一种抽象的生产力理论。我们后面将会看到,马克思的这种批判还可以延伸出更深刻的内涵。以我的看法,马克思这里有意识的语言回避恰恰没有造成人本主义逻辑的真正颠覆,有意味的是,一种新的方法在他接近经济现实的分析中反倒被**无意识地**呈现了。

在马克思此处的论述中,资产阶级社会的生产目的不是人或者为了人的发展,而是"交换价值"和"货币",这造成一种"外在目的"论。马克思认为,整个资产阶级社会制度就是一种卑鄙的"人为物而牺牲的"反人制度。③ 这还是那条从《巴黎笔记》开始的人本学逻辑。在资产阶级社会经济中,客观的"工业成为控制我们的力量",而"人被贬低为一种创造财富的'**力量**'"。资产者不是把无产者(Proletarier)看作"人",而是将无产者变成"物"! 并且,正是因为资产阶级社会的"社会条件把人变成了'**物**'",劳动力仅仅是一种**物的生产力**! 所以,马克思才批判李斯特这种包含着资产阶级私欲的生产力理论。在这里,我要指出一个重要的问

---

① 参见《马克思恩格斯全集》第42卷,人民出版社1979年版,第254—255页。这里原文中的vergegenständlichte被译作"物化"是不准确的,应为"对象化"。参见 *Beiträge zur Geschichte der Arbeiterbewegung*, Berlin: Dietz Verlag, 1976 - 1979, S. 436。——本书作者第四版修订注。

② 《马克思恩格斯全集》第42卷,人民出版社1979年版,第254页。

③ 参见《马克思恩格斯全集》第42卷,人民出版社1979年版,第261页。

题,即马克思此处谈到的生产力并不是像传统研究所理解的那样,好像他在此是在试图发展出唯物主义历史观的生产力概念,其实他只是在**否定的意义上确证李斯特的观点**。我们可以看到,马克思在此文中11次直接援引了李斯特所使用的 Produktivkraft 一词。他还同时使用了 Produktionskraft(生产力,1次)、Produktionsfähigkeit(生产能力,1次)、produktiven Kräfte(1次)和 produktive Macht(生产的力量,2次)。但他始终没有从正面肯定生产力概念的重要性。

我注意到,马克思在这里依然没有区分资产阶级早期政治经济学中所存在的唯物主义的**双重语境**,即承认物质生产是社会存在与发展的一般前提的社会唯物主义,以及将资产阶级社会生产方式永恒化的**物役性的**"唯物主义",后者也就是后来马克思所说的拜物教。马克思针对后一种语境完全否定了资产阶级经济学中的"无精神的唯物主义"①、"经济学的工业唯物主义"、"机器唯物主义"、"可厌的唯物主义"②、"肮脏的唯物主义"③。这是一种使"大多数人变为'商品'、变为'交换价值'、使他们屈服于整个交换价值的物质条件的学说"④。正是在这个意义上,马克思才要"破除美化'生产力'("*Produktivkraft*")'的神秘灵光"。因为在资产阶级经济学中,人力(Menschenkraft)是与水力、蒸汽力和马力(Wasserkraft, Dampfkraft, Pferdekraft)排列在一起的。马克思气愤地问道:"人同马、蒸汽、水全都充当'力量'的角色,这难道是对人的高度赞扬吗?"⑤可是,也正于此,我发现马克思诚然试图否定资产阶级社会这种反人的社会制度(坏的"是"),但他也没有再直接使用不久前他还运用的重要逻辑构件,即"**应该**"。他没有再**先验地**设定人应该是什么。从上下文语境看,这并不意味着马克思在哲学上的一种自觉,而体现了人本主义逻辑在经济现实分析中的亚意图自我弱化。而且,马克思

---

① 《马克思恩格斯全集》第42卷,人民出版社1979年版,第240页。
② 《马克思恩格斯全集》第42卷,人民出版社1979年版,第251页。
③④ 《马克思恩格斯全集》第42卷,人民出版社1979年版,第255页。
⑤ 《马克思恩格斯全集》第42卷,人民出版社1979年版,第261页。

坚持否定人类主体与自己创造物的颠倒关系,但这一次却不是"异化的扬弃"。马克思指出,废除私有财产只有被理解为"废除'劳动'",并且,"这种废除只有通过劳动本身才有可能,就是说,只有通过社会的物质活动才有可能,而决不能把它理解为用一种范畴代替另一种范畴"①。显而易见,马克思正在无意识地接近一种**新的总体历史观**,即原来在《1844年手稿》中双重逻辑结构处于萌芽状态的那种从社会现实出发的客观逻辑。

我们可以看到,马克思在第一章中已经注意到"在以往的社会基础上充分发展了的工业"的实践。② 如果说在原来的逻辑构架中,马克思主要关心的是人学的"应该",那么在这里,他开始关注**历史的、必然发生的**"是"正在消除坏的"是","应该"(在借用的意义上)是可以通过现实途径实现的。于是,马克思话锋一转,提出了另一种假设:是否可以不从资产阶级社会这种"肮脏的买卖利益的观点"来看待工业,其实在人的生存意义上,工业也可以被看作是"大作坊","在这里人第一次占有他自己的和自然的力量(eignen und die Naturkräfte),使自己对象化(vergegenständlicht),为自己创造人的生活条件(Leben geschaffen)"③。请注意,此时马克思没有区分生产力与生产关系,因此现实的"工业"变成资产阶级社会的代用名词:工业＝资产阶级社会。所以马克思经常直接说,"工业的统治造成的对大多数人的奴役已经成为众所周知的事实"④。这个工业是"布匹、纱线、自动走锭精纺机、大量的工厂奴隶、机器唯物主义、工厂主先生满满的钱袋"⑤。他将资产阶级社会称之为"工厂制度",在这里,"工业主义成为社会的调节者"(西斯蒙第语)。"工厂是社会的组织者,工厂所造成的竞争制度是最好的社会联合。工厂制度所

---

① 《马克思恩格斯全集》第42卷,人民出版社1979年版,第255页。
② 参见《马克思恩格斯全集》第42卷,人民出版社1979年版,第249页。
③ 《马克思恩格斯全集》第42卷,人民出版社1979年版,第257页。
④ 《马克思恩格斯全集》第42卷,人民出版社1979年版,第239页。
⑤ 《马克思恩格斯全集》第42卷,人民出版社1979年版,第240页。

创造的社会组织是**真正的社会组织**"①。可在实质上,"现实的社会组织是无精神的唯物主义,个人唯灵主义,个人主义"。因为在这里,"工厂变成了一位女神,工业力的女神。工厂主就是这种力的祭司"②。也是在这一点上,马克思批评了圣西门的社会主义。他认为,"圣西门学派狂热赞美工业的生产力量(die produktive Macht der Industrie)。它把工业唤起的力量同工业本身即同工业给这种力量所提供的目前的生存条件混为一谈了。"③于是,他们对工业生产力的赞美成了对资产阶级的赞美。马克思认为,不能将"工业违反自己意志而无意识地创造的**生产力**归功于现代工业,把二者即把**工业**同工业无意识地并违反自己意志而造成的、一旦废除了工业就能成为人类的力量,人的威力而造成的那种**力量**混淆起来"④。

马克思显然没有将工业与资产阶级社会制度区别开来,这也表明他还没有自觉抽象出一定生产力发展之上的特定的生产关系,所以他既无法界划李斯特所论述的生产力的合理方面与错误方面,也无法正确评价圣西门社会主义的客观主义视角。马克思引述了李斯特关于生产力的这样一句评述,"同财富本身相比,创造财富的力量是无比重要的"⑤,然后马克思认为他在将生产力抽象为一种"无限高于交换价值的本质",然而物质的交换价值是有限的现象。其实,李斯特把生产力作为一种社会历史规定的一般抽象是正确的,而将其完全说成是物质生产力与精神力量的混合当然是不正确的。生产力无疑是产生一定的社会财富的基础,但生产力与交换价值(一定社会关系的物化)的对立却是虚假的。很显然,马克思这里关于生产力的理解并不是科学的。因为,如果马克思在此能够一方面承认"工业"(生产力)的确是人与自然的关系,另一方面再

---

① 《马克思恩格斯全集》第42卷,人民出版社1979年版,第251页。
② 《马克思恩格斯全集》第42卷,人民出版社1979年版,第252页。
③ 《马克思恩格斯全集》第42卷,人民出版社1979年版,第259页。
④ 《马克思恩格斯全集》第42卷,人民出版社1979年版,第258页。
⑤ 《马克思恩格斯全集》第42卷,人民出版社1979年版,第261页。

区分生产力在资产阶级社会不同发展阶段上的所有制（生产关系），那么，社会与人就将要被科学地说明了。马克思与这种观点——产生"劳动"的原因来自于物质生产本身历史发展的必然性（Notwendigkeit）——只有咫尺之遥了。这也就是说，马克思将不再仅仅看到资产阶级社会不合理的"劳动"现象这一**结果**，而是开始发现产生这种结果的资产阶级社会生产方式的内部**原因**。我们就要看到马克思哲学新世界观和科学社会主义启航的桅杆了！

延续这种逻辑向前推演，马克思必定会得出以下结论：

> 如果这样看待工业（Industrie），那就**撇开**了当前工业从事活动的、**工业作为工业**所处的**环境**；那就**不是**处身于工业时代之中，而是在它**之上**；那就不是按照工业目前对人来说是什么，而是按照现在的人对**人类历史**（*Menschengeschichte*）来说是什么，即历史地（geschichtlich）说他是什么来看待工业；所认识的就不是**工业**本身，不是它现在的**存在**（*Existenz*），倒不如说是工业意识不到的并违反工业的意志而存在于工业中的力量，这种力量**消灭**工业并为**人**的生存奠定基础（Grundlage für eine *menschliche* Existenz）。①

同时，马克思直接肯定了这种"工业"所开辟的"世界历史意义"。无论如何，在马克思此时的理论运演中，我们能明显地感到他已经在让一种新的**从现实工业出发的理论思路**在自己的理论运演中占上风。他指出：

> 消除人类不得不作为奴隶（Sklave）来发展自己能力的那种物质条件和社会条件（materiellen und gesellschaftlichen Bedingungen）的时刻已经到来了。因为一旦人们不再把工业看作买卖利益而是看作人的发展，就会把人而不是把买卖利益当作原则，并向工业中只有同工业本身相矛盾才能发展起来的东西提供与应该发展的东

---

① 《马克思恩格斯全集》第42卷，人民出版社1979年版，第257页。

西相适应的基础。①

我们都知道,为了寻求无产阶级起来革命的根据,马克思要求打碎资产阶级现代社会带来的"工业的羁绊",但这一次他十分准确地将其界定为"就是摆脱工业力量现在借以活动的那种条件、那种金钱的锁链,并考察这种力量本身。这是向人发出的第一个号召:把他们的工业从买卖中解放出来,把目前的工业理解为一个过渡时期"②。其中,"把目前的工业理解为一个过渡时期"这一句话十分重要。马克思此时已经非常清楚,他所要消除的并不是工业(客观必然性的"是"),而是工业的**资产阶级社会的形式**,可工业(物质生产力的发展)本身就是走向否定资产阶级社会的"一个过渡时期"。虽然马克思的革命理论还在借用**人**的口号,但在这里**走向革命途径**的实际逻辑运转已经不总是人道主义的劳动异化理论推论("应该"),而时常是客观发展着的工业("是")。我曾指出,马克思这里的思想中已经出现了**从人学主体辩证法向客观的历史辩证法的无意识过渡**!这是一种人本主义异化史观的**无策略的解构**。

于是,共产主义(无产阶级革命)不再是一种理论逻辑要求,而是一种现实历史的必然趋势。马克思说:

> 工业用符咒招引出来(唤起)的自然力量和社会力量对工业的关系,同无产阶级对工业的关系完全一样。今天,这些力量仍然是奴隶(Sklaven),它们无非是实现自私的(肮脏的)利润欲的工具(承担者);明天,它们将砸碎自身的锁链,表明自己是会把有着肮脏外壳的工业一起炸毁的人类发展的承担者,这时人类的核心也就赢得了足够的力量来炸毁这个外壳并以它自己的形式表现出来。明天,这些力量将炸毁资产阶级(Bourgeois)用以把它们同人分开并因此把它们从一种实际的社会联结(wirklichen gesellschaftlichen Band)

---

① 《马克思恩格斯全集》第 42 卷,人民出版社 1979 年版,第 258 页。
② 《马克思恩格斯全集》第 42 卷,人民出版社 1979 年版,第 259 页。

变为(歪曲为)社会桎梏的那种锁链。①

这已经是在社会历史发展的真实进程上来确证走向共产主义的现实道路了。科学历史认识中的社会客观规律即将被揭示出来了。

请注意,如果我们把讨论语境还原到此时马克思的总体思想逻辑,就会发现他原来的思想双重逻辑矛盾交织和相互消长的博弈过程还在持续,诚然两条性质不同的逻辑思路在理论格局中的地位已经发生了变化,但他所面临的主要难题并没有根本解决。"工业"的现实历史发展已经开始成为马克思理论逻辑中主要的运演过程,而**人**和**人的本质**的异化逻辑只剩下一个没有血肉的空骨架。一旦这个逻辑构架被自觉地击碎,这个无意识的破坏将被扭转为有意图的颠覆,那么一个新的思想境界就会诞生。4月,也就是不久之后,马克思先在记事本上写下了无题《笔记本中的札记》,他意识到了自己将行进的方向,紧接着,在同一面的下半部分,马克思写下了著名的《关于费尔巴哈的提纲》。一个格式塔式的思想变革之舟终于开始扬帆起航,那个被称之为马克思主义的科学进程真正开始了。

第三节　马克思走向哲学革命的非常性思想实验

在上一节,我们通过对《评李斯特》一文的解读,填补了从《神圣家族》到《关于费尔巴哈的提纲》的一个重要理论文本缺环。而在我的研究中,新的发现还在于通过微观地研究马克思撰写《关于费尔巴哈的提纲》前的特殊思考语境,以三个意在解构人本学逻辑的非常性思想实验构成的特殊文本际关联域,再现马克思哲学新视界喷薄欲出及其最后跃出地平的原初情境。

---

① 《马克思恩格斯全集》第 42 卷,人民出版社 1979 年版,第 258—259 页。中译文有改动,原文翻译中,译者增加了太多东西。参见 *Beiträge zur Geschichte der Arbeiterbewegung*, Berlin: Dietz Verlag, 1976 - 1979, S. 438。——本书作者第四版修订注。

1. 马克思的《黑格尔现象学的建构》解读

按照我的理解，马克思主义真正诞生的标志——《关于费尔巴哈的提纲》的出现有其十分特殊的理论逻辑背景。可以确定的事实是，马克思在1844年底就开始了走向第二次思想变革（解构人本学劳动异化逻辑，创立科学世界观，基于历史唯物主义确立科学社会主义）的**非常时期**。这里的"非常时期"一词源自笔者对美国科学哲学家库恩范式理论的借鉴。它指从一种旧的理论"范式"（此时马克思的人本主义劳动异化逻辑构架）走向一种新的理论"范式"（马克思主义的科学观）的革命性质变过程。本文所使用的"非常性"也均属于这一语义指称。从微观语境来看，除去面对经济学文本时那种不自觉变异的《评李斯特》，我认为可以把《神圣家族》完成（1844年11月）之后的三篇重要的思想实验性的文献视为一个统一的逻辑思考群。这就是在同一个记事笔记本——《1844—1847年记事笔记本》里，他于1845年1月所写的《黑格尔现象学的建构》（在笔记的第23页）、4月所写的无标题的《笔记本中的札记》（在笔记的第53页）和不久后所写的《关于费尔巴哈的提纲》（在笔记的第55页下端至第57页）。《黑格尔现象学的建构》这一文本的原来日期为1845年1月，后来因苏联学者（巴加图利亚）认为该文本的观点在前一年11月完成的《神圣家族》中展开，遂将时间改为1844年11月。这一做法值得商榷。我将这三个文本称为思想实验文本，因为它们不是马克思为了发表而用显性文字有意识构建的论著，而仅仅是其实际思想活动的一种文字记录和运演。我把这三个文本称之为**处于马克思哲学新视界发生质变临界点的三次非常性思想实验**，自然这也是存在一定递进关系、含有特定向量、存有逻辑关联的三个思考提纲。必须指出，这一思考语境层面同样是我们以往的研究中存在的巨大逻辑盲点。在这里，我们先来讨论第一个和第二个文本。

第一个非常性实验文本是马克思于1845年1月写下的《黑格尔现

象学的建构》(Hegel'sche Construction der Phänomenologie)的心得。①这是马克思在较短时间内第三次(前两次分别在《1844年手稿》和《神圣家族》中)谈到黑格尔现象学,这一次马克思使用了Construction(建构)这样一个功能性的词,以表达自己对黑格尔现象学理解的深入。以我之见,此文十分重要,因为它是马克思从费尔巴哈真正进入重构过的黑格尔历史辩证法的第一次思想实验。

如上所述,在《1844年手稿》的第三笔记中,青年马克思在肯定费尔巴哈对黑格尔唯心主义批判的基础上,一方面,正确奠定了一般唯物主义的前提,完成了主语与谓语关系的重新颠倒;另一方面,却以费尔巴哈人本主义的异化史观(人学现象学)来重新诠释黑格尔(精神现象学),当然,这还中介于那个寻求作为无产阶级起来革命之根据的被异化了的劳动类本质。虽然在更深的逻辑层面中,马克思此时抓住的异化理论,恰恰是对黑格尔历史辩证法**否定之否定规律**的另一种畸形的人本学历史逻辑展现,但马克思在这里并不是自觉的。② 马克思跟随费尔巴哈和赫斯,将黑格尔的自我意识和观念神替换成"人"。原来在黑格尔那里是观念构建世界,在理念逻辑沉沦为自然之后,新生出来的人不过是观念神在一个更高的社会历史行进中,假手劳动外化出去的工具,但最终"人"被揭穿为理念的高级外壳,异化和外化的共同扬弃是在绝对观念中完成的。于是,黑格尔被批评了:"主词和宾词之间的关系被绝对地相互颠倒了:这就是**神秘的主体—客体**,或**笼罩在客体上的主体性**"③。按照马克思这里的要求,"这种历史还不是作为既定的主体的人的**现实的历史**"④,故黑格尔有了"两大罪状":其一,分明是人的本质异化,但在此却变成客

---

① 1932年首次发表于 MEGA1 第一部分,第5卷。后收入 Marx-Engels-Gesamtausgabe (MEGA2),Ⅳ/3,Berlin:Dietz Verlag,1998,S.23. 参见《马克思恩格斯全集》第42卷,人民出版社1979年版,第237页。
② 参见拙著《马克思历史辩证法的主体向度》,南京大学出版社2002年第2版,第一章。——本书作者第二版注。
③《马克思恩格斯全集》第42卷,人民出版社1979年版,第176页。
④《马克思恩格斯全集》第42卷,人民出版社1979年版,第159页。

观精神的异化;其二,人的异化之扬弃本应该"要求把对象世界还给人",可在此却被复归于观念。不过,黑格尔逻辑中和劳动人本学稍近的观点得到了马克思的赞扬,如黑格尔"把人的自我产生看作是一个过程","他抓住了**劳动**的本质,把对象性的人、现实的因而是真正的人理解为他**自己的劳动**的结果"。① 但是,黑格尔站在国民经济学家的立场上,"他把**劳动**看作人的**本质**,看作人的自我确证的本质;他只看到劳动的积极方面,而没有看到它的消极的方面"。② 以上是马克思在1843年转到一般唯物主义(马克思思想的第一次转变)立场后,对黑格尔辩证法(现象学)的第一次批判。在以前的《黑格尔法哲学批判》中,他只是批判其唯心主义前提。列宁后来在《哲学笔记》前半部分对黑格尔唯心主义进行批判的逻辑,十分接近马克思这时的思路。以我的研究,从《哲学笔记》所反映的一个完整的研究过程来看,列宁对黑格尔的批判和改造经历了一次重大的飞跃性认识转变,其前后期对黑格尔的看法有重大的差别。③

如前所述,在《神圣家族》中,马克思和恩格斯在批判鲍威尔兄弟的"神圣家族"时,再一次清算了黑格尔。那里有两处我们曾讨论过的比较明显的否定性语境:第一处是在该书的第五章第二节中,马克思揭露了鲍威尔理论逻辑背后的来自黑格尔的"思辨结构的秘密":分明是我们从一些有关联的具体存在物(苹果、梨等)中抽象出了共相(作为本质的"果实"),可是我们却将这一观念宣布为存在物的"真正本质";同时,明明是我们从这一观念推移到那一观念的我们"**本人**的活动",却被深刻地确证为本质这一"绝对主体的**自我活动**";这样,就证明了本质不是僵死的、静止的,而是活生生的、自相区别的、能动的本质。④ 在此,马克思仍然通过肯定费尔巴哈来反对黑格尔。第二处是在第五章第三节D目中,马克思

---

①② 参见《马克思恩格斯全集》第42卷,人民出版社1979年版,第163页。
③ 参见拙文《论列宁深化唯物辩证法过程中的认识飞跃》,载《哲学研究》1993年第5期。并参见拙著《回到列宁——关于"哲学笔记"的一种后文本学解读》,江苏人民出版社2008年版。——本书作者第二版注。
④ 参见《马克思恩格斯全集》第2卷,人民出版社1957年版,第71—75页。

解析了黑格尔体系中的三个因素,一是斯宾诺莎的实体,二是费希特的自我意识,最后是改装过的上述二者的统一:"**现实的人**的现实的**人类**"。前两者都还是掉入到黑格尔哲学某个环节中转得头昏目眩,只有费尔巴哈才清醒地看穿了这一点,所以他通过回归"人"最终"结束和批判了**黑格尔**的哲学"。①

在呈现了上述两个重要支援性背景之后,我们将开始解读《黑格尔现象学的建构》的文本。《黑格尔现象学的建构》只有四个言简意赅的要点。直观地看,它们的确是马克思在不到一年时间内第三次思考黑格尔现象学的本质。这也表明,马克思此时已意识到,黑格尔哲学可能并不像费尔巴哈所理解的那样简单。更重要的是,马克思的这一题为"黑格尔现象学的建构"的文本,其思考运演所凸现的构境已大大超越了黑格尔现象学这一指认对象。

第一点只有很少几个字:"自我意识代替人。主体—客体"。这显然是指,黑格尔在现象学里把人类个体(类)认知进程中的"从'意谓'的'这个'"到"自我意识确立"的过程武断地颠倒过来,并使之客体化为自我意识的自身蜕化进程。这样,人的真实认知倒成了"现象",主体与客体的关系被唯心主义地颠倒了。与前两次批判性思考相比,这点似乎也没有什么新意。

第二点是"事物的**差别**很重要(Die *Unterschiede* d *Sachen wichtig*),因为实体被看作是自我区别,或者说,因为自我区别、区别、悟性的活动被看作是本质的东西。因此,黑格尔在思辨范围内提供了真正把握事物(Sache)实质的区别"②。乍一看,这条心得似乎确实与上述《神圣家族》第五章第二节中对黑格尔的第一批判语境一致。苏联学者巴加图利亚正依据这点,硬是将马克思的这一文本说成《神圣家族》批判黑格尔哲学的提

---

① 参见《马克思恩格斯全集》第 2 卷,人民出版社 1957 年版,第 176—177 页。
② 《马克思恩格斯全集》第 42 卷,人民出版社 1979 年版,第 237 页。中译文有改动。译者将此处马克思所说的"事物的差别很重要"错译为"事物的差别并不重要"。参见 Karl Marx, *Manchester-Hefte*, *Marx-Engels-Gesamtausgabe*(MEGA2), Ⅳ/3, Text, Berlin: Dietz Verlag, 1998, S. 23。——本书作者第四版修订注。

纲,并人为地将文本的时间改为与《神圣家族》一致的1844年11月。但通过仔细解读我们发现,马克思此处的思考逻辑与《神圣家族》是有差别的,因为它是在**肯定黑格尔**!语境中的重心是"自我""活动"。如上所述,《神圣家族》第一语境也讲到黑格尔对活动的态度,可解读重心却是批评他错误地把"**他本人**"的活动颠倒为绝对主体的自我活动。请注意马克思在"他本人"三个字下标注了着重号,而在这里唯一的着重号却标注在"事物的**差别**"下面。对此,我的具体解码如下:此时马克思实际上新发现,黑格尔的现象学建构中包含了一种重要的认知图式,与人相关的事物的差别,特别**是出现在我们认识图景中的"差别"与主体的活动有关,这甚至是更"本质"的差别**。但这些是直观的费尔巴哈根本无法理解的。在这一点上,马克思原有的已经与思想相区别的"劳动"是超越费尔巴哈的。而此时,马克思很可能是在经济学的意义上体认这一点的,因为真正造成客体差别的不会是理想化类本质的自由劳动,而只能是现实的"工业"。可是马克思在《1844年手稿》和《神圣家族》中对黑格尔进行批判时,他自己意识到这点了吗?我们对此心存疑窦。

第三点为"**扬弃 异化**(*Entfremdung*)等于扬弃 **对象性**(*Gegenständlichkeit*,费尔巴哈特别予以发挥的一个方面)"。在黑格尔那里,当他将人的认知结构武断地客体化为绝对实体以后,真正的客观存在(物质与人)却成了主体异化出去的工具性对象,所以扬弃异化也就是扬弃对象性,从而真正复归于精神主体。准确地说,扬弃异化等于扬弃对象性这一命题是黑格尔的原则。可马克思为什么说它是费尔巴哈特别加以发挥的一个方面呢?针对黑格尔的理性唯心主义,费尔巴哈将实体确证为自然与人,神是人的本质之异化和外化,打倒上帝是扬弃异化,但恰恰是真正回到对象性(感性)的人类主体生存;绝对理念是自然与人的总体精神的异化与外化,否定绝对观念,同样也是回到感性的自然和对象化存在的现实的人。费尔巴哈的自然唯物主义和人本主义恰恰着眼于重新确立**直观中的对象性**,而反对黑格尔所说的重新否定感性对象化。这可能是马克思的"特别发挥"之语的一种狭义的否定语境。

另一方面，马克思这一条思考要点的语境如果被转换到他已经进入的经济学研究进程中，就有可能展现第二种语义层面，即在一个新的意义上肯定黑格尔，而不是费尔巴哈！因为费尔巴哈哲学的理论基础是直观的自然对象性，而以马克思此时的经济学研究水平，他已经深入地了解到自然与人在社会历史物质进程（"工业"）中的现实存在形态（劳动者的"异化"与自然对象的产品化），所以，扬弃异化与外化，不可能使人与自然回到费尔巴哈所讲的抽象的直观对象性，而是要在更高的意义上重新回到同时消除了对象性物化的为人的存在。总体而言，与《1844年手稿》不同，马克思已经开始注意到要扬弃对象性。但也有这种可能，在写第三点时马克思并没有如此清醒的内省。不过，马克思在下面一点思考中所呈现的语境，和前面三点相比就有了很大的区别。

我以为，第四要点是最重要的。"你**扬弃**想象中的对象、作为意识对象的对象，就等于**现实的对象性的**（wirklichen gegenständlichen）扬弃，等于和思维有差别的感性的**行动、实践**以及**真正的活动**（sinnlichen Action，Praxis，u. realen Thätigkeit）。（还需要发挥）"[①]。对于这一点，我们需要条分缕析，思考清楚，马克思写这一理论心得的真实语境究竟是什么？语境的中心针对点是谁？泽勒尼不经意地指认出，马克思这里是以实践活动区别于鲍威尔的思想活动的。[②] 以我之见，第四点是青年马克思在批判性地解读自己和赫斯。显而易见，这一条已经不是在解读黑格尔。黑格尔的现象学的终点（也是《逻辑学》的起点）当然不是实践和感性的活动。费尔巴哈呢？本条的前半段似乎是在评述费尔巴哈，神可以是"想象中的对象"，但后半段中的两个"等于"又是无法指认费尔巴哈的。这时，有谁既打倒了黑格尔，又从费尔巴哈的"人"的实体走到了"感性的**行动、实践**以及**真正的活动**"呢？答案只有一个，那个"你"正是马克思和

---

① 《马克思恩格斯全集》第42卷，人民出版社1979年版，第237页。中译文有改动。参见 Karl Marx, *Manchester-Hefte*，*Marx-Engels-Gesamtausgabe*（MEGA2），Ⅳ/3，Text，Berlin：Dietz Verlag，1998，S. 11。
② 参见［捷］泽勒尼《马克思的逻辑》，牛津，1980年，第58页。

恩格斯此时的同路人——赫斯。如果说,在《神圣家族》中,以前隐匿于《1844年手稿》逻辑后台的蒲鲁东被直接指认,那么在这里,我以为马克思已经开始自觉批判赫斯了。实际上,**批判赫斯也是超越马克思自己!**

再简单地回顾一下,从真实的文本资料看,由于受切什考夫斯基的影响,赫斯较早(1840年)就提出要从黑格尔的思辨走向实践。正如我们在第一章中所讨论的那样,在赫斯眼中,整个青年黑格尔派就是"今日的实践哲学"①。在费尔巴哈的影响下,1842年以后,他进一步将人的类本质规定为人的"自由的、独立于各种外在强制的活动",甚至提出人的实践本质就是交换、交往和协作这一类的"现实的生活活动"和人的物质交往关系。② 值得注意的重要的新情况是,1844年上半年以后,他比马克思更早对费尔巴哈进行了批判。他认为费尔巴哈对人的本质的理解还是停留在思想中,没有达到人道主义的实践结论——社会主义。他称自己的哲学为"实践的人道主义(praktischen Humanismus)",以此区别于费尔巴哈的"理论的人道主义"。有意思的是,一个半世纪以后,一些中国学者竟然将实践人道主义再一次简单指认为马克思主义的"新形态"。1845年1月17日,赫斯写信给马克思,介绍了他在《最后的哲学家》(*Die letzten Philosophen*,Darmstadt:C. W. Leske)中对费尔巴哈的批判,并谈到他对费尔巴哈哲学的批判"宣布了宗教和哲学过程的终结"。我设想,马克思是在收到赫斯这封信之后,写下了这篇含有特定针对性的《黑格尔现象学的建构》。赫斯的思想转变对马克思最终解构费尔巴哈人本学逻辑产生了重大作用和影响;另外,对其发挥重要作用和影响的还有,施蒂纳在1844年10月发表的《唯一者及其所有物》中对费尔巴哈人本主义的毁灭性打击所带来的刺激;当然,更重要的"助产术"是此时马克思自己关于经济学和政治革命史研究的新境。

显然,这时通过批判费尔巴哈那种离开了社会实践的人道主义,提

---

① [德]赫斯:《欧洲三同盟》,载《哲学与社会主义论文集》(1837—1850年),柏林,1980年,第170页。
② 参见《德国和法国与中央集权问题》,载《莱茵报》1842年5月号。

出以感性的活动、实践和现实的活动来承接社会主义的人是赫斯。关于赫斯的这种"实践人道主义",我们在马克思的《1844年手稿》和《神圣家族》中已经有所了解,那时马克思和恩格斯对其基本是持肯定态度的。可是在这里,马克思还是简单地肯定吗?我以为不是。马克思第四点的思想聚焦于两个"等于",从上下文语境我们能感受到,马克思正在叩问自己。扬弃想象中的对象(黑格尔的观念异化、费尔巴哈的人之本质异化以及赫斯与马克思自己的劳动异化),就能等于真正的对象的扬弃?就能等于现实实践?"还需要发挥"本身意味着,马克思实际上已经对上述逻辑等式产生了疑问,更重要的是,**如果实践是抽象的非历史的逻辑结果**的话,那么这会是真正科学的吗?显然,这是马克思的一个刚刚开始还没有完成的思想实验!

2. 令人费解的《笔记本中的札记》

在上一节中,我们已经了解到,在1971年,马克思于1845年3月写下的《评李斯特》的手稿被发现了,在这一新的文本中,我们可直接看到马克思思想的重大变化。而我称之为马克思哲学新视界的第二个思想实验,就是马克思在写完《评李斯特》之后,于1845年4月写下的《笔记本中的札记》的手稿。[①] 它正好与《黑格尔现象学的建构》在同一个记事本上,位于第53页的上端,它的下面紧接着著名的《关于费尔巴哈的提纲》。翻遍国内马克思主义思想史论著,国内学界居然完全忽略了这一重要细节。

这个文本十分简短,只有看似相互并列又似乎无直接联系的四个要点:

> 神灵的利己主义(*göttliche Egoist*)同利己主义相对立。
>
> 革命时期关于古代国家的误解。
>
> "概念"和"实体"(*Substanz*)。

[①] 1932年首次发表于 *MEGA1* 第一部分,第5卷。后收入 *Marx-Engels-Gesamtausgabe* (*MEGA2*), Ⅳ/3, Berlin: Dietz Verlag, 1998, S. 19. 参见《马克思恩格斯全集》第42卷,人民出版社1979年版,第273页。——本书作者第四版修订注。

革命——现代国家起源的历史（Entstehungsgeschichte）。①

不可否认，对于《笔记本中的札记》的解读常常令人左支右绌，它要么被彻底忽略（国内学界），要么被简单地指认为其他思想运演的重复（巴加图利亚、陶伯特）。经过认真思考研究和对文本间语境的分析，我发现《笔记本中的札记》其实也十分重要，因为它是马克思此时的非常性思想实验中迸发出来的重要思想火花的记录，这些星星点点的火花就是他在具体的经济和历史研究中突然发现的一个重要的哲学规定群：**历史性、现实性和具体性**。

面对此文本，我们可以直接感知到其中的第一点、第二点和第四点都是一种**历史的、现实的和具体的**观念解读。首先是"神灵的利己主义同利己主义"。过去的一些研究（如陶伯特）只是将这个要点统一于《神圣家族》的有关论述。其实，在马克思已经阅读到的施蒂纳的《唯一者及其所有物》一书中，利己主义是施蒂纳抽象的历史分期第三阶段（成人）的价值取向，也是施蒂纳自己的理论旗帜。马克思试图说明，施蒂纳所标举的利己主义本身在现实中并不是抽象的和非历史的，中世纪也有特殊的"神灵的利己主义"，但它与今天的施蒂纳的资产阶级的利己主义所指认的内涵却完全不同。同样，现代资产阶级国家的起源与对古代国家的误解是一致的，即都是从资产阶级的现实"革命"实践出发的，一定的"革命"和批判性的实践活动必然形成特殊的理论话语。这一点，实际上直接关联到后来《关于费尔巴哈的提纲》的第一条和第三条之结论。其实，在同一笔记本的第 22—23 页（大约完成于 2 月）上，马克思在"关于现代国家的著作的计划草稿"②中已经写道："政治制度的自我颂扬——

---

① 《马克思恩格斯全集》第 42 卷，人民出版社 1979 年版，第 273 页。参见 Karl Marx, Manchester-Hefte, Marx-Engels-Gesamtausgabe (MEGA2), Ⅳ/3, Text, Berlin: Dietz Verlag, 1998, S. 19.

② 1932 年首次发表于 MEGA1 第一部分第 5 卷。后收入 Marx-Engels-Gesamtausgabe (MEGA2), IV/3, Berlin: Dietz Verlag, 1998, S. 24. 参见《马克思恩格斯全集》第 42 卷，人民出版社 1979 年版，第 238 页。——本书作者第四版修订注。

同古代国家混为一谈。革命派对市民社会的态度"①。马克思意在批判资产阶级所谓现代国家的实质正是由资产阶级社会的经济生活——市民社会决定的,可是资产阶级却无法看到这个从资产阶级革命解放中设定出的历史的现实的和具体的规定性。他们要么将其混同于古代国家,要么将现代国家幻化成永恒的"自由"、"平等"和"人民主权"。而马克思恰恰要超越所谓的资产阶级"革命",创造无产阶级的"为**扬弃**国家和资产阶级社会而斗争"(der Kampf um die *Aufhebung* d Staats u. der bürgerlichen Gesellschaft)的新革命。② 这是马克思"计划"的最后一条。

最令人奇怪的是《笔记本中的札记》的第三点。在对三个具体事实的解码中,为什么他会想到"'概念'与'实体'"? 对此的解释可能存在这样一种思路:"概念"是指黑格尔(及鲍威尔、施特劳斯等一切唯心主义),"实体"可能是指费尔巴哈的"人"(也可能包括以前的马克思、恩格斯和赫斯的"劳动"与"行动"),即已经转到一般唯物主义但仍然停留在对物相本质的实体性理解中的哲学家。所以接下去,就自然而然使人想到使"概念"回归客观现实,使"人"与"自然"的实体性理解得以消解,那么就理所当然导引出下半页《提纲》第一条中的实践了。这种解读似乎是顺理成章的。可是,在反复斟酌、再三思考之后,我觉得马克思的真实语境并非如此。因为,实践**也可能是抽象的**。如前所述,马克思十分清楚赫斯此时的观点正是抽象的行动、活动,如果联系赫斯那种对人类物质生产与交往的理解,赫斯的立论恰恰是社会实践。马克思这里的语境既不是简单地超越黑格尔,也不是简单地超越费尔巴哈,而是超越赫斯和此时的自己! 此处上下文(从第一到第四点)的关联语境,正是我于上文解读出的那种人类生活情境的历史性、现实性和具体性的**空白式的**语境指

---

① 《马克思恩格斯全集》第 42 卷,人民出版社 1979 年版,第 238 页。
② 参见《马克思恩格斯全集》第 42 卷,人民出版社 1979 年版,第 238 页。中译文有改动。参见 *Marx-Engels-Gesamtausgabe*(MEGA2),Ⅳ/3,Berlin: Dietz Verlag,1988,S. 11。1845 年 2 月 6 日的《特利尔日报》有一则报道:"马克思博士先生明天将离开巴黎,以便迁居荷兰,并在那里完成其国民公会史的写作。"可见这是马克思当时准备写作《国民公会史》一书的计划。——本书作者第四版修订注。

认。在此处的文本分析中,我借用了阿尔都塞的所谓症候阅读法。"读出空白"是准结构主义的一种语境分析法则。① 这种语境形成的唯一基础,不是哲学,只能是客观的经济与政治现实!

同时,在这里的支援性背景中还有值得我们注意的另一个文本,即恩格斯在不久前(1844年11月19日)写给马克思的一封信。它是在现有文本中马克思和恩格斯第一次提到施蒂纳的《唯一者及其所有物》(1844年10月底在莱比锡出版)一书。在这封信中,恩格斯认为施蒂纳用个人(利己主义的"我")代替费尔巴哈的人(类)是对的,而且是"重要的",并提出要"**把它翻转过来之后**,在它上面继续进行建设"。那么如何翻转呢?恩格斯此时提供的思路是:"如果要使我们的思想,尤其是要使我们的'人'成为某种真实的东西,我们就必须从经验主义和唯物主义出发;我们必须从个别物中引伸出普遍物"②。我以为,对于恩格斯的这一想法马克思基本赞成,但也会有一定的保留。施蒂纳对费尔巴哈人本主义逻辑的根本性批判,当然极大地震动了马克思,这是他最终根本背离人本主义的原因之一,同时施蒂纳的利己主义的"我"也的确是马克思恩格斯后来形成"现实的个人"的批判性出发点。侯才博士在他的《青年黑格尔派与早期马克思思想的发展》一书中,已经注意到这一问题。参见该书关于马克思与施蒂纳一章的论述。③ 我们在下一章中还会专门讨论这点,但仅仅如此还是不够的。在我看来,马克思可能对这封信的后半部分更感兴趣。在信中恩格斯告诉马克思,施蒂纳的问题在于"从唯心主义的抽象概念跳到了唯物主义的抽象概念",而赫斯可能是"出于原先对唯心主义的忠心","痛骂经验主义","在他谈到理论问题时,总是把一切归结为范畴,因此他也无法通俗地表述,他过于抽象了"。④ 因此,恩格

---

① 参见拙著《问题式、症候阅读与意识形态——关于阿尔都塞的一种文本学解读》,中央编译出版社2003年版,第二章。——本书作者第二版注。
② 《马克思恩格斯全集》第27卷,人民出版社1972年版,第13页。
③ 参见侯才《青年黑格尔派与早期马克思思想的发展》,中国社会科学出版社1994年版。
④ 参见《马克思恩格斯全集》第27卷,人民出版社1972年版,第13页。

斯说,如果我们"去研究真实的、活生生的事物,研究历史的发展和结局,那么情况就完全不同"①。我想,恩格斯这最后一段话"正中"马克思"下怀"。这大概也是马克思后来说恩格斯从另一条道路"独立地"发现了新世界观的缘由。我再接着假设,马克思接到恩格斯这封信后,特别是在读了施蒂纳的《唯一者及其所有物》一书后,给恩格斯写了一封信,并告诉他自己的看法,这才有了恩格斯表示赞同马克思观点的1845年1月20日的那封信。② 同时,马克思在研究法国革命和国家问题(《国民公会史》)及写作《评李斯特》一文的过程中形成了一些新想法,于是先写下《笔记本中的札记》,不久又写下著名的《关于费尔巴哈的提纲》。这就是他的第三个也是最重要的革命性思想实验。

第四节 《关于费尔巴哈的提纲》中的格式塔变革

如上所述,马克思在1845年4月写下《笔记本中的札记》后,紧接着写出著名的《关于费尔巴哈的提纲》。虽然《关于费尔巴哈的提纲》的文本是在记事本同一页的下半部写下的,但根据笔迹和墨水来鉴定,它确实是在不同时期撰写的。我将马克思的《关于费尔巴哈的提纲》视为历史唯物主义创立之前第三个也是最成功的非常性和革命性思想实验。实际上,正是它彰显了马克思第一次自觉地、有策略地真正打破旧有的人本主义异化史观逻辑,也是它表明了这种在深入研究经济学基础之上的科学认识革命性飞跃的刚刚萌生,也正是它引发了马克思思想的第二次重大转变——马克思主义哲学新视界最初地平的呈现。有关这一点的论述,阿尔都塞的观点包含了重要的合理成分,但这里发生的不是简单的认识"断裂",而是非常性量变之上的认识飞跃。马克思没有也不可能完全抛弃原来的思想特质和他所关注的所有重大理论与现实问题,这些都不过是在一个全新的理论构架内被科学地重写重构了。

---

① 《马克思恩格斯全集》第27卷,人民出版社1972年版,第14页。
② 参见《马克思恩格斯全集》第27卷,人民出版社1972年版,第16—22页。

1. 马克思哲学新视域中的实践意味着什么

众所周知,1845年4月间,马克思在自己的记事笔记本第53—57页中写下了著名的《关于费尔巴哈的提纲》(Thesen über Feuerbach)①。同年11月,马克思恩格斯从这一提纲出发,开始了哲学新视界的建构(《德意志意识形态》)。在19世纪80年代中期,恩格斯将马克思的这一提纲公开发表,并称之为包含了"新世界观的天才萌芽的第一个文件"。1893年恩格斯去世前,他再一次明确指认过历史唯物主义哲学新视界的诞生地,恩格斯说,《关于费尔巴哈的提纲》"**就是**这一起源!"②本来,《关于费尔巴哈的提纲》作为第一个马克思主义哲学新视界的文本,其理论逻辑定位是清楚的,因为它经过了马克思主义创始人的直接指证。可是在20世纪30年代以后,具体地说,也就是马克思一部分早期论著(包括《黑格尔法哲学批判》和《1844年手稿》等)问世后,以西方"马克思学"和西方马克思主义人本学家的某种特定理论意向为开端,《关于费尔巴哈的提纲》的地位发生了一种微妙的变化:马克思主义哲学的发生被前移到1843年的《黑格尔法哲学批判》,这样,在1845年4月以前的许多马克思的早期文本都被指认为马克思主义(如《1844年手稿》时的人本主义劳动异化理论),而《关于费尔巴哈的提纲》则不再是真正的"起源",将只是成为一种"完成"的标志。而且值得注意的是,相当一部分具有人本学思想倾向的论者在面对《关于费尔巴哈的提纲》时,都是从其中的第一条("从主体出发")**反向倒退**到《1844年手稿》,而不是正向推进到《德意志意识形态》、《哲学的贫困》和《资本论》。就像前面我已经指出的那样,如果马克思曾比喻,人体解剖是猴体解剖的钥

---

① 参见 Karl Marx, *Manchester-Hefte*, *Marx-Engels-Gesamtausgabe*(MEGA2), Ⅳ/3, Text, Berlin: Dietz Verlag, 1998, S. 19 - 21。在笔记本原稿上,只有马克思的"ad Feuerbach"一语,但恩格斯在出版时改为"Marx über Feuerbach",在恩格斯的《费尔巴哈和德国古典哲学的终结》(1888)的封面上,注有"Karl Marx über Feuerbach vom Jahre 1845"。《关于费尔巴哈的提纲》(Thesen über Feuerbach)这一标题,是马克思列宁主义研究院后来根据以上恩格斯著作的序言而加的。
② 《马克思恩格斯全集》第39卷,人民出版社1974年版,第24页。

匙,可现在则到处将猴体(早期马克思非科学的文本)直接指认为人体(马克思主义)。不能不说,这俨然已经成为一个严重的原则问题。这意味着,确认《关于费尔巴哈的提纲》的地位又重新成为一个重大的理论问题。

根据恩格斯的说法,《关于费尔巴哈的提纲》是包含着新世界观萌芽的天才提纲。我以为,恩格斯的这一理论指认中,"萌芽"一词是关键词,它界定了《关于费尔巴哈的提纲》是马克思整个科学世界观的真正"起源",但不是"完成"。《德意志意识形态》一书才是其新的哲学方法——广义历史唯物主义理论建构的具体实施过程。对此,阿尔都塞说:"由《关于费尔巴哈的提纲》所宣告的新的哲学立场仅仅是一项宣言;它并没有被和盘托出"。这个判断基本正确。① 不过我认为它倒不是宣言,因为

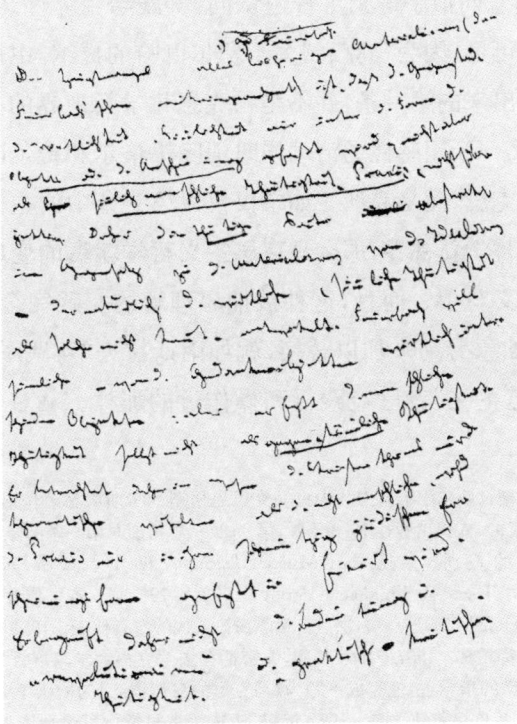

图7 《关于费尔巴哈的提纲》第一条复制件

---

① 参见[法]阿尔都塞《保卫马克思》,顾良译,商务印书馆1984年版,第267页。

《关于费尔巴哈的提纲》根本不是打算公开"宣告"的,而仅仅是马克思自己革命性思想实验的一个记录。因此,我认为既不能弱化也不能简单地拔高《关于费尔巴哈的提纲》的地位。同时,从我这里所再现的马克思文本间构成的特殊语境看来,传统研究中那种对《关于费尔巴哈的提纲》第一条过于偏爱的意向性解读是值得商榷的。

由于对第一条内容有太多的诠释,其中理解的重点是马克思批评一切旧唯物主义"对对象、现实、感性(der Gegenstand, die Wirklichkeit, Sinnlichkeit),只是从**客体的**或者**直观的**形式(Form des *Objekts* oder der *Anschauung*)去理解,而不是把它们当作**感性的人的活动**,当作**实践**去理解(*menschliche sinnliche Tätigkeit*,*Praxis*),不是从**主体方面**(*subjektiv*)去理解"①。其基本意向似乎得到了普遍认同:实践与主体性。可是,我觉得这个诠释相当可疑,因为马克思《关于费尔巴哈的提纲》中被抽象理解和从语境中割裂出来的第一条,并不是马克思哲学新视界的核心所在!因为如前所述,第一个用感性的活动同时消除黑格尔和费尔巴哈的局限性的人并不是马克思,而是赫斯。如果仅仅以第一条中的主体性实践来确证马克思主义哲学新视界,那么**马克思主义哲学就真的变成了赫斯主义("实践人道主义")**了。而且,这种被抽象理解的实践完全可以用《1844年手稿》中的抽象劳动来加以替换,就如南斯拉夫"实践派"和我们国内一些"实践人道主义"者已经践行和操作过的那样。施密特②正确地提

---

① [德]马克思恩格斯:《费尔巴哈》,中共中央马克思恩格斯列宁斯大林著作编译局译(下文将译者省略——笔者注),人民出版社1988年版,第85页。恩格斯对第一条的修改与马克思的原有表述没有质性的差别。参见 Karl Marx, *Manchester Hefte*, *Marx-Engels-Gesamtausgabe*(MEGA2), IV/3, Text, Berlin: Dietz Verlag, 1998, S. 19.——本书作者第三版注。
② 施密特(Alfred Schmidt, 1931—),法兰克福学派第二代的左翼代表。1931年5月19日,施密特出生于德国首都柏林。1957—1961年间,施密特在法兰克福大学攻读哲学、社会学和历史。1960年,在阿多诺的指导下,他完成了题为《马克思的自然概念》的博士论文。随后执教于法兰克福大学和法兰克福劳动学院。1972年起,任法兰克福学派社会研究所所长。施密特的代表性论著有:《马克思的自然概念》(1960)、《尼采认识论中的辩证法问题》(1963)、《康德与黑格尔》(1964)、《列斐伏尔和现代对马克思的解释》(1966)、《工业社会的意识形态》(1967)、《经济学批判的认识论概念》(1968)、《历史和结构》(1971)、《论批判理论的思想》(1974)、《什么是唯物主义》(1975)、《作为历史哲学的批判理论》(1976)、《观念与世界意志》(1988)等。

第四章 马克思主义哲学革命前夜的实验性文本

出,马克思、恩格斯去世之后,是拉布里奥拉①最先从切什考夫斯基那里"接过"了"实践哲学",从而对葛兰西产生影响。② 然后,这种思想才又通过西方马克思主义传给东欧的"新马克思主义",20世纪70年代中转日本后才"进口"到我国。**抽象的非历史的**实践哲学和实践唯物主义绝不是马克思主义哲学! 可见问题没有那么简单。

在几个月之后马克思恩格斯所写的《德意志意识形态》里,有这样一段极重要的话,他们批评格律恩抄袭"赫斯的明显的错误"。赫斯有什么错误? 他以为:"只要把费尔巴哈和实践联系起来,把他的学说运用到社会生活中去,就可以对现存社会进行全面的批判了"③。马克思恩格斯那时才直接点明,赫斯的东西"带有非常模糊的和神秘主义的性质"。极有意思的是,此时赫斯正与马克思恩格斯一同写作《德意志意识形态》(第2卷第五章)! 此外,还有一个重要的文本证据,1845年1月20日恩格斯写信给马克思说:

> 说到施蒂纳的书,我完全同意你的看法。我以前给你写信的时候,还受到对该书直接印象的很大影响,而我把它放在一边,经多多地思考以后,我也发现了你所发现的问题。赫斯(他还在这里,两星期前我在波恩同他交谈过一次)动摇一阵之后,也同你的结论一致了。④

恩格斯发现了什么问题? 赫斯为什么而动摇? 按照我的解读思路,这正好是马克思在我上述"第二个思想实验"中要解决的问题。施蒂纳批判费尔巴哈的"类"本质是对的,但他的根本错误不仅仅在于他说了利己主义的个人。马克思恩格斯新世界观的基础当然也不是恩格斯在1844年11月19日致马克思的信里所说的,只要"从经验主义和唯物主义出发","从个别物中引伸出普遍物"就行了,而在于真正摆脱后来马克

---

① 拉布里奥拉(Antonio Labriola,1843—1904),意大利哲学家、政治家。意大利最早的马克思主义宣传者之一。
② 参见[德]施密特《历史和结构》,张伟译,重庆出版社1993年版,第83页注2。
③《马克思恩格斯全集》第3卷,人民出版社1960年版,第580页。
④《马克思恩格斯全集》第27卷,人民出版社1972年版,第16页。

思恩格斯所讲的"非历史主义的抽象",从而客观地进入历史的现实的具体的社会情境。可见,马克思思想中的三大难题并不是在一般地达及实践规定后才得以最后解决的,而是**通过实践,通过走进历史的现实的具体的社会情境**得以解决的!显然,我在《马克思哲学转变中的三大难题及其深层解决》一文中对这一语境的分析,还是未完成的!① 顺便提一句,泽勒尼在他那本影响颇大的《马克思的逻辑》一书中的第十四章里,论及马克思与赫斯的思想关系时用了一个意味深长的题目:"仅使费尔巴哈成为实践的并不够"。由此看来,他比我们的一些"实践人道主义"学者要深刻得多。② 泽勒尼的这个说法源起于马克思恩格斯在《德意志意识形态》一书第二卷中批评格律恩的一个相关表述,即格律恩以为,"只要把费尔巴哈和实践联系起来(brauche Feuerbach nur praktisch zu machen),把他的学说运用到社会生活中去,就可以对现存社会进行全面的批判了"③。

另一个更为重要的方面是,过去我们对《关于费尔巴哈的提纲》的讨论基本上都在哲学视域中进行的,似乎马克思的思想革命首先是纯哲学的变革,这种变革常常被狭义地解释为马克思对两种哲学话语的改造和嫁接:除去唯心主义的黑格尔的辩证法**加上**消解过机械性的费尔巴哈的唯物主义,就等于辩证唯物主义。这不仅成为我们传统研究中的观点,也变成一个广泛的共识。以胡克④的观点,这第一条的意义就在于"给唯心主义者在其对意识的分析中所作出的天才发现,提供一个唯物主义的

---

① 参见拙著《马克思历史辩证法的主体向度》,南京大学出版社2002年第2版,第二章第一节第1目。——本书作者第二版注。
② [捷]泽勒尼:《马克思的逻辑》,牛津,1980年,第182页(该书中译者将此目意译为"马克思与赫斯",倒着实犯了一个把本质再变成现象的小错误。参见此书中共中央党校科研处编译本)。马克思哲学新视界的根本要义正在于反对一切抽象的形而上学本体论。海德格尔在60年代中期批评萨特没资格与马克思对话,理由就是萨特的哲学逻辑中仍然凸现出一种抽象人本主义,而海德格尔的哲学"革命"则得益于马克思把不变的"一"变成当下带着动词("ing")的具体存在。广松涉再由此反悟出马克思的关系本体论,当然这是后话了。
③《马克思恩格斯全集》第3卷,人民出版社1960年版,第580页。——本书作者第三版注。
④ 胡克(Sidney Hook,1902—1989),杜威以后美国最著名的实用主义哲学家。

基础"①。或者用莱文的话说就是,"马克思把德国的唯心主义对活动的强调与洛克—边沁对社会环境的强调混和在一起,这样就产生了马克思式的"②。其实,从我们上面已经进行的讨论来看,这些判断基本上是不准确的。马克思第二次重大思想转变——历史唯物主义科学方法论的确立,并不仅仅是哲学逻辑的**单向度进展**结果,而是一个复杂的理论建构的产物。在这个总体研究视域中,最重要的是马克思自己的**经济学进展**。如果从这样一个新的视角去定位马克思的哲学突变,其主导性理论基础正是《布鲁塞尔笔记》A 的前期研究的经济学语境。从马克思这一研究的中心来看,主要是政治经济学学说史的研究。其中最重要的文本,就是我们已经解读过的作为《布鲁塞尔笔记》A 的前期成果《评李斯特》一文。

以我的看法,马克思《关于费尔巴哈的提纲》中的**实践**规定,并不是对哲学语境中上溯康德、费希特和黑格尔,下至切什考夫斯基的实践、赫斯的行动哲学的简单指认,而是马克思自己在经济学研究中对**社会物质活动**的肯定,具体地说,就是从狭义的经济学语义上**特殊的**"工业"(在《评李斯特》中那种特设性的正在创造现代世界历史进程的资产阶级社会的物质生产方式)向**一般**的"社会的物质活动"的总体——实践——的过渡。经过一种哲学逻辑的提升,马克思在《评李斯特》一文中所讲的那种人类主体通过物质创造活动,"占有他自己的和自然的力量,使自己对象化,为自己创造人的生活的条件"的"工业",即撕破了农业生产中那种人与自然的直接同一后,由工业(机器)中介了的人与自然的重新统一过程,才升华为一个一般的哲学**总体**规定,这就是社会物质实践。我以为,具有**具体的、历史的和现实的社会物质发展基础的现代实践**,才是马克思新世界观的真正逻辑起点。马克思新唯物主义的实践规定,不是在简单的、抽象的哲学演绎中形成的,而是社会经济历史积淀的结果。这是长期以来被人们所忽略的重要方面,也是西方马克思主义人本学家和实

---

① [美]胡克:《对卡尔·马克思的理解》,徐崇温译,重庆出版社 1989 年版,第 266 页。
② [美]莱文:《辩证法内部对话》,张翼星、黄振定、邹溱译,云南人民出版社 1997 年版,第 84 页。

践人道主义者们误读马克思的根本原因之一。

由此可见,《关于费尔巴哈的提纲》的更重要的方面恰恰是对实践本身的规定性,即历史的、现实的和具体的社会情境。如果不注意马克思对实践本身的这种规定性,那么斯泰恩将实践视为实用主义的规定就是对的。① 实际上,马克思的社会历史实践本身的另一个重要的自我规定是它的客观制约性问题,马克思是通过环境作用人、反对抽象的"活动"将它表现出来的(还有第三条)。可见,马克思真正提供给我们的不仅仅是主体性,也不仅仅是活动,而是历史的、现实的和具体的人类社会主体和活动。所以,当施密特指出,"社会实践的具体性"是马克思哲学新视界的真正对象和出发点时,他无疑是正确的;②当施密特进一步指出,马克思哲学革命的意义在于取消了一切抽象的本体论时,他的确是深刻的。一言以蔽之,马克思不仅否定观念本体论,也否定了费尔巴哈抽象的物质和人的本体论,最后还否定了赫斯和他自己原来那种抽象的实践和劳动的本体论! 马克思在此**否定了一切逻辑本体论**。所以我曾经指出,在这一意义上马克思主义哲学恰恰是**反体系**的。③

第一条值得我们深思的内容很多,除去我们已经细致解读了的那种既反对一切旧唯物主义又反对一切唯心主义的,"从主体方面去理解"的对象性的感性实践活动以外,请读者特别注意在第一条最后一句出现的"'革命的'、'实践批判的'(der "revolutionären", der "praktisch-kritischen")"定语。因为如前所述,我们从第一个思想实验的语境中已经知道,以费尔巴哈为思考起点进而延续到对象性的感性活动本身并不是马克思的发现,而是赫斯的理论"王牌"。第一条的主要内容首先是在

---

① 斯泰恩说:"实用主义绝不是美国哲学家皮尔士和詹姆斯的发明,它早在他们之前半个世纪就为马克思所创立。马克思在他的《关于费尔巴哈的提纲》中已经叙述了实用主义的原则"。参见[美]斯泰恩《马克思主义与历史相对主义》,载《国际哲学评论》1958 年第Ⅻ卷,第 45—46 页。
② 参见[德]施密特《马克思的自然概念》,欧力同、吴仲译,商务印书馆 1988 年版,第 31 页。
③ 参见笔者对《德意志意识形态》第一卷第一章手稿的解读——《马克思主义哲学新视界的初始地平》,载《南京大学学报》1995 年第 1 期。

肯定赫斯的思路！当然,认为实践活动是通向哲学新视界的入口和基石,或者是过渡性的逻辑起点①,这种观点是对的,但实践绝不能是赫斯那种"非历史主义的抽象",因此马克思特别强调,费尔巴哈所无法了解的其实是社会实践的革命性和批判性。这里的"革命"可以理解为变革的意思,但从同一页上方的第二思想实验的语境来看,革命性不是仅仅指认一种不变的感性活动基础,而是指特定社会历史条件下的**实践构境**。② 此外,马克思已经从经济学的研究中看到,否定现实的资产阶级社会,重要的不是"一种范畴代替另一种范畴"的伦理价值冲击,而是"只有通过社会的物质活动才有可能"！③ 所以,如果用实践唯物主义(praktischer Materialismus)来指认马克思主义哲学,那么马克思主义哲学只能是一种历史的现实的具体的实践唯物主义,一种革命的批判的实践唯物主义。

2. 马克思认知构架的质变

传统的解读思路认为,《关于费尔巴哈的提纲》第二条的内容是认识论,"人的思维是否具有对象性的真理性(gegenständliche Wahrheit),这不是一个理论的追问(Frage der Theorie),而是一个**实践的**追问(*praktische* Frage)"④。马克思这里的思考仅仅是停留在认识论中吗？

---

① 吴晓明博士也注意到了这一点,却不够准确地将其误指认为《德意志意识形态》中的"实践的唯物主义"一语。因为在马克思、恩格斯那里,赫斯哲学中作为抽象逻辑规定的实践具有过渡性,它只是马克思哲学新视角的入口,根本不是旧哲学意义上的逻辑本体。马克思此处的实践概念,意在指认马克思主义哲学的功能性质,即他所关注的具体社会历史实际变革意义上的"实践的唯物主义"(＝"共产主义的唯物主义"),在这个意义上,实践却不能说是过渡性的。参见吴晓明《历史唯物主义的主体概念》,上海人民出版社1993年版,第146页。
② 参见拙文《历史唯物主义与历史构境》,载《历史研究》2008年第1期。——本书作者第二版注。
③ 参见《马克思恩格斯全集》第42卷,人民出版社1979年版,第255页。
④ [德]马克思恩格斯:《费尔巴哈》,人民出版社1988年版,第85页。中译文将gegenständliche译为"客观的",我将其改译作"对象性的"。而在这一点上,郭沫若的翻译是正确的;而原文中的Frage不是通常的"问题(Problem)",而是"追问"、"发问"和"疑问"的意思。郭沫若的译本参见《梁赞诺夫版〈德意志意识形态·费尔巴哈〉》,夏凡编译,南京大学出版社2008年版,第112页。参见Karl Marx, *Manchester-Hefte*, *Marx-Engels-Gesamtausgabe* (MEGA2), IV/3, Text, Berlin: Dietz Verlag, 1998, S. 20。——本书作者第三版注。

我以为，它的语境可能不会如此单薄。即便是认识论，恐怕它也并不像传统上所理解的仅仅作为真理标准的实践尺度那样简单。与上述我们讨论过的马克思第一思想实验中的第二点相关，这也包含了在实践基础之上对黑格尔现象学认识辩证法的重新肯定。此时马克思发现，思维的客观真理性，并不是像费尔巴哈那样简单地颠倒主谓逻辑关系就能解决的，因为其中蕴藏着一个**实践的历史结构**的问题。根据《关于费尔巴哈的提纲》第一条的逻辑，原来那种"**他本人**"的主观认知活动实际上是以实践的感性活动为基础的，这样，黑格尔的错误首先是把人的物质实践变成人的认知活动，再把这种认知活动及结构变成逻辑本质，实践的此岸性就等于概念的彼岸性。由此，康德是被诓骗过去的！可费尔巴哈把黑格尔颠倒过来的同时却顾此失彼：实践同样被抛弃了，思维被立于感性直观的物相（抽象的人与自然）之上了，概念的彼岸性与客观现实一起被打倒了。这样，康德是被绕过去的。马克思说，思维的此岸性和现实性是一个实践的问题，费尔巴哈的物相（客体与直观对象）恰恰是实践造就的**此岸性**，历史的现实的具体的社会实践又是一座正在通向彼岸的桥梁。

更重要的方面是，马克思这一新认识论的基础同样必须从他此时的经济学研究来反观。如果仅仅将实践视为人的一般感性活动，并以此作为认识基础，那么这仍然是在哲学逻辑中完成的说明。这就会使人把**个人的行为**指认为实践，进而也把现存的一般社会物质活动、政治斗争直指为实践，并以此来确证认识的真伪性。其实，这都不是马克思对实践最深层的科学界定，因为在马克思此时的《布鲁塞尔笔记》A的前期研究中，在古代经济发展与现代资产阶级社会经济发展的对比性观察里，他已经在着眼于思考社会经济进程中真正变革世界的**现代工业生产**。因为，如果说，在农业社会自然经济中的物质生产的本质还只是依附于自然运动之上的经过加工和获得优选后的自然产品，人类主体还是自然过程中的被动受体，那么，在现代资产阶级社会商品经济中，经济世界已经成为人的工业生产的直接创造结果，工业实践活动及其实践结构已经成为我们周围世界客体结构的重要构件,自然物质对象第一次成为人类主体全面支配的客体,财富第一次真正摆脱自然的原初性,而在社会实践的重构中成为"社会财富"。我们不再在自然经济中简单直观地面对自然对象,而是能动地面对工业实践和交换市场关系的产物。**物相第一次直接成为人类实践的世界图景,人们通过能动的工业(科学技术)实践,更深刻地超越感性直观,掌握周围物质世界越来越丰富的本质和规律。**这才是马克思实践标准的真实社会历史内涵,也正是在这里,康德的现象学认识论和黑格尔的唯心主义认识论才被彻底驳倒了,他们的认识论中最重要的合理内核才被科学地批判继承了。可见,在马克思那里,实践标准本身有其深刻的历史意向。

马克思《关于费尔巴哈的提纲》第二条,除了具有一般认识论的意义,还蕴涵着哲学逻辑总体方向根本转向的重要命题。因为,也正是立足于实践之上,彼岸世界与此岸世界的分裂才被真正扬弃了,过去马克思从理想化的主体性劳动(类本质)出发的价值悬设的彼岸性("应该")才第一次被彻底消除,从实践出发,就是从"此岸性"的"是"出发,对现实的批判,不再是来自彼岸的主体价值悬设,而是真实的实践本身的革命辩证法。这一点思考力透纸背,也非常重要。如果不从经济学的语境来理解和把握,那么我们终将浮光掠影地飘过,而无法真正抵达这一理论层面。

与马克思有关这一点的认知相比,赫斯显然略逊一筹,他已经无法达及马克思哲学的新地平了。

这时我们再回到文本进行考察,《关于费尔巴哈的提纲》中的第三、第五和第八条的语境就一目了然了。从上面我们呈现的马克思的全新经济学研究视域来看,马克思自然会批判他在《神圣家族》中肯定的法国唯物主义者。这是马克思从本质上真正超越自然唯物主义的开端。他是从工业的发展中才深刻地意识到,"环境是由人来改变的(die Umstände von den Menschen verändert)"。人改变环境这一命题,在哲学本质上的定位并不属于农业生产时期人类主体对外部对象的有限改造,即使充斥着"人定胜天"的豪言壮语,这种改变也不会是总体性的变革。人能够真实地从总体上改变环境,从而使我们周围的世界成为人的实践的产物,这种特性只能在大工业时代以后的社会实践中才可能抵达。"环境的改变和人的活动或自我改变的一致,只能被看作是并合理地理解为**革命的实践**(*revolutionäre Praxis*)。"①社会实践不是泛指人与对象的一般能动关系,而是对现代工业确立人类主体在全部客体世界中的**主导地位**的真实指认。这种历史性的定位,对于理解马克思这里所讲的人与环境的实践关系是尤为重要的。

由此,马克思就能直接批评,"费尔巴哈不满意**抽象的思维**(*abstrakten Denken*)而喜欢**直观**(*Anschauung*);但是他把感性不是看作**实践的、人的感性的活动**"②。在自然唯物主义者那里,直观的感性成为他们反对唯心主义思辨逻辑的武器。如果退一步说,直观感性在人们面对自然对象时还有一定的说服力的话(从根本上说,这还是错的,因为自然对象也是由社会实践历史地呈现于人的主观视界的),那么面对社会历史和人类生活时,自然唯物主义就会一败涂地,要么变成为简单的唯心史观,要么蜕变为对社会生活中实体性物相的直观指认。因为他们无法理解,"全部社会生活在本质上是**实践的**(*Das gesellschaftliche Leben ist wesentlich praktisch*)"③。我以为,只有在这个时候,马克思才理解了政治经济学中的那种社会唯物主义。更重要的是,他**第一次真正在哲学意义上提升了社会唯物主义中所隐性包含的合理因素**。这已经不是一个简单的认识论问题,而已经是历史唯物主义哲学逻辑的前提了。

3. 历史的现实的具体的科学方法论之最初建构

在《马克思历史辩证法的主体向度》一书中,我已经解读了《关于费

---

① [德]马克思恩格斯:《费尔巴哈》,人民出版社1988年版,第84页。恩格斯将马克思原文中的 *revolutionäre*(革命的)改作 *umwälzenge*(变革的),并没有改变马克思的原意。参见 Karl Marx, *Manchester-Hefte*, *Marx-Engels-Gesamtausgabe*(*MEGA2*), Ⅳ/3, Text, Berlin: Dietz Verlag, 1998, S. 20.——本书作者第三版注。
②③ [德]马克思恩格斯:《费尔巴哈》,人民出版社1988年版,第85页。

尔巴哈的提纲》中的第三条、第四条和第五条。原来的诠释都可以在我的新的理论构境中找到自己的位置,关键问题在于我原先没有认真对待第六条和第七条。根据我现在的看法,这两条中才提供了马克思哲学新视界的最重要的内容,**即历史的现实的和具体的分析方法**。正是在这个层面上,我们说马克思主义哲学本质上是一种**科学的功能性方法**,即毛泽东所定位的"活的立场、观点和方法",它唯一告诉我们的就是如何**客观地历史地观察人与对象、人与人之间的历史性能动关系**。

那么,马克思在这两条中究竟想弄清楚什么问题呢?以我之见,马克思这里虽然写的是费尔巴哈,但心里真正要超越的却是赫斯和自己不久前的逻辑构架,即人本主义的非历史的抽象方法,尽管那种方法已经在为无产阶级革命寻求根据,尽管那种方法已经从费尔巴哈推进到劳动(以及《神圣家族》和《评李斯特》中的工业和实践)。不过,由于此时赫斯还是一度领先于马克思恩格斯的同路人,马克思不便将矛头直接指向赫斯。如我们已经指出的,一年后在与赫斯共同撰写《德意志意识形态》一书时,出现了赫斯既是作者又是被批判对象的微妙情形。但马克思已经意识到,赫斯的实践人道主义从根本上并没有超出费尔巴哈!其重要的原因就是,赫斯的实践哲学(甚至也可加上唯物主义的后缀)和"真正的"社会主义仍然是以抽象的"人"为基底的。这种抽象的不属于任何时代和社会实践的人,在本质上还是德国"市民社会(bürgerliche Gesellschaft)"之上的意识形态!① 马克思自己在《1844年手稿》前后居有的"人"和"劳动"观念的性质又何尝不是如此呢?在那里,理论逻辑显性的表层是从费尔巴哈进入到实践和生产,可是深层的先验人本学逻辑方法,却使哲学对经济现实的投射重新坠入一种隐性的

---

① 美国学者麦金太尔曾经发表《一条未走之路》一文,于其中指认马克思在《关于费尔巴哈的提纲》中的思想变革主要是"超越市民社会的立场",这一观点是有一定的道理的。麦氏在此文中从现实社会主义实践的重大挫折中试图重新解读马克思,许多论见值得我们深究。此文中译文见《国外社会科学》1995年第6期。另外,郭沫若先生将 bürgerliche Gesellschaft 直接译作"有产者社会"。郭沫若的译本参见《梁赞诺夫版〈德意志意识形态·费尔巴哈〉》,夏凡编译,南京大学出版社2008年版,第115页。——本书作者第三版注。

唯心主义历史观。由此,第六条和第七条的深层思考语境才可能逐渐显露出来。

从表面上看,如我曾经诠释过的那样,这里是批判费尔巴哈哲学的第三个要素——"人"(第一个要素是抽象的自然,这在第一条中得以解决;第二个要素是抽象的直观,这在第二条和第五条中得以解决),这种解读的大逻辑思路并没有错,可是以我刚刚呈现的语境来思考,问题又显得复杂得多。这里的第一句是"费尔巴哈把宗教的本质归结为人的本质",以往马克思对此是直接肯定的,可是这里的逻辑定位就有较大的异质性了。马克思对费尔巴哈作为复归基地的人的主体类本质发难了(当然也是针对《1844年手稿》中的人的劳动类本质)!"但是,人的本质并不是单个人所固有的抽象物,在其现实性上,它是一切社会关系的总和(In seiner Wirklichkeit ist es das Ensemble der gesellschaftlichen Verhältnisse)。"①以我之见,马克思是在对一切先验的、非历史、非现实、非具体的主体类本质进行有意图的颠覆和解构。在这里,**传统哲学中那种形而上学的逻辑本体论,第一次被宣布为非法的**。无论它以什么新概念出现(劳动、生产、实践皆无一例外,因为它们在马克思使用之前赫斯都曾使用过),只要还在制造一种"撇开历史的进程"的抽象的主体本质,都将是非科学的。我以为,马克思的这一批判是对古典人道主义的根本否定,"内在的、无声的(innere, stumme)"类本质,是文艺复兴以来全部资产阶级启蒙思想的根本逻辑支点,天赋人权和天赋理性正是将"许多个人**自然地**联系起来的共同性(die vielen Individuen *natürlich* verbindende Allgemeinheit gefaßt werden)",这也是资产阶级社会("市民社会")的现实本质。费尔巴哈的问题正出在这里,他无意识地反映了现实的资产阶级社会关系(抽象的"爱"),但以此去确证一种永恒的人类主体本质。然而,费尔巴哈不知道,哪怕他声称拥护共产主义(如1845

---

① [德]马克思恩格斯:《费尔巴哈》,人民出版社1988年版,第85页。参见 Karl Marx, *Manchester-Hefte*, *Marx-Engels-Gesamtausgabe*(MEGA2), Ⅳ/3, Text, Berlin: Dietz Verlag, 1998, S. 20-21。

年他的政治立场转变),也仍然改变不了他的哲学背后隐性的资产阶级意识形态性质。赫斯又何尝不是如此呢?因为他们不可能真正对资产阶级社会的现实本质(还不是词句)进行批判,所以他们的立脚点自觉或不自觉地只能是资产阶级社会中原子化(atomistsch)的个人直观与伦理义愤(第十条)。① 这样,怎能谈得上通过可行的革命途径去"**改变**"这个世界(第十一条)?!

我们不难发现,从一定的"社会历史进程"出发,绝不是一种在传统哲学思路中能够承袭的规定性。所以我又不得不指出,这是马克思经济学研究中的一种哲学解悟。通过《布鲁塞尔笔记》的前期研究,马克思最大的收获就是看到了西方经济发展史的整体,以及这种与经济发展的每一个具体时段相适应的政治经济学理论,因为这是马克思《布鲁塞尔笔记》中摘录麦克库洛赫的《论政治经济学的起源、发展、特殊对象和重要性》、佩基奥的《意大利政治经济学史》、加尼耳的《政治经济学的各种体系比较研究》、布朗基的《欧洲政治经济学从古代到现代的发展》等书的主要线索。同时,也由此,在《评李斯特》中,马克思才能认识到资产阶级经济学只能是资产阶级社会经济现实的反映,它"只是给这一社会制度提供相应的理论表现"②;他才能正确地注意到,资产阶级政治经济学的现实出发点只能是现实的市民社会,"而对这个社会的各个不同发展阶段可以在经济学中准确地加以探讨"③;他也才可能将"目前的工业理解为一个过渡的时期"。实际上,马克思突然发现,当时经济学、哲学所讨论的"人"在实质上都还只是市民社会里经济关系中的具体的人,在此,个人正是由特定的现实经济关系历史建构的,而**不同的经济关系必然导致不同的社会关系,不同的社会关系才形成特定的具体个人生存的规定性**。从哲学角度反思这一点,马克思才第一次在哲学逻辑中发现,从这种对现实的社会历史生活的真实了解出发,任何社会现象和人类生活都

---

① 参见[德]马克思恩格斯《费尔巴哈》,人民出版社 1988 年版,第 86 页。
② 《马克思恩格斯全集》第 42 卷,人民出版社 1979 年版,第 252 页。
③ 《马克思恩格斯全集》第 42 卷,人民出版社 1979 年版,第 249 页。

历史地"属于一定的社会形式（bestimmten Gesellschaftsform）"①！所以，个人只能是**一定**社会历史条件下的现实的个人，人的本质只能是**一定**社会历史条件下形成的一切社会关系的总和，实践只能是**一定**社会历史条件下的历史性的实践，观念只能是**一定**社会历史条件下现实生活的历史性的社会观念。

我认为，当马克思铿锵掷地地宣告人的本质在其现实性上是"一切社会关系的总和（das Ensemble）"时，他实际上也宣布了一个新的哲学时代的到来。马克思哲学新视界的初始地平在这里出现，在这里定格，在这里缓缓向我们推进，这就是**对人类主体、人类社会实践及其观念的历史的现实的具体的真实限定**。同时，也正在这里，他才真正改造了黑格尔的历史辩证法。黑格尔那种在实质上是具体的自我发生运动的观念逻辑，现在成为了属于**一定社会形式**（bestimmt Gesellschaftsform）的个人及活动，成为具体的社会产物，成为暂时的、在一定现实性上的人对自然、人与人之间的社会关系之总和。这个以"一定的（bestimmt）"人类社会实践为核心的**历史**唯物主义方法，才是马克思哲学新视界的真正秘密。只有真正理解这一点，才能真正体悟马克思思想革命的意义，才能真正读懂《德意志意识形态》第一卷第一章手稿中马克思以这个"一定的"对历史本体进行建构的意义，才能理解马克思为什么在《马克思致安年柯夫》中连用8个"一定的"，才能明白马克思为什么在《哲学的贫困》中批判蒲鲁东时反复说"历史的"和"暂时的"，才能领会马克思为什么在《共产党宣言》中批判赫斯"真正的社会主义"的抽象实质！

我觉得，列宁后来认为马克思主义哲学不是历史**唯物主义**，而是**历史**唯物主义时，他是正确的。后来，当海德格尔说，马克思真正结束了一

---

① [德]马克思恩格斯：《费尔巴哈》，人民出版社1988年版，第85页。参见 Karl Marx, *Manchester-Hefte*, *Marx-Engels-Gesamtausgabe*（*MEGA2*），Ⅳ/3，Text，Berlin: Dietz Verlag，1998，S. 21。

切形而上学本体论时,他也从界外的一个层面读懂了马克思。① 可是,我们学界那些至今还在鼓吹非历史的实践哲学和实践人道主义的同志,真的读懂马克思的科学文本了吗? 常言道,人一思想,上帝就发笑。面对我们这些"实践哲学"、"实践人道主义"者,马克思可能只有无奈地苦笑:150年了!

---

① 参见[德]海德格尔《哲学的终结与思想的任务》,载《海德格尔选集》下卷,孙周兴选编,三联书店1996年版,第1244页。

第五章　马克思哲学新视域建构的重要理论参照系

马克思的《关于费尔巴哈的提纲》是他的哲学话语发生格式塔根本转换的重要标志。如前所述,这种哲学新视域凸现的基础是马克思此时已经十分深入的第二次经济学研究。他意识到,新的科学和无产阶级革命道路的开辟只能从现实的经济关系的变革着手,这是一种全新的经济学科学、社会主义科学的理论创造,而要完成这个伟大的科学工程,又必须在哲学方法论上先有一种系统的建构,这就是他与恩格斯共同撰写《德意志意识形态》的主要任务。本章的独特研究视域,是第一次微观地彰显出《德意志意识形态》创作的重要理论逻辑背景:马克思的最新经济学研究成果、李嘉图式的社会主义经济学的理论逻辑和施蒂纳哲学批判的深层意义。然后,我们才有可能历史地面对马克思哲学创新的初始地平。

第一节　马克思第二次经济学研究的新进展

如上所述,1845 年 2 月 3 日,马克思在布鲁塞尔重新开始研究政治经济学。他在 2 月先写下《布鲁塞尔笔记》(*Brüsseler Hefte*) A 后,在其间又写下了《评李斯特》以及《关于费尔巴哈的提纲》,实现了其哲学思想革命的突破,并自觉地走向马克思主义新科学的全面建构。而在 5—7

月,马克思在布鲁塞尔又继续从事他的政治经济学研究,写下了《布鲁塞尔笔记》B。7—8月,马克思与恩格斯一起首次访问资产阶级的工业王国——英国。在此期间,马克思在曼彻斯特还写下一批经济学摘录笔记,即《曼彻斯特笔记》(Manchester-Hefte,九册)。我们先来分析一下这两部分笔记的文本和一般内容。

1. 《布鲁塞尔笔记》B 与《曼彻斯特笔记》的文本研究

首先是作为马克思在布鲁塞尔第二阶段的政治经济学阶段性研究成果的《布鲁塞尔笔记》B。由于这批笔记没有明确的顺序,使其文本结构分析起来可谓步履维艰。

依《布鲁塞尔笔记》A 的顺序,第三个笔记本由对折纸构成,共 54 页,马克思使用了其中的 53 页。摘录包括:关于弗·费里埃的《论商业报告中令人关注的管理》(巴黎,1805 年)的摘录,共 8 页;关于亚力山大·德·拉博德的《论共同体利益中的协作精神》(巴黎,1818 年)的摘录,共 9 页;关于刊登在《经济学者日报》1842 年第 2—3 卷上的拉蒙·德·撒格拉的《论卡达罗涅的棉纺工业及工人》的摘录,共 2 页;关于泰·费克斯的《论在政治经济学中的进步与保守精神》的摘录,1/2 页;关于若耐的《从 4 世纪到 20 世纪罗马的城邦生活和国内经济的统计》的摘录,1/2 页;关于俄国古典政治经济学家亨利·施托尔希(Heinrich Friedrich von Storch,1766—1835)的《政治经济学教程,对于决定国家昌盛的一些原理的阐述》(巴黎,1823 年)的摘录,共 31 页;关于特里奥恩的《论滥用公债的投机之风》(布鲁塞尔,1844 年)的摘录,1/4 页。

第四个笔记本是一个二折本,共 58 页。马克思先摘录了亨利·施托尔希的《政治经济学教程》第 III 卷第 2 章、第 V 卷《对国家收入本质的思考》和第 IV 卷,共 7 页;法国经济学家、统计学家圣·莫尔(Nicolas-François Dupré de Saint-Maur,1695—1774)的代表作《论货币》,共 2 页;荷兰经济学家伊萨克·德·平托(Isaac de Pinto,1717—1787)的《论流通与信用》,共 14 页;英国著名重商主义经济学家约西亚斯·柴尔德

(Josias Child，1630—1699)的代表作《论商业及其益处》，共 5 页。之后，还有一些手稿上写有马克思所做的一些数学计算和马克思的家庭记账。最后，马克思摘录了英国著名学者本雅明·贝尔(Benjamin Bell，1749—1806)的《论稀缺性》，共 4 页。

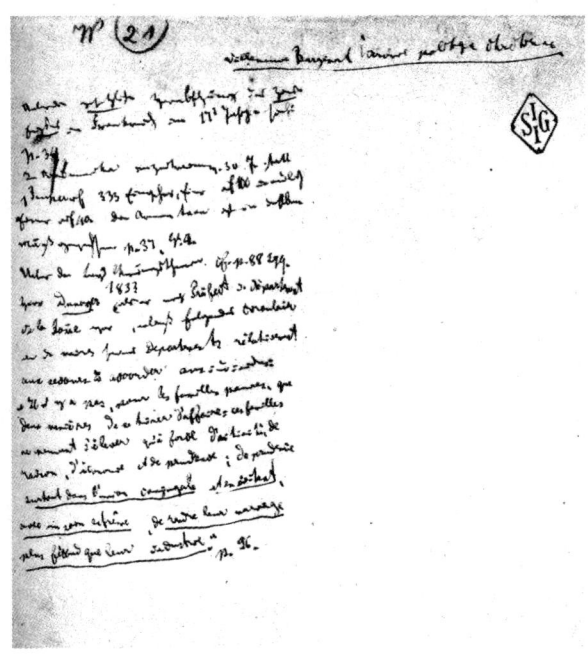

图 8 《布鲁塞尔笔记》一页复制件

第五个笔记本，同时也是《布鲁塞尔笔记》B 中最重要的摘录，我将其称为"物质生产与生产力研究"的笔记。据 MEGA2 编者考证，在这一过程中，马克思受青年恩格斯和阿道夫·布朗基①的影响，开始关注资本

---

① 杰罗姆·阿道夫·布朗基(Jérôme-Adolphe Blanqui，1798—1854)，法国经济学家。他是法国无产阶级革命家、空想社会主义者路易-奥古斯特·布朗基(Louis-Auguste Blanqui，1805—1881)的兄长。布朗基撰写了一系列关于商业史、工业和政治经济学的著作。1837 年，他的《欧洲政治经济学从古代到现代的发展》(Histoire de l'économie politique en Europe, depuis les anciens jusqu'à nos jours)在巴黎首次出版，并在 1842 年和 1843 年出版了两个巴黎版，该书被后世称为经济思想史的开山之作。1843 年，该书收录在《政治经济学教程》中在布鲁塞尔出版。——本书作者第四版注。

主义生产中的机器问题。该笔记本为对折纸①，共 32 页，马克思写了 29 页，它们可以分为四个部分。第一部分是关于奥古斯特·德·加斯帕兰② 的《论机器》的摘录，仅 1 页；第二部分是关于查·拜比吉③的《论机器和制造的经济性质》（伦敦，1832 年）的摘录，共 8 页；第三部分是关于安·乌尔④的《制造哲学，棉花、羊毛、麻、丝制造工业的经济学研究，附英国工厂中使用不同机器的描写》（两卷本，布鲁塞尔，1836 年）的摘录，共 5 页；第四部分是关于罗西的《政治经济学教程》（布鲁塞尔，1843 年）的摘录，共 14 页。

第六个笔记本也使用了对折纸，共 36 页，2 页空白。其一是约·佩基奥的《意大利政治经济学史》（巴黎，1830 年）的摘录，共 7 页。其二是《巴黎笔记》中出现过的麦克库洛赫的《论政治经济学的起源、发展、特殊对象和重要性》一书的摘录，共 3 页。其三是加尼耳的《政治经济学的各种体系比较研究》（两卷本，巴黎，1842 年）的摘录，共 6 页。其四是布朗基的《欧洲政治经济学从古代到现代的发展》（布鲁塞尔，1843 年）的摘录，只有 1 页。接下来是奈克尔、布里索、瓦茨三本书的 4 页摘录。

其次是马克思在英国写下的《曼彻斯特笔记》，共九册。在 MEGA1 中，只确认其中有马克思直接标注的三册（MEGA1 第 6 卷）。MEGA2 重新

---

① 笔者在阿姆斯特丹亲眼看到过马克思使用的这种笔记本，它是由大开纸对折而成，也有二折而成的笔记本。——本书作者第二版注。
② 奥古斯特·德·加斯帕兰（Auguste de Gasparin，1787—1857），法国农场主、政治家。1830 年七月革命后，当选他的家乡奥朗日（Orange）的市长。1837—1842 年，担任众议院议员。他撰写了一系列研究农业问题和经济问题的著述。代表作有：《论机器》（*Considérations sur les machines*，1834）、《斜面和大农业机器》（*Plan incliné，comme grande machineagricole*，1835）等。参见 *Marx-Engels-Gesamtausgabe*，Bd. IV/3，Text，Berlin：Dietz，1998，S. 714。——本书作者第四版注。
③ 拜比吉（Charles Babbage，1792—1871），英国数学家和早期机器计算机专家。1814 年毕业于英国剑桥大学，1828—1839 年任剑桥大学教授。主要论著有：《论机器和制造的经济性质》（1832）。此外还有一些数学手稿。
④ 乌尔（Andrew Ure，1778—1857），英国科学家。乌尔出生于英国的格拉斯哥，先后在爱丁堡大学和格拉斯哥大学学习，从 1804 年起，乌尔成为格拉斯哥大学安德逊学院的教授，从事化学及自然哲学的教学和研究工作，开始了他的学术生涯。

确认为九册,其中前五册已经收入第四部分第 4 卷出版①,后四册收入第 5 卷出版②。

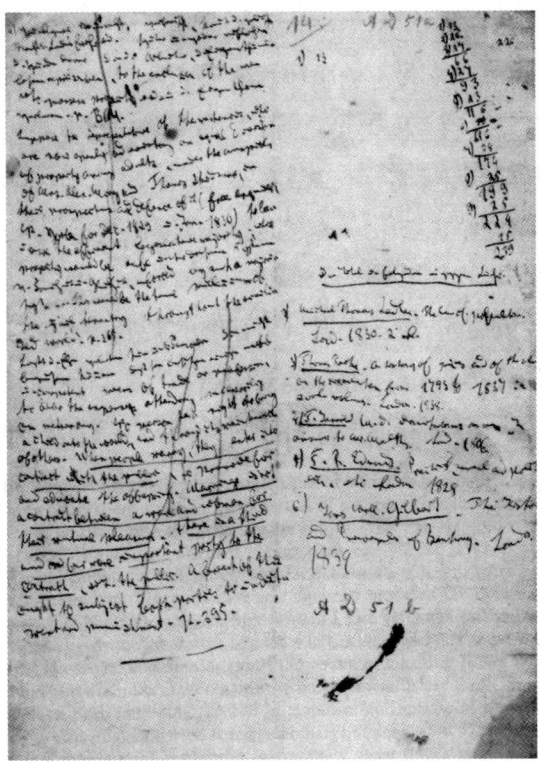

图 9 《曼彻斯特笔记》一页复制件

第一册,对折本,共 48 页。马克思写了 37 页。关于配第的《论人口的增长的研究》(伦敦,1698 年)的摘录,共 6 页;关于查·戴韦南特的《论公共收入和英国贸易》等四部著作的摘录,共 13 页;关于詹·安德森的《关于导致不列颠目前粮荒的思考》(伦敦,1801 年)的摘录,共 $1\frac{1}{2}$ 页;关于布朗宁

---

① MEGA2 第四部分,第 4 卷,柏林:狄茨出版社,1988 年。Karl Marx, *Manchester-Hefte*, *Marx-Engels-Gesamtausgabe*(MEGA2), Ⅳ/4, Text, Berlin: Dietz Verlag, 1988.
② 俄罗斯现代史文献收藏中心巴加图利亚主编,2015 年已经出版。Karl Marx, *Manchester-Hefte*(6-9), *Marx-Engels-Gesamtausgabe*(MEGA2), Ⅳ/5, Text, Berlin: Walter de Gruyter GmbH, 2015.——本书作者第四版修订注。

的《大不列颠国内状况和财政状况》(伦敦,1834年)的摘录,共 $2\frac{1}{2}$ 页;关于爱·米塞尔登的《自由贸易或贸易繁荣之道》等两部著作的摘录,共 3 页;计算 4 页。

第二册,对折本,共 44 页。本册马克思全部写满了摘录:关于托·库柏的《政治经济学原理讲义》(伦敦,1831年)的摘录,共 $13\frac{1}{2}$ 页;关于萨德勒的《人口的规律》(伦敦,1830年)的摘录,共 $8\frac{1}{2}$ 页;关于托·图克的《1793—1837年的价格和流通状况的历史》(伦敦,1838年)的摘录,共 8 页;关于吉尔巴特的《银行业的历史和原理》(伦敦,1839年)的摘录,共 11 页;关于托·洛·埃德门兹的《实践道德与政治经济学》(伦敦,1828年)的摘录,共 2 页;计算 $1\frac{1}{2}$ 页。

第三册,主要是关于麦克库洛赫的《政治经济学原理》(曼彻斯特,1845年)一书的摘录,共 41 页。

第四册,八开纸,共 36 页,马克思使用了 27 页,包括如下摘录:关于威·科贝特的《纸币取代黄金》(伦敦,1828年)的摘录,共 17 页;从《都会百科全书》中摘录《西尼尔的政治经济学》(伦敦,1836年),共 $1\frac{1}{2}$ 页;关于威·汤普逊的《最能促进人类幸福的财富分配原理的研究》(伦敦,1824年)的摘录,共 9 页。

第五册,对折本,共 50 页,马克思的抄录共使用了 46 页:关于威·阿特金森的《政治经济学原理》(伦敦,1840年)的摘录,共 6 页;关于托·阿莱尔的《宪章运动》(伦敦,1840年)的摘录,共 $1\frac{1}{2}$ 页;关于麦克库洛赫的《论政治经济学的起源、发展、特殊对象和重要性》(伦敦,1830年)的摘录,共 $10\frac{1}{2}$ 页;关于威德的《中等阶级和工人阶级的历史》(伦敦,1835年)的摘录,共 9 页;关于穆勒的《略论政治经济学的问题》(伦敦,1844年)的摘录,

共 $11\frac{1}{2}$ 页;等等。

第六册,对折本,包括:关于布雷的《对劳动的迫害及其救治方案》(伦敦,1839 年)的摘录,共 24 页;关于欧文的《论人类性格的形成》等三篇论文的摘录,共 28 页;关于理查德·帕金森的《论劳动穷人的当前状况》的摘录,共 $1\frac{1}{2}$ 页;关于乔治·霍普的《农业与谷物法》的摘录,共 $1\frac{1}{2}$ 页;关于阿瑟·毛尔瑟的《农业与谷物法》的摘录,共 $1\frac{1}{2}$ 页;等等。

第七册,对折本,包括:关于威廉·拉斯伯恩·格雷格的《农业与谷物法》的摘录,共 $4\frac{1}{2}$ 页;关于理查德·熙尔蒂奇的《贵族税》的摘录,共 5 页;关于罗伯特·欧文的《新道德世界书》(伦敦,1840—1844 年)的摘录,共 $22\frac{1}{2}$ 页。

第八册,对折本,包括:关于雅克·萨瓦里的《完美交易者》的摘录,共 2 页;关于大卫·麦克佛森的《商业年鉴》第 3 和第 2 卷的摘录,共 12 页。

第九册,对折本,包括对阿奇巴尔德·阿里森的《人口原则》的摘录,共 2 页。①

2. 马克思第二次经济学研究的特定语境

首先是《布鲁塞尔笔记》B。以我的看法,马克思在这一部分笔记摘录中最有理论意义的内容是关于物质生产和生产力的讨论。实际上,马克思在李斯特的"工业力"之上,确认了现实的社会实践概念,这已是一种重要的科学抽象。而在进一步的经济学研究中,他首先将理论的注意力投向了**实践活动中最基础的方面,即物质生产**。这又是从抽象到具体

---

① 根据新出版的 MEGA2 第四部分第 5 卷进行了补充。Karl Marx, *Manchester-Hefte*(6-9), *Marx-Engels-Gesamtausgabe*(MEGA2), Ⅳ/5, Text, Berlin: Walter de Gruyter GmbH, 2015.——本书作者第四版修订注。

第五章 马克思哲学新视域建构的重要理论参照系

的转变。物质生产为社会发展的基础,这是整个古典经济学研究的前提。在第一册页数并不多的笔记中,我们可以看到,马克思所摘录的内容几乎全部是有关生产特别是现代资产阶级社会生产的主导方面——机器的历史。在这里,我们仅以 29 页摘录中有突出理论意义的"拜比吉摘录"(8 页)为例。

拜比吉是 19 世纪英国著名的数学家和计算机制造专家。20 年代致力于计算机(差分机,Difference Engine)的研制。他从 1827 年末至 1828 年末周游欧洲大陆,参观了荷兰、意大利、德国和法国等国的工厂,写下了著名的《论机器和制造的经济性质》(*Traité sur l'économie des machines et des manufactures*,1833)①一书。这本书实际上是通俗地讲解生产过程,说明现代机器生产的原理和结果,特别是工具和机器取代人力和技艺的客观效果与经济利益。这实际上是一部**现代生产力在狭义技术层面上如何推动社会进步的理论分析史**。全书分成两篇,一是"关于机器部分的分析",二是"关于工厂内部经济和政治经济"。第一篇基本上是对从工具到机器发展的一种技术分析,这是对**物化生产力**的一种直接确认。在第二篇中,通过分析机器在生产中的运用结果,拜比吉明确指出了提高生产能力从而促使"产品成本的降低"的发展方向(第十三章)。在第十九章中,他直接深化了斯密的分工理论,提出了所谓"拜比吉原理"②:如果斯密认为分工的简单化才引发了机器的发明,而拜比吉的观点则恰恰相反,他认为机器的出现首先是由于劳动的简单化,这才使得劳动技巧本身物化在工具上,工具本身的简单化使工具重新组合为一个由动力推动的系统。这实际上是对资产阶级社会**生产过程的基本结构和方式的微观研究**。马克思在写于 1847 年的《哲学的贫困》一书

---

① 马克思在此阅读的是此书法文译本,原书为英文版。Charles Babbage, *On the Economy of Machinery and Manufactures*, London: Charles Knight, Pall Mall East, 1833. ——本书作者第四版修订注。
② 这是指拜比吉提出的,在分工中,许多人的协同行动就表现为倍数比例原则。——本书作者第四版注。

中曾援引这一重要文献。①

该笔记本所涉及的另一本重要论著是乌尔于 1836 年出版的《制造哲学,棉花、羊毛、麻、丝制造工业的经济学研究,附英国工厂中使用不同机器的描写》(*Philosophie des manufactures, ou, Economie industrielle de la fabrication du coton, de la laine, du lin et de la soie: avec la description des diverses machines employees dans les ateliers anglais*, 1836)②。这本书深受拜比吉著作的影响,它同样是对产业革命的具体分析,也包含了一定程度上的经济理论思考。马克思摘录了 5 页。我们注意到,乌尔的理论中轴仍然是生产与分工。但在分工问题上,乌尔与拜比吉不同,他对斯密的分工持直接批判否定的态度。在后面的讨论中,我们不难发现,正是**生产和分工构成了《德意志意识形态》的两种思路的基础**。生产与生产**方式**成为马克思历史唯物主义的重要规定;而在分工这一思路上,立足于无产阶级立场的马克思从分工导引出一条科学的**实证批判**思路。马克思在写于 1847 年的《哲学的贫困》一书中曾援引这一重要文献。③ 并且,上述这两本书与波佩④的《工艺学史》、《工艺学手册》和贝克曼⑤的《发明史》等书共同成为马克思《1861—1863 年经济学手稿》中相对剩余价值形成分析中的重要参考文献。⑥

---

① 参见《马克思恩格斯全集》第 4 卷,人民出版社 1958 年版,第 168 页。——本书作者第三版注。
② 马克思在此阅读的是此书 1836 年法文译本,原书为英文版。Andrew Ure, *The Philosophy of Manufactures, or, An Exposition of the Scientific, Moral, and Commercial Economy of the Factory System of Great Britain*, London: Charles Knight, 1835. ——本书作者第四版修订注。
③ 参见《马克思恩格斯全集》第 4 卷,人民出版社 1958 年版,第 169—172 页。——本书作者第三版注。
④ 波佩(Johann Heinrich Moritz von Poppe,1776—1854),德国数学家和物理学家。主要著作有:《工艺学手册》(*Handbuch der Technologie*,1806)、《工艺学史》(*Geschichte der Technologie*,1807)、《一般工艺学教程》(*Anleitung zur allgemeinen Technologie*,1821)。
⑤ 贝克曼(Johann Beckmann,1739—1811),德国科学家,techonologie(技术、工艺学)一词的创造者,意指"关于各种行业的科学"。主要著作有《发明史》(*Beiträge zur Geschichte der Erfindungen*,1780)等。
⑥ 参见《马克思恩格斯全集》第 47 卷,人民出版社 1979 年版,第 359—632 页。——本书作者第三版注。

在写作《曼彻斯特笔记》时，因为马克思当时的法文阅读能力较强，所以这里摘录的论著主要还是来自法文论著。以我的看法，马克思的这一研究仍然是他全面了解资产阶级政治经济学的一个组成部分，特别是对《巴黎笔记》和《布鲁塞尔笔记》的补充。它显然还谈不上对经济学的深入而科学的研究，也不能将这一笔记的内容直接等同为马克思打算写作的"《政治和国民经济学批判》的研究对象"①，因为马克思对政治经济学的科学研究在50年代以后才真正开始。然而，以我之见，这里的研究对他的哲学变革倒产生了举足轻重的作用，有十分重要的意义。

从上文所枚举的文本内容来看，马克思的九册笔记的内容十分丰富，要而言之，这些摘录从基本主题的角度来划分可以分为三组：

第一组是关于英国资产阶级政治经济学的早期阶段，即斯密之前的经济学论著。他们是爱德华·米塞尔登、威廉·配第、查理·戴韦南特、罗伯特·克拉威尔等。除配第以外，几乎都是重商主义的论著，就连配第的书也带有重商主义的味道。这些论著反映了那个时期资产阶级社会发展的现实水平，即自然经济的败落、工场手工业的兴起、国内市场的形成以及对外贸易的扩大。这一研究大大拓展了马克思对资产阶级社会认识的**全面性**和**历史性**。

英国重商主义主要关注的理论焦点是社会财富及其源泉问题。他们集中精力研究货币，尤其是贵重金属这一"普遍财富"。② 在对这些论著的研究中，马克思逐步弄清楚一个问题，经济学上理论观点的改变实际上直接来自于社会经济现实的改变。当时工业不发达，国内市场狭小，对外贸易为增加财富的主渠道，这些现况就决定了早期重商主义者论著的特点。在米塞尔登的《自由贸易或贸易繁荣之道》一书中，早期重商主义所特有的观点得到了清楚的阐述，即将货币看作是世界上唯一真

---

① 参见 MEGA2 第四部分，第4卷，柏林：狄茨出版社，1988年，前言。
② 参见 Karl Marx, *Manchester-Hefte*, *Marx-Engels-Gesamtausgabe*（MEGA2）, Ⅳ/4, Text, Berlin: Dietz Verlag, 1988, S. 20。

实的财富,它具有统治人类的万能力量。随着资产阶级社会物质生产的发展、工业的成长以及货币顺差政策为贸易顺差政策所代替,重商主义对货币的偏向才得以克服。马克思在戴韦南特和配第的书中直接读到了这种理论变化。① 另外,马克思从中了解到配第创立的统计学,但他一针见血地看出资产阶级的统计学在数据上存在弊病,其本质上是意识形态的"辩护论的"。②

第二组笔记是李嘉图之后的英国经济学文献。论著作者大多是斯密和李嘉图的解释者,其中既有肯定者,也有否定者。马克思从英裔美国经济学家托马斯·库柏的《政治经济学原理讲义》开始摘录,直至约翰·斯图亚特·穆勒的《略论政治经济学的问题》为止才结束,其中还包括托马斯·图克、詹姆斯·吉尔巴特、威廉·科贝特、托马斯·萨德勒、纳索·威廉·西尼尔、威廉·阿特金森、约翰·拉姆赛·麦克库洛赫等人的论著。这些摘录可分为三类问题:一是经济学的一般理论原则,如经济学的对象、方法和经济学重要范畴的规定及其相互作用;二是货币流通、信用流通和危机问题;三是人口问题。通过这种研究,马克思意识到,对资产阶级政治经济学的认识,不能脱离资产阶级社会物质生产本身的客观发展。他发现,斯密、李嘉图之所以能够对经济现实与规律得出客观的没有成见的看法,其原因在于早期资产阶级社会生产方式中物质生产力对落后农业生产的突破。

马克思的这一研究是从李嘉图的批评者们开始的,其中主要是针对库柏、阿特斯金和西尼尔的论著。他们从不同的角度批评李嘉图的劳动价值论,因为这一理论必然推演出土地所有者和资本家对工人的剥削的结论。这些资产阶级的辩护者们出于维护其阶级利益的目的,批评李嘉图将劳动价值论与商品价格联系起来,而提出种种关于价值决定的论

---

① 参见 Karl Marx, *Manchester-Hefte*, *Marx-Engels-Gesamtausgabe* (MEGA2), Ⅳ/4, Text, Berlin: Dietz Verlag, 1988, S. 51。
② 参见 Karl Marx, *Manchester-Hefte*, *Marx-Engels-Gesamtausgabe* (MEGA2), Ⅳ/4, Text, Berlin: Dietz Verlag, 1988, S. 13。

断,如价值取决于供求关系(库柏、阿特斯金),或者是价值取决于效用(西尼尔)。马克思在这里没有对李嘉图的劳动价值论采取否定性的评论,这种态度已经明显与《1844年手稿》里的不同。

这一"前"一"后"的研究使马克思对经济学的本质有了新的看法。更重要的是,他发现必须对资产阶级社会的生产方式进行**历史的具体的现实的研究**。窥一斑而知全豹,面对任何社会历史生活,同样必须注意其发生、存在和发展的具体境况,即只有对**一定历史条件下的社会历史状况加以考察才可能是科学的**。

第三组摘录是英国空想社会主义者特别是欧文式的经济学家的论著,主要是威廉·汤普逊、勃雷和托马斯·洛·埃德门兹等人的著作。在这里,汤普逊从政治经济学出发的社会主义理论论证成为马克思的关注焦点。马克思发现,汤普逊实际上是从肯定李嘉图的劳动价值论出发的:"对于财富观念来说,**交换价值**是不必要的……**劳动**是财富的唯一父亲(Arbeit ist der einzige Vater des Reichthums)。"①在汤普逊的分析中,有这样一个重要的逻辑推论:既然劳动是社会财富的唯一源泉,那么,为什么每个生产劳动者不能获得自己的全部等价物呢?他分析道:"在任何地方,在所有人当中,劳动都是一件价值物品。在任何地方,支付给劳动的价格都是为了延续生存和购买食物。它是唯一的万能商品(universal commodity)……劳动增添对物质的渴求。唯有劳动(labour alone)才构成他们的物质财富(objects of wealth)。"②所以,"材料、建筑物、机器、工资(Materialien, Gebäude, Maschinen, Arbeitslohn)不能给自身价值增加任何东西。追加的东西只来自于劳动本身……在通常的情况下,生产劳动者(produktive Arbeiter)的劳动至

---

① Karl Marx, *Manchester-Hefte*, *Marx-Engels-Gesamtausgabe*(*MEGA2*), Ⅳ/4, Text, Berlin: Dietz Verlag, 1988, S. 237.
② Karl Marx, *Manchester-Hefte*, *Marx-Engels-Gesamtausgabe*(*MEGA2*), Ⅳ/4, Text, Berlin: Dietz Verlag, 1988, S. 238. 马克思这里的笔记使用的是英文。——本书作者第三版注。

少有一半被资本家（Capitalisten）夺走了。"①显而易见，"只要事物的这种势力支撑的组织继续存在，因而只有一伙人**支配着这类生产力**（*the productive powers*）"②，社会的不公正就不可能消除。马克思发现，**李嘉图的经济学（劳动价值论）**可以"**以独特的方式**"直接导向否定资产阶级社会制度的社会主义结论！这种社会主义不再是**价值判断**，而是从**大工业中生长起来的现实**。

我认为，李嘉图式的社会主义经济学家的**总体理论逻辑**，恰恰对马克思此时历史唯物主义的哲学建构起了重要的促进和推动作用。

第二节 古典经济学与社会主义的联结

现在，我们终于可以认真地谈论一个重要的理论问题，即英国李嘉图式的社会主义经济学家的思想。固然，这个思想流派的理论也产生于19世纪20—30年代，但只有在1845年的《曼彻斯特笔记》之后才对马克思的哲学思想产生了真实的影响。这种影响无论是对马克思的哲学研究，还是对他的政治经济学和社会主义研究来说都是至关重要的。虽然马克思在《曼彻斯特笔记》中仅读到了这个流派中的汤普逊和勃雷的论著，但是在这里，我们还是将他们视为一个理论整体来讨论，这就是汤普逊、霍吉斯金、勃雷和格雷的社会主义经济学思想。③

---

①② Karl Marx, *Manchester-Hefte*, *Marx-Engels-Gesamtausgabe*（MEGA2）, Ⅳ/4, Text, Berlin: Dietz Verlag, 1988, S. 240.
③ 1847年，马克思在《哲学的贫困》一书中专门集中向蒲鲁东展示了这一理论群体的形象："霍吉斯金的'政治经济学'（1827年版），威廉·汤普逊的'为人类谋取最大福祉的财富分配原则'（1824年版），托·娄·艾德门兹的'实践的、精神的和政治的经济学'（1828年版）等等，这一类的著作的名称还可以写上四页。现在我们且来听听一位英国共产主义者布雷（即勃雷——引者注）先生是怎么说的。这里引用他的出色的著作'劳动的弊害及其消除方法'（1839年里子版5）"。参见《马克思恩格斯全集》第4卷，人民出版社1958年版，第110页。在批评蒲鲁东的经济学"失误"时，上述著作都是作为正面的文献被援引的。——本书作者第三版注。

1. 物质生产特别是劳动创造了一切社会财富和知识

汤普逊①是马克思在《曼彻斯特笔记》中读到的第一位站在无产阶级立场上的社会主义经济学家。他的《最能促进人类幸福的财富分配原理的研究》(*An Inquiry into the Principles of the Distribution of Wealth Most Conducive to Human Happiness*, 1824。以下简称《财富分配研究》)一书也是英国社会主义经济学家文本群中发表最早的一部。在汤普逊看来，物质生产是人类"社会赖以建立的唯一基础"②，"生产才是一个社会的唯一持久的财富之源"③，所以不管在什么条件下，人都必须坚持生产，否则就要灭亡。④ 这似乎是一个永恒的必然性。但是，还需要进一步定位的是，在物质生产中，也就是在自然物质转变成人类社会财富的过程中，"大自然对于这个转变做了些什么呢？什么也没有做。人，人的劳动，做了些什么呢？什么都做了"⑤。马克思在《曼彻斯特笔记》第四笔记本⑥中直接摘录了这一表述。汤普逊将人类的主体劳动定位为生产中最重要的主导因素，这对于马克思主义的哲学、政治经济学和科学社会主义都是至关重要的。我注意到，马克思在《德意志意识形态》中的广义历史唯物主义中首先确定的是物质生产基础论，而在《1857—1858 年

---

① 威廉·汤普逊(William Thompson, 1775—1833)，英国社会主义经济学家，主要论著有：《最能促进人类幸福的财富分配原理的研究》(1824)、《人类的一半(妇女)为反对人类另一半(男人)使他们在政治上、从而在社会上和家庭中屈居奴隶地位而发出的呼吁》(1825)、《有报酬的劳动》(1827)等。
② [英]汤普逊：《最能促进人类幸福的财富分配原理的研究》，何慕李译，商务印书馆 1986 年版，第 208 页。
③ [英]汤普逊：《最能促进人类幸福的财富分配原理的研究》，何慕李译，商务印书馆 1986 年版，第 187 页。
④ 参见[英]汤普逊《最能促进人类幸福的财富分配原理的研究》，何慕李译，商务印书馆 1986 年版，第 48 页。
⑤ [英]汤普逊：《最能促进人类幸福的财富分配原理的研究》，何慕李译，商务印书馆 1986 年版，第 34 页。
⑥ Karl Marx, *Manchester-Hefte*, *Marx-Engels-Gesamtausgabe* (MEGA2), Ⅳ/4, Text, Berlin: Dietz Verlag, 1988, S. 237.——本书作者第四版修订注。

经济学手稿》中的狭义历史唯物主义中却立基于劳动本质论。所以,"如果任何一个社会的劳动停止一年,能有多少人会被**自然物资或者自然力量**保存下来","不仅是享受而是一切民族的生存都依靠着永久进行的劳动。在人们消费的同时,勤劳的双手在不断地再生产"①。马克思在《德意志意识形态》第一卷第一章手稿中批判费尔巴哈的直观自然唯物主义时,直接引述过这段话的基本意思。有意思的是,汤普逊专门提出了这样一种观点试图界划劳动力与劳动产品的不同:劳动力是**将要**生产出来的东西,而劳动产品是已经生产出来的东西。②这样,他所说的劳动生产的重心就落在人类主体"双手"所发动的活劳动上。这一点,对马克思以后的经济学建构也是极重要的。

同样有意义的是,汤普逊也肯定了这样一个观点,即**交换**对于现代生产的必要性。肯定交换的意义实际上也是承认**分工**的意义。这一点他承袭自斯密。分工是生产技术的专门化,同时也是时空上的生产劳动的整体性与合作的进一步的条件。"所以,交换和劳动一样,对于有益的和扩大了的生产是必要的。"③因而,"没有交换就不能有生产,也就不能继续生产财富。没有交换的劳动和没有劳动的交换几乎是同样地毫无用处"④。汤普逊深刻地看到,正是这种扩大了的生产中的"交换把人引出了自我的小天地"⑤。广泛的分工与交换,现实地使人从封建土地上狭隘的封闭生存中解放出来。这个观点十分有价值,但马克思在《1844年手稿》中并没有意识到这一点,而后来在《1857—1858年经济学手稿》中,马克思在更加科学的基础上,

---

① [英]汤普逊:《最能促进人类幸福的财富分配原理的研究》,何慕李译,商务印书馆1986年版,第31页。
② 参见[英]汤普逊《最能促进人类幸福的财富分配原理的研究》,何慕李译,商务印书馆1986年版,第89页。
③ [英]汤普逊:《最能促进人类幸福的财富分配原理的研究》,何慕李译,商务印书馆1986年版,第61页。
④ [英]汤普逊:《最能促进人类幸福的财富分配原理的研究》,何慕李译,商务印书馆1986年版,第58页。
⑤ [英]汤普逊:《最能促进人类幸福的财富分配原理的研究》,何慕李译,商务印书馆1986年版,第86页。

直接指认了这一思想。

汤普逊还认为,劳动与交换"不仅是生产之源,而且也是道德和幸福之源"①。他意识不到,劳动与交换其实不是同一个层次的东西。用另一位李嘉图式的社会主义经济学家勃雷②的话来说,那就是人的品格"是由他的环境在他的生存的基础上造成的"③。这个表述是有合理之处的。从生产中产生人的品格和道德!这不是物质与意识对立的自然唯物主义,而是**社会唯物主义**的观点。勃雷还有一句更精辟的话,"财富的生产及确当的分配,乃是各种享受的先决条件,因为只是在这个基础上,才能建立人类真正快乐的上层建筑"④。马克思在《曼彻斯特笔记》第六笔记本⑤中直接摘录了这段文字。在这一点上,勃雷比汤普逊深刻和精准。为此,汤普逊还列举过一个有关劳动者道德的例子:"一群为赤贫所折磨的无衣无食的人,**他们**还想以声誉名望来沾沾自喜吗"?在悲惨的生活处境中,穷人绝对不可能知道什么是"道德"的。对他们来说,思想和说教是无用的。

> 动机是从**事物**产生的,从**周围的环境**产生的,不是从空洞无聊的语言中产生的。语言之所以有用是因为它能够传达并给人以关于这些事物和环境的知识。如果这些东西根本不存在,语言就仅仅是一种欺骗。⑥

---

① [英]汤普逊:《最能促进人类幸福的财富分配原理的研究》,何慕李译,商务印书馆1986年版,第67页。
② 勃雷(J. F. Bray, 1809—1895),英国社会主义经济学家,其主要论著有:《对劳动的迫害及其救治方案》(1839)等。马克思在1845年的《曼彻斯特笔记》中读到了他的这本著名论著。并且在1847年的《哲学的贫困》一书中大段引述了此书。参见《马克思恩格斯全集》第4卷,人民出版社1958年版,第110—117页。
③ [英]勃雷:《对劳动的迫害及其救治方案》,袁贤能译,商务印书馆1959年版,第120页。
④ [英]勃雷:《对劳动的迫害及其救治方案》,袁贤能译,商务印书馆1959年版,第66页。
⑤ Karl Marx, *Manchester-Hefte(6-9)*, *Marx-Engels-Gesamtausgabe(MEGA2)*, Ⅳ/5, Text, Berlin: Walter de Gruyter GmbH, 2015, S. 35. ——本书作者第四版修订注。
⑥ [英]汤普逊:《最能促进人类幸福的财富分配原理的研究》,何慕李译,商务印书馆1986年版,第204—205页。

马克思在《德意志意识形态》中的相近表述为,意识是我对环境的关系。人如果吃不饱穿不暖,他是无法去奢谈什么道德的。用另一位被视为19世纪反资产阶级社会的思想家、英国社会主义经济学家霍吉斯金①的话来说,"只要数以百万计的人们仍然吃不饱饭,一切改善他们的道德和心灵的企图(即便是沃恩克里夫勋爵的唱诗班)都是没有希望的和徒劳的"②。这与汤普逊前面所确立的理论前提是一致的,人首先要生产,然后才能做其他的事情。这正是马克思历史唯物主义的直接基础。更重要的是汤普逊还提出了这样一种符合历史辩证法的观点:没有永久不变的制度,也没有永恒不变的观念,所以追求永久不变的东西,是常见的错误。他认为:

> 产生特殊道德或不道德习惯的和引起财富的生产和分配的无穷无尽的变化的无保障制度,不仅在地球表面上的每个国家里不同,而且在同一国家里也是在不断地改变着。因此,在这样一种片面的靠不住的基础上建立任何永久的或普遍的真理是不可能的。③

这一观点并非无的放矢,当然是针对资产阶级卫道士所鼓吹的永恒不变的市场经济和天然真理(自然法)的。这种观点,将对马克思看清资产阶级意识形态的非历史本质起到一定的作用。

当然,生产劳动产生观念,观念也对劳动生产和人的生活发生作用。这体现在两个方面:首先是知识形态上的科学技术与生产是有内在关联的,不过这种关联也经历了一个历史过程。在社会发展的早期,劳动与知识是统一的,而在社会从落后向文明发展的过程中,劳动与知识被分

---

① 霍吉斯金(Thomas Hodgakin, 1787—1869),英国社会主义经济学家,其主要论著有:《保护劳动反对资本的要求》(1825)、《通俗政治经济学》(1827)、《财产的自然和人为的比较》(1832)等。
② [英]霍吉斯金:《通俗政治经济学》,王铁生译,商务印书馆1996年版,第255—256页。
③ [英]汤普逊:《最能促进人类幸福的财富分配原理的研究》,何慕李译,商务印书馆1986年版,第437页。

开是不可避免的,也是十分自然的。因为,劳动过程的变化越来越丰富多样,越来越精致复杂,也就越要求精巧的技术;知识的进步所包含的对象越来越广泛,也就越要求有更多的时间以专心致志地捕获这些知识。在现代社会生产中,"科学和技术在使外界物质和自然力量的性能为人类服务上对它们作了征服"①。可是,在资产阶级社会条件下,由于有知识的人和劳动生产者是被远远地分开的,所以,

> 知识不但不是劳动者手里所掌握的一个劳动工具,不但不能提高他的生产力,不能指导他如何使用劳动力以使劳动发挥它给予人们享受的最大效能,而且几乎到处都在反对劳动,不仅把它的宝藏从劳动生产者那里隐藏起来,而且有计划地欺骗他们把他们引入迷途,以使他们完全成为机械的驯服的体力劳动者。②

马克思在《曼彻斯特笔记》第四笔记本③中大段摘录了这一表述。实际上,这种对"资产阶级社会"体制下科学技术成为资本反对工人的力量的观点,马克思后来在 60 年代的《资本论》手稿中进一步阐发了。汤普逊这样想象,在社会发展到所谓"完美的地步"时,劳动将重新与知识相结合,永不分离,因为那时对知识的要求将是每一个人的需要,而且,"社会技艺的进步和发展提供了这种**可能**"④。

其次,知识对人的社会生活也产生举足轻重的作用。汤普逊发现,人其实越来越趋于生活在一个由劳动生产所创造的"人们周围的环境"之中。⑤ 马克思后来在《德意志意识形态》中对外部对象世界的称呼("我

---

① [英]汤普逊:《最能促进人类幸福的财富分配原理的研究》,何慕李译,商务印书馆 1986 年版,第 234 页。
② [英]汤普逊:《最能促进人类幸福的财富分配原理的研究》,何慕李译,商务印书馆 1986 年版,第 213 页。
③ Karl Marx, *Manchester-Hefte*, *Marx-Engels-Gesamtausgabe*(*MEGA2*), Ⅳ/4, Text, Berlin: Dietz Verlag, 1988, S. 243.——本书作者第四版修订注。
④ [英]汤普逊:《最能促进人类幸福的财富分配原理的研究》,何慕李译,商务印书馆 1986 年版,第 214 页。
⑤ 参见[英]汤普逊《最能促进人类幸福的财富分配原理的研究》,何慕李译,商务印书馆 1986 年版,第 222 页。

们周围的世界")与此很接近。那也就是一种人们"自己被安置于其中的与彼此有关的既影响知识又影响生产的那种状态和环境"①。特别是在现代资产阶级社会中,知识已经成为"用教化的、政治的或者其他社会制度"来统治人的手段。即发挥着后来马克思在《德意志意识形态》第一卷第一章第二手稿中所说的作为统治阶级意志的意识形态功能。汤普逊分析道,过去的人类是"由社会**制度**所形成的一种没有反射的习惯支配着",这种支配总是伴随着暴力,而自印刷术发明以后,"一种新的对于人类起作用的完全不可估计的力量在不声不响地插进来了",这就是日益增长的知识力量与"普遍利益"问题在接合上之后所形成的一种道德和**公众舆论**的力量,"它正式被表明以后,将成为一个管理自己事务的合理社会的明确而合法的意志"。② 但是,在那些掌握着社会统治权但并不打算以普遍利益去管理社会的人们那里,他们必然用一些"假定的优越的知识和各种各样的欺骗来维持他们的权力",比如人与神的联结,以替天行道来欺骗民众。用虚假的"普遍利益"来遮蔽阶级利益,以虚假的关系代替真实存在的社会关系,这正是意识形态的本质。我以为,这种知识意识形态批判的思想,倒是后来在20世纪法兰克福学派那里得以传承了。汤普逊认为,知识的发展将彻底打破这种新的无形的强权统治一切的规则。③

因此,必须注重并且正确认识科学知识对生产的作用,这似乎已经成为李嘉图式社会主义经济学家的共识。在霍吉斯金那里,他觉得过去的"政治经济学家没有探索支配知识发展的自然规律"④。在他看来,过去的政治经济学论著通常忽视了知识(他将此定位为脑力劳动)的作用,斯密虽然注意到了这一点,但没有自觉意识到它的重要性。显然,霍吉斯金不了解斯密所处的手工业时代的历史特点。他还特别批评了萨伊

---

① [英]汤普逊:《最能促进人类幸福的财富分配原理的研究》,何慕李译,商务印书馆1986年版,第230页。
②③ 参见[英]汤普逊《最能促进人类幸福的财富分配原理的研究》,何慕李译,商务印书馆1986年版,第233—234页。
④ [英]霍吉斯金:《通俗政治经济学》,王铁生译,商务印书馆1996年版,第73页。

将科学知识视为生产发展的偶然因素的观点。所以,他在著作《通俗政治经济学》中以第二章专章论述科学知识与观察(自然科学与技术)对生产力的作用,对此进行突出强调,比如说明植物学、地质学对农业生产的作用,化学、机械学对工业生产的作用,这种见解很了不起,真可谓真知灼见。如前所述,马克思在 1845 年以前没有读到这本书,他是在 1851 年的《伦敦笔记》第九册中才接触到此书,霍吉斯金的不少观点,被马克思在《1857—1858 年经济学手稿》和 60 年代的经济学手稿中发掘和发展了。霍吉斯金写道:"在人类能应用和控制使各种不同的复杂机器(清棉机、梳棉机、棉纺机和编织机)得以运转的、最初的驱动能力(不论是风力、水力或者蒸汽)以前,必须具备通过长期经验而获得的种种知识"①,即掌握作为各种技术理论基础的自然科学。他实际上在 19 世纪直接提出了科学与社会生产力的关系问题。当然,他对这一问题论述的前提又是有弊端的,因为在总体上,生产实践是产生和促进科学发展的**基础**,科学只有在物质生产发展到一定阶段才会成为生产的一种新的**主导**力量。

在另一个尺度上,霍吉斯金又反对斯密将分工视为技术发展的原因。他认为,虽然知识与分工是相互促进的,引进新方法会导致分工的扩大,分工能使人们在微观上专业化地深入对象。但是,他坚持认为观察与技术发明先于分工。②"发明总是先于劳动的分工并经由引进新技能和以较低成本制造商品而扩大劳动的分工。"③客观地说,斯密在这一点上无疑是正确的。

我认为,霍吉斯金还有一个看法也是重要的,他提出,"尽管个别人的意志或欲望看起来变化无常,但绝大多数人的意志和行为是受永久的自然规律所支配的,并且被观察的人数越多,这一事实也越是明显和肯定无疑"④。他已经认识到从农业到工业再到商业发展的客观进程的社

---

① [英]霍吉斯金:《通俗政治经济学》,王铁生译,商务印书馆 1996 年版,第 69 页。
② 参见[英]霍吉斯金《通俗政治经济学》,王铁生译,商务印书馆 1996 年版,第 75 页。
③ [英]霍吉斯金:《通俗政治经济学》,王铁生译,商务印书馆 1996 年版,第 76 页。
④ [英]霍吉斯金:《通俗政治经济学》,王铁生译,商务印书馆 1996 年版,第 79 页。

会发展规律：

> 当我们进一步考察文明的发展就能发现几乎在所有的国家中，不论它们的政体形式怎样，也不论它们的状况如何，制造业（当然还有制造业所必需的种种知识）总是接着农业出现；而一旦人们生活在海洋的沿岸（海洋冲刷着整个适于人类居住的地球），商业以及航海和造船的技能又总是接着制造业出现。①

他还认为，任何个人不论他如何聪明，他的思想总由他所生活的时代以及他作为其中一员的那个社会"塑造而成"②，"社会对每个人智力的影响比其它一切影响都更为重要"③。用马克思后来的表述来讲，即是一切观念都属于一定的时代。霍吉斯金以瓦特为例，"上个世纪中，作为一名学者和机械师，也许没有能超过詹姆斯·瓦特的人了；但他是由于他能出生在18世纪的英国，这样才使他能拥有他的大部分科学和机械知识"④。假设他出生在并不发达的南美瓜乔人之中，他永远不会发明出蒸汽机来，同时，"除非在燃料丰富并已建立起制造业的、人口稠密的国家内，蒸汽机是没有效用的"⑤。人们的发明和思想都基于先前社会的发展，"他们的成就、他们的设计和他们的思想与他们的先辈以及他们周围所有的人的成就、设计和思想紧密地和不可分割地联系着；他们的发明和发现是以前的发明和发展的必然结果。"⑥可见，科学的出现取决于**一定的**社会条件（时间和地点），更重要的是，产业工人队伍的存在也是其必要条件。如果没有产业工人，瓦特的发明也是空中楼阁，不可能得以实现。以他的理想，"观察与实践、脑力劳动与体力劳动应该携手并进"⑦。我认为，霍吉斯金的这些观点深中肯綮，十分有价值。

---

① ［英］霍吉斯金：《通俗政治经济学》，王铁生译，商务印书馆1996年版，第79—80页。
②③④⑤ ［英］霍吉斯金：《通俗政治经济学》，王铁生译，商务印书馆1996年版，第82页。
⑥ 霍吉斯金：《通俗政治经济学》，王铁生译，商务印书馆1996年版，第84页。可参考马克思在《哲学的贫困》一书中的相关论述。
⑦ ［英］霍吉斯金：《通俗政治经济学》，王铁生译，商务印书馆1996年版，第85页。

后来,马克思在评述霍吉斯金时这样说:

> 整个客观世界,"财富物质世界",在这里不过是作为从事社会生产的人的因素,不过是作为从事社会生产的人的正在消失而又不断重新产生的实践活动而退居次要地位。请把这种"理想主义"同李嘉图的理论在"这个不可相信的修鞋匠"麦克库洛赫的著作中变成的粗野的物质拜物教比较一下,在他的著作中,不仅人和动物的区别不见了,甚至连有生物和物之间的区别也不见了。让人们还去说什么在崇高的资产阶级政治经济学的唯灵论面前,无产阶级反对派所鼓吹的只是以满足鄙俗的需要为目的的粗野的唯物主义吧![1]

由此我们可以看出,即使是在创立历史唯物主义和实现经济学革命之后,马克思对这位批判资产阶级社会的无产阶级"同志"仍然充满感情。

2. 批判资产阶级社会也可以承认政治经济学是一门科学

如果说,上面我们集中讨论了这样一个问题,即社会主义经济学家在他们的经济学研究中较好地传承了作为古典经济学隐性方法论前提的社会唯物主义,那么,我们就可以清楚地看到,作为无产阶级最早的一批理论家,他们却始终拒绝资产阶级意识形态的完全肯定现实的拜物教。针对此时青年马克思**否定**政治经济学的语境,我们还需要说明一个重要问题,即这些社会主义经济学家的理论批判表明:批判资产阶级社会也可以承认政治经济学是一门**科学**。为了说明这一点,我们还是把思考的脚步重新驻足于马克思在《曼彻斯特笔记》中阅读汤普逊的那个思想驿站。

在那本书的前言中,汤普逊首先批评了政治经济学研究中的所谓精

---

[1] [德]马克思:《剩余价值理论》第 3 册,人民出版社 1975 年版,第 294 页。

神学派的观点。汤普逊认为,他们不去关注自然界的物质规律,"宣称人只要依靠自己的精神力量,**差不多**不必凭借物质的从属作用,就能够得到幸福"①。这是一种唯心主义的正义论,因为在他们那里,"思想就是一切",物质活动(劳动)却被看成是机械的和下贱的事情。而实际上,"思想是什么呢? 不过是人们头脑中产生和**被感觉到的**活动而已;劳动又是什么呢? 劳动就是传达给自然界永远活动着的力量并与这种力量合作的活动"②。我们在马克思后来的《资本论》中,看到过近似的表述。这两种东西哪一种更能现实地促进人类的幸福呢? 显然是后者。这是批判那种具有浪漫主义色彩的伦理主义,如西斯蒙第与人本主义经济学家。这里有两点值得我们在哲学上予以关注:一是汤普逊明确反对社会历史观中的唯心主义,二是他直接将思想的基础定位于人类主体的客观活动。这是很了不起的观点。如上所述,这是对古典经济学社会唯物主义的直接指认。

其次,他也批评了所谓机械论的观点:在这些政治经济学家那里,人就等同于物,人的活动与机器的运转是同值的。这一派学者所关心的,只是怎样达到最高额的生产和保证最大的消费或有效需求,"至于这些物品是用什么方法或者由谁生产的,不管是由骆驼、马、人、奴隶或非奴隶生产的",这些都无关紧要,财富由什么人消费,是少数人还是大多数人,也是无须关注的。③ 这当然是资产阶级主流经济学及其拜物教本质。汤普逊认为,人不是一架机器,也不仅仅是一个纯思想的东西,人是一种复杂的生物,人要幸福首先不能离开"物质手段",没有财富,幸福就是一句空话;但创造了财富,又将带来财富如何公正地使用和分配的问题。这样,在汤普逊这里,社会主义就不再是一种抽象的公正,而是**需要物质**

---

① [英]汤普逊:《最能促进人类幸福的财富分配原理的研究》,何慕李译,商务印书馆1986年版,第11页。
② [英]汤普逊:《最能促进人类幸福的财富分配原理的研究》,何慕李译,商务印书馆1986年版,第12页。
③ 参见[英]汤普逊《最能促进人类幸福的财富分配原理的研究》,何慕李译,商务印书馆1986年版,第13页。

前提的。这使他的理论逻辑从根本上区别于西斯蒙第以来大多数具有浪漫主义色彩的法德空想社会主义,也不同于此时的马克思,因为马克思这时同样不承认政治经济学是科学,并且是社会主义可能的理论前提与基础。

由此汤普逊断言,公正不可能在那些"不懂自然科学和政治经济学的真理的"伦理学家手中实现,因为美好的东西在他们那里永远是梦想;真正的公正也不会在那些"只注意财富的生产和积累"的政治经济学家的自然规律中自发地出现,这是由于他们根本没有打算将经济学中"那些孤立的原理应用到社会科学上来"。这似乎是一个两难的困境。汤普逊认为,应该**将伦理要求与科学的客观规律这二者结合起来**。以他的见解,培根已开辟了一种出路:"把政治经济学上确定了的原理应用到社会科学上,使这些原理和所有其他各部门学问为最能增进人类幸福的财富的公平**分配**服务"①。提出在无产阶级的政治立场上研究社会公正,需要一种科学前提,这是一个极重要的理论进步。换一个角度说,也就是**社会主义完全可以建立在政治经济学的科学基础之上**。这个观点给马克思过去关于政治经济学的态度带来排山倒海般的冲击是可想而知的。它必然成为马克思哲学逻辑、经济学思考和社会主义思想基础发生重大变化的**可能性起点**。

在霍吉斯金那里,政治经济学同样被确定为一门"自然科学"。在这一点上,他与萨伊是一致的。在他看来,"它的产生是由人类改变了的情况所决定的"②。他直接明确这一科学的对象是"社会生产现象"③。我们在这门由斯密首先发现的科学中看到,"社会是按照自然规律而建立起来的,它在每个具体细节上并在其存在的每个阶段都受这些自然规律

---

① [英]汤普逊:《最能促进人类幸福的财富分配原理的研究》,何慕李译,商务印书馆 1986 年版,第 17 页。
② [英]霍吉斯金:《通俗政治经济学》,王铁生译,商务印书馆 1996 年版,第 6 页。
③ [英]霍吉斯金:《通俗政治经济学》,王铁生译,商务印书馆 1996 年版,第 4 页。

的调节"①。在斯密看来,社会经济生活中的自然规律表现为一种在生产和社会生活中的自由放任和客观调节(看不见的手)。但是,斯密不能更深入地理解社会生活的主角并不是自然物质,而是人类。他没有注意到,固然我们是有意识的主体,可是现代社会却是由生存的本能"在我们无意识的情况下,导致了现时代绚丽多彩而包罗万象的社会生产系统"。这个社会系统中的关系变得越来越复杂,以至于人们没有能力去领会它。从这种客观地自然形成的制度中,实质上出现了与公正的"自然"科学相抵触的不公正的社会现实。霍吉斯金提出,社会的发展不在于简单肯定一种生存状态,而在于"不断超出各种束缚性的箍带"。所以,资产阶级所维护的这种"自然秩序"就成了他批判的对象。更重要的是,霍吉斯金明确指认他的批判性研究不是一种道义上的伦理冲击,而是"严格限制于揭明只是调节生产的诸**自然**规律"②。如果他的观点是社会主义,那么这是一种建立在**客观规律**之上的社会主义。了解这一点,对于理解马克思1845年的思想革命是至关重要的。

与汤普逊非常相似的是,从霍吉斯金的分析里可以得知,过去对于政治经济学的研究存在两种观点:一是按照自然科学那样将其描写为一种获得财富的技术,我们只要寻得现成的支配经济发展的客观规律就行了;二是根本不承认政治经济学的合法性,因为这种所谓的科学"不考虑人",特别是将劳动者看成一台机器,"并计算其骨头和肌肉的价格",根本否定了劳动者的"才智、心灵和语言能力"。前者是正统的国民经济学家,后者则是霍吉斯金所称的感情主义者批评家。③ 实际上应包括所有对资产阶级社会制度的批判者,如神学家和从主观伦理批判出发的一切社会主义者。我们发现,1845年以前的马克思也是属于后一种批评家。霍吉斯金对这两种观点都持批评态度。我认为,他试图在寻找这样一条道路:**既承认客观规律,又坚持对社会经济过程进行调节**。他不仅

---

① [英]霍吉斯金:《通俗政治经济学》,王铁生译,商务印书馆1996年版,第5页。
② [英]霍吉斯金:《通俗政治经济学》,王铁生译,商务印书馆1996年版,第10页。
③ 参见[英]霍吉斯金《通俗政治经济学》,王铁生译,商务印书馆1996年版,第13—14页。

关注人的生存的公正性,同时还要求社会制度(分配)本身的这种公正运行必须**有利于生产力的发展**。也就是说,**社会主义必须与发展生产力相一致**,这一点对于马克思后来的**科学**社会主义的建构同样是至关重要的。

3. 对劳动价值论的肯定与逻辑翻转

当以这样的理论逻辑面对政治经济学时,这些无产阶级的政治经济学家分析资产阶级社会的态度也必然发生重大的变化。汤普逊究竟关心什么问题呢?他并不是一般性地谈论贫困,他是在追问,在一个生产发达、财富丰足的社会里,为什么创造财富的大多数生产者相当贫穷,而极少数非劳动者却非常富有而"幸福"?为什么生产者通过劳动所创造出的成果,"竟在他们本身既没有胡作非为、自然界也没有发生灾害的情况下,会被神秘地全部夺走呢?"①他的结论是"**财富分配的不得当**"②!这显然是传统空想社会主义的批判逻辑。汤普逊明确指出,这并不需要一种主观的伦理价值要求,而是要通过政治经济学揭示新的公正分配的自然规律,一种同样不需要人为帮助的客观规律。③ 在汤普逊看来,资产阶级的政治经济学的劳动价值论是可以被肯定的,的确只有劳动是财富的来源,劳动也是衡量财富价值的唯一标准。④ 在一般的情况下,一件物品的价值相当于生产它的最小的劳动量。这是不准确的劳动价值论,因为他还没有必要劳动这个规定。按理说,人们通过劳动生产财富本应该为了增加幸福,用劳动生产自然所不能给予的财富本应该为了增加人类

---

① [英]汤普逊:《最能促进人类幸福的财富分配原理的研究》,何慕李译,商务印书馆1986年版,第19页。
② [英]汤普逊:《最能促进人类幸福的财富分配原理的研究》,何慕李译,商务印书馆1986年版,第20页。
③ 参见[英]汤普逊《最能促进人类幸福的财富分配原理的研究》,何慕李译,商务印书馆1986年版,第26页。
④ 参见[英]汤普逊《最能促进人类幸福的财富分配原理的研究》,何慕李译,商务印书馆1986年版,第37页。

的幸福,可是,过去的"政治经济学的最终目的一直是增加社会上财富积累的绝对量,至于如何分配每年的产品和多年积累下来的财富则留给道德家和政治家"①了。在生产和积累财富上畅通无阻的劳动价值论,到了**分配上**它的效用就荡然无存了,这不能不说是政治经济学的一个悲剧。

我们不难看到,霍吉斯金对政治经济学具体的学理研究视角也是十分独出机杼的。他同样不是在**经济学之外**,而正是在经济学之中来批评经济学的。他认为,斯密、麦克库洛赫等人的问题出在分配上。因为,当斯密等人承认劳动是生产财富的源泉时,他所把握的这个尺度是正确的,可是一旦超出这一领域而转到交换时,尺度就发生了变化。对此,霍吉斯金要求坚持劳动尺度的**一贯性**,"劳动不仅是一切财富的来源,还是实行公平分配的准则"②。为此,他首先转引了 M. 坎纳德的一段著名的关于劳动创造财富的论述,即一只手表在去除其接受的全部劳动之后,必然会还原为一堆矿石;而面包在去除劳动之后,则会变成禾本科的草。然后他发挥说,建筑物抽去木匠和泥瓦匠的劳动也会成为原始的自然物质。③ 格雷④在《人类幸福论》一书中也指出,在任何社会中,"生活所必需的一切东西,能使生活愉快和舒适的一切东西,都是人类的劳动创造出来的"⑤,所以,"劳动是财产的唯一的基础,任何财产都不外是积累的劳动"⑥。土地在没有投入劳动之前,是没有任何价值的,所有的产品也都是劳动的结果。劳动者创造了财富,可是他们却不能占有财富,这是一种不公正。当然,霍吉斯金他们也不打算通过伦理道德批判去讨回公道,而提出只能诉诸科学。

---

① [英]汤普逊:《最能促进人类幸福的财富分配原理的研究》,何慕李译,商务印书馆 1986 年版,第 52 页。
② [英]霍吉斯金:《通俗政治经济学》,商务印书馆 1996 年版,王铁生译,第 28 页。
③ 参见[英]霍吉斯金《通俗政治经济学》,商务印书馆 1996 年版,王铁生译,第 28—29 页。
④ 格雷(J. Gray,1799—1883),英国社会主义经济学家。主要论著有:《人类幸福论》(1825)、《社会制度》(1831)、《防止人民不幸的可靠手段》(1842)、《论货币的本质及其用途》(1848)等。
⑤ [英]格雷:《人类幸福论》,张草纫译,商务印书馆 1963 年版,第 11 页。
⑥ [英]格雷:《人类幸福论》,张草纫译,商务印书馆 1963 年版,第 33 页。

霍吉斯金所谓的科学就是要"揭明那些影响和调节财富生产的**全部**自然规律和条件"①。这也是"建立在这些内容及其永恒性、以及在一切时间和一切地点物质世界赖以激发起我们类似感情的那些规律的永恒性的基础之上"②。他要认证的自然规律是什么呢？是人类劳动的**必要性**！劳动既然是一切财富的源泉，那么不劳动者就不能吃、穿、用，也就没有生存的权利。霍吉斯金说："它和万有引力定律一样，乃一普遍规律。它永恒地和始终如一地影响并调节全体人类的行为"③。可见，社会经济生活中的"生产和分配财富的一切细微部门均受到源自劳动的必要性的条件的调节和支配；正像物质世界的每一部分都受自然规律的调节和支配一样"④，而社会法规也应该以自然规律为标准来确定。这种自然规律与资产阶级政治经济学的自然规律（"自然秩序"）正好相反。这里的自然规律应该读作**客观**规律。

前面我们已经说明，劳动是财富的唯一源泉。那么，"一切财富（包括金子和银子）均为劳动的产品；而那些不劳动的人们拿不出任何东西来支付他们的商人，他们不能用不是劳动的产品进行支付"⑤。劳动越多财富也就越多，可是为什么劳动者却越来越贫困呢？霍吉斯金也试图寻求导致这种奴役的原因。第一，霍吉斯金认为产生奴役的原因不是一些人所批评的劳动分工。他将分工区分为由人类不同个人之间的爱好和性格导致的分工1与由地域特点导致的分工2。第二，产生奴役的原因也不是由分工所造成的劳动的社会性与交换。他似乎清醒地看到，在分工的社会劳动中，"每一个劳动者（不论他干的是什么行当）都仅仅在完成一文明的社会的生产这一伟大工作的一部分"⑥，离开了他人的劳动，他并不具有独立创造财富的能力。⑦"我们现在使用或享受的每一件东

---

① [英]霍吉斯金：《通俗政治经济学》，王铁生译，商务印书馆1996年版，第45页。
② [英]霍吉斯金：《通俗政治经济学》，王铁生译，商务印书馆1996年版，第32页。
③ [英]霍吉斯金：《通俗政治经济学》，王铁生译，商务印书馆1996年版，第34页。
④ [英]霍吉斯金：《通俗政治经济学》，王铁生译，商务印书馆1996年版，第35页。
⑤ [英]霍吉斯金：《通俗政治经济学》，王铁生译，商务印书馆1996年版，第105—106页。
⑥⑦ 参见[英]霍吉斯金《通俗政治经济学》，王铁生译，商务印书馆1996年版，第122页。

西都是共同和联合劳动的结果"①。这样就必然出现劳动的交换,即由分工1引起的国内交换和由分工2带来的国际交换,即国内贸易与对外贸易。在他看来,分工与交换都是促进文明的"伟大手段",这些手段本身并不是产生不平等和奴役的原因。格雷也认为,"交换是社会之父":"如果说劳动为人类创造了一切有价值的物品,那么交换就使某些人有可能利用许多没有交换依靠自己的劳动永远得不到的东西",所以我们可以将交换称之为"社会的联系和基础"。② 第三,有交换就一定会产生代表一般劳动的货币。霍吉斯金说:"在和大自然打交道时,劳动曾是最初的货币,劳动在现在和将来仍将是唯一的购买货币"③。货币在直接的意义上也是无罪的。

那么,问题到底出在哪里呢?霍吉斯金直接提出了一个口号:自然规律无罪,"贫困是由社会制度造成的"④。勃雷也认为,在现代社会中,"机器本身是好的——是不可缺少的",现在劳动人民的贫困,不是由于机器代替了劳动,而是因为这种制度⑤。真正的罪魁祸首恰恰是资本与资产阶级。因为在霍吉斯金看来,资本的本质是"劳动必须能在维持劳动者生计之外还必须能给资本家带来利润"⑥! 并且,"地主和资本家什么也不生产。资本是劳动的产物,利润不过是那一产物的一部分,这一产物被无偿地剥夺,只允许劳动者去消费他自己生产的东西的一部分"⑦。所以,在资产阶级社会的经济运行中,

> 资本家成了社会一切财富的所有者,在生产这些财富时,资本家就是按照这一原则行事的,一般来说,他们永远不会允许劳动者得到生活资料,除非他们有把握地预期,劳动者的劳动将生产出超

---

① [英]霍吉斯金:《通俗政治经济学》,王铁生译,商务印书馆1996年版,第122页。
② 参见《格雷文集》,陈太先、眭竹松译,商务印书馆1986年版,第39页。
③ [英]霍吉斯金:《通俗政治经济学》,王铁生译,商务印书馆1996年版,第188页。
④ [英]霍吉斯金:《通俗政治经济学》,王铁生译,商务印书馆1996年版,第201页。
⑤ 参见[英]勃雷《对劳动的迫害及其救治方案》,袁贤能译,商务印书馆1959年版,第88页。
⑥ [英]霍吉斯金:《通俗政治经济学》,王铁生译,商务印书馆1996年版,第202—203页。
⑦ [英]霍吉斯金:《德国北方的旅行》第2卷,爱丁堡,1820年,第9页。

过其维持生计所需的东西而给他们带来利润。①

这是一条"奴役原则"！它严重违反了上述劳动必要性的自然规律。所以,霍吉斯金坚决反对将资产阶级社会制度想当然地指认为自然规律。用汤普逊的话说,那就是,"资本的最准确的概念到底是什么呢？它就是那一部分能够作为谋利手段的劳动产品"②。在霍吉斯金看来,资本家不是劳动者,他在任何意义上均无助于生产,资本作为机器和工具也不能独立生产,"将生产能力归因于由劳动制造和使用的设备就是胡说八道了",一切资本都是人创造的！③ 比如,"蒸汽机所干的任何工作乃是矿工、冶炼工、铁匠、工程师、司炉工和无数其他劳动者联合劳动完成的,它不是无生命的机器完成的"④,没有工人,任何机器和设备都毫无价值。而且,如果没有劳动的经常使用,机器就会很快地损坏。⑤ 同时,所有的资本利息也是劳动的产物。⑥ 可见,资本与劳动的交换实际上就是**资本家用工人过去的劳动成果与工人当下活劳动的交换**,同时,每当交换再次发生时,资本家都再一次多占有了工人的劳动。

这种**交换不平等**的观念,似乎是大多数社会主义经济学家的共识。根据勃雷的看法,这种交换的本质是"一方只是**都给出去**,一方只是**都拿进来**,一切不平等的实质和精神也在于此"⑦。勃雷认为,一切生物都遵循"你必须劳动"(圣经语)的定律,"只有人类能够逃避这一定律,而且按照这一定律的性质来说,只有用牺牲别人的代价,才能逃避得了"⑧。依据政治经济学的观点,商品交换由生产成本决定,那么交换常常应该是

---

① [英]霍吉斯金:《通俗政治经济学》,王铁生译,商务印书馆1996年版,第53页。
② [英]汤普逊:《最能促进人类幸福的财富分配原理的研究》,何慕李译,商务印书馆1986年版,第193页。
③ 参见[英]霍吉斯金《通俗政治经济学》,王铁生译,商务印书馆1996年版,第209页。
④ [英]霍吉斯金:《通俗政治经济学》,王铁生译,商务印书馆1996年版,第212页。
⑤ 参见[英]霍吉斯金《保护劳动反对资本的要求》,伦敦,1922年,第59—60页。
⑥ 参见[英]霍吉斯金《通俗政治经济学》,王铁生译,商务印书馆1996年版,第217页。
⑦ [英]勃雷:《对劳动的迫害及其救治方案》,袁贤能译,商务印书馆1959年版,第23页。
⑧ [英]勃雷:《对劳动的迫害及其救治方案》,袁贤能译,商务印书馆1959年版,第45页。

"等值与等值交换"。如果交换是平等的,那么"各方给出去的劳动量是相等的"。可是,在现在实际发生的资产阶级社会的制度中,工人们一直都是拿一整年的劳动去向资本家换取仅仅半年劳动的价值。① 马克思在《曼彻斯特笔记》第六笔记本②中直接摘录了这段文字。这种交换连续发生的结果,只能是"以无换有"!"全部的利益——全部积累起来的利润和利息,或者任凭你叫作什么,在现在的制度之下都是归资本家所有了的——是从全体生产者那里来的。"③"凡是工人生产了一样东西,它就不属于他了——它就属于资本家了,因为它已由那种视力所不能及的魔术——不平等的交换——从这个人的手里转移到别人手里去了。"④在勃雷看来,资产阶级社会的银行制度就是通过用媒介来获得利益,这是最明显的不劳而获!勃雷的上述观点,马克思几乎在《哲学的贫困》中都作了大段援引。⑤ 另一位社会主义经济学家格雷则认为,正是劳动阶级通过劳动,养活了自己,也养活了一切不劳动的人。⑥ 这说明,现代的交换制度正是"统治文明世界的恶魔的隐身所,它以饥饿报答勤劳,以失望报答努力"⑦。为此,他在《人类幸福论》中曾经引述了英国统计学家胡恩的著作,列举了英国1812年"生产阶级"共生产了426 230 372英镑的财富,据此,劳动者平均创造54英镑,但他们这一年仅平均收入11英镑,是他们创造财富的1/5,其余部分都被他人占有。⑧ 显然,这是一个十分有说服力的统计学证据。

---

① 参见[英]勃雷《对劳动的迫害及其救治方案》,袁贤能译,商务印书馆1959年版,第51页。
② Karl Marx, *Manchester-Hefte*(6-9), *Marx-Engels-Gesamtausgabe*(MEGA2), Ⅳ/5, Text, Berlin: Walter de Gruyter GmbH, 2015, S.18. ——本书作者第四版修订注。
③ [英]勃雷:《对劳动的迫害及其救治方案》,袁贤能译,商务印书馆1959年版,第61页。
④ [英]勃雷:《对劳动的迫害及其救治方案》,袁贤能译,商务印书馆1959年版,第64页。
⑤ 参见《马克思恩格斯全集》第4卷,人民出版社1958年版,第110—117页。——本书作者第三版注。
⑥ 参见[英]格雷《人类幸福论》,张草纫译,商务印书馆1963年版,第67页。
⑦《格雷文集》,陈太先、眭竹松译,商务印书馆1986年版,第39—40页。
⑧ 参见[英]格雷《人类幸福论》,张草纫译,商务印书馆1963年版,第12—20页上的统计表和评论。

4. 能否发展生产力:反对资产阶级社会的客观依据

我们看到,汤普逊在分析人类生产劳动时,还力图呈现**特定的历史语境**,即他已经直接指认的资产阶级社会生产方式的**历史合理性**。在一种比较性研究视域中,汤普逊提出,"人类劳动方式有三种:第一,直接或间接的强迫劳动;第二,在不受限制的个人竞争情况下进行的劳动;第三,互助合作的劳动"①。第一是前资产阶级社会中的奴隶或封建性劳动,第二是资产阶级社会条件下的劳动,最后是他所肯定的未来的新型劳动方式。显然,汤普逊直接承认资产阶级社会本身的进步,因为资产阶级社会"在巨大程度上**取消封建束缚**",可是,资产阶级社会的"这些新建立的制度所加给人们的限制和公正的原则,和保障与平等的原则比起来仍是非常有害的,是应该停止的,但如果与封建时代的特点,彻底的无保障和暴力夺取相比较,就一个是禾稼稀少,一个是彻底荒芜"。② 原始共同体与现代文明社会的差别是生产力水平的差别。汤普逊提出,"真正积累起来的财富量,就它的重要和对于人类幸福的影响来说,和无论处于什么文明情况的同一社会的生产力比较",都是微不足道的,所以人们应该更加关注生产力和它将来的自由发展。③ 马克思在《曼彻斯特笔记》第四笔记本④中摘录了汤普逊的这一表述。霍吉斯金也历史地看到,"农业劳动者的奴隶状态是与那种土地占有相联系的;从政治上说,整个欧洲的农业劳动者一直处于一种比制造业和商业的劳动者更恶劣的状况"⑤。这是一种很重要的历史态度。用勃雷的话说,"某一种社会形态

---

① [英]汤普逊:《最能促进人类幸福的财富分配原理的研究》,何慕李译,商务印书馆 1986 年版,第 22 页。
② 参见[英]汤普逊《最能促进人类幸福的财富分配原理的研究》,何慕李译,商务印书馆 1986 年版,第 122 页。
③ 参见[英]汤普逊《最能促进人类幸福的财富分配原理的研究》,何慕李译,商务印书馆 1986 年版,第 454 页。
④ Karl Marx, *Manchester-Hefte*, *Marx-Engels-Gesamtausgabe*（MEGA2）, Ⅳ/4, Text, Berlin: Dietz Verlag, 1988, S. 244-245. ——本书作者第四版修订注。
⑤ [英]霍吉斯金:《通俗政治经济学》,王铁生译,商务印书馆 1996 年版,第 120—121 页。

和某一种政府形式,只能在某一国家的历史中的某一时期内存在,而且能适合当时的需要,但到了后一时期,那就不容再存在了"①。

我们注意到,不少社会主义经济学家首先都能够历史地肯定资产阶级社会在发展生产力上的作用。同时,他们根本否定资产阶级社会生产方式的原因也是**基于生产力的发展**。汤普逊直接指出,归根到底,资产阶级社会生产方式不利于生产力的发展,社会生产的总量由于资本家个人目光短浅的功利性活动的增加而减少。② 也是在这个意义上,大多数社会主义经济学家都反对把资产阶级社会的经济规律看成是所谓永恒的自然规律。他们正是为了消除资产阶级社会生产方式对社会生产力的阻碍,而着眼于"解放社会的**未来**生产力"③。这是一种十分重要的观点。

同时,也是在这一点上,社会主义经济学家们异口同声地一起反对资产阶级社会经济运行中所存在的**无政府**状态,因为这种生产的无政府状态严重破坏了生产力的发展。比如格雷就明确反对资产阶级政治经济学的观点,即"认为我们的社会制度中有着一种自动调节因素,而商业之流则像江河一样要达到适当的水平并流得平稳顺利,只应听其自然"④。这样,"社会秩序整个基础建筑在某种坚固不拔的基础上,建立在永远不变的自然法则之上"⑤。格雷认为,这是一个致命的错误,因为它将人变成"事物秩序的自愿的奴隶"。他认为,这种不受监督的商业制度的结果终归是使广大群众陷入赤贫与不幸的深渊。他直接反驳麦克库洛赫支持自然放任的经济观点,并举例类比论证这种逻辑的荒谬性。

> 对一个军队的士兵们说,如果他们自相残杀,他们就能战胜共

---

① [英]勃雷:《对劳动的迫害及其救治方案》,袁贤能译,商务印书馆1959年版,第9页。
② 参见[英]汤普逊《最能促进人类幸福的财富分配原理的研究》,何慕李译,商务印书馆1986年版,第200页。
③ [英]汤普逊:《最能促进人类幸福的财富分配原理的研究》,何慕李译,商务印书馆1986年版,第446页。
④ 《格雷文集》,陈太先、眭竹松译,商务印书馆1986年版,第3页。
⑤ [英]格雷:《人类幸福论》,张草纫译,商务印书馆1963年版,第8页。

同的敌人;或者对一个乐队说,如果每个人演得很出色,不顾别人演得曲调和节拍如何,全体演出的音乐也会令人神往;或者对一批运用资本的竞争敌手说,他们互相损害对方的利益,就能促进公共福利。①

格雷在谈及资产阶级的货币制度时指出:"**这种制度束缚了我们的生产力**,使整个贸易机构混乱不堪,并且在全国造成一种使疯人院的病人也感到惭愧的反常现象,即在**丰裕之中**产生了贫困和饥馑。"②他认为,资产阶级社会缺少一种"监督和指导的力量,利用这种力量,我们的商业体系的各个部分就能够互相适应和互相配合,造成一个协调的整体,以代替先前那个不协调的东西"③。相比之黑格尔通过国家与法对盲目市场运动的精神性校正,这些社会主义经济学家则突出了**现实社会力量的自觉调控**。这是一个了不起的进步。

在勃雷看来,资产阶级社会所谓的市场自发运动中的自然规律,实际上正是人类发生冲突、破坏经济畅通运行的罪魁祸首:"竞争不过是一种人类的感觉和行为,这些感觉和行为是由放肆的利己主义所引起的,并且常常会产生冲突、嫉妒、憎恨和残酷行为"④。这种状态,"自发地产生了财富的不平等和权力的不平等"⑤,以至于一切"都是听天由命——一任无政府的情况所支配"⑥。勃雷明确指出,现在的资产阶级社会是根据人的天赋本能,而不是根据人的天赋理智来运转的。所以,这种状况对牲畜来说是合适的,但并不是人类生活的原则。"人类行为和自然动力,必须靠人力予以节制和指导,使它不是去破坏而是去助成伟大的

---

① [英]格雷:《人类幸福论》,张草纫译,商务印书馆1963年版,第142页。
② [英]格雷:《人类幸福论》,张草纫译,商务印书馆1963年版,第229页。
③ [英]格雷:《人类幸福论》,张草纫译,商务印书馆1963年版,第9—10页。
④ [英]勃雷:《对劳动的迫害及其救治方案》,袁贤能译,商务印书馆1959年版,第126页。
⑤ [英]勃雷:《对劳动的迫害及其救治方案》,袁贤能译,商务印书馆1959年版,第115页。
⑥ [英]勃雷:《对劳动的迫害及其救治方案》,袁贤能译,商务印书馆1959年版,第41页。

社会设计。"①马克思在《曼彻斯特笔记》第六笔记本②中直接摘录了这段文字。他的这一观点与前述的格雷是完全一致的。

也由此，勃雷要求根本变革这种不平等的制度。他指出，在过去的各种时代里也出现过一些社会变革，"但是这些变革和改革，从未触及社会制度的本身；它们只不过将制度本身所造成的次要弊害稍稍减轻或者予以修正罢了"③。所以，要消灭不公正和罪恶，就"**必须彻底摧毁现时的社会制度**"，即资产阶级社会私有制。④ 他要求建立一个财产公有的新社会，只有在那里，过去在资产阶级社会制度下**破坏生产力发展**的因素才会转化为新的积极因素。自由贸易和大机器不再是制造祸患的因素，而成为社会发展的"朋友和助手"。⑤ 勃雷有一个极其重要的观点："现在的祸患根源就是在现在的社会结构里边，所以在这种结构无所改变的时候，单凭知识的力量去消除这些祸患将是无济于事的"⑥。他一语道破真相，关键在于**现实的物质变革**！

正是基于这种批评，这些无产阶级经济学家们提出了关于社会主义的种种设想，勾勒起未来的美丽蓝图。汤普逊主张一种"平等的个人竞争"和"以互助合作为基础的生产方式"。⑦ 这是一种自由联合起来的合作公社，在那里，资产阶级社会中所出现的各种破坏性的因素都被消除了，"节省非生产性的消费，防止无处使用生产力或者滥用生产力上的浪费，防止批发商和零售商的利润上的浪费"，"大批的生产力可以集中起

---

① ［英］勃雷：《对劳动的迫害及其救治方案》，袁贤能译，商务印书馆1959年版，第126—127页。
② Karl Marx, *Manchester-Hefte*(6-9), *Marx-Engels-Gesamtausgabe*(MEGA2), Ⅳ/5, Text, Berlin: Walter de Gruyter GmbH, 2015, S. 35. ——本书作者第四版修订注。
③ ［英］勃雷：《对劳动的迫害及其救治方案》，袁贤能译，商务印书馆1959年版，第14页。
④ 参见［英］勃雷《对劳动的迫害及其救治方案》，袁贤能译，商务印书馆1959年版，第17页。
⑤ 参见［英］勃雷《对劳动的迫害及其救治方案》，袁贤能译，商务印书馆1959年版，第199—200页。
⑥ ［英］勃雷：《对劳动的迫害及其救治方案》，袁贤能译，商务印书馆1959年版，第229页。
⑦ 参见［英］汤普逊《最能促进人类幸福的财富分配原理的研究》，何慕李译，商务印书馆1986年版，第282页。

来"谋求共同的利益。① 对人类社会的发展来说,如果"旧的生产方式"不能再获利,那么人们就可以随时采取新的、更加优越的生产方式,这就是社会主义!"这种生产方式是不会带来生产过剩的,因为他们的一切基本需要是靠他们自己来供应。"② **社会主义不是一种美好的理想,而是符合生产力发展要求的新的生产方式**,这真是一种真知灼见,一种新的思路!

我以为,上述这些科学的批判思想必然使马克思深受触动。从客观发展的物质生产力出发,而不是从"人"、"人的本质"的价值悬设出发,必定会开辟出一种全新的思想境域来。这正是英国社会主义经济学家给世人留下的最重要的理论财富。

第三节　施蒂纳的《唯一者及其所有物》

1844年德国思想界还发生了一起重要的学术事件,那就是施蒂纳《唯一者及其所有物》(*Der Einzige und sein Eigentum*, Leipzig: Otto Wigand, 1845)的发表。我在前面讨论《关于费尔巴哈的提纲》时,已经提到恩格斯与马克思关于这本书的一些讨论。可是,这本书究竟在写什么?它对马克思的哲学思想发展产生了什么影响?这些问题,在我们过去的研究中始终没有得到明确的答案。根据我现在的研究结果,施蒂纳的这本书在现代欧洲思想进程中实际上有着举足轻重的作用。正是它,第一次全面批判了费尔巴哈甚至启蒙思想以来的古典人本主义逻辑,在一定的意义上,施蒂纳也是近代西方思想史上在现代性语境中第一个自觉消解形而上学的人。固然这本书混杂着非常多的谬误和狂想,特别是在自身理论逻辑的立论上几乎没有什么可取之处,但它在当代思想史逻辑的批判尺度中还存有一定的学术价值。在我看来,这本书尤其对马克

---

① 参见[英]汤普逊《最能促进人类幸福的财富分配原理的研究》,何慕李译,商务印书馆1986年版,第308—309页。
② [英]汤普逊:《最能促进人类幸福的财富分配原理的研究》,何慕李译,商务印书馆1986年版,第450页。

思彻底摆脱人本主义，走向历史唯物主义科学革命有着直接的负促动作用。马克思恩格斯在《德意志意识形态》一书中以 7/10 的篇幅来反驳此书，可想而知它的反面地位。① 对此，我们不得不认真对待。

1. 施蒂纳和《唯一者及其所有物》的一般理论逻辑

施蒂纳的原名为卡斯帕尔·施米特，施蒂纳是他的笔名。《唯一者及其所有物》一书写于 1843—1844 年，1844 年 10 月底在莱比锡出版。当时出版日期标明为 1845 年。② 施蒂纳因为这本书，时常被后人视为无政府主义思想家。在苏东和我们传统的马克思主义哲学史研究中，施蒂纳只是一个小丑式的人物。我发现，也正由于施蒂纳总被简单地贬低为一个思想浅薄的理论家，这使我们未能深入一步了解施蒂纳思想对马克思思想变革的理论意义。我觉得，这种状况必须得到改变。

《唯一者及其所有物》一书以"我把无(Nichts)当作自己事业的基础"作为全书的引言。针对费尔巴哈、赫斯和青年马克思所提出的"人是人的最高本质(Der Mensch ist dem Menschen das höchste Wesen)"的人本主义口号，他针锋相对地提出作为现实存在的个体的"我是高于一切的(Mir geht nichts über Mich!)"！③ 这实际上是马克思在《德意志意识形态》中那个"现实的个人"的逻辑源起。施蒂纳的主体指称的关键词是"我"、"利己主义"、"唯一者"，这三个指称是同质的，而这个"唯一者"的

---

① 燕妮的说法更加简单和直接：1845 年"夏天恩格斯和卡尔一道写对德意志哲学的批判，促使他们这样做的外部动力是《唯一者及其所有物》一书的出现。结果写成了一部渊博的著作，这一著作本该在威斯伐里亚出版的。"参见苏共中央马克思列宁主义研究院编《回忆马克思恩格斯》，胡饶之等译，人民出版社 1957 年版，第 251 页。
② 此书尚未出版，恩格斯就从奥·维德处得到该书的校样。1844 年 11 月 19 日，恩格斯写信给马克思，称"施蒂纳在'自由人'当中显然是最有才能，最有独立见解和最勤奋的人了"，并直接谈及他对施蒂纳此书的看法。11 月，马克思阅读《唯一者及其所有物》，没有做摘录或笔记。12 月 2 日，马克思致信伯恩施太因，说他打算提供一篇批判施蒂纳的文章给《前进报》。后来马克思并没有完成这一文稿，但他致信恩格斯，不同意恩格斯对施蒂纳的评价（该信后来遗失）。1845 年 1 月 21 日，恩格斯再次写信告诉马克思，他赞同马克思的观点。
③ 参见［德］施蒂纳《唯一者及其所有物》，金海民译，商务印书馆 1989 年版，第 5 页。

事业是"无"。说穿了,这个"我"是不依从于任何对象和任何总体性关涉的**现实的个人**。以我的看法认识,施蒂纳的这个"唯一者"实际上更接近于后来的尼采的"超人",即在新人本主义中反对古典人本主义类本质的个人,甚至这个以无为本的"唯一者"还会是今天后现代思潮中"人"、"主体"和"作者"死亡后的那种存在自由状况的先驱;而他的"无",也不仅仅是政治上的无政府,而是一种在**本体论意义上**的彻底的消解和自由,对传统哲学形而上学的第一次根本颠覆。这样看来,施蒂纳思想的意义就不简单纯是一种扁平的历史性,而直接具有了**当代性**。通过这样的解读,马克思批判施蒂纳以后所实现的哲学革命的更深一层语境也就呈现出来了。

我注意到,在这本书中,施蒂纳主要反对的是一切现实的个人之外的形形色色的"类"(本质)和"总体"(体制)的压迫。我们不难发现,他几乎与当时欧洲存在和正在发生的所有思潮论战,这包括基督教神学、启蒙精神、经济学的市民意识、激进的人道主义和共产主义。所以,简单地指认他是无政府主义,语义上显得有些太狭窄。读他的著作,首先可能想到的是几乎同时期的克尔凯郭尔①,我们无法得知施蒂纳是否读到过后者的文本,但有一点可以肯定,施蒂纳同时在反对克尔凯郭尔的以新人本主义逻辑作为依托的神学。施蒂纳是较早意识到**传统哲学终结**的人,从哲学学理上看,他真可谓是开尼采哲学之滥觞的人。泽勒尼曾经说:"除了赫斯以外,施蒂纳也许是青年黑格尔派中第一个看到思辨哲学终结并提出**实践**哲学的人"②。

《唯一者及其所有物》一书分为两大部分:第一部分是"人(Der Mensch)",第二部分是"我"。前者是他在"人"(类本质)的靶子下,对有史以来的西方各种社会思想的历史分析和理论批判,后者似乎是在确证自己的思想,但仍然是以攻击他人为主线。我认为,第一部分的证伪性

---

① 克尔凯郭尔(S. Kierkegaard,1813—1855),丹麦现代著名神学哲学家,新人本主义存在哲学的创始人。其主要论著有:《或此或彼》(1842)、《再现》(1843)、《恐惧与颤栗》(1843)、《哲学片断》(1844)、《不安的概念》(1844)等。
② [捷]泽勒尼:《马克思的逻辑》,牛津,1980年,第68页。

评述似乎更有价值一些。

作为全书的引子，在第一部分第一章中，施蒂纳提出了一个人类个体("人生"，Menschenleben)的发展分期。他将个人的成长一分为三：第一阶段是童年，是人关涉事物对象的现实主义时期，对物的现实关注的过程"就是我们力图洞察事物的底细或探究'事物背后'是什么"的过程。① 第二阶段是青年，与第一阶段对物的关涉不同，"青年采取了一种精神的立场"，即"一切'尘世的'事物都退避到可鄙的远方"，因为他发现自己的本质是精神，这是人的"第一次发现"。这是一种理想主义的"天国的观点"。② 第三阶段是成人时期，这时，人开始"按照世界的本来面目把握世界"，而不再像青年时期那样，"处处对之胡思乱想并改善它"。成人的立场是，"人们必须按照他们的**利益**，而不是按照他们的理想来对待世界"。③ 这就是施蒂纳所肯定的利己主义式的对人的"**第二次**自我发现"，也就是不纠缠于物但从客观实际出发的现实立场。这样，"孩子只有**非精神的**，即无思想、无观念的兴趣，青年只有**精神的**兴趣；成人则有着有形体的、个人的、利己主义的兴趣"④。这其实是一种隐喻。施蒂纳极其张狂地将他以前的一切思想("古代人"与"近代人")都狠狠地加以贬斥。古代人的观念是物象论，而从中世纪以来的一切近代观念都被列入不成熟的青年的抽象的普遍**精神决定论**，而只有施蒂纳自己的观念才真正代表了一种成人式的思想成熟。

我认为，施蒂纳关于古代思想史发展的分析有一点是值得肯定的，那就是从古希腊哲学的**理性抽象**到中世纪一元论基督教神学**观念本质**的历史过渡。针对费尔巴哈所说的"在古代人看来世界是真理"，他补充道，古代人生活在感性的物和物欲关系的尘世中，而古代的终结就在于与"**物的世界**"(*Welt der Dinge*)的关系的消解。海德格尔的上手性的

---

①② 参见［德］施蒂纳《唯一者及其所有物》，金海民译，商务印书馆1989年版，第10页。
③ 参见［德］施蒂纳《唯一者及其所有物》，金海民译，商务印书馆1989年版，第12页。
④ ［德］施蒂纳：《唯一者及其所有物》，金海民译，商务印书馆1989年版，第13页。

"在世中"。施蒂纳自觉地指认出,哲学理性的发生实际上是从**对具体的事物特殊认知,深化到对事物的本质(类)观念的一般把握和非感性的"纯化"**,这是西方古代思想史中从爱利亚学派的"一"、柏拉图的相论直至笛卡尔的"我思故我在"的内在逻辑。在这种理念王国面前,"**一切尘世的事物必须在它面前遭到毁灭**"。① 精神不同事物打交道,而"只同存在于事物背后和上面的本质打交道,只同思想打交道"②。这是唯心主义的胜利,也是中世纪基督教的前提,以及一个精神的世界的开始。神就是精神③,所以上帝之城必定要求活着的现实个人出世,神学必定否定物质现实。我以为,施蒂纳直接指认了黑格尔用哲学思辨遮蔽起来的西方文化的历史逻辑,而颠倒黑格尔哲学的费尔巴哈并没有真实地意识到这一深层背景。恐怕,这也正是施蒂纳批判费尔巴哈人本主义的较高的逻辑起点。

2. 费尔巴哈的古典人本主义逻辑之证伪

在这本书中,施蒂纳的主要论争对手是费尔巴哈。因为在当时的德国,很多激进的青年思想家真的"一下子都成了费尔巴哈派了"(恩格斯语)。施蒂纳批判和否定了费尔巴哈哲学中两个最受瞩目的理论质点,即对基督教神学和黑格尔唯心主义哲学的双重否定与颠倒。其实我们都知道,这也是费尔巴哈哲学在思想史上两个最重要的理论贡献。费尔巴哈说,只要将宗教(上帝)颠倒过来,我们就会得到人;只要将黑格尔思辨哲学颠倒过来,我们就能得到唯物主义感性优先的真理。这一点,正是当时包括青年马克思恩格斯在内的大部分青年左派学者所充分肯定的自然唯物主义和人本主义。而施蒂纳说,将主词与谓词颠倒过来,并没有真正解决问题,因为这种颠倒只是**一种概念的替换**:用"人"的概念

---

① 参见[德]施蒂纳《唯一者及其所有物》,金海民译,商务印书馆1989年版,第18页。
② [德]施蒂纳:《唯一者及其所有物》,金海民译,商务印书馆1989年版,第20页。
③ 参见[德]施蒂纳《唯一者及其所有物》,金海民译,商务印书馆1989年版,第32页。

代替神的概念,用"**感性**"的概念代替"精神"的概念。从本质上看,这不过是一个**假性**革命。因为如果仅仅如此,神与绝对观念就仍然存在,而且"固定得更加令人困惑",因为"如果在此只将神驱逐到人的胸中,并以不可消除的**内在性**相赠,于是这就意味着:神的东西即是真正的人的东西",**人即是新的神**。① 这也就是说,在施蒂纳看来,费尔巴哈对基督教和黑格尔的批判不过是宗教和思辨哲学的一种更隐密的逻辑变形,因此是不彻底的。我觉得,施蒂纳的反思性批判深中肯綮,颇有深度。

在施蒂纳看来:

> 费尔巴哈以**绝望的**力量(Kraft der Verzweiflung)去抓住基督教的全部内容,并非是为了摈弃它,不,而是为了把它拉回到自己那里。……我们只是错认了我们自己的本质,因而在彼岸寻找这种本质,现在由于我们看到了神只是我们人的本质(Wesen des Menschen),我们就必须将它重新作为我们的东西并从彼岸移回到此岸来。②

可是,这个作为本质的"人超越每一单个的人之外,尽管是'他的本质',而**人**在实际上并非是**他的**本质(后一本质毋宁说与个别人自身那样),而是一个普遍和'更高的'本质"③。这样,具体生存着的我对你来说,或你对我来说,都不是最高的本质。在我们暂存的肉体(后来海德格尔的"有死者")之中却栖居着一个永恒的本质,这就是作为类而抽象存在的"人"。"人就是人的最高本质"!实际上,这个类本质的"人"就是过去的神,观念化的精灵,神已经变成了人,但而今他本身就是精灵,"人就是**精神**"。④ 这不过是一个"**易主**的过程",人由此"登上了绝对高峰,而我们与他的关系就如同与最高本质的关系那样,亦即宗教的关系",只不

---

① 参见[德]施蒂纳《唯一者及其所有物》,金海民译,商务印书馆1989年版,第51页。
② [德]施蒂纳:《唯一者及其所有物》,金海民译,商务印书馆1989年版,第33—34页。
③ [德]施蒂纳:《唯一者及其所有物》,金海民译,商务印书馆1989年版,第40页。
④ 参见[德]施蒂纳《唯一者及其所有物》,金海民译,商务印书馆1989年版,第44页。

过这一次不以"神圣的"来命名,而以"人性的"来命名罢了。① 原来在神学情境中我与上帝的垂直关系,现在为人与**大写的类人**的关系代替了。所以,"关于'人的本质'问题、关于'人'的问题,在刚刚剥去旧宗教的蛇皮之后,却又重新披上一层宗教的蛇皮"②。施蒂纳有一句话发人深省,非常深刻,他说:"在近代的入口处站着'神人'(Gottmensch)","人杀死了神,为的是成为'高高在上的唯一的神(alleiniger Gott in der Hohe)'"③!这是资产阶级启蒙主义完成的壮举:"神必须让出位置(Platz),当然并非是为我们,而是为人。"④ 这一分析脉络与后来尼采在《道德的谱系》中对神学—人本主义的否定性批判有异曲同工之处,它们在本质上是完全一致的。

　　施蒂纳认为,在费尔巴哈反对神学的人本主义革命中,仍然存在一种被当作"准则、原则、立场"的固定观念,在黑格尔那里,**过去被称作观念、思想和本质的东西,现在被称作人、类本质和人性**。由此出发,"尘世活动被居高临下地俯察并遭到蔑视"⑤。施蒂纳说,"费尔巴哈在《未来哲学原理》中总是诉诸**存在**。尽管他反对黑格尔和绝对哲学,然而在这里他还是停留在抽象(abstrakte)上,因为'存在'就如同'自我'那样是一种抽象"⑥。他认为,费尔巴哈的感性事物同样还是**抽象**的,因为"他只知用唯心主义、'绝对哲学'的传统财产来穿戴他的'新哲学'的唯物主义"⑦。从更深一层来看,唯物主义者费尔巴哈仍然是从抽象的观念出发的,换句话说,他**仍然是隐性唯心主义者**!这一断言绝对是有分量的。我觉得这种指认自然使马克思产生很大的震动。《1844年手稿》中的类本质和理想化的劳动,是否也是逻辑的观念和价值悬设呢?这是马克思不得不认真反思的问题。

---

① 参见[德]施蒂纳《唯一者及其所有物》,金海民译,商务印书馆1989年版,第61页。
② [德]施蒂纳:《唯一者及其所有物》,金海民译,商务印书馆1989年版,第51页。
③④ [德]施蒂纳:《唯一者及其所有物》,金海民译,商务印书馆1989年版,第165页。
⑤ [德]施蒂纳:《唯一者及其所有物》,金海民译,商务印书馆1989年版,第67页。
⑥ [德]施蒂纳:《唯一者及其所有物》,金海民译,商务印书馆1989年版,第377页。
⑦ [德]施蒂纳:《唯一者及其所有物》,金海民译,商务印书馆1989年版,第378页。

施蒂纳认为,费尔巴哈这种从"真正的人"出发的东西同样是在建立一个天国,似乎如果扬弃了人的本质的异化,实现了人的本质的复归,就会达到一种自由王国,"在那里,不再有外来的东西规定和统治人,不再有尘世的影响异化人自身"①。施蒂纳说,这同样是在要求现实的个人去"**为了一个观念**而生活、而创造,这就该是人的天职;而且还依据完成天职的忠诚程度,来衡量他的**人的价值**",与此同时,"无数'个人'世俗利益的世界"却被宣布为非法的。② 这难道不是一种**现实与观念王国的颠倒**吗?难道不是一种**观念(抽象)的统治**吗?不得不承认,施蒂纳的这种发问犹如九鼎大吕,相当沉重,也发人深思。在施蒂纳看来,从神学到黑格尔再到费尔巴哈,不过是"随着时间的推移,神圣精神变成了'**绝对观念**'。这一绝对观念又以多种变迁产生出人类爱、合理性、市民道德等等各种观念"③。从根本上看,这仍然是一个同质性的逻辑。因为在费尔巴哈这里,"人们如何将'人的本质'与现实的人相分离,而且后者将依据前者加以判断;人也将如何把他的行为与他相分离并按照'人的价值'来评价他的行为。"④施蒂纳入木三分地指出,这实质上还是意味着"**概念**应处处起决定作用,概念规定生活,概念**进行统治**"⑤。不过这里的概念不再是黑格尔式的客观理性,而是大写的人(类,die Gattung)。在这种前提下,虽然我们不再为了神而受苦受难,但是这个大写的类人,"为了人类的发展,它让人民和个人在为它效劳的过程中受折磨"⑥。

其实,施蒂纳是在暗示,费尔巴哈的这种人本主义正是一切现行社会思潮的理论基础。所以,接下来他必须更进一步揭露现实存在的种种社会思潮的本质。

---

① [德]施蒂纳:《唯一者及其所有物》,金海民译,商务印书馆1989年版,第73页。
② 参见[德]施蒂纳《唯一者及其所有物》,金海民译,商务印书馆1989年版,第82页。
③ [德]施蒂纳:《唯一者及其所有物》,金海民译,商务印书馆1989年版,第102页。
④⑤ [德]施蒂纳:《唯一者及其所有物》,金海民译,商务印书馆1989年版,第103页。
⑥ [德]施蒂纳:《唯一者及其所有物》,金海民译,商务印书馆1989年版,第4页。

3. 施蒂纳为什么同时批判资产阶级社会与社会主义

在一剑封喉式地根本否定了费尔巴哈之后,施蒂纳将理论之剑一挥,于是近代以来几乎所有已经发生和正发生的各类社会思潮都又面临着"灭顶之灾"。因此,在同一尺度的审视和拷问下,从中世纪奴役中逃脱出来的三种所谓的"自由主义"无一例外又都经受了"唯一者"的审判。

首先是政治自由主义。这是施蒂纳在直接批判资产阶级的市民意识。施蒂纳看到,"随着资产阶级时代开始了**自由主义**时代",不过他却发现,资产阶级的自由主义仍然在追求一种统治,与中世纪的神的统治不同,这一次是"一种理性的统治":"自由主义者之所以是**狂热者**,并非因为信仰、因为神,而恰恰是因为**理性**:他们的主人",而"一旦理性占有统治地位,**个性**就要甘拜下风"。① 由此施蒂纳认为,资产阶级的自由主义让抽象的理性成为现实的个人的主人,这种思想还是无法摆脱概念的奴役。这种思想与今天的后现代思潮也是相通的。在施蒂纳看来,与中世纪相比,"自由主义只是把另一些概念提到话题上来,亦即代替神的是人的概念、代替教会的是国家的概念、代替信仰的是'科学的'概念"②。所以,他特别反感在资产阶级自由主义中,强调国家这种所谓的"**一切人的普遍利益**",而否定现实个人的"特殊利益"。在这种状态下,"人们必须**自我**牺牲,并只为国家而活着。人们必须'无私心地'行动,必须不欲有利于**自己**而是有利于国家"。③ 他认为,国家建立在对**劳动的奴役**基础之上,如果劳动自由了,国家就将消失。④ 分析至此我们可以发现,施蒂纳固然雄心万丈,但其视域却十分狭窄。他所讲的资产阶级自由主义主要是德国特色的市民意识,因为将国家变成主人,只是德国民族资产阶级才具有的特点,例如李斯特、洛贝尔图斯等人的国民经济学。

---

① 参见[德]施蒂纳《唯一者及其所有物》,金海民译,商务印书馆1989年版,第113页。
② [德]施蒂纳:《唯一者及其所有物》,金海民译,商务印书馆1989年版,第103页。
③ 参见[德]施蒂纳《唯一者及其所有物》,金海民译,商务印书馆1989年版,第107页。
④ 参见[德]施蒂纳《唯一者及其所有物》,金海民译,商务印书馆1989年版,第124页。

不过，施蒂纳此处的分析有两点有一定的可取之处。一是他揭露资产阶级的出版自由的本质实际上是资产阶级的自由。他发现，资产阶级只是在书报检查官的压制是个人的任意专横时才对其反抗，而对于通过资产阶级自己的"'出版法'来施行压制，却是表示接受和赞同的。也就是说市民阶级的自由主义者只是要写作**本身的**自由，因为他们是**合法的**……只有自由主义者的东西，亦只有合法的东西才能付印"①。代替权威的东西是法律，人们将接受一切法律的形式的奴役。他深刻地指出，资产阶级实质上是要求一种"**非个人的统治者**"。这种批判线索在20世纪法兰克福学派的意识形态批判中得以承袭。二是施蒂纳对资产阶级自由竞争的批判。他认为，在自由竞争中，"作为个人，一个人不能**限制他人**，他只有通过物方能做到此点（如富人通过金钱这种物来使无产者受限制）"②。施蒂纳指出：

"金钱统治着世界"是市民时代的主音。一个无财产的贵族和一个无财产的工人作为挨饿者在政治上均是不起作用的：出生与劳动与此无关，而是**金钱万能**。③

竞争最确切地表明了市民性原则的联系。④

他质疑道："然而真的是**人**在竞争吗？不，仍然不过是**物**！道德是金钱之类。"在此，"人是在反对一切个人的统治过程中变为自由的"⑤，因为并非每个人都掌握竞争的**手段**，这个手段就是财产。施蒂纳说，资产阶级的革命至多是改良主义的，只不过"**新的主子**代替旧的"。不懂经济学，是施蒂纳的根本弱点，这决定了他对资产阶级社会的批判在整体上注定是非科学的。这也是后来马克思在《德意志意识形态》中通过依托经济学狠狠打击他的主要突破口。

---

① [德]施蒂纳：《唯一者及其所有物》，金海民译，商务印书馆1989年版，第116页。
② [德]施蒂纳：《唯一者及其所有物》，金海民译，商务印书馆1989年版，第117页。
③ [德]施蒂纳：《唯一者及其所有物》，金海民译，商务印书馆1989年版，第122页。
④ [德]施蒂纳：《唯一者及其所有物》，金海民译，商务印书馆1989年版，第284页。
⑤ [德]施蒂纳：《唯一者及其所有物》，金海民译，商务印书馆1989年版，第286页。

其次，施蒂纳明确反对社会主义。他将社会主义称之为"社会自由主义"。他也知道，社会主义是在反对资产阶级社会的私人所有制，可是在他看来，社会主义不让个人占有财富，而是主张"大家"占有，在此这个"大家"就等于社会。"**任何人均不许拥有什么**"，只有"**社会保持财产**"。①同样，这个"**真正的社会**"，也不是有形之物，而是真正的"我们"。这又是施蒂纳万分讨厌的那个"类"在作怪。在这个"至高无上的**统治者**、唯一的统帅面前，我们所有人均变成平等的、平等的个人，即变成零"②。由此，施蒂纳直接批评共产主义者，因为在他们那里，好的劳动是人的本质，是"我们的唯一价值：我们是**劳动者**，这就是我们这里最好的东西，这就是我们在世界上有意义之所在"，以劳动为基点，"每个人本应发展成为人"，而现实的资产阶级社会中，"人却被束缚在机器般的劳动上，与此相伴随的是奴隶制"，因为一个人累死累活地劳作十几个小时必将心力交瘁，"那么他就被剥夺了人的发展过程"。③在共产主义的视域中，"**劳动**，即对于我们有价值的那种劳动、**相互照顾的劳动、对大家有益的劳动决定价值**"④。施蒂纳说，"共产主义者最先宣布自由活动是人的本质"⑤。这一点显然是针对赫斯的哲学人本主义和共产主义的。可以肯定，他并不知道马克思正在写作的《1844 年手稿》。但此时马克思的哲学人本主义与共产主义也正好处在施蒂纳的炮火之下。

此外，还有一段分析十分有趣。施蒂纳并不能准确地理解资产阶级社会中存在的社会关系，不过，他倒一本正经地区分了资产阶级社会与社会主义在对待社会历史主体与客体关系方面的不同之处。他指出，在资产阶级社会中，人们从人的专制中解放出来了，但从各种关系的发展趋势中所产生的一种**偶然性的**专横，却被荒谬地认为是正常的。这是指斯密所说的经济生活中的"看不见的手"和布尔乔亚政治游戏中的公共

---

① 参见[德]施蒂纳《唯一者及其所有物》，金海民译，商务印书馆 1989 年版，第 125 页。
② [德]施蒂纳：《唯一者及其所有物》，金海民译，商务印书馆 1989 年版，第 126 页。
③④ 参见[德]施蒂纳《唯一者及其所有物》，金海民译，商务印书馆 1989 年版，第 128—129 页。
⑤ [德]施蒂纳：《唯一者及其所有物》，金海民译，商务印书馆 1989 年版，第 131 页。

生活。在这个社会中起作用的是**运气**。

> 凡在市民的或政治的生活中卷入其间的竞争就完全是一种运气赌博,从交易所投机到谋求官职,争夺顾客、寻求工作、钻营擢升和勋章,一直到牟取暴利。……社会主义者欲图阻止这一碰运气的活动,并建立一个社会,这个社会里,人们不再为**幸运**所束缚,而是从中解放出来。①

在这里,会出现一个"结束**摇摆**的新秩序"。显然,这是歪曲理解了的计划经济。他随即恶毒地攻击道,在社会主义之中,"我们能从中拥有一切的社会,是一个新的主子,一个新的幽灵。一个新的'最高本质',它把我们置于'效劳与义务'之中"②。

最后,施蒂纳贬斥的是人道自由主义,这主要是鲍威尔等人的思想,但不客气地说,这一批判一无所值。

4. "打倒一大片"的施蒂纳到底想要什么

在施蒂纳于此书第二部分的理论确证中,我们最先读到的依然是他对别人的攻击,然后才很费力地知道他自己的真实想法,即关于"我"、"唯一者"和"利己主义者"的说明。同时,也正是在这里,我们发现这个理论狂徒在横扫天下、攻击了所有人之后,自己呈给世人的却是更可笑更需要被批判的东西。

施蒂纳认为,从上面的分析中我们已经看到,"什么是人和人的东西?在这一点上,自由主义的各个阶段是有所不同的,政治人、社会人、和人道人对'人'的要求一个比一个高"③。不同的类人拥有不同的类本质。实际上,这个"人"和"类本质"皆是抽象的,这种人本主义在本质上仍然没有逃脱出专制的封建主义。"'人'是今天的神","过去的神是主

---

① [德]施蒂纳:《唯一者及其所有物》,金海民译,商务印书馆1989年版,第130页。
② [德]施蒂纳:《唯一者及其所有物》,金海民译,商务印书馆1989年版,第133页。
③ [德]施蒂纳:《唯一者及其所有物》,金海民译,商务印书馆1989年版,第269页。

人,现今的主人是人;过去的中介人是人,现今的中介人是人;过去的神是精神,现今则是人是精神",在这三重关系中,封建式的统治关系不过是经历了一种形态上的变化。① 正是在这一点上,他直接批评马克思:"有的人发现和提出了要求:我必须成为一个'真正类的存在'"②。为此,施蒂纳还专门在注释中点出马克思的《论犹太人问题》一文。他认为,马克思的这种观点实际上是将人变成一种与现实存在的个人相对立的非现实的东西,因为以这样的理论设定,与人的**概念**不相符的人即是非人,那么"**现实的**人只是非人"! 他深刻地指出,在过去的多少个世纪以来,根本不存在与人的概念相符合的人,在基督教中,只承认一个人——基督,即一个超人的人。③ 在自由主义发展的每一种形态中,现实的人也在与某种人的概念的比照中成为非人。现实的人不是人,而是一个非人,这是一个神学中才会出现的虚假的逻辑矛盾。人本主义是人的宗教,而这种**人的宗教**只是基督教宗教最后的变形。④ 我们不得不承认,**施蒂纳对青年马克思人本主义的批判可谓拊背扼喉、击中要害**。我以为,这恐怕正是马克思从哲学上最终告别人本主义类哲学的直接原因。

正是基于这种对一切人本主义类哲学的批判,施蒂纳提出一种新的历史观:"**我就是人**! 人是基督教的结局和成果,而作为**自我**的人是新的历史的开端和利用的材料",这个新的历史"并非是人的或人类的历史,而是**我的**历史"。⑤ 这是由于,"人只是一种理想,类只是一种思想。成为**一个人**并不等于完成人的理想,而是表现**自己**、个人"⑥。否定抽象的类,肯定现实存在的个人,这是后来新人本主义的逻辑起点。我们不难发现,其实后来被指认为**个人本位的新人本主义**的历史逻辑正是从施蒂纳这开始的,而非通常所说的克尔凯郭尔。施蒂纳说,真实存在的我(现实

---

① 参见[德]施蒂纳《唯一者及其所有物》,金海民译,商务印书馆1989年版,第199页。
② [德]施蒂纳:《唯一者及其所有物》,金海民译,商务印书馆1989年版,第188页及注1。
③ 参见[德]施蒂纳《唯一者及其所有物》,金海民译,商务印书馆1989年版,第190页。
④ 参见[德]施蒂纳《唯一者及其所有物》,金海民译,商务印书馆1989年版,第189页。
⑤ 参见[德]施蒂纳《唯一者及其所有物》,金海民译,商务印书馆1989年版,第194页。
⑥ [德]施蒂纳:《唯一者及其所有物》,金海民译,商务印书馆1989年版,第196页。

的个人),恰恰"既非神亦非**人**"①。这是因为,"我从不在抽象中从事**人的事情**,而总是从事**独特的事情**,这就是说**我的**人的行为是不同于任何其他人的行为并且仅仅由于这一差别而是一个现实的、属于人的行为"②。我的存在不是类人那种无法实现的抽象本质,我是活生生的独特的存在。

他明确表示,反对将自由理解成"从什么之中摆脱出来"。比如资产阶级的自由主义是从专制中摆脱出来,社会主义的自由是从资本的统治中解放出来,在他看来,这种自由是虚假的,因为"我在多大程度上为自己争取自由,我也在多大程度上为自己制造新的限制和任务"。③ 正因为他不相信会存在什么摆脱了一切必然性、一切限制的自由王国,所以才用"无"取代了自由。他反对一切神圣的东西,因为"**一切神圣的东西均是一种束缚和桎梏**"④。所以他必然反对文明,"文明的整个状况是**封建制度**",一切都不是我自己的,而是人类的,"一个巨大的封建国家最终被建立起来:个人被剥夺了一切,而把一切均给予了'人'",个人不过是这个人"类"的一个"标本"。⑤ "个人、个别的人被当作渣滓;反之一般的人则被尊奉为'人'"⑥。他的唯一者是**现实存在的个人**。我认为,施蒂纳的这个观点直接被马克思批判地接受了。有关这一点,后面我们在讨论《德意志意识形态》时还会具体分析。

施蒂纳的"我"要求一种独自性,这不是国家和社会能够给予的。这个"唯一者"要求一种独自性的自由人的"联盟"和共同体,这种联盟是"我自己的创造,我的创造物"。从这个角度来看,共产主义的那种社会与此最为接近。⑦ "一切宗教皆是社会的崇拜,社会的(文明的)人为这一原则所统治",在共产主义中,这一原则达到登峰造极的地步。社会就是

---

① [德]施蒂纳:《唯一者及其所有物》,金海民译,商务印书馆1989年版,第35页。
② [德]施蒂纳:《唯一者及其所有物》,金海民译,商务印书馆1989年版,第193页。
③ 参见[德]施蒂纳《唯一者及其所有物》,金海民译,商务印书馆1989年版,第167页。
④ [德]施蒂纳:《唯一者及其所有物》,金海民译,商务印书馆1989年版,第234页。
⑤ 参见[德]施蒂纳《唯一者及其所有物》,金海民译,商务印书馆1989年版,第319页。
⑥ [德]施蒂纳:《唯一者及其所有物》,金海民译,商务印书馆1989年版,第220—221页。
⑦ 参见[德]施蒂纳《唯一者及其所有物》,金海民译,商务印书馆1989年版,第340页。

一切的一切。① 与这种社会崇拜相反,联系是为个人的。

> 联盟是为你服务、由于你而存在的;社会则相反为了它而向你提出要求并且没有你也是存在着的。简言之,社会是**神圣的**,而联盟则是你**自己**;社会使用**你**,而联盟则被**你**使用。②

这是联盟与社会的联系与区别。

施蒂纳认为,"我与世界的关系是这样的:我为世界效劳,并不是'为了神','为了人',而是我所做的一切均是'为了我自己'"③。利己主义者没有使命和目的,真正的为人所渴望的对象并不存在于将来,他却活生生地、现实地存在于当下。我不是将自己作为目标,而是作为"出发点"。如果我被指认为"目标",那么,我就必将"远远地离开我自己,我将自分成两半。其中一个部分是尚未达到的和需要充实的部分,即真的部分。另一个部分、不真的部分、须做牺牲的部分,即非精神的部分"。④

施蒂纳的自我不同于费希特那种一般的东西,这是一种独一无二的我。这就是唯一者。⑤ 施蒂纳说:

> 如果在存在与使命,即在实际上的我与应该成为那样的我之间的紧张关系消失了,基督教魔法圈就是破除了。……对于利己主义者来说,只有**他的**历史才有价值,因为他只欲图发展**自己**,而不是发展人类观念、神的计划、天意、自由等等。他不把自己看作是人类进步的工具或神的容器,他不承认任何使命。⑥

这就是狂徒施蒂纳对个人生存的看法。实际上,他的这个离开了物质生产的历史条件,离开了一定的人与人之间的关系的"我"(唯一者)才是最抽象的臆想物。这个他在诅咒了所有人之后拿出来炫耀的法宝,竟是一

---

① 参见[德]施蒂纳《唯一者及其所有物》,金海民译,商务印书馆1989年版,第342页。
② [德]施蒂纳:《唯一者及其所有物》,金海民译,商务印书馆1989年版,第345—346页。
③ [德]施蒂纳:《唯一者及其所有物》,金海民译,商务印书馆1989年版,第352页。
④ 参见[德]施蒂纳《唯一者及其所有物》,金海民译,商务印书馆1989年版,第363页。
⑤ 参见[德]施蒂纳《唯一者及其所有物》,金海民译,商务印书馆1989年版,第402页。
⑥ [德]施蒂纳:《唯一者及其所有物》,金海民译,商务印书馆1989年版,第406—407页。

件令人啼笑皆非的东西!

施蒂纳自以为是地宣告,"我把我的事业放在我自己、唯一者身上,那么我的事业就放在它的易逝的、难免一死的创造者身上","我把无当作自己的事业和基础",①对于利己主义者来说,无是最高贵的。新人本主义的逻辑设定已经呈现于此:**反对人神,反对一切本质主义,强调此在和有死者**。我认为,施蒂纳的不少思考与后来尼采和海德格尔的如出一辙,甚至还差一点"属于"后现代的阵营!毋庸置疑,马克思不会同意这些观点,但施蒂纳对费尔巴哈的批判无疑从哲学上直接成为一种理论逻辑的导引。否定人本主义的类哲学,放弃从总体逻辑中的价值悬设出发,真正着眼于现实社会经济事实,这就必然催生出马克思思想中的重大变革。从外在的层面看,1845年的《评李斯特》中异化劳动逻辑构架的突然消解已经是一个变革的信号,而在《关于费尔巴哈的提纲》和《德意志意识形态》中,马克思才最终批判和超越了费尔巴哈人本学,创立了历史唯物主义科学。同时,也只有到《德意志意识形态》中,马克思才可能在自己全面创立的新哲学视域中正面回击施蒂纳。

第四节　舒尔茨和他的《生产运动》②

舒尔茨③是马克思同时代的重要思想家,作为国家统计学(国势

---

① 参见[德]施蒂纳《唯一者及其所有物》,金海民译,商务印书馆1989年版,第408页。
② 本节内容为本书作者第四版时增加。
③ 弗里德里希·威尔海姆·舒尔茨(Friedrich Wilhelm Schulz,1797—1860),德国作家、激进的民主主义者。早年曾参加拿破仑战争。1831年末舒尔茨在埃尔朗根大学以"论当代统计学同政治学关系"为题的论文获得统计学博士学位。在这篇论文中,舒尔茨就已经探讨了经济学事实同政治结构的关系。1832年发表《由国家代表而来的德国统一》(*Deutschlands Einheit durch Nationalrepräsentation*, Stuttgart)。1833年秋天舒尔茨流亡瑞士,后获得了苏黎世大学的教席。他于1840年发表《劳动组织的变化及其社会状态的影响》一文,载《德意志季刊》1840年第2期。1843年出版《生产运动。一种为新的国家科学和社会科学奠定基础的历史和统计方面的研究》,产生较大影响。1848年3月革命后,回到德国,由故乡达姆城(Darmstadt)推选为法兰克福国民议会的议员,作为左派而活跃,并在次年再次流亡瑞士,最终在1860年死于瑞士。舒尔茨一生致力于反对德国的专制制度,在政治观点上有强烈的左派自由主义倾向。

学)①的专家,他于1843年在苏黎世和温特图尔发表的《生产运动》(*Die Bewegung der Production*)②一书,是在马克思恩格斯创立历史唯物主义之前的一部直接讨论了物质生产在社会生活中的基础作用的十分重要的理论著作。在传统的马克思主义思想史研究中,我们严重忽略了舒尔茨和他的这本《生产运动》。对舒尔茨思想的关注是由科尔纽③首先在《马克思恩格斯传》中提出的。以他的说法,自己的观点又是受到明科的《历史唯物主义前史研究》手稿的启发。日本学者植村邦彦和德国学者

---

① 在当时的欧洲,国家统计学(Statistik)也称为**国势学**,它并非仅仅是一门以数据分析为主要内容的科学,而包括了对一个国家和社会的经济社会宏观分析的任务。这也是舒尔茨的重要理论构境背景。据李乾坤博士考证,"国势学"的中文表述可能产生自20世纪20年代。19世纪上半叶语境中的国势学(Staatenkunde,直译为"国家信息"、"国家学")是现代统计学的重要源头之一,最早产生于17世纪的德国,奠基者是海尔曼·康令(Hermann Conring, 1606—1681)。康令是一位博学家,在医学和法学领域都有建树,曾于黑尔姆施泰特大学任教。1660年11月20日起,他开设"国势学"(Notitiarerum publicarum)课程。康令去世后,他的弟子戈贝尔于1730年整理出版了他的六卷本《康令政治法律讲义》,其中第四卷为《国势学》(*Staatenkunde*)。康令将过去的地理、历史和法律研究与国家治理的实际目的结合起来,通过对不同国家的比较研究,不是简单描述现象,而是探究原因,总结规律。在康令的影响下,国势学成为德国一门新兴的学问得到了普及。此后,阿亨瓦尔(Gottfried Achenwall, 1719—1772)继续推进了康令的国势学理论。阿亨瓦尔曾任教于马尔堡大学和哥廷根大学,1749年发表《欧洲各国国家科学引论》(*Abrissder Staatswissenschaft der Europäischen Reichen*),在这本书的序言中,第一次使用了"Statistik"(国家统计学)。阿亨瓦尔的主要贡献,就是将国势学进一步改造为国家统计学,在他看来,"国家统计学为国家显著事项的结晶体",通过对这些显著事项(包括地理、法律、政治状态等)的记述,为国家管理提供支持。需要注意的是,在阿亨瓦尔这里,使用的是"Staatswissenschaft"这个概念,直译应为"国家科学",但是阿亨瓦尔大体继承了康令的研究方法,并将康令视作开拓者,称其为"统计学之父"。在舒尔茨这里,统计学则体现为对物质生产变化之中的规律的探寻,在《生产运动》中,舒尔茨主要使用的是Staatswissenschaft这个概念,仅使用了两次Staatenkunde概念,其实,这两个概念如今都已极少出现在现代德语之中。

② Wilhelem Schulz, F. W., *Die Bewegung der Production*, *Eine geschichtlich-statistische Abhandlung zur Grundlegung einer neuen Wissenschaft des Staates und der Gesellschaft*, Zürich und Winterthur, 1843.

③ 奥古尔特·科尔纽(Auguste Cornu,1888—1981),法国当代马克思主义思想史学家。德国莱比锡的卡尔·马克思大学和柏林的洪堡大学教授,德意志民主共和国科学院的通讯院士。代表性论著有:《卡尔·马克思的生平和事业,从黑格尔主义到历史唯物主义》(1934)、《莫泽斯·赫斯和黑格尔左派》(1934)、《卡尔·马克思和1848年革命》(1948)、《卡尔·马克思和现代思想的发展》(1950)、《批判的马克思主义者论文集》(1949)、《卡尔·马克思:经济学哲学手稿》(1955)、《马克思恩格斯传》(1955)等。

沙利希分别于1981年和1994年完成了关于舒尔茨与马克思思想关系的博士论文。① 如果说,赫斯的《货币的本质》直接引导了1844年青年马克思劳动异化话语逻辑的发生,而《生产运动》中已经出现的物质生产基础论和完整的生产力—生产关系—生产方式话语,却没有让马克思一下子获得异质性的话语变革,但却在一年之后的历史唯物主义的创立中得到认同。另外一种值得关注的思想动向为,一些人利用对《生产运动》的解读,作出"马克思剽窃了舒尔茨","舒尔茨是历史唯物主义的真正创造者"一类耸人听闻的断言。由此,舒尔茨在《生产运动》一书中表现出来的社会唯物主义高级形态与历史唯物主义的构境的边界问题,将是一个十分复杂的思考点。

1. 从现实出发的社会唯物主义高级形态

舒尔茨的《生产运动》一书的全名为《生产运动。一种为新的国家科学和社会科学奠定基础的历史和统计方面的研究》(1843)。从学术构境的背景上看,这本书应该是一本**国家统计学或国家科学**(*Staatswissenschaft*)领域中的学术专著。依舒尔茨自己的解释,这种国家科学是"从政治地理学、政治史和实证的国家法中独立出来"的。他说,"通过德阿维蒂,统计学记录的偶然报告一开始只包含了一些科学的痕迹;而在海尔曼·康令那里,统计学还只是更多和地理学和国家法混合在一起。最终由阿亨瓦尔在18世纪中叶给了它以特殊的名字和独立的存在"。② 当然,舒尔茨认为,这种传统的国家科学还存在着较大的理论缺陷:它还带有传统国家统计学的特征,它仅仅凭借它的统计数据的"平均数"来小心地考察各个领域,而"没有从时代潮流的完整的强度上来把握,没有研究它的方

---

① 植村邦彦:《从舒尔茨到马克思:近代的自我意识》(日本一桥大学1981年博士论文),1990年由日本新评论出版社出版;米夏埃尔·沙利希:《马克思与舒尔茨:论马克思对舒尔茨〈生产运动〉(1843)的接受及其对历史唯物主义和政治经济学批判形成的意义》(汉诺威大学1994年博士论文)。
② 参见[德]舒尔茨《生产运动》,李乾坤译,南京大学出版社2019年版,第120—121页。

向和运动的规律,因而也没有能力把国家治理术的实践用作路标"。① 这是说,仅仅停留在统计数据的平均值上,是无法获得对时代潮流的规律性理解的。所以,舒尔茨自己的国家科学的新目标则是:"建立一种奠基在对外在自然的认识和精神自然史之上的国家治理术,以及据此所做的对文化史和文化统计学的科学结合,作为一种真正富有生命力的政治学的共同承担者和创造者"②。应该指出,舒尔茨的《生产运动》不是一部哲学论著,因而他在其中使用的大量概念通常也不是在传统哲学构境中出现的通用形而上学范畴。可能,这也是理解马克思恩格斯1845年创立历史唯物主义时的一个重要异轨式入境口。2018年5月我与大卫·哈维对话的时候,他告诉我,马克思后来的经济学研究中十分关注配第等人的统计学数据分析。

从政治立场上看,在这本重要的论著中,我们可以得知舒尔茨是以一种超前式的**政治改良主义的逻辑**来批评资产阶级社会经济制度的。之所以指认他"超前",是因为他在并没有完成资产阶级革命的德国来讨论资本主义生产方式中存在的问题。他描述了英法资产阶级社会经济制度下工人的贫困状况,即迫使工人"用损害身体、摧残人的精神和智力的紧张工作"来获得低下的工资。而这种贫富差距的加大,必然使无产阶级与资产阶级的对立日益加剧,最终将导致可怕的社会分裂。作为一名国家统计学学者,他站在维护资产阶级统治的立场上提出,着手于客观经济社会统计数据研究和国势分析的所谓**国家科学**(Staatswissenschaft)的任务在于,通过认识重新组织劳动和改造财产关系以消除当今社会的缺陷,从而提醒国家促使当下的社会过渡到更加完善的状态。但他也警告说,如果统治阶级阻挠这种和平解决方式,就必然导致社会革命。值得注意的是,舒尔茨在这里直接地批评了资产阶级政治经济学、赫斯哲学以及当时的"粗陋的"社会主义和共产主义。他认为资产阶级政治经

---

① 参见[德]舒尔茨《生产运动》,李乾坤译,南京大学出版社2019年版,第183页。
② [德]舒尔茨:《生产运动》,李乾坤译,南京大学出版社2019年版,第183—184页。

济学存在明显的片面性,这导致他们的"政治经济学无论怎样都始终只关注物的世界(Sachenwelt)和产品的堆积,以及工商业的扩张,而始终没有能下决心在人类本质自身中来研究生产的本质"①;而赫斯的行动哲学则停留于抽象的概念争论,从而无法"找到从虚无缥缈的普遍性领域进入生活的道路";"粗陋的"社会主义和共产主义仅仅看到生产和消费的物质正义方面,却忽视了人的精神活动及其主观条件改善,那种试图取消货币的想法和取消文字的意义是相同的,这就好比"一个让世界历史回归到子宫之中的命令"。这一批评曾经引起了赫斯在《货币的本质》中的极大愤怒。

而在观察社会生活的国势学宏观分析尺度上,他在马克思以前已经比较自觉地从"生产"(**精神生产驱动的物质生产**)出发,将其视作发端于"原始时代"的人类社会历史的基础。他甚至还提出,国家是在社会生产发展到比较发达的阶段才产生的。这一点,显然是对古典经济学和国家统计学中已经出现的社会唯物主义的重要理论提升,应该被视作**社会唯物主义的高级形态**。沙利希认为,舒尔茨在《生产运动》一书中,已经形成了"关于生产的历史的、辩证的唯物主义",这是将外部的形似当作实质上的同质,实属误认。② 舒尔茨对"行动哲学"脱离现实的批评是不是赫斯走向经济哲学的缘起? 马克思是否从赫斯那里了解到舒尔茨? 我们不得而知。我们所能看到的是,赫斯在《论货币的本质》一文中集中反驳过舒尔茨一些对共产主义观点的批评。③ 马克思在《1844 年手稿》第一笔记本中对舒尔茨的论著进行了大量的摘录。④ 有意思的是,他恰恰

---

① [德]舒尔茨:《生产运动》,李乾坤译,南京大学出版社 2019 年版,第 57 页。
② 参见 Michael Schallich, *Karl Marx und Wilhelm Schulz : zur offenen Frage der Marxschen Rezeption von Wilhelm Schulz' "Die Bewegung der Production"* (1843) *und ihrer Bedeutung für die Herausbildung des historischen Materialismus und der Kritik der politischen Ökonomie*, Hannover, 1994, pp. 101-104.
③ 参见[德]赫斯《货币的本质》,刘晫星译,载《赫斯精粹》,南京大学出版社 2010 年版,第 163 页。
④ 参见《马克思恩格斯全集》第 42 卷,人民出版社 1979 年版,第 57—59、70—71、73—74 页。

没有注意到这个文本中已经出现的社会唯物主义思想。而在 20 多年以后,马克思在《资本论》中再一次肯定了舒尔茨。① 下面,我们就来进入《生产运动》一书的学术构序复境。

从此书导言的开始就可以发现,舒尔茨的资产阶级政治立场是相当激进的,因为他一上来作为政治取向构境背景的竟然是蒲鲁东《什么是所有制?》中的那句"私有财产是盗窃!"②他明显不满于英法已经出现的资产阶级雇佣制度,因为在他眼中,这种由**外在的构序**(*äußerliche Ordnung*)"不断加剧的无政府状态",使人的存在"无数次地被活动与利益的一种原子化的(atomatisch)撕裂的劣势所触及、伤害——人们要将这种原子化的撕裂状态解释、辩护为所谓自由竞争的体系"③。被利益分割成原子化的个人存在与无政府自由竞争的市场,以及"对教育、财产还有精神的和物质的产品的违背自然的分配而被制造和培育",这是典型的资本主义经济和文化状态。一定要说明的是,舒尔茨不满于资本主义雇佣劳动制度的现状,但他并不打算从根本上否定它,批评的目的是试图改善它的不良现象。

舒尔茨说,这种导致"精神状态的相互异化(Entfremdung)"的资本主义政治制度最先出现在英国和法国。这是对的。作为一个德国旁观者,他深刻地分析道:

> 在那里,大工业(die große Industrie)比其他任何一个地方都更加强烈地瓦解、打碎了从中世纪流传下来的行业活动组织(Organisation der Gewerbsthätigkeit),然而与此同时,也导致了一种更高程度的恶,它同工业的规模,以及目前的教育程度紧密地结合在一起。④

---

① 参见[德]马克思《资本论》第 1 卷,人民出版社 1953 年版,第 395 页注 88。马克思在其中提到苏尔兹(应该就是舒尔茨)的《生产的运动》(即《生产运动》)。
② 原文为法语:La propriete c'est le vol!
③ 参见[德]舒尔茨《生产运动》,李乾坤译,南京大学出版社 2019 年版,第 3 页。
④ [德]舒尔茨:《生产运动》,李乾坤译,南京大学出版社 2019 年版,第 3 页。

这是一种很深的理论透视感。第一，资本主义制度是由**大工业**造成的，它对封建专制的革命也是因为大工业打碎了作为宗法关系基础的手工劳动组织。这是后面他将要表述的从物质生产出发来观察社会的观点的具体体现，这是非常深刻的社会唯物主义观点片断。第二，大工业的规模和与之相应的教育程度却导致了更高程度的恶，这可能是我所看到的最早的**生产有罪论**。虽然这一判断有些简单。

当然，舒尔茨立刻标明自己的资产阶级政治立场。他认为，也是在英国和法国，伴随着"贫富之间、工人与资本家（Capitalisten）之间日益尖锐的对立"，出现了傅立叶式的社会学说（Sociallehren），然而能看得出来，他并不赞同这种"处于最幼稚形态的无政府主义共产主义"。显然，他并不想根本否定资产阶级经济制度，而只是想在德国发展资本主义的进程中，避免出现英法资产阶级的错误。他认为，在德国，"困扰英国和法国的社会弊病还没有严重到使讨论变得不可能的程度"，这是因为，当时的德国还处于容克地主占统治地位的封建专制的普鲁士王国的后期，所以，德国的国家科学可能会将更多的注意力放在"由西欧大国从社会状况中得到的问题的考验上"，这将是一种间接性的理论反思。并且，德国的学术界已经有了映射西欧工业世界的专业理论中的"国民经济学（Nationalökonomie）"。比如李斯特的国民经济学。在哲学领域，不是哲学家的舒尔茨指认了一种看似腿抬得很高的"行动的哲学（Philosophie der That）"。这显然是在批判早期的赫斯。可是，舒尔茨遗憾地说，这只是一种理论上的"行动"，虽然调子很高，

> 然而一切都走向了书斋中的运动（eine Motion in der Schulstube），扬起了书斋里的灰尘，在这尘土之后，新哲学和旧神学一样拥有它布满云雾的天空，这云雾将这种哲学和人民大众相互遮蔽起来。当他们从他们的天空中探出头来嘲笑"糟烂的现实"（schlechte Wirklichkeit）时，他们也在嘲笑哲学的现实；而当他们在他们的争吵中不断地同这一现实联系在一起时，他们却从未和哲学

联系起来,从而从坏的现实引导出或拉出更好的出来。①

这段话,怎么看都像后来《德意志意识形态》序言中马克思恩格斯那段对离开现实、与风车作战的德意志意识形态哲学家的著名的批判。舒尔茨说,你们不满于现实,要反抗压迫,那么,"你们不仅谈论着你们想要的打击(Hieben),而且也去践行打击",这是说,关键不是说,而是做。更重要的是,"借此你们救赎般地走进人民中间,走进他们的需要和斗争之中"。② 因为舒尔茨明确提出,改变"只有在现实中才有真理;只有在历史的反复摩擦和斗争中,正义才能打磨它的劈开了一切旧的和新的谬误的双刃执法剑"③。显然,舒尔茨的政治改良主义的国势学理论出发点是社会**现实**(*Wirklichkeit*),他明确要求哲学家们关注理论与人民的现实斗争需要的关联性。这是一条正确的**从现实出发**的思考路线。在1843年,舒尔茨的思想路线显然高于青年马克思,因为这个时刻,后者刚刚进入赫斯构序的费尔巴哈式的人本主义异化史观逻辑,在下一年,青年马克思才设定了本真性的类本质——理想化的主体劳动。

特别值得关注的是,舒尔茨在这里就已经明确提出要关注社会现实中基础性的**物质生产**(*die materielle Production*)。依格拉布的观点,舒尔茨的这本书受到了莫里茨·拉弗日尼-培古轩④的《运动与生产规律》(*Die Bewegungs und Produktionsgesetze*)一书的影响,这本书于1838年发表于哥尼斯堡。《生产运动》早于《德意志意识形态》两年,而在1840年发表的《劳动组织的变化及其对社会状态的影响》一文中,舒尔茨已经提出了这一重要的国势学观点。略有不同的文献细节是,马克思和恩格斯在《德意志意识形态》中则使用了 Produktion 和 produzieren。据康加恩博士考证,舒尔茨的 Production 一词源自拉丁语。并且,舒尔茨要去

---

① [德]舒尔茨:《生产运动》,李乾坤译,南京大学出版社2019年版,第6页。
② 参见[德]舒尔茨《生产运动》,李乾坤译,南京大学出版社2019年版,第6页。
③ [德]舒尔茨:《生产运动》,李乾坤译,南京大学出版社2019年版,第6页。
④ 莫里茨·拉弗日尼-培古轩(M. de Lavergne-Peguilhen,1801—1870),19世纪普鲁士政治家、农学家。德国历史法学派的代表人物之一。

探寻在物质生产中**自然发生的东西**(das Naturwüchsige),这种自然发生的东西是"一种由内而外发展的行动组织的历史的活生生的合规律的联系(lebendig gesetzmäßigen Zusammenhangs)"①。依我的理解,这是在资产阶级意识形态中使用的那个表示**非人为的客观性**的自然规律。马克思恩格斯在《德意志意识形态》一书中,却用这个 naturwüchsig 来表示资产阶级社会发生前的社会生活自发生成的质性。那么,什么是舒尔茨眼中的自然发生的物质生产规律呢?他说:

> 人们甚至还是不能把握物质生产(die materialle Production)的全部过程。人们更多只是强调了这一过程的一个环节,它作为劳动产生了将社会交换容纳进自身的商品,为此,**劳动的特殊工具**得到了证明。但是人们忽视了生产率和消费率是如何相互决定的,以及在此基础上每种特定的生产方式(jede besondere Producionsweise)如何通过特定的消费方式被决定;人们在这上面忽略的恰恰是活生生的个体性(Individualität)完整的政治和社会意义。②

说实话,刚看到这一段表述真是大吃一惊,"劳动"、"社会交换"、"商品"、"物质生产"、"生产率"、"特定的生产方式",以及"活生生的个体性"。这不是在马克思之前就已经形成了历史唯物主义的最重要的话语了吗?格拉布就认为,"舒尔茨通过将他那个时代里市民社会很早就获得的关于社会结构对生产方式和方法的依赖的认识,有效地运用到之前的历史时代,并成功地发展出了一种对于历史唯物主义的形成产生了巨大影响的历史观"③。**这个评价有些过了。** 但是,你静下心来仔细看,就会发现舒尔茨的这种观点与马克思历史唯物主义的差异。第一,首先我们必须承认舒尔茨此处已经使用了精准的**生产方式**概念,这是一个了不

---

①② [德]舒尔茨:《生产运动》,李乾坤译,南京大学出版社 2019 年版,第 7 页。
③ [德]瓦尔特·格拉布:《一个给予马克思灵感的人:威尔海姆·舒尔茨,乔治·毕希纳的同路人、保罗教堂的民主主义者》,转引自[德]舒尔茨《生产运动》,李乾坤译,南京大学出版社 2019 年版,第 189 页。

起的理论节点,但是我们可以发现,舒尔茨这里的特殊的生产方式是由消费方式**决定的**狭义的资本主义商品经济的生产方式。在本书中,舒尔茨两次使用 Producionsweise。后面我们将看到,在此书中,舒尔茨还原创性地提出了生产力(productive Kräfte)和生产关系(Verhältnisse der Production)①的概念。这足以构成马克思恩格斯后来创立历史唯物主义生产力—生产关系—生产方式话语的重要词语来源。② 第二,他混同了作为社会生活基础的物质生产与具体生产过程中的生产和消费**环节**。第三,他无法辨识将社会交换纳入商品的资本主义经济的**历史性**。这一点,正好与他的所谓"自然发生"的资产阶级**自然法**意识形态观念相一致。也就是说,舒尔茨的物质生产概念并不是一个科学的概念,他与马克思恩格斯创立的广义历史唯物主义物质生产概念是异质的。当然,舒尔茨的观点肯定促使马克思和恩格斯对物质生产问题引起了关注。此外,他还批评人们"只看到了生产和消费的物质方面,而没有对精神的创造和社会条件给予足够的重视"。这可能是他后面提出精神生产的缘由。

舒尔茨声称,他要开始"对生产以及组织的当代结构的历史的、统计学的考察",并且,"尝试着发展可以测量物质生产变化的规律,并在大众生活的最新现象中来证明这规律"。③ 着眼于客观数据,这是一个擅长数据统计分析的国势学研究学者思考时的必然侧重面;但提出要在客观数据的基础上探寻物质生产变化的规律,则是一个很了不起的理论观念。可以看出,舒尔茨探寻物质生产规律的重点就是**资本主义**社会运行的经济规律,因为他明确指认自己的思考点是从斯密"劳动分工(Theilung der Arbeit)"理论开始的讨论。然而,他并没有依从古典政治经济学的

---

① 参见[德]舒尔茨《生产运动》,李乾坤译,南京大学出版社 2019 年版,第 57 页。
② 据李乾坤博士的考证,在舒尔茨依托的德国国势学的前期研究中,虽然出现了生产性劳动、土地的生产和工业生产等概念,但并没有发现对生产力、生产关系和生产方式概念的集中使用,这说明舒尔茨对这一话语体系的原创性。
③ 参见[德]舒尔茨《生产运动》,李乾坤译,南京大学出版社 2019 年版,第 7—8 页。舒尔茨在这里还专门标注了自己 1840 年在《德意志年鉴》上发表的论文:《劳动组织的变化及其对社会状态的影响》。

理论构境逻辑,也没有研究经济学中的重要问题,比如生产与交换、分配与消费,以及最重要的劳动价值论等问题。他给自己的新任务有二:一是探讨**物质生产与精神生产的关系**。这看起来很像是哲学问题,可真的不是。他说:

> 因为生产活动(producierenden Tätigkeiten)的每种新的扩展已经产生了新的联系,从而伴随着对这种关系(Verhältnis)的理解,一种生机勃勃的前进的**生产组织**的观念进入到意识中。扩展和再次结合的同一进程也在精神创造的广阔领域里被探寻,对其的描述就是本著作的主要内容。①

舒尔茨在这里明确强调,要在关注物质生产的同时,也必须看到知识生产(intellectuelle Production)的重要性,因为生产活动新的关联必须导致精神创造的发展。后面我们将看到,在物质生产和精神生产的内在关系上,舒尔茨是坚持了后者决定前者,所以从根子上,他的社会唯物主义表象下面是**唯心史观**。二是探讨生产与国家的关系。这可能是作国势研究的国家科学关注的基本关系。在舒尔茨看来,看起来,国家似乎是从总体上监督生产和消费的全部运行的最高机关,可是,在本质上,"国家生活或者总的政治的生产必须遵循普遍的生产规律(Productionsgesetzen)"②。这个观点,比马克思此时在《克罗茨纳赫笔记》中所意识到的那个"市民社会决定国家与法"要更深入一些。

2. 关涉物质定在:自然的依赖性生存

舒尔茨的《生产运动》一书分为两个部分,一是物质生产,二是精神生产。这是一种特殊的**两种生产论**。在马克思和恩格斯那里,存在着人的自然生产和物质生活资料的生产的两种生产论。一是在《德意志意识形态》一书中的抽象表述,二是在后来马克思的历史学笔记和恩格斯的

---

①② [德]舒尔茨:《生产运动》,李乾坤译,南京大学出版社 2019 年版,第 8 页。

《家庭、国家和私有制的起源》一书中有具体的历史性指认。在舒尔茨看来,这二者是一个生产的整体,"精神生产和物质生产的方面描述了人类创造的一个不可分的过程"。一般地说,这是不错的。可是,依舒尔茨的看法:

> 在最根本上,人的精神是大地之上最本真和最真实的原初产品,它将所有生产的材料(den Stoff aller Production)不断地占有,并将其不断地构造为(gestaltet)新的材料。内在的劳动(die innere Arbeit)本质上是创造性的,既包括艺术和科学的作品,也包括发明和操作(Erfindung und Operation)的全部流程,它们在农业、行业(Gewerbfleiß)和商业的领域决定了财富的产生。①

显而易见,在舒尔茨的学术构境中,两种生产中最核心的东西是**精神**,因为只有精神才是真正原创性的,它构成了劳动生产中将材料建构为产品的动力,构成了艺术和科学作品的动力,甚至决定了工业和商业财富的生成。从这可以看出,舒尔茨的社会唯物主义物质生产论在根基上仍然是**隐性唯心主义的逻辑**,因为,精神作为真正的原创因素决定了物质生产的发生,这显然是颠倒的逻辑。他不能理解,任何意识都只是特定历史条件下人与自己特定环境的关系的产物,精神的创造性恰恰是由历史性的物质实践创造力决定的。应该说,在这一点上,舒尔茨的物质生产基础论与历史唯物主义是根本异质的!正是在这一点上,我反对将舒尔茨的物质生产论的词语与历史唯物主义科学话语简单等同起来。

可以看出,舒尔茨在第一部分物质生产的研究中,主要集中在**以物质生产的历史**来说明社会的发展,这当然是重要的社会唯物主义观点。虽然舒尔茨已经提出这样的观点,即不同历史时期是根据人的需要的发展和满足需要的制度来划分的,这种不同需要的发展必然导致经济关系和社会关系的不断变革。仔细去看,这部物质生产的历史,也是从手工

---

① [德]舒尔茨:《生产运动》,李乾坤译,南京大学出版社2019年版,第9页。

劳作于物质定在走向科学技术—机器大生产中的精神力量引领的主体化进程，从本质上，与黑格尔的绝对观念从物质定在走向理念主体自我认识的进程是一致的。在他看来，非主体性的物质生产并不能产生自我认识，真正能够透视生产的历史发展的只能是能动的主体性精神，这是我上面所说的隐匿在舒尔茨社会唯物主义背后的唯心主义根基。不过，也是在这里，他提出了一个有意思的观点，"只有在发展的更高阶段上，精神才了解它的历史"①。这与黑格尔绝对理念的自我认识观是一致的，只有在观念发展的高级阶段，观念才能理解自身过去的历史。舒尔茨说：

> 正如一个老翁再次更为清晰地回忆起他的童年的状态，一颗在种子状态中就朝着目的前进的大树将其根系不断更深地扎向黑土；更加成熟的大众也会更深地走入他们自身昏暗的历史之中，故而每一种后来的状态都阐释了一个更久远的过去。也如地理学，其对处于其当前性质的地壳的进一步观察，已经在其形成的当前阶段中提供了关于地球自然历史更早阶段的多方面提示和说明，统计学以其连续的发现和比较，也即对处于当前性质的社会状况的更仔细的观察，为我们提供了关于人类生活的过去的更多说明。②

个人的成长，总是在年长之后都会看清自己的生活踪迹；大众的成熟，也会出现对历史的透视；当下的地壳结构，可以说明地质生成的历史；而今天的社会构造（sociale Gestaltung）状态和性质，有助于我们理解过去的社会历史。这里的 Gestaltung 是后来著名的格式塔（Gestalt）概念的原型，不过此处舒尔茨只是在功能性的建构意义上使用的。另外，请注意舒尔茨这里的最后一句话，这应该与马克思后来所说的"人体解剖是猴体解剖的钥匙"一语有相近的构境意向。

---

① ［德］舒尔茨：《生产运动》，李乾坤译，南京大学出版社2019年版，第9页。
② ［德］舒尔茨：《生产运动》，李乾坤译，南京大学出版社2019年版，第10页。

依据"物质生产组织(Organismus der materiellen Production)"历史发展的原则,舒尔茨将社会历史分为三个主要阶段,即畜牧业和狩猎业时期、农业和工场手工业时期与工业时期。这是一个从手工劳作于物质定在到机器化大生产的历史变迁过程。

第一个阶段是以人的简单需要为主体的畜牧业和狩猎业的原始部族生活时期,这是一个人**对自然的依赖性**(Naturabhängigkeit)**关系**居主导地位的时期,也是一个无阶级和没有国家政权的时期。这时的生产模式是以**手的劳动**(Handarbeit)为基础的,这是物质生产技术形式的**第一个阶段**。在摩尔根之前,这是一种十分有意义的推断。重要的是,舒尔茨的这一推断恰恰是建立在现代人类学对原始部族生活的现实考察之上的。他明确列举的现存原始部族有"波利尼西亚和美国的原住民,以及绝大多数的黑人,甚至中亚地区的游牧民族",还有"南印度洋一些部落"。①他再依此来推断人类社会过去曾经存在的原始部族生活阶段。他的这一做法是可取的,也是后来 20 世纪法国人类学家莫斯田野工作的先驱。在舒尔茨的眼中,这个社会历史阶段的基本状况是:

> 在一个最低的阶段上,人的精神力量还首先操劳于物质定在(die Sorge für Erhaltung des physischen Daseins)的维持之上。在社会的这一阶段,需要是简单的,而用于满足需要的手段是有限的。一个人和另一个人的发展完全是携手(Hand in Hand)进行的,所以起码在总体上两个人之间是力量平等的,尽管会出现偶尔的不稳定和不平衡。②

这是一个由人的简单需要构成的生产阶段,人的高贵的精神力量还**关涉于物质定在**。这里的 Sorge 和 Daseins 都是海德格尔《存在与时间》中的关键词,而 Daseins 则是马克思"社会定在"概念中的重要规定。然而这些概念在舒尔茨这里都是精神力量沉沦于自然物质存在的现成状

---

① 参见[德]舒尔茨《生产运动》,李乾坤译,南京大学出版社 2019 年版,第 11 页。
② [德]舒尔茨:《生产运动》,李乾坤译,南京大学出版社 2019 年版,第 11 页。

态。物质定在,是指"人们的主要活动就是单纯地为其生命的维持寻找那些由大自然无偿地直接地提供的材料"①。舒尔茨认为,在那时,"个体或者家庭是头等重要的。在很少能够得到外在援助的情况下,个体和家庭自己为自己创造食物、住房和衣物"②。然而,精神所趋动的生产还停留于**物质定在**上,人与人之间的合作也是简单的**手手相交**。他认为,这一阶段生产的本质还是一种由人手建立起来的"粗陋的劳动"(rohe Arbeit),即**手的劳动**。

> 这样的一种耗费了大量时间和精力、最多只完成了不完美的东西的工业(Industrie),是最本真和有限意义上的手的劳动的结果。因为在这一文化阶段上,手几乎是人仅有的、唯一的工具,借助于手,人以最直接的方式从周遭自然中获取满足他需要的东西。他用于生产的所有更多的工具甚至也只是他双手直接劳动的粗糙产品。③

他说此时生产的唯一工具为手是不准确的,这其实反映出舒尔茨并没有深刻认识到人手在制造生产工具中的历史性作用,而通过工具进行的物质生产是人类社会存在的第一个历史活动。原始人类使用的燧石再粗糙,它已经意味着人类社会**历史性社会定在**的发生。这可能是舒尔茨的物质生产概念与马克思恩格斯后来的作为"第一个历史活动"的物质生产概念的一个重要的异质性。能看出,舒尔茨这里描述的生产活动其实是晚近原始部族生活中的狩猎和畜牧业,因为他已经讨论了南印度洋一些部落在打渔时使用的独木舟,或者手工编织的蒲苇网,以及中亚地区的游牧民族狩猎的武器,其实这都是人手之外的**生产工具**。舒尔茨说:

> (这些原始部族生活)都受到一种片面的谋生活动

---

① [德]舒尔茨:《生产运动》,李乾坤译,南京大学出版社 2019 年版,第 37 页。
②③ [德]舒尔茨:《生产运动》,李乾坤译,南京大学出版社 2019 年版,第 11 页。

(Erwerbstätigkeit)的支配,大多被他们土地的性质所规定。在那些海洋和河流的贫瘠地段,稀少的人群主要依靠水域提供的给养手段而成为渔民。在那些由或浓或密的森林覆盖的丛林地区,其他的一些部落则以猎人的方式寻找他们的食物;他们或者遵从自然的邀请而过着一种游牧的牧人生活,在那里广袤的牧场和草原使得依靠迁徙的畜牧业成为可能。捕鱼和打猎以及在森林和原野上搜集野果只是对粗糙的自然产品(Naturprodukte)的一种寻找和发现,为了能够在任何时间都占有这些产品。①

在这一阶段,作为人们的生存方式基础的物质生产无论是捕鱼、狩猎还是养殖放牧,都是由特定的地理条件决定的。并且,人们的劳动只是获取**现成的自然产品**。在舒尔茨看来,这还是一种"片面的谋生活动"。这是一个正确的唯物主义的判断。

也是在这样一个社会历史发展阶段上,整个社会还没有出现什么阶级和政治等级,没有体力劳动和脑力劳动的分离,"所有身体和精神的活动也相互缠绕在一起",甚至根本没有生成复杂的社会结构。

> 不完美的社会体(sociale Körper)还没有显示出组织和功能的更为多元的结构(mannichfachere Gliederung der Organe und Funktionen)。在原始民族单一形式的生活方式(Lebensweise)中形成了一种单一形式的,同时具有宗教、道德和法律意义的习俗,即便他们的首领也不敢违背这种习俗。②

在这种原始部族生活中,并不存在现代意义的社会结构,当然也没有政治与法的上层建筑,社会的运转主要依靠"具有宗教、道德和法律意义的习俗"。这一观点,比后来苏东教条主义教科书体系跟随第二国际,将马克思1859年《〈政治经济学批判〉序言》中的所谓"生产力与生产关系、经

---

①② [德]舒尔茨:《生产运动》,李乾坤译,南京大学出版社2019年版,第12页。

济基础与上层建筑的矛盾"非法引申为贯穿整个人类社会发展的**社会基本矛盾**要高明得多。舒尔茨举例说,"没有哪个吉尔吉斯人的可汗或者阿拉伯人的酋长能够阻挡他们的部落进行血族复仇的行动,以及对于劫掠的爱好"①。这是习俗,而不是现代法律语境中的杀人和抢劫犯罪。

3. 农业与工场手工业:劳动塑形自然与技能知识

第二个阶段是**农业**(Landwirthschaft)**与工场手工业生产时期**。这实际上是一个并不准确的历史分期,因为从舒尔茨自己的具体分析来看,这是一个将欧洲中世纪以前的自然经济与早期资本主义经济发展混在一起的粗糙判断。舒尔茨认为,此时,人们在农业种植业生产中,已经不限于简单地利用自然力和直接从自然界获取物质条件,而开始通过使用工具的**手工**(*Handwerk*)使自然为人类服务。舒尔茨将其表征为物质生产形式发展的**第二个阶段**。这仍然是在**生产技术方式**的意义上讨论人与自然的存在关系。

> 在第二个阶段,人不再局限于对这些直接存在的东西的简单使用之上,而是已经开始尝试以更多样的方式(vielfachere Weise)来让自然力服务于他的目的。在前一个阶段里,人只是局限于搜集野生的果实,现在人开始学会了耕犁和播种,并且为了这一目的开始征服合适的动物的力量;人从前只是捣烂他的谷物,现在他学会了用磨来将谷物磨成面粉,等等。②

在农业生产中,经过为我所用的存在性选择,自然界对人的生活有益的作物,在优厚的人工照料下得以生长,此时物质生产的本质,是作为自然作物生成的**辅助性劳作**。同时,舒尔茨指认:

> 民族在第二个和更高的阶段体现为拥有固定的居住点,将耕作

---

① [德]舒尔茨:《生产运动》,李乾坤译,南京大学出版社2019年版,第12页。
② [德]舒尔茨:《生产运动》,李乾坤译,南京大学出版社2019年版,第37页。

作为他们主要的谋生手段。土地更加丰富的产品导向了对产品更为多元的使用和加工,以及在此之上一个人和另一个人的相互交换(Austausch)。①

与前述狩猎、游牧和捕鱼的物质生产组织形式不同,农业生产组织的基础是土地上的种植业和与之相应的定居生活。这也是从游牧式不定居生活方式到在一定的固定土地上定居生活方式的转换。依舒尔茨的判断,农业生产的劳动方式更为多样,也已经出现了人们之间的产品交换。在一定的意义上,"农业因而更加使得行业(Gewerbfleiß)和商业(Handel)进入生活"。有趣的观点还有,舒尔茨认为,在农业生产的阶段,"原始民族占优势的谋生方式,如渔猎和畜牧并没有消失,而是更多地退化了,并以新的职业目的进入到新的关系之中"。② 这是说,新的物质生产组织形式将过去的生产形式扬弃为自身内部的子结构。这一相近的观点,出现在马克思后来的《1857—1858年经济学手稿》中。在舒尔茨看来:

> 劳动工具(Instrumente)也不断增加并不断改进。在为了生产的目的而同外在自然所进行的斗争中,仅靠双手的粗陋争斗也停止了。依靠人精神的发明,依靠犁和锄,依靠锯和凿,人们被更好地武装起来、装备起来而相互对垒。人的劳动现在已经依靠其精神的活动达到了更高的程度(höherem Grade),而制造了更为精细的工具的双手,较少直接地干涉外部世界了。③

我们不难看出,在舒尔茨分析物质生产组织形式历史发展的每一个细节中,他始终在坚持**精神的内在创造性**。农业生产中犁和锄等生产工具的改进,不是被看作农业生产中**物质实践创造力**的体现,而是观念的发明,生产的进步只是体现"精神的活动达到了更高的程度"。这当然是

---

① [德]舒尔茨:《生产运动》,李乾坤译,南京大学出版社2019年版,第13页。
② 参见[德]舒尔茨《生产运动》,李乾坤译,南京大学出版社2019年版,第13页。
③ [德]舒尔茨:《生产运动》,李乾坤译,南京大学出版社2019年版,第13页。

基根上的历史唯心主义。

舒尔茨认为,这一时期中同时发展起来的还有**工场手工业**。能看到,舒尔茨似乎已经意识到这一新出现的"市民社会(bürgerliche Gesellschaft)"①。显然,他在这里并没有区分资产阶级社会之前的社会关系质性,比如东西方都客观存在的奴隶制度和封建专制制度等。这是他历史分期的混乱。舒尔茨认为,与前述畜牧业和农业生产的种植业中人的劳动只是辅助自然物的生长不同,手工业劳动者已经在"将原材料赋予一系列不同的功能(Funktionen),从而使其满足于使用的要求"②。这是一个物质生产中**质的改变**,即劳动生产中出现的**工场**(*Manufactur*)。这是物质生产形式中的**第三个阶段**。因为,在畜牧业和农业生产中,人的劳动只是"从粗糙的自然中慢慢地占有必需品",而在工场手工业劳动中,人已经**在局部上改变自然存在**,劳动已经在塑形自然存在,并构序出一种新的**为人所用的非自然性功能**,这是工场手工业生产构序的制造本质,也将是以后**征服整个自然存在**的工业生产的异质性飞跃。在物质生产的组织方式上,舒尔茨在本书中较多地使用了一个特殊的概念,即**劳作效能**(Gewerbfleiß),依我的理解,这应该是后来生产力(produktive Kräfte)这个概念的前身。从物质生产的**具体方式**上看,舒尔茨又将工场手工业制造视作区别于手工劳动和工具劳作的第三阶段发展。这四个阶段分别是"手的劳动(Handarbeit)、手工(Handwerk)、工场(Manufactur)和机器(Maschinenwesen)的阶段"③。在前三个阶段,舒尔茨使用了 Gewerbfleiß(劳作效能)的概念,而在第四个阶段中,舒尔茨开始使用 produktive Kräfte(生产力)的概念,并且,舒尔茨的生产力概念是在国家统计数据的基础上的**国势学**的宏观认知中使用的,所以会以"生产力的总和"这样的方式出现。这一观点当然影响到马克思。

---

①②[德]舒尔茨:《生产运动》,李乾坤译,南京大学出版社 2019 年版,第 14 页。
③[德]舒尔茨:《生产运动》,李乾坤译,南京大学出版社 2019 年版,第 39 页。

首先，在工场手工业生产中已经出现了**行业分工**和工场手工业内部的**劳动分工**。他认为，在这个时候，"所有从事物质生产的人，按照谋生活动的更细分类，依照更细的等级，被分化到农业、工业和商业之中"，因此行业和商业逐步分离出来，人也开始了分化。更重要的是工场手工业内部的劳动分工：

> 正如人类越认识到外在的自然的力量的价值，人类也越认识到在社会的联系中的联合（Verein）的越来越大的用处。人们首先认识到活动（Thätigkeit）的不断发展的划分（Theilung）的优势：因为这种分类只可能出现在更大的、有序的社会中，在其中人们为了共同的目的而携手劳作（in die Hand arbeitet），明显地在更大范围内出现。同过去自给自足的劳动（Fürsicharbeiten）相比，依靠工业产品的量，现在已经获得了非常可观的结果。①

劳动分工是人与人在生产中的协作，这提高了劳动的生产率。在这一点上，舒尔茨完全照抄了斯密在《国富论》中对早期**资本主义**工场手工业生产中出现劳动分工的实例说明。一个工人，如果独自完成制作一枚缝衣针的所有必须程序的话，每天最多只能制作20枚；而在劳动分工的情况下，每一枚缝衣针要经过几十道工序，每个工人每天最少可以生产400—1500枚。

其次，工场手工业劳动中特殊技能的发展生成了**专门知识**，技能从劳作中分离出来，也促使了职业分工固定化并逐步生成行业和等级结构。在舒尔茨看来：

> 手工活动得以产生的这些不同的功能，不断地重复并通过习惯和练习而成为确定的专门知识。因而正如不同类别的工人和手工劳动者，按照他们相同的工种和利益，依照特定的阶层和阶级，行会和公会而进行划分；所以在这些划分的中心，关于习惯和权利，手工

---

① ［德］舒尔茨：《生产运动》，李乾坤译，南京大学出版社2019年版，第37—38页。

业利益和技巧的合乎惯例的传统形成了。①

专门知识生成于手工业劳动中的不断重复,这就承认了意识的创造性基于劳动生产的技能,这是一个正确的质性判断。这与上述舒尔茨的精神决定生产的创造性观点是矛盾的。舒尔茨还提出,正是在手工业生产的发展中,才生成了特定的**阶层和阶级**。这不能说是错误的,但在手工业劳动之外,东西方社会历史上客观存在的奴隶与奴隶主阶级和农民阶级的发生却在他的视野之外。

再次,工场手工业生产中"资本"的出现。这当然是资本主义生产方式中的统治关系,对此,舒尔茨并没有进行具体的分析。依舒尔茨的观点,在手工业生产的进程中,最重要的进步是"资本"的出现。请一定注意,资本一开始就是以**物质生产的规律**身份出场的,这表征了舒尔茨典型的资产阶级立场。

> 同对农业、行业(Gewerb)和商业有规律的经营相联系,在同所有制(Eigenthum)的产生的结合中,另一个重大的进步产生了。只有为了物质生产的有规律有计划的职业活动(die geordnete und planmäßige Berufsthätigkeit für materielle Production)才使得资本(Kpitalien)——也即积累起来的财富(gesammelten Gütern)——的逐渐积累成为可能。②

这里的观点中:一是资本是作为在农业、手工业行业和商业等活动中的规律性法则出现的,资本是控制新型生产的**计划和规律要素**,这当然是资产阶级的巧妙定位。二是我们由此可以看到舒尔茨鲜明的政治立场,私有制以及作为"积累起来的财富"的资本的出现,是物质生产过程中的"重大的进步"。关键在于,这里的资本不是**积累起来的劳动**,而是抽象的财富,这说明舒尔茨是拒绝古典经济学已经出现的劳动价值论的。

---

①② [德]舒尔茨:《生产运动》,李乾坤译,南京大学出版社 2019 年版,第 14 页。

最后,在工场手工业生产中,**体力劳动与智力逐步分离和对立**。舒尔茨认为,正是在这里,"所有人类活动的最大对立:一种以物质为主的和以知识为主的生产的对立(der Gegensatz einer überwiegend materiellen und überwiegend intellectuellen Production),开始决定性地出现了"①。当然,他也谈到,西方历史上"精神贵族"的产生,是从那些超越了物质定在,追求一种人同神之间的关系的神职人员中首先出现的。而他进一步分别列举了印度、阿拉伯地区以及中国、日本社会中,由于手工业和分工所导致的"知识活动在物质活动之外获得了一种特殊的,尤其受到推崇的位置,与此同时,物质生产则因为各种目的而被边缘化"②的情况。

4. 机器生产背后的精神操纵与国势生产力

我发现,舒尔茨并没有明确界定作为农业和工场手工业生产之后的第三个社会发展时期,即资本主义**工业时代**。这是他社会历史分期理论中的逻辑混乱,也因为工场手工业生产中已经蕴含着资产阶级生产方式的萌发。在此文本中,我们看到舒尔茨很自然地将 19 世纪资本主义在欧洲的经济社会现实作为自己物质生产理论分析的重点。

当然,当下的资本主义现实的物质生产基础是由于分工导致的"利用机器的真正的生产制造的第四个阶段"③,这个物质生产形式的**第四阶段**也是**大工业**物质生产的阶段。首先,在舒尔茨看来,"生产通过机器,通过对机器的明智的、考虑到所有变化着的关系的使用,而在根本上决定了成效"④。**机器**的使用是大工业生产中的关键,这一判断是正确的。可是,我们没有看到舒尔茨对机器大工业生产能效机制的具体分析,比

---

① [德]舒尔茨:《生产运动》,李乾坤译,南京大学出版社 2019 年版,第 14—15 页。
② [德]舒尔茨:《生产运动》,李乾坤译,南京大学出版社 2019 年版,第 16 页。
③ [德]舒尔茨:《生产运动》,李乾坤译,南京大学出版社 2019 年版,第 38 页。
④ [德]舒尔茨:《生产运动》,李乾坤译,南京大学出版社 2019 年版,第 36 页。

如机器制造和生产与手工业在技术生产方式和劳动方式上的差异。因为,上述关于农业生产与畜牧业生产的差异、手工业生产与农业生产的差异,他都有一定的质性分析。这不能说不是一个构序缺环。在我看来,机器大生产的本质是从根本上征服自然、改变客观存在方式的制约性力量。也是资本的世界历史的现实开端。舒尔茨只是宏观地说,机器大工业改变了物质生产中的一切,比如"大不列颠在9世纪时,还依靠犁而进行那么粗陋的劳动,这种犁必须由八头公牛牵引,而且每天只能耕不到一摩尔根的土地。恰恰是在最近的时代里,大量的发明将农业的工具推进到了一个很高的水平"①。这里舒尔茨提到了脱粒机和蒸汽机驱动的犁。再比如机器的使用对传统运输业的变革。过去,"商业创造了初级的、简单的工具和交通的手段,比如以牲畜来运输,或者用小船,对船的驾驶和移动,人还要依靠桨来作工具",而现在,机器驱动的汽船、蒸汽车已经在使运输业走向一个"更高的发展阶段"。②

其次,依他的看法,"对工程机械学的采用并没有完全排挤掉真正的工场(Manufactur),就如这些最后的工场也没有能将手工(Handwerk)排挤掉一样;大工业的这种增长的优势还是最近的事情,并刚刚处于它发展的开端"③。这是我们上面已经看到的观点:物质生产组织形式的高级形态中,并不简单地排斥原先存在的低级生产形式,而是将其摒弃为自己可以容纳的子结构。

再次,在这种工业发展的"更高的劳动(höhere Arbeit)"中,不同于原始部族生活、农业生产和工场手工业生产中那种"外在自然无理智的力量被运用于此单纯机械的、简单重复的活动之中",人们对自然力的利用更多地建立在**理性的控制**之上,人在物质生产中"更多是以精神性的方式进行活动的操纵者和领导者"。④ 应该说,这是舒尔茨生产力概念的

---

① [德]舒尔茨:《生产运动》,李乾坤译,南京大学出版社2019年版,第36页。
② 参见[德]舒尔茨《生产运动》,李乾坤译,南京大学出版社2019年版,第39页。
③ [德]舒尔茨:《生产运动》,李乾坤译,南京大学出版社2019年版,第41页。
④ 参见[德]舒尔茨《生产运动》,李乾坤译,南京大学出版社2019年版,第38页。

核心,物质生产水平的真正提高来源于**精神活动的理性控制**。并且,舒尔茨也较早地注意到机器大生产中,人的作用开始成为精神活动的操纵者和领导者,虽然这是他论证自己的精神作为物质生产论本质的唯心主义观念,但这一点却恰恰是马克思《1857—1858年经济学手稿》中"机器论"片断的**一般智力论**核心观点的先驱。

最后,可以看到舒尔茨专门区分了机器生产与工具生产的差别。然而在他看来,这种差别的关键为物质生产中的驱动到底是**人力**还是**人对外部力的使用**。这显然是不对的。舒尔茨说:

> 从这种观点出发,我们便可以总结出工具和机器之间鲜明的区别:铲子、锤子、凿子、磨、摇杆和所有形式的旋转工具,对于这些来说,也许已经做得非常的精巧,也包括弓和箭等,只要它们还是以人为动力,它们就属于工具的范畴;而以畜力驱动的犁,风力、水力以及蒸汽驱动的磨,来复枪等,就算作机器。①

如果生产过程中器具的使用是依靠人力就归为工具,而如果对外部器具的使用已经完全是利用了外部力量,就是机器。这是十分不准确的说法。他将牛拉的犁和来复枪作为机器是荒唐的,舒尔茨此处列举的东西中,只有蒸汽磨是典型的机器。其实驱动力并非工具与机器的质性界限,工具是广义的劳作器具,机器是具有系统功能结构的复杂工具。可是,马克思后来在《资本论》中摘录了这一观点,并且称赞《生产运动》"是一部在某些方面值得称赞的著作"②。

我注意到,也是在这里,舒尔茨开始聚焦于一个观察社会物质生产**总体水平**的概念:**物质生产力**。这正是他的国家统计学(国势学)分析的专业长处。相比前期的国势学研究,舒尔茨最大的理论贡献就是集中讨论了生产力、生产关系和生产方式等概念。他说,"在一个可以利用外部

---

① [德]舒尔茨:《生产运动》,李乾坤译,南京大学出版社2019年版,第38页。
② [德]马克思:《资本论》第1卷,人民出版社1953年版,第395页注88。马克思在其中提到苏尔兹(应该就是舒尔茨)的《生产的运动》(即《生产运动》)。

自然力量的非常不同的环境中,生产力(produktive Kräfte)的总量和增长本身在欧洲最发达的一些国家里是非常不同的"①。这是他在该书中第一次集中讨论物质生产力。前文中,他已经两处使用过生产力的概念。②

首先,可以看出,舒尔茨的国势学意义上的生产力概念是在**量的总体程度**上使用的。他常常讨论的问题是法国 1826 年的劳动力总量 49 000 000 人,比起 1780 年多 10 000 000 人,而在同一时间里,不列颠联合王国的生产力则从 1780 年的 29 000 000 增加到 60 000 000 人。最有趣的国家统计学结果为:

我们假设一个连续活动的共同构成了三匹马的马力为一个整体,这样我们就看到:

		普鲁士	法国	英国
人力		370 000	860 000	510 000
畜力		400 000	600 000	530 000
水力		100 000	150 000	400 000
风力	用于磨	16 500	12 000	11 500
	用于船	24 000	140 000	570 000
蒸汽力		4 485	23 000	300 000
总马力		914 985	1 785 000	2 321 500

平均起来,普鲁士、法国和不列颠联合王国每平方英里分别有 183、178 和 415。③

显而易见,舒尔茨的生产力概念首先是从一个国家年度经济运行中**可量化**的具体生产能力入手的,这里可以精确地区分人力总和、利用自然力的总和以及机器生产力的总和。我们也能看到,青年马克思在《评

---

① [德]舒尔茨:《生产运动》,李乾坤译,南京大学出版社 2019 年版,第 39 页。
② 参见[德]舒尔茨《生产运动》,李乾坤译,南京大学出版社 2019 年版,第 18、23 页。
③ [德]舒尔茨:《生产运动》,李乾坤译,南京大学出版社 2019 年版,第 39—40 页。

李斯特》手稿中,曾经批评这种将人力与畜力混同的荒唐提法。马克思气愤地问道:"人同马、蒸汽、水全都充当'力量'的角色,这难道是对人的高度赞扬吗?"①但马克思和恩格斯在《德意志意识形态》一书中,却在历史唯物主义的构境中多次使用了这个"生产力总和"的说法。甚至,舒尔茨认为,从这也可以精准地得知每一个国家每平方英里中的生产"总马力",即他所称的"三个国家里生产力密度(Dichtigkeit der productiven Kräfte)"。然而,因为这个**生产力密度**与国土面积相关,从上述普鲁士、法国和不列颠联合王国每平方英里中 183、178 和 415 的量化"马力"数据来看,并不能精准映射各国的真正生产力水平。

其次,舒尔茨也进一步说明了生产力概念的**功能结构及其历史建构过程**。他分析道,可以通过对"欧洲物质文化的历史和数据"的考查,来说明"劳动组织"的生产力结构的历史变化线索。在他看来:

> 在原始生产(Urproduktion)之上几乎只有运用生产性的人力(productiven Menschenkraft);对原材料的简单使用以及在此之上工业与商业的有限发展;人口的增长和工业和商业阶级成比例地更强增长;与之并行的,直到更近的时代,城市人口较之于农村人口相对的更大增长;工业和商业的发展,反过来也促使农业发展到更高的阶段。对无理智的自然力的不断征服(Unterwerfung),借助于人的意志和劳动的不断分化,以及工具和工艺的不断完善,通过劳动向其最简单的元素的分解和无数双手为了共同的生产目的而进行的分工,归根结底,通过人的精神和外在自然之间的分工。生产力(productive Kräfte)更广泛地结合起来:在农业中通过对其不同分支的有益的结合,在工业和商业中通过将运用在企业中的更大数量和更多种类的人力和自然力的最大程度的结合。②

因为舒尔茨的这一段表述太重要了,所以我不得不整段引述。可以

---

① 《马克思恩格斯全集》第 42 卷,人民出版社 1979 年版,第 261 页。
② [德]舒尔茨:《生产运动》,李乾坤译,南京大学出版社 2019 年版,第 40—41 页。

看出,舒尔茨这里对生产力的讨论不再仅仅是总量,而开始思考**生产能力的质性构成**:一是原始生产中只有生产性的人力,这一判断是不准确的。如果人类社会历史的发生发端于制造工具,那么生产活动就不可能只有人力的"对原材料的简单使用",比如畜牧业简单工具和狩猎业中的武器。二是在农业生产发展起来之后,特别是工业和商业阶级的出现,使从事工业和商业的人口开始超过从事农业生产的农村人口,这是一个生产组织上生产性的人力构序上的**结构性改变**。依上表所得的人力总和,只要城市人口超过农村人口,**劳作效能**(*Gewerbfleiß*)必然是提高的。三是当人在生产中使用工具和制造工艺不断完善时,特别是劳动分工带来的协作能效和理性地对自然力量的控制支配,农业不同分支的交融以及工业和商业的结合,对自然力和人力的复杂结构化构序,才使得**生产力**的综合创造能力提高到一个前所未有的水平上来。在舒尔茨看来,"对生产力(productive Kräfte)的联合也有非常不同的范围,因此对人的活动更大或更小的节省总是同这种联合联系在一起"①。从中可以看到,生产力概念不是指一个人或群体的劳作效能,而一开始就是对一个国家或民族的生产能力或水平的综合指认。可以说,舒尔茨此处关于**物质生产力量的总和与结构性水平**的双重构序线索,是马克思恩格斯后来生产力概念的重要思考基础。

再次,生产力的本质是**对盲目自然力的征服和控制**。在舒尔茨关于物质生产力的讨论中,我们不难体会出一个重要的观点,即物质生产力的本质是"为了生产的目的对盲目的自然力的不断征服(die fortschreitende Unterwerfung der verstandeslosen Naturkräfte)";并且,在发展起来的人类物质生产力面前,"通过机器起作用的盲目的自然力,将成为我们的奴隶和奴仆(Sklaven und Leibeigenen)"②。依我的理解,舒尔茨的这种观点很深地影响了后来的马克思和恩格斯。青年马克思

---

① [德]舒尔茨:《生产运动》,李乾坤译,南京大学出版社2019年版,第49页。
② 参见[德]舒尔茨《生产运动》,李乾坤译,南京大学出版社2019年版,第74页。

曾经在《1844年经济学哲学手稿》中摘录过最后这句表述。

5. 农业、工业与商业的共时性结构改变

除去从历史性的维度说明物质生产组织方式的变化之外，舒尔茨还提出要从农业、工业和商业的**共时性结构**关系维度深化上述思考。很显然，当舒尔茨从物质生产组织的历时性维度转向共时性维度的结构思考时，他所讨论的具体内容已经是资本主义社会发展。因为在前资本主义生产方式中，是不可能大规模出现工业生产和商业交往的。在舒尔茨看来：

> 劳作效能（Gewerbfleiß）和交往的更进一步发展以农业为前提，从这方面来说，工业（Industrie）和商业（Handel）可以作为文化的最初级分支来考察。但是它们同时还是同一骨干的分支，它们一经问世就相伴生长，并且相互之间为了更进一步的生长而提供汁水和养料，所以全部的物质生产都表现为一种唯一的，在其主要构成上分为三部分的躯体。①

首先，我前面说过，舒尔茨的这个 Gewerbfleiß 概念经常也是在**生产力构序的意向**上使用的，它往往表征一种劳作活动中的效能和功能性水平。其次，农业、工业和商业是物质生产"同一骨干的分支"和"相伴生长"的三个不可分割的组成部分。然而，这里存在的问题有二：一是商业仅为商品的流通领域，并非物质生产活动。他之所以这样故意混淆物质生产的边界，是为之后塞进资本家在商业流通中创造的价值留下伏笔。二是缺少历史发生学的维度，似乎农业、工业和商业存在一种抽象的结构化关系，而实际上，如果不是以农业生产为基础的自然经济背景下的已经存在的手工业和商业，现代意义上的工业和商业都只是资本主义生产方式特定的历史产物。历史地看，真正以商品交换为主业的商业只能

---

① ［德］舒尔茨：《生产运动》，李乾坤译，南京大学出版社2019年版，第19页。

是资本主义工业经济的特定产物。舒尔茨还认为：

> 将生产合规律运动的进程，按照农业（Landwirthschaft）、工业（Industrie）和商业（Handel）这三个主要分支来加以探讨。从一种双重的观察角度出发，首先要注意以活动的这些不同的主要分支在人口**分布比例**上的变化，但还是对那种在劳动进行的本身，或者从生产的**人力**向服务于生产的无理智的**自然力**的变化。①

舒尔茨这里的构境意向十分清楚，即从三种不同的"物质生产"分支来讨论人口结构的变化，以及生产中的劳动从人力向利用自然力量的转换。可是，农业生产、工业生产和商业活动中生产力的提高，绝非仅仅是对自然力的利用，而恰恰是对自然力的超越，即人的**实践能力**的提高。不过，舒尔茨此处更关心的是在这三种不同的领域中人口结构关系的改变。对于农业生产和工业生产对人力的需求，舒尔茨提出了明确的差异。

> 农业是在一定的、有限的空间（bestimmte und begrenzte Räume）内进行的。同时，为使用这些空间，为了获得尽可能多的农产品的目的而应用的人力程度也是被规定的。然而特定土地的生产并不因为越来越多的人力参与到对土地的耕作中而越来越高。与之相对，工业却能够在更有限的空间内聚集大量的人力，来将其产品借由商业销往各地。②

这是说，局限于一定土地上的农业生产并非因人力的增加而提高劳作效能，但工业生产却是以集聚大量人力为前提的。其实，这也只是早期资本主义劳动密集型生产中的情形。并且，"城市作为工商业的总部也以相同的程度，或者说城市人口较之农村人口也以相同的程度增加

---

① ［德］舒尔茨：《生产运动》，李乾坤译，南京大学出版社2019年版，第17页。
② ［德］舒尔茨：《生产运动》，李乾坤译，南京大学出版社2019年版，第20页。

了"。这是对的,除去工业生产对劳动人口的需求,商业活动也使城市在资本主义经济发展中成为必要的生活集聚地。可是在舒尔茨看来,在当时的欧洲各国,农业人口同工业和商业人口、农村同城市人口之间的比例是非常不规则的,这和欧洲国家处于"总体上物质生产的不同阶段(materielle Production auf verschiedenen Stufen)相一致。平均来看,在生产最发达因而国民收入相对最高的地方,从事工商业的人口相对于农业人口的比例也最大"。① 这一分析是精当的。为此,他援引了由巴尔比②提供的欧洲大国中的有关状况的比较表格③:

人口

国别	城市人口	工商业人口	农业人口
大不列颠和爱尔兰	超过 0.50	超过 0.45	0.43
法国	0.33	0.36	0.44
普鲁士	超过 0.27	0.18	0.66
奥地利	接近 0.23	0.09	0.69
俄国	大约超过 0.12	0.06	0.79

这张不同行业的结构性人口分布的统计数据是精准的。巴尔比在表格上排列的国家先后顺序正好是当时欧洲国家在资本主义经济发展水平上的高低顺序。这里城市人口、工商业人口和农业人口的结构性分布直接反映了这种生产力质性状况。因为,"人口在生产的主要部类上的分配以及不同组成部分之间的关系",会是"通过一个国家劳动的组织作为衡量各个国家发展阶段的标准"。④ 这是对的。

---

① 参见[德]舒尔茨《生产运动》,李乾坤译,南京大学出版社 2019 年版,第 20 页。
② 阿德里亚诺·巴尔比(Adriano Balbi,1782—1848),意大利著名地理学家、统计学家,代表作有《当代世界地理概况》(1808)等。他对葡萄牙社会经济状况的开创性研究在 19 世纪上半叶产生了重要影响,此后又对欧洲主要大国的经济地理开展了广泛研究。
③ [德]舒尔茨:《生产运动》,李乾坤译,南京大学出版社 2019 年版,第 23—24 页。
④ 参见[德]舒尔茨《生产运动》,李乾坤译,南京大学出版社 2019 年版,第 27 页。

其实，舒尔茨也清楚，人口结构变化反映着不同国家在工业发展中的不同生产力水平。他认为，"工业生产（die industrielle Production）在更大范围内增长了，因为工业生产随着从事工业的阶级的更大增长，也拥有了更为强大的生产人力"①。工业生产中人力的增加背后，是工业生产过程的巨大发展。为此，统计学家舒尔茨举例说，自1828年至1833年，俄国工厂的数量从5244个增加到了5599个；在1821年至1827年间的短短几年里，普鲁士国家的棉纺织厂就增加了一倍还多。工厂多，当然需要的工人劳动力就增加。他又给数据说，法国在1820年1024匹马力的机器只有60部，仅仅到1837年末就已经增长到了1969部机器，有26 186匹马力，用于纺纱厂、采矿、制糖、高炉和炼铁厂；在大不列颠，1780年，一个高炉全天只能生产40—60森特纳②的钢铁，而现在，在引进了瓦特的蒸汽机之后，增加了四倍。舒尔茨并没有分析，机器的增加，已经不仅仅是工人劳动力的增加问题了，而直接反映出工业生产力水平的巨大提高。

6. 活动价值论与世界交往说背后的资产阶级意识形态本质

可是，也是在这个所谓的新的结构性维度中，我们看到了舒尔茨的资产阶级意识形态本质，这分别体现为反对劳动价值论的所谓**活动价值论**，以及否定资本主义列强们掠夺世界的**世界交往论**。当然，可以看出舒尔茨的确也在为已经发生的英法资本主义的发展中资产阶级的过度盘剥所导致的阶级对抗而担忧。但是，这并没有根本改变舒尔茨维护资本主义制度的政治立场。格拉布认为，"舒尔茨对于物质生产的过程特征的强调，使其区别于其他资产阶级国民经济学家，他们把现存的经济关系视为某种自然给予和永恒的东西。他所准确认识到的资本主义经济体系中急剧加深的矛盾，更加强了他批判的观点，从而让《生产运动》

---

① ［德］舒尔茨：《生产运动》，李乾坤译，南京大学出版社2019年版，第46页。
② 森特纳（Centner），英国的商用计量单位，约合50公斤。

成为启发卡尔·马克思的重要著作"①。我觉得,格拉布的这一评价是错误的,舒尔茨从来没有意识到资本主义生产方式的历史性,而十分明确地站在资产阶级立场上。

首先,拒绝劳动价值论的**活动价值说**。作为一名资产阶级国家统计学家,舒尔茨明明读过斯密的《国富论》,他也清楚地知道,"大约在18世纪末前后,工业的体系为亚当·斯密所把握,因为他将一般劳动(die Arbeit überhaupt)作为生产的全部分支的共同因素,从而将其作为出发点。这一体系同时要求所有生产力(producirenden Kräfte)的自由竞争"②。然而,舒尔茨就是拒绝接受劳动价值论,他宁可将劳动定位为生产的共同因素和出发点,但就是不承认配第已经关注的区别于自然财富的"社会财富"(价值)的源泉就是劳动,这说明他的价值理论是对资产阶级古典经济学的倒退。在舒尔茨看来:

> 原初生产的对象通过使用(Gebrauch)获得了价值,所以价值是由人的活动(die menschliche Thätigkeit)赋予的。因此土地的价值本身,部分取决于使用的多或少,多样的、合目的的使用方式(Art der Benutzung),部分取决于它的规模。正如使用的方式和程度通过工业形成的阶段而被标明,使用的规模也通过在或多或少人数下获得财富的分配,也即通过商业而被决定。③

这是一笔糊涂账。舒尔茨根本无法历史性地区分劳动产品的有用性与商品的使用价值和价值。一是说,作为生产对象的产品的价值来自使用,即为人所用的**社会定在**功能,所以价值是由人的活动赋予的。这显然是在抽象地讨论"使用价值",他并不知道,在商品经济之外产品至多具有有用性,而没有为了交换而生成的特定的价值关系,比如他自己

---

① [德]瓦尔特·格拉布:《一个给予马克思灵感的人:威廉·舒尔茨,乔治·毕希纳的同路人、保罗教堂的民主主义者》第五章,转引自[德]舒尔茨《生产运动》,李乾坤译,南京大学出版社2019年版,第191页。
② [德]舒尔茨:《生产运动》,李乾坤译,南京大学出版社2019年版,第120页。
③ [德]舒尔茨:《生产运动》,李乾坤译,南京大学出版社2019年版,第17—18页。

提及的原始部族生活中,是没有价值和财富生产的。这里最关键的**意识形态故意**为,舒尔茨就是不提创造了"价值"的活动与**劳动**的关系,这样,就可以为剥削者的统治**活动**释放一种合法的创造性空间。二是土地的价值取决于对其的使用方式和规模,特别是在工业阶段中的使用方式和程度的改变,以及进入财富分配和商业流通时的改变。他同样回避的问题是,作为自然存在的土地本身是没有"价值"的,恰恰是在一定的生产方式之下进行人的劳动(生产)才创造出**自然存在的为我性**财富形态,并且,只是物质生产在进入资本主义商品经济的交换关系之后,才出现了特定社会历史场境中的商品生产劳动创造的**使用价值**,商品交换生成的以抽象劳动交换为本质的**价值**关系,以及这种价值关系在流通领域表现出来的**交换价值**。在这一构境域中,舒尔茨的理论水平是极其低下的。

其次,从农业到工业再到商业交往的变迁。在舒尔茨看来,这三者之间存在一个历史性的递升关系。这一点是对的。但这与他上述的结构性分析的结论却是存在逻辑悖结的。农业是定居人口生存和生产的起点,"定居民族的活动首先在本质上指向对他们土地的耕作,以及对土地上获得的果实的简单使用"①。这好像一下子又回到了上述物质生产的第二个阶段。工业的出现是以手工业为先导的,舒尔茨这里提到的是中国人和日本人对瓷土和蚕丝的加工,克什米尔居民将羊毛加工成无价的披肩,以及土耳其人将铁制成卓越的武器,等等。这些手工业制品开始是为自己所用,但随着生产力的提高,则开始出现为他人需要服务的商业交往。但是舒尔茨说,这些商业交往其实都还是有局限的,比如亚洲和非洲的商业交往"主要是荒漠商队贸易,这种贸易仅仅受限于连续不断的陆上距离"。然而,舒尔茨认为:

> 正如那种可以占有最远区域产品的更高程度的工业(höhere Grad der Industrie),在本质上只属于欧美国家一样,真正活跃的世界交往(Weltverkehr)也只属于这些国家;这种世界交往将海洋也

---

① [德]舒尔茨:《生产运动》,李乾坤译,南京大学出版社2019年版,第18页。

作为了最遥远的企业的通途；这种交往在源头寻找一切国家的产品；这种交往在所有国家的需要之上来进行它的投机活动；这种交往尝试着到处发展出新的需要，从而来满足这些需要。所以不列颠人在他们的舰队、机器和煤炭中将他们发明创造才能的产物作为基础，以便将从数千里外各个国家的产品运来并加工，其中一部分加工过的产品还会销往它们运来的地方。①

不客气地说，这就是典型的西方中心主义的资产阶级意识形态了。舒尔茨并不想承认这是西方资本主义制度的历史性统治，更不想承认在这种"真正活跃的世界交往"中资本主义国际贸易中存在的强权和经济掠夺，这样他才会轻描淡写地提及"不列颠人在他们的舰队、机器和煤炭中将他们发明创造才能的产物"，满足他国人民的"新的需要"。这是可耻的资本主义强盗嘴脸。我们只要想一下"不列颠人"1840年在中国发动的鸦片战争，就知道他们的"发明创造才能"是什么；看一下八国联军在北京的暴行及之后与清政府签订的所有不平等条约，就能体会到这种他国人民的"新的需要"是什么！从中，我们不难看出舒尔茨这里的资产阶级意识形态粉饰本质。

当然，我们也感觉到，舒尔茨已经看到了英法资本主义发展中，资产阶级的残酷压迫所导致的无产阶级与资产阶级的尖锐对立。他已经注意到，"在大不列颠有利的国民经济条件下，大量工人的贫困化和奴隶般的剥削因为少量工厂主和资本家而以一种残暴的形态出现"②。今天资本主义的现实是：

> 千百万人只有通过糟蹋身体、损害道德和智力的紧张劳动，才挣钱勉强养活自己，而且他们甚至不得不把找到这样一种工作的不

---

① [德]舒尔茨：《生产运动》，李乾坤译，南京大学出版社2019年版，第18—19页。每一磅在英格兰加工并重新卖回产地的东印度产棉花，都需要大约四年的时间，超过1800英里的距离。在这期间所有的变化和位置变更需要最少160个人来完成，而棉花的原始价值则增加了2000%。——舒尔茨原注。
② [德]舒尔茨：《生产运动》，李乾坤译，南京大学出版社2019年版，第25页。

幸看作一种荣幸。故而在数不清的情况下，对那些贫苦工人提出的不公正的要求，要更多地去限制他有限的享受范围，更多地提高其劳累的程度，从而更早地耗尽他的生命力①。

这种状态使资产阶级卫道士舒尔茨感到心焦。他认为，至少现在资产阶级还没有找到一种可以"超越资本家和工人之间经济利益的分裂，没有超越一个在现存关系中同社会其他阶级日益变得敌对的无产阶级的存在(Dasein)"②。在这种情况下，舒尔茨提醒统治阶级，过度的剥削和压迫"必定会加深有产者阶级和无产者阶级之间的对立(Gegensatz zwischen bemittelten und unbemittelten Klassen)，并使情况变得如此紧迫，以致要求我们去研究物质财富(sächlichen Vermögen)的一种更正义的分配原则"③。显然，舒尔茨从来没有打算否定资本主义剥削制度，他关心的是如何通过改良的方式维护资产阶级的统治。

舒尔茨认为，出现这些问题的一个重要方面是经济运行的**完全无政府**状态。因为资本主义"物质生产的整个范围和全部内容通过资本家的纯粹竞争而被片面地决定"。也由此，舒尔茨批评资产阶级国民经济学：

> 它按照一种所谓自由竞争原则的完全片面的观点，在国家周围架上一圈刺刀，在其中，通过一些斗争和外在规矩的考察，富人把穷人，狡猾者把敦厚者打趴在地；只要他们还没有超越劳动的单纯特征，没有将生产和消费当作实现人类天性的两个方面的话，那它就还远远没有完成自己的任务。④

正因为如此，资本主义工业发展中"出现了暂时性的生产过剩；频繁的破产出现了"，而在这一过程中，"资本家和工厂主(Arbeitsherrn)阶级内部产生了资产的不确定的摇摆和波动，而这将经济损失的一部分转移

---

① [德]舒尔茨：《生产运动》，李乾坤译，南京大学出版社2019年版，第60页。
② [德]舒尔茨：《生产运动》，李乾坤译，南京大学出版社2019年版，第58—59页。
③ [德]舒尔茨：《生产运动》，李乾坤译，南京大学出版社2019年版，第41页。
④ [德]舒尔茨：《生产运动》，李乾坤译，南京大学出版社2019年版，第184页。

到无产阶级头上;劳动经常、突然的中断或减少变得必然,雇佣工人阶级不断承受着这些恶果"。① 舒尔茨开出的良方是,国家应该出面解决这一任务,"即将社会全部阶层的利益考虑进去,从而对完全无政府的运动(anarchische Bewegung)进行干预调节(regulirend einzugreifen)"②。这是一个有远见的想法,可能这也是上世纪凯恩斯革命的思想先导。可是,这种努力仍然是为了保住资产阶级的统治。

---

① 参见[德]舒尔茨《生产运动》,李乾坤译,南京大学出版社2019年版,第63页。
② [德]舒尔茨:《生产运动》,李乾坤译,南京大学出版社2019年版,第63页。

第六章 马克思科学世界观的理论建构

在上一章的讨论中,我们实际上是从马克思自己的经济学研究和当时的特殊理论背景中,初步呈现了马克思思想变革的复杂语境。这为我们进一步准确地了解马克思哲学新视域进行了重要的思想史定位。回到马克思此时的理论建构进程中,如果说《关于费尔巴哈的提纲》是马克思哲学新视界的"天才提纲"(恩格斯语),那么《德意志意识形态》则是这个新世界观的第一次系统而具体的阐发。马克思主义哲学基本理论的初始形态,正是在《德意志意识形态》(*Die deutsche Ideologie*)一书特别是该书第一卷的第一章中得以完整表述的。因此,这本书在马克思主义哲学和全部思想发展中具有极为重要的地位。

第一节 《德意志意识形态》的文本与话语结构

对马克思而言,从 4 月写下《关于费尔巴哈的提纲》这种要义式的提纲,到在《德意志意识形态》中创立一种新的理论系统,其间显然还有一段重要的理论道路需要探索。而此时马克思的思考重心早就不在一般的哲学争论,他已经意识到理论逻辑的一切努力都必须基于对社会现实的研究。在那个时候,最重要的现实就是经济学。正是这种面对现实的经济学的科学研究,使马克思恩格斯真正与全部"德国哲学思想体系"——"德意志意识形态"——界划开来。一种全新的科学世界观——历史性的科学唯物主义——才被建构出来。而在马克思正在实现伟大的思想转换时,当时的德国思想界却正在掀起一场奇特的思想斗争,即"德意志意识形态"的自我缠绕。这也是《德意志意识形态》文本创作的对象性微观背景。

1.《德意志意识形态》的特定对象性语境

在1844年底,施蒂纳的《唯一者及其所有物》发表之后,马克思恩格斯并没有来得及在《神圣家族》一书中对其进行反驳。而我们已经知道,1845年2月马克思到布鲁塞尔之后,将其主要精力集中投入到政治经济学的研究中去,正是在这种情境中,他于1845年3月写下《评李斯特》。大约在4月,马克思写下《关于费尔巴哈的提纲》,之后继续研读经济学。7—8月,马克思与恩格斯一同前往曼彻斯特,在社会活动之余又进行紧张的经济学研究,写下了《曼彻斯特笔记》。也是在这个时期内,即1845年6—10月,德国学界发表了一系列论著和文章。

1845年6月,赫斯发表了他在1月17日曾向马克思预告的《晚近的哲学家》一书,该书主要评述了鲍威尔、施蒂纳和费尔巴哈。赫斯在这里进一步说明了他不久前发表的《论德国的社会主义运动》一文中的观点。在那里,他直接批评费尔巴哈忽视了人的本质异化在经济现实中的表现,特别是在金融和货币关系中的异化问题。在《晚近的哲学家》一书中,他还批评性地指认了鲍威尔、施蒂纳和费尔巴哈都只是关注观念中的类与个人之间的矛盾和冲突,因为这种批判只是一种主观意识层面中的否定和扬弃,并不能改变市民社会中现实的个人的孤立状态,所以他旗帜鲜明地提出要走向社会主义实践。

同年6月25—28日,《维干德季刊》(*Wigand's Vieteljahrschrift*)1845年第2卷在莱比锡出版,其中有费尔巴哈的文章《就〈唯一者及其所有物〉谈〈基督教的本质〉》。在这篇文章中,费尔巴哈针对施蒂纳的批评进行了回应,强调了他的哲学并没有否定个人,他的"感性"也就是个性真实的内容。也是在这篇文章的最后,费尔巴哈第一次声称自己为"共产主义者"。值得注意的是,《维干德季刊》1845年第2卷还刊发了古·尤利乌斯的《看得见的教派与看不见的教派之争或批判对批判的批判所作的批判》一文。在这篇文章中,尤利乌斯指认马克思的《论犹太人问题》和《神圣家族》之间的一条主线是**费尔巴哈的人本主义与唯物主义的结合**。他批评马克思继续了费尔巴哈将现实(市民社会中的个人)与类本质对立起来的"二元论",并直接提出,"类存在物"也是一种新的宗教和教派。这种观点与施蒂纳的批评显然异曲同工。

同年10月16—18日,《维干德季刊》1845年第3卷出版,其中登有鲍威尔的文章《路·费尔巴哈的特点》。在该文中,鲍威尔直接批评费尔巴哈并没有使自己与黑格尔真正界划开来,因为他的"类"和人的本质实际上都是某种超验的神圣的东西,所以费尔巴哈的类本质还是黑格尔的绝对、康德的自在之物(Ding an sich)、基督教的上帝。它不过是一种改换了名称的宗教。特别值得注意的是,鲍威尔提出《神圣家族》中马克思恩格斯的那种"现实的人本主义"仍然是费尔巴哈唯物主义哲学的发展,而赫斯是马克思恩格斯观点的完成者。他指责马克思、恩格斯、赫斯在**用类压迫个性**(自我意识)。同时,施蒂纳在《维干德季刊》1845年第3卷上也发表文章《施蒂纳的评论家们》,这是他对批评《唯一者及其所有物》一书的回应。他逐一分析并区别了费尔巴哈、鲍威尔和赫斯等人的观点。其中,赫斯、马克思和恩格斯被视为"现实的社会主义"和"神圣的社会主义"的主要代表。

这就是1845年4月以后德国思想界的理论动向。马克思恩格斯戏言道,这是一次"莱比锡宗教会议"。实际上,马克思这时的思想基础已不是哲学伦理逻辑,而是获得了社会历史特别是**经济发展的现实生活**本身!在《布鲁塞尔笔记》A的基础上,他已经经历《关于费尔巴哈的提纲》的哲学革命,再通过《布鲁塞尔笔记》B确立了**物质生产为基点的全新的历史科学原则**。而在对《曼彻斯特笔记》的思考中,马克思直接通过更广泛的政治经济学研究特别是英国社会主义经济学家的逻辑思路,直接实现了全部理论总体的转换:历史唯物主义科学世界观的创立,科学的政治经济学前提的确立,以及科学社会主义的现实道路和方向的确立。马克思并不是没有对当时的德国哲学逻辑进行直接反思,施蒂纳的《唯一者及其所有物》当然深深影响了马克思,使他从费尔巴哈的类本质逻辑的桎梏中解脱出来,但马克思绝不是简单地从哲学逻辑上的类回归个人,而是在一个全面的历史视域中重新反省整个哲学思想史逻辑;马克思不再是在旧哲学的逻辑构架中运动,而是根本颠覆了这种形而上学体系;马克思创立的新世界观不是形而上学,而是一种全新的**历史**科学。

虽然马克思这时的主要理论冲动已经是政治经济学,可是,面对喧闹的德国理论界,他与恩格斯不得不重新直面旧哲学,一方面通过自我反思和批判,辨明是非,弄清问题,清算"从前的哲学信仰";另一方面全面建构新世界观的理论逻辑,从而彻底地将自己与"德意志意识形态"界划开来。所以,马克思恩格斯决定写一本书来实现这个目的,这就是《德意志意识形态》的直接导因。① 在原先的研究中,《德意志意识形态》一书开始写作的时间被确定为 1845 年 9 月,而最新的资料显示,手稿的动笔时间应为 1845 年 11 月。恩格斯关于该书第二卷所作的补充(《真正的社会主义者》一文),于 1847 年初完成。

2.《德意志意识形态》写作及其文本的一般情况

《德意志意识形态》全书分为两卷八章,约有五十印张。第一卷由一篇序言和三章构成,主要批判费尔巴哈、鲍威尔和施蒂纳等人的哲学观点,同时正面说明自己的新世界观的基本原则。第二卷由五篇构成,主要批判所谓的"真正的社会主义"思潮。现在的《马克思恩格斯全集》(中

---

① 1980 年前后,参与 MEGA2 Ⅲ/2(马克思,恩格斯,《来往书信——1846 年 5 月至 1848 年 12 月》,1979)编纂工作的戈劳维娜(Galina Golowina)女士提出一种推断,即马克思恩格斯所写的《德意志意识形态》原先并非两卷著作,而是当初马克思和恩格斯以及赫斯三人为其将要发行的季刊所撰写的稿件。我不认为这种推论有什么实质性的意义。——本书作者第二版注。

文第一版)第三卷中只留存第一篇、第四篇和第五篇。从现有的资料来看,马克思恩格斯在写作《德意志意识形态》这部论著时,曾打算全面批判当时欧洲尤其是德国的哲学和社会思潮。第一卷主要批判青年黑格尔派,但重点是针对费尔巴哈,因为按照马克思已经拟定的新世界观提纲,新的思想革命正是产生于对费尔巴哈哲学思想逻辑的直接否定之上的。但是,在他们刚开始撰写第一卷时,并没有打算以单独的一章来正面阐述自己的新世界观,现在第一卷的结构是自然而然地在写作过程中随着理论逻辑的发展逐步形成的。必须看到,在马克思恩格斯共同创立哲学新视界的过程中。《德意志意识形态》一书的撰写本身也是这一思想革命的一部分。目前被马克思恩格斯设定为第一章的内容是十分重要的,因为他们认为只有费尔巴哈才是值得"认真对待"的,并且哲学新视界的确立也主要是针对费尔巴哈哲学的理论界定。这就意味着,新世界观正是在"超越费尔巴哈"(列宁语)中创立的。

马克思恩格斯《德意志意识形态》一书的写作,大约是从1845年11月(《维干德季刊》1845年第3卷发表后)开始,其主体部分于1846年4月基本结束。1847年1—4月,恩格斯又补充了第二卷的最后一章《真正的社会主义者》。从文本和最新的研究资料看,马克思恩格斯并不是一开始就打算写一本大部头的论著,而只是试图针对《维干德季刊》的德国哲学界的混战提出自己的看法,其主要目的是想界划他们已经获得的新世界观与被超越的"德意志意识形态"的根本异质性。所以,第一部分手稿最初并没有分章节,而是一起作为批判费尔巴哈、鲍威尔和施蒂纳的内容而存在。不过随着写作的进展,马克思恩格斯决定另辟专章批判费尔巴哈,于是,他们从原来的手稿中抽出了有关费尔巴哈和历史的部分,从批判施蒂纳的一章中抽出他们自己关于新世界观的正面表述的内容,重新组成了新的一章"Ⅰ.费尔巴哈"。[①] 在这之后,马克思为全书起草了序言,也是在这个阶段,马克思恩格斯又两次重写了第一卷第一章的

---

① 此处文字第二版有所修订。——本书作者第二版注。

开始部分,这构成了后来第一卷第一章手稿中的第四、第五部分。在此,我们主要解读《德意志意识形态》中的第一卷第一章手稿。

《德意志意识形态》在马克思恩格斯在世时并没有公开问世,直到恩格斯去世(1895年)37年之后,该书才于1932年在苏联首次出版。① 该书第一卷第一章集中阐述了马克思恩格斯新世界观的正面观点,也就是说,《德意志意识形态》第一卷第一章是马克思主义创立后,他们对自己哲学新视界的第一次也是唯一一次正面的系统表述。② 所以,这也是我们所真实认知的马克思主义哲学最重要的经典文本之一。可是,这部分手稿又恰恰是未完成的手稿,而且,手稿在漫长的岁月中已被损坏,其中有几张严重破损,第一章遗失12页(第二章还缺20页)。在1932年《德意志意识形态》全书的初版中,为了使这部分未完成的手稿变成一部完整的论著,苏联学者阿多拉茨基对这一章手稿进行了理论上的重新编排。这就是我们今天看到的《马克思恩格斯全集》(中文第一版)第三卷中第一章的文本样式。

在后来的研究中,人们逐步意识到,苏联学者1932年对第一卷第一章手稿的编排有诸多缺漏,并不十分令人满意。其一,1962年,巴纳(Siegfride Bahne)在阿姆斯特丹的国际社会历史研究所(IISG)整理资料时,在写有"国会议员伯恩施坦的印刷品"(Drucksachen für das Mitglied des Reichtages Herrn Bernstein)字样的封套中,发现了3张纸页,上面写着"已印刷发表于《社会主义文件》3、4卷的'圣麦克斯'"的字样,这正

---

① 1899—1921年,《德意志意识形态》的部分章节曾得以发表。1924年,苏联马克思恩格斯研究所编译的《马克思恩格斯文稿》(Marx-Engels Archiv)第一卷,首次用俄文出版该书的第一卷第一章,即梁赞诺夫版,梁版根据的是梁赞诺夫的编纂方针,由乔贝尔(Ernst Czóbel)加以复原。1926年,《马克思恩格斯文稿》又出版该书的德文版。1932年,苏联马克思恩格斯列宁研究所在 MEGA1 第一部分第五卷中首次用德文发表《德意志意识形态》全部书稿,即阿多拉茨基版,此版根据阿多拉茨基修改过的编辑方针,由威尔勒(P. Weller)具体编辑。次年,阿版又出版了俄文版。梁赞诺夫版和 MEGA1 版都是按照卷(Band)—篇(Abschnitt)—章(Kapitel)的结构来整理手稿的。——本书作者第二版注。
② 这个表述主要是通过"清算"马克思恩格斯自己"从前的哲学信仰",即"以批判黑格尔以后的哲学的形式来实现的"。参见《马克思恩格斯全集》第13卷,人民出版社1962年版,第10页。

是《德意志意识形态》第一卷第一章遗失的12页中的3页。同年,《社会历史国际评论》第七卷第一部分用原文将这3页手稿发表。其二,许多研究者开始注意到恢复马克思恩格斯原稿中的初始逻辑线索的重要性问题。20世纪60年代中期,日本马克思主义青年学者广松涉就对阿多拉茨基版的《德意志意识形态》第一卷第一章手稿的编辑结构提出了严厉的批评。① 由此,苏共中央马列主义研究院在1965年的《哲学问题》10月号和11月号上,发表了该书的新修订版以及巴加图利亚的题为《K.马克思和F.恩格斯的〈德意志意识形态〉第Ⅰ章手稿的结构和内容》的论文。次年,又出版了该文献的单行本。这个版本是由苏联著名马克思主义文献学专家巴加图利亚(Georgi Bagaturija)制定方案,由勃鲁什林斯基(Vladimir Konstantinovich Brushlinskiy)编辑的。巴加图利亚将由两卷(Band)构成的《德意志意识形态》再次分为章(Kapitel)、节(Abschitt)。第一卷第一章这一次文献的编排,基本恢复了马克思恩格斯原稿的编码次序,并根据文献内容把原有的五份手稿分成四个部分,共27节,并以编者对手稿内容的理解拟订了25个小标题。其中第1节是原有标题,第26节以作者边注为题。1966年,民主德国《德国哲学杂志》第4期用原文重新发表手稿,其编排基本参照了上述俄译本,只删除了巴加图利亚等人所加上的26个节标题。② 1988年,我国人民出版社

---

① 参见[日]广松涉《〈德意志意识形态〉的编辑上存在的问题》,载《唯物论研究》第21号(1965年春季刊)。
② 后来,作为MEGA2,1/5卷的试编本,东德学者陶伯特女士于1972年出版了由她编辑的《德意志意识形态》第一卷第一章的试行本,其编排基本上与1965年俄文版相同,只是将手稿划为七个部分,并保留了作者在稿边上的批注。参见 MEGA2 Probeband,1972, S. 33—119, 399—507。1974年,日本学者广松涉编译出版了《德意志意识形态》第一卷第一章手稿的日文版,这个版本几乎是手稿"原封不动"的排印(参见广松涉《文献学语境中的〈德意志意识形态〉》,南京大学出版社2005年版)。1979年,中文版《马克思恩格斯全集》第42卷收入新发现的第一章3页手稿(参见《马克思恩格斯全集》第42卷,人民出版社1979年版,第368—372页)。2004年,陶伯特女士和佩格(Hans Pelger)教授在《马克思恩格斯年鉴(2003)》上再次发表了 MEGA2,1/5卷《德意志意识形态》第一卷前两章的暂定版(Vorabpublikation)。参见 Marx-Engels-Jahrbuch 2003。2017年,Marx-Engels-Gesamtausgabe(MEGA2),Ⅰ/5卷《德意志意识形态》终于出版。——本书作者第四版有所改动。

出版了《德意志意识形态》第一卷第一章手稿的新编译本——《费尔巴哈》。① 这个新译本的主体参照了民主德国1966年版的手稿,并将俄文版的27个小标题附在书后,这就是我们现在要研究的《德意志意识形态》第一卷第一章手稿的新版中文版单行本——《费尔巴哈》。②

与原有的中文版《马克思恩格斯全集》第三卷相比,新版中文单行本在结构和内容上都出现了重要的变化。我认为,我们在认真、系统、全面地研究《德意志意识形态》(特别是第一卷第一章手稿)方面一直做得十分不够。在这一点上,苏联哲学家巴加图利亚有过基础性的尝试。③ 国内学者乐志强先生也有过一定的努力。④ 这些研究对文本一般结构的分析有一定成效,但一旦涉及文本的具体内容,这些论者还是无一例外地在传统解释框架中用"原理"来反注文本,因此,其研究结果的语境是可想而知的。

在现在的这个版本中,马克思恩格斯原有的五份手稿被划分为四个部分。马克思恩格斯第一章手稿的五个相对独立的手稿,按时间顺序依次为:最初写下的具体说明哲学新视界的第一手稿的29页,现在被编为第二部分;然后是从已成稿的第三章中两处抽取的第二、三手稿计43页,现在被编为第三、四部分;最后是马克思恩格斯在完成大部分手稿后,两次起草的全章引言和新世界观的总体概括的第四、五手稿,现在被

---

① 《德意志意识形态》的新编第一卷第一章手稿——《费尔巴哈》一书(中文新版),由人民出版社1988年首次出版。这一版本保留了巴加图利亚版中的部分文献学标识,而在中央编译局以后再版的这一稿本中,虽然保留了此版的文本结构,却全部删除了文献学标识。2008年8月巴加图利亚教授访问南京大学时,向我们介绍了这一版本的编辑整理情况。——本书作者第二版有所改动。
② 手稿原件上本来只有"I. 费尔巴哈"。恩格斯在1883年重新阅读马克思的手稿时加了一个尾注:"唯物主义观点与唯心主义观点的对立"。
③ 参见[苏]巴加图利亚《马克思恩格斯〈德意志意识形态第一卷第一章手稿〉的结构和内容》,载苏联《哲学问题》1965年第10—11期;《马克思的一个伟大发现》,中国人民大学出版社1981年版。以及,巴加图利亚没有发表的副博士论文:《马克思恩格斯〈德意志意识形态〉在马克思主义历史中的地位》,1971年,俄罗斯国家馆。2008年10月,巴加图利亚教授访问南京大学时,将此书赠送给南京大学马克思主义社会理论研究中心。——本书作者第二版有所改动。
④ 参见乐志强《〈德意志意识形态〉简明教程》,中山大学出版社1988年版。

整合编辑为第一部分。

3. 关于《德意志意识形态》第一卷第一章手稿的文本结构

我以为,马克思恩格斯最后定稿的第一章,有两个主要写作任务:其一,批判费尔巴哈这种旧唯物主义背后所隐匿着的隐性唯心主义历史观,同时"清算"自己原先的理论逻辑框架(主要是1843—1844年马克思实现第一次思想转变后的人本主义哲学逻辑),并创立新的哲学视界;其二,在此基础上从理论上系统表述马克思主义哲学的新世界观。这是哲学新视界的理论核心,也是最艰难的逻辑建构过程。从现在的手稿文本来看,这两个目标都没有在形式上完全实现。① 说没有"完全实现"并不是说马克思恩格斯没有解决这两个问题,而是说他没有完成其完整的理论建构。

在进行具体分析之前,我还要作两点特别说明:第一,我们知道,马克思在1845年春天于布鲁塞尔写下了《关于费尔巴哈的提纲》,这是马克思在思想上发生重大认识转变后所作的思考和深入研究论点的辑要。这个提纲是马克思1845年春(4月)写于布鲁塞尔,夹记在他的1844—1847年的笔记本的第51—55页中,原标题为《I,关于费尔巴哈》。这个"提纲"正是从有针对性的(费尔巴哈)解决问题的视角出发的。这一革命性的思想飞跃有两个理论层面:其一是最终与费尔巴哈(应该说也是与一切旧唯物主义)哲学划清了界限;其二是确定了自己新世界观的基本逻辑质点。有充分的资料证明,这一重大哲学变革是由马克思独立实现的。根据马克思1844—1847年的笔记本的研究表明,这一"提纲"是在恩格斯到达曼彻斯特以后写下的。时间大约在1845年4月5日之后,4月底以前。恩格斯在1845年4月5日来到布鲁塞尔之后,和马克思达

---

① 在1888年所写的《路德维希·费尔巴哈和德国古典哲学的终结》一书中,恩格斯曾这样谈论《德意志意识形态》第一卷第一章:"关于费尔巴哈的一章没有写完。已经写好的一部分是解释唯物主义历史观的","在旧稿里面对于费尔巴哈的学说本身没有批判。"参见《马克思恩格斯全集》第21卷,人民出版社1965年版,第412页。

成了理论共识,并商定共同撰写《德意志意识形态》,从《关于费尔巴哈的提纲》的基本思路和《德意志意识形态》一书的全部逻辑结构上看,固然"提纲"的全部要点都在《德意志意识形态》一书中得以展开,但是我认为,"提纲"并不是《德意志意识形态》的撰写提纲,前者至多可以被视为后者的**思想提纲**。巴加图利亚提出,《德意志意识形态》在理论逻辑上比"提纲"更成熟,我认为这种提法非常不准确,因为二者存在着两种逻辑视角的区别。

第二,从目前《德意志意识形态》第一卷第一章的手稿文本看,手稿的大部分正文都是恩格斯的笔迹。① 其中,有些手稿为魏德迈②的笔迹,这也应该是誊写。但是我们从这部分手稿的思想内容和思想特点来看,它无疑是属于马克思的。我们是否可以设想存在这样一种可能,这部分手稿原来是由马克思写的,恩格斯又做过一次誊写。这种推论的理由如下:首先,恩格斯在到达布鲁塞尔之前仍然与《德意志意识形态》一书的批判对象们"打得火热"③,见到马克思以后,经过双方讨论之后他才接受了马克思的观点,否则他不可能在弹指之间有如此清晰的全新逻辑思路。其次,正是这部分最重要的内容,一直到1846年下半年仍然在继续进行,

---

① 参见马克思恩格斯《费尔巴哈》,1965年俄文版尾注1。2008年8月,我和我的同事共同访问了荷兰皇家科学院著名的国际社会历史研究所,在那里我们受到了热情的接待。研究所的负责人让我们直接进入了文献库房,我们有幸亲眼目睹了马克思恩格斯和其他第二国际思想家的原始手稿真迹。令我意外的是,研究所向我们赠送了《德意志意识形态》第一卷第一章这份珍贵的手稿原件的全部拷贝。这使我们第一次得以直接获取这一文献第一手的信息。此外,我们同时获赠的还有马克思的《1844年经济学哲学手稿》全部原始文献的拷贝。——本书作者第二版注。

② 魏德迈(Joseph Weydemeye,1818—1866),德国和美国早期工人运动活动家,第一国际美国支部的组织者。1818年2月2日生于普鲁士。1839年柏林陆军大学毕业。1845年初,辞去军职,从事新闻工作。1845年12月参加马克思建立的布鲁塞尔共产主义通讯委员会的工作。1846年前后,参与《德意志意识形态》一书的写作。1847年加入共产主义者同盟,在科隆地区建立同盟组织。魏德迈于1851年7月流亡瑞士,11月举家迁居美国纽约。魏德迈到美国后,1852年5月发起建立美国的马克思主义组织——无产者同盟。同年创办了美国第一个马克思主义刊物《革命》。——本书作者第二版注。

③ 参见恩格斯1844年11月至1845年3月间致马克思的信。《马克思恩格斯全集》第27卷,人民出版社1972年版,第9—32页。

而1846年8月15日恩格斯去巴黎后正是马克思继续创作的时期。① 再次,手稿的正文是恩格斯用较工整的手迹写在大开纸的左半边,右半边是马克思和恩格斯的修改。由于这一部分是全书中最重要的部分,马克思恩格斯不可能将草稿交给出版商,所以这极可能是后来由恩格斯所执笔抄写的修改稿。当然这仅仅是推断。关于这一问题的思考,我曾专门请教过孙伯鍨教授。他提出了以上推论的主要论点,我赞同这一设想。

马克思恩格斯开始撰写书稿时,打算同时批判费尔巴哈、鲍威尔和施蒂纳。有的论者认为,马克思恩格斯的最初写作计划是在批判鲍威尔和施蒂纳,同时"捍卫费尔巴哈的唯物主义"。这种说法是不准确的。② 后来在撰写过程中,他们改变了原先的设想,在第一章中主要批判费尔巴哈,并系统地正面阐明自己的新观点。所以,这部分手稿(共29页)由两个部分构成:其一是对费尔巴哈哲学唯物主义的批判,这也是对自己以前哲学信仰的"清算"(第1—10页);其二是正面表述马克思的哲学新视界(第11—29页)。我们看到,这部分手稿的第一部分内容实际上是"提纲"思考点的直接展开和深化,也是马克思哲学新视界的前提;而第二部分内容中,一是马克思恩格斯对马克思主义哲学基本原则(广义唯物主义的历史"本体"的规定)的"制定",这是**哲学语境中的逻辑思路1**;二是从分工出发现实地历史地对资产阶级社会生产方式的科学批判,这是**经济学语境中的逻辑思路2**。这种文本的原有构架也是第一章手稿中的一条主要理论线索。③ 我认为,这是反映马克思主义哲学中广义历史唯物主义基本原则的最有价值的理论文本。

文献学资料显示,马克思从原来属于批判施蒂纳的手稿第三章中划分出两个重要的理论插述部分,将它们移入新设的第一章,并将其编写

---

① 参见1846年8月19日恩格斯致马克思的信。《马克思恩格斯全集》第27卷,人民出版社1972年版,第38页。
② 参见《马恩列斯研究资料汇编》(1980年),书目文献出版社1982年版,第96页。
③ 在原来所编排的译本中,这两部分手稿被人为地颠倒了,马克思恩格斯原有的思路被打乱。现在的新编译本恢复了手稿的原貌。

为第 30—35 页(第二手稿)和第 36—72 页(第三手稿)。① 第二手稿是关于统治阶级意识的论述。第三手稿则是一个历史性的说明，它的主题却涉及了一个新的理论线索，即人类主体在社会历史发展中的历史地位问题。

在写完第一卷手稿的主要部分之后，马克思和恩格斯回过头来为第一章起草了一个引言，并试图为第一章加写一个能够反映他们哲学新视界的总体概述，即第一章的开头。于是，我们又看到了两种不同的尝试，一种是针对费尔巴哈、施蒂纳等人的"人"，由从现实的个人到生产再到生产方式，由社会现象深入本质的思路(第四手稿)，这恰恰是对思路 1 的重写；另一种是从前资产阶级社会所有制现实发展的结果得出历史唯物主义的基本原则和结论(第五手稿)，这是对思路 2 的一种补充。

对现在《德意志意识形态》第一卷第一章编译手稿的第一部分的理解是十分重要的，这也是以往的研究里产生争论和分歧最多的部分。在新编版本中，第一部分手稿是第四、五手稿特殊接合的结果。我个人认为，第四、五手稿实际上是马克思恩格斯在制定完哲学新视界后，试图再从总体逻辑角度概括一下自己的新观点的两个不同角度的努力。对于这一部分手稿内在逻辑结构的正确理解及其重要性，长期以来一直为人们所忽视，即使在新编译本问世后，仍然存在着相当不准确的判定。在新编手稿的设计者巴加图利亚眼中，这一部分手稿不过是马克思恩格斯的两个未完成的誊写稿，第五手稿是第四手稿的修订。遗憾的是，所有新译版本都接受了这种说法。我不能接受这种设定，因为我认为这种理解严重低估了这一部分手稿的意义。

我以为，第四手稿和第五手稿不能被简单地判定为马克思恩格斯对第一章手稿的誊抄(仅仅从引言的内容或字迹工整的程度上作出判断是不足为据的)，而是他们在基本整理出新哲学基本构架后，首先打算为第一卷改写一个"开头"(引言)，以说明他们在第一卷中所进行的哲学批判

---

① 此处文字第二版有所改动。——本书作者第二版注。

的针对性;其次是为第一章中(其实也是全书)他们所阐发的正面观点再加写一个"开头"(概论)。引言部分的内容是十分清楚和确定的。因为第四、五手稿在这一部分上是一致的,可是,两个手稿在相同的引言之后却出现了两种从不同的思路出发的"开头"。这是理解该问题的难点所在。遗憾的是,这一部分并没有完成。但是,从对这两个手稿的统一整合中,已经完整地呈现了一条哲学新视界总体表述的理论线索。

马克思恩格斯的没有编序号的5页纸(第四手稿)到这里就中止了。这个中断有几种可能:一是从这一思路出发的概述已基本完成,由此可直接过渡到第一手稿中以批判费尔巴哈为起步的系统表述;二是觉得第四手稿的概述还需要作些补充;三是感到从这一思路出发进行概括与后面的系统表述在逻辑上并不完全一致,因此需要重新再起笔一个"开头"。通过对手稿的具体研究后,我倾向于第三种可能。让我们再次步入手稿的迷宫,先勾勒出手稿的地图,再具体考察分析一下真正的出口。

第五手稿共有16页手稿。引言部分共写了4页半。前2页与第四手稿基本相同,但是从第二张(大约是第3页)开始马克思和恩格斯加写了作为引言的3页多新的内容。小标题换成了"A、一般意识形态,特别是德意志意识形态"。接下去是关于"德意志意识形态"的一大段具体说明。请注意,这里不仅仅只是(或者"主要")针对费尔巴哈,而是批判整个"德意志意识形态"。引言中新增的这一段文字的最后是一个理论过渡段:"这些哲学家没有一个想到要提出关于德国哲学和德国现实之间的联系问题。"这一段显然使引言更加完整了。但是,手稿至此(第5页)却中断了。第5页的下半部分为空白,第6页是从另一张纸上重新开始的。

下一页重新开始的一段文字(第五手稿的第3至第4页),是一段独立的理论表述。这一表述是从历史进程的具体发展来说新世界观的,这与第四手稿紧接着引言的那段论述正好是从两个不同视角出发的。前者是从社会的结构性(共时性)视角入手,遵循从现象出发逐步深入本质的逻辑分析思路;而后者则是从社会历史的过程性(历时性)视角出发,

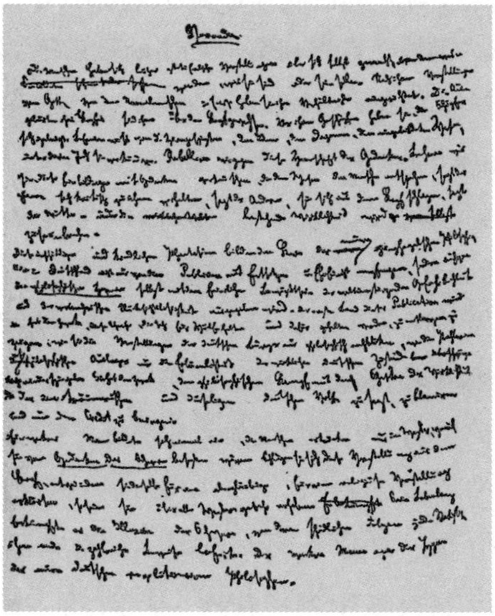

图10　《德意志意识形态》序言一页复制件

用部落、古代和封建所有制这三种社会形态的具体发展过程来进行经济学理论说明。这段文字的地位显然容易引发争议。从我们的新编译本看,编者假设了马克思恩格斯在第五手稿引言之后应加入原第四手稿中未删除的那段表述,在结构论述之后,再从过程入手进行历史分析,最后,以第五手稿的小结收尾。

可是,从这段文字的具体分析来看,这种假设是难以自圆其说的。因为马克思恩格斯在这段表述中不是在进行理论概括,而是着眼于一种十分具体的关于社会形态的实际分析。从全章的内容来看,与这一表述相接的应该是从第三章移植过来的第三手稿的开始。现在第三手稿正好缺少了编号为第 36—39 页的手稿,有没有可能是由于恩格斯誊抄了这一段表述而打算将它放到前面去呢?恩格斯①将第五手稿编为第 1—5 号,并将它与第一手稿直接连接起来,他把第一手稿的 29 页编为 6—

---

① 陶伯特女士认为,原来被指认为恩格斯所编注的序号实为伯恩斯坦所加。——本书作者第二版注。

11号。可是马克思又划掉了恩格斯的编号,将第一手稿重编为第1—29号,并由此经过第二手稿一直编到第三手稿的最后第72号。我发现,日本学者广松涉1974年编译的《费尔巴哈》日文版将这一段文字直接移到了第三手稿的开始处,很可能也是出于上述假设。①

从现有的手稿文本看,马克思恩格斯对第一章手稿进行了多次反复深入的精心修订。按照手稿上的修改意见和各种记号,我设想了这样一个撰写修订过程:先由马克思起草一个草稿,然后由恩格斯誊写(现存的主要手稿),接着由恩格斯修订(编码),最后又由马克思修订(编码)。这可能就是手稿文本产生过程的基本情况。

4.《德意志意识形态》复杂的话语重组

分析完《德意志意识形态》第一卷第一章手稿的文本结构后,接下来就要面对一个很重要的问题了,《德意志意识形态》的深层话语结构究竟是什么? 这也是我自己要思考的新的问题。在《马克思历史辩证法的主体向度》一书中,我对《德意志意识形态》一书总体哲学逻辑的指认主要体现在面对历史的基本视角上。在那里,我提出了历史唯物主义的广义和狭义视域以及历史辩证法的客体向度与主体向度(显性与隐性)。② 可是,在转换到马克思以经济学研究为背景的更宽阔的语境之后,这一情况变得复杂起来。我发现,仅仅立足于哲学理念来理解《德意志意识形态》是存在问题的。马克思在此实现的思想变革远不是单一的线性哲学视域转换,离开经济学基础和社会主义的价值旨趣,马克思的新世界观是无法真实呈现的。我们不得不重新进行一些宏大视域上的逻辑解蔽,以求认识上的某种突破。

首先,马克思在哲学上直接受到施蒂纳的负面冲击,显然使费尔巴

---

① 参见[日]广松涉编《文献学语境中的〈德意志意识形态〉》,南京大学出版社2005年版。——本书作者第二版注。
② 参见拙著《马克思历史辩证法的主体向度》,南京大学出版社2002年第2版,第二章。——本书作者第二版注。

哈式的"类哲学"人本主义成了被批判的主要对象。马克思隐匿了自己未发表的《1844年手稿》中的人本主义错误。这是马克思原来思想中根深蒂固的浪漫主义与人本主义观念的第一次重大失败,这当然也包括西斯蒙第式的那种经济浪漫主义的彻底崩溃。但是,绝不能将马克思的这种思想变化简单地视为在旧有的哲学逻辑中从类到个人之间的理论摆动。有如从《德谟克利特自然哲学与伊壁鸠鲁自然哲学的差别》的个体性的自我意识到《1844年手稿》的劳动类本质。实际上,马克思从根本上超越了一切旧哲学。这种转变,基于马克思经济学视域中的更为基础性的重大转向,即从**主体方面立足于无产阶级政治立场对资产阶级政治经济学的直接否定转向对它的基本肯定**。通过《布鲁塞尔笔记》和《曼彻斯特笔记》,马克思已经发现,李嘉图是唯一没有浪漫色彩的人,他眼里只有**客观现实性**。而李嘉图式的社会主义经济学家思想对马克思的重要影响,就是直接确证了一个逻辑,**即基于资产阶级政治经济学的客观逻辑,才能真正现实地找到打倒资产阶级社会的现实道路**。这样,**政治经济学成了马克思此时的全部思想和理论论述的基础**(配第意义上的"实证科学"),但这是经过改造了的现实批判逻辑。因为,在资产阶级经济学家那里,资产阶级社会生产方式支配和建构起来的经济现实是非批判的,全部政治经济学的科学同样也是非批判的。这也就是说,马克思此刻的思想理论基础是建立在对古典经济学政治立场的超越之上的。这是一个新的重要支援背景。

我注意到,在《德意志意识形态》一书中,特别是在第一卷第三章中反对施蒂纳时,马克思大约10次直接援引经济学。① 马克思**依据经济学**来超越施蒂纳,这是一个重要的逻辑辨识点。例如马克思的一些重要的理论认证都是以经济学批判为前提的。他写道:"自由竞争和世界贸易产生了世界主义和人的概念。"②这是说,人本主义的哲学逻辑的真正现

---

① 参见《马克思恩格斯全集》第3卷,人民出版社1960年版,第127、223、254、255、461、462、465—466、483页。
② 《马克思恩格斯全集》第3卷,人民出版社1960年版,第169—170页。

实基础是资产阶级的经济王国。他还指认说,"货币是一定的生产和交往关系的必然产物并且只要这些关系存在时货币总是'真理'"①。"地租、利润等这些私有财产的现实存在形式是与生产的一定阶段相适应的**社会关系**"②。这都是在试图确定资产阶级经济结构本身的历史性。实际上,我们不难发现,政治经济学话语从此成为马克思面对世界的**本体性话语**,虽然此时这种话语是没有完成的,甚至还隐含着一些明显的错误。比如马克思说,"在竞争的领域中面包的价格是由生产成本决定的,而不是由面包师任意决定的"③。"货币危机首先在于:一切 Vermögen〔资产〕同交换手段相比,突然贬值而丧失了胜过货币的 Vermögen〔能力〕"④。这些判断,参照马克思后面完成的剩余价值理论都是不够准确的。另一方面,马克思虽然开始了一种对资产阶级政治经济学新的批判,但这种批判还只是一种逻辑否定,因为这还没有获得来自科学研究的微观建构支撑。这种状况一直持续到《哲学的贫困》,在那里,马克思还是直接追随和依据李嘉图。在《伦敦笔记》之后的《1857—1858 年经济学手稿》和后来的《资本论》及其手稿中,马克思才真正完成科学的批判。

其次,马克思在经济学话语之上建立的新的哲学话语,是在与以往的一切形而上学进行了"彻底决裂"之后发生的。这种话语是一种全新**的现实的历史话语**。我以为,《德意志意识形态》的哲学逻辑与《关于费尔巴哈的提纲》的**思考起点**存在一定程度的差别。作为哲学的总体逻辑入口,《关于费尔巴哈的提纲》以现代性的社会实践解决了一种根本性的理论悖结,初步呈现了新世界观的逻辑意向,即历史性的语境;《德意志意识形态》则是已经直接地将这种新的历史性逻辑初步展现为一种完整的"历史科学"。其实,这已经不再是解决传统哲学进程中的一般哲学基本问题。为什么这样认为呢?我发现,《德意志意识形态》的前提是走出"哲学"。

---

① 《马克思恩格斯全集》第 3 卷,人民出版社 1960 年版,第 221 页。
② 《马克思恩格斯全集》第 3 卷,人民出版社 1960 年版,第 225 页。
③ 《马克思恩格斯全集》第 3 卷,人民出版社 1960 年版,第 430 页。——本书作者第三版注。
④ 《马克思恩格斯全集》第 3 卷,人民出版社 1960 年版,第 462 页。——本书作者第三版注。

马克思在批评卢格的时候,明确反对哲学家们"笨拙地指手画脚,戴着可笑的学究的面具自炫"①。他明确指出:"须要'把哲学搁在一旁'('维干德'第 187 页,参看赫斯'晚近的哲学家'第 8 页),须要跳出哲学的圈子并作为一个普通的人去研究现实。"②从哲学思辨中走出来,作为一个**现实中的**普通人去观察历史,这是一种重要的前提性指认。在赫斯的启发下,马克思已经从施蒂纳的利己主义狂想中意识到了一个根本问题,即从神到人、从逻辑学到人的类本质、从自我意识到劳动的自主活动、从民主主义的自由和正义到共产主义,包括施蒂纳的个人和"无",如果仅仅是一个形而之上的逻辑命题,都还只是哲学家的一种**职业**对象。这种前提哪怕随时尚的旋转木马及时翻新,哪怕更换一万次概念和范畴,即使人们用了实践、生产和"科学社会主义"(赫斯)的字眼来面对现实,也都还是从**观念和逻辑出发**的。此时的马克思意识到:

> 这是陈旧的幻想:改变现存的关系仅仅取决于人们的善良意志,现存的关系就是一些观念。哲学家们那样当作职业,也就是当作**行业**来从事的那种与现存关系脱节了的意识的变化,其本身就是现存条件的产物,是和现存条件不可分离的。这种在观念上的超出世界而奋起的情形就是哲学家们面对世界的无能为力在思想上的表现。他们的思想上的吹牛每天都被实践所揭穿。③

显然,马克思(和恩格斯)不再自认为是传统的旧哲学家,他的新哲学世界观是从**做一个普通的人去面对真实的社会生活和历史情境**开始的。这种决断,使马克思能够真正摆脱从爱利亚学派开始的那种走向事物背后的**彼岸理念论**的桎梏,返回到真实的生活世界本身。当然,这也不仅仅是费尔巴哈式的个人的感性生活,而是**现实的历史的具体**的社会生活过程。这种基础性的开端,在那时主要就是"市民社会"中的经济生

---

①②《马克思恩格斯全集》第 3 卷,人民出版社 1960 年版,第 262 页。
③《马克思恩格斯全集》第 3 卷,人民出版社 1960 年版,第 440 页。

活,即物质生产、经济交往和分工。马克思面对世界的哲学思考起点,第一次与古典政治经济学的前提历史性地重合了。

这种转变,使马克思真正与那些专业的哲学骑士们界划开来:哲学家们"不愿多讲分工,不愿多讲物质生产和物质交往,而个人对一定关系和一定活动方式的依赖恰恰是由物质生产和物质交往决定的。他们要做的全部事情就是编造新的词句来解释现存的世界"①。他们也讲历史,但在他们的哲学历史观中,"思辨的观念、抽象的观点变成了历史的动力(Kraft der Geschichte),因此历史也就变成了单纯的哲学史"②。这是一个巨大的思想逻辑断裂。我以为,马克思这种基于经济学和现实历史的新的历史科学,就是**历史**唯物主义(*Geschichtlicher* Materialismus)与**历史**辩证法(*Geschichtliche* Dialektik)。马克思并没有直接使用过这两个词。这不是过去任何旧哲学的拼接(旧唯物主义+旧辩证法),而是对社会历史情境本身进行科学的哲学提升。这种指认表明,《关于费尔巴哈的提纲》中的实践根本不是一个旧式的哲学范畴,它也不可能再与人本主义和旧唯物主义相联结。马克思新语境中的实践只有一种命意,那就是现实的社会物质进程。从实践出发,也就是从人的社会物质活动出发。这里的直接理论基础不是"形而上学"的哲学,而恰恰是基于现代性工业和资产阶级社会现实的政治经济学。重要的是,马克思的历史话语是对资产阶级政治经济学中社会唯物主义的批判性超越。历史唯物主义和历史辩证法中的"历史(Geschichte)",**不是在历史中的场域性指认,而是一种"本体性"指认**。这一点,是我们下一节一开始就必须确证的重点。

最后,马克思的历史科学话语是非常错综复杂的。我在《马克思历史辩证法的主体向度》一书中已经指出,历史唯物主义区分为**广义**历史唯物主义和**狭义**历史唯物主义。③ 这里的《德意志意识形态》一书首先确

---

① 《马克思恩格斯全集》第3卷,人民出版社1960年版,第460—461页。
② 《马克思恩格斯全集》第3卷,人民出版社1960年版,第131页。
③ 参见拙著《马克思历史辩证法的主体向度》,南京大学出版社2002年第2版,序言。——本书作者第二版注。

立的是广义历史唯物主义,而狭义历史唯物主义则是马克思在《1857—1858年经济学手稿》中最终建构的。在《德意志意识形态》一书中,这后一种批判性的逻辑线索只是一种隐性的存在。前者是在新世界观的视域中说明社会历史情境的原初关系(哲学一般),以我的看法,这是马克思对经济学隐性前提的哲学改造。显然,这里没有**直接的批判**。但是,马克思在超越经济学社会唯物主义的行进步伐中,最关键的一步是科学的历史辩证法的创立,即任何人类生活都是一定历史条件下的具体的现实生存,一切外部对象也都只是在一定的历史语境中才能被历史地呈现出来。所以,对于历史辩证法来说,没有任何具体的社会存在是永恒的。这是马克思新世界观最彻底的革命性和批判性之所在。在这个意义上,广义的历史唯物主义的本质又是批判性的。至于狭义历史唯物主义(马克思并没有在自己的文本中直接界划这一点),这是与近代资本主义经济发展史同步的一种更切近于现实经济生活的哲学话语。由于没有区分广义与狭义历史唯物主义,青年卢卡奇在《历史与阶级意识》一书中将整个历史唯物主义学说错误地视为**"资本主义社会的自我认识"**。① 由于受到当时历史知识本身的限制,马克思此时的这种描述实际上只是欧洲的经济社会形态的一般说明,而且还不够准确。狭义历史唯物主义的理论逻辑从一开始就具有**直接批判性**,这就是从分工一直到全部资产阶级社会生产方式的现实批判。在这里,马克思以经济学的分工取代了哲学的异化。由此,马克思要引申出现实的生产力和生产关系的客观矛盾与对抗,这是我们下面在第三节所讨论的主题。

第二节 马克思哲学新视域中的历史性存在及本质

历史唯物主义,已经是一个半世纪以来经过人们很长时间研究和讨论的重要思考域。可是,我们从来没有认真追问,马克思的历史唯物主

---

① 参见[匈]卢卡奇《历史与阶级意识》,杜章智、任立、燕宏远译,商务印书馆1992年版,第312页。

义中的这个"历史（Geschichte）"①究竟意指什么？人们误以为，马克思历史唯物主义中的历史规定仅仅就是常识中的社会历史领域之意，就这样，这个似乎无须证明的"常识"就无思性地以讹传讹了这么多年。我发现，认真面对《德意志意识形态》文本的内在运演语境，也就是说，从马克思恩格斯创立哲学新世界观的原初语境来看，马克思在哲学总体上确定的这个"历史"并非单单是一种狭义的社会历史领域，它同时还具有一种更重要的哲学本体性的规定。这也意味着，历史唯物主义是一种总体哲学视域和新的历史话语，即马克思恩格斯自己明确指认的历史科学，而政治经济学则是这一科学产生的重要基地。

1. 马克思的"历史科学"话语和历史规定

在《德意志意识形态》第一卷第一章第四手稿中有这样一段话："我们仅仅知道一门唯一的科学，即历史科学（die Wissenschaft der Geschichte）。历史可以从两方面来考察，可以把它划分为自然史和人类史。但这两方面是密切相联的；只要有人类存在，自然史和人类史就彼此相互制约"②。马克思这里的语境边界非常清楚，"唯一的科学，即历史科学"。在第一章手稿中，马克思没有直接使用"历史唯物主义"，但多处指认这是一种与唯心主义相对立的"历史的理解能力"（Geschichtsauffassung）。这个 Auffassung 在德文中有"见解"、"观点"、"看法"，以及"理解能力"的意思。关键在于，这个历史科学的语义究竟指向什么？对此，我们先不抽象地进行理论设定，而是先从文本的语境着手进行分析。

在《德意志意识形态》最先写下的第一章第一手稿的第1页的第一自然段，马克思是这样提出对历史的指认的：针对"德意志意识形态"哲

---

① 马克思在文本中同时使用 Geschichte 和 Historie 两词。Geschichte 一词意为"历史的"、"历史性的"，此词的源生词义有"发生"和"生成"之意；而 Historie 在德文中意为"历史"、"历史学"。在此文本中，马克思使用 Geschichte 偏多，达 331 次，而使用 Historie 及其组合词计 112 次。后来的海德格尔、卢卡奇则都重点使用 Geschichte 来表征哲学意义上的"历史性"。——本书作者第三版注

② [德]马克思恩格斯：《费尔巴哈》，人民出版社 1988 年版，第 9—10 页。

图 11　《德意志意识形态》第一卷第一章手稿一页复制件

学家关于人的"解放"的主观思想视域(鲍威尔、费尔巴哈的神学批判中的人的解放,施蒂纳的"类哲学"批判中的"个人解放"等),马克思区分了哲学的解放和真正的解放即**现实的**解放(第1页第二个边注)。马克思指出哲学的解放哪怕再彻底(施蒂纳近乎虚无主义的"无"),"'人'的'解放'也并没有前进一步;只有在现实的世界中并使用现实的手段才能实现真正的解放"①。根据这个语义规定,我们看出马克思的现实解放就是**人的感性物质活动所构成的社会实践**。所以马克思进一步举例论证:

> 没有蒸汽机和珍妮走锭精纺机就不能消灭奴隶制;没有改良的农业就不能消灭农奴制;当人们还不能使自己吃喝住穿在质和量方面得到充分保证的时候,人们就根本不能获得解放。"解放(Befreiung)"是一种历史活动(geschichtliche Tat),而不是思想活动,"解放"是由历史的关系(geschichtliche Verhältnisse),是由工业

---

① [德]马克思恩格斯:《费尔巴哈》,人民出版社1988年版,第18页。

状况、商业状况、农业状况、交往状况促成的。①

于是,"历史(Geschichte)"在马克思的新视域中第一次重新出场了:一是与思想活动相对立的社会历史**活动**。这不是简单的**实体物质**现实之**持续性**,而是人类实践正在生成的现实社会生活和发展过程。所以,当还是西方马克思主义者的胡克指认,马克思新哲学视域中的"历史并不是曾经发生过的所有事情"时,他的看法基本是准确的。② 当卢卡奇和施密特说,马克思历史唯物主义中的历史并不是一个可以被描述的对象,"而是作为被构成的概念"时,他们是深刻的。③ 众所周知,历史的观点并不是马克思的发明,在德国,从赫尔德、康德到黑格尔,关于历史发展的思想是一条重要的线索。然而,马克思发现,德国人习惯于用"历史"和"历史的"这些字眼随心所欲地在主观中建构和设想,"但就是不涉及现实"。④ 而马克思所说的历史一上来就是直指现实的人类社会实践的历史。这里马克思的思考直接承袭不久前的《关于费尔巴哈的提纲》。

二是历史的社会**关系存在**。这不是人们一般的存在状况及其联系(Beziehung),而主要是"工业"、"农业"、"商业"和"交往"状况构成的**中介性**的关系(Verhältnis),实际上这是生产和"经济"关系,特别是**现代**实践——工业所创造的社会关系。依循《关于费尔巴哈的提纲》的语境,也就是说,马克思这里的"历史"主要是工业生产之上的人类主体**主导**的历史情境,即由人们的物质生产活动创造的新的**社会定在**(*gesellschaftliches Dasein*)⑤,即"不依个人'意志'(Willen)为转移的个人的物质生活(das

---

① [德]马克思恩格斯:《费尔巴哈》,人民出版社1988年版,第18页。
② 参见[美]胡克《对卡尔·马克思的理解》,徐崇温译,重庆出版社1989年版,第98页。
③ 参见[匈]卢卡奇《历史与阶级意识》,商务印书馆1992年版,杜章智、任立、燕宏远译,第221页;[德]施密特《历史和结构》,张伟译,重庆出版社1993年版,第31页。
④ 参见[德]马克思恩格斯《费尔巴哈》,人民出版社1988年版,第22页。
⑤ gesellschaftliches Dasein一词应该译为"社会定在",与马克思的"一定的社会历史条件"相一致。由赫斯首先使用,马克思在《1844年手稿》中使用了两次,在《1857—1858年经济学手稿》和《政治经济学批判》中分别使用了一次,在本书中,马克思并没有使用该词。马克思在1859年写下的《〈政治经济学批判〉序言》中唯一一次使用了gesellschaftliches Sein(社会存在)一词。——本书作者第三版注。

materielle Leben），即他们的相互制约的生产方式和交往形式（Produktionsweise und die Verkehrsform）"①。这显然不是工业以前的自然经济中的那种人与自然的关系，在那里，人只是周围自然过程中的一个**被动因素**的生存，在土地上**优选**和**协助**自然物质生产。这也就是说，马克思的这个"历史"规定的经济学基础不是农业社会，甚至不是重商主义的，而是古典经济学所认可的**工业和工业之上的现代经济过程**。正是大工业生产才**第一次**创造了人在其中居主导地位的新的人与自然的关系和社会存在。财富的主体不再是外部自然的结果（"自然财富"），而直接是人的活动的结果（"社会财富"）。所以，此时马克思眼里的实践主要是工业的物质生产活动。在《评李斯特》一文中根据工业力抽象和提升出来的实践。工业生产的实践也是一种新的物质存在，**人类自己真正的社会历史定在**。我以为，这个"历史"是经过马克思重新设定的"本体性"规定，也是在这个语境中，马克思才立刻接着说，德国当时是一个"只有很可怜的历史发展"或"历史发展的不足"的国家。②德国拥有农业生产之上悠久的历史性**持存**，却缺乏现代工业、商业和交往（交换）的**现代性**历史生存！

很显然，这个以工业实践为基础的历史，是以往任何哲学（黑格尔、费尔巴哈、施蒂纳和赫斯）都无法包容的。我不得不说，马克思这里的"历史"语境是由他此时的政治经济学研究成果支持的。这就是古典经济学背后的那种社会唯物主义前提。在这个意义上，当青年卢卡奇说"历史唯物主义的实质性真理和古典国民经济学的真理属于同一类型"时，他是正确的。③

第一手稿的文本在这里遗失了5页多。从第8页一开始，马克思将批判的矛头直接指向费尔巴哈。从第8页一直到第10页最后，马克思都是在批判费尔巴哈的哲学**唯物主义**。在第10页最后的小结中，我们

---

① 《马克思恩格斯全集》第3卷，人民出版社1960年版，第377页。——本书作者第三版注。
② 参见［德］马克思恩格斯《费尔巴哈》，人民出版社1988年版，第19页。
③ 参见［匈］卢卡奇《历史与阶级意识》，杜章智、任立、燕宏远译，商务印书馆1992年版，第311页。

知道,马克思重点在于批评费尔巴哈的"唯物主义和历史是彼此完全脱离的"①。在小结中有一段很著名的文字:"当费尔巴哈是一个唯物主义者(Materialist)的时候,历史(Geschichte)在他的视野之外;当他去探讨历史的时候,他不是一个唯物主义者"②。确实,这个**历史与唯物主义的关系**十分重要。

在以往的解读中,马克思的这一界说被诠释为,费尔巴哈在自然观中是唯物主义,在历史观中是唯心主义,因此恩格斯说费尔巴哈是"半截子"的唯物主义。我以为,这种理解并没有呈现马克思这里的真实语境。关键还是在于对何为历史的理解。根据我们上面的解读,马克思的历史规定不仅仅是指狭义的社会历史领域,而且是在哲学本体的语境中确认人类现实的社会实践进程构筑的历史性进程。因此,马克思这里批评费尔巴哈的唯物主义的第一个方面,是试图说明他面对物质世界时,根本没有意识到,只要是人去面对自然物质,就永远只能是"从这些自然基础以及它们在历史进程中由于人们的活动而发生的变更出发"③,即经过一定的社会实践中介了的自然存在。费尔巴哈虽然承认了自然物质的第一性,但这个自然物质却被设定为是可以直接达及的、不变的东西,马克思当然承认"外部自然界的优先地位(die Priorität der äußeren Natur)"④,但他还要告诉我们,人类**视域中的**自然界总是**历史的**。青年卢卡奇将这一点夸大成"自然是一个社会范畴",就造成了某种本体论越界,简单地否定"自然辩证法"则是其逻辑必然。马克思的原意并非如此,他只是想说明,自人类产生以来,进入实践境域中的客体自然对象只能是随着人的历史情境逐步**呈现**出来。如上所述,这是马克思对康德命题的科学解决。⑤ 由此,费尔巴哈自然唯物主义本身在更深的层面上还

---

①② [德]马克思恩格斯:《费尔巴哈》,人民出版社1988年版,第22页。
③ [德]马克思恩格斯:《费尔巴哈》,人民出版社1988年版,第10页。
④ [德]马克思恩格斯:《费尔巴哈》,人民出版社1988年版,第21页。参见 Marx/Engels, *Die deutsche Ideologie*, MEW, Bd. 3, Text, Berlin: Dietz Verlag, 1969, S. 44。
⑤ 参见[匈]卢卡奇《历史与阶级意识》,杜章智、任立、燕宏远译,商务印书馆1992年版,第318页。

是**历史**唯心主义,因为一切旧唯物主义自然观中的直观物质都是一种**非历史**的主观假定。①

这样,马克思才会批评费尔巴哈,"没有看到,他周围的感性世界(umgebende sinnliche Welt)决不是某种开天辟地以来就已存在的、始终如一的物(Ding),而是**工业和社会状况的产物**(*Produkt der Industrie und des Gesellschaftszustandes*),是历史的产物(*geschichtliches Produkt*),是世世代代活动的结果"②。马克思在这里特别强调,我们生活与存在于其中的周围世界并非人之外的**物**(*Ding*),而是人的活动之**产物**(产品,*Produkt*)或者**事物**(*Sache*)。在这里,历史性生成的**人**的"周围的感性世界"取代了费尔巴哈不准确的单纯直观中的一般感性自然。显然,马克思是在用**历史性**来重新规定这个自然唯物主义的前提,因为今天我们周围的自然存在中这种"最简单的'感性确定性'(sinnliche Gewissheit)的对象也只是由于社会发展、由于工业和商业交往才提供给他的"③。更宽泛地说,人类历史情境中的任何一种自然对象之**表象**,都是历史的。这是对康德命题的进一步破解。

马克思还指认到,"没有工业和商业,哪里会有自然科学呢"?与资产阶级社会同体生成和发展起来的自然科学,只能是"由于人们的感性活动才达到自己的目的和获得自己的材料的"④。更深一层看,自然观中的自然图景不是康德所指认的认识之现象界,也不是黑格尔所虚构的异化之物相,而是人类社会实践**中介了的一定历史性存在中的**自然!当然,这不是说自然物质会完全"消融"于实践⑤,而只是说任何在人类历史

---

① 所以,传统哲学解释框架将马克思历史唯物主义中的社会存在解释为抽象的非历史的对象性的地理环境和人口,同样是历史唯心主义的。
②③ [德]马克思恩格斯:《费尔巴哈》,人民出版社 1988 年版,第 20 页。
④ [德]马克思恩格斯:《费尔巴哈》,人民出版社 1988 年版,第 21 页。
⑤ 施密特正确指出这一点,并指认了当实践赋予自然对象的客观形式所需的条件消失之后,"人工物质"会向自然物质"倒退"。参见[德]施密特《马克思的自然概念》,欧力同、吴仲译,商务印书馆 1988 年版,第 72 页。

情境中出现的对象,都"只是**由于**一定的社会在一定的时期的这种活动"才可能为我们所感知。这里出现了一个极其重要的科学界定,即马克思的历史唯物主义中当然包含历史性的自然观,然而马克思不会承认一种**离开具体历史情境之外的抽象自然观**(如传统哲学解释框架中的那种非历史的抽象物质观)。这也表明,马克思的历史唯物主义中的历史是一个**总体性**哲学规定。

第二个方面,马克思说费尔巴哈在探讨历史时(指的主要是人的存在),他却是唯心主义的。实际上,这并不是说费尔巴哈一进入社会历史领域中就是观念决定论,因为费尔巴哈所反对的恰恰是黑格尔将人视为观念的工具性实现,而唯物主义地将人理解为"感性的"客观存在。可是,在马克思看来,把人仅仅视作客观实在的"感性对象"(人口)是不够的。人的存在更重要的是一种感性**活动**(这是对《关于费尔巴哈的提纲》的补充,那里只说明对象应被理解为感性活动),即实践的社会历史性的物质活动存在,以及由这种历史活动造成的一定的生活条件和社会关系,正是这种特定的社会**关系**建构着现实的人的历史本质。正是在这个意义上,孙伯鍨教授才深刻地指认历史唯物主义中的"物"不是实体存在,而是客观的社会活动和关系。在马克思的历史唯物主义中,社会存在的主体不是传统哲学解释框架中的"地理环境"和"人口"这样的物质实体对象,而是实践的**历史活动**。这样,实践的历史活动就同时成为人类周围的自然界和人本身的存在基础。对此,恩格斯专门指出:

> 这种活动、这种连续不断的感性劳动和创造(sinnliche Arbeiten und Schaffen)、这种生产(Produktion),正是整个现存的感性世界的基础(Grundlage der ganzen sinnlichen Welt),哪怕它只中断一年,费尔巴哈就会看到,不仅在自然界发生巨大的变化,而且整个人类世界以及他自己的直观能力,甚至他本身的生存(Eigne Existenz)

也会很快就没有了。①

在《德意志意识形态》后面的第二卷对真正的社会主义的批判中,马克思深刻地指出,"在任何时代社会都不是自然界的正确的反映",可谓一语破的。② 这是由于,所谓"'人类的自然联系'是每天都在被人们改造着的历史的产物,这种产物向来都是十分自然的,——虽然它不仅在'人'看来,而且在任何一个革命后代看来,都会显得多么惨无人道和违反自然"③。并且,在对施蒂纳的批判中,马克思还直接指认费尔巴哈的错误并不是他唯物主义地看到自然与人的"实在","而在于他以唯心主义的方式(idealisierender Weise)使之独立化了,没有把它看作是历史发展的一定的、暂时的阶段的产物(Produkt einer bestimmten und überschreitbaren historischen Entwicklungsstufe)"。④ 显然,从劳动活动出发,从生产出发,从工业和商业出发,来阐释我们身边的这个周围世界,这种逻辑无法从过去的任何哲学唯物主义中导引出来,而是马克思承认古典经济学中的社会唯物主义观念的直接结果。

同时我还要指出,在1845年7—8月马克思写下《曼彻斯特笔记》之后,李嘉图式的社会主义经济学家的观点,特别是他们对资产阶级社会的基于现实经济变革之上的批判思路,此时也极大地影响了马克思。由此,马克思才直接提出,他的新世界观同时就是一种基于历史变革之上的实践的唯物主义,而"对**实践的**唯物主义(*praktischen* Materialisten)即**共产主义者**来说,全部问题都在于使现存世界革命化,实际地反对并

---

① [德]马克思恩格斯:《费尔巴哈》,人民出版社1988年版,第21页。从手稿原文上看,此段文字是由恩格斯从栏外补入的。参见[日]广松涉《文献学语境中的〈德意志意识形态〉》,彭曦译,南京大学出版社2005年版,第19页。中译文原将此处的Existenz译为"存在",我改译作"生存"。参见 Marx/Engels, *Die deutsche Ideologie*, MEW, Bd. 3, Text, Berlin: Dietz Verlag,1969, S. 44。——本书作者第三版注。
② 参见《马克思恩格斯全集》第3卷,人民出版社1960年版,第562页。
③《马克思恩格斯全集》第3卷,人民出版社1960年版,第567页。
④ 参见《马克思恩格斯全集》第3卷,人民出版社1960年版,第580页。——本书作者第三版注。

改变现存的事物"①。这也意味着,历史唯物主义另一个根本性的要义就是人类社会实践所造成的历史客观变易,这也是彻底的唯物主义历史辩证法的真实基础。所以,马克思又批评费尔巴哈之类的唯物主义哲学家,"在共产主义的唯物主义者看到改造工业和社会结构的必要性和条件的地方,他却重新陷入唯心主义"②。这也就是说,仅仅看到社会生活中客观存在优先还不是历史唯物主义,历史唯物主义的逻辑本身就要求不断地客观改变现存历史。

但这样一来,读者不禁要问,如果马克思这里的许多观点都不同程度地源自古典经济学中的社会唯物主义,那么马克思的历史唯物主义究竟是什么?的确,这是问题的关键所在。在本书第一章的背景讨论中,我们分析了作为早期政治经济学隐性哲学构架的社会唯物主义,其三个理论层级分别从物质生产到对社会经济关系的科学抽象,都指认了在社会历史领域中非直观的社会物质条件对观念和其他社会生活的基础性作用(李嘉图式的社会主义经济学家的哲学观点并没有超出社会唯物主义),用前面我们已经引述过的马克思自己在《德意志意识形态》中的界说,即"在政治经济学里已经提出了一种思想:主要的剥削关系是不以个人意志为转移,是由整个生产决定的,单独的个人都面临着这些关系"③。黑格尔哲学,不过是以颠倒的客观唯心主义方式重述了这一逻辑。这种重要的思想,正是马克思新唯物主义的前提。

可是我认为,第一,资产阶级政治经济学中一个最重要的前提就是"自然"规定。这个"自然"是启蒙思想以来全部意识形态的本质,它假定在摆脱了封建专制的"人为"强制之后,人类社会所进入的生存状况是最符合人的天性的存在形式。他们没有意识到,这种所谓的"自然"不过是资产阶级社会市场经济运动自发性的表现。"自然"表征了一种永恒性,这是非历史的和特定意识形态的。黑格尔通过"第二自然"的规定恰恰

---

① [德]马克思恩格斯:《费尔巴哈》,人民出版社1988年版,第19页。
② [德]马克思恩格斯:《费尔巴哈》,人民出版社1988年版,第22页。
③ 《马克思恩格斯全集》第3卷,人民出版社1960年版,第483页。

否定了这一点。

第二,也正由此,资产阶级经济学家的社会唯物主义必然会将由一定的资产阶级社会经济关系所造成的经济力量对人的主导性决定状况以及人与人的关系颠倒为事物与事物的交换关系,假象式地看作是自然的一般的社会运转和永恒的人类社会发展规律,从而构成以**拜物教为核心的资产阶级意识形态**。这就是说,在更深的理论层面上,社会唯物主义仍然是**历史**唯心主义!所以马克思后来指出,在资产阶级经济学家那里,以前是有历史的,可是一旦进入资产阶级社会,历史就终结了。资产阶级经济学家没有也不可能看到,人类社会存在的根本性基础正是**永不停息的、自我否定的、指向未来的实践过程**,这就是人类社会生活之**历史性存在**的本真内涵。这个长久以来被遮蔽的历史真相直到马克思那里才真正得以发现,真正得以照亮。正是基于这一点,马克思才创造出异质于社会唯物主义的**历史**唯物主义和**历史**辩证法。还须特别说明的是,李嘉图式的社会主义经济学家固然提出了超越资产阶级社会历史的必要性,但这种否定却仅仅发生在承认现有的经济生产方式的前提下,改变部分经济关系(主要是分配关系)的要求之中。这样,他们的理论同样是不彻底的,也无法真正与资产阶级意识形态界划开来。

总之,《德意志意识形态》中的新唯物主义显然不是自然唯物主义(哪怕是消除了机械性的费尔巴哈的哲学唯物主义),也不是在社会历史领域承认物质条件的基始性的社会唯物主义,而是一种基于马克思自己重新规定的人的**历史性存在**之上的唯物主义。这就是马克思新哲学的基本规定——**历史**唯物主义!这不是一种新的逻辑体系哲学,而是一种新的科学思考方法和历史性话语。① 可是,至此这还只是马克思的一种逻辑指认,他的新世界观与以往一切旧哲学特别是社会唯物主义的根本

---

① 施密特曾经将这种转变称为"从'体系'到历史"的转换。参见[德]施密特《历史和结构》,张伟译,重庆出版社1993年版,第45页。

区别,还有待于新的历史话语的具体逻辑来建构。历史是什么？马克思做出了正面的规定。

2. 人类历史性存在的四重原初关系

《德意志意识形态》第一卷第一章对历史唯物主义的一般建构,是从第一手稿第 11 页开始的。以我的解读定位,这是广义历史唯物主义的逻辑表述。在此,马克思是从人类社会整体存在的四重**原初关系**来规定历史的。

一是马克思称之为"一切人类生存的第一个前提(erste Voraussetzung aller menschlichen Existenz)","历史的第一个前提","第一个历史活动(erste geschichtliche Tat)"的规定,这就是**人与自然**的现实的历史关系。具体地说,即作为历史性存在的第一个原初关系的**物质生活资料**(Lebensmittel)**的生产**。马克思在这里加了第一个边注:"**历史**(Geschichte)"。"人们为了能够'创造历史',必须能够生活。但是为了生活,首先就需要吃喝住穿以及其他一些东西"。在此处,马克思加了第二个边注:"**黑格尔**。地质、水文等等的条件。人体。需要,劳动"。以我的看法,这是马克思后来所作的补充,因为黑格尔在《历史哲学》一书的绪论中,已经讨论了世界历史的地质条件。这个补充直接反映在第四手稿中。马克思说:

> 因此第一个历史活动(Geschichtliche Tat)就是生产满足这些需要的资料,即生产物质生活本身(die Produktion des materiellen Lebens selbst),而且这是这样的活动,一切历史的一种基本条件(eine Grundbedingung aller Geschichte),人们单是为了能够生活就必须每日每时去完成它,现在和几千年前都是这样。①

这种以历史活动出场的生产规定与《提纲》中的实践那种**总体性**规

---

① [德]马克思恩格斯:《费尔巴哈》,人民出版社 1988 年版,第 23 页。

定相比，在基本逻辑建构层面上更深入了一步，也更为具体：社会存在之建构和社会历史发生的现实起点是物质生活资料的生产。国内学者徐亦让先生注意到了在《德意志意识形态》中马克思哲学思路从实践向生产过渡的特点，但他以此对"实践唯物主义"的批评过于简单了。① 这一点，不可能基于任何旧哲学，而只能是确认古典经济学（具体地说是配第和重农学派之后）中的社会唯物主义现代性反思的第一层级。但是，马克思将这个重要的人类物质生存现实，第一次自觉地提升到哲学总体的普适性高度。当然，这并不是说现代性的生产是历史的基础，而是马克思发现了一切社会存在的基础恰恰是这种人与自然的能动关系。这种科学逻辑上的自觉性是古典经济学不可能具有的。因此马克思说，"任何历史观点（Geschichtlichen Auffassung）的第一件事情就是必须注意上述基本事实的全部意义的全部范围，并给予应有的重视"②。很显然，新世界观，这种新的历史话语的基始性规定不是从哲学家的思辨开始的，而是从一个孩童都知晓的常识开始的。人类历史的现实起点是物质生活资料的生产，这也就是说，人类为了创造历史，必须能够生活，而生活的第一个需要就是吃喝穿住这样的物质条件。要获得这样的物质条件，人就得以不同于动物的活动方式创造出全新的生活条件，这就是物质生产。也由此，人与动物的根本性区别，就在于获取生活资料的方式不再是对自然物的现成采用，而是创造性的物质生产。在本书中，Produktion（生产）成为一个真正的高频词，加上相关词，共计出现208次。**这是历史存在的永恒的自然必然性**（Naturnotwendigkeit）。显然，马克思对历史的原初规定首先是人的**客观能动性**。这是人类生存的**本体**与**基始**。这既不是笛卡尔—黑格尔的我思故我在，也不是费尔巴哈的我感性故我在，而是**我们生产故历史在！**这里当然含有本体和基始性之意。同时这也是马克思历史话语的唯物主义基础。人类的基始性历史

---

① 参见徐亦让《从人道主义到历史唯物主义》，天津人民出版社1995年版，第184页。
② [德]马克思恩格斯：《费尔巴哈》，人民出版社1988年版，第23页。

存在源于客观的物质生产，而不是政治法律、道德和观念。后来，发动"文化大革命"的晚年毛泽东与苏俄"切文古尔镇"式的共产主义者都忘记了这一点。① 这种人与事物的实践生存关系，后来被海德格尔看作是"此在"从上手状态环顾周围世界的"在世间"的原初关系。

  思及于此，马克思立刻又列举身边的现实来论证：德国人从来没有为历史提供"**世俗**基础"，所以德国"从来没有过一个历史学家（Historiker）"。马克思这里使用的"历史学家"，显然不是一般意义上的史学家，而是能够真实面对社会经济生产现实的历史学家。相反，马克思直接指认了英法人对"这个事实同所谓的历史之间的关联（Zusammenhang）了解得非常片面（特别是因为他们受政治思想的束缚），但毕竟作了一些为历史编纂学（Geschichtschreibung）提供唯物主义基础（materialistische Basis）的初步尝试，首次写出了市民社会史、商业史和工业史（Geschichten der bürgerlichen Gesellschaft, des Handels und der Industrie schrieben）"②。这是马克思第一次在本文中使用 bürgerliche Gesellschaft 一语，此处译作"市民社会"是恰当的。马克思在全书中共 13 次使用此词。其中 1 次使用 moderne bürgerliche Gesellschaft。并且，马克思在第一卷第一章中较少使用此词。马克思还 2 次使用了 Bourgeoisgesellschaft 一词。不同之处在于后者由法文而来。③ 另外，马克思在本书中共 259 次使用 Bourgeois 及其相关词。我觉得，马克思在这里实际上直接指认了历史唯物主义的真正基础，这就

---

① "切文古尔镇"系苏联作家普拉东诺夫创作的一部同名小说。小说的主人翁是一群成天靠枪毙资产阶级，看着农田长草而生的"共产主义者"。参见［苏］普拉东诺夫《切文古尔镇》，漓江出版社 1997 年版。
② ［德］马克思恩格斯：《费尔巴哈》，人民出版社 1988 年版，第 23 页。中译文原将此处的 Zusammenhang 译为"联系"，我改译作"关联"。这个表示共同活动中的关联与境的 Zusammenhang 是赫斯较早使用的词汇，在本书中共出现 103 次。参见 Marx/Engels, *Die deutsche Ideologie*, MEW, Bd. 3, Text, Berlin: Dietz Verlag, 1969, S. 29。——本书作者第三版注。
③ 参见 Marx/Engels, *Die deutsche Ideologie*, MEW, Bd. 3, Text, Berlin: Dietz Verlag, 1969, S. 154, S. 233。——本书作者第三版注。

是英国和法国的资产阶级**政治经济学**！这段话的意思是说，资产阶级政治经济学在意识形态的支配下（"政治的思想束缚下"），虽然没有弄清楚资产阶级社会经济现实的历史地位，但他们还是写出了资产阶级社会的经济发展史（"市民社会史、商业史和工业史"）。这种"片面的"历史描述，却是我们真实面对历史"提供唯物主义基础的尝试"。所以，资产阶级政治经济学中经济（生产）优先的社会唯物主义，是历史唯物主义生成的**否定性**基础。

历史的第二个原初关系是物质生活资料的**再生产**（*Reproduktion*）。这是马克思对人与物的原初关系给予一种**动态的过程性的**参数。在这里，马克思又提及"第一个历史活动"，但这一次是历史"本体性"的动态过程之意。"第二个事实是，已经得到满足的第一个需要（Bedürfnisse）本身、满足需要的活动和已经获得的为满足需要用的工具又引起新的需要（neue Bedürfnisse）。这种新的需要的产生是第一个历史活动（erste geschichtliche Tat）"①。这两个 erste geschichtliche Tat 是不同的，前一个是在"本体"——存在论的意义上说社会生活的本质是第一个历史性活动，而后一个则是时间性意义上的第一个历史活动。新需要是生产的历史结果，但又是推进生产顺利进行的内在要求。这种新的需要的实现则构成再生产过程，当然这里的再生产不仅仅是一般的简单再生产，而是由工具创造的新需要构成的生产的质的发展。这也就意味着，人类历史性存在同时包含着一种**内在时间**。这种时间不是抽象的持续性，而是由人类具体的当下的生产力的变革构成的。对于这一点，本雅明②有过一个论述，他说，历史唯物主义的"历史是一种结构的主体，其发生地点不

---

① ［德］马克思恩格斯：《费尔巴哈》，人民出版社 1988 年版，第 23 页。
② 瓦尔特·本雅明（Walter Benjamin，1892—1940），德国现代卓有影响的思想家、哲学家和马克思主义文学批评家。出身于柏林犹太富商家庭。1910 年开始发表文章，写诗。1914 年进入柏林自由大学学习，1917 年转入慕尼黑大学，1920 年以《德国浪漫派的艺术批评》一文获得慕尼黑大学博士学位。其主要代表作有：《德国浪漫派的艺术批评的概念》（1920）、《歌德的〈亲和力〉》（1923）、《德国悲剧的起源》（1923），以及传世名作《巴黎拱廊街》（1927）、《单向街》（1928）等。

是同质的、空虚的时间,而是由当下的存在所填充的时间",这种时间恰恰是由打破抽象的连续性而获得的。① 所以,马克思这里的历史存在与时间处于同一个本体逻辑平面上。马克思在后来的第四手稿中再一次具体说明了这一时间,以及个人在这一历史时间中的有限的能动存在。海德格尔后来的《存在与时间》正是建立在这个深层本体逻辑之上的。我发现,这种以**工具新需要的再生产为基础的历史过程性**同样也是无法与过去的任何旧哲学相联结的,这个再生产的历史过程性依然只可能有一个出处——政治经济学。具体地说,在1845年5—7月马克思写下的《布鲁塞尔笔记》的第二部分中,通过对吉拉丹的《机器》、拜比吉的《论机器和工厂的经济性质》和乌尔的《工场哲学》等论著的研究,马克思此时已经从政治经济学中深刻地意识到,只有建立在手工业和工业的工具系统的改变基础之上的生产进步,才是历史时间性的根本。这种**生产性的时间建构着人类社会物质生产和经济过程的根本**,这是比观念的时间、政治的时间、文学的时间更真实的历史时间。

写到这里,马克思自然不能不"审视"自己身边的"德意志意识形态"。历史过程性是德国近代文化思想的内在传统,但马克思指出,因为历史过程性最现实的基础是滚滚向前的物质生产进程,所以德国人"伟大的历史智慧"的本质恰恰是虚假的。他们所谓的历史性不过是某种神学、政治和文学的观念悬设。在马克思看来,德国人的"历史思辨"并没有找到过渡到"真正的历史"的现实道路。

马克思所指认的历史的第三个原初关系是**人自身的**生产。物质生产虽然是人类历史的现实起点,但它并不是人类社会存在的直接目的,生产是为了维系"人的生存",使之"能够生活",所以,同样属于历史性存

---

① 参见[德]本雅明《历史哲学文集》,转引自刘北城《本雅明思想肖像》,上海人民出版社1997年版,第210页。卢卡奇后来说,"无时间性"是资产阶级意识形态的方法特征,是基于现实中的资本主义合理化生产的物化,将历史的生命性事件压缩和凝固成一种无质性的物的"空间"。这一表述是极深刻的。参见[匈]卢卡奇《历史与阶级意识》,杜章智、任立、燕宏远译,商务印书馆1992年版,第57、151页。

在基始性关系的是**人类主体本身的生产与再生产**,这也构成生产本身的第三个方面("关系")。马克思说,人的生产是指"每日都在重新生产自己生命的人们开始生产另外一些人,即繁殖(sich fortpfanzen)"。在这里,人的生产包含双重因素,一是人类主体自身的自然生产过程,二是主体之间的某种自然关系("主体际"联系)。这是后来海德格尔"共在"的起始点。前面讨论的物质生产是**人与自然的关系**,而这里的人的生产中出现的是**人与人的关系**。在马克思看来,人与人的关系从一开始就是**社会关系**,这也是人超出动物界的历史性存在之本质。人的自然生产即是通过生育,而人的主体关系一开始是从人的自然(血缘关系)开始的。

> 这就是夫妻之间的关系,父母和子女之间的关系,也就是**家庭**。这种家庭起初是唯一的社会关系(das einzige soziale Verhältnis),后来,当需要的增多产生了新的社会关系(neue gesellschaftliche Verhältnisse)而人口的增长又产生了新的需要的时候,这种家庭就成为从属的关系了。①

一方面,家庭也是最早的生产单位。在人类历史的原始阶段上,人的生产恰恰成为主导的因素,物质生产不过是从属的方面,但随着生产本身的发展,这种状态很快就被打破了。关于这两种生产的关系的科学说明,马克思恩格斯在多年以后重新作了更加精细的分析。而另一方面,马克思已经注意到从家庭关系向新的社会关系的历史转换。马克思在这里对人的原初关系的描述使用了 sozial 一词,而没有使用 gesellschaftlich,这是一个值得注意的区分。

写到这里,马克思专门概括说这是社会历史活动的三个**方面**,而不是三个阶段,"从历史的最初时期起,从第一批人出现时,这三个方面就同时存在着,而且就是现在也还在历史上起着作用"②。依马克思的规定,历史的发生正是由这两种生产的三个方面共同构成的,这个总体性的**历史**

---

① [德]马克思恩格斯:《费尔巴哈》,人民出版社 1988 年版,第 24 页。——本书作者第三版注。
② [德]马克思恩格斯:《费尔巴哈》,人民出版社 1988 年版,第 24 页。

规定也被马克思称为人的"生命的生产（Produktion des Lebens）"。

从文本中我们可以看到，在完成了关于历史的三个原初关系的理论设定之后，马克思立即着手进行一件极重要的事情，即**对历史性的生产规定进行更深一层的科学抽象**。立刻，两种生产的本质被同时指认为两种重要的关系：无论是由劳动完成的自己生命的生产和还是由生育完成的他人生命的生产，都"立即表现为双重关系：一方面是自然（natürliches）关系，另一方面是社会关系（gesellschaftliches Verhältnis）"。① **两种生产同时都表现为两种关系**。此时，马克思还没有真正科学地确认**生产关系**（Produktionsverhältnisse）概念，他在第一卷第一章中只使用过1次此词，在后面第二卷的讨论中使用了6次。② 在物质生产中，一方面是人与物的历史的自然关系，另一方面，这种生产从来就是由人们的共同活动结合起来的，这又是历史的人与人的社会关系；在人的自身生产中，一方面是人与人的历史的自然血缘关系，另一方面又是人与人之间历史地构成的社会关系。马克思将社会存在的主体视作以生产为核心的**非实体的**历史活动，而社会存在的**本质**是**关系**，这是将黑格尔、费尔巴哈重新回落到社会经济现实的结果。同时我们也知道，研究社会存在，更深入地体察不能直观的却客观存在的社会关系和社会运动的规律，这同样是政治经济学科学抽象的贡献。可是，马克思这里的原创性，就在于深刻地从新的现实经济（"多"）中再一次抽象出本质（"一"）来。然而，这一次哲学革命，不是从爱利亚学派的理性抽象中走向柏拉图、黑格尔式的形而上学，而是走向历史现实的深处。海德格尔的"此在"（已经是在事物中）与"共在"，都是从这里启航的。"此在"的发生就是人与自然的关系，即通过劳动发动和实现出来的生产。在世之中的此在，同时就是共在，即人与人的关系。这个一定的"在世间"是颠覆形而上学的基础。

---

① 参见［德］马克思恩格斯《费尔巴哈》，人民出版社1988年版，第24页。
② 参见 Marx/Engels, *Die deutsche Ideologie*, *MEW*, Bd. 3, Text, Berlin: Dietz Verlag,1969, S. 172, S. 179, S. 195, S. 347。

必须指出,马克思历史唯物主义最重要的规定性,既是他根本上超拔出政治经济学社会唯物主义的质点,又是他对现代社会关系本身的科学理论抽象。什么是他眼中的现代社会关系呢?这已经不再是资产阶级政治经济学将**事物化了的经济关系神化了的拜物教**,而是作为**历史本质性规定的社会关系**,在这里主要是指现代生产过程中"许多个人的共同活动"。马克思在这里以三个"由此可见"迅速说明他的这个重要的规定:第一,"由此可见,一定的(bestimmten)生产方式或一定的工业阶段(industrielle Stufe)始终是与一定的共同活动的方式(Weise des Zusammenwirkens)或一定的社会阶段联系着的,而这种共同活动方式本身就是'生产力'(Produktivkraft)"①。这显然是对赫斯和李斯特相近观点的改进。马克思在本书中 74 次使用 Produktivkraft(李斯特所用)一词,另外,使用 Produktionskräfte(赫斯所用)11 次。生产力是一种物质生产中的共同活动方式,生产方式总是历史性的。第二,"由此可见,人们所达到的生产力总体(Totalität von Produktivkräften)决定着社会状态,因而,始终必然把'人类历史'(Geschichte der Menschheit)同工业和交换的历史关联(Zusammenhang)起来研究和探讨"②。这是说,社会生产力的水平决定了社会存在的基本性质。第三,"由此可见,一开始就表明了人们之间是有物质关联(materialistischer Zusammenhang)的。这种联系是由需要和生产方式(Weise der Produktion)决定的,它的历史和人本身的历史一样长久;这种关联(Zusammenhang)不断采取新的形式,因而就表现为'历史'"③。在后面的讨论中,马克思还指认过,"一定的工业关系和交往关系(bestimmte Industrielle und Verkehrsverhältnisse)如何必然地和一定的社会形式(bestimmten

---

① [德]马克思恩格斯:《费尔巴哈》,人民出版社 1988 年版,第 24 页。手稿原稿中"一定的生产方式"之前,删除了"在一定的生产关系下的[每个人]"一段文字。
② [德]马克思恩格斯:《费尔巴哈》,人民出版社 1988 年版,第 24 页。
③ [德]马克思恩格斯:《费尔巴哈》,人民出版社 1988 年版,第 24—25 页。这三段文字中,中译文都将 Zusammenhang 译作"联系",我均改译为"关联"。文中 Totalität 被译作"总和",我改为"总体"。——本书作者第三版注。

Gesellschaftsform），从而和一定的国家形式（bestimmten Staatsform）以及一定的宗教意识形式（bestimmten Form des religiösen Bewuβtseins）相联系"①。所谓历史，就是由一定的生产方式决定的人们的社会关系的结构性变化过程。马克思在全书17次使用Produktionsweise，还有2次使用了Weise der Produktion一语。很多年以后，阿多诺曾经对此作过如下解释，"历史（Geschichte）意指在传统中建立起来的行为方式（Verhaltensweise），而所谓传统行为方式的首要特征就是新质（qualitativ Neues）出现在其中，它不是一个在单纯的同一中、在既成事物的简单再生产中发生的运动，相反，是一个在新事物不断涌现中发生的运动，是一个通过在其中出现的新事物而获得自己真实特征的运动"②。

历经了筚路蓝缕的探索过程，马克思对历史的规定的深层语境终于直接呈现于此了：他在《关于费尔巴哈的提纲》之后，在第一手稿中第一次集中使用了多个"一定的（bestimmt）"这个关键词。在全书中，马克思和恩格斯共计227次使用bestimmt一词。前面我们看到，这个"一定的"也构成《关于费尔巴哈的提纲》的核心历史语境。这一看法，与费尔巴哈的相近观点形似，但内容已经发生了根本性的变化。早在1839年，费尔巴哈在《黑格尔哲学批判》一文中就已经明确指认出这种"一定"的有限性③，马克思则让这种抽象的逻辑"一定"现实化为**一定的社会历史情境**。我认为，正是这个"一定的"有时空限定的**现实历史**语境，将马克思的历史唯物主义与过去的一切形而上学界划开来，也使他的新视域真正超出政治经济学的社会唯物主义。在此，黑格尔的历史具体性和"定在（Dasein）"说（正是这个Dasein，后来在海德格尔体系中成了全部存在

---

① 《马克思恩格斯全集》第3卷，人民出版社1960年版，第162页。——本书作者第三版注。
② Theodor W. Adorno, *Die Idee der Naturgeschichte*, Gesammelte Schriften, Band 1, Suhrkamp Verlag Frankfurt am Main, 1970, S. 346.
③ 参见[德]费尔巴哈《黑格尔哲学批判》，载《费尔巴哈哲学著作选集》上册，荣震华等译，商务印书馆1984年版，第50页。——本书作者第三版注。

的出发点,不过这一次,"定在"被翻译成了"此在"或"亲在")被马克思设定为历史唯物主义最重要的**本质质点**和**唯一出发点**。我将其概括为**历史的现实的具体的社会存在**。自然现象、人类主体的一切社会生活和全部精神活动都在这一质点上被重新确认。因此,当还处于西方马克思主义语境中的胡克说,马克思新哲学视域中的"历史并不是由整块布料作成的,而是在确定的、限定的条件下创造出来的"时,他的判断是基本准确的。① 而且,这个历史性的特殊语境不是抽象和空洞的,如果用马克思这里的规定,它恰恰是以一定的个人、以一定的方式构成的生产活动为基础的。在后面的第四手稿中,马克思转换到现实的个人的视角来确证这一质点。如果说前三个原初关系讲的都是物质生产活动,那么这里则是从生产活动中抽象出来的**构成一定生产活动的决定性因素,即一定的生产方式**。马克思写道:"人们之所以有历史,是因为他们必须**生产**自己的生活,而且必须用**一定**的方式(bestimmte Weise)来进行。"②这也就意味着人们如何共同构成一定的生产活动的方式(结构),而这个**特定的有序结构**在"一定的"程度上是构成这个历史语境的根本,而马克思直截了当地指出,这个"共同活动的方式本身就是'生产力'"!

这也是我们在马克思新历史话语中第一次遭遇**生产力**这个重要规定。马克思在生产力一词上打上引号有两层寓意,一是这句话赫斯曾有过类似表述,但在他那里,生产力(Produktionskraft)只是抽象的交往中的共同活动,马克思将其具体回落到生产活动中;二是他第一次正面肯定李斯特在经济学语境中使用的现代经济活动中的生产力(Produktivkraft)概念。其实,我们已经看到,在马克思面对的大量经济学文本中,斯密等人已经普遍使用在现代性的工业生产过程中表征一定的生产功能水平意义上的生产力(Produktiven Kraft)概念。可是,马克思这里使用的生产力一词的语义是全新的。首先,马克思这里说共同活

---

① 参见[美]胡克《对卡尔·马克思的理解》,徐崇温译,重庆出版社1989年版,第58页。
② [德]马克思恩格斯:《费尔巴哈》,人民出版社1988年版,第25页加的边注。

动就是生产力,显然已经不是赫斯在一般"类的"交往(交换)意义上使用的语义,而是指在物质生产中形成的特定的共同生产劳动的客观结构。其次,马克思所说的生产力也不是李斯特所宽泛地指认的社会创造能力,而明确定位于物质生产的结构性功能因素,即人对自然关系的一定的**历史实践功能度**。① 这也就是说,马克思在历史唯物主义中所规定的生产力就是一定的生产方式的水平表现。生产力是一个**功能性**规定,即一定的生产方式或结构在实际运作中发挥出来的程度、能力和水平。这也表明,传统哲学解释框架以马克思说明劳动过程的三个实体性的方面(即劳动者、工具和对象)来实体性地指认生产力完全是一种误读。

实际上,马克思在自己新的理论逻辑中从现实生活的最深层面进一步规定了人的历史性存在。所以,他立刻接着指出,人类社会历史所达到的生产力的总和决定着**社会状况**。这个社会状况是马克思指认的历史原初关系的第四个因素,即历史总体。马克思在前三个关系中抽象出生产方式和生产力,并将其指认为决定着社会总体本质特性的本体。所以,必须始终把"人类历史"同工业和交换的历史联系起来研究和探讨。同时,在历史中发生的人与人之间的关系是物质关系,这种关系不是人的"类本质",因为人的交往正是"由需要和生产方式决定的",即由更基始性的生产力决定的。人的关系的历史与人本身的历史一样绵延长久,而这种联系又不断采取新的形式,因而就表现为人们看得见的"历史"。

马克思忘不了,德国人写不出这样的"历史"。因为在当时的德国没有大工业和商业所建构出来的历史(现代生产力),所以,由于莱茵河彼岸没有发生这种历史,也就不可能有历史的"感性确定性(sinnliche Gewiβheit)"和经验,也必然导致"德意志意识形态"的思想斗士对历史"缺乏理解能力和材料"。②

马克思在确证出历史原初关系的四个方面后说,"我们发现:人还有

---

① 参见我对此的相关论述:《实践功能度》,载《天府新论》1989年第2期;《实践格局》,载《社会科学研究》1991年第3期;《实践构序》,载《福建论坛》1992年第1期。
② 参见[德]马克思恩格斯《费尔巴哈》,人民出版社1988年版,第25页。

'意识'"。由于我已经专门讨论过马克思在此处的历史唯物主义中的意识理论,所以对此就不再作具体分析。① 马克思关于意识的最重要的规定即是:**我对我环境的关系即是意识**。在后面的讨论中,马克思详细阐述了其中的意蕴:

> 不言而喻,人们的观念和思想是关于自己和关于人们的各种关系(Verhältnisse)的观念和思想,是人们关于自身的意识,关于一般人们的意识[因为这不是仅仅单个人的意识,而是同整个社会关联着(Zusammenhange)的单个人的意识],关于人们生活于其中的整个社会的意识。人们在其中生产自己生活的并且不以他们为转移的条件,与这些条件相关联(zusammenhängenden)的必然的交往形式以及由这一切所决定的个人的关系和社会的关系(persönlichen und sozialen Verhältnisse),当它们以思想表现出来的时候,就不能不采取观念条件和必然关系(notwendigen Verhältnissen)的形式,即在意识中表现为从一般人的概念中、从人的本质(menschlichenWesen)中、从人的本性(Natur des Menschen)中、从人自身中产生的规定。人们是什么,人们的关系是什么,这种情况反映在意识中就是关于人自身、关于人的定在方式(Daseinsweisen)或关于人的最切近的概念规定(näheren Begriffsbestimmungen)的观念。②

只是我要执本指出最关键的一点,马克思认为意识"没有历史,没有发展"③。所谓的无历史和无发展,并不意味着意识真的没有自己的发展

---

① 参见拙文《我对我环境的关系是我的意识》,载《天府新论》1992年第5期。
② 《马克思恩格斯全集》第3卷,人民出版社1960年版,第199—200页。中译文将此处的Daseinsweisen译作"生存方式",我改译为"定在方式"。这个定在方式很有意思,马克思在全书中6次使用此词。文中的Zusammenhange一词均改译为"关联"。文中最后一段中的Begriffsbestimmungen被译为"逻辑规定",我改译作"概念规定"。参见 Marx/Engels, *Die deutsche Ideologie*, *MEW*, Bd. 3, Text, Berlin: Dietz Verlag, 1969, S. 167。——本书作者第三版注。
③ [德]马克思恩格斯:《费尔巴哈》,人民出版社1988年版,第16页。

过程,而意味着它是"无本体"的!**没有历史等于非基始性**。马克思认为,历史的本质"不决定于意识,而决定于存在;不决定于思维,而决定于个人的生活的经验发展和表现,这两者又决定于社会关系"①。这也可以算是马克思对哲学基本问题的科学解决。

3. 现实的个人与历史性生存

如果说在第一手稿中马克思是从**客观的社会总体**来确定人类("人们")的历史性生存,那么马克思在重写的第四手稿中则转换了一种角度,即从人类**个体**("现实的个人")的视角再一次对历史进行一般的逻辑建构。以我的看法,这种从历史辩证法的客体向度向主体向度的转换,当然是考虑到施蒂纳对"类哲学"批判的合理性。

与第一手稿中马克思强调德国人忽视了以工业、商业为核心的总体历史现实不同,这次马克思说明德国人忘记的现实前提是:"这是一些现实的个人(die wirklichen Individuen),是他们的活动(Aktion)和他们的**物质生活条件**(materiellen Lebensbedingungen),包括他们得到的现成的和由他们自己的活动创造出来的物质生活条件。"②而且马克思专门说明,这些前提可以用**纯粹经验的方法**来确认。我认为,这里的理论语境有三层含义:一是现实的个人,这是对第一手稿中以工业为本质的历史性生存的进一步界说,因为工业、商业不是**离开人**的神怪式的东西,历史性生存也不是抽象的人类生存,正是活生生的现实的个人,才是构成历史的真实主体。二是现实的个人不是指他们的肉体存在,而主要是指个人的物质生活**活动**,特别是人的物质生产活动是构成个人生存的基础。三是由这种活动承袭的以往的制约性物质生存条件和个人在这种条件下创造出来的**新的生存**。

其中,第三点是马克思在个人生存情境中所界定的历史性存在的本

---

① 《马克思恩格斯全集》第3卷,人民出版社1960年版,第295页。——本书作者第四版注。
② [德]马克思恩格斯:《费尔巴哈》,人民出版社1988年版,第10页。

质,即还是那个"一定的"历史规定:现实的个人总遭遇到一定的物质生存条件,所以,

> 这里所说的个人不是他们自己或别人想象中的那种个人,而是**现实中的**个人,也就是说,这些个人是从事活动的,进行物质生产的,因而是在一定的物质的、不受他们任意支配的界限、前提和条件下活动着的。①

马克思这里强调的一定的历史性条件中活动的个人,显然与施蒂纳那种无条件的绝对自由的个人不同,这是在现实历史情境中的个人;与费尔巴哈的那种来自自然物质的个人感性受动性不同,这是一种来自历史的物质生活条件的受动性和制约性。具体地说,也就是每一个个人的存在永远无法回避的一定历史条件下的"生产力、资金和社会交往形式的总和（Summe von Produktionskräften, Kapitalien und sozialen Verkehrsformen）"②。它是规定每一个历史时代中个人"人的本质"的现实基础,它永远是人的全部生存的一定的历史性的本质！更重要的是,马克思在这里着重说明的历史性生存的另一关键性层面,即每个时代的个人又都是在一定的历史条件下**创造**自己的历史。这一点,马克思在第一手稿的历史规定性中并没有在显性语义上予以指认。可是,作为历史性生存的内在规定——生产本身就是创造。所以,当马克思用工具和生产方式的变革来说明历史进步时,他同样旨在说明人类历史性生存的创造性本质。在此,马克思似乎直接界定了**历史性**生存中个人的一定的**历史性**创造性。用马克思后来的话来说,就是任何个人在"历史的每一阶段都遇到一定的物质结果,一定数量的生产力总和（Summe von Produktionskräften）,人和自然以及人与人之间在历史上形成的关系,都遇到前一代传给后一代的大量生产力、资金和环境（Umständen）,尽管一方面这些生产力、资金和环境为新的一代所改变,但另一方面,它们也

---

① ［德］马克思恩格斯:《费尔巴哈》,人民出版社 1988 年版,第 15 页。
② ［德］马克思恩格斯:《费尔巴哈》,人民出版社 1988 年版,第 37 页。

预先规定新一代的生活条件,使它得到一定的发展和具有特殊的性质"①。所以,

> 历史(Geschichte)不外是各个时代的依次交替。每一代都利用以前各代遗留下来的材料、资金和生产力;由于这个缘故,每一代一方面在完全改变了的环境下继续从事所继承的活动,另一方面又通过完全改变了的活动来改变旧的环境。②

显而易见,马克思所说的历史性生存绝不是简单的**单向性的持续性时间**,而是一种**将过去扬弃在自身内部,同时创造现在走向未来的历史时间**。我注意到,后来海德格尔的时间概念正是从这个意义上生长起来的,而萨特的《辩证理性批判》一书似乎就是在讨论这个一定历史条件下个人的创造性生存问题。

还应指出,马克思对现实的个人与历史性生存的讨论,也明显受益于政治经济学中经济发展史的影响,否则,"大量生产力、资金"的前提(经济学中再生产视域中的积累与"资本预付")是不可能进入马克思的历史话语视域的。更何况,"用纯粹经验的方法来确认"这句话本身就是配第、麦克库洛赫等人在指证政治经济学所谓"科学"方法时的原文复录。当然,我们将很快看到,在对人类历史性生存的具体规定上,马克思的历史唯物主义早已远远超越了古典经济学的社会唯物主义。

接着,第四手稿对以现实的个人为尺度的历史性生存进行具体逻辑确证。马克思说:"全部人类历史的第一个前提无疑是有生命的个人的存在"。这显然与第一手稿中的说明有所不同,马克思在第一手稿第一个原初关系的讨论中作了边注,个人的肉体存在与自然条件成了第一个前提(这是一切旧唯物主义的前提)。当然,马克思立即界划道,他所说的人类历史性生存并不是指认人的自然存在和人与自然的一般关系,"任何历史记载(Geschichtschreibung)都应当从这些自然基础

---

① [德]马克思恩格斯:《费尔巴哈》,人民出版社1988年版,第37页。
② [德]马克思恩格斯:《费尔巴哈》,人民出版社1988年版,第32页。

(natürlichen Grundlagen)以及它们在历史进程中由于人们的活动而发生的变更出发。"①显然,这是马克思对第一手稿中所批判的费尔巴哈作为感性对象的自然存在和自然人的一种正面界定:自然肉体存在意义上的人口与作为自然条件的地理环境都不是人类历史意义上的社会存在。当然,这并不是说人口与地理环境不是人类社会生存的物质基础,而是说处于**生产结果**位置上的"在历史进程中由于人们的活动而发生的变更"的人与自然条件,才是社会存在的**直接**物质基础。

那么,从现实的个人生存出发,又将如何来看待历史性的内在规定呢? 马克思首先针对"德意志意识形态"的现状说,我们"可以根据意识、宗教或随便别的什么来区别人和动物"。因为,费尔巴哈、鲍威尔等人是以人的情感关系和异化了的宗教为基本点来区别人与动物,施蒂纳则是以在观念上摆脱了一切理性类总体性的利己主义来规定个人。这都没有走出过去一切旧哲学从观念幻影层面唯心主义地对人进行诠释的传统。在马克思的历史话语中,只有"当人开始生产自己的生活资料(Lebensmittel produzieren)的时候(这一步是由他们的肉体组织所决定的),人本身就开始把自己和动物区别开来"。请注意,这里与个人生存直接相关的"生活资料"的生产,实际上是经济学的精确术语。人最初的**生产**是**生活资料**的生产,而不是**生产资料**的生产。这样的科学判断,只有精通经济学特别是通晓社会经济发展史的专家才能精确地予以界定。

马克思的这个历史性生存的规定,已不再是人应该具有的某种抽象的类本质[费尔巴哈的自然类本质、赫斯先验设定的"交往(Verkehr)"和马克思《1844年手稿》中自由自主的劳动],而是人从动物生存("肉体组织"的生物内驱力所致)历史性地跨出的"开始生产"。人类社会的历史存在是在长期的物质发展的一定阶段通过现实的生产**历史地突现的**。我们再一次看到,转换到现实的个人生存的尺度,即这个历史性的存在还是从人的物质生活资料的生产开始的,显然,这个历史不是一般的物

---

① [德]马克思恩格斯:《费尔巴哈》,人民出版社1988年版,第10页。

质发展史,而是特设的人类社会历史存在。这是人的历史性社会存在的本义。与第一手稿的写作不同,马克思这一次没有直接用"工业"和"商业"这些现代性的规定来直接指认生产,从而使广义历史唯物主义的**生产一般**被真正抽象出来。

在《马克思历史辩证法的主体向度》一书中,我已经说明,从生产来规定历史,确证了人不再像动物那样直接取之于自在的自然母亲(直接的自然依存性),而是通过生产(实践)的中介,获得"他们所需要的生活资料",这里包括自然基础"在历史进程中由于人们的活动而发生的变更"(自然也因此丧失其自在性成为新的人的生存物质条件);同时,更重要的是,人"自己的活动创造出来的物质生活条件"不断扩大并逐步占据主导地位。人不再从属于自在的自然过程总体,而因生产活动本身"间接地(indirekt)生产着自己的物质生活本身"。① 需要说明的是,人类在自身发生的初期,社会历史并不是被直接地、有意识地建构的,而是自然发生的。所以,马克思恩格斯这里对indirekt一词的使用是相当精确的,它意味深长地指出了历史性生存的原生状态。正是历史发生的生产,才使人最终脱离了动物(自然界);也正是由于生产,才带来了人类社会历史性生存的开天辟地的新局面;正是有了历史性的生产,才有了动物所没有的超越于感性之上的社会交往工具——抽象的意识和语言(黑格尔),才有了属于人类社会生活的宗教(鲍威尔)和其他一切人类所独有的"类本质"(费尔巴哈和赫斯)。此时,马克思反讽式地谈及施蒂纳,由于每天他都在"吃"着世界历史,"世界历史(Weltgeschichte)又每天生产他,生产他那作为他的产物的唯一者,因为他必须吃、喝、穿"②,这就意味着,没有了物质生产,施蒂纳就不可能真实地存在,更谈不上挥霍他的理论狂想了。这样,马克思也就从根本上对"德意志意识形态"进行了历史性批判。当然,这只是一个批判逻辑上的起点,整个《德意志意识形态》

---

① [德]马克思恩格斯:《费尔巴哈》,人民出版社1988年版,第10页。
② [德]马克思恩格斯:《费尔巴哈》,人民出版社1988年版,第33页注2。

的主体部分都是这个批判的具体实现过程。

通过这种历史规定,马克思试图向我们表明,人的确是具体的现实的个体,但人的总体规定性却不是个体的特性,而是由物质生产所历史地形成的新的群体生活。人是个体,但只有与社会生活相结合的人才是历史的现实的具体的人,人之所以能够确立为历史主体,正源自他自身所构成的**社会性**生产活动。这正是马克思转而使用"人们"一词来说明生产的原因。

马克思以生产来界定个人,以生产来说明人类的历史性生存,显然这种界定还是属于社会存在的初级层次上的一般规定性。这个规定,在表面上似乎尚未超出社会唯物主义的生产基础论,然而实际上,马克思不是仅仅停留在生产的混沌无序的总体之中来面对生产的,因为任何生产实践都是具体的、有序的,不过是一定的生产的**内在结构组织和动态格局的功能实现**,这就是作为一定历史生存本质的**生产方式**($Produktionsweise$),即马克思所说的,在社会生产活动中存在着的"人们用以生产自己的生活资料的方式"。这个生产方式,"首先取决于他们得到的现成的和需要再生产的生活资料本身的特性",同时,也与"个人的肉体存在的再生产"有关,更重要的是这个生产方式"在更大程度上是这些个人的一定的活动方式、是他们表现自己生活的一定方式、他们的一定的**生活方式**($Lebensweise$)"。① 可见,一方面生产的有序结构是由物质生活资料和人自身的生产的历史特性决定的,这是前面所讲的两种生产的历史性前提;可在另一方面,生产方式更加彰显了人们创造社会历史的主体活动的**新的有序性**,这种有序性也是人类生存的历史创造性。所以,马克思总结道:人是与生产相一致的存在,这种一致性不是外在的吻合,而是一种内在的生产**有序性**,它其实就是马克思在第一手稿中所讲的生产力! 也就是所谓"生产**什么**($Was\ sie\ produzieren$)"与"**怎样生产**($Wie\ sie\ produzieren$)"的生产能力和水平。拂开层层迷雾,在此

---

① 参见[德]马克思恩格斯《费尔巴哈》,人民出版社1988年版,第10—11页。

我们再一次看到马克思在第一手稿中所说明的那个至关重要的"一定的"生产活动的历史性生存的规定性之本意。

正是这种在人的活动中所形成的生产方式,历史地制约着人,制约着人的生产活动之外的全部生活和各种社会交往关系(包含思想关系),而这个由一定生产方式所制约的全部特定的社会关系的总和,也就构成了人的具体的现实的历史的本质。我认为,这就是马克思对自己哲学新视域中历史话语最重要的逻辑本质的确认,也是他第一次展开对人类社会历史性存在的一般性描述,并以此来取代他在此之前所持有的人本主义异化史观的应然的前提。可是,这一点的重要意义却被传统的历史唯物主义研究极大地遮蔽了。

众所周知,作为共产主义和实践的唯物主义者,马克思此时更为关注的绝非一般性地描述历史,而是以批判现实资产阶级社会为其理论指归。然而我还要指出,马克思在一般理论逻辑上对广义历史唯物主义的这种逻辑确认,并不具有直接的批判性。这就必须寻求另一种新的批判逻辑,即建立在"实证科学"之上的分工批判理论。

第三节　分工与现实的世界历史:一种经济学的现实批判话语

在上一节的讨论中,我们主要揭示了马克思新的历史话语基本原则的内涵。这一话语也是所谓的广义历史唯物主义的一般逻辑。其实如果认真阅读《德意志意识形态》第一卷第一章的文本,我们不难发现与上述一般哲学表述相异的另一种理论思路,即直接从分工出发,基于欧洲经济发展史对资产阶级社会所有制的现实批判。这是一种直接来源于马克思初步肯定经济学研究的科学批判话语,同时它也是狭义历史唯物主义开始建构的直接理论基础。我注意到,这个理论层面恰恰为以往的马克思哲学研究所忽略。

1. 马克思科学批判话语中分工的地位

如上所述,在马克思建构自己历史唯物主义新视域的过程中,第一手稿和第四手稿的开始都是以一种一般性的逻辑设定来表明自己的哲学新视域与旧哲学的异质性,这就是历史性社会存在情境的"本体性"确证。可是,我发现马克思的这种一般哲学理论设定在两个不同手稿的写作中都是以一种突然的断裂明显分延开来的,重新出现的理论阐述都是对现实历史的直接描述;而且与第一种非批判的理论表述不同,马克思的这种历史性阐述被直接转换成一种新的科学实证批判。为了论述的便利,我们将前一种理论阐述设定为"思路1",将后一种批判性思路设定为"思路2"。实际上,这也是姚顺良所说的"哲学批判和科学批判还或多或少地处于相互分离"状况的具体指认。① 正是在思路2中,马克思从一个重要的新的问题式引发出新的理论视角。这个新问题式就是分工。分工取代了原来在人本主义话语中的异化规定。异化是一个**哲学逻辑**规定,而分工则是一个**经济学的实证概念**。苏联学者拉宾正确地指出,在这里"马克思完全脱去了哲学的外衣,并在各方面详尽研究了劳动分工问题及其社会后果"。但他错误地指认这是第一章写作的所谓"第二阶段",而没有注意到马克思在不同的第一、四手稿逻辑断裂中同样出现的第二种思路。② 可见,这是一个重要的微观转换。当然我们后面还会指出,马克思这种从分工出发的思路还存在一定的不足。

分工(Teilung der Arbeit)这个概念在过去任何哲学中都无法找到,因为它首先是一个近代政治经济学的范畴。具体地说,它是斯密经济学研究的入口。在斯密等人那里,分工作为手工业工场内部的劳动分工,是与生产率和交换联系在一起的。在总体上,资产阶级早期政治经济学对分工持肯定的态度。斯密等人固然也注意到由劳动分工所导致的工人的片面性,但分工本身并没有直接导引出根本的批判张力,特别缺乏对整个现实社会历史的批判。马克思在摆脱人本主义逻辑之后,总是倾

---

① 参见姚顺良《马克思主义哲学史》(黄楠森等主编,八卷本)第2卷,北京出版社1991年版,第123页。
② 参见[苏]拉宾《马克思的青年时代》,南京大学外文系俄罗斯语言文学教研室翻译组译,三联书店1982年版,第336页。

向于从实证科学出发进行思考，所以在对历史唯物主义的一般哲学认证之后，他始终期望新哲学的本质"不是解释世界，而是要改造世界"，批判性依然是他的主要理论旨归。但离开了人本主义价值批判的逻辑本质倒置（劳动异化史观）之后，他必然在经济学语境中重新回归到他于《1844年手稿》的第一笔记本中所否定的思路上来：恩格斯那种**从经济学逻辑本身出发的客观描述**（《1844年手稿》第一笔记的话语2）。于是，他不再从哲学角度着眼于人的某种类本质的丧失与复归、人性与非人性的逻辑矛盾，而是回落到现实的社会经济生活特别是具体物质生产所生发出来的**客观对立与矛盾之中**。这一全新的科学现实批判线索与他原来那种人本主义的抽象价值批判在出发点和总体逻辑上是根本不同的。在这个意义上，福柯有一段分析很精辟："马克思强调说：根据资本主义生产的条件，根据它的根本法则，它必然要产生不幸。资本主义存在的目的并不是要让工人挨饿，但是，如果不让工人挨饿，它就不能发展。马克思用对生产的分析来代替对掠夺的谴责。"①对生产的客观分析中体现出来的现实批判与从价值观上对掠夺的道德谴责是完全不同的。在马克思当时所持有的经济学认知水平上，他直观地指认社会经济生活中的各种矛盾**都是**由于分工造成的。这显然是不准确的。在《曼彻斯特笔记》中，马克思看到英国社会主义者欧文等人"消灭分工"的观点。与他们不同的是，马克思的观点是直接从经济学出发的。于是，**分工成了第二种批判性思路的起点**。具体地说，分工这个概念在第一手稿的一般表述之后和第五手稿的理论阐释开始之前被凸现出来。通过分工这个关键词，导引出一种历史性的现实社会批判，即走向包括资产阶级社会在内的四种所有制形式的**历史性批判**。马克思和恩格斯在全书中共116次使用 Teilung der Arbeit 一词。

需要再补充说明的是，马克思此时对经济学分工问题的了解，还停留在斯密的手工业劳动分工的水平上，因此，他的大部分分析瑕瑜互现，

---

① ［法］福柯：《权力的眼睛》，严锋译，上海人民出版社1997年版，第37—38页。

依然不够深入和准确。比如，马克思还无法正确区分**社会分工**和**劳动**分工的历史性生成，这里的分工概念更多的是一个**准哲学**的范式。直至《哲学的贫困》中他才清楚地辨析它们之间的差异。马克思对分工问题的科学解决，是在1857年以后的经济学研究中才真正完成的，在那里，他进一步区分了社会分工与企业内部的劳动分工。① 并且科学地指出公有制和自然共同体中的分工并没有产生"异化"，而仅仅那种在商品（市场）经济的特殊社会分工中才可能导致社会关系的颠倒和"异化"。毋庸置疑，注意这一点对我们的研究是十分重要的。

我们接着来分析分工问题是如何被导引出来的。回到第一手稿的文本，在马克思说明了历史的第三种也是非"本体性"的因素——意识的产生和发展之后，仿佛不期而遇，分工突然出现了。分工在文本中的凸现，立即使马克思的运演思路从前面那种**一般哲学理论阐释**（逻辑思路1）转换成**直接面对真实历史的实证批判**（逻辑思路2），虽然由于受到马克思当时的历史知识和经济学研究水平的限制，这种直接面对多少还带有一定的猜想性质。马克思的思路2是从意识本身的历史发展同体生发出来的。作为"我对我环境的关系是我的意识"，开始只是对早期社会历史中人与物和人与人"狭隘联系"的意识，后来随着生产的发展，人的这种狭隘的"部落意识获得了进一步的发展和提高"。② 马克思对意识的描述，已经不同于他在前面对人的历史性存在情境的一般界定，而是引入了真实历史发展的参数，即意识本身在生产基础上的具体变化。言至于此，马克思突然话锋一转，"与此同时劳动分工（Teilung der Arbeit）也发展起来了"。这个"与此同时"所开始的就是**对现实历史的客观描述**。

---

① 在《1861—1863年经济学手稿》中，马克思认识到，"分工是一个特殊的、有专业划分的、进一步发展的协作形式（Form der Kooperation），是提高劳动生产力（Produktivkraft der Arbeit），在较短的劳动时间内完成同样的工作，从而缩短再生产劳动能力所必须的劳动时间和延长剩余劳动时间的有力手段"。参见《马克思恩格斯全集》第47卷，人民出版社1979年版，第301页。并且，分工有两种：一是社会劳动分成不同的劳动部门的社会分工；二是同一个工厂内部的劳动分工（同上，第305页）。——本书作者第三版注。
② 参见[德]马克思恩格斯《费尔巴哈》，人民出版社1988年版，第26页。

在马克思的理解中,"分工起初只是性行为方面的分工,后来由于:天赋（例如体力）、需要、偶然性等等而自发地或'自然形成的(natürwüchsig)'分工。分工只是从物质劳动和精神劳动(materiellen und geistigen Arbeit)分离的时候才真正成为分工"①。前者是自然分工,后者是社会分工的一个主要方面。分工造成了一种新的可能:"**分工**不仅使精神活动和物质活动、享受和劳动、生产和消费由不同的个人来分担这种情况成为可能,而且成为现实"②。于是马克思指出,正是由于分工才造成了生产力、社会状况和意识三个因素之间的**客观矛盾**。换句话说,"要使这三个因素彼此不发生矛盾,则只有消灭分工"③！很显然,马克思这里的分析并非十分精准,因为分工作为生产力的一种技术层面的运作方式,即劳动分工本身是不可能被消灭的。确切地说,马克思实际要消灭的是束缚人的**奴役性劳动**的社会分工,即劳动者分工。这表明了马克思对经济学范畴初步使用中的某种不确定性。对这些问题,马克思在后来的经济学研究中才逐步思考清楚。此时,马克思认为分工有如下特性:

第一,分工导致劳动及产品的不平等分配,从而也产生了所有制。马克思认为,"以家庭中自然形成的分工和社会分裂为单个的、相互对立的家庭"为基础,这种分工本身就包含了矛盾。因为家庭的这种分工,实际上是丈夫对妻子和儿女的奴役,这种"家庭奴隶制"完全符合现代经济学对所有制(**私有制**)的定义,即"所有制是对他人劳动力的支配"。④ 这样,在马克思心里就出现了一个等式:"分工和私有制表达的是同一件事情(Teilung der Arbeit und Privateigentum identische Ausdrücke),一个是就活动而言,另一个是就活动的产品而言。"⑤这是分工与第一个"坏东西"(私有制)的挂钩。

第二,分工的发展也产生了单个人（或单个家庭）的利益与所有相互

---

① ［德］马克思恩格斯:《费尔巴哈》,人民出版社1988年版,第26页。
②③［德］马克思恩格斯:《费尔巴哈》,人民出版社1988年版,第27页。
④ 参见［德］马克思恩格斯《费尔巴哈》,人民出版社1988年版,第28页。
⑤ ［德］马克思恩格斯:《费尔巴哈》,人民出版社1988年版,第27页。

交往的个人的共同利益之间的矛盾。这种共同利益即"普遍的东西",首先是作为"分工的个人之间的相互依存关系"客观地存在于现实当中。**国家**作为代表"公共利益"的一种独立的形式,在社会生活中表征了一种"虚幻的共同体(Gemeinwesen)"(其背后是真实发生的阶级之间的斗争)。在国家、法这类东西中,统治阶级常常把"自己的利益也说成是普遍的利益"①。在现实的个人生存中,这种普遍的东西往往是"异己的"和"不依赖"于个人的,并与个人相互对峙。这是第二个"坏东西"。

第三,分工"这种社会活动的固定化"必然造成社会存在中的**物役性**。这是第三个,也是最坏的东西。马克思说,只要人们还处于自然形成的社会(naturwüchsige Gesellschaft)中,只要私人利益与公共利益之间还存在分裂,只要分工还不是出于自愿(欧文在《给新拉纳克郡的报告》中的观点),而是历史地自发生成,"那么人本身的活动对人来说就成为一种异己的,同他对立的力量,这种力量压迫着人,而不是人驾驭着这种力量"。②这是因为,分工出现后,

> 每个人就有了自己一定的特殊的活动范围,这个范围是强加给他的,他不能超出这个范围:他是一个猎人、渔夫或牧人,或者是一个批判的批判者。只要他不想失去生活资料,他就始终应该是这样的人。③

在这样的社会发展中,分工所导致的"社会活动的这种固定化(Sichfestsetzen der sozialen Tätigkeit),我们本身的产物聚合为一种统治我们的、不受我们本身控制的、与我们的愿望背道而驰的并抹煞我们打算的事物性力量(sachlichen Gewalt)"——马克思在此还专门作了一个特设说明——"是过去历史发展的主要因素之一"。④ 在后面的第三章

---

①② 参见[德]马克思恩格斯《费尔巴哈》,人民出版社1988年版,第27页。
③ [德]马克思恩格斯:《费尔巴哈》,人民出版社1988年版,第29页。
④ 参见[德]马克思恩格斯《费尔巴哈》,人民出版社1988年版,第29页。中译文原来将此处的sachlichen译为"物质的",我改译作"事物性的"。——本书作者第三版注。

中，马克思将这种外部力量更准确地定位为"一切实际的财产关系的真实基础"的生产关系，但是"在分工的范围里，这些关系必然取得对个人来说是独立的存在"。① 或者换句话说，即"在一定的、当然不以意志为转移的**生产方式**（*Produktionsweisen*）内，总有某些异己的、不仅不以分散的个人而且也不以他们的总和为转移的实际力量（praktische Mächte）统治着人们"②。在这种条件下，"个人行为（Individuellen Verhaltens）向它的对立面即向纯粹的事物性的行为（sachliches Verhalten）的转变，个人自己对个性和偶然性（Zufälligkeit）的区分，这正如我们已经指出的，是一个历史过程（geschichtlicher Prozeß），它在发展的不同阶段上具有不同的、日益尖锐的和普遍的形式。在现代，事物性的关系对个人的统治（Herrschaft der sachlichen Verhältnisse über die Individuen）、偶然性对个性的压抑，已具有最尖锐最普遍的形式"③。马克思在这里都十分精确地使用了与人相关的 sachliche 一词，而并没有用物质关系（materiellen Verhältnisse）。

为什么会这样？马克思解释道：

> 受分工制约的不同个人的共同活动（Zusammenwirken）产生了一种社会力量，即扩大了的**生产力**（*Produktionskraft*）。因这共同活动本身不是自愿地而是自然形成的，所以这种社会力量在这些个人看来就不是他们自身的联合力量（vereinte Macht），而是某种异己的（fremde）、在他们之外的强制力量。关于这种力量的起源和发展趋向，他们一点也不了解；因而他们不再能驾驭这种力量，相反地，这种力量现在却经历着一系列独特的、不仅不依赖于人们的意

---

① 参见《马克思恩格斯全集》第3卷，人民出版社1960年版，第421页。
② 《马克思恩格斯全集》第3卷，人民出版社1960年版，第274页。
③ 《马克思恩格斯全集》第3卷，人民出版社1960年版，第515页。原中译文将Verhaltens译作"关系"，我改译为"行为"。参见Marx/Engels, *Die deutsche Ideologie*, MEW, Bd. 3, Text, Berlin: Dietz Verlag, 1969, S. 424.——本书作者第三版注。

志和行为反而支配着人们的意志和行为的发展阶段。①

紧接着,马克思立刻得出一个极重要的逻辑确认:**这就是过去他用异化来指认的东西!**"用哲学家易懂的话来说(um den Philosophen verständlich zu bleiben)",就是"**异化**(*Entfremdung*)"!② 此时,异化概念已经不再是马克思思考语境中重要的逻辑规定,虽然马克思在全书中仍然 11 次提到 Entfremdung,但除去这一处,大多数情况都是在后面对批判对象的引述中使用的。这大概也是为什么马克思总是否定性地指认分工,而不像后来那样首先肯定分工的进步意义,然后再历史地说明分工在私有制条件下导致奴役性关系的原因。在此时的马克思的眼里,分工的理论角色,是在经济学科学中才能得以确认的**恶之源**。马克思的逻辑转换在此明确地得以显现,他力图**用科学的经济学规定取代哲学的价值规定**。"异化"是**价值评判**(应该不存在的"是"),分工是社会**现实结构**("是")。为此,马克思在后面的第三章中将批判的矛头直接对准施蒂纳,因为他根本不能理解真实发生的历史真相,即:

> 在个人利益变为阶级利益而获得独立存在的这个过程中,个人的行为不可避免在受到事物化、异化(versachlichen, entfremden),同时又表现为不依赖于个人的、通过交往(Verkehr)而形成的力量,从而个人的行为转化为社会关系(gesellschaftliche Verhältnisse),转化为某些力量,决定着和管制着个人,因此这些力量在观念中就成为"神圣的"力量。③

---

① [德]马克思恩格斯:《费尔巴哈》,人民出版社 1988 年版,第 29—30 页。
② 参见 Marx/Engels, *Die deutsche Ideologie*, MEW, Bd. 3, Text, Berlin: Dietz Verlag, 1969, S. 35.——本书作者第三版注。
③ 《马克思恩格斯全集》第 3 卷,人民出版社 1960 年版,第 273 页。参见 Marx/Engels, *Die deutsche Ideologie*, MEW, Bd. 3, Text, Berlin: Dietz Verlag, 1969, S. 228. 中译文原来将此处的 versachlichen 译成"物化",我改译为"事物化"。日本学者广松涉在日文翻译中,为了迎合自己的现象学(胡塞尔和海德格尔)取向,将其译作"物象化",我再三思量后以为是不妥的。并且,广松涉为了突显自己的这一"发现",专门指认出马克思文本中的另一个概念 Verdinglichung(物化),其实,此词马克思只是在《资本论》第三卷中使用过 2 次,而从来没有在重要的理论讨论中使用过。——本书作者第三版注。

这是在本书中第一次出现"事物化"(versachlichen)一词。事物化概念将在马克思以后的狭义历史唯物主义讨论中，成为关键性概念。在后面的讨论中，马克思批评施蒂纳时提到"竞争中的事物化(Versachlichung)"①。在马克思看来，施蒂纳"只是把一切现实的关系和现实的个人都预先宣布为异化的（如果暂时还借用一下这个哲学术语），把这些关系和个人都变成关于异化的完全抽象的词句。这就是说，他的任务不是从现实的个人的现实异化和这种异化的经验条件中来描绘现实的个人，他的做法又是：用关于异化、异物、圣物的空洞思想来代替一切纯经验关系的发展"②。"纯经验关系的发展"这一表述十分重要，这是马克思对自己此时实证批判逻辑的指认，与施蒂纳仍然停留在人本主义的"关于异化、异物、圣物的空洞思想"相对照，马克思这里的思考呈现了一种根本的异质性。我注意到，苏联学者达维多夫提出了《德意志意识形态》中分工与异化的关系，但他的讨论还缺乏清晰的界说和具体的文本分析。③

我以为，上述这种分析思路意味着马克思试图走向真实历史的一种全新的方向，固然这种努力还是不够成熟的，然而，虽仅是惊鸿一瞥，但已预示着新的希望。马克思接着阐述了一个新的结论，即消灭异化与分工的必要条件。为了能够更具体地彰显这个结论与人本主义逻辑结果的异质性，我们暂时中断此处的文本分析，先来看一下马克思思路2的具体历史逻辑布展，即从分工出来来观察社会历史不同所有制的客观描述，然后我们将在这一研讨进程的结尾重新回到这个中断处。

2. 分工与历史发生的四种社会所有制形式

首先是马克思在第五手稿中的一段**历史性**分析。它主要说明了以

---

① 《马克思恩格斯全集》第3卷，人民出版社1960年版，第433页。参见 Marx/Engels, *Die deutsche Ideologie*, *MEW*, Bd. 3, Text, Berlin: Dietz Verlag, 1969, S. 357。
② 《马克思恩格斯全集》第3卷，人民出版社1960年版，第316—317页。
③ 参见[苏]达维多夫《新马克思主义与文化社会学问题》，莫斯科，1980年，第三章第五节。

前的三种所有制形式。应该说明两点:一是马克思此时并不知道还存在一个**没有阶级和所有制**的原始共同体;二是马克思此处描述的仅仅是西欧的经济社会发展史线索。此时,他还没有注意到一种非西方中心论的全景式的历史发展图景。马克思在文本的写作顺序上,先完成了关于资产阶级社会所有制的历史分析(第一卷第三章中的论述,后来在修改文本时将这一论述选用在第一章第三手稿中),然后才在第五手稿中补充了这一部分的描述。为了阐述的需要,我们在此颠倒了原有的写作顺序。

我们看到,在第五手稿中,除了与第四手稿相同的引言部分,与第四手稿第 3 页开始的思路 1 不同(这在第一手稿中是突然断裂开来的),马克思在第五手稿的第 3 页又一次从分工开始建构思路 2。在第五手稿第二部分一开始,马克思立刻说:"一个民族的生产力发展的水平,最明显地表现在该民族分工的发展程度上",而

> 某一民族内部的分工,首先引起工商业劳动同农业劳动的分离,从而也引起**城乡**的分离和城乡利益的对立。分工的进一步发展导致商业劳动同工业劳动的分离。同时,由于这些不同部门内部的分工,共同从事某种劳动的个人之间的分工也越来越细致了。①

马克思这里所讲的是社会的劳动分工,已经不是简单的"异化"之意,而转到一种广义的分工概念,它通常与生产力的水平相接近。显然,这种理解比前面对分工的分析更加准确、全面和接近经济学(历史现实)。这里我必须提到的一个重要问题是,20 世纪 70 年代在日本关于《德意志意识形态》的讨论中,望月清司将此处关于分工的分析指认为恩格斯的理论逻辑。在他看来,马克思对一般的分工持肯定态度,从"现实的个人"进入所谓的"分工展开史论",而恩格斯则是对一般的分工持否定态度,由"不得不吃喝的人"引导出分工——"所有制形态史论"。他主

---

① [德]马克思恩格斯:《费尔巴哈》,人民出版社 1988 年版,第 11 页。

张,马克思和恩格斯这两种不同层次的人的观点,使以分工为前提的和以分工为结果的两种历史理论成为可能。① 我不赞成这种并无直接根据且做作的奇怪推论。马克思主要试图说明,"分工的阶段依赖于当时生产力的发展水平"②,而"分工发展的各种不同阶段,同时也就是所有制的不同形式"③。这也就意味着,分工本身的每一个不同阶段还决定了"个人与劳动材料、劳动工具和劳动产品有关的相互关系"。④ 于是,"分工从最初起就包含着劳动**条件**——劳动工具和材料——的分配,也包含着积累起来的资本在各个私有者之间的劈分,从而也就包含着资本和劳动之间的分裂以及所有制本身的各种不同的形式。"⑤

由此,马克思凭借当时有限的经济学和历史知识,提出了三种前资产阶级社会所有制形式:一是"部落所有制(Stammeigentum)"。这是与生产的不发达阶段相适应的最早的自然分工之上的所有制,也是马克思前面曾经提到的那种家庭中的性别分工在社会中的扩大,即从家庭奴隶制走向奴隶社会的对抗性所有制。二是"古代公社所有制和国家所有制(antike Gemeinde-und Staatseigentum)"。这种所有制是由于几个部落联合为一个城市而产生的,它仍然存在着奴隶制,"动产私有制和后来的不动产私有制已经发展起来了",此时,"分工已经比较发达。城乡之间的对立已经产生,国家之间的对立也相继出现"⑥。三是"封建的或等级的所有制(feudale oder ständische Eigentum)"。马克思说,"中世纪的起点则是**乡村**",这里出现的是以土地占有为基础的封建等级制;在城市中

---

① [日]望月清司:《马克思历史理论的研究》,东京:岩波书店,1973年版,第三章《德意志意识形态》中的分工理论",第155—260页。望月的这本论著是20世纪70年代日本新马克思主义研究文本群中的重要著作。此书已经由韩立新博士译成中文,由北京师范大学出版社2009年出版。——本书作者第三版注。
② [德]马克思恩格斯:《费尔巴哈》,人民出版社1988年版,第82页。
③ [德]马克思恩格斯:《费尔巴哈》,人民出版社1988年版,第11页。
④ 参见[德]马克思恩格斯《费尔巴哈》,人民出版社1988年版,第11—12页。
⑤ [德]马克思恩格斯:《费尔巴哈》,人民出版社1988年版,第74页。
⑥ 参见[德]马克思恩格斯《费尔巴哈》,人民出版社1988年版,第12页。

则出现了"同业公会(die Korporation)所有制",即**行会**(*guild*)"。① 这种手工业的封建组织是一种和农村等级制相似的等级制。另外,封建所有制的主要形式,"一方面是地产和束缚于地产上的农奴劳动,另一方面是拥有少量资本并支配着帮工劳动的自身劳动"。这两种所有制的结构都是由"狭隘的生产关系(bornierten Produktionsverhältnisse)——小规模的粗陋的土地耕作和手工业式的工业——决定的"。②

第四种所有制即资产阶级现代私有制,即**现代资产阶级社会**(*moderne bürgerliche Gesellschaft*),它是在第三手稿中得以描述的。如上所述,这是从第一卷后面的第三章中移来的,它原来位于"新约"部分的"作为资产阶级社会的社会"和"暴动"二目之间。③ 这部分内容,实际上既是一部资产阶级社会经济发展史的改写,也是一部近代生产发展导致交往关系变革的历史。同时,它还是一种批判的历史哲学的重新改写。这里的话语模式,完全属于马克思在《1844年手稿》中刻意规避的古典经济学的样式,所以它也是马克思此书逻辑思路2最重要的展现。我们来剖析一下马克思这里的描述。分工是这一逻辑思路2描述的理论中轴线,交往与生产力是历史矛盾的内驱力,而理论的目标指向则是资产阶级社会形成和发展的三个时期中由资本的世界市场最终建构的所谓**世界历史**(Weltgeschichte)。这个"世界历史"是黑格尔的表征,不过,这一次它的在场不再是绝对观念的世界历史,而是**资本的**世界历史。马克思在全书中共11次使用Weltgeschichte一词。

马克思对第一个时期的说明,是从城市与乡村(Stadt und Land)的对立开始展开的。马克思将其称为"物质劳动和精神劳动的最大的一次分工"④。在人类社会历史的进程中,它也是"随着野蛮向文明的过渡、部落制度向国家的过渡、地方局限性向民族的过渡而开始的,它贯穿着文

---

① 参见[德]马克思恩格斯《费尔巴哈》,人民出版社1988年版,第13—14页。
② 参见[德]马克思恩格斯《费尔巴哈》,人民出版社1988年版,第14页。
③ 参见《马克思恩格斯全集》第3卷,人民出版社1960年版,第403—437页。
④ [德]马克思恩格斯:《费尔巴哈》,人民出版社1988年版,第50页。

明的全部历史并一直延续到现在"①。马克思还指认,"城乡之间的对立是个人屈从于分工、屈从于他被迫从事的某种活动的鲜明反映"②。这种奴役性的屈从,导致了相互对立的"城市动物(Stadttier)"和"乡村动物(Landtier)"。马克思认为,只要这种**凌驾于**个人之上的力量还存在,私有制也就必然会存在下去"。最后,马克思说,"城市和乡村的分离还可以看作是资本和地产的分离,看作是资本不依赖于地产而存在和发展的开始,也就是仅仅以劳动和交换为基础的所有制的开始"。③ 无疑,这已经是属于经济学范畴的历史性实证描述了。

在关于第一个时期的论说中,马克思试图说明,欧洲中世纪后期城市中的经济发展进程其实是西方资产阶级社会最早的发展。这种经济发展进程的起点是行会制约下的手工业劳动者与"自然形成的(naturwüchsigen)等级资本",进而是分工进一步扩大为"生产与交往的分离",其标志是商人阶层的形成。正是由于"交往"由一个特殊的阶层专门操持,商业的交往得到充分的发展,从而直接促进了城市的生产与分工的发展,也促进了城市间的相互交往,在这种交往中,"最初的地域局限性开始逐渐消失"。④ 此处,马克思这里的讨论还是建立在经济学描述上的一种历史肯定的基础之上的。

根据马克思的分析,城市之间的分工的直接结果就是工场手工业的产生,这也是资产阶级生产方式滥觞之始。活跃于此的首先是脱离了旧有的生产形式(行会束缚)的劳动,以及从自然形成的等级资本发展而来的商人资本。马克思提出,商人资本是现代意义上的资本。同时,他还发现,商业资本从"一开始就是活动的"⑤。商业的活动资本,也叫动产。而在《1844年手稿》中马克思对此是持怀疑态度的。这时,原来在行会中存在于帮工和师傅之间的"宗法关系(das patriarchalische Verhältnis)",开始为工场手

---

① [德]马克思恩格斯:《费尔巴哈》,人民出版社 1988 年版,第 50 页。
② 参见[德]马克思恩格斯《费尔巴哈》,人民出版社 1988 年版,第 50 页。
③ [德]马克思恩格斯:《费尔巴哈》,人民出版社 1988 年版,第 51 页。
④ 参见[德]马克思恩格斯《费尔巴哈》,人民出版社 1988 年版,第 53 页。
⑤ [德]马克思恩格斯:《费尔巴哈》,人民出版社 1988 年版,第 55 页。

工业中的工人与资本家(Kapitalist)之间的"金钱关系(Geldverhältnis)"所取代。① 马克思在全书中共 22 次使用 Kapitalist 一词。

第二个时期开始于 17 世纪中叶,并一直持续到 18 世纪末。这是工场手工业进一步发展的阶段。与此同步发展的是由殖民主义商业交往所开辟出来的"世界市场(Weltmarkt)"和商业与航运的发展。此时,工场手工业仍然是脆弱的,依赖于商业的扩大或缩小。马克思注意到,虽然资本的运动在加快,但世界市场还被切割成许多部分,国家之间的壁垒、生产本身的不灵活和尚不发达的货币制度,都严重影响了资本的流通。所以,此时的手工业生产者和商人如果"同后一时期的商人和工业家比较起来,他们仍旧是小市民(Kleinbürger)"②。可无论如何,资本在很大程度上丧失了它原来具有的自然的性质。

我发现,正是在这里(第三手稿第 50 页),马克思再一次在自己的文本中集中地、实证地引述了政治经济学(第一次是在第一手稿第 18 页上引述斯密的"看不见的手")。与《1844 年手稿》不同,这一次,政治经济学**不再是被批判的对象,而成了面对历史现实的根据**。这种现象在同一页接连出现了三次:一是在 18 世纪商业城市与工厂城市的差别问题上引述艾金之时,二是在"十八世纪是商业的世纪"这一论断中引述品托之时,三是在资本运动与工场手工业时期商人和工场手工业主的特性上引述斯密之时。这是逻辑思路 2 的直接理论基础的文本显现。我已经指出,在全部《德意志意识形态》文本中,这种情况大约出现过 10 次。

第三个时期被马克思称之为"大工业"的发展阶段,即"利用自然力来为工业服务,采用机器生产以及实行最广泛的分工"③的时期。只是在这个新的阶段上,资产阶级社会"大工业(große Industrie)创造了交通工具和现代的世界市场,控制了商业,把所有的资本都变为工业资本(industrielles Kapital),从而使流通加速(货币制度得到发展)、资本集

---

① 参见[德]马克思恩格斯《费尔巴哈》,人民出版社 1988 年版,第 56 页。
②③ [德]马克思恩格斯:《费尔巴哈》,人民出版社 1988 年版,第 59 页。

中"①。正是这个大工业,首次开创了世界历史(Weltgeschichte),因为它使每个文明国家以及这些国家中的每一个人的需要的满足都依赖于整个世界,因为它消灭了各国以往自然形成的闭关自守的状态。世界历史是由大工业创造的,这是对秉持"德意志意识形态"那种观念的世界历史的最沉重的打击。"它使自然科学从属于资本,并使分工丧失了自己的自然性质的最后一点痕迹。它把自然形成的关系一概消灭掉(只有在劳动的范围内才可能做到这一点),并把所有自然形成的关系变成货币的关系。"②直至于此,我们能清楚地了解马克思旨在肯定资产阶级社会大生产所建构出的新的世界历史。可是,这并不是他真正的目的。马克思依然执著于批判资产阶级社会,但这一次他不再从人的劳动本质异化中引申出那种价值否定,而是**从经济运动本身的客观趋势中**确认资产阶级社会灭亡的根据。首先,资产阶级社会大工业以自动化体系创造出"大量的生产力",以至于"私有制成了它们发展的桎梏"。③其次,资产阶级社会大工业消灭了各民族的特殊性,特别是创造了"一个真正同整个旧世界相脱离并与之对立的阶级",这就是无产阶级。更重要的是,"大工业不仅使工人与资本家的关系,而且使劳动本身都成为工人不堪忍受的东西"④,生产力的客观发展正在直接否定资产阶级社会的生产关系。这一观点,正是马克思在第一手稿思路2里论说分工与异化的关系时那两个客观条件的具体的历史性诠释。不过,这次从资产阶级社会走向共产主义,决不再是通过扬弃劳动异化和人的类本质的复归,而是真实的历史(经济)发展的结果,这也就是由资产阶级社会大工业自己创造出来的世界历史性生存中人类解放的现实可能性。完成了这个重要的界说,现在我们将返回上一目第一手稿的文本中断处进行思考了。

在第二目的文本中断处,马克思在第一手稿的逻辑思路2中,明确指认了从分工必然出现的人所创造的事物反过来奴役人的"异化"现象。

---

① [德]马克思恩格斯:《费尔巴哈》,人民出版社1988年版,第60页。
②③ 参见[德]马克思恩格斯《费尔巴哈》,人民出版社1988年版,第60页。
④ [德]马克思恩格斯:《费尔巴哈》,人民出版社1988年版,第61页。

随后马克思立即指出,这种"异化"只有在具备两个"**实际**前提"之后才可能消灭:它们就是我们刚才看到的在资产阶级社会大工业的发展进程中所产生的无产阶级和这种"异化"成为不能忍受的革命的对象。① 马克思这样认为,"个人力量(关系)[persönlichen Mächte (Verhältnisse)]由于分工而转化为物的力量这一现象,不能靠人们从头脑里抛开关于这一现象的一般观念的办法来消灭,而是只能靠个人重新驾驭这些物的力量,靠消灭分工(Teilung der Arbeit aufheben)的办法来消灭"②。这种看法实际上也重新确认了,实现共产主义的客观前提只能是"生产力巨大增长与高度发展"所建构的世界历史性存在。这个由现实资产阶级社会大工业建构出来的世界历史性生存,是对逻辑思路1中人类社会历史存在的具体的现代确认。

首先,"生产力的这种发展(随着这种发展,人们的**世界历史性**的而不是地域性的存在已经是经验的存在了)之所以是绝对必需的实际条件",是由于如果没有这种物质生产的发展,那将"只会有**贫穷**、极端贫困的普遍化"。③ 这样,在争夺生活必需品的斗争中,一切旧的东西还会重新出现,共产主义还会是一句空话。

其次,也只有生产力的这种普遍发展,"人们之间的**普遍**交往(ein *universeller* Verkehr der Menschen)才能建立起来",由此,才可能出现世界历史性的人与人的丰富交往关系。④这是因为,

> 各个相互影响的活动范围在这个发展进程中越是扩大,各民族的原始闭关自守状态由于日益完善的生产方式(Produktionsweise)、交往以及因交往而自然形成的不同民族之间的分工消灭得越是彻底,历史也就越是成为世界历史(Weltgeschichte)。⑤

---

① 参见[德]马克思恩格斯《费尔巴哈》,人民出版社1988年版,第30页。
② [德]马克思恩格斯:《费尔巴哈》,人民出版社1988年版,第65页。
③④ 参见[德]马克思恩格斯《费尔巴哈》,人民出版社1988年版,第30页。
⑤ [德]马克思恩格斯:《费尔巴哈》,人民出版社1988年版,第33页。

可见，这个世界历史的实现是一个实际的客观过程。马克思在此文本中11次使用 Weltgeschichte。

再次，正是由于这种生产力的巨大发展，在人类自身的个人主体生存中，"地域性的个人**为世界历史性的**、经验上普遍的个人（allgemeines individuelles）所代替"①。"单个人随着自己的活动扩大为世界历史性的活动，越来越受到对他来说是异己的力量（fremde Mächte）的支配（他们把这种压迫想象为所谓宇宙精神等等的圈套），受到日益扩大的、归根到底表现为**世界市场**的力量的支配"②。所以，"每一个单个人的解放的程度是与历史完全转变为世界历史的程度是一致的"。这样，个人才能"摆脱种种民族局限和地域局限而同整个世界的生产（也同精神的生产）发生实际的联系，才能获得利用全球的这种全面的生产（人们所创造的一切）的能力"。③ 也只有在这时，

> 各个人的**全面**的依存性（*allseitige* Abhängigkeit）、他们的这种自然形成的**世界历史性**的共同活动（*weltgeschichtlichen Zusammenwirkens*）的最初形式，由于共产主义革命而转化为对下述力量的控制和自觉的驾驭，这些力量本来是由人们的相互作用所产生的，但是对他们来说却一直作为一些异己的力量（fremde Mächte）威慑和统治他们。④

这是共产主义的前提。很显然，马克思走向共产主义的路径已经变为一种**现实的**历史发展的道路："无产阶级只有在**世界历史意义上**才能存在，就像它的事业——共产主义只有作为'世界历史性的'存在才有可能实现一样。而各个人的世界历史性的存在，也就是与世界历史直接相

---

① [德]马克思恩格斯:《费尔巴哈》,人民出版社1988年版,第30页。
② [德]马克思恩格斯:《费尔巴哈》,人民出版社1988年版,第33—34页。
③ 参见[德]马克思恩格斯《费尔巴哈》,人民出版社1988年版,第34页。
④ [德]马克思恩格斯:《费尔巴哈》,人民出版社1988年版,第34页。中译文将此处的Abhängigkeit译作"依赖关系",我改译为"依存性"。——本书作者第三版注。

联系的各个人的存在"①。

3. 一个简短的理论评述

如上所述,古典经济学的理论抽象是一种在社会经验基础之上的归纳,斯密、李嘉图都已经抽象出资产阶级社会生产方式中各种非直观的社会关系和经济规律,它们是这个社会的本质抽象(一般)。我认为,在古典经济学中,已经出现了一种**本质**认识论:配第在"政治价格"背后找到"自然价格";布阿吉贝尔在"市场价值"背后看到"真正的价值";还有,重农主义发现的隐性自然秩序实际上是理想化的资产阶级社会秩序;而斯密的"看不见的手"不过是丢掉封建外观的自然秩序,它第一次明确指出了人类社会历史中存在着不以人的意志为转移的客观规律。可问题在于,资产阶级经济学家却把资产阶级社会生产方式这种历史性的一般(资产阶级社会特殊的一般)抽象成非历史的一般,即将它误认为是人的天性、社会历史的自然本质和永恒的自然规律了。虽然马克思在从哲学人本主义转换到历史唯物主义的过程中,其理论逻辑的基础是经济学而不是传统旧哲学,但是马克思又科学地超越了资产阶级政治经济学的局限性,因为历史唯物主义从它诞生的那一刻起就是一种**历史的**科学抽象,历史唯物主义哲学的出发点是历史性的社会本质(一般)。当然,在《德意志意识形态》的具体表述中,逻辑思路 1 是纯粹的历史抽象的结果,而逻辑思路 2 则是这种抽象还原于经济现实的实证批判。但是,虽然马克思已经转向历史唯物主义的立场,进行了最基本的科学的哲学概括,但由于他还没能真正理解经济学,特别是还没有自己独立的经济科学的观察视域,因而也就不可能有真实的历史视域。尤其重要的是,我发现在《德意志意识形态》的逻辑思路 2 中,马克思放弃了 1844 年以前他时时常运作的**现象学批判**的思路。这种放弃不是一种逻辑上的自觉,而是他此时还不可能从经济学事实中科学地弄清楚资产阶级社会经济生

---

① [德]马克思恩格斯:《费尔巴哈》,人民出版社 1988 年版,第 31 页。

活中的本质与现象的关系,具体地说,也就是**资本关系在发生学意义上的历史形成**。①

这是由于,资产阶级社会经济现实本身的"假象化",不是观念的颠倒,而是经济现实本身在历史发生中的逐步变异和**假象化**。科西克后来称之为"伪具体世界"。② 在这种历史发生学的变异中,资产阶级社会的本质(资本的生产关系)被遮蔽起来,交换关系仿佛成为主导性的东西,人与人的联系被历史地颠倒为事物与事物的关系并成为事实本身,而且不断地被神化。这就必然出现资产阶级的**拜物教**意识形态。人们在资产阶级社会经济现实中再也不能看到真相,只能执迷于外在的物相。这种迷误必然使所有资产阶级经济学家停下探索的脚步,然而他们的止步之处正是马克思必须拨开迷雾向前探索的出发点。可是,我不得不指出,在马克思写作《德意志意识形态》的时期,由于经济学研究进程本身的限制,他还不可能完全达到更高的理论水平。所以,在我们已经看到的第一章的手稿中,逻辑思路1是马克思对一般社会存在和本质的抽象表述,逻辑思路2则是他以科学的认识论尺度对现实经济运行的历史批判。但是由于这种批判认识论缺少认识资产阶级社会经济**所必需的现象学逻辑**而显得过于简单:生产力发展之上的分工引出经济与社会的客观矛盾对立,生产力的发展会在更高的层次上消失分工和对立。

马克思后来指出,人体是解剖猴体的钥匙。在这个比喻里,人体是指最复杂的经济关系与运行机制(大工业的最高观测点,今天的"人体"是信息社会中的数码存在),具体地说,这个"人体"也就是李嘉图在经济学意义上对大工业经济关系的抽象,而猴体则是前资产阶级社会的社会关系和运动,即古代→重商主义→重农主义→斯密的经济抽象。梅林指

---

① 马克思在1857—1858年的经济学科学建构中才真实形成对这一点的认知,也由此才完成历史唯物主义更深一层的具体的、历史形成的抽象,同时再一次建构了科学的历史现象学的内在批判。
② 参见[捷]科西克《具体的辩证法》,傅小平译,社会科学文献出版社1989年版,第6—9页。

出,历史唯物主义"只有在人类历史的一定高点上才能揭穿它的秘密"①。他的这个评价扼喉抚背,甚为精当。可见,只有当马克思的经济学研究水平能够和李嘉图的经济学研究所达到的历史最高水平并驾齐驱时,他才可能第一次从大工业("人体")中真实地解剖全部史前社会("猴体")历史发展的本质和规律。这时,科学的政治经济学理论和历史唯物主义本身的历史确证才可能真正完成。马克思直到在1857—1858年经济学研究所实现的新的思想革命中,才终于攻下这个堡垒。

于是,这也就引出一个重要的问题,即马克思《德意志意识形态》的经济学基础问题。实际上,巴加图利亚曾确切地指出,马克思对古典经济学掌握的程度,影响着历史唯物主义的形成。同时他也深刻地体察到,马克思的思想转变中实际上存在一个"从偏重斯密到偏重李嘉图的转变"同步出现的历史观的推进。可是,巴加图利亚认为,斯密关于劳动分工的观点对马克思的影响仅仅体现在《1844年手稿》中,而在《德意志意识形态》时期,马克思已经转向李嘉图的生产力的立场。② 关于对这一点的思考,我赞成姚顺良先生和唐正东博士的观点,即认为马克思在《德意志意识形态》时期的经济学基础,仍然是斯密,他这时还是通过**斯密的经济学视域**来规定自己的哲学视界的。从分工出发来观察生产,从人与人的直接社会关系出发观察社会生活,然而其实它们的参照物只是手工业时期资产阶级社会的生产特征,这些特征都只是资产阶级社会"初级阶段"的特殊经济属性。固然,马克思此时也谈论工业大生产,也谈及社会关系向"货币关系"的转化,但是马克思还无法在理论运作的深层意识到机器大生产之上的技术协作创造的生产力,还不能透视交换关系成为普遍的统治形式的事物化社会结构的哲学意义。这种意义,只能属于资产阶级社会大生产时代的经济学家**李嘉图的经济学视域**。而这一视域是马克思在1847年《哲学的贫困》中才逐步达及的理论高度。至于马克思对李嘉图经济学

---

① [德]梅林:《论历史唯物主义》,李康译,三联书店1958年版,第1页。
② 参见[苏]巴加图利亚《马克思的经济学遗产》,马健行译,贵州人民出版社1981年版,第181页;沈真编《马克思恩格斯早期哲学思想研究》,中国社会科学出版社1982年版,第189页。

的批判起点，正是在《1857—1858年经济学手稿》中才建构出来的。① 这是一个很深的理论逻辑关系，也是我们后面将要认真讨论的问题。

据此，我以为，在理解《德意志意识形态》时应该注意以下几个问题：

第一，马克思在《德意志意识形态》中所确立的广义历史唯物主义，主要揭示了物质生产是人类生存的一般基础，这种物质生产具有永恒的自然必然性。然而，必须指出马克思这一表述的历史局限为，他此时还没有看到摩尔根的《古代社会》一书，也不知道人类社会历史上还存在一个没有阶级的原始部族阶段，在那里，根本不存在马克思和恩格斯在一般表述中出现的现代意义上的工业关系和交往关系，更没有作为阶级统治工具的国家形式。所以，广义历史唯物主义中的一些表述在历史学的构境中仍然还是不准确的。但现代经济活动（以交换为目的的经济活动和关系总体）并不是永恒的，产品以商品形式在社会交换中实现出来的一个经济整体是在一定的历史条件下才可能出现的；市场经济的客观力量决定性地成为主导性关系，这个过程也是历史性的，例如价值规律只能出现于商品经济运行之中。所以，经济决定论就错在这里，即将资产阶级社会中在特定时期出现的现象和规律畸变为一种抽象的一般规律。这也是对马克思狭义历史唯物主义的一种误认！因为，狭义历史唯物主义只是对**经济力量颠倒地决定人与社会**这样一种**特定的历史情境**的指认。在《德意志意识形态》中，马克思还是假托分工为线索的经济与社会矛盾对资产阶级社会进行批判，他还无法科学地达及古典经济学特别是李嘉图的那种透过交换关系到生产关系的科学抽象，即剥离事物的外观而把握本质，从流通领域的思考转向到生产领域的思考。在《德意志意识形态》中，马克思还时常使用赫斯的**交往关系**理论。赫斯的交往（Verkehr）概念还是马克思思考社会关系问题时的主要工具，在全书中，他一共172次使用Verkehr一词及其相关词。其中，9次使用交往关系

---

① 参见孙伯鍨、姚顺良《马克思主义哲学史》（黄楠森等主编，八卷本）第2卷，北京出版社1991年版，第118页；唐正东《物质生产：新唯物主义哲学的经济学基础变换》，载《南京社会科学》1999年第2期。

（Verkehrsverhältnisse）一词，27次使用交往形式（Verkehrsform）一词，11次使用世界交往（Weltverkehr）一词。其实，交往（Verkehr）并不等同于交换（der Tausch），生产关系总是决定着交换关系，只是在资产阶级社会生产方式中，交换关系才成为统治的关系。交换关系是表象，生产关系才是本质。直至50年代以后的经济学研究中，马克思才逐步解决这些问题，并将其提升到哲学视域中来。

第二，可见，马克思在《德意志意识形态》中对广义历史唯物主义的一般表述（主要是逻辑思路1），其实是一种抽象出来的社会历史**本质**的逻辑。在一定的意义上，它是"无现象"的，即无法直接在生活中得以指认。生产、再生产、生产力和社会关系都不是可见的实体存在，特别它们作为社会本质的生产方式是无法用感性经验直接证实的。在历史的发生发展过程中，这种历史存在及其本质都被历史地建构起来。而在马克思当时所面对的现实资产阶级社会中，社会的一切本质关系都是被遮蔽起来的。我们不能简单地用常识去指认广义历史唯物主义的一般原则，否则就会产生一种误读，即以直观现象和实体化的感性描述替代历史唯物主义的本质说明。同时，广义历史唯物主义，还不完全等于马克思后来在《1857—1858年经济学手稿》中所创立的，把本质与现象统一起来、建立在**狭义**历史唯物主义和历史认识论之上的**历史现象学**（*geschichtliche Phänomenologie*）。

第七章　马克思主义哲学革命的最后视域

在《德意志意识形态》第一卷第一章第五手稿的修改与写作中,我们看到马克思的哲学新视域的建构实际上是未完成的。马克思一方面仍然在哲学逻辑的方向上建构新的历史性话语,另一方面又在直接依据经济学和现实经济发展史形成对资产阶级社会的实证性批判。他在思考自己的哲学视域时已经意识到一个极重要的问题,即如果不认真弄清楚政治经济学,就不可能找到真正通向社会主义的现实道路,也不可能真正完成哲学新视域的建构。马克思的这一想法,是在他不久后写给安年柯夫的信中表达出来的。在此,我们终于看到了马克思哲学革命进程中的最重要的理论观点。而在后来公开发表的《哲学的贫困》(*Misère de la philosophie*)一书中,马克思第一次将哲学新视域的建构与他自己的政治经济学理论的科学讨论直接自觉地结合起来。

第一节　科学批判理论的新基点

1846 年 12 月 28 日,马克思十分郑重地致信俄国自由派作家巴·瓦·安年柯夫,作为对他 11 月 1 日来信论及蒲鲁东的经济与哲学观点的答复。① 我们知道,这一时刻,正是马克思恩格斯刚刚实现哲学变革,并在共同完成了《德意志意识形态》一书的第二卷和第一卷的大部分内容后,马克思十分艰难地写作和修改那至关重要的第一章的关键时刻。与此同时,马克思已经开始全身心地投入到政治经济学的革命性探索中去了。如果更准确地描述,这正是马克思恩格斯在初步实现"第一个伟大发现"(历史唯物主义的创立),同时开始第二个伟大的科学革命(剩余价值理论的建构)的过渡时期。以我之见,实际上马克思在修改《德意志意识形态》第一卷第一章手稿的最后时期,已经意识到一个问题:新的哲学视域固然可以使我们眺望到科学社会主义批判与建构的桅杆,可是,现实的科学批判和无产阶级革命的实现途径,却只能由经济学和历史学的实证研究才能抵达。我将要确证,马克思的这封书信是他在 1845 年超越赫斯的抽象实践唯物主义之后另一个极其关键的理论飞跃:通过对蒲鲁东哲学中那种双重唯心史观的批判,特别是对他经济观念论——**表面上承认社会生活中经济力量起决定作用,而实质为抽象观念先导**——的超越,最终颠覆了**方法论上的隐性唯心史观**。如果说,从《关于费尔巴哈的提纲》到《德意志意识形态》中,马克思在方法论上确立了历史唯物主义原则,在这里,他更关心如何科学地引出新的现实批判张力,这个文本的关键理论定位是从"解放的物质条件引出的批判性认识"。这也体现了马克思最终从哲学批判向批判性经济学和历史现象学研究转变的真实理论进展。我认为,这一文本是马克思对 1845—1846 年哲学革命的一次极重要的理论概括。令人遗憾的是,长久以来,我们严重地忽略乃至漠视了对这一核心文本的深层理论研究。

---

① 安年柯夫(Pavel Vasilievich Annenkov, 1813—1887),当时是布鲁塞尔共产主义通讯委员会驻巴黎的通讯员。他在巴黎看了蒲鲁东的《贫困的哲学》一书后,于 1846 年 11 月 1 日写信给马克思,谈了自己对这本书的看法,并征求马克思的意见,由于书商的拖延,马克思到这年的 12 月底才看到蒲鲁东这部著作,他用了两天时间浏览了一遍,就用法文给安年柯夫写了这封回信。参见《马克思恩格斯全集》第 27 卷,人民出版社 1972 年版,第 476—488 页。参见 *Marx-Engels-Gesamtausgabe*(*MEGA2*), Ⅲ/2, Text, Berlin: Dietz Verlag, 1979, S. 70 - 80。——本书作者第三版注。

1.《马克思致巴维尔·瓦西里也维奇·安年柯夫》的写作语境

在上面的文本分析中,我们已经说明了《德意志意识形态》第一卷第一章第一手稿中的两种不同的逻辑思路,特别是第四和第五手稿的基本内涵,并不是苏联学者巴加图利亚所确证的仅仅是两个誊写手稿,而是马克思恩格斯最后打算重新起草一个引言时导引出的两种逻辑思路的延续,即哲学确证的理论说明(思路 1)和基于经济发展现实的历史的批判描述(思路 2)。然而,这都是未完成的。以我的推断,在一定的意义上,马克思最终放弃了仅仅着眼于哲学视界的任何理论逻辑建构,或者仅仅从经济现实来批判资产阶级社会的实证研究。这首先是因为,任何以哲学来直接投射历史,以哲学来直接解读政治、经济和文化的企图都将是非法的。哲学的合法地位,只能是对经济研究、政治研究和文化研究的**方法论指导**,而不是越俎代庖式的直接价值批判。这正是当年《1844 年手稿》的哲学逻辑僭越。其次,客观地说,以马克思恩格斯当时的历史学和经济学知识,他们在《德意志意识形态》中的历史描述与经济观点都还具有猜想的性质(如以所有制为主线的历史分期与分工问题的哲学探讨),而不是严格意义上的科学研究。况且,马克思此时尚未实现经济学的科学变革!因此,在这个经济学的基础上所形成的现实批判的理论力度是微乎其微的。最重要的是,这两种思路的分立实际上在理论建构上是不成功的。在《德意志意识形态》第一卷第一章第五手稿的最后,马克思突然中断自己的写作,这是否预示着他对此已经有了某种自我意识?对此我们心存疑窦,但还无法冰释。但有一点可以肯定,到 1846 年底,马克思恩格斯已经不再十分急迫地想发表《德意志意识形态》,特别是它的第一卷第一章。这又是什么缘故?我们还是以具体的文本分析来进行探讨。

1846 年 5 月 14 日,马克思在致魏德迈的信中说,《德意志意识形态》的第二卷差不多已经完成,第一卷一到,希望马上开始付印。① 8 月 1

---

① 参见《马克思恩格斯全集》第 27 卷,人民出版社 1972 年版,第 467 页。

日,马克思在致信出版商列斯凯时写道:在发表我的政治经济学的"正面阐述"以前,"**先发表**一部反对德国哲学和那一时期产生的**德国社会主义**的论战性著作,是很重要的",同时马克思告诉他,11 月底以前能改好付印。① 而且,马克思明确提出:"先出版哲学部分,这是应当首先发表的,然后再出版其余的部分"②。从同年 11 月 2 日恩格斯给马克思的信中,我们发现这个哲学部分(第一卷第一章)的确仍然在马克思手中。③ 需要指出的是在此期间发生的一个十分重要的事件,即蒲鲁东《经济矛盾的体系,贫困的哲学》④一书的发表。根据我的判断,这本书成了马克思哲学变革中起重大突破作用的最后一个催化剂。

正如我们在本书第一章中所分析的那样,蒲鲁东是 1843—1844 年前后与马克思关系十分密切的极少数思想家之一。虽然马克思恩格斯一开始就对蒲鲁东立足于小资产阶级立场的许多基本理论错误提出了批评,但蒲鲁东承袭古典经济学和圣西门那种肯定经济力量是社会发展的重要基础,特别是从经济学上批判私有制的观点得到了马克思恩格斯的充分肯定。这一点,一直到 1844 年 10 月发表的《神圣家族》中才明显地表现出来。但是,在马克思恩格斯已经创立了科学方法论的历史唯物主义之后,蒲鲁东却在他们正在进入的经济学领域中,抛出了一个用黑格尔哲学构架建构出来的政治经济学体系。更重要的是,这种经济学理论通过貌似社会主义的形象来全面批判资产阶级社会的生产方式,这使得蒲鲁东的理论一经提出立刻产生了巨大的吸引力。如安年柯夫在 1846 年 11 月 1 日给马克思的信中写道,诚然蒲鲁东关于神、天命和事实上不存在的物质与精神的对抗思想非常混乱,"但经济部分我觉得写得很有分量。从来还没有哪一本书能这样清楚地告诉我:文明不能拒绝它

---

① 参见《马克思恩格斯全集》第 27 卷,人民出版社 1972 年版,第 473—475 页。
②《马克思恩格斯全集》第 27 卷,人民出版社 1972 年版,第 67 页。
③ 参见《马克思恩格斯全集》第 27 卷,人民出版社 1972 年版,第 77 页。
④ 此书在 1846 年 6 月出版,马克思于 12 月读到此书。以下简称《贫困的哲学》。该书中译文参见[法]蒲鲁东《贫困的哲学》第 1 卷,徐公肃、任起莘译,商务印书馆 1961 年版。

依靠分工、机器、竞争等而获得一切东西——这一切都是人类永远要争取到的东西"①。"很有分量"的经济部分,正是蒲鲁东此书最能迷惑人的地方。马克思意识到,"为了给力求阐明社会生产的真实历史发展的、批判的、唯物主义的社会主义扫清道路,必须断然同唯心主义的政治经济学决裂,这个唯心主义政治经济学的最新的体现者,就是自己并没有意识到这一点的蒲鲁东"②。实际上,蒲鲁东在这本书出版前不久曾致信马克思,说他"等待着您严格的批评",马克思的正式答复就是1847年出版的《哲学的贫困》。对此,恩格斯后来写道:

> 自从他们两人在巴黎常常终夜争论经济问题以来,他们的道路是越来越远了;蒲鲁东的著作证明,两人之间现在已经横着一条无法逾越的鸿沟;置之不理在当时已经不可能了;所以马克思在他的这一个答复里也就确认了这个不可弥合的裂口。③

在马克思下决心对蒲鲁东的经济学进行批判之前,他恰巧收到了安年柯夫的信。于是,就有了今天摆在我们面前的这封著名的书信。南斯拉夫新马克思主义学者弗兰尼茨基曾经称这封信是《哲学的贫困》一书的"序言",这有一定道理。④ 但由于他根本没有认真研读马克思的《哲学的贫困》一书,因此这一断言是空洞而无内涵的。

我认为,马克思的这封信的确相当重要。之所以言其重要,一是它出现在马克思写作和修改《德意志意识形态》第一卷第一章手稿的最后时刻,它可以**准确地彰显马克思在这一未完成手稿创作中的真实思境和新的想法**;二是从中能发现他的理论建构之最后界划对象,即蒲鲁东的经济学研究中的唯心主义。因为,这是马克思对赫斯的抽象实践唯物主义哲学的唯心主义方法论的批判后,再一次对全部资产阶级政治经济学

---

①②《马克思恩格斯全集》第19卷,人民出版社1963年版,第248页。
③《马克思恩格斯全集》第21卷,人民出版社1965年版,第205页。
④ 参见[前南]弗兰尼茨基《马克思主义史》第2卷,李嘉恩等译,人民出版社1986年版,第150页。

研究中的隐性唯心史观的逻辑剥离。这种新的探索，使得马克思的哲学新视域再一次同时也最终确立起来了。最后，与不久后正式发表的《哲学的贫困》一书不同，由于这一文本是个人书信，因而没有任何外在牵制因素的约束和羁绊，所以它也最有可能真实地再现马克思的原初思想语境。马克思用法文写成的致安年柯夫的这封书信，1880年由安年柯夫从法文译成俄文，并于当年首次公开发表。

根据我的理解，《德意志意识形态》的主体是确立（广义）历史唯物主义的最重要的原则。虽然马克思也在此基础上重新建构了异质于人本主义异化逻辑的现实经济历史批判思路，但在面对如何再基于科学的逻辑基础引出现实批判的接合点上，他仍然束手无策。换句话说，也就是哲学的逻辑思路1与经济学历史学的逻辑思路2，并没有完成理论缺环上的最终对接和联结。正是在这一书信中，马克思通过批判蒲鲁东的哲学经济学批判，才确定了科学批判理论的全新基础。同时，也正是在这里，历史唯物主义与历史辩证法才真正统一起来，马克思主义哲学新视域的建构才最终完成。正是由于获得了这种对哲学的科学定位，马克思才可能坚定地走向他的第二个伟大的发现，即经济科学中的剩余价值理论；此外，这种剩余价值理论的确立也意味着实证研究之上的科学批判话语基础的生成；最终，马克思在经济学的科学革命中创立了他的历史现象学理论。

我之所以说马克思的科学批判理论是一种话语，意在表明马克思在1847年以后，不再**直接以哲学逻辑的方式批判现实**，哪怕是一种科学的哲学世界观！马克思的哲学新视域仅仅是一种**方法论层面上的**历史唯物主义和历史辩证法，它的合法存在仅仅作为历史研究、经济学和政治研究的方法论引导，并以一种隐性的功能结构发生在实证研究之中。所以，马克思的科学批判理论只是一种**方法论话语**。马克思恩格斯后来多次谈到"哲学的终结"都是意谓这一语义。这种方法论话语的最大针对性，就是赫斯和蒲鲁东式的隐性唯心史观。然而，蒲鲁东不同于赫斯的地方是他的**双重唯心主义历史观**，即**显性的观念决定论**与**隐性的方法论**

的唯心史观。这是由于，在赫斯的基本理论逻辑的分析中，面对社会历史生活时他已经站在一般社会唯物主义的立场上，但赫斯的这种唯物主义却仍然是一种抽象的原则，生产及人们之间的物质交往和经济活动的运行都是一种理论的逻辑设定，并且是某种贯穿全部历史的不变公式。这令人想起我们的传统哲学解释框架。而马克思发现，这种看起来像是历史唯物主义的东西，固然也是立足于社会主义立场的观点的，但究其实质却仍然是方法论上的隐性唯心主义，因为这还是在**用观念逻辑来重构历史现实**！固然这种观念的内容可能是正确的。而蒲鲁东与赫斯相比则更糟糕，因为他在一般理论层面仍然是观念决定论。在他看来，社会历史的发展是所谓"无人身的理性"之实现，这是他用来装扮自己经济学"高论"的思辨哲学外壳，他甚至没有意识到黑格尔观念唯心主义的非法性。马克思后来在《哲学的贫困》一书的序言中说，蒲鲁东的双重错误在于，他在法国理应是一个拙劣的经济学家，可他却以卓越的德国哲学家著称；他在德国理应是一个拙劣的哲学家，可他却以杰出的法国经济学家著称。其实，蒲鲁东在这两个方面都是非科学的。在后来的《哲学的贫困》里，马克思主要批判蒲鲁东的经济学；而在这封书信中，马克思则重点批判他的双重唯心主义历史观。我发现，马克思所批判的重点不在于蒲鲁东那种明显的黑格尔式的观念决定论，而在于分析他的经济学方法论中隐含的深层唯心主义，这其实是一种**抽象的逻辑先导性**。

我认为，也正是在对蒲鲁东那种抽象唯物主义的反省中，马克思最终抛弃了以哲学直接面对历史、面对经济现实的做法。于是生成了对哲学新视域的最后一个重要界定，即**哲学方法论的合法地位**问题。那些包罗万象式的、指认一切存在领域的超级概念体系（"形而上学"），用通俗的话说，就是所谓"一般规律"已经不是马克思所关注的问题。哲学有自己的位置、自己的任务、自己的边界，它不是武林至尊，不能随意越俎代庖。哲学就是一种方法，它只是一种思考的前提，而不能直接替代现实，如经济哲学、历史哲学和政治哲学。马克思不是黑格尔，马克思不会再做一次黑格尔。他必须再一次与蒲鲁东告别，相互界划一条很深的理论界限。这就是他写给安年柯夫的信中所要阐明的主要问题了。下面,我们就来讨论马克思这个重要的理论文本。

2. 一定的历史的暂时的历史情境

根据上文所析,我们首先需要认真关注的是,在此时的马克思眼里,蒲鲁东的经济学研究中的唯心主义是如何表现的呢？当我们阅读作为马克思这一文本论说对象即蒲鲁东的《贫困的哲学》一书时,易如反掌地发现了两个表面的基本理论质点:一是蒲鲁东始终在批判资产阶级社会私有制的掠夺本质,二是他始终都着眼于社会历史的经济生活与经济发展的法则性。这是原来马克思恩格斯都基本肯定的东西。同时,我们也能明显地看到蒲鲁东那已经显得十分陈旧的黑格尔式的外在观念决定论。我们之所以说它十分陈旧,是因为在当时的德国进步思想界,由于费尔巴哈的影响作用,几乎整个原来从青年黑格尔派分化出来的左翼思想群体,都已经实现了从唯心主义向一般唯物主义的转变。人们不会再那样可笑地,如同野人献曝那样引以自豪地搬出黑格尔的神学观念逻辑,直接为自己的理论建构服务。可是在蒲鲁东的这本讨论经济学的书中,"普遍理性"、"上帝的假设"和"永恒不变的本质"之类的东西比比皆是,并且常常以黑格尔的外在思辨形式直接表述出来。实际上,这种显性的唯心主义是当时德国一般的进步思想家都能识别的。面对蒲鲁东的这种陈词滥调,马克思真有些哭笑不得,因为在他看来,蒲鲁东并没有真正理解黑格尔的辩证法,却将黑格尔的辩证法漫画式地到处挪用。大约在1844年前后,马克思甚至反躬自省,"在长时间的,往往是整夜的争论中,我使他沾染了黑格尔主义,这对他是非常有害的,因为他不懂得德文,不能认真地研究黑格尔主义"[1]。马克思的这段文字十分让人玩味,它一方面说使蒲鲁东沾染了黑格尔主义,另一方面又说他不能认真地研究黑格尔主义。乍一看这似乎有些矛盾,其实它言近旨远,却蕴涵着更

---

[1]《马克思恩格斯全集》第16卷,人民出版社1964年版,第31页。

深一层的含义:第一个"黑格尔主义"是指黑格尔的观念决定论的唯心主义思辨外壳,这正是蒲鲁东在《贫困的哲学》中所津津乐道的;第二个"黑格尔主义"是指黑格尔哲学中真正有价值的历史辩证法,这又是蒲鲁东还没有学到的东西。马克思说:"蒲鲁东是天生地倾向辩证法的。但是他从来也不懂得真正科学的辩证法"①。这里的"科学辩证法",是指马克思在1845年以后重新"回到"黑格尔所获得的哲学新视域,也就是作为方法论历史唯物主义核心的真正彻底的历史辩证法。

我发现,蒲鲁东那种明显的黑格尔式的外在唯心主义错误,并不是马克思这一文本所关注的理论焦点。马克思更深刻地抓住了他双重唯心主义的另一面。正由于蒲鲁东没有理解从黑格尔辩证法中重生出来的科学辩证法的本质,所以他还犯了更深一层方法论上的唯心主义错误,即当蒲鲁东面对经济学研究时,他一方面满怀激愤地批判资产阶级社会,可另一方面却又**将资产阶级社会生产方式中历史地出现的社会关系之反映的经济范畴永恒化**。实际上,这也是全部资产阶级政治经济学非历史的意识形态本质。这使得蒲鲁东嘴上说要抛弃的东西,实质上却正被他更紧地拥在怀中。为什么会出现如此怪异的逻辑错位现象呢?还是让我们到马克思的文本中去寻找答案。

在这封书信的开始,马克思首先指出,蒲鲁东这本书之所以是一本"坏书",并非由于蒲鲁东的经济学研究依据了一种可笑的哲学,而是"因为他没有从现代社会制度(l'état social actuel)的联结(engrènement)"中去了解现代社会制度。② 我认为,马克思这里所使用的"联结"一词是独具匠心的。它不是泛指什么社会的关系或结构,而是特指一种一定历史条件下真实存在的社会**特定情境构成**。如上文所述,这是黑格尔的"定在"在历史唯物主义中的重建,后来海德格尔的"此在"也在此得到深刻

---

① 《马克思恩格斯全集》第16卷,人民出版社1964年版,第36页。
② 参见《马克思恩格斯全集》第27卷,人民出版社1972年版,第476页。此信与《哲学的贫困》都是马克思以法文写成的。参见 Marx-Engels-Gesamtausgabe（MEGA2）, Ⅲ/2, Text, Berlin: Dietz Verlag, 1979, S. 70. ——本书作者第三版注。

的启示。这可能是马克思在写作《德意志意识形态》的最后时刻所体悟出的东西。为什么这样认为呢？请看马克思自己的解析。

首先，马克思从一个在剖析所有社会历史的思想家中一般使用最频繁的概念入手，这就是"社会"。以他之见，社会不是蒲鲁东所说的什么"人类无人身的理性"，"社会（la société）——不管其形式如何——究竟是什么呢？是人们交互作用的产物（Le Produit de l'action réciproque des hommes）"①。马克思的这个"交互作用的产物"，是在否定蒲鲁东将社会看成一种先验主体的看法。马克思认为，社会不过是在特定时期由特定的人们以特定的方式建构起来的具有特定性质的、**活动的、相互作用的**总体。可见，人类社会的存在必然总是由一定的现实人类主体的活动历史地构筑起来的。这个理论规定，不禁让我们立即联想到《关于费尔巴哈的提纲》第六条中对人的本质的说明，即人的本质在其现实性上只能是人的一切社会关系的总和。同时，它还让我们想到《德意志意识形态》第一卷第一章中逻辑思路1对人的"本体性"历史生存的界说。它们之间涌动着血脉相连的一致性。如果说在以往的论说中马克思的说明还是原则性的，那么这里就是一种详尽的确证了。马克思说：

> 在人们的生产力发展的一定状况（un certain état）下，就会有一定的（telle）交换（commerce）和消费形式。在生产、交换和消费发展的一定阶段上，就会有一定的社会制度、一定的家庭、等级或阶级组织，一句话，就会有一定的市民社会（telle société civile）。有一定的市民社会，就会有不过是市民社会正式表现的一定政治国家。②

---

① 《马克思恩格斯全集》第 27 卷，人民出版社 1972 年版，第 477 页。参见 *Marx-Engels-Gesamtausgabe*（*MEGA2*），Ⅲ/2，Text，Berlin：Dietz Verlag，1979，S. 71。
② 《马克思恩格斯全集》第 27 卷，人民出版社 1972 年版，第 477 页。马克思在这里专门使用了区别于 la société bourgeoise（资产阶级社会）的 la société civile。马克思在此信中 5 次使用该词。在这里，la société civile 显然不是特指政治性的资产阶级社会，而是意指黑格尔意义上的市民社会关系结构。这个区分在德文中倒没有表现出来。参见 *Marx-Engels-Gesamtausgabe*（*MEGA2*），Ⅲ/2，Text，Berlin：Dietz Verlag，1979，S. 71。——本书作者第三版注。

必须先说明一点,很显然马克思并不是在描述一般的历史规律,而是在面对**现代**历史进行理论说明,因为等级、阶级、市民社会和政治国家都不是贯穿整个社会历史的东西。此时,马克思并不知道摩尔根的《古代社会》一书中已经揭示了一种根本不存在于上述文明社会中的人类特定社会存在——原始部族生活。我们看到,马克思在这里集中使用了 8 个"一定的"定语,格外突出。在整个文本中,马克思使用了近 15 处"一定的"、"既定的"词语。我发现,这个"一定的"规定实际成了马克思历史唯物主义和历史辩证法表述中一个最重要的界定,它的话语内涵就是**历史的现实的具体的分析原则和本质规定**。毫无疑问,马克思当然是在强调历史唯物主义的客观性原则和生产力发展的历史决定论的方面。可是,相对于我们曾指认的马克思对蒲鲁东的双重唯心主义历史观的批评,他并不是一般地批评蒲鲁东那种黑格尔式的显性观念决定论(这一点在《神圣家族》中已经基本完成了),而是在着重说明历史唯物主义和历史辩证法**根据一定社会现实情境进行具体研究的方法论话语**,以此来批判蒲鲁东的方法论隐性唯心主义历史观,即抽象地面对社会历史特别是社会经济和政治的发展。这个"一定的"方法论规定,正是马克思在《德意志意识形态》第一卷第一章中所确认的那种历史性生存的本体规定,即特定的时间与空间结合中的人类历史存在。这也正是前面马克思讲的那种具体的"联结"的构境背景。

前面我们已经提到,马克思的这一重要观点是对费尔巴哈相近看法的改造。1839 年,费尔巴哈在批判黑格尔哲学的过程中,针对黑格尔的逻辑抽象一般和无限性,从一个唯物主义者的立场上指认出黑格尔哲学"实际上是一种一定的(bestimmte)、特殊的哲学":

> 黑格尔哲学是在一个时代里产生出来的,在这个时代里,人类正如在任何其他时代里一样,是处在一定的思维阶段上,在这个时代里,是有一种一定的哲学存在的;黑格尔哲学与这种哲学相联系,甚至与这种哲学相结合;因此它本身就应当具有一种一定的、因而

是有限的性质。所以,每一种哲学,作为一种一定的时间上的现象,都是从一个前提开始。①

他说,很多哲学家都以为自己的哲学是没有前提的,可事实上一切哲学都只能从一定的时代出发。显然,这是一个十分深刻的观点。重要的是,费尔巴哈并没有思考这种决定哲学思想的**一定的时代性质**本身是如何形成的。这正是马克思深入思考的入口。决定一定时代性质的东西恰恰是一定社会历史条件下的物质生产与再生产的状态和水平。现在我们可以清楚地知道,马克思这时在面对任何事物与现象时,**不仅看到物质第一性,而且着眼于在现实社会历史的一定联结中把握这种基始性**。历史唯物主义的前提,不仅仅是社会存在决定意识,而恰恰是**一定的时空联结中的**社会生活决定**一定的**意识!这也是马克思的历史唯物主义中历史概念的真正本质!这才是马克思最终超出一切旧唯物主义的地方。同时,这也是马克思这一文本的论说重心和基本语境的真谛。也是在这个意义上,马克思批评蒲鲁东的历史概念是"在想象的云雾中发生并高高超越于时间和空间的"②。

其次,为什么要从这个"一定的"出发?马克思在文本的第二个逻辑层面上作了具体的分析:由于人们决不能自由地选择某一社会形式,即使已经意识到一种社会制度"不好"("异化"、"奴役性的劳动"和坏的分工),或者意识到一种社会制度是合理和美好的(社会主义和共产主义),都不能自由选择!为什么?归根到底是由于人们不能自由地选择自己的**生产力**(*leurs forces productives*)——这是一个更为基础性的观点:

> 因为任何生产力都是一种既得的力量,以往的活动的产物。所以生产力是人们的实践能力的结果(le résultat de l'énergie

---

① [德]费尔巴哈:《黑格尔哲学批判》,载《费尔巴哈哲学著作选集》上册,荣震华等译,商务印书馆1984年版,第50页。——本书作者第三版注。
② 《马克思恩格斯全集》第27卷,人民出版社1972年版,第479页。参见 *Marx-Engels-Gesamtausgabe*(*MEGA2*),Ⅲ/2,Text,Berlin:Dietz Verlag,1979,S.72。

pratique），但是这种能力本身决定于人们所处的条件，决定于先前已经获得的生产力，决定于在他们以前已经存在、不是由他们创立而是由前一代人创立的社会形式（la forme sociale）。①

马克思指出，物质生产力是全部人类社会历史的基础。他在此连续地使用了三个"决定于"，以加强逻辑语境的递进和更深一层的基始性作用。他试图强调，历史的确是由人类主体的实践能力创造的，作为历史基础的生产力是人类主体实践能力的结果。可是，人类主体的这种实践能力并不是天马行空地任意设想的东西，而决定于**人们所处的特定的历史条件**，这个"条件"又决定于先前已经获得的**特定的生产力**，并且决定于"在他们以前已经存在"的**特定的社会形式**。这三个"决定于"的核心是生产力发展水平的**特定历史性**。人类主体通过实践创造历史，而这种创造本身又受到历史发展状况的制约。这种重要的历史辩证法观点是值得我们那些热衷于"实践人道主义"的论者注意的，因为它恰恰体现了一种现实的历史的具体的辩证唯物主义的关系。在马克思的科学历史观中，作为逻辑基点的实践不是历史的"本体"，它本身正是由历史的生产力条件制约和新的现实创造共同建构的！按照马克思后来的表述，特定的物质生产与再生产所实现出来的一定的生产力水平，才是客观社会生活中**第一级**（不仅是第一性！）和**原生的**一般基础，由此之上才能形成一定历史条件下的第二、第三级的社会层面和结构。② 所以马克思认为，只不过在一定的历史断面上，人利用已有的生产力为新的生产服务，这就形成了某种"历史的关联（conexité）"，"形成人类的历史（l'histoire de l'humanité）"。③ 这个 conexité 相当于德文中的 Zusammenhang。可见，一定的现实生产力的发展状况，正是马克思面对人类历史生活和观念的

---

① 《马克思恩格斯全集》第 27 卷，人民出版社 1972 年版，第 477—478 页。参见 *Marx-Engels-Gesamtausgabe*（MEGA2）, Ⅲ/2, Text, Berlin: Dietz Verlag, 1979, S. 71。
② 参见《马克思恩格斯全集》第 46 卷上册，人民出版社 1979 年版，第 47 页。
③ 参见《马克思恩格斯全集》第 27 卷，人民出版社 1972 年版，第 478 页。参见 *Marx-Engels-Gesamtausgabe*（MEGA2）, Ⅲ/2, Text, Berlin: Dietz Verlag, 1979, S. 72。

唯一出发点。马克思认为：

> 人们永远不会放弃他们已经获得的东西，然而这并不是说，他们永远不会放弃他们在其中获得一定生产力的那种社会形式。恰恰相反。为了不致丧失已经取得的成果，为了不致失掉文明的果实，人们在他们的交往[commerce]方式不再适合于既得的生产力时，就不得不改变他们继承下来的一切社会形式。①

马克思的这种深层分析，并不是针对蒲鲁东的显性唯心主义历史观，而是旨在穿越他的显性唯心主义假思辨的壁垒，达及对其方法论隐性唯心主义——面对社会历史的经济问题时的那种抽象的方法论——的突围和颠覆。蒲鲁东没有意识到，抽象地面对经济现实这种逻辑是他无意识地从古典经济学那里不加批判地承袭来的，而这种非历史地对待社会生活的方法论，正是资产阶级（市民社会）的意识形态的本质，其要害恰恰是对资产阶级社会生产方式永恒性的假想。蒲鲁东在这种方法论上所受到的隐性制约，比他在表面上那无比激动、激情澎湃、口若悬河的批判性论述更为根本，更显关键。所以，虽然他看起来是在批判资产阶级社会，而本质上却在一个更深的理论层面论证资产阶级社会的永恒性。这种悖论，恰恰是蒲鲁东所无法理解、无法企及的辩证法。

文本的第三个理论层面，也是最重要的理论质点，就是马克思从社会历史动态发展的角度，进一步说明了历史进步的必然性并导引出**科学批判理论的真实出发点**。

在文本的最后一部分中，马克思主要批评蒲鲁东总是在谈论所谓"永恒的规律"，这就使他在面对资产阶级社会生产方式时，错误地将其中许多历史的经济范畴假想成永恒的天然的东西。固然，

---

① 《马克思恩格斯全集》第 27 卷，人民出版社 1972 年版，第 478 页。参见 *Marx-Engels-Gesamtausgabe*(*MEGA2*)，Ⅲ/2，Text，Berlin：Dietz Verlag，1979，S. 72。

蒲鲁东先生不是直接肯定**资产阶级生活**（*la vie bourgeoise*）对他来说是**永恒的真理**。他间接地说出了这一点，因为他神化了以观念形式表现资产阶级关系（les rapports bourgeois）的范畴。既然资产阶级社会（la société bourgeoise）的产物被他想象为范畴形式、观念形式，他就把这些产物视为自行产生的、具有自己的生命的、永恒的东西。可见，他并没有超出资产阶级的视野。①

也就是说，蒲鲁东其实没有意识到，他虽然貌似在批判资产阶级社会，但其隐性逻辑前提却论证了它的**超历史性**，"仿佛这个一定的生产方式（ce mode de produciton déterminé）的产物一直会存在到世界末日似的"②。因而，"他就陷入了资产阶级经济学家的错误之中，这些经济学家把这些经济范畴看作永恒的规律，而不是看作历史性的规律（des lois historiques）——只是适于一定的历史发展阶段、一定的生产力发展阶段的规律"③。马克思后来指出，在蒲鲁东那里，

> 他**不是把经济范畴**看作是**历史的、与物质生产的一定发展阶段相适应的生产关系的理论表现**，而是荒谬地把它看做历来存在的、**永恒的观念**，这就表明他对科学辩证法的秘密了解得多么肤浅，另一方面又是多么赞同思辨哲学的幻想，而且，他是如何拐弯抹角地又回到资产阶级经济学的立场上去。④

然而，以马克思的见解，"人们借以进行生产、消费和交换的经济形式是**暂时的和历史的**（*transitoires et historiques*）形式。随着新的生产力的获得，人们便改变自己的生产方式（leur mode de production），而随着

---

① 《马克思恩格斯全集》第 27 卷，人民出版社 1972 年版，第 485 页。参见 *Marx-Engels-Gesamtausgabe*（*MEGA2*），Ⅲ/2，Text，Berlin：Dietz Verlag，1979，S. 77。
② 《马克思恩格斯全集》第 27 卷，人民出版社 1972 年版，第 480 页。参见 *Marx-Engels-Gesamtausgabe*（*MEGA2*），Ⅲ/2，Text，Berlin：Dietz Verlag，1979，S. 72。
③ 《马克思恩格斯全集》第 27 卷，人民出版社 1972 年版，第 482 页。参见 *Marx-Engels-Gesamtausgabe*（*MEGA2*），Ⅲ/2，Text，Berlin：Dietz Verlag，1979，S. 75。
④ 《马克思恩格斯全集》第 16 卷，人民出版社 1964 年版，第 31—32 页。

生产方式的改变,他们便改变所有不过是这一特定生产方式的必然关系的经济关系"①。马克思在此信中 4 次使用 mode de production,其中 1 次为 mode actual de production。不可否认,马克思在此也批评蒲鲁东在经济研究中"混淆了思想和事物"的错误,因为蒲鲁东的历史"进化"和经济范畴还是"在他头脑中的排列秩序",这里有黑格尔式永恒理性("为了发展自身而使用的工具")的影响,但是,马克思着重批评的是蒲鲁东将分工、机器和所有制等不同问题视为抽象的经济范畴的观点,指出这种错误的实质是"没有理解把**资产阶级**生产(la production bourgeoise)所具有的各种形式结合起来的联系,不懂得一定时代(une époque déterminée)中生产所具有的各种形式的**历史的**和**暂时的**性质(le caractère historique et transitoire)"②。

> 蒲鲁东先生主要是由于缺乏历史知识而没有看到:人们在发展其生产力(leurs facultés productives)时,即在生活时,也发展着一定的相互关系(rapports);这些关系的性质必然随着这些生产力的改变和发展而改变。他没有看到:**经济范畴**(*les catégories économiques*)只是这些现实关系(ces rapports réels)的**抽象**(*des abstractions*),它们仅仅在这些关系存在的时候才是真实的。③

在马克思看来,历史的进步(包括社会主义),不是由人们观念(伦理学的价值论)中的好与坏决定的,马克思甚至以奴隶制的好与坏为例,说明了一定的生产关系的历史合理性和必然性。其实这也意味着,即使资产阶级社会生产方式是不合理的("坏"),但这也正是由特定的生产力发展水平必然造成的!这种历史的必然性同时也是历史的、暂时的,只有

---

① 《马克思恩格斯全集》第 27 卷,人民出版社 1972 年版,第 478—479 页。参见 *Marx-Engels-Gesamtausgabe*(*MEGA2*),Ⅲ/2,Text, Berlin: Dietz Verlag, 1979, S. 72。
② 《马克思恩格斯全集》第 27 卷,人民出版社 1972 年版,第 482 页。参见 *Marx-Engels-Gesamtausgabe*(*MEGA2*),Ⅲ/2,Text, Berlin: Dietz Verlag, 1979, S. 74。
③ 《马克思恩格斯全集》第 27 卷,人民出版社 1972 年版,第 482 页。参见 *Marx-Engels-Gesamtausgabe*(*MEGA2*),Ⅲ/2,Text, Berlin: Dietz Verlag, 1979, S. 75。

生产力的进一步发展(造成社会主义的客观前提)才能真正消灭它。资产阶级社会决不可能在观念中加以改变。所以,就是"适应自己的物质生产(leur productivité matérielle)水平而生产出社会关系的人,也生产出**各种观念、范畴**,即这些社会关系的抽象的、观念的表现。所以,范畴也和它们所表现的关系一样不是永恒的。这是历史的和暂时的产物(des produits historiques et transitoires)"①。一切社会存在都有其历史相对性和暂时性,这才是黑格尔辩证法的革命性的方面。如泽勒尼正确指出的,正是这种历史性、相对性和暂时性,"经过马克思对黑格尔观点的唯物主义的批判的扬弃,成了马克思科学概念的基本因素"②。

3. 能有:一种逻辑与现实的科学联结

我注意到,马克思在文本后半部分的关键性阐释中,5处使用了"历史的"、"暂时的"这些修饰语。显然,在这个重要的语境中,他试图界划出一种新的现实科学批判逻辑。这就出现了一个需要进行历史界说的理论质点。

在以往的社会批判里,尤其是资产阶级启蒙思想家大多自觉或不自觉地运用人本主义的逻辑范式,即从 Sollen(应该)与 Sein(是)的矛盾中牵引出批判的张力。"应该"往往被规定为人类生活理想化的本真存在状态,它是一种本质性的价值悬设和超越性的引导范式。在基督教的神学框架中,这种价值悬设被确定为原生性和彼岸性的天上乐园——"上帝之城",它既是人的原初点,又是复归之处;在后来的资产阶级启蒙思想中,它被设定为人的天然本性,它们都是一种"应有"(Sosein)。而"是"则是现实生活与人的世俗存在。相对于人的理想状态,这种"现有"往往是败坏的与蜕化的,它犹如神学中的此岸性的现世苦海,或启蒙精神所

---

① 《马克思恩格斯全集》第27卷,人民出版社1972年版,第484页。参见 *Marx-Engels-Gesamtausgabe*(MEGA2),Ⅲ/2,Text,Berlin:Dietz Verlag,1979,S.77。
② [捷]泽勒尼:《马克思的逻辑》,牛津,1980年,第29页。

批判的中世纪专制下的非人现状。基督通过引人指认现世的物欲与罪恶,使人出世而达及彼岸的上帝之城。与此相反,所有的启蒙思想家则都让人从天赋人权中看到现世生活在神学强制下的自否性,因而主张更加入世地舒展人的天然本性,这个人间天堂就是资产阶级社会的实现。费尔巴哈进一步证明了神学的上帝之城不过是人的本质的异化,那个基督教的"应该"只能回落到人间大地才能真正得以实现。可见,**正是这种 Sollen(应该)与 Sein(是)的逻辑矛盾才导引出一种强烈的批判张力**。同样,青年马克思在 1844 年的劳动异化理论中诚然已经开始批判资产阶级社会,但其深层逻辑仍旧依循这种旧式的人本主义思路。马克思提出,劳动才是人应有的本质,而被资产阶级视为人间天堂的现实的资产阶级社会私有制仍然导致人与自己本质的异化,所以资产阶级社会应该被打倒,共产主义才是真正的人道主义的实现。总之,马克思所提出的作为"历史之谜"的六大矛盾,其本质还是 Sollen(应该)与 Sein(是)的矛盾,其逻辑思路的内驱力还是**价值悬设的超越性**,所以从根本上说,这种从先验本质出发的方法还是隐性唯心主义历史观!

当然,与资产阶级启蒙思想家的根本区别在于,马克思那时已经站在无产阶级的政治立场上,同时也转为接受一般基始性的唯物主义观点,但他的哲学逻辑方法却仍然是非科学的。1845 年以《关于费尔巴哈的提纲》为突破点的哲学变革,其实质正是对这种方法论唯心主义的最后超越,也标志着方法论的历史唯物主义的真正确立。可是,这时又有一个棘手的问题摆在马克思的面前:当确认了历史唯物主义的从现实出发的原则,否定了任何抽象的价值悬设之后,**对现实资产阶级社会批判的张力又从何处生发出来呢**?由于当时马克思主要着眼于确立哲学逻辑中的方法论唯物主义原则,而对如何从现实中再引导出科学的批判张力这一问题,并没有重点展开说明。虽然他在《德意志意识形态》第一卷第一章第一手稿第 1 页上也谈到了"'解放'是一种历史活动",在第一手稿中引入了"分工"一词来替代异化,在第三手稿中引入了"自主活动"一词来替代"非异化本真生存",这些话语的转换预示着他试图建构一种异质于人本学逻辑的现实的批判思路。① 现在看来，确立这种新的批判思路的时机还未成熟。不过，在那里，马克思已经获得一种新的看法：**彻底的唯物主义必然是革命的历史辩证法！**从一定的有时限的具体现实出发，必然会通过发现所有人类社会具体存在的**历史性、生成性和暂时性**，进而达到对客观现实的科学批判认识。这无须再经过任何哲学理论逻辑的预设。② **革命的历史辩证法也必然是彻底的历史唯物主义！**从客观历史辩证法运动中必然引出最深刻最彻底的批判性，这种认知也是《德意志意识形态》第一卷第一章第一手稿中"对实践的唯物主义者即共产主义者来说，全部问题都在于使现存世界革命化，实际地反对并改变现在的事物"这一段话的真实内涵的深化。犹如醉翁之意不在酒，而在乎山水之间，马克思此时离开理想化的"应该"回到现实的"是"，不是要简单地唯物主义地反映现实，而是要真实地改变这个"是"。同时，这种改变不是从哲学或伦理的"应该"引出，而是从现实的"是"中引出科学的"应该"。简而言之，马克思理论思路中这种新批判张力的基点可以概括为一种新的理论质点："能有"（Moeglichsein）。这个"能有"实际上也就是从现实中生成出来的**进步之可能性**。"能有"的观点，直接受益于我的师兄姚顺良教授1995年10月在"马克思主义实践论与中国特色的社会主义"讨论会上的发言。

依据我的研究结果，马克思在1845年哲学变革中实现的最重要的质变内核，并不是停留在抽象的实践规定上的一般哲学唯物主义，而恰恰是他通过深刻理解黑格尔的历史辩证法，进而批判费尔巴哈的基始性唯物主义和赫斯的抽象的实践唯物主义才达及的作为科学方法论在场的历史唯物主义。现在马克思意识到，"和黑格尔比起来，费尔巴哈是极

---

① 参见拙著《马克思历史辩证法的主体向度》，南京大学出版社2002年第2版，第三章第二节第四目。——本书作者第二版注。
② 施密特说，马克思的否定性批判"涉及到某种有时限的东西"，这是深刻的。参见[德]施密特《历史和结构》，张伟译，重庆出版社1993年版，第30页。

其贫乏的"①。这种态度与《1844年手稿》已迥然不同,因为他已经发现,旧唯物主义中基始性唯物论的原则在方法论上仍然可能是隐性唯心主义的。当费尔巴哈和赫斯将"自然"、"物质"抽象化,将"实践"与"生产"非历史化地作为历史永恒不变的基础,并由此引出对现实的批判时,这种探索路径仍然是无意识的观念优先,在社会历史层面上,依然没有超出资产阶级社会的意识形态立场。与此不同的是,马克思这时通过理解黑格尔哲学逻辑的革命本质,已经在历史唯物主义的基础上重新获得了历史辩证法。此时的马克思已经清醒地看到,黑格尔哲学中那种历史辩证法的本质,就是指认所有观念都只是历史必然性(绝对理念)的一定表现,在历史性的运动过程面前,没有任何固定的和永恒不变的东西。当马克思将黑格尔的观念历史辩证法重新颠倒过来,并将其置于历史唯物主义之上时,他才真正发现,**唯物主义必须通过历史辩证法从它自身的内部来建构**！历史唯物主义并不是抽象地指认历史中某种**不变的物质基始**,而是运用历史辩证法去真实地面对人类社会历史生存活动中被建构出来的每一**具体的有限的客观情境**,以发现一定的、历史的和暂时的人类物质生活及其一定的、历史的和暂时的观念映现。在这一点上,作为一种方法论的历史唯物主义与历史辩证法是完全同一的。它们**不是两个东西**！我认为,马克思此时的思想比《德意志意识形态》第一卷第一章中的哲学确证更深刻了。马克思后来说历史辩证法的本质是革命的,也就是说由于唯物主义地承认人类社会生活的历史有限性,因此辩证法将批判一切试图将一定的历史结构(生产方式)永恒化的做法。**历史辩证法永远是批判的**。更重要的是,历史辩证法不再立足于观念性的价值超越,而立足于"解放的物质条件",原来人本主义的"应有"与"现有"的矛盾在一种历史的现实可能性——"能有"(Moeglichsein)中统一起来了。任何批判不再外在地对峙于现实,而只能从现实的解放可能中引导出来。那么,具体到马克思此时的思想而言,对资产阶级社会的批判就

---

① 《马克思恩格斯全集》第16卷,人民出版社1964年版,第29页。

不能从任何良好的愿望引导出来,而只有从大工业生产的新的解放的物质条件中引导出来。这就是马克思与赫斯、蒲鲁东等人更深一层的差别。正如马克思后来所说的那样:

> (蒲鲁东)同空想主义者一起追求一种所谓"**科学**",以为由此可以 a priori[先验]地构想出一个"解决社会问题"的公式,而不从历史运动的批判的认识中,即不从本身就产生了**解放的物质条件**的运动的批判的认识中引导出科学。①

以我之见,这里马克思的从"**解放的物质条件的运动的批判的认识中引导出科学**"一语,是极为关键的论断(引文中表示强调的黑体字标记为引者所标注),因为马克思最终建立了一种 Sollen(应该)与 Sein(是)相缝合的桥梁,即只有从实证的现实科学研究中才能引发出新的现实批判张力! 我认为,这标志着马克思的科学批判话语的真正创立。正是建立在这个重要的理论观点之上,科学社会主义才被真实地赋予现实历史发展进程中的客观现实的可能性,而且这种可能性是以成熟的物质条件为基础的客观可能性。对此,马克思在不久之后的《道德化的批评与批评化的道德》(*Die moralisierende Kritik und die kritisierende Moral*)一文中又更明确地指出:

> 当使资产阶级生产方式(bürgerlichen Produktionsweise)必然消灭、从而也使资产阶级的政治统治必然颠覆的物质条件(materiellen Bedingungen)尚未在历史进程中、尚未在历史的"运动"中形成之前,即使无产阶级推翻了资产阶级的政治统治,它的胜利也只能是暂时的,只能是**资产阶革命**本身的辅助因素(如 1794 年时就是这样)。②

马克思说,"如果资产阶级实行阶级统治的经济条件(ökonomischen

---

① 《马克思恩格斯全集》第 16 卷,人民出版社 1964 年版,第 32 页。
② 《马克思恩格斯全集》第 4 卷,人民出版社 1958 年版,第 331—332 页。

Bedingungen)没有育雏成熟,要推翻君主专制也只能是暂时的",人们"在自己的发展进程中首先必须**创造**新社会(neuen Gesellschaft)的**物质条件**(materiellen Bedingungen)"。① 马克思的这一重要观点,不断为后来的历史进程所证实。这也就是马克思致安年柯夫这一书信的最有意义的理论真谛所在。

当然,关于这个重要认识的飞跃性的观点,是马克思在不久后写下并出版的《哲学的贫困》一书中才第一次公开地表述出来的。用马克思自己的话说那就是:"我们见解中有决定意义的论点,在我的1847年出版的为反对蒲鲁东而写的著作《哲学的贫困》中第一次作了科学的、虽然只是论战性的表述"②。我们将在下一节对这一文献做专题研究。

第二节 历史唯物主义与政治经济学的最初接合

1847年,马克思撰写并发表《哲学的贫困》。这部重要的著作是马克思主义创立以后的经典文献中最早公开发表的文本。根据马克思的看法,马克思主义的新世界观与马克思主义经济科学的"决定性的东西",都是通过这一文本第一次公开问世的。可令人遗憾的是,长期以来我们并没有对这本论著予以足够的理论关注和深入细致的文本解读。

1. 蒲鲁东与《贫困的哲学》

在上一节的讨论里,我们已经从《马克思致安年柯夫》这封信中初步了解到蒲鲁东的《贫困的哲学》发表前后马克思的一些基本想法。显而易见,那些想法还是马克思走马观花地浏览此书后的一些直观认识。不久之后,马克思用法文写作并公开出版了全面批判蒲鲁东的《贫困的哲学》一书的论著——《哲学的贫困》[*Misère de la philosophie. Rèponse a*

---

① 参见《马克思恩格斯全集》第4卷,人民出版社1958年版,第332页。
② 《马克思恩格斯全集》第13卷,人民出版社1962年版,第10页。

la philosophie de la misère de M. Proudhon(Paris，1847）]。如何对马克思的这部论著进行理论定位，并不是一件十分轻而易举的事。我在1990年前后读过恩格斯在1847年3月9日写给马克思的一封信，在信中他这样说：如果《德意志意识形态》的出版会妨碍《哲学的贫困》一书的出版，那就把《德意志意识形态》"扔掉算了"，因为出版《哲学的贫困》一书要"重要得多"。① 当时我正在精心解读新译的《德意志意识形态》第一卷第一章手稿，又自认为这是马克思主义哲学最重要的理论文本，所以始终不理解恩格斯为何这样看待他与马克思唯一正面表述自己哲学新世界观的《德意志意识形态》，这个问题一直萦绕在我的脑海。现在通过阅读《马克思致安年柯夫》，又再一次反复阅读《哲学的贫困》，我才真正破解了这部文献的理论意蕴的一些密码，自然，也才真正知晓恩格斯此话的意味。现在，水落石出，我对于恩格斯称《哲学的贫困》是当时党的"纲领"这一说法也不会过于诧异了。②

以我现在的见解，马克思的《哲学的贫困》一书实际上是一个十分重要的新观点的隐喻：一切重新建构抽象的哲学逻辑体系并**以哲学来投射现实**的企图，都是注定要失败的。马克思有自己的新哲学，从广义上说，它首先是一种科学的**方法论**，这种方法论不再是传统意义上的形而上学。离开了历史的现实的具体科学研究，哲学在马克思主义的科学视域中就不再具有科学意义上的合法性。在当时，这种现实的研究主要表现为马克思对资产阶级社会生产方式的经济学实证批判，以及对整个人类社会历史的分阶段的、具体的、现实的历史反思。哲学，首先是这种科学研究的方法论指南，这就是广义的历史唯物主义与历史辩证法。其次，哲学进一步表现为一种对一定历史条件下人类生存情境的理性把握，这就是狭义的历史唯物主义的批判的历史现象学。而后者，只有在1857—1858年马克思的经济学哲学研究中才得以完成。在《哲学的贫困》一书

---

① 参见《马克思恩格斯全集》第27卷，人民出版社1972年版，第92页。
② 参见《马克思恩格斯全集》第27卷，人民出版社1972年版，第109页。

中，马克思刚刚开始将他在经济学研究成果中新创立的历史唯物主义，第一次运用于政治经济学本身的科学建构之中。当然，这还是一种**初步的并不完满的理论接合**。

在即将评述马克思的这本重要著作之前，我们想对蒲鲁东的《贫困的哲学》一书进行一些简单的评述。过去的研究也可能有意回避了这些方面。

对于蒲鲁东的思想，以及他与马克思的关系，在本书第一章中，我们已经进行过一些初步的分析。需要强调的是，当1846年蒲鲁东自认为他第一个用哲学的观点为经济学提供了内在理论结构的时候，马克思已经在从事政治经济学第二阶段的研究。在创立历史唯物主义的同时，他开始从一个全新的角度来面对资产阶级政治经济学，并步入马克思主义政治经济学理论和科学社会主义理论的建构过程。这是一个至关重要的理论过渡阶段：一方面，马克思彻底摆脱了人本主义哲学构架，在历史唯物主义的现实方法中科学地面对历史；另一方面，马克思已经正确地理解了研究政治经济学的科学前提，根本上转变了他对古典经济学的基本认知态度，但还没有直接开始着手自己独立的政治经济学理论研究。"一切事物，在转变中，是总有多少中间物的。"（鲁迅语）处于思想变革状态的马克思，在这个时期的论著都很自然地带上了一种过渡性质的色彩，即**科学的方法、研究前提与尚未解决的经济学具体理论问题之间的矛盾性**。所以，对马克思这一阶段关于具体经济学和历史问题的看法，我们只能进行历史的指认，而不能夸大其理论逻辑语境的意义。这是我们一定要警惕的问题。

马克思和恩格斯在1846年5月5日致信蒲鲁东，邀请他参加国际社会主义的通讯组织，并请蒲鲁东担负起该组织在巴黎的通讯工作。[①] 可是，蒲鲁东在当月写给马克思的回信中，明确表示反对社会主义者用革命的手段来建立新的社会制度，他主张"通过经济的组合把原先由于另

---

① 参见《马克思恩格斯全集》第27卷，人民出版社1972年版，第464—465页。

一种经济的组合而逸出社会的那些财富归还给社会。换句话说,在政治经济学中使财产的理论转过来反对财产"①。当然,他是想在承认现实社会的前提下,用温火式的改良来医治资产阶级社会。同时,蒲鲁东明确表示愿意同马克思进行讨论,交流彼此之间的不同观点。蒲鲁东在给马克思回信时说,他的新著《贫困的哲学》即将问世。正是在这本书中,蒲鲁东自认为他用哲学真正拯救了政治经济学,即既批判了政治经济学的"保守主义",又批评了社会主义的"激进主义"。这样看来,他真是以神性的名义在拯救世界。

如前所述,在阅读蒲鲁东的《什么是所有权》一书时,人们往往被作者那种大无畏的精神所打动。可在蒲鲁东的这部新作中,我们看到的却是与先前的他有着霄壤之别的另一幅面孔。原来那个质朴的为无产阶级请命抗争的斗士不见了,现在出现在人们面前的是一位打着上帝的幌子,与资产阶级大肆吹嘘"调和"的漫画式的"思想大师"。蒲鲁东这种判若云泥的形象,无疑给原本对其加入社会主义阵营存有一线希望的马克思带来了剧烈的冲击,使他不禁产生啼笑皆非的感觉。这也使他下决心清算这位过去的老朋友。

在《贫困的哲学》一书中,蒲鲁东的理论出发点不再是从人出发的公正,而是与上帝等质的一种"普遍理性",即对社会规律的认识。② 以我的见解,后来蒲鲁东从格律恩那里或多或少也了解了一些黑格尔哲学。可是,这位迟到的学生所思考的方向与马克思甚至整个德国的青年黑格尔派的先进方向并不相同,他不是从黑格尔绝对理念背后的神正论复归于人,而是从现实走向神学。二者之间的大前提相去甚远,必然背道而驰。所以,开篇之初,他就声称:"社会历史无非是上帝观念的一个长期的'确定',一个人类命运的逐步启示"。不过,与古代的那种认识不同,蒲鲁东是通过"科学理性"来确认的神性,并将这种神学的假设作为他经济学研

---

① [法]蒲鲁东:《贫困的哲学》第1卷,徐公肃、任起莘译,商务印书馆1961年版,中译本序言,第10页。
② 参见[法]蒲鲁东《贫困的哲学》第1卷,徐公肃、任起莘译,商务印书馆1961年版,第5页。

究的前提。如果人的劳动是上帝创世之继续，那么，蒲鲁东的理论就是在现实中"替天行道"。显然，蒲鲁东的这种理论前提足以说明他对当时的欧洲哲学知之甚少，特别对基督教文化之批判可谓孤陋寡闻。

如果说，在《什么是所有权》一书中，蒲鲁东的理论基础是法哲学兼及一些经过中介的政治经济学观点（主要是不准确的劳动价值论），那么，《贫困的哲学》倒的确是他第一次这样卖力地甩卖经济学理论。蒲鲁东对经济学的理论定位也很有意思。他明确提出，经济学是一种新的哲学。他的这种口气乍一看有点像西斯蒙第，可实际上意思却迥然不同。蒲鲁东认为，"经济科学依我来看是形而上学的客观形式和实现"，谁研究劳动和交换的定律，谁就是真正的、专门的形而上学者。这是"一种富有逻辑性的科学或是一种富有具体性的形而上学，根本改变了过去哲学的各项基础"。① 与马克思相比，蒲鲁东是将古典经济学直接认定为一种哲学，而马克思却从中发现了全部旧哲学解构的秘密这种论断显然是一笔糊涂账。因为，在黑格尔的思考视域里，市民社会中经济现实的本质和运动规律，实际上就是绝对观念的历史实现的一个现代高点。可蒲鲁东的头脑就没有那么清楚明晰了，他认为"社会经济的全部历史都写在哲学家的著作里"②，于是，

> 在经济学家们看来，事实就是真理，唯一的理由是因为它们就是事实，是有形的事实。在我们看来，情形却正相反，事实决不是有形物，因为我们不知道有形物这几个字是什么意思，我们知道事实是无形观念的有形表现。③

在费尔巴哈以后出现的这种极简单而粗糙的显性唯心主义文字，真是令人瞠目结舌，可它却成为蒲鲁东以哲学的名义来教训贫困的经济学家的法宝。遗憾的是，他并没有真正学到黑格尔哲学的内在辩证法的真

---

① 参见［法］蒲鲁东《贫困的哲学》第1卷，徐公肃、任起莘译，商务印书馆1961年版，第37页。
② ［法］蒲鲁东：《贫困的哲学》第1卷，徐公肃、任起莘译，商务印书馆1961年版，第178页。
③ ［法］蒲鲁东：《贫困的哲学》第1卷，徐公肃、任起莘译，商务印书馆1961年版，第142页。

功夫，只学会了一点外在的皮毛，即正反合（肯定、否定、否定之否定）的矛盾调合段式，真乃舍本逐末。

在该书第一章中，蒲鲁东还同时反对政治经济学和社会主义。他认为，现实资产阶级社会中的劳动和交换已经自发地普遍地组织起来，政治经济学给了我们这个组织的基本原理，并以人权来维护这个社会的运转；而社会主义则认为这个组织是产生出罪恶、压迫和贫困的根源，因而它必然是"过渡性质的"。这两种思潮要么对此完全肯定，要么对此彻底否定。相形之下，蒲鲁东则要求一种折中的态度。他的立场是想说明，政治经济学是建立在社会事实之上的"社会科学"，因为它说明了社会的现象和现象之间的关系，即规律。这应该是一种研究的前提，因为"如果没有政治经济学的深刻批判和不断的发展，社会主义将是一筹莫展"①。他的这一表述中显然是存在合理成分的。他甚至说，"**社会主义里面没有任何东西不是政治经济学里所有过的**"②。比如，由政治经济学揭示的劳动是价值的唯一来源理论，经济学家承认一切价值都是由劳动产生的，却据此去肯定现在的社会现实；社会主义的意义在于它看出了政治经济学的非批判性，由劳动价值论得出否定现实社会的要求，因此社会主义必然要反对政治经济学。这二者，在经济学中表现为资本生产力与劳动生产力二元对立。在蒲鲁东看来，政治经济学和社会主义都是极端的和片面的，高明的他则谋求第三个原则，即作为否定之否定出现的协调原则。③ 这也就必须承认政治经济学的事实，但又纠正它的错误，"使事实与权利协调起来"，从而得到"秩序"。④

第二章是蒲鲁东讨论用哲学对经济学的"拯救"。可以看得出来，他的讨论围绕着政治经济学中最重要的价值理论而展开。蒲鲁东直接指出，"价值主要地是显示出一种社会关系，甚至可以说只有通过社会性交

---

① ［法］蒲鲁东：《贫困的哲学》第 1 卷，徐公肃、任起莘译，商务印书馆1961年版，第 48 页。
② ［法］蒲鲁东：《贫困的哲学》第 1 卷，徐公肃、任起莘译，商务印书馆1961年版，第 259 页。
③ 参见［法］蒲鲁东《贫困的哲学》第 1 卷，徐公肃、任起莘译，商务印书馆1961年版，第 50 页。
④ 参见［法］蒲鲁东《贫困的哲学》第 1 卷，徐公肃、任起莘译，商务印书馆1961年版，第 61 页。

换,再联系到它的天然状态才能形成它的功用,才能体会到它的价值概念"①。这基本是对的。价值又分为使用价值与交换价值,使用是交换的必要条件,去掉使用,交换即等于零。蒲鲁东发现这是一对客观矛盾,而且,"**二律背反**是政治经济学的主要性质"②。蒲鲁东认为,过去所有的经济学家都是理论上的弱智,他们只能直观地看到经济学中的正题或者反题,这是由于经济学家都不懂哲学,他们不懂"价值本质是绝对可以调和"的③。这种思路又是黑格尔的矛盾之调合——正—反—合。并且直至这时,才由蒲鲁东第一次发现了政治经济学迄今为止的"最高点":构成价值。蒲鲁东认为,他的构成价值实现和调和了使用价值与交换价值的矛盾本质,供给和需求促使使用价值与交换价值相接触并且调和,二者在商业的构成中得以实现。在交换中形成比例关系,进入这一构成与实现的要素就是价值,调和后的多余部分是非价值。

> 价值是在生产者与生产者之间通过分工与交换两种方式自然形成的社会之中,是**构成财富的各种产品的比例性关系**:人们特别把它叫做产品的价值,乃是一种公式,用货币记号来指出该产品在总财富里所占的比例。④

构成价值是一个合题,功用与交换密切结合在一起,成为综合价值或社会价值,即真正的价值。价值是通过它在**供**与**求**之间的一种连续的摇摆现象而达到的一种绝对的经济规律。就这样,蒲鲁东自认为进行了有史以来政治经济学领域最伟大的革命。我觉得,此时的马克思肯定是感到哭笑不得的。

从第三章开始直至第七章,蒲鲁东描述了经济进化的五个时期。分工是经济进化的第一个阶段,分工本身是经济学的二律背反。第二个阶

---

① [法]蒲鲁东:《贫困的哲学》第1卷,徐公肃、任起莘译,商务印书馆1961年版,第63页。
② [法]蒲鲁东:《贫困的哲学》第1卷,徐公肃、任起莘译,商务印书馆1961年版,第70页。
③ 参见[法]蒲鲁东《贫困的哲学》第1卷,徐公肃、任起莘译,商务印书馆1961年版,第73页。
④ [法]蒲鲁东:《贫困的哲学》第1卷,徐公肃、任起莘译,商务印书馆1961年版,第85页。

段是机器,机器是分工的对立物。第三个阶段是竞争,竞争是经济的调节,并为价值构成所需要。在此,蒲鲁东批评共产主义取消竞争,他认为问题不在消灭竞争,而在于使竞争得到平衡和监督。第四个阶段是垄断,由于垄断,人类才占有了地球。第五个阶段是警察或捐税。第八章蒲鲁东使用了一个非常吓人的标题:"人和上帝在矛盾律下的责任,或天命的解答"。蒲鲁东还在大势鼓吹,"社会的任务在不断地解决它的二律背反"①,例如人的理性与无限的神性矛盾,劳动与资本的矛盾(社会发展中的二律背反)。

> 劳动,发明了工作方法和机器,因而无可限量地增加了它的力量,然后用竞争来鼓励工业的天才,用资本的利润和企业的特权来保证它的收获,从而使阶级社会的组织变得更为深刻,更是不可避免的。②

蒲鲁东说,"关于这一切,不应该指责任何人"。他反对一切简单的肯定,因为社会经济的一切都是暂时的;也反对一切激进的否定(他反对西斯蒙第的开倒车),他期望"社会按照知识和经济的进步逐步改善"③。蒲鲁东自己,正是这种矛盾不断地协调的根本。所以,他自认为是法国的黑格尔。

有意思的是,在马克思的《哲学的贫困》一书发表之后,蒲鲁东并没有公开答辩。但是,他在自己的一份手稿的页边上写下这样一段话:"实际上,马克思悔恨我的观点处处与他相一致,而我却先于他提出来了……马克思实则是忌妒"④。他的这种自负真令人目瞪口呆。下面我们就来看一下马克思究竟是不是与蒲鲁东"处处一样"。

---

① [法]蒲鲁东:《贫困的哲学》第1卷,徐公肃、任起莘译,商务印书馆1961年版,第327页。
② [法]蒲鲁东:《贫困的哲学》第1卷,徐公肃、任起莘译,商务印书馆1961年版,第334页。
③ [法]蒲鲁东:《贫困的哲学》第1卷,徐公肃、任起莘译,商务印书馆1961年版,第377页。
④ 转引自[美]杰克逊《马克思同蒲鲁东的会见》,载《马克思主义研究参考资料》1985年第3期。

2. 马克思对蒲鲁东经济学观点的批判

马克思的《哲学的贫困》是用法文写作的,以便直接对法国工人产生作用,把他们从蒲鲁东的错误影响下解放出来。在传统学界的研究视域中,一般指认《哲学的贫困》是马克思的第一部经济学著作。而实际上,如果从以经济学为研究对象的角度来看,它远不是第一部著作(此前还有《1844年手稿》和《政治与政治经济学批判》),但是,它可以说是第一部公开发表的**马克思主义**著作,也是第一部公开发表的经济学著作。准确地讲,这是一部哲学经济学论著,是马克思用广义的历史唯物主义方法研究经济学的结果。

如前所述,正是历史唯物主义的进一步确立,以及马克思对英国"以李嘉图学说为依据的无产阶级反对派",即霍吉斯金、汤普逊、勃雷和格雷等人论著的直接研究(《曼彻斯特笔记》),马克思最终清除了蒲鲁东的影响,从而开始了经济学观念的最初转变。而在《哲学的贫困》一书中,马克思又对蒲鲁东进行了彻底的清算。他通过经济学和哲学两个方面,揭露了蒲鲁东对资产阶级社会批判的非科学性和小资产阶级的反动特征。在这本书中,马克思对蒲鲁东价值论的经济学批判与对蒲鲁东的历史观方法论的批判是分别进行的,对资产阶级自然主义历史观和形而上学方法论的批判与肯定李嘉图的价值理论则是同步发生的。

这本书分为两章,一共八节。第一章是立足于马克思正在撰写修改的《政治与政治经济学批判》一书的经济学研究,而第二章则是依据《德意志意识形态》特别是《马克思致安年柯夫》的广义历史唯物主义与历史辩证法。

第一章"科学的发现"中的三节,主要分析蒲鲁东的价值理论,这也是该书对经济学本身的探讨。总体而言,这些讨论在基本观点和方法上是正确的,但由于马克思此时还没有真正解决政治经济学的深层问题,因而也没有形成马克思主义对政治经济学的总体逻辑。所以他的大量观点还是依托于古典经济学,特别是李嘉图的经济学理论。马克思自己的经济学的真正创立,是在十年之后的《1857—1858年经济学手稿》中完成的。在上面的讨论中,我们已经看到,蒲鲁东的经济范畴往往与神学式的假黑格尔哲学混杂在一起,用马克思的话来说,就是"分工和这种分工所包含的交换等都是凭空掉下来的"①。所以,蒲鲁东根本不知道和无法理解人类社会生活存在的**历史性**特征。比如"交换(échange)有它自己的历史(histoire)。它经过各个不同的阶段"②。在中世纪,交换的只是剩余品;而后来,"一切产品,整个工业活动都处在商业范围之内,当时一切生产完全取决于交换"③;最后,才出现"人们一向认为不能出让的一切东西,这时都成了交换和买卖的对象"④的时期。交换,总是**一定历史时期中的特定的生产方式中**的交换。

> 产品的交换方式取决于生产力的交换方式(mode d'échange des forces productives)⑤。总的说来,产品的交换形式是和生产的形式(forme de la production)相适应的。生产形式一有变化,交换形式也就随之变化。因此在社会的历史(histoire de la société)中,我们就看到产品交换方式常常是由它的生产方式(mode de production)来调节。个人交换也和一定的生产方式相适应,而这种生产方式又是和阶级对抗相适应的。⑥

马克思在此文本中9次使用mode de production一语。同时,马克思还告诉蒲鲁东,在现代的生产条件下,人"并不是想生产多少就生产多少,现在生产力发展(développement des forces productives)水平责成他在一定的限度内进行生产"⑦。我们能看出,这种观点源自马克思刚刚创

---

① 《马克思恩格斯全集》第4卷,人民出版社1958年版,第78页。
②③④ 《马克思恩格斯全集》第4卷,人民出版社1958年版,第79页。
⑤ 马克思在这里使用了与致安年柯夫书信中的facultades productivas(生产力)不同的forces productives。——本书作者第三版注。
⑥ 《马克思恩格斯全集》第4卷,人民出版社1958年版,第117页。
⑦ 《马克思恩格斯全集》第4卷,人民出版社1958年版,第87页。

立的历史唯物主义语境。虽然蒲鲁东在讨论经济问题时,也承认经济的优先性,可是他的那种非历史的抽象方法论必然导致更深层次的唯心史观。在马克思看来,这实际上也是所有资产阶级经济学家的致命错误。对此,孙伯鍨先生正确地指出,当马克思"把历史唯物主义的发展原则运用到政治经济学,同时把全部经济生活以至整个社会看作一个有内在联系的系统整体,这就使马克思的研究方法不仅超出唯心主义的蒲鲁东,而且超出了整个政治经济学"①。

针对蒲鲁东自称他拥有哲学辩证法,马克思反问道:

> 蒲鲁东先生的整个辩证法是什么呢?就是用抽象的和矛盾的概念,如稀少和众多、效用和意见、**一个**生产者和**一个**消费者(两者都是**自由意志的骑士**)来代替使用价值和交换价值、需求和供给。②

这也就是说,蒲鲁东指出使用价值与交换价值的矛盾固然是正确的,可他却从任意而错误的推论中得出这样的结论:使用价值=众多,交换价值=稀少;使用价值=供给,交换价值=需求。而这个矛盾,将在由劳动时间所决定的价值中得到解决(构成与实现)。在马克思看来,蒲鲁东创造出来的以所谓的"构成价值"为中心的经济学说和超社会主义理论,不过是对李嘉图价值理论的一种乌托邦式的歪曲说明,而这种将李嘉图倒过来改造社会的方法已经由李嘉图式的英国社会主义者所运用。

应该特别指出的是,此时的马克思已经不再一般地承认劳动价值论和肯定古典经济学的科学性,他在经济学的大部分观点上都已经转变到**李嘉图的立场**上来了。我们知道,通过《布鲁塞尔笔记》和《曼彻斯特笔记》时期的第二阶段经济学研究,马克思已经考察了资产阶级经济学各种流派。他直接引述了《布鲁塞尔笔记》中读过的拜比吉和乌尔的著作。在这本书中,他还直接引用了西斯蒙第、罗德戴尔、布阿吉贝尔、斯密、李

---

① 孙伯鍨、姚顺良:《马克思主义哲学史》(黄楠森等主编,八卷本)第2卷,北京出版社1991年版,第272页。
② 《马克思恩格斯全集》第4卷,人民出版社1958年版,第87—88页。

嘉图、施托尔希、阿特金森、霍吉斯金、汤普逊、埃德门兹、勃雷、西尼尔、穆勒、图克、库柏、萨德勒、勒蒙特和弗格森等经济学家的论著。更重要的是,马克思已经直接肯定李嘉图是"当代的历史学家"①了。马克思甚至认为,李嘉图"已经科学地阐明作为现代社会即资产阶级社会(société bourgeoise)的理论"②。马克思在此文本中 8 次使用了 société bourgeoise 一语。这种区分说明,马克思此时的经济学研究水平明显高于《德意志意识形态》时期。他已经从古典经济学中辨别出斯密与李嘉图的不同,并直接将李嘉图视为古典经济学理论的最高点。其实,这个最高点也是历史唯物主义和马克思主义政治经济学的批判性理论起点。

正是在这个意义上,马克思直接将李嘉图与蒲鲁东进行对比研究:其一,"李嘉图给我们指出资产阶级生产(production bourgeoise)的实际运动(mouvement réel)",而蒲鲁东却脱离现实,在头脑中发明新公式,事实上这个所谓新公式"只不过是李嘉图已清楚表述了的现实运动的理论表现"。③ 其二,"李嘉图把现社会当做出发点,给我们指出这个社会怎样构成价值;蒲鲁东先生却把构成价值当做出发点,用它来构成一个新的社会世界。"④其三,"在李嘉图看来,劳动时间确定价值这是交换价值的规律,而蒲鲁东却认为这是使用价值和交换价值的综合"⑤。所以,实际上,"李嘉图的价值论(théorie des valeurs)是对现代经济生活的科学解释(interprétation scientifique);而蒲鲁东先生的价值论却是对李嘉图理论的乌托邦式的解释"⑥。这是为什么呢？因为,李嘉图是从现实的经济关系中归纳出他的理论公式的,这个公式正是经济生活的本质抽象。李嘉图以这个本质为准绳来透视资产阶级社会经济现象,如"地租、资本积累以及工资和利润的关系等那些骤然看来好像是和这个公式抵触的

---

① 《马克思恩格斯全集》第 4 卷,人民出版社 1958 年版,第 156 页。
② 《马克思恩格斯全集》第 4 卷,人民出版社 1958 年版,第 89 页。
③ 参见《马克思恩格斯全集》第 4 卷,人民出版社 1958 年版,第 92—93 页。
④⑤⑥《马克思恩格斯全集》第 4 卷,人民出版社 1958 年版,第 93 页。

现象"①。而蒲鲁东则是完全凭借任意的天马行空式的假设,再以一些孤立的经济事实加以歪曲作为例证。因此,我想再追加一句评论:在隐性哲学前提上李嘉图是达及了社会唯物主义的最高水平,而蒲鲁东则是彻头彻尾的唯心主义。

针对蒲鲁东对李嘉图的批评,特别是针对他认为李嘉图将帽子的生产费用与人的生活费用混为一谈的看法,马克思说,李嘉图的观点的确是"把人变成了帽子",但这不是因为李嘉图观点的"刻薄"造成的,而是由于事实本身就是刻薄的。在这里,马克思直接反对法国人本主义文学家对李嘉图政治经济学的攻击。② 当然,马克思决不是在肯定李嘉图所肯定的资产阶级政治经济学观点,他想要说明的是,蒲鲁东不仅歪曲了李嘉图的经济学中的科学表述,而且将资产阶级的现实作为自己建立公平的基础。因为李嘉图正确的"公式",只是"工人遭受现代奴役的公式"。以必要劳动时间来确定价值的规律,是在一定历史条件下资产阶级社会的特定历史规律。可笑的是,李嘉图在劳动价值论上正确地纠正了斯密的错误,可反倒又被蒲鲁东再次弄错了。同时,蒲鲁东还把这种混乱的错误当成自己"**平均主义地**"改造社会的基础。马克思还指出,即便是这种平均主义地应用李嘉图的理论,也并不是蒲鲁东的发明,因为在他之前,英国社会主义经济学家汤普逊、霍吉斯金、埃德门兹和勃雷等人对此都有过重要的论述。马克思为此还对勃雷的《对劳动的迫害及其救治方案》一书进行了大量引证。③ 正是在这里,马克思第一次从经济学角度批评了勃雷,因为勃雷也不过是将资产阶级的幻想变成了他想实现的理想,但是,"要想在不过是这个社会美化了的影子的基础上来改造社会是绝对不可能的"④。说到底,蒲鲁东的"创造"至多是"以李嘉图学说为依据的无产阶级反对派"——"勃雷计划"的漫画版。

---

① 《马克思恩格斯全集》第 4 卷,人民出版社 1958 年版,第 93 页。
② 参见《马克思恩格斯全集》第 4 卷,人民出版社 1958 年版,第 94 页。
③ 参见《马克思恩格斯全集》第 4 卷,人民出版社 1958 年版,第 110—115 页。
④ 《马克思恩格斯全集》第 4 卷,人民出版社 1958 年版,第 117 页。

我认为，在《哲学的贫困》中，马克思在第一章中对蒲鲁东的经济学批判是正确的，但从理论的更深层次来看还存在着一些问题。正如前东德经济学家图赫舍雷尔所说，"在经济理论问题上，马克思在这里很大程度上还是依据李嘉图的，所以在许多个别问题上有着李嘉图的正确的和错误的理论观点"①。第一章的真正主题是交换价值，马克思在此主要还是着眼于量的规定的探讨，对价值的质的分析还没有提到日程上来。马克思自己说，只是到了《政治经济学批判》一书，蒲鲁东主义才被连根铲除了。在那里，马克思才真正解决了价值的质的分析，即劳动**怎样**和怎样的劳动形成价值，而且价值必然地要发展成为货币。此时，马克思还没有论及价值与交换价值之间、交换价值与价格之间、价格与市场价格之间的严格区别，从而也无法深入地分析资产阶级社会具体的生产形态，并进一步得出科学的经济学结论。同时，他还无法清楚地得知由劳动时间决定的价值同它变相的表现形式，即与资产阶级社会的生产价格之间的差别，所以他还是不加批判地接受了李嘉图的观点。马克思这里的想法既包含正确的内容，也存在错误的方面。这种错误肇始于他认为价值由生产费用或劳动时间的最低额决定，也就是说马克思所接受的"劳动价值"或"劳动的自然价格"这两个名词，以及在许多个别问题上（包括李嘉图的货币数量论、地租理论以及一般利润率），也都存在错误。

不过，由于有正确的历史唯物主义方法论指导，马克思对许多问题的思考也已经超越了李嘉图的视野。李嘉图（古典经济学）是在肯定的立场上，以价值规律来说明资产阶级社会生产方式运行的机制，而蒲鲁东这类小资产阶级社会主义者则企图以所谓的"真正实现"价值来消除资产阶级社会所产生的一切问题，从而重建社会的平等。马克思则科学地证明：价值是一个**历史的**范畴，它只是与资产阶级社会生产方式发生

---

① [德]图赫舍雷尔：《马克思经济理论的形成和发展》，马经青译，人民出版社1981年版，第211页。

特定的历史关联,它正是以私人交换为基础的社会关系的表现,价值只有通过交换才能得以实现,所以,在以个人交换、劳动价值转化成商品为基础的资产阶级社会中,如果不彻底改变生产方式本身,就根本无法根除资产阶级社会制度的弊病。同时,马克思第一次较完整地揭示了价值规律在私有制条件下的实现问题。当然,在这个时候,马克思固然已经开始肯定和维护劳动价值论,可他恰恰没有历史地说明价值本身的**历史的形成和变形**,也还没有全面证明自己的政治经济学理论。

思想的巨鹰虽然已在静默的海洋荡漾起一丝涟漪,但它依然在无边海岸低沉地徘徊,它们还在等待汹涛巨浪撕裂碰撞的激流的到来,它们还在等待搏击长空逆风飞舞的自由的到来。

3. 马克思对整个政治经济学的方法论批判

在这本书第二章的五个小节中,第一节着重批判了蒲鲁东的假黑格尔主义的研究方法,实际上,这是全书较有价值的部分,即经济学研究的哲学指导方法问题。用苏联学者卢森贝的话来说,就是在这本书中,"反对蒲鲁东的论战就变成反对整个资产阶级政治经济学的,首先是反对其方法论的论战"[①]。其余四节,分别从分工与机器、竞争与垄断、土地所有权与地租、罢工与工人同盟等方面展开具体的批判。在这一章的开始部分,马克思明确地表示要说明"政治经济学的形而上学",这似乎是他再一次重新讨论哲学。所以马克思反讽地说,这是回到德国,从英国人(政治经济学)变成德国人(哲学家)。我注意到,马克思在此第一次直接论说了**李嘉图与黑格尔的关系**:"如果说有一个英国人把人变成了帽子,那末,有一个德国人就把帽子变成了观念"[②]。根据前面我们已经看到的思

[①] [苏]卢森贝:《十九世纪四十年代马克思恩格斯经济学说发展概论》,方钢等译,三联书店1958年版,第246页。
[②]《马克思恩格斯全集》第4卷,人民出版社1958年版,第138页。

路,李嘉图把人变成帽子,这种做法实际上揭示了资产阶级社会经济过程中人与人的关系**畸变为物**的过程,而黑格尔不满意资产阶级社会的事物化状态,于是他再将事物化了的人扬弃为绝对观念。蒲鲁东既不理解李嘉图也不理解黑格尔,如上所述,他是用"冒牌的黑格尔词句"来油炸政治经济学。

在上一目的分析中,我们看到马克思对李嘉图的经济学理论存有不少肯定性评述。而在这一章里,马克思则以历史唯物主义超越了资产阶级政治经济学的方法论(特别是作为方法论存在的社会唯物主义);同时,他在说明资产阶级政治经济学深层唯心史观的前提下,再来反观蒲鲁东的肤浅性。图赫舍雷尔认为,在《哲学的贫困》中,马克思已经意识到,"政治经济学是一门历史科学"①。这个判断是正确的。我们可以看到,在这里,马克思已经自觉地从生产关系入手,解决政治经济学研究的方法论前提了。具体地说,就是将社会生产方式的发展确定为与一定阶段相适应的,只能是**历史的暂时的生产关系的产生、运动和它的内部联系**,所以,政治经济学只能是研究一定历史条件下人们借以生产、消费和交换的经济形式,以及这一经济关系发展的特殊规律性。马克思说,蒲鲁东之流无法理解"货币(monnaie)不是东西(chose)②,而是一种社会关系(rapport social)",一种"生产关系"(rapports de production),"这种关系正如个人交换一样,是和一定的生产方式相适应的"。③ 我认为,马克思的**科学的生产关系概念**正是在此时形成的。马克思在此文本中 16 次使用 rapports de production(相当于德语中的 Produktionsverhältnis)一语,其中 6 次为 rapports de la production bourgeoise,1 次为 rapports sociaux de la production bourgeoise。他提出,政治经济学也就是要研究"生产怎样在上述关系下进行",以及"这些关系(rapports)本身是怎样产

---

① [德]图赫舍雷尔:《马克思经济理论的形成和发展》,马经青译,人民出版社 1981 年版,第 202 页。
② 这里的 chose 应该是马克思对德文中 Ding(物)的翻译。——本书作者第三版注。
③ 参见《马克思恩格斯全集》第 4 卷,人民出版社 1958 年版,第 119 页。

第七章 马克思主义哲学革命的最后视域

生的"。① 这样一来，马克思理所当然能在一个远远高于所有资产阶级经济学家的理论逻辑尺度上思考问题，同时，他也能高屋建瓴地发现古典政治经济学的根本错误。

马克思指出，在以往的政治经济学研究中，所有资产阶级

> 经济学家们都把分工(division du travail)②、信用(crédit)、货币等资产阶级生产关系(rapports de la production bourgeoise)说成是固定不变的、永恒的范畴。……经济学家们向我们解释了生产怎样在上述关系(rapports)下进行，但是没有说明这些关系本身是怎样产生的，也就是说，没有说明产生这些关系的历史运动(mouvement historique)。③

因为在马克思已经创立的历史唯物主义中，人类生存最重要的"本体"规定不是什么永恒不变的抽象本质，而是一定的历史性存在。资产阶级政治经济学正确地看到了生产在人类生活中的基始性作用，一些优秀的代表人物（如李嘉图）甚至已经能够把握资产阶级社会运行中的经济关系。马克思在同期写下的《道德化的批评与批评化的道德》一文中指出，斯密和李嘉图的学生都会知道，现代私有制是整个"资产阶级生产关系(bürgerliches Produktionsverhältnis)的总和"，这些生产关系都是阶级关系，即"一定'历史运动'的产物"。④ 在前面，我们将他们的这些重要的思想概括为社会唯物主义。在对待过去的社会历史运动，特别是资产阶级对封建社会的否定上，这些资产阶级科学家可以说是具有一定的

---

① 参见《马克思恩格斯全集》第4卷，人民出版社1958年版，第139页。在法语中，rapport 一词的意思为"关系"，在马克思这里的法德语转换中，相当于德文中的 Verhältnis；而他在致安年柯夫书信中多用的 relacion 则相当于德文中的 Beziehung；另外那个 onnextion 则大约对应于德文中的 Zusammenhang。——本书作者第三版注。
② 马克思这里使用的 division du travail 中，travail 是"劳动"，division 是"分开"的意思，与德文中的 Teilung der Arbeit 相近，法语中，"分工"还有另外一词 se partager la besogne，besogne 是"工作"的意思，后者不能直接指向劳动者的劳动。——本书作者第三版注。
③《马克思恩格斯全集》第4卷，人民出版社1958年版，第139—140页。
④ 参见《马克思恩格斯全集》第4卷，人民出版社1958年版，第352页。——本书作者第三版注。

历史性眼光。可是,面对资产阶级社会的现实,这些经济学家(同启蒙运动以来的一切资产阶级思想家一样)都将资产阶级社会的生产方式视为人类生存的自然(天然)形态,视为亘古不变的东西。马克思分析道:"经济学家们在论断中采用的方式是非常奇怪的。他们认为只有两种制度:一种是人为的(artificielles),一种是天然的(naturelles)。封建制度是人为的,资产阶级制度(la bourgeoisie sont des institutions)是天然的。"①而从实质上看,

> 经济学家所以说现存的关系(资产阶级生产关系,rapports de la production bourgeoise)是天然的,是想以此说明,这些关系正是使生产财富和发展生产力得以按照自然规律(lois de la nature)进行的那些关系。因此,这些关系是不受时间影响的自然规律。这是应当永远支配社会的永恒规律(lois éternelles)。于是,以前是有历史的,现在再也没有历史了(Ainsi il y a eu de l'histoire, mais il n'y en a plus)。②

这最后一句话,是马克思批判资产阶级意识形态的一段很有名的表述。显然,在马克思看来,"以前是有历史的,现在再也没有历史了",这是资产阶级意识形态对资产阶级生产方式历史性的一种本质遮蔽。而这种**非历史的隐性历史唯心主义**,只有在历史唯物主义和历史辩证法的科学尺度上才能被正确地透视。

正是在这个意义上,我们才会发现蒲鲁东的幼稚可笑。因为,蒲鲁东将资产阶级经济学家非历史地描述的社会关系看成是一种不证自明的原理,而他只要用哲学来重新编排一下次序就行了。马克思指出蒲鲁东的谬误在于:

> 把任何一种事物都归结为逻辑范畴,任何一个运动、任何一种

---

① 《马克思恩格斯全集》第4卷,人民出版社1958年版,第153页。
② 《马克思恩格斯全集》第4卷,人民出版社1958年版,第154页。

生产行为都归结为方法，那末，由此自然得出一个结论，产品和生产、对象和运动的任何总和都可以归结为应用的形而上学。黑格尔为宗教、法等做过的事情，蒲鲁东先生也想在政治经济学上如法炮制。①

可见，蒲鲁东又将正、反、合的法宝运用到政治经济学的历史逻辑上，结果弄巧成拙，把"人所共知的经济范畴翻译成人们不大知道的语言"②。

马克思指出，蒲鲁东根本无法理解，"经济范畴（catégories économiques）只不过是生产方面社会关系（rapports sociaux）的理论表现，即其抽象（abstractions）"③。蒲鲁东与资产阶级经济学家一样，不知道人们是在一定的生产关系内生产。他不明白，

> 这些一定的社会关系（rapports sociaux déterminés）同麻布、亚麻等一样，也是人们生产出来的。社会关系和生产力密切相联。随着新生产力（nouvelles forces productives）的获得，人们改变自己的生产方式（mode de production），随着生产方式即保证自己生活的方式的改变，人们也就会改变自己的一切社会关系。手工磨产生的是封建主为首的社会，蒸汽磨产生的是工业资本家为首的社会（la société avec le capitaliste industriel）。④

这个"工业资本家为首的社会（la société avec le capitalisme industriel）"很重要，应该是马克思接近**资本主义**的社会科学认识的重要一步。显然，这是对《马克思致安年柯夫》中相关观点的说明。图赫舍雷尔认为，《马克思致安年柯夫》可以视为《哲学的贫困》第二章的纲要。⑤ 这种看法

---

① 《马克思恩格斯全集》第4卷，人民出版社1958年版，第142页。
②③ 《马克思恩格斯全集》第4卷，人民出版社1958年版，第143页。
④ 《马克思恩格斯全集》第4卷，人民出版社1958年版，第143—144页。
⑤ 参见[德]图赫舍雷尔《马克思经济理论的形成和发展》，马经青译，人民出版社1981年版，第199页。

是有一定道理的。当然,马克思在这里有更加明确有力的分析:

> 必须指出,财富怎样在这种对抗中间形成,生产力怎样和阶级对抗同时发展,这些阶级中一个代表着社会上坏的、否定的方面的阶级怎样不断地成长,直到它求得解放的物质条件(conditions matérielles)最后成熟。这难道不是说,生产方式、生产力在其中发展的那些关系(rapports)并不是永恒的规律(lois éternelles),而是同人们及其生产力发展的一定水平(développement déterminé)相适应的东西,人们生产力的一切变化必然引起他们的生产关系的变化吗?①

以上是第一层次的说明。马克思是要再一次向蒲鲁东表明,资产阶级社会中存在的生产方式和一切社会关系都不是不变的天然存在,而不过是随着生产力发展的一定水平而不断改变的社会性的现象。也是在这里,我们再一次看到了马克思在致安年柯夫的信中提出的重要观点:**只有从实证的现实科学研究中才能引发出新的现实批判张力!** 马克思说,"在生产力在资产阶级本身的怀抱里尚未发展到足以使人看到解放无产阶级和建立新社会所必备的物质条件之前",社会主义的要求不过是一些空想②;而基于"解放的物质条件(conditions matérielles)最后成熟",科学社会主义才被真实地赋予现实历史发展进程中的客观现实的可能性,而且这种可能性是以成熟的物质为基础的**客观可能性**。

第二层次,马克思自然要确证,蒲鲁东和一切资产阶级政治经济学家的观点都不过是**一定的**社会经济关系的理论反映。"人们按照自己的物质生产(productivité matérielle)的发展建立相应的社会关系,正是这些人又按照自己的社会关系创造了相应的原理、观念和范畴(les

---

① 《马克思恩格斯全集》第4卷,人民出版社1958年版,第154—155页。
② 参见《马克思恩格斯全集》第4卷,人民出版社1958年版,第157页。

principes, les idées, les catégories)."① 这也就是说，一个社会中出现的思想观念，总是特定社会关系的主观映现。"所以，这些观念、范畴也同它们所表现的关系（relations）一样，不是永恒的。它们是**历史的暂时的产物**（produits historiques et transitoires）。"② 这是蒲鲁东根本无法意识到的问题。马克思深刻地指出："每个原理都有其出现的世纪。例如，与权威原理相适应的是 11 世纪，与个人主义原理相适应的是 18 世纪"③。可是，

> 为什么该原理出现在 11 世纪或者 18 世纪，而不出现在其他某一世纪，我们就必然要仔细研究一下：11 世纪的人们是怎样的，18 世纪的人们是怎样的，在每个世纪中，人们的需求、生产力（forces productrices）、生产方式（mode de production）以及生产中使用的原料是怎样的；最后，由这一切生存条件所产生的人与人之间的关系（rapports d'homme à homme）是怎样的。难道探讨这一切问题不就是研究每个世纪中人们的现实的、世俗的历史（l'histoire réelle），不就是把这些人既当作剧作者又当作剧中人物（les auteurs et les acteurs de leur propre drame）吗？但是，只要你们把人们当成他们本身历史的剧中人物和剧作者，你们就是迂回曲折地回到真正的出发点，因为你们抛弃了最初作为出发点的永恒的原理。④

思及于此，我们可以发现，马克思这里所阐发的正是他不久前刚刚创立的历史唯物主义观点。在这一点上，马克思站在了比蒲鲁东要高得多的逻辑平台之上。

针对蒲鲁东既反对资产阶级经济学家又反对共产主义的立场，马克

---

①②《马克思恩格斯全集》第 4 卷，人民出版社 1958 年版，第 144 页。
③《马克思恩格斯全集》第 4 卷，人民出版社 1958 年版，第 148 页。
④《马克思恩格斯全集》第 4 卷，人民出版社 1958 年版，第 148—149 页。

思批评蒲鲁东想凌驾于资产阶级和无产阶级之间,结果只是落得一个小资产阶级的立场——"经常在资本和劳动,政治经济学和共产主义之间摇来摆去"①。也由此,马克思专门论说了他自己所理解的经济学的三种流派,更重要的是,马克思直接阐述了新的科学社会主义。这些思想如箭在弦上,将构成不久之后诞生的《共产党宣言》(*Manifest der Kommunistischen Partei*)的主体思路。

4. 分立与缝合:哲学话语内居于经济学语境

从以上的讨论情况看,我们其实可能清楚地发现,在《哲学的贫困》一书中,经济学与哲学的讨论各自为政,延续自身的思路徐徐延展,马克思的理论逻辑仍然是分立的。也就是说,从《德意志意识形态》开始的那两种截然不同的理论思路还没有统一起来。《马克思致安年柯夫》总体而言是一个哲学文本。他尚未将历史唯物主义真正有机地深化到经济学的科学分析中去。此时是马克思思想发展的一个特定时期,在这个时期,马克思自己独立的经济学研究尚未真正开始,广义历史唯物主义还无法面对社会历史的真实进程。一切即将萌发流转,但又依然凝固在不同的逻辑视域之中,于是,马克思的思想中出现了这种暂时的僵化而断裂的局面。

这种断裂的接合是在马克思不久后写下的《雇佣劳动与资本》中才开始发生的。这一文本的原型,是马克思在 1847 年底在布鲁塞尔关于资本与劳动关系的多次演讲。1848 年 2 月,马克思开始修改这一文本。1849 年 4 月,这一文本以连载的社论形式公开发表在《新莱茵报》上。1880 年,这本书以单行本在布勒斯劳出版。这一文本的出现,意味着马克思开始在古典经济学之上独立地解决经济学问题,第一次尝试真正从经济学角度批判资产阶级社会。用图赫舍雷尔的话讲,《雇佣劳动与资本》就是"马克思第一部系统地正面地叙述自己经济学观点的公开发表

---

① 《马克思恩格斯全集》第 4 卷,人民出版社 1958 年版,第 158 页。

的著作"①。正是在这里,我们看到了历史唯物主义与经济学的直接对接,哲学话语开始对象化在现实的经济分析之中。

接下来我们还是着眼于探讨哲学与经济学的关系。毋庸置疑,马克思在这里重点强调的是社会和社会关系,因为他要说明雇佣劳动与资本的关系,首先就必须说明社会关系的一般规定。马克思在第一篇演讲中曾宣称要说明三个问题:一是劳动与资本的关系,二是中产阶级和农民在资产阶级社会发展进程中的消亡,三是国际市场上各国资产阶级之间的不平等关系。实际上,从所发表的文本来看,马克思仅对第一个问题进行了讨论。② 于是,不久前《德意志意识形态》的哲学视域又呈现在我们眼前。马克思说,他在这里主要得面对**经济关系**(ökonomische Verhältnisse)。他指出,物质生产是社会经济的基础,而

> 人们在生产中不仅仅同自然界发生联系(sich beziehen)。他们如果不以一定方式(bestimmte Weise)结合起来共同活动和互相交换其活动,便不能进行生产。为了进行生产,人们便发生一定的联系和关系(bestimmte Beziehungen und Verhältnisse);只有在这些社会联系和社会关系(die gesellschaftliche Beziehungen und Verhältnisse)的范围内,才会有他们对自然界的关系,才会有生产。③

生产总是一定社会历史条件下的生产,而且必然是一定社会关系下以一定的形式构成的物质实践过程。"生产者相互发生的这些社会关系(gesellschaftlichen Verhältnisse),他们借以互相交换其活动和参与共同生产的条件,当然依照生产资料的性质而有所不同。"④这旨在说明工具的制约作用。更进一步说,任何社会关系又是由一定的物质生产水平决定

---

① [德]图赫舍雷尔:《马克思经济理论的形成和发展》,马经青译,人民出版社1981年版,第242页。
② 参见《马克思恩格斯全集》第6卷,人民出版社1961年版,第474页。
③ 《马克思恩格斯全集》第6卷,人民出版社1961年版,第486页。
④ 《马克思恩格斯全集》第6卷,人民出版社1961年版,第486—487页。

的,并随着生产力的发展而产生变化。"生产方式和生产资料总在不断变更,不断革命化;分工必然要引起更进一步的分工;机器的采用必然要引起机器的更广泛的采用;大规模的生产必然要引起更大规模的生产。"①这是一个步步递进的社会发展逻辑。"总之,各个人借以进行生产的社会关系,即**社会生产关系**(*gesellschaftlichen Produktionsverhältnisse*),是随着物质生产资料、生产力的变化和发展而变化和改变的。"②在对这个历史唯物主义基本观点确认的背景下,马克思接着说:

> **生产关系总合起来**(*Produktionsverhältnisse in ihrer Gesamtheit*)就构成为所谓**社会关系**,构成为所谓**社会**(*die gesellschaftliche Verhältnisse, die Gesellschaft*),并且是构成为一个处于**一定历史发展阶段**上的社会,具有独特的特征的社会。古代社会、封建社会和资产阶级社会(*bürgerliches Gesellschaft*)都是这样的生产关系的总和,而其中每一个生产关系的总和同时又标志着人类历史发展中的一个特殊阶段。③

马克思在此文中只是少量使用 bürgerliche Gesellschaft 这样的词语(4次)。马克思在此文中共11次使用 bürgerlich 一词,而开始较多地使用 Kapitalisten 等相关词。在解读《马克思致安年柯夫》和《哲学的贫困》之后,我们对马克思哲学话语中的这个"一定的"特殊语境已经非常熟悉了。马克思在这里以大段的篇幅讨论广义历史唯物主义的原则,当然只有一个目的,那就是引出对现实资产阶级社会经济关系的批判,特别是资产阶级经济学对这种经济关系性质的**意识形态遮蔽**,即资产阶级社会关系的天然性和永恒性。后面我们会发现,这恰恰是**狭义**历史唯物主义的源起。所以,马克思反复强调:

> 黑人就是黑人。只有在一定的关系(*bestimmten Verhältnissen*)

---

① 《马克思恩格斯全集》第6卷,人民出版社1961年版,第501页。
②③《马克思恩格斯全集》第6卷,人民出版社1961年版,第487页。

下,他才成为**奴隶**。纺纱机是纺棉花的机器。只有在一定的关系下,它才成为**资本**。脱离了这种关系,它也就不是资本了,就像**黄金**本身并不是**货币**,沙糖并不是沙糖的**价格**一样。①

同时,资本家(Kapitalist)也是一定社会关系下的特定结果。马克思在此文中 73 次使用 Kapitalist 等相关词。其中 5 次使用 Kapitalistenklasse(资本家阶级)一语。应该说明的是,此时在马克思的思考语境中,Kapitalist 一词十分确定地指称**资本家**,而没有开始发生用于"资本主义的"**意义移转**。在另一方面,劳动者的"劳动并不向来就是**商品**。劳动并不向来就是雇佣劳动(Lohnarbeit)、即**自由**劳动(*freie Arbeit*)"②。应该说,这也是马克思第一次科学地说明经济学意义上的**雇佣劳动**问题。雇佣劳动即可以自由买卖自己的劳动。撇开马克思这里经济学问题上的不准确不谈(因为劳动不是商品,他仍然没有劳动力商品的理论定位,直到《1857—1858 年经济学手稿》才解决了这个问题),马克思无非想要说明资产阶级社会关系的**历史性**,它是在经济学分析中极为深刻的哲学指认。

此时,马克思开始持有了经济学上的重要认识,他入木三分地指出:

> **资本**也是一种社会生产关系。这是**资产阶级的生产关系**(*bürgerliches Produktionsverhältnis*),是资产阶级社会的生产关系。构成资本的生活资料、劳动工具和原料,难道不是在一定的社会条件下,不是在一定的社会关系(bestimmten gesellschaftlichen Verhältnissen)下生产出来和积累起来的吗?难道这一切不是在一定的社会条件下,在一定的社会关系内被用来进行新生产的吗?并且,难道不正是这种一定的社会性质(bestimmte gesellschaftliche Charakter)把那些用来进行新生产的产品变为**资本**的吗?③

---

① 《马克思恩格斯全集》第 6 卷,人民出版社 1961 年版,第 486 页。
② 《马克思恩格斯全集》第 6 卷,人民出版社 1961 年版,第 478 页。
③ 《马克思恩格斯全集》第 6 卷,人民出版社 1961 年版,第 487 页。

这些来自于历史唯物主义话语的五个"一定的(bestimmt)",直接促进了马克思在经济学认识上的一定程度的深化。在马克思看来,资本"作为一种独立的社会力量,即作为一种属于**社会一部分**的力量,借**交换直接的、活的劳动**而保存下来并增殖起来"①。所以,在资本**主导**的生产方式中,除劳动能力以外一无所有的阶级的存在是资本的必要前提,更可悲的是,工人若不受雇于资本家就会灭亡。这是一种特定的生产方式和支配关系。马克思分析道:"只是由于积累起来的、过去的、对象化的劳动(vergegenständlichten Arbeit)支配直接的、活的劳动,积累起来的劳动才变为资本。"②这样,资本的"实质在于活劳动是替积累起来的劳动充当保存自己并增加其交换价值的手段"③。这也是马克思所说的"工人的奴役地位"和"资本家的统治"之间的关系。④ 其实,这也就是**资本的主义的生产方式**!

至此,我要说明一个重要的文本事件,即实际上在本书第一章至第七章正文中,我始终没有使用传统研究者在表征马克思 1857 年以前的思想时惯常标注的"资本主义"一语。因为,马克思其实在 1857 年以前,具体说是在《资本论》第二卷写作之前,从来没有使用过德语名词状态下的"资本主义"(Kapitalismus)一词,而只是使用"资产阶级社会"(bürgerliche Gesellschaft,这与中译文中的"市民社会"是**同一个词**)。⑤马克思是在科学地确认资本作为一种社会生活关系,实际上是"资产阶级的社会"的**本质**存在方式后,才明确创立了**资本主义的**(capitalist)社会和"资本主义的生产方式(kapitalistischen Produktionsweise)"这些关

---

① 《马克思恩格斯全集》第 6 卷,人民出版社 1961 年版,第 488 页。
② 《马克思恩格斯全集》第 6 卷,人民出版社 1961 年版,第 488 页。中译文原来将此处的 vergegenständlichten 译为"物化"是不准确的,应该为"对象化"。参见 MEW, Bd. 6, Berlin: Dietz Verlag, 1961, S. 409。——本书作者第四版修订注。
③ 《马克思恩格斯全集》第 6 卷,人民出版社 1961 年版,第 488—489 页。
④ 参见《马克思恩格斯全集》第 6 卷,人民出版社 1961 年版,第 474 页。
⑤ 从文献上看,马克思后来也只是在《资本论》及其手稿和少量书信中,使用过 Kapitalismus 和法文中的 capitalisme。——本书作者第四版修订注。

于资本主义科学认识的核心概念。在《雇佣劳动与资本》一文中,马克思已经开始初步意识到这一问题,但这一问题只是在《1857—1858年经济学手稿》中才真正得以解决。而他开始区别性地使用"资本主义的生产方式"一语,却开始于他《1861—1863年经济学手稿》之中,并且,他只是在《资本论》第一卷中才正式形成自己关于资本主义生产方式的系统确证,在那里马克思用 kapitalistischen Produktionsweise 取代了 bürgerliche Gesellschaft。①

当然,从总体上看,马克思这篇为当时的工人阶级而准备的演讲稿,在经济学的理论逻辑思路上,特别是在劳动价值论上并没有重大的突破;而且,直接从资本与雇佣劳动的关系的角度来看,它还反映了马克思此时的理论逻辑中那种《德意志意识形态》以来的**非现象学**观点。固然,哲学思考的确在浸入经济分析,但这种分析无法面对"资产阶级社会"多重颠倒的现实经济关系。这一点,也请读者切记。这是马克思第三次系统研究经济学之前的一次重要的理论努力。

---

① 参见张一兵、王浩斌《马克思真的没有使用过"资本主义"一词吗?》,载《南京社会科学》1999年第4期。张一兵、周嘉昕《资本主义理解史》(第1卷),江苏人民出版社2008年版。我现在的观点,显然已经有较大的改变。——本书作者第三版注。

第八章 《1857—1858年经济学手稿》与历史唯物主义

前面我已经说过,不理解马克思的政治经济学,就不可能真正理解马克思主义的哲学。在此我还要指出,马克思之所以能够有第二个伟大的发现——创立马克思主义政治经济学,并不仅仅因之他在经济学研究中的努力,而恰恰是由于他进行了哲学方法论上的彻底革命,正是那个"一定的"历史哲学语境,使他在根本上超越了古典经济学。古典经济学是天然的经验的社会唯物主义,但只有马克思的历史唯物主义才真正走出了一条科学道路,这使他所涉猎的一切思想领域都发生了深刻的变革。同时,也只有在马克思的伟大的政治经济学革命中,他的历史唯物主义才第一次真正成为真正的科学。这是一个双向建构的过程。更重要的是,马克思在面对社会历史的经济发展过程中,将哲学的批判理性与现实的经济学实证研究有机地结合了起来,这就形成了他最具特色的科学的批判的历史现象学。这是马克思在《1857—1858年经济学手稿》(他"一生的黄金时代的研究成果"[1])中给我们留下的最精彩的理论遗产。

---

[1]《马克思恩格斯〈资本论〉书信集》,人民出版社1976年版,第137页。

第八章 《1857—1858年经济学手稿》与历史唯物主义

第一节 《伦敦笔记》与《1857—1858年经济学手稿》

进入19世纪50年代,马克思在他的第三次政治经济学研究中,全面开创了马克思主义经济科学建构的新阶段,这也是马克思第二个伟大发现的开创时期。MEGA2 最新的资料显示,在《1857—1858年经济学手稿》写作之前,马克思还有一个重要的直接占有原始资料的研究过程,那就是全面研究传统政治经济学的《伦敦笔记》(London Hefte)。在对这个庞大的理论资料群的研究中,我们可以初步看到马克思后来科学思想实验的原初思路和直接原发点。

1.《伦敦笔记》与马克思的第三次经济学研究

1849年8月马克思恩格斯流亡到伦敦以后,刚开始还在力图总结1848—1849年欧洲革命中工人运动的经验。后来他们注意到,至1850年,欧洲已经出现了"资产阶级社会"的一个经济繁荣时期,这必定会导致工人运动走入低谷。而且,经过实际的斗争,马克思也再次体会到自己的经济学理论依然不够成熟,以至于把资产阶级社会危机与革命的关系看得过于简单。所以,从1850年9月始,马克思在英国不列颠博物馆阅览室开辟了一个新的"主要战场",即再次对政治经济学进行系统的研究。这也是他第三次也是最重要的一次经济学研究的初始阶段。马克思后来在《政治经济学批判》(第一分册)前言中这样说:

> 1848年和1849年"新莱茵报"的出版以及随后发生的一些事变,打断了我的经济学研究工作。直到1850年我在伦敦才能重新进行这一工作。英国博物馆中堆积着政治经济学史的大量资料,伦敦对于考察资产阶级社会是一个方便的地点,最后,随着加利福尼亚和澳大利亚金矿的发现,资产阶级社会似乎踏进了一个新的发展阶段,这一切决定我再从头开始,用批判的精神来透彻地研究新的

材料。①

在英国不列颠博物馆阅览室中,马克思收集并利用了可能是当时欧洲最全面的政治经济学、历史学和文化等各个领域的将近1500种文献和资料,进而为他新的经济学研究和深入思考服务。

图12　马克思从事研究工作的大英博物馆阅览室

从1850年9月到1853年8月,马克思写下了大量以摘录为主的笔记和少量手稿,其中标序号的有24本,大约1250页。这就是著名的《伦敦笔记》。这些笔记大部分保留了下来,现存于荷兰阿姆斯特丹国际社会历史研究所。② 这一笔记是马克思第二个伟大发现即创立自己科学的政治经济学理论的原始资料群,所以这也是马克思主义政治经济学最初理论建构的《1857—1858年经济学手稿》的直接思考前提。在这些笔记中,文献的选择和整理本身就预示了马克思即将开始的思想实验的基本思路,而在摘录中写下的批注和包含在笔记中和笔记之间的一些手稿,更让我们直接看到马克思下一步思想实验的最初构想和脉络。《伦敦笔记》将全部发表在MEGA2第四部分的第7—11卷。现在已经出版的有

---

① 《马克思恩格斯全集》第13卷,人民出版社1962年版,第10页。
② 2008年8月,我在阿姆斯特丹国际社会历史研究所的资料馆中,亲眼看到了这一笔记的原稿。这是一个令人激动的时刻。——本书作者第二版注。

第7卷(《伦敦笔记》第1—6册,柏林,1983年)、第8卷(《伦敦笔记》第7—10册,柏林,1986年)、第9卷(《伦敦笔记》第11—14册,柏林,1991年)。第10卷(《伦敦笔记》第15—18册)和第11卷(《伦敦笔记》第19—24册)正在编排中。《马克思恩格斯全集》中文第一版第44卷,收入了《伦敦笔记》中有关李嘉图的笔记(第4册第55—61页,第8册第19—65页)、李嘉图笔记的索引和一个单独的手稿《反思》(第7册第48—52页)。①

马克思在以上24本篇幅各不相同的摘录笔记上全都做了编号,并标注连续的页码,这些笔记的主体部分是他于1851年所做的笔记。②

在1850—1851年马克思所写的前7本笔记,主要是研究货币理论问题,其中对"通货原理"和"银行理论"的讨论是主体。在这里,他摘录了图克、泰勒、加尔涅、毕希、桑顿,以及斯密。一般地说,马克思的这一部分摘录主要是为了从资产阶级经济学的国家货币学和信贷政策中去寻求1847年经济危机的原因。他已经知道,资本主义经济危机的原因并不存在于流通领域,而根源于资产阶级社会生产矛盾之中。但是面对蒲鲁东—格雷一类资产阶级社会的批评者们将消除资产阶级社会危机的期望建立在对货币和信用领域的"改革"之上的迷误,马克思不得不同样从这一层面开始他的理论分析。当然我们也能看到,从马克思笔记本身所关注的专题和思考点来看,他实际上更注重以李嘉图的货币数量论为核心的基本理论研讨,因为在此否定李嘉图就意味着马克思**必须建构自己的劳动价值论**!这是马克思从经济学视域中超越《哲学的贫困》的重要一步。其佐证是,在这阶段摘录之后,马克思于1854年另外写下了一个单独的加工性笔记:《金银条块。完成的货币体系》(*Bullion. Das vollendete Geldsystem*,以下简称《金银条块》)。③ 在这一由两个笔记本

---

① 参见《马克思恩格斯全集》第44卷,人民出版社1982年版,第73—163页。
② 《伦敦笔记》的24本笔记中,1850年4本(第1—4册),1851年14本(第5—18册),1852年2本(第19—20册),1853年4本(第21—24册)。
③ 参见 *Marx-Engels-Gesamtausgabe(MEGA2)*,Ⅳ/8,Berlin:Dietz Verlag,1990,S. 3-36。

构成的笔记中,马克思专题式地重新系统摘编了他分别在《巴黎笔记》、《布鲁塞尔笔记》、《曼彻斯特笔记》以及刚刚写下的《伦敦笔记》中所摘录的80多位学者有关货币问题的经济学论点。此手稿遗失了近12页。从马克思的摘编线索和加写的提示来看,《1857—1858年经济学手稿》的理论起点已经在这里得以确认,这就是对蒲鲁东—格雷的小资产阶级和改良主义的错误的批判。有关这一点,我们也可以从马克思在第7册笔记中写下的《反思》手稿中看到。

在《伦敦笔记》第7册笔记的最后,马克思重新摘录了斯密的主要著作《国富论》,所切入的问题还是货币与货币资本。第8册笔记,是马克思在第4册笔记中重新研究李嘉图主要著作的续篇。也是从第8册笔记开始,马克思较多地转向一般经济学理论的评论,除去价值、利润、工资等问题,他主要摘录了地租方面的资料。除了李嘉图,马克思还摘录了斯图亚特、图克、巴顿、拉赛姆、德·昆西、凯里和琼斯的著作,但其理论关注的思考中轴还是李嘉图。这是马克思第三次认真地面对李嘉图,从中我们已经能够看到,这一次"认真面对"直接显示了马克思在根本推翻李嘉图之后必然创立科学的劳动价值论和剩余价值理论的逻辑前兆。并且,我们从马克思为李嘉图笔记所专门编制的索引中还可以看到这种思想逻辑演变的踪迹。①

在第11册笔记中,马克思主要关注工人的生存状况,其中有工资、工场手工业和工厂制度、就业、卫生保健、工会和机器的作用等方面的问题。马克思摘录的主要对象是霍吉斯金、欧文、西尼尔、托伦斯、布里尔顿、菲尔登、兰格、盖斯克尔等人的著作。

在第12—13册笔记中,马克思集中摘录的内容主要是农业问题。在第14册以后的笔记中,马克思分别摘录了殖民体系问题(第14册,第21—23册);自然科学和技术问题,特别是工艺史和发明史的研究(第15册);历史和经济史方面的问题(第14册,第17—18册,第20—22册,第

---

① 参见《马克思恩格斯全集》第44卷,人民出版社1982年版,第88—89页。

24册);银行问题(第14册);文学史(第18册);文化史(第19册,第20—21册,第24册);妇女问题(第19册);伦理史(第20—21册);当时的外交政策(第14册)。这些摘录表明,马克思的科学研究视域并不仅仅局限于狭义的经济学,而几乎涵盖了当时西方社会出现的全部文化科学。可以说,马克思后来的每一点重要的科学进展都是真实地直面现实历史和文化的结果。

2.《伦敦笔记》时期马克思的初步理论所得

我们已经说过,马克思在《伦敦笔记》时期的经济学研究是他第三次经济学研究的起始阶段,也是最初的占有资料的过程,而《1857—1858年经济学手稿》则是在这一基础之上所进行的重要革命性思想实验。但是,就是在《伦敦笔记》时期的摘录性笔记和手稿片断中,我们也可以发现后来马克思理论研究的大体线索和方向。我以为,这主要表现在马克思《伦敦笔记》的前10册和此间的一些手稿中。在此,我们将作一些初步的逻辑探讨。

图13 《伦敦笔记》第2笔记本一页复制件

实际上，我们看到，1851年3月，马克思在第7册第48—52页写下的《反思》(Reflection)①，也正是从批判蒲鲁东和格雷这样的"蠢人"开始的。我发现，这一手稿是《哲学的贫困》未完成思路的继续。马克思一针见血地指出，蒲鲁东—格雷的改良主义的实质还是建立在保留资产阶级社会生产方式的基础上的幻想。"他们想保留货币，但又不让货币具有货币的属性"②。他们根本不了解，现在"资产阶级"社会的矛盾恰恰是以"货币制度的存在为基础的，同样，货币制度又以现有的生产方式为基础(der jetzigen Weise der Production beruht)"③。马克思认为，这是一种"坚持资产阶级基础"的改良。在蒲鲁东—格雷那里，他们不能真正透视资产阶级社会关系的迷雾，不能理解社会关系本身的颠倒，所以他们总看到一种虚假的现象："价值与价值的老老实实的交换，在这种交换中，个人的自由得到了最高的实际的确认"④，只不过是因为现行的货币交换体系才破坏了自由平等的真实实现，所以，他们的全部改革都是致力于消除流通领域的矛盾，通过理想化的"货币体系"实现自由，这样，他们的平等理想实际上成了实现资产阶级的自由平等的理想。这是他们停留在社会经济**现象层面**的必然悲剧。

在这个时候，我们可以看到马克思已经对货币形成了一定的历史性的科学认识。一方面，马克思承认资产阶级社会的货币制度与古代社会中存在的那种等级制的确不同，"在货币制度充分发达的社会中，由此事实上造成了个人实际上的资产阶级平等"，因为这已经不像过去，"只有特权人物才能交换这个或那个，而是所有的人都能够获得一切，每个人都能够按照他的收入转化成的货币的数量来进行任何的物质变换"⑤。另一方面，马克思注意到：

---

① *Marx-Engels-Gesamtausgabe* (MEGA2)，Ⅳ/8，Berlin: Dietz Verlag，1990，S. 227 - 234. 1977年第一次用俄文发表在苏联《共产党人》1977年第1期上。
② 《马克思恩格斯全集》第44卷，人民出版社1982年版，第159页。
③ 《马克思恩格斯全集》第44卷，人民出版社1982年版，第158页。
④ 《马克思恩格斯全集》第44卷，人民出版社1982年版，第159页。
⑤ 参见《马克思恩格斯全集》第44卷，人民出版社1982年版，第161页。

> 在等级的范围内，个人的享受，个人的物质变换，取决于个人所从属的一定的分工。在阶级的范围内，则只取决于个人所能占有的一般交换手段。在前一种情况下，个人作为受社会限制的主体，进入由他的社会地位所限制的交换。在后一种情况下，个人作为一般交换手段的所有者，进入同社会为万物的这一代表者所能提供的一切东西的交换。①

在过去那种情况下，收入的性质仍然取决于谋得收入的性质，而不像现在这样单纯取决于一般交换手段的量。所以，那时"工人能够与社会发生的并且能够掌握的那种联系，是无比狭窄的，而进行社会的物质生产和精神生产的物质变换的社会组织，从一开始就受到一定方式和特殊内容的限制"②。而在现在的资产阶级社会中，一切都被彻底打破了。在今天的这种交换中，"质的阶级差别消失在**量的**差别之中，消失在购买者拥有的货币的多少中"③；金钱的量消灭了阶级的质性差别，"货币作为阶级对立的最高表现，同时使宗教的、等级的、智力的和个人的差别变得模糊。"④这是因为，

> 在这种交换行为中，转化成货币的收入的特性消失了，一切阶级的个人都变得模糊而消失在买者的范畴中，他们在这里同卖者相对立。这就产生了一种假象，即在这种买卖的行为中看到的不是阶级的个人，而是没有阶级性的单纯进行购买的个人。⑤

表面上看，自由平等似乎真的实现了。

可是，马克思在更深的层面上发现，"资产阶级社会"的症结正隐藏在这"表面的平等"现象背后。单纯的交换并没有改变"总的客观存在的阶级关系"，即工人与资本家的根本对立。马克思还透视到，这种交换本

---

① 《马克思恩格斯全集》第 44 卷，人民出版社 1982 年版，第 161—162 页。
② 《马克思恩格斯全集》第 44 卷，人民出版社 1982 年版，第 162—163 页。
③④《马克思恩格斯全集》第 44 卷，人民出版社 1982 年版，第 163 页。
⑤ 《马克思恩格斯全集》第 44 卷，人民出版社 1982 年版，第 162 页。

身就表明了"事先存在着一定的社会关系",这才使财富"具有资本的性质"。① 他认为,"进行社会的物质生产和精神生产的物质变换(Stoffwechsel mit den materiellen)的社会组织,从一开始就受到一定方式和特殊内容的限制(bestimmte Weise und einen besondren Inhalt eingeschränkt)"②。资本是一种社会关系。正是资本产生着"一定方式和特殊内容的限制",使作为社会存在基础的**生产过程本身发生了根本的变化**,"资产阶级社会"生存的秘密并不在于商品(财富)**流通中的**交换关系,而在于资本关系支配下的**生产**过程。关于这一点的思考,未完成的《反思》手稿并没有展开。

其实,在第8册笔记中,马克思在对李嘉图的《政治经济学及赋税原理》一书的摘录中已经直接指出,利润不是在交换和分配中产生的,而只能由生产创造出来。要进行分配,就必须存在着待分配的东西;有了利润本身的存在,才可能有利润的不平等。固然个别特殊的利润可由商业来说明,"但商业却不能说明余额本身",这个余额只有在交换中实现,但绝不是在交换中产生的,"每一个有产阶级的原有收入必然来自生产"。③ 资本家与工人的交换,"只有当他交换工人的劳动产品能够带来利润时,他才肯同他进行交换"④。所以,当李嘉图在区分自然价格和市场价格时,就指出市场价格的偶然性,同时他还说明,他是着眼于这些现象的本质和规律——"自然价格、自然工资和自然利润"。对此,马克思这样评价李嘉图的观点:

> 李嘉图把他认为是**偶然的东西**抽象掉了。然而叙述**实际过程**,则是另一回事,因为在这个过程中,不论是他称为偶然的运动但却是稳定的和现实的东西,还是它的**规律**,即平均关系,两者同样都是

---

① 参见《马克思恩格斯全集》第44卷,人民出版社1982年版,第161页。
② 《马克思恩格斯全集》第44卷,人民出版社1982年版,第162页。
③ 参见《马克思恩格斯全集》第44卷,人民出版社1982年版,第140页。
④ 《马克思恩格斯全集》第44卷,人民出版社1982年版,第143页。

本质的东西。①

马克思这时已经意识到,不能简单地否定现象,而恰恰要说明**现象是如何以歪曲和颠倒的形式遮蔽本质的**。这样,现象学的批判再一次成为必要。

在马克思写于1854年的《金银条块》手稿中,我们已经可以看到马克思是在进行一种学术资源的思考和再加工的努力。在《金银条块》中,面对80多位作者,马克思对其中的52位作者的63本论著的观点做了比较性的研究,并概括了一些相近的主题,对其他24位作者只留下了一些标题。在这一重要的比较性研究中,马克思写下了少量的一些评注。从手稿的内容来看,一些是马克思认为可以作为在货币问题研究上的参考的重要理论观点,这种编排本身体现出科学的货币思想史线索;另一些是马克思明确指认为错误观点的资料,这些资料显然是马克思为自己以后在研究中批判使用而准备的。总体来说,手稿显示出马克思已经在一些重要的经济学理论方面取得了重要的进展。他已经将货币视为一种**历史性的**规定,虽然货币的诞生早于资产阶级社会的发生,但货币只是在资产阶级社会生产关系的支配下才真正成为普遍的东西,从本质上看,它不过是**在事物的外壳下隐蔽着的社会关系**。人直接陷入自己创造出来的产品的奴役之中,货币以事物的形式与人们相对峙。这种对峙**以表面的平等遮蔽了生产过程中实际发生的剥削本质**。这也就意味着,马克思已经意识到资产阶级金钱拜物教的本质,因为流通与货币仅仅是资产阶级社会经济运行的现象层面,并且是**颠倒的现象**。② 这也使他能有力地批判蒲鲁东—格雷的那种试图以改革货币体制来实现的假社会主义。马克思以手稿的副标题"完成的货币体系"作为反讽。这里的思考,可以直接通达《1857—1858年经济学手稿》的理论开篇部分。

---

① 《马克思恩格斯全集》第44卷,人民出版社1982年版,第108页。
② Marx-Engels-Gesamtausgabe(MEGA2),Ⅳ/8,Text,Berlin:Dietz Verlag,1990,S.37.

马克思下一阶段关于政治经济学研究的大体思路已经初见端倪了。从《伦敦笔记》到《1857—1858年经济学手稿》，是其理论逻辑发展的必然。

3.《1857—1858年经济学手稿》的文本结构

在《伦敦笔记》之后，马克思在1857—1858年开始了自己独立的政治经济学理论研究，其成果就是著名的《1857—1858年经济学手稿》（Ökonomische Manuskripte 1857/1858）。我认为，这是马克思进行政治经济学研究的最初思想实验室，也是他进一步运用广义历史唯物主义以及狭义历史唯物主义形成和深化的发源地，特别重要的是，他由此创立了科学的历史认识论和批判的历史现象学。接下来，我们先来梳理一下马克思《1857—1858年经济学手稿》的文本及其逻辑结构。

马克思这一手稿的写作时间为1857年7月至1858年10月，一共有四个手稿，分别写在八个笔记本上。具体情况是：

一、马克思先在后来编为"Ⅲ"的笔记本上写下了共7页的《巴师夏的〈经济的和谐〉》手稿（马克思后来在《我自己的笔记本的提要》中，又给这一文本加上了《巴师夏和凯里》的标题），笔记本封面上有马克思亲笔所记录的时间："1857年7月于伦敦"。这一文本的首次发表，由考茨基①于1904年3月以《凯里与巴师夏》为题，刊登在他主编的《新时代》第2卷第27号上。

---

① 考茨基（Karl Kautsky，1854—1938），德国和国际工人运动理论家，第二国际领袖之一。亦是马克思主义发展史上的重要人物。1854年10月16日卡尔·考茨基生于布拉格，1874年入维也纳大学学习历史和哲学。1875年1月加入奥地利社会民主党，1877年加入德国社会主义工人党。1881年3月被派往伦敦会见马克思和恩格斯，从此由激进的民主主义逐步转向马克思主义。1885年迁居伦敦，研究政治经济学和历史。19世纪80—90年代发表著作，对马克思的《资本论》和唯物史观以及党的纲领作了通俗的论述，曾得到恩格斯首肯。1895年恩格斯逝世后，考茨基同倍倍尔等人成为社会民主主义主要理论家和德国社会民主党的核心，被认为是第二国际的主要理论代表。考茨基是卡尔·马克思代表作《资本论》第四卷的编者。主要代表作为《卡尔·马克思的经济学说》（1887）、《伦理学和唯物史观》（1906）、《基督教的起源》（1908）等。

二、马克思在编码为"M"的笔记本上写下了23页(编码为22页,其中有两个第9页)的《导言》,马克思在这一笔记本的封面上注有"1857年8月23日于伦敦"。这是马克思开始写"导言"所标注的时间。封面上没有标题。这一手稿,恩格斯在世时并没有注意到,1902年由考茨基在整理手稿时发现,并于次年发表在他主编的《新时代》杂志第21年度第23—25号上。

三、马克思写下了编码为"Ⅰ-Ⅶ"共七册笔记本的《政治经济学批判》手稿。原页码为278页,总字数共计59万字(中文)。其中,第一册是48页,第二册是29页(其中第29页遗失),第三册45页,第四册53页,第五册33页,第六册44页,第七册63页。文本的写作时间大约为1857年10月至1858年5月。在第Ⅰ册笔记本的封面上,马克思没有写标题,一直到第Ⅶ册笔记本的封面上,才标有马克思写下的"政治经济学批判(续)"的标题。这也是这部手稿的标题。后来苏联、东欧学者根据马克思一封书信的内容将其标题拟定为《政治经济学批判大纲(草稿),1857—1858年》(Grundrisse der Kritik der politischen Ökonomie 1857/1858)。后来在西方学术界关于这一文本的讨论中,人们通常简称其为 Grundrisse。

四、马克思于1858年6月又重新在"M"笔记本第23—33页为后七个笔记本编写了一个索引,即《七个笔记本的索引》。从文本的具体情况来看,马克思的这一手稿并没有清晰的理论结构。这也表明,马克思不是按照预先想好的计划写作的,确切地说,文本的现有格局是在写作过程中逐渐形成的。在七册本的主体手稿中,马克思刚开始没有标注题目,只是在第二册第1页写上《货币章(续)》。在第8页上,马克思开始将《资本章》称为《作为资本的货币章》,在第三册第8页上(《巴师夏的〈经济的和谐〉》手稿之后)重写为《资本章(续笔记本Ⅱ)》。

以我的认识,马克思这一手稿的写作情况是这样进行的:

首先,1857年7月,马克思先写下《巴师夏的〈经济的和谐〉》,此时他并没有准备全面思考他自己的政治经济学研究的**整体思路**问题,所以这只是马克思在《伦敦笔记》之后的一种具有前提性的探讨。在某种意义上,它也可以说是《哲学的贫困》中那种经济学批判的继续和深入。以该书的思路,这实际上仍然延续了**从哲学历史观出发**对资产阶级经济学进行批判的思路。然而,它当然不是马克思自己将要进行的经济学研究的重点,所以他很快放弃了这一写作。该文本有意义的理论质点,是马克思已经明确指出了资产阶级古典经济学与庸俗政治经济学的根本区别。

其次,1857年8月,马克思写下《导言》。以我的看法,这个《导言》不是马克思成熟的文本,而是他对自己这一次政治经济学研究的最初基点的探讨以及对政治经济学研究方法的思考,此外,它还包含了马克思初步的政治经济学理论研究和写作的分篇设想。这个构想后来基本上也被放弃了。

再次,1857年10月至1858年5月,马克思写下了"Ⅰ-Ⅶ"笔记本,这是手稿的主体部分。在《货币章》中,马克思以"货币"为论述的起点,因为它是资本主义社会现实中最大的假象。从经济学的尺度来看,马克思分析了商品的二重因素①,第一次认证了商品生产的二重性②,还揭示了商品生产中社会劳动与私人劳动的矛盾。③ 然后在《资本章》中,马克思重点说明了支配全部资产阶级社会关系的、作为资产阶级社会存在**本质**的资本关系。这是在资产阶级社会生活中真正支配一切的"普照的光"和"以太"。在经济学的进展中,马克思第一次界划了"劳动"与"劳动力"④,将资本区分为"不变资本(constantes Capitals)"和"可变资本(variables Capitals)"。⑤ 在完成手稿主体部分的写作之后,1858年6月,马克思又写了一个"增补"篇《Ⅰ.价值》,并在那里确认,商品成为表现资产阶级财富的第一个范畴。⑥ 以我之见,这一手稿本身不是马克思

---

① 参见《马克思恩格斯全集》第46卷上册,人民出版社1979年版,第85—89页。
② 参见《马克思恩格斯全集》第46卷上册,人民出版社1979年版,第115页。
③ 参见《马克思恩格斯全集》第46卷上册,人民出版社1979年版,第102—111页。
④ 参见《马克思恩格斯全集》第46卷上册,人民出版社1979年版,第240页。
⑤ 参见《马克思恩格斯全集》第46卷上册,人民出版社1979年版,第322页。
⑥ 参见《马克思恩格斯全集》第46卷下册,人民出版社1979年版,第411页。

政治经济学的已经完成了的逻辑体系,而是一次伟大的思想革命的**实验过程**。这是一个草稿,一个需要进一步加工的庞大文本群。也正是在这个革命性的思想实验中,广义历史唯物主义和历史辩证法才得以进一步深化,狭义历史唯物主义、历史认识论和历史现象学才得以形成,政治经济学的科学基础才得以创立。然而,以往人们的研究仅仅只关注到第三个伟大成果。

这部重要的手稿在马克思恩格斯生前并未发表。1939年,手稿由苏联中央马恩列研究院以德文首次公开发表,当时手稿名为《政治经济学批判大纲》。1968—1969年苏联学者在编辑俄文版《马克思恩格斯全集》第46卷时,将手稿易名为《经济学手稿(1857—1858年)》,后来中文版的《马克思恩格斯全集》在收录这一手稿时,沿用了这一书名。而1976年MEGA2第二部分第1卷在重新出版手稿时,再一次恢复了《政治经济学批判大纲》这个名称。由此,在国外学术界的研究中,人们常用《政治经济学批判大纲》指称这一手稿。1962—1964年,我国人民出版社出版了由刘潇然先生根据柏林狄茨出版社1939年德文版翻译的《政治经济学批判大纲》的第2—4册(即《资本章》和《价值章》);1975年又出版了该书的第1册。1979—1980年,在《马克思恩格斯全集》中文第一版第46卷上下册中,再一次全文刊发了这一手稿,手稿编排完全按照俄文版《马克思恩格斯全集》第46卷。

值得一提的是,马克思的这一手稿自1939年公开发表以后,在西方被称为继1932年《1844年手稿》发表以后的"第二冲击波"。甚至在阿尔都塞提出著名的"断裂说"之后,还有人将其称为马克思思想发展中"失落的联系环节",试图架起从《1844年手稿》到《资本论》的桥梁。在他们那里,《1857—1858年经济学手稿》成了马克思思想创作的"顶峰",它的发表向人们展示了一个"不为人知的马克思"①。显然,这里有一种将

---

① [英]尼古拉斯:《不为人知的马克思》,载《新左派评论》1968年第48期;[英]麦克莱伦:《马克思的〈大纲〉》,伦敦,1972年。

《1857—1858年经济学手稿》与《资本论》对立起来的意向,对此,我是坚决反对的。但是,我认为,在马克思哲学逻辑的发展进程中,《1857—1858年经济学手稿》的确是一个哲学思考的高峰,这是由于马克思在后来的纯粹经济学文本(包括《资本论》)中,没有再讨论这些重要的哲学问题。在这个意义上,G.A.科恩①的"了解《大纲》的最好办法就是事先阅读《资本论》"恰恰不是好的建议。②

第二节 《1857—1858年经济学手稿》的哲学逻辑定位

在过去我们对马克思《1857—1857年经济学手稿》的研究中,这部论著主要是被作为经济学文本解读的。③ 自1939年它第一次发表以来,就基本上被定位为马克思经济学变革初创时期的主要经济学手稿(《资本论》草稿或初稿)。在研读的精深层面上,我们所看到的主要是经济学家的身影。虽然也有一些哲学家不断地从该文本中找到"三大社会形态"和"异化"概念,但经济学家和哲学家们都没有想到,此手稿实际上在总体上直接具有**哲学和经济学二重性质**,准确地说,这一手稿的确应称为《1857—1858年哲学—经济学手稿》。④ 而且,这种双重性不是二元分立的,而恰恰是一体化的,马克思的经济学发现同时也是他的历史唯物主义建构最重要也是最终的理论逻辑完成。胡克有过一段过于简单的表述:"马克思的经济学说,是把历史唯物主义应用于价值、价格和利润这些'神秘东西'的产物。"实际上,这是一个双向的建构过程,历史唯物主义的原则与方法成为马克思的经济学革命话语中轴,而经济学的具体深

---

① 科恩(Gerald Allan Cohen,1941—2009),英国哲学家,分析的马克思主义创始人。
② 参见[英]科恩《论〈大纲〉的思想》,载《今日马克思主义》1972年第12期,第373页。
③ 其中较出色的论著有:[美]罗斯多尔斯基,《马克思〈资本论〉的形成》,魏埙等译,山东人民出版社1992年版;[德]缪勒,《通往〈资本论〉的道路》,钱学敏等译,山东人民出版社1992年版;顾海良,《马克思"不惑之年"的思考》,中国人民大学出版社1993年版。
④ 参见孙伯鍨、姚顺良《马克思主义哲学史》(黄楠森等主编,八卷本)第2卷,北京出版社1991年版,第125页。

入又使历史唯物主义发生了巨大的飞跃。① 这主要表现为马克思对狭义历史唯物主义和历史认识论之上的历史现象学的建构。为了使这种论点能够在下面的具体解读中顺利地成为支援意识,在此我们先做一些基本的理论逻辑说明。

1. 政治经济学与历史唯物主义的深化

正如我们在第五章已经讨论的那样,马克思的历史唯物主义主要不是面对抽象的自然存在,而是面对社会历史存在亦即社会历史之中的自然。这种社会历史存在"本体"主要不是一般的物质实体,而是人类社会**活动过程**,即物质实践。我们应该特别注意,作为马克思新世界观基石的实践本身是**历史地建构和解构的**。在人类社会历史发展进程中,每一个时期的实践都是不同质的,也都经历了由简单到复杂的发展过程。准确地说,实践是一定历史条件下人类改造外部世界和社会生活的物质活动。一方面,它是人与自然的关系上的创造性活动,经历了一个从人力、自然力到工业力,然后是科学实验(即实物活动的特殊操作)的变更和发展的过程。在当今的信息时代,最重要的创造已经是模拟现实中的建构了。另一方面,它也是一种改变人与人之间社会关系结构有序性的新的客观实践。这两个方面的创造性共同构成马克思在《提纲》和《德意志意识形态》中所论说的实践的主体特性。

在《德意志意识形态》中,社会实践被进一步具体复归于物质生产活动,生产被界定为人与社会的历史性生存规定。进而,这类活动的形式,即**怎样生产**的方式被确定为一定社会存在的本质。马克思已经揭示出,社会存在的基始关系,人对自然的关系——一定的生产力是一种基础,而在此之上所形成的社会的本质即是人与人的社会交往关系。在历史唯物主义中,社会生活现实主要不是指物体,而是被确定为一种客观社会活动。社会存在只发生于人的社会性相互活动中,在人的客观物质实

---

① 参见[美]胡克《对卡尔·马克思的理解》,徐崇温译,重庆出版社1989年版,第154页。

践中历史地被建构与解构。如果有一天人们不生产、不交往,那么**人的社会历史存在**就**不复存在**。在这个意义上,历史唯物主义所指认的社会生活中的**物**是极难理解的。这种社会存在"事物",主要是**由人的活动,人在活动中形成的功能性的社会关系与结构构成**,这些关系、结构以及社会过程中的规律也同样是由人每时每刻的活动建构与解构的。所以,社会生活中的每一种社会现象都不是实体性的,而是功能性的。它们可以事物化,但这种物的替代物也必须处于活动的特殊功能之中,否则即失去了其特定的**社会系统质**。后来,卡尔·波兰尼①的经济人类学中的实在(substance),就是指认一种在社会生活中人与自然、人与人的关系互动过程。比如他将经济规定为人与对象和社会环境之间的非实体变换。② 也因此,马克思在1859年写下的《〈政治经济学批判〉序言》中概括自己研究经济学的方法时,将历史唯物主义中决定意识的"社会存在(gesellschaftliche Sein)"直接指认为一种"物质的生活关系(materiellen Lebensverhältnissen)",即"人们在自己生活的社会生产中发生一定的、必然的(bestimmte, notwendige)、不以他们的意志为转移的关系,即同他们的物质生产力的一定发展阶段相适合的生产关系(Produktionsverhältnisse)"。③ 这是马克思唯一一次在主要文本中使用gesellschaftliches Sein一词。④

所以,马克思用以指导(Leitfaden)经济学研究的历史唯物主义的秘

---

① 卡尔·波兰尼(Karl Polanyi,1886—1964),旅居英国的匈牙利政治经济学家。哲学家麦克尔·波兰尼(Michael Polanyi)的哥哥,20世纪公认最彻底、最有辨识力的经济史学家。卡尔·波兰尼从小受到良好的教育,在布达佩斯大学攻读哲学及法律,于1908年获哲学博士学位,1912年获法学博士学位并取得律师资格。1933年移居英国,曾先后在牛津大学的本宁顿学院和伦敦大学教书。1935年之后,开始在美国讲学。1947年,波兰尼作为哥伦比亚大学的访问学者并受聘为副教授,讲授经济史课程,并主持经济增长制度因素的跨学科研究课题。主要论著有:《法西斯主义的本质》(1935)、《大转型》(1944)等。——本书作者第三版注。
② 参见[英]波兰尼《人的经济》,纽约,1977年。
③ 参见《马克思恩格斯全集》第13卷,人民出版社1962年版,第8页。——本书作者第三版注。
④ 参见 Karl Marx, *Grundrisse, Marx-Engels-Gesamtausgabe*(MEGA2),Ⅱ/1,Text,Berlin: Dietz Verlag,1976,S. 12。

密,是一定的唯物主义的历史的科学抽象。这是一种**关系性**的本质反映,而不是直接反映物质对象(Ding)。历史唯物主义的关系透视,不是通过一定的直观直接面对物质实体的。正如我们已经指认的那样,生产方式、生产关系、生产力都是一种科学抽象,根本不是对象物,而是一种本质的、客观的社会关系。上层建筑中的组成部分也是如此。可见,马克思所确认的社会历史存在为基始的历史唯物主义的特性也正是如此——它根本不能由感性直观来达及,恰恰需要由科学的具体抽象来实现。历史唯物主义的"物"是**在自然物之上的社会关系存在**。对此,日本学者栗本慎一郎说:"生产关系并不是表层上可见的物理性的简单组合",这无疑是正确的。所以,马克思主义作为科学,就是要从"那些看似虚幻的社会关系中把握真实的存在"。① 也正是在这个意义上,卢卡奇所说的历史唯物主义是社会存在本体论有一定道理。但这并不是意味着马克思仅仅关注社会存在,"自然唯物主义"仍然是马克思的实践唯物主义的内在前提。马克思新世界观中已经没有旧式的本体论,这里的"本体论"只是在承认自然物质基始性的前提下人们面对客观世界的一种**历史性视角**,它**绝无将社会存在视为世界的本原之意**。毋庸置疑,这一点十分重要,它开启了走向马克思**社会历史认识论**殿堂的大门。下面我们将会在《1857—1858年经济学手稿》中遇到大量的经济现象,面对这些经济现象,马克思反复强调这是一种社会关系、一种社会属性,表达了与资产阶级古典经济学泾渭分明的立场,否则,如果我们不能有效区分二者,如果我们混淆了二者的重大差别,那么将趋同于拜物教而误入歧途。

应该指出,在1845—1847年的经济学研究和哲学建构中,马克思基于资产阶级政治经济学(主要是古典经济学)已有的抽象,从中直接提升出生产力、生产关系、生产方式和社会结构等一系列抽象的哲学规定性。这也就是广义历史唯物主义的基本构架。我们也看到,在《德意志意识形态》中,马克思的哲学建构(思路1)与基于社会经济发展的历史批判

---

① 参见[日]栗本慎一郎《经济人类学》,王名等译,商务印书馆1997年版,第24页。

(思路2)并没有有机地接合起来，特别是广义历史唯物主义对社会历史本质的哲学抽象，还没有真正复归于现实历史，即与社会生活的**复杂的具象**相统一。直言之，当马克思还没有通过经济学深入到现代社会生活的复杂层面，尤其还没透析"资产阶级社会"经济运作中社会本质的颠倒性事物化时，历史唯物主义的哲学抽象就还没有完全得到历史确证。我以为，马克思在他第三次经济学研究，即《1857—1858年经济学手稿》中必将完成这个重要的跨越。

当马克思真实地进入经济学具体研究之后，他开始越来越频繁地遭遇到复杂的现代社会经济活动，如大工业生产之上的流通、分配和消费体系。这种特定的经济活动和复杂结构，并不仅仅是人与自然的简单关系，它更主要地倾向于从**特有的**资本的权力结构统治的生产方式中建构出来的新的不断复杂起来的社会现实的经济基础（"市民社会"）。马克思这时**发现，这种狭义的经济活动和结构本身是历史的和暂时的**。这是《马克思致安年柯夫》和《哲学的贫困》的理论成果。一般物质生产是任何社会存在和发展的基础，这是永恒的自然必然性（Naturnotwendigkeit）；而物质生产形式发展到现代商品经济方式之后，很大一部分经济活动是由市场竞争的交换系统生成和建构出来的流通与分配的中介性过程。它是一个巨大的**中介结构**，人与自然、人与人的关系在这个中介中发生事物化和颠倒，资本主义生产方式中本来在生产之上形成的东西却成为主导性的东西、决定性的东西。简而言之，在现代商品经济活动的表象中呈现出来的似乎主要不是生产，而是**价值实现**。一切都必须实现为货币。于是，人们创造出来的一种经济活动中的**中介性工具**现在却成为高高在上的**神**。它的神奇性，在于当它能带来更多的货币时，资本就作为**上帝**出现了。在这里，马克思实际上通过抽象出资本（"普照的光"）的生活关系，才第一次科学地确认了**资本的"主义"**（Kapitalismus）这种全新的社会生活方式。如前所述，马克思在自己的主要著作中，几乎没有使用过名词意义上的资本主义（Kapitalismus），极少量的使用发生在《资本论》及其手稿中，先是在《1861—1863年经济学手稿》中（马克思这里使用了

Capitalismus),然后是在《资本论》第二卷中。①《1861—1863 年经济学手稿》之后,他在大部分文本中都是使用形容词上的"资本主义的"(capitalisten 或 kapitalistische)。也正是在资本主义这种复杂的社会存在中,不仅生产力与生产关系不是以一种**直接的形式**表现出来,而且**社会的本质都被歪曲的假象和颠倒的经济具象所遮蔽**。在这一点上,我们显然是不能简单地用广义的历史唯物主义去直接面对资本主义的经济现实的。

我们知道,由于古典经济学将**资本主义**这种特定的社会历史存在视为永恒的自然物质存在,所以,马克思在《1857—1858 年经济学手稿》中开始进行的政治经济学(die politische Ökonomie)研究,正是为了批判和否定这种意识形态谬误。马克思旨在说明资本主义社会存在的历史性和暂时性的方面,因为它本身就是一种历史地变化着的现实。正是这种历史性的现实,在资本主义商品生产和市场经济中产生了一个巨大的**多重颠倒**的复杂结构。在这里,本质被假象遮蔽起来:真的成为假的,假的成为真的;虚的变成实的,实的变成虚的;主体物化为客体,客体翻转为主体。资产阶级政治经济学就是在这种事物化的经济现象中形成他们特有的**拜物教意识形态**,即将资本主义生产方式特有的社会历史存在直接设定成经济运行本身的自然的客观属性,所以,资本主义经济运行相对于人类生存的本质颠倒,直接被指认为人的天然本性("自然法")和社会存在(生产)运作天经地义的正常形式("自然秩序"),如此一来,三大拜物教就会是其逻辑发展的必然结果。② 所以,马克思在批判资产阶级政治经济学、建构和实现自己的政治经济学变革的同时,不得不寻求一种新的出路,即超越资产阶级古典经济学的事物化意识,在科学批判的起点上形成更接近社会历史本质的**科学认识论**。实际上,这种科学认识论也就表现为不断深

---

① 参见 Karl Marx, *Zur Kritik der politischen Ökonomie (Manuskript 1861-1863)*, *Marx-Engels-Gesamtausgabe(MEGA2)*, Ⅱ/3, Bd. 3, Text, Berlin: Dietz Verlag, 1978, S. 1114; *Karl Marx-Friedrich Engels-Werke*, Band 24, "*Das Kapital*", Bd. Ⅱ, 1. Abschnitt, Berlin/DDR: Dietz Verlag, 1963, S. 123。
② 参见拙著《马克思历史辩证法的主体向度》,南京大学出版社 2002 年第 2 版,第三章。——本书作者第二版注。

化着历史唯物主义的哲学逻辑,即以狭义的历史唯物主义和**历史**认识论为前提的批判的**历史现象学**(geschichtliche Phänomenologie)。

2. 历史认识论与科学的抽象

我们已经说过,广义历史唯物主义是关于社会历史发展一般规律的理论,这主要体现为物质生活的生产与再生产是社会历史生存和发展的基础,一定的生产方式决定人类社会生活的本质;而狭义历史唯物主义主要是马克思在狭义的政治经济学即对资本主义经济生活研究的过程中,针对**经济的**社会形态生成与发展的特殊规律的理论,它主要体现为经济关系成为社会生活主导性的方面,人们为自己创造出来的物质力量所奴役。前者是马克思在《德意志意识形态》一书中所确定的重要理论观点,而后者则是他在《1857—1858年经济学手稿》中逐步形成的新见解。我还发现,与狭义的历史唯物主义同时萌生的还有十分独特的科学的历史认识论,**其核心构件就是面对社会生活的科学抽象问题**。

如上所述,马克思刚开始转到一般唯物主义立场时,他在1844年开始接触政治经济学的初始阶段上,曾直接反对和批评斯密、李嘉图对资产阶级社会生活的经济学抽象,直到在1845—1847年他才意识到古典经济学的科学抽象与历史唯物主义的逻辑关系。我们也已经说明,历史唯物主义就是一种对社会存在与社会关系的抽象,它与直观的自然唯物主义截然不同。当然,历史唯物主义的抽象不是简单的主观抽象,而是一种社会生活本身的客观抽象,例如《关于费尔巴哈的提纲》中所提出的实践,就是科学的客观抽象,因为实践活动总是**当下在场**的,连《德意志意识形态》中所确认的生产方式和社会关系也总是在社会活动中功能性存在的。它们都无法由静止直观,尤其无法由个人直观所达及。

于是,这里就有一个社会历史认识论的问题了。首先是**认识对象的异质性**。在马克思的新世界观中,当人们面对自然对象时,自然对象总是处于特定的历史的实践中,以实践的方式和程度**历史地**向人折射,人们对其本质与规律的认识都与实践的历史性相关。人不是简单地直观和旁观自然,而是通过实践的棱镜介入其中,都与此棱镜的历史性透视度息息相关。事物是前提,但并不是决定认识本质的要素。马克思在经济学研究中深刻地洞察到,建立于传统自然经济之上的旧唯物主义那种自然物质直接决定意识的观点是错误的,自然物质是第一性的,但只有历史性的实践才直接决定认识自然对象的性质和方式、方向和程度。[①] 在这个意义上,**所有的对自然对象的认识也属于广义社会历史认识论**。当然,如果从狭义的范畴来看,直接面对社会存在的认识当然也不同于对自然对象的认识,社会认识本身是对**实践结构**自身的认识,即人对自己活动和生活的认识。人自身正是构成社会历史认识论的认知对象,这就如同马克思所说的,在历史活动中,人既是演员又是观众。如海德格尔后来悟到的,"此在"(现实历史时间中的个人)总是在世之中的。神谕言,"认识你自己",可人认识自己无疑是最难的,因为人自己不是外在的对象。反思一种**身处其中的活动过程**,比认识静止的物还要困难。这种抽象是难以体察的,因为它不是建立在一般的对象物之上的静止映象,而是一些功能性行为经验的抽象,特别是非个体行为的社会整体活动结构的抽象。以现代科学认识论的观点,这种抽象本身自然受到概念构架的制约,而认识社会历史则更受到意识形态的影响,当然它同时还要受到实践功能度本身的制约。在社会认识中,认识结构与实践结构同体同构、如影随形,社会实践的复杂、社会生活的复杂必然导致社会认识的错综复杂。可见,对社会对象的认识与对自然对象的认识之间存在着巨大的区别。

其次是**历史性认识的非个体性**。在后面的讨论中我们将会看到,马克思直接批评斯密等古典经济学的鲁滨逊式的个人认知的观点。这种观点为什么不对?因为这种观点沿袭自洛克的思路,即经验的个人直观。然而在真实的社会生活中,其实每个人在教化成人之后,并不总是直接面对客观外部世界的。对于面对世界的个人来说,间接经验和间接

[①] 施密特曾正确地看到了这一点。参见[德]施密特《马克思的自然概念》,欧力同、吴仲译,商务印书馆1988年版,第111—112页。

知识往往是决定性的。这是黑格尔将理念作为世界之始的逻辑缘由。人从幼年到成人,大部分时期是在接受千百万人所认同的感性经验:一方面是处于直观中的人们的习惯、共识、情感、心理、文化传统的"都这样";另一方面,概念本身就是千百万人的千百万代实践与经验的结果,我们常常是**用概念**在"看"(波普的"观念先于观察"和汉森的发现模式中的"理论负载")。个人如果不处于科学、生产和变革社会的前沿,也就不会直接处于创造性实践之中。这也就意味着,个人的每一种个别感性经验,也总是经由外部影响通过个人掌握的社会意识形式这种最复杂的棱镜折射而成的。感性材料的理论加工并不都是个人亲眼看到的东西,而是指感性经验的总和,社会地完成了的直观,即个人围绕一定对象从其他一切人那里所知道的一切。而且,语言是认识的重要中介,与其说个人亲眼观看世界,还不如说个人用千百万只眼睛观看世界,当人们面对社会现象时,这个特点显得尤其突出。马克思经常提及社会生活决定观念,不是指留在个人记忆中的物的感性映象,而是指社会现象在我们头脑中的反映。"我对我环境的关系是我的意识"。社会存在中的本质与现象不同于自然物质客体的现象(内与外),即**相对主体的显相性、意向性**。在社会存在中出现的是社会历史主体建构活动的现象与关系(规律)的本质,更何况社会现象固然是客观的,但并不是本质,而且其间还到处充斥着可能掩盖本质的假象。这是一个极为复杂的问题。①

再次是历史认识论中的**科学抽象问题**。在历史唯物主义中,马克思是在与一些基于经验直观的唯物主义哲学家谈论个人的眼睛不能直接看到的社会存在的东西。我们已经界说过,马克思的社会存在不仅是指物体,而主要是指感性活动、活动中的关系与功能性属性。用今天的复杂性科学话语来说,就是活动过程中的**系统质**与**系统结构**。面对这些对象,人们不能用放大镜和显微镜来观察的,只有通过科学抽象的中介。

---

① 自上个世纪 90 年代以来的一段时间里,认识论问题在中国哲学研究中被严重边缘化了。其实,认识论研究是哲学理论构境逻辑中最前沿、最具活力的方面。有机会,我会专门回到这个重要问题上来。——本书作者第二版注。

第八章 《1857—1858年经济学手稿》与历史唯物主义

马克思在创立广义历史唯物主义时,已经充分认识到这一点。

关于抽象的问题,其实也是一个极其复杂的理论难题。亘古至今人们对抽象已经有过相当多的不同层面的论述,如观念抽象(经验抽象)与主观抽象(内省抽象),客观现实的抽象(工业与交换)与经济学的科学抽象。抽象的类型也有所不同。如柏拉图的抽象理念就不是以工业为基础,而是以感性经验直观之上的理性抽象为基础的。此外,还有东方式的易经之类的抽象。实际上,我已经多次暗示,离马克思历史唯物主义比较近的抽象认识,是资产阶级政治经济学从配第到李嘉图对资本主义经济现实的科学抽象。这种抽象(含社会唯物主义),实际上是构成历史唯物主义方法论的重要基础。

但如果从更深一层来分析这个问题,我们就会看到,对抽象问题的思考还涉及"多"和"一"的关系,即现象与本质的关系问题。一般来说,抽象总是从现象中抽选出共相(本质)来。我们可以说,抽象观念的发展就是从"多"(经验现象)到"一"(理性概念)。概念是事物的类,是对共相和规律的主观指认。从"多"到"一",也正是哲学本身的发端,如古希腊的爱利亚学派所指认的万物背后的第一存在,万变中的不变。这也就是从柏拉图理念(相)论到中世纪一神论("绝对本质"),直至黑格尔绝对观念的步步深化的逻辑布展。可是,当人类社会发展过程步入资本主义经济过程时,过去观念的抽象开始直接发生在客观社会生活现实中,成为现实的客观"抽象"。马克思在《1857—1858年经济学手稿》中才发现,资本主义生产方式在社会化大生产中、商品经济在市场的竞争与交换中,似乎不断实现着某种客观的从"多"向"一"的抽象转化:首先是以工业为基础的生产**一般**(标准化和齐一化的初始发生),无差别的劳动**一般**(抽象劳动的基础),然后是市场交换中必然出现的价值**一般**。价值(等价物)交换(同一性,Identität)是人们在社会生活中真正的"类"(劳动)关系,价值(通过交换价值表现)的出现是人类社会走向抽象整体性的真正开始。从劳动到价值、货币再到资本的过程,存在着一个完整的**客观抽象的历史逻辑**。只有在资本主义生产方式中,资本才成为当代社会存在中"普照的光"。这种过去在神幻中出现的"上帝之城"的"一",现在由工业历史地创造出来,但这一次不是绝对观念的世界历史,而是资本开辟的**真实的现实世界历史**。在今天,也就是征服世界的美元、欧元这样的硬通货。正是通过它,才建构出人类社会现实的真正**同一性**。后来阿多诺反对的正是这种同一性的钳制,而海德格尔等人没有充分注意到它的存在。这种在资本主义经济生活中现实发生的客观抽象,才是资产阶级古典经济学特别是李嘉图科学抽象的基础,也是黑格尔思辨哲学和马克思1845—1847年哲学抽象的基础。

当马克思直接进入资产阶级政治经济学研究后,他意识到了一个新的问题,即他还必须界划自己的理论抽象与李嘉图的理论抽象之间的根本异质性。马克思已经开始理解,李嘉图之所以能站在全部经济学的最高点上,主要在于他的经济学理论是基于资本主义大工业在现实中达到的人类社会历史存在的最高形式。其实,李嘉图的抽象与其他资产阶级经济学家们的"形式的抽象"或"任意的抽象"有着本质的区别,马克思之所以确认李嘉图的抽象已经是**一种科学的抽象**,是由于李嘉图在继配第、斯密之后,能够在大工业已经充分显露出来的经济活动的众多复杂的现象中直接寻找到本质。在《伦敦笔记》第8册中,马克思写道:

> 在李嘉图那里重要的是,虽然甚至亚·斯密和萨伊也还把劳动的某种**一定产品**看作[价值的]调节者,但他却到处把劳动、活动即生产本身,也就是说,不是把产品,而是把生产即创造的行为[当作调节者]。由此而来的是资产阶级生产的整个时代。在亚·斯密那里,活动还没有解放,还不是自由的,还没有摆脱自然的束缚,还没摆脱物。①

马克思还指出,"在李嘉图那里,人处处要和自己的生产率打交道,在亚·斯密那里,人还在崇拜自己的创造物,所谈的还是某种一定的物,在他活动之外的物"②。根据马克思的理解,资产阶级政治经济学在李

---

①②《马克思恩格斯全集》第44卷,人民出版社1982年版,第115页。

第八章 《1857—1858年经济学手稿》与历史唯物主义

嘉图那里所取得的进步首先是资本主义生产发展的结果，从手工业生产还无法脱离的**对象化**劳动到机器大生产中的抽象的**社会化**劳动的飞跃，是李嘉图的科学抽象与过去经济学家的抽象理论之间差别的基础。可是，由于受到资产阶级意识形态的限制，李嘉图又将资本主义生产方式所特有的事物化社会结构指认为一种永恒不变的天然状态。李嘉图的抽象是现实资本主义经济现象的"多"中之"一"，但是它仍然渗透着虚假的自然永恒性；而马克思重新建构的科学抽象是在批判性地透视社会经济现象之后对生产关系本质的透视，它彰显了现实的历史性。马克思在这时不仅承认李嘉图的经济学抽象，更重要的是他还使这种抽象成为一种科学的**历史抽象**，使它自始至终贯穿着彻底的历史辩证法的批判精神。

正是在《1857—1858年经济学手稿》开始的经济学研究中，马克思立足于资本主义大工业提供的这个"人体"，在李嘉图停下脚步的地方继续向前求索。马克思批判资产阶级经济学家只知道物质规定性，只知道可以捉摸之物，然而他们无法理解社会关系不是实体存在，而却具有物的客观特性。旧唯物主义的直观无法看到这种规律，而古典经济学的社会唯物主义的进步之处也在于看到了劳动—价值这一科学抽象本质，但是他们仍然无法真正科学地形成**历史性**的科学抽象。马克思在经济学研究中发现，旧哲学所指认的那种线性的、单质的东西在现实社会生活中实际上是不存在的，特别是在资本主义大工业所创造出来的现代社会经济生活中，一切过去的简单社会存在的规定性在这里都具有了复杂的关系和表现形式。不再有简单存在的人，只有各种经济关系和政治关系中介了的人，自然对象、劳动活动如此，民主、自由和博爱自然也是如此。马克思认识到，资本主义经济王国中的社会关系本身并不是实证对象，而是客观的"形而上"之物。资产阶级经济学除去古典学派，后来大多成为实证科学，即形而下之物。在《1857—1858年经济学手稿》的经济学研究中，马克思发现抽象劳动的历史形成，只能是人类劳动在资本主义发达商品生产中获得的那种生产和经济形式的客观特征，即现代资本主义社会生产过程中每天都在进行的事情。显然，**物质对象本身并没有抽象，只能是人类历史的实践才会有客观的抽**

象。这又是一种历史的实践唯物主义的观点。比如价值是一个"形而上"的概念,是一种抽象,它不是价值悬设,**存在但不直接显示**。价值不是现成的,看起来,它们只是一种简单的劳动交换关系,从历史上看,从价值到价值形式再到货币(价格)存在着一个历史形成过程。在现实资本主义经济过程中,它是以各种最深刻的对立为媒介的,如自由竞争是其存在和发展的最初形式,越走向当代,价值转换关系就越复杂,在现代金融体系中,我们已经根本不见它的真面目。我们会发现,这个价值的实体化、事物化(Versachlichung),成为一种特殊的**支配事物的物**,才是狭义历史唯物主义所讲的最深刻的一种**社会存在物**,这恰恰也是最容易误解的哲学层面。价值实体(商品、资本)是真的事物(Sache),却是历史唯物主义中最难理解的物。因为这个物具有二重性的悖论:它具有使用价值的效用存在,但这不是在资本主义经济关系中的社会本质,其本质是人类的一般抽象社会劳动,即价值。但是,价值本身在市场竞争和交换中并不以自身的直接形态表现出来,而必然以交换等价物的事物化形式即货币价格实现出来。这不是一种实体性的物,而是一种事物化关系,或者说是**一种颠倒的关系性的事物**。

在这里,我们需要再一次回到由广松涉在上个世纪60年代引起的一场争论,即马克思文本中的物象化理论的问题。应该说,他十分敏锐地发现,在马克思中晚期的经济学文本中,存在着两个相近的批判性概念,即Versachlichung和Verdinglichung,他将Verdinglichung锚定为传统理解中的**物化**概念,而将Versachlichung重新标定为一种新的思考语境,并将其日译为**物象化**。① 他的这一翻译对日本马克思研究界产生

---

① 其实,在马克思那里,这两个词的使用率都是较低的。据我的不完全文献数据统计,Verdinglichung一词在《1857—1858年经济学手稿》中根本没有使用,而Versachlichung一词则出现过6次。在马克思其他这一时期主要文本中的情况为:Verdinglichung一词在《1861—1863年经济学手稿》和《资本论》第1—2卷中都为零,只是在《资本论》第3卷中才出现过2次(Karl Marx-Friedrich Engels-Werke, Band 25, "Das Kapital", Bd. Ⅲ, Berlin: Dietz Verlag, 1963, S. 838,888)。而Versachlichung一词,也只是在《资本论》第3卷中出现过3次(Karl Marx-Friedrich Engels-Werke, Band 25, "Das Kapital", Bd. Ⅲ, Berlin: Dietz Verlag, 1963, S. 406,838,839)。

了巨大影响,人们几乎是不假思索地都认同于 Versachlichung 的日译汉字——物象化。而我发现,在广松涉的哲学研究中,实际上他深受胡塞尔—海德格尔的现象学观念构架的影响,在胡塞尔那里,有"朝向事情本身(sich nach den Sachen selbst richten)"和"回到事情本身(auf die Sachen selbst zurükgehen)"之说,这里的事情(Sache)即马克思所说的区别于那种旧唯物主义和假想中的外部物(Ding)的与人相关的**事物**,并且,在胡塞尔那里,真正的事情即是真正的**现象**。在后来的维特根斯坦那里,Sache 一词又变形出 Tatsache(事实)、Sachlage(逻辑可能的事态)和 Sachverhalt(基本逻辑可能事态)等词。也由此,广松涉才会将马克思的 Versachlichung 一词意译为"物象化"。

首先,我以为,广松涉的译法与自己的现象学之上的四肢理论体系在逻辑上是一致的。马克思 1845 年从异化史观向物象化论的转变,与广松涉对马克思关系本体论中的批判逻辑是可以统一起来的。然而,其他日本学者在一般的语境中挪用"物象化"来解读马克思则是奇怪和非法的。

其次,固然广松涉将 Versachlichung 一词在自己的理解语境中意译为"物象化"是有道理的,但在马克思的原初思考语境中则是有偏差的。在广松涉那里,经济拜物教的前提是"人与人的社会关系**宛如**物与物的关系,乃至**宛如**物的性质这种颠倒的看法"(这里引文中的黑体为我所加,是想突显广松涉理解中的这个"看似"、"好像"的意境)①,所以,拜物教的前提是一种**类似**物性的虚假**呈象**,这样,他才会指认 Versachlichung 是一种物**象**式的看法;而在我看来,马克思经济拜物教的前提,恰恰是人与人的联系客观地被事物(Sache)与事物(Sache)之间的中介性关系所客观替代,虽然这的确不是主—客二元结构中的那种"主体的东西直接成为物的存在",但也绝不仅仅只是一种主观看法和伪像。所以,我认为将马克思的 Versachlichung 一词直接翻译成**"事物化"**会更接近马克思

---

① 参见[日]广松涉《唯物史观的原像》,邓习议译,南京大学出版社 2008 年版,第 38 页。

的思考语境。①

在马克思这里的研究中,直接性的经验描述是无效的,描述只能达到现象层面,而无法透视现象背后的东西,即物相背后被颠倒的人之本质("类")关系。这种关系,只能通过非直接的科学抽象才能把握。② 再如资本一般与现实的资本。资本一般是抽象的"一",现实的资本是具体的"多"。前者是不变的本质,后者是竞争中的变化和表现;前者是"本真",后者是颠倒(后来在《资本论》中,马克思扬弃了"资本一般"这个具有局限性的概念);等等。

所以,在一定的意义上,马克思是坚决反对一切非历史的抽象性的。因此,马克思这里的抽象就不是黑格尔(柏拉图以来)的观念的"一",费尔巴哈的人类本质的"一",也不是古典经济学的价值的"一",而是这些"一"——**历史性的形成,历史性的发展,历史的权力统治和历史的消失**。马克思通过自己政治经济学中的剩余价值理论,轻而易举地解决了这一问题。目前西方社会中的后现代思潮也在批"一",但他们架空了这种资本主义工业经济的主导性,因而是反动的。因为当今世界同一性的现实基础是资本的国际化。在这一点上,杰姆逊的分析是正确的。③ 实际上,对于《德意志意识形态》中的"世界历史"的研究而言,只有弄清楚了剩余价值—资本的世界性(以太的"一"),才可能懂得"一"的哲学本质。但马克思当时并没有注意到,这个以太对世界而言却是**西方中心主义**的殖民性。后来的历史进程证明马克思的这种认知是卓有远见的,资本不可阻挡地向全球挺进。这也是今天所谓"全球化"的真正意义。这是我们以后要讨论的问题了。

---

① 此段文字为本书作者第三版所加。
② 青年卢卡奇将其表述为"中介的方法",以区别于资产阶级的"直接性方法",他对此的相关论述是有道理的。但当卢卡奇把"中介性"直接指认为马克思科学批判学说的本质时,这种判断又不够准确。参见[匈]卢卡奇《历史与阶级意识》,杜章智、任立、燕宏远译,商务印书馆1992年版,第236—237页。
③ 参见[美]詹明信(即杰姆逊)《晚期资本主义的文化逻辑》,张旭东等译,三联书店1997年版,第17页。

3. 科学的批判的历史现象学

我认为,马克思在19世纪50年代以后特别是在《1857—1858年经济学手稿》中所实现的经济学变革,恰恰是以历史唯物主义哲学革命为内在驱动构架的。如果没有历史辩证法和无产阶级解放的内在话语,那么马克思根本无法达到这种科学批判的目的。我已经说明,实现了科学世界观变革的马克思,始终关注着人类主体的生存与发展状况,人类的解放与全面自由的发展是他的共产主义的最终目的。历史唯物主义研究生产力与生产关系、政治经济学研究经济关系本身并不是目的,也不是一种对外部社会规律的简单的**旁观式的客观反映**,马克思的科学理论首先是为了说明人类社会历史发展的规律和永无止尽的客观进步。资本主义生产方式比过去所有的生产方式都要进步,但正是在这个生产方式客观运转的内部矛盾中,马克思又试图确认无产阶级革命的客观必然性。这一点是不应被忘记的,它是马克思哲学与经济学的批判性之根。资产阶级政治经济学家(包括古典经济学家)的社会唯物主义,实际上根本无法祛除资产阶级特有的拜物教意识形态,因此他们无法自觉意识到资本主义社会经济生活的现象与本质是矛盾的。由于社会关系颠倒为事物的关系,经济过程主要以颠倒的表象呈现出来,社会结构也以与真实的历史发展秩序相反的逻辑呈现出来。这不是人本主义那种主体的价值悬设"应该"式的颠倒与异化,而直接是**社会历史本身本质结构的自我客观颠倒**。在政治经济学中,资产阶级经济学家所认为的正常而客观的事物和经济关系现象,在马克思眼里却是异常的、异化的和颠倒的。马克思以洞若观火的锐利,让那些披着炫目外衣的变色龙般的假象无处遁形。这种认识的形成当然也存在着一个复杂的追问过程,它不是一种直接经验之上的理念构成,用法因等人的话说,马克思已经注意到,"处于表象后面的现象(或这种现象的观念),并不是那么简单地在那里等待着被发现"[①]。正是在这一点上,马克思重新意识

[①] [英]法因、哈里斯:《重读〈资本论〉》,魏埙、张彤玉等译,山东人民出版社1993年版,第6页。

到了黑格尔《精神现象学》的批判逻辑的深刻性。

我们前面谈到,在人类社会历史进程中真实出现的资本主义价值硬通货是真正的非观念的"一",是柏拉图的理念和虚幻上帝神性的真正历史性实现,而黑格尔的绝对观念的基底正是这个资本(价值实体)的"一"。在资本主义的生产中,人类社会第一次创造出一个全面的、丰富的劳动关系体系,人的"类本质"在价值交换打破地域局限的普遍性中,才出现真正的交往的全面性。但是,这种人类主体的本质关系并不以自身的形式直接表现出来,而是以事物化的经济形式表现出来,它也必将以主体(个体)**间隔了的事物化形式**才能得以实现。实际上,黑格尔深刻地看到这里本质"沉沦"于物相的必然性,所以**外化才必然地就是异化**。在《1844年经济学哲学手稿》中,青年马克思显然没有认识到这一点。我们也谈论过,黑格尔的绝对观念是人之类(本质)的抽象,绝对观念的历史形成中必然出现的颠倒世界恰恰是资本主义社会关系全面颠倒的隐喻,甚至是它的真实描述。黑格尔解读出古典经济学特别是李嘉图的真实蕴涵,他发现只有在资本主义运动中,自然界才成为对象。海德格尔后来重复过这一点。这是一个重要的理论高点(马克思的"人体"之喻)。事物化的魔鬼成了上帝本身,人恰恰通过事物化才痛苦地发展了自身。这是一种颠倒的历史。其实,这首先不是观念之颠倒,而是**现实历史本身在资本主义经济中的客观颠倒**。不过,对于这一点,不仅费尔巴哈没有看到,1845年以前的青年马克思也同样无法理解。如上所述,在1845—1847年的哲学变革中,马克思一方面完成了历史唯物主义的一般建构,另一方面从一般经济发展的角度出发,由分工入手,批判性地展现了资本主义生产过程的各种客观矛盾。但是,在走向历史唯物主义的客体向度中,马克思放弃了**现象学批判**。这样,资本主义经济生活所特有的事物化颠倒,社会现象与本质的不一致性,则在实证性的研究中被有意无意地弱化了。这种情况一直持续到《哲学的贫困》。那里还是哲学与经济学的分立点。

当马克思在《1857—1858年经济学手稿》中开始具体的经济学理论

第八章 《1857—1858年经济学手稿》与历史唯物主义

逻辑建构时,他才更深刻地理解了李嘉图和黑格尔的关系。我们都记得,在《1844年手稿》中,马克思同时批判了黑格尔与斯密、李嘉图,那时他凭借着人本主义社会现象学,从主体向度出发,用人本主义一层层剥离资产阶级政治经济学所肯定的现象的丑恶面具,从而复归人的劳动类本质。1845年以后,马克思创立了历史唯物主义科学,他在放弃人本主义异化史观的同时,也放弃了现象学批判。他的焦点意识主要集中于资本主义历史发展中内在的客观矛盾,而不是在于这种社会历史规律的**表现形式与现实具象**。因此,事物化("异化")与颠倒的经济现象并不是广义历史唯物主义客体向度的主题。在1847年以后特别是50年代的第三次经济学研究进程中,马克思在对大量资本主义生产方式的具体表象的研究中,再一次从主体(劳动)出发,也**再一次**开始关注经济关系的事物化与颠倒的问题。他再一次从经济学研究中发现,资本主义生产关系,从劳动到价值、货币再到资本,这是劳动和劳动成果本身事物化与颠倒的二次方,是"异化的异化"。而这里从主体出发指认的颠倒与事物化的发生,不再是相对于人本主义类本质的"应该",而是相对于"先有"(封建社会及以前的经济关系)与"后有"(共产主义的人类理想化生存之客观可能性),这一"先"一"后"都是一种客观存在,后者是一种**客观的现实可能性**。对于前资本主义的"先有",这种事物化是一种客观的进步,也是人的进步;而对于"后有",这种事物化则是奴役、对抗的历史形式。马克思指出了面对"先有"与"后有"的事物化的不同,它正是马克思此时的历史逻辑与过去人本主义异化史观的一个很重要的异质性区别。

具体地说,在《1857—1858年经济学手稿》中,马克思从经济学中弄清楚了这样一些具有哲学意义的重要问题。一是人们容易注意到的商品的使用价值—自然特性—物的规定性,这仅是一种物质前提。在资本主义经济运作中,这种客观存在倒成了次要的东西,它不是不存在,而是成了一定社会经济关系的附属物。它是社会生活中可以捉摸可以看见的东西,相当于黑格尔所说的无关紧要的物相。二是马克思注意到商品与货币所遮蔽的社会关系—经济形式,这是资本主义生产方式的特殊产物,人与人的劳动交换颠倒地表现为事物与事物的关系,这种事物化关系其实成为遮蔽真实社会关系的假象。黑格尔认为,这类物化关系相当于观念(本质和规律)在自然物质中的沉沦和后来劳动外化中的异化。三是马克思发现了劳动二重性理论,并且第一次通过这种理论揭示了资本主义经济关系颠倒的原因。在资本主义分工的基础上,劳动(私人)不再具有直接的社会性,只有通过交换才可能被确定为一般生产要素,这种市场中的共同的劳动(抽象劳动)才构成价值实体,构成一种特殊的社会关系,它使一切劳动产品具有相同的质(商品质是不可以直接比较的),价值实体不是特殊劳动,而必然是社会一般劳动。使用价值(自然差别)与价值(经济等价)的矛盾必然产生商品与货币的直接分立。由此,价值关系获得了一个独立的与商品的自然存在并存的纯经济的存在——货币(一般等价物)。货币实际上是形成商品生产者相互全面的依赖性——**事物的依赖性**的根本。四是现实的经济结构直接颠倒了历史发生学意义上的社会历史结构,社会关系的历史次序"倒是由它们在现代资产阶级社会中的相互关系决定的,这种关系同表现出来的它们的自然次序或者符合历史发展的次序恰好相反"①。

于是,在经济运作过程中,事物化了的社会关系历史性地成为决定性的主要制约力量,并在人类自身的物质实践—经济活动中创造出不以自己意志为转移的一种新的外部力量。人成为自己的经济创造物和工具的物之关系的奴隶,刚开始作为中介的东西现在成为主体。事物的本质表现为非本质,而事物的现象却颠倒为本质。在货币产生利息、资本获得利润之时,资产阶级意识形态的假象就成了新的神话。于是,经济(商品、货币的资本)**拜物教**(Fetischismus)就出现了,并不知不觉地成为成为人们无法批判性透视的无孔不入的常识! Fetischismus 一词在此文本中出现过1次。② 整个资产阶级意识形态就建立在这个涂满迷幻色彩

---

① 《马克思恩格斯全集》第46卷上册,人民出版社1979年版,第45页。
② 参见 Karl Marx, *Grundrissen*, *Marx-Engels-Gesamtausgabe*(*MEGA2*), Ⅱ/1, Text, Berlin: Dietz Verlag, 1976, S. 567。

的神话之上。后来的韦伯的价值中立、颠覆与马克思这里的理论建构有着直接的关联。韦伯正是从生产出发,从技术结构出发,即从事物化的第一个层面出发,而有意去除马克思在更深层面所关注的事物化和颠倒了的社会关系。从社会关系中超拔出来再重新回到物相,这正是一种新型意识形态的形成过程。韦伯的思路是技术现象经验论,后来必然导致工艺、工具理性、科技意识形态。

当假象与神话的同谋被揭穿之后,这就促使马克思进一步确定,当人们直接面对资本主义经济现象中的资本、货币、价值、商品等经济现象时,个人和一般人的经验式的常识眼睛是无法透视它们的本质的,因为那是一种颠倒的、歪曲的社会现象。资本主义社会中事物的联系,"总是表现为颠倒的、头足倒置的"①。也就是说,即使能够抽象出"劳动一般",可它的现实存在形式却是事物化和多重颠倒的;即使能够把握"资本一般",可通过市场和竞争,一切规定同它们在资本一般中的情形相比,都显得颠倒过来了。可是,资产阶级政治经济学(包括它的社会唯物主义)却正是以这种假象作为全部理论的肯定性前提的。显然,马克思这时关心的问题不再是一般广义历史唯物主义的原则,而是以狭义历史唯物主义的观点去透视这种颠倒的假象,即如何**揭穿一层层现象和假象,达到那个真实存在的本质和规律**。这是由于,资本主义经济现实的自然性(自在性)中客观发生的多重颠倒性和复杂性,需要**非直观和非现成的批判性现象学**,即去除意识形态,发掘经济现实本质关系的本真性。这是马克思**历史现象学**的基本内容。在这一层面上,青年卢卡奇将马克思的批判方法仅仅指认为"中介性方法"又是不够准确的。历史现象学不是黑格尔精神现象学所面对的主观现象世界,也不是费尔巴哈、赫斯和青年马克思自己原来的那种否定现实经济现象的人本主义社会现象学,因为这时马克思的历史现象学的批判性对象是社会关系的客观颠倒。这种颠倒的消除,决不可能在观念中得以实现,而只能由物质变革来完成。

---

① 《马克思恩格斯全集》第26卷(Ⅱ),人民出版社1973年版,第241页。

科学的社会历史现象学说明了资本主义经济现象中的这种颠倒是如何历史形成的,它要揭露资本主义生产方式中客观颠倒的社会关系,以最终揭穿资本主义经济剥削的秘密。在这一点上,戈德利尔的描述是准确的:"马克思之所以伟大,就在于他通过对商品、货币、资本等的分析,'真实地再现了'在资本主义生产方式中以颠倒的形式表现在人们日常生活中或观念上的各种事实,阐明了社会关系所带有的那种虚幻性。"①或者用青年卢卡奇的话来说,就是用历史辩证法"戳穿这样产生出来的社会假象,使我们看到假象下面的本质"②。

具体地说,马克思必须面对资本主义经济过程中复杂的事物、物相、外在关系、颠倒了的关系、事物化关系,以及非主导性的关系(如残存的封建关系),**在科学的历史抽象中找到原有的关系(简单关系),再一步步再现今天真实的复杂关系和颠倒了的社会结构**。这不是直观或抽象反映,而是一种**重构式**的反映。这里,既需要一步步破除社会关系中由于颠倒所产生的迷碍,获得史前社会共同体中的简单的社会关系,又需要从这种抽象的关系一步步复归于颠倒了的各种复杂的经济具象。更重要的是,需要深入揭示这种关系颠倒在资本主义社会中的客观意义,即客体向度与主体向度中两种不同的价值指认。如人类劳动—交换关系—价值实体化—价值形式—货币—资本—信用。马克思对资本的批判,其实是对颠倒的人类本质的科学描述与批判。所以,资本不是物,而是人的被颠倒的社会关系。一方面,恰恰是由于有商品—市场经济才有了人自己所创造的经济世界,有交换价值才会达到人类社会生存的高级阶段。资本的逻辑是在时空中布展的人的世界历史,但这是一个**颠倒的**人类历史,因为人的发展采取了物的发展形式:**资本的世界历史**。正是在这个意义上,今天中国才真正开始了人的现实发展的世界历史,才具有了世界性的人类生存:流通性。这恰恰是人的历史发展和实现了的

---

① [法]戈德利尔:《境界,人类学中的马克思主义的历程》,巴黎,1972年。转引自[日]栗本慎一郎《经济人类学》,王名等译,商务印书馆1997年版,第23页。
② [匈]卢卡奇:《历史与阶级意识》,杜章智、任立、燕宏远译,商务印书馆1992年版,第53页。

"类"。在这个特定语境之中,马克思的历史现象学正是他政治经济学革命的内在逻辑前提,因为只有根据对资本的生活关系的确认,才能建构出马克思经济学研究的对象和科学社会主义的革命对象。这是以往我们传统研究没有认真注意的方面。我注意到,在这一主题的探讨上,赫尔米希著有《"颠倒的世界"是马克思著作的基本思想》①。缪勒指认了社会历史的"自然次序"与现实次序相互颠倒的"假象之迷"。② 科西克则在《具体的辩证法》中批判了"操持的"假象世界,可是他执著地坚持一种早期海德格尔式的人本主义逻辑。③

我以为,《1857—1858年经济学手稿》是马克思批判资本主义的历史现象学。马克思在这里一层一层剥掉现象的伪装,使本质显露出来。《1857—1858年经济学手稿》是马克思经济学哲学研究的真正思想实验室,一些重大的理论问题都是在这里得以解决的。19世纪60年代马克思的经济学手稿的特质显现出,他已经在走向真正意义上的经济学研究的途中;而《资本论》则意味着马克思经济理论的"逻辑学"的确立。虽然话语没有改变,但形式改变了。但是,由于马克思在狭义历史唯物主义和历史认识论基础上所建构的历史现象学,始终是伴随着他的经济学科学的创造性思想实验发生发展的,他并没有在经济学之外以纯哲学的话语直接表述历史现象学,这正是导致后来我们无法从经济学研究过程中剥离出这一深层理论话语的原因。尤其当我们把马克思主义的学科边界不恰当地硬化时,更容易导致理论解读上的迷误。

第三节 "从抽象到具体"的方法与历史唯物主义

《〈1857—1858年经济学手稿〉导言》(以下简称《导言》)是一个很重

---

① [德]赫尔米希:《"颠倒的世界"是马克思著作的基本思想》,法兰克福,1980年。
② 参见[德]缪勒《通往〈资本论〉的道路》,钱学敏等译,山东人民出版社1992年版,第20页。
③ 参见[捷]科西克《具体的辩证法》,傅小平译,社会科学文献出版社1989年版。科西克(Karel Kosik, 1926—2003),捷克斯洛伐克著名哲学家、"捷克存在人类学派"创始人。著有《具体的辩证法》等书。

要的文本。这篇导言并不像过去的经济学家眼中所看到的,只是马克思对政治经济学的一般原则的研讨。实际上,它首先是一个历史唯物主义**内化于**经济研究过程的**思想实验**。马克思在此主要研究如何确定一般经济学的出发点,如何开始科学地研究经济现象,如何定位这种研究的历史参照系。在这个文本中,马克思依次讨论了生产、个人、生产总体,以及生产的基础地位和政治经济学的方法问题,文本最后还有一个简短的分篇设想。我认为,这可能不是《资本论》的导言,而是一个未完成的更宏大的政治经济学理论体系设想的探讨性引言,后来的《资本论》只是它科学实现的一个主体部分。而且,这一文本中根本没有绝对确定性的东西,大部分理论质点都带有游移不定的可商讨的性质。然而,如果从狭窄的经济学视域中走出来,我们的确可以看到许多精彩绝伦的风景。

1. 经济学研究中的历史唯物主义投射

《导言》是以生产一般(Produktion im allgemeinen)为起点展开它的全部讨论的。为什么这样选择？以我的见解,《导言》还只是马克思的一般哲学方法即历史唯物主义向经济学的一种理论过渡,因为在《德意志意识形态》中,人类社会的历史性生存是由物质生产来确定的,而《导言》开篇的第一句话就是:"摆在面前的对象(Gegenstand),首先是**物质生产**(*materielle Produktion*)。"①我们知道,其实这个物质生产是广义的历史唯物主义的出发点,也是作为历史唯物主义基础的广义的政治经济学的出发点。而马克思后来的《资本论》是狭义的政治经济学,即资本主义批判的政治经济学,所以它却是从资本主义**特有的生产关系**出发的。以上是第一方面。第二个方面我们在前面已经说明过,资产阶级古典经济学恰恰是从物质生产出发的,所以生产过程中表面上对等的三种投入(劳动、资本和土地),形成了三种对应的产出(工资、利润和地租)。而且,资产阶级政治经济学的研究对象是从物质生产总过程的四个环节出发的,

---

① 《马克思恩格斯全集》第46卷上册,人民出版社1979年版,第18页。

即生产(Produktion)、消费(Konsumtion)、分配(Distribution)和交换(流通)[Austausch(Zirkulation)]。用马克思的话来表述,即"在经济学的开头摆上一个总论部分——就是标题为《生产》的那部分(参看约·斯·穆勒的著作),用来论述一切生产的**一般条件**"①。千万不要以为马克思是简单地肯定这种从生产出发的经济学逻辑。以我的想法,马克思在对资产阶级政治经济学进行了历史的科学思考之后,恰恰没有采取从**客体向度——生产这一人与自然的关系**入手来面对经济现象的思路。马克思的狭义政治经济学的主要对象是**人与人的经济关系之主体向度**(这一对象是在后来确定的),这与在历史唯物主义的总体逻辑中研究社会历史的出发点**并不直接吻合**。这一点我们一定要注意。我发现,从马克思自己的政治经济学建构来说,《导言》开始部分的逻辑恰恰是一条以历史唯物主义原则对资产阶级政治经济学的理论设定的否定性的、实验性的探索思路。

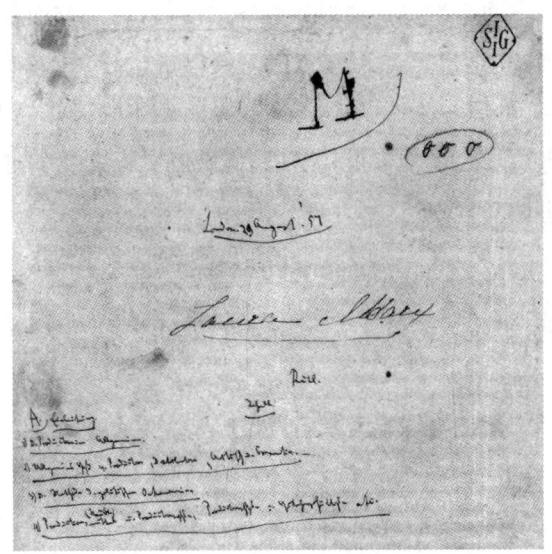

图 14　《1857—1858 年经济学手稿》导言一页复制件

---

①《马克思恩格斯全集》第 46 卷上册,人民出版社 1979 年版,第 23 页。

首先，马克思一开始就否定了资产阶级政治经济学中作为主体设定的独立的个人（斯密、李嘉图喜欢谈论的孤立的猎人和渔夫）之假象。马克思说，生产一定是从现实的个人出发的。"在社会中进行生产的个人，——因而，这些个人的一定（bestimmte）社会性质的生产，当然是出发点。"①这是《德意志意识形态》第一卷第一章第四手稿中阐述过的问题。经过《伦敦笔记》中的思考，马克思已经可以进一步指出，独立的个人只是一个历史的**结果**，而不是前提。这让人想起20世纪福柯的后现代断言："人，是一个晚近的发明"。在马克思看来，斯密、李嘉图的抽象的单个人，只是一种"美学上的假象（Schein）"，只是在18世纪对资产阶级社会中人类生存情境的一种"缺乏想象力"的预感。因为，只有在这个资本主义的自然竞争式的社会里，单个的人才表现为摆脱了自然联系，而在过去自然经济的历史时代中，自然联系使他成为"一定的狭隘人群的附属物"。所以，这种"市民社会"中的独立的个人，不过是社会历史发展的结果："一方面是封建社会形式解体的产物，另一方面是十六世纪以来新兴生产力的产物"。② 可是，资产阶级经济学（包括一切非科学的意识形态）却将这种**历史生成的个人假象式地表述成天然的人**，并将其当作历史的起点。在经济学家中，也许只有斯图亚特是一个例外。

当马克思回眸凝视历史，发现越向前追寻：

> 个人，从而也是进行生产的个人，就越表现为不独立，从属于一个较大的整体：最初还是十分自然地在家庭和扩大成氏族的家庭中；后来是在由氏族间的冲突和融合而产生的各种形式的公社中。只有到十八世纪，在"市民社会"（bürgerlichen Gesellschaft）中，社会关联（gesellschaftlichen Zusammenhangs）的各种形式，对个人说来，才只是表现为达到他私人目的的手段，才表现为外在的必然性（äußerliche Notwendigkeit）。但是，产生这种孤立个人的观点的时

---

① 《马克思恩格斯全集》第46卷上册，人民出版社1979年版，第18页。
② 参见《马克思恩格斯全集》第46卷上册，人民出版社1979年版，第18页。

代,正是具有迄今为止最发达的社会关系(从这种观点看来是一般关系)[gesellschaftlichen (allgemeinen von diesem Standpunkt aus) Verhältnisse]的时代。①

这也就意味着,个人,作为一种真正独立的生存,实际上不是一个永恒的状态,而是一种特定历史条件下的产物。如果说,在《关于费尔巴哈的提纲》和《德意志意识形态》时期,马克思只是说明人的本质是现实社会关系的总和,人的生存是一定的历史性规定,那都还只是一种哲学规定,那么,在历史现实的经济学视域中,人的生存及其本质都是**发生学**意义上的历史规定了。在马克思看来,人的生存和本质是一定社会关系的总和,最初人的本质是在人对自然、人与人的自然联系之中,个人根本不可能离开族类而生存,个人不过是一个血亲群体的附属物,只有在后来的资产阶级市民社会中,在分工和交换的中介下,在社会劳动的片面性中,个人失去了过去与自身同一的"本质"——自然的族类关系,从而再一次构成类(社会经济关系)时,所形成的关系已经是离开个人而独立的事物与事物的关系。在这里,个人都是独立的存在,而市场的交换再次自发地以事物的关联形式使片面的个人结合起来。个人的独立,实际上是资产阶级社会经济发展的结果。这是黑格尔曾经深刻地认识到的规律。也是在这个意义上,马克思才真正驳倒了施蒂纳。可是,这种关于现实个人的历史性规定却被政治经济学家误认为是进入人类社会主体生存状态的前提。这是马克思所要否定的第一个直观性的"常识"。马克思在晚年研究经济学时,曾经再一次追问这一问题:

"人"? 如果这里指的是"一般的人"这个范畴,那么他根本没有"任何"需要;如果指的是孤立地站在自然面前的人,那么他应该被看做是一种非群居的动物;如果这是一个生活在不论哪种社会形式中的人……那么出发点是,应该具有社会人的一定性质,即他所生

---

① 《马克思恩格斯全集》第46卷上册,人民出版社1979年版,第21页。

活的那个社会的一定性质,因为在这里,生产,即他**获取生活资料的过程**,已经具有这样或者那样的社会性质。①

其次,我发现,马克思实际同样不赞成作为资产阶级政治经济学对象的前提——**一般生产**。马克思认为,"说到生产,总是指在一定社会发展阶段(bestimmten gesellschaftlichen Entwicklungsstufe)上的生产——社会个人的生产(Produktion gesellschaftlicher Individuen)"②。按照历史唯物主义的观点,一旦提及生产就只能是一定历史条件下的生产,即"把历史发展过程在它的各个阶段上一一加以研究,或者一开始就要声明,我们指的是某个一定的历史时代(bestimmten historischen Epoche)",比如现代资产阶级社会中的生产(modernen bürgerlichen Produktion),马克思说,这是他此处将要研究的问题。可是,这并不是说就不能对生产进行抽象,如"生产的一切时代有某些共同标志,共同规定"。这就是生产一般。生产一般不同于一般生产。前一个"生产一般"指的是生产的抽象,后一个"一般生产"则是指由"一个个**特殊**的生产部门——如农业、畜牧业、制造业等"构成的生产的"总体",即"一定的社会体即社会的主体在或广或窄的由各生产部门组成的总体中活动着"。③马克思分析道,即使这个生产的一般本身也是由许多不同的历史部分抽出来的共同点构成的,"其中有些属于一切时代,另一些是几个时代共有的,有些规定是最新时代和最古时代共有的"。④ 第一种是在所有社会生产过程中都必须存在的主体(人)和客体(自然),第二种是在私有制条件下的一些社会生产特有的(如所有制、市场交换),第三种是原始共同体与共产主义社会共有的(如公有制)。马克思进一步指出,谈论生产一般更重要的是不能忘记生产的历史存在的"本质的差别"。然而,资产阶级经济学家的谬误正在于从这个生产一般出发,从而抹杀了社会生产的**历**

---

① 《马克思恩格斯全集》第 19 卷,人民出版社 1963 年版,第 404—405 页。
② 《马克思恩格斯全集》第 46 卷上册,人民出版社 1979 年版,第 22 页。
③ 参见《马克思恩格斯全集》第 46 卷上册,人民出版社 1979 年版,第 23 页。
④ 参见《马克思恩格斯全集》第 46 卷上册,人民出版社 1979 年版,第 22 页。

史性差别,将资本这个特定历史条件下的社会关系变成"一种一般的、永存的自然关系",这样,也就认证了"现存社会关系(sozialen Verhältnisse)永存与和谐"。①

马克思此处思考语境的哲学理论意义还在于,对马克思恩格斯在《德意志意识形态》第一卷第一章手稿中对生产与再生产一般的说明,必须作一定的**特设说明**才是科学的。由于当时马克思恩格斯还没有对社会历史的经济进程有现实的具体的了解,所以他们当时才会主张"市民社会"是一切社会的基础。而实际上,市民社会只是一定历史条件特别是近代资本主义的发展结果。即使将马克思的市民社会直接比喻为经济基础,然而这种发达形态的经济关系结构也只有到物质生产的一定阶段才会出现。这也是我们指认《德意志意识形态》并非一部完全成熟论著的缘由之一。

正由于此,马克思也就不能同意资产阶级经济学家在其理论体系的开头昂然自得地摆上一个"总论部分",其标题为"生产",并以此"用来论述一切生产的一般条件"。显然,马克思对此是持明确的**批评**态度的。在资产阶级经济学家那里,这个总论部分通常包括两方面的内容:一是"进行生产所不可缺少的条件",二是"或多或少促进生产的条件"。马克思分析道,在这个所谓生产的一般条件的幌子下,生产和分配等具有社会历史质性的具体社会运动和特殊规律"被描写成局限在与历史无关的永恒自然规律之内的事情,于是**资产阶级**关系就被乘机当作社会一般的颠扑不破的自然规律偷偷地塞进来。这是整套手法的多少有意识的目的"②。比如对于分配问题,资产阶级经济学家根本不分析生产与分配关系在社会历史存在中的特定现实关系,而是将分配看成是可以随心所欲摆弄的玩具,这就"把一切历史差别混合和融化在**一般人类**规律之中"③。所以,资产阶级经济学家总是抽象地提出财产和司法、警察对财

---

① 参见《马克思恩格斯全集》第46卷上册,人民出版社1979年版,第22页。
②③《马克思恩格斯全集》第46卷上册,人民出版社1979年版,第24页。

产的保护。马克思反驳道,"一切生产都是个人在一定社会形式(bestimmten Gesellschaftsform)中并借这种社会形式而进行的对自然的居有(Aneignung der Natur)"①。从真实的历史出发,我们就会发现在原始公社中的公共财产的内涵和私有制条件下的财产的内涵之间的差别不啻天渊。而且,"每种生产形式都产生出它所特有的法的关系、统治形式"②。"总之:一切生产阶段所共有的、被思维当作一般规定而确定下来的规定,是存在的,但是所谓一切生产的**一般条件**,不过是这些抽象要素,用这些要素不可能理解任何一个现实的历史的生产阶段"③。

再次,马克思接下来所思考的问题,从正面说明了现代经济运行中生产过程本身的内在结构,即由生产所决定和制约的分配、交换、消费之间的关系这一狭义历史唯物主义的观点,然而,在资产阶级经济学家那里,它们之间的关系却是并列的。马克思说,这是下面他要正式"进一步分析生产之前,必须考察一下"的"几个项目"。所以,他的看法还是一种围绕着资产阶级政治经济学的驳论性的论说。我不认为马克思这里的论述就代表着他自己经济学的科学建构,因为这些表述显然是我们上面所看到的历史唯物主义观点在经济学学理中的运用。在此,马克思一般性地反对资产阶级经济学的对象,只是意味着他还无法确定自己独特的经济学研究对象。在这一讨论的最后,马克思说:

> 我们得到的结论并不是说,生产、分配、交换、消费是同一的东西,而是说,它们构成一个总体的各个环节、一个统一体内部的差别。生产既支配着与其他要素相对而言的生产自身,也支配着其他

---

① 《马克思恩格斯全集》第 46 卷上册,人民出版社 1979 年版,第 24 页。中译文将此处的 Aneignung 译作"占有",我将其改译为区别于德文中 Besitzens(占有)的"居有"。参见 Karl Marx, *Grundrissen*, *Marx-Engels-Gesamtausgabe*(MEGA2), II/1, Text, Berlin: Dietz Verlag, 1976, S. 25.——本书作者第三版注。
② 《马克思恩格斯全集》第 46 卷上册,人民出版社 1979 年版,第 24 页。
③ 《马克思恩格斯全集》第 46 卷上册,人民出版社 1979 年版,第 25 页。

要素。……一定的生产决定一定的消费、分配、交换和**这些不同要素相互间的一定关系**(bestimmte Verhältnisse)。①

我曾说过,这个一定的历史规定,也正是马克思超出一切过去的政治经济学家的重要起点。我们会在每一个具体的经济学微观研究视点中看到这一点。

2. 马克思第一次讨论经济学科学研究方法的语境

马克思在评论了生产与其他几个经济环节的关系之后,突然将评论的重心转到"政治经济学的方法"上来。对于这个方法的讨论,过去的论者大多数将其视为马克思对建构自己的政治经济学方法的一种直接指认,而我发现,马克思此时实际上还处于一种思想实验的过程中,只不过在分析的进程里,他才初步确定自己的研究方法的基本方向。我们之所以说它仅仅是基本方向,是因为它主要还表现为对黑格尔哲学以及斯密、李嘉图的政治经济学方法的批判性肯定。

马克思先是列举了在政治经济学中已经出现的两种研究方法。第一种方法是**从具体到抽象**的逻辑道路。他说,在经济学研究中"从实在和具体开始,从现实的前提开始","这就是一个浑沌的关于整体的表象,经过更贴近的规定之后,我就会在分析中达到越来越简单的概念;从表象中的具体达到越来越稀薄的抽象,直到我达到一些最简单的规定"。②这种方法从"完整的表象"或"生动的总体"出发,比如以人口、民族和国家为起始,最后从分析中"蒸发出"一些"有决定意义的抽象的一般的关系(ein allgemeines Verhältniβ)",如分工、货币、价值。③马克思认为,这种研究方法是经济学在它产生时期走过的道路。他认为对于自己现在的研究来说,它显然是不可取的道路。当然,这种研究方法并不排除在

---

① 《马克思恩格斯全集》第 46 卷上册,人民出版社 1979 年版,第 36—37 页。
② 参见《马克思恩格斯全集》第 46 卷上册,人民出版社 1979 年版,第 37 页。
③ 参见《马克思恩格斯全集》第 46 卷上册,人民出版社 1979 年版,第 37—38 页。

理论研究的前期对大量资料的具体占有再到对其的抽象,这是另一种意义上的"从具体到抽象"。如从《伦敦笔记》到《1857—1858年经济学手稿》的研究过程就是这种方法的体现。

第二种研究方法,即马克思所肯定的"科学上正确的方法",是**从抽象到具体**的理论逻辑道路。在此,经济学研究从"抽象的规定"(abstrakte Bestimmung)出发,然后再回到"一个具有许多规定和关系的丰富的总体",这是一种"在思维行程中导致具体的再现(Concretes zu reproduciren)"。① 实际上,这是由英国古典经济学开始的科学研究,即以劳动、分工、需要、交换价值这些抽象的简单概念为基点,再一步步上升到国家、国际交换和世界市场并且形成各种现代经济学体系。

尤其值得我们注意的是,马克思此时对古典经济学方法的认识与判断,已经明显区别于他在1844年《巴黎笔记》中刚刚开始着手经济学研究时的看法。在那里,马克思恰恰在否定斯密、李嘉图"非人的"抽象方法。而在这里,情况根本颠倒过来了,历史唯物主义者马克思在研究方法上似乎开始走到他原来反对的对立面去了。

此时,对于这种科学的抽象法,马克思有过一段十分具体的表述:

> 具体(Das Concrete)之所以具体,因为它是许多规定的综合,因而是多样性的统一。因此它在思维中(im Denken)表现为综合的过程,表现为结果,而不是表现为起点,虽然它是实际的起点,因而也是直观和表象的起点。②

我发现,马克思的这个观点其实与黑格尔在《逻辑学》中对观念逻辑运动的描述十分接近。也正是由于此,马克思才会立即对这个他所确定的抽象法与黑格尔的从抽象到具体的方法进行界划。马克思指出,黑格尔哲学的秘密在于他将思维方法的结构本身直接硬化为逻辑本体,从而导致一种从抽象观念出发贬斥具体物质存在的客观唯心主义。在黑格尔那

---

①② 参见《马克思恩格斯全集》第46卷上册,人民出版社1979年版,第38页。

里,"从抽象上升到具体的方法,只是思维用来掌握具体并把它当作一个精神上的具体再现出来的方式。但决不是具体本身的产生过程",然而,由此使"黑格尔陷入幻觉,把实在(das Reale)理解为自我综合、自我深化和自我运动的思维的结果"。① 显然,马克思此时这种看法相当深刻,洞若观火。与在《黑格尔法哲学批判》时期青年马克思所主张的那种颠倒主语与谓语的费尔巴哈式的一般唯物主义理解相比,马克思这里的分析显然更胜一筹。其实,黑格尔的那种从抽象到具体的方法,还直接基于个人间接知识的自我深化过程,即每一个个人总是从抽象的概念开始,在历经具体的、多样性的感性生活之后,才达及一种概念的具体的抽象。在此,我发现马克思只是选取了黑格尔逻辑整体的一个部分。因为从前面的讨论中我们已经了解到,从黑格尔哲学发展进程来看,他先着眼于具体社会历史特别是经济学的研究(耶拿时期),然后才逐步形成成熟的哲学抽象。在他的哲学体系中,《精神现象学》的逻辑思路是从否定感性具体出发上升到抽象的,但这是一种颠倒的客观"现象"的证伪过程。在此书中,黑格尔引导我们从客观确定性出发,但他指出我们直面对象必然从构架表象开始,这就需要以自我意识为支点,而自我意识则又必然以理念为支点来面对世界。所以,理念才是一切真正的起点。《逻辑学》是从抽象概念出发推演到具体概念,而整个《逻辑学》又是世界历史的抽象出发点。黑格尔的哲学经过感性的自然、人类社会历史的具体,再一次回归到具体的抽象,即绝对精神。这一发展进程可以用下列图表表示:

《耶拿时期的实在哲学》:社会历史中经济的现实具体→客观抽象(劳动与货币)

《精神现象学》:个人感性具体的否定→理性抽象

《逻辑学》:抽象概念→具体概念

《哲学全书》:抽象逻辑→历史的感性具体→具体的绝对精神(抽象)

---

① 参见《马克思恩格斯全集》第46卷上册,人民出版社1979年版,第38页。

很显然,马克思这里只是截取了其中的**一个环节**,即从抽象到具体。尤为重要的是,这个环节恰恰也是古典经济学的基本研究方法。我认为,马克思经济学的从抽象到具体的方法并不等于他的历史辩证法,而只是辩证法分析的一个特殊环节。孙伯鍨先生曾经正确而精辟地指出,"《资本论》的方法是唯物辩证法的局部情况"①。这也就是说,**这一方法是不能被独立地确证和夸大的**。这个方法的前提是必须形成客观历史的抽象。如上所述,相对于这里的语境,《伦敦笔记》正是经历了"从具体到抽象"的过程。否则,必然误入歧途。更重要的是,如果从马克思的历史现象学的视角来看,那种**线性的**抽象到具体的思路也是无法真实阐明马克思的复杂分析过程的。正如泽勒尼所说的,"马克思的科学体系不是一条'从现象到本质'以及'从本质到现象'的简单直线。相反,它在现象和本质之间来回波动",从而形成一种对事物的全面的总体把握。②

另一方面,马克思对研究方法的思考的更主要的特点是,他深刻理解了黑格尔辩证法与古典经济学的内在关联,即斯密、李嘉图为什么会从抽象的经济规定出发,同时,这种从抽象出发对于现代政治经济学研究来说又为什么是正确的方法,也由此,马克思才在这一写作过程中萌发专门写一本关于黑格尔辩证法的书的构想。巴加图利亚说,马克思在1857年由于"意外地"碰到了黑格尔的著作,才形成创作的冲动。虽然巴加图利亚作了大量复杂的文本考证,却用来认证一个游离于马克思思想进程的主观设想,甚是可惜。③ 对于这种新认识,马克思在此是通过劳动一般范畴的历史抽象来说明的。

3. 科学劳动规定的现实历史抽象

对于劳动这个概念,想必读者并不完全陌生,因为在《1844年手稿》

---

① 孙伯鍨、姚顺良:《马克思主义哲学史》(黄楠森等主编,八卷本)第2卷,北京出版社1991年版,第340页。
② 参见[捷]泽勒尼《马克思的逻辑》,牛津,1980年,第121页。
③ 参见[苏]巴加图利亚《马克思的经济学遗产》,陆忍译,贵州人民出版社1981年版,第158—159页。

中,我们遭遇过作为人的类本质出现的"劳动"。然而,在这时,马克思从经济学的历史视域中了解到,这个他曾经作为逻辑前提的"劳动一般"实际上是"现代的范畴"。套用当代后现代思想家喜欢说的话来讲就是,这是一个现代晚近发明的事情。从哲学方法论上看,它是马克思在《马克思致安年柯夫》和《哲学的贫困》中业已解决的问题。可这一次,它同时又是马克思在《伦敦笔记》中获得的最新研究成果,即对资产阶级古典经济学进行全面系统的历史研究的结果。

乍看起来,劳动是一个十分简单的、老生常谈的概念,作为人类生存的一般规定,它的表象也是自古存在的。但马克思已经发现,正是这样一种在经济学研究中真正能从"简单性上来把握的'劳动',和产生这个简单抽象的那些关系一样,是现代的范畴"[1]。正如我们在本书第一章中所讨论的那样,政治经济学的思考语境和方法论是马克思科学方法论的历史性前提。此时,马克思已经以十分清晰的思路,再现了"劳动一般"这一范畴在资产阶级经济学中的**历史抽象过程**:首先,在早期货币主义那里,财富还只是客观的东西,即能够看得见摸得着的"外在于自身、存在于货币中的物"。而重商主义和重工主义则已经初步穿透物相,"把财富的源泉从对象转到主体的活动——商业劳动和工业劳动",固然他们还只是局限于"取得货币的活动",但这已经是一种**历史抽象中**的"很大的进步"。[2] 其次,接下来的重农主义(资产阶级古典经济学的真正开端),第一次"不再把对象本身看作裹在货币的外衣之中,而是看作产品一般,看作劳动的一般成果了";虽然这种劳动还只局限于"劳动的一定形式——农业",但劳动这种财富的本质,毕竟已经从货币的物的外壳中被抽象出来。最后是斯密,马克思称他又"大大地前进了一步",因为"他抛开了创造财富的活动的一切规定,——干脆就是劳动,既不是工业劳动、又不是商业劳动、也不是农业劳动,而既是这种劳动,又是那种劳

---

[1]《马克思恩格斯全集》第46卷上册,人民出版社1979年版,第41页。
[2] 参见《马克思恩格斯全集》第46卷上册,人民出版社1979年版,第41页。

动",这才有了"创造财富的活动的抽象一般性,也就有了被规定为财富的对象的一般性,这就是产品一般,或者说又是劳动一般,然而是作为过去的、事物化的劳动"。① 这就是劳动一般在现代工业经济发展中的历史性生成。劳动一般,是一个"晚近发生的事情"。

这里必须补充说明两点:一是马克思在此还只是描述了经济学意义上的劳动一般的抽象过程,而省略了作为**主观逻辑抽象基础**的现实历史进程,即法国的农业生产和英国的资本主义手工业发展的真实进程;二是劳动一般这一重要的抽象的最高点,显然是斯密之后基于英国大工业生产的李嘉图才达到的。对于这一重要的差别,马克思在后面的研究中才直接标注出来。

应该指出,在以往的研究中,人们仅仅从经济学的意义上来关注马克思这里的理论思考,但马克思的这一重要论述恰恰包孕着重大的哲学意蕴,因为马克思的历史唯物主义科学直至于此才开始被现实地得以确证。社会存在决定社会意识,并不意味着观念直观物,而是意味着观念取决于人们的历史的一定的物质活动性质。《德意志意识形态》中非常抽象的哲学设定,在这里通过经济学清晰地呈现出来了。

马克思进一步总结道:"最一般的抽象总只是产生在最丰富的具体发展的地方,在那里,一种东西为许多东西所共有,为一切所共有。"②这段话看起来非常抽象,其实马克思是在以此说明科学抽象与现实的资本主义物质生产发展的**历史制约**关系。

> 比较简单的范畴,虽然在历史上可以在比较具体的范畴之前存在,但是,它的充分深入而广泛的发展恰恰只能属于一个复杂的社会形式,而比较具体的范畴在一个比较不发展的社会形式中有过比较充分的发展。③

---

① 参见《马克思恩格斯全集》第46卷上册,人民出版社1979年版,第41页。
② 《马克思恩格斯全集》第46卷上册,人民出版社1979年版,第42页。
③ 《马克思恩格斯全集》第46卷上册,人民出版社1979年版,第41页。

第八章 《1857—1858年经济学手稿》与历史唯物主义

所以,劳动一般得以在理论上实现,首先需要在人类历史生存中"以各种实在劳动组成的十分发达的总体为前提,在这些劳动中,任何一种劳动都不再是支配一切的劳动",这样,劳动就不会在某种特殊形式上(如重农主义关注的农业劳动)被予以思考;其次是在这种状况下,各种劳动"被同样看待",因为在这里,"个人很容易从一种劳动转到另一种劳动,一定种类的劳动对他们说来是偶然的,因而是无差别的"。① 实际上我们可以看出,这种劳动已经是资本主义**大工业**的物质生产劳动。因为只有在这里,资本主义物质生产中的劳动才可能"在现实中都成了创造财富一般的手段,它不再是在一种特殊性上同个人结合在一起的规定了"。② 这种劳动一般,显然不是斯密时代的手工业生产中的个人与个人之间的**总体**劳动,而只是在李嘉图的经济学中才表现出来的大工业生产的客观的劳动**一般**。这是马克思后来科学抽象的真实基础。不过,对于这一点,马克思此时并没有直接指认。

马克思认为,当时的美国社会正是资本主义社会最现代的存在形式,所以这个劳动一般在那里的最发达的工业化物质生产中也表现得最为充分。也是在这里,

> "劳动"、"劳动一般"、直截了当的劳动这个范畴的抽象,这个现代经济学的起点,才成为实际真实的东西。所以,这个被现代经济学提到首位的、表现出一种古老而适用于一切社会形式的联系(alle Gesellschaftsformen gültige Beziehung)的最简单的抽象,只有作为最现代的社会的范畴,才在这种抽象(Abstraktion)中表现为实际真实的东西。③

这也就是说,劳动概念总是要以它在人类生活总过程中的现实作用为前

---

①② 参见《马克思恩格斯全集》第46卷上册,人民出版社1979年版,第42页。
③《马克思恩格斯全集》第46卷上册,人民出版社1979年版,第42页。中译文原来将此处的 Beziehung 译作"关系",我将其改译为"联系"。参见 Karl Marx, *Grundrissen*, *Marx-Engels-Gesamtausgabe*(MEGA2), II/1, Text, Berlin: Dietz Verlag, 1976, S. 40. ——本书作者第三版注。

提。只有在资本主义大工业生产中,劳动才成为社会生活一切现象的普遍实体,成为整个人类事物的实在本质,成为人的一切素质的现实源泉。劳动的这些特点,也奠定了它成为资产阶级政治经济学首要规定的现实基础。这一次,劳动真的在大生产的交换中成为了人的现实的抽象"类本质"。

请注意,这个劳动正是马克思此时"从抽象到具体"中的那个抽象的起点。在此我又想说,从具体到抽象再到具体可能不仅仅是一种理论逻辑表述的方法,同时它还更深远地预示着人类社会历史发展到资本主义本身的历史性结构。何以见得?因为这个劳动作为当代资本主义社会历史存在的现实的一般,实际上是被颠倒地表现出来的,同时它还是一种现实关系的事物化和"异化"。一旦谈及异化问题,我们首先要注意这里的劳动与《1844 年手稿》中劳动的差别。《1844 年手稿》中的劳动(类本质)不是一种现实存在,而是一种价值悬设,是"应该";这里的劳动则是资本主义大工业生产现实中的一般,即没有差别的劳动,它只有在资本主义大工业生产中才出现。这个一般,不是现象多次重复的主观抽象,而已经成为一种人类历史性生存的**具体的现实关系**。更重要的是,这种劳动一般在资本主义的经济现实中也不是以它直接的感性形式表现出来,而是经过了无数经济中介才得以呈现。这是人类劳动的一种新的社会存在形式。在资本主义分工与交换的体系以及分工与交换的矛盾中,人的生存被剥夺了五彩斑斓的丰富性,而只能是一种片面的历史生存。在过去的社会中,个人的劳动是全面的,对社会来说,劳动本身并不构成有机整体。而资本主义分工使个人的劳动失去全面性,必然成为片面性历史生存,然而社会正是在这种专业化分工与交换中第一次成为有机的经济运作系统。正是这种劳动片面性,使独立的个人作为互相需要的人群互相联系起来,并且彼此互补,形成当代"市民社会"。这种客观的总体性是一种新的强制和奴役,每一个个人的劳动由于分工都被扯裂为碎片,都变得片面化,从而无法直接得以实现,只有通过市场交换由社会(他人)的需要作为中介才可能得到实现。因此,劳动必然一分为二，作为物质内容构成的有目的、有一定形式的**具体劳动**创造物品的使用价值，而作为新的社会构成形式的与具体形式无关的一般劳动消耗的**抽象劳动**则形成供交换所用的价值，这样，劳动的自然属性与社会属性就历史性地分离了。在交换中，价值形式的发展历经了这样的过程：从物物交换到简单价值形式，再发展到扩大了的价值形式，进而演变为一般价值形态即货币。在市场竞争中，物品的价值实现了向价格的转化。至此，人的劳动已经在交换中获得了一种特殊的社会存在形式，它原本是人与人相互交换的**直接**劳动成果关系，现在则表现为一种经过**市场中介**的物与物的关系。这样一来，在个人眼中，物的社会历史属性常常与物的自然属性混淆起来，如"资本的物质要素和资本的社会形式"形同一体，从而使物和人的**暂时的社会历史属性**变成永恒的。这也就意味着，在资产阶级市民社会中人的直观不能使人看到社会本质的真相，物与人都笼罩在拜物教之中。资产阶级政治经济学永远无法逃出这种雾障重重的魔界。①

我想说，马克思这里已经不仅仅是在研究经济学，而又是在说明他用以研究经济学的科学方法，即广义的历史唯物主义。他正是以此独树一帜的思想路径异质于一切资产阶级经济学家的。他分析道，从劳动这个例子恰恰可以说明：

> 哪怕是最抽象的范畴（abstraktesten Kategorien），虽然正是由于它们的抽象而适用于一切时代，但是就这个抽象的规定性本身来说，同样是历史关系（historischer Verhältnisse）的产物，而且只有对于这些关系并在这些关系之内才具有充分的意义。②

也正是在这里，马克思第一次确定了他的狭义政治经济学研究的真实基点，即资本主义社会的历史现实，特别是这一经济运行现实中**特殊**

---

① 青年卢卡奇在《历史与阶级意识》一书中曾非常深刻地表达了对这种状况的认识。参见［匈］卢卡奇《历史与阶级意识》，杜章智、任立、燕宏远译，商务印书馆1992年版，第148—149页。
②《马克思恩格斯全集》第46卷上册，人民出版社1979年版，第43页。

的生产关系！这是一个制高点，只有从这一点出发，才可能登高望远，超拔高居于政治经济学视域的科学抽象起点上，也只有通过这个观照点，才能引领望远，透视过去社会历史生存的本质。因为，"资产阶级社会是历史上最发达的和最复杂的生产组织（Organisation der Produktion）。因此，那些表现它的各种关系的范畴以及对于它的结构的理解，同时也能使我们透视一切已经覆灭的社会形式的结构和生产关系（Produktionsverhältnisse）。"① 在这里，马克思灵光一闪，奋笔疾书，写下一个著名的比喻："人体解剖对于猴体解剖是一把钥匙（Die Anatomie des Menschen ist ein Schlüssel zur Anatomie des Affen）。反过来说，低等动物身上表露的高等动物的征兆，只有在高等动物本身已被认识之后才能理解"②。那时的"人体"，就是资本主义大工业的物质生产力。今天的"人体"，则是信息社会中的"数字化生存"！

马克思指出，"资产阶级经济只有在资产阶级社会的自我批判已经开始时，才能理解封建的、古代的东方的经济"③。同时，"在研究经济范畴的发展时，正如在研究任何历史科学、社会科学（historischen, sozialen Wissenschaft）时一样，应当时刻把握住：无论在现实中或在头脑中，主体——这里是资产阶级社会——都是既定的；因而范畴表现这个一定社会即这个主体的定在形式（Daseinsformen）、存在规定、常常只是个别的侧面；因此，这个一定社会**在科学上**也决不是在把它**当作这样一个社会**来谈论的时候才开始存在的"。马克思在《1857—1858年经济学手稿》中四次使用过 gesellschaftliches Dasein。④ 其中一次还是在正文之前的《巴师夏〈经济的和谐〉》手稿中。⑤ 这种论断又包含着历史唯物主义的逻辑，也是在此处，马克思书写下一个著名的警句：

---

①②《马克思恩格斯全集》第46卷上册，人民出版社1979年版，第43页。
③《马克思恩格斯全集》第46卷上册，人民出版社1979年版，第44页。
④ 马克思在文中分别使用了 Gesellschaftliches Dasein（1次）、Gesellschaftliche Dasein（1次）、Gesellschaftlich Dasein（2次）。
⑤ 参见 Karl Marx, *Grundrisse*, *Marx-Engels-Gesamtausgabe* (MEGA2), II/1, Text, Berlin: Dietz Verlag, 1976, S. 12。

第八章 《1857—1858年经济学手稿》与历史唯物主义

> 在一切社会形式（allen Gesellschaftsformen）中都有一种一定的生产（bestimmte Produktion）决定其他一切生产的地位和影响，因而它的关系（Verhältnisse）也决定其他一切关系的地位和影响，这是一种普照的光（allgemeine Beleuchtung），它掩盖了一切其他色彩，改变着它们的特点。这是一种特殊的以太（Äther），它决定着它里面显露出来的一切定在（Daseins）的比重。①

这个"以太"是指占统治地位的生产方式。面对当时的资产阶级社会现实，马克思说，"资本是资产阶级社会的支配一切的经济权力。它必须成为起点又成为终点"②。这一观点的形成，也是马克思关于**资本**的主义之生产方式的第一次科学的指认！

作为马克思狭义政治经济学起点和终点的科学的**资本范式**终于浮出水面了。它的出现是《导言》思想实验最重要的成果。至此，我试图界划马克思接触政治经济学以后，他的哲学发展逻辑的几条重要历史线索。1844—1857年，马克思先后间断性地进行了三次系统的政治经济学研究：第一次经济学研究是1844—1845年以《巴黎笔记》为主体的早期批判性研究；第二次是1845—1847年以《布鲁塞尔笔记》和《曼彻斯特笔记》为主体的首次科学研究；第三次就是从50年代初开始的以《伦敦笔记》为主体的经济学建构性研究。在总体的哲学逻辑上，马克思的思路正好经过了**从人本主义的劳动规定到实践，经过生产再回到科学的劳动规定**的历程。换种说法，即**从价值主体到历史客体再回到历史主体**的逻辑演变。用图式表述如下：

1. 劳动（类本质）异化→复归：人本主义异化史观、主体、伦理的**价值**批判（《1844年手稿》）；

---

① 《马克思恩格斯全集》第46卷上册，人民出版社1979年版，第44页。中译文将此处的Daseins一词译作"存在"，我均改译为"定在"。参见 Karl Marx, *Grundrissen*, *Marx-Engels-Gesamtausgabe*（MEGA2），II/1，Text，Berlin：Dietz Verlag，1976，S. 41。——本书作者第三版注。
② 《马克思恩格斯全集》第46卷上册，人民出版社1979年版，第45页。

2. 实践→人的历史本质→现实：感性活动、实践唯物主义、革命的**现实**批判（《关于费尔巴哈的提纲》）；

3. 生产→一定的社会历史生存→生产方式：现实的个人、广义历史唯物主义、历史辩证法、经济学的**实证**批判（《德意志意识形态》等）；

4. 劳动（一定社会关系的本质）→价值（"类关系"）→货币（事物化关系）→资本：狭义历史唯物主义、经济学和历史学中的**历史现象学**批判。

在此，我们再对马克思思想进程中的这种逻辑演变作一些简要的说明。在1844年的第一次经济学研究时期，马克思对资产阶级政治经济学基本上持简单的否定态度，他的批判逻辑主要是通过人本主义社会现象学（劳动异化史观）的主体价值悬设（"应该"），宣判资产阶级社会客观经济现实（"是"）的非法性。固然，此时马克思已经站在无产阶级立场上，但他终究没有超出"德意志意识形态"。在1845—1847年的第二次经济学研究中，马克思已经基本看清了社会历史存在的真实基础，所以他先从区别于一切旧唯物主义和一切唯心主义的社会物质实践出发，以确定自己新世界观的逻辑起点，并赋予这一逻辑基石以一定的社会历史条件的限定，人的本质第一次从理想化的主体价值设定回落到现实社会关系的总和。正是在这次重要的经济学研究中，马克思清楚地透析了这个原则，即人类社会生存的真实规定只能是物质生活的生产与再生产，在他创立的广义历史唯物主义中，一定历史条件下的生产方式成为社会历史的本质。同时，也正是在这种基础上，马克思将过去从主体出发的价值批判，转变为从经济学客观现实出发的实证科学批判。在我们这里所遭遇到的马克思于1850年开始的第三次政治经济学研究中，马克思发现，如果从广义历史唯物主义的生产（客观向度）出发，实际是无法真正超越资产阶级政治经济学的，也无法彻底揭露资本主义社会生产方式的本质。于是，他再一次从历史形成的资本主义社会大工业的劳动一般这个**现实主体本质（主体向度）**出发——这是无产阶级的根本立场，进一步创立了基于经济学和历史学研究的批判的历史现象学。这种历史现象学就是从货币这个经济现象入手，通过揭示劳动二重性的内在矛盾，引发出使用价值—价值，价值形态从一般等价物到货币，再到市场竞争导致的价格转化，最终揭露了带来"利润"的货币—资本剥削剩余价值的秘密。在马克思这一次的经济学研究中，资本主义社会经济中的事物化现象被一层层地剥离下来，颠倒人们视域的三大拜物教的本质被揭示出来。这也是马克思狭义历史唯物主义最重要的内容。

当马克思明确了这一点之后，他开始勾勒新的研究蓝图，提出政治经济学研究的初步设想，即第一个"分篇"的研究思路。而且，在最后的一个目里，他重新列举了应该注意的若干问题。这些问题无一例外都是广义历史唯物主义中的基本原则。

第九章　经济学语境中的历史现象学

我们知道,资产阶级古典经济学将资本主义社会特定的历史存在视为人类永恒的自然物质存在,马克思在《1857—1858年经济学手稿》中所进行的第三次政治经济学研究,其目的之一也是为了能科学地批判和否定这种意识形态迷障。在这里,马克思力图说明资本主义社会存在的历史性的方面和暂时性的方面,以科学地说明这是一种历史地变化着的社会现实。马克思发现,正是这种历史性的资本主义社会存在现实,在商品生产和市场经济中产生了一个巨大的多重颠倒的复杂结构,然而,其中作为社会本质的资本生产关系被经济假象遮蔽起来:真的成为假的,假的成为真的;虚的变成实的,实的变成虚的;主体事物化为客体,客体翻转为主体。资产阶级政治经济学就是在这种事物化的经济现象中,无意识地将资本主义社会生产方式自然化和永恒化为特定物相的意识形态,由此,三大经济拜物教是其必然的结果。于是,马克思在批判资产阶级政治经济学,建构和实现自己的政治经济学变革的同时,就不得不寻求一种新的哲学出路,即超越资产阶级古典经济学的事物化意识,在科学批判的起点上形成不断透视事物化现象、戳穿颠倒的假象,从而逐步接近社会历史本质的批判的**历史现象学**。

第一节　资本主义经济本质与现象颠倒的逻辑和历史分析

马克思的历史现象学建构,首先是从资本主义经济事实中作为中心显像的流通领域之幻象证伪开始的。在此,资产阶级经济学的一切物相意识形态和蒲鲁东式的改良主义幻想,都第一次遭遇科学的重拳出击,被打得粉身碎骨。流通王国的幻境背后,呈现出由资本主义生产过程构筑的剥削性奴役经济关系本质。货币,作为特定社会关系的事物化结果之真相,第一次在理论逻辑和真实的历史进程中得以澄清。随着"抽象（Abstraktion）为什么成为现实存在的统治（Herrschaft）"这一重要问题的解决,历史唯心主义的现代基础也第一次得到科学的说明。这是马克思历史现象学的第一个重要理论层面。

1. 劳动货币与"筛子接公牛奶"

马克思的《1857—1858年经济学手稿》是以"货币章"作为开篇的。为什么从货币开始思索？在传统的经济学研究中,人们一般认为马克思的这种研究顺序是为了说明"叙述必须从简单的关系即从比资本和雇佣劳动的关系更为一般的关系开始"①。但从我们这里的哲学思考线索来看,我以为,马克思的这种构思主要是由于货币是资本主义社会历史过程中最重要的事物化现象,这是资产阶级经济拜物教最核心的一个层面。同时,这也让我想起来,马克思最初在《穆勒笔记》中也正是从货币开始他的理论升华的。当然,此处马克思的思考是一个在更深层面上的理论建构。

如果分析得再具体一点,"货币章"又是以批判蒲鲁东主义者达里蒙的"劳动货币"为起点的。如上所述,从1845年始,马克思已经开始关注从经济学的基础上来论证社会主义。这一理论批判的始作俑者是李嘉

---

① [英]缪勒:《通往〈资本论〉的道路》,吴良健译,山东人民出版社1992年版,第7页。

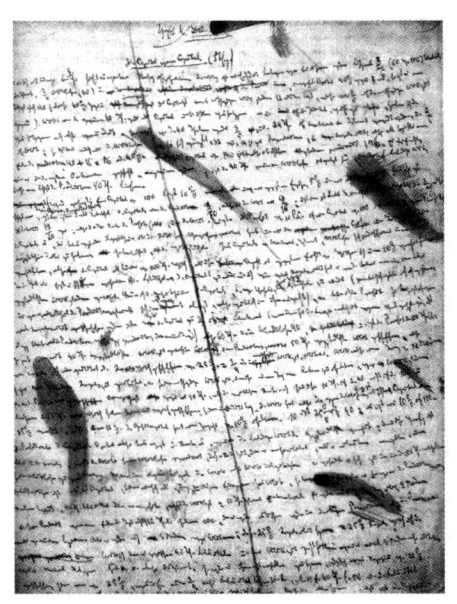

图 15　《1857—1858 年经济学手稿》第 6 笔记本一页复制件

图式的英国社会主义者。如格雷、勃雷、汤普逊和霍吉斯金等人,尤其前两人系所谓劳动货币理论的创始人,至于蒲鲁东及其追随者,不过是受格雷等人的影响罢了。自从写作《布鲁塞尔笔记》和《曼彻斯特笔记》之后,马克思意识到仅仅靠唯物主义哲学加社会主义批判是远远不够的,同时,他还进一步认识到,**非科学的**经济学加上社会主义依然无济于事,只有通过经济学、历史学等现实的科学研究,才可能构筑科学的社会主义之基础,也由此,才可能真正建构出科学的哲学方法。随着政治经济学研究的深入,马克思已经充分认识到,诸如格雷、勃雷这些经济学上的"无产阶级的反对派"在理论上的最大症结在于对资本主义社会现实的批判上的非科学性。表面上看,他们似乎在批判资本主义,并且他们也确实已经**在经济学的基础上**对资本主义进行改革设计,但其实,他们探索的脚步同样停留在资本主义**特殊的社会现象**上。而这种现象,正是一种以事物的形式颠倒地表现出来的神秘物,即货币之类最有欺骗性的假象。**在这个颠倒的经济假象上进行改良**,是这种非科学理论倾向的本质。我以为,这里有三层意思:一是资产阶级政治经济学家立足于对资本主义颠倒物相的直接**肯定**的基础之上,从而建构以拜物教为核心的资产阶级经济理论;二是李嘉图式的社会主义经济学家们,站在**否定**资产阶级政治经济学结论的立场上,用劳动价值论的交换变形论,批判流通领域中资产阶级的经济欺骗,从而实现了以劳动货币(劳动时间)为替代物的"公正交换";三是蒲鲁东的小资产阶级思潮,它是一种既反对资产阶级又反对无产阶级的"第三条道路"。蒲鲁东既没有真正弄懂古典经济学的逻辑,也没有社会主义经济学家的理论勇气,所以,他的理论观点常常是**将业已证明是非科学的东西(劳动货币)进一步庸俗化的产物**,这种做法犹如康德的"用筛子去给公牛接奶"式的谬中之谬。

众所周知,《1857—1858年经济学手稿》的写作从"货币章"开始,马克思想要说明一个经济学上的公牛并不产奶的道理,即货币在资产阶级经济运行中的真正作用,说明流通和分配关系在全部资本主义生产关系中的真正地位,从而拨云见日,去除假象,抵达本质。可见,我们上面所说的马克思的思想实验与理论创造正是从这里起步的,也由此,马克思在《1857—1858年经济学手稿》的科学实验中开始生发出他科学的社会批判的历史现象学。这是他的第一层直接理论目标。其次,他在理论上真正的经济学对手是李嘉图,在对李嘉图的经济学清算中,他的科学经济学理论逻辑才第一次真正得以呈现。不过我们这里所关注的主要是第一个理论层面。

在手稿中,马克思首先分析了蒲鲁东主义者达里蒙将资本主义货币流通与信贷错误地画上等号的问题。在马克思看来,蒲鲁东式智慧的全部秘密事实上正是建立在这种可笑的逻辑混淆之上。同时,马克思又深入一步揭露了达里蒙夸大银行在调节资本主义货币市场中作用的具体失误。我们不难看到,一上来马克思就高屋建瓴地深入问题的核心:

是否能够通过改变流通工具——改变流通组织——而使现存的生

产关系和与这些关系相适应的分配关系(Distributionsverhältnisse)发生革命？进一步说就是：是否能够对流通进行这样的改造，而不触动现存的生产关系(Produktionsverhältnisse)和建立在这些关系之上的社会关系(gesellschaftlichen Verhältnisse)？①

这种入木三分的发问，实际上立刻揭穿了蒲鲁东之流仅仅停留在流通领域，悬浮在颠倒的现象层面进行"改良变革"的"流通把戏"。马克思说，蒲鲁东等人根本"不了解生产关系、分配关系和流通关系之间的内部联系"。现在我们才知道，《导言》中洋洋洒洒地说了半天的生产与其他经济环节的关系，原来是为了给这里的批判做铺垫。马克思这时已经理解，流通不是经济关系中的决定性因素，货币不是资本主义生产方式的本质。而在蒲鲁东那里，他先将货币指认为资本主义社会存在的本质，然后再用的"好的"、"未变形"的货币形式——劳动货币来取代另一种"不好"的货币形式。马克思说，蒲鲁东不知道，

> 只要它们仍然是货币形式(Formen des Geldes)，只要货币仍然是重要的生产关系，那么，任何货币形式都不可能消除货币关系固有的矛盾，而只能在这种或那种形式上代表这些矛盾。任何雇佣劳动的形式(Form der Lohnarbeit)，即使一种形式能够消除另一种形式的缺点，也不能消除雇佣劳动本身的缺点。②

因此，马克思以反讽的口吻问道："你们要保留教皇，但是要使每个人都成为教皇。你们要废除货币，办法是把每个商品都变成货币，并且赋于它以货币的特性。"③这也就是说，蒲鲁东之流要在"不抛弃现存的社会基础"的情况下，企图用调节货币制度来消除根本不是由交换关系导致的社会矛盾，这显然是一种建立在空中楼阁之上的可笑的空想。

在马克思看来，蒲鲁东主义者的理论根本不属于科学，他们的认知

---

① 《马克思恩格斯全集》第 46 卷上册，人民出版社 1979 年版，第 63 页。
② 《马克思恩格斯全集》第 46 卷上册，人民出版社 1979 年版，第 64 页。
③ 《马克思恩格斯全集》第 46 卷上册，人民出版社 1979 年版，第 68 页。

水平甚至没有达到古典经济学的基本原则和认知水平。重农主义已经意识到必须从流通走向生产领域,斯密、李嘉图的劳动价值论更是一种以社会唯物主义为前提的科学抽象观点,所以,马克思在批评蒲鲁东主义时,他还不得不以古典经济学为出发点。我们也能看到,马克思这时才第一次认真讨论价值、交换价值、货币和价格的关系,他的出发点还是李嘉图。因此,他直接引述李嘉图的观点:"一切商品(包括劳动在内)的**价值**(实际交换价值),决定于它们的生产费用,换句话说,决定于制造它们所需要的劳动时间。**价格**就是这种用货币来表现的商品交换价值。"① 诚然,这时马克思的用语还不精确,但这并不妨碍他科学地说明一个道理:商品的价值与价格不是直接等同的,"价值是作为价格运动的规律而出现的"②。并且,"决定价值的,不是体现在产品中的劳动时间,而是现在必要的劳动时间"③。当然,马克思此时还无法区分价值与交换价值的差异,所以他认为市场交换中的价格平均数发挥了很大的作用。但对于批判蒲鲁东、格雷和勃雷的劳动货币而言,李嘉图的观点就足以抗衡了。马克思说,如果以为用直接指认劳动时间的"小时券"代替贵金属这种事物化的劳动时间,就能消除价格和价值之间的实际差别与矛盾,如果以为似乎这样,"资产阶级生产的一切危机,一切弊病都消除了",那么这实在是一个错觉。他指出,在这里出现的谬误是:

> 商品的货币价格=商品的实际价值;需求=供给;生产=消费;既废除货币,又保存货币;只要确认生产商品并物化在商品中的劳动时间,就能够产生一个和这种劳动时间相当的摹本,后者表现为一种价值符号,货币,表现为小时券。这样一来,每个商品直接转化为货币,而金和银则下降到其他一切商品的等级。④

---

① 《马克思恩格斯全集》第46卷上册,人民出版社1979年版,第80页。
② 《马克思恩格斯全集》第46卷上册,人民出版社1979年版,第81页。
③ 《马克思恩格斯全集》第46卷上册,人民出版社1979年版,第80页。
④ 《马克思恩格斯全集》第46卷上册,人民出版社1979年版,第82页。

说穿了,格雷—蒲鲁东方案(劳动货币)的根本错误在于将资本主义经济生活中的本质与现象、实在内容与其表现形式直接等同起来。这种混淆黑白、指鹿为马的行为是一种理论逻辑上的**现象学近视**。

显而易见,马克思试图告诉他们的,是资本主义经济过程中存在的**本质与现象的异质性**。这是李嘉图在理论抽象中已经不自觉地做到的事情。接着,他特别想说明,货币这种商品的一般等价物恰恰是作为商品自身的"异己的东西"与其对立,更重要的是,作为商品社会本质的价值关系"是怎样和为什么在货币上取得了物质的、独立的存在(materielle und besondere Existenz)"。① 这种观点已经接近马克思在狭义历史唯物主义中的历史现象学所要论说的主题:**资本主义特定的社会关系本质如何颠倒地通过物相表现出来**。与《德意志意识形态》的"物役性"批判相比,这一次,马克思是通过经济学的具体分析来历史地说明这种颠倒,从而真正批判性地透过现象来挖掘资本主义生产关系被遮蔽的本质。

2. 价值抽象在交换过程中向货币实体的转化

马克思的这种现象学批判是通过多重伪像剥离实现的。

马克思的**第一层分析**聚焦在价值与货币的**事物化**关系上。他此时还没有直接而具体地说明价值的本质——抽象劳动。马克思说,商品的价值与商品本身不同,商品(产品)只有在不同商品交换(实际的或想象的)的估价中才是价值(交换价值)。他已经看到:"价值是商品的社会关系(gesellschaftliches Verhältniß),是商品经济上的质(ökonomische Qualität)"。后来马克思历史地说明了,价值作为一种社会关系,是特定历史条件下的产物,是人的一种新的社会生存的历史形式。如前所述,马克思通过广义历史唯物主义已经确认,社会存在特别是社会关系本身是非实体的主客体之间和主体之间互动的功能性存在,在这个意义上,**作为社会关系的价值是客观存在的,但它恰恰不是一种可直观的物**。马克思说,

---

① 参见《马克思恩格斯全集》第46卷上册,人民出版社1979年版,第83页。

"一种关系只有通过抽象,才能取得一个特殊的化身,自身也才能个体化"①。然而,马克思这里的思想深度是蒲鲁东等人所无法理解的。

从理论上看,价值的这种商品等价作用,"在纸上,在头脑中,这种形态变化是通过纯粹的抽象进行的;但是,在实际的交换中,必须有一种实际的**媒介**,一种手段,来实现这种抽象"②。一般而言,价值是一种抽象,"在对商品进行比较时,这种抽象就够了;而在实际交换中,这种抽象就必须物化,象征化,通过某个符号而实现"③。这是**价值抽象**(Wertabstraktion)与**事物化实体**的必然关联,其现实结果就是作为商品之间第三者出现的等价物。马克思这样论述商品和等价物的关系:

> 商品必须和一个第三物(ein Dritte)相交换,而这个第三物本身不再是一个特殊的商品,而是作为商品的商品的象征(Symbol der Waare als Waare),是商品的交换价值本身的象征;**因而,可以说,它代表劳动时间本身**,例如,一张纸或一张皮代表劳动时间的一个可除部分。(这样一种象征是以得到公认为前提的;它只能是一种社会象征;事实上,它只表现一种社会关系。)……这种象征,这种交换价值的物质符号,是交换本身的产物,而不是一种先验地形成的观念(priori gefaßten Idee)的实现(事实上,被用作交换媒介的商品,只是逐渐地转化为货币,转化为一个象征;在发生这样的情况后,这个商品本身就可能被它自己的象征所代替。现在它成了交换价值的被人承认的符号)。④

马克思的这段话批评的是黑格尔—蒲鲁东式的唯心主义理论逻辑。他试图强调,在资本主义经济过程中,**抽象成为统治不是一种先验的本体论设定,而是经济运作的历史结果**。

---

① 《马克思恩格斯全集》第 46 卷上册,人民出版社 1979 年版,第 87 页。
② 《马克思恩格斯全集》第 46 卷上册,人民出版社 1979 年版,第 86 页。
③ 《马克思恩格斯全集》第 46 卷上册,人民出版社 1979 年版,第 88 页。
④ 《马克思恩格斯全集》第 46 卷上册,人民出版社 1979 年版,第 89 页。

在商品经济的现实运作中，"作为价值，商品是等价物；商品作为等价物，它的一切自然属性都消失了；它不再和其他商品发生任何特殊的质的关系，它既是其他一切商品的一般尺度，也是其他商品的一般代表，一般交换手段。作为价值，商品是**货币**"①。这是因为，在实际的经济交换中，人们无法直面的商品价值必须"同时取得一个和它的自然存在不同的存在"。这也就是说，

> 商品的价值也必定取得一个在质上可以和商品区别的存在，并且在实际交换中，这种可分离性必定变成实际的分离，这是因为商品的自然差别必定和商品的经济等价发生矛盾，这两者所以能够并存，只是由于商品取得了二重存在（doppelte Existenz），除了它的自然存在以外，它还取得了一个纯经济存在（rein ökonomische）……②

抽象的价值关系获得一个**事物的形态**，这就是**货币**。价值是交换中商品反射性认同的关系性手段，抽象的价值关系在现实中必须事物化为一种实体性，所以货币已成为在市场交换中实现产品的**二次方的手段**。请注意，这里的**关系事物化本身已经是一种本质的遮蔽**。以马克思这时的认识，货币的属性体现在四个方面：(1) 商品交换的尺度，(2) 交换手段，(3) 商品的代表，(4) 同特殊的商品并存的一般商品。③当然，我们在后面还将看到，从抽象的价值关系到货币，在现实中经历了一个长期的历史演变进程。

第二个理论层面上，马克思集中探讨了货币这种独立出来并且事物化的交换关系对现实存在的**支配作用**。马克思认为，交换中所形成的价值，是生产在商品经济中的必然结果。交换的需要和产品向纯交换价值的转化，是同分工也就是同生产的社会性按同一程度发展的。原来，交换价值只是商品在社会交换中得以实现的手段和工具，可是，在商品经济的进一步发展中，商品经济的元素的位置和关系开始发生重要的变化：其一是原来作为**手段**出现的货币（交换关系）越来越成为**生产的目**

---

①②《马克思恩格斯全集》第46卷上册，人民出版社1979年版，第85页。
③ 参见《马克思恩格斯全集》第46卷上册，人民出版社1979年版，第90页。

的。"生产的发展越是使每一个生产者依赖于自己的商品的交换价值，也就是说，产品越是在实际上成为交换价值，而交换价值越是成为生产的直接对象（unmittelbare Objekt）"①。其二是交换关系本身开始成为人与人的关系中**支配性**的东西。货币成了经济运作中真实的**统治性**权力因素。马克思这样分析道：

> 随着生产的社会性的发展，**货币**的权力（Macht des Geldes）也在同一程度上发展，也就是说，交换关系固定为一种对生产者来说是外在的、不依赖于生产者的权力。最初作为促进生产的手段出现的东西，成了一种对生产者来说是异己的关系（fremden Verhältniß）。②

可见，**人的工具成了人的主人**。由此，资本主义社会中的一切社会关系都转化为货币关系，"实物税转化为货币税，实物地租转化为货币地租，义务兵转化为雇佣兵，一切人身的义务转化为货币的义务，家长制的、奴隶制的、农奴制的、行会制的劳动转化为纯粹的雇佣劳动"③。那个所谓的金钱世界就这样来到我们面前，这个世界的本相是目的与手段的颠倒，人的生存与金钱关系的颠倒。可是，"身在"金钱所堆砌的"此山"之中，人们越来越"不识"这个经济王国的"真面目"了。这也是我们中国今天社会生活中正在发生的事情。

接下去，马克思具体分析了货币与商品并存必然引发经济过程矛盾和危机的可能性。简言之，"货币内在的特点是：通过否定自己的目的同时来实现自己的目的；脱离商品而独立；由手段变成目的；通过使商品同交换价值分离来实现商品的交换价值；通过使交换分裂，来使交换易于进行；通过使直接商品交换的困难普遍化，来克服这种困难；按照生产者依赖于交换的同等程度，来使交换脱离生产者而独立"④。货币既是矛盾的产物，也是解决矛盾的方法，而且还是矛盾的实体化分立和进一步恶化的前提。正是在对这种矛盾关系的**第三层面**的分析过程中，马克思突

---

①②③《马克思恩格斯全集》第46卷上册，人民出版社1979年版，第91页。
④《马克思恩格斯全集》第46卷上册，人民出版社1979年版，第97页。

然中断正常思考流程的讨论,灵光一闪,奋笔疾书,写下手稿中的第一个**警句**,并将其用一个括号括住:

> 一切商品都是暂时的货币;货币是永久的商品。分工越发达,直接产品就越不再是交换手段。必须有一种一般交换手段,也就是说,必须有一种不依赖于每一个人的特殊生产的交换手段。在货币上,事物的价值(Werth der Sachen)同它的实体(ihrer Substanz)分离了。货币本来是一切价值的代表;在实践中情况却颠倒过来,一切实在的产品和劳动竟成为货币的代表。①

毋庸置疑,这是一个非常重要的理论小结。马克思直接指认,这是发生在现实资本主义社会经济关系中的**颠倒与异化**!然而,资产阶级经济学家却企图"把异化抽掉"(abstrahiren von der Entfremdung),将这种社会本质的矛盾和颠倒说成是正常的和天然的,这不能不让我们警醒和反思。

马克思在即将结束这种理论逻辑说明之前作了一个声明:他认为"有必要对唯心主义的叙述方法作一纠正,这种叙述方法造成一种假象,似乎探讨的只是一些概念的规定和这些概念的辩证法"②。显然,这个声明又是在批判黑格尔—蒲鲁东。马克思在理论逻辑上说明,基始存在的不是抽象观念自身的运动、颠倒和矛盾发展的辩证法,而首先是资本主义社会历史现实中的**经济关系(抽象)**客观发生的运动、颠倒和矛盾发展的辩证法。当然,由于这种客观运动并不是自然界的一般物质变化,而是由人的主体活动所构成的社会历史运动,所以,这种辩证法必定是实践的历史辩证法。同时,马克思也是在告诫我们,他的现象学分析对象不是观念本质、自我意识联想与物相的关系,而是客观社会现实中的复杂经济现象、假象与生产关系本质的关系。于是,他一开始就将历史现

---

① 《马克思恩格斯全集》第 46 卷上册,人民出版社 1979 年版,第 94—95 页。中译文有改动。参见 Karl Marx, *Grundrissen*, *Marx-Engels-Gesamtausgabe*(*MEGA2*), II/1, Text, Berlin: Dietz Verlag, 2006, S. 83.
② 《马克思恩格斯全集》第 46 卷上册,人民出版社 1979 年版,第 97 页。

象学与黑格尔式的精神现象学界划了开来。

3. "三大社会形式"与社会关系颠倒的历史前提

实际上,在上面的文本讨论中,我们侧重于从经济学语境中提炼马克思的哲学逻辑。现在,读者将直接遭遇马克思在《1857—1858年经济学手稿》的经济学讨论中的第一个**哲学激活点**。这个激活点是在第1笔记本第20页的下半页突然喷薄而出的,并且一直持续活跃到第24页。①我将这种哲学性的经济学历史分析看成是历史唯物主义历史性原则的一种深入贯彻和新的深化,它恰恰也是历史现象学的**历史分析**之基础。我觉得,这种经济学历史分析的直接目的当然是否定资产阶级经济学的非历史性,也就是说,今天的资本主义生产关系既不是从来就存在的,也不是必将永远存在的。因此,我们就需要有一种历史性的眼光,需要有一种历史性的分析,即追问人的关系**过去是什么**,**现在是什么**,**以后又将是什么**。这种分析是一种历史本质的科学定位,它也是学界一般所讲的"三大社会形式"理论。但我以为,这不是对历史的一种实证的考察,而是一种交织着一种很深的哲学逻辑的历史分析,这种分析,可以用"三有"或"两实一可能"来概括。

我们已经知道,马克思在《导言》中提出了一个人体与猴体的比喻。人体是资本主义经济生产方式,而猴体则是前资本主义社会。依这个逻辑,共产主义则是发展了的更高级的健康的人体。以我的看法,与以往人本主义逻辑中的 Sollen(应该)与 Sein(是)的对立大相径庭的是,1845年以后,现实的历史(客观的"是"或"有")已成为马克思科学理论的前提。这是一种历史的**先有**、**现有**与**后有**的"三有"关系,或者是两个现实人类生存历史时期和一个历史走向的现实可能性。准确地说,在马克思看来,现实的历史也显示了人类历史发展中简单的生存机体与高级的复杂机体的关系。如果我们将史前简单的人类生存机体视为人类历史存在的直接

---

① 参见《马克思恩格斯全集》第46卷上册,人民出版社1979年版,第102—111页。

形式,那资本主义社会的经济复杂机体反而以颠倒的形式出现了,这就是在上一目最后马克思所提出的颠倒和异化。关键的问题在于,这种颠倒是**相对于什么而言的**?《1844年手稿》中的人本学异化是相对于理想化的劳动这个"类本质"的颠倒,可是这里的颠倒又指向什么呢? 显然,它是针对**劳动关系本身的客观颠倒**,对这种客观颠倒的思考正是我们前面所说的马克思又一次从劳动本位出发进行主体性批判的着眼点。可是,此处的"劳动",究竟是过去自然经济中那种直接性的个人具体劳动,还是未来共产主义社会中作为人的第一需要的非奴役的劳动活动? 特别值得我们思考的是,这个颠倒和异化中还有没有"应该"? 让我们来具体分析。

我们首先还是需要引述马克思关于三大社会形式中的三种社会关系的那段著名论断:

> 人的依赖关系(persönliche Abhängigkeitsverhältnisse)(起初完全是自然发生的),是最初的社会形式(die Gesellschaftsform),在这种形式下,人的生产能力只是在狭窄的范围内和孤立的地点上发展着。以**事物的**依赖性(die *sachliche* Abhängigkeit)为基础的人的独立性(Unabhängigkeit),是第二大形式,在这种形式(form)下,才形成普遍的社会物质变换,全面的联系(universale Beziehungen),多方面的需求以及全面的能力体系。建立在个人全面发展和他们共同的社会生产能力成为他们的社会财富这一基础上的自由个性(freie Individualität),是第三个阶段。第二个阶段为第三个阶段创造条件。①

关于三大社会形式与历史分期等问题,我在《马克思历史辩证法的主体向度》一书中已做过专题讨论。② 现在,我们将解读的焦点直接集中

---

① 《马克思恩格斯全集》第46卷上册,人民出版社1979年版,第104页。中译文将此处的Form译成"形态",我均改译为"形式"。参见 Karl Marx, *Grundrissen*, *Marx-Engels-Gesamtausgabe(MEGA2)*, II/1, Text, Berlin: Dietz Verlag, 1976, S. 90 – 91。——本书作者第三版注。
② 参见拙著《马克思历史辩证法的主体向度》,南京大学出版社2002年第2版,第三章。——本书作者第二版注。

在历史现象学所关注的社会关系的**历史变形**上来。我们可以发现,这个重要语段中存在着一个**前提**、一个**核心构件**和一个**目标指向**,即人类的**生产能力**、**人与人的社会关系**和现实历史情境中人类个体的真正自由和**解放**。请注意,这里前两个理论视点不是指我们通常所说的一般物质生产力与经济学意义上的人的生产关系,而是指一定历史条件下的具体社会历史定在;人类个体也不是一种抽象的价值悬设,而是一定历史条件下的现实的人类个体。

在进入马克思所谓"三大社会形式"的讨论视域之前,我们应该明确,马克思在此绝不是试图进行一种历史学上的历史分期的界说,而是要为了说明资本主义经济关系的事物化和颠倒("现有")是如何历史发生的["曾有"(Gewesenseins)——第一大社会形式是这种事物化与颠倒的**客观历史参照系**],以及这种颠倒被历史地扬弃的现实可能["能有"(Sosein)]是什么。共产主义是作为这种事物化和颠倒得以消除的**超越性参照系**。这里的一切,都围绕着这个特定理论焦点——人与人的关系在进入资本主义经济过程之后产生**客观历史变形和颠倒**——而逐步展开和反复变奏的。同时,由于马克思在文本的具体写作中并没有分列式地论说三种社会形式,而主要是以第二大形式为研讨视轴,所以,其他两个社会形式的讨论往往是零散的。为了讨论本身的便利,我们把马克思对前后两种社会形式的论述以非文本逻辑的顺序集中起来进行分析。

所谓"第一大社会形式",主要指在资本主义社会之前已经客观存在的**经济的**社会形式。它的内涵即为我所说的"先有"或者"曾有"(Gewesenseins)的意思。从马克思此处文本的所指来看,这并不包括还没有进入经济的社会形式发展的原始共同体阶段,其具体指代为原始共同体之后出现的"家长制的关系,古代共同体,封建制度和行会制度"。马克思对此的重要理论阐述有以下三点:

第一,在这些人类生存体中,人的生产能力是低下的,其水平和规模都是极有限的。马克思指出,在第一种社会形式中,人的自然生产(包括人种的繁衍和人向自然的索取)在人的现实生活中占**主导**地位,在那时,物质生活资料的生产"顶多是附带的事情"。与《德意志意识形态》所作的广义历史唯物主义中所谓人类社会历史性生存的第三个环节的论述相比,这里的说明显然更精确一些。① 这时,无论是农业采集还是渔猎,人的主体劳动只对自然起**协助性**的作用。而且,人类主体的生活过程之"**目的不是发财致富,而是自给自足**"②。这也就是说,此时的人类生存犹如动物那样在自然生产中依存,苦苦维系自身的生命,还没有能力创造出巨大的剩余财富。马克思说:在这种状况下,"个人或者自然地或历史地扩大为家庭和氏族(以后是公社)的个人,直接地从自然界中再生产自己,或者他的生产活动和他对生产的参与依赖劳动和产品的一定形式,而他和别人的关系也是这样决定的"③。所以,此时的人与自然存在是同一的。马克思在后面写道,在这种社会形式的生产劳动过程中,"劳动者(Arbeiter)将自己劳动的客观条件看作自己的财产;这是劳动与劳动的物质前提的天然统一。因此,劳动者[甚至]不依赖劳动就拥有客观的存在。个人把自己看作所有者,看作自己现实条件的主人"。人是自己存在的主人,也是自己现实生活条件的支配者。同时,在这里,

> 各个个人都不是把自己当作劳动者,而是自己当作所有者和同时也进行劳动的共同成员。这种劳动的目的不是为了**创造价值**,——虽然他们也可能创造剩余劳动,以便为自己换取**他人的**产品,即[其他个人的]剩余产品,——相反,他们劳动的目的是为了保证各个所有者及其家庭以及整个共同体(Gemeinschaft)的生存。④

因此,此时经济活动的目的是**生产使用价值**,而根本不存在**为了交**

---

① 参见《马克思恩格斯全集》第 46 卷上册,人民出版社 1979 年版,第 172 页。
② 《马克思恩格斯全集》第 46 卷上册,人民出版社 1979 年版,第 477 页。
③ 《马克思恩格斯全集》第 46 卷上册,人民出版社 1979 年版,第 103 页。
④ 《马克思恩格斯全集》第 46 卷上册,人民出版社 1979 年版,第 471 页。在这里,Gemeinschaft 是一个与现代社会关系建构起来的**社会**(Gesellschaft)不同的人类生存体。在这个意义上说,中文中出现的"原始社会"一语是不准确的,我已经将其改为"原始共同体"。——本书作者第三版注。

换才发生的价值关系。生产的直接目的是在个人对公社(个人构成公社的基础)的一定关系中把个人再生产出来。具体地说,对劳动的自然条件的占有,即对土地这种最初的劳动工具、实验场和原料贮藏所的占有,并不是通过劳动进行的,但它却是劳动自身的前提。个人把劳动的客观条件简单地看作自己的东西,看作是自己的主体得到自我实现的无机自然。可见,劳动的主要客观条件并不是劳动的产物,而是**自然**。

第二,与这种生产能力相一致的,也就存在着两种不同的人与人的关系,即自然血缘关系和以**统治服从关系**为基础的地方性联系。这两种关系的本质都是"人对人的依赖性"。前者是"自然发生的",后者是"政治性的"。其中,"虽然个人之间的关系表现为较明显的人的关系,但他们只是作为具有某种[社会]规定性的个人而互相交往,如封建主和臣仆、地主和农奴等等,或作为种姓成员等等,或属于某个等级等等"[①]。也就是说,在这些人类生存体中,**人与人的关系还表现为"人与人的直接联系"**(die unmittelbare persönliche Beziehung),而不是后来在资本主义市场交换中以事物与事物的关系颠倒地实现出来的**间接**的人与人的相互关系(Verhältnis)。这倒不是说,在这种人类生存体中不存在着交换,而是说,"在这种情况下,真正的**交换**只是附带进行的,或者大体说来,并未触及整个共同体的生活,不如说只发生在不同共同体之间,决没有支配全部生产关系和交往关系"[②]。此时,交换不是人类生存体生活的目的,交换不是人类生存体存在的主导性关系。

第三,个人的生存状态当然也是低下的,个人没有独立性,只依存于血缘或宗法式的共同体之中。共同体以**直接的**自然血缘关系或者外在的封建性宗法关系,把个人互相联结起来。在这个共同体之中,个人是不自由的,个人受到"人的限制即个人受他人限制"[③]。但是,就个人的自身特性说,"在发展的早期阶段,单个人显得比较全面,那正是因为他还

---

① 《马克思恩格斯全集》第 46 卷上册,人民出版社 1979 年版,第 110 页。
② 《马克思恩格斯全集》第 46 卷上册,人民出版社 1979 年版,第 105 页。
③ 《马克思恩格斯全集》第 46 卷上册,人民出版社 1979 年版,第 110 页。

没有造成自己丰富的关系,并且还没有使这种关系作为独立于他自身之外的社会权力和社会关系同他自己相对立"①。这是古代的人的**生存的全面性**与真实的**不丰富性**的辩证关系。也是在这个意义上,马克思说:

> 因此,古代的观点和现代世界相比,就显得崇高得多,根据古代的观点,人,不管处在怎样狭隘的民族的、宗教的、政治的规定上,毕竟始终表现为生产的目的,在现代世界,生产表现为人的目的,而财富则表现为生产的目的。②

在古代人类生存体中,**人是人的目的**,它彰显了一种崇高的人性光辉;而在现代社会,**生产(为了交换)成了人的目的**。它又预示着人在后现代中的消亡,如福柯所言,它将被抹去痕迹,如一张沙滩上的脸。这种比较又是一种历史维度参照下的比较。

当然,马克思丝毫没有将第一大社会形式设定为社会发展的**理想模式**(如卢梭的自然社会)的企图,因此这里也根本不存在什么相对于"现有"的第二大社会形式"异化"的悬设的"应该"。第一大社会形式曾在资本主义社会之前**客观地存在过**,实际上,这不过是人类社会发展的**初级的和简单的**社会机体。此外,还有一点是不容置疑的,相对于先有的社会(固然是直接的人与人的共同体),现有的资本主义社会无论在哪一方面都是一个巨大的历史进步。所以,马克思旗帜鲜明地指出,"留恋那种原始的丰富,是可笑的,相信必须停留在那种完全空虚之中,也是可笑的"③。这就使马克思的观点既区别于卢梭、西斯蒙第与蒲鲁东之类的浪漫主义逻辑,也异质于马克思自己《1844年手稿》中关于非异化人的本真类关系的逻辑设定。拎清这一点,对于我们科学地评价资本主义经济的作用,科学地理解马克思在历史现象学中再一次引入的事物化、颠倒和异化关系的意义,都是至关重要的。

---

① 《马克思恩格斯全集》第46卷上册,人民出版社1979年版,第109页。
② 《马克思恩格斯全集》第46卷上册,人民出版社1979年版,第486页。
③ 《马克思恩格斯全集》第46卷上册,人民出版社1979年版,第109页。

4. 社会关系事物化和颠倒的历史性发生

作为"第二大社会形式"的现有的资本主义社会，始终是马克思历史分析的主要对象。当然，马克思首先需要面对的还是资本主义社会物质生产能力极大发展的现状。这种发展的一个根本性动因是，物质生产摆脱了个人的直接需要，生产的目的从过去那种具体的使用价值变成了交换价值。第一大社会形式，"家长制的，古代的（以及封建的）状态随着商业、奢侈、**货币**、**交换价值**的发展而没落下去，现代社会则随着这些东西一道发展起来"①。在这里，"不管活动采取怎样的个人表现形式，也不管这种活动的产品具有怎样的特性，活动和这种活动的产品都是**交换价值**，即一切个性，一切特性都已被否定和消灭的一种一般的东西"②。交换价值成了存在中的**一般**。

这里蕴藏着爱利亚学派起始思考的深刻的"多"与"一"的关系：各种物品的使用价值是差异性的"多"，而将物品质性夷平的抽象的交换价值关系（价值）是"一"。二者既耳鬓厮磨又相互厮杀，最后，交换价值这个客观发生的"一"否定和消灭了有特性的产品的"多"。当然，这种哲学表述已经省略了许多中介物。过去的那种生产直接创造出个人所需的产品，旨在产品的使用价值，这本身就使这种生产成为**有限的**（包括奢侈品的生产）；同时，这种生产活动与产品本身无不铭刻着劳动者丰富多样的个性和特性的印记，因为那时的生产是由个人富含个性的生产所构成的（手艺的原意即是如此），而每个人劳动的产品是不可能完全雷同的，一切劳动成果必定是寒木春华、各具特性。这就如同我们现在还能看到的手工匠（个体皮匠和裁缝）的劳作，他们的劳动产品——皮鞋与衣服都是含有个性、别具一格的。而在资本主义生产过程中，生产的目的不再是产品的使用价值，即不再是作为某种特定的、为自然所决定的、在质上不

---

① 《马克思恩格斯全集》第 46 卷上册，人民出版社 1979 年版，第 104 页。
② 《马克思恩格斯全集》第 46 卷上册，人民出版社 1979 年版，第 103 页。

同于他种劳动的**具体**劳动的结果,而是商品的"交换价值",即完全摆脱劳动的质而仅在量上有所不同的劳动的**抽象**劳动的结果。这也就界划了劳动的二重性质。在这里,一切产品和活动都必须"转化为交换价值","因为只有在交换价值上,每个个人的活动或产品对他来说才成为活动或产品;他必须生产一般产品——**交换价值**,或者孤立化和个体化的交换价值,即**货币**"。① 这样,一方面是具体的个人劳动,另一方面是社会劳动,二者在交换中形成了特定的自发统一。

> 交换与分工互为条件。因为每个人为自己劳动,而他的产品并不是为他自己使用,所以他自然要进行交换,这不仅是为了参加总的生产能力,而且是为了把自己的产品变成自己的生活资料。②

从生产的客观进程来看,生产目的从直接的使用价值变为间接的交换价值,从个人生产具体的"多"变为社会市场交换中抽象的"一",以交换为目的的商品经济第一次使生产本身成为**无限的**。这正是资本主义锻铸魔鬼般的生产力冲动的根本原因。由此,马克思阐明了现代的交换(即社会交换)绝不是什么**人的天生的类的交往需要**(赫斯),而是在生产发展到一定历史阶段上的**必然**产物。请注意,在生产的分工和交换体系的前提下,交换价值必然成为人类生活中支配性的"一",这并不是一种**罪恶的人性的堕落**,而是生产发展的需要和**必然**结果。同时,极为重要的问题是,这不是由于社会关系本身的任意改变所生发出来的必然性,而是从物质生产这个客观基础上生发出来的**必然**规律。于是,马克思第一次科学地说明了资本主义社会关系变化的根本原因在于生产力的发展,**离开这个基础去讨论社会关系的改变**必将是非科学的。

马克思进一步分析道,资产阶级经济学家(斯密等)眼中的市民社会里的人与人的关系,是"每个人追求自己的私人利益,而且仅仅是自己的私人利益;这样,也就不知不觉地为一切人的私人利益服务,为普遍利益

---

① 参见《马克思恩格斯全集》第 46 卷上册,人民出版社 1979 年版,第 103 页。
② 《马克思恩格斯全集》第 46 卷上册,人民出版社 1979 年版,第 104 页。

服务"①。而且,这种关系被神化为"人人为自己,上帝为大家"的天然社会本性。与此相反,马克思科学地指出,资本主义社会的生存方式实际上根本不是一种自然法的意愿,而是资本主义生产所产生出来的分工与交换客观形成的结果。在分工与交换的社会中,人们必须用一种"毫不相干的个人之间的互相的和全面的依赖(allseitige Abhängigkeit),构成他们的社会关联(gesellschaftlichen Zusammenhang)"。② **这种社会关联只能表现在人们相互交换他们的劳动成果的交换价值上**。马克思说:

> 一切产品和活动转化为交换价值,既要以生产中人的(历史的)一切固定的依赖关系(alle feste persönliche〔historiche〕Abhängigkeitsverhältnisse)的解体为前提,又要以生产者互相间的全面的依赖性(allseitige Abhängigkeit)为前提。每个人的生产,依赖于其他一切人的生产;同样,他的产品转化为他本人的生活资料,也要依赖于其他一切人的消费。③

这也就意味着,以往人类的社会存在形式的解体以及向新的社会关系的转化,并不是一种观念的实现,也不是人的一种主体愿望,而是在人们所从事的生产中生长出来的**历史性的客观转换**。同时,"以交换价值和货币为媒介的交换,诚然以生产者互相间的全面依赖为前提,但同时又以生产者的私人利益完全隔离和社会分工为前提,而这种社会分工的统一和互相补充,仿佛是一种自然关系,存在于个人之外并且不以个人为转移"④。原来在第一大社会形式中的人与人的直接关系被解构了,人,现在只能在市场交换的复杂中介关系中间接地自发链接起来。人,在这种在自己之外的**似自然性**关系中被全面而彻底地孤立化了。马克思说:

---

① 《马克思恩格斯全集》第 46 卷上册,人民出版社 1979 年版,第 102 页。
② 参见《马克思恩格斯全集》第 46 卷上册,人民出版社 1979 年版,第 103 页。
③ 《马克思恩格斯全集》第 46 卷上册,人民出版社 1979 年版,第 102 页。参见 Karl Marx, *Grundrissen*, *Marx-Engels-Gesamtausgabe* (MEGA2), II/1, Text, Berlin: Dietz Verlag, 1976, S. 89。——本书作者第三版注。
④ 《马克思恩格斯全集》第 46 卷上册,人民出版社 1979 年版,第 104 页。

> 人的孤立化,只是历史过程的结果。最初表现为**种属群、部落体、群居动物**——虽然决不是政治意义上的政治动物。交换本身就是造成这种孤立化的一种主要手段。它使群的存在成为不必要,并使之解体。①

此时,马克思所阐述的现代社会关系(资本主义经济的结构),显然不是他在《德意志意识形态》中所能具体指认的。首先,这里实际上出现了我所说的马克思在经济学研究中的**狭义**的历史唯物主义观点,即**在经济的社会形态中,人所创造的东西开始成为不以人的意志为转移的客观力量**,通俗地说,就是**历史性**的经济决定论。这也就是说,在广义历史唯物主义的物质生产**基始论**的观点上,特定的经济力量和经济关系成为人的现代生活中**主导性**的东西。而第二国际的理论家将这种历史性的主导性非历史地指认为一种普适性的规律。马克思这里的具体历史分析,显然比传统哲学教科书上的分析逻辑要复杂得多,它决不是一个简单的生产力决定生产关系的论断就能替代的。当今的中国社会主义市场经济中的社会关系和当代资本主义的社会关系问题,都是更加错综复杂的结构总体。遗憾的是,在我们过去的研究中,这些重要的论述仅仅被实证地排列于经济学的具体说明中,因此被弱化了。

其次,马克思第一次完整地说明了第二大社会形式即**资本主义社会中人与人的关系的事物化与颠倒**。这是我们非常关注的问题。由于交换价值成为目的,一切都必须转化为交换价值,交换价值成为个人抵达现实社会认同的唯一通道。同时,交换价值又必然从一般等价物发展到货币。相对于过去那种人与人的直接交往关系,当下资本主义社会中人与人的关系需要经过交换中介的事物化(颠倒)成为不可避免的现象。马克思写道:

> 活动的社会性,正如产品的社会形式以及个人对生产的参与,

---

① 《马克思恩格斯全集》第 46 卷上册,人民出版社 1979 年版,第 497 页。

在这里表现为对于个人是异己的东西（Fremdes），表现为事物性的东西（Sachliches）；不是表现为个人互相间的关系（Verhalten），而是表现为他们从属于这样一些关系，这些关系是不以个人为转移而存在的，并且是从毫不相干的个人互相冲突中产生出来的。活动和产品的普遍交换已成为每一单个人的生存条件，这种普遍交换，他们的互相关联（wechselseitiger Zusammenhang），表现为对他们本身来说是异己的、无关的东西，表现为一种事物（als eine Sache）。在交换价值上，人的社会联系（dei gesellschaftliche Beziehung der Personen）转化为事物性的社会状态（ein gesellschaftliche Verhalten der Sachen）；人的能力转化为事物性的能力（das persönliche Vermögen in ein sachliches）。①

这样，**颠倒和事物化就发生了**。"但为什么人们信赖事物（Sache）呢？显然，仅仅是因为这种事物是人们互相间的**事物化的关系**（*versachlichtem Verhältnis*），是事物化的交换价值（Tauschwert），而交换价值无非是人们互相间生产活动的联系（Beziehung der produktiven Tätigkeit）。"②马克思分析道，货币存在的前提正是社会关系本身的事物化，金钱在这里表现为一种"抵押品"。在市场交换中，人在从另一个人手中获得商品时，他就必须将这种抵押品留下。乍看起来，"人们信赖的是物（货币），而不是作为人的自身"，并且，"个人的产品或活动必须先转化为**交换价值**的形式，转化为**货币**，才能通过这种**物**的形式取得和表明自己的社会**权力**"。③ 你一旦拥有货币，你就拥有了权力。货币就是权

---

① 《马克思恩格斯全集》第46卷上册，人民出版社1979年版，第103—104页。参见 Karl Marx, *Grundrissen*, *Marx-Engels-Gesamtausgabe*（MEGA2），II/1，Text，Berlin：Dietz Verlag，1976，S. 90。
② 《马克思恩格斯全集》第46卷上册，人民出版社1979年版，第107页。中译文原来将此处的 versachlichen 译成"物化"，我改为"事物化"；中译文将此处的 Beziehung 译成"关系"，我改译为"联系"。参见 Karl Marx, *Grundrissen*, *Marx-Engels-Gesamtausgabe*（MEGA2），II/1，Text，Berlin：Dietz Verlag，1976，S. 93。——本书作者第三版注。
③ 参见《马克思恩格斯全集》第46卷上册，人民出版社1979年版，第105页。

力！"单个人本身的交换和他们本身的生产是作为**独立于他们之外的事物性**（sachliche）的关系而与他们相对立"①。而一旦"每个个人以物的形式占有社会权力。如果你从物那里夺去这种社会权力，那你就必须赋于人以支配人的这种权力"②。实际上，马克思通过分析交换关系在资本主义经济过程中的这种颠倒的性质，说明了货币在经济现象中获得神秘权力的秘密。我注意到，后来舍勒③在神正论的语境中借用了马克思在经济学中的现象学批判。在他眼中，现实的商品——市场经济是一种神性"价值的颠覆"，即质性价值与假象价值、生命价值与有用价值的颠倒。④

在后来的《政治经济学批判》中，马克思更精确地指明："生产交换价值的劳动还有一个特征：人和人之间的社会关系可以说是颠倒地表现出来的，就是说，表现为事物和事物的社会关系。……因此，如果交换价值是人和人之间的关系这种说法正确的话，那么必须补充：它是隐蔽在物的外壳之下的关系"⑤。从马克思的历史现象学观点来看，"一种社会生产关系采取了一种物的形式，以致人和人在他们的劳动中的关系倒表现为物和物彼此之间的和物与人的关系，这种现象只是由于在日常生活中看惯了，才认为是平凡的、不言自明的事情"⑥。**这正是历史现象学试图证伪的现象。**

> 一种社会生产关系表现为一个存在于个人之外的物，这些个人在社会生活的生产过程中所发生的一定关系表现为一个物品的特殊属性，这种颠倒，这种不是想像的而是平凡实在的神秘化，是生产

---

① 《马克思恩格斯全集》第 46 卷上册，人民出版社 1979 年版，第 108 页。中译文将此处的 sachliche 译为"物"，我改译为"事物性"。参见 Karl Marx, *Grundrissen, Marx-Engels-Gesamtausgabe（MEGA2）*, II/1, Text, Berlin：Dietz Verlag, 1976, S. 94. ——本书作者第三版注。
② 《马克思恩格斯全集》第 46 卷上册，人民出版社 1979 年版，第 104 页。
③ 舍勒（Max Scheler,1874—1928），德国著名基督教思想家，现象学价值伦理学的创立者，知识社会学的先驱，现代哲学人类学的奠基人。
④ 参见［德］舍勒《价值的颠覆》，罗悌伦等译，三联书店 1997 年版，第 22—134 页。
⑤ 《马克思恩格斯全集》第 13 卷，人民出版社 1962 年版，第 22 页。
⑥ 《马克思恩格斯全集》第 13 卷，人民出版社 1962 年版，第 23 页。

交换价值的劳动的一切社会形式的特点。①

同样需要界定的问题是,与《1844年手稿》不同,在此马克思所讲的事物化与颠倒不再是一种**抽象的主观价值判断**,而是**客观的历史性认知**。它表现为两个方面:首先,回首过去,人的关系之事物化与颠倒,相对于过去第一大社会形式中的那种人对人的直接关系("人的依赖性")而言,本身就意味着历史的进步,而并非"人性的堕落"。"毫无疑问,这种物的联系比单个人之间没有联系要好,或者比只是以自然血缘关系和统治服从关系为基础的地方性联系要好。"②其次,展望未来,正是这种事物化和颠倒的关系,才可能创造出在更高的阶段上"全面发展的个人",即第三大社会形式中人的自由发展的个性和能力。对此,马克思清醒地看到:

> 要使**这种**个性成为可能,能力的发展就要达到一定的程度和全面性,这正是以建立在交换价值基础上的生产为前提的,这种生产才在产生出个人同自己和同别人的普遍异化的同时,也产生出个人关系和个人能力的普遍性和全面性。③

事物化与颠倒为什么会创造出人的关系的普遍性和全面性?因为在资本主义经济所形成的以交换为目的的世界历史进程中,"在**世界市场**(Weltmarkt)上,**单个人**与一切人发生**关联**(Zusammenhang),但同时**这种关联又不以单个人为转移**"④。在商品、货币和资本通过频繁而广泛交换所打开的世界市场中,经济事物化的中介性关系使所有进入市场的人都成为一个息息相关整体的组成部分。马克思想要说明,**只有通过这种人的关系的事物化与颠倒,才有可能真实地产生人在现实历史发展中进一步全面自由解放的物质可能性**。在这一点上,马克思的思想更加接

---

① 《马克思恩格斯全集》第13卷,人民出版社1962年版,第38页。
② 《马克思恩格斯全集》第46卷上册,人民出版社1979年版,第108页。
③ 《马克思恩格斯全集》第46卷上册,人民出版社1979年版,第108—109页。
④ 《马克思恩格斯全集》第46卷上册,人民出版社1979年版,第108页。中译文将此处的Zusammenhang译为"联系",我改译为"关联"。——本书作者第三版注。

近于黑格尔历史辩证法的客观必然性前提。这种建立在经济学基础上的讨论,比《德意志意识形态》中相关主题的研究要大大地向前推进了。同时,我们已经可以肯定,这种科学的认识与《1844年手稿》中的伦理批判有着极大的异质性。

但是,与一切资产阶级意识形态不同,马克思从来不可能简单地肯定这种历史的进步。他不会像资产阶级经济学家那样,将"建立在这种自发的、不以个人的知识和意志为转移的、恰恰以个人互相独立和毫不相干为前提的联系"的社会看成是"自然的产物",把颠倒和事物化的社会关系看成是一种社会天然具有的客观自然属性。① 马克思说:"如果把这种单纯**事物的关联**(*der sachliche Zusammenhang*)理解为自然发生的、同个性的自然(与反思的知识和意志相反)不可分割的、而且是个性内在的联系,那是荒谬的。"② 因为这种事物化的社会关系是"历史的产物(historisches Produkt)",

> 这种联系借以同个人相对立而存在的异己性和独立性只是证明,人们还处于创造自己社会生活条件的过程中,不是从这种条件出发去开始他们的社会生活。这是各个人在一定的狭隘的生产关系内的自发的联系。③

同样,"毫无疑问,在个人创造出他们自己的社会联系之前,他们不可能把这种联系置于自己的支配之下"④。将这种历史性的事物化了的社会关系视为社会天然形式,这是在用虚假的经济物相遮蔽社会本质关系。这正是全部资产阶级意识形态的本质!

再次,马克思所阐述的现代社会关系体现了第二大社会形式中**个人生存情境的颠倒**。在马克思看来,在资本主义经济过程中,"(1)个人只能为社会和在社会中进行生产;(2)他们的生产不是**直接的**社会的生产,不是本身实行分工的联合体的产物。个人从属的像命运一样存在于

---

①②③④ 参见《马克思恩格斯全集》第46卷上册,人民出版社1979年版,第108页。

他们之外的社会生产；但社会生产并不从属于把这种生产当作共同财富来对待的个人"①。这是由于，

> 在货币关系中，在发达的交换制度中（而这种表面现象使民主主义受到迷惑），人的依赖纽带、血统差别、教育差别等等事实上都被打破了，被粉碎了[一切人身纽带（persönlichen Bande）至少都表现为**人的**关系（*persönliche* Verhältnisse）]；各个人**看起来似乎**独立地（这种独立一般只不过是幻想，确切地说，可叫作——在彼此关系冷漠的意义上——彼此漠不关心）自由地互相接触并在这种自由中互相交换；但是，只有在那些不考虑个人相互接触的**条件**即不考虑**生存条件**（*Existenzbedingungen*）的人看来（而这些条件又不依赖于个人而存在，它们尽管由社会生产出来，却表现为**自然条件**（*Naturbedingungen*），即不受个人的控制的条件），各个人才显得是这样的。②

在这里，个人"**看起来**享有更大的自由"，而实际上，在这种"发达的形态上表现为物的限制即个人受不以他为转移并独立存在的关系的限制"。③ "个别人偶尔能战胜它们；受它们控制的大量人却不能，因为它们的存在本身就表明，各个人从属于而且必然从属于它们"④。显然，这些关系并不是依赖关系的消除，而是使这种关系成为更加普遍的形式。马克思说，"不如说它们为人的依赖关系造成普遍的**基础**"⑤。马克思在后面指认道，在资本主义生产时期，"人的内在本质的这种充分发挥，表现为完全的空虚，这种普遍的事物化过程，表现为全面的异化，而一切既定的片面目的的废弃，则表现为为了某种纯粹外在的目的而牺牲自己的目

---

① 《马克思恩格斯全集》第 46 卷上册，人民出版社 1979 年版，第 105 页。
② 《马克思恩格斯全集》第 46 卷上册，人民出版社 1979 年版，第 110 页。参见 Karl Marx, *Grundrissen*, *Marx-Engels-Gesamtausgabe*（*MEGA2*），II/1，Text，Berlin：Dietz Verlag, 1976, S. 96。——本书作者第三版注。
③ 参见《马克思恩格斯全集》第 46 卷上册，人民出版社 1979 年版，第 110 页。
④⑤《马克思恩格斯全集》第 46 卷上册，人民出版社 1979 年版，第 111 页。

的本身"①。

正是在这种历史性的商品—市场经济世界中,为了交换价值的生产,人与人的社会关系颠倒地表现为事物与事物的关系,个人生存实际上必然转换为一种孤立的客体化碎片式的生存。在强大的事物化经济力量面前,个人生存倒显得微不足道。个人颠倒地表现为市场经济自主发展并且实现利润的工具。生产的确在迅速进步,财富的确在迅速积累,可是创造这日新月异之世界的人却"表现为完全的虚空"。这种现实的历史进程,难道不是本末倒置、黑白颠倒吗?无论是相对于过去已经发生的远古时代人类生存的简单形式("先有"),还是相对于当今大工业生产所创造的物质条件之上已经可以展望的解放前景("后有"),现实的资本主义人类社会生存状况都是一出非常不正常的、极度扭曲的人间悲剧。马克思的历史现象学就是要彻底扯落市场经济厚厚的历史现象幕帘,使这一特定社会历史发展阶段的本质得以解蔽,从而让真正符合人类生存的共产主义生存境界呈现出来。这就是所谓第三大社会形式。

在这一文本的语境中,第三大社会形式不是马克思主要论述的对象。共产主义的人类解放,只是一种在对资本主义现实进行现象学批判之后的**超越性前瞻**。第三大社会形式只是指向一种现实可能性,它不是一种应该存在的价值设定,而是历史发展的一种客观指向——"后有"。第三大社会形式的目标指向十分清楚,即"建立在个人全面发展和他们共同的社会生产能力成为他们的社会财富这一基础上的自由个性"②。首先是在第二大社会形式中发展起来的社会生产能力。其次是共同占有和共同控制生产资料的基础上联合起来的个人。这种联合不是任意的,它是以物质和精神条件的发展为前提的。在这些个人之间所进行的是"自由交换"。最后,这种"全面发展的个人——他们的社会关系作为

---

①《马克思恩格斯全集》第46卷上册,人民出版社1979年版,第486页。
②《马克思恩格斯全集》第46卷上册,人民出版社1979年版,第104页。

他们自己的共同的关系,也是服从于他们自己的共同的控制的——不是自然的产物,而是历史的产物"①。这是因为,

> 事实上,如果抛掉狭隘的资产阶级形式,那么,财富岂不正是在普遍交换中造成的个人的需要、才能、享用、生产力等等的普遍性吗?财富不正是人对自然力——既是通常所谓的"自然"力,又是人本身的自然力——统治的充分发展吗?财富岂不正是人的创造天赋的绝对发挥吗?这种发挥,除了先前的历史发展之外没有任何其他前提,而先前的历史发展使这种全面的发展,即不以**旧有的**尺度(Maaβ)来衡量的人类全部力量的全面发展成为目的本身。在这里,人不是在某一种规定性上再生产自己,而是生产出他的全面性;不是力求停留在某种已经变成的东西上,而是处在变易的绝对运动之中。②

第三大社会形式不是一种应该在场的理想王国,而是在第二大社会形式创造的物的普遍交换关系基础上生成了新的全面性。这将是一种人的解放的处在变易之中的"绝对运动"。

5. 抽象成为统治:历史现象学与精神现象学的不同答案

在说明资本主义经济过程中人与人的直接关系颠倒和事物化为事物的关系之后,马克思突然重新强调前面他已经提及的一个关于哲学历史理论的重要而深刻的观点,即在现代社会中为什么会出现**抽象成为统治的现象**。以我之见,这也是马克思第一次揭示了现代唯心主义历史观的最重要的现实基础问题。我们甚至可以这么说,在马克思的经济学研究中,黑格尔的客观唯心主义第一次得到深入的解读,第一次被深度的思想光辉照亮。由此,马克思从根本上界划了他的**历史现象学与精神现象学的异质性**。

---

①《马克思恩格斯全集》第46卷上册,人民出版社1979年版,第108页。
②《马克思恩格斯全集》第46卷上册,人民出版社1979年版,第486页。

马克思说,"这种与**人的**依赖关系(*persönlichen* Abhängigkeitsverhältnisse)相对立的**事物**的依赖关系(*sachlichen* Abhängigkeitsverhältnisse)"①,无非是"与表面上独立的个人相对立的独立的社会关系,也就是与这些个人本身相对立而独立化的、他们互相间的生产联系(Produktionsbeziehungen)"②,紧接着,马克思笔锋一转,换了一个话题:"个人现在受**抽象**的统治(Abstraktionen beherrscht werden),而他们以前是互相依赖的"③。这个抽象是指什么呢?依据马克思的界定,"抽象或观念,无非是那些统治个人的物质关系(materiellen Verhältnisse)的理论表现"。这是一个极为深刻的理论概括。其实,早在《德意志意识形态》一书中,马克思对此就有过初步的思考,在那里,他已经意识到:

> 利益的物质表现就是金钱,它代表一切物(aller Dinge),人们和社会关系的价值。但是,不难一眼看出,"利用"范畴是从我和别人发生的现实的交往联系(wirklichen Verkehrsbeziehungen)中抽象(abstrahiert)出来的,而完全不是从反思或仅仅从一种意志中抽象出来的;其次也不难看出,通过纯思辨的方法,这些关系反过来被用来冒充这个从那些关系本身中抽象出来的范畴的现实性。黑格尔就完全是用同样的方法和同样的根据把一切关系都描述成客观精神的关系。④

而在这里马克思的思考语境中,他更加深刻了。如果具体地说,抽象就是价值,是价值的一般形态——货币。如前文所述,在资本主义经济运作中,于交换中形成的价值原来是一种历史的客观抽象,即无差别的劳动一般,当然这是在市场交换中实现的必要社会劳动。我们刚刚讨论过,交换价值从手段上升为目的本身,导致了劳动交换关系的**抽象比值**在现实经济运作中的事物化和实体化。同时,这种事物化关系成为个人之外的权力。在后面的讨论中,马克思指出:

---

①②③《马克思恩格斯全集》第 46 卷上册,人民出版社 1979 年版,第 111 页。
④《马克思恩格斯全集》第 3 卷,人民出版社 1960 年版,第 480 页。——本书作者第三版注。

> **价值**建立在这样的基础之上,即人们互相把他们的劳动看作是相同的、一般的劳动,在这个形式上就是社会的劳动。如同所有的人的思维一样,这是一种抽象,而只有在人们思维着,并且对可感觉的细节和偶然性具有这种抽象能力的情况下,才可能有人与人之间的社会关系。①

这也就是说,"关系当然只能表现在观念中,因此哲学家认为新时代的特征就是新时代受观念统治"②。这是马克思所说的"**抽象成为统治**"的真实语境。实际上,"抽象成为统治"也是**现代各种唯心主义哲学的一种重要思想根源**!这个语境也让人想起爱利亚学派凸现的那个"一"和柏拉图的相论,特别是那个曾经令青年马克思着迷的透视了资产阶级政治经济学秘密的黑格尔哲学。黑格尔的精神现象学,正是将人类社会实践中历史形成的社会关系(有序结构)的抽象,直接本体化为世界的本质,因此具体的物质存在形式本身被误指为观念本质的现象。他将物相、自我意识直至观念层层剥离,遂使历史现实变成了精神的生成史和先验的逻辑结构。我在本书第一章中所指认的黑格尔对资产阶级古典经济学的误认,在此由马克思明确地揭示出来了。与此相对应的是,马克思的社会历史现象学的意义域又进一步得到拓展。

我认为,马克思所指称的"抽象的统治"有三层含义:

第一层含义是客观历史抽象本身。如上所述,任何非实体的关系都不能由感性的直观来把握,只能由观念的抽象才能得以映现(规律也是如此)。首先,自然存在具有物的功能属性,自然界的各种物质活动的非实体性关系(本质)和规律也不具有直观性。其次,社会存在具有人的活动的功能属性,它不是实体性的,这种社会物质存在主要是活动、关系、过程和规律,物质实体只是它们的物质承担者。在一定的意义上,我们可以说,社会存在的本质是社会关系,历史唯

---

①②《马克思恩格斯全集》第47卷,人民出版社1979年版,第255页。

物主义就是"关系本体论"。前面我们多次讲过,社会生活中的关系和规律都不是感性直观的存在,生产力是一种关系抽象,生产关系也是一种关系抽象。原来我们把生产力理解为三种实体性的东西,这无疑是错的,它的本质其实是人与自然的关系。生产关系更是如此,尤其在生产关系的再生产进程中,它随时都在重新建构,它不是事物,而是因人的活动而建构的功能性关系。一旦人停止活动,这种关系就立刻解体。当然,只有通过抽象才能被把握的社会关系也具有物的附属实体,在特定的历史条件下,这种关系也将发生颠倒的事物化(如商品、货币和资本),而一旦这种关系被事物化,它就颠倒地表象自己,并且直接反过来成为支配人类生存的统治力量。经济决定论的本质是经济关系成为支配性力量。

第二层含义是,由于观念反映关系和规律(尤其在社会生活的认识中),所以它常常被误认为是决定性的东西。这是**关系本体论**的一种颠倒的反映。请注意,这种观念决定论主要是客观唯心主义,因为主观唯心主义是从人的感觉、直觉、欲望和本能出发的。其实,理性主义观念论的实质是对关系和规律的关注。如前所述,由于人类社会生活中的一切本质性的存在都是非直观的,它们在活动过程中随时发生历史性的建构与解构。人的活动本身如果没有事物化,就会立刻消解,所以,社会活动的功能性结构存在往往是通过一定的物质附属物客观地持存的。面对烟笼雾罩的社会存在,人类主体只有通过深层的理性把握,才可能拨开烟雾见天日,透视与洞察社会关系和深层功能性社会结构。这样,对社会生活本质的自觉性以及这种理性抽象对于个体的决定性总是被误认为是观念性的。正是在这一点上,莱文犯了一个很大的错误,他将马克思这里的看法直接指认为一个所谓"社会先验",即概念在社会生活中的真实优先性。这是一种粗糙的客观唯心主义。[①] 这显然是近代历史唯心

---

① 参见[美]莱文《辩证法内部对话》,张翼星、黄振定、邹溱译,云南人民出版社 1997 年版,第 199—200 页。

主义的重要发源地。

　　第三层含义是资本主义现实中的抽象成为统治。这是指在现代资本主义社会中，**客观的**抽象以事物的形式统治社会存在。在马克思这里，统治现实社会存在的"抽象（本质）"恰恰是抽象劳动的等价关系—价值关系—事物的替代—观念性—事物的象征—符号（信用）。从本质上看，这真是一种现实中的观念决定论。并且，这种关系的抽象观念在经济中被再一次事物化，人们以为这种颠倒的事物化关系是真实存在，拜物教就由此而发生了。关系与规律直接压迫着人是过去社会历史的特点，而在资本主义社会中，经济交换关系的抽象采取了事物的关系的形式，间接地统治和压迫人。并且，这种奴役表现为自然法式的似自然性和物役性。这种抽象的"看不见的手"的控制与过去那种外在的专制相比，似乎是一种更加公正的"无人统治"的客观支配。显然，马克思恩格斯都在否定这种抽象关系对人的统治，特别是这种抽象的统治又采取了事物的形式，它似乎不是表现为人的关系，而是表现为一种自然的关系和规律。用阿伦特①的话来说就是，"无人统治并不一定意味着没有统治，无疑，在某些特定的情势下，它甚至有可能成为最残酷、最暴虐的统治形式"②。

　　在经济学的讨论中，马克思阐述了一大通历史哲学。在此，社会经济关系成为核心，而这种关系最后是定位在一种抽象上的，即马克思所说的"抽象成为统治人的东西"。为什么这样一种抽象成为统治？这是一个很深刻的问题，哲学显然是无法将它说清道明的，于是马克思又回到经济学原有的思路上来，将这种特殊的抽象直接与货币联系起来进行思考。

　　马克思指出，"劳动时间本身不能直接成为货币"③，正是劳动的一般

---

① 汉娜·阿伦特（Hannah Arendt，1906—1975），德裔美国思想家、政治理论家。
② ［美］阿伦特：《公共领域和私人领域》，刘锋译，载汪晖、陈燕谷主编《文化与公共性》，三联书店 1998 年版，第 72 页。
③ 《马克思恩格斯全集》第 46 卷上册，人民出版社 1979 年版，第 115 页。

性即**抽象**的社会性的事物化,"使劳动的产品成为交换价值"①。这是抽象的价值实体(劳动一般)与价值量(劳动时间)的关系。而"为了直接成为**一般货币**,单个人的劳动必须一开始就不是**特殊**劳动,而是**一般劳动**,也就是说,必须从一开始就成为**一般生产**的环节"②。这是从具体到抽象的客观必然!

> 当作交换价值的产品,实质上已经不再被规定为简单的产品,它被看作和它的自然的质(natürlichen Qualität)不同的质;它被看作是一种**关系**(Verhältnis),而且这种关系是普遍的关系(Verhältnis allgemein),不是对一种商品的关系,而是对一切商品的关系,对一切可能的产品的关系。因此,它反映一种普遍的关系;这种产品把自己看作是**一定量的**一般劳动即社会劳动时间的实现。③

抽象的价值一般转化为一个特定的事物化对象。"交换价值是以作为一切产品的实体的社会劳动为前提的,而和产品的自然性质完全无关。"④可是,它又直接以一种自然的物品表现出来。这样,产品成为商品,商品成为交换价值,交换价值与商品并列为特殊的存在——货币。由此,"货币从它表现为单纯流通手段这样一种奴仆身分,一跃而成为商品世界中的统治者和上帝(Herrscher und Gott in der Welt der Waren)"⑤。现实社会中**抽象的统治**正是从这里发生的。在过去,自然财富无论是什么形式,它们与人的关系都以"个人对物的本质关系为前提,因此,个人在自己的某个方面把自己物化在物品中,他对物品的占有

---

① 《马克思恩格斯全集》第 46 卷上册,人民出版社 1979 年版,第 115 页。
② 《马克思恩格斯全集》第 46 卷上册,人民出版社 1979 年版,第 118—119 页。
③ 《马克思恩格斯全集》第 46 卷上册,人民出版社 1979 年版,第 154 页。参见 Karl Marx, *Grundrissen, Marx-Engels-Gesamtausgabe*（MEGA2), II/1, Text, Berlin: Dietz Verlag, 1976, S. 133 - 134。——本书作者第三版注。
④ 《马克思恩格斯全集》第 46 卷上册,人民出版社 1979 年版,第 154 页。
⑤ 《马克思恩格斯全集》第 46 卷上册,人民出版社 1979 年版,第 171 页。

同时就表现为他的个性的一定的发展"①。如果拥有牛羊,他就会成为牧人;如果拥有谷物,他就会成为农民。马克思接着指出:

> **与此相反**,**货币**是一般财富的**个体**,它本身是从流通中产生的,它只代表一般,**纯粹是社会的结果**(gesellschaftliches Resultat),它完全不以对自己占有者的任何个性联系(individuelle Beziehung)为前提;占有(Besitzen)货币不是占有者(Besitzer)个性的某个本质方面的发展,倒不如说,这是占有没有个性的东西,因为这种社会关系(gesellschaftliche[Verhältnis])同时作为一种可感觉的外在对象而存在着,它可以机械地被占有,也可以同样丧失掉。②

因此,谁有了这种抽象的一般财富,谁就能支配世界。通过占有抽象进而占有世界,这正是抽象成为统治的根本原因!

马克思还指出,"货币本身就是**共同体**,它不能容忍任何其他共同体凌驾于它之上"③。在雇佣劳动存在的地方,货币不但决不会使社会形式瓦解,反而是社会形式发展的条件和发展一切生产力即物质生产力和精神生产力的主动轮。**这种现实的抽象统治并不表现为残暴的强制,而成为一种离开它就无法生存的自我认同的条件**。这使得这种特殊的(资产阶级的)抽象的统治更加稳定和牢固。马克思进一步指出:

> 作为**一般财富的物质代表**(materieller Repräsentant),作为**个体化的交换价值**,货币必须**直接**是一般劳动即一切个人劳动的对象、目的和产物。劳动必须直接生产交换价值,也就是说,必须直接生产货币。因此,劳动必须是**雇佣劳动**(Lohnarbeit)。④

---

① 《马克思恩格斯全集》第 46 卷上册,人民出版社 1979 年版,第 171 页。
② 《马克思恩格斯全集》第 46 卷上册,人民出版社 1979 年版,第 171 页。中译文原来将此处的 Beziehung 译作"关系",我改译为"联系"。参见 Karl Marx, *Grundrissen*, *Marx-Engels-Gesamtausgabe*(MEGA2), II/1, Text, Berlin: Dietz Verlag, 1976, S. 146。——本书作者第三版注。
③ 《马克思恩格斯全集》第 46 卷上册,人民出版社 1979 年版,第 172 页。
④ 《马克思恩格斯全集》第 46 卷上册,人民出版社 1979 年版,第 173 页。

正是在这三个"必须"的钳制下,劳动者不得不自愿地成为被奴役者。资本家生产一般财富,就是为了占有一般财富的代表。可是也由此,真正的财富源泉就打开了。"由于劳动的目的不是为了特殊产品,即同个人的特殊需要发生特殊关系的产品,而是为了货币,即一般形式的财富,所以,首先个人的勤劳是没有止境的"①,就这样,"它使财富具有普遍性,并把交换的范围扩展到整个地球;这样就在物质上和在空间上创造了交换价值的真正的**一般性**"②。于是,**金钱的抽象的统治必然走向了全世界**。至此,马克思所说的那种资产阶级金钱关系真正成为这个世界的"一"(一元论神的绝对本质),颠倒的假象世界完全遮蔽了实际存在的世界。

第二节 资本:交换背后的真实关系

在分析了交换价值与货币的历史和逻辑关系之后,马克思的历史现象学更深一层的理论努力就是对资本的批判,即进一步说明作为一种特殊的金钱,即能够生产货币的货币——资本,不是物,不是物的天然属性,而是一种真正反映资本主义生产方式本质的特定的历史关系,一种被更怪异地遮蔽起来的社会关系。而且,马克思还试图说明资本作为一种社会关系,究竟是哪一种在什么层面上起根本性决定作用的关系。最后,马克思还试图说明这种关系如何被表现出来的假象遮蔽起来。历史现象学,就是历史地剥去资本主义社会生活中一层层历史地构成的现象(Phänomen)和假象(Schein),而这个现象和假象正是以货币关系为起点与终点的流通领域的交换。于是,马克思决心走出流通的现象域,以更宽广的生产总过程的视野来寻找更重要的本质。我们将看到,马克思在揭示资本关系的本质时,再一次科学地指认了资本主义经济运行中现实发生的异化现象。

---

① 《马克思恩格斯全集》第 46 卷上册,人民出版社 1979 年版,第 174 页。
② 《马克思恩格斯全集》第 46 卷上册,人民出版社 1979 年版,第 175 页。

1. 从交换中生发出来的形式上的平等与自由

《1857—1858年经济学手稿》新的一章，是从第二个笔记本第8页开始的，它的标题是《作为资本的货币章》（*Das Capitel vom Geld als Capital*）。而后面的手稿中，马克思都采用了简化的《资本章》的标题。这就预示着，马克思接下去所要解决的问题是**从货币向资本的转化**（*Verwandlung von Geld in Kapital*）。

马克思还是以货币的讨论为起点开始文本写作的。他指出，其实在货币的规定性上理解货币是十分困难的，犹如在金钱的世界中无法理解金钱世界的本质。这是因为，在货币上，"社会关系（Gesellschaftsverhältnis），个人和个人彼此之间的一定联系（bestimmte Beziehung），表现为一种金属，一种矿石，一种处于在个人之外的、本身可以在自然界中找到的纯物体"①。人们误以为，货币就是经济生活中最重要的东西了，其实，这只是商品—市场经济的社会形态中的一种现象。根据我们上面已有的讨论来看，这依然是社会生活本质在表现形式上的一种颠倒了的现象，不过，它也是资本主义社会生活十分重要的无法回避的特征和无法抗拒的症候。马克思在步入下一阶段的现象学分析之前，先探讨了与此现象层面同构同体的资产阶级的平等与自由问题，我觉得，这段分析相当精彩。

众所周知，作为资产阶级意识形态核心内容之一的自由、平等、博爱，从来都被界定为一种天赋人权，一种自然的权利。在这里，马克思从经济关系上对此进行了深入的分析，他注意到，资产阶级的平等要求绝不是一种自然法权，而是在资本主义经济关系中，在人与人关系之上**历史地**形成的法权观念。这也就意味着，资产阶级的平等与自由是从资本主义经济过程中直接生发出来的，它是一种特定形式上的社会规定。

首先是**平等的经济学发生**。马克思指出它的第一个特点是：

---

① 《马克思恩格斯全集》第46卷上册，人民出版社1979年版，第190页。中译文原来将此处的Beziehung译作"关系"，我改译为"联系"。——本书作者第三版注。

只要考察的是形式规定——而且这种形式规定是经济规定,是个人借以互相发生交往关系(Verkehrsverhältnis)的规定,是他们的社会职能或彼此之间的社会联系(gesellschaftlichen Beziehung)的指示器——那么,在这些个人之间就绝对没有任何差别。每一个主体都是交换者,也就是说,每一个主体和另一个主体发生的社会联系(gesellschaftliche Beziehung)就是后者和前者发生的社会关系。因此,作为交换的主体,他们的关系是**平等**的关系。①

这是交换主体的平等。这种平等是法人意义上的**形式上的**平等。

第二个特点是,在交换中,"他们所交换的商品作为交换价值是等价物"②。这也就是说,平等的交换主体所交换的东西是**等质的**。在这一点上,交换也是平等的。马克思指出,在这种平等的交换中形式上存在着三种要素:一是交换关系的主体即**交换者**,他们处于同一规定中;二是他们交换的对象,交换价值,**等价物**,它们不仅相等,而且必须确实相等,还要被承认为相等;最后,是交换行为本身即媒介作用,通过这种媒介作用,主体才表现为交换者,相等的人,而他们的客体则表现为等价物,相等的东西。③

马克思试图阐明一个道理——正是人们之间"在需要上和生产上的差别,才会导致交换以及他们在交换中的社会平等"④。如果两个人都需要空气,而空气也是富足的,那么就不会使他们发生**社会接触**;如果两个人的需要相同,又都将自己的劳动投射到同一对象中去,那么他们同样不会有任何**社会关系**。在现实生活中,人的需要都是不同的,这种需要在一定的历史发展中只会更加丰富,但在分工的条件下,生产是不同的,所以,在这种情况下,"一个人的需要可以用另一个人的产品来满足"⑤,

---

① 《马克思恩格斯全集》第 46 卷上册,人民出版社 1979 年版,第 192—193 页。中译文原来将此处的 Beziehung 译作"关系",我均改译为"联系"。——本书作者第三版注。
②③ 参见《马克思恩格斯全集》第 46 卷上册,人民出版社 1979 年版,第 193 页。
④ 《马克思恩格斯全集》第 46 卷上册,人民出版社 1979 年版,第 194 页。
⑤ 《马克思恩格斯全集》第 46 卷上册,人民出版社 1979 年版,第 195 页。

反之亦然。于是,人们之间就相互补充,相互需要,并且通过交换实现这种相互依存的关系,"于是他们彼此不仅处在平等的关系中,而且也处在社会的关系中"①。可见,人与人在社会存在中获得的平等关系,并不是任意的或者被赐予的东西,而是在资本主义市场交换所产生的特定社会关系的不断丰富中发展起来的。

其次是**自由的经济学发生**。马克思进一步指出,也由于个人之间、他们的商品之间的自然差别,使人与人通过交换结合在一起,"使他们作为交换者发生他们被**假定为**和被**证明为**平等的人的那种社会关系的动因,那么除了平等的规定以外,还要加上**自由**的规定"。这也就意味着,在交换过程中,

> 尽管个人 A 需要个人 B 的商品,但他并不是用暴力去占有这个商品,反过来也一样,相反地他们互相承认对方是所有者,是把自己的意志渗透到商品中去的人。因此,在这里第一次出现了人的法律因素以及其中包含的自由的因素。谁都不用暴力占有他人的财产。每个人都是自愿地出让财产。②

这就构成了自由的最重要的现实基础。而且,在这种经济关系之中,每个人为另一个人服务,目的是为自己服务;每一个人都把另一个人当作自己的手段互相利用。这两种情况在两个个人的意识中是这样出现的:(1) 每个人只有作为另一个人的手段才能达到自己的目的;(2) 每个人只有作为自我目的(自为的存在)才能成为另一个人的手段(为他的存在);(3) 每个人是手段同时又是目的,而且只有成为手段才能达到自己的目的,只有把自己当作自我目的才能成为手段。这是一段很思辨的表述,因为马克思要说明资本主义交换关系之中客观出现的**手段与目的的辩证法**。马克思说,"从交换行为本身出发,个人,每一个人,都自身反映为排他的并占支配地位的(具有决定作用的)交换主体。因而这就确

---

① 《马克思恩格斯全集》第 46 卷上册,人民出版社 1979 年版,第 195 页。
② 《马克思恩格斯全集》第 46 卷上册,人民出版社 1979 年版,第 195—196 页。

定了个人的完全自由"①。这也意味着,资产阶级的个人自由恰恰是在经济过程中必然产生的。

因此,如果说经济形式,交换,确立了主体之间的全面平等,那么内容,即促使人们去进行交换的个人材料和物质材料,则确立了**自由**。可见,平等和自由不仅在以交换价值为基础的交换中受到尊重,而且交换价值的交换是一切**平等**和**自由**的生产的、现实的基础。②

显然,资产阶级的平等和自由观念是自身社会存在的必然产物,其最重要的现实基础即是资本主义商品—市场经济中的交换关系。对此,马克思深刻地指出:"作为纯粹观念,平等和自由仅仅是交换价值的交换的一种理想化的表现;作为法律的、政治的、社会的关系上发展了的东西,平等和自由不过是另一次方的这种基础而已。"③马克思这里的分析是非常重要的。

在马克思看来,资本主义的货币制度正是这种"自由和平等制度的实现"。在货币的流通中,**货币在谁的手中都是一样的**,不分三六九等。在货币的天平上,平等甚至在物质上也表现出来了,因为在交换中,商品的自然差别弥合了,货币拥有者的差别也消失了。对卖者来说,一个用10元钱买东西的工人与一个用10元钱买东西的王子,"两者职能相同,地位平等。他们之间的一切差别都消失了"④。正是货币,夷平了封建性的等级差别。这是资产阶级**政治解放**的根本依据。马克思这里的分析,实际上是前面我们考察的《伦敦笔记》时期《反思》手稿的逻辑布展。不过,马克思不久即将说明,这种平等和自由只是**形式上**的平等与自由。固然如此,但相对于过去的封建专制社会,这在人与人的社会关系上,还是真实的历史进步。

---

① 《马克思恩格斯全集》第 46 卷上册,人民出版社 1979 年版,第 196 页。
②③《马克思恩格斯全集》第 46 卷上册,人民出版社 1979 年版,第 197 页。
④ 《马克思恩格斯全集》第 46 卷上册,人民出版社 1979 年版,第 198—199 页。

到这里,马克思从一般经济学家甚至是社会主义经济学所关注的流通和交换过程切入,指认了在这一层面发生的表面关系,特别是在这种现象层面之上建立起来的虚假的资产阶级政法观念。这是所有资产阶级思想驻足的地方。然而,马克思所真正要着手进行的,并不是简单肯定或者否定这一现象,而是要更深入地考察这种支撑全部资产阶级意识形态的表层社会现象的实质。他指出:

> 在现存的资产阶级社会的总体上,商品表现为价格以及商品的流通等等,只是表面的过程,而在这一过程的背后,在深处,进行的完全是不同的另一些过程,在这些过程中个人之间表面上的平等和自由就消失了。①

请注意,马克思这又是在历史地剥离资本主义的社会现象以透视其深层本质。所以,我们将又会看到马克思极为精彩的历史现象学分析。

马克思娓娓地分析道,实际上,交换价值作为整个资本主义生产制度的客观基础这一**前提**,"从一开始就已经包含着对个人的强制"。你们不是说平等和自由吗?那么,真相到底是什么?这是马克思要着力告诉我们的东西。在马克思的锐利批判目光下,资本主义社会经济过程中的个人的产品并不是**为个人**而生产的产品,只有在市场交换的社会过程中它才成为这样的产品。这里面已经包含着对"个人的自然存在的完全否定,因而个人完全是由社会所决定的"②。这就是个人看不见的一种强制。同时,在分工的条件下,个人在分工中所处的关系已经不是单纯交换者的关系。"交换价值这个前提决不是从个人的意志产生,也不是从个人的直接自然产生,它是一个**历史**的前提,它已经把个人当作是由社会**决定**的人了"③。这还是一种隐性的强制。这恰恰是资产阶级思想家和一部分资本主义的反对者共同的理论盲区。也是在这个意义上,马克

---

①②《马克思恩格斯全集》第 46 卷上册,人民出版社 1979 年版,第 200 页。
③《马克思恩格斯全集》第 46 卷上册,人民出版社 1979 年版,第 200—201 页。

思指认蒲鲁东之类的法国社会主义者的改革设想实际上不过是"**资产阶级社会的理想**",他们以为,"交换、交换价值等等**最初**(在时间上)或者按**其概念**(在其最适当的形式上)是普遍自由和平等的制度,但是被货币、资本等等歪曲了"。因此,他们觉得只要排除货币、资本的干扰,就可以恢复真正的平等和自由。与他们的这种肤浅和天真不同,马克思深刻地指明了事实真相:

> 交换价值,或者更确切地说,货币制度,事实上是平等和自由的制度,而在这个制度更详尽的发展中对平等和自由起干扰作用的,是这个制度所固有的干扰,这正好是**平等和自由**的实现,这种平等和自由证明本身就是不平等和不自由。①

这里的隐匿在很深的经济关系中的现象和本质的辩证法,是蒲鲁东等人无法理解的。

"不识庐山真面目,只缘身在此山中。"在马克思看来,如果真想看穿资产阶级世界的真相,就必须超越流通—交换的经济现象界,迈向社会本质的深处,步入**生产过程**,以真正揭示出资本主义生产关系的本质。

2. 深层解蔽:流通背后究竟发生了什么

马克思实际上想要说明,在资本主义经济运作中,流通领域里起支配作用的交换关系的确是构成这种社会生活的主导性关系,资本主义社会生活和全部意识形态也的确是建立在这个基本关系之上的。资产阶级的理论逻辑,甚至过去一切反对资本主义社会的社会主义思想家的改革,基本上也都是在这个层面上展开的。但马克思认为,人们所能直接感性达及的整个流通与交换领域,其实还只是这个社会经济生活的**表层现象**,并不是这个社会真正的本质关系。马克思分析道,在资产阶级世

---

① 《马克思恩格斯全集》第 46 卷上册,人民出版社 1979 年版,第 201 页。

界的表面上发生的这种运动中,交换价值似乎在流通中以纯粹的形式得以实现,就像前面我们所说的,一个购买面包的工人和一个购买面包的百万富翁,在这一行为中都只是单纯的买者,而面包零售商对他们来说只是卖者,"其他一切规定在这里都消失了"①。"一切都消失"这个判断寓意深长,也十分重要,它既是**人们感官止步的本质域界**,也是资产阶级**政治无意识**的期望所在。正如本雅明所说的那样,"一种行为方式的性质和意义越是重要,它就越是逃避人们的视野"②。在流通的过程中,或者正如马克思所说,当"货币作为货币的简单规定"出现在交换中时,资本主义社会真实的社会关系本身总是被遮蔽的。马克思的历史现象学批判的新的理论出发点,就是要超出这种观察层面,进入**货币作为资本的理解层面**。

马克思说,"货币作为资本,可以看作是货币的更高的实现;正如可以说猿发展为人一样。"③进入这一层面进行探讨,首先要厘定的问题是经济学范畴的**历史性**。我们不难发现,历史唯物主义方法论的作用,正是从这里开始的。我们要清醒地看到,根本不存在资产阶级经济学家充当自然(天然)人性与社会本性的所谓永恒不变的一般经济规定:**任何范畴都是历史的**。显然,马克思试图用历史唯物主义的历史性原则来突破经济学中的社会唯物主义的非历史壁垒。马克思分析道,比如在理论逻辑上,一方面价值概念似乎先于资本;但另一方面,在现实中一般价值的存在又必须以"建立在资本上的生产方式"(das Capital gegründete Productionsweise)④为前提。这是马克思第一次确定地使用建立在资本上的生产方式这样的判断。马克思一语破的,"价值规定本身要以社会生产方式(gesellschaftlichen Produktionsweise)的一定的历史阶段

---

① 《马克思恩格斯全集》第 46 卷上册,人民出版社 1979 年版,第 205 页。
② [德]本雅明:《单向街》,伦敦,1977 年,第 100 页。
③ 《马克思恩格斯全集》第 46 卷上册,人民出版社 1979 年版,第 204 页。
④ 《马克思恩格斯全集》第 46 卷上册,人民出版社 1979 年版,第 204 页。参见 Karl Marx, *Grundrissen, Marx-Engels-Gesamtausgabe*(MEGA2), II/1, Text, Berlin: Dietz Verlag, 1976, S. 174。

(gegebne historische Stufe)为前提,而它本身就是和这种历史阶段一起产生的关系,从而是一种历史的关系(historisches Verhältnis)"①。马克思的这句话有两层含义,一是说价值规定本身的各种因素是在过去历史的生产方式的**一定**阶段形成和发展出来的,并且表现为这些过程的结果。从价值到货币,再到资本,这是一个历史的发展过程。二是指后者一旦产生出来,却客观地成为诸如"普照的光"之类的**主导性**的东西。所以,马克思专门界说道,他这里所研究的作为资本的货币,当然是在**承认这种历史发生过程的前提下,抽象地焦点式地研究**"已经形成的、在自身基础上运动的资产阶级社会"②。这是历史现象学的基本逻辑前提。

根据马克思此处的看法,把资本关系这种资本主义社会本质遮蔽起来的现象就是我们前面刚刚讨论过的流通领域的交换过程,即那个仍然属于**现象界**的金钱王国。我们可以看到,马克思的思想在更深的一层游弋了,他精辟地指出,资产阶级经济学家正是通过"把资本**真正**归结为纯粹的交换,从而使资本作为[社会]力量消失"③。我们知道,在资产阶级经济学家眼里,交换过程中同时出现了三种主体和三样东西:地主拿出土地,资本家拿出资本,工人拿出劳动,在交换中三方都进行公平交换,然后再平等地拿回三种收入,即地租、利润和工资。可是,人们只看到流通中的交换过程实现的平等和自由,却不再追问这个流通背后还发生了什么。马克思揭露道:"流通的直接存在是纯粹的假象(reiner Schein)。**流通是在流通背后进行的一种过程的表面现象**(Phänmen)"④。这也是说,资产阶级的自由与平等恰恰是现象性的东西,或者说是形式上的假象。这是由于,在交换中出现的主体和对象都不是由流通过程产生的,"**流通本身不包含自我更新的原理。流通的要素先于流通而存在**,而不

---

① 《马克思恩格斯全集》第46卷上册,人民出版社1979年版,第205页。
② 《马克思恩格斯全集》第46卷上册,人民出版社1979年版,第206页。
③ 《马克思恩格斯全集》第46卷上册,人民出版社1979年版,第208页。
④ 《马克思恩格斯全集》第46卷上册,人民出版社1979年版,第209页。

是由流通本身创造出来的"①。可见,在交换的背后,依然隐藏着一些资本家不愿意暴露的东西。

马克思承认,资本首先来自流通,即以货币作为自己的出发点的商业资本(流通资本),这也是在资本主义经济发展最早状态中资本的最初形式,它的进一步发展的资本形式是货币资本。可是,在我们上面讨论的纯粹流通(简单的交换价值的运动)的领域中,**商品资本和货币资本本身实际上都是无法实现资本的**。这也就是说,在交换中出现的东西,商品、货币(资本)并不是流通过程**创造**出来的,流通不过是一种表象。马克思要追问的问题是:资本是什么?作为资本的货币是如何产生的?如果回到刚刚我们走出的领域,那么问题就是,交换价值是如何创造出来的?不过,想要认真地解决这些问题,就不得不穿过流通这种表面现象而进入**生产领域**进行思考。我们注意到,这是《伦敦笔记》中《李嘉图笔记》同一思路的展开和深化。其实我们已经知道,在资产阶级政治经济学中,这种探讨思路是从重农学派就开始萌发的思想的重要进步。古典经济学已经开始关注并从生产领域出发了。可更重要的是,马克思发现资产阶级经济学家从生产领域中所看到的视域,仍然到处充斥着以**颠倒的形式出现的事物化的假象**。他们依然在雾里看花,水中望月。这又何以见得?

马克思认为,在古典经济学中,资本固然进入到生产领域,但它还是以一种**物的形式**出现的。"正如交换价值(即作为交换价值的商品的一切关系)在**货币**上以物的形式出现(Ding erscheint)一样,创造交换价值的活动即**劳动**的一切规定在**资本**上也是以物的形式出现的。"②在李嘉图等人眼里,资本就是生产工具。如果用李嘉图的话来说,即"作为手段被用于新劳动(生产)的那种积累的(已实现的)劳动[确切地说,**对象化**劳动(*vergegenständlichte* Arbeit)]"③。这句引文中中括号内的补充注释

---

① 《马克思恩格斯全集》第 46 卷上册,人民出版社 1979 年版,第 208 页。
② 《马克思恩格斯全集》第 46 卷上册,人民出版社 1979 年版,第 208 页注 1。
③ 转引自《马克思恩格斯全集》第 46 卷上册,人民出版社 1979 年版,第 211 页,原文由马克思引自[英]李嘉图《政治经济学及赋税原理》,伦敦,1821 年第 3 版,第 327、499 页。

是马克思自己的界说。这样,全部资产阶级经济学家就都"只看到了资本的物质(Materie des Capitals),而忽视了使资本成为资本的形式规定(Formbestimmung)"①。这句话是相当深刻的,但是这种透视性的现象学认识在直观的旧唯物主义(包括一切哲学唯物主义特别是社会唯物主义)语境里却是无法理解的。马克思这里用以超越资产阶级经济学意识形态铁幕的武器,正是**非实体的历史唯物主义科学认识论**。他想要牢牢抓住**感官无法直接达及的资本的形式规定**,这就是**事物化对象作为实在承担体的一定的社会关系**。用一个不恰当的比喻,这就像黑格尔唯心主义所说的透过物相的观念形式和逻辑本质。马克思紧紧抓住的正是构成社会存在的**非实体性功能结构**,即社会地重组物质内容的社会层级的历史性本质。

马克思说,如果抽去资本特定的社会形式,只强调它的内容,"**资本作为这种内容是一切劳动的一种必要要素,那么,要证明资本是一切人类生产的必要条件,自然就是再容易不过的事情了**"②。马克思后来也说,在这里,"**资本被理解为物,而没有被理解为关系**"③!"把表现在物中的一定的**社会生产关系**当作这些物本身的物质的自然属性,这是我们在打开随便一本优秀的经济学指南时一眼就可以看到的一种颠倒"④。如果真的像古典经济学所说,资本就是生产工具,那么它就必然是**存在于一切社会中的东西**,"资本存在于一切社会形式中,成了某种完全非历史的东西"⑤。这正是资产阶级意识形态所要证明的东西,也是全部资产阶级经济学的意识形态戏法的秘密。

马克思在后面的讨论中鞭辟入里地指出:

> 经济学家们把人们的社会生产关系和受这些关系支配的事物(Sachen)所获得的规定性看作物的**自然属性**(*natürliche*

---

① 《马克思恩格斯全集》第46卷上册,人民出版社1979年版,第211页。
②③ 《马克思恩格斯全集》第46卷上册,人民出版社1979年版,第212页。
④ 《马克思恩格斯全集》第49卷,人民出版社1982年版,第56页。
⑤ 《马克思恩格斯全集》第46卷上册,人民出版社1979年版,第211页。

Eigenschaften der Dinge），这种粗俗的唯物主义（grobe Materialismus），是一种同样粗俗的唯心主义（Idealismus），甚至是一种拜物教（Fetischismus），它把社会关系作为物的内在规定归之于物（Dingen），从而使物神秘化（mystifiziert）。"①

这就是**拜物教**！这是马克思在此文本中唯一一次使用 Fetischismus 一词。这是一种更深的社会假象遮蔽！当然，也只有通过这种**假象的遮蔽**，才使"**资本**变成一种非常神秘的存在"②。然而，在马克思的历史现象学的科学视域中，资本不是物，而是一种特定历史条件下的社会关系，并且是一种始终不会凝固的、永远变化着的动态关系。"资本显然是**关系**，而且**只能是生产关系**"③。马克思后来在 1861—1863 年的经济学研究中进一步指出："资本关系的形成从一开始就表示，资本关系只有在社会的经济发展即社会生产关系和社会生产力发展的一定的历史阶段上才能出现。它从一开始就表现为历史上一定的经济关系，表现为属于经济发展即社会生产的一定的历史时期的关系。"④在资本主义经济运动中，资本既是货币，又是固定资产，同时还是人，但这并不是意味着资本是各种事物，而是人、物、金都可以成为这种关系的**物质承担体**。马克思在这里的认证，显然比提出这一命题的《雇佣劳动与资本》中的论述要深刻和全面得多。

更进一步说，马克思指认资本是一种关系，关注使资本成为资本的形式，其实也就是历史地指认出，在资本与劳动的特殊对立和交换中所实现的一种**被表面平等、公正的交换现象遮蔽起来的真实奴役关系**。马克思的看法深中肯綮："资本只有同**非资本**，同资本的否定相联系，才发生交换，或者说才存在于资本这种规定性上，它只有同资本的否定发生

---

① 《马克思恩格斯全集》第 46 卷下册，人民出版社 1980 年版，第 202 页。参见 Karl Marx, *Grundrissen*, *Marx-Engels-Gesamtausgabe（MEGA2）*，II/1，Text，Berlin：Dietz Verlag，1976，S. 567。
② 《马克思恩格斯全集》第 48 卷，人民出版社 1985 年版，第 40 页。
③ 《马克思恩格斯全集》第 46 卷上册，人民出版社 1979 年版，第 518 页。
④ 《马克思恩格斯全集》第 47 卷，人民出版社 1979 年版，第 47 页。

关系才是资本;实际的非资本就是**劳动**"①。在对资本的历史分析中,劳动出现了,新的思考点出现了。以我之见,这个**劳动**正是马克思历史现象学的真正**现实原点**,一个重要的转折点。从历史唯物主义逻辑的发展线索来看,这也意味着它从生产的**客体**向度再一次回溯到劳动活动的**主体向度**。同时,也正是在对这种深层奴役关系的现象学解蔽中,马克思初步实现了他在经济学研究中的最伟大的发现——剩余价值(Surpluswerth)产生的秘密。相对于历史唯物主义的创立,这也是他的第二个伟大的历史发现(恩格斯语)。

3. 从主体向度出发的批判逻辑:资本和劳动与对象化劳动和活劳动

讨论至此,毋庸置疑的事实是,资本与劳动的交换都已经是一种抽象了。人们所能够目睹到的经济运动环节,是资本家与工人的交换,资本家掏出来的钱是货币形态的工资,工人付出的是劳动"商品"。从表面上看,在这一交换过程中,双方自愿并且平等。可是,经过肩披风霜的思想跋涉,马克思终于发现,**交换双方实际的付出和在交换结束之后的实际所得在**实质上是截然不同的。起点上的平等与终点上的不平等是一个巨大的断裂。

我们如果想要真正理解马克思的这种深入的透视,仅仅站在一般的社会认识论的基础之上考察显然是不行的,我甚至认为,即使在广义的历史唯物主义的原则上思索也依然难免左支右绌。所以,在进一步分析这一交换的本质之前,我们还需要考察马克思对资本和劳动分别作出的一些十分特殊的界定。我还想指出,正是在这些新的界定中,马克思建构出他的狭义历史唯物主义最重要的基础,特别是历史现象学的历史原点:**现实的**主体劳动。这是因为:

首先,我们都知道在《关于费尔巴哈的提纲》中,实践是新世界观的基石;而在《德意志意识形态》中的广义历史唯物主义建构中,实践中的

---

① 《马克思恩格斯全集》第 46 卷上册,人民出版社 1979 年版,第 231 页。

物质生产被定位为社会存在的根基。在一般的哲学逻辑中，无论是实践还是生产，它总是指称一个完整的**主体与客体在客观活动中的统一**。从生产出发来定位社会财富，进而确定社会的基础，这是资产阶级古典经济学（社会唯物主义）可以接受的逻辑思路。可是，当马克思想要从经济学角度批判资本主义生产方式时，他必须面对一个更关键的问题，即**各种生产要素在生产过程中的地位问题**。在资产阶级意识形态中，地主、资本家和工人并列地持有三种生产要素，即土地、资本和劳动。这三种要素似乎并无仲伯之分，都是同样重要的。虽然古典经济学承认劳动价值论，承认资本是积累的劳动，可是这并没有妨碍他们从生产过程出发，表面地同质化这三种根本不同的生产要素。此时，马克思发现，**从生产出发的客体向度**，在具体批判资本主义经济关系的时候却是存在深一层问题的。于是，他不得不重新更深入地探讨这个问题。

一般而言，在创造社会存在基础的一般物质生产中，并不是所有参与生产过程的要素都具有**同等**的作用。马克思探骊得珠，精辟地界定道，在生产中，存在着劳动对象、劳动工具和劳动（不是劳动**者**）。第一，劳动对象"是作为**原料**，即无形式的物质，作为劳动的创造形式的、有目的的单纯材料"。第二，劳动工具即主体活动用来把某个对象作为自己的传导体置于自己和对象之间的那种物质手段。第三，人类主体在生产中针对对象并通过工具发动和实现出来的劳动活动，或者说是"作为活动的劳动"。① 在一般生产中，马克思说："劳动是活的、造形的（gestaltende）火；是物的易逝性，物的暂时性，这种易逝性和暂时性表现为这些物通过活的时间而被赋予形式（Formung）。"②**人的劳动在生产中并不创造物质本身，而是使自然物获得某种为我性（一定的社会历史需要）的社会存在形式**，实际上，这也是"社会财富"的根本意义。如果承认这一点，也就是承认**主体劳动活动**在物质生产中的客观**对象化**

---

① 参见《马克思恩格斯全集》第46卷上册，人民出版社1979年版，第256页。
② 《马克思恩格斯全集》第46卷上册，人民出版社1979年版，第331页。

(Vergegenständlichung）创造社会历史存在过程中的**根本性地位**。我发现，这个在《德意志意识形态》一书中使用率为零的 Vergegenständlichung，在本书中竟然出现了近400次，到了《1861—1863年经济学手稿》时，则下降为近20次，而在《资本论》第一卷中出现了52次，第二卷中出现了15次，在第三卷中再一次出现52次。我以为，这正是马克思狭义历史唯物主义的**逻辑出发点**。从哲学逻辑上看，马克思**再一次从主体向度出发**，这也是他的历史现象学的现实历史原点。需要专门说明一下，这个劳动活动不是《1844年手稿》中那个**应该存在但没有存在**的理想化的人的类本质，而是在所有现实社会的生产中客观存在的劳动活动。

其次，还须明确说明的是，在一定的历史条件下，具体地说，在马克思所研究的以交换为目的的资本主义生产中，劳动本身分裂了，进而生产过程也一分为二。马克思发现，劳动，除了上文我们讨论的一般生产中所具有的创造物质形式（使用价值）的具体劳动，还有交换中必然出现的创造价值的抽象劳动（abstrakte Arbeit），这就是著名的**劳动二重性**理论。生产过程除了形成产品使用价值的实际**物质构形**过程以外，还同时存在一个创造价值的劳动**社会结晶**过程。在此，马克思更关注的显然是生产过程中后一个价值层面的社会规定方面。

再次，如果说在过去的社会形态中，劳动者与自己的劳动活动，劳动者与生产工具、劳动对象还是处于一个统一体之中，那么，此时马克思在资本主义经济过程中所面对的劳动却是仅仅作为**非资本的劳动**，即**与所有权相分离而只能依存于资本的劳动**。对于这一劳动概念，马克思作了较详细的规定。他说，"作为非资本本身的劳动是"：

（1）从否定方面看的非对象化劳动（*Nicht-vergegenständlichte Arbeit*）（本身还是对象的东西，在客观形式上是非对象的东西）。作为这样的东西，劳动是非原料，非劳动工具，非原产品：是同一切劳动资料和劳动对象相分离的，同劳动的全部客观性相分离的劳动。是**抽掉了**劳动的真正现实性（reale Wirklichkeit）的这些要素而存在的活劳动(同样是非价值);这是劳动的完全被剥夺,缺乏任何客体的、纯粹主体的生存(rein subjektive Existenz)。①

这即是说,资本主义经济条件之下的劳动主体,作为一种丧失了任何客观实现条件的纯粹独立的存在,是一种特殊的历史结果,而且是悲惨的历史结果。

(2) **从肯定方面**看的**非对象化劳动**,非价值,或者说,自己对自己的否定性,劳动是劳动本身的非**对象化的**存在,因而是劳动本身的非对象的,也就是主体的生存(subjektive Existenz)。劳动不是作为对象,而是作为活动存在;不是作为**价值**本身,而是作为价值的**活的源泉**(lebendige Quelle)存在。②

这是一种在可能性上存在的非对象化的纯主体劳动活动,但它却是真正创造价值的唯一鲜活的泉眼。

"(3) 劳动作为同表现为资本的货币相对立的使用价值,不是这种或那种劳动,而是**劳动本身**,抽象劳动,同自己的特殊**规定性**绝不相干,但是可以有任何一种规定性。"③这是说,资本主义经济条件下的劳动必定是依存于社会交换的抽象劳动,离开这一进程的个人劳动即是无(饿死)。

并且,马克思进一步指认这种主体劳动即活劳动与对象化劳动是根本不同的。

对象化劳动(vergegenständlichten Arbeit),即**在空间上存在的劳动**,也可以作为**过去的劳动**(vorhandne Arbeit)而同**在时间上存在的劳动**相对立。如果劳动必须作为在时间上存在的劳动,作为活劳动而存在,它就只能作为**活的主体**(lebendiges Subjekt)而存在,在这个主体上,劳动是作为能力,作为可能性(Möglichkeit)而存在;

---

① 《马克思恩格斯全集》第 46 卷上册,人民出版社 1979 年版,第 252—253 页。参见 Karl Marx, *Grundrissen*, *Marx-Engels-Gesamtausgabe* (MEGA2), II/1, Text, Berlin: Dietz Verlag, 1976, S. 216。
②③ 《马克思恩格斯全集》第 46 卷上册,人民出版社 1979 年版,第 253 页。

从而它就只能作为**工人**而存在。因此,能够成为资本的对立面的**唯一**的**使用价值**,就是**劳动**(而且是创造价值的劳动,即**生产劳动**)。①

在1861—1863年的经济学研究中,马克思再次确认了这一点。② 在马克思看来,这种使用价值只有在资本的要求和推动下,才可能变成现实,因为没有对象的活动不过是纸上谈兵,其实什么也不是。这种劳动就是历史为资本生存而准备的! 它的唯一存在形式就是被资本吸血! 没有资本的剥削,劳动就无法生存。这是劳动主体不得不低三下四地**自动屈**从于资本主义经济统治的根本所在。伊格尔顿说,"主体低三下四的屈从恰是资产阶级社会制度的一般特征"③。此语真乃单刀直入,切中要害。

经过这样的现象学分析之后,让我们再回到工人与资本家的"平等"交换上来。从上面的讨论我们可以得知,表面上存在的这种资本主义经济交换是简单交换,双方都得到一个等价物。工人得到货币,资本家获得商品(劳动),这个商品的价格似乎正好等于支付它的货币。工人在这个交换中也是以平等者的身份与资本家分庭抗礼,似乎二者平起平坐。依据马克思后来的看法,"资本家和工人之间所进行的交换,完全符合交换规律,不仅符合,而且是交换的最高发展"④。不过,这是我们看到的飘浮于表面的东西,而如果我们以刚才所确定的狭义历史唯物主义的尺度去观察,情况就截然不同。马克思强调道:在资本与劳动的交换上面,第一步行为是交换,和普通的商品流通一模一样,这是一种平等的交换;可是,第二步行为则是在性质上与交换根本不同的一种过程。因为,马克思发现,事实上在这一交换中资本家付出的是一定数量的货币(实际上这还是对象化劳动,即工人过去创造出来的劳动成果),而工人**并不是出**

---

① 《马克思恩格斯全集》第46卷上册,人民出版社1979年版,第228页。中译文将此处的vergegenständlichten译作"物化",我将其改译为"对象化"。——本书作者第三版注。
② 参见《马克思恩格斯全集》第47卷,人民出版社1979年版,第33页。
③ [英]伊格尔顿:《美学意识形态》,王杰译,广西师范大学出版社1997年版,第158页。
④ 《马克思恩格斯全集》第46卷下册,人民出版社1980年版,第186页。

卖劳动(这一点看法使马克思的认知水平立刻超出了《雇佣劳动与资本》中相近观点的水平),"工人出卖的是对自己劳动的支配权,这种劳动是一定的劳动,一定的技能等等"①。这是马克思剩余价值理论革命最重要的起步。由此,工人获得了维系自己生存的必要条件的一定数量的货币,而"资本换进的这种劳动是活劳动,是生产财富的一般力量,是增加财富的活动"②。现象学还原后的本质异质性在于,资本家换回的劳动支配权实际上恰恰是**创造价值的源泉**。马克思在后面的论述中指出,对于工人来说,这个自由交换的最后阶段是劳动能力作为商品、作为价值,来同商品、同价值相交换;劳动能力是作为对象化劳动购得的,而劳动能力的使用价值却在于活劳动,在于创造交换价值。

> 作为活动,工人被资本所吸收,并体现为资本。这样,交换变成了自己的对立面,而私有制的规律,——自由、平等、所有权,即对自己劳动的所有权和自由支配权,——变成了工人没有所有权和把他的劳动让渡出去,而工人对自己劳动的关系,变成了对他人财产的关系③。

马克思说,这是由于,"这种劳动是创造价值的活动,是生产劳动(produktive Arbeit);也就是说,资本家换来这样一种生产力,这种生产力使资本得以保存和增殖,从而变成资本的生产力和再生产力(Produktivkraft und reproduzierenden Kraft des Kapitals),一种属于资本本身的力"④。在这种表面看起来公平的交换中,资本家"无偿地得到了两种东西:第一,得到了增加他的资本价值的剩余劳动,第二,同时得到了活劳动的质,这种质使物化在资本各个组成部分中的过去劳动得到保存,从而使原有的资本的价值得到保存"⑤。事实上,马克思第一次科

---

① 《马克思恩格斯全集》第46卷上册,人民出版社1979年版,第240页。
② 《马克思恩格斯全集》第46卷上册,人民出版社1979年版,第266页。
③ 《马克思恩格斯全集》第46卷下册,人民出版社1980年版,第187页。
④ 《马克思恩格斯全集》第46卷上册,人民出版社1979年版,第231页。
⑤ 《马克思恩格斯全集》第46卷上册,人民出版社1979年版,第336页。

学地揭示了资本主义公平交易背后所遮蔽的剥削关系。这就是马克思**第二个伟大发现——剩余价值理论**的最初建构,同时也是马克思历史现象学中最重要的深层批判之所在。也是在这里,马克思才第一次揭示了**雇佣劳动的真正本质**! 在后来 1861—1863 年的经济学研究中,马克思分析了雇佣劳动形成的特定历史条件:"要使劳动成为雇佣劳动(Lohnarbeit),要使工人作为非所有者进行劳动,不是出卖商品,而是出卖对他自身的劳动能力(Arbeitsvermögen)的支配权,即要使他按照劳动能力能够出卖的唯一方式来出卖劳动能力本身,实现他的劳动的那些条件就必须作为异化的条件,异己的权力(*ent fremdete Bedingungen*,als *fremde Mächte*),受别人的意志支配的条件,即别人的财产同他相对立。"①这个异化的条件和权力就是历史形成的能够与劳动相交换的**资本关系**。

马克思所解决的问题是,在资本与劳动这一交换结束之后,**真实的社会关系其实发生在生产过程中**。马克思要证明,资本主义社会中表面的平等交换下掩盖着**实质上的不平等**。首先,

> 因为同活劳动能力(Arbeitsvermögens)相交换的那一部分资本,第一,本身是没有支付等价物而被占有的**他人的劳动**,第二,它**必须由劳动能力附加一个剩余额来偿还**,也就是说,这一部分资本实际上并没有交出去,而只是从一种形式变为另一种形式。可见,交换的关系完全不存在了,或者说,成了**纯粹的假象**。②

资本家用以交换劳动的东西,本身就是他人劳动的对象化结果,因为它要获得一种对等的补偿,所以,它只是换了一个方式回到自身,或者说是根本"没有交出去"。所以,资本家参与交换的前提是根本不存在的。

其次,在社会历史进程中,所有权的出现最初是以自己的劳动为基

---

① 《马克思恩格斯全集》第 47 卷,人民出版社 1979 年版,第 123 页。参见 Karl Marx, *Zur Kritik der politischen Ökonomie（Manuskript 1861 - 1863）*, *Marx-Engels-Gesamtausgabe (MEGA2)*, II/3 - 1, Text, Berlin: Dietz Verlag, 1976, S. 99。
② 《马克思恩格斯全集》第 46 卷上册,人民出版社 1979 年版,第 455 页。

础的。而现在资本主义经济关系中的所有权却深刻地表现为**占有他人劳动**的权利,表现为劳动不能占有它自己的产品。我们能看到,这同样是在说明资本主义经济关系,但是,与《1844年手稿》相比,马克思这里的讨论是一种更加科学的分析。马克思认为,这必然导致一个更重要的结果,"生产过程和价值增殖过程的结果,首先是**资本和劳动的关系本身**的,**资本家和工人的关系本身**的再生产和新生产。这种社会关系,生产关系,实际上是这个过程的比其物质结果更为重要的结果"①。

正是在这样一个实质上不平等的资本统治关系的奴役下,在流通领域的平等交换背后,被资本家无偿占有的工人的剩余劳动创造了超出等价交换的一个余额,这就是**剩余价值**。这是马克思第一次提出剩余价值问题(第3笔记本第19页)。

> 剩余价值总是超过等价物的价值。等价物,按其规定来说,只是价值同它自身的等同。所以,剩余价值决不会从等价物中产生;因而也不是起源于流通;它必须从资本的生产过程本身中产生。②

所以,资本与劳动在表面进行了交换,但交换的"这种形式是**表面现象**,而且是**骗人的表面现象**"③!马克思正是以历史现象学的批判透视,解蔽了资产阶级意识形态的伪象:"它仅仅是建立在**不通过交换**却又在**交换假象**的掩盖下来占有他人劳动这一基础上的生产的表层而已。……这只是一种**假象**,不过这是**必然的假象**"④。有意思的是,马克思在这里出人意料地将这种假象关系称之为**异化**,而且是**劳动异化**。

以交换价值为基础的生产,即在表面上进行着上述那种自由和平等的等价物交换的生产,从根本上说,是作为交换价值的**对象化劳动**同作为使用价值的活劳动之间的交换;或者可以换一种说法,

---

① 《马克思恩格斯全集》第46卷上册,人民出版社1979年版,第455页。
② 《马克思恩格斯全集》第46卷上册,人民出版社1979年版,第286页。
③ 《马克思恩格斯全集》第46卷上册,人民出版社1979年版,第462页。
④ 《马克思恩格斯全集》第46卷上册,人民出版社1979年版,第513页。

是劳动把劳动客观条件——因而也是把劳动本身所创造的客体性——看作是他人财产的关系：**劳动的异化**。①

我们不是在前面已经断言，马克思在1845年放弃了人本主义史观的理论逻辑了吗？可是，为什么马克思在这里又会重提异化呢？于是，我们接下来自然需要探讨异化问题了。

4. 异化：一个重新确定的客观颠倒关系

我们看到，马克思在经济学研究中再一次认真地提出了异化问题。并且这一次，异化成为马克思历史现象学科学批判中最核心的观点。我认为，马克思在这里揭示出来的资本主义经济关系中的异己性，绝不再是《1844年手稿》中那种人本主义的**价值悬设的"应该"**，而是**一种现实社会关系中发生的客观的自反性**。

前面我们已经分析过，在过去前资本主义的社会生产中，劳动所起的作用和地位，特别是劳动活动与主体本身、劳动对象和工具的统一性是十分明确的。而在资本主义生产过程中，

> 如果从劳动的角度来考察，那么劳动在生产过程中是这样起作用的：它把它在客观条件中的实现同时当作他人的实在从自身中排斥出来，因而把自身变成失去实体的、极度贫穷的劳动能力而同与劳动相异化的、不属于劳动而属于他人的这种实在相对立；劳动不是把它本身的现实性变成自为的存在，而是把它变成单纯为他的存在，因而也是变成单纯的他在，即同自身相对立的他物的存在。②

所以，在资本主义经济过程中，劳动的这种变为现实性的过程，也是丧失自身现实性的过程。"劳动把自己变成客观的东西，但是它把它的这种客体性变为它自己的非存在，或它的非存在——资本——的存在"③。

---

①《马克思恩格斯全集》第46卷上册，人民出版社1979年版，第519页。
②③《马克思恩格斯全集》第46卷上册，人民出版社1979年版，第450页。

在资本主义条件下,工人的劳动投入生产的结果是产生出一个**由"我"创造出来的敌视"我"的资本**。资本是劳动活动的现实**异化**！

对此,马克思条分缕析地说：

> 劳动的客观条件对活劳动能力的客观的漠不相干性,**异己性**（这已经达到如此地步,以致这些条件以资本家的人格的形式,即作为具有自己的意志和利益的人格化,同工人的人格相对立）；也就是说,财产即劳动的物质条件同活劳动能力的这种绝对的**分裂**或**分离**（以致劳动条件作为**他人的财产**、作为另一个法人的实在、作为**这个法人**的意志的绝对领域,同活劳动能力相对立,而另一方面,劳动则因而表现为同人格化为资本家的价值相对立的,即同劳动条件相对立的**他人的劳动**）；也就是说,财产同劳动之间,活劳动能力同它的实现条件之间,物化劳动同活劳动之间,价值同创造价值的活动之间的这种绝对的分离（从而劳动内容对工人本身的异己性）；——这种分裂,现在也表现为劳动本身的产品,表现为劳动本身的要素的物化,客体化。①

令人感到可怕的是,正是"劳动能力使这些条件本身变成以他人的、实行统治的人格化的形式而同劳动能力相对立的**物,价值**。劳动能力离开［生产］过程时不仅没有比它进入时更富,反而更穷了"②。显而易见,这决不是什么人本主义逻辑中那种 Sollen（应该）与 Sein（是）的矛盾和冲突,而是资本主义生产过程中客观的**历史发生**的异化关系。

马克思说,这个由劳动产生并不断增殖起来的对象化力量,表现为资本,表现为统治、支配活劳动的对象化劳动。它"作为资本,作为对活劳动能力的统治权,作为赋有自己权力和意志的价值而同处于抽象的、丧失了客观条件的、纯粹主观的贫穷中的劳动能力相对立。劳动能力不仅生产了他人的财富和自身的贫穷,而且还生产了这种作为自我发生关

---

① 《马克思恩格斯全集》第 46 卷上册,人民出版社 1979 年版,第 448 页。
② 《马克思恩格斯全集》第 46 卷上册,人民出版社 1979 年版,第 449 页。

系的财富的财富同作为贫穷的劳动能力之间的关系,而财富在消费这种贫穷时则会获得新的生命力并重新增殖"①。更进一步看,"劳动的产品表现为**他人的财产**,表现为独立地同活劳动相对立的存在方式,还表现为自为存在的**价值**;劳动的产品,对象化劳动,由于活劳动本身的赋予而具有自己的灵魂,并且使自己成为与活劳动相对立的**他人的权力**"②。这是经济关系本身的现实异化。

后来,马克思非常精辟地总结了这种异化的特点:

> 资本家对工人的统治,就是物对人的统治,死劳动对活劳动的统治,产品对生产者的统治;作为变成统治工人的手段(但只是作为**资本**本身统治的手段)的商品,实际上只是生产过程的结果,是生产过程的产物。这是物质生产中,现实社会生活过程(因为它就是生产过程)中与意识形态内表现于**宗教**中的那种关系完全相同的关系,即把主体颠倒为客体以及反过来的情形。**从历史上看**,这种颠倒是靠牺牲多数来强制地创造财富本身,即创造无限的社会生产力的必经之点,只有这种无限的社会劳动生产力才能构成自由人类社会的物质基础。这种对立的形式是必须经过的,正像人起初必须以宗教的形式把自己的精神力量作为一种独立的力量来与自己相对立完全一样。这是人本身的劳动的**异化过程**。工人在这里所以从一开始就站得比资本家高,是因为资本家的根就扎在这个异化过程中,并且在这个过程中找到了自己的绝对满足,但是工人作为这个过程的牺牲品却从一开始就处于反抗的关系中,并且感到它是奴役过程。③

的确,这是一种彻底的颠倒。后来马克思曾经指出:"社会劳动的一切生产力都表现为资本的生产力,就和劳动的一般社会形式在货币上表现为一种物的属性的情况完全一样。……这里我们又遇到关系的颠倒,我们

---

① 参见《马克思恩格斯全集》第46卷上册,人民出版社1979年版,第449页。
② 《马克思恩格斯全集》第46卷上册,人民出版社1979年版,第450页。中译文有改动。
③ 《马克思恩格斯全集》第49卷,人民出版社1982年版,第48—49页。

在考察货币时,已经把这种关系颠倒的表现称为**拜物教**(*Fetischismus*)"①。这种颠倒是"物的人格化和人的物化",资本家不是作为这种或那种个人属性的体现者来统治工人,他只是在他是"资本"的范围内统治工人;他的统治只不过是"对象化劳动对活劳动的统治,工人制造的产品对工人本身的统治"。②

马克思指出,在资本主义生产过程中,通过劳动本身,客观的财富世界作为与劳动相对立的异己的权力越来越扩大,并且获得越来越广泛和越来越完善的存在,因此相对地来说,活劳动能力的贫穷的主体,同已经创造出来的价值即创造价值的现实条件相比较,形成越来越鲜明的对照。"劳动本身越是客体化,作为他人的世界,作为他人的财产而同劳动相对立的客观价值世界就越来越扩大"③。马克思在后面写道,在劳动生产力发展的过程中,劳动的物的条件即对象化劳动,同活劳动相比较必然增长。他指出:

> 劳动的客观条件对活劳动具有越来越巨大的独立性(这种独立性就通过这些客观条件的规模而表现出来),而社会财富的越来越巨大的部分作为异己的和统治的权力同劳动相对立。关键不在于**对象化存在**(*Vergegenstandlichtesein*),而在于**异化**,外化,外在化(*Entfremdet-*, Entäussert-, Veräussertsein),在于巨大的物的权力不归工人所有,而归人格化的生产条件(personifizierten Produktionsbedingungen)即资本归属(-Kapital-Zugehören),这种物的权力把社会劳动本身当作自身的一个要素而置于同自己相对立的地位。④

---

① 《马克思恩格斯全集》第 48 卷,人民出版社 1985 年版,第 36 页。
② 参见《马克思恩格斯全集》第 48 卷,人民出版社 1985 年版,第 37 页。
③ 《马克思恩格斯全集》第 46 卷上册,人民出版社 1979 年版,第 452 页。
④ 《马克思恩格斯全集》第 46 卷下册,人民出版社 1980 年版,第 360 页。这里的中译文将"对象化存在(Vergegenstandlichtesein)"误译为"物化",此处误译中文第二版也没有改过来;Zugehören 一词被译作"所有",我改译为"归属"。参见 Karl Marx, *Grundrissen*, *Marx-Engels-Gesamtausgabe* (*MEGA2*), II/1, Text, Berlin: Dietz Verlag, 1976, S. 698.——本书作者第三版注。

可见，这是发生在资本主义经济运作中的**人与人关系的客观颠倒和错乱**！

在马克思看来："这种错乱和颠倒是**真实的，而不单是想象的**，不单是存在于工人和资本家的观念中的。但是很明显，这种颠倒的过程不过是**历史的必然性**（historische Notwendigkeit），不过是从一定的历史出发点或基础出发的生产力发展的必然性，但决不是生产的某种**绝对必然性**（absolute Notwendigkeit），倒是一种暂时的必然性，而这一过程的结果和目的（内在的）是扬弃这个基础本身以及过程的这种形式"①。颠倒不是想象的，而是社会历史中的资本主义社会关系的客观存在形式。而"资产阶级经济学家受一定的社会历史发展阶段的观念的严重束缚，在他们看来，劳动的社会权力**对象化**的必然性是跟这些权力同活劳动相**异化**的必然性分不开的"②。而马克思站在历史现象学的高度则认为：

> 在资本对雇佣劳动的关系中，劳动即生产活动对它本身的条件和对它本身的产品的关系所表现出来的**极端的异化形式**，是一个必然的过渡点，因此，它已经**自在地**、但还只是以歪曲的头脚倒置的形式，包含着一切**狭隘的生产前提**的解体，而且它还创造和建立无条件的生产前提，从而为个人生产力的全面的、普遍的发展创造和建立充分的物质条件。③

这是一个全新的科学诊断。

在这里，我们想作一个简短的评述。马克思为什么在他的经济学视域中的历史现象学的最后重新提出异化问题？④ 在前面的讨论中，我们

---

① 《马克思恩格斯全集》第46卷下册，人民出版社1980年版，第360—361页。
② 《马克思恩格斯全集》第46卷下册，人民出版社1980年版，第361页。
③ 《马克思恩格斯全集》第46卷上册，人民出版社1979年版，第520页。
④ 据我的不完全文献数据统计，entfremd一词在《1857—1858年经济学手稿》中出现了16次，而entäussert一词则出现过11次。在马克思其他这一时期主要文本中的情况为：entfremd一词在《1861—1863年经济学手稿》中出现8次，《资本论》第一卷中出现6次，第二卷为零，第三卷中出现12次；entäussert一词则在其他文本中基本上没有出现。——本书作者第三版注。

都知道,马克思在1845年的《德意志意识形态》时期已经否定了人本主义哲学逻辑,同时也放弃了异化史观。那么在这里,究竟又发生了什么?

首先,纵观马克思1845年以后哲学发展的基本思路,我发现其思想探索所留下的**印记**,是一个巨大的**螺旋式的道路**:在1845年的思想变革中,他否定人本主义的主体价值逻辑,其新起点是广义历史唯物主义中一般物质生产的客体向度,在批判资本主义现实的理论层面,他不再从异化史观的主体尺度的角度引出现象学批判的张力,而选择了从生产分工导致的客观经济矛盾的视角提出一种实证性的客观历史指认。这种状况一直持续到40年代末。在进入具体的经济学研究之后,特别是在《1857—1858年经济学手稿》的研究中,他开始意识到,从物质生产出发来阐述一般社会历史的基础是正确的,可是从生产出发来面对经过**无数颠倒事物化中介的复杂的资本主义生产关系**,却产生了**经济学所无法超越的遮蔽性**。仅仅在客体向度上批判资本主义,还不能真正解决社会关系在资本世界中的**倒立显象**。马克思**不得不再从物质生产中的主体劳动活动出发,不得不再一次将他的历史现象学批判基于科学的历史的主体向度**。苏联学者达维多夫也注意到这一问题,他正确地说明了马克思这里的经济异化概念与过去的劳动异化史观的不同。但他的分析还缺少一种来自经济学文本解读的深入性。①

其次,马克思在历史现象学建构的前期,从交换价值到货币的现象学批判中已经先后使用了社会关系的**事物化和颠倒**这样的理论指认,可是,在资本与劳动这种深层的本质关系上,事物化与颠倒这样的规定性仍然不能准确地定位这种现实发生的**社会关系的自反性**。于是,**科学的关系异化**规定的出现是必然的和正常的。可是在这里,马克思在经济学和历史现象学中再一次使用的科学异化概念与人本主义异化史观特别是他此时使用的劳动异化规定,与他在《1844年手稿》中使用的劳动异化逻辑之间是具有根本的异质性的。其实,这是两种截然不同的异化观:

---

① 参见[苏]达维多夫《新马克思主义与文化社会学问题》,莫斯科,1980年,第一章第六节。

《1844年手稿》中的劳动异化是人本主义的价值悬设，它所构成的是理想本质与现实存在的矛盾，**虚与实**的矛盾；劳动的自我异化是一种逻辑反思，是在观念中设定的。而《1857—1858年经济学手稿》中的劳动异化，从根本上说是一种现实的历史反思。原来工人活动的对象化结果，现实地成为今天工人的统治者和剥削者。工人创造的"**先有**"成为"**现有**"的统治者。资本家是用我劳动所创造的东西（事物化为抽象的无名的东西）与我（工人，包括过去的劳动者的成果）交换，并且是进一步的不平等交换。在这里，它不是某种逻辑的价值悬设出发点，也不是逻辑方法的先验结构，而是社会现实的客观历史结果，是资本主义经济关系客观转换的必然形式；不是因为劳动异化造成罪恶，而是资本主义生产必然导致人对外化经济力量的依赖性，雇佣劳动必然创造一个由自己转化出来的统治力量——资本，这就是马克思这里所描述的资本与劳动关系的**现实异化**。①

在此时的马克思这里，与《1844年手稿》中对劳动异化的定性不同，这种资本主义经济现实中发生的劳动异化，在历史辩证法的客体向度中首先是**进步的**，人与人的关系客观上是不平等交换，是掠夺，片面性，客观颠倒，是不公正，但正是这种"恶"创造了魔鬼般的巨大生产力，但是，它同时又必然是生产进一步发展的障碍；劳动异化在历史辩证法的主体向度上首先也是**进步的**，相对于过去的人身依附，它当然是一种解放，但是它又更深地形成新的物役性，造成主体性的沦丧，带来社会关系的异己性和对抗性。我觉得，正是在这里，马克思第一次意识到，异化的观念不是在头脑中出现的，而是现实资本主义生产关系异化的真实反映，而这一点是单纯的哲学唯物主义所无法廓清的。所以，黑格尔的异化观之所以深刻，也是由于他从经济现实中看到了真实的劳动活动的客观颠倒。

---

① 关于这一问题的详尽分析，请参见孙伯鍨、姚顺良《马克思主义哲学史》（黄楠森等主编，八卷本）第2卷，北京出版社1991年版，第238—239页；拙著《马克思历史辩证法的主体向度》，南京大学出版社2002年第2版，第三章。——本书作者第二版注。

第三节 《资本论》:一种历史现象学的成熟表述

我在前面分析过,《1857—1858年经济学手稿》是马克思哲学的历史现象学,而后来的《资本论》(Das Kapital)则是马克思经济学的"逻辑学"。但如果对这个特点仔细探究就可以得知,马克思在《资本论》中全面说明和表述他的政治经济学理论的同时,他在哲学意义上建构的历史现象学批判也有了更加成熟的表述。与上面我们看到的马克思在《1857—1858年经济学手稿》中那种艰难的理论逻辑建构迥然不同,《资本论》的逻辑演进是将科学的理论思路有条理地呈现出来的过程。在此,我们将简要地概述一下马克思在《资本论》中对历史现象学和拜物教批判的精彩分析,这也可算作是对我们上述讨论的一个小结。

1. 倒立跳舞的桌子与商品拜物教

这里,马克思对历史现象学的表述,主要集中在《资本论》第一卷的第一章至第四章中。我注意到,马克思的历史现象学批判是与他对资本主义三大拜物教的证伪分析直接联系在一起的。这也就意味着,马克思后来将这三大拜物教所顶礼膜拜的三层**物相**,直接作为他历史现象学逐层穿透和剥离的**假象视域**。实际上,这种现象学的批判,也是与马克思在《资本论》中的经济学分析并驾齐驱的。由于在《马克思历史辩证法的主体向度》一书中,我已经对马克思的三大拜物教理论进行过初步的讨论,[①]在此,我只是再一次以历史认识论的视域为观照点,进一步分析马克思在自己的经济学研究视域中对三大拜物教批判理论的具体建构过程。当然,在此处的分析中,我们不打算按照马克思具体的经济学思路展开论述,即不是以文本学的模式逐步提出和解决问题,而是用最清楚

---

① 参见拙著《马克思历史辩证法的主体向度》,南京大学出版社2002年第2版,第三章第四节第二目。——本书作者第二版注。

和概要的线索来总结马克思不自觉地隐匿在经济学逻辑之中的这种独特的历史现象学批判。

在此,我们首先要再强调一下马克思在社会经济生活中所使用的拜物教(Fetischismus)概念①与原始拜物教观念的区别。在远古时代的自然崇拜和图腾意识中,拜物教是对外部自然客观物或神秘力量之崇拜,而在马克思这里,它则主要是指认一种人们**无意识发生的对社会存在物(关系)的崇拜,并且是颠倒了的物相(假象关系)**。相比之下,这种社会经济拜物教是更加复杂的,它的中心偶像是一种非物形非人形的东西,甚至人还不知道所崇拜的东西的实质是什么。崇神时,知道它是一个超人超自然(übernatürlich)的东西,可是,人们对于商品、货币与资本的真正本质却知之甚少,除了知晓它们的一般物质承担体,对其本质的认识似乎总是雾里看花,甚至于无法想象其本质。在马克思这里,颠倒的假象视域是经济**拜物教性质**(Fetischcharakter)的重要层面,它表现在如下几个方面:

首先是**商品**拜物教的**假象**视域。可以看到,马克思的分析是从我们的感官可以直接达及的经验层面开始的。他说,我们在日常生活面对任何一个物品,这些物品一般都不会具有无法认知的神秘感。如一张桌子,木制有形,可以站立,也能放置物品,此时,桌子并没有任何"形而上学的烦琐性(metaphysische Spitzfindigkeit)和神学的微妙性"。自然唯物主义和一切旧唯物主义的正确前提都基于这个直观的真实性。当然,我们这里会承认桌子已经是人类劳动的制品,在使用中,它实现着一种物品面对人的需要的社会性的功用性。可是,就是在效用这一层面,也不会出现什么不解的神秘感。但是,同样是这张桌子,当它

一旦**当作商品**出现,它就成了一个可以感觉而又超于感觉的物(ein sinnlich übersinnliches Ding)。它不仅用脚直立在地上,而且

---

① 据我的不完全文献统计:马克思在《资本论》第一卷中3次使用了 Fetischismus 一词,在第二卷中使用了1次,而在第三卷中则没有使用。——本书作者第三版注。

在它对其他一切商品的关系上,用头倒立着,并从它的木脑袋里,展开比桌子自动跳舞还不可思议得多的幻想。①

这就是说,在过去的社会中,一张桌子通过劳动制作出来,它是为了放置物品,生产的目的是为了使用;而在商品经济中,产品作为商品(用于商业交换的物品)被生产出来,它的目的首先不是使用,而是交换,以及通过交换实现桌子所代表的**价值**。马克思告诉我们,这种桌子的价值属性不是它的物的自然属性,也不是它自身的效用功能,而是一种**特定的社会关系**。这是桌子在自身处于使用功效的价值关系之外,另一种在交换中实现自己所包含的劳动的社会性价值关系。特别在资本主义经济生活中,桌子的这种无法直接呈现的社会关系属性是以物的形式颠倒地表现出来的,并且,进而产生某种"视觉颠倒(Quidproquo)"。

马克思说:

> 正如一物(Dings)在视神经中留下的光的印象,不是表现为视神经本身的主观兴奋,而是表现为眼睛外面的物的可感觉的形式。必须补充说,在视觉活动中,光确实从一个外界对象射入另一对象即眼睛;这是物理的物之间的物理关系(physisches Verhältnis zwischen physischen Dingen)。但是,价值形式和劳动产品的价值关系(Wertverhältnis),是同劳动产品的物理性质完全无关的。这只是人与人之间的一定的社会关系(das bestimmte gesellschaftliche Verhältnis der Menschen selbst),但它在人们面前采取了物与物之间的关系的虚幻形式(die phantasmagorische Form eines Verhältnisses von Dingen)。我们只有在宗教世界的幻境中才能找到这个现象的一个比喻。在那里,人脑的产物表现为具有特殊躯体的、同人发生关系并彼此发生关系的独立存在的东西。在商品

---

① [德]马克思:《资本论》第一卷,人民出版社1953年版,第46—47页。原文中的Ding被中译为"东西",我改译作"物"。参见 Karl Marx - Friedrich Engels - *Werke*, Band 23, "*Das Kapital*", Bd. I, Berlin: Dietz Verlag,1963, S. 85。

世界(Warenwelt)里,人手的产物也是这样,这可以叫做拜物教(Fetischismus)。劳动产品一旦表现为商品,就带上拜物教的性质,拜物教是同这种生产方式分不开的。①

这是马克思关于商品拜物教的一段非常著名的表述。马克思是想说明,商品拜物教是资本主义生产方式**特有的物相**。不过,我们还需要追问,为什么会发生这种物相的颠倒呢?

面对商品,我们一般都会注意到它同时具有用于直接使用的价值和用于在市场中交换的价值。"我们按照普通的说法,曾经说商品是使用价值和交换价值。准确地说,这种说法是错误的"。这个普通的说法,其实就是马克思恩格斯一直使用的古典经济学的基本术语。此时,马克思已经意识到,交换价值只是**价值**在市场交换中的**表现形式**,它通常通过价格实现出来。就是在《1857—1858年经济学手稿》中,马克思还没有严格区分这二者。相对于价值,"交换价值总只能是某种包含在其中但还是能够和它相区别的东西的**表现方式**,'现象形态'"②。所以,

> 商品是使用价值或使用品和"价值"。但是,一个商品只要它的价值取得一种特别的、和它的自然形态不同的现象形态,交换价值的形态,它就会表现为这样一个二重物。在孤立的考察下,它是没有这个形态的,要有这种形态,它就必须和第二种不同的商品发生价值关系或交换关系。③

因此,"当作使用价值,各种商品首先是异质的;当作交换价值,它们却只能是异量的,所以不包含任何一个使用价值原子"④。商品的功用性是异质的,可是商品的价值表现为交换价值形式时,却具有某种"超自然

---

① [德]马克思:《资本论》第一卷,人民出版社1953年版,第47页。参见 Karl Marx - Friedrich Engels - *Werke*, Band 23, "*Das Kapital*", Bd. I, Berlin: Dietz Verlag, 1963, S. 86。
② [德]马克思:《资本论》第一卷,人民出版社1953年版,第7页。
③ [德]马克思:《资本论》第一卷,人民出版社1953年版,第34页。
④ [德]马克思:《资本论》第一卷,人民出版社1953年版,第8页。

属性(übernatürliche Eigenschaft)",表征发出**无质性的**量化关系。我们可以看到,马克思所讲的这些商品的属性和表现形态本身,都不是我们通过感官直接能够把握的经验现象,这正是马克思在历史唯物主义视域中所指认的**社会存在和社会关系的本质规定**。所以马克思经常说,"商品的价值纯然是这些物品(Dinge)的'社会定在'(das gesellschaftliche Dasein),所以它也只能通过商品的全面社会联系(allseitige gesellschaftliche Beziehung)来表现"①。这是狭义历史唯物主义中所指的那个非直观的**物**。

马克思分析道:"在一切社会形态内,劳动产品都是使用品,只有在一个历史规定的历史时期,才把一个有用物品生产上支出的劳动,表现为它的'对象性'属性,那就是表现为它的价值,并且把劳动产品转化为商品"②。只是在这个状态下,劳动才表现为一种"幽灵般的对象性(dieselbe gespenstige Gegenständlichkeit)",这个特殊的历史时期就是资本主义社会。由于广泛的社会分工和劳动分工,个人成为孤立的个体,成为单向度的功能人,因而他们的片面的劳动和活动根本无法独立存在,他们的劳动产品根本无法直接得以实现,只有通过市场交换的中介,劳动才能与生产结合,劳动产品才能得以实现。这样,**交换才成为生产的目的**。在这之前的手稿中,马克思曾经说明,对于社会的人"只要说他生产商品,那就是说,他的劳动具有片面性,他不是**直接**生产他的生活资料,而只是通过把自己的劳动和其他劳动部门的产品相交换来获得这些生活资料"③。于是,在这种特定的社会关系中,

> 人们在他们的**社会**生产过程中的原子一样的行为(atomistische),他们自己的生产关系(Produktionsverhältnisse)的

---

① [德]马克思:《资本论》第一卷,人民出版社 1953 年版,第 41 页。马克思在《资本论》中三次使用 gesellschaftliche Dasein 一词。中译文有改动。参见 Karl Marx - Friedrich Engels - *Werke*, Band 23, "*Das Kapital*", Bd. I, Berlin: Dietz Verlag, 1963, S. 80.——本书作者第四版注。
② [德]马克思:《资本论》第一卷,人民出版社 1953 年版,第 35 页。
③《马克思恩格斯全集》第 47 卷,人民出版社 1979 年版,第 303 页。

事物性形态(sachliche Gestalt),那种不受他们统制,并且和他们个人意识行为相独立,不以它为转移的物质形式,首先是由他们的劳动产品**一般**(Arbeitsprodukte allgemein)采取**商品形式**(Warenform)这一件事而显现出来。①

马克思认为,也只有在这里,才必然会形成这样的局面,即"一切劳动,一方面都是人类劳动力生理学意义上的支出。并且,当作等一的人类劳动或抽象的人类劳动,它形成商品价值。一切劳动,另一方面又都是人类劳动力在特殊的有一定目的的形式上的支出。并且,当作具体有用的劳动,它生产使用价值"②。这是历史形成的劳动的二重属性,即抽象劳动和具体劳动(一般社会劳动和特殊的个人劳动)在不同层面所形成的两种价值关系。

可是,刚才我们所说的商品的神秘性又从何而来? 马克思说,"人们把他们的劳动产品看做**价值**,使它们互相发生关系,不是因为这些物品在他们看来**不过**是同种人类劳动的**物质外壳**。恰好相反,人们是在他们交换中把不同种**劳动**看做**价值**,使它们**互相**均等的时候,把他们的不同劳动当作人类劳动,使它们均等起来的。他们不知道这一点,但是他们这样**做着**。价值没有在额门上写明它是**什么**。宁可说它把每一个劳动产品转化成了一个社会的秘密象形文字"③。他们不知道,却这样做着。这是一种社会无意识。而当这种社会关系属性**通过物**实现出来的时候,

---

① [德]马克思:《资本论》第一卷,人民出版社 1953 年版,第 71 页。中译文原来将此处的 sachliche Gestalt 一词译为"物质的形式",我改译作"事物性形态";而将 Warenform 译成"商品形态",我则改译为"商品形式"。参见 Karl Marx - Friedrich Engels - *Werke*, Band 23, "*Das Kapital*", Bd. I, Berlin: Dietz Verlag, 1963, S. 108。——本书作者第三版注。
② [德]马克思:《资本论》第一卷,人民出版社 1953 年版,第 18 页。
③ [德]马克思:《资本论》第一卷,人民出版社 1953 年版,第 50 页。后来,齐泽克在《意识形态的崇高对象》一书中,强化和放大了马克思的这一论断,并进而形成所谓"犬儒意识形态"理论。参见[斯]齐泽克《意识形态的崇高对象》,季广茂译,中央编译出版社 2004 年版,第一部分。——本书作者第二版注。

它就成为"劳动社会性质的物质假象"。于是，无法透视的神秘性就这样悄悄降临了。

马克思一针见血地指出：

> 商品形式（Warenform）所以是神秘的，不过因为这个形式在人们眼中，把他们自己的劳动的社会性质（gesellschaftlichen Charaktere），当作劳动产品自身的对象性质（gegenständliche Charaktere），当作各种物品的社会的自然属性（gesellschaftliche Natureigenschaften dieser Dinge）来反映，从而，也把生产者对社会生产总劳动的社会关系，当作一种不是存在于生产者之间而是存在于客观界各种对象之间的社会关系（gesellschaftliches Verhältnis von Gegenständen）来反映。①

在不久前写下的手稿中，马克思曾经说，资本主义生产的当事人是生活在一个"由魔法控制的世界里，而他们本身的关系在他们看来是物的属性，是生产的物质要素的属性"②。这就是一种极其严重的神秘倒错，即由于无法透视颠倒了的事物化社会关系，人们将这一关系产生的**非实体社会关系存在**错认成物品本身的自然属性。由此，"在生产者面前，他们的私人劳动的社会关系（gesellschaftlichen Beziehungen ihrer Privatarbeiten）就表现为现在这个样子，就是说，不是表现为人们在自己劳动中的直接的社会关系（unmittelbar gesellschaftliche Verhältnisse），而是表现为人们之间的事物的关系和事物之间的社会关系（das gesellschaftliche Verhältnisse der Sachen）"③。这就是商品拜物教的真实发生。马克思说，"我们只要逃到别的生产形态中去，商品世界的一切

---

① ［德］马克思：《资本论》第一卷，人民出版社1953年版，第48页。中译文原来将此处的Warenform译成"商品形态"，我改译为"商品形式"。参见Karl Marx - Friedrich Engels - Werke，Band23，"Das Kapital"，Bd. I，Berlin：Dietz Verlag，1963，S. 86。——本书作者第三版注。
② ［德］马克思：《剩余价值理论》第3册，人民出版社1975年版，第571页。
③ ［德］马克思：《资本论》第一卷，人民出版社1953年版，第52页。

神秘,在商品生产基础上包围着劳动产品的一切魔法妖术,就都立刻消灭了"①。比如,在资本主义社会以前的封建社会中,"无论我们怎样判断封建社会内人们互相对待的装扮,人与人在劳动上缔结的社会关系,总是表现为他们自己的人的关系,而不会假装为物与物、劳动产品与劳动产品间的社会关系"②。很显然,马克思对拜物教分析的逻辑思路,不是人本主义价值悬设的"应该",而是现实历史发展中的"先有"(前资本主义社会中人与人关系的直接形式)与"后有"(资本主义社会中事物化的经济关系)的关系。

2. 一般社会财富与货币拜物教

马克思对商品拜物教的分析,是他的历史现象学批判所剥离的第一个现象层面。我们得说,这种给人带来迷惑,使人坠云堕雾的物相式的颠倒还不是拜物教的深度模式。这也就是说,"商品世界(Warenwelt)具有的拜物教性质或劳动的社会规定所具有的物的外观",还只是经济拜物教的**第一现象层级**。"商品形式是资产阶级生产的最一般的和最不发达的形式(所以它在早就出现了,虽然它不像今天这样是统治的、从而是典型的形式),因而,它的拜物教性质显得还比较容易看穿。"③而对**货币**拜物教的批判,则是马克思对资本主义复杂的事物化和颠倒的社会关系结构**第二层级**进行揭露的标志。

我们都知道,资本主义社会是一个极端的金钱世界。在现实的资本主义经济运作中,商品交换和价值的实现都是以兑换货币为终点的。所以,在这种社会生活里,

> 所有的东西,无论是不是商品,都要转化为货币。一切东西都成了可以买卖的。流通变成了社会的大蒸馏器。一切物都被抛到

---

① [德]马克思:《资本论》第一卷,人民出版社1953年版,第52页。
② [德]马克思:《资本论》第一卷,人民出版社1953年版,第53页。
③ 《马克思恩格斯全集》第23卷,人民出版社1972年版,第99页。

里面去,以便当作货币结晶再从那里出来。连圣骨也抵抗不了这个炼金术;人们商业范围以外的更为微弱的圣物,就更是抵抗不了。①

货币,是资本主义社会通向**社会实现**的唯一道路,也由此,金钱才会成为人们拼命追求的东西。**货币成为神**也是自然和必然的。

面对这种现象迷误,马克思说,"我们现在要做一种资产阶级经济学家从未尝试过的工作,那就是指出这个货币形态的发生过程,研究商品价值关系中包含的价值表现,怎样从最简单最不引人注意的形式,发展到迷人视觉的货币形态"②。因为,如果说商品的交换价值还是需要通过与另一种物品的交换关系表现出来,这还可能让人想到其中隐匿着某种社会关系,而在货币形式上,连社会关系的这点痕迹都消失了。根据马克思的分析,拜物教的神秘性质在货币上更得到强化和深化。

如前所述,货币是在商品交换中历史地形成的。最初是物物交换,随着商品交换的数量的增加和规模的扩大,人们需要一种作为交换尺度的等价物,这个"等价物就是人类劳动"——交换中必然出现的劳动(价值)关系。起先,价值关系的抽象是通过具体物品代表的特殊等价物来表现的,在交换的历史发展过程中,特殊的等价物发展为一般等价物,这个一般等价物往往通过一些特殊的物品表现出来,在这个一般等价物身上,物品的价值"现在成了一切人类劳动的可见的体化物、一般的社会的蛹化物"③。最终,才出现了代表一般社会财富的货币。马克思说:

> 像商品的一切性质上的差别会在货币上面消灭一样,货币从它那方面说,也和一个彻底的平均主义者一样,会把一切差别消灭。不过货币本身也是一种商品,一种可以为任何一个人私有的外界物。社会的权力因此就变成了私人的私有权力。④

---

① [德]马克思:《资本论》第一卷,人民出版社 1953 年版,第 113—114 页。
② [德]马克思:《资本论》第一卷,人民出版社 1953 年版,第 20 页。
③ [德]马克思:《资本论》第一卷,人民出版社 1953 年版,第 41 页。
④ [德]马克思:《资本论》第一卷,人民出版社 1953 年版,第 113—114 页。

于是,原来看不见的藏形匿影的交换关系,现在有了自己感性的物质呈现体。金钱消灭了真实发生在人与人之间的一切差别,也遮蔽了现象背后的一切真相。因此,在商品拜物教中生成的社会关系的神秘性,在货币中被无限放大,极度膨胀,现在索性成了无解之谜。

马克思深刻地指出,在货币这个等价形态上,实际上发生了经济现象的**三重颠倒**:第一,"**使用价值成为它的反对物价值的现象形态**"。本来,"使用价值"(物品的效用)是一般产品的自然规定性,是价值的物性基础,可是,在商品—市场经济不断发展的交换过程中,充当物与物交换中介物的价值反倒成为人们首先追逐的主体,因为有了它的代理和替身——货币就可以占有一切,于是,"使用价值"反而成了货币实现出来的表象。货币使人与人的关系彻底颠倒了。第二,"**具体劳动成为它的反对物抽象人类劳动的现象形态**"。本来,具体劳动是真实改变物质对象的活动,抽象劳动不过是具体劳动的一种一般等值(Gleichsetzung)规定,可是,现在货币这种抽象劳动的代表却成了一切具体劳动的现实统治者。第三,"**私人劳动成为它的反对物的现象形态,即直接社会形态上的劳动**"。这是说,在资本主义条件下,个人劳动与社会劳动成为直接对抗的矛盾。正是这种复杂的社会经济关系中的三重颠倒,直接导致了货币的**障眼法狼烟四起**,**原来匍匐于地的中介摇身一变,成了万物之神**。

至此,马克思继续戳穿商品和货币同台亮相、彼唱此和、联袂演出的各种把戏:

> 当一般等价形式专门同一种特殊商品结合在一起,即结晶为货币形式的时候,这种假象就完全确立起来了。一种商品成为货币,似乎不是因为其他商品都通过它来互相表现自己的价值,相反,似乎因为这种商品是货币,其他商品才都通过它来表现自己的价值。起中介作用的运动在它本身的结果中消失了,而且没有留下任何痕迹。商品没有出什么力就发现它们自己的价值表现并固定在一个与它们并存、在它们之外的商品体中。这些简单的物,即银和金,一

从地底下出来,就立即表现为一切人类劳动的直接化身。货币的魔术就是由此而来的。①

因此,马克思成竹于胸,一语破的:"**货币拜物教的谜**,就是**商品拜物教的谜**,不过它已经变得显著,迷惑着人们的眼睛"②。

3. 能生钱的钱与资本拜物教

通过前面的马克思关于商品拜物教和货币拜物教的分析,我们已经可以初步了解资本主义社会经济生活中这种拜物教的发生和基本存在状况。其实,这也是我们在今天中国的社会经济现实中能够直接触及的现象。可是,如果说,"在以前的各种社会形态下,这种经济上的神秘化主要只同货币和生息资本有关",而"在资本主义生产方式下……这种着了魔的颠倒的世界(verzauberte und verkehrte Welt)就会更厉害得多地发展起来",在这里,"已经包含着作为整个资本主义生产方式的特征的生产的社会规定的事物化和生产的物质基础的主体化"。③ 马克思发现,在资本主义社会的经济生活中,还存在一种绝大多数人根本无法直接面对、无法真正穿透的拜物教——**资本**拜物教。这也是马克思历史现象学所**主要透视的社会本质关系**。马克思后来说,资本拜物教的

> 这种神秘的性质,把各种的财富生产上的各种物质要素作为担负物的社会关系,转化为物品本身的属性(商品),并且还更加显著地把生产关系本身也转化为一个物品(货币)。一切有商品生产和货币流通的社会形态,都不免有这种颠倒。但是,说到资本主义生产方式和资本(资本主义生产方式的统治的范畴,它的决定的生产关系),这个荒唐的颠倒的世界(verkehrte Welt)就会更厉害得多地

---

① [德]马克思:《资本论》第一卷(法文修订版),第 73 页。
② [德]马克思:《资本论》第一卷,人民出版社 1953 年版,第 71 页。
③ 参见《马克思恩格斯全集》第 25 卷,第 939—940、935、995—996 页。参见 Karl Marx - Friedrich Engels - *Werke*, Band 25, "*Das Kapital*", Bd. I, Berlin: Dietz Verlag, 1963, S. 839, 835, 887.——本书作者第三版注。

发展起来。①

前面我们已经了解道，货币是交换和商品流通的产物，马克思说，货币"**正是资本的最初现象形态**"②。从资本主义的早期生成历史上看，资本总是出现在货币的形态上，它作为商业资本和高利贷资本与土地所有权对立。可是，说货币是资本的现象，这在我们的经济生活（包括今天的中国社会生活）中却又是一个司空见惯、不足为奇的，因为每一个新的资本总是以货币的形式来到市场中的。产业资本家来到劳动力市场，商业资本家来到商品市场，以及金融资本家来到货币市场，不约而同手上拿着的一定是钱。正是这个"钱"，经过了一定的程序，就变成了资本。

马克思提醒我们注意，在资本主义市场经济中有两个不同的流通过程：一是**为买而卖**的商品—货币—商品（W—G—W）的过程；另一个是**为卖而买**的货币—商品—货币（G—W—G）的过程。马克思分析道，前一个过程中的货币是"当作货币的货币"，而后一个过程中的货币则是"当作资本的货币"。在前一个过程中，货币真的是付出了，而在后一个过程里，人们让"货币走开，只是因为他怀着狡猾的意图，要把它再取回。所以，货币只是被**垫付**"③。在前一个过程中，使用价值是其目的，但后一个过程为的却是交换价值。更重要的是，在前一个过程中，交换中商品与商品是等值的，而在后一个过程结束时，"最后从流通中取出的货币，会比原来投入的货币更多"。④ G—W—G 成了 G—W—G′。正是这个 G′的"多"，**这个能生出钱来的钱，使货币成为资本**，也因此，马克思把这个 G—W—G′称为"流通领域里**出现的资本的总公式**"⑤。我们把这个公式再简化一下，就出现了"**最富有拜物教性质**的形式"，即"G—G′"。这也就是**生息资本**。马克思曾说，生息资本是纯粹的拜物教形式，在这里，物神达到了自身最完善的程度。因为在生息资本的基础上，这个"自动的拜

---

① [德]马克思：《资本论》第三卷，人民出版社1953年版，第971页。
② [德]马克思：《资本论》第一卷，人民出版社1953年版，第133页。
③ [德]马克思：《资本论》第一卷，人民出版社1953年版，第135—136页。
④⑤ 参见[德]马克思《资本论》第一卷，人民出版社1953年版，第144页。

物教,即自行增殖的价值,会生出货币的货币,就纯粹地表现出来了",并且,"在这个形式上再也看不到它的起源的任何痕迹了。社会关系最终成为物(货币、商品)同它自身的关系"①。马克思说,作为生息资本的资本已经达到了颠倒的资本主义世界"充分的**物化**、**颠倒**和**疯狂**"②。正是这种特殊的货币所有者,当作这个运动有感觉意识的担负者,变成了资本家,同时,也"只有在抽象财富愈益增加的占有,成为他的操作唯一推动的动机时,他才是当作**资本家**,当作人格化的有意志和意识的资本,来发生作用"。③ 我们已经指出,使用价值不是资本家的直接目的,"他的目的,也不是个别的利润,而是牟利行为和无休止的运动"④。资本家实际上不是作为真实存在的**主体意义上的人**而在场,而是作为资本的追逐利润的人格化的存在物而四处活跃着。与之相对的是,工人倒成了无生命的劳动力工具。这就如同伊格尔顿所说的,"资本家和资本都是死亡了的生命形象,一方面有生命却麻木不仁,另一方面,没有生命的东西却活跃着"⑤。

马克思进一步引导我们看到,从现在能直接看到的表面现象来看,流通过程是以平等的交换得以实现的,可是,"如果是等价物相互交换,那就不会有剩余价值发生",因为在流通过程中"价值没有增加一个原子",这就出现一个矛盾,即发财的资本家是**从哪里**多得到财富的?这个问题,显然仅从流通过程这一现象层面入手是无法得到答案的。为此,马克思不得不再从更加深刻和抽象的社会本质层面说起。

马克思深刻地揭示,资本根本不是资产阶级经济学家所说的任何一种物,而是一种历史性的社会关系。这是资本主义社会生产方式的本

---

① [德]马克思:《剩余价值理论》第3册,人民出版社1975年版,第503页。
② [德]马克思:《剩余价值理论》第3册,人民出版社1975年版,第505页。
③ 参见[德]马克思《资本论》第一卷,人民出版社1953年版,第140页。
④ [德]马克思:《资本论》第一卷,人民出版社1953年版,第141页。
⑤ [英]伊格尔顿:《美学意识形态》,广西师范大学出版社1997年版,第192页。

质。这种关系不是永恒的,而是有条件的历史性存在。

> 它的**历史**存在条件,并不是有了商品流通和货币流通就已经具备。资本只能在那种地方发生,在那里,生产资料和生活资料的所有者在市场上遇见了**自由的劳动者**,那种出卖他本人的劳动力的人。①

一方是堆金叠玉的货币持有者,另一方则是一无所有的劳动者,"这种关系,不是**自然史上的**关系,也不是一切历史时期共有的**社会**关系。那分明是以往的历史发展的结果,是多次经济革命,一系列古旧社会生产形式灭亡的产物"②。这不是什么自然法中的自然秩序,而是一个近代资本主义发展的历史性分化结果。在马克思看来,"**这一个历史条件**,包括了一部世界史。所以,**资本**自它出现的时候起,就标志着社会生产过程的一个**时期**"③。只是在这个特定的历史条件下,资本才成为一种**特定的社会关系构成**,这种社会关系**即是资本主义的生产方式**。

在马克思这种历史性维度的视域之中,我们会发现,在这种特定资本主义生产方式的统摄下,资本家与工人的交换,实际上不是一般意义上的等价交换,资本家事实上是以一定数量的货币(劳动力的价值)通过交换获得劳动能力的**使用权**,或劳动力本身的创造性发挥的可能性("劳动力的使用,就是劳动本身"),而"**它的使用价值**却是存在于以后的劳动力的运用中",可见,交换与它的实际运用是两个不同的过程。全部资本主义剥削的秘密机制就发生在这里。在资本家与劳动者的看起来平等的交换背后,"货币所有者在交换中得到的**使用价值**,首先表现在劳动力的实际**消费**,它的消费过程中"。资本家获得的这个"**劳动力的消费过程**,同时即是**商品和剩余价值的生产过程**"。④ 我们前面看到的那个公平的交换流通过程中出现的那个令人不解的多出来的"G′",正是从这个流

---

①② [德]马克思:《资本论》第一卷,人民出版社1953年版,第159页。
③ [德]马克思:《资本论》第一卷,人民出版社1953年版,第160页。
④ 参见[德]马克思《资本论》第一卷,人民出版社1953年版,第167页。

通背后的**生产过程中**创造出来的。

马克思反讽地说：

> 现在，让我们离开每一件事情都在众目昭彰情形下进行的喧哗地带，同货币所有者和劳动力所有者，到静悄悄的**生产场所**去罢。那里大门上挂着"非公莫入"的牌子。在那里，不仅可以看到**资本怎样生产**，而且可以看到**资本怎样被生产**。**赚钱术的秘密**最后一定会暴露出来。①

他洞幽察微，深刻地指出，资产阶级的自由平等只是一种社会经济假象上的意识形态幻觉。"劳动力的买卖是在**流通领域**或**商品交换领域**的范围内进行。这个领域，实际是**天赋人权**的真正乐园"。资产阶级和一切"庸俗自由贸易贩子"，是从**简单**流通或商品交换的领域，**借取观念、概念和标准**，以此来判断资本和工资雇佣劳动的社会平等与自由的。这是资产阶级**政治无意识**的本质。然而，一旦脱离这个虚假的平等交换和流通过程，进入到生产领域，我们就会发现作为吸血鬼的资本家和等待被剥皮的工人。马克思生动地刻画道：

> 当作资本家，他只是人格化的资本。他的灵魂，便是资本的灵魂。资本有一个唯一的生命冲动，那就是增殖价值，创造剩余价值，用它的**不变部分**（生产资料）来吸收可能最大量剩余劳动的冲动。资本是死的劳动，像吸血鬼一样，必须吸收活的劳动，方才活得起来，并且，吸收得愈是多，它的活力就愈是大。②

这就是在交换流通领域之外所发生的一切，也正是要被遮蔽起来的真相。流通领域中的形式上的交换平等并不等质于生产过程中的剩余价值生成。这是全部资本主义社会存在和发展的真正基础。这是平等假象背后真实的不平等，公正之后的不公正。因为，事实存在着的社会

---

① ［德］马克思：《资本论》第一卷，人民出版社1953年版，第167页。
② ［德］马克思：《资本论》第一卷，人民出版社1953年版，第233页。

关系正是在这里被根本地颠倒了,它就是劳动与劳动成果的关系。"资本主义生产所特有并且可以作为特征来看的颠倒,是死劳动和活劳动(价值和创造价值的能力)的关系的颠倒"①。在本质上,分明是工人通过劳动养活了资本家,可却颠倒地表现为资本家发给工人工资养活工人。更可悲的是,工人如果不到资本家的工厂中接受剥削,他将被饿死。事实真相分明是:资本家用过去工人创造的死劳动与工人交换,这种交换的实质是资本家获得了可以创造剩余价值的劳动源泉,可是这种不平等在现象上却表现为资本家对工人的恩慈和博爱。

直至于此,我们已经清楚地看到这个表面美好的资本主义世界从根本上是颠倒的。它是一个多重颠倒的着魔的、以假象遮蔽本质的**伪世界**(科西克语)。根据马克思后来的说法,那就是:

> 资本主义生产方式的神秘化,社会关系的物化,物质生产关系和它的历史社会规定性直接融合在一起的现象已经完成:这是一个着了魔的、颠倒的、倒立着的世界。在这个世界里,资本先生和土地太太,作为社会的人物,同时又直接成为单纯的物,在兴妖作怪。②

现在,我们不难理解,马克思的科学的历史现象学,为什么必须在不断介入资本主义社会现实的"活水"之后,在透过表面的物相和颠倒的假象之后,在层层剥离了现象之后,才最终得以建构。犹如郁郁之青松,它一面朝向理想的天空,一面扎根现实的大地。马克思说:"如果现象形态和事物的本质会直接合而为一,一切科学就成为多余的了"③。同样地,我们也可以这样自信地说,如果资本主义经济形态的颠倒和事物化现象会与它的生产方式本质直接等同,历史唯物主义和历史现象学就成为多余的了。

---

① [德]马克思:《资本论》第一卷,人民出版社1953年版,第324页。
② [德]马克思:《资本论》第三卷,人民出版社1953年版,第974—975页。
③ [德]马克思:《资本论》第三卷,人民出版社1953年版,第959页。

附录一 "回到马克思"的原初理论语境

张一兵

内容提要:马克思哲学不竭的生命力在于它不断与每一个"当下在场"的思想视域所发生的历史性融合。这种阐释学的处境通常以返本开新为其前提性要件。"回到马克思",作为当代新的理论条件下重新廓清马克思哲学学术地平的基础性研究,是中国新一代马克思主义理论工作者义不容辞的历史性任务。它的现实学术价值在于否定了苏东传统教科书教条主义体系哲学及其变种的合法性,并为马克思哲学学术创新奠定了全新的思考起点。本文在此主要评说了"回到马克思"与学术创新的关系,以及这一理论工程中原创性的文本学研究方法之要义、马克思经济学语境中哲学话语转换以及"历史现象学"的原初意义场。

关键词:回到马克思 文本学研究 经济学语境 隐性哲学话语 历史现象学

在一个习惯于动辄大谈"发展"和"当代性"的传统马克思主义讨论域中,有人声称要通过"回到"某种尚未达及的历史性场域来廓清理论地平时,显然会冒一定的理论风险。我的《回到马克思——经济学语境中的哲学话语》(以下简称"《回到马克思》")一书在上个世纪末(1999年)出版时,有些批评和误读是事先想到的,可后来出现的某种言说倒真是出乎意料。说意料之中的东西,首先无非想到过理论前辈们可能愤怒地声讨我的轻狂:"回到马克思？人家都没有弄懂!?"其次,会是那些作为全球胜利者的布尔乔亚自由主义者们的嘲笑声:"现在还在折腾马克思？"意料之外的是,一些中青年马克思主义学者却从"回到马克思"中嗅出了历史的"霉腐"味道,然后,"马克思是我们的同时代人"被升腾为一种口号,以马克思主义的现代性旨趣来拒斥据说是面向过去的"原教旨"情结。对于这一类反应,原来我倒真没有思想准备。不过,现在我愿意接受这一挑战性的解读,再次回到"回到马克思"这一话题上,以对话的姿态重现这一理论工程的原初讨论域。① 在《回到马克思》一书中,我曾对该书的学术目标做了如下的概括:"在文本学的基础上,通过对马克思经济学研究语境中隐性哲学话语转换的描述,实现一个 90 年代中国马克思主义研究中应该提出的口号:'回到马克思'"②。这一段话,如果加上"历史现象学"就涵盖了本文所要讨论的五个关键词。

一、我们在什么意义上言说"回到马克思"？

在某些学者那里,《回到马克思》的理论意向被狭义地修饰成一种**原教旨**意味,误导读者形成一种错误的理解,似乎"回到马克思"不是要重建我们从未曾抵达的全新(文本阐释)的历史视域,以使我们真正有可能重新建构马克思思想的开放性和当代生成,而是唆使人们脱离现时代、无视当代资本主义的最新发展和中国改革开放的实际,回到过去的书本,停留在对文本进行一般的考古学诠释上,把马克思哲学演变成一种"理论实体主义"的文牍运作。这真算是一种很聪明的策略。缘由很简

---

① 其实,这本书出版以后,我已回到当代西方马克思主义哲学的研究中去了,《无调性的辩证幻想——阿多诺"否定的辩证法"文本学研究》一书即将在三联书店(北京)出版,一批解读青年卢卡奇、施密特和科西克的论文也正在发表过程中。
② 参见拙著《回到马克思——经济学语境中的哲学话语》,江苏人民出版社 1999 年版,序言,第 8 页。

单,这是一种话语权的维护。如果传统解释框架中马克思的语境不是"已经在手"的**现成性的终结之物**,它自然是可重新生成的[无论是《马克思恩格斯全集》历史考证第二版(以下简称 MEGA2)的新文本还是传统文本在当代理论视域中的全新解释效果],这种新的"上手"必然会使那种特定历史条件下铸成的体系哲学丧失权力话语的居上地位。所以,拒绝历史语境的开新是维护一种旧有的持存性,即马克思是**现成的**(解释学意义上的终结性),因此现在的事情只要宣布"马克思是我们的同时代人"就行了。事情果真如此吗?

让我们先按这种思考理路来做一个假定,即马克思的思想果真具有"在手状态"的现成性,这也就必然可以排除对其历史地平进行廓清的必要性,那么顺理成章的结果将是原有的斯大林式的教条主义体系哲学或"修修补补"后的亚体系哲学("实践唯物主义"、"类哲学"等)仍应作为言谈马克思"当代性"的逻辑前件。我以为,这一假设的可证伪性是不言而喻的。而如果从方法论上承认这一出发点,即意味着必须正视这样一种颠覆性的事实:**马克思的思想在今天的历史语境中从来不是现成性的,它甚至并不具备必须居有的"上手性"**。这种真相披露所造成的震撼无异于从根基上摧毁一座建成的大厦,甚至杜绝了对其进行枝节性"修缮"的可能。也惟此,这个具有颠覆性的问题在历来的讨论甚至学者们运思的潜意识中被一遮再遮,始终不能浮上水面。对"回到马克思"的拒绝才潜藏了一种理论无根性的恐慌。

由于在过去我们自己的原著研究始终处于被"喂养"状态[①],中国读者并没有经过自己对第一手文献所进行的认真深入的解读,形成我们自己("黄皮肤黑眼睛式")独立的、具有**原创性**的见解,并在此基础上与马克思达到历史语境的特定交融(这也是我所反讽地指认的"上手性")。

[①] 我们国家的马克思主义经典文献的翻译完全依赖苏东马列编译局的前期工作,从早期的马列主义文选到后来的《马克思恩格斯全集》、《列宁全集》(第 1—2 版)和《斯大林全集》,无一例外。这项工作倒没有受到意识形态冲突的影响。在原著研究方面的情况就更是如此。一句话,苏东的传统教科书解释构架是我们原著研究唯一的制约性前设。

那么，对于我们来说，失却历史语境融合的马克思必然成为外在的、对象化的无思的现成物。这种情况的出现，排除政治意识形态的原因，更主要的是源于方法论前提上的错误预设，即马克思是可以现成地"居有"的，似乎只要翻译一套全集，打开一部文本，马克思的思想便毫无遮蔽地在一个平面上全盘展开，剩下的只是根据我们现实的需要，任意地对其中的片段进行同质性（从第一卷的第一页，到最后一卷的最后一页）的抽取，拿它"联系实际"，拿它来与当代对话，拿它作为"发展"的前提。马克思学说的历史性生成（"上手"）在这里荡然无存。人们甚至根本意识不到苏东传统教科书解释框架对马克思文本先在的结构性编码作用。其实，所谓"回到马克思"，不过是对此进行**祛魅**的一种策略罢了。

在当代哲学史中，胡塞尔曾以"回到事情本身"作为现象学的重要理论入口。而后来这一阐释学意义上的"回到"，又成为海德格尔通过**回到**苏格拉底以前所谓思之本真性**重写**当代思想史的开端。其实，在解释学的常识中，任何"回到"都只能是一种历史视域的整合。同样，"回到马克思"中的这种"返本"也不是出于"顽强的崇古意识"，"退回到马克思的原典上去"，而是要摆脱对教条体制合法性的预设，消除现成性的强制，通过解读文本，以造就新的"上手状态"。这也是中国人过去所说的"返本开新"。"回到马克思"本身就已经是带着我们今天最新的方法和语境在一个开放的视域中面对马克思了。① 换句话说，按照解释学的观点，马克思不再是那个原初的对象，已经成为一种被阐释的历史效果。一个全新但有据可寻的马克思展现在我们面前。显而易见，马克思现在不是也从来不是现成的，脱离了"回到马克思"的历史语境单单言说马克思的"当代性"，在我看来，更多的是一种写作策略上的考虑，一种有意识的遮蔽。

以我的见识，马克思哲学与当代性的问题并不是一个新命题，它是

---

① 巴黎塞伊出版社 2000 年推出了法国年轻女哲学家伊莎贝尔·加罗的新著《马克思对哲学的批判》。在这本被评论界称为"回到马克思"的论著中，作者用新的方法和观念探索了马克思哲学主要概念的形成过程，并以此为基础，用马克思的理论对生态学、女权主义以及全球化资本主义新的生产方式等问题进行了深入探讨。这是一个重要的佐证。

苏东传统学界在60年代就炒作过的一个教化体制中的写作方式。如前所述,这里无意识悬设的一个虚幻关系是,假定传统解释框架诠释马克思的完成性和现成性。说透一点,它的意识形态本质是想遮蔽苏东传统马克思哲学诠释**非历史**绝对话语权的非法性。事实上,马克思哲学**必须走向当代**从来就是一个不争的事实,关键在于这一意向生成现实何以可能。是回避马克思哲学在教条主义解读模式下形成的历史视域之必然消解,麻木地以其为前提口号化地制造一种马克思当代化的宏大叙事,还是勇于重释旧经典,正视新文本,脚踏实地地返本开新,在一种新的历史视域中真正解决当代生活世界的新问题?这可能是我们争论这一问题的辨析实质所在。"马克思是我们同时代的人",作为一种理论口号,这是萨特在20世纪50年代、德里达在90年代的相同口号的某种摹写。但需要追问的是,实现马克思之思的当代性言说,究竟是在一种"在手"状态的外在层面上使马克思的思想与"当代人的生活旨趣"做简单的对话,还是准确地捕捉到马克思思想逻辑最重要的问题接合点,以造成一种新的"**接着说**"的学术创新关系?这也是我在这一问题上的一个关键的异质性思考点。

  我坚持认为,假如没有一个对马克思哲学文本(特别 MEGA2)的第一手精心解读,没有对马克思思想发展脉络的科学的全面把握,就不可能真正实现马克思哲学的当代性言说。假如强制性地生造出马克思与某种当代思潮的"对话",就会出现诸如将《1844年经济学哲学手稿》中的人本主义话语误识成马克思最重要的哲学理念,并将其与新人本主义之后的各种资产阶级意识形态混为一谈之类的非法性言谈。这些所谓的"对话"看起来似乎颇具"当代"意味,但实际上无不是在现成性教条体制统摄下的一种非法的外在链接。这难道不已经是一种值得关注的理论灾难了吗?还不应该让青年一代认认真真把学问建立在踏实的马克思哲学文本的历史解读之上吗?

二、什么是文本学的解读模式?

在《回到马克思》一书中,我明确提出了马克思哲学研究中关注**解读模式**的重要性。在今天我们的学术讨论中,这仍然是一个没有被认真对待的方法论问题。当下发生的许多学术论争中,学者们明明居以不同的研究方式,却在以不同的理论尺度争论同一个问题。比如"人学"、"实践唯物主义"等专题问题,还有青年马克思的《1844年经济学哲学手稿》、马克思的晚年"人类学笔记"等重要文本的重新阐释,其实,站在传统哲学解释框架的立场上,或者在西方马克思主义的支援背景下,其理解结果的异质性是可想而知的。可是,人们在争论问题前谁都不去首先确定自己的理论前提,即是在什么意义上、在何种解读模型中涉入一定的理论讨论域的。这不能不说是一个必须加以认真注意的学术规范问题。当然,我这里主要关心的还是文本学意义上的解读模式问题。

依我的观点,"以不同的话语、不同的阅读方式面对相同的文本,其解读结果可能会是根本异质的。还原到我们这里的研究语境,即以不同的解读方式面对马克思的文本,会产生出截然不同的理论图景"①。也因此,我在该书的导言中明确区分了在理解马克思哲学发展史上客观存在着的"五大解读模式",即西方马克思学的模式、西方马克思主义人本学的模式、阿尔都塞的模式、苏东学者的模式和我国学者孙伯鍨教授的模式。孙先生是我国马克思主义哲学史研究名家,上个世纪70年代,他以对马克思主义哲学经典原著的精心而深入的解读著称。除去他的"马克思恩格斯思想的**两次转变论**和《1844年经济学哲学手稿》中的**两种理论逻辑**相互消长的观点",对我影响极大的就是他这种独特的文本研究法,也就是这种解读模式被我命名为**文本学**的研究模式。对此,我再做一些说明。

---

① 参见拙著《回到马克思——经济学语境中的哲学话语》,江苏人民出版社1999年版,序言,第2页。

我这里所谓的文本学的对象域就是过去传统意义上的"马克思主义经典原著研究"。专门标定文本学这样一个新概念,为的是要明确造成一种理论逻辑上的界划。虽然文本学也是研究经典著作,但其基本的认知模型和方法与传统的原著研究相比已经相去甚远。从狭义的文本学角度来看(广义的文本可以泛指一切可解读的对象),所谓"文本",并非是指特定论著中文字的总和,同时,文本的建构也背负了一个极其复杂的**历史语境**。任何文本的生成,都必然与作者历史的文化背景和写作背景密切相关,并且,由于作者本身的认知系统在创作文本的过程中是随着思的动态语境而改变的,这就必然决定了一个作者的文本本身不是一个静止同一的对象,不是一成不变地从第一本书的第一句话同质性地说到最后一篇论文的最后一句话。因而假设文本的每一句话都具有同样的言说背景和言说意义,从根本上来说是一种非法的同质性逻辑。而且,文本自它诞生之日起,作者就已经"消隐"了(福柯在同一意义上说"作者死了"),我们所能遭遇与对话的永远是历史性的文本而非写作者本人(这一点对已故的文本作者表现尤为突出,马克思也在此列)。因此,文本所蕴涵的思想不是在其字里行间的显性逻辑中呈线性自行布展开来的,它需要阅读主体通过自身的解读来历史性地获得。于是,读者的"支援背景"即在很大程度上影响了解读过程。伽达默尔所说的文本诠释中不同视域的历史性融合和作为解释结果的"历史阐释效果",都是说明了这个意思。而与伽达默尔的解释学最根本的不同,是我这里标注的文本学没有任何**本体论的僭妄**。

我多次指认过,我们的马克思主义经典原著传统研究中的主导话语和言说方式始终是非反思性的。它的最大问题在于过于强调马克思哲学中的"刚性"的"边界",将公开著作与其他类型的文本视为一个严整的同质性总体。在这样的解读背景下,马克思理论文本的原初思想理路被先在地**栅格化**了,以哲学文本为例,原著研究即用所谓教科书式的"哲学原理"非历史地反注马克思的文本和手稿,马克思原来文本写作中的历史性生成和针对不同对象的理论专题,被非历史地分割成"哲学基本问题"、"辩证法"、"认识论"和"历史观"。这里发生的事件是,马克思哲学文本被非历史地"原理化"了,这实际上是一种荒谬的"按图索骥"。更有甚者,不同时期文本的异质性也一再被忽略,成了完全同质性的、可以任意援引的"语录堆砌体"。正是这样一种方法论上的误区导致了我们关于马克思哲学文本的研究长期在低水平徘徊,理论创新缺乏活力。我认为,要改变这一状况,只有借助于**历史性的**"文本学解读",使过去在传统解读构架内的**熟知**文本重新"陌生化",以建构一种全新的历史性理解视域。由于文本的形成过程不是一个静止的或线性的思维平铺,也不是一个毫无异质性的自我"独白",而是作者在与他同时代的人的思想交锋和碰撞中陆续形成的(大量的文本群就尤其如此),这就决定了文本的解读必须建立在发生学基础上,从历史性中去评估其在理论建构中的真正价值。如果转换到对马克思哲学文本的历史性解读上,就是坚决将体系哲学的前见("原理")悬设起来,将原来的文本阐释结果加上括号,以历史本身的时间与空间结构,让马克思的文本原初语境呈现出来,从而获得一种全新的理解结果。这实际上是一个马斯洛所说的"再圣化"的过程,它要求读者将已有的成见置于阅读行为之外,非直接性地面对文本。简言之,即胡塞尔的"放弃现成的给定性",**回到事物本身**。这也是"回到马克思"的原初语境。

在《回到马克思》一书中,我的文本学研究起码有两个值得提及的学术创新点。其一,是关于马克思理论文本的**分类学界划**。我第一次指认,从《马克思恩格斯全集》历史考证第二版(*MEGA2*)已发表的文献来看,马克思所遗留下来的著作群大体可分为三类不同的各具意义和价值的文本:一是读书摘录笔记与记事笔记,二是未完成的手稿和书信,三是已经完成的论著和公开发表的文献。在我们以往的研究中,得到普遍重视和着力探讨的往往是第三类论著,第二类文献也得到过一定关注,而第一类文本却根本没有获得应有的解读和研究地位。但事实上,恰恰是第一、二类文本,才更加真实地展现了马克思思想发展和变革的本真心路历程与源起性语境。以笔记的写作为例,话语的断裂、边界的布展以及理论逻辑中独特的异质性,都在一种毫无遮掩和非形式化的状态中"无蔽"地呈现出来。由于笔记本身记录的是阅读者对阅读对象语境的进入状况和思想实验的经过,不存在预先的定论性,因此从中我们可以直接看到对一些学术观点摘录的理论意向性、最初的评论和由议论产生的写作计划与构想以及各种思想最初形成的理论激活点和渊源性线索。它是对第一文本的"互文性"重写,是作者与第一文本撞击后的效果意识的即时呈现,既非一种无原则的机械认同,也不是没有根基的主观妄断。而这些重要的原发性理论边界和"亚意图"的即兴思考,是在一般理论手稿和论著中所无法获得的。譬如,不研究1844年的《巴黎笔记》中马克思从萨伊、斯密、李嘉图到穆勒经济学探索中的递升式理解逻辑,尤其是《穆勒笔记》中从经济学学习的跟读语境的"失语"状态到人本主义哲学话语的统摄性运作的转换,就无法解读同期写作的《1844年经济学哲学手稿》的本真语境,从而失去对手稿理解评估的真实客观基础。而不研究《1850—1853年伦敦笔记》,也就不会深入发掘出《1857—1858年经济学手稿》的内在哲学逻辑,自然会与马克思经济学语境中的重要哲学理论建树失之交臂。

其二,是文本解读中的**功能性深度阅读法**。这个比喻性的说法是从阿尔都塞那里借用的,他曾经提出一种"症候阅读法",即从显性的文字中读出隐性理论构架,从马克思已经写下的文字中读出没有说出的东西来("读出空白")。实际上,孙伯鍨先生的《探索者道路的探索》一书提出的同一文本中的"双重逻辑",也已经很深地言说了这种深度文本阅读法。① 这里我可以举《回到马克思》中的一些实例。首先是**比较性功能阅读法**。面对马克思的笔记,我没有仅仅停留在写下的文字上,而做了更多的思考,比如青年马克思《克罗茨纳赫笔记》中的失语状态的判定,就是在同时参照马克思不久前写下的《伊壁鸠鲁笔记》之后作出的。我发现,"青年马克思在进入历史学领域时,他那种刚刚在《莱茵报》经受了现

---

① 参见孙伯鍨《探索者道路的探索》,安徽人民出版社1985年版。

实打击的哲学话语——唯心主义观念论还没有全面崩溃,但在新的历史事实面前一开始就完全退缩在文本摘录和评述之外。我将这种情况称之为马克思在进入新的历史学研究领域时,原有哲学理论话语的**失语**状态。在青年马克思以往的理论作风中,这是一种十分少见的情况(我们可以在这之前的《伊壁鸠鲁笔记》等摘录性笔记中看到,马克思面对哲学文本的那种自由自主的话语统摄状况。他几乎对每一摘录文本都进行透彻的解读与批判)"①。其次是马克思笔记性文本的**复杂阅读结构**。例如,我将青年马克思《巴黎笔记》阅读语境中的认知结构区分为**焦点意识**和**支援意识**。② 焦点意识即马克思**直接有意图的前台理论目的**。在这里主要是否定资产阶级经济学家所肯定的东西。在马克思《巴黎笔记》的读书进程中,他的直接目的是颠覆资产阶级经济学家指认为合理的东西,这是一种简单的**颠倒阅读法**。支援意识是指在**亚意图层面上支持马克思完成认知过程的后台性语境**。这主要有两个层面:一是直接性的参考背景,这是指赫斯、青年恩格斯和普鲁东对国民经济学的批判与社会主义(青年恩格斯与赫斯是共产主义,而普鲁东则是西斯蒙第式的小资产阶级的社会主义)。从笔记的前期摘录内容上看,主要是恩格斯的影响。第二个层面是更深一层的费尔巴哈和黑格尔的哲学逻辑,而且主要是费尔巴哈的哲学人本主义(不仅仅是自然唯物主义)。再次是手稿文本中的**复调话语结构**。例如,在对青年马克思的《1844 年经济学哲学手稿》一书的文本解读中,我在孙伯鍨教授的"双重逻辑说"基础上,进一步指认了这一文本是"一个极其复杂的**多重逻辑线索构成的矛盾思想体**"。因为,**两种完全异质的理论逻辑和话语并行在马克思的同一文本中**,一是以异化劳动理论为中轴的人本主义哲学逻辑,二是一条从经济现实出发的客观线索,二者在同一文本中无意识地交织着,呈现了一种奇特的

---

① 参见拙著《回到马克思——经济学语境中的哲学话语》,江苏人民出版社 1999 年版,第 145—146 页。
② 这是我从英国意会哲学家波兰尼那里借用的概念。参见[英]波兰尼《个人知识》,许泽民译,贵州人民出版社 2000 年版。

复调语境。这倒真是一种不自觉的复调(这不同于后来巴赫金所讲的自觉文本创造中的复调变奏),因为这种复杂语境是在马克思经济哲学批判中不自觉发生的。在该书的第一手稿中,我进而区分了三种不同的话语,一是处于被告席上的资本主义制度及国民经济学(直接被反驳的对象),二是普鲁东—青年恩格斯(实际上是李嘉图社会主义的再表述)的审判与指认,三是马克思超越这种在国民经济学范围内的指控的哲学人本主义批判(里面又暗含着自然唯物主义前提)。这是一种很深的极复杂的理论对话。

三、马克思经济学语境中的哲学话语

在对文本学的解读模式进行了方法论上的理论梳理之后,我们要进入一个更加具体而微观的话题中,即《回到马克思》所确立的带有原创性特征的新型解读视角,也即它的副标题指认的:经济学语境中的哲学话语。相对于传统马克思哲学史的研究,这是一种独特的研究视角,即**从马克思经济学研究的深层语境中去重新探索他的哲学话语转换**。从我读到的国内外文献中,以这样的思路完整地将经济学与哲学研究结合起来考察马克思思想发展的全程,在马克思和恩格斯去世之后可能还真是第一次。

首先,从马克思一生的学术研究全程来看,自他 1842 年下半年开始第一次涉足经济学研究起,经济学内容就始终在他中后期的学术研究中占到了 70% 以上的主要地位,到晚年这一比例甚至高达 90%。1846 年以后,对于作为一位马克思主义创始人的马克思来说,**纯粹的**哲学和科学社会主义就像依附于鲜花的馨香,在独立的意义上甚至根本从来没有存在过。马克思在对资产阶级政治经济学经典作家的文本解读中认识到,经济学所面对的种种状况正是当时的社会现实。用恩格斯的话说,在那时,经济就是唯一的现实。所以,要从客观历史现实出发,首先要完成的便是对经济学的理解和深入,也只有弄清这一主导性研究本身的真实历程,才能从根本上明白过去那种"纯而又纯"的哲学和科学社会主义发展线索的真实基础。

其次,从经济学语境中去探寻哲学线索内在脉络的意义,还在于打破传统解释构架中那种条块分割式的僵化理论边界。我认为,在我们传统的马克思主义理论研究中,过分硬化了马克思主义理论子系统之间的边界。这也就是说,在马克思理论研究的真实进程中,他的哲学、经济学和社会历史现实批判(科学社会主义)是一个完整的始终没有分离的整体,各种理论研究相互之间是渗透和包容的关系。所以,我们对马克思的经济学进行研究不理解马克思的哲学观点不行,哲学分析完全离开对马克思的经济学研究也同样不行,这两种研究脱离了马克思批判资本主义的现实目的更不行。从我自己的认识来说,研究马克思的哲学是一定要认真读懂马克思的经济学著作的。否则,将不可避免地流于形而上学的轻浮。这也正是《回到马克思》的原发性研究意图和全新视角所在。下面我将就马克思哲学思想发展中的三个理论制高点的发现来谈谈经济学研究的重要性。

青年马克思哲学思想的第一次转变,即从唯心主义转向一般唯物主义、从民主主义转向社会主义(共产主义)。这一转变始发于《克罗茨纳赫笔记》,经过《黑格尔法哲学批判》和《论犹太人问题》,在《巴黎笔记》后期和《1844年经济学哲学手稿》中达至最高点。这是马克思在历史研究和与社会主义工人运动的实践接触的现实基础上进行经济学研究的结果。从当时欧洲思想史整体断面的视角来看,马克思的这一思想转变并非一种简单的理论创新,而是在诸多背景因素(包括费尔巴哈的一般唯物主义、黑格尔的辩证法以及青年恩格斯、赫斯和蒲鲁东基于经济学的哲学批判与社会主义观点)制约下发生的逻辑认同。更重要的是,客观存在于古典经济学中的社会唯物主义思路与方法,这一点恰恰是此时还处于人本主义异化史观构架中的青年马克思拒绝和否定的方面。如果不能通过马克思经济学研究的理论参照系来确证,对《1844年经济学哲学手稿》的解读则仍将是停留在"纯粹"哲学话语层面的名词释义罢了。

那样,劳动异化史观被指认为历史唯物主义,人学被误识为马克思主义哲学,就不足为怪了。

马克思思想的第二次转变也即他的第一个伟大发现——广义历史唯物主义的创立,才是真正意义上的马克思主义的哲学革命。它发生在马克思第二次经济学研究《布鲁塞尔笔记》和《曼彻斯特笔记》的进程中,自《关于费尔巴哈的提纲》始,经过《德意志意识形态》,一直到《马克思致安年柯夫》。这一转变最重要的理论基础是马克思对政治经济学科学批判基点的形成。我以为,除去社会主义实践和其他哲学观念的作用,马克思正是在对古典经济学中斯密、李嘉图社会历史观的社会唯物主义的认同以及对资产阶级意识形态的批判性超越上,才创立了历史唯物主义与历史辩证法。在这个意义上我们也可以说,马克思越是深入研究政治经济学,他也就越是接近历史唯物主义。

我认为,历史唯物主义是马克思与以往的一切形而上学进行了"彻底决裂"之后,在经济学话语之上建立的新的哲学话语。这是一种全新的现实的历史话语。在《关于费尔巴哈的提纲》中,他还是以实践作为哲学的总体逻辑入口,解决了一种理论悖结,初步呈现了新世界观的逻辑意向,即历史性的语境;而《德意志意识形态》则已经直接将这种新的历史性逻辑展现为一种完整的"历史科学",即关注一定社会历史阶段的具体历史现实的社会关系和科学的历史性生存的"本体"性规定的历史构境论。这不是一般哲学基本问题的解决,因为它是以"走出哲学"为前提的。在赫斯的启发下,马克思已经从施蒂纳的利己主义狂想中意识到了一个根本问题,即从神到人、从逻辑学到人的类本质、从自我意识到劳动的自我活动、从民主主义的自由和正义到共产主义,包括施蒂纳的个人和"无",作为一个形而上的逻辑命题,都还只是哲学家的一种职业对象。即使被换成了实践、生产甚或"科学社会主义"(赫斯)的字眼,也还是从观念和逻辑出发的。至此,马克思不再自认为是传统的旧哲学家,他放弃了用哲学构架来描述周围世界和社会历史的理论方式,确立了从做一个普通的人去面对社会生活和历史情境开始的新哲学世界观。这种决断使马克思能够真正摆脱由爱利亚学派滥觞的走向事物背后的彼岸理念论,返回到现实的历史的具体的社会生活本身。因此,我们可以得出结论,在这一非常性的革命时期中,马克思主义的哲学变革并非如传统研究所确认的在创立历史唯物主义之后转向政治经济学,而是与政治经济学科学研究的开端同体发生的。这使得马克思面对世界的哲学起点,第一次与古典政治经济学的前提重合了。

马克思第三次哲学思想的重大转变仍然基于他的第三次经济学研究。这个过程从《哲学的贫困》开始,经过《1850—1853年伦敦笔记》,在《1857—1858年经济学手稿》中基本完成。在我看来,这第三次转变并非异质性的思想革命,而是他哲学研究的进一步深入,即建立在狭义历史唯物主义和历史认识论之上的历史现象学的创立。其直接基础就是马克思在经济学中具有革命性突破的伟大发现——剩余价值理论的形成。1847年以后,马克思开始对以"资产阶级社会"为生产力发展最高点("人体")的人类社会历史进行科学的批判考察。面对资本主义大工业所实现的生产方式,他在完成政治经济学科学理论建构的同时,实现了以人类社会历史发展的生产力最高水平为尺度的对人类社会及其个体的现实存在的哲学确证与批判。因此,在这一研究过程中,哲学探讨不但没有被放弃,反而获得了真正的实现。因为正是在马克思对前资本主义社会特别是资本主义社会的经济历史研究中,人类社会发展的历史本质才第一次得到了科学的说明,每一社会历史发展的特殊运行规律也才第一次被揭示出来。人与自然的关系、人与人的社会关系,第一次在真实的社会历史情境中被具体地指认。这也就是马克思创立的狭义历史唯物主义哲学理论的主要内容。在"资产阶级"社会化大生产过程中,分工和交换所形成的生活条件必然导致人的社会劳动关系(类)的客观外在化(价值),以及资本主义市场条件下进一步的物役性颠倒关系(资本),因此也就历史地构筑了有史以来在社会生活方面最复杂的社会层面和内在结构,这必然形成独特的非直接性的历史认识论的全新哲学基础。而批判性地去除资产阶级意识形态拜物教,透过各种颠倒和事物化的经济关系假象,最终科学地说明资本主义生产方式的本质,就是马克思新的科学批判理论——**历史现象学**的主体内容了。

四、"历史现象学"的意义场

那么,历史现象学,作为我用来重新命名马克思的**科学批判理论**的特设指认,它的真实内涵究竟是什么?这是我在本文最后将要辨识的一个问题。与学界对上述研究方法的缄默态度形成鲜明对比的是,"历史现象学"这一概念提出以后,立刻遭到了一些学者的质疑,其中也包括我的老师孙伯鍨先生的批评。他们的疑问是:用"现象学"来指认马克思哲学的理论成果,其合法性何在?应该说,这是一个很有意义的提问。我以为,问题的关键是对"现象学"的历史界划。

自《逻辑研究》发表以来,现象学作为 20 世纪西方哲学的"显学"广为人知。只要一看见这三个字,人们很容易将它与胡塞尔、海德格尔等大师联系在一起。然而,必须声明的是,我在《回到马克思》一书中使用这一概念的意义场,并不是来自胡塞尔的现代现象学,却更多的是类似于康德以后直至黑格尔所指称的**古典意义上的**现象学,它是在传统本体论和传统认识论之中生发出来的。与胡塞尔主张的"意识现象学"不同,这种现象学并非要求人们以自我的内省或体验以及一种意识的精致微观结构去面向"事实",达到一种先验本质的"澄明"境界,相反,它是从休谟的经验怀疑论开始,由康德断裂开来的二元世界中的"现象界"奠基,再经费希特、谢林的主体性努力,最终在黑格尔的绝对观念中达及现象与本质的统一。黑格尔所创立的"精神现象学",就是基于本体论和认识论相统一的批判立场,它要求人们关注从具体地感知物相到构成感性确定性(sinnliche Gewissheit)的"知觉"直至自我意识构架的**分层现象结构**,以及在现象背后作为**最终本质和规律**的绝对理念的揭示。这种古典意义上的"现象学",是黑格尔在批判康德认识论的基础上发展起来的,通过研究事物(本质)在时间内历史地呈现(显相)出来的认知科学。以黑格尔自己的话说，精神现象学的主要任务是，"运用辨证的方法和发展的观点来研究分析人的意识、精神发展的历史过程，由最低阶段以至于最高阶段分析其矛盾发展的过程"①。因此，黑格尔本人在《精神现象学》的序言和导论中都曾说过："精神现象学所描述的就是一般科学或知识的形成过程。"说到底，黑格尔的"现象学"也就是揭示物化在自然存在和社会存在背后的精神本质与运动规律的**物相批判理论**。这也是我借用这一概念的源起性语境。当然，马克思从来并没有用"历史现象学"来指认自己的理论，这只是我**在黑格尔古典现象学批判语境中的一种借喻**。即马克思在经济学研究中确认，面对资本主义经济生活过程，必须经由对多重物化颠倒的商品—市场中介关系的历史性剥离，才有可能达到对事物本质非直接性的批判认知。这种历史性的批判现象学，在很大程度上与列宁所说的"透过现象看本质"是一致的。关于这一点，我在《回到马克思》一书中是这样论述的。

首先我认识到，费尔巴哈在批判黑格尔的唯心主义和神正论的过程中，创立了批判人的类本质异化的**人学现象学**，这是对黑格尔的哲学逻辑颠倒。而青年马克思在1845年最初的经济学批判中，在赫斯的经济异化批判理论基础上提出了劳动异化理论。在马克思看来，赫斯由于缺乏真正的哲学基础，尤其是对费尔巴哈和黑格尔的深刻了解，他的论述是不够鞭辟入里的。更主要的是，赫斯的交换（金钱）异化论已经被马克思从劳动生产（对象化）异化出发的更深一层的完整经济异化理论所取代。虽然相对于古典经济学现实的客观思路，马克思的这种人本主义逻辑——理想化的悬设的劳动类本质还是隐性唯心史观的，他不得不为了革命的结论而伦理地批判现实，但这也正是他自我指认的一种新的批判思路的出现，不同于费尔巴哈的人学现象学，它是一种在全新的逻辑建构中穿透资产阶级经济现象批判的人本主义**社会现象学**。

而在1845—1847年的哲学革命中，马克思在抛弃人本主义异化批

---

① ［德］黑格尔：《精神现象学》上卷，贺麟、王玖兴译，商务印书馆1981年版，第16页。

判逻辑时,实际上已经在实证科学的意味上否定了**现象学认知**(往往与异化逻辑相同体)的合法性。可是,在《1850—1853年伦敦笔记》(以下简称《伦敦笔记》)对经济学资料的详尽占有过程中,他再一次在科学的视域中意识到现实资本主义经济关系的颠倒和事物化的复杂性,所以,在超越古典经济学的意识形态边界的同时,马克思重新创立了在**狭义历史唯物主义**和**社会认识论**基础上的历史现象学。马克思这时关心的问题不再是一般广义历史唯物主义的原则,而以狭义历史唯物主义的观点去透视这种颠倒的假象,即如何去掉一层层现象和假象,达到那个真实存在的本质和规律。这是由于,资本主义经济现实的自然性(自在性)中客观发生的多重颠倒和客观异化,需要非直观和非现成的批判性现象学。这里,它不是黑格尔精神现象学所面对的主观现象,也不是费尔巴哈和青年马克思自己原来那种否定现实经济现象的人本主义社会现象学,因为马克思这时的历史现象学的前提是社会关系的客观颠倒,这种颠倒的消除不可能在观念中实现,必须由物质变革来完成。科学的社会历史的现象学说明资本主义经济现象中的这种颠倒是如何历史形成的,它要揭露资本主义生产方式中客观颠倒的社会关系,以最终揭露资本主义经济剥削的秘密。具体地说,马克思必须面对复杂的物、物相、外在关系、颠倒了的关系、事物化关系、非主导性的关系(如过去了的封建关系),在科学的历史抽象中找到原有的关系(简单关系),再一步步再现今天真实的复杂关系和颠倒了的社会结构。这不是直观或抽象反映,而是一种重构式的反映。这里既要一步步破除社会关系中由于颠倒所产生的迷碍,获得史前的简单的社会关系,又要从这种抽象的关系一步步复归于颠倒的各种复杂的经济具象。这就使马克思进一步发现,直接面对资本主义经济现象中的资本、货币、价值、商品等,个人和一般人的常识眼睛是看不清它们的本质的,因为这是一种颠倒的歪曲的社会现象。资产阶级政治经济学(包括它的社会唯物主义)同样是以这种假象作为全部理论的肯定性前提的。马克思这时关心的问题就是去除意识形态迷障,发现经济现实(物相)的本真性(生产关系)。这是马克思历史现象学的根本基点。

也在这个意义上,我才提出,马克思的历史现象学正是他政治经济学革命的内在逻辑前提。这是过去我们传统研究没有认真注意的方面。所以,历史现象学是马克思《1857—1858年经济学手稿》最重要的哲学成果,也是马克思哲学思想发展最重要的理论制高点。

＊　　＊　　＊　　＊

我以为,马克思哲学研究中一切当代性的学术创新是有前提的,这就是不可跨越的我们自己"回到马克思"的基础性研究。其实,"回到马克思"作为一种口号是空洞的,它本身并没有太大的争论价值,关键倒是在这一口号之下,我究竟是否做了一些值得批评的具体研究?比如上文已经讨论了作为一种马克思哲学研究新方法的文本学的解读模式,从马克思经济学研究的内在思路来反观他哲学发展的逻辑的新视角,MEGA2的新文本群的意义,还有我所标注为"历史现象学"的马克思批判理论之新解。令人生疑的是,《回到马克思》一书的这些具体内容却被大多数批评者有意无意地遮蔽了。可能因为这种具体的批判比起对口号的评说来,会辛苦和艰难得多。我期待一种**具体的**批判和论争。因为,这将是中国马克思哲学研究的一次深刻挺进。重要的不是我的观点之对错,而是我们这些黑眼睛黄皮肤的年轻一代马克思哲学的研究者是否需要脚踏实地地使马克思在我们手中直接"上手"一回。

最后,我想援引我的老师孙伯鍨教授的一段话作为本文的结语:"任何发展都好像是历史的延伸,但又不是简单的历史延伸。在发展的道路上不仅充满了曲折和迂回,而且仿佛还有向出发点的回归。但这种回归不是要放弃已经卓有成效地获得的一切,而是要寻找新起点,以便向更高的目标推进。马克思在谈到无产阶级社会主义革命不得不在苦难和挫折中曲折发展时说道:'像19世纪的革命这样的无产阶级革命,则经常自己批判自己,往往在前进中停下脚步,返回到仿佛已经完成的事情上去,以便重新开始把这些事情再作一遍;它们十分无情地嘲笑自己的初次企图的不彻底性、弱点和不适当的目的;它们把敌人打倒在地上,好像只是为了让敌人从土地里吸取新的力量并且更加强壮地在它们面前挺立起来一样;它们在自己无限宏伟远大的目标面前,再三往后退却,一直到形成无路可退的情况为止……'①马克思主义哲学的发展经历着和上述情境相同的道路。'回到马克思','回到马克思的最初文本',这几乎是当今所有致力于研究和探讨马克思主义哲学的人们的共同意向。如果像上述马克思所生动描写的那样,不惜把事情重作一遍,以便坚决地、更彻底地把马克思的思想和事业推向前进,这自然是十分正确而明智的。回到马克思,回到原初作品,是为了凭借一个多世纪以来革命史和学说史的丰富经验(成功的和失败的,正面的和反面的),借鉴马克思以后全世界历史发展的多方面丰富而生动的事实,进一步探索马克思主义哲学革命变革的真正本质。通过这种探索进而去挖掘马克思主义哲学的新的理论层面和精神内涵,以便使马克思的学说不仅成功地运用于破坏一个旧的世界秩序,而且能成功地运用于建设一个新的世界秩序;不仅能成功地运用于革命和战争的旧时代,而且能成功地运用于和平和发展的新时代,这是时代的呼唤,历史赋于马克思主义哲学的新使命。马克思主义哲学能不能面对时代的挑战,肩负起历史的重担,这是当今中国的马克思主义哲学家们集中思考的大问题"②。

(原载《中国社会科学》2001 年第 3 期)

---

① 《马克思恩格斯全集》第 8 卷,人民出版社 1961 年版,第 125 页。
② 参见孙伯镂先生为拙作《马克思历史辩证法的主体向度》(河南人民出版社 1995 年版)一书所作的序。

附录二 文本解读与哲学创造
——张异宾教授访谈录

刘景钊

导语：在中国，马克思主义哲学是哲学研究领域中队伍最庞大，研究实力最雄厚，发表的论著也最多的学科，但是迄今为止，我们还几乎没有出现像西方马克思主义发展中已经产生的思想大师，更没有产生多少真正有影响的理论，尽管从上世纪80年代就开始了对苏联教科书体系的反思与批判，然而，在我们最新出版的一些马哲论著中，教科书体系的话语方式仍然留着浓重的痕迹。新世纪，中国的哲学研究，当然包括马克思主义哲学研究，应当真正走向创造而不再仅仅是重复那种"六经注我，我注六经"的老路，这几乎是所有哲学工作者的共识。但是，怎样进行哲学创造、从何处起步、由哪里入手等问题，还需要哲学工作者进行自觉、认真的思考和探索。张异宾教授创立的经典文本解读方式和写作方式突破了传统哲学解释框架，为探索哲学创造之路做出了积极的努力和贡献。他的代表作《回到马克思——经济学语境中的哲学话语》成为中国马克思主义学术研究建构深度模式的一个划时代的口号。

访谈时间：2006年7月14日下午

访谈地点：南京大学马克思主义社会理论研究中心办公室

（以下采访者简称刘，接受访谈者简称张）

刘：张教授，首先代表《晋阳学刊》主编感谢您能在百忙中接受这次访谈，同时这个感谢还不仅仅是为了访谈。因为，早在上世纪90年代，我在撰写关于波兰尼的意会知识和内隐认知的论文时，就参考并引用过您的《缄默认知：波兰尼意会认知理论的探索》和《波兰尼与个人知识》等论文，借此机会向您表示谢意。因为这个缘由，后来我比较关注您的学术动向。1999年您出版《回到马克思》一书，不仅在学界引起了巨大震撼，对我本人也产生了很大的影响。所以早就有拜访您的意思。

张：说到迈克尔·波兰尼，我始终耿耿于怀。由于没有整块的时间，后来就中断了对他的研究，但对他的理论研究状况我一直比较关注。说实在的，如果给我一个稍微完整点的时间段，我可能还会写一本关于波兰尼哲学认识论的书。

刘：这说明，您还怀有波兰尼情结。据我所知，您是国内最早研究波兰尼的学者之一，当时您对他理论的理解和研究已经比较深入了。

张：那的确可以说是一种情结，因为我认为波兰尼对我们有太多的启示，他的理论太重要了。

刘：在拜读您的一些论文和著作的过程中，我隐约感觉到，不管是在您提出的"回到马克思"的口号中，还是在您"照着讲"和"接着讲"的实践中，抑或是在您对国外马克思主义倾注的精力中，都蕴涵着一种哲学创造的激情。我想，大概正是这种创造的激情，促使您能积十几年时间探索并最终形成自己独到的经典文本解读方式和写作方式。您的文本解读方式，同您努力追求的哲学创造之间显然有着内在联系，因此这次访谈是不是就围绕文本解读和哲学创造这个话题来进行？看得出，在您发表的众多文本中已经在实践着这种创造，并且也对这种创造进行了理论概括，而我通过访谈想了解的是您文字之外的思想和见解。

张：非常感谢刘老师。既然是面对面，那我就围绕您的问题，特别是马克思主义研究领域里的哲学创造问题，结合这些年我们走过的道路，在这个大的问题上谈得稍微宽一些。

很长时间以来，我一直思考的一个问题是，作为一个在中国从事哲学研究的学者,我们究竟有没有给人类文化思想宝库留下什么别人没有提供的东西。这里,我想起德鲁兹的一句名言,他说过,作为一个哲学家,"以他人的名义言说是可耻的"。他这话说得当然极端了一些。但是,研究哲学的人如果一生都在讲别人说过的话,老是解释别人的思想,这样的哲学家恐怕是没有多少价值的。作为有几千年文明历史,产生过光辉灿烂文化和孔孟老庄这样的大思想家的中国,在当代历史条件下,我们什么时候、怎么样才能够有自己真正的当代思想家?我所说的这个思想家,应该是既能够站在国际学术前沿同世界对话,又能够反映我们民族的整个优秀的智慧传统,成为真正能在人类思想宝库当中留下一笔思想资源的人。我相信,这是每一个有责任的中国学者都会自觉或者不自觉地思考的问题,也是我们应该认真面对的问题。

刘:对于哲学来说,那就是怎样进行真正意义上的创造。因为能留存下来的思想资源都是创造的结晶,而不是拾人牙慧的余唾。但这里就有一个如何创造、从哪里入手和用什么方法的问题。

张:没错。曾经有人这样问过我说,张一兵,你这些年好像始终是在读别人的东西,读马克思、读西方马克思主义的哲学家、读拉康,等等。这跟哲学创造有什么关系?刘老师,我们俩是同一代人,我们都知道我们这代人的特点和弱点。我对我们这些出生于50年代的哲学学者做过一个深刻的反省,我觉得我们这一代人,在哲学创造的道路上注定是过渡性的,这也就是说,真正的哲学创造恐怕在我们身上是难以真正实现的,我们只能为下一代人做些奠基工作。为什么这么说呢?因为我们的先天不足。就拿我自己来说,首先,缺乏非常好的国学积淀,我们没有机会接受系统的国学教育,没有受过过去私塾那样的本根性的教化,因而至少到现在为止,我们都不能自认为对我们民族文化有深透的了解。其次,我们同世界学术主流对话的能力不足,这一方面表现在我们的外语水平有限,另一方面表现在我们对西方传统思想资源的全面掌握上有很大的缺憾。这些先天不足,使我们这一代不大可能出现像中国近代思想史上的冯友兰、熊十力、钱穆那样的学贯中西、博通古今的大家。

我在上学的时候,也读过中国哲学的文本,当时我就想到这样一个问题,就是传统的东方文化模式怎样与世界对话。后来,读波兰尼给了我一个很大的震撼和深刻的启示,波兰尼解决了一个体知文化如何被清晰表述出来的问题。当时我就在思考,有没有一种东西能够把东方这样一种体知文化,通过一种言说的途径和西方这样一个物性文化进行对接。当时我有过这样大的一个思路。但是,我深深知道,从我们这一代人的文化积淀来看,我们不足以完成这个使命。可能只有经过一个比较漫长的过程,在几代人积累之后才能形成真正基于我们民族优秀传统和基于与世界对话的创造性的整体性民族文化的一个革新。这才是我理解的真正的哲学创造。但这是一个远大的目标,不是我们这代人可以做到的。说实话,我不是很喜欢今天那些将自己伪饰起来的大师模样的学者。

所以,经过这样的思考和判断以后,我就会对自己有一个定位:我们能做什么?怎么做?从哪里起步?当时,我确定了从自己的学科专业出发。我原来是学哲学原理,但后来我发现,真正做哲学研究,在原理之中是得不到原理的。因此,研究生毕业之后,也就是在我花了十几年工夫读马克思之前,我先对所有与哲学有关系的学科领域都进行了一个初步认知性的研究和梳理,这包括心理学、科学哲学(当时叫自然辩证法)、社会学、政治学、艺术学、还有经济学等,在上一世纪90年代之前的很长一段时间里,我对这些学科中同方法论相关的资料都做了专题,因为我一直有一个最核心的思想(刚才我在下边开会讨论南京大学文科发展思路时也谈到这个思想),我认为,在文科发展里讲创新,最重要的是方法论的创新。所以,在研究和梳理这些与哲学相关的学科的过程中,我关注的不是简单地去找新资料,而是关注这些学科的方法论,特别是注意体悟近一个多世纪以来,在学科与学科交叉中相关学者的研究方法上提供了什么新的思维模型。其实,波兰尼就是这样,他从物理学、物理化学走向哲学,他在交叉中形成了新的层面,这个层面即是具体科学家比如物理学家说不出来的,也是哲学家说不出来的。后来我发现,实际上我自己没有什么从自己脑袋里凭空蹦出来的新思想,而是经常在边界点上找到对哲学创新有益的东西。所以,我觉得我那些年在那些学科上所用的时间一点都没白花。

刘:您这个方法很独特,就是先从外围入手,然后再切入中心。

张:对。当我梳理了自然科学观、心理学、艺术学、社会学、经济学等领域已经提供的100多年来新的方法论变革的结果之后,这个思维模型在我自己的头脑中就形成了一种新的方法论元平台。当然,那时我关注的还有一个跟马克思主义研究更紧密的领域,就是国外马克思主义(后来国外马克思主义研究也成为我目前两个主要方向之一)。这样一来,我在分析哲学问题时就不再是过去我们传统研究中做哲学的那种方法,简单地说就是传统教科书体系方法。我们知道,苏联的教科书体系是一个形而上学的独断论,是一种唯一性的提供真理标准的断言方法。就是马克思说了什么,我们只要照搬就可以了,只要把马克思的东西说完整了,这就是做学问了。过去我们研究马克思主义的典型模式,就是把马克思恩格斯等经典作家的话堆积在一个专题里边,这就是在研究马克思哲学了,比如《马恩列斯论科学技术》《马克思恩格斯论教育》等,这种语录式的引用是我们过去研究方法的一个典型的例子。这种研究方式的影响今天仍然存在,比如常见的模式:"马克思说……""海德格尔说……""波兰尼说……"等等。而我们在引用这些语录时,又往往不去仔细研究马克思等思想家的这些话语当时的具体言说语境,因而常常闹出引述语录与文本的原初语境不一致甚至截然相反这样的笑话。

所以,我在对方法论反思时认识到,过去这种方法是"用原理来反注文本"的一个基本思路。我在《回到马克思》中指出了这一问题。如果我们真正要去研究马克思主义的话,那么首先必须认真读马克思的原著。而且在读马克思原著的过程中,不能按照语录或者教科书的原理来预先为文本划定边界,比如说,先把马克思的思想分成辩证唯物主义和历史唯物主义,辩证唯物主义又分为物质观、辩证法和认识论等几大问题,历史唯物主义又分为几大问题,如此等等。按照这样的方法,就出现了诸如"《资本论》中的辩证法"、"《资本论》中的历史唯物主义原理"这类的论著,这样的阅读方法是无法让我们读到马克思的实际思想是什么的。正是通过这样的反思,促使我开始认真探索解读马克思文本的特殊方法。

刘: 就是说,对相关学科方法论的梳理和对传统研究方法的批判反思,构成了您探索新方法的基础。

张: 还不止于此。1993年我回到南大,那时我已经开始重读马恩全集了。我们这个学科点上有个特色,我的老师,这个博士点的创始人之一孙伯鍨教授,他原来毕业于北大历史系,而且他对经济学非常精通,受孙老师影响,历史的考据方法和经济分析的深层思考构成了南大马哲研究方法论最重要的基础和特色。孙老师的杰出贡献是马哲史,特别是马恩早期的思想研究。他有两个重要的特点,第一个特点是注重原著,我们在读书的时候,刚一进来他要求我们的并不是从原理出发,而是从第一手的著作出发,研究生的第一学期首先被要求阅读马恩全集一至六卷,并提交读书报告进行讨论。这样,他让我们养成了一个良好的习惯,一上来不是首先接触二手文献,而是从第一手的原著出发。第二个特点是,孙老师的经济学功底非常强,他常常说,不懂得马克思的经济学,就不可能真正理解马克思的哲学。这是因为,马克思的哲学研究很大一部分是与经济学研究结合在一起的,所以,我的《回到马克思》也是从经济学研究线索入手来反观马克思的哲学变革的。这两个最重要的方法都是从孙教授那里继承的。也可以说,我们这个点在方法论的特色上主要是强调文本研究的历史和逻辑的方法。这也构成我的研究方法的很重要的一个基础。

对此,我可以举一个眼下的例子。去年初,我的一个博士生(现在北大哲学系)仰海峰翻译了鲍德里亚的《生产之镜》,这本书是我目前看到的对马克思的历史唯物主义最完整的一个正面批判。《生产之镜》抓住了马克思哲学中最根本的问题:物质生产。并且,他又是从马克思大量的经济学文本入手来攻击马克思的。有意思的是,该书出版到现在国内还没有一篇研究性的文章,就我目前所掌握的情况看,这本书的原版从

1973年出版以来，国外对这本书的正面的完整的批判也很少。问题出在哪里呢？鲍德里亚这个人聪明绝顶，否则他不会成为所谓"后现代大师"。他早期是从马克思主义的学徒做起，他的老师是列斐伏尔。当然，我认为鲍德里亚的理论逻辑发端已经属于后马克思思潮了，到70年代中期，他开始反马克思，并成为后现代哲学中最重要的思想家。我发现在《生产之镜》一书中，他引述的马克思的文献，都是国内马哲研究中很少有人引述的，比如马克思晚年的《评瓦格纳的政治经济学教科书》、《1857—1858年经济学手稿》、《资本论》等。而且，书中涉及的大量问题都是我们研究马克思哲学的人不注意的概念，他是从劳动二重性、使用价值、交换价值等这样一些概念入手的，然后从这里再过渡到《德意志意识形态》中的关于生产、生产方式以及历史的定义。我甚至觉得，国内能完全读懂这本书的人都很少。鲍德里亚的这本书，全面批判了历史唯物主义，包括剩余价值学说，对马克思主义来说，它是致命的攻击。这两天，我开始写批判这部书的论文，我们必须对此作出自己的反应。客观地说，我们现在已经基本具备了同国外马克思主义研究者对话进而质疑和批判其的能力。但放在前些年，我们对人家的批判就显得力不从心，即使名义上的批判也往往抓不住要害，批不到点子上。记得上一世纪80年代初我开始读到西方马克思主义的著作，当时在读卢卡奇、阿尔都塞的时候就感觉到一种强烈震撼，那时候我也写过批评葛兰西、柯尔施的论文，但当时读的东西不如人家读得多读得深，批判当然就缺乏力度。同样，现在对鲍德里亚的研究和批判，你如果没有读懂他所读过的那些经济学文献，你怎么能去批判他呢？

刘：过去，我们中国做马克思主义哲学研究的学者通常是不读经济学著作的。这不能不说是马哲研究的一个致命弱点。

张：后来我回过头来再读马克思的时候，就换了一个很大的角度，我是从最早的马克思经济学笔记开始读的。我利用的是翻译过来的部分MEGA2的文献，再就是所有中文的马克思的经济学文献，我是一点一点做过来的。在那十年中，我至少有四年是在读经济学说史，我也会关注传统马哲研究里没有注意到的马克思同时代人的经济学文本,然后读马克思读过的经济学著作,一本一本地去做。做完这些工作之后,再读马克思哲学原著时,就会发现很大的不同。在读研究生的时候,马恩全集我是通读过的,但这时候再读就发现马克思文本展现给你的思想不同了,导致这一现象的原因是方法论的变化。因为我的思想中会有很多新的东西,比如会有波兰尼的方法、复杂性科学的方法和结构主义文本学、哲学解释学中的新方法等,这样一来我就会读到一些其他人读不到的东西。同样是文本,由于方法论不同,文本就被打开了,关注的问题也就不同了。也因为有了经济学说史的理解平台,和马克思相近的思想资源的价值也就得到了重视,因此读出来的内容也就与过去的思路完全不同了。后来有许多人,包括我的老师也曾经问过我,为什么同一篇马克思的著作,你会读出来让我们读不到的东西?我的研究生也常常有这个问题。

刘:这就是您说的,"以不同的话语,不同的阅读方式面对相同的文本,其解读结果可能是根本异质性的。"(《回到马克思》序,第 2 页)也就是说,以不同的解读方式面对马克思的文本,会产生出截然不同的理论图景。

张:对这种情况的解释,我有两个假设:一是由于我的确发现了一些新资料,这些新资料提供了新的思考角度;二是在解释学允许的范围内,我在解读过程中注入了我自己的新的解释,由此展现出文本新的语义。这两种可能性都是存在的。所以,在《回到马克思》这本看起来是解读马克思的著作中,已经包含了我自己的理解和学术含量。解释学的一个合法的方法就是两种视域的融合,一方面是对原意的理解,另一方面是把它读出来的过程中也增加了新的视野。这也是马克思的思想重新走向当代的一条现实之路。在马哲现代性问题的讨论中,我有一次在回答"马克思与当代性"的问题时谈道,文本的最重要的开新是同后来的创造性联系在一起的,而这种创造性是与理论地平的清理结合在一起的。没有对原文的清理和这一平台的搭建,创造就是虚假的。为什么这样说呢？这涉及你是在什么基础上创造，如果是在斯大林教条主义体系的基础上的所谓创造，那么这个创造肯定是虚假的。没有这个平台的清理，你的创造上就会出问题。

后来转到西方马克思主义研究时，我提出的主张同样是首先坚持对西方马克思主义原著第一手文献的认真研究。2004年，我在人大出版社出了一本关于国外马克思主义研究的专著，《文本的深度耕犁》第一卷，我现在正在写第二卷，就是关于后马克思思潮文本研究的东西。过去国内研究西方马克思主义的人很少，队伍很小，主要是一些中青年学者。其中，个别学者的一种习惯是不好的，就是很少去读马克思哲学的原著。往往是用抽象的大问题来套西方马克思主义，比如，要研究总体性问题，做法就会是在这里找一段，那里找一段，按照问题来找文字，这种方法还是传统的斯大林体系的方法。我后来发现，研究西方马克思主义你只能一个人一个人、一本书一本书地按照他的思想流程来进行认真的文本学解读梳理。我想通过自己的研究行为和研究方法范式给大家一个提示，即只有通过这种扎扎实实的功夫才能真正走入研究之境。

刘：这里我有一个问题就是，您的这套文本解读方式，同中国传统的文本注释方法是不是也有关系。或者说，在某种意义上您也借鉴了这种方法。

张：是这样的。后来我有一个很大的感悟，就是在我和孙先生的交流当中，我感到，他的身上有着对中国传统文化先祖们优良传统的深刻传承。孙老师告诉我们，文本学的方法实际上不是西方人的舶来品，而是中国传统思想家做典籍文化留下的宝贵遗产。无论是我注六经，还是六经注我都是如此，自春秋战国我们的传世经典问世以来，中国历史上的思想家们都是在逐字逐句抠经典文本的过程中，在一个一个经典文本的语境当中把自己的思想注入进去，这也就是说，中国后世文化中相当一部分东西都是在对经典的注解中生成发展起来的，这样才出现了无数的关于传统典籍的注疏性论著。"煮书"、"韦编三绝"之类的传统读书功夫，不是西方的，而是中国传统文化中属于方法论层面的最精髓的东西。

所以在某种程度上说,《回到马克思》中的方法实际上也继承了中国传统的典籍研究方法。

刘:就是要有点当年孔子那种韦编三绝的读书精神。

张:是的。可惜,这种认认真真读书的功夫在现在的中国已经很难得了,是我们自己丢掉了这个传统。我们这个点上培养研究生时,就是一开始并不要求他们读最新的东西,不让他们去做当前学界研究中最时髦的东西。因为任何一个人做学问首先要建立一个基础平台,这个平台就来自于研读经典原著,你不一定是要读马克思,读黑格尔和海德格尔也一样,首先要从经典开始,一步步把基本问题搞懂。客观地说,在这一点上国内的西哲研究比我们做得好。我以为,这个基础平台就是当我们的学生面对一个思想家时,就必须把关于这个人的研究做到底根处,从这里边生长出他对人物的一个总体概括,他可以由此理解这个人物的思想一开始是怎么发生的,原初语境是什么?他整个一生的思想发生过什么变化?每一个变化中的问题转换是什么?这样,他就会实事求是地对待每一个思想家,从而会去除对思想家的抽象和武断的判断。所以,事实上《回到马克思》不是创造了什么关于马克思的新观点,而是表明了或者说体现了一种学术态度,这也是一种方法论的创新。这种创新既有从西方学习的成分,更有对中国传统东西的继承。

刘:看来这种方法论的自觉和创新对中国的哲学创造是至关重要的。没有这个平台,哲学创造就无从谈起,我们目前恰恰缺乏这种方法自觉意识。

张:我们曾经写过一组文章,集中谈的就是马克思主义哲学研究的方法论平台问题。① 您说得对,中国马哲研究的一个重要问题,是方法论上的非自觉。对于方法问题没有自觉的意识,在研究中没有首先思考一下我是以什么方法来注入研究过程,没有一个方法论定位。对今天的科学研究方法的新发展到了何种地步,西方哲学思想史中的方法论演变是

---

① 参见《学术月刊》2002年第6期。

什么都没有认识，这是方法论上的盲目。因此我们常常看到这样的情况，国内学者在学术问题上争吵时，你会发现，他们在言说过程中，用的方法完全不同，很多学术讨论完全是在不同语境中进行的，讨论本身是无前提的，结果争论自然是自说自话了。比如，对我的著作也经常有人批评，但他们批评时从来不去注意批评的前提，不去看看有没有共同的话语基础，如果我们整个的理解是完全不同的，那么怎么在一个问题上展开讨论呢？所以，很多对我著作的批评我是无法回答他的，我只能告诉他你的方法不对，当然你就读不出东西，怎么讲问题呢？讨论的过程中话语前提问题是非常重要的。

刘：在对文本进行深度解读的基础上，您是不是有过构建自己思想体系的设想？

张：从研究生毕业到现在，进入马哲研究领域已经20多年了。在到了知天命的年龄，我的确是常常想这个问题，其实，创造真正属于自己的思想是我一直以来就有的想法。就是我一开始谈到的问题，作为一个哲学家要有自己的思想。这个思想不仅仅是以诠释马克思为目的的，马克思的思想方法可以作为我整个思想方法当中最重要的基础之一。但作为一个思想家还是应该有自己的思想。可能从近期开始，我会在自己的同样是研究马克思的著作研究中逐渐地（其实在过去发表的一些论文中我已经陆陆续续地）提出自己一些比较有个性的想法。也许我慢慢会把这种成分更加深入一点，将自己的思想渐渐表达出来。

仔细观察我的研究思路，您可以发现，从事哲学研究20多年来，马克思的研究始终是我研究工作的一条主线，但您也会发现我同时关注相当多其他人的思想，包括波兰尼，因为我觉得他对中国文化太重要了。我还是在寻求能够走向自己的思想点的道路之中。我研究各种思想和流派，所有这些积累都是在寻找对我的整个哲学构建非常重要的一些方面。我的学术态度比较宽容，或者说包容性比较强。因为很早我就形成了这样一种观念，就是我的研究不会固守在一个点上。换句话说，我不会因为是研究马克思哲学的，就认为马克思思想是绝对真理，除了他之外我不接受任何东西,或者研究海德格尔的,就认为海德格尔是绝对真理。有些国外做西哲的学者,似乎还是在这个框架内,一说做鲍德里亚就说鲍德里亚很伟大,做拉康,拉康就成了他一辈子吃饭的东西。在我看来,马克思、海德格尔以及所有大师都并不是绝对真理。不是好像我做什么,什么就是最伟大的,这一观点我在20年前就放弃了。这种心态,也使我能够比较自由地从所有我遇到的大师当中得到我需要的东西。去年我完成了对拉康的初步研究,拉康实际上对我影响很大,他是从反面与我以后要做的哲学思想相接触的。

刘: 您近期内的研究还有些什么新内容?

张: 一方面我还是在马克思主义哲学研究这个领域里继续工作,因为我的专业在这个方向。我还带这个专业的博士生、硕士生,而且这个领域也还有相当多的事情需要去做。因为国内的兴趣点现在开始围绕马克思在做了,那么我们就应该再向前走一步。事实上我们已经开始做恩格斯和列宁了。明年我会完成一本关于列宁哲学的书(这也是《回到马克思》之后的学术规划,我们另外还有两位年轻学者在做恩格斯哲学的研究)。这本书中我的重点是列宁的《哲学笔记》。列宁的这部分重要的哲学思想目前又没有人关注了,这是很奇怪的事情。我发现要真正清理马克思主义哲学基础,列宁这一部分是没办法跳过的,是不能忽视的,他深刻影响了传统的马克思主义哲学原理。这本书的初稿已经完成,它的重要之处不在于发现列宁文献中的新的东西,不在于提出新的哲学观点,而是在于哲学方法论问题。在这本书里我会提出一种新的哲学解读方法,同时也为自己的文本解读学方法作一个辩护。比起原来我的那种文本学解读方法会有一些变化,可能会离我以后想表达的思想更近一点。

另一方面是我所带的团队工作。我们这个团队的研究是分为三大块来进行的,第一块是对经典著作的研究,除了《回到马克思》之外,还有唐正东教授的《从斯密到马克思》,将来还有姚顺良教授关于考茨基等第二国际理论家研究的书。做完经典文献部分后,我们还想在马克思思想史研究中有一个突破,就是怎样摆脱联共布党史的那种史学方法论的影响。去年,我们还发了一组关于思想史研究方法论的笔谈。这组文章在《学术月刊》发表后引起了很大反响。今年,我们会有一本马哲史著作——《马克思哲学的历史原像》——在人民出版社出版,我们想在马哲史研究中提出一些新的想法。

第二块就是国外马克思主义。这一块也分两部分,一部分是我自己对国外马克思主义经典文本的解读,刚才提到的《文本的深度耕犁》第一卷就是这个工作的成果。现在第二卷正在创作之中,第三卷可能时间还会稍微往后推一点。另一部分是基地集体的研究项目,就是关于上世纪70年代以来国外马克思主义最新前沿研究,在这部分的研究中,我们提出了三个概念:晚期马克思主义、后马克思思潮和后现代马克思主义。所做的工作一方面是翻译一些著作,另一方面是做一些思想史的整理工作。第二块已经形成了一个良性循环,很多博士生正加入进来,基本上是围绕这一思路来做。另外在中央编译出版社还有一套小书,就是国外马克思主义和后马克思主义的文本解读系列。

第三块是一个新的平台,也是教育部"985"二期工程建设的哲学社会科学重大创新平台,即当代资本主义研究。我们在思考马克思主义研究中怎样实现理论与现实的结合问题时,选择了当代资本主义研究这个方向。我们发现,在对整个资本主义的研究中,从苏联到我们现在,居然没有一本对从马克思恩格斯、第二国际到列宁,到国外马克思主义的关于资本主义研究的学术理解史。所以我们第一要做的事还是清理学术平台。这里举一个例子,西方学者布罗代尔提出马克思一直到晚年从来没有使用过"资本主义"这个概念,而我们如果说马克思在《1844年经济学哲学手稿》中就如何如何批判资本主义了,这就成了一个笑话。马克思当时"资本主义"的概念都没有形成,从何谈起对资本主义的批评呢?这样的问题很多。事实上马克思对资本主义的批判,有一个完整的历史形成过程。早期一开始用"有产者社会"、"资产阶级社会"这样一些概念,借用的是一些古典经济学用过的概念,后来通过经济学研究最后找到资本的统治关系,到 1860 年代确立了资本主义生产方式的概念,认识到社会过程中资本的生产方式和支配关系,直到这时候,资本主义批判的学说才最终完成。这一学说在后来经过恩格斯,到列宁有一个巨大的变化,第二国际也有变化,在当代西方马克思主义那里又发生了巨大的变化。我们现在做的第一步,还是整个学术平台的清理,这也是一个比较大的任务。这是我们选择的马克思学术史与当代现实发生联结的一个重要方面。通过学术史的研究和平台的清理,将来我们会回过头去进行当代资本主义最新情况和变化的认真研究,要实事求是地看资本主义发生的变化。讲一句不客气的话,马克思过去预见在共产主义才能实现的东西,在当代西方社会现在很多地方已经实现。一个重要的例子就是城乡差别的消失。这些问题事实上都涉及非常深入的理论问题,怎样从理论上回答这些问题需要认真研究。回答了这些问题后我们才能明确,社会主义到底怎样定位。这些最重要的问题我们恰恰都还没有关注。

还有一个重要的方面,是我比较早地意识到团队建设的问题。这也是我体会到在今天整个人文社会科学的发展中,一个思想家如何才能扩大自己的学术影响的问题。靠一两个人,可能十年之内能写十几本书,一两百篇文章,但是其学术影响力是很小的。我在读西方科学史包括像库恩以后的科学哲学流派等思想的过程中受到的一个很大的启发就是,西方学术发展的主要线索在于思想学派的建设。从我回南大时起,就跟孙老师讨论过学派建设的问题,我提出研究应该做团队,而不是仅仅靠个人的努力。在南大,理科有一个很好的传统就是大师加团队。团队或者学派意识是整体的,就是共同的学术主旨,共同的方向,再就是共同的研究方法,在共同的探讨中相互协作又有分工。现在,我们的学科具有完整的学术梯队和发展计划,每一个人在这个团队中,既要受团队的约束,又有他自由的发展空间。这一点我有比较清楚的意识,我的战略性目标很明确。我有十年乃至更长的发展规划,就是说,对未来十年学界的发展态势我们能有比较准确的把握。因为我们现在常常是站在前沿,所以我们做的研究就能带动很多人。比如我们发一组笔谈、出版一本书、提出来一个有辐射性的方向，学界就可能沿着这一思路走。现在我们的团队已初具雏形，我们的青年学者出去具有很强的战斗力。事实上，我们这种团队意识在国内已经起到一定的示范作用，渐渐地大家都有这种团队意识了，很多兄弟院校也都加强了团队建设。这也是一种非常重要的创新工作，它不仅仅是一个人思想的创新，而是一个流派的创新。它可以改变国内整个人文社会科学的研究方式和研究氛围，不再是一个人打天下，一本书主义，一篇文章吃几十年的局面。这个问题我只是意识到，但是到底怎么做更适合中国的学术发展还在探索之中，我们只是比较自觉地坚持在做并且已经起到了一定的示范作用。我们想为中国马克思主义建设做一些实实在在的事情。

学派建设中还有很重要的一点，就是在团队内部展开积极的相互对话和批判。这是我在法兰克福学派、科学历史学派研究中得到的深刻体会。我开的一门课叫"哲学文本阅读与批判"，过去是对西方经典作品的批判性阅读，而现在我在这门课上已经连续两个学期都是针对我自己著作的批判，分别是《回到马克思》和《历史辩证法的主体向度》。就是要使学生养成一个习惯，老师并不是神圣不可侵犯的，首先应对老师有批判性的思考。对此我有深刻体会，我们上学的年代，你不能说老师是错的，你要说他是错的他会不高兴，老师是不能有错误的。所以那时候我们跟老师的关系都是老师复制学生，因此他们培养出来的学生绝大部分是没有批判精神的。这也是我刚才说我们这一代注定是过渡性的另一个结构性的原因。

刘：现在我理解，您说的这个过渡性反省也体现在，要避免过去那种僵化的培养模式，而为下一代开拓一种新的成长空间。

张：对。我们自己不能完成的巨大历史使命，要依靠我们的下一代。如果不从教学模式上发生根本性变化，会有创新的可能性吗？随着批判性意识的养成，学术将会得到更大的发展。去年我在《南京社会科学》，今年在《河北学刊》，专门组织了两组批判《回到马克思》的《马克思历史辩证法的主体向度》的文章,那就是课堂作业。我在课堂上要求学生发言时不是批评这本书的就不要讲,所以他们回去读这本书的时候就得找这本书存在什么问题。过去是搞懂这本书,现在是批判,这要求更高。

刘:接受别人的批判时你要为自己辩护吧?

张:是啊,我得给自己辩护,不能说你说我错我就错了。我会反驳他。我也会告诉学生这本书的问题所在,要求学生可以循着这个问题接着去想怎么去批判它,要求学生进行独立思考。这样会帮助学生慢慢形成具有批判性的独立思想人格。我希望将来在这样的氛围中真正培养出有独立思想人格的思想家。所以方法论的创新意义还不仅仅在于研究,更在于人才培养模式的改变。

"文革"之后我们那头一两届研究生思想非常开放,但是我1993年回来之后发现我们的同学在课堂上又开始变得沉默失语了。我回来后就在慢慢改变这种现状。思想创新,并不是简单地嘴巴上讲讲或者写几篇文章就完成创新了。它是一个非常大的系统工程,包括带学生、从事学术研究等。但首先要从人才培养做起,然后一代一代人努力不懈地去做,去发展这个事业。还要建立一个开放的平台,要有国际性的视野,更重要的是还要有国内学术研究的良好环境。就大环境来说,我们现在还没有条件开展良好的学术争论,这说明国内的学术平台还是在一个初期的建立过程当中。我们过去没有批评对话的传统,一批评就不高兴。这一点需要学习欧美国家学者的胸怀,欧美国家20世纪许多重大的学术进展都是在重大的学术争论之后发生的。从我个人来讲,至少我还是有信心,我们意识到这个问题,并着手做了一些事情。在我们的影响下,我感觉还是蛮有效的,国内出现了很多从文本研究出发的有分量的文章。我们的策略是先慢慢开始使方法论发生变化,最后使学术发生进步。

刘:您刚才谈到学派建设的问题,这对中国的哲学界来说确实是一个难得的好现象。正常的学术讨论、对话或者争论,首先在学派或者学术团队内部展开,这是一种很好的方式。

张:今年以来我们分别在《南京社会科学》、《理论探讨》和《学术月刊》发表了三个学术对话,这就是我们团队内部展开的学术对话、讨论和争论。

刘:这里我想把话题再往回转一下,按照您的意思,当代马克思主义研究只有通过"回到马克思"才能使马克思的当代性之思成为可能,然而事实上,不可能要求所有的,甚至不可能要求大多数研究者都下到您那样的工夫,那么,在没有进行文本深度解读的情况下是否意味着这种研究的价值值得怀疑?

张:北京大学的杨学功博士也曾经当面向我提到这个问题,他说,不是所有人都能像你这样读全集,那么是不是不读全集就没有发言权?他认为我这里边有一个暴力性的强制,因为我读了原著,所以我讲的马克思是最原本的。我的回答是:从我个人的内心当中,早已经摆脱了斯大林主义的束缚,即我在做学问的过程中不会认为自己是绝对真理,我的这种研究方法只是一家之言,仅此而已,否则我不会有这样一个发展过程。我并不排斥从其他方面、其他视角来进行马克思主义哲学的任何方式的研究和探索。关键是你要有特色。我想这不应该是一种强制性的要求。但是至少在我们的团队中我们是这样去做的。而且事实证明,在我们的研究过程中这是非常有效的方法。比如,目前在与西方马克思主义的对话中,我们就占有很大的优势。在批判《生产之镜》中,如果不一点点读马克思的原著,不读他的经济学,怎么批判鲍德里亚,根本没办法批判他。当然,这里不是对话的问题了,因为他是反马克思主义的,我必须逐条逐段地批判他。而他引的全部是马克思比较生僻的原文,你不去阅读这些原文怎么跟他交手?其实在我们的许多文章著作中,批判性都是为主的,但是这种批判与斯大林主义绝对不一样。

刘:这就涉及对批判的理解,批判本身除了有否定性的、针锋相对的驳斥以外,更是理解、对话、交流和沟通。

张:对,批判首先是理解,这是一个非常复杂的过程。过去我们的批判在理解之前先把对象骂一通,但是今天我在读鲍德里亚的过程中,就会首先把他的理论基础认真学习一下,比如作为他早期理论逻辑基础的莫斯—巴塔耶的草根浪漫主义,还有他的老师列斐伏尔、巴特和德波的东西。否则,鲍德里亚是读不进去的。当然,这里我不会强求任何人按照我的思路去做,同时我们并不以为自己是唯一真理。我们现在越来越注意这一点,写文章会非常客观宽容。在不同流派的形成过程中相互交流才有可能真正地创新。事实上我们也非常注重与其他学科的交流,比如复旦大学、吉林大学和黑龙江大学的马克思主义哲学学科建设都很有特点,做得非常的深入,对于他们的重要成果我们也在注意学习吸收,但是我们也充分注意彼此不同的方面,在不同的学术流派之间形成相互交流,才可能有真正的学术产生。

刘:就是说,您的方法是在探索中形成的,在学术实践中总结出了这套带有经验性的方法,并且觉得这样的方法很有效。但您并不强制别人接受您的方法。别人在研究过程中能不能再总结出另外一种方法,完全在于他在探索过程中是不是自觉地意识到方法的价值,关键是我们学界许多人可能在很大程度上没有这种方法自觉。

张:对,这是更为重要的问题,为什么我讲方法论的自觉?葛兰西说过,哲学最重要的是形成一个人独立的精神个性,或者内在的精神结构,所谓的创新就在于此。如果没有方法论自觉,就会是一笔糊涂账,对于什么是新的、什么是有价值的你根本不知道。你也许辛辛苦苦弄出来的东西,是人家早就研究过的。

刘:还有一个问题,就是当您提出"回到马克思"时,人们容易产生这样的误解,好像是要把马克思哲学研究拉回到象牙塔去。

张:比较细心的读者会从我的书里读出我对现实的关注。在重新阐释马克思的过程中包含着对现实的理解,但是不一定直接表述出来。我在课堂上常说,对中国人来讲,马克思是离我们最近的时刻。这是最好地理解马克思批判现实的时代。过去讲资本主义批判的时候我们讲的是西方国家发生的事情,今天马克思理论所有批判的对象在中国都现实地发生了。这是最好理解马克思思想方法论的时候。我当时说回到马克思实际上就是这个意思,今天为什么能够回到马克思,这就是我的深层含义。没有一个民族可以像今天的中国这样最真切地回到马克思和发展马克思,这就是一个最大的现实问题。

刘:在中国的哲学发展中,还有一个很大的问题,就是学科壁垒,中西方马克思主义彼此之间都有偏见,这种学科之间的门户之见成了影响哲学发展的一个瓶颈。对此您怎样看?

张:这的确是一个值得重视的问题。真正的哲学家是不应该有狭隘的学科界限的。学科壁垒是中国学术体制造成的问题,在现在的西方学界中根本不存在这个问题。当然,现在还不可能完全消除学科界限,要有一个过程,但最近几年学科之间开始出现松动,事实上,国内学界在学科之间已经开始交流了,复旦大学西哲和马哲的交流与对话搞得就十分活跃,由刘放桐老师带领,开过几次大型的中西方马克思主义对话会。彼此已经开始相互宽容地来接受对方了。这是一个重要的进步。

刘:对中国哲学未来的发展趋势您有什么看法?

张:说到中国哲学的未来发展,日本的广松涉哲学可以给我们不少启示,我发表过几篇介绍广松涉哲学的文章,我在南大出版社已经出了他的四本书。他早期是研究科学的,有点像波兰尼,后来研究哲学,研究海德格尔、胡塞尔等现象学,这中间他又做马克思哲学研究。他的研究分为几段,早期是马克思的文本、思想史,第二段是科学史、马赫、现象学和海德格尔等西方思想中的东西,第三段是他把现代西方哲学、科学认识论、马克思主义哲学、日本大和哲学进行了嫁接整合,形成了广松哲学。

从广松哲学中我意识到:第一,未来中国哲学一定是体现民族精神的。第二,未来哲学更重要的基础应该是东方文化。中国人的哲学创造应该是东方的思想,这是一种以传统文化为基础但又不是面向过去那种故纸堆的。它是把中国最重要的东西能够阐释出来的学说,所以我为什么一直关心波兰尼,就是考虑我们应该如何把体知变成言传的思想,最后再回到中国传统的东西。20世纪之后在西方真正受到尊重的东方人都是代表了自己民族精神的艺术家和哲学家,像池田、铃木大佐、泰戈尔等,只有代表了东方文化精神的,在西方才能有地位,才能屹立于世界民族之林。与此同时我们还需要马克思主义,因为我们这些人是丢不掉马克思主义的,马克思的方法论对我们的影响是非常深的,已经渗透到了我们的血液里。因此马克思主义至少在我个人这里会是我的方法论的骨干部分,其价值取向、人类解放的取向我们也是丢不掉的。第三,是与西方文明的积极对话,就是广纳世界的最先进的东西,在这里边生成中国未来哲学的新形态。我们要有一个开放的心态,而不再去争论到底是西哲重要、马哲重要还是中哲重要。真正走向世界的哲学应该是能包容世界最新思潮的开放性的民族精神。我觉得这一点是未来的趋向。

刘:您今天的谈话,使我受益匪浅,占用您的宝贵时间,非常感谢!

(对南京大学哲学系的周嘉昕博士为访谈和录音文字稿的整理付出的辛勤劳动,特致谢意!)

(原载《晋阳学刊》2007 年第 10 期)

附录三 马克思重要学术研究及文本年表

1818年5月5日,卡尔·马克思出身于德国特利尔(普鲁士莱茵省)的一个律师家庭。

1835年9月24日,马克思毕业于特利尔中学。毕业论文题为《青年在选择职业时的考虑》。

1835年10月15日至1836年8月底,马克思依从父命,在波恩大学法律系学习。

1836年10月22日始,马克思转入德国柏林大学学习。

1837年底,马克思加入青年黑格尔派的"博士俱乐部"。

1839年夏,为创作博士论文做《关于伊壁鸠鲁哲学的笔记》(七本)。年底,与青年黑格尔学者鲍威尔通信(一直持续到1842年末)。

1840年下半年至1841年3月,写作哲学博士论文《德谟克利特自然哲学与伊壁鸠鲁自然哲学的差别》。写下涵盖八个笔记本的《柏林笔记》,主要内容为斯宾诺莎、休谟、莱布尼茨、亚里士多德和康德等人论著的摘录,直接目的是为了在波恩获得大学哲学讲师的职位。

1841年3月30日,马克思毕业于柏林大学。

4月,获得耶拿大学哲学博士学位证书,从柏林回到特利尔。

7月初,移居波恩,研究费尔巴哈的著作《基督教的本质》。

8—9月,参与鲍威尔的著作《末日的宣告》第一部的写作。此书于1841年11月初出版。初识赫斯。

下半年与鲍威尔一起酝酿筹办《无神论文库》。

1842年1月,《莱茵报》创刊。赫斯任该报编辑、副主编至12月。

1月15日到2月10日,为卢格的《德国年鉴》写作《评普鲁士最近的书报检查令》。

1—3月,从波恩赴特利尔,4月返回波恩。

4月,开始为《莱茵报》撰稿,写作《关于第六届莱茵省议会的辩论》(第一篇论文)。

4—5月,写下五本《波恩笔记》,内容主要为宗教史和艺术史论著的摘录。该笔记与马克思准备写作的几篇宗教艺术的文章有关。

6月,为《莱茵报》写作第二篇论文《第六届莱茵省议会的辩论》。

6月29日至7月4日,写作《第179号〈科伦日报〉社论》一文。

10月初,恩格斯初识赫斯,受到其共产主义思想影响。

10月上半月,马克思移居科伦。

10月15日,担任《莱茵报》主编,写作《共产主义和奥格斯堡〈总汇报〉》一文。

10月间,写作《第六届莱茵省议会的辩论》第三篇论文(关于林木盗窃法的辩论),在该文中,马克思第一次面对现实经济问题。

10月到1843年初,研究法国空想社会主义者傅立叶、卡贝、德萨米、孔西得朗和蒲鲁东的论著。

11月下半月,与恩格斯初识,不欢而散。

11月底,同青年黑格尔分子组成的柏林小组("自由人")决裂。

12月18日,写作《论离婚法草案》一文。

12月31日至1843年1月15日,就《莱比锡总汇报》被查封一事写了一系列文章。

1843年1月1—20日之间,写作《摩塞尔记者的辩护》一文。

3月17日,因当局查封《莱茵报》,马克思退出《莱茵报》编辑部,其声明发表在 3 月 18 日的《莱茵报》上。

3—9 月,给卢格写了三封书信,商谈在国外出版《德法年鉴》的问题。

5—10 月,从科伦移居到克罗茨纳赫。一面广泛地研究各种历史政治学著作,写下五个笔记本的《克罗茨纳赫笔记》;一面撰写《黑格尔法哲学批判》一书。

10 月 3 日,写信给费尔巴哈,邀请他为《德法年鉴》撰稿。

10 月底,因《德法年鉴》决定在巴黎出版,从克罗茨纳赫移居巴黎。

10 月至次年 3 月,马克思与赫斯、海涅、海尔维格来往密切。

11 月,马克思收到恩格斯由曼彻斯特寄给《德法年鉴》的两篇文章:《国民经济学批判大纲》和《英国状况。评托马斯·卡莱尔的〈过去与现在〉》。马克思没有做摘录。

1844 年 1 月读到赫斯送给《德法年鉴》编辑部的《论货币的本质》一文(该文于 1845 年 1 月发表)。

秋天至 1844 年 1 月,为《德法年鉴》写作《论犹太人问题》和《〈黑格尔法哲学批判〉导言》,并继续修改《黑格尔法哲学批判》一书。

11 月至 1845 年 1 月,在巴黎同法国的民主主义者和社会主义者、德国秘密团体正义者同盟的领导人以及大多数法国工人秘密组织的领袖建立了联系,并经常出席德国和法国的工人与手工业者的集会。

1843 年 10 月至 1845 年 1 月,研究政治经济学。写下七本《巴黎笔记》,内容为资产阶级古典政治经济学论著的摘录,主要有萨伊、斯密、李嘉图、穆勒、麦克库洛赫、特拉西和李斯特等人的经济学和毕莱的《英法工人阶级状况》的摘录。其中,笔记最后还夹有恩格斯的《国民经济学批判大纲》和黑格尔的《精神现象学》的摘录。

1844 年 2 月底,马克思和卢格主编的《德法年鉴》在巴黎出版。

3 月前后,马克思与卢格决裂。马克思与恩格斯建立通信联系。

2—5 月间,《黑格尔法哲学批判》的写作中断,此后重新埋头于他在 1843 年 7—8 月在克罗茨纳赫开始的并于 10 月在巴黎继续从事的对法国大革命的分析。

春天,研究国民公会史,即考察1792年9月以后共和国产生时期的法国革命史。

3月23日,在国际民主宴会上同俄国的巴枯宁、波特金和托尔斯泰,法国的勒鲁、勃朗及其他人见面。在会晤时与他们就许多政治与理论问题交换了意见。

5月底至6月初,中断了国民公会史的写作,再次投身于政治经济学的紧张研究(原因可能是1844年6月4—6日爆发的西里西亚纺织工人起义和突然发生的关于这次无产阶级起义的原因和结果的讨论)。

4—8月,在进行经济学摘录的过程中,写下《1844年经济学哲学手稿》。

7月间,结识蒲鲁东本人,而且随后有较多接触。

7月31日,写《评"普鲁士人"的〈普鲁士国王和社会改革〉一文》,驳斥卢格。文章发表在8月7日和10日在巴黎出版的德文报纸《前进报》上。从此开始为《前进报》撰稿并参加该报的编辑工作。

8月11日,致信费尔巴哈,征询他对批判鲍威尔的意见。

8月28日左右,恩格斯绕道巴黎,在巴黎与马克思会面。在恩格斯停留巴黎的十天中,他们亲自拟定了《神圣家族》的写作计划与大纲。

10月初,恩格斯写信给马克思,介绍在德国进行社会主义宣传工作的情况,并且谈到迫切需要写两三本书来阐述唯物主义和共产主义的原理,以便为社会主义理论运动奠定基础。

10月18日以后,收到威·魏特林来自伦敦的信,信中对马克思的《评"普鲁士人"的〈普鲁士国王和社会改革〉一文》作了评论,并要求与马克思通信。

10月底,青年黑格尔分子麦·施蒂纳的著作《唯一者及其所有物》在莱比锡出版。

11月19日,恩格斯写信给马克思,评论施蒂纳的著作《唯一者及其所有物》,并打算写一本小册子批判李斯特1841年出版的《政治经济学的国民体系》。

11月下半月,写完《对批判的批判所作的批判》一书,将书稿送交法兰克福的出版商。在排印过程中,马克思在书名上加了"神圣家族"四个字。

12月,马克思阅读施蒂纳的《唯一者及其所有物》,并打算在《前进报》上撰文批判该书。

1844年底至1845年1月,在巴黎继续研究18—19世纪初期的英国、法国和德国的经济学著作。在《1844—1847年记事笔记本》上写下《黑格尔现象学的建构》的提纲、关于现代国家的写作计划草稿和《笔记本中的札记》提纲。

1845年2月1日,与在巴黎的出版商卡·威·列斯凯签定出版合同,出版两卷本的经济学著作《政治与政治经济学批判》。该书手稿约完成于1844年底或1845年初(见1846年8月1日马克思致列斯凯信)。

2月3日,因被驱逐出巴黎,迁往比利时的布鲁塞尔。

2月,在布鲁塞尔继续研究经济学。开始写作《布鲁塞尔笔记》。先阅读毕莱、萨伊、西斯蒙第、西尼尔等人的论著,并做摘录(《布鲁塞尔笔记》A,两册)。

2—12月,与在巴黎的德国民主主义和社会主义活动家以及正义者同盟巴黎各支部的领导人经常通信。

2月24日左右,《神圣家族》一书出版。

3月,写下《评李斯特》手稿。

3月10—15日,在《1844—1847年记事笔记本》上写下《外国杰出社会主义者文丛》出版计划。

3—5月,与恩格斯、赫斯筹办出版《外国社会主义者文丛》。

春天,在《1844—1847年记事笔记本》上写下《关于费尔巴哈的提纲》。

4月5日以后,恩格斯迁往布鲁塞尔马克思住处隔壁,马克思向恩格斯介绍他的新世界观构想。不久,赫斯一家也搬至恩格斯住处隔壁。

5月底,恩格斯的《英国工人阶级状况》一书在莱比锡出版。

5—7月初,继续研究政治经济学,作关于施托尔希、拜比吉、乌尔、罗西、麦克库洛赫、加尼耳、布朗基和佩基奥等人的摘录(《布鲁塞尔笔记》B,四册)。

7月12日前后,马克思恩格斯到伦敦和曼彻斯特旅行,以便研究英国的经济学文献。同时实地考察英国的经济政治生活以及英国的工人运动。

7月下半月到8月上半月,马克思与恩格斯在曼彻斯特逗留期间整日在切特姆图书馆里研究英国经济学家的著作。写下九本《曼彻斯特笔记》,其内容是对配第、图克、伯克、勃雷、欧文、汤普逊和科贝特等人著作的摘录。

8月中旬,马克思恩格斯在伦敦会见宪章派报纸《北极星报》的编辑乔·哈尼,以及正义者同盟伦敦支部的领导人卡·纱佩果和约·莫果等。

8月20日左右,马克思恩格斯在伦敦参加宪章派、正义者同盟的领导人与各国的一些民主运动和革命活动家举行的会议。

8月24日前后,马克思恩格斯从英国回到布鲁塞尔。

9月至1846年初,与赫斯密切来往。

11月,《维干德季刊》第3卷出版。马克思恩格斯决定在出版经济学著作之前,先发表一部批判"德意志意识形态"的书。

年底至次年初,马克思恩格斯开始写作《德意志意识形态》一书,赫斯参加批评卢格和库尔曼等章节的撰写。为了写这部书稿,马克思中止了整理《政治与政治经济学批判》第一卷手稿(该手稿后来遗失)的工作。

1846年初,马克思恩格斯在布鲁塞尔创立共产主义通讯委员会,以便从思想上和组织上团结各国的社会主义者与先进工人,他们设法在伦敦、巴黎和德国成立通讯委员会,为建立一个国际性的无产阶级政党做准备、打基础。

3月30日,马克思恩格斯在布鲁塞尔共产主义通讯委员会的会议上,尖锐批评了"真正的社会主义"和威·魏特林的粗陋的平均共产主义。魏特林也出席了这次会议。赫斯由于对魏特林的处理与马克思恩格斯发生公开分歧,由此退出共产主义通讯委员会。

4月底,马克思恩格斯继续写作《德意志意识形态》一书。

5月5日,马克思写信给蒲鲁东,建议他担任布鲁塞尔共产主义通讯委员会法国通讯人,并邀请他参与工人运动的理论问题和策略问题的讨论。

5月17日,蒲鲁东复信马克思,从而使马克思确信他与蒲鲁东之间的见解存在根本分歧,因而放弃通过蒲鲁东同法国工人运动建立联系的打算。

5月11日,马克思恩格斯草拟的反对"真正的社会主义者"海·克利盖的通告在布鲁塞尔共产主义通讯委员会会议上通过。他们还将通告分发给所有共产主义通讯委员会。

夏天,马克思恩格斯基本写完《德意志意识形态》的主要章节,马克思仍在对第一卷第一章进行修改。

9月,恩格斯在写给马克思的几封信中,批判了蒲鲁东的小资产阶级观点。

10月29日前后,马克思签署布鲁塞尔共产主义者拟就的第二个反对克利盖通告。通告的原文没有保存下来。

12月28日,马克思写信给俄国作家巴·瓦·安年柯夫,批判了蒲鲁东的《贫困的哲学》一书。马克思的哲学思想发生了一些变化,因此他并没有完成《德意志意识形态》第一卷第一章的修改,其外部原因主要是,由于德国当时的书报检查以及"真正的社会主义"的反对,该书已经无法出版。

年底,马克思阅读欧文、魁奈和傅立叶等人的论著,并作摘录。

1847年1月至6月15日,马克思先在《1844—1847年记事笔记本》上写下蒲鲁东《贫困的哲学》笔记(第一章至第二章),同时写作《哲学的贫困》一书。

7月初,马克思的《哲学的贫困》一书在巴黎和布鲁塞尔出版。

8—9月,马克思所写的《德意志意识形态》第二卷第四章由《威斯特伐里亚汽船》杂志作为论文发表。

9月12日,马克思的《〈莱茵观察家〉的共产主义》一文和恩格斯的评论《诗歌和散文中的德国社会主义》的开头部分分别刊登在《德意志—布鲁塞尔报》上。从此,马克思恩格斯经常为该报写作。

9月16—18日,马克思和恩格斯出席在布鲁塞尔召开的国际经济学家会议。马克思准备发言,但由于会议主办者害怕马克思讲话的革命内容,因而没有给马克思发言的机会。马克思的讲话稿整理后发表在9月29日的《民主工场报》上。

10月底,马克思写作《道德化的批判和批判化的道德》一文。

10—11月,赫斯发表《无产阶级革命的结果》一文,与马克思恩格斯直接发生冲突。

11月27日,马克思和恩格斯分别由布鲁塞尔和巴黎前往伦敦,参加共产主义者同盟第二次代表大会。

12月9日至12月底,马克思和恩格斯在共产主义者同盟第二次代表大会闭幕后,着手写作《共产党宣言》。

12月13日前后,马克思从伦敦返回布鲁塞尔。

12月下半月,马克思在布鲁塞尔德意志工人协会作关于雇佣劳动与资本的讲演。除去准备讲演的其他材料之外,马克思拟定了《工资》的提纲。收到恩格斯要求批判赫斯的信。

1848年1月9日,马克思在布鲁塞尔民主协会公众大会上发表关于自由贸易的演说(单行本于2月出版)。

1月下半月,马克思写完《共产党宣言》,其中包含批判以赫斯为代表的"真正的社会主义"的内容,至此,马克思恩格斯与赫斯正式决裂。手稿于1月底寄往伦敦付印。

2月,马克思整理《雇佣劳动与资本》的演讲手稿并准备付印(这些演讲稿的一部分以《雇佣劳动与资本》为题,发表在1849年4月的《新莱茵报》上)。

2月24日左右,《共产党宣言》在伦敦出版。

3月3日,马克思被比利时政府下令驱逐出布鲁塞尔。

3月15日,马克思到达巴黎,参加一系列工人活动。

3月21—29日间,马克思和恩格斯起草共产主义者同盟在德国的政治纲领——《共产党在德国的要求》。

4月6日左右,马克思和恩格斯离开巴黎,回到德国直接参加革命。在美因兹组织了工人联合会。

4月11日,马克思和恩格斯从美因兹到达科伦,着手筹备出版《新莱茵报》。

6月1日,《新莱茵报》创刊号出版。革命工作再次打断马克思的经济学研究。

8月23日,马克思经过柏林到达维也纳。

9月2日,马克思在第一届维也纳工人联合会上作关于雇佣劳动与资本的长篇报告。

9月6日,马克思经过柏林,回到科伦。

1849年5月19日,马克思被普鲁士当局驱逐出科伦(德国)。

6月3日马克思到达巴黎。

7月19日,马克思被法国当局驱逐出巴黎(法国)。

8月26日左右,马克思从法国到达伦敦(马克思在这里一直居住到他去世)。

1850年,马克思开始重新研究经济学。

2月末到3月,马克思在家中为几位工人讲述了政治经济学。

6月中旬,马克思开始去大英博物馆阅读和摘录经济学资料。

7月间,马克思利用关于英国和欧洲大陆的价格史、银行制度史和经济危机方面的专门著作,以及整套的伦敦《经济学家》杂志,开始系统地研究近十年来的资本主义经济发展史。

9月底到10月初,马克思重新着手对资产阶级政治经济学进行批判研究。他经常到英国博物馆图书馆研究约·斯·穆勒、约·富拉顿、罗·托伦斯、托·图克及其他经济学家的论著,并开始系统地核对他广泛摘录并作了批判性注释的政治经济学文献。精读每期《经济学家》杂志。

10—12月,研究经济学,主要是关于货币和信用方面的论著,摘录吉尔巴特、加尔涅和西尼尔等人的论著。

1851年1月至1853年12月,马克思继续研究经济学,写下24本摘录笔记(《伦敦笔记》)。

1851年1月,马克思研究货币本位制和货币流通问题,阅读吉可布的《贵金属生产与消费的历史研究》、培利的《货币及其价值变动》、劳埃德的《各种考察》和凯里的《信用制度》等论著。

2月,研究休谟和洛克有关政治经济学的论著,特别是格雷的《货币的性质和作用》,并做摘录。

3月,研究李嘉图的《金银条块价格高昂论》、图克的《货币流通理论研究》和托伦斯的《关于1844年银行特许法和应用》等书,并重读斯密的《国富论》。

5月,马克思在大英博物馆图书馆中研究凯里的《工资率的探讨》、《政治经济学原理》和《过去、现在、将来》,以及马尔萨斯的《经济学原理》,并做了摘录。

6月,阅读马尔萨斯的《价值尺度论》、托伦斯的《论财富的生产》、凯里的《经济论文集》、莱文斯顿的《论公债制度及其影响》、霍吉斯金的《通俗政治经济学》、琼斯的《政治经济学绪论》、拉赛姆的《论财富的分配》等论著,并做了摘要。

7月,阅读霍吉斯金的《劳动保护论》、欧文的《工业体系》、菲尔的《工厂制度的危害》。此外还研究农业和地租问题,特别是安德森、霍吉斯金和李嘉图的有关论著,马克思还阅读了李比希的《有机化学》。

7月下旬,阅读马尔萨斯的《人口原理》。

8—11月,研究土地所有制的历史、殖民问题、人口问题、信贷问题和银行制度问题等,主要是萨默斯、劳顿、威克菲尔德、普莱斯克特、霍吉斯金、凯特勒、唐森、马尔萨斯、休谟、格雷、达布尔德、艾利生、哈德卡斯耳、普莱斯、麦克库洛赫的论著,并做了大量摘录及评述。同时,马克思还研究了农艺学和农业化学问题。

8月上半月,研讨蒲鲁东的新著《19世纪革命的总观念》。在给恩格斯的信中详细讨论了蒲鲁东这部著作的内容,并请恩格斯发表意见。

8月下半月至10月,恩格斯研讨蒲鲁东的《19世纪革命的总观念》,并写了一篇评论。恩格斯将这篇评论寄给马克思。马克思决定把它作为自己准备写作的一篇驳斥蒲鲁东的著作的基础。

9月底至10月,马克思为了研究机器生产对工人劳动的影响,阅读有关技术史方面的著作,从波佩、贝克曼和尤果的著作中作了大量的摘录。

11月下半月,读蒲鲁东的《无息信贷》一书,并对该书作了彻底否定的评价。

12月29日至1852年3月25日,写作《路易·波拿巴的雾月十八日》一书。

1852年3月5日,在给魏德迈的信中阐述了他对阶级与阶级斗争的新贡献。

7—8月,研究世界通史、国家机构史、艺术史、各个不同时代妇女状况等方面的问题。主要阅读马基雅弗利、休里曼、西斯蒙第、艾希霍恩、布特维尔克、荣克、赛居尔等人的论著,并做摘录。

1853年1—3月,研究货币理论和政治经济学的其他问题,同时还研究文化史和斯拉夫人的历史。主要阅读加利阿尼、瓦克斯穆特、考尔福斯等人的论著,并做摘要。

3月下半月至4月,马克思准备创立自己的政治经济学理论。他开始进一步深入研究政治经济学。阅读英国政治经济学论著,主要是斯宾塞、纽曼、奥布载克、班菲尔德等人的论著。他开始特别注意货币流通、土地和地租、人口以及国家在经济生活中的作用等问题。

4—5月,马克思研究了亚洲殖民地和附属国的历史。阅读麦克库洛赫、克列姆、贝尔尼埃等人的论著。马克思还研究英国议会的蓝皮书和东印度公司的历史。

6月,马克思与恩格斯在通信中讨论了东方(土耳其、波斯、印度斯坦)没有私有制的问题,并认为这是理解古代东方的一把钥匙。

1854年3月底至4月初,马克思研究东方问题,阅读哈麦尔的《奥斯曼帝国史》。

4月底至5月初,马克思开始研究西班牙文,阅读龙德的论著、塞万提斯的《唐·吉诃德》等书。

7月下旬,马克思阅读1853年出版的历史学家梯也里的《第三等级形成和发展的历史》一书,并做摘录。

12月到1855年1月,马克思开始重新阅读自己前几年写下的政治经济学笔记,做了简单的纲要,并且加上了"货币信贷、危机"的字样,同时,在每一个条目下注明了作者和自己笔记本的页码。

2月底,马克思研究古罗马的历史,摘录尼布尔的《罗马史》(三卷)。

1856年10月,由于经济危机的临近,马克思加紧研究政治经济学。

1857年7月,马克思写作关于凯里和巴师夏的文章,并将其收进手稿中。

8月底至9月中旬,马克思撰写"导言",但没有完成。10月至1858年5月,马克思写了一部经济学手稿,它是由七个笔记本组成的鸿篇巨作,标题为《政治经济学批判》。后来一般被称作《1857—1858年经济学手稿》,而从这本书的实际内容来看,称为《1857—1858年哲学—经济学手稿》更准确一些。

1858年1月上旬,马克思在探讨利润时,重读黑格尔的《逻辑学》。写信给恩格斯,表示如果有时间,打算用三个印张把黑格尔辩证法的合理东西加以阐述。

4月2日,马克思致信恩格斯,说明他的经济学著作的六册计划,即:1.资本,2.地产,3.雇佣劳动,4.国家,5.国际贸易,6.世界市场。

6月上旬,马克思为自己写作的《1857—1858年经济学手稿》编制索引。

8月初至11月中旬,马克思开始写作六册本的政治经济学著作的第一分册。

11月12日,马克思在致恩格斯的信中这样评价《1857—1858年经济学手稿》:1.是他15年,即"我一生的黄金时代的研究成果";2.它第一次科学地表述了对社会关系具有重要意义的观点。

1859年2月23日,马克思完成《政治经济学批判》序言,并寄给出版商。

2—3月,马克思重新编制了《1857—1858年经济学手稿》七个笔记本的索引,并将其标注为《我自己的笔记本的提要》。

6月11日,马克思的《政治经济学批判》第一分册在柏林出版。

1860年7月,马克思写作《福格特先生》。

11月底至12月19日,马克思阅读达尔文的《物种起源》一书。

1861年6月上旬,马克思又继续写作已经中断一年多的政治经济学论著。

8月至1863年7月,马克思写下23个笔记本的《政治经济学批判》手稿。后来被称为《政治经济学批判(1861—1863年手稿)》(共1472页)。

1863年8月至1865年12月,马克思完成《资本论》三卷的新手稿。

1866年2月13日左右,马克思依照恩格斯的建议,决定先出版《资本论》第一卷。

1867年3月27日,马克思誊写完《资本论》第一卷。

9月14日,《资本论》第一卷在汉堡出版。

1868年3月14日,马克思在大英博物馆图书馆中阅读德国历史学家毛勒的论著。

11月初,马克思研究地租和土地关系的文献,特别注意村社以及不同时代村社在特定民族的社会经济制度中的地位和作用。

1869年1—2月,马克思翻阅1868年度英国的《金融市场评论》和《经济学家》,并做大量摘录。

2月13日到8月,马克思阅读有关信贷和银行流通问题的文献,摘录约·莱·福斯特、费勒、奥德曼等人的论著。

4月,马克思继续写作《资本论》。

年底,为了研究俄国土地所有制问题,马克思开始学习俄文。

1870年2月,马克思研究列罗夫斯基的《俄国工人阶级的状况》一书。

4—5月,马克思研究爱尔兰问题,特别是关于地租问题。

8月至1871年初,研究车尔尼雪夫斯基论著。

1871—1872年,马克思从事《资本论》第一卷的德文第二版与法文版的校订和出版工作。

1873年2月,马克思研究基贝尔的《李嘉图的价值和资本理论》一书。

7—10月,马克思研究俄国土地占有制的历史。

1874年2—3月,马克思研究植物生理学和土壤的人工施肥问题,阅读李比希等人有关农业化学方面的论著。

1875年9月20日至10月,马克思又开始研究政治经济学,特别是俄国土地问题。

11月,马克思研究农业化学、物理学。

1876年2月中旬,马克思在研究地租时,对凯里关于地租的观点写下了几段评语。

4月,马克思打算研究美国农业和土地所有制问题。

5—6月,马克思研究公社所有制形式,阅读德国历史学家格·路·毛勒的论著。

12月,马克思阅读格·汉森、费·卡尔德纲斯关于西班牙土地所有制历史的论著。

1877年1—12月,马克思继续研究俄国改革后经济和社会政治的发展情况,特别是俄国的土地关系。阅读亚·伊·瓦西里契柯夫的《俄国和欧洲其他国家的土地占有制和农业》(第1—2卷)、米·瓦·涅鲁切夫的《俄国土地占有制和农业》、伊·伊·考夫曼的《价格波动论》和《论货币和信贷学说》第一分册、卡·克尼斯的《货币》和《货币基本学说论》等书。

4—9月,马克思写下了恩格斯称之为《资本论》第二卷的第五稿(共193页)。

11月到1878年6月,马克思写下了恩格斯称之为《资本论》第二卷的第六稿(共62页)。

12月,马克思再次研究罗·欧文的著作。

1878年3月底至5月,马克思阅读考夫曼的银行业的理论与实践,在做摘要的同时,写下不少有关这方面的意见。

7月2日,马克思写下恩格斯称之为《资本论》第二卷的第七稿(共23页)。

12月,马克思继续研究金融和银行业,阅读了奥·吉斯特·达贝尔、约·加西奥等人的论著,并做了大量摘录。

1879年7月到1880年11月,马克思对已经出版的阿·瓦格纳的政治经济学教科书提出批评意见。

1879年10月至1880年10月,马克思阅读并摘录柯瓦列夫斯基关于俄国公社制度的论著。

1880年到1881年间,马克思撰写了被恩格斯称之为《资本论》第二卷的第八稿(共234页)。

1881年5月至1882年2月,马克思研究原始公社制度问题,写下关于摩尔根的《古代社会》一书的摘录,在其中马克思发表了大量评论。

1882年6月至1883年1月,马克思研究有机化学和无机化学。

3月14日,马克思在伦敦逝世。

附录四 《马克思恩格斯全集》（历史考证版）介绍[①]

（1）MEGA 版的基本情况

20 世纪 20 年代，受共产国际第五次代表大会委托，苏共中央研究院（当时为马克思恩格斯研究院，Marx-Engels-Institut）编译出版《马克思恩格斯全集》历史考证版（*Marx-Engels-Gesamtausgabe*，简称 *MEGA1*），该项工作由梁赞诺夫（David Rjasanov）主持。1924 年开始编辑，1927 年正式出书。1931 年，梁赞诺夫被解除职务，此项工作由阿多拉茨基接任主持。MEGA1 原定四个部分共 40 卷（42 册），即第一部分一般论著 17 卷，第二部分是《资本论》及其准备材料 13 卷，第三部分是书信 10 卷，第四部分为索引卷。后来实际共出版 12 卷（13 册），其中第一部分一般论著 7 卷共 8 册（1927—1935），第三部分书信 4 卷（1929 1931）。后来，以专卷的形式出版了《反杜林论》。第二部分《资本论》及其手稿没有正式出版，仅在 1939 年以分卷形式出版了《政治经济学批判（1857—1858 年经济学手稿）》。其中，在梁赞诺夫主持下出版的有第一

[①] 该资料由本书作者第二版修订。

部分第 1—2 卷和第三部分第 1—3 卷(1927—1931),后面的 7 卷由阿多拉茨基负责编辑和出版。后来,由于德国法西斯上台和第二次世界大战的爆发,MEGA1 的所有相关工作被迫停止。①

20 世纪 60 年代开始,苏共中央与德国统一社会党中央一起决定编辑 MEGA2。此项工程由东德与苏联共产党中央委员会所属的"马克思列宁主义研究院"②共同主持。MEGA2 四个部分的文本内容和编排结构基本同 MEGA1。1972 年,首先编辑出版发行的试行本(Probeband)采用了试验出版(Probestücke)的形式,试验性地再现 MEGA 四个部分(Abteilung)结构中的代表性文本。该试验印刷本被散发给各国的专家,为考量 MEGA2 文本编辑和出版形式发挥了重要作用。1975 年,MEGA2 由柏林狄茨出版社正式开始出版。原计划 100 卷,20 世纪 90 年代出齐。后来,卷数扩大至 120—170 余卷,其中,MEGA2 第四部分除去原先计划中的笔记部分之外,还计划将马克思和恩格斯的藏书目录及上面所写的阅读批注——栏外边注(sprechende Marginalien)、记号、划线等——全部编辑收录。作为将之具体化的准备工作,1983 年发行了 MEGA2 第四部分的批注集试编本(Marginalien. Probestück)。由此,MEGA2 第四部分就形成了新的第 1 编 40 卷(笔记部分)和第 2 编 30 卷(收录藏书的注释目录及批注集等)的新计划,这样,MEGA2 的完成时间推延到 21 世纪,柏林勃兰登堡科学院 MEGA2 编辑组预计将于 2025 年完成此出版项目。

在苏联、东欧事变之后,柏林和莫斯科的马克思列宁主义研究院(IML)解散,MEGA2 的出版一度停顿下来,受到严重影响。1993 年以后,MEGA2 转由新成立的"国际马克思恩格斯基金会"(Internationale

---

① 令人惊喜的是,2018 年,上海古籍出版社正式影印出版了全部 MEGA1,共计 12 卷。
② 1920 年成立的苏共中央"马克思恩格斯研究院",自梁赞诺夫于 1932 年被流放后,更名为"马克思恩格斯列宁研究院"(Marx-Engels-Lenin-Institut),直至 1952 年。在 1953 到 1955 年之间,则叫做"马克思恩格斯列宁斯大林研究院"(Marx-Engels-Lenin-Stalin-Institut),而在 1955 年之后一直到苏共垮台,都称为"马克思列宁主义研究院"(Institut für Marxismus-Leninismus)。

Marx-Engels-Stiftung，简称为 IMES)组织出版。1995 年在"基金会"的领导下，制定了新出版计划，卷数确定为 114 卷。第一部分(著作，论文)，计划 33 卷，现改为 32 卷；第二部分(《资本论》及准备著作)，原计划 16 卷 24 册，现改为 15 卷 24 册；第三部分(来往书信)，原计划 45 卷，现改为 35 卷；第四部分第 1 编(摘录，笔记)，原计划 40 卷，现改为 31 卷，第 2 编(藏书与栏外边注)，原计划 30 卷，现为 1 卷。其中，作为 MEGA2 第四部分的末卷第 32 卷共计 3 册，3 册的内容为：Ⅳ/32.1 为藏书的注释目录，Ⅳ/32.2 为藏书文本中出现的见诸语言的边注本，Ⅳ/32.3 则刊载对各藏书中出现的各种阅读痕迹所作的注释。1999 年，编辑组织者发行了作为先行本的 MEGA Ⅳ/32 暂定版(Vorauspublikation)，先行出版了相当于 MEGA Ⅳ/32 前部分的注释目录，这一试编本则成为以后栏外边注本编纂的一个参考书。2004 年，《马克思恩格斯年鉴(2003)》①出版了由陶伯特女士等编辑整理的《德意志意识形态》的"暂定版"，刊载了第 1 卷的"Ⅰ.费尔巴哈"、"莱比锡宗教会议"、"Ⅱ.圣布鲁诺"，并包括作为附录的魏德迈(Joseph Weydemeyer)执笔的"布鲁诺·鲍威尔及其辩护士"。

直到今天，MEGA2 的编辑出版计划始终在不断的调整中。

(2) MEGA1 出版简目②

原计划四部分，除索引卷外共 40 卷，至 1935 年共出版了 12 卷(其中

---

① MEGA 编辑组织者为了其出版准备过程及出版后订正勘误的需要，在出版 MEGA 的同时，也发行出版了相应的研究性杂志。对于 MEGA1 而言，最初的相关研究杂志是梁赞诺夫发行的两卷《马克思恩格斯文稿》(Marx-Engels-Archiv，1926—1927)。1975 年以来，随着 MEGA2 的出版，编辑组织者发行了《马克思恩格斯年鉴》(Marx-Engels-Jahrbuch，1978—1991)，有 13 卷。1993 年开始，MEGA 的出版权转交至 IMES 之后，《MEGA 研究》(MEGA-Studien，1994—2002)便作为同伴杂志刊行。该杂志为半年鉴，正常发行至 1998 年，但 1999 年只发行了一卷便中断了(共发行 11 卷)。2003 年，《MEGA 研究》再一次更名为《马克思恩格斯年鉴》(Marx-Engels-Jahrbuch)。该杂志虽然复原了德国统一之前《马克思恩格斯年鉴》的体制，但只标明年份，而不再标有总卷号。目前已经出版 2003—2007 号。
② MEGA1 第一部分第 4、5、6 卷曾以不同出版社名义出版，这里将出版信息一并列出。

第一部分第1卷分上下册),其中在梁赞诺夫主持下出版的有第一部分第1—2卷和第三部分第1—3卷(1927—1931)。因 MEGA1 的实际出版卷次与计划卷次之间存在一定距离,这里仅列举已出版卷次简目。

第一部分:《资本论》以外的全部著作和文章

第1卷(上):马克思的博士论文及手稿,若干诗歌,《莱茵报》时期撰写的稿件,《黑格尔法哲学批判》部分手稿,以及《德法年鉴》期间的通信和为德法年鉴撰写的两篇文章。

Marx/Engels Gesamtausgabe

Erste Abteilung: Sämtliche Werke und Schriften mit Ausnahme des $<Kapital>$

Band 1: Marx: Werk und Schriften bis Anfang 1844 nebst Briefen und Dokumenten

Erster Halbband: Werke und Schriften

Marx-Engels-Archiv Verlagsgesellschaft M. B. H. Frankfurt a. M. 1927, LXXXIV, 626 S.

第1卷(下):马克思1837年的诗歌,1840—1843年间马克思的摘录(柏林笔记、波恩笔记、克罗茨纳赫笔记),以及包含青年马克思给家人的通信和若干文件的附录。

Marx/Engels Gesamtausgabe

Erste Abteilung: Sämtliche Werke und Schriften mit Ausnahme des $<Kapital>$

Band 1: Marx: Werk und Schriften bis Anfang 1844 nebst Briefen und Dokumenten

Zweiter Halbband: Jugendarbeiten/Nachträge/Brief und Dokumente

Marx-Engels Verlag G. M. B. H. Berlin 1929, XLV, 371 S.

第 2 卷：青年恩格斯 1838—1841 年间不莱梅期间的诗歌，1839—1841 年间的报道文章（乌伯塔尔），1841—1842 年间在柏林的哲学研究和政论时评文章，以及 1843 年在瑞士和英国期间撰写的评论文章与书信，以及青年恩格斯的书信和文件。

Marx/Engels Gesamtausgabe

Erste Abteilung：Sämtliche Werke und Schriften mit Ausnahme des <*Kapital*>

Band 2：Friedrich Engels：Werk und Schriften bis 1844 nebst Briefen und Dokumenten

Marx-Engels Verlag G. M. B. H. Berlin 1930，LXXXII，692 S.

第 3 卷：马克思为《前进报》撰写的文章，《1844 年经济学哲学手稿》，《神圣家族》，以及 1844 年初到 1845 年初的其他摘录和经济学手稿。

Marx/Engels Gesamtausgabe

Erste Abteilung：Sämtliche Werke und Schriften mit Ausnahme des <*Kapital*>

Band 3：Karl Marx/Friedrich Engels：Die Heilige Familie und Schriften von Marx von Anfang 1844 bis Anfang 1845

Marx-Engels Verlag G. M. B. H. Berlin 1930，XXI，640 S.

第 4 卷：恩格斯《英国工人阶级状况》，青年恩格斯论英国史和社会主义、共产主义等问题的文章以及通信。

Marx/Engels Gesamtausgabe

Erste Abteilung：Sämtliche Werke und Schriften mit Ausnahme des <*Kapital*>

Band 4：Friedrich Engels：Die Lage der Arbeitenden Klasse in England und andere Schriften von August 1844 bis Juni 1846

Marx-Engels Verlag G. M. B. H. Berlin 1932，XX，558 S.

Marx/Engels Gesamtausgabe

Erste Abteilung: Sämtliche Werke und Schriften mit Ausnahme des <Kapital>

Band 4: Friedrich Engels: Die Lage der Arbeitenden Klasse in England und andere Schriften von August 1844 bis Juni 1846

Verlagsgenossenschaft Ausländische Arbeiter in der UdSSR, Moskau-Leningrad, 1933, XX, 558 S.

第 5 卷:《德意志意识形态》全文。

Marx/Engels Gesamtausgabe

Erste Abteilung: Sämtliche Werke und Schriften mit Ausnahme des <Kapital>

Band 5: Karl Marx/Friedrich Engels: Die Deutsche Ideologie. Kritik der Neuesten Deutschen Philosophie in Ihren Repräsenten, Feuerbach, B. Bauer und Stirner, und des Deutschen Sozialismus in Seinen Verschiedenen Propheten 1845－1846

Marx-Engels Verlag G. M. B. H. Berlin 1932, XIX, 706 S.

Marx/Engels Gesamtausgabe

Erste Abteilung: Sämtliche Werke und Schriften mit Ausnahme des <Kapital>

Band 5: Karl Marx/Friedrich Engels: Die Deutsche Ideologie. Kritik der Neuesten Deutschen Philosophie in Ihren Repräsenten, Feuerbach, B. Bauer und Stirner, und des Deutschen Sozialismus in Seinen Verschiedenen Propheten 1845－1846

Verlag für Literatur und Politik, Wien-Berlin, 1932, XIX, 636 S.

Marx/Engels Gesamtausgabe

Erste Abteilung: Sämtliche Werke und Schriften mit Ausnahme des <Kapital>

Band 5: Karl Marx/Friedrich Engels: Die Deutsche Ideologie. Kritik der Neuesten Deutschen Philosophie in Ihren Repräsenten, Feuerbach, B. Bauer und Stirner, und des Deutschen Sozialismus in Seinen Verschiedenen Propheten 1845‐1846

Verlagsgenossenschaft Ausländische Arbeiter in der UdSSR, Moskau-Leningrad, 1933, XIX, 706 S.

第6卷：马克思恩格斯若干其他论真正社会主义的文章，《哲学的贫困》，马克思恩格斯1847年3月—1848年3月的革命文章；马克思《论自由贸易》、《雇佣劳动与资本》，马克思恩格斯《共产党宣言》

Marx/Engels Gesamtausgabe

Erste Abteilung: Sämtliche Werke und Schriften mit Ausnahme des <Kapital>

Band 6: Karl Marx/ Friedrich Engels: Werke und Schriften von Mai 1846 bins März 1848

Marx-Engels Verlag G. M. B. H. Berlin 1932, XXI, 746 S.

Marx/Engels Gesamtausgabe

Erste Abteilung: Sämtliche Werke und Schriften mit Ausnahme des <Kapital>

Band 6: Karl Marx/ Friedrich Engels: Werke und Schriften von Mai 1846 bins März 1848

Verlagsgenossenschaft Ausländische Arbeiter in der UdSSR, Moskau-Leningrad, 1933, XXI, 746 S.

第7卷：主要为1848年6月1日—12月31日间马克思恩格斯在

《新莱茵报》上的文章。

Marx/Engels Gesamtausgabe

Erste Abteilung: Sämtliche Werke und Schriften mit Ausnahme des <Kapital>

Band 7: Karl Marx/ Friedrich Engels: Werke und Schriften von März bis Dezember 1848

Marx-Engels Verlag G. M. B. H. Moskau 1935, XXII, 768 S.

第二部分:《资本论》及其准备稿

未正式出版,仅以专卷形式出版了《政治经济学批判(1857—1858年经济学手稿)》。

《政治经济学批判(1857—1858年经济学手稿)》专卷

第一分卷

Karl Marx: Grundrisseder Kritik der Politischen Ökonomie (Rohentwurf) 1857‐1858

Verlag für Fremdsprachlichige Literatur. Moskau 1939, XVI, 764 S.

第二分卷

Karl Marx: Grundrisseder Kritik der Politischen Ökonomie (Rohentwurf) 1857‐1858

Verlag für Fremdsprachlichige Literatur. Moskau 1941, S. 769‐1103

第三部分:通信

第1卷:马克思与恩格斯1844年至1853年间的通信

Marx/Engels Gesamtausgabe

Dritte Abteilung: Briefwechsel

Band 1: Der Briefwechsel zwischen Marx und Engels 1844 – 1853

Marx-Engels Verlag G. M. B. H. Berlin 1929，L，539 S.

第 2 卷：马克思与恩格斯 1854 年至 1860 年间的通信

Marx/Engels Gesamtausgabe

Dritte Abteilung：Briefwechsel

Band 1: Der Briefwechsel zwischen Marx und Engels 1854 – 1860

Marx-Engels Verlag G. M. B. H. Berlin 1930，XXI，564 S.

第 3 卷：马克思与恩格斯 1861 年至 1867 年间的通信

Marx/Engels Gesamtausgabe

Dritte Abteilung：Briefwechsel

Band 1: Der Briefwechsel zwischen Marx und Engels 1861 – 1867

Marx-Engels Verlag G. M. B. H. Berlin 1930，XXIII，488 S.

第 4 卷：马克思与恩格斯 1868 年至 1883 年间的通信

Marx/Engels Gesamtausgabe

Dritte Abteilung：Briefwechsel

Band 1: Der Briefwechsel zwischen Marx und Engels 1868 – 1883

Marx-Engels Verlag G. M. B. H. Berlin 1931，XVI，759 S.

第四部分：总索引

未出版。

《反杜林论》与《自然辩证法》专卷(1835 年)

Marx/Engels Gesamtausgabe

Friedrich Engels: Herrn Eugen Dührings Umwälzung der Wissenschaft/ Dialektik der Natur 1873 – 1882

Sonderausgabe zum Vierzigsten Todestage von Friedrich Engels

Marx-Engels Verlag G. M. B. H. Moskau 1935,XLVII,846 S.

(3) *MEGA2* 出版简目(修订计划)[①]

1989年以前原计划为总卷133卷,142册;加上第四部分原计划出版的批注书目30卷,共163卷,172册。现已经有部分调整,总卷数为114卷,共125册。以下根据有关资料对 *MEGA2* 的基本内容作一介绍:

《*MEGA2* 编纂体例》。1993年已出版。

Karl Marx / Friedrich Engels Gesamtausgabe（MEGA）

Beiband： Editionsrichtlinien der *Marx-Engels-Gesamtausgabe*（***MEGA***）

1993. 239 S. , gb.

ISBN 978-3-05-003350-1

第一部分:著作、文章及手稿 (Abt. 1: Werke, Artikel, Entwürfe)

共32卷。

★第1卷[②]:马克思1843年3月以前的著作。第一部分:《德谟克利特自然哲学和伊壁鸠鲁自然哲学的差别》、《莱茵报》上发表的政论文章(《关于第六届莱茵省议会的辩论》的三篇论文);第二部分:中学毕业考试时的作文,文学习作。1975年已出版。

Karl Marx / Friedrich Engels Gesamtausgabe（MEGA）

Abt. 1: Werke, Artikel, Entwürfe

Bd. 1: Karl Marx: Werke, Artikel, literarische Versuche bis März

---

[①] *MEGA2* 各卷次出版情况引自柏林勃兰登堡科学院截至2020年10月公布的信息,卷次版本若有再版,依据最新版本。——本书作者第四版修订注。

[②] 该目录中带有★的卷次与马克思哲学思想发展密切相关,它们都标出了具体内容,而其他卷次则只是简目。

1843

1975. LXXXVIII, 1337 S., 17 Abb.

ISBN 978 – 3 – 05 – 003351 – 8

★第2卷：马克思1843年3月至1844年8月的著作。《德法年鉴》上发表的文章(《论犹太人问题》、《黑格尔法哲学批判》及其导言)，巴黎《前进报》上发表的文章，《1844年经济学哲学手稿》(以写作时间和原计划方案两种方式发表)。1982年已出版，2009年再版。

Karl Marx / Friedrich Engels Gesamtausgabe（MEGA）

Abt. 1: Werke, Artikel, Entwürfe

Bd. 2: Karl Marx: März 1843 bis August 1844

2009. LXIV, 1018 S., 45 Abb.

ISBN 978 – 3 – 05 – 004281 – 7

第3卷：恩格斯1844年8月以前的著作(《国民经济学批判大纲》等)。1985年已出版。

Karl Marx / Friedrich Engels Gesamtausgabe（MEGA）

Abt. 1: Werke, Artikel, Entwürfe

Bd. 3: Friedrich Engels: Werke, Artikel, Entwürfe bis August 1844

1985. LXII, 1372 S., 46 Abb.

ISBN 978 – 3 – 05 – 003353 – 2

★第4卷：马克思恩格斯1844年8月至1845年12月间的著作(《神圣家族》、马克思的《评弗里德里希·李斯特的著作〈政治经济学的国民体系〉》、《关于费尔巴哈的提纲》、《英国工人阶级状况》等)。

★第5卷：专题卷。马克思恩格斯的《德意志意识形态》。2017年已出版。

Karl Marx / Friedrich Engels Gesamtausgabe（MEGA）

Abt. 1：Werke，Artikel，Entwürfe

Bd. 5：Werke，Artikel，Entwürfe，Deutsche Ideologie. Manuskripte und Drucke.

2017. XII，1894 S. ，52 Abb.

ISBN 978－3－11－048577－6

★第6卷：马克思恩格斯1846年至1848年2月间的著作（马克思的《哲学的贫困》、马克思恩格斯的《共产党宣言》等）。

第7卷：马克思恩格斯在《新莱茵报》上发表的文章。2016年已出版。

Karl Marx / Friedrich Engels Gesamtausgabe（MEGA）

Abt. 1：Werke，Artikel，Entwürfe

Bd. 7：Werke，Artikel，Entwürfe，Februar bis Oktober 1848 (*Publizistik：Neue Rheinische Zeitung u. a.*)

2016. XVII，1774 S. ，8 Abb.

ISBN 978－3－11－045760－5

第8卷：同上。

第9卷：同上。

★第10卷：马克思恩格斯1849年7月至1851年6月的著作。主要是发表在《新莱茵报. 政治经济评论》上的文章（马克思的《1848年至1850年的法兰西阶级斗争》等）。1977年已出版。

Karl Marx / Friedrich Engels Gesamtausgabe（MEGA）

Abt. 1：Werke，Artikel，Entwürfe

Bd. 10：Karl Marx / Friedrich Engels：Werke，Artikel，Entwürfe，

Juli 1849 bis Juni 1851

1977. L，1216 S.，18 Abb.

ISBN 978 - 3 - 05 - 003354 - 9

★第 11 卷：马克思恩格斯 1851 年 7 月至 1852 年 12 月的著作（马克思的《路易·波拿巴的雾月十八日》，以及《德国的革命与反革命》、《流亡中的大人物》等）。1985 年已出版。

Karl Marx / Friedrich Engels Gesamtausgabe（MEGA）

Abt. 1：Werke，Artikel，Entwürfe

Bd. 11：Karl Marx / Friedrich Engels：Werke，Artikel，Entwürfe，Juli 1851 bis Dezember 1852

1985. XLII，1233 S.，18 Abb.

ISBN 978 - 3 - 05 - 003355 - 6

第 12 卷：马克思恩格斯 1853 年 1—12 月的著作（主要是发表在《纽约每日论坛报》、《人民报》、《改革报》上的文章）。1984 年已出版。

Karl Marx / Friedrich Engels Gesamtausgabe（MEGA）

Abt. 1：Werke，Artikel，Entwürfe

Bd. 12：Karl Marx / Friedrich Engels：Werke，Artikel，Entwürfe，Januar bis Dezember 1853

1984. XLVIII，1290 S.，9 Abb.

ISBN 978 - 3 - 05 - 003356 - 3

第 13 卷：马克思恩格斯 1854 年 1—12 月的著作（主要是发表在《纽约每日论坛报》上的文章）。1985 年已出版。

Karl Marx / Friedrich Engels Gesamtausgabe（MEGA）

Abt. 1：Werke，Artikel，Entwürfe

Bd. 13：Karl Marx / Friedrich Engels：Werke，Artikel，Entwürfe，

Januar bis Dezember 1854

1985. XLVII, 1199 S., 13 Abb., 12 Karten.

ISBN 978-3-05-003357-0

第14卷：马克思恩格斯1855年1—12月的著作。2001年已出版。

Karl Marx / Friedrich Engels Gesamtausgabe（MEGA）

Abt. 1：Werke, Artikel, Entwürfe

Bd. 14：Karl Marx / Friedrich Engels：Werke, Artikel, Entwürfe, Januar bis Dezember 1855

2001. XV, 1695 S., 13 Abb.

ISBN 978-3-05-003610-6

第15卷：马克思恩格斯1856年1月至1857年9月的著作。

第16卷：马克思恩格斯1857年10月至1858年12月的著作（主要是发表在《纽约每日论坛报》、新美国百科全书上的文章）。2018年已出版。

Karl Marx / Friedrich Engels Gesamtausgabe（MEGA）

Abt. 1：Werke, Artikel, Entwürfe

Bd. 16：Karl Marx / Friedrich Engels：Werke, Artikel, Entwürfe, Oktober 1857 bis Dezember 1858（Publizistik：New-York Tribune；Lexikonartikel：New American Cyclopædia）

2018. X, 1181 S., 25 Abb.

ISBN 978-3-11-051767-5

第17卷：马克思恩格斯1859年1月至10月的著作。

第18卷：马克思恩格斯1859年10月至1860年12月的著作（马克

思的《福格特先生》等）。1984 年已出版。

Karl Marx / Friedrich Engels Gesamtausgabe（MEGA）

Abt. 1：Werke，Artikel，Entwürfe

Bd. 18：Karl Marx / Friedrich Engels：Werke，Artikel，Entwürfe，Oktober 1859 bis Dezember 1860

1984. XXXVII，1155 S.，11 Abb.，2 Karten.

ISBN 978 - 3 - 05 - 003358 - 7

第 19 卷：马克思恩格斯 1861 年 1 月至 1864 年 8 月的著作。

第 20 卷：马克思恩格斯 1864 年 9 月至 1867 年 9 月的著作。1992 年已出版，2003 年再版。

Karl Marx / Friedrich Engels Gesamtausgabe（MEGA）

Abt. 1：Werke，Artikel，Entwürfe

Bd. 20：Karl Marx / Friedrich Engels：Werke，Artikel，Entwürfe，September 1864 bis September 1867

2003. LVII，2040 S.，34 Abb.，1 Karte.

ISBN 978 - 3 - 05 - 003359 - 4

第 21 卷：马克思恩格斯 1867 年 9 月至 1871 年 3 月的著作。2009 年已出版。

Karl Marx / Friedrich Engels Gesamtausgabe（MEGA）

Abt. 1：Werke，Artikel，Entwürfe

Bd. 21：Karl Marx / Friedrich Engels：Werke，Artikel，Entwürfe，September 1867 bis März 1871

2009. XX，2432 S.，18 Abb.

ISBN 978 - 3 - 05 - 004588 - 7

★第 22 卷：马克思恩格斯 1871 年 3—11 月的著作（马克思的《法兰西内战》及其手稿等）。1978 年已出版。

Karl Marx / Friedrich Engels Gesamtausgabe（MEGA）

Abt. 1：Werke，Artikel，Entwürfe

Bd. 22：Karl Marx / Friedrich Engels：Werke，Artikel，Entwürfe，März bis November 1871

1978. LVIII，1541 S.，36 Abb.

ISBN 978 - 3 - 05 - 003360 - 0

第 23 卷：马克思恩格斯 1871 年 11 月至 1872 年 12 月的著作。

第 24 卷：马克思恩格斯 1872 年 12 月至 1875 年 5 月的著作。1984 年已出版。

Karl Marx / Friedrich Engels Gesamtausgabe（MEGA）

Abt. 1：Werke，Artikel，Entwürfe

Bd. 24：Karl Marx / Friedrich Engels：Werke，Artikel，Entwürfe，Dezember 1872 bis Mai 1875

1984. XLVIII，1375 S.，25 Abb.

ISBN 978 - 3 - 05 - 003361 - 7

★第 25 卷：马克思恩格斯 1875 年 5 月至 1883 年 5 月的著作（马克思的《哥达纲领批判》等）。1985 年已出版。

Karl Marx / Friedrich Engels Gesamtausgabe（MEGA）

Abt. 1：Werke，Artikel，Entwürfe

Bd. 25：Karl Marx / Friedrich Engels：Werke，Artikel，Entwürfe，Mai 1875 bis Mai 1883

1985. LVI，1320 S.，26 Abb.

ISBN 978 - 3 - 05 - 003362 - 4

第26卷：专题卷。恩格斯《自然辩证法》及其手稿(1873—1882)，其中《自然辩证法》以写作时间和恩格斯原计划方案两种编排方式同时发表。1985年已出版。

Karl Marx / Friedrich Engels Gesamtausgabe（MEGA）

Abt. 1：Werke, Artikel, Entwürfe

Bd. 26：Friedrich Engels：Dialektik der Natur（1873‑1882）

1985. LXXII，1111 S. ，35 Abb.

ISBN 978‑3‑05‑003363‑1

第27卷：专题卷。恩格斯《反杜林论》及其手稿、《空想社会主义和科学社会主义》(英德文译本)。1988年已出版。

Karl Marx / Friedrich Engels Gesamtausgabe（MEGA）

Abt. 1：Werke, Artikel, Entwürfe

Bd. 27：Friedrich Engels：Herrn Eugen Dührings Umwälzung der Wissenschaft（Anti-Dühring）

1988. LXXV，1444 S. ，34 Abb.

ISBN 978‑3‑05‑003364‑8

第28卷：专题卷。马克思《数学手稿》(1878—1881)。

第29卷：专题卷。恩格斯《家庭、私有制和国家的起源》。1990年已出版。

Karl Marx / Friedrich Engels Gesamtausgabe（MEGA）

Abt. 1：Werke, Artikel, Entwürfe

Bd. 29：Friedrich Engels：Der Ursprung der Familie, des Privateigentums und des Staats

1990. XLIX，898 S. ，11 Abb.

ISBN 978‑3‑05‑003365‑5

第 30 卷：马克思恩格斯 1883 年 6 月至 1886 年 9 月的著作，包括《路德维希·费尔巴哈和德国古典哲学的终结》等。2011 年已出版。

Karl Marx / Friedrich Engels Gesamtausgabe（MEGA）

Abt. 1：Werke，Artikel，Entwürfe

Bd. 30：Karl Marx / Friedrich Engels：Werke，Artikel，Entwürfe，März 1883 bis September 1886

2011. X，1154 S. ，25 Abb.

ISBN 978-3-05-004674-7

第 31 卷：恩格斯 1886 年 10 月至 1891 年 2 月的著作。2002 年已出版。

Karl Marx / Friedrich Engels Gesamtausgabe（MEGA）

Abt. 1：Werke，Artikel，Entwürfe

Bd. 31：Friedrich Engels，Werke，Artikel，Entwürfe，Oktober 1886 bis Februar 1891

2002. XVI，1440 S. ，23 Abb.

ISBN 978-3-05-003482-9

第 32 卷：恩格斯 1891 年 6 月至 1895 年 8 月的著作。2010 年已出版。

Karl Marx / Friedrich Engels Gesamtausgabe（MEGA）

Abt. 1：Werke，Artikel，Entwürfe

Bd. 32：Friedrich Engels，Werke，Artikel，Entwürfe，März 1891 bis August 1895

2010，XIV，1590 S. ，21 Abb.

ISBN 978-3-05-004593-1

第二部分:《资本论》及其手稿(Abt. 2: *Das Kapital* und Vorarbeiten)

共 15 卷,共 24 册(第 1 卷为 2 册,第 3 卷为 6 册,第 4 卷为 3 册,第 11 卷为 2 册)。原计划 16 卷,共 24 册。

★第 1 卷:马克思 1857—1858 年经济学手稿(共 2 册)。2 册分别于 1976 和 1981 年出版,2006 年再版。已出版电子版。

Karl Marx / Friedrich Engels Gesamtausgabe(MEGA)

Abt. 2:„Das Kapital" und Vorarbeiten

Bd. 1:Karl Marx:Ökonomische Manuskripte 1857/58

2006. XXIX, 1182 S., 27 Abb.

ISBN 978-3-05-004245-9

★第 2 卷:马克思 1858—1861 年经济学手稿和著作。主要是 1859 年出版的《政治经济学批判。第一分册》及其保存下来的原稿片断。1980 年已出版。

Karl Marx / Friedrich Engels Gesamtausgabe(MEGA)

Abt. 2:„Das Kapital" und Vorarbeiten

Bd. 2:Karl Marx:Ökonomische Manuskripte und Schriften,1858-1861

1980. XXXI, 507 S., 19 Abb.

ISBN 978-3-05-003368-6

★第 3 卷:马克思《政治经济学批判》(1861—1863 年手稿)。1976—1980 年分 6 册已出版。2013 年以 3 册形式再版。

Karl Marx / Friedrich Engels Gesamtausgabe(MEGA)

Abt. 2:„Das Kapital" und Vorarbeiten

Bd. 3:Karl Marx:Zur Kritik der politischen Ökonomie

（Manuskript 1861－1863）

in 3 Bänden, 2013.

ISBN 978－3－05－006004－0

Bd. 1., XC,1202 S.,38 Abb.

Bd. 2., XIV,1182 S.,64 Abb.

Bd. 3., 835 S.,19 Abb.

★第4卷：马克思1863—1867年经济学手稿（共3册）。第1册、第2册分别于1988年、1993年出版，并分别于2011年、2012年再版，第3册于2012年出版。已出版电子版。

Karl Marx / Friedrich Engels Gesamtausgabe（MEGA）

Abt. 2：„Das Kapital" und Vorarbeiten

Teilbd. 4.1：Karl Marx：Ökonomische Manuskripte 1863－1867 Teil 1

2011. XXVI, 1445 S., 26 Abb.

ISBN 978－3－05－004227－5

Karl Marx / Friedrich Engels Gesamtausgabe（MEGA）

Abt. 2：„Das Kapital" und Vorarbeiten

Teilbd. 4.2：Karl Marx：Ökonomische Manuskripte 1863－1867 Teil 2

2012. XXVI, 1445 S., 17 Abb.

ISBN 978－3－05－003376－1

Karl Marx / Friedrich Engels Gesamtausgabe（MEGA）

Abt. 2：„Das Kapital" und Vorarbeiten

Teilbd. 4.3：Karl Marx：Ökonomische Manuskripte 1863－1867 Teil 3

2012. XII, 1065 S. , 22 Abb.

ISBN 978 - 3 - 05 - 003866 - 7

★第 5 卷：马克思《资本论》第 1 卷，1867 年汉堡版。1983 年已出版。已出版电子版。

Karl Marx / Friedrich Engels Gesamtausgabe（MEGA）

Abt. 2：„Das Kapital" und Vorarbeiten

Bd. 5：Karl Marx：Das Kapital. Kritik der Politischen Ökonomie. Erster Band，Hamburg 1867

1983. LX，1092 S. , 12 Abb.

ISBN 978 - 3 - 05 - 003378 - 9

第 6 卷：马克思《资本论》第 1 卷，1872 年汉堡版。1987 年已出版。

Karl Marx / Friedrich Engels Gesamtausgabe（MEGA）

Abt. 2：„Das Kapital" und Vorarbeiten

Bd. 6：Karl Marx：Das Kapital. Kritik der Politischen Ökonomie. Erster Band，Hamburg 1872

1987. LI，1741 S. , 44 Abb.

ISBN 978 - 3 - 05 - 003378 - 5

★第 7 卷：马克思《资本论》第 1 卷(法文版)，1872—1875 年巴黎版。1989 年已出版。

Karl Marx / Friedrich Engels Gesamtausgabe（MEGA）

Abt. 2：„Das Kapital" und Vorarbeiten

Bd. 7：Karl Marx：Le Capital，Paris 1872 - 1875

1989. XLII，1441 S. ,26 Abb.

ISBN 978 - 3 - 05 - 003379 - 2

第 8 卷：马克思《资本论》第 1 卷，1883 年汉堡版。1989 年已出版。

Karl Marx / Friedrich Engels Gesamtausgabe（MEGA）

Abt. 2：„Das Kapital" und Vorarbeiten

Bd. 8：Karl Marx：Das Kapital. Kritik der Politischen Ökonomie. Erster Band，Hamburg 1883

1989. XLVI，1519 S.，34 Abb.

ISBN 978 - 3 - 05 - 003380 - 8

第 9 卷：马克思《资本论》第 1 卷（英文版），1887 年伦敦版。1990 年已出版。

Karl Marx / Friedrich Engels Gesamtausgabe（MEGA）

Abt. 2：„Das Kapital" und Vorarbeiten

Bd. 9：Karl Marx：Capital. A Critical Analysis of Capitalist Production，London 1887

1990. XXVIII，1183 S.，6 Abb.

ISBN 978 - 3 - 05 - 003381 - 5

第 10 卷：马克思《资本论》第 1 卷，1890 年汉堡版。1991 年已出版。

Karl Marx / Friedrich Engels Gesamtausgabe（MEGA）

Abt. 2：„Das Kapital" und Vorarbeiten

Bd. 10：Karl Marx：Das Kapital. Kritik der Politischen Ökonomie. Erster Band，Hamburg 1890

1991. XL，1288 S.，2 Abb.

ISBN 978 - 3 - 05 - 003382 - 2

第 11 卷：马克思《资本论》第 2 卷手稿（共 2 册）。2007 年已出版。已出版电子版。

Karl Marx / Friedrich Engels Gesamtausgabe（MEGA）

Abt. 2：„Das Kapital" und Vorarbeiten

Bd. 11：Karl Marx：Manuskripte zum zweiten Band des Kapitals

2007. ca. 1600 S. ,31 Abb.

ISBN 978 - 3 - 05 - 004177 - 3

第 12 卷：马克思《资本论》第 2 卷手稿,1884—1885 年。2005 年已出版。已出版电子版。

Karl Marx / Friedrich Engels Gesamtausgabe（MEGA）

Abt. 2：„Das Kapital" und Vorarbeiten

Bd. 12：Karl Marx：Das Kapital. Kritik der Politischen Ökonomie Zweites Buch：Der Zirkulationsprozeß des Kapitals. Redaktionsmanuskript von Friedrich Engels 1884/1885

2005. IX, 1329 S. , 41 Abb.

ISBN 978 - 3 - 05 - 004138 - 4

第 13 卷：马克思《资本论》第 2 卷,1885 年汉堡版。2008 年已出版。已电子化。

Karl Marx / Friedrich Engels Gesamtausgabe（MEGA）

Abt. 2：„Das Kapital" und Vorarbeiten

Bd. 13：Karl Marx：Das Kapital. Kritik der politischen Ökonomie. Zweiter Band. Herausgegeben von Friedrich Engels. Hamburg 1885

2008, IX, 800 S. , 4 Abb.

ISBN 978 - 3 - 05 - 004174 - 2

第 14 卷：马克思《资本论》第 2 卷手稿,1871—1895 年。2003 年已出版。已出版电子版。

Karl Marx / Friedrich Engels Gesamtausgabe（MEGA）

Abt. 2：„Das Kapital" und Vorarbeiten

Bd. 14: Karl Marx/Friedrich Engels: Manuskripte und redaktionelle Texte zum dritten Buch des "Kapital" 1871 bis 1895

2003. XI, 1138 S., 24 Abb.

ISBN 978-3-05-003733-2

第 15 卷：马克思《资本论》第 3 卷，1894 年汉堡版。2004 年已出版。已出版电子版。

Karl Marx / Friedrich Engels Gesamtausgabe（MEGA）

Abt. 2: „Das Kapital" und Vorarbeiten

Bd. 15: Karl Marx: Das Kapital. Kritik der politischen Ökonomie. Dritter Band. Hamburg 1894

2004. XI, 1420 S., 12 Abb.

ISBN 978-3-05-003797-4

第三部分：书信(Abt. 3: Briefwechsel)

共 35 卷。原计划 45 卷，其中第 45 卷收入马克思恩格斯的各种题词。

★第 1 卷：马克思恩格斯 1846 年 4 月以前的书信。马克思恩格斯书信 93 封，第三者致马克思恩格斯书信 116 封。1975 年已出版。

Karl Marx / Friedrich Engels Gesamtausgabe（MEGA）

Abt. 3: Briefwechsel

Bd. 1: Karl Marx / Friedrich Engels: Briefwechsel bis April 1846

1975. XXXIV, 964 S., 21 Abb.

ISBN 978-3-05-003383-9

★第 2 卷：马克思恩格斯 1846 年 5 月至 1848 年 12 月的书信。马克思恩格斯书信 65 封；其他书信 227 封。1979 年已出版。

Karl Marx / Friedrich Engels Gesamtausgabe（MEGA）

Abt. 3：Briefwechsel

Bd. 2：Karl Marx / Friedrich Engels：Briefwechsel，Mai 1846 bis Dezember 1848

1979. LIII，1209 S. ，33 Abb.

ISBN 978-3-05-003384-6

第3卷：马克思恩格斯1849年1月至1850年12月的书信。马克思恩格斯书信62封，其他书信392封。1981年已出版。

Karl Marx / Friedrich Engels Gesamtausgabe（MEGA）

Abt. 3：Briefwechsel

Bd. 3：Karl Marx / Friedrich Engels：Briefwechsel，Januar 1849 bis Dezember 1850

1981. LI，1535 S. ，43 Abb.

ISBN 978-3-05-003385-3

第4卷：马克思恩格斯1851年1—12月的书信。马克思恩格斯书信112封，其他书信149封。1984年已出版。

Karl Marx / Friedrich Engels Gesamtausgabe（MEGA）

Abt. 3：Briefwechsel

Bd. 4：Karl Marx / Friedrich Engels：Briefwechsel，Januar bis Dezember 1851

1984. XXXIX，1108 S. ，34 Abb.

ISBN 978-3-05-003386-0

第5卷：马克思恩格斯1852年1—8月的书信。1987年已出版。

Karl Marx / Friedrich Engels Gesamtausgabe（MEGA）

Abt. 3：Briefwechsel

Bd. 5：Karl Marx / Friedrich Engels：Briefwechsel，Januar bis August 1852

1987. XL，1190 S. , 33 Abb.

ISBN 978 - 3 - 05 - 003387 - 7

第 6 卷：马克思恩格斯 1852 年 9 月至 1853 年 8 月的书信。1987 年已出版。

Karl Marx / Friedrich Engels Gesamtausgabe (MEGA)

Abt. 3：Briefwechsel

Bd. 6：Karl Marx / Friedrich Engels：Briefwechsel，September 1852 bis August 1853

1987. XLVII，1299 S. , 32 Abb.

ISBN 978 - 3 - 05 - 003388 - 4

第 7 卷：马克思恩格斯 1853 年 9 月至 1856 年 3 月的书信。1989 年已出版。

Karl Marx / Friedrich Engels Gesamtausgabe (MEGA)

Abt. 3：Briefwechsel

Bd. 7：Karl Marx / Friedrich Engels：Briefwechsel，September 1853 bis März 1856

1989. L，1240 S. , 38 Abb.

ISBN 978 - 3 - 05 - 003389 - 1

第 8 卷：马克思恩格斯 1856 年 4 月至 1857 年 12 月的书信。1990 年已出版。

Karl Marx / Friedrich Engels Gesamtausgabe (MEGA)

Abt. 3：Briefwechsel

Bd. 8：Karl Marx / Friedrich Engels：Briefwechsel，April 1856 bis

Dezember 1857

1990. XLIV,1119 S. ,33 Abb.

ISBN 978－3－05－003390－7

第9卷:马克思恩格斯1858年1月至1859年8月的书信。2003年已出版。

Karl Marx / Friedrich Engels Gesamtausgabe（MEGA）

Abt. 3:Briefwechsel

Bd. 9:Karl Marx / Friedrich Engels:Briefwechsel,Januar 1858 bis August 1859

2003. XVI,1301 S. ,32 Abb.

ISBN 978－3－05－003463－8

第10卷:马克思恩格斯1859年9月至1860年5月的书信。2000年已出版。

Karl Marx / Friedrich Engels Gesamtausgabe（MEGA）

Abt. 3:Briefwechsel

Bd. 10:Karl Marx / Friedrich Engels:Briefwechsel,September 1859 bis Mai 1860

2000. XVII,1269 S. ,29 Abb.

ISBN 978－3－05－003486－7

第11卷:马克思恩格斯1860年6月至1861年12月的书信。2005年已出版。

Karl Marx / Friedrich Engels Gesamtausgabe（MEGA）

Abt. 3:Briefwechsel

Bd. 11:Karl Marx / Friedrich Engels:Briefwechsel,Juni 1860 bis Dezember 1861

2005. XXI, 1467 S., 42 Abb.

ISBN 978-3-05-004180-3

第 12 卷：马克思恩格斯 1862 年 1 月至 1864 年 9 月的书信。2013 年已出版。

Karl Marx / Friedrich Engels Gesamtausgabe（MEGA）

Abt. 3：Briefwechsel

Bd. 12：Karl Marx / Friedrich Engels：Briefwechsel，Januar 1862 bis September 1864

2013. XVIII, 1529 S., 29 Abb.

ISBN 978-3-05-004984-7

第 13 卷：马克思恩格斯 1864 年 10 月至 1865 年 12 月的书信。2002 年已出版。

Karl Marx / Friedrich Engels Gesamtausgabe（MEGA）

Abt. 3：Briefwechsel

Bd. 13：Friedrich Engels / Karl Marx：Briefwechsel Oktober 1864 bis Dezember 1865

2002. XIX, 1443 S., 28 Abb.

ISBN 978-3-05-003675-5

第 14—35 卷：马克思恩格斯 1866 年至 1895 年 7 月的书信，将会以电子版形式出版，除了其中已出版的第 30 卷。

第 30 卷：恩格斯 1889 年 10 月至 1890 年 11 月的书信。2013 年已出版。

Karl Marx / Friedrich Engels Gesamtausgabe（MEGA）

Abt. 3：Briefwechsel

Bd. 30：Friedrich Engels：Briefwechsel Oktober 1889 bis November 1890

2013，XIX，1512 S.，19 Abb.

ISBN 978-3-05-006024-8

第四部分：马克思恩格斯的摘录、笔记和批注部分（Abt. 4：Exzerpte, Notizen, Marginalien）

共32卷。原计划第四部分包括三个部分：第一部分为摘录和笔记部分，共40卷；另单独出版马克思恩格斯在阅读过书籍上的批注和记号部分，约30卷；还计划出版马克思恩格斯生平卷，卷数未定。后来第一部分压缩至31卷，第二部分压为仅1卷，第三部分取消。

★第1卷：1842年以前的摘录。第一部分是马克思在柏林写下的《关于伊壁鸠鲁哲学的笔记》(7本)、《柏林笔记》(8本，主要内容为关于休谟、莱布尼茨、斯宾诺莎、亚里士多德、康德和罗森克兰茨等人的哲学笔记)和《波恩笔记》(5本，主要为宗教史和艺术史方面的笔记)，第二部分是恩格斯的宗教史习作，附录是恩格斯中学时期的材料。1976年已出版。

Karl Marx / Friedrich Engels Gesamtausgabe（MEGA）

Abt. 4：Exzerpte, Notizen, Marginalien

Bd. 1：Karl Marx / Friedrich Engels：Exzerpte und Notizen bis 1842

1976. XXXI, 1047 S.，43 Abb.

ISBN 978-3-05-003391-4

★第2卷：1843年至1845年1月。马克思的《克罗茨纳赫笔记》(5本)、《巴黎笔记》(7本)，恩格斯的部分摘录等。1981年已出版。

Karl Marx / Friedrich Engels Gesamtausgabe（MEGA）

Abt. 4：Exzerpte, Notizen, Marginalien

Bd. 2：Karl Marx / Friedrich Engels：Exzerpte und Notizen，1843 bis Januar 1845

1981. LII, 911 S., 27 Abb.
ISBN 978-3-05-003392-1

★第3卷:1844年夏至1847年初。马克思的经济学笔记,其中有《布鲁塞尔笔记》和其他札记。其中主要内容为马克思在1845年2月和5—7月两次写下的前后两组经济学笔记(如布阿吉贝尔、罗德戴尔、施托尔希、白克西欧、加尼尔、布朗基、吉拉丹、拜比吉、乌尔、罗西、西斯蒙第、萨格拉、白莱尔、萨伊、拉波尔德等)。1998年已出版。

Karl Marx / Friedrich Engels Gesamtausgabe（MEGA）

Abt. 4: Exzerpte, Notizen, Marginalien

Bd. 3: Karl Marx: Exzerpte und Notizen, Sommer 1844 bis Anfang 1847

1998. IX, 866 S., 18 Abb.
ISBN 978-3-05-003398-3

★第4卷:1845年7—8月。马克思恩格斯在曼彻斯特逗留时所作的《曼彻斯特笔记》,内容主要是一批经济学论著的摘录(马克思的《曼彻斯特笔记》前5本:内容为艾金、阿特金森、卡莱尔、科贝特、库柏、戴维特、伊登、麦克库洛赫、配第、萨德勒、西尼尔、汤普逊、图克、威德等)。1988年已出版。

Karl Marx / Friedrich Engels Gesamtausgabe（MEGA）

Abt. 4: Exzerpte, Notizen, Marginalien

Bd. 4: Karl Marx / Friedrich Engels: Exzerpte und Notizen, Juli bis August 1845

1988. LIV, 939 S., 39 Abb.
ISBN 978-3-05-003393-8

★第5卷:1845年8月至1850年12月。主要为马克思的《曼彻斯特笔记》的后4本、恩格斯的摘录与札记,主要内容为经济学(马克思1845—1846年所做的关于艾利生、勃雷、霍普、麦克库洛赫、欧文、帕金森、魁奈等人的论著摘录)。2015 年已出版。

Karl Marx / Friedrich Engels Gesamtausgabe（MEGA）

Abt. 4：Exzerpte，Notizen，Marginalien

Bd. 5：**Karl Marx / Friedrich Engels：Exzerpte und Notizen，August 1845 bis Dezember 1850**

2015. IX，650 S. ，23 Abb.

ISBN 978 - 3 - 05 - 006123 - 8

第 6 卷：1846 年 9 月至 1847 年 12 月。马克思所做的关于居利希五卷本的《关于现代主要商业国家的商业、工业和农业的历史叙述》摘录以及据此写下的《统计札记》、《土地价格》、《需求》。1983 年已出版。

Karl Marx / Friedrich Engels Gesamtausgabe（MEGA）

Abt. 4：Exzerpte，Notizen，Marginalien

Bd. 6：Karl Marx / Friedrich Engels：Exzerpte und Notizen，September 1846 bis Dezember 1847

1983. LIII，1241 S. ，20 Abb.

ISBN 978 - 3 - 05 - 003394 - 5

★第 7 卷：1849 年 9 月至 1851 年 2 月。马克思的《伦敦笔记》(第 1—6 本)，涉及危机、货币和信用制度的理论、历史和实际情况以及具体事实(内容为托马斯·图克、约·斯·穆勒、詹姆斯·泰勒、热尔曼·加尔涅、大卫·李嘉图、亨利·查理·凯里等人的论著)。1983 年已出版。

Karl Marx / Friedrich Engels Gesamtausgabe（MEGA）

Abt. 4：Exzerpte，Notizen，Marginalien

Bd. 7：Karl Marx / Friedrich Engels：Exzerpte und Notizen，September 1849 bis Februar 1851

1983. XLV，916 S. ，29 Abb.

ISBN 978 - 3 - 05 - 003395 - 2

★第 8 卷:1851 年 3—6 月。马克思的《伦敦笔记》(第 7—10 本),马克思先是继续他的货币、信用理论的研究,然后将资产阶级政治经济学体系作为研究的主要对象。本卷还有《金银条块。完成的货币体系》手稿。1986 年已出版。

Karl Marx / Friedrich Engels Gesamtausgabe（MEGA）

Abt. 4：Exzerpte，Notizen，Marginalien

Bd. 8：Karl Marx：Exzerpte und Notizen，März bis Juni 1851

1986. XLVII, 1118 S., 17 Abb.

ISBN 978-3-05-003396-9

★第 9 卷:1851 年 7—9 月。马克思的《伦敦笔记》(第 11—14 本),马克思关于农业和农业化学(李比希)以及关于工人阶级状况和人口理论(霍吉斯金、欧文、斯克尔)著作的摘录。还有关于技术的作用(波普、尤尔、贝尔曼)、欧洲列强的殖民政策(布鲁斯)的摘录。1991 年已出版。

Karl Marx / Friedrich Engels Gesamtausgabe（MEGA）

Abt. 4：Exzerpte，Notizen，Marginalien

Bd. 9：Karl Marx：Exzerpte und Notizen，Juli bis September 1851

1991. LIV, 808 S., 20 Abb.

ISBN 978-3-05-003397-6

★第 10 卷:1851 年 9 月至 1852 年 6 月。马克思的《伦敦笔记》(第 15—18 本)。

★第 11 卷:1852 年 7 月至 1853 年 8 月。马克思的《伦敦笔记》(第 19—24 本)。

第 12 卷:马克思恩格斯 1853 年 9 月至 1855 年 1 月的摘录和笔记。西班牙史和军事等。2007 年已出版。

Karl Marx / Friedrich Engels Gesamtausgabe（MEGA）

Abt. 4：Exzerpte，Notizen，Marginalien

Bd. 12：Karl Marx / Friedrich Engels：Exzerpte und Notizen，September 1853 bis Januar 1855

2007. ca. 1700 S.，38 Abb.

ISBN 978 - 3 - 05 - 003488 - 1

第13卷：马克思恩格斯1854年11月至1857年10月的摘录和笔记。经济学、外交史与军事等。

第14卷：马克思1857年11月至1858年2月的摘录和笔记，即"危机笔记"。1857年世界经济危机爆发。2017年已出版。

Karl Marx / Friedrich Engels Gesamtausgabe（MEGA）

Abt. 4：Exzerpte，Notizen，Marginalien

Bd. 14：Karl Marx：Exzerpte，Zeitungsausschnitte und Notizen zur Weltwirtschaftskrise（Krisenhefte），November 1857 bis Februar 1858（Weltwirtschaftskrise von 1857）

2017，IX，680 S.，25 Abb.

ISBN 978 - 3 - 11—051765 - 1.

第15卷：马克思恩格斯1858年1月至1860年2月的摘录和笔记。政治经济学和军事。

第16卷：马克思恩格斯1860年3月至1863年12月的摘录和笔记。"福格特先生"、波兰问题和军事等。

第17卷：马克思1863年5—6月的摘录和笔记。经济学。

第18卷：马克思1864年2月至1868年8月的摘录和笔记。经济学、农业等。2019年已出版。

Karl Marx / Friedrich Engels Gesamtausgabe（MEGA）

Abt. 4：Exzerpte，Notizen，Marginalien

Bd. 18: Karl Marx: Exzerpte und Notizen, Februar 1864 bis August 1868(Politische Ökonomie, insbes. Landwirtschaft)

2019. XVI, 1294 S. , 38 Abb.

ISBN 978-3-11-058369-4

第 19 卷：马克思 1868 年 9 月至 1869 年 9 月的摘录和笔记。经济学。

第 20 卷：恩格斯 1868 年 4 月至 1870 年 12 月的摘录和笔记。爱尔兰史、政治学、经济学和社会关系。

第 21 卷：马克思恩格斯 1869 年 9 月至 1874 年 12 月的摘录和笔记。爱尔兰问题，国际工人协会的活动。

第 22 卷：马克思恩格斯 1875 年 1 月至 1876 年 2 月的摘录和笔记。改革后的俄国史。

第 23 卷：马克思恩格斯 1876 年 3—6 月的摘录和笔记。生物学、技术史，俄国、英国和希腊的历史。

第 24 卷：马克思恩格斯 1876 年 1—5 月的摘录和笔记。土地所有制史、法和制度史。

第 25 卷：马克思恩格斯 1877 年 1 月至 1879 年 3 月的摘录和笔记。政治经济学与历史。

第 26 卷：马克思 1878 年 5—9 月的摘录和笔记。地质学、矿物学、农学、农业统计、地球史、世界贸易史。2011 年已出版。

Karl Marx / Friedrich Engels Gesamtausgabe（MEGA）

Abt. 4: Exzerpte, Notizen, Marginalien

Bd. 26: Karl Marx: Exzerpte und Notizen zur Geologie, Mineralogie und Agrikulturchemie, März bis September 1878

2011, XII, 1104 S. , 46 Abb.

ISBN 978-3-05-004673-0

第 27 卷：马克思恩格斯 1879—1881 年的摘录和笔记。民族学、早期史和土地所有制史。

第 28 卷：马克思恩格斯 1879—1882 年的摘录和笔记。马克思关于俄国史和法国史的笔记。恩格斯关于所有制史的笔记。

第 29 卷：马克思恩格斯 1881 年底至 1882 年底的摘录和笔记。

第 30 卷：马克思分别于 1863 年、1878 年、1881 年所作的数学笔记。

第 31 卷：马克思恩格斯 1877 年中至 1883 年初的各种摘录、笔记，主要为历史笔记。1999 年已出版。

Karl Marx / Friedrich Engels Gesamtausgabe（MEGA）

Abt. 4：Exzerpte, Notizen, Marginalien

Bd. 31：**Karl Marx / Friedrich Engels**：**Naturwissenschaftliche Exzerpte und Notizen, Mitte 1877 bis Anfang 1883**

1999. XV, 1055 S., 22 Abb.

ISBN 978‐3‐05‐003399‐0

第 32 卷：马克思恩格斯藏书。评述性目录和批注。1999 年已出版。

Karl Marx / Friedrich Engels Gesamtausgabe（MEGA）

Abt. 4：Exzerpte, Notizen, Marginalien

Bd. 32：**Die Bibliotheken von Karl Marx und Friedrich Engels. Annotiertes Verzeichnis des ermittelten Bestandes**

1999. 738 S., 32 Abb.

ISBN 978‐3‐05‐003440‐9

其他未出版卷次将以电子版形式出版。[①]

[①] 关于本目录，本书作者第四版修订时有改动。

主要参考文献

Karl Marx. *Historisch-politische Notizen*, *Kreuznacher*, *Gesamtausgabe* (*MEGA2*), IV/2. Berlin: Dietz Verlag, 1981

Karl Marx. *Historisch-politische Notizen*, *Pariser*, *Gesamtausgabe* (*MEGA2*), IV/2. Berlin: Dietz Verlag, 1981

Karl Marx. *Ökonomisch-philosophische Manuskripte*, *Gesamtausgabe* (*MEGA2*), I/2. Berlin: Dietz Verlag, 1982

Karl Marx. *Brüsseler Hefte*. *Marx-Engels-Gesamtausgabe* (*MEGA2*), IV/3. Berlin: Akademie Verlag GmbH, 1998

Karl Marx. *Manchester-Hefte*, *Gesamtausgabe* (*MEGA2*), IV/4. Berlin: Dietz Verlag, 1988

Karl Marx, *Manchester-Hefte* (6-9). *Marx-Engels-Gesamtausgabe* (*MEGA2*), IV/5. Text. Berlin: Walter de Gruyter GmbH, 2015

Marx/Engels. *Die deutsche Ideologie*, *MEW*, Bd. 3. Berlin: Dietz Verlag, 1969

Karl Marx/Friedrich Engels. *Zur Kritik der Politischen Ökonomie*-Werke. Berlin: (Karl) Dietz Verlag, Band 13, 7. Auflage, 1971

Karl Marx. *Gesamtausgabe* (*MEGA2*), IV/8. Text. Berlin: Dietz Verlag, 1990

Karl Marx. *Grundrisse*, *Gesamtausgabe* (*MEGA2*), II/1. Text. Berlin: Dietz Verlag, 1976

Karl Marx. *Zur Kritik der politischen Ökonomie* (*Manuskript 1861-1863*), *Gesamtausgabe* (*MEGA2*), II/3. Text. Berlin: Dietz Verlag, 1978

Karl Marx-Friedrich Engels-Werke. Band 23. *Das Kapital*. Bd. I. Berlin:

Dietz Verlag，1963

Karl Marx‒Friedrich Engels‒Werke. Band 24. *Das Kapital*. Bd. II. Berlin/DDR：Dietz Verlag，1963

Karl Marx‒Friedrich Engels‒Werke. Band 25. *Das Kapital*. Bd. III. Berlin：Dietz Verlag，1963

Engels. *Umrisse zu einer Kritik der Nationalökonomie. Gesamtausgabe* (*MEGA2*)，I/3. Berlin：Dietz Verlag，1985

Georg Wilhelm Friedrich Hegel. *Werke* 7. Suhrkamp Verlag Frankfurt am Main，1970

Moses Hess. *Philosophische und sozialistische Schriften 1837‒1850*. Herausgegeben und eingeleitet von Auguste Cornu und Wolfgang Mönke，Berl.，1961

Georg Lukacs. *Geschichte und Klassenbewußtsein，Georg Lukacs Werke Gesamtausgabe*. Band 2. Darmstadt：Hermann Luchterhand Verlag，1968

Beiträge zur Geschichte der Arbeiterbewegung. Berlin：Dietz Verlag，1976‒1979

马克思恩格斯全集.中文第一版.第1—50卷.人民出版社,1956—1985

马克思恩格斯选集.中文第二版.第1—4卷.人民出版社,1995

马克思恩格斯全集.中文第二版.第1卷.第30卷.人民出版社,1995

马克思恩格斯通信集.第1—4卷.人民出版社,1957—1958

马克思恩格斯《资本论》书信集.人民出版社,1976

[德]卡尔·马克思.资本论.第1—3卷.人民出版社,1953

[德]卡尔·马克思.资本论.第1卷.法文修订版.中国社会科学出版社,1983

[德]卡尔·马克思.剩余价值理论.第1—3册.人民出版社,1975

[德]卡尔·马克思,弗里德里希·恩格斯.费尔巴哈：唯物主义观点和唯心主义观点的对立(《德意志意识形态》第一卷第一章).人民出版社,1988

[德]卡尔·马克思,弗里德里希·恩格斯.德意志意识形态.郭沫若译.群益出版社,1950

[德]卡尔·马克思.历史学笔记.中央编译局马恩室译.红旗出版社,1992

[德]格奥尔格·威廉·弗里德里希·黑格尔.精神现象学.上下卷.贺麟,王玖兴译.商务印书馆,1979

[德]格奥尔格·威廉·弗里德里希·黑格尔.逻辑学.上下卷.杨一之译.商务印书馆,1966

[德]格奥尔格·威廉·弗里德里希·黑格尔.哲学史讲演录.第1—4卷.北京大学哲学系外国哲学史教研室译.商务印书馆,1956—1978

[德]格奥尔格·威廉·弗里德里希·黑格尔.法哲学原理.范扬,张企泰译.商

务印书馆,1961

［德］格奥尔格·威廉·弗里德里希·黑格尔.黑格尔早期著作集.上卷.贺麟等译.商务印书馆,1997

［德］格奥尔格·威廉·弗里德里希·黑格尔.精神哲学.杨祖陶译.人民出版社,2006

［德］黑格尔.耶拿体系草稿Ⅰ.黑格尔全集.第六卷.郭大为,梁志学译.商务印书馆,2020

［德］路德维希·费尔巴哈.费尔巴哈哲学著作选集.上下卷.荣震华译.商务印书馆,1984

［英］威廉·配第.赋税论·献给英明人士·货币略论.陈冬野等译.商务印书馆,1978

［英］威廉·配第.政治算术.陈冬野译.商务印书馆,1960

［法］杜阁.关于财富的形成和分配的考察.南开大学经济系经济学说史教研组译.商务印书馆,1978

［法］弗朗斯瓦·魁奈.魁奈经济著作选.吴斐丹,张草纫选译.商务印书馆,1979

［英］爱德华·威斯特.论资本用于土地.李宗正译.商务印书馆,1992

［英］戴维·休谟.人性论.上下卷.关文运译.商务印书馆,1980

［英］亚当·斯密.道德情操论.蒋自强等译.商务印书馆,1997

［英］亚当·斯密.国民财富的性质和原因的研究.上卷.郭大力,王亚南译.商务印书馆,1972

［英］亚当·斯密.国民财富的性质和原因的研究.下卷.郭大力,王亚南译.商务印书馆,1974

［英］大卫·李嘉图.政治经济学及赋税原理.郭大力,王亚南译.商务印书馆,1976

［法］萨伊.政治经济学概论.陈福生,陈振骅译.商务印书馆,1963

［英］约·雷·麦克库洛赫.政治经济学原理.郭家麟译.商务印书馆,1975

［英］詹姆斯·穆勒.政治经济学要义.吴良健译.商务印书馆,1993

［英］托马斯·罗伯特·马尔萨斯.政治经济学定义.何新译.商务印书馆,1960

［英］托马斯·罗伯特·马尔萨斯.人口论.郭大力译.商务印书馆,1959

［瑞士］让·沙尔·列奥纳尔·西蒙·德·西斯蒙第.政治经济学新原理.何钦译.商务印书馆,1964

［瑞士］让·沙尔·列奥纳尔·西蒙·德·西斯蒙第.政治经济学研究.第1—2卷.胡尧步译.商务印书馆,1989

［德］弗里德里希·李斯特.政治经济学的国民体系.陈万煦译.商务印书馆,1961

［德］弗里德里希·李斯特.政治经济学的自然体系.杨春学译.商务印书馆,1997

［德］卡·洛贝尔图斯.关于德国国家经济状况的认识.斯竹,陈慧译.商务印书馆,1980

［英］纳骚·威·西尼尔.政治经济学大纲.蔡受百译.商务印书馆,1977

［英］理查德·琼斯.论财富的分配和赋税的来源.于树生译.商务印书馆,1994

［德］威廉·罗雪尔.历史方法的国民经济学讲义大纲.朱绍文译.商务印书馆,1981

［德］舒尔茨.生产运动.李乾坤译.南京大学出版社,2019

［法］比埃尔·约瑟夫·蒲鲁东.什么是所有权.孙署冰译.商务印书馆,1963

［法］比埃尔·约瑟夫·蒲鲁东.贫困的哲学.徐公肃,任起莘译.商务印书馆,1961

［英］威廉·汤普逊.最能促进人类幸福的财富分配原理的研究.何慕李译.商务印书馆,1986

［英］托马斯·霍吉斯金.通俗政治经济学.王铁生译.商务印书馆,1996

［英］约翰·格雷.格雷文集.陈太先,眭竹松译.商务印书馆,1986

［英］约翰·格雷.人类幸福论.张草纫译.商务印书馆,1963

［英］约翰·勃雷.对劳动的迫害及其救治方案.袁贤能译.商务印书馆,1959

［德］麦克斯·施蒂纳.唯一者及其所有物.金海民译.商务印书馆,1989

资产阶级古典政治经济学选辑.王亚南主编.商务印书馆,1979

［德］卡尔·考茨基.马克思的经济学说.区维译.三联书店,1958

［德］卡尔·考茨基.唯物主义历史观.5卷.《哲学研究》编辑部编.上海人民出版社,1964

［美］约瑟夫·熊彼特.经济分析史.第1—3卷.朱泱等译.商务印书馆,1991—1994

［匈］乔治·卢卡奇.历史与阶级意识.杜章智,任立,燕宏远译.商务印书馆,1992

［匈］乔治·卢卡奇.青年黑格尔.王玖兴译.商务印书馆,1963

［匈］乔治·卢卡奇.关于社会存在本体论.上下卷.李秋零等译.重庆出版社,1993

［意］安东尼奥·葛兰西.葛兰西文选.中共中央马克思恩格斯列宁斯大林著作编译局国际共运史研究所编译.人民出版社,1992

［意］安东尼奥·葛兰西.狱中札记.葆煦译.人民出版社,1983

［德］卡尔·科尔施.马克思主义和哲学.王南湜,荣新海译.重庆出版社,1989

［德］卡尔·柯尔施.卡尔·马克思.熊子云,翁延真译.重庆出版社,1993

［美］悉尼·胡克.对卡尔·马克思的理解.徐崇温译.重庆出版社,1989

［美］悉尼·胡克.理性、社会神话与民主.金克,徐崇温译.上海人民出版社,1965

［美］埃里希·弗罗姆.马克思关于人的概念.西方学者论《1844年经济学哲学手稿》.复旦大学出版社,1983

［法］让-保罗·萨特.辩证理性批判.林骧华等译.安徽文艺出版社,1998

［法］让-保罗·萨特.存在主义是一种人道主义.周煦良,汤永宽译.上海译文出版社,1988

［法］亨利·勒裴弗尔.马克思主义的当前问题.李元明译.三联书店,1966

［法］路易·阿尔都塞.保卫马克思.顾良译.商务印书馆,1983

［意］加尔维诺·德拉-沃尔佩.卢梭和马克思.赵培杰译.重庆出版社,1993

［英］G.A.柯亨.卡尔·马克思的历史理论.岳长龄译.重庆出版社,1989

［美］威廉姆·肖.马克思的历史理论.阮仁慧等译.重庆出版社,1989

［德］马克斯·霍克海默.批判理论.李小兵等译.重庆出版社,1989

［德］马克斯·霍克海默,阿多诺.启蒙的辩证法.洪佩郁等译.重庆出版社,1990

［德］阿多诺.否定的辩证法.张峰译.重庆出版社,1993

［德］尤尔根·哈贝马斯.交往与社会进化.张博树译.重庆出版社,1989

［美］赫伯特·马尔库塞.单向度的人.刘继译.上海译文出版社,1989

［德］施密特.马克思的自然概念.欧力同,吴仲译.商务印书馆,1988

［德］施密特.历史和结构.张伟译.重庆出版社,1993

［加］威廉·莱斯.自然的控制.岳长龄,李建华译.重庆出版社,1993

［捷］科西克.具体的辩证法.傅小平译.社会科学文献出版社,1989

［瑞典］约奇姆·伊斯雷尔.辩证法的语言和语言的辩证法.王路,叶翔译.商务印书馆,1990

［美］诺曼·莱文.辩证法内部对话.张翼星,黄振定,邹溱译.云南人民出版社,1997

［英］特里·伊格尔顿.美学意识形态.王杰译.广西师范大学出版社,1997

［美］詹明信.晚期资本主义的文化逻辑.张旭东等译.三联书店,1997

西方学者论《1844年经济学哲学手稿》.复旦大学哲学系现代西方哲学研究室编译.复旦大学出版社,1983

《1844年经济学哲学手稿》研究.中共中央马克思恩格斯列宁斯大林著作编译局马恩室编译.湖南人民出版社,1983

［英］戴维·麦克莱伦.青年黑格尔派与马克思.夏威仪译.商务印书馆,1982

［英］戴维·麦克莱伦.马克思主义以前的马克思.李兴国等译.社会科学文献出版社,1992

［英］戴维·麦克莱伦.马克思传.王珍译.中国人民大学出版社,2006

［德］菲舍尔.青年黑格尔的哲学思想.张世英译.吉林人民出版社,1983

［德］H. G. 伽达默尔. 伽达默尔论黑格尔. 张志伟译. 光明日报出版社,1992

［法］米歇尔·福柯. 权力的眼睛. 严锋译. 上海人民出版社,1997

［法］米歇尔·福柯. 知识考古学. 谢强,马月译. 三联书店,1998

国外黑格尔哲学新论. 中国社会科学院哲学研究所西方哲学史研究室编. 中国社会科学出版社,1982

［德］弗·梅林. 马克思传. 罗稷南译. 三联书店,1962

［德］弗·梅林. 马克思和恩格斯是科学共产主义的创始人. 何清新译. 三联书店,1962

［苏］卢森贝. 十九世纪四十年代马克思恩格斯经济学说发展概论. 方钢等译. 三联书店,1958

［苏］卢森贝. 政治经济学史. 第1—3卷. 翟松年等译. 三联书店,1958—1960

［法］奥古斯特·科尔纽. 马克思恩格斯传. 第1—3卷. 王以铸,刘丕坤,杨静远译. 三联书店,1963,1965,1980

［苏］纳尔斯基等. 十九世纪马克思主义哲学. 上下卷. 金顺福,贾泽林等译. 中国社会科学出版社,1984

［南］普雷德腊格·费兰尼茨基. 马克思主义史. 第1卷. 李嘉恩等译. 人民出版社,1986

［苏］巴日特诺夫. 哲学中革命变革的起源. 刘丕坤译. 中国社会出版社,1981

［苏］尼·拉宾. 马克思的青年时代. 南京大学外文系俄罗斯语言文学教研室翻译组译. 三联书店,1982

［苏］尼·拉宾. 论西方对青年马克思思想的研究. 马哲译. 人民出版社,1981

［苏］格·阿·巴加图利亚. 马克思的第一个伟大的发现. 陆忍译. 中国人民大学出版社,1981

［苏］弗·谢·阿法纳西耶夫. 资产阶级古典政治经济学的产生. 张奇方,黄连璧译. 商务印书馆,1984

［德］瓦·图赫舍雷尔. 马克思经济理论的形成和发展. 马经青译. 人民出版社,1981

［苏］格·阿·巴加图利亚,维·索·维戈茨基. 马克思的经济学遗产. 马健行译. 贵州人民出版社,1981

［苏］维·索·维戈茨基. 卡尔·马克思的一个伟大发现的历史. 马健行,郭继严译. 中国人民大学出版社,1979

［苏］维·索·维戈茨基.《资本论》创作史. 周成启等译. 福建人民出版社,1983

［苏］阿·弗·图舒诺夫.《剩余价值理论》及其在马克思的经济学说中的地位. 钟仁译. 人民出版社,1982

［苏］B. A. 马利宁等. 黑格尔左派批判分析. 曾盛林译. 社会科学文献出版社,1987

［苏］B.П.伊林柯夫. 马克思《资本论》中抽象和具体的辩证法. 孙开焕等译. 山东人民出版社,1992

［德］曼弗雷德·缪勒. 通往《资本论》的道路. 钱学敏等译. 山东人民出版社,1992

［美］罗曼·罗斯多尔斯基. 马克思《资本论》的形成. 魏埙等译. 山东人民出版社,1992

［英］本·法因,劳伦斯·哈里斯. 重读《资本论》. 魏埙等译. 山东人民出版社,1993

［日］见田石介.《资本论》的方法. 沈佩林译. 山东人民出版社,1992

［捷］金德里希·泽勒尼. 马克思的逻辑. 牛津,1980

［日］广松涉编注. 文献学语境中的《德意志意识形态》. 彭曦译. 南京大学出版社,2005

［日］广松涉. 唯物史观的原像. 邓习议译. 南京大学出版社,2008

［日］柄谷行人. 马克思,其可能性的中心. 中田友美译. 中央编译出版社,2006

［日］城冢登. 青年马克思的思想. 肖晶晶等译. 求实出版社,1988

［日］栗本慎一郎. 经济人类学. 王名等译. 商务印书馆,1997

孙伯鍨. 探索者道路的探索. 安徽人民出版社,1985

黄楠森等主编. 马克思主义哲学史. 第1—8卷. 北京出版社,1991—1997

陈先达. 走向历史的深处. 北京出版社,1992

张一兵. 马克思历史辩证法的主体向度. 南京大学出版社,2002

陈岱孙. 从英国古典经济学到马克思. 上海人民出版社,1981

吴易风. 英国古典经济理论. 商务印书馆,1988

汤在新. 马克思经济学手稿研究. 武汉大学出版社,1993

刘永佶等. 剩余价值发现史. 北京大学出版社,1992

顾海良. 马克思"不惑之年"的思考. 中国人民大学出版社,1993

赵仲英. 马克思早期思想探源. 云南人民出版社,1994

侯才. 青年黑格尔派与马克思早期思想的发展. 中国社会科学出版社,1994

熊子云,张向东. 历史唯物主义形成史. 重庆出版社,1988

乐志强.《德意志意识形态》简明教程. 中山大学出版社,1988

徐亦让. 人道主义到历史唯物主义. 天津人民出版社,1995

吴晓明. 历史唯物主义的主体概念. 上海人民出版社,1993

宋祖良. 青年黑格尔的哲学思想. 湖南教育出版社,1989

周宪. 20世纪西方美学. 南京大学出版社,1998

刘北城. 本雅明思想肖像. 上海人民出版社,1998

回忆马克思恩格斯. 苏共中央马克思列宁主义研究院编. 胡尧等译. 人民出版社,1957

马克思哲学思想研究译文集. 中国社会科学院哲学研究所马克思主义哲学史研

究室《哲学译丛》编辑部编译.人民出版社,1983

沈真编.马克思恩格斯早期哲学思想研究.中国社会科学出版社,1982

《资本论》研究资料和动态.第1—6辑.中国《资本论》研究会(筹).江苏人民出版社,1981—1985

马列主义研究资料.第1—58期.中共中央编译局编.人民出版社,1978—1990

马克思恩格斯研究.第1—24期.中共中央编译局马克思恩格斯研究室编译

马克思恩格斯列宁斯大林研究.第1—8期.中共中央编译局编译

马恩列斯研究资料汇编.1980.北京图书馆马列著作研究室编.书目文献出版社,1982

马恩列斯研究资料汇编.1981.北京图书馆马列著作研究室编.书目文献出版社,1985

主题索引

A

阿尔都塞 序 10,序 24,序 28,序 30,序 32,2,6,7,9,10,23,222,276,323,354,355,357,589,714,717,734

B

《巴黎笔记》 序 9,序 32,7,8,13,14,19,94,129,154,168,169,172—175,178,180—182,186,189,198—201,218,219,222,224,227—229,233,235,237,260,298,299,322,337,375,381,580,620,629,717,718,720,750,791

拜物教 序 16,序 17,序 23,21,26,63,85,96,143,261,262,287,338,393,394,487,495,524,585,593,595,603,605,608,627,631—633,635,663,677,689,693,694,696,700,701,703,704,722

  商品拜物教 693,694,696,699,700,702,703

  货币拜物教 700,703

  资本拜物教 703

B.鲍威尔 108,109,114,134,152,165,282,283,298,305,317,319,346,349,353,418,459—462,468,479,503,504,748,749,751,765

《笔记本中的札记》 343,344,351—353,355,752

勃雷 383,384,387,400—406,557,560,561,634,637,753,792

《布鲁塞尔笔记》 13,14,20,170—172,227,276,313,321,322,369,374,381,473,492,559,580,629,634,721,752,792

《布鲁塞尔笔记》A 321,322,334,361,364,372,373,460,752

《布鲁塞尔笔记》B 321,322,373,374,378,460,753

C

抽象

  客观抽象 序 17,45,179,596,599,600,621,660

  科学抽象 47,50,57,58,61,95,147,378,486,494,523,526,593,

596,598—601,604,624,625,628,637

抽象成为统治 190,639,659,661,663,665

从抽象到具体 17,50,85,163,304,378,611,620—622,626

D

《德意志意识形态》 序7,序9,序11—13,序21,序22,序33,3,7—9,14,18—20,33,41,53,62,73,78,80,111,112,118,138,164,209,214,227,258,279,280,285,286,321,356,357,359,360,363,367,372,380,385,388,389,408,416,420,422,429,430,432,447,458,459,461—465,467,471—474,476—478,485—487,489,504,514—516,519,523—527,529,530,533,537,550,557,560,570,571,575,591,593,596,604,612,615,617,624,630,638,646,652,656,660,678,680,691,721,734,753,754,765,768,773

《德意志意识形态》第一卷第一章 15,20,122,123,362,370,386,390,463—467,469,472,478,479,488,506,528—530,532,537,538,545—547,550,614,617,754

杜尔哥 37—40,47

对象化 序5,71,75,135,167,168,213,215,217,218,235,242—246,248,257,267,271,290,291,335,336,339,348,361,571,574,679,681,682,684,687,689,690,692,712,724

E

恩格斯

(恩格斯的)《国民经济学批判大纲》 110,129,141,143,149,171,173,178,181,193,218,219,227,231—234,238,239,262,263,298—300,750,773

青年恩格斯 序9,序31,8,20,22,107,110,111,129,140—143,149,150,153,173,176—178,180,201,218,219,229,231—233,235,238,239,241,250,283,292,300,374,718—720,767

F

法国唯物主义哲学 308—310

非常性思想实验 343,344,352

非连续性解读 序29

费尔巴哈 序9,序34,7—9,14,15,20,22,35,107—110,113—116,118—123,125—129,131,134,139,145,150,153,159,160,162—164,168,175,178,179,186,188,198,202,204,205,208,210,215—217,222,226,228—230,232,233,235,241—245,248,252,261,267,269,282—291,293—296,304—310,312,313,335,336,345—351,353,354,356,358—360,362—364,366—369,386,407,408,410—415,422,429,459—462,464—470,472,475,478—491,493—505,509—512,515—522,535,538,539,545—547,553,604,606,609,621,718,720,724,725,748,750—752,765,780

分工 序14,21,39,42,51—54,69,73,

74,76,78,96,97,183,184,189—191,213,214,226,236,240,259,265,277,279,280,327,331,379,380,386,391,399,400,441,443,447,468,476,477,506—521,524—526,530,532,539,543,545,555,556,558,563,565,572,583,606,608,615,619,620,626,640,642,650,651,656,668,671,691,722,741

劳动分工　51,52,69,76,88,89,122,214,280,399,431,441,448,507—510,515,525,697

社会分工　74,75,280,509,510,651,697

复调语境　221,230,719

G

格雷　384,398,400,402,404—406,557,579,580,582,585,634,637,638,757

个人

现实的个人　187,354,370,408,409,414,415,459,469,497,500—503,511,514,515,614,630

共产主义　序9,序32,7,8,10,19,23,100,104,106,107,109—114,116—119,125,128,130,131,133—138,147,153,154,165,168,176—178,196,217,218,226,259,265—268,270,271,276,277,282,296,300,309,311,312,319,342,343,363,368,384,409,417,420,425,426,428,460,467,475,485,486,490,506,520—522,529,539,545,546,556,569,570,605,607,616,643—645,658,718,720,721,741,749,751,753—756,767

哲学共产主义　114,118,135,141,150,177,265

构境　序5,序8,序14—18,序27,序31,20,44,86,113,208,347,363,367,423—425,427,432—434,438,447,450,454,526,538,598,721

古典经济学　序24,序31,序32,序34,20,26—29,34,36,38,44,45,47,55—57,60,61,63,64,66—68,70,72,77—79,84,86,89—93,95,102,104,125,127,129,143,144,147,150,163,173,174,178—181,185,186,188—190,192,198,201,202,212,229,231,235,246,256—259,261—263,299,313,325,328,331,379,384,393,394,426,442,453,473,481,485,486,489,502,517,523,525,526,531,541,551,553,558—560,562,570,576,588,593,595—597,600,601,604—606,612,620,622,623,632,635,637,661,675,676,679,696,720,721,724,725,740

《雇佣劳动与资本》　序17,570,575,677,683,755,769

《关于费尔巴哈的提纲》　序9,5—9,13,14,121,139,140,164,276,308,320—321,323,330,343,344,351,352,355—358,360—365,367,372,407,422,458—460,466,467,474,476,480,484,496,529,537,545,596,615,630,678,721,752,773

H

赫斯 序5,序9,序14,序31,8,18,20,22,25,106—108,110—145,147,150,153,165—168,175—178,180,183,184,197,199,201—209,211—215,218,219,229,231,232,235,240,242,244,246,248,251,254,269,270,281,283,327,335,345,349—351,353,354,358—363,365,367—370,408,409,417,423—426,428,429,459—461,475,480,481,490,495,497,498,503,504,526,529,532—534,546—548,609,650,718,720,721,724,749,750,752—755

黑格尔 序9,序19,序23,序31,序34,序35,7,8,19,20,22,50,56,64—92,96,99,107—110,112—115,118,126—128,132,149,150,152,153,158—160,163,164,167,172,173,176—179,188,190,198,208,215,217,220,222,223,225,226,228—230,232,233,235,241—246,259,268,269,277,281—296,303—307,309,316,317,334,345—351,353,358,360,361,364,365,370,405,411—414,434,460,463,480,481,483,484,486,488,489,494,496,504,517,534—538,543,544,546,547,552,553,555,556,563,564,567,598—600,604,606—609,615,620—622,639,642,643,656,659—661,676,692,718,720,723—725,737,748—751,759

黑格尔与古典经济学 67,77,90

黑格尔哲学 序9,序19,序31,8,64,66,67,70,75,85,86,100,107,112,114,115,153,159,162,163,215,223,225,226,233,244,265,269,281,283,284,288,290,304—306,347,411,486,531,536,538,547,552,553,558,619—621,661

黑格尔的自我意识 176,228,291,295,345

青年黑格尔派 序9,8,22,107—110,113,114,151,152,162,175,198,228,282,283,286,291,293,306,350,409,462,535,552,748

《黑格尔法哲学批判》 3,14,15,19,114,132,150,151,153,160,162,164—166,176,177,198,227,258,286,346,356,621,720,750,766,773

《黑格尔现象学的建构》 344,347,350,351,752

货币 序15,序17,39,40,44,45,47,76,77,83—86,105,113,119,123,126—134,138,140,146,166—168,189,194,201—207,209,214,226,229,231,244,249,251,253,257,259,261,262,265,277,278,280,281,288,299,316,319,337,381,382,400,405,426,459,474,519,520,525,555,562,564,565,573,579,580,582,583,585,588,594,599,602,607—610,619,621,623,627,630,631,633—642,649—655,657,660,662—667,670,672—675,677,678,681—683,688,689,691,694,700—707,725,757—759,793,794

霍吉斯金　129,384,388,390—393,395,396,398—401,403,557,560,561,580,634,757,794

霍吉斯金的《通俗政治经济学》　757

J

价值

　　交换价值　48,51,62,97,105,130,131,136,183,184,194,212,240,330,332,333,335—338,340,383,454,555,559,560,562,574,599,610,620,637—641,649—655,658,660,664—666,668,670—673,675,683,685,691,696,701,704,734

　　使用价值　62,184,194,300,453,454,555,559,560,602,607,608,627,631,646,649,650,680—683,685,696,698,702,704—706,734

　　剩余价值　3,15,21,48,380,474,529,533,580,604,631,678,683—685,705—708,722,734

价值抽象　638,639

交换　序17,21,38,39,45,46,49,51—54,60—63,68,73—78,81,83,84,86,96,97,104—106,119—121,123—127,129—131,143,167,179,183,184,189,190,194,200,202—208,210—216,226,235,244,246,250,254,278—280,291,316,328,329,350,365,386,387,398—402,430—432,439,449,453,454,474,481,487,495,498,507,518,524—527,537,542,553—555,558,563,564,571,574,582—584,594,599,602,606,608,610,613,615,616,618—620,626,627,635—642,647,648,650—655,657—660,663,666—675,677,678,680—685,692,695—698,700—702,704—708,722,724

交往　62,79,80,120—125,127,128,130,131,133—136,167,183,201,202,204,207—209,211,215,216,235,244,246,248,269,272,350,353,449,452,454,455,476,480,481,483,497—499,501,503,504,511,513,517—519,521,526,527,534,541,592,606,647,650,660

　　交往关系　57,121,125,127,135,168,202—206,229,244,350,474,495,506,517,521,526,591,647,652,668

焦点意识　156,177,607,718

经济决定论　6,26,33,45,46,63,64,526,652,662

K

"看不见的手"　38,53,66,70,82,87,89,163,164,417,519,523,663

《克罗茨纳赫笔记》　序9,3,8,13,14,19,150,151,153,154,156,158,162,172,176,227,228,432,717,720,750,791

L

劳动

　　劳动价值论　36,46,47,51,52,60—62,73,83,95,96,104,105,129,131,144,145,147,174,177,179,180,184,189,192,194,231,234,255,291,299,302,327,382—384,397,398,432,442,452,453,553,554,559,561,563,575,579,580,635,637,679

劳动一般　73—75,78,180,264,599,609,622—626,630,660,664

活劳动　189,254,386,401,574,678,681,683—685,687—690,708

对象化劳动　189,213,246,271,601,675,678,680—683,685,687—689

类

类本质　序10,序11,9,23,65,71,116—125,128,136,162,166,167,202,204,205,207,208,215—217,229—231,235,244,248,249,269,270,272,279,294,300,314,316,335,337,345,348,350,365,368,409,412,413,418,426,429,460,461,473,475,498,503,504,508,520,606,607,623,626,629,644,680,721,724

类存在　125,127,248,269,273,279,290,318,460

李嘉图　14,20,27,33,36,44,55—64,68,69,72—74,76,85,90—97,104,125,129,141—145,147,164,170—172,176,179,180,183,185—189,191—195,197,198,201,227,231,234,254—256,261,263,288,325,331,372,382—384,387,390,393,473,474,485—487,523—526,557—565,579,580,584,596,599—601,606,607,614,619,620,622,624,625,633,635,637,638,675,717,719,721,750,757,793

李嘉图的《政治经济学及赋税原理》　69,72,170,171,584

李斯特　序12,序14,25,34,171,172,179,181,190,191,320,323—330,332—335,337,338,340,378,415,428,495,497,498,750,751

《评李斯特》　序9,序11,序12,序33,8,15,191,276,315,320,323,330,343,344,351,355,361,367,369,372,422,446—447,459,481,752

理论制高点　序32,序33,序35,19,240,301,720,726

历史

历史辩证法　序33,序34,15,20,22,23,38,42,64,71,91,148,150,152,163,164,179,235,285,290,315,342,345,370,388,472,476,477,486,487,500,533,536,538,540,546,547,550,557,566,589,601,605,610,622,630,642,656,692,721

历史辩证法的客体向度　472,500,692

历史辩证法的主体向度　692

"历史科学"　112,474,478,721

历史认识论　序34,16,19,21,292,527,586,589,591,593,596—598,611,693,722

"两个马克思"　3

流通　33,36,45—48,83,126,142,144,182,324,382,449,454,519,526,579,582,584,585,594,610,613,633,635—637,664—666,670—675,682,685,700,703—707,757,758,760

卢格　15,100,109—111,165,168,175,266,475,749—751,753

卢卡奇　序14,序15,序18,序24,4,

811

10,64,66,67,69,71,78,177,477,478,480—482,492,593,604,609,610,627,710,734

吕贝尔 3,230

《伦敦笔记》 13,14,21,227,391,474,577—581,586,588,600,614,620,622,623,629,670,675,725,757,793,794

《论货币的本质》 111,118—124,126—134,167,426,750

罗雪尔 40,41,92,179,325

洛贝尔图斯 40—42,415

M

马克思

马克思主义 序2,序3,序9,序10,序13,序14,序18,序20,序21,序23,序25,序27,序29,序30,序32,序33,序35,1—12,14,16—22,35,53,60,63,108—111,118,148,150,162,164,174,221,223,228—230,234,288,297,315,323,343,344,350,351,355—359,362,363,367,370,372,385,408,423,458,463—468,491,528,532,533,546,549—551,557,560,576—578,586,590,593,611,709—711,714,715,719—722,727—729,732,734,736,737,739,740,742,744—747

马克思主义哲学史研究中较为普遍的量变"进化说" 7

人本学马克思主义 4,5,12

西方马克思学 序25,1—5,16,17,186,220,230,714

西方马克思主义 序10,序14,序32,1,2,4—6,8,10,16,17,64,164,186,222,223,323,356,359,361,480,497,710,714,728,730,734,736,741,744,746

新马克思主义 序4,序6,序15,6,7,53,223,323,359,516,532

青年马克思 序5,序9,序10,序12,序15,序20,序32,序34,1—9,11,12,14,16,19,20,22,23,25,26,64,68,77,91,93,94,99—103,105—111,113,114,116,118,119,125,126,129,134—136,140,143—145,150—152,155,160,163—165,168,169,172—177,179,185,195,197,198,200,201,207,212,221,227—230,232,234,238,240,252,265,269,281,297,303,316,323,345,349,393,408,411,419,424,429,446,448,545,606,609,621,661,714,717,718,720,724,725,766

《马克思致安年柯夫》 序9,序33,8,14,19,20,370,549,550,557,567,570,572,594,623,721

麦克库洛赫 27—29,34,37,42,43,48,49,52,61,93,141,143,144,171,172,185,186,195,227,263,369,375,377,382,393,398,404,502,750,753,758,792

《曼彻斯特笔记》 序33,13,14,20,185,194,204,227,313,322,373,375,376,381,384,385,387,389,393,402,403,405,459,460,473,485,508,557,559,580,629,634,721,753,792

穆勒 序12,14,27,52,61,129,141,143,170—173,180,186,187,191,

193,197—204,206,208,211,227,254,279,377,382,560,613,717,750,756,793

《詹姆斯·穆勒〈政治经济学原理〉一书摘要》(简称《穆勒笔记》) 序11,序12,15,125,126,135,173,180,193,197—201,203,206,208,209,211,217—219,224,229,233—237,244,246,247,249,267,269,280,298,316,320,633,717

MEGA2 序2,序5,序8,序12,序13,序22,序23,序29,序30,13,14,17,151,153,169,172,178,186,191,200,207,224,227,228,253,322,374,375,461,464,577,589,711,713,716,726,734,764,765,772

N

能有 23,544,546,547,645

《1857—1858年经济学手稿》(简称《57—58手稿》) 序5,序7,序33,5,14,15,17—19,21,37,72,73,80,91,147,180,207—209,227,255,256,264,287,315,385—386,391,439,445,474,477,480,526,527,558,573,575—578,580,581,585,586,589,590,593—596,599,601,602,605—607,611,613,620,628,632—635,643,667,690—693,696,717,722,726,734,759,760

《1857—1858年经济学手稿》导言 613

《1844年经济学哲学手稿》(简称《1844年手稿》) 序5,序9—12,3,5,8,9,14—17,19,72,117,118,135,143,168,169,175,193,194,198,199,207,209,213,216,218—233,236,240,244,253,257,259,260,268,270,276,281,282,292,297—299,314—316,318,320,323,332,335,336,339,345,348—351,356,358,367,368,383,386,413,417,426,449,467,473,480,503,508,517—519,525,530,547,557,589,606,607,622,626,629,644,648,655,656,680,685,686,691,692,713,714,717,718,720,740,751,767,773

P

配第 27,29,30,36,37,46—48,52,56,257,376,381,382,425,453,473,489,502,523,599,600,753,792

《贫困的哲学》 100,529,531,535,536,549,551—553,754

平等与自由 667,670,707

蒲鲁东 序31,20,22,100—106,113—116,118,125,126,129,137,143,150,156,175—178,180,181,192,194,196,197,218,219,229,232—235,238—241,246,250—252,260,266,283,292,298—302,315,350,370,384,427,528,529,531—539,541—543,548,549,551—564,566—570,579,580,582,585,633—639,642,648,672,720,749,751,754,758

Q

切什考夫斯基 107,112,115,350,359,361

权力话语 序8,序11,序13,172,178,

194,207,229,230,243,252,276, 711

R

人本主义　序10－12,序15,序29,序32,序33,4－7,9－11,19,20,22,23,96,97,109,116,118,119,124－126,129,136,139,147,150,162,164,177－180,187,188,193,194,197－200,205,207－210,212,214,215,217,222,224,229,230,232－236,240－243,252,253,255,257,259－261,268,269,275,276,278－280,284,285,288－294,296,297,301,302,306,310,312,314,315,320,335,337,338,342,344,345,348,350,354－356,360,367,394,407－409,411,413,414,417－419,422,429,460,466,473,476,506－508,514,523,533,544,545,547,551,561,605,607,611,629,643,686,687,691,692,700,713,717－720,724

人体解剖是猴体解剖的钥匙　7,356,434

S

Sollen(应该)与Sein(是)　23,116,544,545,548,643,687

萨伊　14,30－35,37,57,58,61,62,69,72,93,104,141,144,145,147,170,172,176,181－184,190,192,193,195,227,237,254,263,275,279,300,322,327,390,395,600,717,750,752,792

萨伊(的)《政治经济学概论》　30,69,72,170,181,184

"三大社会形态"　590

社会

社会关系　序15－17,序31,序34,20,21,23,24,35－37,40,42,43,52,53,61－63,75,81,82,102,108,113,120,125,129,136,140,189,200,205,209,210,212,230,269,284,316,340,368－370,390,417,433,440,474,480,484,493－496,500,506,509,513,523－527,536,537,544,554,563,564,566－569,571－573,582,584,585,588,591－593,596,601,603,605－610,615,617,630,633,636,638,639,641,643－646,648,650－654,656,658,660－662,665－670,673,676,677,684－686,690－692,695,697－703,705,706,708,721,722,725,760,796

社会关系事物化和颠倒　649

《什么是所有权》　100,101,103,177,181,234,239,250,298,552,553

《神圣家族》　序9,序12,8,101,108,136,139,160,236,297,298,301,303,305,308,316,320,329,331－333,335,336,343－348,350－352,365,367,459,460,531,538,751,752,767,773

生产

物质生产　序31,22,33,36,39,46,48,116,122,125,133,179,209,215,246,263,276,301,308,320,326,338,340－342,353,361,364,374,378,379,382,385,391,407,421,423,424,426,428－446,448－452,454,456,460,476,480,481,486,489,490,492－495,497,

498,500,501,504,505,508,521,526,539,540,542,544,568,571,572,583,584,591,592,594,612,617,624,625,628,645,649,650,652,665,679,688,691,708,733

人的生产　493

再生产　55,248,253,386,491—493,496,502,505,509,527,539,540,596,617,630,646,647,659,662,683,685

一般生产　616,664,679,680

生产方式　序1,序12,序13,序17,序21,序34,21—23,41,42,52,56,59,60,92,122,129,147,183,190,194,235,291,319,320,338,341,361,380,382,383,403,404,406,407,424,425,430,431,442—445,449,453,454,468,469,473,477,481,487,495—498,501,505,506,512,518,521,523,527,531,536,541—543,547,548,550,558,562—564,566—569,572,574,575,582,593—596,599,601,605,607,610,629,630,632,636,643,666,673,674,679,696,703,705,706,708,712,722,723,725,734,741

生产关系　序1,序12,序13,序34,40,45,55,57—59,62,122,147,209,238,239,251,263,300,316,331,339—341,424,431,437,445,477,494,495,512,517,520,524,526,527,542,543,564—568,572,573,585,592,593,595,601,605,607,612,628,632,635,636,638,642,643,645,647,652,654,656,662,672,676,677,685,691,692,697,703,708,725

生产力　序1,序12,序13,序33,21,43,59,61,99,104,121,122,124,125,130,133,183,184,190,191,214,237,263,280,300,301,323,325—328,330,331,333,335,337—342,374,378,379,382,384,389,391,397,403—407,424,431,437,440,443—454,477,491,495,497,498,501,502,505,509,510,512,515—517,520—522,524,525,527,537—544,554,558,566—569,572,591—593,595,605,614,628,645,650,652,659,662,665,677,683,688—690,692,722

施蒂纳　109,136,138,139,335,350,352,354,355,359,372,407—422,459—462,468,469,472,473,475,479,481,485,500,501,503,504,513,514,615,721,751,752

实践　序10,序18,序21,序33,序34,2,5,6,8,9,19,20,22,34,35,39,49,57,71,75,90,107,108,112,115,121,122,125—128,135,139,140,167,196,275,276,280,294—297,309,314,318—320,336,339,349—353,356,358—368,370,371,377,378,384,391—393,409,425,433,439,450,459,474—476,479—490,498,504—506,539,540,546,547,571,591,596—598,601,608,629,630,642,661,678,679,720,721,729,745,762

实践标准　365

实践人道主义 2,6,108,221,222,228,350,351,358,360,361—362,367,371,540

舒尔茨 序1,序2,175,314,326,422—457

(舒尔茨的)《生产运动》 序1,序2,175,314,422—427,429—457

私有财产 23,68,144,156,157,161,165,203—205,214,226,229,240,241,250—253,257,258,261,262,264—268,270,271,273,274,280,296,302,335—337,339,427,474

私有制 23,38,60,80,86,101,103,106,109,117,125,126,142,143,145—148,157,158,161,180,183,189,190,192—194,196,204,205,214,215,218,226,231,234,238—241,250,266,272,273,276,277,280,299,300,302,311,313,314,332,335,337,406,433,442,510,513,516—518,520,531,535,545,563,565,616,618,683,759,779

斯密 序12,14,20,30,31,36,37,44,50—62,66,67,69,71—74,76,81—83,86—89,91—96,98,104,122,125,127,141—144,161,163,164,170,172,173,176,179—181,183—188,190—195,214,227,231,237,254,256,257,261—264,279,288,300,302,325,327,379—382,386,390,391,395,396,398,417,431,441,453,497,507,508,519,523—525,559—561,565,579,580,596,597,600,607,614,619,620,622—625,637,650,717,721,739,750,757

孙伯鍨 序9,序12,序23,序32,序33,2,8,23,180,187,222,257,301,468,484,559,622,714,717,718,723,726,733

所有制形式 508,514—516,761

T

汤普逊 129,377,383—390,393—398,401,403,404,406,407,557,560,561,634,753,792

同质性 序27,1,29,414,712,715,716

W

唯物主义

历史唯物主义 序1,序11—13,序20,序21,3,6,7,10,15,16,20—23,26,29,34,36,44,62,63,64,70,90,102,120,122,132,150,153,173,179,186,190,215,223,234,235,237,255,259—261,289,298,300,302,310,313,315,326,333,344,355,356,361,366,370,380,384,388,393,408,422—425,430,431,433,447,461,469,472,476—478,480,481,483,484,486—488,490,491,495—499,502,506,508,523—525,527,529,531,533,534,536,538,539,545—547,549—551,557,559,560,562,564—566,569—572,574,576,590—596,598,599,602,605—607,611—613,616,618,624,627,628,643,652,673,676,678,697,708,721,722,732—734

广义历史唯物主义 序33,序34,19,20,22,357,385,431,468,476,477,488,504,506,526,527,557,570,572,586,589,

593,594,596,599,607,609,630,631,638,646,652,678,691,721,725

狭义历史唯物主义 序34,19,21,23,287,386,476,477,506,514,526,527,572,586,589,591,596,602,609,611,618,630,631,638,678,680,682,697,722,725

社会唯物主义 序1,序31,序32,20,26,29,44,46,55,56,58,60,61,63,70,93,102,103,125,143,150,160,161,178—180,183—186,232,235,240,257,258,260,261,286,312,317,332,338,366,387,393,394,424,426—428,432—434,476,477,481,485—487,489,491,495,496,502,505,534,561,564,565,576,599,601,605,609,637,673,676,679,720,721,725

实践唯物主义 20,276,312,359,363,489,529,532,546,593,602,630,711,714

唯心主义 序9,序10,7—9,19,22,35,85,86,90,107—110,145,150,151,153,155—158,162—164,179,208,228—230,242,244,275,282—289,294,295,303,304,306,308,329,332,333,345—348,353,354,360—362,365,366,368,394,411,413,433,434,440,445,465,466,478,482—487,503,532—536,538,541,545,547,553,559,561,566,620,630,633,639,642,659,661,662,676,677,718,720,

724

《唯一者及其所有物》 109,138,335,350,352,354,355,407—422,459—461,751,752

文本
  文本分类学 12
  文本学解读 序10,序19,716,736,739
五大解读模式 2,10,23,714

X

西斯蒙第 序31,91—100,129,143,150,171,175,178,179,183,189,195,218,219,254,300,322,331,339,394,395,473,553,556,559,648,718,752,758,792

现象学
  历史现象学 序16,序23,序33,序34,16,19,21—23,63,85,234,524,527,529,533,550,576,586,589,591,596,605,609—611,622,630—633,635,638,643,645,648,654,658,659,661,666,671,673,674,677,678,680,684—686,690,691,693,694,700,703,708—710,722—726
  精神现象学 229,233,282,286,287,609,643,659,661,723—725
  人本主义社会现象学 序34,19,22,234,240,241,292,607,609,630,724,725
《行动的哲学》 111,114—118

Y

"一定的"历史情境 20
异化 序10—12,序15,序22,序32—34,5,6,9,20,23,58,65,66,70,71,73,77,84,86,108,114,116—

817

118,123,125－128,130,134－137,140,162－164,166,167,178,180,183,197－199,201－214,216－218,222,224,225,229－232,234,235,237,240,242－254,260－263,265－267,269－273,275－280,284－286,288－292,295,296,301,302,306－308,314－316,318,335－337,339,342,343,345,346,348,349,351,355,414,422,427,429,459,477,483,503,506,507,509,513－515,520,521,533,539,545,590,603,605－608,626,629,642,644,648,655,657,666,684－692,718,720,724,725

劳动异化　5,9,22,23,109,135,141,147,180,200,212,213,221,224,229,230,240,246,260,268,269,276,291,320,342,344,351,356,424,508,520,545,630,685,691,692,721,724

经济异化　77,106,118,119,126,165,167,168,180,199,200,205,210,214,217,229,231,235,242,269,277,691,724

政治异化　114,177,198,199,210

隐性逻辑　序31,序32,125,194,252,542

隐性唯心史观　93,235,529,533,724

Z

《哲学的贫困》　序9,8,18,21,192,227,301,315,335,356,370,379,380,384,387,392,402,474,509,525,528,532－534,536,549,550,556,557,562,564,567,570,572,579,582,588,594,606,623,722,754,769,774

支援背景　序31,2,20,25,64,156,190,201,298,473,714,715

重农主义　33,34,36,37,41,44,47,48,50,51,53,73,104,144,173,246,263,523,524,623,625,637

重商主义　33,34,36,38,44－48,50,53,125,142－144,173,205,261,263,264,373,381,382,481,524,623

资本

《资本论》　序6,序23,3,5,15－19,41,75,76,85,91,133,240,251,335,356,389,394,427,445,474,513,574,575,586,589,590,594,602,604,611,612,622,680,690,693－701,703－708,733,734,760－763,765,766,770,781,783－786

资本主义　序6,序7,序17,序18,序21,序25,序34,12,18,21－24,45,48,56,60,66,69,78,113,126,133,149,177,189,190,209,251,257,263,425,427,428,431,438,441－443,449－456,477,492,508,567,573－575,579,588,594－596,599－602,604－612,614,617,624－628,630－636,638,639,641－645,647－652,654－660,663,666,667,669－675,677,679－682,684－687,689－693,695－697,699－708,710,712,719,720,722－725,740,741,745,756

资产阶级社会　序7,序31,序33,

21,23,38,39,49,50,52,53,55—62,67,78,79,81,82,85,87,91,92,96—101,103,106,111,112,119,125—127,132,136,142,143,145—150,157,162,163,177,179,180,184,187,189,192—196,198,199,201,204—210,214,216,220,231,233—236,238,239,241,243,245,254—258,260—263,265,266,268,269,272,274,276—279,285,287,288,290—293,297,300—302,308,311,313,314,318,324,325,331—342,353,361,363,364,368,369,379,381—384,388—390,393,396,397,400—406,415—417,425,430,440,468,469,473,476,477,483,485—487,491,506,508,515—521,523—528,530,531,535—537,541—545,547,550,552,554,557,560—566,568,570—575,577,579,582—585,588,594,596,608,614—616,628—630,671,672,674,682,722,740

后 记

当我核对完最后一段资料,面对这几张小小的电脑软盘时,心情久久难以平静。我觉得自己在做一件大事。因为这毕竟是我们中国学者在摆脱了苏联、东欧学者的理论牵引后,对马克思主义哲学最重要的经典文本所进行的一种新的原创性解析。实际上,这些年我的一个不懈追求,就是试图从传统哲学解释框架历史地回归马克思的真实哲学视界。无论如何,我或多或少又向前跨越了一步。不管这是否成功,它总是烙下了一个在我的能力范围内的踏实努力的脚印。

我一直认为,真正的哲学应该是创造性的。一个哲人有时可能也会写一点笔记,不时还要编些史料,但其根本必须是说出别人没有想到,或想到而说不出来的东西。所以,衡量哲学家的唯一尺度,只能是看他是否向人类理性思想宝库提供了什么有价值的论见。此乃学术之正果。

20多年前,当我刚刚跨进哲学殿堂时,曾梦想过将来要成为一名哲学家。先生点拨道:"哲学是争取自由的学问"。为这句话,我可是暗暗兴奋了好一阵子。然而,没多久我就知道了这句话的分量:哲学原来是一个无底的黑洞。一个人很可能为哲学圣坛献出了自己的一生,但他却可能从来没有踏进过思想之门一步;一个人或许能引诵无数哲学经典,可他却一直不曾开悟过。这就像佛门众生,无数僧侣多为念经和尚,领悟真谛者真乃凤毛麟角。这倒十分正常。哲学不是简单的知识叠加和复制,它是生命,是体悟,是思想创造,还是至真、至善、至美。哲学是形而之上的"道",固然它不会变成面包,却是我们灵魂的停泊地,是人类生存最高最后的需要,是人们内心最纯美的叩问。无论如何,能够为这一崇高的人类理性献出自己一生中最光亮的精力,我是无悔无怨的。

在今天的中国,真正科学的哲学是马克思主义哲学。这个观念从我们当时进大学校门一直到今天,在先生们的教导中,在书本的字里行间,它始终是通过意识形态得以强化的。对于这个命题,经过多年的反复质疑和实际操练,我倒还是真心相信的。可是,"马克思主义哲学是科学的世界观"这一断言中的"是",却已经是通过"马克思主义哲学原本'是'"、"马克思主义哲学后来'是'",以及"马克思主义哲学现在'是'"丰满地获得的。直到很晚我才明白,原来苏联和中国的哲学教科书只是马克思哲学新视界在特定历史条件下的特定产物(我将其称为"传统哲学解释框架")。它的形成和存在自有它一定的历史合理性,可是一旦这种历史的合理性僭越被奉为永恒真理时,它的使命也就终结了。所谓的永恒的真理不过是一尊被固化的塑像,貌似在人们的脑海里占据着神圣而尊严的位置,然而当它成为永远不可被质疑的陈列物时,其实也在宣告——那个曾经存在的圣性事物已经不再真正存在。

其实,在150年前马克思主义哲学创立所引发的思想史突变,其真谛就在于它告别了哲学作为一种包罗万象的终极真理体系的史前状态。马克思主义哲学之所以是科学,也就因为它使哲学成为一种随着社会实践不断向前发展,无限向远方延伸的科学思想运动。因此,马克思主义哲学的科学本质只能是一种由客观实践功能度制约的动态认知逻辑。众所周知,马克思主义经典作家为我们留下了大量文本,这是每一个自以为是马克思主义者的人都必须认真对待的丰厚遗产。但是,在马克思主义浩如烟海的文献中,我们不能把经典作家在当时特定历史条件下针对某个具体问题所作的分析结果,变成我们今天现实实践的标准。我们只能把握马克思主义活的灵魂,即经典作家分析和解决现实与理论问题的基本立场、观点和方法，这也就是列宁所说的马克思留下的"大写逻辑"。可惜，在相当长的一个历史时期中，马克思主义的科学世界观在根本上被严重地阉割了。一方面，马克思主义哲学不再是一种融于历史的现实的社会实践，一种指导人们正确认识和解决问题的思想武器，而变形为一种僵死的仅仅存在于书本上的教条。当资本主义已经从帝国主义走向国家垄断资本主义和全球化资本主义时，我们还在运用《资本论》中的某些具体结论，可悲地拒绝现实；当我们在中国特色的社会主义道路上已经阔步向前时，又有人因为在马克思的书本上找不到相符的字句而生发出种种疑虑。另一方面，一些人又凭借当代自然科学的长足进步所凸现的科学理性新层次，就大肆吹嘘对马克思主义的"挑战"；或由于现代资本主义的新情况和我们今天社会主义改革的新问题，就"危言"什么马克思主义的"全面过时"。值得我们认真注意的一个问题是，无论是教条式的僵化观念，还是貌似新奇的"超越论"，他们所指称和依据的"马克思主义"均同出一源，即传统哲学解释框架——哲学教科书体系。

  我以为，马克思主义哲学经典作家大可不必代人受过。20世纪30年代特定历史条件下所形成的传统哲学解释框架固然有一定的历史合理性，但究其根本，并没有真正体现马克思主义哲学理论逻辑的本质，即科学的实践的唯物主义。如果说我们今天要发展马克思主义哲学，首先应做的事情倒不是"破"，特别不是去刻意砸烂那个并非等同于马克思主义哲学的传统哲学解释框架。我们不得不首先历史地回到马克思！我们必须从真实的马克思主义哲学经典文本开始，从马克思主义哲学真正的内在理论逻辑开始。我们需要正本清源。当然，我们回到马克思，既不是回到马克思的书本，也不是简单地重复马克思说过的原话，我们肩负着将当今的一切思想成果与马克思的逻辑视界历史地融合在一起的重担；我们回到马克思，既要寻找到一个真实的起点，同时也要以今天最新的社会实践和自然科学成果丰富和发展马克思主义。这正是本书的基本指导思想。

  在这本花去了我多年心血的哲学论著中，我只是探寻了马克思主义哲学科学丰富的理论宝库里的一个逻辑层面：从马克思从事经济学研究的视域中来重新体认马克思哲学话语的运作和转换。这是一种尝试，一种历险，一种召唤，一种新的解读。希望能对那些长期停留在传统哲学解释框架中的人们有一点启示。舍弃一切盘根错节，让我们直接面对马克思！

在我写作此书的整个过程中，孙伯鍨教授始终是我的思想导师，本书涉及的大部分主题，孙先生都给予了详尽的指导和点拨。另外，唐正东博士、杨建平博士、陈胜云、胡大平、仰海峰、张亮和王恒等博士研究生自始至终参加了我的思想实验。在交互性的研讨中，他们也提供了很多有价值的思想。特别是在对经济学问题的思考中，唐正东博士提出了许多重要的见解。此外，博士研究生朱进东在德文、法文资料方面，蒙木桂和王浩斌等同学在书稿校订方面为本书做了不少工作。在此，一并表示衷心的感谢。

本书是孙伯鍨教授主持的"坚持、发展马克思主义哲学和邓小平哲学思想"这一课题（国家社科基金"九五"重大委托项目）的阶段性成果。另外，本书被列为江苏省"九五"社科规划重点项目，获得了资金赞助。希望我的努力没有辜负专家们的厚爱。

最后，我将这本研究马克思主义基本理论的著作献给我敬爱的父亲——张士诚。我之所以把这本书献给他，一是因为马克思主义既是他老人家的终生信仰，也是他毕生为之奋斗的事业。本书中作为解读对象的《马克思恩格斯全集》中文第一版的大部分卷册，都是他50年代在南京军事学院政治教授会任教时使用的。二是父亲对我有太高的期望（他自己就是一个心比天高的人），我自认为本书是多少年来中国人写得最好的关于马克思思想的书之一，父亲一定会为我骄傲。本书的第三稿修改，有一部分就是在他去世前的病榻旁完成的。在那令人心碎的最后几天里，他还一直挂念着我的著述，当我概要地说起这本书的内容时，他也只能简单且非常艰难地说："好！好！"

张一兵

1998年11月30日于南京大学

第四版修订后记

2020年，我已经在写《回到马克思》的第二卷，所以也决定不再出版第一卷的更新版次。其主要原因在于，与第一卷相比，我在第二卷中明确启用了构境论文本学研究方法，更加密切地依据 MEGA2 提供的第一手原文文献，也利用了一部分原始手稿的复制件。此外，可能会有下列解读方法、基本文献和观念构序等方面的差异：一是虽然第二卷的研究主线是马克思对资本主义生产方式的科学认识的历史线索，但作为方法论的历史唯物主义仍然始终是第二卷关注的焦点，同时，这一次的研究更深入到马克思的经济学研究的全程，因为这是马克思最终获得科学社会主义结论的科学通道。二是在研究马克思的原始文本的内容上，此次研究增加了一些过去在哲学视线下不太关注的文本，比如马克思在《巴黎笔记》之后，在关于黑格尔否定辩证法研究思想实验中写下的《黑格尔〈精神现象学〉摘录"绝对知识章"》、《布鲁塞尔笔记》、《曼彻斯特笔记》、《雇佣劳动与资本》、《共产党宣言》、《伦敦笔记》中的"李嘉图笔记"和"工艺学笔记"，以及《1861—1863年经济学手稿》、《1863—1865年经济学手稿》、《资本论》第一卷（德文第一版）、《评瓦格纳的〈政治经济学教科书〉》和《致查苏里奇的信》等。三是我对马克思不同历史时期写下的文本和思想的质性判断与看法发生了一些改变，比如《黑格尔法哲学批判》中马克思对黑格尔"市民社会"的误认、《1844年经济学哲学手稿》中马克思赋型劳动异化构式Ⅱ中黑格尔现象学—否定辩证法的主导地位、马克思晚期经济学研究中历史唯物主义客体向度的深化和经济拜物教的策略性在场、黑格尔的《精神现象学》在马克思思想发展中的贯穿性作用等问题,这些新观点,比《回到马克思》第一卷中的相近讨论都大大深化了。①当然,第二卷的主题是对马克思对市民社会(资产阶级社会)和资本主义生产方式的科学认识的历史发生学研究,同时,马克思的异化理论、场境关系存在论和认识论问题也都成为思考的焦点。这样,我当然希望读者可以在阅读第一卷之后,历史性地面对《回到马克思》的第二卷。

不过,在本书第四版重印的时候,我还是根据新的文献补充了少量的内容。比如,对于马克思的《布鲁塞尔笔记》和《曼彻斯特笔记》中出现的问题线索,也根据 MEGA2 出版的新情况,校定了相关的内容。

张一兵

2021年4月20日于南大和园

---

① 我并不打算直接修改第一卷中的相关表述,而会完全保留原来的观点;有可能在新的修订版中只是用注释标识出已经发生的认识变化。因为那是历史。

马克思主义研究丛书

《走进马克思》 孙伯鍨 张一兵 主编
《回到马克思:经济学语境中的哲学话语》(第四版) 张一兵 著
《当代视野中的马克思》 任平 著
《回到列宁:关于"哲学笔记"的一种后文本学解读》 张一兵 著
《回到恩格斯:文本、理论和解读政治学》 胡大平 著
《国外毛泽东学研究》 尚庆飞 著
《重释历史唯物主义》 段忠桥 著
《资本主义理解史》(6卷) 张一兵 主编
《阶级、文化与民族传统:爱德华·P.汤普森的历史唯物主义思想研究》 张亮 著
《形而上学的批判与拯救》 谢永康 著
《21世纪的马克思主义哲学创新:马克思主义哲学中国化与中国化马克思主义哲学》 李景源 主编
《科学发展观与和谐社会建设》 李景源 吴元梁 主编
《科学发展观:现代性与哲学视域》 姜建成 著
《西方左翼论当代西方社会结构的演变》 周穗明 王玫 等著
《历史唯物主义的政治哲学向度》 张文喜 著
《信息时代的社会历史观》 孙伟平 著
《从斯密到马克思:经济哲学方法的历史性诠释》 唐正东 著
《构建和谐社会的政治哲学阐释》 欧阳英 著
《正义之后:马克思恩格斯正义观研究》 王广 著
《后马克思主义思想史》 [英]斯图亚特·西姆 著 吕增奎 陈红 译
《后马克思主义与文化研究:理论、政治与介入》 [英]保罗·鲍曼 著 黄晓武 译
《市民社会的乌托邦:马克思主义的社会历史哲学阐释》 王浩斌 著
《唯物史观与人的发展理论》 陈新夏 著
《西方马克思主义与苏联:1917年以来的批评理论和争论概览》 [荷]马歇尔·范·林登 著 周穗明 译 翁寒松 校
《物与无:物化逻辑与虚无主义》 刘森林 著
《拜物教的幽灵:当代西方马克思主义社会批判的隐性逻辑》 夏莹 著
《新中国社会形态研究》 吴波 著
《"崩溃的逻辑"的历史建构:阿多诺早期哲学思想的文本学解读》 张亮 著
《"超越政治"还是"回归政治":马克思与阿伦特政治哲学比较》 白刚 张荣艳 著
《无调式的辩证想象:阿多诺〈否定的辩证法〉的文本学解读》(第二版) 张一兵 著
《马克思再生产理论及其哲学效应研究》 孙乐强 著
《希望的源泉:文化、民主、社会主义》 [英]雷蒙·威廉斯 著 祁阿红 吴晓妹 译
《后工业乌托邦》 [澳]鲍里斯·弗兰克尔 著 李元来 译
《未来考古学:乌托邦欲望和其他科幻小说》 [美]弗里德里克·詹姆逊 著 吴静 译
《重审马克思的"阶级"概念:基于政治哲学解读的尝试》 孙亮 著
《为马克思辩护:对马克思哲学的一种新解读》(第五版) 杨耕 著
《全球化的理论与实践:一种马克思主义的视角》 丰子义 杨学功 仰海峰 著
《马克思哲学要义》 赵敦华 著
《马克思与斯宾诺莎:宗教批判与现代伦理的建构》 冯波 著

《所有权与正义:走向马克思政治哲学》 张文喜 著
《马克思的生产方式概念》 周嘉昕 著
《走出现代性的困境:法兰克福学派现代性批判理论研究》 王晓升 著
《马克思拜物教批判理论研究》 李怀涛 著
《马克思思想变迁的社会主义线索》 韩蒙 著
《危机中的重建:唯物主义历史观的现代阐释》(第三版) 杨耕 著
《重建中的反思:重新理解历史唯物主义》(第三版) 杨耕 著
《马克思主义与伦理学:自由、欲望与革命》 [英]保罗·布莱克里奇 著 曲轩 译
《回到马克思(第二卷):社会场境论中的市民社会与劳动异化批判》 张一兵 著